わが国労働法学の史的展開

「……父さん，ついこのあいだおこったことを忘れちゃだめだ，忘れたふりをしちゃなおいけない。過去の失敗を記憶していない人間の未来は暗いよ。なぜって同じ失敗をまた繰り返すにきまっているからね。……」

井上ひさし『闇に咲く花 ── 愛敬稲荷神社物語』（1988）より

石井保雄

わが国労働法学の
史的展開

信山社

は し が き

　わが国の戦後労働法学 —— かぎかっこ付きのそれ，またはプロ・レーバー pro labour 労働法学といわれるものに限定しない —— について語られるとき，それがアジア太平洋戦争の終ったあと，ほとんどゼロから出発したとの趣旨のことがしばしばいわれてきた。すなわち，かつて渡辺洋三（1921〜2006・民法・法社会学）から戦後労働法学には固有の法社会学がなく，実用法学に偏していると批判されたことがあった。これを契機に，戦後労働法学，とくに当時「戦後第二世代」と呼ばれ，戦後労働法学を形成・発展させるにあたり，主たる担い手であった者たちから，渡辺に対する方法論的批判や反論がなされた。そのなかで1945(昭和20)年10月「読売争議」を嚆矢として，急速に拡大しながら，わずか数年で消失した生産管理争議への対応に始まった戦後労働法学にとって，実定法解釈の構築は早くも1948(昭和23)年に始まった占領政策の転換のなかで，崩壊の危険にさらされた自らを支えることを意味した。その際に戦後労働法学は戦前のとぼしい成果しかもたず，最初から自らの力でこれを実現しなければならなかったと主張された（青木宗也ほか「座談会／日本労働法学の方法と課題 —— われわれはなにをすべきか」季刊労働法45号〔1962年秋〕138-188頁参照）。このような認識は，広く共有されていたのであろう。「第二世代」のなかで年長者とされた久保敬治（1920〜2012）は，その概説書『労働法』（ミネルヴァ書房・1970）のなかで，「解放期の労働法学は，たよるべき学問的遺産なくしてつぎつぎに惹起してくる諸問題に即時的に対決することをよぎなく」されたとする一方，「戦前の労働法学の遺産で役立ちえた唯一のものは，ドイツ理論をそのまま踏襲した労働協約理論であった」（36頁）とのべていた。

　しかし戦後少なくとも1970年代までは，戦後労働法学の一翼は，その遺産に乏しいといわれた，既に研究者として戦前・戦時期に活動した「戦後第一世代」によって担われていた（なお，労働法学のなかで語られてきた「世代論」については，本書「序章」で取り上げる）。すなわち戦後労働法学は必ずしも，アジア太平洋戦争後に，労働法学の門をくぐり，育った「第二世代」が自らの構想力を武器に独力で，まったくの零から作り上げたというものではなかった。戦後労働法学は，戦後間もなく乏しい文献しか見いだせなかった外国法研究とともに，先行する世代による戦前・戦時期の学問業績を学ぶことにより，自らを発展させていったのではないだろうか（久保・下井隆史『労働法を学ぶ人のために』〔世界思想社・1975〕327-328頁〔久保〕は，戦前の労働法学が一握りの学説

v

としてしか存在しえなかったがゆえに，かえって「その時期の諸文献には，現在の労働法学にはみられない学問的純粋性と壮大性とをみることができる」としている）。確かに，戦前わが国には自主的な団結活動を保護すべき労働組合法はなく，また労働者保護といっても適用範囲も限定的で，内容も貧弱な工場法や各種の社会保障立法しかなかった。それゆえに労働法学としてなされたのは，工場法等のわずかな労働保護立法の解釈か，英独仏，とくにドイツにおけるワイマール期からナチス時代における議論や立法の紹介にとどまらざるをえなかった。また日中戦争勃発（1937〔昭和12〕年7月7日）の翌年4月に制定された国家総動員法が行政府に広範な立法権を委ねたことから，学説は数多くの統制令の解釈ならぬ「解説」（利谷信義）により，労務統制法の合理化に終始した。このことは，本文において詳しく論じることになろう。しかし戦後，わが国の労働協約法理は久保が指摘するように，戦前の蓄積を基礎にしている。また労働保護法も，その原型形成は戦前・戦時期の諸業績に負うところは大であったように思われる。繰り返すが，戦前のわが国労働法学は「ひとにぎりの研究者の学説」によってのみ存在し，「支那事変勃発にはじまる戦時体制の強化，全体主義的思想の進出は，労働法学をして暗い谷間においこみ，間もなくその事実上の死滅」（久保・前掲書34-35頁）にいたらしめられた。何故戦前の労働法学がそのような運命をたどらざるをえなかったのか。その過程を追跡し，その全貌を明らかにすることが本書の主要な課題である。

　戦後労働法学は戦前のそれと断絶しながらも，また一方において継続しているのではないか。これが本書のライト・モチーフである。しかし従来，このような問いが発せられることは，ほとんどなかった（拙稿「現在日本の労働法の課題／戦後労働法学の個別・具体的な検証が必要なのではないか」労働法律旬報1711＝12号〔2010〕29-30頁）。

　このような問題関心を抱きながら，私は歴史とは何か，歴史を論じることの意義を思わざるをえなかった。それゆえに私は門外漢ながら，否むしろそうであるがゆえに歴史学の議論に学ぼうとした。戦後労働法学と同じく「戦後歴史学」という表現をしばしば目にした。それは戦前・戦時中，日本の歴史学が皇国史観として国体イデオロギーの形成と普及を担ったことの反省から，戦後のそれは社会体制の究明と解放への動きの跡付けを主眼とした。そして方法として唯物史観が重視ないし親近性をもって，多くの者に受容された（遠山茂樹『戦後の歴史学と歴史意識』〔岩波書店・1968〕参照）。このような側面は，戦後労働法学の場合と共通するかもしれない。というよりは日本の社会科学といわれる学問分野においては，等しくマルキシズムの影響を大きく受けて来たということがいえよう。しかしそのような戦後歴史学，とくにその方法論については

はしがき

1970年代以降，先行世代の方法，とくにその発展段階論的発想を批判し，民俗学や文化人類学の成果を踏まえた民衆史など新たな動きが現われた（喜安朗『転成する歴史家たちの軌跡 ―― 網野善彦，安丸良夫，二宮宏之，そして私』〔せりか書房・2014〕参照）。本書をまとめるにあたり，歴史を論じることの意味を理解せんとしたとき，もっとも参考になったのは，野家啓一の『物語の哲学』（岩波現代文庫・2005〔原著は，1996年刊〕）と『歴史を哲学する：七日間の集中講義』（同・2016〔原著は，2007年刊〕）であった。歴史とは直接に知覚することができず，言葉による「語り narrative」を媒介とせざるをえない「物語り論（ナラトロジー）」であるとの主張を，本書の基となった論稿を執筆するに際し，つねに意識した。そして「戦後労働法学第二世代」と，世代を同じくする色川大吉（1925～）がその著書『明治精神史』上・下（講談社学術文庫・1976〔原著は，1964年刊〕）で，つぎのような自らの「叙述方法」についてのべた部分は，私にとって「導きの糸」であった。

> 「私の歴史学への興味〔は〕，いわゆる真理とか法則とかの探究にあるのではなく，主として歴史の中に生きる人間の運命，その限られた世界の中で傷つきながらも全力的に生きる人間の健気さ，そして，それら諸個人の関係の膨大な集積によって形成されている非情な歴史のドラマ ―― の叙述にあった」（上巻5頁「まえがき」）。

そこで本書を構成する旧稿では，それぞれの論者の主張を紹介するだけでなく，その背景事情やその成りたちを支える小さな事実を積み重ねることにより，より具体的な姿が表（現）われるのではないかと考え，それぞれの「学説」としての意義を論じるのであれば不要かもしれない伝記的事実を可能なかぎり，蒐集して紹介し，背景事情に言及して評伝的なものとなるよう努めた。なお本書が私の戦前および戦時期の日本労働法学を物語るものであるが，同じ資料を用いながらも，別の物語りがありえることは承知している。知ることができた諸事実のなかから有意味な歴史的証拠としての選択と排除を行ない，それらを整合的に記述する場合，公正中立を心掛けようと努めても，そこには自ずと執筆者の価値観が投影されている。ただし本書は労働法学をめぐる物語りであっても，事実から自由な文学ではないし，ことさらに日本ないし日本人の優秀さを自慢するかのような類のものでないことは，いうまでもない。

さて本書のもととなったのは，私が勤務する大学の紀要（獨協法学）に発表した，つぎのような諸論稿である。

「戦時期の吾妻光俊の軌跡 ―― 『労働力のコントロール』理論前史」71号

（2007 年 3 月）

「浅井清信の労働法学 ── 二つの『アバ（ヴァ）ン』に着目して」78 号
（2009 年 6 月）

「津曲蔵之丞の戦前・戦時期における理論軌跡 ── 石崎政一郎との比較を
通じて考える」82 号（2010 年 9 月）

「菊池勇夫の『社会法』論 ── 戦前・戦時期の業績を通じて考える」91 号
（2013 年 8 月）

「わが国労働法学の黎明 ── 昭和年代前期における孫田秀春の足跡をたど
る」93 号（2014 年 4 月）

「わが国労働法学の生誕 ── 戦前・戦時期の末弘厳太郎」96 号（2015 年 8
月）

「戦前・戦中期における後藤清の社会法学 ── 時代の伴走者の記録」99 号
（2016 年 4 月）

「労働法学の再出発 ── 戦後・末弘厳太郎の陽と陰」103 号（2017 年 8 月）

　上記の諸論稿を公刊した時間は，3・11 東日本大震災直後の 2011（平成 23）年
3 月から翌年 3 月までの 1 年間，カナダ・ケベック州のモンレアル（モントリ
オール）市に所在するモンレアル大学の CRIMT（労働と世界化に関する大学際
研究センター Centre de recherche interuniversitaire sur la mondialisation et le tra-
vail）での在外研究をはさんで，ほぼ 10 年を超える。しかし，このような一覧
をご覧いただければ，お分かりのように，当初は一書にまとめることなど考え
ることもなく，その時どきの関心の赴くままに，先学の主張に耳を傾けた。わ
が国労働法学においては 1980 年代，所得や生活水準の向上にともなう階級意
識の希薄化による「中流意識」の拡大という労働者意識の変化や，組合組織率
の低下に象徴される労働組合運動の低迷，製造業から第三次産業へという産業
構造の変化などを背景に「『戦後労働法学』の見直し」（籾井常喜）ということ
が盛んにいわれた。そのようななか，見直さるべき「戦後労働法学」とはいっ
たい何だったのかとの思いに囚われた。最初に取り上げたのは，戦後労働法学
のなかで，主流に位置するとはいえなかった磯田進（1915 ～ 2002）であった
（拙稿「磯田進著『労働法』〔岩波新書〕にみる法的発想と方法 ── 市民法的労働法
学に関するノート」横井芳弘ほか〔編〕『市民社会の変容と労働法』〔信山社・2005〕
参照）。私は，いわば傍系と考えられる，近代市民法法理に着目した学説の意
味を考えることにより，戦後労働法学の目指したものが何だったのか見えるの
でないかと考えた。このあと，唯物史観に親近性を示す「戦後労働法学」に対
し，その程度の違いはあれ，距離を維持した吾妻光俊（1903 ～ 1973）および

はしがき

有泉亨（1906〜1999）について，検討を試みた（拙稿「吾妻光俊の戦後労働法学 ── ある近代主義者の肖像」獨協法学 69 号〔2006・6〕および同「有泉亨における争議行為の違法性阻却構成 ── 戦後労働法学の一断面」同 75 号〔2008・7〕）。ついで，これらの者とは対極に位置する「戦後労働法学」の前衛（アヴァンギャルド）ともいうべき浅井清信の敗戦前（アヴァン・ゲール）を検討する過程で，労働法学の歴史を論じるのであれば，戦前期まで深く遡らなければならないのではないかと意識するようになっていった（拙稿・前掲「浅井清信」参照）。そこで，研究対象となるべき人物と時間的範囲を拡げ，戦前・戦時期では，いったい誰がどのような主張をしていたのかを調べていった。こうして，それぞれの時機に興味・関心をいだいた労働法学徒に関連する文献や資料を蒐集し，それらを読みかつ考えるということを続けた。そのような作業を通じて，知らなかった「事実」を発見することも多かった。しかし，これらを改稿して本書をなすに当たっては，「ひとにぎり」の労働法学徒が現在とは異なり，かぎられた空間と近接かつ濃密な人的関係のなかで同時代人として生きたことから，自ずと各稿の記述内容に重複した箇所も多かった。また旧稿発表後に発見したり，新たに知りえた資料や情報も少なくなかった。なおこの間，インターネットを中心とした情報伝達・探索手段や機器の発達は目覚ましいものがあり，該当書籍・資料の古書店からの購入や，日本全国の国公私立大学の図書館また国立国会図書館における所蔵文献の探索や入手にあたり多大な恩恵をえた。おそらく 20 年前であれば，本書の基礎をなす諸論稿の作成はより多くの困難をともなうものとなっていたであろう。また知ろうにもその手掛かりすら見出すことができなかったと思われる。それゆえに旧稿の記述内容の誤りを訂正し，また組み立てブロック玩具のように，これらをバラバラのパーツにしたうえで，今一度文章を整理し，統一感ある一書となるように組み直す（再構成する）作業を終わらせるのに，2 年ほどの時間を要した。なお先にかかげた原型論稿のうち，「わが国労働法学の生誕 ── 戦前・戦時期の末弘厳太郎」獨協法学 96 号（2015）と，「戦前・戦中期における後藤清の社会法学 ── 時代の伴走者の記録」同 99 号（2016）の 2 篇については，2017（平成 29）年 3 月 7 日，第 31 回（平成 28 年度）冲永賞〔論文編〕（労働問題リサーチ・センター）を受賞した。このようなものをいったい誰が読むのか，はたして発表する意味があるのかと自問することも多かったことから，そのように評価いただいたことで，うれしくかつ感謝の気持ちにひたることができた。

　かくして，菲才なるがゆえに多くの時間を要して，ようやく成ったのが，本書である。ご覧いただければ，お判りのように旧稿はすべて，縦書きで発表した。これは，先人たちの公刊した論稿のほとんどが縦書きであったことと，私自身が上から下へ，そして右から左へと文字列を追う日本語表記に美しさを感

じているからであった。しかし本書には注が多く，それらは出典表記だけでなく，本文と関連した内容をのべ，また補充すべき箇所も少なくない。そこで，より多くの方がたに本書を手に取っていただきたいとの思いもあり，本文と注記との対応関係が視覚的に容易になることを優先し，横書きに改めた。ただし本文・注記双方に多く混在する原文の引用に際し，漢数字等はそのままとし，アラビア数字に改めることはしなかった。そのためにかえって読み難くなったのではないかと危惧するが，読者には了とされることを願う。

　ところで大西巨人（1916〜2014）の『神聖喜劇』全5巻は，戦後日本文学の金字塔のひとつといってもよかろう。そして作者は同書を単行本から文庫版として再刊するにあたって，つぎのようにのべている（文春「文庫版奥書き」〔同前書第五巻〈1982〉〕458頁）。

> 「もし私の著書が三百部ほど売れたならば，言い換えれば，もし私の著書が有志具眼の読者三百人に出会うことができたならば，それは望外の喜びであろう……」。

　本書はこれに比肩しうるものではないが，その思いには共感する。願わくば，多くの方がたに手にとっていただきたい。

　このような貧弱なものであっても，長い歳月を費やした成果として本書をまとめ，また日本労働法学界の片隅に居場所を見出し，日々研究に従事することができるにあたり，学恩をたまわり，感謝申しあげるべき方がたは多い。ここではあえて故蓼沼謙一先生（一橋大学名誉教授）並びに故横井芳弘先生（中央大学名誉教授）のお名前をあげさせていただきたい。個性は異なれ，お二人には，学部・大学院時代，明朗かつ自由な環境のなかで勉強させていただき，職をえてからは，不肖の弟子ながらも，対等かつ独立した同業者として遇していただいた。ここに衷心より，感謝申しあげます。

　学術出版事情がますますきびしくなるなか，10年ほど前に蓼沼先生の『著作集』刊行に際しお手伝いしたころから著書刊行を慫慂いただいた信山社の袖山貴さん，そして今回当初から行き届いたご配慮をいただいた同社の今井守さんには，心よりお礼を申し上げます。最後に本書の刊行にあたっては，勤務先の獨協大学より2018（平成30）年度「獨協大学学術図書出版助成」制度による助成をうけて，これを実現することができました。日々自由な研究環境を提供していただいていることと併せて，感謝します。

　　2018（平成30）年8月

石 井 保 雄

〈目　次〉

はしがき (v)

◆序　章◆　本書の課題と時期区分……………………………………3

　　1　本書の課題 ── わが国労働法学の黎明……… (3)

　　2　検討の時期区分について……… (7)

　　　(1) 具体的な検討対象の年齢範囲について ── 労働法学に

　　　　おける「世代論」に関連させて (7)

　　　(2) 戦前・戦時期労働法学の時期区分とそこでの課題 (15)

　　　(3) 本書の構成と概要 (18)

◆第1章◆　わが国労働法学の生誕 ── 大正デモクラシー期の末弘厳太郎

　　　　　と孫田秀春……………………………………………23

◆第1節　末弘の米欧における在外研究と孫田秀春との邂逅………23

　　1　末弘の米欧留学の経緯……… (23)

　　2　スイス・ベルンにおける末弘と孫田との邂逅……… (30)

◆第2節　忘れられた労働法学徒 ── ワイマール・ドイツにおける日本人

　　　　研究者……… 38

　　　(1) 森山武市郎 ── 明治大学出身の検察官 (38)

　　　(2) 鈴木義男 ── 東北帝大の初代社会法講義担当者 (44)

　　　(3) 中村武 ── 中央大学出身の裁判官 (47)

◆第3節　末弘『労働法研究』の刊行とその意義 ── 労働組合法の

　　　　立法論をめぐって……… 48

　　1　帰国後の労働法関連論考の公刊と『労働法研究』への収斂

　　　　……… (48)

　　2　末弘の労働組合法に関する立法批判……… (52)

　　　(1) 労働組合法制定時期の到来 (52)

　　　(2) 末弘の「立法学」とは何か (54)

　　　(3)「労働組合法論」における議論 ── 労働組合に対する法的

　　　　対応の歴史展開 (56)

（4）大正 14 年 8 月 18 日の内務省社会局法案に対するコメント (62)

（5）行政調査会の労組法要綱と組合法案に対する批判 (63)

3 末弘の組合法案への接近態度 —— 山中篤太郎『日本労働組合法案研究』（1926）と永井亨『労働組合法論』（同年）との比較 ……… (65)

◆第4節 孫田の東京商大における「労働法」開講と労働法学の体系実現の志向 ……… 66

1 孫田の東京商大における「労働法」開講 ……… (66)

2 労働法学の体系実現の志向 —— 末弘との方法論的対立 ……… (70)

◆第5節 末弘による労働問題に関する社会評論家としての言動 —— 大正デモクラシーの残照のなかで ……… 74

1 末弘に係わる昭和年代初期の社会動向 ……… (74)

2 末弘の労働問題に関する社会評論家としての言動の変化 ……… (82)

◆第2章◆ 昭和年代初期「非常時」における労働法学 —— 1931 年 9 月〜 1937 年 7 月 ……………………………… 91

◆第1節 新たな労働法学徒の出現 —— 菊池勇夫と津曲蔵之丞そして後藤清 ……… 92

1 菊池勇夫の九州帝大赴任までの「旅路」 ……… (92)

（1）芹沢光治良との出会いと ILO 勤務 (93)

（2）九州帝国大学における「法文学部」の設置 (97)

（3）欧州への「社会法研究」の旅路 (98)

2 後藤清の洋行経験 —— 労働法学徒としての出発 ……… (104)

（1）和歌山高商への赴任 (104)

（2）ドイツおよびフランスでの海外留学経験 (105)

3 津曲蔵之丞の青春遍歴 —— 京城帝国大学助教授着任まで ……… (107)

◆第2節 内務省社会局の労働組合法案をめぐる講演会と孫田「労働法」講義への圧力 ……… 112

◆**第3節　九州帝大赴任当初の菊池勇夫における四つの法的課題**
　　　………117

　　1　社会法とは何か，その法学体系の中の地位の把握への試行
　　　　── 第1の課題………(118)

　　2　『日本労働立法の発展』と『労働法の主要問題』における，
　　　　その他の課題への応答………(120)

　　　(1)『日本労働立法の発展』と『労働法の主要問題』の刊行(120)

　　　(2)労働法の主要問題，特に労働契約の本質と労働保護法の
　　　　　本質理解 ── 第2の課題(125)

　　　(3)九州帝大の立地条件と結びついた石炭鉱業関係の研究
　　　　　── 第3の課題(130)

　　　(4)国際労働問題，特にILOの研究 ── 第4の課題(131)

◆**第4節　津曲蔵之丞『労働法原理』(改造社)の刊行 ── 1932年**
　　　………132

　　1　日本国外に設けられた第6番目の帝国大学としての京城
　　　　帝国大学………(132)

　　2　津曲の『労働法原理』の刊行………(134)

　　　(1)『労働法原理』の構成と概要(136)

　　　(2)津曲『労働法原理』の方法的特徴(138)

　　　(3)労働法の理解の中核 ── 労働の従属性 ── の把握(139)

　　3　津曲の従属労働理解に関する評価………(143)

　　4　津曲の欧州への渡航………(147)

◆**第5節　後藤清における初期の研究課題 ── 労働協約論と解約告知論**
　　　………149

　　1　ドイツを中心とした労働協約理論の研究 ──『労働協約理
　　　　論史』への結実………(149)

　　　(1)『労働協約理論史』の概要(149)

　　　(2)『労働協約理論史』にいたる道程および立命館大学への
　　　　　学位請求とその挫折(156)

　　2　『解雇・退職の法律学的研究』── 雇用契約の終了をめぐって
　　　　………(160)

　　　(1)『解雇・退職の法律学的研究』の構成と成り立ちの経緯(160)

目 次

　　　(2)『解雇・退職の法律学的研究』の内容 (162)

　　3　昭和 10 年前後における社会立法の動向と後藤の問題関心
　　　の所在‥‥‥‥(165)

　　　(1) 退職手当積立制度を中心とした社会立法への関心 (165)

　　　(2) 退職積立金法の成立と『退職積立金及退職手当法論』
　　　　の刊行 (171)

　　　(3) 二つの社会立法に関する概説書の執筆 (174)

◆第6節　末弘と孫田のナチス・ドイツ体験とこれに対する応接
　　　　‥‥‥‥175

　　1　末弘の学部長職の辞職と半年間の欧州視察旅行‥‥‥‥(175)

　　2　孫田の在ベルリン「日本学会」代表主事赴任と「白票事件」
　　　── 東京商大退官の経緯‥‥‥‥(177)

　　3　帰国後の孫田の親ナチス・ドイツの言動‥‥‥‥(180)

◆第3章◆　準戦時から国家総動員体制への展開のなかでの社会・
　　　　　労働法学 ── 1937 年 7 月〜1941 年 12 月‥‥‥‥‥‥‥185

◆第1節　末弘厳太郎と孫田秀春の国家総動員法体制下における
　　　　労働法学からの離脱‥‥‥‥186

　　1　末弘における戦争遂行体制の推進への姿勢転換と労働法学
　　　からの離脱‥‥‥‥(186)

　　　(1)「安定原理の労働政策と労働法」稿と末弘の国家総動員
　　　　体制への積極的姿勢転換 (187)

　　　(2)「転換のステップの完成」か，それとも急速な右旋回か (189)

　　　(3) 日中戦争の勃発と末弘労働法学の終焉へ (190)

　　　(4) 占領地華北慣行調査の提唱と「日本法学」構築への応用 (195)

　　2　孫田の東京商大退官以後の言動 ── 研究活動の終息‥‥‥‥(196)

◆第2節　菊池勇夫の『社会保険法と社会事業法』に表(現)われた
　　　　社会立法理解‥‥‥‥198

　　1　社会事業法と社会保険法への関心と戦後の論文集刊行‥‥‥‥(198)

　　2　社会事業法の形成への寄与‥‥‥‥(202)

◆第3節　津曲蔵之丞の労働法から経済法への関心転移‥‥‥‥206

　　1　津曲の京城帝大から東北帝大への転任‥‥‥‥(208)

xiv

  (1) 東北帝国大学法文学部と「社会法論」講座 (209)

  (2) 津曲の東北帝大法文学部着任 (211)

  (3) 東北帝大「社会法論」担当・石崎政一郎 (212)

 2 津曲の『労働法原理』から『日本統制経済法』への転進の途次
   ………(216)

  (1) 津曲「経済法規違反行為の効力」を読む (217)

  (2)「朝鮮産業法規解説」を読む (222)

◆第4節 菊池勇夫における経済法理解 ── 経済統制法から統制経済法
   への転回………226

 1 『経済法の理論と対象』への収録を予定した論稿群………(226)

 2 菊池の「経済法」理解の変遷………(228)

  (1) 経済統制法か統制経済法か ── 経済法の概念把握のあり方
   (228)

  (2) 非常時の経済法とは何か (228)

  (3) 経済統制法から統制経済法への転移 (231)

◆第5節 後藤清の転換期への法理対応………233

 1 後藤におけるドイツ労働法学研究の転回 ──『労働法と時代
   精神』と『転換期の法思想』………(235)

  (1)『労働法の時代精神』第二部の構成論稿 (235)

  (2) 後藤における「転換期の法律思想」とは何か (240)

 2 後藤の「転換期」における労働法学 ──「厚生法」の提唱
   ………(244)

  (1) 台北帝国大学文政学部政学科の概要 (244)

  (2)「転換期」における後藤の労働法学 (246)

  (3)「厚生法」の提唱 (248)

 3 後藤における統制経済法と「厚生法」理解の進展………(254)

  (1)『統制経済法と厚生法』の刊行 (254)

  (2) 後藤における「統制経済法と厚生法」の関係理解の概要 (255)

◆第6節 菊池勇夫における社会法理解の変遷 ──「非常時」「高度国防
   国家」体制そして「臨戦体制」への展開のなかで………260

 1 菊池における「社会法」理解の提言 ──『労働法の主要問題』
   序言………(261)

目 次

  2 戦時期における菊池の「社会法」理解の変遷 ········ (263)

◆第7節 吾妻光俊と『ナチス民法学の精神』········ 268

  1 吾妻のナチス時代のドイツ民法研究 ········ (271)

    (1) 吾妻のドイツ留学 (271)

    (2) 吾妻のドイツ法に関する公刊文献リスト (273)

    (3) 我妻栄によるナチス民法学研究 (277)

  2 吾妻光俊と『ナチス民法学の精神』········ (278)

    (1) 『ナチス民法学の精神』の構成 (278)

    (2) 吾妻光俊『ナチス民法学の精神』の内容 (281)

  3 吾妻のナチス民法学に対する評価態度と我妻栄による批判

   ········ (291)

◆第4章◆ 太平洋戦争下の社会・労働法学 ── 総力戦遂行の実現をめ

    ざして（1941年12月〜1945年8月）········ 297

◆第1節 津曲における統制経済法の体系提示 ──『日本統制経済法』の

    刊行 ········ 298

  1 『日本統制経済法』の構成と内容 ········ (298)

  2 経営共同体としての企業把握と「公益優先」········ (303)

  3 『日本統制経済法』への評価 ── 統制経済法について，法分野

    としての独自性を肯定すべきか否か ········ (304)

  4 石崎政一郎の統制経済法への眼差し ········ (308)

◆第2節 後藤における戦時労働力総動員体制の積極的推進の唱導

   ········ 311

  1 「厚生法」から労務統制法へ ──『厚生法』の改訂と『労務

    統制法』········ (311)

    (1) 厚生法理解の進展 ── 新版『厚生法』について (312)

    (2) 労務統制法の体系的構成の実現 ──『労務統制法』につ

     いて (315)

    (3) 労務統制法における労務「保護」「管理」法への接近 (320)

  2 総力戦への最終的提言 ──『労務統制法』改訂増補版の刊行

   ········ (324)

  3 浅井清信の国民徴用に関する発言 ──「労務統制立法の課題

—— とくに雇用契約と国民徴用とを中心として」……… (326)

◆第3節　吾妻光俊における「経済統制法の法理論」——『統制経済の法
　　　　理論』（河出書房・1944）の検討 ……… 330

　1　統制経済法体制の進展 ……… (330)

　2　統制経済法体制のもとでのわが国私法学 ……… (331)

　　⑴　民法学説の統制法のもとでの対応 —— 末川博，石田文次郎
　　　　そして我妻栄の場合 (332)

　　⑵　統制経済法体制のもとでの民法の存在意義をいかに
　　　　捉えるべきか (341)

　3　吾妻光俊『統制経済の法理論』を読む ……… (344)

　　⑴　『統制経済の法理論』第二篇の概要 (345)

　　⑵　『統制経済の法理論』第一篇の概要 (351)

◆第4節　社会保障法に関する理解の展開 —— 菊池勇夫と後藤清の議論
　　　　……… 354

　1　菊池勇夫の厚生事業法と社会保険法理解 ……… (355)

　　⑴　厚生事業法 (355)

　　⑵　社会保険法に関する法的理解 (356)

　2　後藤の「厚生法」から厚生事業法についての言及と理解
　　　　……… (359)

◆第5節　決戦体制下での「日本的勤労観」と勤労根本法 ……… 362

　1　「勤労新体制確立要綱」に対する反応 —— 浅井清信，孫田秀春
　　　　および菊池勇夫の場合 ……… (362)

　　⑴　浅井清信の「皇国勤労観」理解 (362)

　　⑵　「皇国勤労観」と孫田秀春，菊池勇夫 (365)

　　⑶　「皇国勤労観」と「皇国史観」そして浅井清信・再び (368)

　2　後藤『勤労体制の法的構造』の概要 ……… (370)

　3　浅井清信「皇国勤労観と国民協力制度」を読む —— 戦争末期
　　　　時の「国民勤労協力」のあり方 ……… (376)

　4　津曲『勤労法における指導理念』の刊行と提唱 ……… (378)

　5　昭和18年政府による勤労根本法制定の企図と挫折 ……… (384)

　　⑴　勤労根本法制定の動き (384)

　　⑵　末弘厳太郎の勤労根本法制定への賛意 (385)

xvii

（3）吾妻光俊の勤労根本法に対する懐疑と制定の挫折 (387)

◆ **第 6 節　昭和 19 年夏以降の吾妻光俊 ──『統制経済の法理論』以降** ……… 389

◆ **補　節　末弘の労働法学から法社会学への関心転移と「日本法理」樹立の熱望**……… 394

（1）法社会学への関心転移 ── 占領地華北慣行調査の提唱と「日本法学」構築への応用 (395)

（2）統制経済の実効性確保の可能性 (399)

（3）「日本法理研究会」への積極的な関与 (402)

◆ **補　章◆　わが国労働法学の体系化の試行** ………………………… 405

◆ **第 1 節　孫田秀春における労働法の体系構築** ……… 405

1　労働法の体系化の試み ──『労働法総論』(1924) の刊行 ……… (405)

2　『労働法論　各論上』(1929) の刊行と同書改訂合本化 (1931) ……… (411)

（1）『労働法論　各論上』(1929) の刊行 (411)

（2）『改訂労働法総論・各論上』(1931) の刊行 (413)

（3）『各論上』に関する旧版と改訂版 ── 労働契約部分に着目して (416)

3　孫田における早期の労働法学体系実現の背景と経緯 ……… (422)

◆ **第 2 節　末弘厳太郎における労働法学の体系的理解** ……… 427

1　大正デモクラシー体制のもとでの労働法体系理解 ……… (429)

（1）昭和年代初期の労働法体系理解 (429)

（2）昭和初期の労働法体系理解の完成 (436)

2　昭和 10 年代初頭，戦時体制の影響が少ない時期の体系理解 ……… (438)

（1）経済往来＝日本評論連載の「労働法講話」の意義 (438)

（2）昭和 11 年度『労働法』第 1 分冊・第 2 分冊 (1935〔昭和10〕年) と昭和 13 年度『労働法』(1937〔昭和12〕年) (440)

3　末弘の戦時体制下での体系理解 ……… (444)

4　孫田のそれと比べた末弘の労働法体系の特徴ともう一つ

　　　　の講義録………（447）

◆第3節　菊池勇夫における平時労働法と戦時労働法………451

　　1　菊池勇夫の平時の労働法制………（451）

　　2　菊池勇夫の戦時の労働法制………（455）

　　　　⑴「転換期における社会・経済法」のあり方（455）

　　　　⑵「現代労働法の基礎理論」（1942〔昭和17〕年5月）の公刊

　　　　　　──「転換期の労働法」の体系化（457）

◆第4節　津曲蔵之丞の決戦態勢のもとでの勤労法体系の素描

　　　　………460

◆第5節　小　括………462

◆第5章◆　労働法学の再出発 ── 敗戦とそれぞれの対応

　　　　（1946年～1951年）……………………………………465

◆第1節　戦後・末弘厳太郎における陽と陰 ── 労働三法制定への

　　　　関与と労働法の啓蒙・普及活動そして教職追放………465

　　1　労働三法制定への関与と労働法の啓蒙・普及活動………（466）

　　　　⑴　労働三法制定への関与と「立法学」の提唱（466）

　　　　⑵『労働法のはなし』と『労働運動と労働組合法』そして

　　　　　　『労組問答』── 労働法の啓蒙活動（474）

　　　　⑶　各種労働委員会会長としての労働紛争解決に関する貢献（484）

　　2　末弘に対する教職追放とその評価………（489）

　　　　⑴　GHQ，そして日本政府による教職追放（489）

　　　　⑵「日本法理研究会」への関与と反論そしてその後の展開（491）

　　　　⑶　末弘教職追放に関する理解と評価（498）

　　3　戦後・末弘労働法学における未完の可能性………（509）

　　　　⑴　アメリカ労働省の招きによる60日間の訪米旅行（510）

　　　　⑵『日本労働組合運動史』の執筆と刊行（514）

　　4　末弘の闘病と逝去………（518）

　　　　⑴　中労委会長辞任と直腸がんによる入院（518）

　　　　⑵　がん手術後の業績 ── 戦後労働法学への遺言（521）

　　　　⑶　逝　去（523）

　　　　〈戦時期末期における末弘の言動についての補遺〉（525）

目　次

◆第2節　労働法学徒における敗戦と戦後のあいだ………528

　　1　孫田秀春の公職および教職追放………(528)

　　　　⑴　孫田に対する公職・教職追放 (528)

　　　　⑵　戦後に続く労働法の理念としての「労働人格完成」の唱導 (530)

　　　　⑶　沼田稲次郎による孫田「労働人格の完成」理解 (532)

　　2　菊池勇夫 —— 戦後に続く「社会法」把握への志向継続とその意味
　　　　………(537)

　　　　⑴　戦時期末期から戦後直後における大学行政への関与 (537)

　　　　⑵　戦後に続く「社会法」の追究 (539)

　　3　敗戦直後の津曲蔵之丞の言動と石崎政一郎の対応………(544)

　　　　⑴　敗戦直後の津曲と石崎の対応 (544)

　　　　⑵　津曲の戦時期の言動についての弁明 —— 戦後への再出発 (549)

　　4　敗戦直後における後藤清の言動と「加山宗二」による労働法
　　　　学者批判………(553)

　　　　⑴　敗戦直後の後藤の言動 (553)

　　　　⑵　相次ぐ啓蒙書と概説書の刊行 (556)

　　　　⑶　後藤による戦時期の言動への言及と弁解 (561)

　　　　⑷　「加山宗二」による労働法学者批判 (564)

◆第3節　浅井清信の「戦後労働法学」の前　衛[アヴァンギャルド]への転生
　　　　………570

　　　　⑴　浅井は敗戦をどのように迎え，また受け止めたのか (570)

　　　　⑵　浅井の労働法学方法論 ——「戦後労働法学」の前　衛[アヴァンギャルド]として
　　　　(572)

◆第4節　吾妻光俊の場合 —— 労働法学の再構築………577

　　1　戦時中の日本法理の方法的反省………(579)

　　2　「法社会史的研究方法」の提示 —— アメリカ労働法学研究を
　　　　通じて………(584)

◆終　章◆　結　語………………………………………591

引用参考文献一覧 (597)

事項索引 (623) ／人名索引 (629)

凡　例

・文献・資料を引用するにあたり，すでに前の章で引用したものであっても，あとの章で重ねて言及するときは，フル・タイトル，出版社名ないし掲載誌・紙名および刊行年を記載した。

・テキストの引用にあたり，単行本に収録されている場合は，それを優先して引用するようにした。雑誌や紀要に掲載されていた場合，誌名を省略せずに，正式名称を用いた。

・文献の引用に際し，表題の前に＊を付したものは，それぞれの著者の既刊業績一覧ないし目録に掲載されていないものである。

・オリジナル・テキストの多くは縦書きであるが，引用に際し横書きに改めた。ただし数字の引用は原則として漢字縦書き表記のままとし，アラビア数字への書き換えはしなかった。

・引用中の漢字は，原則として旧字体ではなく，現行の字体に書き改めた。原文に付されたルビや傍点は必要に応じて取捨選択した。またとくに人名について，呼称が難読であったり，判断に迷うと思われるものには，ルビを付した。

・引用文中の〔　〕は引用者による補足や注記を示している。同様に，引用中の……は省略を，／は改行を示している。

・テキストの引用に際し，当時の意識を伝えるために，今日では不適切と思われる表記も訂正せずに，そのまま引用した。

・年代の表記は西暦を基本とし，元号をカッコ内に併記した。

・年齢は原則として，数え年ではなく，満年齢で表記している。

・本書の巻末に索引を付した。なお索引は，本書のなかで重要と思われるものを対象とし，人名と事項について別立てで作成し，それぞれあいうえお順に配列した。なお索引語のページ数に n が付いている場合は，それが該当ページの本文にではなく，脚注部分にあることを示している。

xxi

わが国労働法学の史的展開

◆序 章◆　本書の課題と時期区分

1　本書の課題 ── わが国労働法学の黎明

　わが国では明治 20 年代から社会政策学者を中心として，さらには工場法の制定（1911〔明治 44〕年）・施行（1916〔大正 5〕年）にともない行政担当者により，労働問題の一環として「労働法」に関連した論考がすでに多く発表されていた[1]。しかし日本における学問としての労働法は，大正年代，末弘厳太郎（1888〔明治 21〕年 11 月 30 日～1951〔昭和 26〕年 9 月 11 日）が，東京帝国大学法学部において「労働法制」の名称 ── 教授会で「労働法」と名付けられるべき体系的法律はないとされたことによる ── で，卒業単位とは無関係な随意科目として開講されたことに始まるとされる[2]。末弘と並んでわが国労働法学の「先駆的開拓者」（沼田稲次郎）と遇され，当時ヨーロッパに留学していた孫田秀春（1886〔明治 19〕年 3 月 13 日～1976〔昭和 51〕年 11 月 10 日）は 1921（大正 10）年秋，その居住地をスイスのベルンからドイツのベルリンに移してからのこととして，その様子をつぎのように描いている（傍線およびカッコ内の記述は，引用者）[3]。

　「或る日私は<u>日本の新聞</u>を見て驚いた。末弘博士が東京帝大で随意科目と

---

(1)　おおよそ明治 20 年代（1890 年代初頭）に始まり昭和 10 年代（1920 年代中ごろ）までに公刊された，わが国の労働問題・労働法に関する文献を探索するとき，孫田秀春＝中野藤吾「我国に於ける体系的文献集成」（其の一）-（其の八）労働立法 2 巻 2 号（1935）- 4 巻 4 号（1937）が有用である。なおわが国で最初に「労働法」という名が付された著書が刊行されたのは，1899（明治 32）年 9 月 22 日刊行の横山正愷『労働法之要義全』（東京博文堂）というものであった（菊池勇夫「労働法の今昔」同『世界の中の労働法：評論と随想 II』〔一粒社・1971〕28-32 頁）。また「労働法」という呼称の来歴についても，同「労働法という名称について」日本学士院紀要 25 巻 3 号（1967）141-151 頁を参照。
(2)　末弘『労働法のはなし』（一洋社・1947）2 頁。末弘がわが国法律学，とくに民法学に果たした貢献という点からみれば，それは留学前に刊行 ── 当初 3 冊に分けて順次刊行し，在外研究初年度の 1918（大正 7）年に合本 ── された『債権各論（全）』（有斐閣・1918）に表われた日本民法「法典編さん後ドイツ的な解釈法学の全盛期の最後をかざる」（末川博「末弘博士と日本の法学／序説」法律時報 23 巻 11 号〔1951〕14 頁）留学前の時期をも重視しなければならないかもしれない。しかし本書の関心は，あくまでもその労働法学の形成・展開にあることから，考察の対象は自ずとその留学から帰国後に始まると理解したい。

して『労働法制』の講義を開いたという一号見出しの記事である。〔法学部の〕<u>三十二番の大教室</u>まさに立錐の余地なく，あふれた学生は，やむなく窓を排して〔押し開いて〕中空から飛び込んだといったセンセーショナルな記事である」。

上に引用した孫田の言によれば，末弘が「労働法制」を講じたのは，東京帝大「三十二番の大教室」である。しかし末弘自身は戦後，つぎのようにのべている[4]。

「私が大学で初めて労働法の講義をした時の人気は大したものでして，大きな<u>八角講堂</u>で，言葉通り立錐の余地もないくらいで，立っている人も多く，終始千を越える聴衆が来る有様でした。……私の労働法の講義は非常に人気があった。やはりこれは，あの当時社会の大きな動揺から生じた一般の不安のために何かを求めたいという気分がかなり広く一般にあったことの証拠だと思います」。

東京大学の旧32番教室も，八角講堂とよばれた旧35番教室も，1923（大正12）年9月1日の関東大震災により焼失してしまった[5]。しかし，両者は別個の教場であろう。わが国で最初に労働法が講じられた場所がどこかは，おそらく末弘本人の言が正しいのではないか —— 当初は32番教室で，のちにたとえば受講生の数の多さを考慮して八角講堂に教室を変更したという可能性はある —— と思われる[6]。いずれにせよ，末弘の労働法講義は，学生聴衆に圧倒的な支持をもって迎えられた。

ではつぎに，末弘による労働法講義はいつ始まったのであろうか。それは，

---

(3) 同『労働法の開拓者たち：労働法四十年の思い出』（実業之日本社・1950）13頁（同書は，1970〔昭和45〕年，2，3の論考が補充されて『労働法の起点：労働法の開拓者たち』（高文堂出版社）と改題されて，刊行されているが，内容上の変更がないので，本稿では旧版を利用する）。

(4) 日本評論社編集局〔編〕『日本の法学：回顧と展望』（日本評論社・1950）103頁（末弘発言）。

(5) 東京大学百年史編集委員会『東京大学百年史』通史二〔東京大学出版会・1985〕390頁。

(6) ただし我妻栄「末弘厳太郎先生告別式弔辞」法律時報23巻11号（のちに同『民法と五十年』その2随想拾遺〔上〕〔有斐閣・1976〕301頁に収録）は，末弘が「留学から帰られて『労働法』という当時全く耳新しい課題をひっさげ颯爽と二十五番教室の壇上に立たれたときは，学界に一大センセイションを捲き起しました」〔下線は引用者〕とのべている。末弘が日本で初めて労働法の講義を行なった場所はどこか。このように情報が錯綜しているために，その特定は，今のところ残念ながら困難である。

1920（大正 9）年 9 月に 2 年 7 か月にわたる米欧留学から帰国した，その 1 年後の翌 1921（大正 10）年の秋ないしその明くる 1922（大正 11）年の 10 月に開始したものと考えられる[7]。そして，これに遅れること 2 年ないし 3 年の 1924（大正

---

(7) わが国初の労働法講義がいつ開始されたのかについても，今日このように 2 説考えられる。すなわち一方は，1921（大正 10）年秋とし，もう一つの立場によれば，それより 1 年遅い 1922（大正 11）年 10 月となる。私は，前者をとりたい。このことについて初めて本格的に検討した，向山寛夫「解説／末弘厳太郎教授述・労働法 —— 昭和七年度東京帝国大学講義」国学院法学 20 巻 3 号（1982）97-98 頁は，1921（大正 10）年当時在独（ベルリン）中であった孫田秀春が末弘の開講を報じた「日本の新聞」を目にしたとのべていた（同・前掲書 13 頁）ことを主たる手掛かりとしながら，《1921 年開講説》を論じた。向山・同前所は，末弘が「大正一〇年一二月二二日に『講座外授業担当手当』を受け」た（ただし典拠は不明）とも記している。これに対して，主に教授会議事録から適宜摘記した同編集委員会『東京大学百年史』部局史一（東京大学出版会・1986）第一編「法学部」173 頁は<u>大正十（一九二一）年二月「労働法制（末弘助教授）の開設を決定」</u>としながらも，<u>大正十一（一九二二）年</u>六月「末弘教授労働法特別講義開始を了決」（176 頁）／十月「労働法制講義（末弘教授）決定。十八日より授業開始」（177 頁）と記されている（下線は引用者）。

　　向山・同前所は，主要一般紙（朝日，東京日日，読売の 3 紙）には該当記事を見出せなかったことから，末弘による労働法開講を報じたのは，その前年 1920（大正 9）年 12 月に創刊された東京帝大の学生新聞である「帝国大学新聞」（当初は月刊）であったに「違いない」とする。学内記事（と各種の広告）により占められていた大正年代の同紙紙面を実際に見たとき，孫田・前掲書 13 頁の記述を前提とすれば，向山の推測は妥当と思われる。しかし従来，1923（大正 12）年以前の同紙は現存しないとされ，その真偽を確認することはできなかった。ところが復刻版（不二出版・1984）に収録されていない同紙 27（大正 11・6・25）号から 56（大正 12・8・7）号までを含む，80（大正 13・6・20）号にいたる原本（紙）が，東京大学駒場キャンパスにほど近い日本近代文学館（東京都目黒区駒場 4-3-55）に収蔵されていることがわかった（前田昭彦「窓／失われた帝大新聞を大量に発見」学内広報〔東京大学広報委員会〕1307 号〔2005・2・9〕7 頁）。たしかに「トーダイもと暗し」（同前）である。私は 1922（大正 11）年に末弘「労働法制」が開講されたとすれば，これを報じていたであろう 33（大正 11・10・29）号ないし 34（大正 11・11・8）号を含む 27 号以降のすべてに目を通してみた。同紙は閲覧可能であったが，すでに 90 年を超える時間経過のために相当劣化し，折り目などはボロボロと崩れそうな状態であった。そして残念ながら，末弘の「労働法制」開講を伝える記事を見出すことはできなかった。しかしこのように 1922（大正 11）年秋の帝大新聞には該当記事がないという消極的事実を考慮すれば，末弘の「労働法制」開講はやはり前年，1921（大正 10）年の秋であったのではなかろうか。ただし本当に末弘の労働法開講に関する記事が「帝国大学新聞」に掲載されていたとして，同紙が発行されたのち，ドイツの，たとえばベルリンにあった日本大使館に到着するには，当時インド洋経由で 40 日，太平洋航路でアメリカ大陸を横断して，大西洋をへたとして 20 日ないし 25 日ほどの日数を要したので，早くともその年の 11 月以降とならざるをえなかったであろう。今とは異なり，たとえ当時一定の社会的影響力があったとしても，はたして，いったい誰がわざわざ，いかなる目的で故国の全国紙ではな

13)年 4 月（か？），東京商科大学（現・一橋大学）で，1919（大正 8）年末以来 3 年半余りのドイツ留学から，前年に日本に帰国した孫田秀春が正規科目として「労働法」を開講した。なお東京商大での講義は関東大震災（同年 9 月 1 日）後であるが，旧一橋講堂を残して東京府下北多摩郡谷保（現在の国立市）に全学移転する前の神田・一ツ橋（東京）であったと思われる。しかし，その詳細は末弘の場合とは異なり，何ら明らかではない(8)。いずれにせよ，これら両人による講義開始をもって，わが国労働法学の歩みは開始された。今やそれから

く，大学の学生新聞を遠くヨーロッパに送ったのであろうか。孫田は，そのような新聞記事を目にするにいたった経緯について何ものべていない。上記エピソードは，戦後，孫田の創作ないし大幅な潤色の可能性はないのだろうか。

　なお，菊池勇夫「労働法　ロウドウホウ」末弘厳太郎・田中耕太郎〔編〕『法律学辞典』第 4 巻（岩波書店・1935）2787 頁も，「法学の一分科として研究され……官立大学の講義として」労働法が末弘により最初に講じられたのは「大正一〇年」であったとしている。また後述するように，当時孫田と同じくドイツにいた中村武「労働法の移入」労働法講座第 5 巻『労働基準法』（有斐閣・1958）しおり 2 頁も，「大正十年頃〔末弘の労働法開講の〕噂を，〔同じくドイツ〕留学中の森山〔武市郎〕博士から耳にし，末弘先生の着眼の鋭さにおどろいた」とのべていることも付け加えておきたい。

　関連して肝心の末弘自身はこのことについて，いかに発言していたのか。戦後刊行した前掲『労働法のはなし』2 頁で「日本で始めて<u>大正九年に</u>，私が……した」とのべている〔下線は引用者，以下同〕。津曲蔵之丞『労働法原理』（改造社・1932）「序文」10 頁には「私が労働法の研究に志したのは<u>大正九年</u>東京帝大在学中であった。当時外国から帰朝された末弘博士が科〔課〕外講義として労働法を講述された。……私は当時，博士の熱情的・学理的講述に感動した一人である」と記されている。しかし既述のように，末弘が留学から日本に帰国したのは，同年 9 月であったことから，その直後に新たな講義科目が開講されるということは現実にはありえないように思われる。これは末弘および津曲の記憶違いだと断言してよかろう。また前掲『日本の法学』103 頁では，磯田進 —— 末弘に学び，後述する華北農村慣行調査に従事し，戦後，法社会学および労働法学を講じた —— の「<u>大正何年頃ですか</u>」の問いに，末弘はその翌年である「〔大正〕一〇年だね」と応じたり，さらには末弘厳太郎教授講述『労働法』昭和 13 年度東大講義（東京プリント刊行会・昭和 12 年 12 月 25 日発行）1 頁では「私ガ労働法ノ講義ヲハジメテシタノハ，<u>大正十二年ヨリモ前ノコトデアル</u>」とのべていて年数定まらず，なんとも心許ないかぎりである。

　以上のことについて詳しくは，拙稿「労働と法・私の論点／日本労働法学事始め探索の顛末 —— 末弘厳太郎『労働法制』開講をめぐって」労働法律旬報 1812 号（2014）4-5 頁および同「同／日本労働法学事始め探索・余聞 —— 末弘厳太郎『労働法制』開講をめぐって・再論」同前誌 1836 号（2015）4-5 頁を参照。

(8) 孫田・前掲『労働法の開拓者たち』271 頁によれば，孫田は同時に，法政大学でも〔非常勤講師として〕労働法の講義を始めたとのべている。ただし『法政大学百年史』（同・1980）401-402 頁には，参照しえた最も古い 1925（大正 14）年の同大学学則中，「専門部法律学科の選択科目として「労働法制」が設けられていたが，講義担当者に関する記述はなかったと記されている。

6

すでに，100年にならんとする時間が経過しようとしている。孫田は労働法学の特性について，自らの師と仰ぐワルター・カスケル Walter Kaskel（1882-1928）の言葉を紹介・引用して，つぎのようにのべている。

　「或る学者は労働法を以て『第二十世紀法律学が公法私法の〔境〕界線上に産み落とした麒麟児である』と謂つた。……実に彼は其の発生からすれば齢猶弱冠〔20歳〕に満たず能力未だに備はらざる未成年者であり，其の血統からすれば彼は，法律上公法を父とし私法を母とし，而も其の血は混然として原の如くならず，又思想上彼は第十九世紀を父とし第二十世紀を母とするが故に稀に見る特異の頭脳の持主に生れついている。要するに彼は異様の系図を有ち奇怪の面貌と能力とを備へた無籍の未成年混血児である。然らば此の無籍未成年の混血児は今後法律学に向て如何なる貢献を為し得るであらうか。果して麒麟児の名を辱かしめないであらうか，将又一介の豚児に終るであらうか。夫れは偏に将来に於ける其の発育状態如何に俟たなければならぬ。」(9)

　孫田によれば，当時「此の混血児は猶腕白盛りの中学時代に在」り「之を団体的に訓育し頭脳を法律論理的に養成するがためには，更に進んで大学の専門学的智識を吸収せしめねばなら」ないとされた(10)。それでは，20世紀の法律学の世界の「無籍未成年の混血児」たる労働法は，いかにして成長・発展していったのであろうか。それは決して順調かつ平穏なものではなく，反対に様ざまな困難に直面し，紆余曲折をへた波乱万丈の過程をたどるものであった。本書が意図するのは，わが国戦前・戦時期の労働法学が様ざまな課題に応えんとした理論的営為を跡付けることにより，その展開過程を検証することである。

2　検討の時期区分について

(1) 具体的な検討対象の年齢範囲について —— 労働法学における「世代論」に関連させて

　戦前・戦時期の労働法学の展開を追跡しようとする場合，具体的にはいったい誰を，いかなる時間的範囲をもって取り上げるべきであろうか。これについては，労働法学上しばしば語られてきた「世代論」を手掛かりに考えてみたい。

---

(9)　孫田『現代法学全集・労働法』1（日本評論社・1928）「序言」1(213)頁および同『労働法通義』（同前・1929）「序言」1頁。両者は，漢字に総ルビが付されている（前者）か否（後者）かのみの違いしかない，まったく同じ文章である。また孫田・前掲『労働法の開拓者たち』の中扉には，上記重引用の二重カギかっこの言葉が掲げられている。

(10)　孫田・同前『労働法』1および『労働法通義』同前所。

序章　本書の課題と時期区分

　かつて山口浩一郎（1936～）は自らを「第三世代」と位置付けて「戦後労働法学の反省 ── ある第三世代と方法」日本労働協会雑誌 100 号〔1967〕34 頁以下の冒頭で，つぎのようにのべていた（当時同人は，30 歳）。

　「きわめて大ざっぱにふりかえってみて，今日〔1960 年代後半，すなわち今からすでに 50 年ほど前〕，労働法学は戦後すでに三つの世代をもっている。第一世代は戦前すでに基礎法学あるいは市民法学の若き研究者として自立していた世代であり，第二世代は ── 多くは戦後第一世代の指導のもとに ── 労働法学プロパーの研究者として労働法とともに育った層である。第三世代はこれら第二世代の指導のもとに作業をはじめた世代である。第一世代をおそったのは敗戦体験という状況であり価値の転位であった。多かれ少なかれ大正デモクラシーの精神的洗礼をうけてきたこの世代にとっては，しかし，敗戦はむしろ拓けゆく未来，新しい可能性の到来と考えられた。……／第二世代は歴史と最も激しく対決することを強制された世代である。敗戦体験はたんなる価値の転位にとどまらなかった。学徒動員や勤労動員によって昨日まで国家を信じ陣地戦や演習戦に明け暮れていたある朝，突如としてこのような価値が崩壊し，昨日までの価値，自らの過去は今や断罪と清算の対象となった。この世代をおそったのは価値の根本的転換であった。……／……〔これに対し〕第三世代は春闘の記事を教室で読みながら大学をおえた世代である。労働運動はある時期には高揚しある時期には沈滞したが，公平にみてすでに安定した社会制度の一つとなっており，研究者にとっては一つの与件にほかならなかった」。

　ここでは，当時の読者にとって既知ないし周知の事実であったのか，山口がいう労働法学における各「世代」の具体的な生年に着目した集団の範囲や年齢層について示されてはいない。おそらく「第一世代」とは敗戦時 40 歳代以上であった者たちを指し，おそらく「第二世代」とは，山口の東北大学における学部・助手時代の指導教官であった外尾健一（1924～）を含む 1920 年代前半に生を受け，1945（昭和 20）年の敗戦当時，20 歳前後であった者たちをいうのであろう[11]。そして「第三世代」とは自らを中心とした，1920 年代末ないし 30 年代生まれの，世にいう「戦後派」「焼跡闇市派」だということをいわんとしていたのではなかろうか[12]。これに対して外尾と生年をほぼ同じくする蓼

────────────────

[11]　鼎談／語り手：山口浩一郎　聞き手：諏訪康雄・大内伸哉「山口浩一郎先生に聞く」山口浩一郎教授還暦記念文集『いつも笑みをたたえて』（同刊行会・1996〔非公刊〕）100 頁以下および中嶋士元也「山口浩一郎教授の労働法風景」上智法学 45 巻 4 号（2002）4-5 頁。

8

蓼沼謙一（1923～2011）は「戦後労働法学と世代論」現代労働法講座 6 巻『労働協約』（総合労働研究所・1981）「しおり」1-2 頁で，「世代」を区分するに際し，わが国では労働法学が第二次世界大戦・太平洋戦争後に本格的に発展し，今日にいたったことを考慮して，「第一世代」は「敗戦当時すでに自立した研究者となっていた層（戦前労働法の研究に従事し戦時中これを中断して戦後再開した者と，戦前民法などの研究に従事し戦後労働法も手がけるようになったものとがある）と，戦時中に研究者への道を歩み始めていた層から成る」としている。生年に着目すれば，「第一世代」はおおよそ 1890（明治 23）年から 1920（大正 9）年までの年齢層の者たちであるとする。その際に蓼沼はわが国労働法学の創始者である末弘が 1888（明治 21）年生まれであることに着目している（同前所）。確かに，「世代 generation」とは本来的には約 30 年間で区切られた年齢周期ないし集団を意味することからすれば，このような理解はそれに合致する（ただし孫田は 2 年年長の 1886〔明治 19〕年生まれであり，1890 年以降とするのは，少し無理がある）。これに対し「第二世代」は，「戦争が終ってから研究者への道を歩み始め戦後は当分の間はいわば修業時代で，研究業績の提示を期待でき」なかった者たちのことであるとする。その「最先発組は，大学卒業年次でいえば，大部分が戦争中の一九四四（昭一九）年卒業であり，生年でいえば一九二一（大一〇）年前後の生れである。一九四三年一二月の第一回学徒兵役動員の際，旧制大学三年生になったばかりで応召した者は，軍隊にいる間に翌年九月卒業という取扱いをうけることとなったため，研究者への道を歩み始めるのは，戦後復員してから後となった」（同前所）とのべている[13]。要するに戦後労働法学の「第二世代」とは，「戦後第一世代」すなわち，大よそ 1921（大正 10）年以降の 20 年代に出生した者らにより占められ，「第三世代」はほぼ 10 年刻みで 1930 年代生まれの者たちにより構成されていると説明されている。

「第一世代」が 30 年の年齢集団であるのに対し，「第二世代」以降が 10 年単位で区切るのは，提唱者自身も是認するように「バランスを失する」ように思われる。蓼沼は自らの主張を正当化するために「『第一世代』は，ほとんどが敗戦当時すでに自立した研究者だったのであり，かかる者として，戦後の労働法学現象に，年齢の差を超えいわば横一線にならんで取り組むこととなったのである。……戦後の労働法現象は，質量ともに戦前の研究蓄積をもってすれば

---

(12) 都築勉『戦後日本の知識人：丸山眞男とその時代』（世織書房・1995）13-22 頁参照。

(13) 蓼沼自身も，前年（1942〔昭和 17〕年）10 月，東京商大予科を終えて，同・本科（学部）に進学しながら，同二年次であった 1943（昭和 18）年 12 月に学徒動員・臨時招集により横須賀第二海兵団に入団した（「蓼沼謙一名誉教授略年譜」一橋論叢 99 巻 3 号〔1988〕148 頁および同「〈略歴〉」同著作集第 1 巻『労働法基礎理論』〔信山社・2010〕511 頁）。

序章　本書の課題と時期区分

簡単に処理・解明できるというようなものではなかった」(同前稿2頁) とのべて，自らの理解を補強している。

　このような二つの世代論をくらべたとき，蓼沼が指摘しているように，同人がとくに『戦後世代』を，研究者とならんとしてから「一本立ち」するまでの期間を基準に，ほぼ10年ごとに区切ろうとしているのに対し，山口の場合は，区分をなすに際し，「敗戦」ないし戦後「状況」に対する年齢層ごとの「対応」の特色に着目して「世代」を区切っていることに，蓼沼との相違と特徴がある(14)。では，いずれを適当とすべきであろうか。

　もとより世代を論じるとき，その性格上，明確に年次を区切ることはできず，前後の限界領域はあいまいとなろう。しかし第二次世界大戦後の戦後労働法学ではなく，第一次世界大戦後に始まる・日本労働法学の形成・展開のあり様の検討を試みる本書の立場からすれば，「第一世代」を1890(明治23)年から1920(大正9)年までの年齢層の者たちであると捉えることには，違和感がある。まず第一に，末弘や孫田の生年を考慮すれば，第一世代の始まりは5年ほど遡るべきではなかろうか。つぎに末弘と孫田両人と，1900年前後に出生した者たちとの関係に着目したい。たとえば大正年代，わが国初期労働法学において，雇傭契約（民法623条以下）とは区別された「労働契約」概念の把握を提示した平野義太郎 (1897～1980) は，旧制第一高等学校時代，末弘にドイツ語を習い，助手時代は，末弘がその指導教官であった(15)。また戦時中ながらも『日本労働立法の発展』(有斐閣・1942) および『労働法の主要問題』(同・1943) という戦前のわが国労働法学の到達点を示した2著を刊行しただけでなく，社会

────────────

(14) 蓼沼・前掲「戦後労働法学と世代論」2-3頁。なお山口・前掲稿34頁は「第二世代」における心性あるいは心理的傾向について，つぎのように続けている。

　　「彼らは，歴史的には終末があるという『法則』的歴史観〔マルキシズムのことを指すと思われる〕を信じるとともに，既存の価値体系＝体制そのものの否定，『反体制』を価値とした。これをはたすものこそ『戦闘的労働組合』あるいは『階級的労働組合』だった。そこで，この世代は労働運動に異常なまでに強い関心をもった。労働法とともに育ってきたこの世代にとって労働運動は単なる環境でも一研究対象でもなく，それは自らの分身（alter ego）であった」。

　このような先行世代に対する揶揄とも受け取れる批判がなされたことから，これに対し後年，蓼沼・同前稿3-4頁および同「学匠学林：戦後労働法学の思い出②　第二世代」季刊労働法160号 (1991) 115-118頁 (のちに同『戦後労働法学の思い出』〔労働開発研究会・2010〕23-25頁収録) でこれに対する「反論」がなされている。なお山口浩一郎ほか・前掲・鼎談116-119頁のなかで山口は，先行世代への批判を試みたにもかかわらず，当初の予想に反して，学会内からはほとんど何の反応もなく無視されて，いわば拍子抜けしたことなど，当時の自らの心情などを回顧している。

(15) 平野義太郎「末弘厳太郎先生の人と学問」法学セミナー157号 (1969) 107頁。

扶助（福祉）法研究の先達として，日本の社会保障法学の基礎を創った菊池勇夫（1898～1975）の場合も，大学院ではやはり，末弘を指導教授としていた[16]。さらに『労働法原理』（改造社・1932）で，ワイマール・ドイツの従属労働論をめぐる華やかな議論を紹介した津曲蔵之丞（1900～1969）は同書「序文」のなかで，既述のように末弘の「労働法制」講義を受講し，これに関心をもつにいたり，その「諸論著に裨益される所多」かった[17]とのべている。このような者たちに加え，民法を専攻する助手時代に末弘が穂積重遠（1883～1951・民法）とともに始めた東京帝国大学法学部「民事判例研究会」に参加していた吾妻光俊（1903～1973）も含めて，彼らはいわば末弘の弟子たちであった。このような東京帝大出身者のみならず，京都帝国大学法学部に学んだ後藤清（1902～1991）や浅井清信（1902～1992）らも併せたとき，その生年に着目すれば，末弘や孫田とくらべて，彼らに続いて現われた，戦前の「新たな」労働法学徒とのあいだには，約14，5年前後の年齢差がある。すなわち，そこでは，山口が「第二世代」と「第三世代」とのあいだにあるとしたのと同様の関係が存在した。

　第2に，世代を同じくすると理解する際，山口が着目した，歴史的時代状況を共有していたかどうかという観点も重要であろう。1900年前後に生まれた者たちは，第一次世界大戦後の世界的な社会変動とそれにともなう法思潮の変化や借地・借家や小作争議などの紛争を目の当たりにし，山口も指摘しているように，大正デモクラシーという時代思潮のなかで学生時代をすごした。かつて内田義彦（1913～1989・経済学史）は，明治維新（1868〔明治元〕年）以降の近代日本の知識人の世代的分類を行なったことがある。そこでは本書の問題関心によれば，「大正中期以後の社会的動乱に思想的影響をうけた者」を「社会青年」というのに対して，内田自身をふくむ「『講座派』理論の圧倒的影響をうけながら政治的窒息の時代にそれぞれの専門領域で独自な知的活動を開始した者」を「市民社会青年」と呼んでいる[18]。すなわち末弘・孫田から菊池や津曲，後藤そして吾妻など，大正デモクラシーの時代に青春期をすごした者たちが「社会青年」に対応するのに対し，「市民社会青年」とは大正年代に生まれ

---

(16) 菊池勇夫「社会法と私」法政研究の栞 No.2（1957・10）11-14頁および同「社会法講座三十年の回顧」同〔編〕九州大学社会法講座三十周年記念『社会法綜説 —— 労働法・社会保障法・経済法』下巻（有斐閣・1959）1頁。

(17) 津曲・前掲書「序文」11頁。

(18) 内田義彦「知識青年の諸類型」近代日本思想史講座第4巻『知識人の生成と役割』（筑摩書房・1959）所収，その後『日本資本主義の思想像』（岩波書店・1967）103頁以下をへて，同『著作集』第5巻（岩波書店・1988）87頁以下。

序 章 本書の課題と時期区分

た者たち，すなわち蓼沼の分類によれば，「第一世代」に属すべき 1914（大正3）年 5 月生まれの沼田稲次郎（〜 1997）や翌 1915（大正 4）年 1 月に出生し，沼田と学年を同じくした磯田進（〜 2002）について該当しよう。彼らは 1933（昭和 8）年 5 月，文部省が滝川幸辰（1891 〜 1962）京都帝大法学部教授をその著作が共産主義的であるとして，一方的に休職処分とした滝川事件（に対する抗議活動）に入学早々に際会[19]あるいはその翌年に大学に進学した[20]。その後同人らは 1935（昭和 10）年の天皇機関説事件，36（昭和 11）年「講座派」学者に対するコム・アカデミー事件，37（昭和 12）年矢内原事件，38（昭和 13）年教授グループ事件，そして同年から 39（昭和 14）年の河合事件と平賀粛学という大学受難の「暗い谷間の時代」を経験していった[21]。

蓼沼は山口が「第二世代」の特徴としてマルクス主義に対する親和性があると指摘したのに対し，つぎのように反論した。すなわち蓼沼のいう「『第一世代』のなかでも，世界大恐慌（一九二九年）後の資本主義体制の行詰り的状況下で旧制高校・大学生活を送った年齢層〔である沼田や磯田ら〕は，『戦後世代』である『第二世代』と違わないほどの大きく深い影響をマルクシズムからうけているのではなかろうか」（前掲「戦後労働法学と世代論」3 頁），と ── 。確かに，そのようにいうことができよう[22]。しかしそれは自らの意図とは反対に

---

(19) 滝川事件については，松尾尊兌『滝川事件』（岩波現代文庫・2005）を参照。これに抗議して，東大で同年 6 月 17 日に経済・文学両学部が同時に学生大会を開催したのに続き，同月 21 日二号館 31 番教室・美濃部達吉による憲法講義時に，法文経三学部連合学生大会が開催された（滝川事件東大編集委員会〔編〕『私たちの滝川事件』〔新潮社・1985〕参照）。その際に多くの学生が本富士署（もとふじ）の警察官らにより検挙された。磯田進は逮捕を免れたが，その行動の首謀者の一人であった（丸山眞男・福田歓一〔編〕『聞き書・南原繁回顧録』〔東京大学出版会・1989〕167-169 頁）。

(20) 沼田は滝川事件に抗議して「大学を辞めた叛骨のある先生たち」がいたことに惹かれて，京都帝大法学部に進学したとのべていた（「『私の法律学』はどのように生成したか」法学セミナー 265 号〔1977〕のちに『民主主義法学と学者像』〔法律文化社・1982〕181 頁および同「私と法社会学 ── わが法的関心の法社会学的反省」〔法社会学会創立三〇周年記念講演〕日本法社会学会〔編〕『日本の法社会学』〔1979〕のちに同前書 231 頁）。

(21) 都築・前掲書 21 頁。

(22) たとえば 2 度の「飛び級」（小学校第五学年修業および旧制中学校第四学年修業）を経て，東京帝大に進学した（1933〔昭和 8〕年）磯田は一高以来，共青（日本共産青年同盟）の東大細胞のメンバーとして活動し逮捕され，起訴猶予となっている（松沢弘陽・植手通有〔編〕『丸山眞男回顧談』上〔岩波書店・2006〕67-79 頁）。また既述のように，滝川事件の翌年に京都帝大法学部に進学した沼田の場合，旧「四高に入学した年の秋頃からマルクスの社会主義に『かぶれ』はじめ」（沼田文子〔編〕『人間まんだら 沼田稲次郎拾遺』〔旬報社〈私家版〉・1999〕108 頁以下），同校および京都帝大ともに，社研（読書会 RS）のメンバーであり（資料第四高等学校学生運動史刊行会〔編〕『資料第四高等学校学生運動

12

「第二世代」を 1920 年代生まれの者たちからなるとの自身の主張の論拠を揺る
がすことでもあった。すなわち蓼沼が自らを含む「戦後第二世代」と，同人が
「第一世代」に分類する者たちのなかには，その依って立つべき思想的立場を
共通する者がいた。第 3 に，蓼沼が「第一世代」と位置付ける者たちのうち昭
和 10 年前後を学生として過ごした者（磯田や沼田）と，蓼沼ら 1920 年代前半
生まれの者たちとの共通するのは，従軍体験である。「学窓から召集されて"帝
国陸海軍"の軍隊生活を送り，幸運にも生き延びたという共通の経験をもって
いる」(23)といえるのは，個別・具体的に見れば，たとえ従軍体験がなかったと
しても，世代に着目すれば，1910 年代半ばに生まれた労働法学徒らも同様で
ある(24)。そして第四として，蓼沼によれば「戦後労働法学第一世代」にあた
る磯田進は，1939(昭和 14)年に学部を卒業後，2 度の応召を受けながらも，複
数の研究職（東京帝大法学部助手，同東洋文化研究所嘱託および東亜研究所嘱託）
に就いていて，確かに戦時中小品であっても，いくつか民法・法社会学に関す
る業績が見られる(25)。しかし学年を同じくし，「戦後労働法学」をけん引した
沼田稲次郎の場合，大学院（京都帝大〔特選給費生〕1938〔昭和 13〕年 4 月－1939
〔昭和 14〕年 1 月）卒業後，敗戦時まで長く兵役に就いていた(26)。また労働保護
法を中心として，戦後，労働法の啓蒙に活躍した松岡三郎（1915～2003）の場
合，1942(昭和 17)年から 45(昭和 20)年までのあいだ，助手（東京帝大法学部）
に就いていた(27)。いずれも，戦時中労働法学に関する業績を公刊することは，
当然のことかもしれないが，なかった。同人らが研究者として本格的に活動を
始めたのは，敗戦後であった。しかもそれは，蓼沼もいうように戦後労働法学

史』〔総合出版・1976〕69-70 頁および 226-227 頁），また 1934(昭和 9)年，治安維持法違
反で検挙され（不起訴），無期停学処分となり，大学卒業が 1 年遅れた（沼田「歴史と人
生を愁う」学士会会報 782 号〔1989・1〕のちに〔沼田文子〔編〕同前書所収 345 頁〕。な
お同稿は，生前沼田自身が執筆・発表した最後のものである）。

(23) 蓼沼・前掲「第二世代」21 頁。

(24) 蓼沼も指摘する帝国陸・海軍における「下級兵士教育の不条理・人間性無視の恐るべ
き内情」（同前稿 17 頁）については，戦後自ら従軍経験のある野間宏（1915～1991）の
『真空地帯』上・下（岩波文庫・1956〔初出は 1952〕）や大西巨人（1916～2014）の『神
聖喜劇』全 5 巻（光文社文庫・2002〔初出 1978-1980〕）によりリアルに描かれている。

(25) 詳しくは，磯田進教授還暦記念『農村と労働の法社会学』（一粒社・1975）433-434 頁
掲載の同人の「略歴」を参照。

(26) 「沼田稲次郎先生 年譜・著作目録」同還暦記念下巻『労働法の基本問題』（総合労働
研究所・1974）666 頁参照。なお今日では，より詳細な「沼田稲次郎先生の略歴および主
要著作」e-kyodo.sakura.ne.jp/numata/140422profile.pdf がある。

(27) 松岡三郎教授還暦記念『労働基準法の法理』（総合労働研究所・1979）359 頁以下の
「略歴と紹介」参照。

についてであった(28)。

このような諸事実に着目したとき，蓼沼のいう「ほとんどが敗戦当時すでに自立した研究者だった」者たちに加えて，1915(大正4)年前後に生を享けた彼らをも「戦時中に研究者への道を歩み始めていた層」と理解して「第一世代」に含ませることが適切であるとは，思われない。戦前来からの労働法学の歴史を意識したとき，彼らをも「第一世代」に属すると解することは，その呼称が表現する言葉の意味にそぐわないのではなかろうか。「労働法学の第二世代」とは，1920年代生まれと規定するのではなく，むしろ社会一般に「戦中派」といわれ，大よそ大正年代の1915年前後から1920年代末ごろ —— 成人年齢に関する法規定とは異なり，何歳と明確に区切ることは，議論の性格上できないし，また無意味であろう —— までに出生した者たちをさすと理解すべきではなかろうか。このように理解することは，自他ともに「第一世代」に解されていた浅井清信が1960年代半ば，60歳となったとき，「研究をふりかえって」，戦後研究者として世に出た「新進のアプレゲールの労働法学者たち」に対し，自らを含む戦前から民法を中心とした業績を発表したり，より直接的に労働法ないし社会法学を専攻した者を「アバンゲールの労働法学者たち」と位置付けていた(29)ことにも適合する。

結論的にいえば，戦前・戦時期の労働法学の展開を検証する本書においては，

---

(28) 蓼沼「労働法と労働法学の五〇年［1］／戦後労働法学説の原型形成期」労働法律句報1399-400号（1997）6頁は，籾井常喜〔編〕『戦後労働法学説史』（労働旬報社・1996）を取り上げて，編者である籾井が「第三世代」である（1931年3月生まれ）のに対し，ほかの執筆者は，1人をのぞいた15名が19「四〇年代から五〇年代前半生まれであって，第四世代に属する」とのべている。このような理解によれば，私自身（1953〔昭和28〕年生）も「第四世代」 —— 世にいう「七〇年代」に該当する —— の末座につらなる者だということになろうか。思うに「第四世代」に共通するのは，最年長者は大学院生や助手として，多くは学部学生として（臼井敏男『叛逆の時を生きて』〔朝日新聞出版・2010〕参照），そして最年少者は高校生として（小林哲夫『高校紛争一九六九－一九七〇「闘争」の歴史と証言』〔中公新書・2012〕参照），いわゆる学園紛争に遭遇・関与したということであろう。なお1945(昭和20)年2月に出生した毛塚勝利は「労働法学六〇周年に寄せて ——『ポスト戦後労働法学』の三〇年」日本労働法学会誌116号（2010）101頁で「私たちの世代は，『戦後労働法学』を意識し，多くはその清算の上で（断絶か継承かはともかく），新たな労働法学を出発させた」という「意味で，『ポスト戦後労働法学』なのである」と位置付けている。ただし毛塚・同前稿103頁は，「社会科学としての法律学を志向した『戦後労働法学』の視野の広さと志の高さに比べれば，『ポスト戦後労働法学』が，裁判所による事後的紛争処理（裁判規範）の使い勝手のみを重視しがちな実務法書と同様，いかに功利主義的思考に陥っていたか」として，同世代に対する厳しい眼差しを向けている。これについては，別稿として「労働と法・私の論点／労働法学と世代論そして方法論」労働法律句報1885号（2017）4-5頁として，まとめた。併せて参照されたい。

末弘や孫田の生年を考慮すれば，5年ほどさかのぼり 1885(明治 18)年から 1912(明治 45／大正元)年前後までに生まれた者たちを具体的な検討対象として，その理論展開を検討したいと思う(30)。すなわち本書でとりあげるのは，まず日本労働法学の基礎を築いた末弘と孫田の 2 人，そして 1900(明治 33)年前後に出生し，昭和初期に将来の労働法学を担う人材として嘱望され，本書が「新しい労働法学徒」と呼ぶ者たちである。彼らとは，末弘が大学院の指導教官であった菊池勇夫，同じく末弘の謦咳に接し，労働法学を志した津曲蔵之丞，それに京都帝大出身で，多産な執筆活動をした後藤清の 3 人である。また戦前は主に民法学を専攻しながらも，戦時中は，ドイツ法研究ないし労働統制法を通じて労働法学に接近していった吾妻光俊と浅井清信，それから，津曲と勤務先を同じくしながらも，同人とは異なる研究姿勢を戦時期も維持した石崎政一郎 (1895 ～ 1972)の理論的営為についても，注目したい。本書ではこれら 8 人を中心にしながら，戦前・戦時期の労働法学の理論展開を追跡することにしたい。

(2) 戦前・戦時期労働法学の時期区分とそこでの課題

つぎに 1920 年代初めないし大正年代末に始まった日本労働法学のその後の展開を追跡しようとするとき，どのような視点から，いかなる事件や事実に着目して，その時代区分をなすべきであろうか。大よそ 15 年の長きにわたって継続した戦争に敗北した 1945(昭和 20)年 8 月 15 日を一応の区切りと考えれば，戦後 70 年を超えるそれとくらべたとき，戦前・戦時期の労働法学の時間は 30 年に満たない短いものであった。それにもかかわらず，今日では「昭和年代前期」と呼称することもできる，その時代は決して平坦なものではなかった。従来，戦時中ないし戦後，同時代を生きた者らにより，当時の法理論状況を説明するために，つぎのような時代区分に関する議論がみられた。

まず菊池勇夫が 1942(昭和 17)年 5 月に公刊した『日本労働立法の発展』(有斐閣)をとりあげよう。同書は主に「労働立法問題を時事評論として取扱った」

---

(29) 浅井清信教授還暦記念『労働争議法論』(法律文化社・1965) 364 頁(新法学全書月報 7 号〔評論社・1953〕の再録)。また沼田稲次郎とくらべて，学年を 1 年あとにする松岡三郎の書評論文である「労働法の理解のしかた —— 野村平爾著『労働基本権の展開』と沼田稲次郎著『社会法理論の総括』を読んで」季刊労働法 99 号 (1976) 79-86 頁は，冒頭野村 (1902 ～ 1979)を「戦前から労働法学と取組んでこられた，現在では労働法学の最長老」と遇し，沼田を「戦後派としては最古参」としていることもあわせて紹介しておく。

(30) 労働組合の「誓約者集団」論を説いた藤田若雄 (1912 ～ 1977)の場合，年齢的(明治 45／大正元年生)には本書が想定する「第一世代」と「第二世代」の限界領域に位置する。しかし同人が研究職に就いたのは，戦後 1947(昭和 22)年になってからであったことを考慮すれば，「第二世代」に入ると取り扱うべきではなかろうか。

序 章　本書の課題と時期区分

数多くの論考を中心にして構成されたものである。日本労働法学会初代代表理事であったことから，1971（昭和46）年，労働法学会創立20周年を記念して「労働法の戦前の回想と将来の展望」をのべるよう要請された際，菊池は同書を手掛かりに回顧している[31]。同書は，明治初期から昭和初期までを扱う「我国に於ける社会立法の発達」[32]で「明治初年より明治二十年代までは社会立法時代以前に属し，明治三十年以後に社会立法時代が開始して居り」，大正年間は「社会立法の発達期であり，昭和年代は社会立法の沈滞期を経て最近における転換の傾向を示す時期に及んで居る」（26頁）と総括している。そこでは「昭和十二年支那事変勃発後大東亜戦争直前迄の戦時労務統制法」とし，それに連続する「高度国防国家における労働政策の特色，殊に勤労新体制の諸問題を考察した」部分をもって第一篇としている。そのあと遡及して『支那事変以後』の動向を扱ったものを第二編に集め，『満州事変前後』を第三篇で扱っている（「序」1-2頁）。これらの多くは，旧東京帝大の「帝国大学新聞」および「九州帝国大学新聞」両紙に発表された時事評論的な解説記事が中心となっている。そのことから同書は，その時どきの社会立法の動向を通じて，わが国戦前・戦時期の社会状況を垣間見させるものとなっている。すなわち菊池は大正年間を「社会立法の発達期」とし，昭和年代初期の「社会立法の沈滞期」をへた労働法の動向について，その後日中戦争勃発から太平洋戦争へという日本の対外戦争の推移に即して時代の画期と捉えている。

　つぎに戦前わが国では，労働法と社会保障法分野の法規定，とくに社会保険法との区別が不分明な状況におかれていた。主に社会福祉について講じた吉田久一（1915〜2005）はその著作集1『日本社会福祉思想史』（川島書店・1989）506頁で，戦時期の厚生事業思想については，(1)満州事変後の1933（昭和8）年以降，(2)日中戦争勃発と厚生事業思想への移行，(3)1939（昭和14）年から1942（昭和17）年に至る厚生事業思想の成立，そして(4)1943（昭和18）年から敗戦にかけての厚生事業思想の破産・崩壊の時期という4つに分けている[33]。また今日とは異なり，労働法や社会保障法と同じく「社会法」範疇のなかに捉

---

(31) 菊池勇夫「労働法学五十年の素描」日本労働法学会誌37号（1971）19頁。

(32) 同稿の原題は「我国に於ける社会立法の発達 —— 労働立法を中心として」といい，国家学会五十周年記念『国家学論集』（有斐閣・1937）に発表されたものであった。

(33) 菊池勇夫も「社会保険法の対象と本質」『杉山〔直治郎〕教授還暦祝賀論文集』（有斐閣・1942）319-369頁のちに同『社会保障法の形成』（同・1970）139-183頁に収録で，戦前日本の社会保険立法の発達を「明治時代のいわば前史の時期」「大正中期より昭和初頭の健康保険立法を中心とする時期」「満州事変以後の国民健康保険立法を中心とする時期」「支那事変（及び太平洋戦争）下の社会保険整備の時期」の4つに分けて概観している（143-162頁）。

えられていた経済法の場合は，どうであろうか。戦後労働法学についても多く発言することになる峯村光郎（みねむらてるお）（1906～1978）は，その著書『経済法』（ダイヤモンド社・1941）55頁で，「重要産業ノ統制ニ関スル法律」（1931（昭和6）年4月1日公布，8月11日施行）に始まる，わが国経済法の発達は当時大きく，三つの時期に区分していた。第1期は満州事変勃発の年である1931（昭和6）年から1936（昭和11）年までを「景気政策的統制経済法」の時代とし，第2期は翌年7月「支那事変」勃発までの「準戦時的統制経済の時代」であり，そして第3期はそれ以降の「戦時統制経済法」の時代としていた。第1期における経済法は，1929年秋アメリカのウォール街での株価大暴落に始まり，それが日本を含む世界に波及した恐慌の克服を目指した景気対策のためのものであった。これに対し，第2期・第3期の場合は，軍事目的に従属したものであった。また戦前・戦後を通じてわが国民法学をリードした我妻栄（1897～1973）は戦後，「戦時経済統制立法の推移を，わが国の経済の再建という角度から考察」し，「戦後の経済立法を，わが国における資本主義経済組織の変遷に即して攻究すること」にある（同前書「序」3頁）との観点から論じた『経済再建と統制立法』（有斐閣・1948）[34]20-45頁で，わが国の戦時統制経済法は，4期に分けることができるとした。すなわち第1期は日支事変勃発から第二次欧州大戦が始まる〔1939年9月〕までの「軍需資材生産増強の時代」（1937-1939），第2期は，第二次欧州大戦から約一年間の「物価統制中心の時代」（1940），第3期は太平洋戦争が始まるまでの「国内経済の再編成時代」（1941），そして第4期は太平洋戦争開戦後の「国家の総経済力の発揮時代」（1941-1945）であるとしている。

　このように敗戦前を中心に，社会法と総称された各法分野の議論のなかで示された時代区分は，何をもって歴史区分の画期とするのかは，論者により理解を異にする。しかしその一方で，ここに紹介した議論には共通することがある。それは，各論者はわが国の対外戦争の推移・展開に関係させて，時期区分を考えようとの姿勢をとっている点である。すなわち戦前とくに戦時期の社会立法の発達は日本の戦争遂行と密接に関連し，それに対応して議論も自ずと変化せざるをえなかった。このように昭和期前期を含めて，戦前の日本社会全体が対外戦争を契機に，大きく転回していった。とくに昭和年代は1931（昭和6）年9月18日の柳条湖事件を契機とする満州事変，翌1932（昭和7）年1月の上海事変，そして1937（昭和12）年7月の盧溝橋事件を契機とする日中戦争をへて，1941（昭和16）年12月8日の真珠湾攻撃に始まる太平洋戦争から1945（昭和20）年8

---

(34) その原型は敗戦直後，法学協会雑誌64巻1号-7号（1946）に連載された「戦時経済統制立法の帰趨」(1)-(7)であった。

序 章 本書の課題と時期区分

月の敗戦にいたる，今日では十五年戦争ともいわれるような長期間の戦争継続のなかで経過していった。しかし 1932 (昭和 7) 年から 1936 (昭和 11) 年までの日本は，準戦時体制であったとしても，戦時経済ではなく，平時の経済体制のもとにあった[35]。すなわち満州事変以降，日本は国際的に孤立し，国内では農業恐慌が深刻化し，政治テロが横行するなか，軍部や右翼により盛んに「非常時」といわれながらも，日中戦争勃発前の時期は，国民生活はいまだ戦争体制とはなっておらず，人びとは必ずしも戦時期にあることを意識することなく日常生活を送っていた[36]。

このようなことを考慮すれば，戦前・戦中期における労働法ないし社会法理論の展開を追跡するに際しても，1937 (昭和 12) 年の日華「事変」から宣戦布告のない日中間の全面戦争への進展，そして 1941 (昭和 16) 年 12 月以降の米英を中心とした太平洋戦争 —— 当時は「大東亜戦争」と命名・呼称された —— を，それぞれ時期区分の重要な指標として着目することが適当であろう。また戦前日本の法律学は労働法学にかぎらず，いずれもその時どきの社会情勢，とくにわが国の戦時体制の展開に敏感に反応して，その議論を変貌させていった。

(3) 本書の構成と概要

そこで本書では，このような事情を踏まえて，わが国労働法学「第一世代」に属する者たちによる議論の展開を検討するに際し，つぎのように時代区分をして考察したいと思う[37]。

---

(35) 加藤陽子『満州事変から日中戦争へ（日本近現代史⑤）（岩波新書・2007) 220-221 頁。

(36) 当時の人びとの生活の様子については，たとえば青木宏一郎『軍国昭和東京庶民の楽しみ』（中央公論社・2008) において描かれている。

(37) 「明治維新から〔アジア太平洋戦争〕敗戦に至る約 80 年間のわが国の経済および政治との関係において，国家法の構造とを分析することを目的とする」(「編集委員のことば」)と謳った『講座日本近代法発達史 —— 資本主義と法の発展』1-11 巻（以後，未刊）（勁草書房・1958 ～ 1967) は，大きく「第一期 法体制準備期（明治元年～明治二一年)」「第二期 法体制確立期（明治二二年～大正三年)」「第三期 法体制再編期（大正四年～昭和六年)」「第四期 法体制崩壊期（昭和七年～敗戦)」という 4 つの時期に区分している。上記時期区分中の第三期を扱う沼田稲次郎「労働法」同前書第 5 巻（同・1958) 第三章「法体制再編期における労働法」49／255 頁以下は，主に第一次世界大戦後の日本資本主義の展開と労働立法，とくに昭和期初期の労働組合法制定の動きを追跡している。次いで第四期を対象とする野村平爾・島田信義「労働法（法体制崩壊期)」同前書第 8 巻（同・1959) 1／215 頁以下の第一章「団結権立法の不承認と労働組合運動の変質」は，昭和 4年 7 月に成立した浜口内閣のもとでの労働組合法制定の挫折から昭和 14 年の産業報国会運動の強化・拡大による既存労働組合の解散までを扱い，第二章「労働者保護法から労務統制法へ」は同じ時期における労働保護立法の変質を取り上げている。そして第三章「戦時体制下における労務統制法」は 1937 (昭和 12) 年 7 月の日中戦争以降，太平洋戦争によ

まず第1期は，末弘と孫田が欧米留学から帰国し，日本で労働法学を講じ始めた1920年代初め，大正年代の終わりから昭和に入って間もなくの，後年「大正デモクラシー」と呼ばれた社会思潮に覆われていた時代である。昭和年代初頭，『現代法学全集』の出版活動と，その成功や法律時報誌の創刊は，大正デモクラシー法学の延長線上に位置する出来事であったといってもよいかもしれない。これを**第1章**「わが国労働法学の生誕 —— 末弘厳太郎と孫田秀春」としたい。既述のように，『大正デモクラシー期の新しい法学』（石田眞）の典型である労働法学は，2年7か月の留学から帰国した末弘により，翌年の1921（大正10）年に開講された。大正年代最後の年である1926（大正15）年に刊行された末弘の『労働法研究』（改造社）は，これに先立ち出版された孫田の『労働法総論』（同・1924）とともに，わが国労働法学が本格的に始まったことを示すものであった。また同章では労働法学が決して末弘と孫田のみにより担われていたのではなく，同じくヨーロッパにおける新たな法動向である労働法ないし社会法に関心を向けながらも，今日では「忘れられた労働法学者」となった者たちの存在にも，目を向けたいと思う。

　つぎに第2期は，1931（昭和6）年9月18日，中国東北部・奉天（現・瀋陽）郊外の柳条湖で関東軍が南満州鉄道（満鉄）の線路を爆破し，これを中国軍による謀略である主張して満州全土を短期間のうちに支配下においた満州事変から，その半年後には中華民国から独立した「満洲国」が建国され，その後支配領域を拡大し，1937（昭和12）年7月7日，北京郊外の盧溝橋付近における夜間訓練に際しての中華民国正規軍との軍事衝突から全面戦争（日中戦争）にいたった盧溝橋事件までの約6年間である。当時「準戦時体制」といわれた時期に相当する。本書では，**第2章**「昭和年代初期『非常時』における労働法学の展開（1931年9月〜1937年7月）」として扱う。ここでは，末弘・孫田らに続く「新たな労働法学徒」として，菊池勇夫，津曲蔵之丞そして後藤清の3人の学問形成と理論的営為を探ることが主要な課題である。これら3人に共通するのは，外国法，とくにドイツ法理について，ナチスが台頭するなか，ワイマール時代のそれとを対比させながら，わが国の社会立法の現実化と理論的考察の進展に努めんとした学問姿勢にあるように思われる。

　そして第3期は，日中戦争の時代である。この時代は，**第3章**「準戦時から

る戦時体制下での労務統制法の有りようを扱っている。

　なお近時，川口由彦『日本近代法制史』第2版（新世社・2014）4-15頁は，明治維新以降のわが国近代法制史を大きく「維新期」（1868年〜1879年），「近代法期」（1880年〜1904年）および「現代法期」（1905年〜1945年）の3期に分け，さらに後二者を3つの時期に細分している。

国家総動員体制への展開のなかでの社会・労働法学（1937年7月〜1941年12月）」として取り扱う。1937（昭和12）年7月の偶発的な中国軍との軍事衝突が短期間で収束せず，互いに宣戦布告することなく，本格的な戦争状態に突入し，しかも当初の軍部の目論見に反して泥沼化していった時期である。国民生活も「準戦時体制」として統制経済のもとにおかれるにいたった。翌1938（昭和13）年春の国家総動員法の制定と施行にともない，労働法学は労務統制法として，政府の対外戦争遂行に全面的に協力する侍女としての役割をはたすことになっていく。すなわち，ナチス・ドイツ法制に批判的な眼差しを向けていた労働法学徒らは，日中戦争勃発の翌春以降，自国の戦争遂行を擁護する言動を明らかにしていく。それは一方では，統制経済法の体系化を推進したり，また他方従来の社会法にかわる「厚生法」なるものが主張された。またわが国労働法学の黎明期を担った末弘や孫田が労働法ないし社会法学から離れていった時代でもある。孫田は親ナチス擁護の姿勢を積極的に示すが，発言の機会は少なくなっていった。これに対し末弘は，労働法学と並んで若き日の留学時代からの関心のあった法社会学に転じて，中国東北部における慣行調査を指導する一方，諸外国の法制度の模倣や亜流ではない日本法理の探究に従事していく。

　第4期は，中国大陸での戦争を継続させながら，1941（昭和16）年12月8日〔日本時間〕の連合艦隊の真珠湾攻撃および陸軍マレー半島上陸により，戦域を太平洋領域にまで拡大させていった大平洋戦争期である。この時期の理論的営為を，**第4章「太平洋戦争下での社会法学（1941年12月〜1945年8月）── 総力戦遂行の実現をめざして」**として検討する。わが国はそれ以前に増して，国内の生産体制を戦争遂行の実現に向けなければならなかった。戦時経済への移行が進むとともに，人的・物的資源の需給調整のための統制経済が拡大していく。統制は，広範な委任立法として制定された膨大な諸法令により実現した。そこでは，「公益優先」の統制経済法の体系化を図ったり，国民徴用を推進・合理化する労務配置が積極的に論じられた。国民貧困層に対する厚生事業となった社会扶助は，物的資源と並ぶ人的資源の養成をはかるための法として位置付けられた。労働法学は，対外戦争が長期化し，しだいに国民生活水準が低下どころか落下するなかで，諸外国との対外戦争を継続させながら労働者の生活の安定を図るという矛盾を「日本的勤労観」という精神論で対応したり，聖徳太子の「十七条憲法」や，さらには「古事記」「日本書紀」を持ちだして，国民皆労働実現のイデオロギー構築を試行した。

　このように戦時期の労働法ないし社会法学を追跡する第2期から第4期までは，十五年戦争ともいわれる，アジア太平洋戦争の時代と重なる。そして最後は，1945（昭和20）年8月14日，ポツダム宣言を受諾して，日本が敗戦を迎え

てから6年ほどの時間範囲を対象とする。これを本書では，**第5章**「労働法学の再出発——敗戦とそれぞれの対応」として扱う。労働法学は，戦時期の議論をいかに総括したのか。各章で考察・検討した労働法学徒は日本が太平洋戦争に敗北し，その労働統制法を含む国家総動員体制が崩壊したことをどのように受けとめたのか。また戦後新たな法制度のもと，いかなる法理を構築しようとしたのかを検討したい。それは各前章で理解しえたのと同様に，各自それぞれ異なるものであった[38]。なお本書では，労働法学がいかに体系構築されたかということも，重要な関心事である。これについては**補章**「わが国労働法学の体系化の試行」として，末弘，孫田および菊池の3人の業績に即して検討する。また戦争末期の津曲の素案についても紹介する。

　それでは，わが国労働法学の足跡をたどる時空間を超える旅へと向かうことにしよう。読者には，よろしくお付き合い願いたい。

---

(38) 以上のような本書の時期区分は，最近，法制史学（日本近代法史）にいう「戦時法」という理解・理論枠組みに近接するように思われる。すなわち小野博司・出口雄一・松本尚子〔編〕『戦時体制と法学者1931～1952』（国際書院・2016）14-15頁によれば，それは「第二次世界大戦をはさむ戦時体制下の法を指している。……具体的には，日中戦争・太平洋戦争をはさんで広範な経済統制が敷かれる時期をなるべく広めにとり，重要産業統制法が成立し，満州事変が勃発した1931年を起点とし，連合国軍による占領管理が終結する1952年を終点とする時期の法体制や法学を分析の対象とする」。これに対し戦前・戦時期の労働法学（社会法学）の展開を追跡する本書では，すでに本文で記したように満州事変および満洲国の創設にとどまらず，それから遡る大正年代後期から昭和年代初期の「大正デモクラシー」期から，英米をはじめとする連合国との太平洋戦争の終結期までを考察の対象とする。また戦後期についても言及するが，それはあくまでも「戦時と戦後のあいだ」として位置付けるべきものと理解している。小野ほか〔編〕同前書は，アメリカを中心とした連合国による占領が終り，日本がふたたび独立を回復したサン・フランシスコ平和条約の締結（1951〔昭和26〕年9月8日署名）と発効（52〔昭和27〕年4月28日）をもって「戦争状態」が終結したと捉えている。しかし本書は，従来の労働法学における一般的理解にしたがって，同時期は戦後労働法学の初期段階として位置付けたい。なお，これについては，籾井・前掲書（本章注(28)）「序章」11頁以下における籾井の時期区分と，これに対する蓼沼・前掲論文（本章注(28)）6-14頁からの異論提出を参照されたい。

◆第1章◆　わが国労働法学の生誕
―― 大正デモクラシー期の末弘厳太郎と孫田秀春

　わが国にとっては「欧州大戦」であった第一次世界大戦（1914年7月～1918年11月）を契機に，日本は繊維産業のみならず，従来低調であった重工業（鉄鋼，造船等）や化学工業も飛躍的に発展した。しかし同大戦に引き続いてなされた「シベリア出兵」―― 1918(大正7)年8月から1922(大正11)年10月まで継続した ―― とほぼ同時期に米価暴騰に対する民衆の不満が爆発し，米屋や資産家の家を襲撃したり，これを阻止しようとした警官や交番を襲う「米騒動」が日本の各地に起こった。それは，民衆自身による生活擁護闘争であったが，シベリア出兵への反対運動でもあった。眼を外に転じれば，前年（1917年11月）にはロシア(十月)革命により社会主義国家が歴史上初めて出現し，国際連盟やILO（国際労働機構）が設立された。このような国内外の社会・政治状況を背景に，労働組合が急速に結成されていった。1919(大正8)年107であった組合数は，1923(大正12)年432に達した[1]。

　日本における労働法学は，既述のように末弘厳太郎が東京帝国大学法学部で卒業に必要な単位とは無関係な随意科目として「労働法制」の名称で，1921(大正10)年10月に開講され，これに遅れること3年，1924(大正13)年4月（か？），東京商科大学（現・一橋大学）でも，孫田秀春が正規科目として「労働法」の講義を始めた。

◆第1節　末弘の米欧における在外研究と孫田秀春との邂逅

1　末弘の米欧留学の経緯
　末弘[2]は1917(大正6)年11月，文部省より民法研究のためにスイス・フランス・イタリア・アメリカへの3か年の留学を命じられ，翌年2月19日，「横浜解纜の春洋丸で渡米の途についた」[3]。東京帝国大学法学部独法科出身[4]で，「現行民法ノ規定ヲ中心トシテ広ク債権ノ発生原因ヲ研究スル」（序説2頁）ことが目的であると謳った，当時としてはめずらしい横組，本文1116頁にも及

---

(1) 松尾尊兊『大正デモクラシー』（岩波書店・1974）174-178頁。

第 1 章　わが国労働法学の生誕

(2)　末弘の日本における法学形成・発展への貢献を論じるものとしては，法律時報 23 巻 11
号（1951）末弘追悼号に掲載された諸論考に加えて，磯田進ほか「座談会／穂積法学・末
弘法学の分析と批判」法社会学 2 号（1952）53-83 頁，戒能通孝「末弘厳太郎／日本の法
学を創った人々」法学セミナー 55 号（1960）58-63 頁，川島武宜「末弘厳太郎先生の法
学理論」法学セミナー 71 号（1962）2-13 頁のちに同『科学としての法律学』（弘文堂・
1964）ついで同著作集第 1 巻『法社会学』1（岩波書店・1982）330-360 頁，平野義太郎
「末弘厳太郎先生の人と学問」法学セミナー 157 号（1969）106-113 頁，潮見俊隆「末弘
厳太郎」潮見・利谷信義〔編〕法学セミナー増刊『日本の法学者』（日本評論社・1974）
335-365 頁，甲斐道太郎「末弘法学論 —— 方法論と『物権法』を中心に」法律時報 50 巻
13 号（1978）『臨時増刊創刊五〇周年記念・昭和の法と法学』15-21 頁，そして磯村哲
「市民法学 —— 社会法学の展開と構造」（下）『講座日本近代法発達史 —— 資本主義と法の
発展』10 巻（勁草書房・1959）のちに同『社会法学の展開と構造』（日本評論社・1975）
62-117 頁がある。また和仁陽「日本民法学者のプロフィール④末弘厳太郎 1888 ～ 1951
—— 日本民法学史の自作自演者」法学教室 178 号（1995）72-73 頁は，簡にして要を得た
記述である。同所は磯村・前掲書について末弘法学に関する「見事なまでに透徹したモノ
グラフィ」と評している（ただし同書は，末弘法学を戦前から戦後にいたる一貫した理論
体系として，捉えるものであり，本書と理解を異にする）。そのほかに，最近のものとし
ては，法律時報誌創刊 60 年記念号（60 巻 13 号〔1988〕）および 70 年記念号（70 巻 13 号
〔1998〕）における論考や座談会，そして今世紀に入ってからも，吉田克己「社会変動期の
日本民法学 —— 鳩山秀夫と末弘厳太郎」北大法学論集 52 巻 5 号（2002）261-300 頁や，
高橋眞「『市民法学』の意義と民法典」池田恒男・高橋眞〔編〕『現代市民法学と民法典』
（日本評論社・2012）127-175 頁がある。高橋・同前稿とくに 147-154 頁は，磯村・前掲
書を手掛かりとしながら，「市民法学」の継承のあり方を探り，杉本好央「末弘厳太郎の
判例論 —— 20 世紀初頭のドイツにおける議論と対比して」池田・高橋〔編〕同前書 207-
231 頁も，表題の課題を検討している。

(3)　平野・前掲論文 111 頁。ただしそれは，前年（1917〔大正 6〕年の 10 月 25 日）に内定し
ていた（東京大学百年史編集委員会『東京大学百年史』部局史一〔東京大学出版会・
1986〕第一編「法学部」158 頁）。末弘がアメリカのシカゴまでのたどった旅程は，その 2
年前，1915（大正 4）年 4 月 7 日に安芸丸（日本郵船）に乗船し，カナダ・ヴィクトリアを
へて，アメリカ・シアトルに上陸し（同月 23 日），シカゴ（同月 31 日）を経由してニュー
ヨークに向かった（5 月 3 日着），早稲田大学の中村萬吉（1883 ～ 1938・民法）—— 後年
（1926〔大正 15〕年，野村平爾（1902 ～ 1979）の指導教授となる —— のそれとほぼ同じで
あったと思われる。それゆえに途中の船内や客車の有り様や主要都市の風景等については，
同人の留学旅行記である『貧乏留学生の日記』（日東出版社・1923）により，知ることが
できる。同人の経歴については，中村宗雄「〔中村萬吉〕追悼記念論文集刊行の辞」早稲
田法学 19 巻（1940）1-3 頁参照。またその主要業績については，「中村萬吉博士著書目録」
同前誌 1-2 頁に掲載されている。それによれば，香川県に生まれ，早稲田大学文学科哲学
専攻を 1906（明治 39）年に卒業し，一時「操觚界」＝ジャーナリズムの世界に身をおいた
が，高等学校卒業検定試験をへて東京帝大法科大学に入学し，1912（明治 45）年 —— 1 年留
年して，末弘と同学年であった（野村平爾〔聞き手：潮見俊隆・島田信義・清水誠・長谷
川正安〕『民主主義法学に生きて』〔日本評論社・1976〕26 頁）—— に卒業したのち，
1914（大正 3）年に母校である早稲田大学の講師となった。同人は 1915（大正 4）年 4 月民法

第1節　末弘の米欧における在外研究と孫田秀春との邂逅

ぶ浩瀚なドイツ法流の解釈書である『債権各論〔合本〕』（有斐閣・1918）[5]を，その帰国前に刊行した末弘が留学先として，何故にアメリカを選んだのであろうか。それは，他の多くの日本人研究者と同様に，当時ヨーロッパが，1914年7月28日オーストリア＝ハンガリー帝国によりセルビアに宣戦布告して勃発した第一次世界大戦中であったために，ドイツに赴くことができなかったことによる（同前・世界大戦は，末弘がアメリカ滞在中の1918年11月11日に終結した）。このことを末弘自身，つぎのように説明していた[6]。

　「私の頃は留学といえば殆どドイツに行くと決まっていたのですが，私のときには第一次大戦の最中でドイツに行けないので，ちょうど〔同僚である〕高柳〔賢三〕君〔1887〜1967・英米法〕がシカゴにいるからシカゴに行っ

研究のため，早稲田大学より海外留学を命じられ，主にアメリカおよびスイスに滞在し，1918（大正7）年2月末に帰国した（中村萬吉・同前書〔『貧乏留学生の日記』〕参照）。

(4) 末弘（1888〔明治21〕年11月30日生）は1912（明治45）年7月10日，東京帝国大学法科大学校を成績優秀者5名のうちの1人として卒業し，同日大学院特選給費生2名のうちの1人として大学院に進学し（前掲『東京大学百年史』部局史一142頁），1914（大正3）年7月，「従来ノ例ニ依ラス教授トスルノ予定ナクシテト云フ条件ノ下ニ」民法専攻の助教授として任用された（同前書148頁）。その理由の詳細は不明であるが，末弘は講座制のもと，民法先任教授であった土方寧（1859〜1939）から嫌われていたという。1915（大正4）年，京都帝大より転任した石坂音四郎が1917（大正6）年に急死したことなどの事情のためか，末弘は1920（大正9）年に教授に昇任し，民法第三講座担任となった（以上，七戸克彦「九州帝国大学法文学部と吉野作造 —— 九州帝国大学法文学部内訌事件の調停者」〔2・完〕法政研究（九州大学）84巻1号〔2017〕92-95頁）。留学への出発当時，末弘は29歳であった。末弘の戦前のそれを含めた経歴については，川島武宜〔編〕『嘘の効用』下（冨山房・1994）437頁以下に収録されている「末弘厳太郎略年譜」 —— 向山寛夫執筆によるものか？（459頁「編集部付記」参照）—— を参照。ただしそこでは1944〔昭和19〕年および48〔昭和23〕の両年について，一切言及がないのは，何故か。他の年次の記述が詳しいだけに不自然である。末弘の生い立ちや家庭環境，とくに大審院判事であった父親・末弘厳石（すえひろ・いかし〔いづし〕1858〜1922）からの影響やその家族構成，また旧制第一高等学校在学時の様子については，七戸克彦「末弘厳太郎の青春 —— 新渡戸稲造一高校長排斥事件の煽動者」法政研究82巻2・3号（2015）399-450頁に詳しい。

(5) 平野義太郎「社会科学者・末弘厳太郎」法律時報23巻11号（1951）4頁。また生前の末弘が戦前に刊行した書籍は，出版社や版型が異なるものであれ，「装丁を撃剣装束に似させ，紺木綿の上製綴」に統一されていた（同前所）。

(6) 日本評論社〔編〕『日本の法学』（日本評論社・1950）49頁（末弘発言）。末弘は同時期，土方学長から「『英米法というものは，わからぬものだ』という教えを受けて，出発した」と同旨のことを述懐していた（末弘述『法律社会学』六本佳平・吉野勇『末弘厳太郎と日本の法社会学』〔東京大学出版会・2007〕収録12-13頁）。また同じことは末弘「法窓雑記」同『法窓漫筆』（日本評論社・1933）4頁や46-47頁でも，アメリカ留学のことに関連して言及されている。

25

第1章　わが国労働法学の生誕

て一つ初めから英米法を本式に勉強してみたいといって，当時学長だった
土方〔寧〕先生〔英法〕[7]のところに相談に行ったところ，先生は頭からお
前のような者が今更勉強しても英米法が分かるものかというご挨拶で，恐
れいったことがあります」。

　法学部における同僚である高柳は，1915(大正4)年7月「英米法研究のため
満3か年間米国へ留学することを命ぜら」れ，「右，期間完了後さらに英，仏，
独，伊，瑞において満2か年研究を継続」することを承認された[8]。したがっ
て当時高柳はボストン郊外（ケンブリッジ）のハーヴァード大学で2年過ごし
た[9]あと，シカゴに滞在していたものと思われる[10]。そして，末弘にとって，
これ以後経験する学問的回心のすべてについて，高柳の「導き」により実現す
ることになる[11]。まず，それまでドイツ流の法解釈学に慣れ親しんでいた末

---

(7) 昭和10年代，東大経済学部内の「派閥抗争」（竹内洋『大学という病：東大紛擾と教授
　　群像』〔中公叢書・2001〕に詳しい）における学部長であるとともに，紛争当事者で，一
　　方の派閥の長（革新派）であり，「平賀粛学」によって休職処分（期間満了後，免官）と
　　なり，東大を追われた土方成美（1890〜1975・理論経済学・財政学）は，同人の女婿で
　　ある。

(8) 前掲『東京大学百年史』部局史一151頁。高柳の略歴と主要業績については，同人の退
　　職を記念する成蹊大学政治経済論叢17巻3・4号（1968）306-317頁に記されている。

(9) 高柳賢三「ハァヴァド・ロウ・スクウル」〔原題は「栄光に輝く学園／法学界の大立物
　　パウンド教授」帝国大学新聞昭和11・4・27号（同『復刻版』〔不二出版・1985〕10巻
　　174頁）（同『独裁制と法律思想 —— 現代欧米の法律思潮』〔河出書房・1938〕374-375頁）
　　は「其処で満2年間判例又判例で，昼夜分かたず勉強させられた。この間英米判例法の技
　　術と精神とに，如実にふれることが出来たのは，私の最大の収穫であった。……そして帝
　　大在学中は割合呑気に暮した私も，『刻苦勉励』の言葉が妥当する勉強振り，我ながら顧
　　みて感服するばかりである」と述懐している。

(10) これは，1887(明治30)年から1889(明治32)年にかけての3年間，慶応義塾大学で英
　　米法を講じたウィグモア John Henry Wigmore (1863〜1943) がシカゴ郊外の「エヴァ
　　ンストン」（同人が教鞭をとったノース・ウェスタン大学の所在地）に居住していたこと
　　から，高柳が同人を訪ねてシカゴに赴いたことによるのではないかと思われる（高柳
　　「ジョン・ウイグモアの世界法系論」同『現代法律思想の研究』〔改造社・1927〕）所収
　　「はしがき」681頁）。なお同人は1935(昭和10)年4月，再来日している（高柳賢三「ウィ
　　グモア先生について —— 人格と学識と事業」法律時報7巻6号〔1935〕7-11頁）。

(11) 末弘は自らの経験や新たな研究分野の発見に関連して，繰り返し高柳の名をあげてい
　　る。これに対し，高柳の側からは末弘のことについて言及しているのは，晩年になってか
　　らである。すなわち高柳は（聞き手）伊藤正己・田中英夫「高柳賢三先生にきく —— 日本
　　における英米法研究の足跡をたどる」(2)書斎の窓98号（1962）4-5頁および同(4)101号
　　（1962）4-6頁で，末弘からアメリカ留学に際し，どこに行くべきか相談されたことや，
　　後述するが，スイスにいたエールリッヒを語学教師として紹介したことなどを語っている。

26

弘は日本とはまったく異なるケース・メソッド case method という教育方法に接して，ショックを受けた。末弘自身は，最初に受講した不法行為 tort の因果関係論を例につぎのように説明していた[12]。

> 「これまで因果関係というと，原因から結果への関係，それを相当因果関係という訳で，然るべきところで切をつける，それがわれわれにとっての問題であるように考えさせられていたのです。ところが，ケース　メソッドによって教えられてみると，事は全くぎゃくで，凡そ一定の結果に対する責任を被告に帰することが合理的であるかどうかが問題である，つまり因果関係というよりは寧ろ帰責関係というべき問題だということが分かったのです。……いかめしい形で，いくら抽象的な理屈をこねてみても事の真相はつかめない。それよりは今までと全く反対に個々の具体的に物事を考えることを通して普遍的な原理を求めるのでなければ，駄目だということに気づ」いた。

すなわち抽象的な原理から演繹的に具体的な結論を導くのではなく，具体的な事案を分析することにより，帰納的に抽象的な原理に到達するという発想に接して，末弘は「大ゲサにいうと，この時から以後，ドイツの解釈法学とお別れする決心をした訳です」と続けている[13]。これが帰国後，判例研究の提唱

　ただし当時すでに 40 年ほど時間が経過しているためであろうか，内容的に後述する末弘らから見た感想と一部離齬が見られる。
(12)　日本評論社〔編〕・前掲書 50-51 頁（末弘発言）。
(13)　同前所。末弘・前掲「法窓雑記」同・前掲『法窓漫筆』8 頁によれば，高柳は末弘につぎのように説明していたという。
　　　「ケース・メソッドは禅の修業に類似した教育方法である。先生は教へないで唯公案を与へる。公案を与へて考へさせる。さうして公案を与へつゝ老師の与へるヒントによつて自ら悟りに赴くやうにさせる所に禅の修業の本旨がある。ケース・メソッドは畢竟これと同じ所をねらつた教育方法である」。
　　ケース・メソッドについては，ほかに末弘「暴政は人を皮肉ならしむ」大阪毎日新聞 1923(大正 12)年 1 月のちに同・前掲『法窓閑話』381-396 頁や「法窓雑記」同『法窓漫筆』（日本評論社・1933）4-8 頁でも言及されている。
　　なお吾妻光俊（1903 ～ 1973）── 本書第 3 章以下で取り上げる ── の長兄であり，末弘と同じく父親が大審院判事（当時，部長）であった横田正俊（1899 ～ 1984）のエッセイ「末弘厳太郎先生と私」ジュリスト 217 号（1961）20 頁は，(旧制) 一高撃剣（＝剣道）部主催で開催された末弘外遊歓送会の席上，同人が一高英法科（文科甲類）に所属しているというと，末弘から「法科は独法でなければ駄目ですよ」といわれ，東京帝大に進学し，独法科に転科したところ，帰国した末弘から「いまの独法は駄目ですよ。これからは英法を大いに勉強しなければ」といわれ，末弘がかつての歓送会のいきさつなどすっかり忘れており，その応答には「全く唖然とするほかなかった」と回顧している（同「恩師の思い

第 1 章 わが国労働法学の生誕

として現われることになる(14)。

そして末弘にとって,アメリカ滞在を通じて得た,もう一つの成果が労働法
への関心であった。この点について,末弘ははじめから社会問題や労働問題と
いうことから労働法に興味をもっていたのではなく,「極めて偶然に労働法を
発見し,そこから逆に労働法の背景となっている社会経済事情や労働問題に関
心をもつようになった」とのべている(15)。それはまず,アメリカ滞在中,憲
法のケース・ブックのなかに掲載されている労働立法に関する違憲判決に興味
をもったことに始まったという(16)。その年(1918年)の10月,末弘はフランス
に渡った(17)。「フランスの田舎に行って勉強したらと言われて」―― 誰の助言
かは不明 ――,末弘はパリではなく,南東部に位置し,古くからの金融市場で
あり,19世紀初頭以降絹織物・繊維産業で栄えた,フランス第二の都市リヨ
ンに赴いた。そこでも,労働法に関してピック Paul Pic (1862〜1944) がいて,
当時労働法研究が盛んであった(18)。また比較法学のランベール Edouard

　　出」〔1〕学士会会報4号〔1969〕51頁にも,同旨の記述がある)。末弘の,よくいえば
　　進取の気性,悪くいえば,物事に飽きっぽく,移り気な様子を示すエピソードである。そ
　　して,このようなことは,今後,様ざまな場面でしばしば目撃することになろう。
(14) なお末弘の帰国後,我妻栄もまた,その在外研究に際してドイツ(ベルリン)に赴く
　　前に1923(大正12)年6月から翌1924(大正13)年3月までの8か月ほどのあいだ,ウィス
　　コンシン州マディソン,ついで同州シカゴ(シカゴ大学)に滞在した(我妻洋・唄孝一
　　〔編〕『我妻栄先生の人と足跡』〔信山社・1993〕7-9頁)。
(15) 前掲『日本の法学』100-101頁(末弘発言)。
(16) 同前所。
(17) 潮見・前掲稿339頁。末弘述「法律社会学」〔1949〕六本・吉田〔編〕前掲書収録20頁
　　は「わずか10カ月ほどのアメリカの間でありました」とのべているが,渡航期間を考慮
　　すれば,潮見・同前所がいう「半年あまりのアメリカ滞在」という方が適切であろう。さ
　　らにその言によれば,この間,末弘は隣国のカナダにも出かけていたようである。あるい
　　はシカゴからヨーロッパに向かう途中同地に立ち寄り,その後鉄路で,ふたたび国境を越
　　えてニューヨークへと進んで,そこからフランスへ渡航したのではないかと推測する。す
　　なわち,やはり高柳からアメリカのルイジアナ州と並んで,「カナダの東の方」―― ケ
　　ベック州を指すのか,ニュー・ブランズウィック州をも含むのかは不明 ―― ではフランス
　　法の「影響がはっきり残っておる」ということを聞き,「カナダまでわざわざ行って,ほ
　　とんど1ヶ月」滞在し,「本を読んだり,人に話を聞いたりした」とのべている(「末弘
　　『法社会学』」同前所)。そして末弘「子福者に勲章を与える法律の話」中央法律新報1号
　　(1921)のちに同『法窓閑話』(改造社・1925)収録209頁に「天気のいい日曜日などにケ
　　ベック州の中心地たるモントリオール市の裏山にある天然公園を散歩すると,……」とい
　　う記述が見出せる。これは同市内の中心に広がるモン・ロワイヤル(マウント・ロイヤ
　　ル)公園のことであり,末弘は,その山の麓にキャンパスの広がる,1821年創立のカナ
　　ダで最も古い歴史を誇る,マギル大学 McGill University(英語系)法学部に立ち寄り,
　　同地に滞在したのではないかと推測する。

28

第1節　末弘の米欧における在外研究と孫田秀春との邂逅

Lambert（1866 ～ 1947）もおり，末弘は二人の「ちっともわからない講義を聴」いたとのべている[19]。しかし末弘がリヨンに留まっていたのは，長い期間ではなかった。本人いわく「フランスには 1 年半，ほとんど 2 年」滞在したが，その「留学期の大部分は，実はいわゆる学問をしないで，講和会議の事務所で手伝いをしていた」と回顧している[20]。すなわち第一次世界大戦が終結（1918年 11 月 11 日）した翌年 1 月 18 日からヴェルサイユ条約が締結された同年 6 月28 日までのパリ講和会議に出席していた日本全権団から，労働問題について諮問を受けた[21]。すなわち，講和会議では国際労働法制問題も取り上げられ，その審議の成果はヴェルサイユ条約「第 13 篇　労働」（387 条から 427 条）として結実し，またこれを基礎に ILO（国際労働機関 International Labour Organization）が成立した[22]。このことを末弘は戦後，つぎのように述懐している[23]。

---

(18) 後年，末弘はピックの Traité élémentaire de legislation industrielle, Les lois ouvrières, 6e éd. の邦訳刊行（『労働法』上・下〔協調会・1937〕）を紹介した文章（「新刊批評／ピック教授の『労働法』について」社会政策時報 146 号〔1937〕364-366 頁）の末尾で，第一次世界大戦が終わった年の 12 月，当時のリヨン総領事（木島孝蔵）に紹介され，ピックに会い，その後半年ほどのあいだ，同人の講義を聴いたとのべている。

(19) 末弘述・前掲「法律社会学」（1949）20 頁。リヨンは周知のように，古くは梅謙次郎（1860 ～ 1910）が留学し（1886-1889），後年，東北大学で労働法を講じた石崎政一郎（1895 ～ 1972）が学んだ（1924-1928）ところ（同古稀記念『現代ヨーロッパ法の動向』〔勁草書房・1968〕「石崎政一郎先生略歴」375 頁参照）でもある。

(20) 前掲「末弘述『法律社会学』」21 頁。

(21) 前掲「末弘略年譜」（前掲・川島〔編〕末弘『嘘の効用』下）438 頁は（大正）「8 年（1919）30 歳　〔末弘〕ドイツ滞在中……」と記されている（下線は引用者）が，これはフランスの誤りである。

(22) 中山和久〔編著〕『教材・国際労働法』（三省堂・1998）14 頁以下。詳しくは，工藤誠爾『史録 ILO 誕生記 ── 日本はどう対応したか』（日本労働協会・1988）を参照。ほかにILO 成立について論及するものには，古くは前田多門『国際労働』（岩波書店・1927），戦後では飼手真吾・戸田義男『ILO 国際労働機関』（日本労働協会・1960）等多数ある。

(23) 前掲『日本の法学』101 頁（末弘発言）。平野・前掲「社会科学者」3 頁は，末弘が「パリ講和会議で激しい国際競争の現実を観察し，また労働法学を研究した」としている。また前掲「末弘『法律社会学』」21 頁にも，このことを「人間の努力によって新しい世界秩序を創っていく仕事を眼の前にみることができたことはまことに感銘深かった」と語っている。なお潮見・前掲稿 340 頁にも，これとまったく同旨の記述がある。六本・吉田〔編〕前掲書「はしがき」ii 頁によれば，前掲「末弘『法律社会学』」速記録原本は末弘が1941（昭和 16）年に行なった「法律社会学」講義のためのメモ書きとともに，渡辺洋三（1921 ～ 2006）から 1996（平成 8）年に手渡されたという。おそらく潮見は渡辺から借用したか，それ以前に所持していたのかもしれない（同人自身，末弘講義に参加していたことも大いにありえたであろう），あるいは両人の指導教官であった川島武宜（1909 ～ 1992・民法・法社会学）から借用して，同前稿執筆に際し，利用したということも考えられよう。

29

第1章　わが国労働法学の生誕

「講和條約[ママ]の中に第十三編として労働条項が入るようになった関係上，貧弱ながら私の労働問題並〔び〕に労働法に関する知識がお役に立った一方，私自らとしてこの時初めて労働問題の国内並〔び〕に国際的な政治的面に接触する機会を与えられて，かなり広い視野から労働法を考えることができた訳です。それに当時私はすでにアメリカ法学の影響を受けて法社会学的な考え方が強くなっていましたから，各国の具体的な政治・経済・社会事情に即して考えてみなければならないと考えて，不完全ながら随分その方面の努力をしました」。

　末弘は1920（大正9）年1月10日付の内閣辞令により条約実施委員を命じられたが，その任務は当地での平和条約実施に関する研究会への参加であったという[24]。そして1年半あまりのフランス滞在も，講和会議事務所での仕事が終わったことから，末弘は次に向かったのは，イタリアをへて（その旅程は，不明である），スイスのベルンであった[25]。

2　スイス・ベルンにおける末弘と孫田との邂逅

　同地[26]には，当時ドイツに本格的に赴く前，一時的に滞在していた旧知の孫田秀春がいた[27]。1915（大正4）年5月に東京帝国大学法科大学独法科を卒業

　　いずれにせよ，潮見・前掲稿は，活字化される前の前掲「末弘『法律社会学』」速記録に基づいて執筆されたものと推測される。

[24]　同前「末弘『法律社会学』」21頁および前掲「末弘略年譜」438頁。なおパリ講和会議での日本全権団からの「諮問」受諾と内閣辞令とのあいだには，1年ほどの時間的ずれがあるが，両者の関係はどのように理解すればよいのであろうか。

[25]　末弘の旅行好きについて，同人没後直後に，鮎沢巌ほか「座談会／人間・末弘厳太郎を語る」法律時報23巻11号（1951）67-68頁（我妻・平野および三藤正発言）が，末弘は"ベデカー"Badedeker（ドイツの旅行案内書。英語版もあったようだ）を車内等で現地到着前に熟読したうえで，着いてからは，一人自由に徒歩で歩いたことなどが語られている。

[26]　1年3か月ほどニューヨークに滞在していた中村萬吉が第一次世界大戦中の翌1916（大正5）年8月中旬，アメリカを離れ，イギリスとフランスを経由して同年9月13日にベルンに到着した（中村・前掲書152-171頁）。それゆえに翌1917（大正6）年11月4日まで同地に1年2か月ほど滞在したことから，当時のニューヨークやロンドン，パリにくらべて「美は美なれども，その小規模にして且田舎臭い」（同前書170頁）ベルンの様子については，中村・同前書169-241頁により，知ることができる。なお同人は帰路，ロンドンまでは往路と同じく，いまだドイツおよびオーストリア帝国との大戦中のパリを経由して1917（大正5）年12月18日にイギリスにたどり着いたのち，同地を離れ，ドイツの潜水艦攻撃を心配しながら喜望峰を経て翌18（大正7）年2月22日に東京に無事帰着した（同前書302頁）。

30

第 1 節　末弘の米欧における在外研究と孫田秀春との邂逅

—— 1910〔明治 43〕年 7 月入学・その後一年間病気休学 —— した孫田[28]は 1918〔大正 7〕年 11 月，東京高等商業学校以来，戦前長く東京商大で民法を講じた三潴信三（1879 〜 1937・東京帝大法学部教授)[29]の推挙により，同校に講師（ただし当初は非常勤，「法学通論」担当）として赴任した。そして翌 1919(大正 8)年 9 月，同人は同校教授に任官したが，同年 12 月には，文部省在外研究員として欧州に旅立った[30]。孫田は 1923(大正 12)年 5 月に帰国するまで約 3 年半ものあいだドイツを中心にヨーロッパに滞在した[31]。その間の様子や事情につ

---

(27)　孫田の経歴については，孫田自ら記した詳しいそれ（「孫田秀春略歴 —— 先生ご提出」）が同米寿祝賀記念論集『経営と労働の法理』（専修大学出版部・1975）551-554 頁に掲載されている。

(28)　それ以前の経歴については，孫田自ら『私の一生』（高文堂出版社・1974）13-57 頁で語っている。

(29)　三潴は 1915(大正 4)年から 1937(昭和 12)年に急逝するまで 22 年間にわたり，東京商大の学部・予科で担保物権法，契約各論および民法総論等を講じた（田中誠二〔司会〕ほか「座談会／一橋法学の七十五年」一橋論叢 24 巻 4 号〔1950〕130-131 頁）。同前所ではドイツ法学研究者として令名高かったが，民法学者としても著名であったとする。しかし同人は東京帝大では独法講座を担当し，業績のほとんどは民法に関するものでありながらも，戦前の「講座制」のもと，民法を講ずることができず，また本書第 2 章で言及する「内訌事件」以後，専任担当者のいなくなった九州帝大で，兼任講師として長く，民法講義を担当した（七戸・前掲「九州帝国大学法文学部と吉野作造」〔2 完〕91-95 頁を参照）。なお東京商大にとって三潴は，1920(大正 9)年の大学昇格の前後に孫田とともに，商法の本間喜一を教官として推挙して，一橋の私法学の基礎を構築するに貢献したとされる（蓼沼謙一「一橋学問の伝統と反省／民法及び労働法」一橋論叢 34 巻 4 号〔1955〕217-218 頁，好美清光「民法〔財産法〕」一橋大学学園史刊行委員会〔編〕『一橋大学学問史』〔一橋大学・1986〕607 頁）。

(30)　前掲「孫田略歴」551-552 頁によれば，正式には 1920(大正 9)年 4 月に「法律学研究のため仏・瑞・独諸国に留学を命ぜられ」たものであった。しかし当時孫田は勝田主計（1869 〜 1948）—— 大正から昭和戦前期にかけて大蔵次官をへて，朝鮮銀行総裁や大蔵大臣等を歴任した。また若き頃，同郷の俳人・正岡子規（1867 〜 1902）と交友関係があった（森まゆみ『子規の音』〔新潮社・2017〕67-68 頁等）—— の訪欧随員となることが決まっており，「学校の許可も得ていた」ので前年末に渡欧を実行したとしている。東京帝国大学卒業後，東京高商（当時）に赴任するまであいだ岩手県属に続き，孫田が勤務していた朝鮮銀行・調査局（同丸の内支店〔東京〕内）入社の便宜をあたえたという勝田についての言及は，孫田の同「略歴」同前所以外には記述がなく，その経緯については一切不明である。

(31)　ただし孫田『私の一生』（高文堂出版社・1974）84 頁では「三月四日帰朝」と記載されている。それは，日本に帰国したのではなく，帰国に向けて，ドイツを離れたという意味かと思われる。なお以下，孫田の経歴やその言動については，その自叙伝的な性質をもつ同前書と，同じく，同『労働法の開拓者たち：労働法四十年の思い出』（実業之日本社・1959）を主たる「資料」として，言及することも多かろう。ただし自伝というものが一般

第1章　わが国労働法学の生誕

いては，孫田自身がたびたび語っている。すなわち1920年1月末，42日間の航海を終えフランスのマルセイユに上陸し，孫田はリヨン，ジュネーブを経て2月4日にスイスのベルンに到着し1か月ほど同地にとどまった。その後第一次大戦直後の「ドイツ入りは危険」との警告を無視して，「勧銀〔旧「日本勧業銀行」〕の友人〔具体的氏名不明〕と二人で」3月2日朝にベルリンに到着し，その後6月末まで滞在したが，その間，ヴェルサイユ条約批准に反対する一部軍人らによるクー・デタ，カップ一揆（3月13日）とそれに対抗する労働組合のゼネ・スト（同月17日）に遭遇している。一旦ベルンに戻り，孫田が「再度ベルリン入りした」のは，同年7月末であった[32]。

　そして孫田はヨーロッパで最初に滞在したベルンにて1920（大正9）年7月，エールリッヒ Eugen Ehrlich（1862～1922）から，同人がイタリアに赴く一方，孫田自身もドイツへと旅立つまでの1か月ほどの短いあいだ，6，7回法社会学について「差し向かいで懇ろな指導」を受けている[33]。しかし，そのような機縁をえられたのは，同年6月末（日付不明），留学を終えて帰国の途次，フランスおよびイタリアをへて，ドイツに向かわんとしていた末弘厳太郎がベルンに立ち寄ったことによるものであった[34]。孫田は末弘からアメリカのケー

的に自己肯定的かつ顕示的であるとともに，自身に不都合なことについては黙過ないし簡略に扱ったりするなど，自ずとバイアスのかかった記述となりがちである。この点については，孫田の場合も例外ではないことに注意したい。

(32) 詳しくは，同前『労働法の開拓者たち』55-61頁。

(33) 同前書15頁以下 ―― なお，同書では「ベルン」と「ベルリン」とが誤植のためか混用されていて，同書を読むにあたっては，孫田の在欧時期に照らして一体どちらを指すのか文脈を意識して読解する必要がある ―― および同・前掲『私の一生』60頁以下。しかし「労働法学者訪問記／如何なる動機で労働法を専攻するに至ったか！(1) 孫田秀春氏」労働立法2巻1号（1935・2）71頁では，「4，5回訪問して指導を受け」たとされている。このインタヴュー記事の方が戦後の回顧録にくらべて，帰国後のより近接した時期になされたものであり，むしろこちらの方に信憑性があるようにも思われる。

(34) 孫田・同前『労働法の開拓者たち』8頁は，このことについて「何しろ一高以来のえらい先輩であり，また旧知の間柄であったので，私は取るものも採りあえず博士……の許へ伺候した。」（下線は引用者）とのべている。それにしても，何故に孫田は末弘に対し，このような卑遜な表現をするのであろうか。生年は孫田の方が末弘よりもむしろ2年ほど早く，学年は3年年長であった。その背景には，孫田は山形県立米沢中学校を卒業（1905〔明治38〕年3月）後，仙台医学専門学校 ―― 近代中国の小説家であり，かつ思想家である魯迅（1881～1936）が留学した，のちの東北大学医学部の前身 ―― に進学しながらも，途中退学（1907〔明治40〕年4月）し（孫田・前掲「略歴」551頁），第一高等学校独法科に入学した（同年9月）ときには，すでに満21歳となっていた。一方，2歳年下であったが，当時同校最上級学年である3年生として在籍していたのが『末弘ガンちゃん』（孫田・同前書376-377頁）であった。さらに孫田は既述のように病気休学により大学卒業が

32

ス・メソッドのことやフランスのデュギー Léon Duguit（1859 ～ 1928・公法）
の著書を読むように薦められる一方，ヨーロッパでの研究課題を問われ，雇傭
契約と答えたところ，末弘からは「なるほど雇傭契約の研究もいいが，もう少
し視野を拡めて考えてみてはどうか……」といわれたと述懐している。当時，
孫田は末弘の意図を十分に理解できなかったようであるが，末弘は労働法を念
頭に置いて，そのような発言をしたようだ[35]。孫田は，そのときのことを戦
後になってから，「一九二〇（大正九）年六月末，若葉したたる陽春の候……末
弘博士は三〔ママ〕年の留学期間を終え，帰朝間際にフランスからイタリアを廻り，
北上して，これこそ真に颯爽と〔スイス〕ベルンの街に姿を現わした」ので
あったと講談調にのべている[36]。そして孫田にとっては，末弘からアメリカ
の新たな法の動向を聞いたことが，ドイツ（ベルリン）にてカスケルのもとで
労働法学を研究したことと併せて，帰国後末弘のそれ（1921〔大正 10〕年 10 月）
に次いで，1924（大正 13）年 4 月より労働法を講じることの主要な契機となった
のである[37]。ただし帰国途上の末弘にとってベルンを訪れたのは，孫田に再
会するためではなく，むしろ法社会学の開祖たるエールリッヒ[38]に会うため
であった。それは末弘が途中立ち寄ったイタリアで，高柳賢三からエールリッ
ヒがスイスのベルンに滞在していることを苦労して知るにいたったとの情報を
えたことにより実現したものであった[39]。当時，エールリッヒは，第一次世

1 年遅れて，卒業年度は末弘の 3 年後輩となった。孫田は末弘に対して「学問の上では十
年の先輩として師事してきた」（孫田・同前書 345 頁）とものべている。ただしそのよう
な事情が後々まで，両者の交友関係のみならず，学問的なそれにも微妙な影を投げかけ続
けたように思われる。

(35) それゆえに孫田は，わが国労働法学の発祥は末弘の東大での「労働法制」開講ではな
く，それに先立つスイス・ベルンでの同人との会合の日であったと考えたいとしている
（同前書 14 頁）。

(36) 孫田・前掲『労働法の開拓者たち』8 頁。

(37) 同前書 14 頁。

(38) 同人に関する評伝的事実ついては，小野秀誠『法学上の発見と民法』（信山社・2016）
145-147 頁を参照。

(39) 孫田・前掲『労働法の開拓者たち』15 頁。末弘は戦後（1949〔昭和 24〕年 2 月 26 日，
同述「法律社会学」〔1949〕六本・吉田〔編〕前掲書収録 25 頁）で，たまたま訪れたベル
ンにて，エールリッヒに出会うことができたかのごとくのべている。しかしそれは事実に
相違して，自らに都合よく脚色してのべたものである。エールリッヒの居所をようやく探
知した高柳は，その印象をつぎのように記している（同「エールリッヒ『法社会学』の
序」法学協会雑誌 40 巻 1 号〔1922〕10-11 頁）。
　　『純粋学者風の風采をもつた氏は日本でも氏の著書を味ふてくれる日のあることを非常
によろこんだ。……氏は非常に語学の才能があると見え，七ヶ国語を自由に操り，そ
れから，十七，八ヶ国語を読む。氏の『法社会学』の材料はみなオリジナルによつた

第1章　わが国労働法学の生誕

界大戦によるオーストラリア＝ハンガリー帝国解体のためにチェルノヴィッツ大学（ハプスブルグ帝国直轄領ブコヴィナの首都〔現ウクライナ西部〕にあった）を離れてスイスで流浪の生活を送っていた。そして同人については，アメリカでロスコー・パウンド Roscoe Pound（1870 ～ 1964）らにより，その論文が英訳され，ドイツ語圏をしのぐ影響が拡大していた[40]。このように末弘にとって，法社会学に関心をもつにいたったのがアメリカ留学の第3の成果であった。エールリッヒとの会見を終えて，末弘はおそらくドイツへと北上したのであろうが，ドイツでは上杉慎吉（1878 ～ 1929・憲法）── 吉野作造の民本主義に対抗し，また美濃部達吉の天皇機関説と対立した ── とともにワイマール憲法を研究したとされる[41]。ただし，末弘のドイツ滞在は7月から8月にかけての精々1か月程度ではなかったかと推測する。その後，往路とは異なり，おそらく再びパリを経由してマルセイユからインド洋経由で ── シベリア鉄道を利用しようにも，いまだロシアは内戦状態で利用できなかったと思われる ── 帰国の途につき，末弘は 1920（大正9）年9月25日に約2年半の留学から帰国した[42]。そして帰国後，末弘が民法学分野についてはもちろん，従来のドイツ概念法学に基づく法解釈のあり方を根底的に批判し，また新たな判例研究のあり方を提唱し，これを実践したことなど，わが国法律学のあり方を根本的に革新して，当時の法学研究者に大いなる驚愕と共感を呼び起こしていったことは，周知のように繰り返し言及されてきた[43]。

　それから今一つ重要な挿話として，末弘の提案により，同年6月（末ないし

──────────

　　 もので翻訳によつたものは一つもない。……氏の英語も決してブロークンでなくて立派なもので，ことに英法のテクニカルタームをマスターしていたのは私を驚かす」。

(40) E. エールリッヒ／河上倫逸・M. フーブリヒト(訳)『法社会学の基礎理論』（みすず書房・1984）「訳者あとがき」588-589 頁（河上）。

(41) 平野・前掲「社会科学者」(本章注(5)) 5 頁。ただし末弘が上杉とともに，いったいどのような研究をしたのかは不明である。前掲「末弘『法律社会学』」8 頁では，上杉にとっては「二度目の洋行」で，アメリカを経由してドイツに来たが，社会学に興味をもち，アメリカで多くの社会学の本も購入していた。帰国後，同人は法学部で社会学の講義を担当したいとの希望をもったが，実現しなかったとのべている。また同前稿 26 頁では，末弘自身のこととして，「ドイツの労働法は時間もなかったから，ドイツで勉強しませんでした」とのべている。なお前掲『東京大学百年史』部局史一 170 頁によれば，1920（大正9）年1月「上杉教授の欧米出張，三月より九月までを承認（三月出発）」および同前書 172 頁は「十一月　二日……上杉教授帰国」と記されている。

(42) 前掲「末弘略年譜」438 頁。なお高柳も，同月帰国している（前掲『東京大学百年史』部局史一 171 頁）。そして，その翌年（1921〔大正10〕年4月，両人はともに教授に昇任している（同前書 173 頁）。末弘の場合，教授昇格としないことを条件に採用された（本章注(4)参照）にもかかわらず，教授となったことの詳しい事情は，不明。

第1節　末弘の米欧における在外研究と孫田秀春との邂逅

7月初め？）エールリッヒをホテル――「スイス・ホテル」という名称――での晩餐に招待し，しばし歓談をしたということについても言及しておきたい[44]。そこに同席したのは，孫田，末弘両人のほかには，宮本英脩（1882～1944・刑

---

(43) 水本浩・平井一雄〔編〕『日本民法学史・通史』（信山社・1997）181-188頁（水本）は，末弘の米欧留学から帰国したのちの「民法学史の転換の観点」からみた業績として，「在来の概念法学の体系書と異なる社会性豊かな体系の民法学」を具現した『物権法』上巻（有斐閣・1921）の刊行（戦後，一粒社より復刊〔1960〕）と，東京帝大法学部内で穂積重遠の協力をえて「民法判例研究会」を設立したことをあげ，その契機となったのは，アメリカで「ケース・メソッド」に出会い，経験したことであり，「エールリッヒ法思想の核心を会得」したことであったとしている。また留学から帰国当初，末弘は，労働問題と並んで，農村問題にも重大な関心を寄せていた。それは『労働法研究』の2年前に刊行された『農村法律問題』（改造社・1924）として，結実している（同書は，明治大正農政経済名著集16〔農文協・1977〕として復刻された）。

(44) 孫田・前掲『労働法の開拓者たち』18頁。末弘は戦後（1949〔昭和24〕年2月26日），これについて，つぎのように語っている（同述「法律社会学」〔1949〕六本・吉田〔編〕前掲書収録25頁）。少し長くなるが，参考までに引用する。

　　「ここで非常におもしろい話がありますから，ちょっとお話しておきますが，ベルンに偶然行ってみると，……既に戦争が済んで〔1918年11月〕から1年以上経っているのに，……日本の法律家がたくさんいる。彼らは戦争中，潜航艇の危険〔ドイツの潜水艦Uボート U-boat による商船攻撃のことか〕を冒してスイスへ渡って，ドイツの法律を読んでいた。これが，戦争がすんで一年経って，なおかつスイスを去らない。つまり，ドイツには革命〔1919年1月のスパルタカス団蜂起のことか〕が起って，これを眼の前に見たら実に感慨無量だと思うときに，ベルンでドイツの注釈書を読んでいた（笑声）。法律家の名前を言うと，そこらにたくさんおられるから，言わない（笑声）。そのときに驚いたことは，エールリッヒ先生に〔日本の法律学の〕先生方はドイツ語を習っていることを発見した。エールリッヒをドイツ語の先生と思っていた。ところが，あの方はルーマニアの人で，ドイツ語は変なんだそうですね。決して誉むべきドイツ語じゃないと思うのです。……〔当時アメリカで，パウンドなどにより，その法社会学が注目されていた，〕そういうことを知らないでエールリッヒをドイツ語の先生にしていたという事実を，発見した。私は実に喜びまして，〔法社会学者としての〕エールリッヒに会いに行きました」。

末弘が留学を終えて帰国の途時に立ち寄ったベルンで遭遇した「日本の法律家」たちとは孫田らのことを指しているのではなかろうか。新たな法学の知識と教育方法を自らのものとした末弘の眼には，彼らが法律学の世界的動向に疎く，旧態以前のドイツ流の概念法学に留まっていると映ったのかもしれない。しかし限られた受講者を前にしての「講義」であれ（吉田勇「末弘講義『法律社会学』の成立経緯と講義内容」六本・吉田〔編〕同前書141頁は「およそ30人」と推定している），はたしてこのように，露骨な軽侮感をもって語られるべきものなのであろうか。なお末弘がベルンに行ったのは既述のように「偶然」ではなく，その前に立ち寄ったイタリアで，アメリカ（シカゴ大学）でも世話になった同僚の高柳賢三からエールリッヒがベルンにいるとの情報を知らされ，同人に会うことがその主要目的であったと思われる。高柳・聞き手：伊藤正己・田中英夫・前掲「高柳賢

事法・のちに京大教授）[45]，森山武市郎（1891〜1947・民法・労働法，のちに明治大学教授・控訴院検事長）および大谷美隆（1894〜1963・民法・憲法，のちに明治大学および専修大学教授）の3人であったとする[46]。そこでは，将来の法学の重点は労働法になろうことで会食者の意見が一致したという。孫田にとっては，このような二つの出来事が帰国後の労働法研究へと向かうことの契機になったのであろう[47]。

さて1920（大正9）年夏，孫田がスイス・ベルンからドイツの首都ベルリンに本格的に居を移し，翌年秋にカスケルの門をたたくまでの約1年のあいだ，どのように過ごしていたのであろうか。それは必ずしも明らかではないが，同人の言によれば，まずはエールリッヒの指示により，アントン・メンガー Anton Menger（1841〜1906）――わが国では，戦前に森戸辰男が翻訳した『全労働収益権史論』（1886）などで著名であった[48]――やギールケ Otto von Gierke（1841〜1921）[49]の『私法の団体的職分』やフルドの『民法と社会政策』，ブランク『ドイツ民法の社会的傾向』などドイツ民法第一草案に関する著書のほか，

> 三先生に聞く」（4）5頁は，エールリッヒについて「敝衣破帽というような姿でエミグレ〔émigré 亡命者の意〕」であったことから，同人に経済的援助をするという趣旨で末弘らに「レッスンをとらせて，少し金ができるように工夫した」とのべている。末弘も，自己の行動を都合よく潤色して語っていたように思われる。

（45）宮本英脩著作集『補巻』（成文堂・1996）の巻末（228-229頁）に付された同人の「略歴」によれば，1919（大正8）年10月19日「留学に出発」し（アメリカ合衆国，フランス，スイス，ドイツ），1921（大正10）年12月6日「帰学」したと記されている。ただし同人は刑法に関わる論文および体系書以外には，ほとんど文書を残していない（鈴木茂嗣「宮本英脩の刑事法理論」同前書所収25頁注（1））ことから，同人から見たエールリッヒとの会食の様子を知ることはできない。また鈴木・同前稿17頁によれば，宮本の名前は正しくは「ひでなが」であるが，ほとんどの人は「えいしゅう」と呼んでいたという。

（46）ただし会食者の正確な氏名および人数は不明である。すなわち森山武市郎「労働法学の開拓を為した人々――独逸留学中に於ける独逸労働法諸大家の思ひ出」労働立法1巻1号（1934）101頁によれば，同席したメンバーの一人について大谷ではなく，「岩田教授」であったとする。また前掲「労働法学者訪問記（1）孫田」71頁では，森山，宮本および大谷に加えて「岩田新氏」と明示され，末弘および孫田に加えてこれら4人の名が記されている。岩田博士追悼録出版事業委員会〔編〕『岩田先生を偲んで』（岩田会・1966〔非公刊〕）巻末に掲載されている同人の「略歴」123頁によれば，孫田にとって東京商大の同僚である岩田（1881〜1947・民法，東京商大教授のちに中央大学教授）は1920（大正9）年3月「民法研究のためフランス・ドイツ・スペイン・イギリス・イタリアに出発」し，1923（大正12）年5月，「在外研究地より帰国」した――孫田とほぼ同時期ということになろう――と記されている。孫田と岩田は後年，「白票事件」を契機とする東京商大における内紛のなかで対立することになる。そのような事情から，戦後刊行された著書（前掲『労働法の開拓者たち』）のなかで，孫田はあえて同人の名を略したのであろうか。

（47）孫田・前掲『労働法の開拓者たち』8-13頁，15-18頁。

第1節　末弘の米欧における在外研究と孫田秀春との邂逅

ベルンに到着して早々に見出したヘーデマン Justus Wihelm Hedeman（1878
〜1963）の『民法と現代』（1919）などを読み返すことにより，当時民法が直
面していた社会問題などについて，思いをめぐらしていたと回顧している[50]。
しかし，その過程でとくにメンガーとギールケの主張が真っ向から対立するも
のであったことから，孫田はいずれの説が正しいのか思い悩むにいたったとの
べている。すなわち孫田の言によれば，「メンガーは社会化によって究極は公
法だけになるというのであり，ギールケは反対に社会化によって法の性格が変
わっていくだけで，公法独裁といったような考え方は賛成できないという」[51]
ものであった。こうして孫田は，民法のみの研究だけでは，このような問題に
答えを見出すことができないと考えたがゆえに，ベルリン大学で労働法を講じ
るカスケルの私邸を訪問するにいたったと説明している。ただし孫田自身の言
によれば，第一次世界大戦に際して日本はドイツの敵国となったためか，孫田
の同地滞在期間中の3年間，大学に入学することを許されなかったことから，
ベルリン大学に籍をおくことはなかったという。それゆえに，私宅での「個人
教授」という方法でカスケルから「相対で，個人的指導を受けた」とのべてい
る[52]。孫田がカスケルの許を訪れたのは先にのべたように「一九二一年の夏
も過ぎた北欧の冷々したうつ陶しい頃おい」〔ルビは原文〕[53]の午後1時半頃で
あった。孫田が通されたのは「二十坪位もあったろうか，部厚い赤い絨毯を
敷き詰めたいとも豪奢な応接間であった」が，そこに「四十四・五のでっぷ
りした大男がにこやかに現われた。その態度は至って如才なく，案にたがい極
めて平民的な応対振りであ」ったと，孫田は述懐している[54]。こうして孫田
は毎週2回，1923年3月にドイツを離れるまでの約1年半ほどのあいだ「応

---

(48) 同人の生涯と学説については，簡潔にして，要をえた喜多了祐「アントン・メンガー」
　　一橋論叢51巻4号（1961）50頁以下を参照。なお，そのなかで同人は「久しい以前」に
　　孫田から「メンガー法学の問題性について教示された」と述懐している（52頁）。
(49) ギールケについては，平野義太郎『民法に於けるローマ思想とゲルマン思想』（有斐
　　閣・1924）をはじめ，石田文次郎『オットー・ギールケ』（三省堂・1935）など，戦前来
　　すでに多くの文献がある。
(50) 孫田・前掲『労働法の開拓者たち』115頁。
(51) 同前書117頁。
(52) 同前書123頁。またカスケルは当時，いまだベルリン大学「正教授」（1925年就任）
　　ではなく，「院外教授」（1920年）であった（久保敬治『フーゴ・ジンツハイマーとドイ
　　ツ労働法』〔信山社・1998〕218頁）ことから研究室を大学内にもっていなかったのでは
　　なかろうか。
(53) 孫田・同前『労働法の開拓者たち』118頁。
(54) 同前書118-119頁。あとで引用する森山の描くカスケル像と共通するところがある
　　（同前書116頁にカスケルの肖像写真が掲載されている）。

37

第1章 わが国労働法学の生誕

接間の三・四倍はあろう広々とした大きな部屋，真紅の絨毯が敷きつめられ，分厚な緞帳のカーテンが重々しくあたりを垂れこめている〔ルビは原文〕」[55]。カスケルの書斎で個人的な労働法の教授を受けたのである。また孫田はベルリンでカスケルのほかに，シュタムラー Rudolf Stammler（1858～1938）にも，1年ほど，やはり私宅での個人指導を受けたとのべている[56]。すなわちカスケルの講義では哲学的，社会学的考察に触れることがなかったことから，同人に紹介されたのである。しかし「待望の『労働法の哲学的基礎』については，〔シュタムラー〕教授から遂に何等の講義をも聴くことができなかった」と回想している[57]。さらに孫田はデルシュ Hermann Dersh（1883～1961）から，ワイマール憲法165条の経営参加論や産業議会制度の構想について教えを受けたとものべている。

◆第2節　忘れられた労働法学徒
── ワイマール・ドイツにおける日本人研究者

末弘がエールリッヒに会うべくベルンを訪れ，孫田と邂逅した当時，既述のようにドイツやドイツ語圏を含むスイスには，両人以外にも，労働法学に関心を寄せる日本人たちが滞在していた。

(1) 森山武市郎 ── 明治大学出身の検察官

まず先述したように，末弘や孫田とともにエールリッヒとの会食に同席した

---

(55) 同前書122-123頁。なお同前書120-123頁には，孫田とカスケルとのあいだの謝礼の金額を決めた（毎回2時間で，毎回10万マルク）際のやり取りが記されていて，興味深い。すなわち，カスケルはその金額の大きさに「色にこそださないが，全く驚」いた様子であった。しかし当時1英ポンド＝7円50銭＝10万マルクで，週2回の講義でも月60円（当時の留学費・月360円）は「小遣銭にも当たらない少額」であったと孫田はのべている（しかし，このような数字が正しければ，給与は別に支払われていたとしても，その6分の1となり，決して少額とはいえないように思われる）。

(56) 同前書181頁以下。なお同前書182頁には，シュタムラーの写真が掲載されている。今日わが国では，シュタムラーについて言及されるのは，必ずしも多くはなく，法哲学史のなかにおいてであろうが，戦前においては，新カント派哲学の隆盛のなかで，多くの者が関心を寄せていた。

(57) 同前書183頁。孫田はそのあとに続けて「講義の最中，私は幾度か先生のレッスンをお断りしようかと思ったことであったが，いつも先生の熱意ある講義にほだされて，ついぞ切り出す折もなく，そのまま続けてしまったような次第である。想えば，スタムラー教授にお願いすること自体が早や，その学問的立場からいって，はじめから無理な話であったのであって，なお他に適当な人もあったろうにと，私はカスケル教授の御好意に対しひそかな不満を洩らしたことであった」（同前書183-184頁）とのべている。読んでいて，自然と微苦笑せざるをえず，同書のなかでも楽しい箇所である。

38

第2節 忘れられた労働法学徒

森山武市郎 —— 後に松岡熊三郎（1891～1970・商法）および野田孝明（1895～1982・民法）とともに明治大学で「法学部の三兄弟」と呼ばれた —— は，1909（明治45）年に明治大学法科専門部正科を卒業し，1916（大正5）年に判検事登用試験に合格し，司法官に任官したが，1919（大正8）年1月に「母校明治大学より在外研究のすすめ」—— 1918（大正7）年に専任教授養成のため卒業生のなかから抜擢して海外に留学させる制度が発足した —— を受けたことから，一時退官（休職か？）し，同大学の第3回「在外研究生」として「明治大学から，労働法研究の目的でドイツ留学の命を受け，また司法省から『独逸に於ける特別裁判制度の調査』〔を〕委託され，渡欧の途に上」っていた[58]。帰国（1923〔大正12〕年6月28日横浜着）後，森山は検事（東京控訴院）の職に復帰したが，1925（大正14）年3月，明治大学講師を嘱託されて，孫田の東京商大「労働法」開講の翌年である同年以降，母校で労働法を講じた。同人は孫田とほぼ時期を同じくして1921（大正10）年3月から，スイスのベルン大学で約半年間を過し，その後やはりドイツに入国し，1923（大正12）年6月にアメリカを経由して帰国するまでの2年間，同国に滞在した。森山はまずスイスのベルン大学では，フーバー Eugen Huber（1849～1923）とロトマール Philipp Lotmar（1850～1922）[59]の謦咳に接したとし，とくに後者の風貌について「その当時既に七十〔歳〕を超えて居られたが，講堂に於ける教授の講義は溌剌たるもので満堂を圧して居た」[60]とのべている。1921年秋にドイツに入国してからは，森山は

---

(58) 『司法保護の回顧＝森山武市郎先生顕彰録』（同遺徳顕彰の会〔非公刊〕・1969）342-343頁収録の「森山武市郎先生年譜」参照。また森山に関する簡単な評伝としては，野間繁「森山武市郎論」『明治大学：人とその思想』〔普及版〕（明治大学新聞学会・1967）155-168頁がある。

(59) 同人の略歴と業績については，小野・前掲書（本章注(38)）142-145頁に紹介されている。

(60) 森山・前掲稿99頁。なお孫田は，1920年7月エールリッヒに連れられて，ロトマールの自宅を訪ねたが，夏季休暇の避暑に出発していて会うことができなかった。2年後の6月イタリアからベルリンへの帰途に際し，再度立ち寄ったが，同人は3週間ほど前に急逝しており，ついに会うことは叶わなかったとのべている（孫田・前掲『労働法の開拓者たち』37-38頁）。
　　ただし森山より先に，ロトマールの教えを受けていた日本人がいた。それは先に言及した（本章注(3)および(26)）中村萬吉である（野村・前掲書27-28頁には「1913年（大正4年）にスイスに行って，ベルン大学でロトマール教授について三年間勉強された」とある。しかし中村がベルンに滞在したのは，正しくは先述した〔本章注(26)〕ように，長くとも，その在外研究の後半である1914（大正5）年9月から1年2か月ほどのあいだである）。その代表的業績は，帰国後，早稲田法学2巻（1923〔大正12〕年）1-143頁，4巻（1925〔大正14〕年144-395頁，5巻（同年）396-484頁に連載し，のちに単行本化（厳松堂書店・

第1章　わが国労働法学の生誕

ベルリンで，ジンツハイマー Hugo Sinzheimer（1875 ～ 1945）[61]とカスケルの両方に学んだようだ。前者について森山は，同年秋フランクフルト・アム・マインにあった，ジンツハイマーの「余り広壮でない」私宅を訪れた。同人はそ

1926）した『労働協約の法学的構成』であった（野村「中村萬吉：新しい労働協約理論の提唱」早稲田大学創立七十五周年記念・社会科学部門編纂委員会〔編〕『近代日本の社会科学と早稲田大学』〔同大学社会科学研究所・1957〕339-347 頁参照）。中村は同書をもって，早稲田大学に対し学位請求を行ない，1928〔昭和3〕年11 月2 日の教授会にて満場一致もって承認された（翌1929〔昭和4〕年1 月29 日文部省認可〔早稲田法学10 巻〈1930〉〕）。しかし中村がベルンでいかなる学問的研鑽を積んだのかは不明である（中村・同前書「自序」冒頭，そのスイス遊学中，「民法中の雇傭契約を研究してゐた際ロートマルの名著『労働契約』を読み図らず〔も労働協約〕問題の重要性を感得した」とのべているが）。なぜならば同人の前掲『貧乏留学生の日記』は，「学界の趨向だとか海外の政治の事情，経済状態など」の記述はほとんどなく，「貧乏の一徳は，裏店の八公，熊公と会見し，大家の台所からおさんどんに見参して，偉らい留学生の，到底得て窮知し[ママ]能はざる幽妙の門を叩くにあり」（同書「はしがき」）と公言するものであることから，スイス・アルプスの描写はあっても，ベルン大学についても，ロトマールの風貌を伝える文章も一切ないからである（ただしアメリカの大学の特徴，シカゴ大学〔55-62 頁〕や，とくにイェール，ハーヴァード両大学〔同前書125-142 頁，146-152 頁〕に関する記述はある）。

　なおロトマールの旧蔵書990 冊は1926（大正15）年末，当時在独中の井口孝親（1888 ～ 1932，文部省より1923〔大正12〕年に在外研究員として派遣され，前年，九州帝大法文学部助教授社会学担当に任官）により購入されて，今日，同大学図書館に収蔵されている（西村重雄「ロートマール文庫目録の刊行に寄せて」図書館情報〔九州大学附属図書館報〕34 巻4 号〔1999〕70-71 頁および梶嶋政司「九州帝国大学法文学草創期の文庫形成と在外研究員」九州文化史研究所紀要56 号〔2013〕111 頁以下，とくに126，128-130 頁以下参照）。

(61) 日本では，周知のごとく，ジンツハイマーについては，その主著であるGrundzüge des Arbeitsrechts, 2. Aufl., 1927 について，その邦訳（楢崎二郎・蓼沼謙一〔共訳〕『労働法原理』〔第二版〕〔東京大学出版会・1955〕または蓼沼謙一著作集別巻〔信山社・2009〕）がある（なお吉川大二郎「ジンツハイマー労働法原理」法曹会雑誌3 巻11 号，12 号〔1925〕は同書初版の紹介である）。久保敬治『ある法学者の人生：フーゴ・ジンツハイマー』（三省堂・1986）は同人の評伝であり，これに関連する同・前掲『フーゴ・ジンツハイマーとドイツ労働法』（信山社・1998）もある。なお蓼沼「ジンツハイマー・『労働法原理』」伊藤正己〔編〕『法学者・人と作品』（日本評論社・1985）のちに蓼沼著作集Ⅷ巻『比較労働法論』（信山社・2008）301-306 頁収録も小品ながら，ジンツハイマーの生涯と学問的意義を理解するのに有用である。わが国戦後労働法学におけるジンツハイマー受容の有り様について，久保敬治「フーゴ・ジンツハイマーと日本の労働法学」季刊労働法178 号（1996）110 頁は，1950 年代「労働組合の左翼的傾向もあり……ジンツハイマーのGrundzüge, 2. Aufl. は誇張していえば労働法学における聖書，仏典といった空気が〔久保と世代を同じくする1920 年代前半に生まれ，「戦後労働法学」の主要な担い手であった当時〕30 歳代の日本の研究者を支配し，いわばジンツハイマー神話ともいわれるべきもの」があったが，その後1940 年代以降に生を享けた〔原文では，個人名を表記〕「日本の研究

の際，ジンツハイマーに遠来の来訪を喜ばれ，家族全員を紹介されたうえ，同人の労働法に関する書籍をすべて与えられことや，その後統一労働法典編纂委員として，2週間に3，4日の割合でベルリンに滞在したことから，その都度訪ねて教示を受けたと回顧している[62]。一方後者（カスケル）は，当時「まだホヤホヤの売り出し」で判事出身の大学教師であったが，「如才がなく，その担任せらるる〔ママ〕労働法講義も評判がよく，そのゼミナールも好評であった」，「一見，会社の重役といつたやうなタイプで，いかにも怜悧な方だという感じのする人だつた。その話し振りなども著書と同様，簡潔にして明亮〔ママ〕なものだつた」と，森山はのべている[63]。また同人は孫田と同じく，シュタムラーからも1週2時間ほど，約1年間法哲学を学んだと，別の機会にインタヴューを受けたとき，応えている[64]。

　　者の多くにとっては，ジンツハイマー神話はほぼ崩壊しているといっても過言ではない」という身びいきが強い反面，それ以外の者には冷笑的〔シニカル〕な眼差しを向けるという同人特有の見方を示している。

[62]　森山・前掲「労働法学の開拓を為した人々」99-101頁。同前所はジンツハイマーの風貌について「弁護士を永くやり，政界にも活躍されただけあつて，ロートマル教授のような純学者的なゴツゴツしたところはなく，いかにも肌触りのよい，常識の発達した円満な紳士である」とのべていた。なお久保・前掲「日本の労働法学」107頁は，森山が「果たしてジンツハイマーと接触があったのかどうかは疑問であり，不明である」とするが，そのように解する根拠は示されていない。

[63]　森山・同前稿101頁。

[64]　「労働法学者訪問記／如何なる動機で労働法を専攻するに至つたか！(2)森山武市郎氏」労働立法2巻2号（1935）69頁。そして同所は，孫田の言とは異なり，シュタムラーから労働協約または労働契約に関する「独自の見解をも表示された」としている。野間・前掲稿158頁では，森山がドイツでは，ハイデルベルク大学で民法と労働法を専攻したとのべている。

　　森山は戦前に，明治大学で民法および労働法を講じたが，「労働法ノ基本問題」との表題論文（国会図書館関西分館所蔵）にて1932(昭和7)年9月30日，明治大学より法学博士の学位をえている（審査担当者は不明）。戦前では，おそらく中村萬吉および後述する孫田についで，労働法に関わる主題によって学位をえた，まれな例であったのではないかと思われる。同論文は，24字×10行の原稿用紙（左下部のマス目の横に縦書きで〔森山用原稿用紙〕との記載がある）を使用して，1254枚（2分冊〔Ⅰ：1-472枚。Ⅱ：473-1254枚〕・序：1-10枚，目次：11-23枚，参考文献目録：24-59枚，本文：60-1254枚）を，ブルー・ブラック・インクで手書きしたものである。同稿は森山がそれまでに公刊した自らの諸論考――あとで一覧を示す――を集成・基礎としたものであり，目次構成は大略，つぎのようになっている。

　　第一編　労働契約の史的発展
　　　第一章　概説

第1章　わが国労働法学の生誕

　　　第二章　古代に於ける労働契約
　　　第三章　ローマ法に於ける労働契約
　　　第四章　ドイツに於ける労働契約
　　　第五章　最近に於ける労働契約
　　第二編　労働契約の基礎形態
　　　第一章　労働契約の基礎形態に関する学説
　　　第二章　時間定及び成果定労働契約
　　　第三章　労働契約の基礎形態と報酬形態との関係
　　　第四章　労働契約の基礎形態と雇傭及び請負契約との関係
　　　第五章　労働契約以外に於ける時間定及び成果定諸契約
　　第三編　傭使契約の労働法
　　　第一章　傭使的労働の基礎概念
　　　第二章　傭使契約の観念
　　　第三章　傭使契約と継続的債権関係
　　　第四章　傭使契約と従属的労働
　　　第五章　傭使契約と労働法

　その内容は上記の目次からも想像できるように，当時のドイツ法理論状況を基本的に踏襲して，各種の役務提供型契約類型のなかから雇用関係＝労働契約関係の特質を抽出し，労働契約における従属性と継続的債権関係に関する議論を展開し，最終的には，労働者の経営参加や経営協議会について（第三編第五章）論じるものである。参照文献については，197点に及ぶドイツ語文献を掲げながら，邦語文献については自身執筆したものをのぞけば，「我国においては殆ど文献の徴すべきものはない」（5枚目）として，わずかに福田徳三の『社会運動と労銀制度』（改造社・1922）と『社会政策と階級闘争』（同前・1922）の2著および平野義太郎『民法に於けるローマ思想とゲルマン思想』（有斐閣・1924）を掲げるのみである。すなわち同論文中には，当時すでに刊行されていた孫田の後掲著書は1冊もあげられていない —— 森山は，その存在を当然に知っていたと思われるが —— のが注目される。

　森山は昭和の年代に入ってからは，行刑とくに思想犯保護事業などに従事することが多くなり，1946(昭和21)年福岡控訴院検事長を最後に退官し，弁護士を開業後，同年7月3日公職追放対象者に指定され，1948(昭和23)年2月29日に逝去した（享年57歳）。森山の事跡については，前掲『司法保護の回顧＝森山武市郎先生顕彰録』により知ることができる。

　参考までに，知りえた限りではあるが，森山の労働法に関する業績一覧をつぎに掲げる（刑事法および司法保護，その他，これらに関連するものはのぞく）。

1922(大正11)年　31歳
　「オット・フオン・ギールケ教授逝く」法律新聞1930号（1月）
1923(大正12)年　32歳
1924(大正13)年　33歳
　「独逸に於ける労働法の史的発展に就いて」法曹会雑誌2巻5号（5月）
1925(大正14)年　34歳
　「経営組織に関する労働立法に就て」(1)～(8)法律及び政治4巻2号～9号(2月～9月)
　「労働法と一般法曹」法律新聞2435号（8月18日）
　「労働立法ト法ニ於ケル社会的自定ノ理念」法曹会雑誌3巻9～11号（9月～11月）

42

「古代の労働法制に関する若干の考察」(1)(2)法律及政治4巻10号，11号（10月，11月）

1926(大正15)年　35歳

「労働法演習とカスケル教授の『団結及団結的闘争手段』に就て」法律及政治5巻3号（3月）

「被備者の性質に関する若干の考察」政経論叢1巻1号（5月）

「労働法の基礎」政経論叢1巻3号（10月）

1927(昭和2)年　36歳

「フイリップ・ロートマル教授と労働法学」政経論叢2巻2号（5月）

「労働法研究」(1)(2)法律及政治6巻7号，9号（7月，9月）

「被備者の基礎概念」政経論叢2巻4号（10月）

1928(昭和3)年　37歳

1929(昭和4)年　38歳

「独逸に於ける徒弟契約」政経論叢4巻1号（2月）

「被備者の基礎概念」(1)〜(4)法律論叢8巻2号〜4号，6号（2月，3月，4月，6月）

「労働力に関する刑法上の保護 ── ドイツ刑法草案を中心として」同8巻9号（9月）

「統一労働法典の編纂について ── ドイツに於ける編纂着手までの沿革」同（同）

「従属的労働の性質」(1)(2)同8巻10号，12号（10月，12月）

「ベルギーの労働契約法制に就て」 政経論叢4巻4号（11月）

「労働法から見た官吏の地位」法律春秋4巻12号（12月）

1930(昭和5)年　39歳

「イタリーに於ける労働契約概観」(1)法律論叢9巻2号（2月）

「被備者の株式参加と若干の立法例」法律論叢9巻5号（5月）

「労働争議の法規的調整と最近の思潮 ── 英国労働争議及労働組合法を基調として」(1)〜(3)法律論叢9巻8号，9号，11号（8月，9月，11月）

1931(昭和6)年　40歳

「労働争議の法規的調整と最近の思潮 ── 英国労働争議及労働組合法を基調として」(4)(5)法律論叢10巻1号，2号（1月，2月）

「労働契約の基礎形態に関する若干の考察」同前10巻11＝12号（11月）

1932(昭和7)年　41歳

「労働法の指導原理 ── ポットホツフの思想とこれに対する批判」(1)〜(4)同前11巻3号，4号，5号，7号（3月，4月，5月，7月）

1933(昭和8)年　42歳

「労働法の指導原理 ── ポットホツフの思想とこれに対する批判」(5)(6)同前12巻2号，3号（2月，3月）

1934(昭和9)年　43歳

「労働法学の開拓を為した人々 ── 独逸留学中に於ける独逸労働法諸大家の思ひ出」労働立法1巻1号（1月）

1935(昭和10)年　44歳

1936(昭和11)年　45歳

「官公吏の被備者性」(1)同前3巻1号（1月）

「現行法規に於ける被備者意義 ── これに関する学説と判例」(1)(2)同前3巻2号，3

第1章　わが国労働法学の生誕

(2) 鈴木義男 ── 東北帝大の初代社会法講義担当者

　また東北帝大法学部で最初に社会法講座（「社会法論」）を5年間担当したが，「病気を理由」に退官した鈴木義男（1894～1963）も，やはり当時在独していた[65]。退官後，同人は弁護士として河上肇や，コム・アカデミー事件（1937〔昭和12〕年）における平野義太郎と山田盛太郎（1897～1980），人民戦線事件（1938〔昭和13〕年）では，同じく東北帝大法文学部で教鞭をとっていたことから宇野弘蔵（1897～1977）など，多くの左翼事件を手掛け，戦後は，社会党および民社党代議士となった[66]。すなわち鈴木は1919（大正8）年7月東京帝国大学を卒業し，同年9月より2年間法学部助手を務めた。同人は社会法（労

　　号（2月，3月）

　　これらの業績のほとんどは，明治大学の紀要に発表されたものである。森山の労働法学研究は1936（昭和11）年までの10年ほどの期間にとどまる。それらは（最後のものをのぞき）内容的には，いずれも主要な滞在先であったドイツを中心とした外国法の紹介に徹したもので，たとえば当時数次にわたって国会に上程された労働組合法（案）などの日本法のことについては一切言及するものはない。それは森山が検察官という公職にあったためであったのかもしれない。

(65)「労働法学者訪問記／如何なる動機で労働法を専攻するに至ったか！(4)鈴木義男氏」労働立法3巻1号（1936）34-35頁，42頁。

　　鈴木の東北帝大退官のいきさつについて，滝内礼作「先生の足跡」鈴木義男伝記刊行会〔編〕『鈴木義男』（同・1964）所収113頁以下は，つぎのようにのべている。すなわち鈴木が講義に際し，東大助手時代の同僚であり，また友人であった蝋山政道（1895～1980）の政治学講義案プリントを，その許諾を得て使用したが，印刷所が複製印刷するに際し誤って「鈴木教授述」としたのを，蝋山ではなく，東北帝国大学法文学部教授会が問題としたことに起因するという。それは鈴木「の『赤い』ところが嫌われたためであろう」と推測している。

　　これに対し上記の蝋山『政治学講義案（大正十年度）』全181頁（九州大学附属図書館蔵）と鈴木『政治学講義案』（仙台　金港堂）全235頁（東京大学法学部小野塚文庫，九州大学附属図書館蔵。なお東北大学図書館にも2冊所蔵）の両者を実際に読みくらべた七戸・前掲「九州帝国大学法文学部と吉野作造」（二完）法政研究84巻1号（2017）98-101頁によれば，鈴木『講義案』は蝋山『講義案』そのものを印刷したものではなく，蝋山『講義案』に加除訂正をした（両者の頁数を見くらべよ）うえ，これを自著として出版したものであり，「この出版は，たとえ蝋山の許諾を得ていたとしても，許されるものではな」かったと指摘している。また七戸・同前論文100頁は，この問題を東北帝大法文学部教授会で取り上げたのは，東京帝大法学部政治学科を首席卒業した──在学時には「新人会」に参加──後，吉野作造の初代助手となり，東北帝大で「国家原論」「独逸憲法学」を講じ，戦後は最高裁判事を16年間務めた河村又介（1894～1979）ではないかと推定している（同人は1932〔昭和7〕年，九州帝大に転任したが，その経緯についても，同前論文115-117頁を参照）。そのほか，同前論文100-101頁は，東北帝大退官後，鈴木の弁護士開業についての関係者の証言にも「それぞれに潤色が混入している」としている。

44

働法）の専攻を希望したが，当時は専門家も研究室もなかったことから，穂積
重遠指導のもと私法研究室に席をおいたが，ヨーロッパの新たな法思潮に関心
を寄せていた刑法の牧野英一（1878 ～ 1970）が「社会法なら自分こそ専門家
だ」として，その指導下に入ったようだ[67]。そしてその頃，東北および九州
の両帝国大学で新たに法文学部を設立する際し，東北帝大法文学部設立委員
長となった京都帝大教授の佐藤丑次郎（1877 ～ 1940・憲法）が「教授候補者選
考のために東京に乗り込んで来」たとき，鈴木と「会見するや，直ちにその人
物に惚れ」こんで，同人を仙台の法文学部教授予定者として選定したようだ[68]。
こうして同人は1921（大正10）年文部省より在外派遣留学生として「洋行を命
ぜられ」，助手期間満了後ただちに同年 7 月 30 日出国し，独・仏・伊・英・米
の各国に留学し，さらに 8 か月私費延長したのち，イギリスのサザンプトンを
発し，アメリカ経由で1924（大正13）年 3 月 25 日に 2 年 9 か月ぶりに帰国し

---

(66) 鈴木はまた，戦前の東京女子大における社会科学＝マルクス主義研究の中心（＝「女
子学連」への参加）となり，1928（昭和 3）年 3・15 事件で逮捕・起訴され，同年 9 月出産
直前に保釈されたあと，1933（昭和 8）年秋に地下活動に入り，翌年 2 月に再び逮捕・起訴
された波多野操（1907 ～ 1991）の治安維持法再犯の予審に際し，1936（昭和 11）年同人の
弁護も担当した（東京帝大で美濃部達吉と同級で，検察官をへて裁判官となり，定年退官
後に，弁護士となった父親・波多野高吉の依頼による）。その経緯については，同＝福永
操『あるおんな共産主義者の回想』（れんが書房新社・1982）336-341 頁を参照。

(67) 当時東大法学部助手ないし大学院には，私法では東季彦（商法），小町谷操三（同），
田中誠二（同），平野義太郎（民法），中川善之助（同），我妻栄（同），政治・公法部門で
は，鈴木のほかに，河村又助，蠟山政道（政治学），佐々弘雄（同），山之内一郎（憲法），
木村亀二（法理学）などがいた（河村又介「大家の風格を持った助手」前掲『鈴木義男』
50 頁および我妻栄「鈴木義男君の思い出」ジュリスト 283 号〔のちに我妻『民法と五十
年』その二・随想拾遺〔上〕〔有斐閣・1976〕340-343 頁収録〕）。助手時代の鈴木につい
ては，つぎのようなエピソードが紹介されている。すなわち，同人は当時からすでに「大
家の風」を具えていて「他の助手のように九時出勤，夕刻退庁というような小節にはこだ
わらなかった」。鈴木にそのことをいうと「生活費に足る給料もくれないでそうした勤務
を要求するのは不当だ」として，いわゆるアルバイトとして当時新設された東京女子大の
講師として法学通論を教えていたという（河村・同前稿 49-51 頁）。

(68) 鈴木は佐藤から法文学部の全科目をみせられ，どれでも好きな科目を選べと言われて，
「毎年別々の学科を講義したいと答えた」ようだが，これは同人の自信と意気が表われて
いることを示すエピソードである。さしあたり行政法担当ということになったが，「従来
のような註釈的又は形式論的な行政法の講義とは違うという主旨を現わすために，講座名
を特に『行政法学論』とかいうことにしたいと申出て承認された」という（同前所）。そ
のほかに，鈴木の風貌を示す挿話については，我妻・前掲「鈴木義男君の思い出」341-
342 頁，小町谷操三「一見，尊大だが，親切で世話好き」前掲『鈴木義雄』55-57 頁，木
村亀二「助手時代」同前書 61-62 頁および新明正道「話好きな花形教授」同前書 63-66 頁
に示されている。

第1章　わが国労働法学の生誕

た[69]。この間同人は，1921 年晩秋ベルリンに到着し 10 か月ほど，ドイツ国内に滞在した（その後フランスに赴き，少なくとも 6 か月ほど滞在したものと思われる）[70]。帰国直後の同年 3 月 28 日，既述のように東北帝国大学教授に任ぜられ，4 月より行政法を担当し，やはり翌 1925（大正 14）年からは「社会法論」の講義も担当した[71]。鈴木義男の場合も，ドイツではカスケルとジンツハイマーから個人的に研究の指導を受け，フランスでは，リヨン（大学）でピックの教えを受けたとのべている[72]。

────────────────

(69)　金尾清造「留学当時」同前書収録 57-61 頁。

(70)　鈴木・後掲「独逸より」⑴ 78-79 頁に大よその滞在および旅行の様子が記されている。

(71)　同人の経歴については，その病没（1963 年 8 月）の約 1 年後に刊行された前掲『鈴木義男』（同・1964）449 頁以下に掲載されている。鈴木には，講義録（『社会法論』〔仙台・明文社印刷〈謄写版〉・1927〕ただし未見）に加えて社会法に関わる論考としては，つぎのようなものがある。

　「社会的立法事業の新傾向」国家学会雑誌 34 巻 1 号（1920）

　「労働者　非政党連盟」同前 34 巻 3 号（同前）

　「社会保険の価値」同前 34 巻 5 号（同前）

　「独逸の社会的理想」同前 34 巻 6 号（同前）

　「社会行政の新領域」社会政策時報 60 号（1925）

　「『法律二於ケル階級闘争』平野義太郎氏の近業」法学志林 27 巻 5 号（1925）

　「所謂基本権ノ法律的実現」社会政策時報 64 号（1926）

　「社会的立法の思想的背景」⑴―⑷同前 78，79，81 および 82 の各号（1927）

　「近時の社会化立法とその理想」『新社会の基調』（新生協会・1928）

(72)　前掲「労働法学者訪問記⑷鈴木義男氏」34-35，42 頁。鈴木には，彼の地における学問研鑽振りを伝えるものとして，まず「独逸より」⑴―⑶思想 24 号（1923・9）78-89頁，27 号（1924・1）174-192 頁，33（1924・7）173-199 頁という当時ドイツの法哲学および公法学の動向を詳細に紹介した，候文の書簡形式をとるものがある。これに関連するのが「スタムラー教授の近業」法学志林 26 巻 5 号（同前・6）81-97 頁である。そして，これらの姉妹編というべきなのが「仏蘭西より」⑴（1 続）（1 続・完）法学志林 25 巻10 号（1923）43-61 頁，11 号（1923）76-86 頁および 12 号（1923）78-93 頁，「仏蘭西より」第二信，同（続）法学志林 26 巻 1 号（1924）75-99 頁，同前 26 巻 3 号 100-112 頁および同・第三信，同（続）法学志林 26 巻 4 号 95-107 頁，26 巻 5 号 83-95 頁である。なお，これら法学志林に掲載されたものの冒頭には，牧野英一による「はしがき」ないし注記が付されているが，それらは鈴木の助手時代の指導教官が，先述したように牧野であったことや，鈴木が牧野に当時ヨーロッパの法思潮を手紙で知らせていたのではないかと思われ，そのような事情によるものと推測する。これらの論考でも，同じく法哲学や公法を中心とした当時のフランスの法理論状況が紹介されている。特に第三信および同（続）では，社会法とくに労働法に関する学説のあり方が説明されているのは，今日からみても貴重である。そのほかに，鈴木には，「旅の日記より」⑴――マイヤー教授を訪ねて」中央法律新報 4 年 1 号（1924・1）〔復刻版〕12-13，11 頁，「ヘーデマン教授の経済法論（上）（下）――旅の日記より」⑵⑶同前 4 年 2 号（同・2）16-17 頁，4 年 3 号（同・3）16-17 頁，

46

第 2 節　忘れられた労働法学徒

(3) 中村武 —— 中央大学出身の裁判官

　さらには裁判官で，のちに母校・中央大学で民法や商法とともに労働法（講義名称は「産業法」）を講じた中村武（1892 ～ 1988）[73]も，1921（大正 10）年 9 月から 1924（大正 13）年 12 月までの約 3 年間，ドイツ東部のライプツィッヒ大学に留学し，ヤコビ Erwin Jacobi（1884 ～ 1965）[74]に師事した。同人はその間，ドイツ以外のヨーロッパ諸国を訪れ，司法制度の実際を視察したとされる[75]。また既述のように，森山と親しかったようだ[76]。

　このように当時，期せずして，それぞれ帰国後，普通選挙権獲得の実現を目指した運動を中心に後年「大正デモクラシー」といわれる社会思潮に彩られた大正年代末，いくつかの大学で労働法 —— それぞれの講義名称は異なっていたかもしれないが —— を講じることになった日本人が 4 人，ほぼ時を同じくして，ドイツに滞在していた（当時はおそらく，第一次世界大戦が終了したことから，それを待ち望んでいた法学者を含む多くの日本人研究者がドイツへと赴いたのであろう）。そして孫田だけではなく，ほかの留学者も，孫田の場合と類似した経験をしていたようだ。つまり当時は周知のように，インフレによるマルクの天文学的な価値低下のなか，為替上の円高状況を背景に日本人留学者が多くのドイツ語文献を購入したことは，よく知られている[77]。しかしそれだけでなく，現地の学者から相当の受講料を支払って，個人的に学問教授を受けていたよう

　21-22 頁がある。つまり労働法学については，フランスに関するほどに，ドイツの状況を紹介したものはない。

(73)　ただし同「労働法の移入」労働法講座第 5 巻『労働基準法』（有斐閣・1958）しおり1-2 頁は，質実剛健の学風つよい中央大学では，労働法講座を新設することが許されず，債権法や産業法の「講義のあいだに労働法の話をおりこんで，わずかに脾肉の嘆をもらしていた」と回顧していた。

(74)　なお，本稿のなかで言及するドイツ人労働法学者の「人と学問」についての基本情報は，久保・前掲『フーゴ・ジンツハイマーとドイツ労働法』第四章「ドイツ労働法学者事典」177 頁以下で示されていて，有用である。

(75)　横井芳弘ほか〔編〕『彩光 —— 中村武先生の御魂に』（酒井書店・1991〔非公刊〕）305頁の中村「略歴」および同前書 269 頁収録の島田勝彦牧師の同人告別式（1998 年 4 月 21日）に際しての式辞（「中村武兄天に召される」）。なお常盤忠允「中村武へのレクィエム」同前書 49 頁は「大正十二年春……〔中村にとって〕宿願としていたドイツ留学を実現し，ライプチヒ大学に留学」と記しており，時期が 1 年半ほど遅れている。また戦前の中村の主要な業績としては，就業規則の調査・実例に多く言及した『従業規則に関する研究』（司法研究 17 輯 12 号〔1933〕）があるが，同人の「著作目録」については，同前書 307-316 頁に掲載されている（中村和夫〔静岡大学〕作成）。

(76)　中村武・前掲稿 1 頁。なお常盤・同前稿 49 頁によれば，中村は生前，なぜライプチッヒを留学先として選び，いかなる経緯でヤコビに教えを受けるにいたったのかをのべることはなかったという。

47

第1章　わが国労働法学の生誕

だ。すなわちそれは，孫田のみが経験した特殊なことではなく，当時としては，普通にみられたことであったのであろう（森山と鈴木の両人がどのような形で教授を受けたのか，孫田ほどには，具体的に説明してはいないけれども）。そしてすくなくとも森山と鈴木の二人の場合は，孫田とは反対に，カスケルよりもジンツハイマーの方に学問的な親近感を寄せている。それは結局，それぞれの個性によるものかもしれない。

　孫田は帰国後，戦前から戦後の晩年にいたるまで，上記のような学問的経験を回顧し，くりかえし公表している。しかしそれは先にのべたように，孫田固有の特殊な経験ではなく，当時ヨーロッパのドイツ語圏諸国での在外研究に従事した者たちにとっては，しばしば共通して，なされたことであったように思われる。しかしながらたとえ留学に際し，当時彼の地の労働法学の最先端を行く者から個人的な教授を受ける機会をえたとしても，日本に帰国したのち，それを日本における学問的体系として実現しえたのは，同様の経験をもった者のなかで唯一孫田だけであった。その意味では，同人が後代の労働法学徒に残した業績やその意義は大いなるものであったと思われる[78]。

◈ 第3節　末弘『労働法研究』の刊行とその意義
── 労働組合法の立法論をめぐって

1　帰国後の労働法関連論考の公刊と『労働法研究』への収斂

　末弘が米欧留学より帰国した翌年から『労働法研究』を刊行する（1926〔大正15〕年）までのあいだ（6年間）に発表した労働法（学）に関する業績を一覧してみよう[79]。

────────────

(77) 孫田「オットー・フォン・ギールケの事ども」同・前掲『労働法の開拓者たち』102-105頁によれば，孫田は1921年10月10日，81歳で病没したギールケ旧蔵の書籍1万4000冊を，東京高商（当時）の図書館のために，離日に際して三浦新七（1877～1947・経済史・当時図書館長）から依頼を受けていたこともあり，購入に努力した。すでに他からの引き合いがあったにもかかわらず，これに成功した。このことについて，同前書106頁は「ギールケの暖簾ごと，たった二千ポンド（当時1ポンドが，7，8円の相場─原文）で手に入れたのであるから，まるで嘘みたいな話である」とのべている。こうして一橋大学（東京商大）関係者が孫田についてのべるとき，必ず言及するのは，この孫田が独中にギールケの旧蔵書を購入したことによる，同大学への貢献についてである（たとえば，田中ほか・前掲・座談会137-138頁，蓼沼・前掲「民法及び労働法」222頁および好美・前掲稿6-9頁）。

(78) 同前・座談会137頁のなかで，吾妻光俊は，孫田が労働法の体系を構築することができたのは，その背景として東京商大の，東京帝大とは異なる「自主的な社会科学の総合大学的な雰囲気」があったからではないかとのべている。

第3節　末弘『労働法研究』の刊行とその意義

1921（大正10）年　32歳

1 月「フランスの新職業組合法（サンジカ・プロフェショネル）の改正法について」法学協会雑誌39巻1号→「仏国新職業組合法」『労働法研究』（改造社・1926）

2 月「官吏組合権に関する仏国の新法案」同前39巻2号

5 月「ブルガリア強制労働法」中央法律新報1巻8号→『法窓閑話』（改造社・1925）

7 月「仏蘭西労働聯盟の動揺」国家学会雑誌35巻7号→『嘘の効用』（改造社・1923）

同前(2)同前35巻8号→『嘘の効用』

8 月「賃金の保護」法学協会雑誌39巻8号→『労働法研究』「就業規則の法律的研究」第一節

1922（大正11）年　33歳

5 月「仏国労働協約法（労働法研究資料其の一）」法学協会雑誌40巻5号→『労働法研究』

11 月「世界的恒久平和の理想と国際労働会議」財政経済時報9巻14号→『嘘の効用』

12 月　同前9巻15号→同前

1923（大正12）年　34歳

6 月「従業規則の法律的性質 ―― 賃金の保護(2)」法学協会雑誌41巻6号→『労働法研究』「就業規則の法律的研究」第二節

8 月「従業規則の制定及び公示 ―― 賃金の保護」(3)同前41巻8号→『労働法研究』「就業規則の法律的研究」第三節前段

9 月　同前(4)同前41巻9号→同前・同前後段『労働法研究』

1924（大正13）年　35歳

8 月「公益事業と同盟罷業」国民新聞8月13日→『労働法研究』

11 月「労働時間と現行工場法」国民新聞11月21日〔原題：「法律小話〈2〉労働時間と現行工場法」〕

1925（大正14）年　36歳

2 月「労働組合法論」改造7巻2号→「労働組合法論」はしがきおよび第一章『労働法研究』

---

(79) 末弘が初めてわが国における労働問題への対応に言及したのは，石田眞「末弘法学論 ―― 戦前・戦中における末弘厳太郎の軌跡」法律時報60巻11号（1988）57頁が指摘しているように，「民法改造の根本問題」法学志林23巻3号，4号（末弘『嘘の効用』〔改造社・1923〕所収193頁）であった。戦前・戦後を通じた末弘の業績を一覧できるものとしては，〔法律時報〕編集部「末弘博士著書論文目録」法律時報23巻11号（1951）78-84頁，水野紀子〔作成〕「末弘厳太郎先生略年表・主要著作目録」同前60巻11号（1988）111-108頁および〔末弘〕「主要著編書目録」川島〔編〕前掲書447-451頁がある。

49

第1章　わが国労働法学の生誕

　　4 月「労働組合の法律上の地位」同前 7 巻 4 号→「労働組合法論」第二章
　　9 月「労働組合法の制定と契約の自由」帝国大学新聞 130 号（9 月 21 日）
　　10月「労働組合法制定に関する諸問題」改造 7 巻 10 号→「労働組合法論」第三章
　　　『労働法研究』
1926(大正 15)年　37 歳
　　1 月「労働協約と法律」同前 8 巻 1 号→『労働法研究』
　　2 月「根本的に改悪せられたる労働組合法案」同前 8 巻 2 号→『労働法研究』
　　　「『労働組合取締法案』を評す」朝日新聞 2 月 10 日～14 日，17 および 19
　　　日（7 回）→『労働法研究』
　　3 月「子弟の職業選択に就て」改造 8 巻 3 号→『法窓雑話』（日本評論社・1930）
　　7 月「労働争議調停法解説」同前 8 巻 7 号（発売禁止）→『労働法研究』
　　10月「上毛モスリン事件と賃金保護法の必要」同前 8 巻 11 号→『法窓雑話』

　このような業績リストを見ると，まず，留学から帰国した当初，末弘がもっ
とも長く滞在したフランスにおける労働法制，とくに労働組合法に関わる論稿
が少なからずあることがわかる。また，これらを含めて，その多くが学術法律
論文というよりは，むしろ時どきの社会的時事問題に対する論評・発言――の
ちにいう「法律評論」（一種の社会評論）(80)――ともいうべきものであることも
容易に理解できよう。これは終生変わらない末弘が発表した論説の特徴である。
またそれらのなかには，後述する『労働法研究』と相前後して刊行した著書
（『嘘の効用』〔1924〕『法窓閑話』〔1925〕および『法窓雑話』〔1930〕）に収録され
たものも散見する。しかし多くは『労働法研究』（改造社）に収められている
ことがわかる。1926(大正 15)年 10 月 3 日（奥付記載の日付）に刊行された同書
は今日，わが国労働法学の古典としての扱いを受けている(81)。その目次構成
は，つぎのようなものである。

　　労働組合法論　はしがき
　　　　　　第一章　契約自由の原則と労働契約
　　　　　　第二章　労働組合の法律上の地位

────────────────
(80)　山口浩一郎・「古典を読む／労働法／末弘厳太郎『労働法研究』」日本労働研究雑誌
　　454 号（1998）10 頁。
(81)　沼田稲次郎「名著――その人と時代／39 末弘厳太郎『労働法研究』」エコノミスト 43
　　巻 55 号（1965）76-79 頁（のちにエコノミスト編集部〔編〕『日本近代と名著：その人と
　　時代』〔毎日新聞社・1966〕286-292 頁に収録）および山口・同前稿 8-10 頁を参照。また
　　同書刊行当時の書評として，北原安衛「末弘博士『労働法研究』を読む」日本評論社〔編〕
　　『社会経済体系』4（同前・1927）422-427 頁がある。水本・平井〔編〕前掲書 247 頁注(2)
　　は本書を末弘の「『生ける法』に関する……労働問題における実践」と呼んでいる。

50

　　　　　　序説
　　　　　　第一節　労働組合に関する刑事法令
　　　　　　第二節　労働組合に対する資本家の圧迫と法律
　　　　　　第三節　労働組合の私法的性質
　　　　　第三章　労働組合法制定に関する問題
　　　　　　序説
　　　　　　第一節　労働組合の定義に関する問題
　　　　　　第二節　労働組合の法律的保護
　　　　　　第三節　労働組合に対する国家的監督
　　　　　結語
根本的に改悪せられたる労働組合法案
「労働組合取締法案」を評す
仏国新職業組合法
労働協約と法律　はしがき
　　　　　　一　労働協約の社会的意義
　　　　　　二　労働協約の問題と法律 —— 学者の責任
　　　　　　三　社会的規範としての法律の独自的存在
　　　　　　四　社会的規範としての法律と国家の態度
　　　　　　五　社会的規範としての労働協約と国家
　　　　　　六　労働協約の効力に関する学説
　　　　　　七　労働協約と吾国の現行法
　　　　　　八　結語
仏国労働協約法
就業規則の法律的研究　第一章　工場の就業規則と罰金制度
　　　　　　　　　　　第二章　就業規則の法律的性質
　　　　　　　　　　　第三章　就業規則の制定及び公示
　　　　　　　　　　　追記
労働争議調停法解説　はしがき
　　　　　　　　　　第一　治安警察法十七条の撤廃と罷業権の確認
　　　　　　　　　　第二　罷業権の限界と公益企業
　　　　　　　　　　第三　調停の目的たる労働争議と調停の開始
　　　　　　　　　　第四　調停機関
　　　　　　　　　　第五　調停手続
　　　　　　　　　　第六　調停の効果
　　　　　　　　　　附録
公益企業と同盟罷業

　戦後，同書に収録されている論稿のなかで，後代の者により引照されるのは，
もっぱら労働協約と就業規則の法的位置づけに関する「有名な二つの論稿」の

第1章　わが国労働法学の生誕

該当箇所である[82]。しかし刊行当時，末弘自身が論述の重点をおいていたのは，むしろ制定されるべき労働組合法であったのではないかと思われる。なぜならば，これに関する本書前段に位置する諸論稿が，本書の約半分の頁数を占めており，そのなかでも，第一論文が本書全体の3分の1ほどの紙幅を充てられている。そして，それらの公刊時期は1925(大正14)，1926(大正15)の両年に集中している。さらに労働協約や労働争議調停法を含めて，これらの論稿は，末弘にとって，あるべき労働組合立法について，議論を展開したものと位置付けることができよう。

2　末弘の労働組合法に関する立法批判

(1) 労働組合法制定時期の到来

　大正年代，ロシア革命（1917年）干渉のためのシベリア出兵（1918〔大正7〕年～1922〔大正11〕年）とその頓挫，さらに1918(大正7)年夏，1か月半にわたり全国各地で続発した米騒動などの社会不安が増大するなか，普通選挙権獲得運動を中心とした「大正デモクラシー」は新たな段階に入った。第一次世界大戦（1914年7月～1918年11月）後の国際連盟の成立やILO（国際労働機関）の設立（1919年6月）などを背景に，わが国でも労働組合が相次いで結成され，1919(大正8)年3月10日，友愛会は臨時総集会で労働者の四大権利として，生存権・団結権・同盟罷業権・参政権を掲げ，併せて治安警察法の改正を求めて普選運動に乗り出した[83]。直接的には同年秋，アメリカのワシントンにおいて第1回の国際労働総会が開催され，翌1920(大正9)年1月，ヴェルサイユ平和条約が批准された。このような内外の情勢を背景に，1919(大正8)年10月，
はらたかし
原　敬・政友会内閣は来る議会に労働組合法案を提出することを流布し，同年12月「労働委員会法案」を発表した。しかし，これは企業別かつ一定区域ごとに，労使協調の委員会なるものを組織することであり，労働組合そのものを承認するものではなかった。翌1920(大正9)年2月，勅令第32号をもって内閣直属の諮問機関として「臨時産業調査会」が設置され，労働組合法案の起草答申を命じられた。しかしそれと同時に，農商務と内務の両省から同調査会に対する参考法案として，私案が提出された。これらのうち，前者が「農商務省案」，そして後者が「内務省案」と一般によばれるものであった[84]。農商務省

---

(82)　山口・同前稿9頁。

(83)　松尾・前掲書（本章注(1)）177-178頁。なお大正年代の労働運動を活写する大河内一男・松尾洋『日本労働組合物語』大正（筑摩書房・1965）は，大正年代の労働運動を大逆事件（1910〔明治43〕年）後の「冬の時代」であった1912(大正元)年8月1日，鈴木文治ら15名による友愛会創立の集会を描写することから始まっている。

52

が認可主義に基づき制限的，画一的な労働組合を法認せんとしたのに対し，内務省は比較的自由な立場で既存の労働組合をあるがままに認めようとした。以後，これら対照的な両法案が，わが国労働組合法〔案〕をめぐる議論の出発点をなすものとなった[85]。その後，1921(大正10)年第四四，1922(大正11)年第四五および1923(大正12)年第四六の各議会に，憲政会，国民党および革新倶楽部からそれぞれ野党としての労働組合法案が提出された。しかしいずれについても，審議未了に終わった。

このような国内で労働組合法の制定問題が盛んに議論され，政府による立法案議会上程が間近なことになったと考えられていた頃，それに合わせるかのように，日本のあるべき労働組合法を検討する素材を提供すべく，末弘が「改造」誌[86]に1924(大正14)年2月，4月そして10月の各号に3回にわたって発表したのが「労働組合法論」であった。

末弘は本論を論じるにあたり「はしがき」で，わが国で労働組合法制定が初めて俎上に上った1919(大正8)，20(大正9)の両年当時「議論には縦令一般に表面上の熱は十分に之を備へて居たとしても何となく腹の奥底にこたへる確さに欠けて居た」(4頁)とする[87]。それは「吾国の社会が真に近代的な意義に於ける労働問題の為めに悩まされた第一回である。……当時初めて此問題に直面した資本家は勿論，政府当局者も未だ到底この問題についての正しい理解を

---

(84) なお丸山眞男・福田歓一〔編〕『聞き書南原繁回顧録』(東京大学出版会・1989) 66-78頁で内務省案作成の中心にいた南原繁 (1889～1974) が自らの経験について，語っている。

(85) 戦前の労働組合法制定の経緯と帰結については，石田眞「末弘労働法論ノート ──『形成期』末弘労働法学の一断面」早稲田法学64巻4号 (1989) 37頁注(1)および中窪裕也「戦前の労働組合法案に関する史料覚書」渡辺章先生古稀記念『労働法が目指すべきもの』(信山社・2011) 207頁注(1)に引用されている文献が示すように，今日では数多く論考が見られる。それゆえに中窪・同前所は「二〇年以上も前に，『事実の評価と論点はすでに出つくした観がある』(西成田豊『近代日本労資関係史の研究』〔東京大学出版会・1988〕239頁─引用者) と言われていたほどである」との言を引用している。なお戦前の労働組合法制定の試みについては，1930(昭和5)年の第五九議会に提出された労働組合法案 (戦前最後の政府提出法案) を契機に刊行された朝日新聞政治経済部〔編〕『労働組合法の話』(朝日新聞社・1930) が当時の状況や推移を要領よくまとめており，概観するに便宜であり，本稿もその益に浴している。

(86) 末弘が昭和期に入って，頻繁にその論稿を発表していく同誌は発刊当初，売れ行きが芳しくなかった。しかし労働・社会運動の動向を誌面に反映させることにより，「一気に評判の雑誌」となり，さらに社会問題の指摘から一歩踏み出し，「民衆」に視点を合わせて，社会改革を唱えることにより読者の購読意欲を把握していった (成田龍一『大正デモクラシー〔シリーズ日本近現代史④〕』〔岩波新書・2007〕101頁)。

第1章　わが国労働法学の生誕

持つことが出来なかつた」（5頁）。それから5年の時間が経過し、末弘は「労働組合法之を議すべくむば、今や之を議し得べき時期は熟したりと云ふことが出来やう」（9頁）とした[88]。

⑵　末弘の「立法学」とは何か

末弘は労働組合立法を論じるにあたり、冒頭「立法の問題」「立法学」ということを提起している。換言すれば、労働組合「立法論」は末弘にとって、自らの「立法学」理論の実践であったということができよう。末弘のいう「立法学」とは何か。それは、必ずしも容易に理解できるものではない。石田眞の読解[89]を参考にしながら、筆者なりにその主張に耳を傾けることにしたい。

末弘が「立法学」として読者に注意を促し、また自ら実現したいと志向（思考）したのは、つぎのようなものであった（11頁）。

⑴「立法者は常に、立法それ自身の本質及び職能並に其極限に関して正しき理解をもたねばならぬ」。「法律を以てし国権を以てすれば何事をも為し遂げ得るのではない。法律を以て為し遂げる得るもの、法律を以て為すを妥当するもの、それには自ら種類があり極限がある」。

---

(87) 当時の政府、政党および使用者団体における労働組合法制定の動向を追跡しているものとして、渡辺徹「日本における労働組合法案の登場をめぐって ―― 根本的再検討のために」（上）（下）日本労働協会雑誌87号（1966）2-10頁、88号（同年）2-11頁（なお同稿は大阪朝日、大阪毎日、国民新聞および時事新報の各紙を主要な「資料」として用いながら、その経緯を政治・経済的に追跡している点で特徴的である）、安田浩「政党政治体制下の労働政策 ―― 原内閣期における労働組合公認問題」歴史学研究420号（1975）15-28頁、および池田信「日本的労働組合法構想の模索」日本労働協会雑誌267号（1981）22-32頁等の各論考がある。

(88) 例年秋に開催される総同盟大会は1923（大正12）年9月1日の関東大震災に際し、亀戸事件による組合指導者の虐殺や失業者の増大などの事情のために、第13回大会は翌年2月に開催され、そこにおいて従来の急進的組合主義から「現実主義」への「方向転換」がなされた（大河内・松尾・前掲書281頁以下、とくに306-311頁）。石田・前掲「末弘労働法論ノート」16頁は末弘が労組法制定の機は熟したと判断した背景には、この総同盟の「方向転換」があったのではないかと指摘している。ただし同所はその際に「指導者大杉栄が虐殺されて後」云々とのべている。しかし大杉（1885～1923）が総同盟の指導者になったことなど一度たりともなかった。同所は「日本労働総同盟」と大杉が1919（大正8）年に近藤憲二らとともに結成した「東京労働同盟会」を混同しているのでなかろうか。大杉は総同盟とは常にこれに批判・敵対する、少数派たる「アナルコ・サンディカリズム」の指導者的地位にあるものであった（鎌田慧『大杉栄　自由への疾走』〔岩波書店・1997〕参照）。

(89) 石田・前掲「末弘労働法論ノート」18-21頁。

換言すれば，法がなしうることには限界があり，法律をもって実現できず，試みるべくもないことを認識すべきであるということであろう。

(2)「それを知るが為には，立法夫れ自身及びその対象たる個々の社会関係について正しき智識を必要とする」。「立法によつて働きかけらるゝ対象としての社会，各種の社会生活関係についての精密なる智識を有せねばならぬ」。

　おそらく末弘はその具体的には法社会学を念頭においているのであろう。そして

(3)「立法に際して用ふべき個々の法律的手段を適当に選択することは立法の目的を達するに付いて極めて重用である」。「働きかけるに付いて用ふべき個々の法律的手段の本質及び効用について明確なる智識をもち，以て個々の具体的立法に関して一々其選択適用を誤らざるの用意あることを必要とする」。

　末弘がこのようにいうことの背景には，石田が指摘するように「従来の法律学者の立法への取り組み方に対する一定の批判が含意されていた」(90)のであろう。すなわち末弘は従来の立法論を次のように批判していた（12頁）。

　「立法の社会的作用を知らず，又立法の対象たるべき個々の社会関係を理解せざるものゝ立法者たる資格なきは云ふまでもない。けれども，それにも増して正しき立法を妨ぐるものは『誤られたる概念法学』之に膠着せる『立法技師』とである。何故ならば，彼等は自らの持ち合はせる居る『法律的技術』の貧弱不足なるを悟らずして，反つて之に適合せざる社会の現実を否定し，事実を曲げて反つて法律の中に押し込まむとするの傾向をもつ」。

　すなわち末弘のいう「立法の問題」「立法学」とは，その概念法学批判の一変種（ヴァリエーション）であったといってよかろう。そして末弘は，つぎのようにものべていた（14頁）。

　「成程，一定の法律が制定された場合，世の中の人々は —— 何と云ふことなしに植付けられて居る —— 『遵法心』によつて之を遵奉するかもしれない。そうして其結果法の所期する目的は社会的に実現されるかもしれぬ。

────────────────

(90) 石田・同前論文18頁。

第1章　わが国労働法学の生誕

又世の中の或る者は，内心必ずしも遵法心を抱懐せず又偶々規定せられたる当該の法律に対しは寧ろ反対の意見を抱いて居らうとも，単に規定せられたる刑罰の厳酷を恐れて外形上法律の命ずる所に従ふかもしれぬ。何れにせよ，かくして法律の所期する目的は社会的に実現せられ得る。けれども，それは法律の制定せられたることによつて直接必然に生ずる結果ではない。立法は唯間接の原因である。事はすべて社会自らが──或は自らの遵法心により或は刑罰に対する恐怖に基いて──自ら之を決し自ら之を行つたのである。法律に於てかくあるべしと規定することは，其必然の結果として，単にかくあるべしと云ふ規範が国家的に成立すると云ふ事実を形成し得るに過ぎない。そのかくあるべきことが事実社会的にも亦実現するや否やは全然別箇の問題である」。

このようにのべて，末弘は法律の制定とそれが適用される社会やそこに生活する人びとが当該立法をいかに受けとめるのかは別個のこととして認識したうえで，立法のあるべき姿を検討する必要があるとのべているのであろう[91]。

⑶「労働組合法論」における議論 ── 労働組合に対する法的対応の歴史展開
　さて末弘の労働組合法論を具体的に見てみよう。まず第一章（「契約自由の原則と労働契約」25-54頁）では，末弘自身，近代市民法が適用される資本制経済社会における労働関係のなかで，それがいかなる結果を導くものであるかを次のように説明している（23頁）[92]。

「『労働組合発生の社会的必然性』を論じ，其中に於て現在の資本主義経済組織と其法律とが基本的ドグマとして置いて居る『契約の自由の原則』が一度労働契約にまで適用せられたるとき如何に覆ふべからざる破綻を曝露したかの事情を説き，そうして労働組合の運動は実に此破綻を償はむが為めに社会が自ら生み出した必然の産物であることを説明」したものであった。

───────────

(91) 戦後，末弘は今日「旧労働組合法」といわれる1945(昭和20)年の労働組合法制定に現実に携わったことに関連して，「立法学に関する多少の考察 ── 労働組合立法に関連して」という論考を法学協会雑誌64巻1号（1946）に発表している（同『続民法雑記帳』〔日本評論社・1949〕326-346頁および『民法雑記帳』下〔同・1953〕253-278頁収録）。これについては，本書第5章の該当箇所でふれることになろう。

(92) 本論稿については，すでに石田・前掲「末弘労働法論ノート」16頁以下，とくに21-30頁に紹介されており，屋上屋を重ねるの類のこととなるかもしれないが，本書でもあえて言及を試みることにしたい。

第3節　末弘『労働法研究』の刊行とその意義

　次に第二章（「労働組合の法律上の地位」55-139頁）は「労働組合は資本主義経済組織必然の算出物であるにも拘らず，従来法律は之に向つてあらゆる圧迫を加へ又之に向つて其行動に便すべき何等の国家的手段を許し与へて居ない。現行法が此点に於て如何に不公正であり又不備であるかを明かに」（23頁）している。すなわち，その第一節では「労働組合に関する刑罰法令」を，第二節では「労働組合に対する資本家の圧迫と法律」を扱い，第三節は『労働組合の私法的性質』に言及している。当時わが国は，労働組合や組合幹部に対し損害賠償で対抗したり，組合員であることを理由に雇入れを拒否したり，解雇する「資本家自力救済の時代」（66頁）にあったアメリカやフランスとは異なり，またいわんや1906年労働争議法 Trade Dispute Act により，「最早此脅威からも免かる」（同前）イギリスとも違って，資本家の「護衛兵たる国家」が「産業保護の名の下に，治安維持の名の下に乃至は取引の自由の名の下に極力彼等の相手方たる組合を圧迫してくれる」（65頁），今なお『刑罰』の時代（67頁）にあった。したがって労働組合の活動を規制したのは，第一次的に刑罰法規であった。それゆえに末弘は労働組合運動への刑罰法規適用が当時の日本で，いかなる意義をもつのかを明らかにしている。すなわち，これには，三つの種類があった。一つは，治安警察法であり，二つ目は各府県の警察罰則であり，その三は一般刑法中の諸規定であった。

　まず治安警察法の諸規定中，労働組合の活動を直接制限したのは，17条と30条であった[93]。しかし末弘は，その内容と運用の実際をみれば，「考慮を要すべき法規」はこれに留まらないとした。まず何よりも，労働組合運動は必然的に「多衆的の運動」であり，その「勢力を公示すべき最も適当なる方法は

───────────────
（93）　1900（明治33）年制定の治安警察法第17条および第30条は，つぎのようなものであった。
　　第17条　左ノ各号ノ目的ヲ以テ他人ニ対シテ暴行脅迫若ハ公然誹毀シ又ハ第二号ノ目
　　　　　的ヲ以テ他人ヲ誘惑若ハ煽動スルコトヲ得ズ，
　　　　一　労働ノ条件又ハ報酬ニ関シ協同ノ行動ヲ為スベキ団結ニ加入セシメ又ハソノ
　　　　　加入ヲ妨グルコト
　　　　二　同盟解雇若ハ同盟罷業ヲ遂行スルガ為使用者ヲシテ労務者ヲ解雇セシメ若ハ
　　　　　労務ニ従事スルノ申込ヲ拒絶セシメ又ハ労務者ヲシテ労務ヲ停廃セシメ若ハ労
　　　　　務者トシテ雇傭スルノ申込ヲ拒絶セシムルコト
　　　　三　労務ノ条件又ハ報酬ニ関シ相手方ノ承諾ヲ強ユルコト耕作ノ目的ニ出ヅル土
　　　　　地賃貸ノ条件ニ関シ承諾ヲ強ユルガ為相手方ニ対シ暴行脅迫シ若ハ公然誹毀ス
　　　　　ルコトヲ得ズ
　　第30条　第一七条ニ違背シタル者ハ一月以上六月以下ノ重禁錮ニ処シ三円以上一〇円
　　　　　以下ノ罰金ヲ附加ス使用者ノ同盟解雇又ハ労務者ノ同盟罷業ニ加盟セサル者ニ
　　　　　対シテ暴行脅迫シ若ハ公然誹毀スル者亦同シ

第1章　わが国労働法学の生誕

集会，行列等の示威運動」であり，それらは「公開的であらねばならぬ。示威的であり宣伝的であらねばならぬ」。ところが「治安警察法は安寧秩序の保持を名として集会，多衆運動の類を制限乃至禁止し得べきことを規定し，結社も亦同様の理由を以て禁止し得べき旨を規定して居る」（4条，8条，11条および12条）。その結果，組合の行動が「動ともすれば此等の法條に触れて禁止を受け勝ちで，更に進みては又刑罰を受けることとなり易い」（68-69頁）。第1に「労働組合の運動は友愛の運動である」。「常に相助け相倚り相慰めつ〻，共々に微弱なる力を合はせて大敵と戦ふことは常に組合運動の特色であらねばならぬ」。ストライキを実行する労働者・労働組合に連帯して，外部から物質的・精神的援助を行なうことは，労働運動においては当然のことである。「然るに，治安警察法はかく如き援助的行動を目して同盟罷業を『煽動』するものとなす」（70-71頁）。第2に「労働組合は結社である」。組合に関する何らの法制度がなく，組合を設立しても，届け出や登録の手続がないことから，労働組合は行動によってその存在を示す以外の方法をとらないのは当然である。「然るに，治安警察法第14條は『秘密ノ結社ハ之ヲ禁ズ』と云」っている（72頁）。つぎに当時，労働組合の行動を妨げるべき刑事法規は，各府県に設けられた警察規則であった。これらは小作争議鎮圧のために設けられたものであった。治安警察法17条中には「耕作ノ目的ニ出ヅル土地賃貸借ノ条件ニ関シ承諾ヲ強ユルガ為相手方ニ対シ暴行脅迫シ若ハ公然誹毀スルコトヲ得ズ」とあるのみで，労働争議の場合とは異なり，「煽動誘惑」を罰すべき規定がなかったことによる。末弘は治安警察法17条が撤廃されたとしても，各府県が労働争議にも同種の規定を新たに設ける可能性を危惧していたのである（83-84頁）——。

　以上，「労働組合法論」第一章前段を紹介してきたが，治安警察法17条は1926（大正15）年の第五一議会において撤廃され，同条と同旨の府県警察命令も廃止され，同年7月1日以降実施され，「茲に吾国にとつても労働組合立法第一期の時代は最早既に過ぎさつたと言ひ得ること〻なつたのである」（68頁）[94]。それにもかかわらず，1925（大正14）年3月の執筆当時のままにするのかについて，末弘は「組合立法発達の順序を示すが為には，矢張改正以前の法制を明かにする必要がある故に，便宜上本書にはすべて原文のま〻収録することとした」（同前）と説明している。

　同法の適用状況については，沼田稲次郎「労働法（法体制再編期）」鵜飼信成ほか〔編〕『講座日本近代法発達史 —— 資本主義と法の発展』5（勁草書房・1958）233-240頁，角田邦重「我国における同盟罷業権の生成 —— 治安警察法一七条をめぐって」日本労働法学会誌35号（1970）122-148頁および宮島尚史『労働・治安刑法論研究 —— 労働者権の側面より』（学習院大学・1998）193-199頁などを参照。

第3節　末弘『労働法研究』の刊行とその意義

　最後に，末弘は労働者の団結活動に適用される一般刑法規定について触れている（84-85頁）。それは，つぎのような現実の裁判に関する認識に基づくものであった（88-89頁）。

　　「裁判の基礎をなすものは結局に於て裁判官の主観である。彼の人生観であり社会観である。彼の主観に於て処罰すべきものと信ぜらるる事項に付いてはあらゆる法規の中に処罰の根拠を求め，多少とも拠り得べきものあらば直に之をとつて処罰の基礎とする。之に反して又彼の主観に於て処罰すべからずとするものにあつては何等かの口実を法規の上に求めて処罰を為さず又は少くとも出来得る限り刑罰の軽減を計るものであつて，法治主義の下に於ても又裁判官が主観的には如何に公平であろうとも，裁判の真実は常にかくの如きものである」。

　具体的には，刑法典中の騒擾罪（106条，107条），業務妨害罪（234条），暴行罪（208条），脅迫罪（222条，223条）そして公務執行妨害罪（95条）などである。これについて，末弘はつぎのように反論・批判している。まず，暴行・脅迫・騒擾の各罪については，その多くが「資本家の無理解なる団体交渉拒絶と警察官憲の不当なる圧迫とに其端を発するもの」であり，「若しも資本家が初めより無理解に団体交渉を拒絶せず，警察官憲亦濫りに不当なる圧迫を施すことなくむば，労働者と雖も必ずしも好んで暴力的手段をとるものではない」（89-90頁）。つぎに脅迫罪については「司法官にして若し労働争議の社会的意義を正しく理解せざるに於ては，単純なる同盟罷業も尚資本家の『自由』に対して脅迫を加へたものとして処罰を受ける虞がある」。しかし，もしもそうであるならば，「従来の個々の労働者に向つて資本家の加へ得たる威圧はすべて同様に之を脅迫と認めねばならぬ」（90-91頁）と末弘は批判している。またストライキの威力業務妨害（234条）への該当性に対しては，「それが不法となるのは或は公益を害すべき暴行行為と認めらるゝか或は又取引の相手方に対して不公正なる手段によつて不正競業を行ふものと認めらるゝ場合に限られねばな

（94）　本書に同じく収録されている「労働争議調停法解説」の第一「治安警察法十七条の撤
　　廃と罷業権の確認」456-461頁でのべられている。しかし審議未了となった労働組合法と
　　は異なり，議会を通過した「労働争議調停法」（4月公布・同年7月1日施行）と「暴力
　　行為等処罰に関する法律」（5月公布・同年5月20日施行）が実際に適用されたとき，末
　　弘の期待通りにはならなかったことに注意すべきであろう。とくに後者は，成立当時衆議
　　院で労働運動には絶対適用しない旨の附帯決議がなされたが，施行後1年足らずで労働運
　　動や小作争議に適用された（菅谷章「戦前におけるわが国労働組合法案の帰趨」経済研究
　　43号〔明治学院大学論叢242号〕〔1976〕78-79頁）。

第1章　わが国労働法学の生誕

らぬ，商人が商略上得意先に向つて商品の売控を行つてもそれのみを以て直に
之を不正行為と認めることは出来ない。それならば労働者の労働売控も亦全然
之を同一に取扱はねばならない訳である」（92頁）。しかしながら，商品売り控
えが契約締結前ないし過程での駆け引きであろうが，労働者の場合は労働契約
締結後の履行段階における拒否であり，両者を同列に扱うには無理があるので
はなかろうか。

　つぎに第二節「労働組合に対する資本家の圧迫と法律」では，使用者による
民事上の対抗策として，(1)団体交渉拒否，(2)組合員の雇入れ拒否および(3)争
議行為に対する損害賠償請求について検討している。末弘は二つのことを指摘
している。まず「資本家をして此武器を自由に使用せしむることは，契約自由
の原則を基調とする現代法制の下に於ては，決して之を公正視することが出来
ない」（98頁）とする。なぜならば，それは労働者の「社会的実力」を妨げて，
彼らが実質的な対等者として労働条件決定に関する取引の自由の利益の享受を
不可能として，資本家の利益のみを壟断するからであると批判する。つぎに，
末弘はフランスで1884年職業組合法の制定後も，なお執拗に組合を否認し，
団体交渉を拒否したことが労働者をして「唯一残された手段」たる暴力に赴か
せたという例をあげている。こうして末弘は「今日我国に於て労働組合法を制
定せむとするならば，唯単に労働組合を適法視する主旨の規定を設くるのみな
らず，同時に彼等の団体交渉は資本家に於て之を拒否すべからざる旨を規定す
ることが必要であると考へる」（99頁）とする。そして具体的には，強制調停
制度を設けることが使用者の団体交渉拒否の「風習」を根絶するのに有効な方
法であるとし，組合が『強制』という名が付されていることを理由に，これを
非難することは理解に苦しむとしている。

　使用者が労働組合の活動を民事上阻止する第2の方法は，組合員の雇入拒否
である。労働組合が労働市場を支配する実力がないとき，使用者にとっては最
も簡易・有効な対策であろう。周知のように，これは古典的な組合対応策であ
り，末弘によれば，当時「吾国資本家の態度」であった。ここでは，アデアー
対合衆国事件（Adair v. United States, 208 U.S. 161（1908））やヒッチマン石炭・
コークス会社対ミッチェル事件（Hitchman Coal and Coke Co. v. Mitchell, 245 U.S.
229（1917））[95]など，採用・解雇の自由や黄犬契約の合憲性についてアメリカ
連邦最高裁が判示した著名な判決であり，末弘がアメリカ留学中に読んだであ
ろう事件が引用されている。それゆえに「労働組合の立法に当つて是非とも設

---

(95) いずれも，イーリアス・リーバーマン／近藤亨一・佐藤進(訳)『労働組合と裁判所』
　　（弘文堂・1958）55頁以下，とくに58-68頁および103-116頁で紹介されている。

けねばならぬ規定の一は，組合員の故を以て雇入を拒絶し又は解雇を為すべからざる旨の規定でなければならない」(107頁)。

　そして，末弘が労働運動への刑事罰適用の時代のあと，資本家による民事対抗手段として想定できるものとして考えられる第3は，『損害賠償の請求』である（100-115頁）。原型論文が公刊された当時，わが国はいまだ「『刑罰』の時代」であったことから，「吾国の資本家は今日未だ一般に此の武器を使用しない」(111頁)。いずれも著名な，イギリスのタフ・ヴェイル判決（Taff Vale (1901) A. C. 426）やアメリカのダンベリー帽子工組合事件 Damburry Hatters Case (Loewe v. Lawlor, 208 U.S. 274 (1904))[96]を具体的な例として示しながら，末弘はイギリスにおける1906年労働争議法と同様に，労働組合および組合員がストライキ等を理由に損害賠償請求されえない旨の立法がなされるべきであるとする（110-112頁）。しかし末弘は，当時においても「必ずしも資本家は容易く新に『損害賠償』の武器を使用し得べきものにあらざるを信ずる」(112頁) として，つぎのようにいう。まず，個々の労働者がストライキや怠業することが債務不履行に該当するとの非難に対しては，「個人主義的」に問題を考えれば，そのようにいえるかもしれないという（112-113頁）。しかしながらも，個々の労働者が資本家に対し，契約の自由がなく，労働組合を通じて団体的に対応するということを前提にすれば，つぎのようにいえるだろうとする（114頁）。

　　「労働者が集団的行動によつて労働の不買を主張するのは，彼等が個々の『労働契約』に際して有することの出来なかつた契約の自由を集団的に行使するものであつて，之を嘗て締結せられたる個々の契約の不履行として考へるよりは，寧ろ新に労働条件の協定を為すに際し条件のおり合ふまで労働の売却を拒絶するものとして観察するのが正当である」。

　末弘はまた，外部から労働者の行動を支援・援助することを債務不履行の教唆や業務妨害の不法行為責任が生じるととらえるのではなく，やはり，そのような「個人主義的考察の上に組立てられた従来の法理を以て直に新しき労働問題に臨むも到底正しき法理に到達し得ないのは極めて当然でなければならぬ」(115頁) とのべて，一蹴している。そして末弘は続く第二節「労働組合の私法

───────────
(96) 前者については，松村高夫『イギリスの鉄道争議と裁判 ── タフ・ヴェイル判決の労働史』（ミネルヴァ書房・2005），そして後者については，E・リーバーマン・前掲邦訳書69-86頁を参照。ただし末弘の論考が公刊された当時，これら英米両国の裁判例については，大いなる関心をもって紹介されていた（山中篤太郎『日本労働組合法案研究』（岩波書店・1926）165-168頁参照）。

的性質」(116-139頁) では，多数の労働者を組織し，「或る程度の労働市場独占を為し得べき実力を備へた組合」(116頁) を念頭において，その法的性質について，それに関する実定法規がない当時，これを「組合」に関する民法667条以下を適用するのではなく，法人格なき社団として遇することを主張している。すなわち末弘は労使の個別的なそれではなく，団体的な交渉・取引のもとでの関係形成を希求していたといえよう。

⑷ 大正14年8月18日の内務省社会局法案に対するコメント

前2章が諸外国の立法例や従来わが国の法制を論評したものであったのに対し，第三章（「労働組合法制定に関する問題」140-204頁）は 1925(大正14)年8月2日に発足した第二次加藤高明（憲政会）内閣（－1926〔大正15〕年1月30日）により，同月18日全文公表された法案（全26条）を具体的に論評したものであった。すなわち，普選問題を解決することができた同内閣は労働組合法を制定すべく，同年5月内閣内に行政調査会を設け，7月内務省社会局立案の労働組合法を付議する一方，8月には広く世間に意見を問うために社会局案を発表した(97)。そのあとを承けた若槻内閣の社会局案はその趣旨において原内閣当時の臨時産業調査会に提出された内務省案（床次案）を踏襲するものであった。すなわち組合組織に関する制限，画一主義を排し，労働条件の維持改善を目的とする団体は，産業別，職業別，一般組合とを問わずにこれを法認した。

それは労働組合の定義，法人格取得の任意制，組合設立の届出制，黄犬契約・組合参加を理由とする解雇の禁止，行政官庁の監督規定（決議・規約に対する取消・変更命令など）については，1920(大正9)年内務省案と同じであった。ただし法人組合に〔旧〕民法44条を順用することを規定しないことで，事実上争議の民事免責を認めたことと，労働協約の規範的効力を確認している点では，異なるものであった(98)。

末弘は⑴労働組合の定義，⑵労働組合に対する保護手段および⑶労働組合に対する国家的監視の三つの側面から評価する。

1条は同法案が保護すべき対象たる労働組合について，つぎのように定義するものであった。

---

(97) とくに若槻内閣による 1926(大正15)年の政府確定労働組合法案の国会提出にいたる過程を考察・言及しているのが，西岡孝男「労働組合法案をめぐる十年間 ―― 日本賃労働史の一側面」日本労働協会雑誌 59 号（1964）22-31 頁，渡辺・前掲「労働組合法案の登場をめぐって」（上）（下）同前 87 号（1966）2-10 頁，88 号（同年）2-11 頁，および池田・前掲論文 22-33 頁の各論考である。

(98) 西成田・前掲書 261 頁。

「本法ニ於テ労働組合ト称スルハ労働条件ノ維持改善ヲ目的トスル労働者十人以上ノ団体又ハ其ノ連合ヲ謂フ」
「労働組合ハ前項ニ掲クルモノノ外組合員ノ共済，修養其ノ他共同利益ノ保護増進ヲ目的ト為スコトヲ得」

　末弘は，この定義は「広く『労働条件の維持改善』を目的とする労働者の団体として『労働組合』の法律的取扱を受け得べし，とするのが社会局案の精神である。而して私は此の意味に於て同条の定義の大体に於て妥当なることを信ずるものである」とする（162-163頁）。それは同定義に該当しない労働組織を禁止し，かつ違反とすることや，定義に適合しない労働者団体が「労働組合」という名称を使用することを禁止するようなものではなかったからである（157頁）。ただし末弘は1条が「十名以上」という人数規制をすることには，「徒に煩瑣なる法律問題を発生せしむるの原因となるに過ぎない」（167頁）として批判する[99]。

(5) 行政調査会の労組法要綱と組合法案に対する批判
　内務省社会局は労働組合法社会局案を公表するまえに，同月5日に行政調査会に，労働争議調停法案，治安警察法改正法律案とともに付議した。行政調査会とは「行政事務刷新ニ関スル調査審議ヲ為ス」（1925〔大正14〕年5月1日閣議決定）ために設けられた。それは組合法案について各省批判が強く，各省間の意見調整をする必要があったからであった[100]。同年11月末に決議され，翌12月8日閣議で「労働組合法要綱」が承認された。それは「諸官庁の妥協の産物」[101]といわれるようなもので，社会局案の進歩的性格は希釈化されていた。
　末弘は翌1926（大正15）年2月改造誌に発表した「根本的に改悪せられたる労働組合法案」で，(1)労働組合の組織形態を職業別・産業別に制限して「聯（連）合」労働組合を定義から除外したこと，(2)労働組合の法人化を任意から強制としたこと，そして(3)差別解雇と黄犬契約禁止に関する罰則規定を廃止して，私法上無効としたことの3点について，批判している。すなわち(1)については，もっとも多くの紙幅を使って，本来必要な法人格を利用できず，そ

---

(99) 定義に関連する問題として，末弘は(1)「労働者」の意義および範囲，(2)「労働者」以外の者が組合に加入することができるか否か，(3)組合設立の職業別・地域別対象範囲の限定の是非――農商務省案は「道府県以下の区画に依」り，設立すべきという限定を設けていた――，(4)労働組合の「聯合」を含ましめるかどうかという問題を指摘していた。
(100) 西成田・前掲書261頁，石田・前掲「末弘労働法論ノート」（本章注(85)）35頁。
(101) 西成田・同前書266頁。

第1章　わが国労働法学の生誕

の活動に大きな支障が生じるであろうこと，差別解雇・黄犬契約禁止規定（11条）の適用がないことから，容易に解雇が可能となったり，組合連合に加盟しないことを誓わせることが可能となること，組合連合が労働争議調停法案19条との関係から争議に関与することができないなどの不都合なことが生ずるだろうとしている。末弘は「独り加盟組合相互間の連絡を議するに止らずして，一般労働者の為めに指導的組織化応援的作用を為す所の団体は尚吾国の現状に適合した特殊の労働組合として之を必要とするのである」（227頁）と指摘している。つぎに(2)組合員数も少なく，財産もない小組合にとって法人格取得の便宜はなく，むしろ登記手続に煩わしさを感じるだけであろう。これは損害賠償請求やストライキ差し止め請求をするに際し，法人格をもたない組合を相手とすることが組合財産を差押えるにしても不便との資本家側の要望に応えたものではないのかと末弘は批判している。また(3)は，解雇「無効」としても，貧困なる労働者が時間と費用を要してまで，裁判に訴えることはないだろう。末弘の脳裏にあるのは，つぎのような発言（237頁）により，要約されよう。

> 「労働組合に依つて労働者が統制せられ，之れに依つて資本家と団体的取引を営むに至ることは，反つて労資相互間の関係を円滑ならしめ，両者の間に継続的平和の関係を成立せしむるの効果あること欧米先進諸国の実例の富に我々の教ふる所である」。

　改造誌掲載論文とほぼ時を同じくして末弘は東京朝日新聞紙上で，2月10日から14日，17日および19日の計7回にわたって「『労働組合取締法案』を評す」という論説を発表している(102)。同稿の前段では，行政調査会という組織が労働組合法の原案に意見を付することの不合理性を衝いている。

　ここでは前稿でのべていたことに加えて，末弘は労働協約に関する原案第12条を削除したことや，第16条の業務・財産および組合員数について報告義務を課していることは一見「何等多奇なきが如き」であるが，それは組合にとって「争議資源を敵前に暴露するに均しい致命傷」となる（263頁）とし，第19条解散規定は治安警察法の場合より，原因を広く捉えており，また現実に解散命令を受けた場合の法的手続の煩雑さを思えば，「組合に対する制裁としては絶対的に解散命令を排斥せねばならない」（266頁）と主張している。そして第20条は，労働組合の行政官庁により決議（第17条）や規約（第18条）が取り消されたり，解散命令をうけた（第19条）とき，行政訴訟を提起することができるとしているが，組合設立の届出が受理されないとき（第4条）の

---

(102) ただし連載7回目の「補遺」（1926・2・19）は『労働法研究』には掲載されていない。

救済には，何も規定されていないことの偏頗を指摘している（266-267 頁）。

　末弘はこのような「成案」実現の原動力となったであろう資本家らに対し，つぎのように批判する（268-269 頁）。

> 「私は彼等若し労働問題を論ぜんと欲するならば先づその資本家本位なる産業観を棄つべきことを要求せざるを得ない。彼等は平素や，ともすれば国家産業の振興乃至維持を名として極力労働者の向上を抑止しやうとする。……天然資源豊富ならざるかその他産業上比較的不利の立場にある国々においては労働条件も又自らある程度に不利にならざるを得ないのは当然である。しかし又さらばといふて，資本の利潤率のみは国際的に一定すべき傾向を有するが故に，産業上天然に不利な立場にある国が国際競争上尚その地位を維持し得るが為には，労働条件を低下せしめ置くの外なしとするが如き議論は，国家産業を名として資本家のみは独り世界各国と同率の利潤を得べく，而して国土天然の不利なる状況より受くる損失は労働者のみ之を負担すべしとするの論であつて，結局利己的なる資本家本位の産業観なりと評さざるを得ない」。

　すなわち末弘は「自ら愛国的精神を売り物にして労働運動の類を売国奴視せんとする〔資本家〕自らが，私利の為めには国益を無視して憚らざる非愛国者たることを曝露せるもの」（269 頁）と批判している。このような見解の基礎には，労働も資本と並んで，生産活動にとって不可欠の要素であり，労働組合が漸次発達し，労働条件・待遇をめぐる資本家との対等な団体交渉と労働協約の締結がなされるようになったとき，自ずと産業平和が実現されようとの見通しがあったことは，いうまでもなかろう。

3　末弘の組合法案への接近態度 ── 山中篤太郎『日本労働組合法案研究』（1926）と永井亨『労働組合法論』（同年）との比較

　末弘が 1925（大正 14）年 2 月から翌年 2 月にかけての，ほぼ 1 年のあいだ，政府の労働組合法案を批判的に取り上げ，それらを含む著書として『労働法研究』を同年 10 月に刊行した前後の時期に，同じく労働組合法案を検討対象とした著書として，山中篤太郎『日本労働組合法案研究』（岩波書店・1926・8）と永井亨『労働組合法論』（日本評論社・同年・12）の 2 著がある。いずれの著書においても，外国法とくにイギリス，フランスおよびドイツにおける労働組合法制の動向に関心を示し，それらとの比較法的検討を重視している点において共通する。また山中（1901 ～ 1981）の著書では，とくに末弘の「改造」誌連載稿に「啓発さるゝ所多かつた」（同前書「はしがき」4-5 頁）とし，本文中で

第1章　わが国労働法学の生誕

も数箇所で肯定的に言及している。永井（1878 ～ 1973）・同前書は，主に労働組合法制の沿革や法的地位や法人格付与，結社と団結権との相違等を法的に検討している。これに対して山中・同前書は，1925(大正14)年8月18日新聞発表の労働組合法「社会局原案」における「労働組合」に関する法的定義（第1条），届出主義と認可主義の相違に関わる届出義務（設立・規約変更〔第2条〕および解散〔第18条〕）の意義，並びに労働者の組合加入権保護（第11条），労働協約の合法性・強行性（第12条）—— 規範的効力のこと ——，そして法人格付与と損害賠償責任の免責（第6条）問題のみならず，1926(大正15)年2月9日提出の「政府確定案」について，「社会局原案」と比較しながら考察を展開している。これら二つの著書を，末弘の「労働組合法論」とくらべたとき，その内容の包括的・網羅的な拡がりとその学術的性格において，あとの2著の方が優っているのではないかと評することができるのかもしれない[103]。しかし末弘の場合，その発表媒体が学術的というよりは，むしろ広く人びとの目に触れるべき総合雑誌および一般新聞（全国紙）であったことを考慮しなければならない。すなわち，そこで展開される議論は，自ずと啓蒙的な性格をもつものとならざるをえなかったであろう。末弘がその読者として想定しているのは，研究者でも，法律専門家でもない，一般大衆であった。そのようなことを考えれば，両者の学術度の高さや巧拙を云々すること自体，適当ではないのかもしれない。

◆第4節　孫田の東京商大における「労働法」開講と労働法学の体系実現の志向

1　孫田の東京商大における「労働法」開講

つぎに孫田の労働法学を末弘のそれと対比したとき，労働法の体系化を実現したことにその特徴があると指摘されている[104]。既述のように孫田にいわせ

---

(103) 後年，末弘厳太郎「新刊批評／労働法関連の近著二三」法律時報3巻5号（1931）68-69頁は，山中『日本労働組合法案研究』（岩波書店・1926）を経済学者の手によるものであるにもかかわらず，「尚甚だ『法律学者的』であった。労働組合法問題の背景たる経済的社会的乃至政治的事情が充分に顧みられてゐない」と評した。その一方，末弘は同人の『日本労働組合法研究』（森山書店・1931）については，「本書から幾多の学問的根底ある教訓を受け得るに違ひないであらう」とした（同前69頁）。

(104) 蓼沼謙一「一橋学問の伝統と反省／民法及び労働法」一橋論叢34巻4号（1955）226-227頁。田中誠二〔司会〕ほか「座談会／一橋法学の七十五年」一橋論叢24巻4号（1950）137頁で，孫田の民法（および戦後は労働法）講座を引き継いだ吾妻光俊は，孫田が労働法の体系を構築したことについて，「非常にスマートな学風」の持主である ——「概念法学というようなことを言ってののしる人もあるけれども」—— ことから，カスケ

66

第4節　孫田の東京商大における「労働法」開講と労働法学の体系実現の志向

れば，「此の混血児は猶腕白盛りの中学時代に在」り，「之を団体的に訓育し頭脳を法律論理的に養成するがためには，更に更に進んで大学の専門学的智識を吸収せしめねばなら」ない(105)。それでは，孫田がいかにして20世紀の法律学の世界における麒麟児たる労働法を養育・成長させていったのであろうか(106)。

───────────

　　ル風ではあるが，ドイツ的な労働法理論を巧みに摂取することができたのであろうとのべている。
(105)　孫田・後掲『現代法学全集・労働法』「序言」1（213）頁および同・後掲『労働法通義』「序言」1頁。
(106)　1923（大正12）年5月に，おおよそ3年におよぶドイツ語圏における在外研究より帰国してから，1936（昭和11）年1月に再びドイツに1年間ほど滞在するために赴くまでの13年ほどのあいだ，孫田が発表した論考としては，つぎのようなものがある。＊を付して示したのは，前掲・孫田米寿記念論文集の巻末に付された「法学博士　孫田秀春著作目録」555-560頁中，戦前・戦中の業績として記載されていない＝遺漏しているものである（なお，同「目録」では I 著書と II 論文を区別しているが，本書では，両者を併せて，それぞれ発表順にまとめた）。このようにまとめてみると，孫田「目録」に記載されていないものが多くあることがわかった。
　　1924（大13）年　38歳
　　　1月＊「労働法の観念について」我観3号
　　　5月＊「独逸労働契約法草案の内容及び特色」東京商科大学一橋会〔編〕『復興叢書』（岩波書店）第4輯
　　　6月＊『法学通論』第1分冊（有斐閣）
　　　12月『労働法総論』（改造社）
　　1925（大14）年　39歳
　　　7月＊「独逸戦後の労働立法〔述〕」共同調査会報告13号（石炭鉱業聯合会鉱山懇話会共同調査会）
　　　11月「団体協約関係小見」商学研究（東京商大）5巻2号＝東京商科大学創立五十周年記念論文集（同文館）なお両者はまったく同じもの
　　1926（大15）年　40歳
　　　3月『法学通論』（有斐閣）
　　　10月「労働立法」長谷川良信〔編〕『社会政策大系』第3巻（大東出版社）〔復刻〕（図書センター・2002）
　　　11月『我国労働法規及判決例　附・各国主要労働法令索引』（清水書院）
　　1927（昭和2）年　41歳
　　　8月『労働法綱要』（警察講習所学友会）
　　　10月＊「部分ストライキ其他に因る事業休止と労働希望者の給料請求権」商学研究（東京商大）7巻1号
　　　11月＊「同盟罷業権と警察権の接触点」警察行政研究会『警察夏期大学講座』（警察行政研究会）
　　1928（昭3）年　42歳
　　　2月『労働法』1　末弘厳太郎〔編〕現代法学全集第1巻（日本評論社）

第1章　わが国労働法学の生誕

　4 月『労働法』2　　　　　同　　　　　　　　　　第 2 巻（　　同　　　）
　7 月＊「不実の情報に依る就職妨害事件と情報の法律関係」商学研究（東京商大）8 巻
　　　　2 号
　10 月＊「労働契約の無効及び取消と給料関係」商学研究（東京商大）8 巻 3 号
1929（昭 4）年　43 歳
　1 月『労働法論』巻の 2 各論上（日本評論社）
　6 月＊『労働契約法論』（未公刊）
　10 月＊「如何なる労働組合法を制定すべきか／寧ろ一箇条でも協約法を」社会政策時
　　　　報 109 号
　12 月『労働法通義』（日本評論社）
1930（昭 5）年　44 歳
　2 月＊「新労働組合法案を評す」中央公論 45 巻 2 号
　4 月＊『労働法』（第五五回早稲田大学法律講義）法律講義 18（早稲田大学出版部）
　5 月＊『産業組合法』末弘厳太郎〔編〕現代法学全集 28 巻（日本評論社）
　　　＊「労働法」社会思想社〔編〕『社会科学大辞典』（改造社）
　7 月＊「新組合法案の批判」朝日民衆講座第 18 輯『労働組合法案をめぐりて』（朝日
　　　　新聞社）
　　　月 ＊『一年民法』第 1 巻，同第 2 巻（債権），同第 3 巻（同）（一橋消費組合）
1931（昭 6）年　45 歳
　2 月『改訂労働法論』総論・各論上（有斐閣）
　4 月＊「労働組合法の無益なる改悪」法律春秋 6 巻 4 号
　9 月＊「法律上より観たる労働協約の本質及び職分」社会政策時報 132 号
　　　月 ＊『民法』（緒論・法人・物権法）昭和 6 年度講義（一橋消費組合）
1932（昭 7）年　46 歳
　　　月 ＊『民法』第 1 巻 - 第 6 巻（昭和 7 年度講義）（一橋消費組合）
1933（昭 8）年　47 歳
　3 月＊「我国『労働契約法法典』私案」法学研究（東京商科大学研究年報）2 号
　9 月『民法総則』上巻（有斐閣）
1934（昭 9）年　48 歳
　9 月＊「労働立法と協同主義」労働立法 1 巻 2 号
　11 月＊「労働関係の団体性とストライキの合理性」中央公論 49 巻 12 号
1935（昭 10）年　49 歳
　2 月＊「労働協約の個人性と団体性」労働立法 2 巻 1 号
　　　＊「労働組合法に関する諸家の意見／労働組合立法に関する卑見」同
　　　＊「労働立法講話」(1)同
　3 月＊「来るべき争議調停法の改正と総罷業」(1)労働立法 2 巻 2 号
　　　＊「労働立法講話」(2)同
　　　＊「労働法閑話／東雲のストライキ」(1)同
　　　＊「我国に於ける体系的労働法判例総覧」（其の 1）（南部忠蔵と共筆）同
　　　＊「我国に於ける体系的労働文献集成」（其の 1）（中野藤吾と共筆）同
　4 月＊「来るべき争議調停法の改正と総罷業」(2・完) 労働立法 2 巻 3 号
　　　＊「労働立法講話」(3)同

68

第4節　孫田の東京商大における「労働法」開講と労働法学の体系実現の志向

　孫田は，1923(大正12)年5月，日本に帰国した(107)が，同年6月には，東京商科大学助教授兼予科教授（民法，労働法および法学通論担当）に昇任した。その翌年の1924(大正13)年の4月には，末弘による東京帝大のそれが随意科目であったのに対し，わが国で正規講義課目（ただし選択科目）としての「労働法」が開講されるにいたった。ただし，それは容易なことではなかったと，戦後孫田は回顧している。すなわち帰国当初，助教授であった孫田には，教授会への出席資格もなく，「法律の元老教授である国際私法の山口弘一博士に提案」を依頼したが，教授会の雰囲気は「至って険悪で，初めはむしろ悲観的であった」という。孫田は晩年「それも本来もっとも至極な話で当時産業界のパイロット──戦後も引き続き学内でいわれた言葉で表現すれば「キャプテン・オブ・インダストリー captain of industry」ということになろう〔引用者〕──の養成機関を以て任じていた東京商大からすれば，労働法というが如き物騒極まる学科目の許されないことは当然であったろうからである」とのべている。しかし「最後の土壇場」で，東京商大の「長老，労働問題の権威故福田徳三博士〔1874～1930〕が強く押し切ってくれたため，鶴の一声〔ないしは「一喝」〕(108)で設置が決まった」。福田にとっては，労働法が社会政策の延長線上に論じられ，学生に対し講義されることを当然のこととの理解があったのであ

　　　　＊「我国に於ける体系的労働法判例総覧」（其の2）（南部忠蔵と共筆）同
　　　　＊「我国に於ける体系的労働文献集成」（其の2）（中野藤吾と共筆）同
　　　　＊「労働法閑話／東雲のストライキ」(2)同
　　　7 月「雇傭」末弘厳太郎・田中耕太郎〔編〕『法律学辞典』第2巻（岩波書店）
　1936(昭11)年　50歳
　　　1 月＊「労働立法講話」(4)労働立法1号
　　　　＊「我国に於ける体系的労働文献集成」（其の3）（中野藤吾と共筆）同
　　　2 月＊『大日本商業法規教科書　民法篇』（大日本図書）
　　　　＊『大日本商業法規教科書　商法篇』（大日本図書）
　　　　＊「労働立法講話」(5・未完)労働立法3巻2号
　　　　＊「我国に於ける体系的労働文献集成」（其の4）（中野藤吾と共筆）同
　　　3 月＊「我国に於ける体系的労働文献集成」（其の5）（中野藤吾と共筆）労働立法3巻
　　　　　3号
(107) 孫田・前掲「略歴」552頁。なお孫田・前掲『私の一生』84頁では「三月四日帰朝」
　　と記されている。帰国の経路は不明であるが，既述のようにおそらく，後者の日付は，孫
　　田がドイツを離れた日ではないかと思われる（孫田『労働法各論』上巻〔日本評論社・
　　1929〕「序──カスケル教授の訃を悼みつつ」4頁では「1923年2月懐しのベルリンに別
　　れを告げて帰朝の途に上る」との記述がある。ただし，これを再録した孫田・前掲『労働
　　法の開拓者たち』127頁では，3月となっている）。
(108) 蓼沼・前掲「民法及び労働法」226頁。なお，このような表現の方が現実を端的に表
　　しているように思われる。

69

第1章 わが国労働法学の生誕

ろう[109]。

2 労働法学の体系実現の志向 —— 末弘との方法論的対立

ドイツから帰国した当時（ただし正確な日付は不明），孫田は末弘が東京帝大で開講した「労働法制」の講義録（受講学生が筆記したものを業者が印刷・製本したもの）を購入して，目を通したときの感想として，戦後の晩年つぎのようにのべている。それは孫田の側から見た，両者の労働法学に関する基本的態度と方法の違いがわかりやすく示されているように思われる[110]。いささか長くなるが，引用する（下線は引用者）。

> 末弘講義録の「中味は大体資本主義社会の解剖に始まり労働問題や労働法制の重要性と必然性といったものの解明に止まっており，『労働法学』といったような『法律学の一分科』としての特殊法域としての法律学などとは程遠いものであった。つまり末弘博士は最初アメリカに留学し英米法の実践的研究方法に魅せられ労働問題については，当時有名な Commonns & Andrews の Principles of Labor Legislation 1916 あたりを熟読玩味されたであろうことは必至であるから労働法学といった体系的理論構成よりも労働立法や労働法制の資本主義下の動態的考察に興味を引かれた事は当然のことであったであろう。その後フランス留学中においても Paul Pic の著書を耽読したであろうことは察するに難くなく，むしろその労働法学としての理論といったものよりも労働立法制度としてのその industrial legislation の資本主義社会面における動向や効果の面に強く惹き付けられていたことは疑〔い〕なかったことだと思う。……博士のこの考え方研究方法論には勿論博士なりの法律的理論的根拠のあっ〔てのことだっ〕たであろうことは，私にもよく判っていたが，全法律学の進歩的過程において，労働法学なる特殊法域の生成発展を考えるとき，唯そのような資本主義社会における労働立法の動態的発展や効果を研究しただけでは，いまだ法律学の一分科としての労働法学はまだまだ成立するに由がない。法学の理論

---

(109) 以上の記述は，孫田・前掲『私の一生』72頁によるものである。東京商大での正規科目としての「労働法」開講の経過および福田徳三がはたした役割やその意義を検討しているのが，蓼沼謙一「一橋大学と孫田先生 ——『孫弟子』からみて」孫田秀春教授米寿記念『経営と労働の法理』（専修大学出版局・1975）501-504頁（蓼沼著作集Ⅰ『労働法基礎理論』〔信山社・2010〕300-304頁）および同「一橋と労働法学」橋問叢書30号（1984）のちに『一橋の学風とその系譜』（一橋大学学園史編纂委員会・1985）収録である。

(110) 孫田・前掲『私の一生』69-70頁。なお引用に際してその都度，注記するのが煩雑となるので，明らかな誤植と思われる文言・数字を訂正した。

70

第4節　孫田の東京商大における「労働法」開講と労働法学の体系実現の志向

的体系としての労働法学の成立には又それだけの必要な統一的な理論構成がなくてはなるまい。これなくして法律学としての労働法学の成立は絶対に不可能である。いわゆる『体系的労働法学』これこそが今後の課題であった。いくら資本主義の解剖を試みたとて，そこに労働法学としての基礎理論がなければ体系的労働法学の生れて来るわけはないではないか。こんな風に考えて私は末弘博士の『労働法制』の講義に心中到底心服し得ないものを持っていた。そして，それはそれとしておいて，私だけは，カスケル労働法から頂戴してきた『体系的労働法学』の建設に一歩一歩踏み出してみることに心を固めた。その手始めとして着手したのが東京商科大学における『労働法講座』の開講であったのである」。

　孫田の「労働法」開講からすでに 90 年以上の年月が経過している今日からみれば，どちらが適切とか優先されるべきかという発想それ自体が適当なものとは思われない。しかしこのような孫田と末弘との労働法学への接近方法の違いは，同人らの渡欧中，とくに当時のドイツにおける理論対立のあり方が反映されていたものであったように思われる。すなわち孫田によれば，ジンツハイマーの Grundzüge des Arbeitsrechts, 1. Aufl., 1921 は「原論的な本だとはいえ，ただの五十七頁に過ぎない小冊子」であったが，それが出版されて間もない頃に，手に入れて通読したところ「至る処に法の新しい見方が力強く展開されており，はやその冒頭の序文からして強く心惹かれるものがあった」ことから，早速にカスケルとの個人教授に際し，同人にこれを示したところ，カスケルはそれをテーブルの上に叩きつけて，『……こんなものは労働法学の本ではないぞ！』『俺は断固ジンツハイマーをトートシーセン（射殺）する！』と大声で叫んだという。孫田は思いもよらぬカスケルの激しい反応に驚愕するとともに，「それにしても，どうしてかくまでジンツハイマーに敵意を示されたものであろうか。その原因は，先生の口吻からしてどうやら立場上の相違にあるように思われるが，恐らくそれだけではあるまい。何か別に感情上のもつれが手伝っているのではなかろうか」との感想をもらしている[111]。そして翌 1922 年 1 月には，カスケルとニッパーダイ Hans Carl Niperdey （1895 ～ 1968）両人によるジンツハイマー批判が提示されたが，孫田は，いずれも「ジンツハイマーのいわゆる社会思想を中軸とする発展原理の考え方に反対し，社会学的・建設

─────────────

(111) 孫田・前掲『労働法の開拓者たち』130-132 頁。そして久保・前掲『ある法学者の人生』19 頁，106 頁は，カスケルの態度について「学問的批判をこえた感情的非難がむきだしになっている」と評している。

71

第1章　わが国労働法学の生誕

的方法なるものの法学的無能力を強く衝いたものであった」と紹介している(112)。その後両者のあいだには，ジンツハイマー側からの反論が提起されるという経過をたどったようだ(113)。

そしてこれについて孫田は，このあと，つぎのように続けている(114)。

　　「この論争を大きく取上げたのは，不思議にもわが日本の労働法学界においてであった。それは周知の如く，故末弘博士がジンツハイマーの方法論を取り上げて大々的にこれを宣伝し，カスケル一派を敵に廻して以て自己の立場を明徴ならしめんことにこれ努めたからである。これがために労働法学の方法論の対立は，本家本元のドイツを離れて，むしろわが国内に持込まれたかの観を呈し，かくしてだんだん多くの学者が法社会学の魅力に酔わされるようになってくると，次第にジンツハイマーは神格化され，カスケルはこれに反していよいよ以て概念法学の権化でもあるかの如く哀れにも印象付けられていつたのである。それのみか，人もあろうにこの私までがその俎上にのぼ〔ら〕され，末弘は進歩的法社会学者であり，カスケルの弟子の孫田は固陋な概念法学者であるなどと，まことしやかに触れ廻

───────────

(112) ただし久保・同前書19頁はカスケル書評の要旨として，次のように紹介している。すなわち『ジンツハイマーの本書は，法律学の作品としては評価に値しない。それは，労働法の固有の法原理を樹立しようとしてきたこれまでの法実証主義の立場を放棄し，空虚な法社会学的方法によるという誤謬をおかしている。その内容も貧弱そのものである』と。そして併せて，同じく法実証主義の立場にあるニッパーダイの『ジンツハイマーの社会学的方法論による本書は，魅力的であり，刺激的であり，溌刺としているが，それは，社会政策学者による労働法から労働法学者による労働法へという軌道を逆行させるものである』との書評を要約・紹介し，これこそ「良識者のとるべき態度といえる」とするとともに，カスケルのそれを「みずからの精神的未熟を露呈したものであり，空しさのみが残る」と批判していた。

(113) 孫田は戦後も関心を持続し，同人が79歳にならんとした1965(昭和40)年2月に刊行した『学説・判例批判　わが国労働法の問題点』(労働法学出版) 63-82頁に収録の「ジンツハイマー労働法学方法論を顧みて ── 法社会学の考察原理についての私考」で，この問題を論じている。ただしそれは「一方ジンツハイマーのいわゆる法社会学的方法論なるものには法学上幾多の許し難い欠陥があると同時に，他方カスケル，ニッパーダイのいわゆる法律理論的方法論なるものも実は当初から形式論理的な意味のものではなくて，やはり一種の社会学的考察を是認した上での理論的方法であった」という観点から論じられたものであった。なお蛇足になるが，久保・同前所によれば，ジンツハイマーの側からの反論は「謙虚な態度を堅持しつつ，きわめてクールに，そうしてつよい確信をもって答え」たものであったという。すなわち孫田のジンツハイマー批判がいわば戦前来のバイアスのかかったものであることが容易に推測できよう。

(114) 孫田・前掲『労働法の開拓者たち』136-137頁。

る者さえそこかしこに見られるようになってきた。……私は法社会学的方法を礼讃こそすれ法律理論的方法を採るなどとは一言もいっていないのである。従つて“法社会学的方法を採るといいながらも，少しもそれができていないではないか”という批評なら私は甘んじてそれを受けるが，“カスケルの弟子孫田もまた概念法学者である”という批評に至っては，これを恩師のためにも如何とも聞き捨てならぬ暴言であって，許し難い」。

　これはおそらく，戦前当時ではなく，戦後1950年代の理論状況を背景としていわれたことなのかもしれない[115]。しかし翻ってみれば，引用した文章には，戦前来一貫して存在し続けた孫田と末弘の対立と，孫田の側からの苛立ちに似た感情が素直に表わされているように思われる。末弘の孫田評は，同人の著作に対する書評を通じて繰り返し表明された。すなわち末弘は，孫田が1929(昭和4)年12月に刊行した――のちに本書「補章」で紹介する――概説書である『労働法通義』(日本評論社)について，早速同書刊行直後の翌年2月，法律時報誌2巻2号 (1930)「新刊批評」35-36頁で「孫田秀春氏著『労働法通義』を読む」として，取り上げている[116]。冒頭，末弘は孫田が「『労働法通義』を著して労働法の全体に亙る系統的解説を与へられたことは，学界の為め誠に喜ばしい事柄であ」るとし，総論および各論の二部構成とする本章の篇別を短く紹介したあとで，「唯欲を言ふと相当重要な点について物足りなく思はれる点が多少ある」として，つぎのようにのべている。

　　「本書は近代的労働法の基礎たるべき資本主義社会の特色について充分の説明を与へて居ない。其の結果近代的労働法の発生原因について充分の発生原因を説くに当つても其発生すべき社会的必然性を明かにすることを力めずして寧ろ其原因を法律思想の変遷に求めてゐるの観がある。……労働法の発生及発達原因として資本主義社会そのものゝ特色を説いてゐないことは本書にとつて相当大きい欠点である……。著者は労働法を専ら労働者保護法として観察してゐる。而して其保護の根拠を労働者の人格保護に求めてゐる。けれども従来諸国の労働法発達の歴史を具体的事実について観

---

(115) 末弘が公刊物を通して，ジンツハイマーを賞揚する一方，カスケルを批判することはなかったと思われる。ジンツハイマーを積極的に自らの理論構成に活用していったのは，次章で考察する，津曲蔵之丞であった。

(116) 同書の書評として，ほかに奈良正路「確立過程に在る形式的労働法学／孫田秀春氏の新著『労働法通義』批判」東京帝国大学新聞325 (1930〔昭和5〕年2月3日) 号 (同『復刻版』〔不二出版・1985〕4巻39頁) および中野登美雄「新著月評／孫田秀春『労働法通義』」中央公論45巻2号 (1930) 260-263頁がある。

察すると，労働法の発生及び発達は決してかくの如き思想的変遷にのみ基因してゐるものと見るを得ない。元来社会政策乃至労働法は資本主義社会それ自身の自己調節であつて，資本主義そのものゝ内に包蔵されてゐる矛盾を適当に緩和して其永続を計ることを其根本的使命とするものである。……成程人格主義的理想が労働法の発達に貢献した事は事実である。けれども，資本主義社会の労働法は資本主義社会それ自身の必要によつて生まれたのであるから，其発達も亦資本主義それ自身の必要によつて制約されざるを得ない」。

そのほか，このわずか2頁にもみたない書評において，国際労働法を除外している点や法解釈論上の論点（就業規則の法的性質として「法規説」をとること）についても言及しているが，末弘の批判は孫田が労働法を必要とせざるをえない資本主義の構造的な側面に着目した接近方法をとらないことに焦点がしぼられている。孫田が繰り返し自らと末弘との方法論的相違点，とくに孫田が法実証主義的な態度に終始し，法社会学的な方法態度をとらない —— ただし孫田自身は，これを否定している —— ことへの批判に対する反発の直接的な淵源は，ここに発するものであったと思われる。そして孫田の末弘に対する怨嗟とも表現できるような反論は，このあとも繰り返し発せられたことは，のちの該当箇所で言及することになろう。

◆第5節　末弘による労働問題に関する社会評論家としての言動
—— 大正デモクラシーの残照のなかで

1　末弘に係わる昭和年代初期の社会動向

少し時間はさかのぼるが，1923(大正12)年9月1日の関東大震災に際して，末弘は東京帝大（本郷）の学生を指示して避難民に対する救援活動に従事し，さらには，その経験をもとに旧東京府本所区柳島元町44（現墨田区横川）に活動拠点となる建物を建設し，穂積重遠らとともにセツルメント事業を始めた[117]。1924(大正13)年6月6日の落成祝賀会で発表された設立趣意書 —— 正

---

(117) 東京大学百年史編集委員会〔編〕『東京大学百年史』通史二（東京大学出版会・1986）481-487頁。その設立から解散にいたる経緯の詳細および末弘が具体的にこれにどのように関与していったかということについては，福島正夫・石田哲一・清水誠〔編〕『回想の東京帝大セツルメント』（日本評論社・1984）および福島正夫著作集第七巻『法と歴史と社会と』Ⅰ（勁草書房・1993）中のⅡ「東京帝大セツルメントをめぐって」141頁以下を参照。現在，東京都墨田区横川5丁目の都営団地入口には，「帝大セツルメント」の記念プレートが設置されている。

第5節　末弘による労働問題に関する社会評論家としての言動

しくは「東京帝国大学セツルメントの設立に就いて」── のなかで，末弘はつぎのようにのべている(118)。それは労働ないし社会法を含む法律学にとどまることなく，末弘が思い描く学問と社会とのあるべき姿を描写しているように思われる。

「現在我国には国費により又は私人の経営によつて多数の学校が設立されて居る。けれども，それを利用して智識を研ぎ得べき幸福な機会をもつものは七千万の同胞中果して其の幾分の一に当るであらうか。……最高学府の教授並に学生，彼等は此の意味に於て現代社会に於ける智識の独占者である。此の独占者が其の天与の幸福を感謝しつゝ其の割き得べき一日一時の余暇を貧しき人々のために捧げ，以て，其の智識を彼等に分与する事は，社会国家のために大いに意義ある仕事と云はねばならぬのみならず，正に彼等幸福なる独占者当然の義務なりと云はねばならぬ」。
「次に現代社会科学の最大欠点は空理徒に進みて，之を基礎付くべき現実資料の蒐集研究が之に伴はないことである。……此の故に真に吾国の学問を活かし其の独自なる発達を期するが為めには机上の思惟に先立つて，先ず社会を調査する事が必要である。……更に一層重要なる事は学徒自らが平常自ら接するを得ざりし環境の中に定住し，以て，親しく社会の実相を直視し其の人と生活とを知ることでなければならぬ。斯くする事によつてのみ真に学問は活きるであらう」。

実際のセツルメント活動は具体的には，労働者教育，医療の実費診療，児童教育，法律相談，消費組合にまで及んでいた(119)。末弘は労働者教育部におい

(118)　福島・石田・清水〔編〕同前書 6-7 頁より引用。なお末弘には，セツルメント運動について論及する「セツルメント」岩波講座『教育科学』第十冊（岩波書店・1932）3-25頁がある。

(119)　潮見・前掲稿（本章注(2)）356-358 頁および大村敦志『穂積重遠：社会教育と社会事業とを両翼として』（ミネルヴァ書房・2013）98 頁以下。同書 113 頁は，セツルメントは年を経るしたがって「次第に左翼学生が増え」ていったが，その様子は加賀乙彦の長編小説『永遠の都』全 7 巻（新潮文庫・1997〔初出は，1988 年，91 年，96 年〕）のなかで「活写されている」としている。確かに，主に同書第 2 巻「岐路」のなかで主要登場人物の一人である東京・三田の私立病院院長・時田利平と菊枝の次女・夏江によるセツラーとして児童の世話係の活動の様子が描かれている。しかし，それはさほどに詳しく描かれているとは思われず，同書全体を貫く物語のなかのエピソードの一つにすぎないように思われる。帝大セツルメントの活動については，むしろ宮田親平『だれが風を見たでしょう：ボランティアの原点・東大セツルメント物語』（文藝春秋・1995）の方がわかりやすいであろう。また同書巻末に「参考・引用文献」一覧が付されており，帝大セツルメントを知ろうとするにあたり，有用な手掛かりを提供している。

75

第1章　わが国労働法学の生誕

て当初から長く「労働法制」を担当した⁽¹²⁰⁾。それらの活動には，末弘や穂積
以外にも，我妻栄や川島武宜等の法学部内の同僚教官らも関与した。とくに労
働者教育や法律相談活動に従事した者のなかから，のちに社会法や労働法の研
究者，華北農村慣行調査に従事し，戦後法社会学の基礎を形成していった者た
ちが現われた⁽¹²¹⁾。このように末弘は，学内や学界のみならず，社会的にも多
方面で活躍し，その言動は社会的にも，大きな関心を集めていたと思われ
る⁽¹²²⁾。無産政党関係者らを，治安維持法違反を理由に一斉検挙した三・一五
事件の約1か月後の1928(昭和3)年4月，水野錬太郎文部大臣より「左傾教授」
の一人として名指しされ，九州帝国大学を辞職した佐々弘雄（1897～1948・政
治学)⁽¹²³⁾は『続・人物春秋』（改造社・1935）なる本に収録されている「新法学
部長末弘厳太郎」で，末弘の人物像をつぎのように描写している（212-214頁）。
少し長いが，同人の風貌を彷彿させるものなのであえて引用する（ルビは原
文)⁽¹²⁴⁾。

———————————————

(120)　福島・石田・清水〔編〕前掲書394頁以下および福島・前掲書150頁。
(121)　平野義太郎や杉之原舜一（1897～1992）は日本共産党の党員（後者）やシンパ（前
　　者）としての非合法活動から逮捕・服役し，それぞれ転向後，太平洋戦争期の中国占領地
　　の慣行調査に従事した（なお杉之原と末弘との関係については，杉之原晩年の自伝である
　　『波瀾万丈：一弁護士の回想』〔日本評論社・1991〕16-18頁および54頁等で言及されて
　　いる）。また同じく慣行調査に従事し，戦後は「戦後労働法学」の一翼を担うことになる
　　磯田進 ── 拙稿「磯田進著『労働法』（岩波新書）にみる法的発想と方法」横井芳弘ほか
　　〔編〕『市民社会の変容と労働法』（信山社・2005）81-113頁参照 ── は，帝大セツルメン
　　ト閉鎖に対処した中心メンバーであった。それゆえに福島・前掲書160頁は，セツルメン
　　ト「解散後，昭和14年秋ごろから東亜研究所で中国慣行調査事業がはじまり，ここに旧
　　セツル法相〔法律相談の略称〕部残党が集まった」とのべている。なお1920年代から30
　　年代はじめにかけて，ワイマール・ドイツで日本人留学生による「ベルリン社会科学研究
　　会」（千田是也）に，のちに九州大学で同僚となる菊池勇夫らとともに参加した舟橋諄一
　　（1900～1996・民法）── 本書第2章第1節を参照 ── もドイツに赴く前の助手時代に，
　　セツルメント法律相談部に関与しており，その素地はこのような環境のなかで形成されて
　　いったものと思われる。
(122)　大正時代の中ごろから昭和の初めにかけて，高等学校の増加や私立学校が大学として
　　認可されていったことを背景に，大学人が総合雑誌のなかで発言する機会が増えていった。
　　その先鞭をつけたのが，吉野作造（1878～1933）であった。大学人の起用により，雑誌
　　は権威が高められ，一方大学人は「講壇ジャーナリスト」となって，学問的威信とともに
　　ジャーナリズム界での名声をえることになった（竹内・前掲書（本章注(7)）82頁以下）。
　　同前書85頁によれば，当時吉野作造に続いて末弘はその典型的な人物であったという。
(123)　これについては，次章で菊池勇夫の九州帝大での初期の言動に関連して言及する。
(124)　末弘の穂積重遠とセツルメントの責任者交代は，同人の法学部長就任にともなうもの
　　であった。

第5節　末弘による労働問題に関する社会評論家としての言動

「末弘博士は短躯である。……五尺一，二寸〔152，3cmか〕はあるだろう〔しかし実際には，なかった〕。／……／かれが恐ろしく敗け〔ず〕ぎらひだと云ふことである。敗け〔ず〕ぎらひなるが故に，身長でも敗け度くない。靴のかゝとは普通の二倍位ゐはある。ゴムなど付けずに，堅い革のあつでなのを打ちつけてゐる。そのかゝとで元気よく歩くからカツンカツンと廊下に音をたてる。その音を聞けばかれが歩いてゐるとすぐわかるほど個性的な歩みである。／それに，細身の體にキチンと合つた新調の上等の服を，いつもたしなみよく着こなして，ぐつとそり身になつてゐることを忘れない。／カバンも普通の型の倍ほどもある大きな赤革のやつを，體の一／三位ゐのはばにしてもつて歩く。と云つた風に，かれは常に自分を大きく見せやうとする。頭がまたすばらしく大きい。円味のある大きな眼も細面の顔にあり余るほど力強く張り切つてゐる。／つまり，小さいために大きく印象づける。大きく印象づけるために益々小さく見える。こゝに末弘の弁証法的存在がある。大は小を兼ねると云ふのが常識であるが，逆に行つて小は大を兼ねるゆき方である。

　　　　　＊　　　　　＊　　　　　＊

　かう云ふ具合になるのもかれの敗けん気が，張り切つてジット静まりかへつてゐられないからである。／この敗けぬ気は，気宇と云はんよりもむしろ気概と称すべきもので，これがかれの活力ともなり，動力ともなつてゐるのだ。試刀を執つても胴や小手を狙はない。どんな見上げるやうな大男を相手にしても飛び上がつてひたぶるにお面へ一本ゆく。厳太のおがみ打ちと云ふのがそれである。水泳をやつてものろのろ泳ぐのではつまらん。高いところから，體を弾丸のやうにして飛び込むのを得意とする。／大震災のときセツルメントを中心に帝大生を引率して，救援事業に飛び出した。ゲートルをぐるぐるまきにして，ポンポン，トラックから飛び降りながら大東京をかけめぐつた。／向陵〔旧制第一高校のこと〕張りのこの気概は，かれをして学生に親しみを持たれ，学界に於ても異色ある人物として好感をもつて迎へらるゝ点である。青竹をすばりと割つたやうな生一本の性格は，気むづかしやの多い学者仲間の地の鑑のやうなものであつた」。

　以上のような文章は諧謔的な筆致ながらも，末弘に対する好意にあふれ，その特性を十分に捉えた文章であるように思われる。要するに，学問的にも社会的活動の側面においても才気煥発，いわゆるお坊ちゃん育ちの負けず嫌いで，多少短気ながらも，他面では面倒見のよい親分肌の人柄でもあったということであろうか[125]。

77

第 1 章　わが国労働法学の生誕

　末弘がそれまでの論考をまとめたモノグラフィーとして大正年代最後の年に
『労働法研究』の名で刊行したのちに，昭和年代に入ってから公刊された労働
法学に関連する論稿としては，のちに掲げるものがある。それらは一覧にも記
したが，『法窓雑話』（日本評論社・1930），『法窓漫筆』（同・1933）および『法
窓雑記』（同・1936）という，今日から見れば広く法に関わる，いわばエッセ
イ集に収録されていった。これらの多くは，学術的というよりも，当時の主要
な総合雑誌において，その時どきの労働（法）に関わる時事問題について，い
わば社会評論家として発言したものである。それこそが狭く労働法専攻者にか
ぎらず，民法学はもちろん，広く法学研究者には見られない末弘の言論活動の

(125) また同じく当時，国民新聞政治部〔編〕『明日を待つ彼』4（千倉書房・1931）149-150
　頁には「末弘厳太郎君」として，つぎのような記述が見られる（振り仮名は省略）。これ
　も，末弘の人となりを生き生きと描いているように思われる。
　　「今年の冬の，ある大雪の朝であつた。一台の新フォードの，小型ロードスターが勇
　　敢に泥雪はねとばしながら帝大の正門へ乗りいれて来た，ところが突然ストップ！
　　故障だ，すると乗つてゐた五尺にも足らぬ小男，いきなり雪の中に仰向けになつてず
　　るずると車体の下へ潜りこみ，修理にとりかゝつた。これを見た帝大生……／
　　『君，あれガンちやんだろう？』
　　『うむ，さうだ』
　　『冷たいだらうネ』
　　『冗談ぢやない，相手は水泳のガンちやんだ，雪には縁があらうつてものさ』
　　　（以下，省略）
　末弘は次章で言及するように，オリンピック・ベルリン大会（1936年）では日本水泳
　選手団役員として参加した。末弘は剣道や水泳のみならず，スキーもしていたのであろう，
　吾妻連峰・家形山（福島県）の頂上付近・北東斜面は山スキーのルートとして「ガンちゃ
　ん落とし」という名称が今日も残っている。スキー案内書には，「末弘ガン太郎」という
　帝大助教授が転げ落ちたところで，急傾斜のため初心者注意と書いてあったという（潮
　見・前掲稿〔本章注(2)〕336頁）。さらにはゴルフにも，そのために軽井沢に別荘を購入
　するほど熱中した（七戸克彦「法学者の軽井沢」法政研究81巻3号〔2014〕250-252頁）。
　なお生前における学生のあいだでの「末弘人気」は大正年代から続くものであった。それ
　は帝大新聞に連載された，つぎのような記事からも容易に理解できよう。すなわち同紙
　59（1923・11・29），60（同・12・11）および61（同・12・22）の各号には「ガンちゃん
　物語」として，（1）「頑張屋のガンちゃん／小さくても疲れる余地もない」（『復刻版』1
　巻19頁）（2）「柄は小さくても喧嘩は負けた事なし／フランスに残るローマンス」（同前
　23頁），（3）「婦人席問題で新渡辺排斥の一幕／その失敗が発憤のもと」（同前27頁）
　という3回にわたる連載記事が掲載されている。内容的には，「ガンちゃん」というあだ
　名（愛称）の由来や，身長150センチに満たない小柄な体格ゆえか実年齢より若く見られ
　たこと，生来の負けず嫌いからの旧制一高での「武勇伝」など他愛ないものばかりである。
　さらに昭和年代初頭，末弘が「当代の寵児」であり，「その講座は今に於ても満員の盛況」
　であることは，H・I・K「東大法学部の人々」（上）法律春秋3巻3号（1928）98-100
　頁でも活写されている。

78

第5節　末弘による労働問題に関する社会評論家としての言動

特徴であったといってよかろう。川島武宜は戦後1980年代末に戦前，末弘が留学から帰国したのち最初に刊行した評論集と同じ表題を用いた，上下2巻の，詳細な注記を付した末弘評論ないしエッセイ集（『嘘の効用』〔冨山房・1988,1994〕）を編むにあたり，末弘における社会評論の特徴として，つぎのような点を指摘していた（傍点は原文）(126)。

(1)「確固たる自由主義，およびそれに裏づけられた個人の権利の主張で貫かれている」。

(2) 当時の政府が支持・強制していた「伝統主義・復古主義に抗して，常によりよいもの・新しいものを求め」た。

(3)「その論述のしかたの素直さであ」り，「思ったまま，考えたままを素直に述べるのを常にして」いた。それは当時「明らかに『非日本的』な行動様式であ」った。

このような特色は，以下の末弘の言動を検討するなかで，具体的にみることになろう。ただしそのような末弘の自由な発言は，昭和年代にはいってからは，次第に少なくなっていったように思われる。また大正年代ほどの華やかさもなくなっていった。1933(昭和8)年刊行の『法窓漫筆』については，同書に収録された「法治と暴力」（改造13巻6号〔1931・6〕掲載）を理由に発禁処分となったのは，そのことを象徴する出来事であったといえよう(127)。

当時の日本では，欧州における第一次世界大戦が終了したのち，金融・電力・一部の重化学工業で寡占化が進行し，財閥系金融資本による重要産業の支配化がされる一方，大戦中に成立した多くの中小商工業との「二重構造」が形成されていった。そして昭和恐慌・不況の過程でもっとも打撃を受けた農業部門で，農業生産は停滞し，工業をはじめとする諸産業との格差が拡大し，「農村の窮乏化」が進行していった(128)。このようななか，日本評論社は末弘厳太郎を「責任編集」者とした『現代法学全集』の出版が成功し，多くの販売実績

---

(126) 川島武宜〔編〕末弘厳太郎『嘘の効用』上（冨山房・1988）「解題」v-viii頁。なお同所は，末弘のエッセイの特徴（3）は，末弘がアメリカ留学の際，ロー・スクールでの学生らの対応（行動ないし「文化」様式）に接して受けた「一種のカルチャー・ショック」に由来するのではないかと推測している。

(127) 同前書277頁以下には，初出稿が掲載されている。同前289頁の編者注記によれば，この発禁処分稿は同書・昭和11年の第三版では全面削除されているという。筆者が入手した同書・昭和8年「再訂改版」は，該当頁の部分が定規か曲り尺を当てて破り取られた状態となっているものである。

(128) 詳しくは，長幸男『昭和恐慌：日本ファシズム前夜』（岩波現代文庫・2001）を参照。

第1章　わが国労働法学の生誕

がえられたことから，1929(昭和4)年12月，「法律時報」誌を創刊した[129]。末弘は1936(昭和11)年6月から12月までの半年におよぶ海外旅行期間をのぞいて，以後戦前および戦時期を通じて，長期にわたり，同誌の「巻頭言」や「法律時観」「時評」と題するコラムを執筆していった[130]。

　1931(昭和6)年9月18日，奉天（現瀋陽）郊外の柳条湖で関東軍が南満州鉄道（満鉄）の線路を爆破し，これを中国軍の仕業だとして出兵し，わずか5か月のあいだに満州全土を占領し，1932(昭和7)年3月1日，満洲国の建国が宣言された。国際連盟が派遣したリットン調査団の報告をもとに，満洲国の存続を認めない勧告案が国際連盟で採択されたことを不服として，日本は1933(昭和8)年3月，国際連盟の脱退を表明した（中国軍とのあいだでは，1933年5月31日塘沽協定により停戦が実現した）[131]。この間，日本国内では，満州事変が歓喜をもって迎えられ，言論界においても，これに迎合する傾向があり，正面から批判することが厳しい状況となっていった[132]。同年9月，末弘は穂積重遠の任期満了にともない学部長となったが，6月には東大でも滝川事件に抗議する学生集会が開催され，これに対処した。すなわち同年4月京都帝大法学部教授滝川幸辰（1891〜1962）の著書『刑法講義』『刑法読本』などが発禁処分となり，5月26日文部省（鳩山一郎〔1883〜1959〕文相〔1931〜1934年〕）は文官分限令により，滝川を休職処分とした。これに対し法学部教授会は全教官31名の辞表提出をもって抗議したが，滝川を含む6教授のみを免官とした。これに対し法学部教授会は，辞表を撤回した「残留組」と辞表を撤回せず，辞職した「辞職組」とに分裂していった。京大法学部学生は教授会を支持して，全員退学届を提出するなどの抗議活動を行なうとともに，他大学へ同調を働きかけた。東大では，6月3日の「全学高校代表者会議」，17日の文学部・経済学部に続き，21日法学部でも学生大会が開催された。しかし7月11日に滝川等の辞職が決定し，また夏季休暇となったことも影響して学生の抗議運動は鎮静化していった[133]。それに先立つ同年2月，国会で宮沢裕（政友会）が赤化

(129) 美作太郎『戦前戦中を歩む：編集者として』（日本評論社・1985）227頁以下。
(130) 川島〔編〕前掲書（下巻）「末弘略年譜」440-441頁。
(131) そのような事態にいたる経緯と背景については，加藤陽子『それでも，日本人は「戦争」を選んだ』（新潮文庫・2016〔原著は，2009年刊行〕），とくに297頁以下（第4章「満州事変と日中戦争：日本切腹，中国介錯論」）で説得的にのべられている。
(132) 竹中佳彦『日本政治史の中の知識人：自由主義と社会主義の交錯』（木鐸社・1995）は，矢内原忠雄（1893〜1961），横田喜三郎（1896〜1993）および鈴木安蔵（1904〜1983）の3人による戦前・戦中・戦後の昭和年代における言動の展開を追跡するものである。同書・上巻99-150頁では，右の3人を中心にして，当時の知識人たちが満州事変に対し，どのような態度をとったかを検討している。

第 5 節　末弘による労働問題に関する社会評論家としての言動

教授問題を取り上げた。その際には具体的な名前はあげられなかったが，その念頭に置かれていたのは滝川幸辰のほか，東大法学部の牧野英一，経済学部の有沢広巳 ── ドイツ留学時，次章の菊池勇夫に関連して後述する「読書会」の主要メンバーであった ──，そして末弘であったという。その議会発言のもととなったのは「日本版ジョゼフ・マッカーシー」（竹内洋）と評（表）される蓑田胸喜（1894 ～ 1946）らの作成によるパンフレットや新聞であった[134]。蓑田ら「原理日本社」は大正年代末以降，その雑誌や新聞，パンフレット，さらには単行本を通じて東京帝国大学教授の「赤化容共反国体思想」を糾弾したが，そのなかでも末弘は彼らにとって主要なターゲットの一人であった[135]。そうであるがゆえに 1934(昭和 9)年 6 月 6 日，末弘は蓑田により治安維持法違反・朝憲紊乱罪（新聞紙法〔1949〈昭和 24〉年廃止〕42 条，出版法〔同前〕26 条）に該当するとして，刑事告発すらをもされたのであろう（ただし同年 11 月 28 日不起訴処分となった）[136]。また翌 1935(昭和 10)年 2 月 18 日には，貴族院本会議場で，菊池武夫（男爵・予備役陸軍中将）が，美濃部達吉（1873 ～ 1948）の「天皇機関説」論難の，いわば先触れのごとくに末弘の著書名（『法窓閑話』『法窓雑話』および『法窓漫筆』）をあげて批判し，政府に対応を求めた[137]。これが天皇機関説事件の発端であった。さらに，この年のメーデーが，敗戦前最後と

───────────────

(133) 滝川事件に際して末弘は「それは京大だけの問題ではない」との立場から教授会等で発言していたようだ。しかし東大（法学部）が積極的な支持を表明したり，援助の手をさしのべるにはいたらなかった（竹中・同前書・150-155 頁）。同事件については，伊藤孝夫『滝川幸辰：汝の道を歩め』（ミネルヴァ書房・2003）および松尾尊兊『滝川事件』（岩波現代文庫・2005）を参照。また前掲『東京大学百年史』通史二 854-861 頁と同前・部局史一 214-216 頁の双方で，このことに比較的多くのスペースをとって記している。同事件に対する東京帝大法学部教授会の様子や 6 月 21 日の法文経三学部連合学生集会については，前掲『南原回顧録』165-169 頁でも取り上げられている。また当時東京帝大の学生であった者らによる回顧録として，事件後 50 周年を記念して刊行された瀧川事件・東大編集委員会〔編〕『私たちの瀧川事件』（新潮社・1985）がある。

(134) 大村・前掲書（本章注(119)）175-176 頁。

(135) 詳しくは，竹内・前掲書（本章注(7)）198-204 頁を参照。同前書 202-203 頁によれば，その「帝大教授バッシング」の対象は東京帝大法学部と同教授であったという。同前所によれば，1926(大正 15)年から 1943(昭和 18)年までに「原理日本」誌が攻撃した人物を頻度別に示せば，つぎの通りである。すなわち美濃部達吉（21 回），末弘（12 回），河合栄治郎（7 回），佐々木信綱（5 回），田中耕太郎（同），河上肇（同），津田左右吉（同），宮沢俊義（4 回），横田喜三郎（3 回），牧野英一（同），矢部貞治（2 回），蝋山政道（同），そして南原繁（1 回）。美濃部に対する 21 回をのぞけば，末弘批判の 12 回は相当に多いといえよう。なお我妻栄は記事の表題には出てこないが，記事のなかで糾弾の対象となっていたという（同前所）。

(136) 石田・前掲「末弘法学論」（本章注(79)）59 頁。

81

なった。京都では，新村猛らにより月刊誌「世界文化」が発刊される（2月）一方，保田与重郎や亀井勝一郎が「日本浪漫派」を刊行した（3月）。同年の年末12月8日，大本教の出口王仁三郎らが不敬罪（旧刑法73条ないし75条）および治安維持法違反を理由に検挙されるという宗教弾圧事件も起こった（第二次大本事件）(138)。一方，世界的には，この年ドイツが再軍備を宣言し（3月16日），イタリアがエチオピア侵略を開始した（10月2日）。このように1933(昭和8)年とは，日本の内外で急速に，時代の歯車が戦争に向かって大きく動いた年であった(139)。

2　末弘の労働問題に関する社会評論家としての言動の変化

このように昭和年代に入り，対外的軍事侵略と国家主義イデオロギーがしだいに増長するなかで末弘の言論活動が，これに影響をうけないということはありえないことであった。それは具体的には，その発言量の減少と内容の抑制という形となって現われていったように思われる。すなわち末弘の労働問題に関する発言は大正年代のときとくらべて，労働法について言及する論稿が公刊されたもののなかに占める割合はしだいに少なくなり，とくに柳条湖事件（1931〔昭和6〕年9月）に始まる満州事変以降，年に数本程度にまで減少していった。つぎに掲げる業績リストを眺めていて思うことは，大正年代に発表された論説群とは異なり，取り上げているテーマに一貫性がないということである。おそらく，その時どきに社会的な課題について論じるようにとの総合雑誌の編集部や新聞社の求めに応じて，その見解を示したのではなかろうか。

1927(昭和2)年　39歳
　2月「労働協約法概論」大宅壮一〔編〕『社会問題講座』（新潮社）5巻
　6月「労働組合の分裂と松岡氏遭難事件」経済往来2巻6号→『法窓雑話』
1928(昭和3)年　40歳
　1月「労働法概説」社会経済体系14巻（日本評論社）
　2月「役人サンヂカリズム」経済往来3巻2号→『法窓雑話』⇒川島〔編〕『嘘の効用』下

---

(137) 菊池の発言と対応する文部，内務および司法各大臣の応答内容については，石田・前掲「末弘法学論」59頁および白羽祐三『『日本法理研究会の分析——法と道徳の一体化』（中央大学出版部・1998）279-281頁にならって，宮沢俊義『天皇機関説事件：史料は語る』上（有斐閣・1970）76-80頁に引用されているものを参照した。

(138) 治安維持法の宗教団体への適用が意味することについては，奥平康弘『治安維持法小史』（岩波現代文庫・2006〔原本初出は1977刊行〕）222-234頁を参照。

(139) 竹中・前掲書157-158頁。

第5節　末弘による労働問題に関する社会評論家としての言動

5 月「団結権を死守せよ ―― 野田の争議について」改造 10 巻 5 号
6 月「最低賃金問題 ―― 国際労働会議と最近の海員争議とについて」(1)–(4) 大阪
　　毎日新聞（朝刊）19 日，20 日，21 日，22 日→『法窓雑話』（日本評論社・
　　1930）
7 月＊「最低賃金問題」東京工場懇話会会報 38 号
1929（昭和 4）年　41 歳
9 月「官吏の更迭と行政の能率」改造 11 巻 9 号→『法窓雑話』
12 月「減俸問題の教訓 ―― 官吏の団結権的行動について」改造 11 巻 12 号→『法
　　窓雑話』⇒川島〔編〕『嘘の効用』下
1930（昭和 5）年　42 歳
1 月「紹介／孫田秀春氏著『労働法通義』を読む」法律時報 2 巻 2 号
3 月「製糸工場に於ける賃金不払問題」改造 12 巻 3 号→『法窓雑話』
5 月「温情主義と労働立法」法律時報 2 巻 5 ＝ 6 合併号
7 月「座談会／失業問題討論会」改造 12 巻 7 号〔司会〕山本實彦，〔参加者〕安
　　達謙蔵，安部磯雄，阿部賢一，井上準之助，高橋誠一郎，那須晧
1931（昭和 6）年　43 歳
2 月「現内閣と社会政策 ―― 労働組合法案其他について」東京日々新聞 2 月 26 日，
　　27 日→『法窓漫筆』（日本評論社・1933）
5 月「紹介／労働法関係の近著二，三」法律時報 3 巻 5 号
9 月「労働協約法に関する多少の考察」社会政策時報 132 号
11 月＊「職業保険制度の必要と可能性」社会福利 15 巻 11 号
1932（昭和 7）年　44 歳
1 月「失業保険の必要と可能性」改造 14 巻 1 号→『法窓漫筆』⇒川島〔編〕『嘘の
　　効用』下
5 月「計画経済と労働」経済往来 7 巻 5 号→同前⇒川島〔編〕『嘘の効用』下
11 月「紹介／ピック教授の『労働法』について」社会政策時報 146 号
12 月「市電争議と強制調停」改造 14 巻 12 号→『法窓漫筆』
　　「紹介／津曲教授の『労働法原理』」法律時報 4 巻 12 号

　以上のような論考について，石田眞は従来見られた，末弘の「『温情主義』
や『統制経済』への批判に微妙な変化がみえ始めるのは，1933（昭和 8）年に〔法
律時報誌に〕書かれた二つの〔コラムである〕『法律時観』あたりからであ
る」[140]とする。具体的には石田は，末弘が同年の法律時報誌に発表した「社

――――――――――――――――
(140)　石田・前掲「末弘法学論」（本章注(79)）59 頁。なお白羽・前掲書 281–282 頁は，
　　1931（昭和 6）年の満州事変から 1938（昭和 13）年の国家総動員法制定という過程のなかで
　　「末弘・大正デモクラシー『市民法学』は凋落し，崩壊するに至る」と捉えている。

83

会立法の睡眠」5巻1号39頁と「非常時と社会立法」5巻11号74-75頁を「『転換』への序曲」としてあげている。石田はまず前者における末弘の「今後必然的に要求されてゐる経済統制を実現する為めには必然それに奉仕すべき社会立法を必要とする」との文言を引用して，「これは，経済統制批判を前提としたうえで社会立法を基礎づけようとしたかつての議論の筋から……〔これを肯定する方向へ〕の『転換』であった」と評している(141)。しかしはたして，そうであろうか。まず，「社会立法の睡眠」稿は柳条湖事件勃発からすでに約1年半後に発表されたものであることを考慮する必要があろう。大正年代，とくに労働組合法の制定が現実のものとなると理解ないし待望されていた頃とは社会状況が異なる。つぎに末弘は，この前段で「没落期にあるとは言へ吾国の資本主義」が自らを救うため云々とのべている。すなわちそこには，昭和恐慌から世界恐慌に組み込まれ，労働争議が続発するなか，体制維持への危機感に訴えて社会立法の実現を図ろうとの，いわば末弘流の戦略的な意図があったのではなかろうか。その末尾で末弘は，つぎのようにのべている。

> 「元来景気の好い時代に勝手なことをし尽して不況時の為めに何等の準備を為さず，而も一度不況の波が押し寄せると其無準備から生まれる苦痛のすべてを労働者の負担に帰して顧みないのは現代資本家の通弊である。社会立法は蓋し此弊を匡救するもととして今こそ最も痛切に制定を要求される時代である」。

これは，本来であれば実現すべき労働政策を十分に行なわない，時の政府と資本家たちを非難するものであると，私には思われる。一方，後者の同年（1933〔昭和8〕年）11月の「非常時と社会立法」については，どうだろうか。石田は「わが国の労働の特殊性についての見方に変化がみられる」とのべている(142)。同稿は「時は正に非常時である」という言葉から始まっている。すなわち1933（昭和8）年5月31日，塘沽協定が成立し，日中間の軍事衝突は停止した。末弘は，総力戦実現への国民の協力をえるためには，何が必要か考えるべきではないかと「其局に当る人々」に注意を喚起している。もちろん，末弘が柳条湖事件をはじめとする軍事行動を支持しているとは考えられない。しかし，そのようなことは，ここではさほど重視すべきことではないように思われる。むしろ末弘は本稿で「現実」を逆手にとって，社会立法の推進による，国民の生活向上を願っていたのではないだろうか。第一次世界大戦で，いわば漁

---

(141) 同前所。
(142) 同前所。

第5節　末弘による労働問題に関する社会評論家としての言動

夫の利をえた日本は，ヴェルサイユ条約（1919）に結実したパリ平和条約会議
や ILO における常任理事国となったにもかかわらず，当初から，いわば発展
途上国として国際的な規範が適用されるべきではないとし，その理由として，
わが国労働の特殊性＝家族制度に基礎をもつ低廉労働ということをあげてきた。
それゆえに末弘は，これに対し，つぎのように反論している（62-63頁）。

> 「現在我国の社会立法は……個々の労働者を個々人としてのみ見る個人主
> 義の立場に立つものであつて，彼等を家族団体の一分子として取扱ふこと
> を忘れてゐる」。それゆえに健康保険法の恩恵は労働者の家族に及ばず，
> 女性の坑内労働禁止も「徒に優秀炭鉱業者の資本主義的合理化を助長した
> のみであつて，果して真に炭鉱労働家庭の福祉を増進するものなりや否や
> 甚だ疑はしい。其他家族主義的見地から労働の問題を考へるならば母子扶
> 助法や家族手当法の如きも必然要求されるのであつて，此等制度の実現を
> 個人主義的見地から拒否すべき理由は少しもない」。

　これは，先のコラムと同じく，自らの利益を貪るに熱心である一方，労働者
とその家族の生活上の苦衷には何らの関心を寄せない資本家たちへの痛烈な批
判なのではなかろうか。そうであるが故に，末弘は「其局の当る人々が以上の
点に思いを致し，以て我国独特の労働立法樹立に努力せんことを希望せざるを
得ない」と，皮肉とも受け取れる文章をもって，論考を結んでいるのではなか
ろうか。私は，このように理解したい。1933(昭和8)年時における末弘の「立
場」は，その3年前，同じく法律時報（2巻5・6合併号〔1930〕3-6頁）に発表
した「温情主義と労働立法」[143]で，つぎのように喝破したときと，変わって
いるとは思われない（3頁）。

> 「彼等〔労働組合法等労働立法制定に反対する資本家およびその代弁者たち〕
> が温情の為めに権利義務を排斥せむとするのは，労働者に権利を与へずし
> て奴隷的服従を強ひ之を対価として温情的保護を与へむとしてゐるのであ
> る。……彼等の温情主義は決して唯労資の間に温情の行はるべきことを主
> 張してゐるのではなくして，権利義務を排斥して唯温情のみを支配せしめ
> んとするのである。相手方を対等者として取扱ひ之に対等権利義務を認め

---

(143) 同稿は，末弘が初めて同誌に発表した論説であった（石田・前掲「末弘法学論」58
頁）。石田・同前所は本稿が大正年代に示された，日本社会が「資本主義的関係」のもと
にあり，伝統的家族主義が機能しないとの事実認識に立ち，また労働立法の成立根拠を労
働の論理だけでなく，資本の論理からも基礎付けようとしている点で特徴的であるとして
いる。

ることを拒否し，唯資本家の好意と温情とに信頼せしめむとするのが彼等の態度である。之故に彼らの温情主義は名君善政を理想とする専制主義と其軌を一にするものであつて，到底人格の尊厳と自由とに目醒めた現代人の間に適用すべきものではない。現代人は人としてすべて互に平等ならむと希望している。対等者間に権利義務を認め合つてこそ真の平和関係が樹立されると考えてゐる」。

当時，「社会政策の確立」を掲げる民政党・浜口雄幸内閣（1929〔昭和4〕年7月2日から1931〔昭和6〕年4月14日まで）のもと，労働組合法の制定が現実的な課題として提起され，議会の内外で大きな議論となっていた。これは，そのようなときに，日本工業倶楽部をはじめとする使用者団体が猛反対を主張するなかでなされた末弘の発言であった[144]。

さて石田が末弘自身への言論弾圧を含めて歴史的現実の変化にうながされて「徐々に『転換』へとそのステップを踏」[145]んでいった例証として，引用するのが中央公論誌1935(昭和10)年1月号（50巻1号）に掲載された「岐路に立つ我労働法」[146]である。本書の立場と多少矛盾するかもしれないが，確かに，この論稿の基調は従来のとは異なる要素が含まれているように思われる。すなわち「我国の労働立法は今や全く停滞状態に在る」（330頁）という現実を目の前にして，現状を肯定するところから立論を始めている。ここには，時の政府や頑迷固陋な資本家やその団体を非難することはない。末弘はいう（335頁）。

「元来天然資源に乏しいのみならず，人口過多の悪条件をもつ我国の労働法が，初めから先進資本主義国一般の水準まで其内容を高め得なかつたのは当然であつて，我国の労働法は初めから此方面からくる一定の局限を与へられてゐたのである。其上比較的立後れて資本主義的発展を遂げた我国には今尚封建的労働関係を基礎とする中小企業が経済的重要性をもつてゐるから，其要求と妥協せねばならない必要上労働法の発展が相当力強く限局されるのは当然であつて，従来既に我国の労働法が先進資本主義諸国の程度まで発達し得なかつたのもそれが為めであり，今や資本主義の世界的没落傾向に伴つて，ともかく今まで発展して来た労働立法が突如其進行を止めねばらないようになつたのもそれが為めである」。

---

(144) 同前所。
(145) 石田・同前稿60頁。
(146) 以下，本稿の引用に際しては，川島〔編〕末弘・前掲『嘘の効用』下を利用する。

第5節　末弘による労働問題に関する社会評論家としての言動

　こうした現実認識——それは従来から，末弘にとって十分に承知していたものであっただろうにもかかわらず，何をいまさらに強調しなければならなかったのかとの疑問もあるが——に基づいて，末弘は「新たな情勢に伴う新たなる労働法の実現に邁進せねばならない」（336頁）とした。すなわち「資本主義的にみれば，如何に不合理であつても，現に半封建的労働の要素が多分に存在して労働関係の安定に貢献してゐる以上，一面之を利用すると同時に他面因つて生ずる極度の弊害を阻止することは，現下の情勢に鑑みて我国労働法の重要なる使命である」（338-339頁）とのプラグマティックな立場から，(1)解雇制度一般，とくに解雇手当に関する法律制定，(2)共済組合の充実・普及と実効ある監督制度の実現，および(3)もっとも抵抗力の弱い家内労働者（内職）の保護すべき「内職保護法」の制定，さらには(4)「相当権限の広い労働裁判所」を設置することによる「半封建的な関係から発生する極度の弊害の防止」を実現することを提言しているのである（339頁）。これについて石田は「与えられた状況を容認してもなお，目的に対する手段の合理性という観点から社会改良の道を探りあてようとしたぎりぎりの努力を見ることができる」(147)と評している。なるほど，これは末弘の発想の柔軟性と社会改革実現意思の持続性が現われているのかもしれない。すなわち「それまで追求してきた課題を放棄したり，沈黙しない者」（石田）である末弘にとっては，現実の状況のなかで，いかにして現状打破をなすべきかとの可能性を探っていたのだと評価することもできるであろう(148)。

　また末弘の「主要業績目録」(149)を眺めていると，先にものべたように柳条

---

(147)　同前所。

(148)　後藤清「雑誌論文月評／末弘厳太郎『岐路に立つ我労働法』法律時報7巻4号（1935）46-47頁は本稿内容を紹介し，「岐路に立てる我労働法に対して，徒にファッショ的方向を指定することを避け，地味に，最も現実且つ切実な方向を指定されたことに対して，敬意を表する」と結んでいた。

(149)　法律時報誌創刊六〇周年記念号（60巻11号〔1988〕）に収録されている「末弘厳太郎先生略年表・主要著作目録」（水野紀子作成）111-108頁。ちなみに，1932(昭和7)年以降，労働法に関する業績目録を下に掲げる。これによれば，労働法に関わる発言のなかった1933(昭和8)年を境に，1935(昭和10)年の年初から翌1936(昭和11)年初めにかけて経済往来（1935年11月号より誌名を「日本評論」に変更）に12回にわたって連載した「労働法講話」をのぞけば，著しく減少していることがわかる。

1932(昭和7)年　44歳

　1月「失業保険の必要と可能性」改造14巻1号→『法窓漫筆』⇒川島〔編〕『嘘の効用』下

　5月「計画経済と労働」経済往来7巻5号→同前⇒川島〔編〕『嘘の効用』下

　11月「紹介／ピック教授の『労働法』について」社会政策時報146号

第1章　わが国労働法学の生誕

湖事件（9月18日）が起きた1931（昭和6）年以降，それ以前とは異なり，労働法に関連した論説の数が急速に減少し，代わって民法やそれ以外の時事問題に触れることが多くなっていったことがわかる。末弘のなかで，労働法への関心が急速に失せていったのであろうか。そのことを象徴するかのように，1925（大正14）年から翌年にかけて，積極的に発言していた労働組合法制定について発言することは，もはやほとんどなくなっていた。自らいうべきことはすでにのべた，あるいは「見るべき程の事は見つ」（『平家物語』）といった心境であったのであろうか。1929（昭和4）年7月に成立した浜口・民政党内閣は，その秋アメリカ・ウォール街における株価暴落に始まる世界恐慌に対処し，労働争議や同盟罷業の件数が飛躍的に増大するのを見ながら，労働者の団結権を法認するとともに，その活動を法的に規制せんとした。これに対し，全産聯（全国産業団体聯合会）に結集した各種経済団体を中心とした反対運動のなか，「大正十五年政府確定案以上の労働組合取締法案」と評されたものであった。それでも，1931（昭和6）年2月に第五九議会に提出され，衆議院を通過しても，労働組合法案は貴族院で審議未了のために不成立となった[150]。この問題について

　　12月「市電争議と強制調停」改造14巻12号→『法窓漫筆』
　　　　「紹介／津曲教授の『労働法原理』」法律時報4巻12号
1933（昭和8）年　45歳
1934（昭和9）年　46歳
　　6月「工場法」「就業規則」「就業制限」「職業紹介法」末弘・田中耕太郎〔編〕『法律学
　　　　辞典』Ⅱ　コーシ（岩波書店）
　　10月「市電争議雑感」中央公論49巻10号→『法窓雑記』（日本評論社・1936）
1935（昭和10）年　47歳
　　1月「岐路に立つ我労働法」中央公論50巻1号→『法窓雑記』⇒川島〔編〕『嘘の効用』
　　　　下
　　3月「職業世話人の告白」改造17巻3号
　　7月「所謂非常時と労働法」中央公論50巻7号→「非常時と労働法」『法窓雑記』
　　8月「退職手当と退職積立金法案」中央公論50巻9号→『法窓雑記』
1936（昭和11）年　48歳
　　3月「労働協約」「労働契約」「労働者最低年齢」「労働争議」末弘・田中耕太郎〔編〕
　　　　『法律学辞典』Ⅳハーワ（岩波書店）
　　11月「小工業と労働法」日本評論11巻1号→『法窓雑記』
(150)　浜口内閣のもとでの同労働組合法制定の動きとその挫折については，野村平爾＝島田
　　信義「労働法（法体制崩壊期）」鵜飼信成ほか〔編〕『講座日本近代法発達史──資本主義
　　と法の発展』8（勁草書房・1959）4(218)-18(232)頁を参照。そして柴田義彦『労働組合
　　法講話』（東京弘文館・1930）は当時の欧米を中心とした諸外国における労働組合法制を
　　概観するとともに，日本の組合法制定の沿革を示すものである。また山中・前掲『日本
　　労働組合法研究』は，前著（『日本労働組合法案研究』）に続いて，詳細に法案を検討した。

末弘の発言としては，翌々年（1933〔昭和8〕年に『法窓漫筆』（日本評論社）に
収録された「現内閣と社会政策」——同稿には「労働組合法案其他について」
という副題の付いていた（元もとは東京日々新聞1931〔昭和6〕年2月26，27両日
連載）——があるだけであった[151]。そのなかで，比較的進歩的と考えられて
いた浜口雄幸内閣のもとでも，国民が期待した社会政策は実現されないことに
対し，末弘は「極度の国際的経済競争によつて圧迫されてゐる資本主義国日本
の政治家等はもつと真面目に我国資本主義の規定する局限内において，如何に
せば最大限の社会政策を実現し得べきかの問題を具体的事実について研究すべ
きである」（179頁）との苦言を呈していた。

　次章では，時間を少し遡って，末弘や孫田に続く「新たな労働法学徒」の出
現と彼らの学問形成および昭和年代初期における彼らの足跡をたどることにし
よう。またあわせて末弘・孫田両人の言論活動についても言及する。

　さらに「昭和4年7月より翌5年3月に至る間に於ける関係資料を録した」（同書・凡例）
　1930（昭和5）年3月の『労働組合法案に関する資料』（社会局労働部）には，法案のほか，
　新聞社説や使用者団体，労働団体さらに個人の「意見」が収録されており，資料集として
　有用である。
（151）末弘「現内閣と社会政策」同・前掲『法曹漫筆』177-185頁。

◆第2章◆　昭和年代初期｢非常時｣における労働法学
── 1931年9月～1937年7月

　わが国の労働法学が大正年代末，末弘厳太郎と孫田秀春の両名により，東京帝国大学法学部および東京商科大学で相次いで開講されたことから始まったことは，すでにのべた[1]。そして昭和年代の初頭には「わが国の将来の労働法学界を担うホープと目された」[2]若手研究者が現われた。彼ら「若手研究者」とは，菊池勇夫（1898～1975），津曲蔵之丞（1900～1969）および後藤清（1902～1991）の3名であった。なかでも菊池と津曲の両人は，末弘との関係が深い。すなわち既述のように，『日本労働立法の発展』（有斐閣・1942）と『労働法の主要問題』（同・1943）2著により，わが国戦前の労働法学の到達点を示すとともに，社会保障法学の基礎を創った菊池にとって，その学部・大学院を通じての指導教授は末弘であった[3]。また『労働法原理』（改造社・1932）で，労使関係の法的構造を唯物史観の方法により解明しようと試みた──ただし「労働法は社会主義にあらざる所以を強調し，且つ労働法と社会主義とは全く異る」とする──津曲は，同書「序文」のなかで，末弘の「労働法制」の講義を受講し，これに関心をもつにいたり，その「諸論著に裨益される所多い」[4]とのべていた。そして後藤が1935(昭和10)年に刊行した『労働協約理論史』（有斐閣）に

(1) そのほかの大学では，東北帝大で1925(大正14)年に「社会法論」という名称で，九州帝大は1927(昭和2)年「社会法」講座がそれぞれ始まった。京都帝大も1932(昭和7)年にやはり「社会法」〔？〕という名称により隔年で開講したという。私立大学の場合も，帝国大学とほぼ時期を同じくしていたようだ。たとえば法政・明治両大学が1924(大正13)年，中央大学が翌1925(大正14)年に開講していると説明されていた（松岡三郎〔司会〕，石井照久ほか「座談会／戦前の労働法学」日本労働法学会誌37号〔1971〕192-196頁）。
(2) 加山宗二「日本労働法学界：その過去と現在」法律文化3巻10＝11＝12合併号（1948）159頁。
(3) 菊池勇夫の学問業績および人物評については，九州大学法学部百年史編集委員会「九州大学法学部・法科大学院の歩み──一九二四年（法文学部創設）から二〇一二年まで」法政研究81巻4号（2015）558頁以下の「附録／法学部百年史関連人物情報文献一覧」588-589頁収録の「菊池勇夫（きくちいさお，一八九八～一九七五）【社会法】」にほぼ網羅されている（ほかには，山田晋「菊池勇夫の社会事業法論──菊池勇夫『社会事業法域の成立について──社会行政発展の一側面』（一九三八年）を読む」社会学・社会福祉学研究（明治学院大学）134号（2011）113-139頁がある）。

ついては，戦後も「労働法学史上不朽の偉業」（久保敬治）という最大級の賛辞が呈せられている。つぎに，これら3人のなかで菊池と後藤の場合，先に考察した末弘および孫田と同様に，その研究者としての基礎を形成するにあたり，若き日々に過ごした海外での長期滞在経験がその学問形成において大きな意義をもっていたように思われる。そこで本章でも，前章の末弘と孫田の場合と同じく，彼らの在外研究の様子をうかがうことから始めたい。また関東軍 ── 関東州〔中国遼東半島〕防備と南満州鉄道保護を任務とした日本陸軍 ── が中国東北部の奉天（現・瀋陽）の郊外・柳条湖付近で満鉄（南満州鉄道）線路に仕掛けた爆破事件を中国軍の仕業として，軍事展開の口実として利用し，満洲国の建国へと連なる一連の事件以降，日本では「非常時」であることが強調されるようになっていった。そのような状況推移のなかで，末弘と孫田両人がいかなる言動をなし，その身辺をめぐる状況がどのように変化していったのかも，本章の重要な課題である。

◆第1節　新たな労働法学徒の出現
── 菊池勇夫と津曲蔵之丞そして後藤清

1　菊池勇夫の九州帝大赴任までの「旅路」

　菊池は自らの「七十歳初年を記念することになった」とのべる『社会法の基本問題 ── 労働法・社会保障法・経済法の体系』（有斐閣・1968）の「序言」冒頭で自らの研究歴を簡単ながら，つぎのように回顧している（同前1頁）。

　　「『社会法研究のため』の旅に著者が文部省在外研究員として欧米留学に出
　　発した[5]のは大正一五年（昭和元年－原文）一月〔ただし改元は，同年12月
　　25日〕で，昭和三年六月[6]に帰国した。そして十月からは九州帝国大学
　　法文学部に前年新設されたばかりの『社会法講座』を担任することになっ
　　た。それから今日まで，太平洋戦争（大東亜戦争）の敗戦の前後それぞれ
　　二十年を経過し，四十年の研究生活をつづけてきた」[7]。

---

(4)　津曲・前掲書「序文」11頁。

(5)　菊池をはじめ，本稿で取り上げる労働法学研究者が在外研究に従事する根拠となった
　　「文部省在外研究員規定」（勅令第393号・1920〔大正9〕年9月15日）については，梶嶋
　　政司「史料紹介／九州帝国大学法文学部草創期の在外研究員」九州文化研究所紀要55号
　　（2012）2-5頁に全文引用されている。

(6)　ただし菊池勇夫教授六十年祝賀記念『労働法と経済法の理論』（有斐閣・1960）の巻末
　　に収録・記載されている「年譜と著作目録」3-4頁では，「六月　ハンブルクから乗船，
　　米国を経て七月帰国（四月以降は私費留学として延期）」となっており，月数が1か月異
　　なっている。

第1節　新たな労働法学徒の出現

　本書が考察するのは，菊池の研究生活の前半にあたる戦前・戦時期の 20 年であるが，その前に菊池が九州帝大に赴任するまでの経緯(いきさつ)について言及したい(8)。

(1) 芹沢光治良との出会いと ILO 勤務

　1898〔明治 31〕年 6 月 21 日，柳田國男の『遠野物語』(1910〔明治 43〕年）で有名な奥羽山脈の山々に囲まれた小さな城下町に出生した菊池は，1916〔大正 5〕年 3 月に県立中学校を卒業し，同年 9 月旧制第一高等学校（一部丁類仏法科）に進学した（ただし，それはフランス語を第二外国語とするだけで，とくに法律学を専攻することを予定するものではなかった）。菊池はそこで，生涯にわたる親友としての芹沢光治良（1897 ～ 1993)(9)と出会った。しかし芹沢との交友について，ほとんど発言することがなかった ── 大学 3 年のとき，高等文官試験の受験準備をしたことに言及している前掲「社会法と私」18 頁は例外的なものと

───────────

(7)　九州大学における菊池の社会法講座を引き継いだ林迪広（1922 ～ 2017）は，菊池の長逝を追悼して，その 50 年に及ぶ長い研究生活について，1943（昭和 18）年法文学部長に就いてから 1953（昭和 28）年九大学長職を離れるまでの 10 年間をはさんで，前期と後期に分けることができる（「菊池勇夫先生と社会法の体系」法政研究 42 巻 4 号（1976）516-517 頁）としていた。

(8)　菊池の経歴については，既述の菊池の『六十年祝賀記念論文集』巻末に収録されている詳細な「年譜」があり，また菊池が九州大学を退官するに際し作成された〔九州大学〕社会法研究会『菊池教授退官記念・業績目録集』(1962・4）に収録されている「社会法と私 ── 学歴のエスキース」(17-20 頁）と「九大と私」(21-27 頁）という二つのエッセイのなかで，自身の来し方が語られている。前者は法政研究の栞 No.2 (1957〔昭和 32〕年 10 月）11-14 頁に掲載されたものを再録したものである。ただしそこでは，1861（文久元）年「南部藩軽輩武士の家」に生まれ法律を苦心して独学しながら，「弁護士の試験を受けることもできなくて，弁護士の下働きをする……境遇で身を終った」菊池の父親〔1918〈大正 7〉年没〕および，高等小学校卒業後，代用教員となったが，数年後上京・苦学しながら，1912〔大正元〕年に弁護士試験に合格して開業し，菊池の就学に際し学費援助をした 16 歳〔1882〈明治 15〉年生〕離れた長兄〔1942〈昭和 17〉年没〕について記された同稿冒頭の段落が削除されている。また後者は「九大新聞の依頼で連載した」と記されているが，これは同紙 471 (1962 年 1 月 25 日）号 1 頁，472 (同年 2 月 25 日）号 2 頁および 473 (同年 3 月 25 日）号 2 頁に 3 回に分けて掲載されたものである（九州大学附属図書館が製作・公開している『九州大学新聞』画像データ http://hdl.handle.net/2324/1515696 を利用して閲覧した）。

(9)　その作品の特徴や同人の文学史上の位置については，日本近代文学館〔編〕『日本近代文学大事典』第 2 巻（講談社・1977）「芹沢光治良」249-251 頁，磯田光一ほか〔編〕『増補改訂・新潮日本文学辞典』(新潮社・1988）「同前」721-722 頁（瀬沼茂樹）および三好行雄ほか〔編〕『日本現代文学大事典』2 人名・事項篇（明治書院）「同前」189-190 頁（井上謙）等における記述を参照。

93

第2章　昭和年代初期「非常時」における労働法学

思われる――菊池とは対照的に，芹沢は戦前から菊池との交友についてしばしば言及し，そのことを小説の主要なモチーフとした[10]。とくに自伝的要素の強い（芹沢自身は否定していたようだが），全三部14巻にもおよぶ大河小説『人間の運命』(1961–1974)のなかでも，芹沢の分身と思われる「森次郎」の友人である「池屋」として菊池は登場している。一高から東京帝大経済学部に進学した次郎に対し，池屋は同大学法学部に進んだが，最終学年である3年次の春，すでに卒業に必要な単位を取得していたため，二人は講義に出席することなく，一緒に高等文官試験の勉強会を始める（のちに両人とも合格した）。その

(10) 高文試験の準備のために御殿場の寺院で友人二人が合宿をする場面が東京や軽井沢に住む友人とやり取りする書簡で物語が進んでいく『命ある日』（芹沢文学館1『命ある日』（新潮社・1995）収録219-341頁（原書は1940年刊）では，巻頭「若き日の友情を感謝して／わが友／菊池教授に／この小説を捧げる」との献辞が記されている。また「孤絶」（原書は1943年刊），「離愁」（原書は1945年刊），「故国」（原書は1949年刊）の三部作（いずれも芹沢文学館2『夜毎の夢に』〔新潮社・1995〕所収）のなかで，未知の女性から送付された亡父の遺稿という形式をとって，著者のフランス留学および，フランスのオートビルHauteville（アンAin県）やスイスのレザンLeysin（レマン湖東方）などでの結核療養生活，そして日本への帰国とT大学（中央大学のこと）での講義の様子が描かれている。そのなかで時どき，何の説明もなく（手記，遺稿という形式をとっているからか）「横田〔喜三郎か〕君」（「孤絶」52頁，74頁，「離愁」214頁「故国」297頁，299頁）「菊池〔勇夫〕君」（「孤絶」52頁，111頁，297頁，「故国」297-298頁，299頁），「菊池夫人」（「孤絶」127頁「離愁」203頁）「三木〔清〕君」（「故国」318頁）「佐伯〔祐三〕」（「離愁」217～218頁，220～222頁）などの固有名詞やエピソードが挿入されている。なお，あらかじめその名刺をゆだねられて「党」への資金カンパを求めて，自宅を訪れた若い女性とのやり取り（「故国」340～343頁）のなかで，その後「共産党員の嫌疑で検挙された」「旧友の風見」として風早八十二（1899～1989）と思われる人物も登場している。彼らは「佐伯」と「菊池夫人」をのぞいて，『人間の運命』のなかで，同様のエピソードをもって再び語られることになる。芹沢は，他の作品，たとえばその出生からヨーロッパに旅立つまでの「自伝的」要素の強い『男の生涯』（前掲・芹沢文学館4〔新潮社・1996〕5～149頁，原書は1941年刊）や，「つつましく信仰に生涯をささげた両親に献ず」という献辞のある『懺悔録』（同前151～287頁〔原書は1946年刊〕）のなかで，とくに高文試験の受験準備を菊池と一緒にしたこと（ただし後者では「菊本」となっている）を繰り返し言及している。すなわち芹沢光治良という作家は，若い頃から晩年にいたるまで，菊池勇夫との友情を大切にしながらも，同じモチーフを何度も繰り返し小説化していった。なお，菊池の訃報を知らされたことを契機に60年におよぶ交友を偲ぶ「長い旅路の伴侶」初出『こころの広場』（新潮社・1977）／前掲・芹沢文学館12『エッセイこころの広場』（新潮社・1997）186-191頁がある。そのほかには「わが青春13・ある事件」同前469-470頁，「同14・高文官試験」同前471-472頁および「同21・留学」同前485-486頁などでも菊池について言及している。また同人の評伝である勝呂奏『評伝芹沢光治良：同伴する作家』（翰林書房・2008）でも，同人の旧制一高・帝大時代の箇所で，菊池との交友について言及している。

94

第1節　新たな労働法学徒の出現

なかで池屋については，「背が高く健康な関係で……その温和な人柄と緻密な頭脳とには，ひそかな信頼と敬意を払っていた」「東北の城下町で武士の後裔として，折り目正しく育てられ，鷹揚で内に厳しいものを秘めた育ちのよさが，全身にかおっていた」と描写されている[11]。菊池は大学では，とくにフランス法を杉山直治郎（1878～1966）と，ドイツ法科出身ではあったが，アメリカのケース・メソッドとフランス法に興味をもって留学（1917年11月－1920年9月）から帰国したばかりの末弘厳太郎に学び，1922（大正11）年3月卒業に際し，両人の尽力により同年4月より法学部副手（2年間・無給）となった[12]。その際末弘から「ある私立学校の講師」[13]に推薦・採用され，家兄から経済的に独立して生活するにいたった[14]。その2年後菊池は，副手の任期期限が終了する直前の1924（大正13）年1月，国際労働機関（ILO：International Labour Organization）[15]東京支局の開設に際して，採用試験を受けて同職員として勤務することになった（その仕事のひとつとして，各地の労働組合大会に出席し，組合事情を調査して，ILOに報告するということがあったと，後年菊池はのべている）。ただし支局長（浅利順四郎〔1892～1935〕）の厚意で，菊池は大学院生（指導教授：末弘厳太郎）として週に1回東大研究室に出かけることが認められていたとい

---

(11) 芹沢『人間の運命』第2巻（新潮文庫・1976〔初出は1963〕）139頁および273頁。現実には，弁護士を営む長兄による学費援助を受けていた菊池にとって，法学部以外の進学先の選択肢はなかったであろうし，将来は司法官または弁護士となることを目指していたのではないかと思われる（菊池・前掲「社会法と私」17頁参照）。なお，菊池は　芹沢・同前『人間の運命』のなかで当初は，旧制一高の同級生「菊田」としても描かれていた。「次郎」は入学当初，弁論部の練習への参加を契機に知り合ったが，同人については池屋と同じく「東北出身で，次郎と同様に五尺二，三寸しかないが，温和な雰囲気を身につけているからか，彼のそばにいると，いつも心がやすまった。……ともに文学愛好家であるばかりでなく，思考や性情などに共通点の多いことがわかって，たがいに信じあえる友になった」と描かれている（同前第1巻〔新潮文庫・同〈初出は1963〉〕423頁および445-446頁）。すなわち芹沢は現実の菊池を小説という虚構世界において「菊田」「池屋」の二人に人格を分割して描いていたのかもしれない。

(12) ただし専攻は法律思想史であり，学問的興味も国家論や法思想史にあり，法解釈にはなじめなかったが，当時の風潮として労働問題や社会思想に興味があったと，菊池は晩年回顧している（「労働法五〇年の素描」日本労働法学会誌37号〔1971〕31頁）。

(13) これは，法政大学のことと思われる（法政大学百年史編纂委員会『法政大学百年史』〔法政大学・1980〕401頁参照）。

(14) 菊池・前掲「社会法と私」17-18頁および菊池・「社会法講座三十年の回顧」同〔編〕九州大学社会法講座三十周年記念『社会法綜説』下巻（有斐閣・1959）1頁。

(15) 第一次世界大戦後の1919年に設立。悲惨な戦禍への反省として，労働問題を解決することが世界の平和につながるという信念から生まれた，最も歴史のある国連の専門機関のひとつであり，1969年には，ノーベル平和賞を受賞した。

95

第2章　昭和年代初期「非常時」における労働法学

う[16]。戦前・戦中・戦後を通じて菊池はILOや国際労働法について，数多く発言しているが，その素地は同人の若き修行時代に形成されたのであろう。そして翌1925（大正14）年（月日は不明）には，九州帝大に新たに創設された法文学部の「社会法」講座担当者となるように同学部長（事務取扱〔兼任〕）の美濃部達吉（1873〜1948）から交渉を受けたことから，菊池は研究生活にもどることを決めたとのべている[17]。

---

(16) 菊池・前掲「社会法と私」19頁および前掲「社会法講座三十年」1頁。東京支局開設の経緯や菊池の採用などについては，菊池「ILOの五十年と東京支局」世界の労働19巻5号（1969），のちに菊池『世界の中の労働法：評論と随想II』（一粒社・1971）収録193頁に詳しい。また日本政府から推薦されてILO職員となり，初代支局長となった浅利順四郎については，菊池の前掲書所収の「浅利氏（初代ILO東京支局長）のおもかげ」154-158頁（初出・浅利順四郎『社会正義のために』〔1936〕「追想録」）を参照。菊池・同前「ILOの五十年」146頁によれば，菊池の採用を決定する前に，浅利はアメリカに立ち寄り，当時（1921〔大正10〕年10月から1924〔大正13〕年1月まで）女性運動や労働運動を実際に見聞するため同地に滞在していた市川房枝（1893〜1981）と，同人が日本に帰国した後ILOで採用する旨を約束していた。菊池は，市川と当時大森駅そばの高台にあった望翠楼という名の洋館ホテル内に設置された事務局〔ただし同じ年の1924〔大正13〕年9月には，芝の協調会館に移転〕で短い時間ながら同僚として過ごした（市川は1927〔昭和2〕年まで勤務）ことを懐かしげに回顧している。しかし市川の方は，異なる感情をいだいていたようで，後年つぎのようにのべていた。すなわちILO東京支局の「職員の整備で，前年に東京帝大法科を出てどこかの大学の講師をしていた菊池勇夫氏（のちの九州大学学長－原文）が次長に就任した。私はこの次長のもとで庶務，会計を担当した。菊池氏は二十六，七歳，私は三十一歳ぐらいで，私の方が年長であった。また，労働問題についても，"Trade Union"のことを『同業組合』と翻訳した彼よりは，私の方がいくらか知っているつもりであった。しかし私は女であり，帝大卒の学歴もないから彼のもとで働くことはやむを得なかっただろうが，快くはなかった」（市川房枝『市川房枝自伝：戦前編』〔新宿書房・1974〕124頁。なお同書の『戦後編』は刊行されていない），と。女性参政権実現に大いなる貢献をした同氏が晩年になっても，若き頃自らの処遇への不満の理由として年齢差や学歴の違いに頓着していたことは，私にとっていささか意外なことであった。

(17) 菊池・同前「社会法と私」19頁，同前・前掲「九大と私」22頁および同前・前掲「社会法講座の三十年」1頁。菊池はこれについて，当時東大研究室で助手として勤務し，すでに九大教授候補者として在外研究員となっていた「二，三の友人が〔菊池を美濃部達吉に〕推薦してくれた」からであった（同前「社会法と私」同所）と回想している。菊池の交友関係や美濃部との師弟関係から判断して，おそらくそのなかには風早八十二と佐々弘雄──美濃部と吉野作造の薫陶を受けた──が含まれていたのではないかと推測する。すなわち風早「戦前の日本型ファシズムと法学および法学者」法社会学28号『現代社会と法』（1975）110-137頁（のちに同『治安維持法五十年：市民的政治的自由のために』〔合同出版・1976〕収録52-53頁）によれば，1922（大正11）年，風早と同期に東京帝大法学部助手に採用されたのは，横田（当時・岩田）喜三郎と末延（当時・平井）三次（英法）で，副主には菊池と松平斉光（政治学史）などがおり，一年上には，平野義太郎（民法），

第1節　新たな労働法学徒の出現

(2) 九州帝国大学における「法文学部」の設置

1911(明治44)年1月に設立された九州帝国大学では，原敬内閣（1918〔大正7〕年9月29日－1921〔大正10〕年11月13日）の高等教育拡張政策と大正デモクラシーの一般的風潮のなかで，従来の医・工両学部に加えて，1924(大正13)年9月に法文学部が創設された。当初政府は東北・九州両帝大に法学部を設置する方針であったが，貴族院が従来と同様の法学部を増設することに不満の意向を示したことから，法文学部が置かれることになった。すなわち従来の法学部の法律万能主義に対する反省から，「法科の学生には人文的教養を，文科の学生には社会的関心と理解を身に付けさせ，法と人間を結ぶ新しい学部を作ろう」との意図から教養の裾野を広くもった新しい学部が創設されることになったのである。ただし現実的には法，文および経済の3学部を並立・新設することが予算的に不可能であったために，3学部を1学部に圧縮して，高等学校卒業生の急増に備えるという側面もあったようである。九州帝大が法文学部を創設するにあたっては，先に（3年早く）同じく法文学部が設置されていた東北帝大を参考にした形跡はなかったようだ。東北大学が学問の有機的総合化という法文学部の理念を具現化しようと努力していたのに対して，九州大学の場合は，法・経・文3学科の分立を当然のこととし，講座編成の形態も，東大および京大の各学部を縮小した形を踏襲していたという点で異なっていた。また法文学部設置に関連して，九州大学でも，東北大学と同様に女性の入学が認められた[18]。

中川善之助（同），田中誠二（商法）そして木村亀二（1897～1972・法理学〔当時〕），1年あとには宇賀田順三（憲法）や宮沢俊義（同）らがいたという。なお戦前の風早については，森英樹「風早八十二とマルクス主義法学」名古屋大学法政論集130号（1990）361頁以下および同「戦前の風早八十二における法学・社会科学・実践」小田中聰樹先生古稀記念論文集『民主主義法学・刑事法学の展望』下巻（日本評論社・2005）221頁を参照。
(18) 以上，九州大学七十五年史編集委員会〔編〕『九州大学七十五年史』通史（九州大学出版会・1992）33-35頁。また同・史料編・上巻（同・1989）第二編第二章第三節「法文学部の設置と附属図書館の設置」428頁以下には，関連する新聞記事や諸規則，開設当時の「学生生徒出身校」一覧などの諸資料が掲載されている。また九州大学創立五十周年記念会〔編〕『九州大学五十年史』通史（同記念会・1967）第三編「発展時代」第四章「法文学部の開設以後」207頁以下では，より詳しく，かつ具体的な説明がなされている（また同前・学術史・下巻〔同・1967〕315頁以下は，第六編「法学部」に充てられている）。すなわち東北大では，阿部次郎（1883～1959・哲学），小宮豊隆（1884～1966・独文学），土居光知（1886～1979・英文学）など「大正期教養主義の旗手」が教授陣に加わっていたのに対し，九州大の場合，官吏養成という在来の帝国大学法学部の伝統を，法文学部の枠内のなかで適用貫徹しようとしていた。両法文学部で4講座が完成した1923(大正14)と1927(昭和2)年における講座編成をくらべると，法学関係でもっとも対照的なのは，東

第2章　昭和年代初期「非常時」における労働法学

(3) 欧州への「社会法研究」の旅路

そして 1926(大正 15)年 1 月 17 日には，菊池は 2 年 3 (4?) か月におよぶ欧米における在外研究のために国際法の横田喜三郎（旧姓岩田〔当時〕1896 ～ 1993・東京帝大法学部助教授）とともに，同じ船（フランスの貨客船フォンテーヌブロー号）で神戸港よりフランスのマルセイユへ向け，旅路の人となった[19]。菊池は主に，フランスとドイツに滞在することになるが，同年 3 月初めの夕方，パリ・リヨン駅に着いたとき，2 人を出迎えた —— 横田とは，初対面であった —— のは，農商務省を休職し，1 年ほど前からパリに私費留学していた親友の芹沢光治良であった。菊池がパリに滞在していたあいだ，菊池，芹沢そして横田の三人は頻繁に会って，一緒にオペラや芝居の観劇などをしていたようだ[20]。その後，横田は翌 1927(昭和 2)年 3 月まで，旅行などで離れた時期をのぞいてパリのカルチェ・ラタンに居住し，その後を含めて 1 年半ほどのあいだフランスに滞在した。これに対し，菊池はフランスに到着した年（1926〔大正 15〕年）の 9 月，おそらく横田ともにスイス・ジュネーヴで国際連盟総会におけるドイツ代表シュトレーゼマン Gustav Stresemann 外相やフランス代表ブリアン Aristide Briand の演説を聞いた —— 同総会でドイツの国際連盟加入が承認されるという歴史的事実に立ち会ったことになろう —— あと，10 月にはパリか

北帝大には「訴訟法」の講座が設置されておらず，そのかわりに「国家原論Ⅰ」が設けられていた（その後「民事訴訟法」講座が設置された）。これに対し九州帝大では，定石通り刑事・民事の両訴訟法が配置されていた。すなわち九大では「東大法学部の規模を一まわり小さくした従来の編成方式」が踏襲されていた（蛇足であるが，教官採用人事についても，仙台では，出身大学や年齢に囚われず，有能な人材を求めたのに対し，福岡では，特に法学・経済学を担当すべき者は東京帝大出身者により占められている）。それは同じく公法研究者であっても，佐藤丑次郎（東北大学〔京都大学兼任教授〕）と美濃部達吉（九州大学〔東京大学兼任教授〕）という，それぞれの二つの大学の創立委員長の「個性」の違いによるものであったのであろう（同前『九州大学五十年史』通史 208-210 頁）。

(19)　菊池・前掲「社会法と私」19 頁および横田喜三郎『私の一生』（東京新聞出版局・1976）71-72 頁。菊池は前年暮れ，同行する横田とともに，その義弟である我妻栄に紹介され，孫田秀春の自宅〔現在の東京都杉並区荻窪〕を訪れ，助言を受けた（菊池「労働法五〇年」日本労働法学会誌 37 号〔1971〕32 頁および同「社会法と全法律」孫田秀春教授米寿祝賀記念論集『経営と労働の法理』〔専修大学出版局・1975〕314 頁）。なお当時の帝国大学関係者の在外研究期間は，2 年であった。給与の 3 分の 2 を留守手当として支給され，あとは文部省の規程による在留費が月々約 400 円くらい支給された。そのほかに願い出により，滞在先を別の国に移動する際には，移転旅費が支給された（同前『九州大学五十年史』通史 211 頁）。現在の貨幣価値に換算して，どのくらいになるのか不明であるが，当時第一次世界大戦後の円高為替相場を反映して 1 年間の支給費用で 2 年は在留できたというのであるから，確かに「留学生の黄金時代」（同前所）といってよい時代であったであろう。

98

らドイツのベルリンに居住場所を移した。翌27（昭和2）年4月まで約半年ほど
を同地で過ごしたものと思われる。その間，おそらく菊池は1926年11月，当
時のベルリン在住の若手日本人研究者のなかで，東京帝大法学部助教授であっ
た蝋山政道（1895〜1980・政治学）が提唱し，同経済学部助教授の有沢広巳
（1896〜1988・統計学）や同医学部助教授の国崎定洞（1894〜1937・社会衛生学）
が中心となって始められた読書会に参加したものと思われる。それは今日「ベ
ルリン社会科学研究会」（加藤哲郎）と呼ばれるものである。上記の者のほかに，
有沢と一緒の船で洋行した京都帝大助教授・谷口吉彦（経済学），高松高商教
授・堀江邑一（経済学），和歌山高商教授・山本勝市（経済学），福島高商教授・
松山貞夫，九州帝大（副手・助教授任官予定）・舟橋諄一（民法），鈴木東民（電
通〔電報通信社〕特派員）などが創立メンバーであるといわれる。週に1回土
曜日の午後，最初は誰かの下宿に集まり，その後次第に出身学校や乗船した船
を通じて形成された人脈によって出席者も多く（30人以上）になり，レストラ
ンの一室を借りてドイツ語訳書でレーニンの『帝国主義論』『国家と革命』，ブ
ハーリンの『転形期の経済学』『史的唯物論』などを読んだり，ドイツ人のマ
ルクス主義学者の話を聞くなどしたという。マルクス主義研究は，社会科学を
学びにドイツに留学した多くの日本人にとって必須のものであった。日本では
伏字だらけのマルクス主義文献が安価で容易に入手できることから，故国を離
れた異国での生活の気楽さも手伝ってか，自由奔放に討論されたのではないか
と推測されている。そのベルリン在住時期や期間から推測して，確かに菊池も
読書会創立メンバーとして，積極的に参加したのではないかと思われる[21]。

---

(20) 以上，横田・同前書70-72頁，74頁，77-80頁。前掲・菊池「年譜」3-4頁を横田・
　　 同前書64-99頁と併せ読むことにより，両人の具体的な「留学」経過＝足取りを「解読」
　　 することができる。なお風早も，当時（1926〔大正15〕年11月に帰国し，九州帝国大学助
　　 教授に任官するまで）主にパリ（ソルボンヌ大学）に留学していたことから，その間，同
　　 人を含めた4人のあいだで日常的な行き来があったのではないかと推測される（風早・前
　　 掲書182頁以下には，同人の「年譜」が掲載されている）。そのほか，菊池はILO図書館
　　 （スイス・ジュネーブ）へ牧野英一に随行したり，杉山直治郎とパリで会ったりしたよう
　　 だ（菊池・前掲「労働法五〇年」32頁）。菊池らの航海や寄港地の様子などについては，
　　 横田・同前書65-70頁に詳しく書かれている。
(21) 山田・前掲「菊池勇夫の社会事業法論」（本章注(3)）138-139頁注(7)は，やはり加藤
　　 哲郎・後掲論文（「ワイマール末期在独日本人」）によって，菊池は「ドイツ滞在中（1926
　　 年10月〜27年5月，28年4月から6月）に『ベルリン社会科学研究会』に加わり，マ
　　 ルクス……などの文献を検討したという」として，その根拠として九州大学法学部図書掛
　　『菊池名誉教授蔵書目録』（1969・6）のなかにStalinn, J., Problem des Leninismus, Berlin,
　　 Verlag für Literatur und Politik, 1926.（スターリン『レーニン主義の諸問題』）という書
　　 名が記されている〔4頁，52番〕ことから，「菊池博士が当地で購入し『ベルリン社会科

第2章　昭和年代初期「非常時」における労働法学

ただしその期間は，菊池より4か月後れて1926(大正15)年5月に神戸から出帆し，7月にマルセイユ，パリ経由で目的地ベルリンに到着し，「それから丸2年ずっとベルリンにいた」[22]舟橋とは異なり，決して長いものではなかったのではないだろうか[23]。菊池はその後（1927年）5月と6月，ジュネーヴに滞在

　　　学研究会』で使用したことを裏付けている」とのべている。なお『菊池蔵書目録』の製作経緯は不明であるが，B5版（週刊誌大）・全180頁（B4サイズの紙を二つ折り）の謄写版印刷（洋書はタイプ・和書は手書き）の仮綴形式のもので，和書（約540冊）と洋書（約2300冊）とに分けられている。しかしそれ以外は，著書・雑誌を区別することなく，英独仏の各言語ごとに分類するということもせず，アルファベット順あるいは刊行年順に掲載されることもなく，いわば一緒くたに書名やタイトルが雑然と並べられている。菊池は太平洋戦争末期の1945(昭和20)年6月19日午後11時ころから翌20日午前1時にかけて，B29爆撃機221機による福岡空襲（詳しくは，西日本新聞社〔編〕『改訂福岡大空襲』〔同・1978〕参照）に際して焼夷弾により被災し，書斎を含む住居を焼失しており，上記目録に掲載されている諸文献は，大学研究室にあったがゆえに残ったものであろう（前掲・菊池「年譜」4頁，菊池・前掲「ILOの五十年と東京支局」132頁および林・前掲「菊池勇夫博士の生涯」83頁参照）。

(22) 舟橋諄一「わたしの略歴」法政研究の栞 No.3 (1957) 12頁。その後，舟橋は半年ほど，ディジョン（フランス）でフランス語を学び，パリ，ロンドンを経由して，再びベルリンにもどり，ハンブルグからニューヨークに渡り，シカゴからヴァンクーヴァー（カナダ）に移動し，同地から乗船して，1929(昭和4)年5月1日，私費で1年間在留延長した丸3年の在外研究を終えて，故国に戻った（同前稿12-13頁）。同人と菊池との関係は本文にも記したように，主に同じく九州帝大に新設される法文学部教官予定者であったことに由来していたのであろう。菊池は法政研究「舟橋還暦記念」27巻2-4号合併号 (1961) 395頁以下に「フランスの原子力法研究センターと原子力関係法令」なるものを寄稿し，その「まえがき」のなかで，1928(昭和3)年夏に帰国した菊池に対し，翌年春に帰国した舟橋を，横浜港に出迎えて以降，30年余りにわたって福岡の地で同僚としてともに研究生活を過ごしたと，のべている。なお蛇足ながら，舟橋が1918(大正7)年「大学予科第一高等学校」第一部甲類（英法）を京都の旧制第三高等学校で受験した（前年とその年にかぎり，志望先に関係なく，全国8つの高校のどこででも受験できた）際に，「親切に世話をしてくださった三高の先輩」がいたが，それは後年同じく九大法文学部教官として予定されることになる風早八十二であったという（舟橋・同前稿10頁）。

(23) 上記段落の記述については，その多くを加藤哲郎『ワイマール期ベルリンの日本人：洋行知識人の反帝ネットワーク』（岩波書店・2008）の序章「芹沢光治良『人間の運命』の周辺」1-17頁および同書第二章「ベルリン社会科学研究会 ── 有沢広巳の青春」47-86頁によるものである。同書は同人が発見したものをも含む膨大な資料を駆使して，1920年代末から30年代にかけて，ワイマール憲法のもと，共産党とナチスの左右両翼が台頭するなかで，彼の地に滞在し，社会科学を学んだ少壮学者たちを中心とした日本人の姿を描く労作である。実をいえば私は，同書の原型の一部となった「ワイマール末期独日本人のベルリン社会科学研究会」大原社会問題研究所雑誌455号 (1996・10) および「芹沢光治良と友人たち ── 親友菊池勇夫と『洋行』の周辺」国文学解釈と鑑賞68巻3号 (2003) 71-77頁を読むことによって，菊池勇夫への興味・関心を喚起された。しかし私

第1節　新たな労働法学徒の出現

　自身が同人のことについて調べていく過程で，残念ながら，少なくとも菊池勇夫に関連するかぎり，同書には簡単な事実関係についてすら，いくつかの誤認や不正確な記述がみられることを発見せざるをえなかった（ただし私が参照しえたのは，加藤・同前書が「資料」として引証する大内兵衛ほか〔監修〕『高野岩三郎伝』〔岩波書店・1968〕，千田是也『もうひとつの新劇史：千田是也自伝』〔筑摩書房・1975〕，横田・前掲書，『有沢広巳の昭和史』全3冊〔東京大学出版会・1989〕，鎌田慧『反骨：鈴木東民の生涯』〔講談社文庫・1992〕等のほかには，以下の論述のなかで引用するような，わずかなものでしかない）。

　まず第1に，もっとも重要な事実誤認と思われるのは，同書があたかも，菊池がその在外研究期間中，旅行などをのぞいて常時ベルリンに滞在していたかのごとく扱っていることである（この点については同書・巻末に付されている「人名索引」3頁を手がかりにして，同書中の各所における菊池に関する記述を参照。また同じく同書巻末の「付録　在独日本人反帝グループ関係者リスト」中「菊池勇夫」の欄〔10頁〕には「〔19〕26-28年在独」と記されている。ついでに同所で当時の菊池の身分について「当時九大副主」と記されているが，「副主」であったのは東京帝大時代であって，九州帝大には，いまだ任用もされていない）。しかし現実には，菊池が日本を出発してから約1年半後に渡欧した妻と合流して夫婦ともに過ごした時期を含めて，菊池のベルリン在留期間は最も長く見積もっても全留学期間の半分に満たない9か月程度ではなかったかと思われる（前掲・菊池「年譜」3-4頁を参照）。また菊池・前掲「フランスの原子力法研究センターと原子力関係法令」の「まえがき」395頁で，つぎのようにのべている。すなわち九州帝大への赴任を前にして，同じ年（1926年）両者ともに渡欧したが，菊池から遅れて日本を離れた舟橋がドイツに赴く途中パリに立ち寄り，一緒に数日を過ごしたあと，「その秋から翌年にかけては，私がベルリンに行き，また舟橋君といっしょに過すことになった（下線―引用者，以下同じ）」と。

　これ以外には第2に，同書7頁に，菊池と芹沢光治良との関係に関連して「管見の限りでは，『労働法の開拓者たち』〔一九五九年〕，『戦後労働法の二十年』〔一九六八年〕など評論・随筆の類でも，〔菊池が〕芹沢との交友に立ち入ったものは見あたらない」とある。確かに後者は，菊池が自ら「七十歳となった記念に出版〔した〕『評論と随想集』の第一冊」（同書「はしがき」2頁）である。しかし前者は，刊行年は正しくとも，菊池ではなく，すでに本書・序章（注(3)等）で引用したように，別人である孫田秀春の著書――実業之日本社刊で，「労働法四十年の思い出」という副題が付されている――である。

　第3に，同書8頁には「菊池勇夫は，九大助手〔正確には「副手」〈「九州大学教授　舟橋諄一博士」前掲・法政研究27巻2-4合併号舟橋還暦記念「まえがき」の舟橋諄一（民法），東大助教授の横田喜三郎（国際法），土屋喬雄（経済史），平野義太郎（民法），京大助教授の山田勝次郎（農業経済学），黒田覚（憲法），八木芳之助（経済学）らと共に，〔19〕二七年以降にこれ〔研究会〕に加わる」と記されている。ところが同書56頁では「蝋山政道・有沢広巳・国崎定洞・谷口吉彦・舟橋諄一・堀江邑一・山本勝市・松山貞夫・菊池勇夫・鈴木東民らが，一九二六年一一月に発足したベルリン社会科学研究会の創立期メンバーといえるだろう」とのべている。同一著書のなかの文章であるにもかかわらず，菊池（と舟橋）の研究会参加の時期について，記述箇所（頁）が別になると，両者それぞれ相異なることをのべている。私は後者の説明――菊池や舟橋が当初からの創立メンバーであった――の方が正しいと思う。しかし何故に，そのような内容齟齬が生じてしまったのであろうか。これは，おそらく執筆時期を異にする，各章をなす原型論文の相互

101

第2章　昭和年代初期「非常時」における労働法学

の記述内容の確認・調整が十分になされなかったことによるものと思われる。

　第4として，同前所（8頁）の直後では，菊池が帰国後，九州帝大に赴任したとき，先に着任していた「経済学部の向坂逸郎，石浜知行，法学部の風早八十二らは，左翼事件に連座し〔すでに〕辞職していた。」とのべている。しかしすでに本文に記したように，戦前九州帝大には「経済学部」はなく，あったのは法文学部「経済科」であり，同学部が法・文・経済の3学部に改組されるのは，戦後の1949（昭和24）年である。また，向坂・石浜両人とともに佐々の3人が辞職に追い込まれたのは，治安維持法違反容疑で多数の一斉検挙が行なわれた1928（昭和3）年の三・一五事件（小田中聡樹「三・一五，四・一六事件 ── 治安維持法裁判と法廷闘争」我妻栄〔編集代表〕『日本政治裁判史録』昭和・前〔第一法規・1970〕123-257頁参照）後に，日本共産党とは関係ない（対抗する労農派の属する）にもかかわらず，「左傾教授」として大森義太郎（東京帝大），河上肇（京都帝大）と並んで，当時の水野錬太郎文相に「処置」対象として名指しされたことによるものである（逮捕・訴追された学生の処分，社会科学研究会の解散と併せた九州大学の受難についての詳細は，前掲『九州大学五十年史』通史282-287頁および前掲『九州大学七十五年史』史料編上巻494-498頁参照）から，「左翼事件に連座して」ということができるかもしれない。しかし風早が休職処分に追い込まれたのは「九大内訌事件」として当時全国紙でもとりあげられた，1927（昭和2）年3月の木村亀二（当時は刑法ではなく，法理学担当）排斥騒動に始まり，同年10月に風早が提出した人事（刑事訴訟法の担当講師）問題をめぐって再び紛糾した結果，いわば喧嘩両成敗として，それぞれ美濃部達吉により新設学部教官として同じく選考・推挙された者同士による対立派閥双方の中心メンバー3名ずつ計6名（一方は木村・山之内一郎〔当時は憲法〕・杉之原舜一〔民法〕が，他方は風早八十二〔当時は刑法〕・東秀彦〔民法〕・滝川政次郎〔法制史〕）が同年11月に休職処分に付され，休職期間満了により免官とされたものである。事件の経緯は，同前『九州大学五十年史』通史271-275頁および同前『九州大学七十五年史』史料編上巻487-494頁が詳しい。さらに近時この「内訌事件」については，七戸克彦「九州帝国大学法文学部内訌事件 ── 東京帝国大学・京都帝国大学の内紛・辞職事例との比較」法政研究81巻4号（2015）687頁以下，とくに725頁以下が副題に示された観点から詳述している。同前論文692頁は，これを「二〇代の若輩者〔木村亀二および山之内一郎のことか〕の傍若無人な言動が，法科教員の大量欠員のみならず，教授会組織の変更，さらには時の九大総長……の辞任まで引き起こした〔らしい〕という，ある意味滑稽極まりない前代未聞の事件だった」と評している。同事件については，さらに併せて同「九州帝国大学法文学部と吉野作造 ── 九州帝国大学法文学部内訌事件の調停者」(1)(2)法政研究83巻4号（2017）737-811頁，84巻1号73-156頁（2017）も参照。したがって，そこには政治的・思想的な背景はなく，これを「左翼事件」などとは到底いえるようなものではなかった。ただし，これによる6名に加えて「三・一五事件によって法科一〔人〕，経済科二〔人〕の三教授を失い，〔創設後間もない〕法文学部は半ば麻痺状態にたちいたるのである」と，同前『五十年史』通史275頁はのべている。

　そして最後に，加藤・同前書12頁には「菊池勇夫も，東大新人会に関わった」と記されているが，本当であろうか。この点について，石堂清倫・竪山利忠〔編〕『東京帝大新人会の記録』（経済往来社・1976）412頁以下の「会員名」一覧およびヘンリー・スミス／松尾尊兊・森史子（訳）『新人会の研究：日本学生運動の源流』（東京大学出版会・1978）の巻末にある「新人会員名簿」（291-308頁）を見ても，菊池の友人である風早八十二と佐々

し，ILO 総会に参加した日本の労働代表（鈴木文治）一行に嘱託として勤務し，またその間 6 月には，夫らと同様に，それぞれ一緒に日本より同じ船に乗船してマルセイユに到着した双方の妻を横田とともに出迎えた。そのあと，菊池は夫妻でパリに滞在し，その間，イギリスやイタリアを旅行し，ベルリンでの滞在[24]をへて留学期間を 3 ないし 4 か月私費扱いで延長して，翌 1928（昭和 3）年 6 月，ハンブルグから乗船し，アメリカ（同地での動向は不明）を経由して日本に約 2 年半ぶりに帰国した[25]。

そして同年 10 月 10 日，菊池は九州帝国大学助教授（社会法担当）として任

――――――――――――

弘雄の名前はあっても，そこに菊池の名を見出すことはできなかった。あるいは「関わった」というのは，正会員ではなく，その周辺にいたということを意味するのであろうか。

[24]　加藤・同前書 7 頁がいう，スイスで結核療養中の芹沢を「ベルリンに向かう途中」に菊池夫妻が見舞うのは，このときではなかったかと思われる。

[25]　前掲の菊池「年譜」3-4 頁および菊池「社会法と私」19 頁（ただし 6 月帰国と記されている）。なおアメリカに向かう船中では水島密之亮（1899 ～ 1982・当時和歌山高商に勤務）と知り合いになったという（菊池・前掲「労働法五〇年」32 頁）。一方，横田はマルセイユで菊池と一時交差したあと，1927（昭和 2）年 7 月初め，あたかも菊池と入れ替わるかのように汽車でベルリンへと向かい，舟橋の出迎えを受け，翌年 1 月にアメリカ（ボストン・ハーヴァード大学）に赴くまでの約半年間を同地で過ごした（横田・前掲書 88-93 頁）。その間横田も，蝋山政道の提唱で始まった「ベルリン社会科学研究会」に参加したのであろう（加藤・前掲書 68 頁）。しかし，次第に左傾化していった同研究会について，同所は「特に菊池勇夫・舟橋諄一ら，蝋山政道の系列で加わった法学者たちには，抵抗のあるところだったろう」と推測している。同書 68-70 頁が詳細に論じているようにケルゼニストの横田の場合は，確かにそのように論評することができよう（横田・前掲書 88-93 頁には，そのベルリン滞在にあてられている箇所であるにもかかわらず，何らの記述もない）。これに対して菊池と舟橋の場合は，研究会ないし読書会には，むしろ肯定的ないし積極的であったのではないだろうか。すなわち風早・前掲書 66 頁は，パリ到着間もなくの菊池の下宿を訪ねたところ，海外渡航に際しての携行荷物の重量制限があったにもかかわらず，同人が日本から大冊のマルクス『資本論』（高畠素之〔訳〕）全 3 巻〔1920 年から 1924 年にかけて刊行された大鎧閣ないし而立社版か〕を彼の地で読もうと持参しているのを発見して驚き，自分が日本を留守にしているあいだに時代が動いているのだと実感したとのべている。また菊池自身は前掲「九大と私」22-23 頁で，九大赴任後も，学生時代や在外研究時を通じての・数人の友人との読書会経験を踏まえて，同様の勉強会を行なったとのべている。そして舟橋・前掲稿 12 頁は，蝋山を始めとする，菊池や横田を含む研究会メンバーの名前（13 名）を記したあと，「学問的にもたいへん得るところが大きかった。先ごろ出版された有沢広巳教授の『学問と思想と人間と —— 忘れ得ぬ人々の思い出』〔毎日新聞社・1957〕にも，当時のわれわれのことがよく描かれていて，なつかしかった」と回顧している。舟橋「私の民法研究」書斎の窓 104 号（1962）5 頁も，3 年におよぶ留学期間中，「あまり法律学の勉強には身を入れず，むしろ経済や政治に興味を持つた。おそらく，それには，当時ベルリン在住の留学生で作つていた読書会から受けた影響も，少なからずあつたようである」とのべている。

官した（翌年 4 月 10 日，教授に昇任）[26]。当時労働法については民法等の担当者がそれらに兼ねて担当していたことから，菊池が労働法専任で採用された「日本最初の人であった〔ということになり〕……わが国『労働法講座史』からいえば，まさに特筆すべき大きな出来事であった」[27]といえよう。なお，同じく「法文学部」という新しい学部が設けられた東北帝大の「社会法論」と同様に，九州帝大でも，東京帝大や京都帝大にはなかった「社会法」という講座が設けられたのは，なぜであろうか。当時はおそらく，大正デモクラシーの社会的風潮のなか，旧来の東京と京都の帝国大学とは異なる，新たな法学系学部の特徴を示す象徴的な科目が求められていた。また社会法が第一次世界大戦後のワイマール・ドイツやフランスなどの国ぐにおける法理論動向として日本に紹介されたことから関心が高まっていた。さらにはヴェルサイユ条約に基づき設立された国際労働機構（ILO）発足に際し，日本が常任理事国となった。その背景には，このような事情があったと思われる[28]。

2　後藤清の洋行経験 —— 労働法学徒としての出発

(1)　和歌山高商への赴任

1902（明治 35）年 3 月 24 日に商都・大阪に生まれ，かつ育った後藤清[29]は，その還暦記念論文集の巻末に付された「年譜」[30]によれば，東京外国語学校（東京外国語大学の前身）英語科を中退し，1921（大正 10）年 4 月に京都帝国大学法学部英法科へ入学し，1924（大正 13）年 3 月に同大学を卒業した。同人はただちに同年 4 月，大正年代半ば，政府の教育機会均等化のための一県一官立学校

---

(26)　菊池「年譜」（前掲） 4 頁および前掲『九州大学五十年史』学術史・下巻 322 頁，329 頁。

(27)　孫田秀春「わが国労働法講座と学者の思い出」同『労働法の開拓者たち：労働法四十年の思い出』（実業之日本社・1959） 277 頁。ただし正確には，菊池は労働法ではなく，「社会法」講座担当の専任教官として任官したと表すべきなのではなかろうか。

(28)　なお同じく，京都帝大法学部と京城帝大法文学部でも講義課目として「社会法」が開設された（菊池〔編〕前掲『社会法綜説』上巻「はしがき」 1 頁。

(29)　同人は生まれてから，「祖父いらいカトリック教に近い聖公会派のクリスチャンの家で育てられ」（後藤・後掲「ラッフェ小路一四番地」166 頁），第一次世界大戦が勃発した 1914（大正 3）年に小学校を終えるまで「商家の街」大阪・船場で過ごし，その後，同じく大阪の堺に居を移したとのべている（「大正三年前後の大阪」同『労働法漫筆』〔法令総合出版・1983〕 141-146 頁，「ハレー彗星」同『雑炊労働法』〔同前・1989〕 170-171 頁および「水都大阪」同前書 184-185 頁参照）。

(30)　後藤清先生還暦記念『労働協約 —— その理論と実際』（有斐閣・1963） 309 頁。なおこれとほぼ同じものが経済理論（和歌山大学経済学部紀要） 73 号（1963） 1 頁以下にも収録されている。ただし後者では「著作目録」中，該当論考の発行年のみならず，月数が示されていること，および判例評釈についても掲載されている点で前者と体裁を異にする。

原則に基づき，前年の 1923(大正 12)年 10 月に開設された和歌山高等商業学校
（今日の和歌山大学経済学部の母体となった旧制専門学校）に，その開校と同時に
同校講師としての職をえて（ただし，その経緯は不明）[31]，翌 1925(大正 14)年 4
月には同校教授となった[32]。したがって菊池や津曲を含む 3 人のなかでは，
後藤がもっとも早く教育（研究）職に就いたということになる。

(2) ドイツおよびフランスでの海外留学経験

　後藤の場合も，若き頃に経験した海外での滞在経験がその学問形成において
大きな意義をもっていたように思われる。その「年譜」によれば，菊池勇夫に
遅れて約 2 年後，後藤は 1928(昭和 3)年 4 月より 1930(昭和 5)年 6 月までの 2
年間「文部省在外研究員として民法研究のためイギリス，ドイツ，フランス，
イタリー，アメリカ等欧米五ヶ国に満二年間留学」した。後藤が主に滞在した
のもやはり，ドイツとフランスであった。すなわち 1928(昭和 3)年当時の多く
の者たちと同じく，40 日に及ぶインド洋航路をへてフランスのマルセイユに
到着したあと，パリを経由してドイツの首都ベルリンに着いたのは「聖霊降臨
祭もあと二三日という五月の末近い日の夕方」であった[33]。彼の地で後藤は
同じく京都帝大出身の民法専攻者である近藤栄吉（同助教授・1901 ～ 1940），
柚木馨（神戸高商教授・1902 ～ 1965）および田島順（立命館大学教授・1894 ～ ？）

---

(31) 同前所および和歌山大学 50 年史編纂委員会〔編〕『和歌山大学五十年史』（和歌山大学・
　　2000）14 頁以下を参照。なお同前書 16 頁では，創立当時の学科・教員について言及され
　　ているが，そこには後藤の名前は記されてはいない（ただし理由は不明）。

(32) 後藤は，東京外国語学校で教壇に立っていたマルクス経済学の櫛田民蔵（1885 ～
　　1934）―― 後藤と同様に，同校をへて（ただし後藤とは異なり，卒業），京都帝大（経済
　　学部）を卒業した ―― の「語学はひっきょう手段にすぎない」との言に促されて，同校を
　　中途退学し（同「マルクス経済学者」同『労働法及周辺』〔令文総合出版・1984〕収録
　　169 頁），当時旧制高等学校ではない専門学校からの進学という「変則コース」が可能で
　　あった京都帝国大学の法学部に進学したとのべている。ただし英法律学科出身といっても，
　　当時の京大では，イギリス法はいわば片手間に扱われていて，「今でも英法などは知らな
　　いといってよく，私の履歴書はインチキきわまるものである」と弁解している。また後藤
　　は晩年，折角入学した法学部の講義の多くが精彩に欠けた有様であったことに不満をつの
　　らせ，他学部の河上肇や西田幾多郎の講義を聞いたり，著書に関心を寄せ，「哲学の本と
　　ならべると，実用法学などの本は手にとる気になれない。法律学の成績の点数が下がった
　　のは当然なことである」と回顧している（現在とは異なり，万事のどかな学園風景につい
　　ては，同「私の学んだ京都大学」同『労働法漫筆』〔同前・1983〕収録 146 頁以下に描か
　　れている）。

(33) 後藤清「伯林だより」（その一）内外研究 1 巻 3 号（1928）357 頁。それまでの航海の
　　様子は戦後，同前『労働法漫筆』156 頁以下に収録されている「むかしのヨーロッパへの
　　旅」で語られている。

第2章　昭和年代初期「非常時」における労働法学

らと頻繁に行き来していた[34]。そのほかに，後藤は，戦後長く京都府知事を務めた（1950〔昭和25〕年−1978〔昭和53〕年）が，当時は京都帝国大学経済学部で統計学を講じていた蜷川虎三（1897〜1981）との交友もあったとのべている[35]。後藤はベルリン滞在中に見聞したことを「伯林だより」（その一）（その二）として，和歌山高商の紀要である内外研究（1巻3号〔1928〕および2巻3号〔1929〕）に2回にわたって伝えている。前者は滞独わずか1月半の時点で，直前になされた連邦議会選挙の結果を分析したものを主たる内容としたものであり，後者は労働力の刑法的保護や，実施後2年経過していた労働裁判所の運用実態，また商標に関する裁判例が前回に続いて取り上げられていて，同地における後藤の関心が何に向けられていたか窺える。そして1929（昭和4）年春には，後藤はドイツを離れて居をパリに移している。戦後，後藤は夫婦帯同で過ごしたパリでの生活について，比較的詳しく述懐している[36]。しかしベルリン時代とは異なり，彼の地での労働問題について，後藤は具体的な見聞内容

(34)　同前掲『労働法及周辺』168頁。

(35)　同前所。ただし蜷川サイド（同『洛陽に吼ゆ：蜷川虎三回顧録』〔朝日新聞社・1979〕205-209頁および同人に関する評伝である細野武男・吉浦県『蜷川虎三の生涯』〔三省堂・1982〕40-50頁）には，後藤との交友に関する記述はみられなかった。なお当時のベルリンでは，既述のように日本から派遣された大学や〔旧制〕専門学校に在籍（または予定）した，若き研究者らによる読書会＝「ベルリン社会科学研究会」（加藤哲郎）がもたれていた。ただし蜷川・前掲『回顧録』には，このことについて言及がなく，また細野・吉浦・前掲書46-47頁は「蜷川は，谷口〔吉彦〕に誘われて有沢〔広巳〕の送別会に顔を出しただけで，読書会には顔を出さなかったようである」と記述している。しかし加藤・前掲『ワイマール期ベルリンの日本人』78-79頁は，蜷川が留守家族に送った絵葉書や，当時同前読書会に参加した複数の者の回想録に蜷川の名前があげられていることから，蜷川は読書会に「熱心ではなくとも顔を出していたのであろう」とのべている。当地に滞在し，蜷川と付き合いのあった後藤がこの読書会に参加していた可能性はなかったのであろうか。読書会の創立メンバーの一人として参加した労働法研究者である菊池勇夫が日本への帰国を前に再びベルリンに立ち寄ったのは，後藤が到着する直前の時期であったと思われる。おそらく両者は彼の地で邂逅することなく，すれ違ったのであろう。後藤は在外研究に旅立つ直前（1928〔昭和3〕年1月）に，カール・レンナー Karl Renner（1870〜1950）がカルネル Dr. J. Karnel の変名で発表した Die soziale Funktion der Rechtsinsitute, besonders des Eigentums を『法律制度−特に所有権−の社会的機能』との表題で「マルクス主義名著叢書」第1巻として，河上肇の教えをうけ，当時和歌山高商の同僚であった宮川実（1896〜1985）の紹介により邦訳・刊行（叢文閣）していた（後藤・前掲「マルクス経済学者」170頁）。戦後，後藤は，これによりその「名は多少知られるようになったが，同時に，当局からも注目される動機となった」（同前所）と回顧している。加藤・前掲書に後藤の名前に触れる箇所はない。おそらくマルクス主義への関心はあったからこそ，たとえそのような研究会への参加を勧誘されたとしても，後藤は注意深く謝絶したということも考えられよう。

を後世に残すことはなかった[37]。おそらく，ヨーロッパからアメリカを経由して1930(昭和5)年6月に後藤は帰国した。そして以後，戦前・戦時期の全期間を通じて，後藤の活発な著作活動が開始されることになる。

3　津曲蔵之丞の青春遍歴 ―― 京城帝国大学助教授着任まで

　津曲の場合，1928(昭和3)年2月，京城帝大法文学部助教授に着任するまでの経歴[38]は，菊池や後藤とは随分と異なるものであった。1900(明治33)年2月25日，おそらく鹿児島県に出生した津曲は，1917(大正6)年3月に鹿児島県立志布志中学校を本来の5年ではなく，4学年で修了して，同年6月に第七高等学校造志館に入学し1920(大正9)年6月には同校一部甲類（第一外国語は英語）を卒業して，同年9月，東京帝国大学法学部独法科に進学した。まず注目されるのは，東京帝大在学中の1922(大正11)年から1932(昭和7)年，津曲32歳のとき，その代表作である『労働法原理』を改造社から刊行し，翌年末に在外研究のためにヨーロッパへと旅立つまでのあいだ，「我等」（1919〔大正8〕年2月－1930年〔昭和6〕年3月）および「批判」（同年5月－1934〔昭和9〕年2月）両誌に，様ざまなテーマの論稿を寄稿していた（だけではなく，正確には学生時代

---

(36) 後藤「ラッフェ小路一四番地」前掲『労働法及周辺』所収168-175頁。同所で後藤は「ベルリンの数々の悪友連と袂別するため」に「一九二九年の春……パリへ逃れてきた」とのべている。ブーローニュの森にほど近い，パリ16区（14 Rue Raffet, Paris）にあった家具付きアパルトマンでは階下に，戦後，料理研究家としてテレビの初期のころから，料理番組に出演した江上トミ（1899～1980）が陸軍技術将校であった夫と暮らしていたことから，交流があったと記されている。なお同人の評伝である津谷明石『江上トミの料理一路：台所文化のさきがけ』（朝日新聞社・1978）28-31頁には，同人のパリ生活の様子についてのべられているが，後藤のことには何もふれられていない。

(37) そのほか戦前，後藤には小さなものだが，帝国大学新聞685（昭和12・9・13）号(4)（『復刻版』11巻348頁）に＊「窓口業務改善といふもの」と題するエッセイを掲載している。そこでは，戦前日本の官公庁の窓口業務改善に関する通牒発行に関連させて，言葉の不自由な外国では，役所の窓口の対応で，その国の役人が親切かどうかわかるとのべている。すなわち後藤はその独仏留学時，滞在届提出をめぐり，両国での対照的な経験を紹介している。ベルリンでは，万事親切な対応がなされた。これに対してパリでは「身分証明書（カルト・デイタンチテ）」をえるに際し，日本大使館の掲示によれば，文部省在外研究員の場合，手数料不要とされていた。しかしパリ警視庁の「係りの役人は左様なことは知らぬ」というので，彼の地の文部省に赴いたが，役所内を「たらい回し」され，結局最初の窓口にもどることになってしまった。仕方なく諦めて本来ならば，支払う必要のなかった「百フランといふ少なからぬ手数料」と多くの時間を費やさざるをえなかったという「一九二七年から九年までの……もうカビの生えている」経験を紹介している。

(38) 法学（東北大学）27巻2号（1963・4）187頁以下および東北学院大学論集（法律学）2号（1970）135-136頁に掲載されているそれを参照。

第2章　昭和年代初期「非常時」における労働法学

は編集も手伝っていた）ということである[39]。前者は，ジャーナリスト・社会
評論家として戦前・戦後を通じて長く活動した長谷川如是閑（1875 ～ 1969）[40]

---

[39] 両誌参照に当っては，法政大学大原社会問題研究所〔編〕の同誌（1919〔大正8〕－
1930〔昭和5〕）『復刻版』（法政大学出版局・1983-1984）を利用した。両誌に掲載された
津曲の論稿は，つぎの通りである。なお，前注(38)で言及した二つの津曲「略歴」に続い
て掲載されている同人の業績一覧においては，意図的かどうかは不明であるが，内容的に
誤っていたり，不正確な記述が多いことに注意しなければならない（本書の原型の一部を
なす拙稿「津曲蔵之丞の戦前・戦時期における理論軌跡 ―― 石崎政一郎との比較を通じて
考える」獨協法学 82 号〔2010〕13-33 頁で訂正を試みた）。以下に掲げるのは，私自身で
掲載誌そのものを見て訂正したものである。
1922(大正 11)年　22 歳
　　7 月「書架／西村陽吉氏著『新社会への芸術』」「書架／杉村陽太郎氏著『果して強国
　　　は醒めたりや』・小川未明氏著『血に染む夕陽』」我等 4 巻 7 号
　　　※「書架」とは，B5 版の版型二段組の一段程度を用いた簡単な書籍紹介コーナー
　　　　である。
　　12 月〔翻訳〕「ベアー／古代希臘に於ける共産主義的革命＝その端緒＝」同前 4 巻 12 号
1923(大正 12)年　23 歳
　　3 月「スパルタに於ける共産主義」同前 5 巻 3 号
1924(大正 13)年　24 歳
　　7 月「マクドウガルの国家学説（国家の社会心理学的考察）」同前 6 巻 6 号
1928(昭和 3)年　28 歳
　　2 月「田口鼎軒の教育政策」同前 10 巻 2 号
1929(昭和 4)年　29 歳
　　2 月「笠信太郎氏著『シュペングラーの歴史主義的立場』に就いて」同前 11 巻 2 号
　　3 月「書架／『事実及政策 ―― 鼎軒田口卯吉全集第 4 巻経済下巻』」同前 11 巻 3 号
　　　※ただし筆者名は同じく「KT 生」と表記。
　　4 月「書架／波多野鼎氏著『墺国学派の価値学説』 ―― 価値学説史第二巻」同前 11 巻
　　　4 号　※同前
　　10 月「書架／本庄栄治郎『日本交通史の研究』同前 11 巻 9 号
　　11 月「労働法より見たる官公吏の団結及罷業」同前 11 巻 10 号
　　12 月「団結及罷業の社会的並経済的根拠 ―― 労働法より見たる官公吏の団結及罷業の
　　　二」我等 11 巻 11 号
1930(昭和 5)年　30 歳
　　1 月「団結及罷業の社会的並経済的根拠 ―― 労働法より見たる官公吏の団結及罷業の
　　　三」同前 12 巻 1 号
　　12 月「労働法と失業救済の範囲」法律春秋 5 巻 12 号
1931(昭和 6)年　31 歳
　　4 月「労働立法の指導原理　労働組合の目的と行動の範囲 ―― 労働組合法案第一条の
　　　批判」同前 6 巻 4 号
　　10 月「地代と身分的従属 ―― 野呂氏地代論の法律上の誤謬」批判 2 巻 9 号
　　　「労働法に於ける刑務所製品の処理方法」法律春秋 6 巻 10 号

が「白虹事件」——1918(大正7)年8月，大阪朝日新聞紙の「米騒動」問題に関する報道記事のなかに内乱が起こる兆候を指す故事成語である「白虹日を貫けり」という一句があったことから，当局（寺内正毅内閣）の言論弾圧の口実となった筆禍事件——で同社を退社したのちに，大山郁夫らとともに刊行し，吉野作造や河上肇（1879～1946）等を主要執筆者としたものであった[41]。また後者は，その後掲誌として，三輪寿壮や平貞蔵ら東大新人会出身者の雑誌「社会思想」と合流した際に，改題したものであった。同誌は米騒動の翌年（1919〔大正8〕年）に創刊され，滝川事件（1933〔昭和8〕年）の翌年に廃刊となった。すなわち，これら2つの雑誌はいずれも長谷川如是閑が主宰し，「多様な社会科学系の研究者が執筆し，自由主義的な性格をもつ〔総合〕雑誌であり，大正デモクラシー期のマルクス主義と社会主義ジャーナリズムの全盛期を生き続けた」と評される[42]ものであった。「我等」誌は刊行開始間もなく「森戸事件」——1920〔大正9〕年，その前年末法学部より独立した東京帝大経済学部の紀要「経済学研究」創刊号に，当時同学部助教授であった森戸辰男（1888～1984）が論文「クロポトキンの社会思想の研究」を発表したことに対し，学内右翼勢力（興国同士会）から攻撃されただけでなく，森戸と，同誌の発行責任者であった大内兵衛（同助教授・1888～1980）が新聞紙法42条違反（朝憲紊乱罪）等により起訴され，同年10月2日，大審院判決により有罪が確定し，両者は失職した——に際会して，「学問の自由」を掲げて一連の経緯について抗議をしている。

津曲が1969(昭和44)年7月6日，仙台にて病没したとき，1940(昭和15)年，朝鮮・京城の地にあった津曲を仙台に招き，自らの定年退官まで同僚として遇した中川善之助（1897～1975・民法）は，津曲追悼文[43]の冒頭で津曲が長谷川如是閑に私淑するだけでなく，その発行する雑誌への寄稿や編集作業を手伝った理由について「どうした事情からか，よく知らない」とのべている。こ

　　　1932(昭和7)年　　32歳
　　　　12月「ドイツに於ける最近の労働立法」批判3巻12号
(40) その全体像については，同著作目録編集委員会〔編〕『長谷川如是閑：人・時代・思想と著作目録』（中央大学・1985）を参照。またその主要な著作を集めた飯田泰三ほか〔編〕『長谷川如是閑集』全9巻（岩波書店・1989～1990）がある。
(41) 長谷川の思想的屹立期とされる白虹事件から「我等」誌創刊にいたる経緯については，山領健二「『我等』の時代——如是閑をめぐる人々」『長谷川如是閑集』第8巻（岩波書店・1990）収録355-362頁および古川江里子『大衆社会化と知識人——長谷川如是閑とその時代』（芙蓉書房・2004）45頁以下を参照。
(42) 梅田俊英『社会運動と出版文化：近代日本における知的共同体の形成』（御茶の水書房・1998）14頁。

第 2 章　昭和年代初期「非常時」における労働法学

の点について知りえたかぎりでは，つぎのような経緯があったようだ。すなわち津曲は「北辰斜めにさすところ」と歌われた七高 ―― 現・鹿児島大学の前身である旧制第七高等学校造士館 ―― に在学中，如是閑の著作を読み，またその講演を聞いた。その後津曲は，他の「七高メンバー」である福岡誠一（1897 〜 1975・同盟通信記者から戦後「リーダーズ・ダイジェスト」誌日本版編集長となった），金子鋭（1900 〜 1982・後に冨士銀行頭取や日本プロ野球コミッショナーを歴任）および正木ひろし（昊）（1896 〜 1975）など(44)とともに，1920（大正 9）年 9 月に東京帝大に進学した。翌月，彼らは早速，東京府西郊の東中野の如是閑邸を訪れた。帰りに同人から「また来たまえ」といわれたのを幸いに，彼らは週に 2，3 度たずねるようになった。さらに翌春からは関東大震災（1923〔大正12〕年 9 月 1 日）で焼失するまでのあいだ鎌倉河岸（東京・大手町近く）にあった我等社の事務所で，同誌の編集や校正作業を無償で手伝っていた(45)。すなわち「我等」誌では，社会運動について読者を啓蒙するだけではなく，その将

---

(43) 中川「津曲蔵之丞君を悼む」法学セミナー 162 号（1969）70-71 頁。ほかに津曲追悼文としては，菊池勇夫「故津曲蔵之丞教授の業績について」日本労働法学会誌 35 号（1970）155-161 頁と，主に同人との交流と人柄について触れた石崎政一郎「津曲さんを想う」同前 150-154 頁がある。

(44) 正木昊 ―― 戦前・戦後を通じて一貫して「反権力」の立場に立って活動した弁護士である。1937（昭和 12）年から 1949（昭和 24）年まで，個人誌「近きより」（月刊）を刊行して，軍国主義批判を展開した。これについては『近きより』全 5 巻（現代教養文庫および旺文社文庫）としてまとめられている。同『著作集』全 6 巻（三省堂・1983）を参照 ―― 「わが青春記」（二）東京新聞 1955・5・17（同著作集 V『弁護士さん　評論・随想』〔三省堂・1983〕247 頁）によれば七高在校中，ここにあげた者たちは鹿児島市内の「街の一軒家を借り，共同生活をし」ていたほどに，仲良き友人たちであった。

(45) 長谷川如是閑『ある心の自叙伝』（筑摩書房・1968）後篇 312 頁，正木ひろし「如是閑先生と私」サンケイ新聞 1969・11・13 夕刊（同・同前著作集 V 巻 285-286 頁および前掲『長谷川如是閑』333-334 頁所収）。正木の場合は，弁護士活動に忙しく「それほど手伝ってはいな」かったかもしれないという（「楽しかった我等社の編集会議 ―― 殿木圭一先生を囲む座談会」前掲『長谷川如是閑』251 頁）。ただし正木が弁護士として活動するのは，大学卒業（1923〔大正 12〕年）後の 1925（大正 14）年 3 月であったことから，むしろ在学中は，千葉県立佐倉中学校や長野県立飯田中学校の英語教員として勤務していた（古賀正義・前掲『近きより』一〔旺文社文庫・1979〕（解説）395-396 頁）という事情（正木自身，「東大法学部に通ったのは，僅か半年で，あとの二年有余は……県立中学の教師をしていた」とのべている〔同・同前稿 165 頁〕。なお，なぜ大学在学中に公立学校の教師として勤務できたのかは不明）によるのではないかと思われる。さらに津曲らは皆，当時 2 度めの来日をしていた（1919-1921 年），ロシアの盲目の詩人で，エスペランチストのワシリー・エロシェンコ（1890 〜 1952）を囲んで，「影の形に副う如くついて歩いていた」ともいわれている（山領・前掲稿 373 頁）。

110

来の新たな担い手となるように読者に寄稿欄への投稿を呼びかけ，そのことを通じて，さらには論壇に進むことを促し，また長谷川自身を始めとする同誌同人らによる講演会を日本各地で開催することにより，直接的な「感化」を及ぼしていったとされる(46)。それゆえに津曲や正木などの「七高グループ」の同誌への関与は，その「成果」の典型であったのかもしれない(47)。1923(大正12)年（23歳）の4月，津曲は東京帝国大学法学部政治学科を卒業し(48)，司法省官房調査課の嘱託となった。既述のように当時，東京帝大法学部の卒業生には，無試験で弁護士資格を取得することができる特権があったが，津曲は裁判官となることを希望していたのであろう。翌1924(大正13)年11月，高等〔文官〕試験行政科，翌12月には同司法科にそれぞれ合格し(49)，1925(大正14)年（25歳）3月，1年間の嘱託をへて司法官試補となった(50)。津曲は『労働法原理』(1932)の「序文」のなか（10頁）で「卒業後，東京地方裁判所に奉職し，当時，司法省の調査課長であった現刑事局長木村 尚 達氏〔1874～1947・のちに1939〈昭和14〉年検事総長，1940〈昭和15〉年米内光政内閣時の司法大臣となる〕の特別なる恩顧に依って労働法の研究を続けた」と記し，末弘厳太郎へとともに「感謝の意を表したい」としている。1928(昭和3)年（28歳），約3年間，司法官の地位にあった津曲は同年2月に，設立後間もない京城帝国大学法文学部助教授へと転任した。津曲の旧制高校以来の友人である正木ひろしによれば，如

---

(46) 山嶺・同前所。

(47) 山嶺・同前稿372-373頁および古川・前掲書120-130頁。

(48) ただし津曲の高校・大学を通じての友人であった福岡誠一「正木ひろしを弁護士にした話」文藝春秋36巻5号（1958）のちに同盟育成会〔編〕『福岡誠一』（新聞通信調査会・1976）収録73頁は，「大正一二年の三月に東大の法学部を卒業した」としている。

(49) 1923(大正12)年以降1948(昭和23)年にいたるまで，法曹となるための統一試験である。弁護士の場合は試験に合格するだけで弁護士となることができたが，司法官となるには試験に合格したのち司法官試補に任命され，1年6か月の実務修習ののちに「考試」に合格しなければならなかった。なお，帝国大学法律学科卒業生は無試験で試補に任命され，または弁護士になることができるとの特典は，前年（1922〔大正11〕年）を最後に廃止されたのではないかと思われる。

(50) 前掲・津曲「著作目録」によれば，津曲は同年および翌年「アメリカの労働法制」なる「論文」を公刊している（司法資料16輯〔1925〕，17輯〔1926〕。ただし津曲の名前はどこにも記載されていない）が，これは嘱託期間中に執筆されたものと推測する。ただし同書は津曲自身の「論文」ではなく，戦前アメリカ労働法学の体系をしめすコモンズ John R. Commons とアンドリュウス John B. Andrews の有名な共著である『労働法原理』第2版（Principles of Labor Legislation, 2nd ed.〔1920〕）の翻訳である。津曲「著作目録」に何故に「翻訳」ではなく，「論文」として記載したのか，その事情は不明である。これ以外にも，先述したように津曲「業績目録」の記載内容には，意図的とも思われる記載漏れや誤記，さらに不正確な記述が多く見られ，注意しなければならない。

是閑は人の面倒見がよく，「裁判官が性に合わない」といった津曲に対し，「よく話を聞いて，京城大学の先生に頼んだ」ことがあったという[51]。そこでは長谷川が就職の依頼をした人物の具体的な名前はあげられていないが，津曲の東京地裁判事から京城帝大助教授となるにいたったのは，如是閑の関与によるものであったということになろうか。

◆第2節　内務省社会局の労働組合法案をめぐる講演会と孫田「労働法」講義への圧力

　上にのべたような，新たに現われた労働法学の担い手たちの業績を検討する前に，孫田秀春を取り巻く状況の変化について言及しておきたい。1930（昭和5）年以降，孫田が東京商大で「労働法」を講じることについては，しだいに困難な事情がいくつか現われるようになった[52]。その直接的な契機となったのは，同年6月，内務省社会局の労働組合法案をめぐる講演会における孫田の言動と，これに対する産業界からのリアクションであった。

　戦前，労働組合法の制定の動きは，1925（大正14）年の「内務省社会局案」以

（51）正木「如是閑先生と私」同・前掲著作集V巻285頁および前掲『長谷川如是閑』（中央大学）234頁。さらに正木「オカシナ判決，怪しげな裁判官」学習のひろば1970・2（同前・著作集V巻）193-194頁）は，つぎのようなエピソードを伝えている。すなわち東京地裁刑事部の判事であった当時，津曲が東京・小菅刑務所〔現在の「東京拘置所」のことか〕の「有名なクリスチャン典獄（刑務所長の別名－原文）である有馬四郎助」——その北海道・樺戸集治監の看守時代を主人公にした小説に山田風太郎の「明治物」の一つである『地の果ての獄』（1977）がある〔閑話休題〕——と，何か用事があって訪ねて「よもやま話を聞いた」とき，同人から病監で一生を終る無期懲役囚の約8割は冤罪者であり，彼らの「最後の友」となることを自らの使命であるとの話を聞いたことから，このことを上司である東京地裁所長に報告した。すると所長いわく『お前，そんな気の弱いことで裁判官がつとまるか，医者だって誤診をするじゃないか……』と，津曲が叱りつけられたというのである。正木によれば，津曲が「二度びっくりして，判事をやめることにして，間もなく京城大学の先生になった」というのである。はたしてその真偽のほどはどうか，判断する資料を残念ながら持ち合わせていないが，興味深いエピソードなので紹介する。

（52）X・Y・Z「学園風景／商科大学の巻」法律春秋6巻4号（1931）173頁は当時東京商大では，「商大特有の『金儲け科学』が怪しくなり，新らしき科学を総合するところの文化科学の領域に，その指導原理を樹立するに至」り，……「曰く『綜合としての文化科学へ！』」。／「概して商大特有の学風としては自他共に許しているのは，この哲学的気分である」とし，続けて同前稿178頁は，当時の孫田について，「労働法で法学博士となった人。労働法に対してはその協調性の故に，マルキスト側からの批難はある様だが，とにかく日本に於ける社会法の草創け，商大の外に対する誇りである」と紹介している。このような論評は必ずしも的外れなものではなく，孫田の特性を適示しているように思われる。そのような状況が数年で暗転していくのは，以下，本文でのべるとおりである。

第2節　内務省社会局の労働組合法案をめぐる講演会と孫田「労働法」講義への圧力

来，数次にわたって提出されたが，1930（昭和5）年の「第二次社会局案」をめ
ぐって，労使のあいだで大きな論争が引き起こされた。そのようななか，朝日
新聞が同年6月8日，当時同社論説委員であった前田多門（1884～1962）の司
会のもと「労働組合法案批判講演会」を，朝日講堂（当時，東京有楽町・朝日新
聞本社内）で開催した。使用者側は三井財閥の中心人物の一人で，当時日本最
大の製紙会社であった王子製紙社長の藤原銀次郎（1869～1960）と当時東京商
工会議所専務理事の渡辺銕蔵（1885～1980），労働側は社会大衆党代議士で，
戦後社会党内閣を率いて首相となった片山哲（1887～1978），そして中立的な
公益ないし学界代表ということであろうか，もう一人の講師が孫田であった[53]。
孫田の主張は「要するに"労働組合がこのようなボロ法案でもしきりに欲し
がっているものを〔使用者側が〕それすら潰そうと〔するの〕は何事か"といっ
た一種の義憤からでたことであっ」たと，後年自ら説明している[54]。すなわ
ち孫田の法案に対する評価とは，つぎのように要約されるものであった[55]。

　「社会局案を通観するのに，今回と雖もべつにたいして新規な規定を取り
　入れているようにも見受けられない。……組合の種別制限を撤廃し，組合
　連合体を認め，法人格取得を選択的にし，組合監督の規定を幾分緩和した
　ことなどは，実は皆過年来の輿論において，当然なる所として要求せられ
　ていたものに過ぎぬ。その他組合員たるの故を以てする解雇を禁止せるこ
　と，同盟罷業の場合の損害賠償義務を或る程度に於て免除したことなども，
　規定の形式は兎もあれ，実質的には大体過年の法案に於て規定せられてい
　た所と同一である。要するに……ただ当然なる所を当然に取り入れたとい
　うまでのことであって，過年来の輿論以上に一歩もでず，依然労働協約に

───────────

[53] 孫田「わが国労働組合法案をめぐりて」同・前掲『労働法の開拓者たち』320-322頁。
　　なお，孫田・前掲『私の一生』75頁は講演会開催費日を「六月六日」としている。
[54] 講師4人の主張は，朝日民衆講座第18輯『労働組合法案をめぐりて』（朝日新聞社・
　　1930）として公刊された。なお孫田は，自らの主張について同書所収のそれ（43-63頁）
　　は「速記がえらく間違っている」として，同前『労働法の開拓者たち』322-349頁に当日
　　のために用意した草稿を掲載した，としている。しかし両者を読みくらべたとき，確かに
　　孫田がいうように，記載内容に相違するところがある。しかしそれは講演時に，孫田自身
　　がその内容を聴衆に理解しやすいように調整・努力した結果によるものと思われ，決して
　　速記の不適切さによるものとは思われない。なお孫田は同年初め，すでに中央公論誌上
　　（45巻2号95-101頁）においても，その見解（「新労働組合法案を評す」）を表明していた。
[55] 以下の主張は，孫田「わが国労働組合法案をめぐりて」同・前掲『労働法の開拓者た
　　ち』279頁以下，とくに322-323頁に掲載されている「朝日民衆講座」における草稿によ
　　る。また孫田のさらに詳しい「純理論的な立場」からの説明については，同前『労働法の
　　開拓者たち』323-337頁を参照。

第 2 章　昭和年代初期「非常時」における労働法学

関する規定を全然敬遠し去っている所などから考えると，大正十四年の社
会局案に比して尚著しい遜色あるものといわなければならぬ。しかのみな
らず新案にあっても，労働組合取締に関する幾多の規定が尚丹念に作り上
げられていて，当局の立案の態度なるものは，組合の誘導助成というより
かは，徒らに之を厄介物扱いにし無用に警察眼を光らしているようにも見
え，従って草案全体としては，宛も刑罰法規か手続法規といった風な重苦
しい感じを与えるものとなってしまっていることも遺憾である」。

　このように当時，孫田は，政府が提出した労働組合法案については概して消
極的な評価をしていた[56]。しかし講演のなかでの孫田の主張は「実は中立で
はなくて，徹頭徹尾資本家攻撃の形となってしまった」[57]と自身反省するよう
な論調になったためか，その後，「全産聯〔連〕(全国産業団体聯合会)[58]の巨頭
某々」──朝日新聞社主催の講演会の弁士の一人であった藤原銀次郎・王子製
紙社長のこと〔引用者〕──から「赤化教授」の烙印を押され，如水会(東京
商大〔一橋大学〕の同窓会組織－同前)という「財界の大物の牛耳っている大舅
小舅の団体」から，孫田の労働法講義を受講している学生は社員として採用し
ないとされたことから，最盛期には 100 名ほどの受講者──学生定員数の違い
から東京帝大における末弘講義の場合のそれと比較すること自体，無意味であ
ろう──がいたようだが，しだいに表立て「労働法」という名称で講義をする
ことができなくなり，「商事法令」の名において講義をすることとならざるを
えなくなるという事態にまでいたってしまった[59]。講演会当日は，孫田らに
は拍手があった一方，資本側の講師に対しては「悪どい弥次」が飛んだりして，

──────────────

(56) 孫田は翌年「労働組合法の無益なる改悪」法律春秋 6 巻 4 号 (1931) 103-108 頁でも
　　同旨のことをのべ，その前年(昭和 4 年)には労働組合法の制定よりも「寧ろ一箇条でも
　　協約法を」社会政策時報 109 号 (1929) 11-16 頁とのべていた。すなわち孫田は本講演
　　(原稿)のなかでも，「折角労働組合法を作りながら団体交渉に関する規定を設けない」の
　　は，臥竜点睛を欠くものだとし，また当時わが国で労働協約が社会のなかに多く見られな
　　いのは，労働協約が発達していないからではなく，「資本家側が之を忌避し労働組合に対
　　し常に団体交渉を拒否しているが故である」(前掲『労働法の開拓者たち』335 頁)と主
　　張していた。
(57) 孫田・前掲『労働法の開拓者たち』321 頁。
(58) 全産聯(全国産業団体聯合会)とは，浜口民政党内閣が 1931(昭和 6)年 2 月 20 日に
　　「労働組合法案」を議会に提出したのを契機に，これに反対する全国の各種経済団体が結
　　集して，同年 4 月 21 日に郷誠之助 (1865 ～ 1942・東京および日本商工会議所会頭を兼
　　務)を会長に発足し，激しい反対運動を展開して同法案を廃案に追い込んだ。同団体は
　　1942(昭和 17)年 4 月に解散した。

第2節　内務省社会局の労働組合法案をめぐる講演会と孫田「労働法」講義への圧力

（59）孫田・同前書274-275頁および蓼沼・前掲「民法及び労働法」226-227頁。この点について，孫田は晩年，前掲・『私の一生』77-78頁で「全産連あたりの大物実業家」が末弘には寛大であったのに対し，何故に孫田が「危険分子であり赤化教授の如く白眼視され」たのかと自問し，それには二つの理由が考えられたとして，つぎのようにのべている。まず，末弘が当時絶大なる権威の東京帝大の教授であったのに対し，自分が「成り上がり者の東京商大」で教える者であったこと，つぎに末弘の講義が「宛も今日の労政学や労務管理論というようなことを主としており，むしろ政治論が多くて労資にピンと来なかったためではなかったか……これと異なり私の方は体系的労働法学というのであるから，体系的にビシビシと労資に迫っていく。……資本家側の最も嫌いな団体交渉権の理論などを細かに説いて行くのであるから，その労資双方に対する反響も従って大きいわけである」と解説してみせている。事の真相はいずれにせよ，正直いって，私はこのようなことをのべることが果たして「良識者のとるべき態度」（久保敬治）なのか，大いに疑問に感じるところである。なお，戦前に公刊された孫田の業績――それは孫田に限らないが――を見るかぎり，団体交渉について――それ自体，法的な行為ではないからか――本格的に言及したものは一点もなかった。かりに孫田の言い分が成り立つとしても，同人は戦前と戦後とを混同してのべているのではないかと思われる。

　なお蛇足ながら，孫田が末弘没後においても何故に，末弘に対するルサンチマンの表明のごときことをのべるのかという点には，つぎのようなことも背景としてあったのかもしれない。すなわちすでに見てきたように，戦前に末弘は孫田の著書を書評で取り上げ，繰り返し，その方法や記述内容を批判してきた。そして1933（昭和8）年に，孫田が民法総則に関する概説書（有斐閣）を刊行した際，末弘がこれを書評で取り上げた（「紹介／孫田秀春著，民法総則上巻」法学協会雑誌52巻1号〔1934〕148-151頁）。ただしそれは従来にも増して，厳しく，批判的なものであった。すなわち末弘は同書について冒頭「序文中に多少風変はりのことが書かれてゐる以外特に取り立てて言ふ程の……特色をもたない普通の民法教科書である」として，同書の序文のみを書評対象として取り上げた（そうであるならば，あえて書評する必要もなかろうと思わざるをえない。なお好美・前掲論文617頁も本書を「普通の教科書で特に目新しいものではない」とする）。すなわち孫田は同書の「序に代へて」のなかで『民法理論の団体主義的修正』として，「我国固有の相互扶助の精神，共存同栄の思想を以て民法全体を見直し，従来の乃至は外来の個人主義的理論を矯正して」，法理関係を人と人との「対立関係」「利害関係」ではなく，「融合関係」「信義と信義との帰合関係」として把握することにより「忌はしき利害の衝突や葛藤がなくなって，唯そこには相互的又は団体的義務の完全なる認識と其の忠実なる履行とのみが有り得ることに為る。……〔それは要するに，日常の生活を〕物的，即ち利益中心でなく人的即ち人格中心の法律関係に構成して行く」ということである（3-4頁）とのべている。好美・前掲論文617頁は，これを当時ドイツに見られた「ローマ法的把握からゲルマン法的修正へ」という傾向に共通するものであると指摘するが，このような主張は孫田の『労働法総論』にいう「労働法の理想」に通じる同人らしい理想論――戦後にいたって，これは「勤労人格の物性離脱」として主張されるにいたる――をのべたものとも考えられる。その際に孫田は，法律家は難しいことをいうように思われるかもしれないが，そのようなことは平凡な日常生活のなかで「或は家庭内に或は〔電車やバスの〕車内に或は街頭に吾々の日夜目撃しつゝある所である」として，法律家の自宅の客間における彼とその妻，そして客人の三人の会話の情景として，3頁にわたって，長々と掲載している。これに対し末

115

第2章　昭和年代初期「非常時」における労働法学

「定めし不愉快な思いをされたのではなかったか」と孫田は同情を寄せている[60]。おそらく孫田の当日の講演全体あるいは法律論についての理解ではなく，ほぼ最後のところで，孫田のつぎのような発言を聞いて，藤原をはじめとした使用者側が反発し，孫田の東京商大での講義に圧力を加えるにいたったのではないかと推測する[61]。

> 「ここに労働側は五割も，六割も，八割も譲歩して居るといふことになります。然るに御承知の通り資本家側におきましては，斯くの如き法案に対してまで全国団結して，或いは団結権を行使して，労働者団結権に反対して居ります。つまり資本家側におきましては一分一厘も譲歩するわけにはゆかない。斯ういふやうな不利益な取引をして居るといふことになります。……これ亦資本家側に対して邪推になるかも知れませんが，不況時においてこそ……最も労働者の気勢の揚らざる今日において労働組合運動を撲滅するにあらざれば，将来の組合運動の発展がすこぶる憂慮せられる，斯ういふやうな考へから致しますと，資本家側の更に深き反省を求めまして，この際この法案の通過といふことに賛成をせらるといふことが最も希望に堪へぬところであります」。

このように講演会当日の孫田の論調は，いわば判官びいき的なものであった。当時，孫田は法案それ自体については批判的であったかもしれないが，労働組合法制定それ自体には積極的であった。しかし5年後の1935(昭和10)年，先

弘・書評は「著者は『わが国固有の相互の精神，共存同栄の思想を以て民法全体を見直』すなどと呑気なことを言つているけれども，其の『見直』しを可能ならしむべき理論について殆ど何事をも説いてゐない」(149頁)，あるいは「法律と社会との関係に関する著者の見解が甚だ常識であつて一般学者の理論的に最も苦慮している事柄を極めて簡単に取り扱つてゐる」(150頁)ときびしく批判した。このような末弘の対応について，好美・前掲論文618頁は，はたして「このようにむきになって大上段に振りかぶった批判をすることが妥当な態度かどうかには問題はあろう」との感想をのべている。また孫田の教え子である吉永栄助（一橋大学名誉教授・1912～1998・商法）も，その論稿「継受・比較法的方法により追及〔究〕した『社会化』思想」孫田米寿記念『経営と労働の法理』（専修大学出版部・1974）391-401頁において，孫田『民法総則』上巻「序に代えて」の該当箇所全体を引用し（392-394頁），孫田が末弘の酷評に対し，東京商大での講義に際し激怒していたことを紹介しながら，擁護の論をのべている。いうまでもなく本書の下巻が刊行されることはなかった。

(60) 孫田・前掲『労働法の開拓者たち』321頁。

(61) 孫田「新組合法案の批判」62-63頁（原文に付されていた振り仮名は省略）。なお同・前掲『労働法の開拓者』掲載の「講演原稿」338-339頁にも，これと同旨の記載があり，孫田は当初から，そのような趣旨のことをいわんと考えていたものと思われる。

の講演会の司会を務めた前田多門が「現時我が国の情勢に照らして該組合法の制定は仲々容易ならぬこと〜は考へるが，一日も早く其の制定の急務を確信する」としたのに対し，孫田は「現在は自由主義より統制主義への過渡期に在る」として，「何も周章て〜〔労働〕組合立法などをする必要はないやうに思ふ」として，むしろ以前とは異なり，労組法制定そのものに対し消極的な態度をとるようになっていた[62]。ただし不十分なものであれ，立法化に賛意を示していた頃から，そのようないわば心境変化を導いたものが何かは，それを推し測るための資料もなく，不明である。しかしこのような事情を背景に，労働法とは異なる講座名（「商事法令」）をかかげ，その合間に労働法を講じるしかなかったということも関係していたのかもしれない。それは内密に行なうために，教室ではなく，孫田の研究室[63]でお茶や煙草をのみながらの家族的雰囲気のなかでなされたと回顧している。しかしそれも長くは続かず，1934（昭和9）年，ついに戦前，東京商大での労働法講義は消滅してしまった[64]。それは講義開始から，わずか10年ほどの短い期間であった。

　つぎに末弘，孫田に続く若い労働法学徒の昭和年代初めから日中戦争勃発前までの時期における議論を跡付けることにしたい。

◆第3節　九州帝大赴任当初の菊池勇夫における四つの法的課題

　戦前わが国で社会法講座が大学内に設けられたとしても，それが国内で広く歓迎されていたかといえば，そうではなかった。むしろ警戒感をもって受け止められたというべきかもしれない。またそもそも社会法とは何かということの理解も混沌としていた。福岡に着任した当初を振り返って，戦後，菊池はつぎのようにのべている[65]。

---

(62)　前田多門「労働立法月報／労働組合法制定の急務」労働立法2巻1号（1935）58頁および孫田秀春「同／労働組合立法に関する卑見」同前誌59頁。
(63)　当時，孫田の国立(くにたち)での研究室は図書館（時計塔のある建物）の1階の正面玄関から入って左側の部屋で，東側に窓がある〔西側は廊下〕10坪ほどの部屋であった（山中健一「師弟は三世──孫田先生の思い出」前掲『経営と労働の法理』450頁）。「十坪位の部屋」とは，畳20畳ほどの広さということになる。同室は近時の大学研究室とは異なり，天井も高く，20人程度までであれば余裕をもって収容でき，講義も十分可能であったであろうと思われる。
(64)　孫田・前掲『私の一生』76頁および蓼沼・前掲「一橋大学と孫田先生」304-305頁。そしてこれに時を合わせるかのように，翌1935（昭和10）年5月，東京商大で孫田が「労働法」講座を開講するにあたって力あった福田徳三が急逝した。
(65)　菊池・前掲「社会法講座の三十年」2頁および同・前掲「社会法と私」18-19頁。

第2章　昭和年代初期「非常時」における労働法学

「私の在外研究の目的は『社会法研究のため』というものであったが，社会法とは何かまったく明らかにされていなかった。欧米の大学にも社会法という講座や講義はなく，法律思想として以外には労働法学者が社会法という言葉を用いるのをみる程度であった。私が帰国した昭和三〔1928〕年は，〔日本共産党や労働農民党を弾圧する〕三・一五事件があり，……〔当時〕文部省には『社会』ということを喜ばない空気があったようである。帰国後〔同年6月ないし7月から10月の〕任官発令まで少し間があったが，その間に文部省から『社会法』の講義範囲について九大に問合せがあった。これに対する回答に，私は当時内務省社会局で編集した『現行社会法規集』の内容をそのまま整理して記し，今後同種の法令が増加するにつれて講義範囲も拡大されると書いて出した。もとよりこれは〔対文部省との関係での〕間に合せのもので，それだけにいざ講座を担任すると『いまだ知らざる道』を辿る覚悟をせねばならなかった」。

　こうして，日本の西南に位置する福岡の地における菊池の社会法研究の生活が始まった。後年，菊池は自らの研究歴を振り返って，続けてつぎのようにのべていた(66)。

「九大法文学部研究室に落着いてから，私が取組まねばならないと考えた問題は，第一に，社会法とは何かということ，その法学体系の中の地位，これを法学分科として成立させる要件であった。第二に，社会法の中心となる労働法の主要問題，特に労働契約の本質と労働保護法の本質であった。私は又，九州大学の立地条件と結びついた特殊問題として，石炭鉱業関係の研究を第三の課題に取上げた。それに私が労働問題に接する機縁となった国際労働問題，特にILOの研究が第四の課題として常に関心があった」。

　これらの課題については，第一のそれをのぞいて，菊池が自ら「社会・経済法論集」として1942(昭和17)年5月に第1巻に先立って刊行した第2巻『日本労働立法の発展』（有斐閣）と，翌1943(昭和18)年に公刊された第1巻『労働法の主要問題』（本文486頁）のなかで，具体的な応答内容が示されている。

1　社会法とは何か，その法学体系の中の地位の把握への試行 —— 第1の課題

　菊池が九州帝国大学に赴任したとき，自らの第一の課題とした，社会法とは何か，それが法学体系のなかでいかなる位置を占めるのかということについて

---

(66)　菊池・同前所。

は，各種の辞典類における該当項目執筆を通じて，明らかにされた。まず『社会科学大辞典』（改造社・1930）495頁「社会法（Social Law. Sozialrecht. Droit social）」は，社会法を「社会の階級的均衡を規律する，国家的諸法規並びに社会的諸法規範の統一的名称である」とし，「これら社会法の関係法規には，産業的平和を維持する為の社会改良的諸立法のみならず，闘争の武器として用ひられ，或は紛争の処理を規定する諸法令をも含む」。学としての「社会法の任務は，各種の関係法規に就てその政治的・社会的・経済的根拠を追究し，更にそれらの規範が実際に運用される場合の社会的機能を社会の全面的発展の見透しに結びつけて明かにすべきもの」と捉えていた。なお社会法の系統としては，(1)労働法，(2)社会保険法および(3)その他の社会化法の三つに分類していた。また同稿は「社会立法（Social Legislation. Sozialgesetzgebung. Législation sociale）」を，「社会問題解決の一手段として行はれる諸立法の総称である。資本主義生産制の発展を確保するために制定された従来の諸法制は，如何にこれを拡張又は類推の解釈を以て社会本位に適応されやうとしてもおのづから限界があるから，社会問題解決の要求に応ずる為には新たに立法することを必要とする。初期の社会立法は人道主義的立場から制定されるが，漸次社会運動が組織化し，勢力を加ふるに伴れて，階級間の交戦法規のやうな色彩を濃くする。国家はこの場合，労資両階級間の仲裁者又は協調者の地位に立つ」と説明していた（499頁）。ついで菊池は『大百科事典』12（平凡社・1932）中の「シャカイホーキ 社会法規」（167-168頁）を「社会政策実施のために国家並に公共団体が制定せる法規である」とし，わが国では具体的に内務省社会局が管轄する事項に関する法規である（社会局管制第1条）と説明し，それらが企業に対する監督規定や社会衛生に関する警察法規，社会運動の取締規定を含むことから，一面行政法（学）で扱われ，他面雇傭に基づく労働関係，耕作関係，賃借などを規定していたがゆえに私法の特別法として研究されていたが，当時においては「公法，私法の両方に亙る横断的新法域を形成するものとして綜合的研究が行はれてゐる」としていた。また同前書174頁「シャカイリッポー 社会立法 Social legislation」について「近代社会に於ける階級的対立より生ずる弊害を緩和し，社会的弱者の福祉を増進する目的を以て行はれる立法の総称，或はこれを単なる法規のみに限らず，その具体的施設までも含めて，社会法制の意味に用ひる場合も少なくない」とする。しかし重視すべきは，菊池が同所で【国家の立場】として，つぎのようにのべている部分であろう。すなわち「元来，社会立法は資本主義社会の必然の産物であるが，その目的を社会的弱者の生活擁護に置く点で一部に社会主義的契機を含み，資本主義そのものと対立することになる」。しかし菊池はイギリスの保守党が初期社会立法を促進させ，ドイツの歴

史派経済学者が社会政策を提唱したことを「絶対王権主義，或は封建主義の遺制の上に立つて，資本主義の個人主義的自由主義に反動したものである」と説明しているのは，1930(昭和5)年のときとは異なる。ただし「その理想としては一種の協同社会的全体観を掲げてゐた」点では，「我国の社会立法制定に尽力した進歩的官僚の役割」と共通しているとのべている。

さらに末弘厳太郎・田中耕太郎[67]〔編〕『法律学辞典』第2巻（岩波書店・1935) 1190-1195頁の「社会法　シャカイホウ（独) Sozialrecht（佛) droit social（英) social law」は，より詳細かつ体系的な説明となっている。それは，つぎのような構成となっていて，当時の頃までの独・仏・英・米における議論や制度が紹介されている[68]。

　第一　序言
　第二　法理としての社会法
　　一　社会法と現代思潮／二　社会法思想史／三　社会法の概念
　第三　法域（分科）としての社会法
　　一　社会法の範囲／二　社会法の特質／三　社会法の体系

すなわち菊池にとっての社会法とは後に具体的に考察するように，同じく社会改良を目的とする点で労働法と社会事業法を中心としながらも，これに戦後社会保障法の主要領域となる社会保険法を加えて理解していた。そして当初の社会法・労働法理解の集大成というべき業績は，『労働法の主要問題』の掉尾をかざる「労働法概説」に示されているが，これについては本書「補章」で扱うことにしたい。

2　『日本労働立法の発展』と『労働法の主要問題』における，その他の課題への応答

(1)『日本労働立法の発展』と『労働法の主要問題』の刊行

1942(昭和17)年に刊行された『日本労働立法の発展』（有斐閣)[69]には，主に「労働立法問題を時事評論として取扱った」論稿を中心に構成されている。まず明治初期から昭和初期までを扱う「我国に於ける社会立法の発達」を第一篇

---

(67) 同書は，末弘と田中の「共編」となっているが，実はこの二人は当時からすでに「犬猿の仲」であったという（末川博・我妻栄「対談／日本の法学者を語る」連載第2回・法学セミナー177 (1970・11) 号70頁（末川）。そして両者の対立関係は，戦後末弘の教職追放という形で社会的に顕在化することになる（本書第5章を参照）。

(68) なお同書1195-1197頁所収の「社会法学　シャカイホウガク」項目を執筆担当したのは，木村亀二であった。

第3節　九州帝大赴任当初の菊池勇夫における四つの法的課題

(69) 同書の扉の裏面には菊池の勉学に際し，学費を負担した長兄・達郎の「六十の賀にささぐ」と記されている。同書の目次構成は，つぎのようなものである。

　　　　第一編　総観
　　第一章「我国に於ける社会立法の発達」←（原題）「我国に於ける社会立法の発達
　　　　── 労働立法を中心として」国家学会五十周年記念『国家学論集』（有斐閣・
　　　　1937）
　　第二章　支那事変と労働立法の進展
　　　　第一節「支那事変と労働法の動向」←（原題）「時局と労働法」法律時報10巻11
　　　　　　号（1938）
　　　　第二節「支那事変下に於ける労務統制法の整備」（初出不明「昭和一六年六月稿」
　　　　　　と末尾に記す）
　　　　第三節「労務緊急対策の意義 ── 労務対策の特殊性とその方向」←帝国大学新聞
　　　　　　868（1941・9・8）号（『復刻版』15巻247頁）
　　第三章　高度国防国家と勤労新体制
　　　　第一節「高度国防国家の労働政策」←改造22巻10号？（1940・9）
　　　　第二節「労働組織の再編成 ── 勤労新体制の推進について」←社会政策時報245号，
　　　　　　247号（1941・2，4）
　　　　第三節「勤労新体制と技術者」←技術評論（1941）
　　　　　　第二編　支那事変以後
　　第一「戦時労務動員体制の立法整備 ── 第七十六議会の社会立法を中心として」（初出不
　　　　明「昭和一六年七月稿」と末尾に記す）
　　第二「労働問題の新展開 ── 科学的対策の推進」←科学知識（1940）
　　第三「社会保険の画期的実施」←帝国大学新聞817（1940・6・24）号（『復刻版』14巻
　　　　283頁）
　　第四「深刻化しつつある青少年問題」←九州帝国大学新聞218（1940・5・8）号
　　第五「臣民徴用規定発動の問題」←同199（1939・5・20）号
　　第六「労働統制と国民生活の安定」←同194（1939・2・1）号
　　第七「国際労働機関小論 ── 外務省情報部長談に寄せて」←帝国大学新聞738（1938・
　　　　10・31）号（『復刻版』12巻427頁）
　　第八「傷病保護院の誕生」←同718（1938・5・2）号（『復刻版』12巻191頁）
　　第九「厚生行政の新展開」←九州帝国大学新聞178（1938・4・15）号
　　第十「事変勃発と社会立法 ── 保健社会省に懸る期待」←帝国大学新聞695（1937・11・
　　　　22）号（『復刻版』11巻467頁）
　　　　　　第三編　満州事変前後
　　第一「国民健康保険法案について」←九州帝国大学新聞165（1937・6・5）号
　　第二「労働立法に於ける経済外統制作用」←（原題）「最近の労働立法 ── 経済外強制の
　　　　加重」帝国大学新聞647（1936・11・16）号（『復刻版』10巻451頁）
　　第三「当面の社会立法素描」←同（1〜5）福岡日日新聞1936・2・4〜8
　　第四　非常時の法律
　　　　第一節「通商非常時と社会立法」←（原題）「非常時の法律 ── 通商擁護法の発動と
　　　　　　機能」帝国大学新聞581（1935・6・10）号（『復刻版』9巻243頁）
　　　　第二節「社会立法の低迷」←（原題）「社会立法雑感」九州帝国大学新聞136（1935・

121

第2章　昭和年代初期「非常時」における労働法学

「総観」の第一章としているが，そのあとは第二章「支那事変と労働立法の進展」，第三章「高度国防国と勤労新体制」とし，1937(昭和12)年7月「支那事変以後」の動向を扱ったものを第二編に集め，1931(昭和6)年「満州事変前後」を第三篇で扱っている[70]。これらの多くは，旧東京帝大の「帝国大学新聞」および「九州帝国大学新聞」両紙に発表された時事評論的な解説記事が中心となっている。そのことから本書は，その時どきの社会立法の動向を通じて，わが国戦前・戦時期の社会状況を垣間見させるものとなっている[71]。すなわち本書における収録論稿掲載の特徴として，時間的に直近の問題を扱ったものから過去へと遡る「倒叙的形式」をとっている。菊池は，このような方式を採用した理由として「執筆時期は昭和四年から昭和十六年に互る」が，その「社会経済事情の激変を背景としている」ことから，「各論文執筆当時における歴史的情況との関連を考慮し」(1-2頁)たものであると，のべている。ただし実際

　　　　10・5）号
　第五「農民差押禁止と労働者災害扶助」←（原題）「農民差押禁止と労働者災害扶助 ——
　　　第六十七議会の社会立法」同前 127（1935・4・20）号
　第六「労働争議調停法の試練」←同前 116（1934・10・10）号
　第七「国際労働会議の一面 —— 経済外交工作の機会として」←同前 105（1934・3・20）号
　第八「社会立法の新分野としての商店法」←「商店法の話 —— 待望さる新立法」（1 ～ 8）
　　　福岡日日新聞 1932・1・16 ～ 28
　第九　労働者災害扶助の新立法
　　　第一節「労働者災害扶助法案について」←法律時報2巻10号（1930）
　　　第二節「労働者災害扶助制度の拡充」←九州自治政策研究会「研究と報告」（1931）
　第十　労働組合法の運命
　　　第一節「労働組合法案について」←（原題）「労働組合法案に就いて」九州帝国大学
　　　　　新聞 36（1929・12・20）号
　　　第二節「労働組合法案と資本側の態勢」←（原題）「労働組合法案と資本側の攻勢」
　　　　　同 45（1930・7・5）号
　第十一「国際労働代表の選出問題」←（原題）「国際労働代表の選出に就いて」同前 21
　　　（1929・2・12）号
　附編「満州に於ける労働統制」←（原題）「満州における労働統制」法政研究 10 巻 2 号
　（1940）
　　　追録 「労働統制法の改正と労務興国会法の制定」（初出）
(70) 同書を構成する各論考の梗概については，本節の原型論文である拙稿「菊池勇夫の
　『社会法』論」獨協法学 91 号（2013）89-102 頁で紹介している。
(71) 本書を紹介するものとして，石崎政一郎「紹介批評／菊池勇夫『日本労働立法の発展』
　（以下省略）」法学 11 巻 9 号（1942）61-62 頁および高田源清「紹介／菊池教授『日本労
　働立法の発展』と後藤元教授『労務統制法』」研究論集（高岡高商研究会）15 巻 3 号
　（1942）98-103 頁，そして藤林敬三「菊池勇夫著『日本労働立法の発展』」三田学会雑誌
　36 巻 12 号（1942）56-61 頁がある。

に本書全体を通読したとき，時系列が混乱し，かえって内容を把握することにもどかしさを感じさせ，著者がいうほどの効果があったのかは不明である[72]。

　これを通読したとき，まず気付くのは，第一章をのぞく第一篇に収録されている論考と，第二篇以降，とくに「非常時」といわれながらも，いまだ国民のあいだに戦争が身近に感じられていなかった満州事変（1931〔昭和6〕年）前後の昭和初期の時代に執筆・発表された諸論考とのあいだにおける論調の落差ということである[73]。第三篇223頁以下では，国民健康保険法，労働者災害扶助法，退職金積立法など，その時どきの社会立法の課題について菊池は「冷静な観察者」[74]の目をもちながらも，その実現を希求し，論評していることがわかる。この時期，労働災害が激増の一途をたどっていたが，その質・量ともに鉱山でのそれに集中していた。それゆえに当時労働者災害扶助法（昭和6年4月1日）と同責任保険法（同前）が当時の国際基準（ILO労働者災害補償17号〔1925年〕条約）とくらべて不十分なものでも，従来労働災害に関する扶助制度があった工場職工（工場法15条）や鉱夫（鉱業法80条）以外の屋外労働者についても，救済対象となった。また満州事変以後，軍需産業における臨時工が著しく増大し，不況時の大量解雇問題に関連して，「権利」としての失業保険に代替する制度として民間部門に広く普及していた「恩恵」的な解雇・退職手当支給の法制度化が問題となっていた[75]。しかしその具体化は遅々として進展しなかったことが，第三篇に収録されている諸論考から知ることができる。また同篇第十「労働組合法の運命」では，当時は，それが戦前最後の立法化の機会となるとは誰も考えなかったであろう，1931（昭和6）年2月の浜口民政党内閣による労働組合法案の議会上程をめぐる動きが紹介されている[76]。

───────────

(72) 倒叙方式をつらぬくのであれば，第一編の第二章と第三章とは，順序が反対とならなければならなかったのではなかろうか。あるいは当時は，日中戦争初期の頃と，その長期化や英米との対戦不可避となる時期とを区別するという発想はなく，あくまでも日華事変の延長として理解されていたのかもしれない。

(73) その際には，菊池〔編〕前掲『社会法綜説』（下）巻末3頁以下，とくに12-16頁の「主要社会法令年表」と対照させながら読むことで，より理解がはかどるかと思う。

(74) 角田邦重「〔戦前期〕ファシズム体制下の労働法思想 ── 戦前労働法思想の一断面」沼田稲次郎先生還暦記念・上巻『現代法と労働法学の課題』（総合労働研究所・1974）503頁による菊池評。

(75) 当時の労働者保護問題を概観するのに，野村平爾＝島田信義「労働法（法体制崩壊期）」鵜飼信成ほか〔編〕『講座日本近代法発達史 ── 資本主義と法の発展』8（勁草書房・1959）244-260頁が有用である。

(76) この年，組合組織率は7・9％という戦前の最高数値を示したことが象徴的に示すように，労働組合運動も高揚し，労働争議および同盟罷業件数も増加した。政府は労働者団結権を法認するとともに，法的規制の枠内に入れることの必要を感じたのであろうが，使用

第2章　昭和年代初期「非常時」における労働法学

　つぎに翌年（1943〔昭和18〕年）に順序としては逆に刊行された第一巻『労働法の主要問題』は，「労働法に関する論稿十五を関聯する事項にしたがい十二篇に纏め」た（「序」8頁）ものである。執筆時期を全体としてみたとき，「最も早いものは昭和六年であり，最近のものは昭和十七年」という，大よそ10年間にわたる時間的幅のあるものであること，および冒頭に総論的論稿をおき，ついで同書刊行時に近接した時期における課題に応える論稿から順次遡って並べているのは，前年刊行の『日本労働立法の発展』の場合と同様である[77]。また前著『発展』の第一，第二の両篇と第三篇とに，それぞれ収録されたものとのあいだに際立つ論調の相違があると指摘したが，同様のことは翌年に公刊された『主要問題』についても，あてはまるように思われる。すなわち本書全

者団体が強力に反対するなか，衆議院を通過したものの，貴族院で審議未了となり不成立となった。詳しくは，野村＝島田・前掲論文218-232頁を参照。
[77]　同書に収録されている論考がいかなるものを含むのか，その目次構成は，つぎのようなものである。前著の場合と同様に扉の裏面には，指導教官であった末弘厳太郎への献辞が付されている。
　第一「転換期における社会・経済法 —— 労働法を中心として」←比較法雑誌2号（1941）
　第二　戦時労働法の理論と実際
　　第一節「労務緊急対策と戦時労働法」←（原題）「戦時労働法の理論 —— 緊急対策における臨時性と恒久性」法律時報13巻11号（1941）
　　第二節「生産能率問題の基礎条件」←（原題）「能率問題の基礎条件」社会政策時報258号（1942・3）
　　第三節「国民動員と能率対策」←九州帝国大学新聞255（1942・7・20）号
　第三「職業紹介制度の国営化 —— その常時的，非常時的意義」←社会政策時報208号（1938・1）
　第四「労働契約の本質 —— その社会法的性質」←『九州帝大法文学部十周年記念法学論集』（有斐閣・1937）
　第五「退職積立金及退職手当法の主要問題」←法政研究7巻2号（1937）
　第六「労働者災害補償の本質」←同前誌6巻1号（1935）
　第七「家内工業労働の保護立法」←社会政策時報昭和175号（1935・4）
　第八　商店員の保護立法
　　第一節「商店員の保護立法」←（原題）「商業労働者と労働法 —— その社会立法史に於ける地位」法律時報4巻1号（1932）
　　第二節「商店法の制定」（初出不明）
　第九「石炭鉱夫労働状態の変遷」←法政研究2巻1号（1931）
　第十「労働協約法の前途 —— 社会経済的機能とその限界」←福岡日日新聞1933・2・19～24
　第十一「労働争議調停法の改正問題 —— 企業の社会的機能と調停の経済的機能」←法律時報5巻1号（1933）
　第十二「労働法概説」←「社会法・労働法」『法律学辞典』第4巻（岩波書店・1936）

体を概観したとき，第一論文および，とくに「第二　戦時労働法の理論と実際」としてまとめられた三つの論稿と，その多くが日中戦争以前に発表された第三以降として収録されている諸論稿とを読みくらべたとき，両者のあいだには，内容的にも，基本的論述姿勢にもやはり大きな違いないし落差があるように思われる[78]。また第三論文以降として収録されているものは，第四論文と第12論稿をのぞいて，戦前・戦時期の重要課題ないし社会立法として大いなる関心を呼んだものであり，また前著『日本労働立法の発展』に収録されているそれらと内容的に重複しており，併せ読むことにより，戦前・戦時期の時どきの社会立法の動向について，学的な意義が理解できる。なお，集団的労使関係法に関わるものは，第十および第十一の両稿しかないのは，1920(大正9)年の農商務省案以降数次の法案が上程されたが，1931(昭和6)年の内務省社会局案を最後に，ついに日の目をみることがなかったことに示されているように，工場法などの労働保護立法が主要な内容となっていた戦前実定労働法の在り様を反映したものであることは，容易に理解できよう。

(2) 労働法の主要問題，特に労働契約の本質と労働保護法の本質理解 ── 第2の課題

菊池は戦後，九州帝大法文学部へ赴任した当時，自らが「取組まねばならないと考えた問題」の一つとして，既述のように「労働法の主要問題，特に労働契約の本質と労働保護法の本質」を研究するということがあったと回顧している[79]。それが現実の論考として結実したのが1932(昭和7)年公刊された九大法文学部創立十周年記念論集に発表され，のちに『労働法の主要問題』の第四論文として収録された「労働契約の本質 ── その社会法的性質について ── 」であった。そこでは，「労働契約は民法上の雇傭として持つ私法的性格から，しだいに労働法上固有の労働契約として社会法的性格を顕著に示すに至ったも

---

[78] 前著『日本労働立法の発展』について辛辣な批評をしていた（本章注[71]参照）藤林敬三（1900～1962・労働経済論）は，本書については「社会法の一領域としての労働法の理解に於いて，著者の一貫した思考の存することと，右に示した労働法上の諸問題を論ずるに際して，比較法的考究を行うことに依って，過去に於けるわが国の労働立法上の諸努力の意義をより明白にしようとせられたことは，専門家は素より，私のような門外漢にとっても亦，本書をして価値高きものたらしめている」とのべて，前年の菊池の著書に対するそれとは一転して好意的であった（「菊池勇夫著　労働法の主要問題」三田学会雑誌37巻9号〔1943〕100-101頁）。ほかに，本書を紹介するものとして，市川秀雄「文献展望／菊池勇夫著『労働法の主要問題』（社会・経済法論集第一巻）」法学新報54巻1号（1944）85-87頁がある。

[79] 菊池・前掲「社会法講座三十年の回顧」2頁。

第2章　昭和年代初期「非常時」における労働法学

の」(97-98頁)と考える菊池にとって，その「社会法的性格の〔歴史的・社会的〕根拠」(同前)の理解を前提とするものであった。そして菊池は「労働契約を媒介として実現される従属労働には，一方では「労働者の契約締結における自由平等を保障するため」の，そして他方では「企業的統制の監督取締りのため」社会法的立法をともなっているとして，つぎのような概念規定を提示する(80)(142頁。なお原文では，引用箇所全体に傍点が付されているが，ここではこれを略し，代わりに一部下線を付したが，これは引用者によるものである)。

> 「労働契約とは，当事者の一方が相手方の企業に従属して労働に服することを約し，他方が之に生活の必要を弁ずるに足る報酬を支払うことを約する契約であつて，その締結及び履行に関し社会立法による統制の行はれるものである」。

ここでは，労働契約関係を債権法と人格法（身分法）との複合的なもの（孫田秀春・津曲藏之丞），あるいは端的に身分法的性格（地位設定契約）を有する（末弘厳太郎）との理解とは異なる概念構成が示されている(81)。とくに下線を付した部分に着目するとき，第1の「相手方の企業に従属」することは，戦後労働法学がいうように，内容的には民法623条の「労働サセ」── 現行法の「労働に従事する」という文言ないし表現よりも，明確に表現されている ── という文言にすでに示されている(82)。つぎに民法623条の「雇傭」に新たな

---

(80) 菊池の社会法把握について，三つの段階 ──「第一段階＝社会法即労働法」「第二段階＝社会法を社会政策立法と規定」および「第三段階＝社会法体系のなかへの経済法の組み入れ」── に区別する丹宗昭信「社会法理論の発展」菊池勇夫〔編〕『社会法綜説 ── 労働法・社会保障法・経済法（九州大学社会法講座三十周年記念）』上（有斐閣・1959）32頁は，菊池が次のような定式化により「労働契約」を把握したことを重視して，本稿により「労働法と社会事業法に分化する明確な法律理論が打ち出された」として，社会法を社会改良主義（階級協調）的に把握する第二段階に到達したとのべている。

(81) 柳澤旭「労働契約の法的定義と性質 ── 菊池勇夫『労働契約の本質 ── その社会法的性質について』（昭和一二・一九三七年）を読む」山口経済学雑誌57巻5号224-225頁，同「巻頭言／労働契約の定義について」季刊労働法226号（2009）2-3頁および同前「労働契約の定義について（再論）── その社会法的とらえかたとは何か」山口経済学雑誌58巻3号（2009））112頁。また柳澤が指摘するように，戦後労働法学が菊池の「労働契約」概念理解を等閑視してきたことの問題性は，確かにその通りであろう。

(82) 柳沢・同前「法的定義と性質」224頁は，菊池の「従属労働」理解の特徴として，「経済的従属」でも「身分的従属」でもなく，企業経営組織における「機能的従属・技術的従属」として捉える点にあるとしている。しかし菊池・前掲論文133頁によれば，それは「資本関係の本質たる労働の経済的従属から必然的に生ずるもの」と理解している。ただし本論文初出（『九州帝大法文学部十周年記念論文集』掲載）時に，これをとりあげた後

第3節　九州帝大赴任当初の菊池勇夫における四つの法的課題

修飾語を付したかのような第2の箇所では，今日的には「健康で文化的な最低限度の生活を営む権利」（憲法25条1項）ないし「労働者が人たるに値する生活を営むための必要を充たすべきもの」（労働基準法1条1項）とのべていることと同趣旨の意義を読み込むことも可能であろう。そして，第3の社会立法による規制箇所は，やはり民法条文に文言を接いで，労使両当事者間の非対等性を是正すべき労働保護法的規制を前提とする点で，市民法的労働契約理解とは異なる意義を見出そうとしている(83)。

つぎに第一次世界大戦終了後の不況に続く昭和恐慌を背景とする失業者が増大するなか，わが国では失業保険制度が制定されることはなかった。そのいわば代替制度として，事実上広く慣行的に実施されていた解雇・退職手当制度が，法制化された。すなわち1937(昭和12)年，常時50名以上の労働者を使用する工場・鉱山を対象に，ただし6か月以内の期間を定めて使用される労働者には適用しないとして「退職積立金及び退職手当法」が制定された(84)。

同法については当時，大きな社会的関心をよび，議論された。なお同制度については，昭和10年代初めの後藤清にとっても，商店法および臨時工問題と並ぶ『当面の労働法問題』の重要な課題として受け止められ，頻繁に論じたが，それについては本章のなかでも，のちに紹介する。さて菊池にもどろう。同人

藤清「書評／労働契約の本質：菊池教授の近作を読みて」帝国大学新聞693（1937・11・8）号（『復刻版』11巻446頁）は，「資本制生産過程を推進する動機たる資本の最大可能なる自己目的と従属的関係については何らの説明なきことについては，私は不満を感じない訳ではない」と論評していた。

(83) ただし菊池・前掲「労働契約の本質」145頁は，経済的にみれば「雇傭」と「請負」との区別が困難な場合もあるとしている。なお戦前期，菊池を含む労働法学が「労働契約」をいかに把握しようとしていたのかという点については，拙稿「戦前わが国における労働関係の法的把握 —— 雇傭契約と労働契約をめぐる学説の展開」毛塚勝利教授古稀記念『労働法理論変革への模索』（信山社・2015）199-231頁で検討した。

(84) 同法制定にいたる社会背景・経過，そしてその結末については，菊池による本稿よりも，今日では，佐口卓『日本社会保険制度史』（勁草書房・1977）205頁以下，とくに211-237頁により，詳細に示されている。また内藤則邦『「退職積立金及退職手当法」成立史論 —— 日本労働保護立法の一研究」立教経済学研究12巻4号（1959）79頁以下は，国家が一方において，自主的労働運動を抑圧と干渉をしながら，他方では工場法制定など労働者保護を推進していった戦前わが国の構造的矛盾の在り様を端的に示すものとして，その背景事情を検討している。さらに近時の研究（森田慎二郎「『退職積立金及退職手当法』の歴史的意義の再検討 —— 要保障事故としての失業概念の未成熟と日本的特徴の形成」社学論集（早稲田大学）4号（2004）125-139頁は，当時わが国では欧米とは異なり，「失業」概念が未成熟であったがゆえに，失業保険制度を設けることができず，その代替物というよりもむしろ，好況期における企業内積立金制度として同法が制定されていったのではないかとのべている。

は「退職積立金及退職手当法の主要問題」（初出：法政研究7巻2号〔1937〕）で、同法の解釈・適用問題を論じ、それが「労働法体系中において占める地位」（151頁）についてのべている。菊池は「失業対策として、失業保険ではなく、労資双方が拠出する積立金により運用される退職手当法の法的性質をいかに解するのか──我国独特の温情的慣行の制度化なのか、それとも近代資本主義の発達のなかで生まれた失業手当か──と問い、後者の観点から、つぎのようにいう。すなわち菊池は「本法の退職手当の内容は社会保険給付たるべき性質のものを含むけれども、その制度は危険分散的保険技術を採らないのであるから、社会保険と区別する狭義の労働保護法においても本法が之に属するものである。／……その内容において賃金の保護と関係し、他方解雇制限の作用を有するものであるから……契約保護に属する性質を持つている」（194頁）と論じている。これは、菊池が同制度をなんとか法的な保護制度として理解しようとの、いわば苦肉の策として理解すべきであろう。しかし本法は1941（昭和16）年の労働者年金保険法の成立をへて、1944（昭和19）年の厚生年金保険法において、年金の勤続加算金額を増加させ、従来なかった脱退手当金に勤続加算を加えるという方向で退職手当を吸収して、個別企業の福利施設的機能をもっていた退職積立金及退職手当法は廃止されるにいたった[85]。すなわち退職手当法は菊池のいう労働保護法ではなく、社会保険制度としての性格を付与されたうえ、役割を終えて、その姿を消滅させていった。

　そして「労働者災害補償の本質──社会法的特質について」（初出：法政研究6巻1号〔1935〕）では、1932（昭和7）年に労働者災害扶助法が制定・施行されたことを考慮してであろうか、同法による災害補償制度の法的性質について論じている。これについて菊池は、前年に刊行された著書に収録されている「労働者災害扶助法案について」（法律時報2巻10号〔1930〕）および「労働者災害扶助制度の拡充」（九州自治政策研究会「研究と報告」〔1931〕）ですでに、その概要を説明していた。『主要問題』収録の同稿で、菊池はまず第一節で昭和年代（2年～8年）における労働災害に関する現実や法適用状況を概観し、次いで第二節で独仏英を中心とした諸外国の立法状況を概観したのち、第三節の前半でわが国の立法沿革を踏まえて、これを公法的責任──使用者の扶養義務は公法的義務として理解すべきであり、被害労働者はその反射的効果としての扶養対象となるにすぎない──か、それとも民事責任──無過失損害賠償責任──かという当時の議論を紹介・検討している[86]。それは端的にいえば、つぎのような工場法15条をいかに解するかが問題であった。

━━━━━━━━━━━━━━

(85) 佐口・同前書250-254頁。

第3節　九州帝大赴任当初の菊池勇夫における四つの法的課題

　「職工自己ノ重大ナル過失ニ依ラスシテ業務上負傷シ，疾病ニ罹リ，又ハ
　死亡シタルトキハ工業主ハ勅令ノ定ムル所ニ依リ本人又ハソノ遺族ヲ扶助
　スヘシ」。

　そして菊池は，当時の先進国であるドイツ，フランスそしてイギリスの立法
および学説を検討し，ついで当時のわが国の学説を詳細に検討したのちに，つ
ぎのようにのべている（266頁）。

　「災害補償が企業団体の扶養義務たることを，社会法的に認めさせるやう
　になるのは，大体企業の独占的統制が団体的性格を顕著にし，之に対して
　労働者の組合的統制が社会的勢力を強固にする時期である（企業責任の発
　生）。又，産業が国家的規模において統制を受けるやうになれば，個々の
　企業の労働者に対する関係は産業全般的利害と明瞭に結合されるから，災
　害補償の制度も，直接には個々の経営団体の責任とされるにしても，間接
　には全生産組織の連帯的責任として国家的に保障されることになる（社会
　保険化の過程）」。

　こうして菊池は労働災害に関する使用者の労働者に対する「扶養義務」につ
いて民事責任でも，公法的責任でもなく，これについて社会法的性質を有する
ものとしている。すなわち「扶助は労働者保護を目的とする社会的扶養義務た
る性質を有するものであり，国家はその実現のために，一定範囲の災害補償を
企業者の扶助義務として命じ，かつその履行を監督強制すると共に，被害労働
者又はその遺族（内縁の夫婦を含む）が企業者に対して直接扶助を請求し得る
権利を確認したもの，と云ふべきである」（274頁）とする点で特徴的である。
このような菊池の議論は「戦後の労災補償制度の労働法的把握，さらには社会
保障的理解のための大きな足掛りになったものとして，評価されるべきであろ
う」といわれている[87]。なお労災扶助制度はその後，戦時期に国民健康保険

------

(86) 戦前・戦時期の労災補償（正確には，「労災扶助」）制度の本質理解については，今日
　では保原喜志夫「労災補償の法理論」季刊労働法99号（1976）148-151頁（のちに労働
　法文献研究会『文献研究労働法学』〔総合労働研究所・1978〕63-68頁）で検討されている。
　同論文が戦前の議論を紹介するに際しては，村上茂利『労災補償の基本問題――労災保険
　法改正の法理』（日刊労働通信社・1960）69頁以下，とくに104-144頁における記述に依
　拠している（保原・同論文64頁）。さらに村上・同書が戦前の学説を紹介するにあた
　り，参考としたのは，菊池による本論文であった。その意味では，菊池の本論文は，戦後
　の労災補償制度の本質理解をめぐる学説形成について大いなる貢献をしたことも特記され
　るべきことであろう。

法（1938〔昭和 13〕年），職員健康保険法（1939〔昭和 14〕年），船員保険法（同年），さらに労働者年金保険法（1941〔昭和 16〕年）の制定により，社会保険化していくことは，あとで菊池の社会保険法について検討するところで言及する[88]。

　そのほかに，本書のなかには，いわば小品として収録されているのが家内労働法と商店法に関するものである。いずれも，1930 年代半ば以降，立法化の課題として菊池が着目していたものである。とくに「第八　商店員の保護立法」の見出しのもと二つの論稿が収録されている。これについてはすでに，前年刊行の『日本労働立法の発展』のなかでもとりあげられていた。1938（昭和13)年に制定された商店法は，閉店時間を原則午後 10 時とし，月 1 回を休業日とし，常時 50 人以上使用する大商店に女性・年少者の就業時間を 1 日 11 時間とし，かつ毎月少なくとも 2 日の休日を付与するというものであった。例外規定が設けられていたとはいえ，長年の使用者団体の反対にも関わらず，戦前の第三次産業に勤務する労働者の労働時間規制が実現したのは，とくに陸軍による戦争遂行に必要な壮丁（強兵）確保の要請に応えるという意義があったということに留意する必要があろう[89]。

(3) 九州帝大の立地条件と結びついた石炭鉱業関係の研究 —— 第 3 の課題

　九州帝大は，筑豊の産炭地に隣接した福岡に設けられたという地理的位置から，既述のように菊池は石炭鉱業関係に関する研究を，自らの研究課題の一つとしてかかげていた。すなわち菊池は「このやうな課題について具体的には，九州帝大法文学部の紀要である法政研究 —— 創刊号をのぞき，当初は年 2 回刊行 —— に「炭鉱鉱夫労働契約序説」1 巻 1 号（1931），「石炭鉱夫労働状態の変

---

(87)　保原・同前論文 67-68 頁。このような菊池の議論が戦後の労災補償制度の理解のあり方に関する「社会保障化」をめぐる議論（恒藤武二〔編〕『論争労働法』〔世界思想社・1978〕294 頁以下の高藤昭及び西村健一郎の論稿を参照）の端緒となっていたものと理解することもできよう。なお保原・同前論文の直前部分（67 頁末尾）で「この菊池説〔に対して〕は，企業組織が一つの生産共同体としての特質をもつということは生産過程における資本と労働との本来的利益対立を捨象するものである，との批判はある」と紹介している。しかし戦前に公刊された論考に対して，そのようにいうことは，いささかないものねだりというべき評価であり，それ自体意味あることとは思われない。

(88)　これらの制度の形成過程については，鍾家新『日本型福祉国家の形成と「十五年戦争」』（ミネルヴァ書房・1998）77 頁以下を参照。

(89)　野村＝島田・前掲論文 261-262 頁。またこれらの法制定の意義については，小川政亮「日中戦争拡大過程と社会保障立法」『社会変動と法 —— 法学と歴史学の接点』（勁草書房・1981），のちに同著作集②『社会保障法の史的展開』（大月書店・2007）収録 297-308 頁参照。

遷」2巻1号（同前）および「石炭鉱業の発展 —— 立法的基礎の変遷に関する一考察として」3巻2号（1933）という，いわば「石炭三部作」と称すべき連載稿を発表している。菊池は，第1稿の冒頭，本文の前に＊を付した文章のなかで，つぎのようにのべている。

> 「北九州は黒ダイヤの土地と呼ばれる。その地方の学都を研究の本拠としてから，私は漸く五学期〔2年半ということか〕を過ごそうとして居る。はじめは環境に対する興味もあり，資料蒐集の便宜をも考慮して炭坑労働契約の研究に心を向けた。しかし，今日ではむしろ折々接する問題に刺激される結果，勉めて炭坑労働事情に精通すべき義務を痛切に感じる」。

この文章は，九州帝大に赴任した当初の菊池の課題意識を率直に表明している。つまり同稿の重点は「労働契約」にあるのではなく，「炭鉱夫」の労働契約を論じる前提としてまずは，その労働の有り様や規制の歴史的展開を明らかにしようとするものであった（それゆえに，近代的「労働契約」の一般的特質への言及はあっても，「炭鉱夫」の労働契約の特徴について説明されることは，一切ない）。同稿では，近代以降の国際的動向にも言及しながら，日本の炭鉱労働問題，とりわけ坑内労働について検討している。続く第2稿では「概説」に続き「鉱夫の員数及び細別」「鉱夫の雇傭及び統括」そして「労働時間」を扱っている。同稿は前掲『労働法の主要問題』に第九論文として収録されたが，菊池は同書「序」13頁で，これにより石炭鉱業の発展にともなう炭坑夫の労働状態に現われた変遷を辿りながら，「近代労働者としての地位の確立」を明らかにしようとしたものだと，その意図を説明している。そして第3稿は，その「はしがき」で，石炭産業の発展過程を明らかにすることにより，前稿「石炭鉱夫労働状態の変遷」に対する背景を示そうと試みた（法政研究3巻2号75頁）とのべている。それは「明治維新前の石炭採掘」「明治初年より明治二十五，六年頃迄（第一期）」「明治二十五，六年頃より大正初頭迄（第二期）」そして「世界大戦勃発以後（第三期）」という構成であった。ただし，これらのうち，なぜ第二稿を単行本に収録したのか，その理由を知る手がかりは見出しえない。

(4) 国際労働問題，特にILOの研究 —— 第4の課題

そして最後に，菊池は自身にとって労働問題への関心を呼び起こす機縁となった国際労働法，とくにILOへの関心を第四の課題としてあげていた[90]。

---

(90) 菊池は自らの東京帝大入学が第一次世界大戦終結後の国際連盟とILOの設立の年である1919（大正8）年であったことから，1914年7月31日，独仏開戦直前に暗殺された，フランスの社会主義者ジャン・ジョレス Jean Jaurès（1859～1914）の著書や伝記を読み，

確かに，1924(大正13)年2月から翌25(大正14)年9月まで，1年半という短い期間ながらILO東京支局に勤務した菊池にとって，国際労働法は主要な関心対象であったと思われる。『労働立法の発展』のなかにも，いくつかの論稿が掲載されているが，いずれも小品と評すべきものであった。菊池が国際的な労働問題について発言していたのは，むしろ福岡に着任する以前であった。菊池・「著作目録」を見ると，菊池は学部卒業直後の頃から「帝国大学新聞」や「国家学会雑誌」に多くの論稿を寄稿していた。むしろ菊池自ら「常に関心があった」というのは，戦後を含めての生涯を通じて，国際的な労働問題や労働法に注意を向けていたと考えるべきなのであろう（その体系的な理解については，やはりのちに本書「補章」で取りあげる，新法学全集『労働法』で示されることになる）(91)。

◆第4節　津曲蔵之丞『労働法原理』（改造社）の刊行
——1932年

1　日本国外に設けられた第6番目の帝国大学としての京城帝国大学

京城帝国大学は1924(大正13)年5月に予科が開設され——日本国内の高等学校の試験日と同日，会場は京城（ソウル）のみ，当初2年制でのちに1934〔昭和9〕年以降は3年制——，その2年後の1926(大正15)年4月に法文学と医学の2学部をもって発足した（1941〔昭和16〕年には，戦時体制に即応すべくさらに理工学部が増設された）。朝鮮の地に大学を設立することは，日本の植民地支配に対する朝鮮独立運動である三・一運動（1919年）を契機とする，従来の武断統治から「文化政治」（第2代総督：斉藤実〔1918年8月－1927年12月〕）への

彼の「あさはかな国際主義は祖国を離れ，ゆたかな国際主義は祖国を思う」という言葉に興味をもち，国際労働法ないしILOに関心をもつにいたったとのべている（「ジャン・ジョウレスとアルベール・トマの言葉」同『世界の中の労働法』〔一粒社・1971〕225頁）。今では日本で，あまり読まれなくなったロジェ・マルタン・デュ・ガール Roger Martin du Gard（1881～1958）／山内義雄〔訳〕『チボー家の人々 Les Thibault』第4巻（白水社・1956）第七部「一九一四年夏」——同人は本書により，1937年ノーベル文学賞を受賞——のなかの重要なエピソードとして，ジョレスの暗殺事件が取り扱われている。なおフランスでは今日においても，反戦，平和主義の英雄としてジョレス——霊廟パンテオン（パリ）の地下に葬られている——の人気は高い（宮川裕章『フランス現代史 隠された記憶——戦争のタブーを追跡する』〔ちくま新書・2017〕63-82頁）。

(91) この点について，深山喜一郎「菊池労働法理論の国際的視野」法政研究42巻4号「菊池先生追悼特集」(1976) 496-505頁は，上記ジョレスの言葉と，ILO初代事務局長トマ Albert Thomas（1978～1932）が選んだ「平和を欲せば，正義をつちかえ」との銘をてがかりに，菊池の国際主義と社会正義の実現志向について検討している。

第4節　津曲蔵之丞『労働法原理』（改造社）の刊行

転換のもとで実現したものであった。ただしそれは，朝鮮人自らの手で大学を設立し，運営しようとの民立大学運動 —— 総督府に厳しく制限された政治運動が教育活動の形をとった —— を大きく挫くことになったといわれる(92)。京城帝大は，文部省（当時）ではなく，朝鮮総督府による管理のもとにあった。しかし大学運営のありかたは，あらゆる点で日本国内の帝国大学の制度が準用された。予科の定員は，創設から14年間は，法文・医学部各々ほぼ80名ほどずつ，合わせて160名前後に抑えられていたことから，同大学に進学する者はさらに少なくなっていたであろう。朝鮮人が全学生のなかに占める割合は約3割程度であった（1940年代は4割）。入試に際し日本人・朝鮮人を差別しない（「一視同仁」）としながらも，試験が日本語でなされる以上，後者には重いハンディが課せられていたといってよかろう(93)。京城帝大は日本国内の帝国大学と同じく講座制がとられ，1941年時点での法文および医学両学部におけるその数は，京城帝大に先立ち2年早くに開設されていた九州帝国大学とほぼ同規模であった。法文学部をくらべると，講座は両者ともに法学，哲学，史学，および文学の4領域にわたって開設されていた。法学領域では，京城には羅馬法と統計学が，福岡には社会法が設置されていたのが，両大学間の相違点であった（なお加えて九州帝大では，経済学7講座が設置され，法学領域の3割を占めていたのは，両者大いに異なる点であろう）。すなわち同大は，「専門学部と大学院からなる学術的色彩の濃い研究中心の大学」として存在していた(94)。後年津曲が国内の宮城県仙台の東北帝大法文学部に転任したのと，入れ替わるように京城帝大に赴任した有泉亨（1906～1999）は同大学について，優秀な人材が集まり，朝鮮人学生が他の日本人のための学校よりは入学する者も多く，「自由な空気があった大学」であったと懐かしげに回顧している(95)。たしかに京城帝大には，「新しい朝鮮の土地に……研究本位の総合大学の創造を夢見ていた」「少壮気鋭の学者」が多く集まっていた(96)。しかし他方では，教官ポスト（教授・助

---

(92) 阿部洋「日本統治下朝鮮の高等教育 —— 京城帝国大学と民立大学設立運動をめぐって —— 」思想565号（1971）920頁以下。

(93) 詳しくは，馬越徹『韓国近代大学の成立と展開 —— 大学モデルの伝播研究』（名古屋大学出版会・1995）100頁以下を参照。

(94) 同前書126-128頁。

(95) 語り手・有泉亨／聞き手・加藤一郎，藤田若雄，渡辺洋三／司会・氏原正治郎「有泉還暦記念座談会／有泉先生の学問をめぐって」社会科学研究18巻1号（1966）192-193頁（有泉発言）。なお，有泉が京城帝大に赴任したのは，我妻栄から，従来同大学で民法を担当していた安田幹太（1900～1987）と藤田東三（1897～1943）の二人が相次いで退官したことから，その後任として打診を受けたことによる（拙稿「有泉亨における争議行為の違法性阻却 —— 戦後労働法学の一断面」獨協法学75号〔2008〕31頁）。

133

教授）は日本人によって独占され，助手や時間講師に「一握りの朝鮮人」が任命されたにすぎなかったし，その研究活動は，朝鮮社会から隔絶した『帝国大学』という聖域で行なわれ，大学外の朝鮮人研究者との交流はほとんどなかったと指摘されている[97]。

2　津曲の『労働法原理』の刊行

　孫田が東京商大における「労働法」講義の継続について次第に困難さを感じるようになったころ，孫田のドイツ労働法理解を痛烈に批判する著書が現われた。それは1932（昭和7）年9月（同書奥付による），改造社から刊行された津曲蔵之丞の『労働法原理』であった。そのとき，同人は32歳であった[98]。

　津曲は「序文」のなかで，従来わが国労働法研究として末弘『労働法研究』（改造社・1926）その他の著書をあげながらも，「ドイツに於ける労働法の系統的紹介と体系付けとは孫田博士の諸著〔がある〕に過」ぎず，当時「民・商法に比し，その研究の忽にせられ」ているとの現状認識を示している（10-11頁）。そして津曲は「今日迄，雑誌『批判』〔正確には，『我等』および『批判』の両誌〕又は京城帝国大学論集中に労働法に関する若干の論文を発表したが，それらは幾多の誤謬を犯している。本著に於ては其等の点を全部訂正して置いたから，読者はそれらの点に関する卑見は本著に於て批判して欲しい」（12頁）と，その自信のほどを示している。従来，津曲の労働法学に関する業績としては，既述のように，裁判官時代にコモンズとアンドリュウスの共著である『労働法原理』第2版（Principles of Labor Legislation, 2nd ed. [1920]）の翻訳である『ア

---

(96)　馬越・前掲書123頁。石川健治「コスモス —— 京城学派公法学の光芒」岩波講座「帝国」日本の学知第一巻：酒井哲哉〔編〕『「帝国」編成の系譜』（岩波書店・2006）171頁以下は，清宮四郎（1898〜1989・憲法）と尾高朝雄（1899〜1956・法哲学）に焦点を合わせて，京城帝大における公法学の営為を追究した論考であるが，その冒頭で「彼らの学問的生産力は，当時の他のすべての帝国大学法学系を，圧倒していた」（173頁）とのべている。なお田川孝三「京城帝国大学法文学部と朝鮮文化」京城帝国大学創立五十周年記念誌編集委員会〔編〕『紺碧遥かに：京城帝国大学創立五十周年記念誌』（京城帝大同窓会・1974）133頁以下には，同大法文学部に在籍した教官らによる業績の紹介および研究紀要各号掲載の論考の目次，調査の一覧が掲載されている。さらに近時，酒井哲哉・松田利彦〔編〕『帝国日本と植民地大学』（ゆまに書房・2014）に収録されている各論稿が京城と台北の両帝国大学について，多面的かつ包括的な検討を行なっている。
(97)　馬越・前掲書131-132頁。
(98)　同書の最終頁（503頁）には，カッコ書きで（一九三一・一二・三一）と記されていることから，原稿執筆は前年の大晦日に終えたということであろうか。津曲は「序文」のなかで「私が労働法の研究に志したのは大正9年〔1920年，津曲20歳のとき〕東京帝大在学中であった」（10頁）とのべている。

134

メリカの労働法制』上・下（司法資料 116, 117 輯）や京城帝大の紀要である法
文学会第一部論集：第三冊（四）『私法を中心として』（刀江書院・1930・9）に
「契約の自由と労働法の指導理念」なる論稿を発表している[99]。しかし本書の
原型をなすのはむしろ，これより前に「我等」誌に連載された「労働法より見
たる官公吏の団結及罷業」11 巻 10 号（1929）ないし，その続稿として表題を
改めたが，やはり未完に終わった「団結及罷業の社会的並経済的根拠」11 巻
11 号（同）および 12 巻 1 号（1930）であるように思われる。津曲は同稿の冒
頭「官公吏は一般労働者と異なるかどうか」（〔一〕17 頁）との課題を設定し，
労働法上の労働とは「他人の需要を満足させる人間の目的意識的行動である」
（同前・19 頁）と捉え，その特徴として「雇主に対し経済的並に社会的に従属
関係に立つ」（同前・22 頁）ことをあげている。結論的に「官公吏の地位は労
働法上一般労働者と何等異る所なく，従って官公吏は労働法上の被傭者である
と謂わなければならない」（同前・31 頁）とした。このように官公吏の労働者
性について津曲は，主に「従属労働論」に関する当時のドイツ学説を引用しな
がら議論している。そのなかで津曲は従属労働に関するドイツの議論について
は「他日『労働法に於ける基礎概念』とい云う表題で詳しく検竅してみよう
と思う」（同前・23 頁），あるいは「従属労働の諸形態に関しては他日，本誌上
で『従属労働の諸形態』の表題で研究しようと思う」（同前・24 頁）などと抱
負をのべていた[100]。

---

(99) 参考までに，同稿（全 130 頁）の目次を引用しよう。これを『労働法原理』のそれ
　（後掲）と比べれば，両者のあいだに相似性があるとはいえない。しかし同稿が内容的に
　本書と部分的に重なり，基礎となっていることは確かである。
　　第一章　契約の自由の原則
　　　第一節　契約の自由の内容
　　　　一　契約内容決定の自由　／二　契約関係変更の自由　／三　契約締結の自由
　　　第二節　契約自由の経済的基礎
　　第二章　契約自由の制限 —— 契約自由と公序良俗
　　　　一　強行法規と契約自由／二　公序良俗と契約自由
　　第三章　労働法の指導原理
　　　第一節　労働法とは何か
　　　第二節　従属労働関係
　　　　第一款　労働
　　　　　一　労働の私的機能／二　労働の社会的機能
　　　　第二款　従属労働
　　　　　一　労働関係の史的発展／二　若干の疑問
　　　結論　一　契約自由と従属関係／二　公序良俗と従属関係／三　契約自由，公序良俗，
　　　　従属関係

第 2 章　昭和年代初期「非常時」における労働法学

⑴『労働法原理』の構成と概要

　本書の目次構成は，つぎのようなものである（実際のそれは，より詳細であるが，ここでは章節までに止める）。

　　序文
　　第一章　労働階級と労働法の生成
　　　第一節　労働階級の発生／第二節　労働法の発展
　　第二章　労働法の史的発展
　　　第一節　一般的考察／第二節　ドイツに於ける労働法の発展／第三節　『労働法』の術語の発展過程
　　第三章　労働法の意義
　　第四章　労働法の基本関係
　　　第一節　単純労働関係／第二節　従属労働関係／第三節　従属労働関係の現象的構成／第四節　従属労働関係の源泉
　　第五章　従属労働者並に資本家
　　　第一節　被傭者／第二節　資本家
　　第六章　労働法の研究方法
　　　第一節　一般的考察／第二節　労働法の研究方法に於ける学説／第三節　学説批判並に私見
　　第七章　労働法の法域
　　　第一節　一般的考察／第二節　労働法の法域に関する学説／第三節　公法並に私法の交互関係／第四節　労働法の法域に関する私見
　　第八章　労働法の構成
　　　第一節　一般的考察／第二節　労働法の理念／第三節　労働法の法源／第四節　労働法と社会主義並に社会運動／第五節　労働法は階級法であるか
　　第九章　労働法の体系
　　　第一節　労働法の体系に関する学説／第二節　各国の労働法典の体系／第三節　労働法の体系に関する私見

　このように同書は全 9 章からなる。津曲はその構成について，第五章までを

───────────────────
(100)　津曲は，その表題を改めた続稿で，官公吏の団結および罷業権について論じるには，一般労働者のそれについて考察しなければならないとして，ドイツ学説のみならず，英米のそれや歴史にも言及しながら，これらの課題に向かい，連載 3 回の末尾で「我等は一般労働者の団結並に罷業に就て極めて簡単ながら考察して来た」（98 頁）として，次回は「官吏の労働関係の発展段階とその特質」について検討すると予告しながらも，その続稿は現われなかった。ここに後年しばしば見られる津曲の特徴がすでに見られることに注意したい。すなわち津曲の場合，論稿を発表するに際し，その冒頭で壮大な構想を示しながらも，連載稿の途中で内容・構成が変更されて，結局は未完に終わることが少なくなかったのである。

136

「労働法の基本関係」を検討する部分とし，そして，第六章以下を「法として
の労働法」の考察をする箇所として大きく二つのパートからなると説明してい
る（346頁）[101]。つぎに内容的には，津曲は自らこれらを「資本制社会の落日
に竹藪で騒ぎ立てる雀の群れ」（「序文」6頁）にたとえて，「本著はドイツに於
ける此等の雀群の美音でもない喋舌〔である〕，労働法理論の紹介と批判とを
目的としてゐる」（同前所）とのべている。すなわち当時わが国でも，多くの
人びとが雇用労働に従事し，また労働組合は存在したけれども，その数は少な
く，社会的影響力は微弱なものであったし，原初的な労働保護立法はあっても，
労働組合に関わる制定法はなかった。それゆえにわが国の実定法を前提とする
ことができなかった労働法学は諸外国の立法例や議論の紹介，そしてあるべき
立法のあり方を提言するしかなかった。当時周知のように，日本の法律学の世
界では，ドイツの議論が主要な研究対象となっていたことからすれば，それは
ある意味で，当然であったのかもしれない[102]。反面本書は確かに，著者自身
もいうように「少しペダンチックに思はれる」（同前8頁）側面も否定しえない。
しかし津曲は，ドイツでの議論を日本に正確に紹介する必要はあるのではない
か（同前所）という。その理由として「今日我国に於てドイツの労働法学者の
所説が誤〔って〕紹介されているやうに思はれた」（同前所）ことがあげられて
いる。それは具体的には，主に孫田秀春のことが念頭におかれていた。当時す
でにわが国で労働法学に関わる業績があったことを肯定しながらも，津曲は
「ドイツに於ける労働法の系統的紹介と体系付け〔がなされたの〕は孫田博士の
諸著〔がある〕に過ぎない」（同前10-11頁）としている。津曲は本文のなかで，
頻繁に孫田への批判・反論をくりかえしている。それは自らこそがドイツの議
論を正確無比かつ批判的に紹介するとの自負の表われなのかもしれない。なお
本書は主として労働法に於ける基本的理論を取扱ったので『労働法原理』とい
う書名をもつものであるが，一般にいう「総論」にあたるべきものであり，将

---

(101) 同書321頁注(26)，347頁注(1)によれば，当初は第四章と第五章の間には，「国家の
　　構成並に機能」という章が置かれていたが，「余りに問題が多岐に亘る」ことから削除し
　　たという。
(102) 本文23頁では「日本に於ては統一労働法制定の気運今日の所殆んど全く無いが，社
　　会の具体的情勢は既にそれを要求しつつある。従つて本著はドイツに於ける労働法学者の
　　所説を紹介し，資本家階級に対して将来日本に於ける労働法理論の基礎付けを提供すると
　　共に，労働者階級に対してはそれが如何に階級対立の抹殺であり，詐術であるかを抉剔せ
　　よとするにある」とのべている。なお津曲が引用するドイツ労働法の各学説のプロフィール
　　について，その多くが今日，久保敬治『フーゴ・ジンツハイマーとドイツ労働法』（信
　　山社・1998）177頁以下（「ドイツ労働法学者事典 —— フィーリップ・ロトマールから西
　　ドイツ労働法学第一世代層の人たちまで」）で紹介されている。

来「各論」が執筆・完成されることにより，津曲にとっての「労働法の全体系的構成」は完成するであろうことをのべて「序文」（13頁）は結ばれている。

(2) 津曲『労働法原理』の方法的特徴

　津曲『労働法原理』は今日にいたるも，わが国労働法学の古典としてしばしば言及される。そして，本書には労働法学の基本原理を明らかにしようとするための方法論的特徴がある。すなわち本書では，唯物史観ないしマルキシズムの観点から議論が展開されている。津曲は自らの研究について「本著に於て私の採った立場」として，つぎのようにのべている。長くなるが，「序文」の該当箇所（6-7頁）を引用する（原文では，同一段落中のひとつながりの文章であるが，引用に際しては，箇条書きに直した。)[103]。

(1)「従来，法形態を独自的な機構として観念論的・形式論理主義的に取扱っていたのに対して，私は法的構造を経済的諸関係の上層建築として，掛る上層建築に対し唯物論的解釈を試みたこと」。

(2)「従来，法的構造の分析を交換過程のみから，行ひ，従って単に余剰労働の分配を交換過程のみから行ひ，従って単に余剰労働の分配過程のみを考察してゐたのに対して，私は生産過程よりする解析を試み，従つて従属労働関係を基底として民・商法の形態を考察しなければ不可なることを提唱したこと，換言すれば民・商法の基底としての労働法を定立したこと」。

(3)「従来，法取引を物権関係と債権関係との分解し，従つて物に対する支配と人的行為の請求権とを分離してゐたのに対し，私は人間の法律関係を労働関係に還元し，従つてそこから身分的・人格的関係と債権的関係との弁証法的対立を認め，商品の魔術性が如何に法形態に反映してゐるかを指摘したこと」。

(4)「従来，労働法が労働解放の指南針と主張された〔の〕に対し，私は労働法は階級闘争の休戦的形態であり，且つ法的処理のみを以て〔するのであれ〕ば労働解放は庶幾し得ざること，換言すれば労働法を恰も社会主義と同一物である如く解く学者に対し，労働法は社会主義にあらざる所以を強調し，且つ労働法と社会主義とは全く異ることを闡明することが労働法学者の任務であること」。

---

(103) 当該部分については従来，菊池・前掲（津曲追悼）155頁及び久保敬治・下井隆史『労働法を学ぶ人のために』（世界思想社・1975）330頁（久保）でも，引用されている。

第4節　津曲蔵之丞『労働法原理』（改造社）の刊行

　津曲は，以上のような四つのことを自らの著書の特徴としてかかげている。こうして，いずれも「従来」のドイツ労働法の理解・解釈に対し，津曲（＝私）が新たな見解を示そうという意欲的な態度を鮮明にしている。先にのべたように，その基本的立場は唯物史観に依拠するものである。しかもそれは一般論・抽象論としてではなく，具体的に労働法法理として結実させた点に特徴と意義がある。このことは刊行当時から多く者により注目されていた[104]。ただし全体を通して他者を批判した上で，自説をのべるという形式をとるためであろうか，あるいは「あらゆる場面において論敵を斬りまく」る，「罵倒する」「相当乱闘的である」と評されるような論調の書であるがゆえか，津曲の主張を十分に捕捉しがたい[105]という側面があるのも事実であろう。

(3) 労働法の理解の中核 ── 労働の従属性 ── の把握

　本書の中心となるべき部分は，すでに多くの評者が指摘しているように，労働の従属性についてのべた第四章「労働法の基本関係」70頁以下であろう。同章は本文503頁を数える同書中，208頁分を占め，本書紹介のペンをとった末弘がいうように「本書の中核を成すものであつて総頁数の約半〔分〕を占めてゐる」[106]。それはとくに，先に引用した津曲が自ら「採つた立場」として説明している「序文」中の(2)(3)を，具体的にのべている箇所にあたろう。津曲は，同章冒頭，つぎのような課題の設定を行なっている（70頁）。

　　「労働法とは従属労働関係を規律する法である。……従つて労働法は労働
　　一般に関する法ではなく，特殊の労働関係，即ち従属労働関係に基く法で
　　ある。それ故に従属労働関係とは如何なる関係であるか，之が労働法の基
　　本問題である。従属労働関係は一言に云つて仕舞えば，近世〔今日的にい
　　えば，「近代」であろう〕資本主義社会の労働関係である。だがそれを法律
　　上如何に規定すべきか，又ドイツの労働法学者は如何にそれを理解してゐ
　　るか」。

---

(104)　本書刊行当時の書評としては，東井金平「紹介／価値増殖行程より観たる『労働法原理』」法学新報42巻10号（1932）107-117頁，末弘厳太郎「新刊批評／津曲教授の『労働法原理』」法律時報4巻12号（1932）47-48頁，加古祐二郎「津曲氏『労働法原理』」法学論叢28巻6号（1932）124-130頁および大内兵衛「労働関係は身分関係か ── 津曲教授『労働法原理』に関する一の疑問」大原社会問題研究所雑誌10巻2号（1933・7）9頁以下がある。なお戦後では，久保・下井・前掲書329-330頁（久保）が「マルクス主義的立場から労働法の原理的基盤を追求したもので……きわめて純粋であり，思考の明確化と同時にその単純化もあるのは否定できない」として，本書を賞揚している。

(105)　大内・同前稿12頁，14頁および18頁。

(106)　末弘・前掲「新刊批評」47頁。

第2章　昭和年代初期「非常時」における労働法学

　津曲は同章でマルクス Karl Marx『資本論 Das Kapital』第1巻の「価値形態論」に依拠したと思われる議論を展開する。すなわち次節「従属労働関係」と対比させて，具体な差異を捨象した抽象的なものであるがゆえの第一節「単純労働関係」では，労働法の基調である労働関係について「人間の生活は物質なしには一日も維持し得ないことと，人間は原子的な孤立的生活を営んでゐるものではなく，他の人間と相互に依存し合つて生活してゐる〔。〕換言すれば，自然に対し関係を取り結ぶと同時に，人と人との間にも関係を取り結ぶ」(92頁）と把握することができる。したがって「労働関係は生産関係又は生活関係と云ふ術語で表現することが出来る」(94頁）と理解する。それは歴史的にみれば，「各自の労働生産物が直接に社会の所有に帰属し，各自の個別的私有に帰属しない」古代原始共産社会と，「各自がその労働生産物を私有」し，「それらが相互に交換されることによつて労働関係が間接的に連結される」場合との二つがある (99頁)。そして，この間接労働関係は物々交換の場合にも生じるが，それが一般化・普遍化するのは商品生産社会である。「此社会に於ては必然的に間接労働連結に基く労働関係が主位的となる。而もこの間接労働関係こそ近世の法的関係の基底である」(100頁)。このような間接労働関係は貨幣の発生にともなってW（商品）－W′（違った商品）からW（商品）－G（貨幣）－W′（違った商品）へと発展する。すなわち，そこでは人は商品所有者として現われ，他人と商品を交換して得た貨幣で自己の必要な商品を購入する。同人はこの行程を繰り返すことにより生活を営んでいく。「斯る商品生産者による商品交換は社会全体からみれば商品流通として現出する，而も斯る社会の連結は無数なる人間労働が社会的に連結されその総体性の上に具体的労働の区別を捨象した人間労働と云ふ一面を現実に有することに依つて取り結ばれてゐるのではあるが，労働の斯る社会的機能は表面的に表はれないで，労働生産物 ── 商品 ── の社会関係と云ふ様式を帯びて来る。即ち人間の労働の社会的性質は此の場合には全く目に触れないで，物の自然的性質が社会性を持つてゐるが如く見える。……各自の私的労働が社会の総労働の一肢体として〔の〕性質を表明するのは〔，〕生産物が社会的に交換されてからでなければならない。これが商品生産社会に於ける労働の特性である。従つてそれは人と人との関係として表はれないで，物と物との社会関係として表面的に顕現する。されば之を間接単純労働関係と称する」(103-104頁，傍点－原文)。そして「商品交換は人間の意思を媒介とすることになる。即ち各自は当事者の同意を以つてのみ相互の生産物を譲渡する。それ故にそれは主観的にみるならば，人の自由意思に基く契約関係として表はれるのである。此の場合個々人は物の所有者としてのみ存在するのであつて，物の関係が法律的には契約関係として表はれるに過ぎな

140

い」（105頁）――。以上のように説明されたことが，津曲によれば，いわば単純商品関係の内容である（111頁）。

　ついで第二節「従属労働関係」で冒頭，貨幣の出現・所有に生産手段の独占，大衆の生産手段からの分離により，生産手段を有しない者は労働力を売買するしか生存の道はないと津曲は，指摘する（114頁）。すなわち従来の W－G－W´ の流通過程は G－W－G´ の過程を生む。すなわち労働行程は，価値形成から価値増殖過程に転化する（115頁）。そして津曲は再び「労働法とは従属労働関係を規律する法であるとすることが，今日の労働法学界の通説である。然らば従属労働関係の本質は何であるか。その究明が結局労働法の基本問題である」（116頁）との問題提起をしている。こうして同節は，つぎのような目次構成をとっている。

　　第一款　労働関係の史的考察
　　　第一　労働関係に関する諸見解
　　　第二　学説批判並に私見
　　第二款　従属労働の本質
　　　第一　従属労働に関する学説
　　　第二　従属学説に対する批判並に私見

　すなわち津曲は第一款で，資本主義社会における「従属労働関係」の本質を論じる前に，それと区別した古代・中世における不自由人の労働関係である「隷属労働関係」についての歴史的展開に関する学説を紹介している（118-162頁）。そのあとで，つぎようにのべている（168-169頁）。

　　「今日の労働者は奴隷，農奴等から転化したものであり，それが商品形態を採るために自由な債権関係を表明してゐるが，その中に素朴的支配形態の存することを否定してはならない。……斯る素朴的支配形態を人格法と云ふならば今日の従属労働関係は財産法（債権法）と人格法（身分法）との両法域に交錯する労働関係である。……／要之するに労働力の商品化こそ従属労働関係の基調であり，且つ労働力の商品化は単純商品過程と異り，債権関係と人格的関係との対立をその中に包含すると云う特殊性を持つのである」。

　ついで津曲は第二款第一で「従属労働の本質」に関するワイマール時代当時までのドイツにおける学説上の議論を紹介している（170-218頁）。それは七つの学説の概要とそれらに関する批判をそれぞれ併せて紹介する詳細なものである。すなわち具体的には（一）「経済的従属説」（メルスバッハ／批判：ニキッ

シュ，リヒター，ヤコビ）（二）「特定職業所属に依る従属説」（カスケル，クレツラー／批判：ヤコビ，ジンツハイマー，ヒュック，リヒター）（三）「他人決定労働説」（ヘーニガー／批判：リヒター，ニキッシュ）（四）「従属類似の概念による説」（モリトール〔労働継続説／批判：ヒュック，ニッパーダイ，ニキッシュ〕，ヤコビ，ニキッシュの古い見解〔他人決定と継続労働との綜合観念に依る説〕／批判：ヒュック，ニッパーダイ）（五）「身分的従属説」（古いジンツハイマーの見解〔意思従属説〕／批判：リヒター，ニキッシュ），マッターイ，ヒュック，カスケル，ヘーニガー〔命令指揮権服従説〕／批判：ヤコビ，ニキッシュ）（六）「組織的・法律的従属説」（ジンツハイマーの新しい説，ポットホフ／批判：ニキッシュ，ヒュック，ヤコビ，リヒター）および（七）「使用並びに組織編入説」（ニキッシュ）というものである。

　そのあとで津曲は自らの見解を，同款第二「従属概念に対する私見」218頁以下で開陳している。そこでは，とくに孫田のドイツ学説理解を批判しながら自説を展開している。それは要するに「従属関係とは畢竟，資本主義社会の階級関係であるが，それを法的構成として見るならば，債権関係と身分関係の相矛盾した二者の統一的法形態」（223頁）であるという理解である。津曲は，このことを（一）「債権的関係」（223頁以下）と（二）「身分的関係」（228頁以下）とに分節してのべている。すなわち前者は，平等なる意思の対立として表（現）われるものであり，W—G—W′の過程の法的表現である。「それは単純商品社会に於ける過程と同様である。然しながら斯る従属労働関係は此の過程のみから構成されない。そこには又労働力の支配，即ち労働力の使用価値を消費することに依つて，ヨリ多くの価値を実現する価値増殖過程が内蔵される。此の過程こそ従属労働関係の身分的関係である」（228頁）。一方，後者については，「従属労働関係は債権関係の外に，更に身分的関係（人格的関係）を包蔵する」（同前頁）とする。それはG—W—G′と表現される，資本主義的商品生産過程における価値増殖過程である。それは一言でいえば「労働力の処分を雇主に帰属せしめる関係である」（232頁）。こうして津曲は，つぎのようにいう。「我等は従属関係とは……債権関係即ち，W—G—W′と身分関係即ちG—W—G′との相矛盾した対立の統一物と解する」（237頁）。労働者は使用者とのあいだに債権関係をもって自由に取引したのかもしれない。しかしその内には身分的従属関係を包蔵しているがゆえに結果において何等の自由の契約当事者ではなかった。このような「矛盾の統一物」こそが労働法の基本関係である従属労働の本質なのである（239頁）。

第4節　津曲蔵之丞『労働法原理』（改造社）の刊行

3　津曲の従属労働理解に関する評価

このような津曲の労働の従属性理解については，いかに評価されていたのであろうか。

津曲の本書を取り上げた者は等しく，これを高く評価している。たとえば末弘厳太郎は「本書の中心をなしている従属労働の本質に関して著者の与へてゐる説明は従来ドイツのどの学者が与へてゐるものよりもよく出来てゐると思ふ。私にとつては従来自分が言おうとしてゐた気持が別な言葉で非常に巧く説明されたやうな気がする」[107]とまでのべて絶賛していた。また加古祐二郎（1905～ 1937・法哲学）は本書について「身分関係が法的関係たりうる為には債権的関係を経ることを必須条件とする。この故を以て労働法の対象たる従属労働関係を債権的関係と身分的関係との統一関係に求める著者の見解は亦示唆に富んでゐる」と評価している[108]。ただし加古はこのように「著者が法的形態のマルクス的分析として，『交換過程』ではなく，むしろそれは『生産過程』よりすべきだとするのは『誠に正しい』」とする。しかし同人はその一方で，「このことより直ちにブルジョア法形態の基礎付け一般をかの『資本の生産過程』内における剰余価値の生産なる労働の価値増殖過程に迄凡て還元すべきだといふふうに解するならば夫れは飛躍であらう」[109]とする。すなわち加古は「労働法の特殊性として従属関係を強調する余り，一切の法形態の分析を G－W－G′ なる生産過程に還元して一元的に求めんとするならば，換言すれば著者が一切の法律関係を労働関係に還元し，労働法を直ちに民商法の基底とされる点は法形態の分析としては多少公式的である」[110]とのべている。すなわち，すでに見てきたように労働法については，流通過程のみならず，価値増殖過程である生産過程にも着目するものである点で，特徴的であり，かつ民商法に対して，その基底をなすとして，優越的地位にある，とするのが津曲の主張における，いわば眼目である。津曲は「従属関係とは債権関係即ち，W－G－W′ と身分的関係即ち G－W－G′ との相矛盾した対立の統一物」という。しかしそのことが法理論的には，具体的にどのようなことが導かれるのであろうか。またそれは，いかなる意義があるのであろうか。

つぎに津曲のいう「身分的従属」とは「人格的支配」をさすものである。すなわち津曲自身は，「身分関係」とは（一）「法制的秩序に於ける共通の地位に依つて結合された集団関係」と（二）「法律的権力に依る人的支配関係」の二

---

(107)　末弘・前掲「新刊批評」48 頁。
(108)　加古・前掲書評 124 頁。
(109)　同前所。
(110)　同前書評 130 頁。

第 2 章　昭和年代初期「非常時」における労働法学

つを区別することができ，前者がたとえば中世の身分関係を意味するのに対し，後者は「人格的支配」すなわち労働力の支配としての「人身的配置」であり，この後者の意味において「身分関係」という文言を用いるのだと説明している[111]。したがってそれは，戦後にいう労働者の使用者に対する『人（格）的』従属性に着目したものであると解してよかろう[112]。すなわち対等な当事者間の取引関係である債権債務関係が強制的なものへ，しかも「身分的」と表現されるべきものとの両方の領域に交差する（168 頁）となるというが，はたしてそれはどうしてであろうか。この点について加古は「著者の『身分関係』なる用語について『身分』はそれが，W－G－W′の過程を前提とした即ち人格の物化又は疎外性の内的条件とも考へられる点で普通に思念されたる意味内容と異り或は誤解を醸し易い点で多少不適合ではないかと思へる」[113]との疑念を表明していた。

　そして，そのような危惧は，実際に現実化していた。それは，かつて津曲にとって恩師ともいうべき長谷川如是閑が「大阪朝日新聞」退職後自ら編集した雑誌「我等」刊行当初の時期に，言論・思想の自由，学問の自由のために擁護した「森戸事件」（1920〔大正 9〕年）における共同被告人たる大内兵衛による，本書の書評のなかでのことであった。大内は本書について丁寧な読解を踏まえたうえで，疑問を提起している[114]。すなわち津曲の所説を「法律の解釈として難解であるのみではなく，その解説そのものについて可なり無理がある」[115]として，3 点にわたって指摘している。まず，「身分から契約へ」という法の進化，法制史的事実を前提としたとき，資本主義社会における契約関係に労使のあいだで「権力的意思関係」が承認される —— 津曲は中世の身分関係とは異なるとするが —— というのは「歴史的に少しおかしい」のではないかと疑義を呈する[116]。つぎに「強制の法的根拠はどこにあるのか不明」であるとして，つぎのようにのべている（点ルビは原文）。

---

(111)　前掲『労働法原理』222-223 頁および同頁注(1)。

(112)　蓼沼謙一「労働法の対象 —— 従属労働論の検討」現代労働法講座第一巻『労働法の基礎理論』（総合労働研究所・1981）102 頁（同著作集第 I 巻『労働法基礎理論』〔信山社・2010〕200 頁）注(2)。

(113)　加古・前掲書評 130 頁。

(114)　これについては，すでに菊池勇夫「故津曲蔵之丞教授の業績について」日本労働法学会誌 35 号（1970）156-158 頁により詳細に紹介されている。二番煎じの類のものとなってしまうが，貴重な指摘かと思われるので紹介しておく。

(115)　大内・前掲論文 22 頁。

(116)　同前論文 22-24 頁。

144

第4節　津曲蔵之丞『労働法原理』（改造社）の刊行

「津曲教授は従属労働関係なるものを一方においては債権関係とし他方においては身分関係とし，両者は対立しつつ，統一された存在となつてゐると云ふ。そして後者の権力の源泉を，国家の権力には求めずして，之を階級に，或は教授によれば，ヨリ正確には生産関係に，求められてゐるのである。しかし教授は階級関係は何故直ちに身分関係となるかを，或は生産関係そのものが，それだけで，どうして法律的命令の根拠となるのかを，充分には説いてゐない。要するに，教授は権力の法的根拠を示してゐない。階級と云ひ生産関係と云ふは，それ自身としては，社会的乃至経済的概念であつて，それを指示しても，そこからヂカに権力意思の法律的構成を導き出すことは出来ないだらう。なるほど教授は労働関係の本質現象，源泉と云ふものを節を分けて説いてゐるが，教授の労働関係の源泉即ち階級又は生産関係と云ふ事実から，それの本質の内容としての権力，それの企業の内部における表現として労働者の諸種の服従的事実の法律的説明は出て来ぬであらう。即ち，教授の法学者としての課題は身分関係の法的規定そのものの説明すべきであつたのにかかはらず，それは，一個の経済事実をしめしたに止まり，そこで問題が行きつまつてゐるのではないか。」[117]

　さらに第3として，大内はいう。労働（契約）関係の本体が『命令－服従』にあるという「事実を承認することにおいて何等の躊躇を感じない……が，さて法律関係としてのこの債権関係と身分関係とがどう云ふ風に対立してゐるのか又は統一されて一つになつてゐるのかと云ふ解答について教授から完全に首肯し得るやうな印象を得ることが出来ないのだ」（28頁）として，つぎのやうにのべている（29頁）。

「教授は，この債務関係は身分関係を包蔵すると云つてゐるが，その所謂身分関係の内容なるものが契約関係の内容となつてゐるのであり，ただ債務履行の内容が従属的屈従的であると云ふに止まり，法律関係としては，今日の成法の解釈上，別個の法律関係がその内に包蔵されてゐるとは云へないであらう。……一見身分関係的に見へる従属労働の実質的内容が，何等の故障なく債権債務の内容となつてゐるのであり，所謂労働関係はただそれだけのものであらう」。

　このようにいわれてしまえば，津曲としては，いわば身も蓋もないことであろう。上に引用したような大内の論評は，戦後津曲自身も指摘している[118]よ

(117) 同前論文 26-27 頁。

145

第 2 章　昭和年代初期「非常時」における労働法学

うに,「身分法」「身分関係」を歴史的・社会的なそれとして誤解したうえでな
されたものかもしれない。しかし,あえて誤解を招く表現を用いた津曲の側に
も幾分かの責めはあるのではないか。また,大内の批評が誤解に基くものであ
ることを考慮したとしても,そのような誤解を招くこと自体,津曲のいう「従
属関係とは債権関係と身分的関係との相矛盾した対立の統一物」であるという
説明が,必ずしも成功しているとはいえないということの証左なのではないか。
労働法(学)が民法とは異なり,流通過程のみならず,価値増殖過程にも着目し
たものであるとする点で特徴的なのかもしれない。しかし,津曲がのべている
ことは単にマルクス経済学上の命題をそのまま引用しているだけで,それを法
的にどのように説明するかということがなされていないということを示してい
るのだろうか(119)。しかし,いずれにせよ本書の意義は,「従属労働論」の特
徴を資本主義の構造分析から導き出し,説明していることにある(120)。津曲は

(118)　津曲「経営権と労働権」(二) 民商法雑誌 25 巻 1 号 (1949) 15 頁注(5)。
(119)　なお蛇足となるが,大内はさらに津曲のマルクス理解の不十分性について,つぎのよ
　　うに論じている (35-36 頁)。
　　　「教授は労働を説くこと詳細であるが,それと所有との関係を特にその資本的所有と
　　労働との歴史的発展を説くこと必ずしも詳しくはない。即ち資本の労働に対する命令
　　の発生をここに求めずしてただそれを空漠と階級関係だと云い,それから逆に命令を
　　説明する。これはマルクスとその力点を異にし,方法論を異にする……。/……/従
　　属労働が従属労働たる所以は生きた労働が死んだ労働たる資本によって吸収せらると
　　云うことにある。そしてこの死んだ労働たる資本のかかる魔力は法的には所有の法,
　　物権の法の効果である。所有の事実こそ,そして所有の内容として使用・収益・処分
　　の自由こそ,かかる労働関係の前提にして且つ存立の条件なのである。故に労働法を
　　以て『資本制生産関係の外皮』とし,その説明をマルクス的内容と関連させてしよう
　　と云う場合には,一方においては労働者の労働力の商品性を,他方においては資本家
　　の資本の物神性を説明しその両者の対立及び合一,その新しい関係の創作と云う見地
　　からその法律的概念構成をせねばならぬであろう」。
(120)　渡辺洋三による労働法学批判 ── 「法社会学と労働法」野村平爾教授還暦記念論文集
　　『団結活動の法理』(日本評論社・1962),「法社会学と労働法学」法律時報 34 巻 9 号 (1962)
　　および「労働法の基本問題」社会科学研究 18 巻 1 号 (1966),いずれも渡辺『法社会学の
　　課題』(東京大学出版会・1974) に収録。併せて西谷敏「労働法・法社会学論争の教える
　　もの」戒能通厚ほか〔編〕渡辺洋三先生追悼論集『日本社会と法律学 ── 歴史,現状,展
　　望』(日本評論社・2009) 703-721 頁を参照 ── を契機に開催された座談会/籾井常喜 (司
　　会) 青木宗也ほか「日本労働法学の方法論と課題 ── われわれはなにをなすべきか」季刊
　　労働法 45 号 (1962) 142-143 頁 (宮島尚史「報告」)は,労働法学の歴史についてのべた
　　なかで,同書について従属労働の分析をしているが,それはジンツハイマーが指摘・引用
　　する『資本論』第 1 巻の一部を利用していることから,「全体としてはいかにも労働法学
　　におけるマルキシズムの先駆にはちがいないのですが,しかしそれはジンツハイマーをか
　　なり土台にしているマルクス主義ではないか」と評している。なお久保・下井・前掲書

第 4 節　津曲蔵之丞『労働法原理』（改造社）の刊行

本書における第 4 の課題として，先に引用したように「序文」のなかで「労働法が労働解放の指南針〔ではなく〕……階級闘争の休戦的形態であり，且つ法的処理のみを以ては労働解放は庶幾し得ざること」をあげていた。すなわち津曲がマルクス主義の理解に従った論理を用いて労働法の役割や機能を論じているとしても，それは認識と実践の峻別あるいは，認識の学としての社会科学と現実的な実践活動としての法解釈とを区別するという二元論的な構成をとる理解をしていたのではなかろうか。

4　津曲の欧州への渡航

以上のように唯物史観という方法に基づき，労働関係を法的に把握すべきと主張した『労働法原理』を刊行したのち，同年 12 月「ドイツに於ける最近の労働立法」批判 3 巻 12 号，明くる 1933（昭和 8）年 1 月「ドイツに於ける労働争議調停制度」法律時報 5 巻 1 号，ついで春には，ナチスが政権を掌握したドイツに関する批判的な論稿（「労働立法のファッショ化 ── ドイツ労働裁判所の判決を中心として」改造 15 巻 4 号）を発表した津曲は『労働法原理』刊行の 1 年後の，同年 12 月 9 日，朝鮮総督府[121]から，「社会学〔「法」の誤りか〕研究のため満 1 年 6 か月間独・仏・英・米へ在留を命ぜられ」朝鮮・京城を後にヨーロッパに向かった[122]。津曲 33 歳であった。それは菊池や後藤の場合とくらべて，7，8 年ほど遅れた欧州留学への旅立ちであった。当時ドイツでは，ナチスが政権を獲得し，急速に社会変革を実施していた時期であったし，フランスでも，赤や黒色と，褐色の対抗が厳しかったのではないかと思われる。同人の欧州での滞在・研究状況はいかなるものであったのか，それを示す資料はほ

───────────

（本章注(103)）329-330 頁（久保）も，同様のことを指摘している。ただし津曲自身も，このことを自認していた（前掲『労働法原理』226 頁，228 頁等）。

　津曲の従属労働論を検討する近時のそれとして，辻村昌昭「労働法基礎理論序説 ──『従属労働論』を軸として」(2)北見大学論集 10 号（1984）266 頁以下（同『現代労働法学の方法』〔信山社・2010〕29 頁以下）がある。

(121) 京城帝国大学は既述のように，運営のありかたは日本国内の帝国大学の制度が準用されていたが，国内の大学とは異なり，文部省ではなく，朝鮮総督府の管轄のもとにおかれていた（詳しくは，馬越・前掲『韓国近代大学の成立と展開』参照）。

(122) 津曲が在外研究の地を目指してシベリア鉄道を利用したのか，インド洋航路の海路で向かったのか，その経路は不明であるが，津曲の場合はその勤務先から判断して，前者を利用したのではないかと推測する。なお菊池・前掲「故津曲蔵之丞教授の業績」161 頁は，同年（1933 年）早春，福岡にやって来た津曲より，その留守中の京城帝大での労働法講義担当を依頼され，承諾したが，その後京城帝大から正式な依頼もなく，欧州留学から帰国後の津曲からも連絡がなかったことから，戦後の日本労働法学会の創立（1950〔昭和25〕年 10 月）まで，同人との関係は途絶えたままであったとのべている。

147

第 2 章　昭和年代初期「非常時」における労働法学

とんど見出せなかった。しかし津曲が帰国後に法律時報 8 巻 9 号（1936）に発表した論稿「フランス労働法の特徴」のなかで，繰り返しパリ大学 1934－1935 年度におけるアミオー André Amiaud の「産業〔労使関係〕法制 législation industrielle」講義に言及していることから，先の後藤の場合とは反対に留学の前半をフランス（パリ）で過ごし，後半はドイツ（ベルリン）に移動したのではないかと思われる(123)。津曲の場合も，在留期間を当初予定の 1 年半よりも大はばに延長して 2 年半近くに及ぶことになったのではないかと推測される。そして 1936(昭和 11)年 4 月 21 日，津曲は朝鮮のソウルに帰任した(124)。帰国後，津曲はその帰朝報告ともいうべき複数の論稿を発表した(125)。ただしその 1 年 3 か月後，中国北京郊外の盧溝橋付近における日中正規軍の軍事衝突に端を発した両国の全面戦争が継続するなか，津曲が関心を寄せる課題も変化

---

(123) 戦後間もない頃，津曲は「パリのメーデーの想い出」というエッセイ（逓信労働 1 巻 4 号〔1947〕23 頁）を発表し，そのなかで 1934(昭和 9)年パリのメーデー当日における左右両翼のデモ行進を眺めたことを「懐しく想ひ出す」とのべ，また「私の読書法 (10) ／サヴノートを克明に」Books 104 号（1958・12）6-7 頁で，専門外では津曲は歴史書が好きで，美術や演劇のほか，家畜史にまで「手を出した」が，「音楽史は，どうも歯が立た」ず，「ベルリンで西洋音楽史の本を数冊買って帰ってきたけれども，解らないので途中で止め」たとのべている。蛇足ながら，津曲は専門書を読むときは，「めんどうでも，ウンザリする場合でも読み通す。事務的に近い態度と心構えで対決する」（同前所）と書いている。

(124) 東北大学法文学部略史編纂委員会〔編〕『東北大学法文学部略史』（同・1953）中の「法文学部年譜」67 頁。なおこの間日本では，長谷川如是閑が 1933(昭和 8)年 11 月 22 日，日本共産党の外郭団体である日本赤色救援会（モップル）に，資金提供をした疑いで警察に召還され，即日釈放されるという事件が起き，その後長谷川の発言内容は，大きく右旋回していく。そのことをどのように解するかについては，平石直昭「如是閑の『日本回帰』について」前掲『長谷川如是閑集』第 7 巻（岩波書店・1990）373 頁以下を参照。そして翌 1934(昭和 9)年，津曲がその前身「我等」誌を含めれば 10 年近くのあいだ，しばしば寄稿した「批判」誌は，紀元節（2 月 11 日）にちなんで刊行された同年 2 月号をもって，「無期休刊」となった（古川・前掲書 170 頁）。

(125) 1936(昭和 11)年，37（同 12）両年の津曲の業績には，つぎのようなものがある。これらのうち，最後者をのぞく 4 稿は，津曲の帰朝報告として位置付けることができよう。
1936(昭和 11)年
　「国民労働秩序法に於ける Tarifordonung」法律時報 8 巻 7 号（7 月）
　「フランス労働法の特徴」法律時報 8 巻 9 号（9 月）
1937(昭和 12)年
　＊「労働行政法の研究」(1)～（3・未完）　公法雑誌 3 巻 1 号（1 月）～ 3 号（3 月）
　「ナチス労働法の基本関係」(1)-(3・完)　民商法雑誌 5 巻 2，3，4 各号
　＊「我国社会統制法の動向 —— 労働統制法について —— 」(一・未完) 朝鮮行政 1 巻 7 号（7 月）

し，論調も急角度で，大きく右に傾いていくことになる。その具体的な様相については，次章でみることにする。

◆第5節　後藤清における初期の研究課題
── 労働協約論と解約告知論

　陸軍により柳条湖事件（1931〔昭和6〕年9月18日）が惹き起こされ，翌年の「満州国」設立と日本政府の承認がなされ，「準戦時体制」といわれながらも，日本は国民生活にはさほど影響をうけることのない，軍需景気のなかにあった。しかし1933（昭和8）年1月には，ドイツでナチスが政権を獲得するにいたり，その動向が日本国内でも注目され，これを「他山の石」として批判的な論調のなかで紹介されることが多かった。このように，わが国を取り巻く国際的な環境，そしてそれを反映した国内事情が大きく転換していくなかで，後藤清は，積極的な学問的活動を展開していった。そこで本節では，1935（昭和10）年の夏に後藤が相次いで公刊した2冊の著書，すなわち『労働協約理論史』（有斐閣）と『解雇・退職の法律学的研究』（南郊社），そして翌1936（昭和11）年3月に発表した『当面の労働法問題』（叢文閣）の3冊をとりあげたい。前二者は，後藤が旧制和歌山高商に職をえてから，独仏留学をへて従事してきた10年ほどのあいだの研究成果を世に問うたものであり，後者は同年前後のわが国昭和年代初期に盛んに議論され，また立法化された論題について後藤がその理解と所見を示したものであった。

1　ドイツを中心とした労働協約理論の研究 ──『労働協約理論史』への結実
(1)『労働協約理論史』の概要
　戦前・戦後を通じて，後藤の代表作であるにとどまらず，今日にいたるまで，わが国労働法学のいわば古典としての扱いを受けてきたのは，（その奥付によれば）1935（昭和10）年6月，同人が33歳のときに公刊した『労働協約理論史』であろう[126]。「本論」と「附録」の二部からなる同書の目次構成は，つぎの

---

(126)　久保敬治「追悼　後藤清先生」日本労働法学会誌79号（1992）241頁は，同書について「わが労働法学史において不朽の刻印を刻んだ偉業」であるとのべて，最大限の賛辞を送っている。また山口浩一郎『放送大学教材・労働法』（放送大学教育振興会・1995）137頁は，労働協約について「戦後規範的効力や余後効について多くの論文が書かれたわりには，現在まで残る実のある成果は少ない」とする一方，「戦前かなりの研究があった」とのべ，その代表作として本書をあげている。ただし後藤自身も指摘（『労働協約理論史』「序」2頁）するように戦前のわが国では，労働協約に関心を寄せる者は多く，当時すでに安井英二『労働協約論』（清水書店・1925），中村萬吉『労働協約の法学的構成』（巌松堂書店・1926），末弘厳太郎『労働法研究』（改造社・1926）所収の「仏国労働協約法」

第2章　昭和年代初期「非常時」における労働法学

ようなものである。

第一章　「初期の労働協約理論 —— ロトマールの理論の特殊性とその批判」
第二章　「ロトマールに次ぐ時代 —— 労働協約立法の出づるまで」
第三章　「労働協約立法以後 —— いはゆる社会的自主法の歪曲と国家的賃金政策の進出」
附録
「労働協約理論史におけるルンドシュタインの地位」
「労働協約における実行義務」
「労働協約の本質に関する二個の見解の対立」

　同書は「労働協約理論史」との表題をかかげながらも，実際にはドイツのそれ，さらにいえば 19 世紀から，1918 年 12 月 23 日の労働協約令制定により規範的効力が法認されるまでのドイツ学説の展開を詳細に跡付けたものであった[127]。そこではドイツ近・現代史の展開のなかに，労働協約制度とそれをめぐる法的議論を三つの時期に分けて論じている。まず資本主義勃興期における労働協約論を検討する。つぎに第一次世界大戦後のワイマール期の協約論を取り上げる。そして第 3 期は，1920 年代後半から 1933 年のナチス政権のもと，集団主義労働法体系の壊滅へと続く道程に対応している[128]。具体的には，ロトマール Philipp Lotmar（1850 ～ 1922）[129]とジンツハイマー Hugo Sinzheimer（1875 ～ 1945）[130]の議論を中心に捉えて，両者を対照させつつ詳細に紹介している[131]。本書の中心となるのは，第一章ないし第三章の「本論」部分で

　「労働協約と法律」，協調会〔編〕『我国に於ける団体交渉及団体協約』（協調会・1930）および社会政策時報 132 号「労働協約問題特集」（1931）などで，その意義や法的効力について論じられていた。また吉川大二郎『労働協約法の研究』（有斐閣・1948）は，戦後になってから刊行されたものであったが，内容的には戦前の業績をまとめたものである。

(127) 同書については，刊行当時菊池勇夫「新刊批評／後藤清氏『労働協約理論史』を読みて」法律時報 7 巻 9 号（1935）45-49 頁および川島武宜「後藤清著，労働協約理論史」法学協会雑誌 54 巻 8 号（1936）140-146 頁が論評していた。

(128) このような本書の構成は，後藤が前年の 1934（昭和 9）年に発表した我妻栄ほか『ナチスの法律』（日本評論社）に収録されている「ナチスの労働法制」におけるそれと重なるように思われる。

(129) 同人について，古くは，戦前に森山武市郎「フヰリップ・ロートマル教授と労働法学」政経論叢（明治大学）2 巻 2 号（1927）129-167 頁がその略歴と主要業績を紹介している。また孫田秀春『労働法の開拓者たち：労働法四十年の思い出』（実業之日本社・1959）35-41 頁でも，同人について言及されている。

(130) ジンツハイマーの評伝として，既述のように久保敬治『ある法学者の人生：フーゴ・ジンツハイマー』（三省堂・1986）がある。また蓼沼謙一「ジンツハイマー」伊藤正己〔編〕

ある。

　概要は，次のようなものであった[132]。まず第一章は，表題に端的に示されているように「ドイツに於ける労働協約理論の先駆者の名に値ひする」(2頁)ロトマールの労働協約論を検討している。最終的に後藤はその特徴として，労働者団体＝組合それ自体を協約締結主体として捉えず，多数の被用者を当事者として捉えたこと（代理説）と，労働協約に直立的強行性を承認したことの2点をあげている(59頁)。それは労働協約令制定前のドイツ通説が到達した"労働協約により作り出される法律関係は，団体そのものを当事者とする債権的法律関係であり，その法的義務は，団体がその構成員に対し有する統制力により構成員をして労働協約の一般的労働条件に適合する個別的労働契約を締結させる努力にある"との理解とは対蹠的なものであった（同前）。その理由として，後藤は前者については，「ドイツ工業法 Gewerbeordonung〔今日では「営業法」と邦訳される〕第一五二条第一五三条の規定の存在並びに当時においては団体は未だその包容力と統制力とにおいて弱かりしこと」[133](60頁)をあげる。す

『法学者・人と作品』（日本評論社・1985）のちに同著作集Ⅷ『比較労働法論』（信山社・2008）301-306頁もコンパクトなものながら，有用である。

(131)「戦後労働法学」の雄である沼田稲次郎（1914～1997）が富山三五聯隊入営当日（1939〔昭和14〕年1月）の朝まで書き続け，指導教官であった石田文次郎（戦後，岳父となる）に送った「労働協約理論史の一齣」と題する論稿が対象としたのも，同じくロトマールとジンツハイマーであったという（同・労働法実務大系7『労働協約の締結と運用』〔総合労働研究所・1970〕「はしがき」）。

(132) 西谷敏「日本労働法の形成・発展過程における外国法の影響──古いヨーロッパ，新しいアメリカ？」近畿大学法科大学院論集5号（2009）6頁は，ワイマール・ドイツの「労働の従属性」をめぐる議論を詳細に紹介した津曲の『労働法原理』（改造社・1932）とともに本書について「ドイツにおいても比較しうる研究をみないほど丹念なものである」と評している。

(133) これらドイツにおける団結の自由を消極的に承認した1869年北ドイツ営業法（1872年以降，帝国営業法）の両条については，同書17-20頁注(13)に，後藤による邦訳および解説が記されている。しかし，ここでは西谷敏『ドイツ労働法思想史：集団的労働法における個人・団体・国家』（日本評論社・1987）79-80頁のそれを参考までに引用しておく。
　152条〔第一項〕「営業主，営業補助者，職人もしくは工場労働者が，とくに労務の停止もしくは労働者の解雇を手段として，有利な賃金・労働条件を獲得することをめざして約定（Verabredungen）および結社（Vereinigungen）を禁止し処罰する規定は，すべてこれを廃止する」。
　〔第二項〕「前項の結社（Vereinen）および約定の参加者はすべて，これから脱退する自由を有す。かかる約定を理由とする訴えまたは抗弁は許されない」。
　153条「身体的強制の行使，脅迫，名誉毀損もしくは同盟絶交宣言（Verrufserklärungen）により，他人に前条の約定への参加もしくはそれへの服従を強制した者もしく

第 2 章　昭和年代初期「非常時」における労働法学

なわち同条は「決して現に存在せる団体の法律的存在，殊に外部に対する存在を否認せるものではない。然るにロトマールは，工業法第一五二条第二項の規定は，団体が権利能力なき社団として独立の権利義務の主体たることをも妨げる，と考えた」。このような理解に立てば，労働組合に対し労働協約の当事者性を否定するのは当然であろう。他方，後藤は「集団意思の尚ぶべくこれに反する個別的労働契約の斥くべきは，まさにロトマールの言の如くである」(61頁) としながらも，それはワイマール時代当時の「通説の如く労働協約に債権法的効力のみを認めても，労働協約の目的は充分に達せられ得る。ところが，ロトマールの時代においては，団体は未だ右の如き〔組織力と勢力により，一糸乱れぬ統制的勢力として活動できる〕状態に達してゐなかつた」という時代的制約のもとでは，「労働協約をしてその目的を達せしむるが為にはこれに直律的強行性を認むるの外なしと考へた理論のうちには，恕すべき点がある」(同前頁) としている[134]。

　続く第二章は，ロトマールの議論に促され，第一次世界大戦後，労働協約令により法的効力が承認されるまでの学説の展開を追跡するものである。そこではロトマールを支持したルンドシュタイン Szymon Rundstein (1876 ～ 1942)[135] と，彼らに批判的なエルトマン Paul Oertmann (1865 ～ 1938)，シャル Wilhelm Schal およびジンツハイマーらの議論が取り上げられている。後藤によれば，彼らの「共通的な特徴は，それらが何れも労働協約が自由なる社会力の形成物たることに未だ気付かずして，伝統的な個人主義的法律観といふ小さな眼鏡によつて労働協約を眺め理論を組立てたことである」(65頁)。そこでは労働協約の当事者に関するロトマールの代理説に対する批判と，同じく労働協約の直律的強行性を認めることへの批判の二つが主題であった。すなわち同章は，第一節「労働協約の当事者」と第二節「労働協約の効果に関する個人法的考察とその破綻」からなるものである。第一章が本書全体における問題の所在を示すも

　　　は強制せんとした者，あるいは同様の手段により，他人がかかる協定から脱退するのを妨害した者もしくは妨害せんとした者は，一般刑法典がより重い刑罰を定める場合を除き，三カ月以内の禁錮刑に処す」。

[134] 後藤『労働協約理論史』の本章および続く第二章を読解するにあたっては，1848 年 3月革命以降 20 世紀に入ってから 1920 年代のワイマール時代にいたるドイツの労働協約の実態がいかなるものであったのかを明らかにしている久保敬治『労働協約法の研究』(有斐閣・1995) 第二章「ドイツ初期労働協約の生成過程とその実態」22-119 頁を併読することが有用であろう。

[135] 以下に取り上げられたドイツ人労働法学者の略歴について，津曲・前掲『労働法原理』に関連して言及した (本章注(102)) が，その多くは，久保・前掲『フーゴ・ジンツハイマーとドイツ労働法』177 頁以下に紹介されている。

のであったのに対し，第二章ではいかなる論理と理由をもって，ロトマールの主張が否定されていったのかを明らかにしている。この点について，後藤はその意義をつぎのように総括している（66-67頁）。

「激しい Polemik は労働協約の純私法的理論を益々精緻なものたらしめた。この精緻な理論は，労働協約の当事者の問題に関しては，統一的労働秩序の創設といふ労働協約の目的を認識しつつ理論を築いた結果として，団体説の確立といふ大きな功績を遺した。ところが労働協約の効果の問題に関しては，労働協約が自由なる社会力の形成物なることを忘れ，ひたすらこれを国家法的規範の下にたたしめんことに努力した結果として，斯かる精緻な純私法的理論の基礎の上に労働協約の被傭者側の当事者として認められたものが彼らにとつては餘りに実益を伴はざるものであり，却つて逆に被傭者の団体の義務として課せられたるものが時としては団体の存在自体の壊滅に導く程度に大きな負担であるといふ皮肉な結果が生れた」。

　第二章の第一節では，まず一（67-82頁）で「ロトマールの代理説」が紹介されている。そこでは，すでに「誰が現実に代理権授与又は追認の意思表示をなしたかを確かめること」が困難であったことを指摘していた（74-80頁）。またロトマールはジンツハイマーとは異なり，「組織的団体を成せる被傭者が労働協約を締結した場合」に限定せずに，「組織体を成し居らざる多数の被傭者が労働協約を締結する場合」をも含めたことに破綻の原因があったとしていた（69-70頁）。二「ロトマールに対する論争とその終結」（82-100頁）で，批判学説の主張が詳細に示され，「長き生みの苦しみの後に団体説が樹立された」としている（100頁）。つぎに第二節「労働協約の効果に関する個人法的考察とその破綻」もやはり，大きく一「ロトマールの学説に対する批判」（100-167頁）と二「ロトマールの批判の上に築かれた学説とその破綻」（141-168頁）の二つの部分からなる。前者では，労働協約の直律的効力を（一）それが当事者の欲すること，（二）一般的法律原理に反しないどころか，工業法134条a以下の就業規則の直律的強行性にかなうことおよび，（三）個別意思に対する集団的意思の優越を認める所以にかなうことをあげるロトマールの見解と，これに対する支持学説（ルンドシュタイン）と，反対学説（エルトマン，シャルおよびジンツハイマー）を詳細に紹介する。要するに，それは当事者の効果意思に基礎をおくロトマールの議論は，当時の私法法理では説明し得ないというものであった。後者では，労働協約が債務的効力をもつにとどまるとして，A　履行請求権，B　債務不履行に基づく損害賠償請求権および，C　解除権の三つの取り上げながらも，いずれも理論的には可能でも，現実の実益はほとんどない

として立法的解決を求めた。なおそこでは，ロトマールやジンツハイマーを始めとする学説の主張が長く，時には複数頁にわたって引用（二重カギ括弧で示さている）され，そのあいだに後藤による読解内容やコメントが挿入されるという錯綜した記述方式がとられている。いずれも一つひとつの文章が長く，決して理解が容易なものではなく，途中で文章を切ったり，何度か読み返すことによりようやくその文意を理解できるというものであった。読者にとって，少なくとも私には，容易に読解できるものではなかった。

　そして第三章はそれまでとは異なり，専らジンツハイマーの「基本思想」について取り上げている（第一節「問題の提出」）(136)。それは労働協約の直律的強行的効力を法認した 1918 年 12 月 23 日「労働協約，労働者及び使用人委員会並びに労働争議調停に関する命令」へと導いたのが，同人の学説であったからである（第二節「労働協約立法の要望とその構想」）(137)。後藤はこれを三つ「根本見解」として，つぎのようにまとめている（178-181 頁）。

　　I　労働協約は〔従来は〕通常公法的又は私法的観点のもと別々に扱われていた諸関係を「包摂するところの混合的形成物」として現われ，それについて「公法的・私法的観点の結合によつてのみ充分なる考慮を払われ得る。

　　II　協約を基礎付け，またはこれを維持するのは「社会的意思」であり，個人の意思は団体の意思に服従し，前者の優越によってこそ真の自由と利益とを保証し得るものであり，「アブストラクトな人間の把捉の上に建てられた個人自由の原則は，社会的強制秩序によつて却つてその漆黒と化したことから」将来の労働協約法は個人意思に対する社会的意思の優越の承認の上に築かるべきである。すなわち(1)労働協約の補助性，(2)協約法の自由性そして(3)協約法は団体を活動機関とすべきことの三つが導かれる。

　　III　「法律は，労働協約を創造したところの・大衆のうちに存する・自力組織の力又は精神を維持し又はこれを協約関係の規制のために利用すべき」である(138)。すなわち（イ）労働協約の補助性，（ロ）協約の自由性および（ハ）協約法は団体を活動機関とすべきこと，という三つの要

───────────────

(136) ジンツハイマーの労働協約理論をよりよく理解するについては，西谷・前掲書 213 頁以下を併読されねばならないであろう。

(137) 後藤・前掲『労働協約理論史』171-173 頁。

(138) なおブレンターノ Lujo Brentano（1844 ～ 1931）とギールケ Otto von Gierke（1841 ～ 1921）という二つの源泉に遡ることができるジンツハイマーの基本思想については今日，

請が導き出されている。そして，このような根本思想が「将来の労働協約立法に対する提言の主なるもの」として主張されたのは，（A）協約が労使関係における客観的規範にとどまらずに，国家的規範性を付与されるべきであること（182-201頁），（B）労働協約の自己執行（202頁以下）である。

このようなジンツハイマーの労働協約を支える基本思想を検討したのちに，後藤はジンツハイマーの思想について，つぎのように要約する（227-228頁）。

　一　その全部にわたってみられるのは「平和愛好・闘争忌避の思想」である。

　二　そのような平和が抽象的・一般社会利益のために要求されていることから，労働協約が「一時的な休戦ないし妥協の状態以上の意味」をもつものではないことが忘れ去られている。また労働協約が「協約団体」の利益のためではなく，むしろ「一般社会的利益のための手段」とされている。

　三　労働協約を一般社会的利益のために「奉仕」させるために国家のコントロールを要求している。

そして同章第三節は「労働協約立法以後の実際的取扱ひと学説の大勢」と題して，1920年代社会民主党政権のもと，労働協約に連結して仲裁制度の実際の運用のなかで，「本来の使命から離れて，次第次第に国家的賃金政策慣行のための具に供せらるるにいたつた」（240頁）ことや，「一般拘束力宣言」について，かつてとは異なり「団体加入に伴なふ煩はしさとを免れながら協約の恩恵の下に立つにいたつたため」，結果的に「団体組成への力強き推進力の効能を殺ぎ団体の発達を阻止するにいたつた」と論じている（240頁）[139]。最後の第四節では「国家的賃金政策の進出によつて労働協約はいかなる運命を受けたか」として，後藤はつぎのように第三章というよりは，むしろ本書『労働協約理論史』全体を通じての考察を結んでいる（258頁）。

　「社会民主主義労働組合指導者はかかる国家的賃銀政策の進出に反対せざ

後藤の晦渋な著書を参照することなく，西谷・前掲書175-262頁および329-379頁の明快な記述によって，より詳細な内容を容易に理解することができるのは，幸いなことである。
（139）第三章については，先行する第一および第二の両章と同様に，久保・前掲『労働協約』第三章「ワイマール・ドイツ労働協約の変遷過程とその実態」120-172頁を併読することがのぞましい。

るのみならず，却つてこれを肯定したのであるが，あたかもこれと相呼応するがごとく，学界の大勢は，労働協約制度の破壊に対して力強き抗議をなさざるのみか，むしろ労働協約団体を国家機関の一種と強弁して全体国家を謳歌する学説をさへ発生せしむるにいたつたのである。その後いくばくの時の流れを俟つことなくして，ナチスの全体主義が疾風怒涛の勢を以てあらゆる過去の体制を洗ひつくしたのは，むしろ当然であり，その到来はただ時間の問題であった」。

しかし，このような後藤のワイマール・ドイツの労働協約思想の帰結に関する総括について，菊池勇夫は同書の書評のなかで，つぎのように異論をのべている(140)。

「ジンツハイマアの協約理論が平和愛好的であり，一般社会的利益の優位を認め，国家のコントロールを要求するものであつても，それはナチス的法理論に帰着するものとはかぎらないであろうし，社会民主党の経済民主主義が国家的賃銀政策を持つてもそれが必然にナチスの全体主義に赴くべきものとは断定できないであらう。社会民主党の支配からナチスの支配への推移の必然は，大戦後の世界資本主義の中に占めるドイツの地位，ならびにドイツ国内の社会的勢力均衡の変化を仔細に追究することによつておのずと明らかにし得る問題である。したがつて国家的賃銀政策及び協約制度の手段化は，状勢の推移過程を把捉させる一徴候としての意義を持つものと云つてよいであらう」。

菊池のいう通りであろう。ジンツハイマーの協約思想を，その後のナチス法理出現の先鞭をつけたものとの評価は，あまりに牽強付会にすぎよう(141)。それまでとは異なり，第三章の記述内容については，彼の国におけるナチス勢力の台頭に対する後藤の過剰なまでの危機意識が文章に投影されているように思われる。

(2) 『労働協約理論史』にいたる道程および立命館大学への学位請求とその挫折
　後藤には『労働協約理論史』に結実するまで，それに関わる多くの論稿が存在した。すなわち同書の刊行までに公表された後藤の労働協約に関する論稿と

---

(140) 菊池・前掲書評 49 頁。
(141) 川島・前掲書評 145 頁も同じく，自由主義的基調の労働協約が国家的労働管理の具と化していったのはジンツハイマー理論ではなく，「寧ろ自由主義的資本主義から現在の独占資本主義へと推移した独逸資本主義の運命」によるものであったとしている。

しては，つぎのようなものがあった。後藤「著作目録」を参考にして，抜き出してみよう（なお，ゴチック体で表記したのは「著作目録」上の表記では省略されている部分である）。

1926（大正 15）年　24 歳

　12 月「労働協約締結要件としての権利能力と行為能力 ── **カスケルの見解を中心として**」法律及政治（明治大学）5 巻 12 号

1927（昭和 2）年　25 歳

　1 月　同（承前）同前 6 巻 1 号

1933（昭和 8）年　31 歳

　4 月「労働協約理論に於けるファシズムの台頭 ── **彼らは如何にして緊急令による労働協約の破壊を擁護せんとするか**」(1)内外研究（和歌山高商）6 巻 1 号

　　　「労働協約の本質に関する二個の見解の対立」(1)法律論叢（明治大学）12 巻 4 号→『労働協約理論史』附録

　5 月　同前 (2)同前 12 巻 5 号→同前

　　　「労働協約の効力 ── **最近の一判決を機縁として**」法学論叢（京都帝国大学）29 巻 5 号（吉川大二郎と分担執筆）

　7 月「労働協約理論に於けるファシズムの台頭 ── **彼らは如何にして緊急令による労働協約の破壊を擁護せんとするか**」(2)内外研究 2 巻 2 号

　9 月「初期の労働協約理論 ── **ロトマールの理論の特殊性とその批判**」法律論叢 12 巻 9 号→『労働協約理論史』第一章

　10 月　同前 (2)同前 12 巻 10 ＝ 11 号→同前

　　　§§152, 153 der Reichsgewerbeordnung und ihre tragweite für das Tarifrecht 内外研究 6 巻 3 ＝ 4 号

1934（昭和 9）年　32 歳

　6 月「労働協約の効果に関する個人法的考察とその破綻」(1)法律論叢 13 巻 6 号 →『労働協約理論史』第二章第二節

　7 月「労働協約の当事者 ── **労働協約発展史の一節**」(1)法と経済（立命館大学）2 巻 1 号→同前・第二章第一節

　9 月　同前 (2)同前 2 巻 3 号→同前第一節

　　　「労働協約の効果に関する個人法的考察とその破綻」(2)法律論叢 13 巻 7 ＝ 8 号→同前・第二章第二節

　11 月　同前 (3)同前 13 巻 9 ＝ 10 号→同前・第二章第二節

　12 月　同前 (4)同前 13 巻 11 ＝ 12 号→同前・第二章第二節

1935（昭和 10）年　33 歳

　2 月「労働協約理論発展史に於けるルンドシュタインの地位」内外研究 8 巻 1 号 →『労働協約理論史』附録

後藤が労働協約に関して，自身の勤務校である旧制和歌山高商の紀要はもち

第 2 章　昭和年代初期「非常時」における労働法学

ろん，明治大学法学部やそのほかの大学のそれへの寄稿の様子を後藤「業績目録」から該当する論稿を抽出して一覧すると，後藤は当初（大正年代末から昭和初期），労働協約について「時論」的な論考を発表していたが，独・仏留学から帰国後の 1933（昭和 8）年以降，ドイツにおける協約理論史を意識した論文を公にするようになったことがわかる。とくに本書刊行の前年である 1934（昭和 9）年に発表したものについては，すべてを本書に収録している。ただし第三章「労働協約立法以後」と「附録」中の「労働協約の実行義務」の二つについては探索したが，初出発表先がいずれであったのかわからず，あるいは書下ろしであったのかもしれない。いずれにせよ『労働協約理論史』は，それらを基礎としながら，1935（昭和 10）年の初夏に有斐閣より刊行された。後藤は「序」の冒頭，労働協約の法的意義について，つぎのように位置付けた（1 頁）。

> 「労働協約は労働者階級の自力的防衛のための法的形態である。それは近代的な労働生活における集団性に目覚めた労働者階級が，真の契約自由を獲得せんがために頼つたところの法的形態であり，他力的な労働者保護法規に比し，自覚的であり又進取的であるだけに，まさに現代の労働法を特徴づけるにふさわし性格を有つ」。

ただし，このように労働協約の法的意義を喧伝しながら，その内容は既述のように，当時の日本ではなく，ドイツにおける議論を追跡するものであった。このような疑問への応答として後藤は続けて，つぎのように説明する（同前）。

> 一度，制度が導入されるや，ドイツでは先行する「諸国においてすら見られなかつた精緻な法理構成を受け，又その法理構成への努力において労働法学者の激しい論争を惹起し……労働法学の重要なる対象となり，殊に〔第一次〕大戦後ドイツの労働法が集団主義的労働法体系としての整序を受けるや，その汎布と効力確保とのための国家法の基礎の上に，輝かしい未来を約束されたかの如くに見えた」。

このような記述の背後には，すでに西谷敏が指摘するように[142]，後藤にはワイマール時代に全面的に開花した，社会民主主義に裏打ちされたドイツ労働法法理への共感と憧憬があったのであろう。しかし後藤はさらに，つぎのように続ける（同前）。

> 「然るにあらゆる労働法学者の期待を裏切り，ナチスの政権獲得〔1933 年〕

---

[142]　西谷・前掲「日本労働法の形成・発展過程における外国法の影響」6 頁。

前すでに早くも労働協約は労働者階級の自力的防衛手段としての機能を失
ひ，却つて全体国家の進出をさへ準備した。……かの国における労働協約
理論の主流をその源に遡つて探ねるとき，われわれはドイツの労働協約制
度がその終結としてここに到つたことにおいて一の必然性が発見され得る
と考へるのであつて，これを明らかにするのが本書の目的である」。

すなわち当時の日本では既述のように，満州事変以降の「準戦時体制」のも
とにあっても，国内はいまだ平時体制にあり，すでにナチス・ドイツの労働法
を批判的に紹介した論考を発表していた後藤にあっては，かつての模範たるド
イツの現状を批判することを通して，日本への警鐘を鳴らすことを意図すると
いう屈折した思いを表明していたのかもしれない。

そして後藤は本書をもって，中村萬吉，孫田秀春そして森山武市郎[143]に続
いて，おそらく戦前4人目の労働法を主題とした論稿をもって，法学博士の学
位を授与されることになるはずであった。すなわち後藤は本書刊行と同じ年の
10月，立命館大学に学位請求論文として，本書を提出し，京都帝大における
滝川事件（1933〔昭和8〕年）[144]に抗議して同大学を離れた末川博（1892～1977），
加古祐二郎および浅井清信の3人による審査をへて博士号授与に値するとの評
価をえた。それにもかかわらず結局，文部省の認可をえることができず —— 明
確な理由が示されることはなかったと思われる ——，後藤の学位取得はかなわ
なかった[145]。森山のそれが柳条湖事件の1年後である1932(昭和7)年9月で

---

(143) これら3人の学位取得については，本書第1章および補章を参照。

(144) 滝川事件については，伊藤孝夫『滝川幸辰：汝の道を歩め』（ミネルヴァ書房・2003）
および松尾尊兊『滝川事件』（岩波現代文庫・2005）を参照。

(145) その頃浅井は，民法と労働法との境界にある課題から，しだいに労働法固有の問題領
域へと研究対象を移動していこうと考えていたようだ。しかし1936(昭和11)年2月には，
二・二六事件が惹起された。軍事クー・デタはわずか数日で制圧されたが，その後の軍部
による政治への現実的影響・支配力浸透の契機となった。一方目を欧米に転じれば，フラ
ンスでは，6月社会党のレオン・ブルムを首班とした人民戦線内閣が成立した。浅井は戦
後になってから当時，その社会情勢の変化から，すでに労働法研究に困難さを感じ，研究
の重点を民法に移していったと，のべている。そのような対応をとるにいたった直接的な
契機が後藤への学位授与の認可が文部省によりなされなかったことであったと，浅井は説
明している。後述するように，我妻栄がナチス民法学への批判的論稿を多く発表していく
のが主に1934(昭和9)年から1938(昭和13)年にかけてであり，これと入れ代わるように
吾妻光俊が後年『ナチス民法学の精神』として結実した各種の原型論文を著わしていくの
は，そのミュンヘンとベルリンにおける2年余りの在外研究から帰国した1939(昭和14)
年夏以降であった。このような両人の述述活動の展開をくらべてみると，浅井の場合は随
分と早い時期に京都の地において，すでに学問的逼塞状況を感じていたということになろ

159

第 2 章　昭和年代初期「非常時」における労働法学

あったが，そのわずか 3 年後には，日本はすでに労働法に関わる主題をもって博士論文となることはない社会状況となっていたのであろうか。

2　『解雇・退職の法律学的研究』—— 雇用契約の終了をめぐって

後藤は『労働協約理論史』を刊行した翌月（その奥付の日付によれば，7 月 5 日），『解雇・退職の法律学的研究』（南郊社・1935）と題する著書も刊行している。

(1)『解雇・退職の法律学的研究』の構成と成り立ちの経緯

本書の目次構成と初出時の原題名は，つぎのようになっている。

第一章「解約告知制度の発展概観」←「解約告知制度の発展概観」内外研究 5 巻 4
　　　号（1932・12）
第二章「雇用関係解約告知の理論一般」
　　第一節「解約告知一般」←「解約告知の研究 —— 雇傭契約関係を中心として」
　　　　　(1)(2) 内外研究 3 巻 3 号，4 号（1930）
　　第二節「通常の解約告知」／第三節「非常の解約告知」←同前 (3) 同前 4 巻 1 号
　　　　　（1931）
第三章「フランスにおける雇用関係の解約告知」←「フランスに於ける雇傭関係
　　の解約告知」(1)(2)(3) 法律論叢 10 巻 8 号，9 号，12 号（1931）
第四章「我国の判例から観た雇用関係の解約告知」←「我国の判例から観た雇傭
　　　　関係の解約告知」法律論叢 10 巻 5 号（1931）
第五章「ドイツの判例から観た雇用関係の解約告知」
「はしがき」
　　第一節「解約告知一般」／第二節「通常の解約告知」←「雇傭関係の解約告知
　　　　とドイツの判例（補遺）」内外研究 5 巻 1 号（1932）
　　第三節「非常の解約告知」←「雇傭関係の解約告知に関する墺太利の法制」社

う。浅井は，本書で取り上げた者たちとは異なり，戦前外国留学を経験することはなかった。浅井は当時の日本では「およそ労働とか社会とかいう名のつく学問は表向き許されなかった」とのべている（浅井＊『社会法とともに』末川博〔編〕『学問の周辺』〔有信堂・1968〕215 頁）。そして後藤が本書をもって法学博士の学位をえたのは，ちょうど 10 年後，敗戦直後の 1945（昭和 20）年 10 月であった（前掲・後藤「年譜」前掲・後藤還暦論集 310 頁および経済理論 73 号 1 頁）。

なお浅井の弟子である大橋範雄（大阪経済大学教授）からの私信（2016〔平成 28〕年 10 月 24 日消印）によれば，浅井はその師である末川博にドイツ留学について相談したところ，消極的な応答であったことから断念したが，日本の対外戦争が亢進し，その可能性がなくなっていくにしたがい，「生きたドイツ語を身に着ける機会を失った」ことを，生前非常に後悔していたという。

会政策時報 131 号（1931・8）
第四節「ドイツ労働裁判所判決の実例」
第六章「雇主の恩給附退職処分と解約告知」
附録一「雇傭関係の解約告知に関するドイツの法制」←「雇傭関係の解約告知に関
　　するドイツの法制」（上）（下）社会政策時報 126 号，127 号（1931・4，5）
附録二「雇傭関係の解約告知に関するオーストリアの法制」←「雇傭関係の解約
　　告知に関する墺太利の法制」社会政策時報 131 号（1931・8）

　後藤は本書の「序」において，このような著書を刊行する意義をつぎのよう
にのべていた（1-2 頁）。

　　ローマ法が雇傭を人の賃貸借契約と捉えたのに対し，ゲルマン法は忠勤関
　　係として扱った。「われわれはゲルマンの忠勤契約関係をこの二十世紀に
　　おいて再現せしめやうなどとは決して思はない。しかし雇主と被傭者との
　　関係は，決して物の賃貸借関係になぞらへられ得るやうな単純な交換関係
　　ではない」。しかし日本民法が「ローマ法的思想の流れを汲んで出来上つ
　　たものである。従つて解雇の問題に関しても，それは極めて不完全な規定
　　を掲げてゐるにすぎず，……この不備欠陥をいかに解釈によつて補充して
　　行くべきか，又いかなる点において新立法による改正を必要とするか，等
　　を考究することは，われわれに課せられた任務である。のみならず，広く
　　民法一般に関する問題として眺めても，解約告知は，継続的債権関係の正
　　常的消滅原因として，相当に重要な意義を有する問題である」。

　すなわち同書は，このような後藤の問題意識から編まれたものであった（た
だし雇傭〔民法 623 条以下〕以外の契約類型は取り扱っていない）。後藤にとっては，
雇傭契約の解約告知という課題は，労働協約と並んでというよりはむしろ，そ
の研究経歴の初期，和歌山高商に職をえた当初から主たる研究対象として関心
を抱き，在外研究に際しても重要な検討課題であった[146]。このことは後藤が

――――――――――――――――

（146）後藤は既発表の論稿を集めて『解雇・退職の法律学的研究』としたが，そのうち第六
　　章「雇主の恩給附退職処分と解約告知」については，発表初出がいずれになされたのか不
　　明である。また同書に収録されなかったものとしては，つぎのようなものがある。法学論
　　叢掲載の論稿は，後藤にとって初めて活字化されたものである。同人の問題関心が何にむ
　　けられていたかが自ずと理解できよう。
　　1926（大正 15）年
　　　8 月「独逸労働契約法草案に於ける不誠実なる解約告知」法学論叢 16 巻 2 号
　　1930（昭和 5）年

同書の「序」文のなかで「外遊中もこれに関する文献の蒐集に心掛け」とのべていることからも，裏付けられる。後藤がこれに関わる論稿を発表した時期も1930（昭和5）年6月に帰国したのち，とくに同年10月から1932（昭和7）年12月のあいだ，とくに1931（昭和6）年に集中している。すなわち後藤は労働協約に関するそれらに先行して『解雇・退職の法律学的研究』に収録された諸論稿を『労働協約理論史』の場合と同様に，「内外研究」，「法律論叢」および「社会政策時報」の3誌に発表していった。目次と各章を構成する論稿の発表時期をみれば，当初から一書にまとめることを意図せず，その時どきの関心を優先して発表したと思われる（最後に発表した論稿が著書の巻頭を飾っている）。その点では，前著『労働協約理論史』と同じ成立過程をたどったと判断してよかろう。

つぎに何故に1935（昭和10）年当時，本書を刊行したのであろうか。これについては，後藤は「昨今新聞紙は〔内務省〕社会局が解雇・退職手当制度に関する立案に努めてゐる」ことから「雇傭関係解約告知の問題に関して書き集めたものを一まとめにするにすることは必ずしも無意義ではないと考へた」（「序」2-3頁）とのべている。なお，原型論考の主題は「解約告知」であった。それらは，広く継続的債権関係ではなく，専ら雇傭関係を取り上げている（ただし表題は『解雇・退職の法律学的研究』となっているが，本文の各章見出しは「解約告知」という文言が使用されている）。

(2)『解雇・退職の法律学的研究』の内容

従来，平野義太郎（1897～1980）がギールケの継続的債権関係における特質を検討するなかで，解約告知について検討していた[147]。しかし，これに焦点を当てて本格的に論究したのは，後藤が最初であった。後藤をして「解約告知」に関心を寄せさせた理由は何だったのか。後藤は本書の「序」のなかで，日本民法が「ローマ法的思想の流れ」によるがゆえに解雇に関して「極めて不完全な規定」をかかげているとする。このことは，第一章で解約告知制度がゲ

　　10月「独逸労働裁判所判決 —— 重大なる事由に基く解約告知に所謂重大なる事由の意^{［ママ］}
　　　義」内外研究3巻3号
　1931（昭和6）年
　　＊「独逸の判例から観た雇用関係の解約告知」(1)法学新報41巻5号（ただし，未完）
　　　「戦争と雇傭契約 —— 雇傭関係の解約告知に関する独逸の判例の研究の一節」内外研究4巻2号
(147) これについては，拙稿「戦前わが国における労働関係の法的把握 —— 雇傭契約と労働契約をめぐる学説の展開」毛塚勝利教授古稀記念『労働法理論変革への模索』（信山社・2015）207-210頁を参照。

ルマン法に発し，中世ドイツで発達したのに対し，ラテン系諸国およびイギリスでは雇傭や賃貸借契約は一定の期間を定めて取り結ばれていた。19世紀に入り，イギリスでは一定の存続期間の定めなく，しかも短い解約告知期間を付した雇傭契約が優勢となった。フランスでも，同様に存続期間の定めのない雇傭契約が出現し，とくに民法典 Code civil 1780 条について 1890 年 12 月 27 日法により，解約告知付きの規定となるにいたったことが示されている。「この不備欠陥をいかに解釈によつて補充して行くべきか，又いかなる点において新立法による改正を必要とするか，等の点を考究することは，われわれに課せられた任務である」(2頁) とする。

　解約告知が雇傭契約においては，いったいいかなる機能をはたすものか。一つには，「雇傭関係に関する我国の判例は，他の法律関係に関するそれに比して，その数に於て遥かに劣つて」おり，解約告知に関するそれも同様であろう(148)(第四章)。これに対し，ヨーロッパでは，「雇傭契約関係 —— 従つて又その解約告知 —— に関する判例は，夥しい数に上つて居る」。後藤は第三章において「フランス法における雇用関係の解約告知」についても言及している。しかし本書の基調は，ドイツ法に関する法制度の紹介や裁判例の展開を追うことにある。それはどのような意味があるのであろうか。そこには解約告知に関するドイツの法制と日本における民法規定には，「多くの類似点」があり，「吾々の目的は単なる考証ではなくして，彼の判例を我民法の解釈の一資料たらしむる点に存する」と説明している (212頁)。

　　「我国の経済組織は欧州諸国のそれとほぼ同一の資本主義的段階の上に立てること，資本主義的発展に付ては兎もすれば一歩我国に先んづる傾向のある独逸に於ては，将来我国に於ても発生が予想され得る諸問題が現に発生し，現に法律的研究の対象となつて居り，それが解決は将来同様の問題に吾々が面するであろう場合に対して，暗示も与てくれることによつて明らかである」。

　要するに，ドイツをモデルにして，日本への示唆を探ろうとのことであろう。後藤は解約告知が現実に果たす機能，とくに労使のあいだでの相違について，「一度びこれを具象的に照して観るや，ここに種々の考慮すべき問題が発生する」(第二章第一節) として，つぎのような三つのことをのべている (52頁)(149)。

---

(148) 後藤は，その原因を「訴訟手続の煩雑，訴訟の遷延。訴訟費用等の理由」から，労働者が裁判所に救済を求めることを困難にさせていることにあるとしている (＊前掲「独逸の判例から観た雇傭関係の解約告知」〔1 未完〕92頁)。

第2章　昭和年代初期「非常時」における労働法学

「解約告知は，労務者にとつては，屢々生活資源の杜絶を意味する」。「一度びその職を失ふた労務者は自己に適する職を見出すことは容易でないのみならず，……よし幸ひに職を見出すことが出来たとしても，さし迫れる生活難に迫はれて労務者は不利なる労働条件を甘受することを余儀なくせられるであらうし，新たなる職が従前のものとは異なる場合には極めて不利なる労働条件の下に新たなる労働技術を習得せねばならぬ。加ふるに転職は，屢々住居の変更，妻子よりの離別，労務者の子の学校教育の中断を結果する。斯くて労務者の上には絶えず解雇の恐怖が彷徨する。而も一方に於て，雇主側は雇用関係の消滅によつて受くるところの不利益は僅少であり，場合によつては皆無」である。

　こうして後藤は解約告知の制限こそは，「労働関係を権力関係から法律関係に」転化させるために重要な手段であるとする。したがって，第2に「民法が雇主及び労務者の双方に対して平等に同等の告知期間を規定して居ることに対しては，当然に疑問が向けられるべきであ」るとする（52-53頁）。そして第3に，「やむことを得ざる事由に基きなさるゝ即時の解約告知に於て『已むことを得ざる事由』の評価に当つては」解約告知をするのが労使いずれかにより，その原因評価の基準を異にすべきではないかと提起している（53頁）(150)。なお本書では，同盟罷業（ストライキ）と労働契約，すなわち当時ヨーロッパでは重要な問題であったであろう同盟罷業（ストライキ）による労務不提供に対する民事責任追及を回避するための解約告知に関する議論は紹介されていない。それは，時代の制約であったのかもしれない(151)。

─────────────

(149) なお後藤は本書のなかで「通常の解約告知」と「非常時の解約告知」という区別をしている。その意味するところは，「已むことを得ざる事由」に基づく解約告知 ── 告知期間を設けない場合が多い ── を指すのが後者で，そのような事情がないのが前者 ── 概ね告知期間が付されている ── であるということである。これは，当時の議論のされ方を踏襲するものであった。

(150) わが国の民法627条1項前段は，期間の定めなき雇傭契約の解消について当事者が「何時ニテモ」解消することができると規定している。現実には，それが使用者による解雇が労働者に著しく不利なものとならざるをえなかったことについて，議論が本格的になるのは戦後になってからであった（森戸英幸「文献研究(3)／労働契約の終了」(1) 季刊労働法163号（1992）159頁）。したがって，後藤の戦前における先駆的な業績が参照されることは，なかった（たとえば，村中孝史「西ドイツにおける解雇制限規制の史的展開」〔一〕〔二〕法学論叢114巻6号〔1984〕55-78頁，115巻2号〔1985〕80-101頁を参照）。

(151) 戦後，石崎政一郎がフランス法に関して精力的に紹介していった（たとえば「罷業権の問題」判例タイムズ22号〔1949〕，「同盟罷業と労働契約 ── フランス法の判例と学説」比較法雑誌1巻4号〔1952〕，「罷業における過失と労働契約の終了 ── フランス法におけ

164

第5節　後藤清における初期の研究課題

3　昭和10年前後における社会立法の動向と後藤の問題関心の所在

(1)　退職手当積立制度を中心とした社会立法への関心

　後藤清は当時，矢継ぎ早に労働法学に関わる業績を公刊した。『労働協約理論史』と『解雇・退職の法律学的研究』という二つの論文集を刊行したあと後藤は，その翌春，やはり既発表論文と判例評釈を集めた『当面の労働法問題』と題する論文集を刊行している（叢文閣・奥付の日付は昭和11年3月19日）。このような後藤の多作ぶりは，同時代の誰にもない特徴であろう。前著『解雇・退職の法律学的研究』の「序」で，雇傭契約の解約告知を論じたのは当時，具体的立法課題として，解雇・退職手当制度が大きな社会的問題となっていたことに関連していたがゆえであった（2-3頁）としていた。そして今度は，後者を主要なテーマの一つとして扱ったのが本書であった[(152)]。その目次構成は，つぎのようなものである。

　当面の労働法問題
　　はしがき
　　　　第一章「退職積立金立法案批判」←内外研究8巻5＝6号（1935）
　　　　第二章「臨時工の法律学的考察」←社会政策時報184号（1936）
　　　　第三章「再燃した商店法問題」←法律時報第3巻1号（1936）
　　　「賞与の法律問題」←「賞与について」民商法雑誌1巻6号（1935）
　　　「慰労休暇請求権」←法と経済4巻5＝6号（1935）
　　　「現代徒弟制度と労働法」←社会政策時報180号（1935）
　　　「営業自由制限の特約（判例総合研究）」←民商法雑誌2巻4号（1935）
　　　「商業使用人の競業禁止約款とドイツ商法」←「商業使用人の競業禁止約款に関する立法問題」法律論叢14巻11号（1935）
　　労働法判例批評
　　　　一「個数賃金〔出来高賃金〕の支払は雇傭関係を変じて請負関係たらしむるものに非ず。労働協約の効力」←「雇傭契約か請負契約か」内外研究4巻2号（1931）
　　　　二「工場法に所謂業務上死亡したる者と認められるべき場合」←立命館学叢4巻2号（1931）
　　　　三「工場主と扶助料支給」←内外研究8巻2号（1935）
　　　　四「借地不買契約と違約罰」←法と経済2巻2号（1934）

────────────────

る問題の一面」季刊労働法7号〔1953〕そして「同盟罷業と労働災害──フランス法における問題点の考察」日本労働法学会誌5号〔1954〕）。

(152)　本書についても，『労働協約理論史』の場合と同じく，菊池勇夫「紹介／後藤清教授『当面の労働法問題』」法律時報8巻6号（1936）39頁および川島武宜「後藤清著，当面の労働法問題」法学協会雑誌54巻8号（同年）146-148頁が書評している。

165

第2章　昭和年代初期「非常時」における労働法学

　　五「退職手当金債権及び傷病救済金債権の譲渡とその対抗要件」←法と経済5
　　　巻1号（1936）
　　六「風害に因る経営休止と法定時間超過労働」←民商法雑誌3巻3号（1936）

　後藤は同書全体を通じる「序」のなかで，まずボン大学やゲッティンゲン大
学で法律学を学んだ詩人・ハイネ Christian Johann Heinrich Heine（1797～
1856）の『ハルツ紀行』（岩波文庫・1935）7，8，12の各頁から，ハイネによ
る法律学と法学者を呪詛および揶揄する文章を4頁に渡って引用し，これにつ
いて「兎もすれば概念の穿鑿に溺れて，世の動きを忘れんとする法律学者に対
する警（いまし）めとして，味ふべきものを多く見出されるやうに思はれる」と自戒の言
葉をのべている（4頁）。そのあとで当時「朝野の激しい議論の的」となってい
る課題について，自らの見解を明らかにしたいとの思いで本書を編んだとの動
機を説明している。そして収録論文の意義として，自らつぎのように解説して
いる。まず「解雇退職手当，臨時工，商店法の三問題」は本書の表題ともなっ
た「当面の労働法問題」を扱うものである。ついで「賞与の法律問題」「慰労
休暇請求権」の両稿は，「今後において問題となる運命を有つのみならず，解
雇退職手当請求権とその理論構成において一脈通ずるものがあるとする。すな
わち，これら二つの論題は前著『解雇・退職の法律学的研究』における主題で
ある雇傭契約の終了について，後藤が法学研究を始めた当初から抱いていた問
題関心の延長線上にあったものといえよう。そして「現代徒弟制度と労働法」
は1935（昭和10）年前後の当時「なほその保護が閑却せられている徒弟」につ
いて扱っている。さらに「営業自由制限の特約」と「商業使用人の競業禁止約
款とドイツ商法」の二篇は「商業使用人につき，労働法の立場から関心を促し
将来の立法の考慮を求めんがためのものである」と説明している(153)（以上，同
前5頁）。

　これら，判例評釈をのぞいた収録論文の刊行時期をみると，いずれも1935
（昭和10）年，36（昭和11）両年に発表したものである。つぎに先の後藤の二つ
の「業績一覧」を参照したとき，書評やドイツ法理を紹介したものをのぞき，
後藤が両年に発表した日本法に関する論稿をほぼすべて本書に収録していたこ
とがわかる。その意味では，本書は1935（昭和10）年前後における後藤の関心

────────────
(153) 前者については，後藤は晩年，『転職の自由と企業秘密の防衛』（有斐閣・1974）とい
　　う著書を刊行している。同書のなかでは英米独仏瑞各国の法制への言及が多くの紙幅を占
　　めている点で特徴的である。ただしそこでは，自らの戦前の業績との関連ないし展開があ
　　るようには思われない。それは，どうしてであろうか。

166

第5節　後藤清における初期の研究課題

のあり様を如実に示すものであった(154)。すなわち後藤は「はしがき」の末尾で「世の動きは次から次へと新しい問題を提出してやまぬであろう」とのべている。本書は当時日本で議論の対象となり，またなると思われた「新しい問題」に後藤が応えたものであった(155)。これら立法政策上の課題については，同じ年（昭和10年）に菊池勇夫が『日本労働立法の発展』（有斐閣・1942）に収録した「社会立法の低迷」〔原題〕は「社会立法雑感」九州帝国大学新聞136〔1935・10・5〕号で，商店法，国民健康保険法，家内労働の取締等「最近立案されている社会立法は，大体において封建的遺習の悪弊を排除する性質のものである。之を日本の社会法制の全体から見れば，その後退をふせぐ消極的役割を持つているが，決して積極的内容を以てその前進をはかるものではない」（263頁）としていた。

　後藤自身もまた，「当面の労働法問題」を論じるにあたって，冒頭の「はしがき」で「これら三つの問題に共通な点は……伸び行く資本主義の母胎からそのゆたかなる余裕力によつて生れ出でたものではなくして，前途暗澹たる資本主義の苦闘とあがきのうちから湧き上つたことである」（3頁）との認識を示していた。それは，とくに臨時工と解雇・退職手当問題は密接に関連していた(156)。すなわち本書（『当面の労働法問題』）は，当初は主に臨時工の失業対策として立案された「退職積立金及退職手当法」（法律42号）の成立（同年6月）前に刊行された（それゆえに後藤は制定された立法ではなく，立法過程で示されていた同法案について論じている)(157)。後藤は ―― 順序は逆になるが ―― 「当面

―――――――――――――――――

(154) 第一章「退職積立金立法案批判」内外研究8巻5＝6号のほかに，後藤には「解雇・退職手当制度の立法的確立」法律時報7巻9号（1935)，「退職積立法の現在と将来」法と経済6巻4号（1936）の三つの論稿があり，当時同人にとって大きな関心の対象であったことがわかる。当時は，これらの問題に加えて労働災害の増大を背景に労働者災害扶助法（昭和6・4・1，法律第54号）および労働者災害扶助責任保険法（同，法律第55号）―― 両方ともに，翌1932〔昭和7〕年施行 ―― についても，大きな問題となっていたが，これについては，野村平爾＝島田信義「労働法（法体制崩壊期）」鵜飼信成ほか〔編〕『講座日本近代法発達史 ―― 資本主義と法の発展』8（勁草書房・1959）245(30)-250(36)頁を参照。
(155) 併せて，野村＝島田・同前論文250(36)-260(46)頁も参照。
(156) 当時，解雇手当や退職手当の請求権をいかに構成するのかは実務＝実践的にも，重要な課題であった。当時たとえば，布施辰治『解雇・退職手当にたいする法律戦術』（浅野書店・1932）明治大学史資料センター〔監修〕同著作集第10巻（ゆまに書房・2008）および奈良正路『解雇・退職・手当請求権の理論と実際』（法錚閣・1934）が刊行されていた。そして後藤は，後者について書評している（「新刊批評」法律時報6巻10号〔1934〕)。
(157) 失業者が巷にあふれ，郷里の農村は疲弊していた当時「臨時工」は，つぎのような性質を持たされていた。すなわち，臨時工には（イ）解雇が自由でなければならない。（ロ）解雇手当は原則として拒否されねばならない。（ハ）技術的に本工に匹敵し，同様の作業

第2章 昭和年代初期「非常時」における労働法学

の労働法問題」第二章で臨時工問題を扱い,「いはゆる臨時工の使傭は,生産コストの引下げ,福利施設の拒否,工場法規の命ずる義務の免脱等の手段である」(72頁) と指摘し,「企業家に直接に……傭入る丶者」同稿 (三) と「供給請負業者の手を通ずる使傭といふ形式の採る者」同前 (四) とに分けて論じている。そして後藤は「当面の労働法問題」第一章で,1933(昭和8)年スイスのジュネーブの ILO 国際労働機関・第17回総会で失業対策としての失業保険やその他の救済策が議題となったとき,失業保険のない日本で大工場を中心に実施されていた退職手当(158)をあげて,ソーシャル・ダンピング social dumping にあたるとの低賃金批判をかわしたとの北岡壽逸 (1894～1989・当時社会局監督課長〔国際労働会議政府代表〕)(159)の言 (「退職積立金法案を廻りて見たる労働立法」法律時報7巻9号〔1935〕) とともに,満州事変 (1931〔昭和6〕年9月) 後の軍需インフレによる企業の利潤率が上昇する一方,景気の先行き不安のもと,臨時工が劣悪な労働条件のもとにあることを (内務省) 社会局が指摘するまでにいたっていた (「臨時工及人夫に関する調査」労働時報1935年6月号) ことをの

に従事するものでなければならない。しかし (ニ) 待遇は低劣で,賃金は本工より安く,賞与・手当も,定期昇給もなく,慰安会への参加や福利厚生施設の利用もできなかった (色川幸太郎「臨時工に関する法律問題」(1)民商法雑誌2巻4号 (1935) 20-21頁)。

(158) 失業保険制度がなかった当時,退職手当 —— 第一次世界大戦終結 (1918年) 以降,大企業を中心に普及していった —— は,労働者にとって低賃金を補い,失業中の生活を安定させる福利厚生としての機能をはたしていた。しかし臨時工には常傭工に保障されていた労働条件や退職手当は適用されなかった (藤原淳美「退職積立金及退職手当法成立期の労働運動:戦前期日本労働運動史の一側面」神戸法学年報16号〔2000〕79頁)。同稿はその副題が示すように,昭和年代初期から立法闘争を中心にして昂揚していた昭和10年前後までの労働運動に関連させて退職手当法等の制定過程を検討するものである。なお同様の試みは既述のように以前に,内藤則邦『退職積立金及退職手当法』成立史論 —— 日本労働保護立法の一研究」(1) (2未完) 立教経済学研究12巻4号 (1959) 79-108頁,14巻3号 (1960) 125-149頁によりなされたが,主題について論じる前の失業保険制度の要求運動までで頓挫していた。また森田愼二郎『『退職積立金及退職手当法』の歴史的意義の再検討 —— 要保障事故としての失業概念の未成熟と日本的特徴の形成」社学研論集 (早稲田大学) 4号 (2004) 125-139頁は,当時の立法動向について副題に示されているような観点から検討している。

(159) 同人はのちに,1939(昭和14)年に東京帝大教授 (人口問題研究所研究官との兼任) となり,河合栄治郎が「平賀粛学」により休職処分とされた (竹内洋『大学という病:東大紛擾と教授群像』〔中央公論社・2001〕参照) あと1944(昭和19)年まで,その後任として社会政策を講じた (同年9月辞職)。戦後は東宝取締役・砧撮影所所長として,大量解雇通知を発し,「東宝争議」(詳しくは,井上雅雄『文化と闘争 —— 東宝争議 (1946-1948)』〔新耀社・2007〕を参照) における会社側の主要な人物として対応した (なお同人の自伝として『我が思ひ出の記』〔非売品・1976〕がある)。

168

べている（4-5頁）。それゆえに当時，もっとも重要な立法課題は，退職手当に関するものであった。

　こうして後藤は第一章「退職積立金立法案批判」の「一，法案の生まれるまでの諸事情」で，内務省社会局による法案提出の理由として，「最低賃銀制の確立，失業保険制の導入にまで積極的な歩みを進める勇はなきも」，軍需工業の繁栄と貿易の発展による利益を企業だけでなく，その幾分かでも労働者に反映させるためということと，当時の「産業界の好況は永続性を有するや否や甚だ疑問である」ことから将来の不況の反動に備えることがあったとする（9-11頁）。さらに後藤は，退職手当法案の立案を促す動機として，当時軍需工業を中心とした臨時工の多用が労働者の解雇手当要求を斥けて大量解雇を可能とするものであったと指摘している（雇入に際し，解雇時の手当支給を要求しない旨を誓約していた場合，使用者側にその支給義務を法的に基礎付けることは困難であると解されていた〔11-13頁〕)(160)。法案によれば，労働者が従来の雇用関係から離脱するに際し，賃金の2％を控除して積み立てた「退職積立金」（11条）と使用者が退職手当として支給するために積み立てた一定の金額（賃金の2ないし5％相当額）である「退職手当積立金」（16条以下）が支給される。これらは解雇・退職いずれの場合にも支給される。事業の都合による解雇の場合，両者に加えて勤続1年以上の者には，さらに特別手当として(1)勤続3年未満の場合は賃金20日分，(2)勤続3年以上ならば，賃金35日分の「解雇手当（特別手当積立金）」が支給される（26条）。ただし労働者による自己都合退職の場合，「退職手当積立金」は支給されず，被傭者が背信行為等不都合な行為を理由に解雇された場合には，使用者は退職積立金のうち雇主の拠出にかかる部分を交付する必要はなかったことから，結局，解雇・退職の理由がいかなる場合であれ，被傭者に保障されていたのは，労働者自らの賃金から2パーセント控除して積み立てていた部分にすぎなかった（23頁）。

　本稿の特徴は，法案に関する賛否双方の議論を詳細に紹介していることであろう。ただし使用者側の反対意見は，つぎのような1935(昭和10)年7月に示された全産聯（全国産業聯合会）──戦後1948(昭和23)年12月発足の日経連

---

(160) 臨時工も工場法が適用されるべき「職工」に該当した。民法627条が任意規定であるのに対し，工場法施行規則27条の2は，工場主が職工に対し解約告知をするにあたっては14日の猶予か，または14日分の予告手当をすべきことを強制していた。しかし雇用期間を1か月と限定し，これを繰り返し更新したり，直接の雇用関係を持たなくしたりして，同条の適用を回避することもなされた（色川・前掲論文(1)23-24頁）。それゆえに退職手当請求権をいかに理論構成するかは重要な課題であった（色川・同前論文(2)民商法雑誌2巻5号〔1935〕44頁以下を参照）。

第2章　昭和年代初期「非常時」における労働法学

（日本経営者団体連盟）の前身――によるものに尽くされている（26頁）。

　　『退職手当は被傭者の勤労に対する慰労及び感謝の表徴として事業主が情
　　誼に基きて為す贈与たる性質を有し法規を以て濫に強制すべきものに非ず。
　　又事業主の資力，勤労の種類其の他の事情に依り手当の額に自ら差異ある
　　は当然の事態と謂ふべく，各種の企業を通じ同一の標準を以て律する能は
　　ざるものあり。／然るに今回〔の〕……法案においては本手当の支給を当
　　然事業主の負ふべき法規上の義務と為し，且つ事業の種類，規模等に関係
　　なく一律に積立を強要せんとするは全く条理に反し，本邦産業に特異の労
　　資関係を破壊するものにして到底吾人の承服する能はざる所なり。／加之
　　本案は社会政策を偏重するの余り中小企業に過重の負担を課してその存立
　　を危からしめ，現下最も喫緊とする中小工業振興の根本政策に背馳するの
　　みならず，猶幾多の重要事項に付き甚しく不備欠陥ありて強ひて之を実施
　　せんか事業内に種々困難なる問題を惹起』する。

　要するに，全産聯が本手当制度の法制化に反対した理由は⑴「退職手当は
被傭者の勤労に対する慰労及び感謝の表徴として事業主が情誼に基きて為す贈
与たる性質を」もつもので，法により強制されるべきではないということと，
⑵「中小企業に過重の負担を課してその存立を危からしめ」るというもので
あった。これらをめぐっては，当時立法に携わった北岡が「『情誼に基く慣行
の立法化が不可』などは言葉として殆ど意義をなさない。……『福祉施設の立
法化反対』といふのは労働者に対しては忠実従順の義務のみを負はせて給与は
凡て恩恵として置かうといふ封建思想からであらうけれども現在においても退
職手当が会社の規定となれば既に権利たることは裁判所も亦認めて居る所であ
る」と批判した（エコノミスト13年22〔昭和10年8月1日〕号9-12頁）ことか
ら，同誌や東洋経済新報誌等をいわば舞台にして，議論が展開していった[161]。
そしてこれに対する感想として，後藤はつぎのようにのべていた[162]。

　　「惟ふに解雇・退職手当は，そのはじまりにおいては，雇主の温情に根ざ
　　したものであり，忠勤契約的イデオロギーの遺制である。しかし法律の規
　　定によらずしてその端を雇主の恩恵に発した制度については，永久にそれ
　　が恩恵以上の意味を有たざるものなるが如くに考へることは，われわれの
　　特に警戒せねばならぬところであつて，このことはただに解雇・退職手当
　　のみならず，賞与，慰労休暇等一様に雇主の温情から発した制度について

────────────────
（161）　詳しくは，藤原・前掲論文102頁以下を参照。
（162）　後藤・前掲『当面の労働法問題』31頁。

170

ひとしく言ひ得るところである」。

　後藤以外にも，たとえば末弘が「人々が屡々我国労働関係の特異性と称して誇つてゐる程本質的に特異なものが特に我国に限つて存続してゐるわけではなく，大勢は言ふまでもなく資本主義の影響を受けて，労働関係も本質的には資本主義的のものに転化してゐる」。すなわち，「退職手当は今や決して『情誼に基きて為す贈与』として現実に其の経済的作用を発揮してゐるのではなくして，権利化せられたる退職手当のみが資本主義的経営の要求と調和して現実に動いてゐる」(163) と発言していた。その他新聞各紙も，立法を歓迎していた(164)。

(2) 退職積立金法の成立と『退職積立金及退職手当法論』の刊行

　退職積立金及退職手当法は二・二六事件による戒厳令のもと，5月1日より開催された第六九議会において6月2日，成立した（法律第42号）(165)。しかし同法案は審議の過程のなかで数次にわたる修正を受け，その結果，同法の適用される労働者の範囲は大幅に縮小されていった。すなわち原案では，適用対象は「常時10名以上の従業員を使用する工場及び鉱山」とし，加えて工場・鉱山のほかに「勅令を以て指定する事業」とされていた。しかし審議のなかで「常時19名以上」が「30人以上」，さらに「50人以上」に修正され，「勅令を以て指定する事業」という文言も最終的に削除された。その結果，本来法が適用されるべき，臨時工が多く雇用されていた小規模事業所や，運輸・交通，土木事業などの業種には適用されなくなってしまった(166)。

　そして，このような問題に積極的に発言していた後藤が，法が制定された1937(昭和12)年4月，『退職積立金及退職手当法論』を有斐閣より刊行した。同書は従来の「解雇・退職手当と判例」（第二章）や「退職積立金及退職手当法の立法の理由・動機及び沿革」（第三章）を説明した「緒論」と同法の条文について詳細な註釈を展開した「本論」および，それに関連法令・通牒などに関する「附録」からなるものである（本文320頁，附録46頁。なお同一出版社〔有斐閣〕からの刊行のためか，「附録」は，沼越・後掲書のそれと同じである）。また後藤は前者の「解雇・退職手当に関聯する判例の網羅とその研究」について

---

(163) 末弘厳太郎「退職手当と退職積立金法案」中央公論50巻9号（同『法窓雑記』〔日本評論社・1936〕83-84頁，86頁）。
(164) 浅井清信も「退職積立金及退職手当法批判」法と経済6巻2号（1936）101-108頁という小稿を発表していた。
(165) 議会における動向については，藤原・前掲論文117-120頁による要をえた記述を参照。
(166) 同前論文80頁。

は，「序」（2頁）で「ひそかに……自負してゐるもの」としている。当時後藤
による同書と前後して，立法担当者である沼越正己による全部で700頁におよ
ぶ（本文655頁，附録46頁）詳細な注釈書である『退職積立金及退職手当法釈
義』（有斐閣・1937）が刊行されていた。にもかかわらず後藤をして，このよう
な浩瀚な書籍を執筆させた動機や事情は何だったのであろうか。それはおそら
く後藤に，自らの研究課題として解約告知問題の延長線上に現われた立法につ
いて，解釈論を提示したいとの思いがあったからであろう。

　本書全体の3分の1の分量を占めている「緒論」は第一章第一節をのぞいて，
『当面の労働法問題』所収の前掲「退職積立金立法案批判」を敷衍したもので
あった。第二節「雇主の解約告知権行使に対する制限」で，諸外国では解約告
知権の濫用を規制し，その告知期間の厳守を命じる新立法が現われている(167)
のに対し，わが国雇傭契約の解約告知には，つぎのような問題があると指摘す
る。すなわち(1)民法上の労使「双方の公平なる取扱ひの大幟の下」，雇主は
「何らの事由を示すことを要せずして」「解約告知を武器として」労働者の権利
行使や雇主に対する権利主張や団結を圧迫することができる（「解約告知権の濫
用」）。(2)民法627条は告知期間の長さを雇傭関係の長さに応じて長くする方
法を取らずに，専ら賃金計算方法如何を標準として定めているだけでなく，
「雇主は全く自由に」特約により告知期間を短縮したり，さらにはこれを排除
して即時解雇することさえ可能である。(3)「已むことを得ざる事由」を理由
とする即時解雇（民法628条）については，その有無および評価をめぐって，
労使の間で争いがある。その場合，労働者の正当な行動さえ，これに該当する
と判断されることがある（9-11頁）(168)。このような民法「規定の不完全にし
て解雇の恐怖より労働者を防衛すべく無力なる」（11頁）を補うために設けら
れた工場法施行令27条の2と入営者職業保障法がある。前者は，天災事変に
基づき事業継続困難により，または職工の責めに帰すべき事由により解雇する
場合をのぞき，14日の予告期間を付するか，最少14日分の賃金相当額を「解
雇予告手当」として支払うことを命じる。後者は，入営を命じられた被傭者を
解雇した場合，又は入営期間中に労働契約期間が満了したときは，その退営日

----

(167)　後藤はその詳細について，自らの著書（後藤・前掲『解雇・退職の法律学的研究』99
　　　頁以下）の参照を求めている（後藤・前掲『退職積立金及退職手当法論』11頁）。
(168)　後藤・同前所（『退職積立金』11頁）は，そのような例として，賃上げ要求の貫徹を
　　　目的とした集団的怠業を「已むことを得ざる事由」に該当するとして，使用者の即時解雇
　　　を正当とした大審院大正11年5月29日判決（民事判例集1巻260頁）をあげ，「この判
　　　決は，わが国社会立法が多方面に動き始めた大正一二年のものであるだけに，殊更にわれ
　　　われの視聴を引く」とコメントしている。

より3月以内に入営直前と同等の労働条件で雇入れることを使用者に命じた（12-13頁）。しかしこれら「解約告知権行使に対する制限規定は，所詮労働者を[ママ]訪れるところの失業の苦難を，多かれ少かれ将来の日に遷延するにすぎない。一たび失業の厄に遭ふや，労働者及びその家族の生活は，糧道を断たれて，窮乏の極に達する」（14頁）。そして第三節「失業時の生活の保障」で，「失業保険制度の欠如をわが国において幾分か補ひ来つた制度ありとすれば，それは共済組合の退職給与金制度並びに，雇主によつて給与せらるゝ解雇・退職手当の制度において求められる」（15頁）とのべている。このような記述をみたとき，解雇・退職金制度を論じることは同人にとって，解約告知論の検討から帰結したものであることがわかる。さらに同書の第二章「解雇・退職手当と判例」として，後藤は前稿（前掲「退職積立金立法案批判」）ではその一部を構成するにすぎないものであった。これに対し，同書では解雇・退職手当に関する当時の裁判例すべてを(1)「雇主と被傭者との関係」(2)「解雇・退職手当と第三者」の二つに大別し，(1)では解雇・退職手当請求権の法的基礎づけを，(2)では解雇・退職手当は差押えされるや否やを検討した（25-78頁・これらは，後藤・前掲「退職積立金立法案批判」14-18頁を，詳細にし，補充したものである）。後藤は，「判例の研究」の結果を第三章の冒頭で，つぎのように要約している（79頁）。

（一）解雇・退職手当に関する明示確定的な支給規定のある場合には，裁判所は努めて被傭者の手当請求権を肯定した。ただし支給規定の「専権的な改廃」や，解雇・退職手当を請求しない旨を誓約させたり，「臨時工の指称を冠する」等の方法で，使用者が労働者の「利益を蹂躙する例」がしばしば見られた。そのようなとき，裁判所は「必ずしも常に理論構成に成功せず，個人主義的契約法理に囚はれて，しばしば動揺した」。

（二）明示確定的な支給規定がなく，単なる支給慣行があるにすぎない場合，被傭者は「一層甚だしく不安的に曝され」，裁判例のなかには「何らの躊躇なく」，被傭者の手当請求権を否認したものがあった。

（三）解雇・退職手当請求権の差押え性の否定は暫く判例により確立された。しかし手当の財源である使用者の積立金はその一般財産に属するために，一般債権者により差押えられる危険性があり，手当支給が確保されることはなかった。

第三章では「退職積立金及退職手当法の立法の理由・動機及び沿革」を扱っている（79-103頁）[169]。このような「緒論」を踏まえて本論（105-320頁）で，同法に関する詳細な註釈がのべられている[170]。

第 2 章　昭和年代初期「非常時」における労働法学

(3) 二つの社会立法に関する概説書の執筆

　後藤の在外研究から帰国した後の著作には，これら以外にもあった。すなわち 1936(昭和 11)，37(昭和 12) の両年，今日では社会保障法のなかに重要な位置を占める医療保険中の，職域保険の原型である健康保険法と，経済法を構成する法の一分野である商工業組合法に関するものである。これら二つは，末弘厳太郎が編集責任者として逐次刊行された「新法学全集」(日本評論社) 中の「諸法」に充てられた第 29 巻および第 30 巻に収録されている。『健康保険法』(本文 96 頁) は，1922(大正 11)年制定・1927(昭和 2)年施行の同法に関する概説書である[171]。従来，同法に関する解説は，専ら経済学や社会政策専攻者によりなされていた。おそらく，法学者が同法の体系的解釈を試みたのは，後藤が

---

(169)　これについては既述のように，菊池「退職手当金及退職手当法の主要問題」法政研究 7 巻 2 号 (1937) のちに同『労働法の主要問題』(有斐閣・1943) 150 頁以下で要領のよい説明がなされている。蛇足ながら，川島武宜「新刊短評／後藤清著，退職金積立金及退職手当法論 (昭和十二年)・沼越正巳，退職積立金及退職手当法釈義 (昭和十二年)」法学協会雑誌 55 巻 8 号 117-118 頁は，「後藤教授の著書は法律学者のそれとして，又沼越氏の著書は立案者のそれとして，各特色及価値を有する」と紹介していた。

(170)　同書・本論の目次構成は，つぎのようになっている。
　　第一章　法の適用範囲
　　　第一節　法の適用を受くる事業／第二節　法の適用を受くる人
　　第二章　総則的規定
　　　第一節　本法適用により生ずる効果の概観と本法による積立義務の除外例／第二節　賃金及び標準賃金／第三節　その他の規定
　　第三章　退職積立金
　　　第一節　退職積立金の意義／第二節　退職積立金の積立／第三節　退職積立金の運用／第四節　退職積立金の支払／第五節　支払を受くる権利の譲渡・差押の禁止／第六節　退職積立金に関する帳簿作成の義務
　　第四章　退職手当
　　　第一節　退職手当の意義／第二節　退職手当支給のためにする積立金／第三節　退職手当の支給／第四節　退職手当の支給を受くる権利の譲渡・差押の禁止／第五節　退職手当積立金又は準備積立金に関する帳簿作成の義務
　　第五章　本法の適用と経過的処置
　　第六章　退職金審査会
　　第七章　監督及び罰則

(171)　同法はそれまでの軽工業中心の産業構造ではなく，第一次世界大戦後，重化学工業が急速に発達し，男性労働者が増加するなかで，労働政策 (労働問題対策) の一環として制定・施行されていったものであった (横山和彦・田多英範〔編〕『日本社会保障の歴史』〔学文社・1991〕42-51 頁)。同法は，被保険者を工場労働者に限り，自営業者や小作人などを救済対象から除外し，保険事故を疾病，負傷，死亡 (業務上の事由に起因するか否かを問わない) および分娩の 4 種に限定し，しかも救済期間も短期に限っていた (保険料は

初めてではなかろうか。また『商工業組合法』（本文97頁）について，後藤は産業組合法とは区別された，そのように名付けられた特別の単行法はなかったけれども，「自由経済が統制経済的修補を受けつつある」当時，「重大なる意義を有する三つの組合法，すなはち工業組合法・輸出組合法及び商業組合法について，その機能特に統制的機能の理解に必要な限りにおいて統一的な法律的説明を行ふ」（「序言」1頁）ことを目的とするものだと説明していた。これら立法についても，それまで多くは経営学ないし経済学の立場から論じられるのが一般的で，法律学専攻者により言及されることはなく，やはり後藤が最初に論じたものと思われる[172]。これらは，後藤にとって主要業績と呼ぶべきものではなかった。しかし同時代に活躍した，他の労働法・社会法専攻者とくらべたとき，二つの著作は後藤の旺盛な執筆活動と研究領域の拡がりを示すものであった。

◆第6節　末弘と孫田のナチス・ドイツ体験とこれに対する応接

　本章の最後に，わが国労働法学の「開拓者」である末弘厳太郎と孫田秀春両名の盧溝橋事件（1937〔昭和12〕年7月）直前の様子について言及しておきたい。

1　末弘の学部長職の辞職と半年間の欧州視察旅行

　末弘は1933（昭和8）年9月30日より，3期連続して法学部長の職にあったが，1936（昭和11）年3月任期途中ながら，これを辞し，穂積重遠と交代した[173]。それは公的には「学術取調のため六月二十日より年末まで欧州各国へ出張」することを理由とするものであった[174]。しかし実際上当時末弘は，先にのべたように経済学部の河合栄治郎（1891～1944）とともに，軍部・右翼の執拗な批判ないし攻撃の対象となっていたことから，そのような動きから避難するという意味合いもあったのではなかろうか。末弘は当初，主に同年8月1日から

　　労使折半）。また同法は，ヨーロッパにおける類似のそれらとは異なり，労働者間の相互扶助から発したものではなく，使用者の主導権のもとに設立された保険組合により運営されていた。

(172)　同書刊行後，後藤は1938（昭和13）年1月に発表された商業組合改正法要項に基づく改正法案について，その同じ年にこれを説明した「商業組合法の改正」内外研究11巻1・2号（1938）131-148頁を発表している。

(173)　同月31日学部長選挙が実施され，4月7日に発令された（前掲『東京大学百年史』部局史一224頁）。当時，学部長職は「任期ヲ一ヶ年トシ重任ヲ妨ケス但シ三年ヲ超ユルコトヲ得ス」との内規のもとにあった（同前書219頁）。

(174)　同前書224頁。

第2章　昭和年代初期「非常時」における労働法学

16日まで開催されたベルリン・オリンピックに日本代表団水泳チームの役員としての職に従事した。末弘自身，このことを「一ケ月半に亙る河童仲間の生活も決して無駄では」なかったが，「河童生活と学窓生活とは確に調和しません」と記している(175)。その後9月中旬，ニュルンベルクでのナチス党大会に出席したあと，おそらく同月下旬にはロンドンに移動し，その1か月後パリに移り，そのあとイタリアを経たのであろうか，同年12月17日に帰国した(176)。

　ベルリン・オリンピックをはさんだ，約15年ぶりの，6か月の欧州滞在で，末弘は何を見て，何を思い，そして何を感じたのであろうか。当時公刊された在欧記をみるかぎり，末弘はとくにナチス・ドイツの法（学）状況について，これに迎合することなく，適確かつ客観的に考察していたように思われる。すなわち末弘はヨーロッパの滞在地から日本へ送ったエッセイのなかで，とくにドイツについて，かつて同人が親しく見聞きした学者の名前が諸大学の教授名簿からなくなっている一方，法学文献カタログをみても「学問的に見て目星しい何物をも見出し得ない」として，大学や研究機関からユダヤ系研究者の排除が進んだ反面，学問的な低迷がみられていたことを指摘している。当時ドイツでは，「現在の政治と妥協」できる学者は，末弘のいう「立法技師の仕事」に多忙で，研究の暇もないのではないかと推測していた。また彼の地で「屢々お目にかかる言葉に『ナチ的世界観』と言ふ」のがあり，「すべて法律は此世界観に合ふやうに解釈しなければならないというのがナチ法律学の根本原理のやう」だが，「此世界観の何たるかが具体的に解りにくい」ために，笑話のよう

――――――――――――

(175) 末弘・後掲「海外雑信」(1)30頁。前掲・「末弘年譜」441頁。末弘は法律時報8巻7号（1936）の「編輯後記」でつぎのように記し，合わせて創刊以来担当してきた「法律時観」というコラムを休載することを予告しているが，行間から，日本を一時的とはいえ離れることへの期待と安堵感を読み取ることができよう。

「私は今回官命に依り約半年間の予定を以て外遊することになつた。……旅行中通信風の記事を送りたいと思ふが，短時間の旅行故到底碌なものは書けまいと思つてゐる。其代はり帰朝後は又新しい知識と気分とを以て諸君の御期待に背かないだけのものを書けるやうになりたいと考へてゐる」。

末弘は学生時代から剣道と並んで水泳を得意とし，戦前，日本水泳競技連盟の初代会長や大日本体育協会（会）理事（長）(1941〔4〕-1946)を勤めた（平野義太郎「末弘厳太郎先生の人と学問」法学セミナー157号〔1969〕107頁）。なお末弘は，その前に7月23日から8日間にわたって漢堡（ハンブルグ）市で開催された第2回世界厚生会議 World Congress for Recreation and Leisure ―― オリンピック1932年ロス・アンジェルス大会に際し，世界40数か国の代表の参加のもと開催され，1940年には東京オリンピックの直前期に開催が予定されていた ―― なるものに出席したものと思われる（末弘・後掲「休養慰安の社会化」11頁）。

(176) 前掲『東京大学百年史』部局史一225頁および前掲「末弘年譜」441頁。

176

な出来事が起きていると報告している[177]。また帰国した翌月の1937(昭和12)年1月28日，末弘は東京帝大法学部「法理研究会例会」で「独乙国民社会主義について」報告し，そのなかで「独乙国民社会主義は……ドイツ戦後の窮状と特有な社会心理状態より発生したものである事を忘れてはならない。さうした条件がない所では之が形を模するの要もなく，又成功もしないであらう」とのべて，ナチス体制があくまでも当時ドイツ特有の社会的環境・条件のもと成立したものとして，注意深く限定して理解している[178]。

このような末弘の態度は，ほぼ同じ時期ドイツにあって，約4か月ほど遅く帰国したのち，無批判に「民族社会主義」や「指導者原理」とはいかなるものかを解説して「ナチス・ドイツ賛美」を繰り返した孫田秀春とは対照的であった。

2　孫田の在ベルリン「日本学会」代表主事赴任と「白票事件」 ── 東京商大退官の経緯

先にのべたように労働法講義継続にも支障が生じ，孫田にとっては，きわめて閉塞的な状況におかれていたとき，1935(昭和10)年の初め，孫田は恩師である三潴信三から「日独文化協会 Deutsch-Japanische Gesellschaft」および「日本学会 Japaninstitut」日本側代表主事としてドイツに赴くことを打診された。当時孫田は東京商大での「労働法〔講義〕に対する資本家側の圧迫にはいよいよ厭気がさしていた時分であった」こともあり，「渡りに舟とばかり」に快諾

---

(177) 在欧中，末弘は法律時報誌に3回（8巻10号，11号，12号）にわたる「海外雑信」のほかに，東京朝日新聞紙上に「近頃のドイツ抄」(1)-(3)1936(昭和11)年11月6日，7日，8日および帰国後「海外乞食考」(1)-(3)1937(昭和12)年3月9日，10日，11日というエッセイを寄稿している。ただし松沢弘陽・植手通有〔編〕『定本丸山眞男回顧談』上（岩波書店・2006）106頁（丸山）によれば，3年間末弘の民法講義を聴いた同人にとって，末弘はベルリン・オリンピックとニュルンベルクのナチ党大会に「出席して……すっかりナチにイカれてしまった」と慨嘆していた。

(178) 前掲『東京大学百年史』部局史一 226頁。その要旨（野田良之記）は「雑報／法理研究会記事」法学協会雑誌55巻3号（1937）620-623頁に掲載されている。ただし松沢・植手〔編〕同前書122-123頁（丸山）は，丸山が大学「三年ごろになりますと，〔末弘〕先生はだいぶ時局的になりまして，……学生として〔講義を〕聴いた感じで言いますと，もう少ししっかりしてほしいと思った〔。……当時〕「あの先生は頭がいいですから，右翼的ないし神がかり的な言辞はいっさいないし，〔末弘の〕民法の講義ぐらい面白い講義はなかったですけれど，非常に用心深くなっていました。／時局批判的な言葉，あるいはイデオロギー的に自由主義的，いわんや左翼的と見られる言辞は非常に慎んだです。のちに教授会に列するようになって，余計そういうことを感じたのですけれども，ぼくが学生のころからそういう傾向はありました」とのべている。

177

第 2 章　昭和年代初期「非常時」における労働法学

したと戦後回顧している[179]。それは両国間の文化協定に基づき，それぞれの
国の学者が一年交代で相手国に赴き，国家代表主事として事務に携わるという
ものであったという。孫田は急遽大学に許可申請をし，文部省の出張命令や旅
券の交付を得て，当初は同年 12 月に出発する予定であったが，11 月末に同居
する実母が亡くなった（父親は，先の欧州留学帰国直前にすでに死去していた）こ
とから，明くる 1936(昭和 11)年に入ってから出発したものと思われる。ベル
リンの日本学会に着任したあと，1937(昭和 12)年 3 月 20 日，その任期満了に
ともない帰国するまで約 1 年間ドイツに滞在した[180]。孫田にとって，2 度目
のドイツ在留も，思い出深いものであったであろうと推測する。その間，ベル
リン，ハンブルグ，ライプチッヒおよびミュンヘン等の各大学で講演を行ない，
なかでもハイデルベルグ大学での同大学主催の国際大学会議および同大学創立
550 年祭に参加したことは，孫田にとって大きな出来事として戦後になっても，
とくに重視している[181]。

---

(179) 孫田・前掲『私の一生』81 頁。また同前書 75 頁は，当時孫田はかねてから如水会よ
り「共産主義も労働法も一緒くたに考えられていたので，親友の共産主義者教授の大塚金
之助と私の二人はいつも一連の危険分子として首の座をねらわれていたようだ」とのべて
いる。大塚金之助（1892 ～ 1977・経済学・社会思想史）は，その留学中（1919-1923），
ギールケ文庫と並んで一橋大学が誇るメンガー Carl Menger 文庫（1840 ～ 1921・アント
ン・メンガーの実兄で経済学者の旧蔵書）の購入に尽力したが，帰国後，近代経済学から
マルクス経済学へと研究の重点を移し，『日本資本主義発達史講座』（岩波書店・1932-
1933）の共同編集の作業（原稿執筆）中，1933(昭和 8)年 1 月に治安維持法違反を理由に
逮捕・起訴され，同年 11 月 8 日に，懲役 2 年，執行猶予 3 年の控訴審判決が示され，東
京商科大学を免官となった（大高俊一郎「大塚金之助関係資料解題」www.lib.hit-u.ac.jp/
retrieval/bunko/pdf/Ot-annotation.pdf）。孫田の言を前提とすれば，おそらく大塚が福田
徳三門下であったことから，孫田と思想傾向の違いを超えて親しかったものと思われる。
大塚は 1945(昭和 20)年末に復職し，翌 1946(昭和 21)年 2 月 8 日，戦後初めての講義を行
なっている。
(180) 以上の記述は，孫田・同前書 81-84 頁による。なお前年秋に盲腸の手術を受けて以降，
健康を害していた三潴信三は同年 3 月 27 日，脳溢血で倒れて長逝した。享年 57 歳（七
戸・前掲「九州帝国大学法文学部内訌事件」758 頁）。
(181) 孫田・同前書 86-96 頁。また同・前掲『労働法の開拓者たち』261-270 頁にも，同様
の記載がある。そのなかでも『私の一生』114-119 頁には，当時ベルリン・オリンピック
に出場する水泳選手団の監督として訪独中の末弘に関わるエピソードが語られているので，
紹介する。すなわちナチス政府から 9 月 8 日から 14 日までの 1 週間続く，ニュルンベル
グでのナチス党大会への招待状 7 名分が日本大使館に送られてきた。そこで，その選考を
依頼された孫田が末弘にその意思を打診したところ『行くよ，是非行く，よろしくたのむ
よ』とのことで，孫田と末弘を含む 7 名（ほかに名が挙げられているのは，武者小路実篤
〔1885 ～ 1976・「白樺派」の作家〕，土岐章〔1892-1979・旧沼田藩〈群馬県〉藩主の家
系・子爵〕，西彦太郎〔1886 ～ 1955・都ホテル取締役兼支配人でドイツ文化研究所理事〕

第6節　末弘と孫田のナチス・ドイツ体験とこれに対する応接

　そしてドイツから帰国して約半年後の同年10月，孫田は東京商大を退官するとともに，旧知の局長（氏名不知）の懇請を受け入れて文部省教学局教学官に就任するにいたった。それは孫田がドイツに赴いていたあいだにおける「白票事件」の事後処理をめぐって，親しい者や同僚が東京商大を離れていったことを契機とするものであった[182]。

　東京商大における「学位論文審査教授会における白票事件」とは，つぎのようなものであった。すなわち1935(昭和10)年7月9日，教授会で，3件の学位請求論文の審査報告と票決が行なわれた。そのうち2件（井藤半弥〔財政学〕，加藤由作〔保険学〕）は学位授与が可決されたが，杉村広蔵（1895～1948）のそれ（「経済社会の価値論的研究」）は学位授与規定（教授会出席者の4分の3以上の賛成）を満たさなかった（総数21，可13，否1，白7）ことから否決された。これに対し当事者の杉村，山口茂，常盤敏太等の助教授が中心となって，佐野善作学長や審査委員の高垣寅次郎ら白票グループを糾弾する運動が起こり，紛争は教員のみならず，学生や同窓会にまで波及した。杉村は三浦新七（1877～1947・経済史）の勧めにより学位請求論文を加筆して『経済哲学の基本問題』として，同年9月初め出版した（岩波書店）。10月三浦が学長に就任し，翌1936(昭和11)年二・二六事件後の春，広田弘毅内閣の文部大臣となった平生釟三郎（東京高商卒業生）の調停により，5月に佐野善作学長の辞任に続き，高垣（経済学），本間喜一（商法），岩田新（民法）の各教授と杉村の辞任・免官により収拾され，同年度末には佐野のあとを継いだ三浦学長も辞任するにいたった。このような学内紛争の背景には，経営学・会計学をのぞく狭義の商業

──────────

の3人である）が同地に赴いた。その日程中，党大会も休日となった9月11日，ヒトラーから滞在する宮殿の茶会に招待され，その席上，各国代表との儀礼的な握手を終えたあと，末弘がヒトラーと偶然に予想外の会話を交わしたというのである。そのことを孫田はつぎのように紹介している。「それにつけても，われわれの羨まし気に思えたことは，〔小柄な〕末弘博士がヒトラーに肩を叩かれニコポンをされたことであった。これはまことに珍しいことであったに違いない。そこで私〔孫田〕は博士〔末弘〕を捕まえ『あの物凄いヒトラーに肩を叩かれてニコポンをやられた人は，世界中に貴方一人しかいないでしょう』と言って持上げたら，博士も『そうだ，そうだ』といって無邪気に喜んでいた。その姿は私は今でも忘れない。かくてそれ以後というものは，博士は多少ナチ振りには変った〔末弘のナチス評価に変化があったのかなかったのか，その記述は意味不明〕が，ナチズムの悪口はあまり言わなくなって来た」と（同前『私の一生』118-119頁）。なお「ニコポン」というのは，笑みを浮かべながら，相手の肩を親しげにたたき，懐柔するという意の俗語表現だが，決して良い意味では用いられない。戦後の末弘没後になっても，このようなことをいうのは，孫田の稚気の表われなのか，それとも他意のあってのものなのか判断しかねる。

(182)　孫田・同前書123頁。

179

第2章　昭和年代初期「非常時」における労働法学

教育を重視する，年齢51歳以上の教授らと，50歳以下の，社会科学としての経済学研究を重視する者らとのあいだにおける「保守派」「改新派」に加えた世代間紛争という背景事情があったようである[183]。杉村に学位論文の提出を勧めたのも，その落選を食い止めようと教授会で発言したのも孫田であったことから，杉村の学位請求が否認されたのは，自らが不信任されたことであったと判断したと，孫田はのべている。ドイツから任務を終えて帰国したとき，「右の事件で槍玉に上げられていた私の親友教授，同僚教授の多数が私の留守中にいずれも学校に愛想をつかして退職してしまつていた」ことから，（三浦）学長に辞表を提出していた。しかし，それをなぜか「学長は手許に握り潰した」ことから，「私だけが此際一人なおノホホンとして居残るのもどうかという気がして，適当な（就職）口があつたらやめてやろうかといふ決心に段々なって来た」。そこで孫田は，教学官就任を機に東京商大を退官したと説明している[184]。当時，教学官という職務は軍部の発言力が強まるなか，文部省が学者の思想や学問統制のために設けたものであった。しかし孫田は戦後，自分はむしろ学問統制の防波堤になるべく努力したと回顧している[185]。

3　帰国後の孫田の親ナチス・ドイツの言動

日本に戻った孫田には，1937（昭和12）年の夏，三つの講演録が活字化されて残っている。これらは，ナチス政権下でのドイツについてのべた帰朝報告であった。

14年振りのドイツ再訪について，孫田は戦後「時はまさにナチスの全盛時代，行ってみて驚いたことには，一切の自由主義，民主主義的諸制度は払拭されて跡かたもなく，全体主義一色に塗りつぶされている」[186]あるいは「驚いたこ

---

(183) 白票事件の真相については必ずしも明瞭ではないが，とりあえず一橋大学学園史刊行委員会『一橋大学百二十年史』（一橋大学・1995）142-146頁を参照。その後，白票を投じた教官らに抗議する学生の「粛園運動」もあった（赤堀邦雄「東京商大生の粛園運動と反戦意志表示」大橋修治・須藤四郎〔共編〕『戦時下学生の抵抗運動：1934～1945 ── 東大を中心とした』〔ウニタ書舗・1992〕210-214頁）。

(184) 以上，孫田・前掲『私の一生』123-124頁。また蓼沼・前掲「一橋大学と孫田先生」304-308頁も参照。

(185) 孫田・同前書124-129頁は，軍部の意向を受けていたのであろうか，当時文部省で問題視された者として，具体的に「東京帝大のM〔宮沢俊義か〕教授の憲法の講義録」，『労働協約理論史』という著書で学位を請求していた「G〔後藤清か〕教授」そして「商法の最高権威，法理学者である東大教授のT〔田中耕太郎か〕博士」などのことがあげられ，さらには孫田自身の『法学通論』のなかで天皇機関説の立場をとっていることが問題視されたとしている。

180

とには，一切の自由主義，民主主義的諸制度は払拭されて跡かたもなく，全体主義一色に塗りつぶされていた」(187)と，あたかもその変貌にただただ驚いたかのごとく回顧している(188)。しかし帰国直後，孫田はこれらの変化を肯定し，親ナチスのスポークス・マンとして積極的に発言していた。次に引用するこれらは，内容的にはほとんど同じもの（文章それ自体あるいは同旨のことを繰り返す）であった。

まず「ナチス独逸の指導精神と労働立法」日本評論12巻7号では，ナチスのいう「民族社会主義」を解説して「其の指導精神は民族の協同的結合体を作り上げること，即ち個人個人の便宜利益といつたような功利的考から結合した所謂利益社会（Gesellshaft）を目標とせずして，家族団体のやうに，利害を超越した愛と尊敬と全体奉仕の気持から結合した一つの融合的民族団体の建設を目標として進んでゐるものと云へる」〔77頁〕とした。「最近のドイツ事情」実業教育資料1号（東京実業教育振興会・6月22日講演，東京商工会議所）はまず「民族社会主義 Nationalsozialismus」とは何かについて，「日本でも一部の人々が申して居る邦人一如，邦即ち人との結合，さういふ考へ方と同じ様に，血と土地に依つて結付けられた独逸民族の結合体という事を描いて居る」（3頁）とし，ついで「独逸の所謂ソシアリズムは全然人と人，階級と階級との対立といふことを抹殺しまして，円満無量な協同体といふものから出発した社会主義である」（5頁）として，ソヴィエト・ロシアとの違いを強調している。ついで「其イデオロギーの実践的方面はどう為つて居るか」（13頁）。まず「血は民族協同体を作るには最も重要な要素であ」る（同前）として，ユダヤ人迫害を「猶太人が異常の進出をした為めに，独逸民族が自己保存上反撥したと云つた

---

(186) 孫田・前掲『労働法の開拓者たち』149頁。なおその際に，孫田はユダヤ人である恩師カスケルの夫人と令嬢の消息について，カスケルのあとを継いだデルシュに問うたようだ（同前所）。

(187) 孫田・前掲『私の一生』100頁。

(188) 孫田は二度目の訪独時に，カスケルのもとでドイツ労働法学を学んでいた当時の「学友」の一人であったペータース Hans Peters（1896～1966・公法）に再会したことを戦後，懐かしげに回想し，「爾来，年を経ること更に二十幾星霜，わがハンス・ペータースはいずこにあるのだろうか」と気にかけていたが，峯村光郎により，その消息（ケルン大学正教授）を知ることができたとのべていた（孫田・前掲『労働法の開拓者たち』150-153頁）。蛇足ながら，最近知ったところによれば，同人は第二次世界大戦中，同僚・仲間等ともに潜伏ユダヤ人や東部戦線からの脱走兵をかくまう活動に従事していた（對馬達雄『ヒトラーに抵抗した人々：反ナチ市民の勇気とは何か』〔中公新書・2015〕52頁以下参照）。同人は，自らおよび家族への生命の危険すら及びうる行動をしていたことを考慮したとき，遠く日本で安直なナチス礼賛を表明した孫田とは随分と対照的な生き方を選択したものとの感慨を抱かざるをえない。

181

方が正しいかも知れません」(16頁) と同情を寄せている。つぎに「ナチスではナチスの民族協同体の理想を背負つて行けるものは農民である」(17頁) との考えに基づき, 世襲農地法により, 「独逸の純潔なる血と伝来の土地との維持を図り, 協同体理念といふものを農民をして維持させて行かう」(19-20頁) としている。さらに「民族社会主義実践の第二の方面について」は「従来行はれて参りました対立闘争の理念といふものを徹底的に排撃した」〔強調点削除〕労働立法において「1934年に労働組織法といふの」に明らかになっている (21-22頁) と説明している。そして「最後にナチス理念の第三の現はれは指導者原理といふものを取入れたといふ点であ」る〔強調点削除〕として, つぎのようにのべている (26-27頁)。

> 「之を御国に付いて申すならば, 大和民族といふ, 長い歴史と伝統の中に出来上つた協同的組織に依つて我が国体観念といふものが確固不動のものと為つて居りますのと同様に考へまして, 独逸は其オルガニゼーションの力に依つてヒットラーの地位を高め, ヒットラーといふ自然人が死んでも, 又何人がヒユーラーに為つても, 之を超えた指導者精神, 指導者原理といふものの永遠に残つて行くやうに, 斯ういふ事に努力をして居るやうであります」。

また「独逸の現状とその指導精神」日本文化第四冊も, 1937(昭和12)年6月30日に開催された日本文化協会第6回講演会の速記録である[189]。その内容 (1-58頁) は, 先の日本評論掲載のそれよりも, さらに親ナチスの立場を鮮明にするもので, 前年1月から約1年滞在して見聞したドイツの事情と民族社会主義なるもの —— アーリアン民族の純血を守るためのユダヤ人排斥を含めて —— を具体的かつ肯定的に紹介している。それらは戦後の現代の時点から見れば, 「ナチス讃美でヒトラー讃美である。ほとんど無批判に当時のドイツの状況を讃美している」[190]と評されるようなものであった。そして同講演はやはり「勘くともヒットラーの生きてゐる間はドイツは安泰であるといふ風に私は考へてゐるのであります」と結ばれている[191]。

---

[189] 1934(昭和9)年2月11日に発足した日本文化協会とは国民精神文化研究所の協力機関として, 「赤化教員」の「思想善導」を行ない, 国体思想を広めると同時に, その脅威となると思われる思想を摘除する役割を担っていた (井上順孝「解説／『国体の本義』の時代の『日本文化』」日本文化〔復刻版〕10巻〔クレス出版・2009〕1頁)。

[190] 井上・同前稿5頁。

[191] なお本講演録の後半部分 (31頁以下) は, 「最近のドイツ事情」とほぼ同一である。孫田は, これら二つの講演に先立って, 同年 (1937年) 5月27日, 東京帝国大学法学部

第6節　末弘と孫田のナチス・ドイツ体験とこれに対する応接

　このような孫田の一連の発言をみると，終始一貫してナチス法学に批判的ないし消極的な姿勢を維持した義弟・我妻栄[192]とくらべて，ナチス法理をいわば手放しで礼賛しており[193]，対照的であったといえよう[194]。

「法理研究会」例会において「滞独雑感」という表題で報告している（前掲『東京大学百年史』通史〔一〕第一編「法学部」227頁）。同報告は，法学協会雑誌55巻7号（1937）133-136頁に，その要旨（豊崎光衛・記）が掲載されている。また後年，これら二つの講演録を学術論文として，いわばリライトしたのが「ナチス独逸の法律改正事業と其の理念」日本法学7巻3号（1941〔昭16〕・3）27-55頁であった。

(192)　孫田が旧制米沢中学（山形）に通学するために，当時中学校の英語教師であった我妻の父宅に下宿したことなどから，のちに我妻の姉である千代子と結婚するにいたったことによる（孫田秀春「千代子と栄と私の貧乏物語」有泉亨ほか〔編〕『追想の我妻栄：険しく遠い道』〔一粒社・1974〕318頁）。

(193)　孫田・前掲「自由主義の人格概念と全体主義の人格概念」16頁以下参照。

(194)　柳沢治『戦前・戦時日本の経済思想とナチズム』（岩波書店・2008）77頁以下，とくに83-90頁参照。

183

◆第3章◆　準戦時から国家総動員体制への展開のなかでの社会・労働法学
── 1937 年 7 月〜 1941 年 12 月

　1937（昭和 12）年 7 月 7 日，北平（北京）西南の盧溝橋付近での日本陸軍夜間演習時の軍事衝突を契機とした日支（華）事変により，日中間の争闘は局地的紛争から，宣戦布告なき全面戦争へと拡大していった。そして 8 月に入り第二次「上海事変」直後の同月開催された第七一議会〔特別議会〕，9 月の第七二議会で多くの「臨時経済立法」「非常時立法」という戦時経済立法が制定された。11 月，日本は大本営を設置し，北支，南支における戦局を有利に進めたが，12 月に入り，国民党政府の首都南京を攻略し，大虐殺事件を起こし，国際世論の反発を招いた。同事件は，それまで対ソ戦略から静観していた英米が蔣介石率いる国民党への援助を強めていく契機となった[1]。一方，目を再び国内に向ければ，12 月 15 日（第一次検挙・446 名）と翌 38（昭和 13）年 2 月 1 日（第二次検挙・38 名）の 2 回にわたり，コミンテルン第 7 回大会の方針（反ファシズム統一戦線の結成）に呼応して反戦運動を画策したとして日本無産党，日本労働組合全国評議会（全評），労農派の大学教授らが逮捕された[2]。これら事件については，従来合法的存在であった労農派や社会民主主義者にまで治安維持法による弾圧対象が拡大し，反戦・反ファッショ運動を合法的に展開することがもはや不可能であることを示すものと受け止められた。同年，支那事変後最初の通常会である第七三議会では国内体制整備のための「国家総動員法」をはじめ，多くの戦時統制経済立法が制定された[3]。また，前年 10 月「挙国一致」「尽忠報国」「堅忍持久」のスローガンのもとに開始された国民の戦争協力を推進すべく，「国民精神総動員運動」が本格化していった[4]。1 月厚生省が創設

---

(1)　加藤陽子『満州事変から日中戦争へ（シリーズ日本近現代史⑤）』（岩波新書・2007）210 頁以下参照。

(2)　事件の経緯等詳しくは，小田中聡樹「人民戦線事件」我妻栄〔編集代表〕『日本政治裁判史録』昭和・後（第一法規・1970）273-328 頁を，また治安維持法の適用対象拡大とその変質については，奥平康弘『治安維持法小史』（岩波現代文庫・2006〔原本初出 1977〕）203-217 頁を参照。

(3)　峯村光郎『経済法』（ダイヤモンド社・1942）59-61 頁。

第3章　準戦時から国家総動員体制への展開のなかでの社会・労働法学

されたが，それは社会保険制度による戦争遂行財源の確保と「健民健兵」の実現を企図したものであった[5]。また，国家総動員法により，電力国有化などの戦時統制経済体制が本格化した。このように国内外の緊張が高まるなか，日本国内では戦争の長期化に対応するための態勢が構築されるなか，労働法を中心とした社会法学は，その学問姿勢を，従来の批判から容認へと大きく「転換」していった。

◆第1節　末弘厳太郎と孫田秀春の国家総動員法体制下における労働法学からの離脱

　ベルリン・オリンピックが開催されたドイツで，期せずして再会した末弘と孫田は，それぞれ1937(昭和12)年春に帰国した。これ以後，二人は関心の方向は異なるにせよ，いずれも労働法学から離れていくことになる。

1　末弘における戦争遂行体制の推進への姿勢転換と労働法学からの離脱

　1936(昭和11)年の初夏から冬にかけて半年にわたるドイツを中心としたヨーロッパ旅行から帰国後，末弘が発表した労働法学ないし社会法に関する論考は，以下に示すように，多くはない（ただし後で紹介する法律時報誌連載の「法律時観」中に含まれるものをのぞく）。この時期以降，末弘の法律学に関する言動は，主に民法（解釈学の）分野あるいは法社会学に関してなされていった[6]。

1937(昭和12)年
　6月「新商店法案について」法律時報9巻6号（ただし末弘は「はしがき」「むすび」のみを記し，本文は，戒能通孝が執筆）
　　「紹介／後藤清著『退職積立金及退職手当法論』，沼越正己著『退職積立金及

---

(4)　まず，1937(昭和12)年8月，第一次近衛文麿内閣のもと「実施要綱」（「挙国一致堅忍不抜ノ精神ヲ以テ現下ノ時局ニ対処スルト共ニ今後持続スベキ時艱ヲ克服シテ愈々皇運ヲ扶翼シ奉ル為此ノ際時局ニ関スル宣伝方策及国民教化運動方策ノ実施トシテ官民一体トナリテ一大国民運動ヲ起サントス」）が閣議決定された。国家総動員体制といっても当初は，精神的な運動であった。しかし，戦争の長期化にともない経済国策への協力が中心となり，貯蓄増加や国債購入の奨励，金属回収などが実施されていくようになり，1940(昭和15)年10月，大政翼賛会に吸収された。なおわが国の国家総動員体制は機構が煩雑で，実際には有効に機能せず，戦争体制への自発的協力は結局失敗したとも評されている（伊藤隆『大政翼賛会への道：近衛新体制』〔講談社学術文庫・2015〈原本初出1983〉〕）。

(5)　高岡裕之『総力戦体制と「福祉国家」── 戦時期日本の「社会改革」構想』（岩波書店・2010）24頁以下は，これについて陸軍の「衛生省」設置要求と内務省社会局主導の「社会政策」構想を背景に，1937(昭和12)年7月，第一次近衛内閣が閣議決定した「保険社会省」構想を実現したものと理解している。

186

退職手当法釈義」』同前

1938（昭和 13）年

　7 月「休養慰安の社会化 ── 世界厚生会議と日本厚生協会の誕生」改造 20 巻 7 号

　11 月「安定原理の労働政策と労働法」法律時報 10 巻 11 号

1939（昭和 14）年

　1 月「我国労働政策今後の動向」社会政策時報 220 号

　7 月＊「厚生運動の指導精神と其の分野」『第一回日本厚生大会報告書』（日本厚生協会）

1940（昭和 15）年

1941（昭和 16）年

(1)「安定原理の労働政策と労働法」稿と末弘の国家総動員体制への積極的姿勢転換

　いわゆる支那事変勃発後間もない，1937（昭和 12）年 10 月，末弘は法律時報誌連載のコラム「法律時観／事変と労働法」9 巻 10 号[7]のなかで「事変」を一時的なこととし，これを理由に工場法等の労働者保護法規の適用を緩和することは「反つて労働の能率を害したり，国民永遠の生命に救ひがたき損傷を与へることになる」と警告し，むしろ「事変後における復員時代」を予想して，「職業紹介機関の国営化」を策定しなければならないとのべていた。ところが 1 年後の 1938（昭和 13）年秋，同じく法律時報誌の 10 巻 11 号の巻頭論文，「安定原理の労働政策と労働法」で，末弘は冒頭「資本主義自由経済が行き詰まり」，統制経済が進展するなか，「我国労働法の経済の実勢に沿ふ方向転換の必要を強調し，且其新しき労働法に一貫した理論的基礎を与ふると同時に，之を統一した体系に組み上げる必要を痛感する」（4 頁）とのべて，その基本姿勢を 180 度反転させた。すなわち末弘は，統制経済のもとで新たな労働政策を展開させることの必要性を強調している。なぜならば「我国今後の労働政策一般を考へるについては，最早在来の自由経済的考方に捉はれてゐてはならない」（5 頁）。「現在のやうに自由経済の不合理が現実の事実に依つて実証せられ，適当なる計画経済に依つてのみ社会経済の支障なき運営が可能であると考へられる

---

(6) ただしそれらは主に，末弘が編集責任者を務める法律時報誌に連載した「民法雑記帳」として具体化されたが，ほかに公表されたものはほとんどなかった（法律時報編集部〔編〕「末弘博士著書論文目録」法律時報 23 巻 11 号 78-84 頁および水野紀子〔編〕「末弘厳太郎先生略年譜・主要著作目録」同前 60 巻 11 号（1988）111-108 頁を参照）。すなわち当時の末弘の言論活動は，同誌創刊以来の「巻頭言」「時評」を含め，発表媒体をもっぱら法律時報誌として展開された。

(7) 川島武宜〔編〕末弘厳太郎『嘘の効用』（冨山房・1994）下 345-347 頁に収録。

第3章　準戦時から国家総動員体制への展開のなかでの社会・労働法学

やうな情勢になつた以上，こゝでの政治政策一般は自由原理を捨てゝ寧ろ安定原理の上に組み立てられなければならない」（同前）。すなわち末弘は従来の曲りなりの資本主義経済体制からの転換について，次のように論じている（6頁）[8]。

「此労働政策の下に於ては，各人にそれぞれの能力に相応した社会的地位を割り当てることが根本原則として承認されねばならない。自由競争に依る個人的利益の追及[ママ]は最早労働の主たる動機として認められないことゝなるのであるから，別に立法を考へて公共奉仕の念慮を要請する必要がある各人にはそれぞれ能力に相応した仕事を割り当てつゝ，其生活に対しては一定の安全保障を与へる必要がある。すべての国民をして安んじて国家目的に専念奉仕せしめんとする以上，彼等のすべてを『大翼賛』と考へつゝ，国家の力に依つて其適当なる保全を計らねばならない」。

このような発言は明らかに従来とは異なり，統制経済のもとでの社会政策に期待を表明したものであった。ここに後年「オプチミスト」と批判される姿を垣間見ることもできよう。末弘は具体的に「安定原理の社会政策に於て為さるべき事柄」の「基幹を為すもの」として，第1に「労働力と仕事との結合を合理的ならしめる方策」をあげ，第2は「各種厚生計画に依る労働力の保全並に生活保障の方策」であるとする（同前）。前者について，末弘は職業紹介や失業保険を取り上げて，従来自由主義経済のもとでは「産業の重荷」と考えられていたが，統制経済 —— 末弘は「計画経済」と呼んでいる —— において失業者は「無統制に発生」せず，失業保険も「積極的経済計画の一部分」として考えられる，との楽観的ないし願望的意見を表明する。なお末弘は「勤労者個々の個人的立場よりすれば，賃銀統制に依つて一面自由が奪はれるやうであるが，賃銀政策さへ合理的に樹立されゝばたとへ一面に於て自由が奪はれてもそれが為不公正が生まれることはない」と付け加えている（同前）。一方後者について，

---

(8) このように論じる前提として，末弘はつぎのような人間の一般的「性情」理解をのべている（末弘・前掲「安定原理の労働政策と労働法」5頁）。すなわち「元来人間には一面自由を希ふ性情が備はつてゐると同時に，他面安全安定を好む気持が宿つてゐるのであつて，両者はそれ自身全く相反するものであるにも拘らず，而も現実の事実として同時に吾々の心の奥底に共存同居してゐる」。あるときは「前者の性情を基準としつゝ，自由競争・自己責任・独立自尊等々」を社会の基調とすることが適当であるが，別の場合には，「反対に安定を好む情性」を基本に社会秩序を組み立てることが適切であるとする。しかも末弘は「此事は明かに歴史の吾々に教ふる所である」（同前）と理解している。すなわち末弘は，その個人的見解をあたかも普遍的な事実のごとく論じていた。

第1節　末弘厳太郎と孫田秀春の国家総動員法体制下における労働法学からの離脱

　末弘は「国家は一面各種の厚生計画を樹てゝ労働力の保全を計る必要あると同時に，他面健康保険・失業保険・養老年金等の社会保険制度を樹立して勤労者に対する生活の安定を保障する必要がある」（同前）と提唱している。何故国家は勤労者に「生活の安定」を「保障」しなければならないのか。末弘によれば，「苟も国民のすべてを公共奉仕の精神の下に国家目的の為めに協力せしめんとする以上，国民個々の労働力も之を国家自らのものと考へつゝ之が保全について萬遺漏なきを期せねばならない」（同前）からであると説明している[9]。つまり，末弘は統制経済のもとでも，国民生活の安定の実現を希求していた。

⑵「転換のステップの完成」か，それとも急速な右旋回か

　さて戦前・戦時期の末弘の理論を追跡した石田眞は，既述のように末弘が統制経済のもとでも労働者生活の「安定」の実現を志向した「安定原理の労働政策」をもって，1935（昭和10）年1月の「岐路に立つ我労働法」中央公論50巻1号掲載 ── 末弘自身も，「安定原理」稿のなかでこれに言及している ── 以来の統制経済体制容認への「転換のステップ」が「一つの完成形態」に到達したと捉えている[10]。そこでは第1に，かつて批判的に捉えていた統制経済を自明の前提とし，第2に，以前『身分的隷属関係』に対応する『安全』が今や『安定』と名を変えて新たな労働法原理として蘇ったと理解している[11]。

　このように末弘の労働法学がとくに滝川事件（1933〔昭和8〕年）以降，非常時の名のもとに声高に言論活動への規制が強化されるようになって以降，いわばなし崩し的に変容していったと理解することは適切であろうか。私自身は，賛成しがたい。すなわち「安定原理」稿発表の前年（1937〔昭和12〕年），とく

────────────────

(9)　末弘の前掲「安定原理」はわずか3頁ほどの短いものであったのに対し，翌1934（昭和9）年1月の社会政策時報220号1頁以下に掲載された「我国労働政策今後の動向に関する断想」は，その版型は異なるにせよ，全部で10頁のものである。末弘は冒頭（1-2頁）で「安定原理」稿を要約して示し，また文末（10頁）でも同稿の一部（5頁11行）を引用しており，「断想」稿は「安定原理」稿を補充するものであった。末弘は，日本の経済統制が当初，第一次世界大戦後の不況対策として実施され，1931（昭和6）年重要産業統制法の制定・実施前後から「恐慌に対する資本の組織的自救策としての産業統制運動」に転化し，さらに「国防目的」が付加されて当時にいたったと捉えている。そして経済統制は「支那事変」後も自由経済に復帰することなく継続し，「我国経済の根幹をなす」にいたったとの認識（2-3頁）のもと，「労働政策は一面国家的経済計画によつて制約せられつゝ，他面に於ては其制約の下に立ちながら大に発展すべき可能性を獲得することとなる」（4頁）として，社会保険の役割やのちの産業報国会制度の設立可能性を論じていた。

(10)　石田眞「末弘法学論 ── 戦前・戦中における末弘厳太郎の軌跡」法律時報60巻11号（1988）60頁。

(11)　石田・同前稿61頁。

に前半期に刊行された法律時報誌に連載されていた「法律時観」── 末弘が見開き2頁のなかで複数の話題に言及する方式は従来と同じだが，無署名となった ── をみたとき，上記のような石田論評とは異なる感慨をもたざるをえない。同年3月の9巻3号掲載の「輸出統制税法案と低賃銀」2-3頁は，その提案目的が日本の輸出製品の不当な低廉価格に由来する関税障壁打破にあるとされるけれども，同法案が「最善の」対策かどうか疑問とした。なぜならばそのような「非難は，独り外人のみならず，在外邦人の殆どすべての口から聞き得る所であつて」「其弊害を救治する最も適当な方策は寧ろ不当に低廉なる労働を除去するにあ」るとした。つぎに5月，9巻5号3頁「社会立法社会政策を充実すべし」は「広義国防国家 ── 満洲事変〔1931年〕以来，陸軍は国防の観点から，武力のみならず国民生活の安定，農村漁村の更生，国民教化の振興などを提唱〔引用者〕── がいつの間にやら狭義国防に変つて，国民生活安定の問題が置き去りにされやうとしてゐる」。「国防充実と国民生活の安定との間に到底調和し難き矛盾があるとも考へられる」と皮肉交じりにのべ，当時各種私設社会事業が低金利のため著しく機能低下させられているとして，政府（林銑十郎内閣〔1937年2月2日〜同年6月4日〕）の対応を批判した。そして翌月9巻6号3頁「社会立法」で，末弘は労働争議の頻発を前にして「労働者をして規律ある統制の下に国家経済の円満なる運営に奉仕せしめる為めには，是非共其目的に適する労働組合法の制定を必要とする」とした。

　このように末弘は時の政府の政策を批判しながらも，国民生活の向上・安定を願う具体的な政策提案を行なっている。1937(昭和12)年6月以前の末弘の言動には，「自ずから時代の強い圧力の痕跡を認めえないわけではない。しかしその基本的考え方には，大きくみて労資のバランスと労働者の最低生活の保障の要求とが貫かれている」[12]との末弘逝去に際しなされた野村平爾の評言が，いまだ妥当していたように思われる。そうであるならば，このような末弘の社会的発言と先の「安定原理」論文とのあいだに，いったい何があったのであろうか。それはいうまでもなく，中国との本格的な戦争の開始とその思わざる継続であった。これを機に翌年以降の末弘の発言は大きく右旋回していった ── ただし，それは独り末弘にかぎらず，多くの法学専攻者に当てはまることであった ── と考えるべきではなかろうか。

(3) 日中戦争の勃発と末弘労働法学の終焉へ

　先述したように1937(昭和12)年7月7日，北平市西南郊外の盧溝橋北方に

----

(12) 野村平爾「労働法学における遺産」法律時報23巻11号（1951）32頁。

第1節　末弘厳太郎と孫田秀春の国家総動員法体制下における労働法学からの離脱

における日中両軍の偶発的軍事的小衝突は，翌8月13日，上海の日本租界における市街戦（第二次上海事変）に発展したが，華北では同月22日頃から本格的な戦闘が開始し，全面戦争化となるにいたった。その1週間前の同月15日，近衛文麿首相は「支那暴戻を膺懲」する旨の声明を発し，不拡大方針を転換した（9月2日「北支事変」を「支那事変」と呼称を変更した）(13)。その直後の9月に刊行された法律時報9巻9号3頁に掲載された「銃後の熱誠を組織化すべし」で，末弘の「法律時観」は従前とくらべてその論調を大きく転換した。すなわち「銃後にこの熱誠あり，また何事をか之を憂ふべき。さりながら組織なき熱誠はや，ともすれば普遍性を欠き易い。祖国の為め戦線に生命を曝す同胞の為めに，も少し銃後の組織を固める必要があるのではあるまいか」。具体的には軍事扶助法や入営者職業保障法をあげて末弘は「扶助より更に一歩を進めて，出征者の為めその蒙るべき lucrum cessans〔逸失利益〕を国民全体の相互保険的組織に依つて互いに補給し合ふやうな積極的な制度を樹立することは出来ないのであらうか」とのべている。同じく国民生活のあるべき姿を問う姿勢は従来と共通であっても，それは総力戦遂行を熱烈に支持・援護するにともなうものであった。ここに末弘は，従来の主張を大きく政府寄りへと転換したと思われる(14)。

　満州事変直後の1932(昭和7)年から1937(昭和12)年前半までの時期，既述のように日本はいまだ平時経済であるといってよかった。しかし同年7月の日中戦争勃発後は，急速に戦時経済へと編成替えされた。同年9月の臨時国会で，軍需と関係の薄い企業への設備投資資金を統制する臨時資金調整法，不要不急の物資輸入を制限できる輸出入品等臨時措置法および必要な工業設備を軍部が整備できる軍需工業動員法が制定された。翌10月には，同じ年の5月に1935〔昭和10〕年5月設置の内閣調査局を重要産業5か年計画を推進するために再編・強化した企画庁と，総動員資源の統制・運用を図る内閣資源局（1927〔昭和2〕年5月設立）を再統合して，戦時経済の計画・立案機関としての企画院が設置された。そして翌年の1938(昭和13)年4月には，ナチス・ドイツの全権授権法に倣ったのであらうか，総力戦に際して，物資，人員の動員のみならず，国民生活ほとんどすべての領域を対象に，議会の協賛なしに，国内の総力を動員できるように，政府に広範な権限を付与する国家総動員法が制定され，同法は翌5月には早くも施行され，さらには同年8月には全面的に発動されるにい

(13)　加藤陽子・前掲書（本章注(1)）210頁以下を参照。
(14)　なお末弘は，このような発言を「言い過ぎ」と考えたのか，翌月のコラムでは先に引用したように日中間の軍事衝突を一時的なものとの理解（「法律時観／事変と労働法」法律時報9巻10号）を表明していた。

191

第3章　準戦時から国家総動員体制への展開のなかでの社会・労働法学

たった[15]。

　このような中国との戦争状態が全面化・長期化していくなか，末弘個人を取り巻く状況も大きく転換していった。すなわち支那事変勃発直後，経済学部教授の矢内原忠雄（1893～1961・植民政策）が執筆した中央公論52巻9号（1937）掲載の「国家の理想」と題する論文が国家非常時の際不適当であるとして削除処分となり，経済学部教授会でも問題となった。さらに矢内原が講演会で「日本の理想を生かすために，一先ず此の国を葬って下さい」とのべたことが不穏の言動とされ，同年12月1日辞表を提出するにいたった[16]。同事件に続き，コミンテルンの反ファシズム統一戦線の呼びかけに呼応し，日本でも人民戦線の結成を企てたとした人民戦線事件の第二次検挙として翌1938(昭和13)年2月1日，治安維持法違反容疑を理由に，同じく経済学部の教授・大内兵衛（1888～1980・財政学），助教授・有沢広巳（1896～1988・統計学）および同・脇村義太郎（1900～1996・経営史）が検挙された[17]。そして当局から左翼学生の巣窟として警戒されていた柳島セツルメントについて，同年1月29日「大学隣保館」と名称と改めて，また学生の関与を遠ざけて存続を図っていたにもかかわらず，翌1939(昭和14)年2月3日，ついに閉鎖のやむなきにいたり，1923(大正12)年以来15年の歴史に幕を閉じた[18]。また同年5月に近衛内閣の文部大臣に就いた，いわゆる皇道派の荒木貞夫（1877～1966・陸軍大将で，陸軍大臣を経験）により7月末以降，東京帝大を含む帝国大学における人事慣行（内規）に対し干渉するのが見られた[19]。その後，経済学部教授会内紛をめぐる「平賀粛学」や人民戦線事件に関する3教授の無罪確定を受けた復職問題（1944〔昭和19〕年）においても，末弘は教授会等で大学自治という立場から積

(15)　以上，加藤陽子・前掲書220頁以下。

(16)　東京大学百年史編集委員会『東京大学百年史』通史二（東京大学出版会・1985）861-867頁。矢内原本人は戦後，同論文について「暗に日本の大陸政策を批判し，また国内における言論思想の圧迫に対する抗議をした」（「私の歩んできた道」同全集26巻〔岩波書店・1965〕244頁）とのべている。詳しくは，竹中佳彦『日本政治史の中の知識人：自由主義と社会主義の交錯』（下）（木鐸社・1995）253-257頁および将基面貴巳『言論抑圧：矢内原事件の構図』（中公新書・2014）を参照。また最新の評伝である赤江達也『矢内原忠雄：戦争と知識人の使命』（岩波新書・2017）も，これについて言及している。

(17)　同前『東京大学百年史』通史二868-877頁。大村敦志『穂積重遠：社会教育と社会事業とを両翼として』（ミネルヴァ書房・2013）114-116頁。同人らは，1944(昭和19)年9月2日の控訴審で無罪が確定したが，大学に復帰したのは戦後になってからであった。

(18)　同前『東京大学百年史』通史二487-489頁および同『東京大学百年史』部局史一194頁。

(19)　前掲『東京大学百年史』部局史一230-231頁，竹内洋『大学という病：東大紛擾と教授群像』（中央公論社・2001）204頁以下。

極的な発言を行なっていった[20]。

　このように，日本社会も大学も，そして末弘個人の身辺ともにいわば風雲急をつげるなかで，末弘は1938(昭和13)年の法律時報誌中の「法律時観」で，とくに労働法・社会政策に関連した課題について，いかなる発言がしていたのであろうか。これについて，特徴的なものをいくつかを見てみよう。

・10巻2号2頁「社会政策の拡充を望む」

「厚生省新設の此機会に於て吾々が当局者に向つて最も熱心に希望したいのは社会政策の拡充である。／統制従つて自由の否定を根本原理とする政治は社会安定の組織の上にのみ之を築くことが出来る。／……万人をして全体的計画的に協同せしめる為めには，所謂自由主義的意味に於ける自由を許し得ないこと〔は〕素より言ふを俟たないけれども，其代はり彼等に与ふるに安定を以てせねばならない」。

・10巻8号2頁「統制と遵法精神」

「〔支那〕事変第二年に入つて戦時体制日に日に強化の度を加ふ。正に是れ国家総動員の秋，物心両方面の総力を集中して時局の有利なる解決に邁進せねばならない。／統制の網は日に日に緊密の度を加へて各種の物質に及び，頓ては労働力にまで及ぼうとしてゐる。官民一致大に努力して統制の効果を有意義ならしめねばならない。／統制は法に依つて行はれる。法に制裁ありと雖も，制裁は寧ろ末である。何よりも先ず国民一般をして統制の意義と必要とを理解せしめ，国民の側から進んで協力するの気分を養はねばならない。／……／統制は必然すべての国民に犠牲を要求する。国民は勿論之を忍ばねばならない。……此際最も必要なことは跛行景気的傾向を極力抑制すると同時に已むなき犠牲者の為めに社会政策的考慮よりする救済の施設を行ふことである」。

・10巻12号2頁「社会保険の体系的実現を望む」

職員および船員両健康〔保険〕法案の立案とその保険制度調査会への附議の報に接して，「是非とも次回議会に提案して其通過に努力せんことを希望してやまない。……事変の解決が長期化すればする程人的資源涵養の為め社会保険制度の全面的確立を計ることは極めて緊要である」る[21]。／「自由経済の否定は必然に社会安定の政策を要求する」。

・同前所「国家総動員法の全面的発動を前にして」

---

(20) 大村・前掲書178-181頁。なお竹内・同前書は1928(昭和3)年の大森義太郎辞職から平賀粛学(1939〔昭和14〕年)にいたる東京帝大内外の動向を描く大学論である。平賀粛学については，大河内一男『暗い谷間の自伝：追憶と意見』(中公新書・1979)152-154頁でも言及されている。

(21) わが国の医療保険制度は1937年日華事変勃発以降「健兵健民政策」のもと，拡充され，1938年国民健康保険法，39年船員保険法，職員健康保険法がそれぞれ成立していった(横山和彦・田多英範〔編〕『日本社会保障の歴史』〔学文社・1991〕50頁〔西崎緑〕)。

第3章　準戦時から国家総動員体制への展開のなかでの社会・労働法学

　　「事変の必要は今やまさに国家総動員法の全面的発動を要求してゐる。……かく
　　して自由経済は日に日に我国の社会から姿を消して統制的傾向は愈々強化する
　　であらう。此時に当つて吾人の最も要望する所のものはかくして行はるべき統
　　制経済が相当永い将来を看透かした計画的ものでなければならぬことである」。

　このような主張は，明らかに先の「安定原理の労働政策と労働法」を先取り
し，また確認するものであった。そこでは，戦争遂行を実現するために，社会
政策の実現を要望するものである。それは以前には，見られない視点であっ
た(22)。ただし末弘本人にとっては，日中戦争勃発（1937〔昭和12〕年7月）後，
とくに翌1938(昭和13)年5月の国家総動員法制定・施行されたのちにおいて
も，理論的に「転向」をしたという意識はなかったのではなかろうか。
　末弘は戦争末期にいたっても，大学での労働法の講義を行なっていた。しか
し末弘が労働法や社会法に関連する問題について発言することも，労働者保護
を実現するためにとられるべき政策を提言することも，1939(昭和14)年1月，
社会政策時報220号に「我国労働政策今後の動向」を発表して以降，先述した
ように最早ほとんどなくなった(23)。労働法に代わって，同人が発言を重ねる
ようになるのは，法社会学に関わる課題であった。すなわち末弘が労働法・労
働問題に代わる，新たな課題として具体的な提言を行なっていくのは，日本軍
の占領地である中国の華北農村「慣行調査」についてであった(24)。

───────────────

(22) これらのほか，「休養慰安の社会化 ── 世界厚生会議と日本厚生協会の誕生」改造20
　　巻7号（1938）6-15頁は，当時ファシズム・イタリアの「Dopo Lavaro ドーポ・ラヴァー
　　ロ（労働のあとに）」やナチス・ドイツのKDF歓喜力行団 Kraft durch Freude を例にあ
　　げながら，「労働に対して強い国家的統制を行はねばならない国々は休養・慰安・労働力
　　涵養のことをも直接国家的に管理する必要があ」る（12頁）として，日本においても労
　　働者〔国民〕の余暇・休暇の組織化を推進することを提案するものであった。
(23) 本書では，末弘の業績を通覧するに際し，法律時報誌に連載された「法律時観」ない
　　し「時評」について本文中に言及することはあれ，一覧にはかかげなかった。しかし，こ
　　の時期，末弘が労働法ないし労働問題について発言することはほとんどなくなったので，
　　ここにふれた。
(24) 瀬川信久「末弘厳太郎の民法解釈と法理論」六本佳平・吉田勇〔編〕『末弘厳太郎と日
　　本の法社会学』（東京大学出版会・2007）219頁は，法源論をのぞく，末弘の民法解釈と
　　判例研究は終始変わらなかったのに対し，「裁判外規範研究」は1930年代後半，大きく変
　　化した。それは末弘の「現実主義・人間主義・具体主義」が「経験的感覚・判断に対する
　　信頼」に依拠し，その「非国家法主義＝社会主義・現場主義・当事者協調主義」の根拠が
　　プラグマティックなものであったことから，同人の「社会法学」は本来的に状況の変化に
　　より変化する可能性をもっていたからであるとする。

(4) 占領地華北慣行調査の提唱と「日本法学」構築への応用

初めて，末弘がこのことに言及したのは，日中戦争勃発の翌年である 1938 (昭和 13) 年秋，法律時報 10 巻 10 号のコラム「法律時観／支那に於ける法的慣行調査の必要」2-3 頁であった。

> 「中華民国には既に前々から法典があり，裁判所の設備亦一応整つて居るけれども，法典の規定する所が民衆の間に浸透してゐる程度は今尚我国などとは全く比較にならない程低いのであつて，現実社会の規律としては法的慣行が遥かに強い力を以て民衆の間に行はれてゐるのである。此故に，今後我国が政治的に支那民衆と接触してゆく為めには何より先ず彼等民衆の間に行はるゝ法的慣行を知らねばならない。そして之を尊重し之を利用しつゝ，彼等との関係を調節してゆくことこそ最も重要な用意であると言はねばならない」。

法社会学への関心は，末弘が若いころの米欧留学時から抱いていたものであり，法が規範としての有効性を持続するのは，人びとのなかでそれが守るべきものとして承認されるか否かにより，また社会には，国家規範とは別のものが存在するということも，のべていた。そして末弘は半年後，再度この問題を取り上げた。すなわち「法律時観／再び法的慣行調査の問題について」法律時報 11 巻 6 号（1939）2-3 頁である。

> 「法的慣行の社会的習俗規範としての力は決して而かく脆弱なものではないのであつて，程度の差こそあれ，現にあらゆる社会に於て日に日に成長し変化しつゝ，存在を続けてゐるのである。決して一片の法令を以て一挙に生命を失つて旧慣化すべき性質のものではない。……現実の社会秩序は習俗的規範に依つて規律立てられて居り，民衆日常の現実的生活は其規律の下に営まれてゐるのであるから，之と接触して政治的交渉をもち若くは経済的取引を行はんとするものは此点に関して最も精確な認識をもたねばならない」。

ここでは，末弘は慣行調査の必要性を説くだけではなく，具体的な調査に際し注意しなければならないことまで言及していることが特徴的である。末弘の提言は，東亜研究所 —— 1938 (昭和 13) 年 9 月に企画院の外郭団体として設立（総裁は近衛文麿）—— が主体となり，満鉄調査部がこれに協力する形で 1940 (昭和 15) 年から 1944 (昭和 19) 年にかけて実施された。そして末弘は，東亜研究所第六調査委員会第一部の責任者として，これに関与した[25]。そして，このような慣行調査は，軍事的占領地 —— 大東亜共栄圏 —— における統治をいか

第3章　準戦時から国家総動員体制への展開のなかでの社会・労働法学

に有効に実現しうるかという「政治的意図」をもって提唱されたものであった[26]。

2　孫田の東京商大退官以後の言動 ── 研究活動の終息

　一方孫田は前章末でのべたように，ドイツにおける「日独文化協会」および「日本学会」日本側代表主事の任務を解かれ，1937(昭和12)年3月にドイツから日本に帰国したのち，東京商大を退官し，文部省教学局教学官に就いた。しかし東京・新宿駅（中央線か？）ホームにて狭心症の発作を起こし介助されたことを契機に，1938(昭和13)年12月，就任してからわずか1年足らずで同職を依願免官となっている[27]。そして1年間ほど病気療養をしたあと，孫田は，ほぼ1年刻みで異なる職歴をたどるという有為転変の人生を歩んでいった[28]。帰国したのち，日本が中国大陸のみならず，1941(昭和16)年12月，西太平洋ハワイ・オワフ島真珠湾のアメリカ海軍基地への奇襲攻撃や英領マレー半島への上陸作戦開始により，英米やオランダ等との太平洋戦争が開始する前までのあいだ，孫田が公刊した業績としては，つぎのようなものがある。

---

(25) 末弘はその過程で，自ら法社会学理論を形成していったとされるが，その具体的な詳細や評価については，本書第4章補節で取り扱う。

(26) 石田・前掲「末弘法学論」63頁および同「植民地支配と日本の法社会学 ── 華北農村慣行調査における末弘厳太郎の場合」比較法学36巻1号（2002）8頁。このことは，末弘がこれ以降も「時評／異民族に接する用意」法律時報14巻1号（1942）82頁および「時評／蘭印慣習法の研究」同14巻6号（1942）60頁について，のべていることからも，理解できよう。

(27) 孫田秀春『私の一生』（高文堂出版社・1974）127-129頁。

(28) 孫田米寿祝賀記念『経営と労働の法理』（専修大学出版部・1974）553-554頁は，つぎのように職歴が記されている。

　　1940(昭和15)年3月　　上智大学商学部教授・学部長
　　　　　　　　　4月　　日本大学法文学部教授
　　1941(昭和16)年？月　　上智大学商学部教授辞職
　　　　　　　　　3月　　東洋音楽学校校長を兼務
　　1942(昭和17)年4月　　弁護士登録（東京弁護士会）
　　1943(昭和18)年5月　　日本大学法文学部部長
　　1945(昭和20)年3月　　東洋音楽学校校長辞職
　　　　　　　　　5月　　日本大学法文学部部長退任

　なお上智大学は1913(大正2)年イエズス会により創設され，1928(昭和3)年正式に大学となった，戦前の日本では唯一のカトリック系男子高等教育機関であった。ただし同大学は小規模な大学で，文学部（文学科・哲学科）と商学部（商学科・経済学科）から成っていたが，たとえば1935(昭和10)年の卒業生（定員は120名）は46名（文学科8名，哲学科3名，商学科21名，経済学科14名）にすぎなかった（ケイト・ワイルドマン・ナカイ

第1節　末弘厳太郎と孫田秀春の国家総動員法体制下における労働法学からの離脱

1937(昭12)年　51歳

　2月＊「我国に於ける体系的労働文献集成」（其の六）（中野藤吾と共筆）労働立
　　　法4巻2号

　3月＊「我国に於ける体系的労働文献集成」（其の七）（中野藤吾と共筆）労働立
　　　法4巻3号

　6月＊「我国に於ける体系的労働文献集成」（其の八）（中野藤吾と共筆）労働立
　　　法4巻4号[29]

　7月＊「ナチス独逸の指導精神と労働立法」日本評論12巻7号

　8月＊「最近のドイツ事情」実業教育資料1号
　　　「独逸の現状とその指導精神」日本文化（日本文化協会）第4冊

1938(昭13)年　52歳

1939(昭14)年　53歳

　5月＊『全訂・法学通論』（有斐閣）

　7月＊　翻訳／ラムメルスH. H. Lammers およびプントナ H. Pfundtner〔共編〕
　　　二荒芳徳〔編纂〕『新独逸国家体系』[30]第1巻（政治編1）「序文」（ヘス Rudolf
　　　Hess, フリック Flick）および「緒言」（ランメルス，プントナ）

1940(昭15)年　54歳

　2月＊『新訂大日本商業法規教科書』商法篇（第日本図書）

　4月＊　同・民法篇（同）

　9月「協同的全体主義の権利義務概念」日本法学6巻9号
　　　「自由主義の人格概念と全体主義の人格概念」一橋論叢6巻3号

　11月『国体の本義解説大成』共著（原孝房）（大明堂書店）[31]

1941(昭16)年　55歳

　3月「ナチス独逸の法律改正事業と其の理念」日本法学7巻3号

　11月＊『国体の本義通訳』共著（原孝房）（大明堂書店）

　これらの業績リストを見ていて思うことは，2度目のドイツ行前とは異なり，

──────────

　／田中アユ子〔訳〕「戦時下の上智大学」江島尚俊ほか〔編〕『戦時日本の大学と宗教』〔法
　蔵館・2017〕95-96頁）。また現代からみれば，どうして同時に二つの大学の教授職を兼
　任することができたのか不思議に思えるが，それが現実化した事情や，いわば畑違いの音
　楽学校の校長を兼務したことなどの理由については，孫田・同前『私の一生』129-137頁
　で，孫田自身が語っている。

(29)　同誌4号1号は所在を確認することができなかった。また同誌4巻5号以降を閲覧す
　ることはできなかったことから，おそらくこれ以後，同誌は刊行されなかったものと思わ
　れる。

(30)　同書の意義や刊行経緯については，後掲注(169)を参照。

(31)　孫田・前掲「著作目録」555頁は「昭和18年〔ママ〕　月」と表示するが，同書の奥書に記さ
　れた刊行日を確認した。

労働法に関わる学問的業績はほとんどないということである。そのなかでは，まず帰国した年の夏に公刊された三つの講演録については，孫田のナチス政権下のドイツから日本に戻っての帰朝報告と考えてよかろう。それらがどのような内容を含むものかについては，すでに前章の終わりで言及・紹介した。それらは既述のように，いわば当時の時流に乗った，親ナチスないし体制迎合的なものが目立った(32)。わが国私法学は，短期的なもので終ると思われた日中戦争(1937)が長期化し，その翌年の国家総動員法施行の頃から，徐々に戦時遂行体制に寄り添うように積極的な発言をするようになっていったと指摘されている(33)。本章のなかで労働法学徒もまた，同様の足取りをたどっていくことを見ることになろう。これに対し孫田は，より早くかつ積極的に，ナチス的集団主義・協同体論の紹介と普及に努めた。別言すれば孫田の場合，労働法学徒としての活動は，誰よりも早く日中戦争が勃発する前から，事実上すでに終わっていたといえよう。

◆第2節　菊池勇夫の『社会保険法と社会事業法』に表（現）われた社会立法理解

　（敗）戦前，菊池勇夫は今日の社会保障法分野にも，関心を寄せる数少ない法学研究者であった。すなわち菊池にとっての社会法とはまず労働法であり，ついで後に考察するように，同じく社会改良を目的とする，社会事業法と戦後社会保障法の主要領域を構成する社会保険法を加えて理解していた。菊池はこれら法分野について，自由放任を基調とする国民経済に対する社会政策に対応する法と捉えていた。

1　社会事業法と社会保険法への関心と戦後の論文集刊行

　菊池は社会保険および社会事業法に関わる論考を発表し，既述の『日本労働立法の発展』および『労働法の主要問題』の巻末で，その「社会・経済法論集」第4巻として『社会保険法と社会事業法』との表題で論文集を刊行することを予告していた(34)。そこでは，前2著における収録論文数から推測して，同書に収録されるべきものは，ほかにもあったと思われるが，広告に掲載され

---

(32) 帝国大学新聞社〔編〕『帝国大学案内』昭和13年度版（帝国大学新聞社・1937）233頁は，東京商大では「民法総則，物権法はナチ独逸から新帰朝の孫田秀春教授が全体主義のナチ礼賛論」を講じていると記している。すなわちこれは，孫田のナチス傾倒振りが当時大学の内外で有名であったことの証左かと思われる。

(33) 白羽祐三『現代契約法の理論』（中央大学出版部・1982）61頁以下および同『プロパティと現代的契約自由』（同・1996）375-377頁。

ていたものとしてつぎのようなものがあげられていた。

「社会保険法の対象と本質」 ← 『杉山〔直治郎〕教授還暦祝賀論文集』（有斐閣・1942）

「社会事業法の成立」 ←（原題）「社会事業法域の成立について ── 社会行政発展の一面」野村〔淳治〕教授還暦祝賀『公法政治論集』（有斐閣・1938）

「社会事業法と社会法体系」 ←社会事業研究 23 巻 1 号（1935）

「わが社会事業立法の発達」 ←（原題）「我国社会事業立法の発達」社会事業研究 22 巻 9 号（1934）

「社会事業新体制の一考察」←社会事業研究 29 巻 10 号（1941）

「社会事業本質の再検討」 ←（原題）「社会事業本質の再検討 ── 時局下におけるその任務」社会事業 24 巻 4 号（1940）

「軍事扶助法の改正」←（原題）「軍事扶助法について」共栄 10 巻 10 号（1937）

「少年保護の社会的基礎」←（原題）「少年保護問題の社会的基礎」少年保護 1 巻 3 号（1936）

「司法保護事業の諸問題」：原型論文名および初出先不明

其他

　これらのうち，太字・ゴシック体で示した各論稿は，菊池が戦後 1970（昭和 45）年に刊行した『社会保障法の形成』（有斐閣）に収録されている。また同書には，同じく戦前に著わされた論考として「社会事業と法律」社会事業研究 22 巻 2 号（1934・2）と「厚生事業の体系及び範囲」厚生問題 26 巻 10 号（1942・10）の 2 篇が収録されている。併せて 13 本ある『社会保障法の形成』に収録された論文のうち，同書後半に掲載されている七つの論考がアジア太平洋戦争敗戦前に執筆・公刊されたものであった。そして戦後の社会保障法の総論的課題について言及した前半部分に対し，それらは，戦前期の社会保険法と社会慈善事業活動について法的に論じたものであった[35]。

　このような菊池が戦後公刊した著書に収録した論稿リストをみれば，戦前の

----

(34) 菊池の「社会法」理解においては，その構成原理を異にする経済法と違って，社会事業および社会保険両法はともに，労働法と併せて「固有の社会法」をなすものである（菊池『労働法の主要問題』〔有斐閣・1943〕「序」7 頁）。それにもかかわらず「社会・経済法論集」全 4 巻を刊行しようとした際に，これら両法分野が労働法に当てられた前半の 2 巻に続く第 3 巻ではなく，何故に第 4 巻となったのであろうか。その理由は，不明である。

(35) 参考までに，戦後刊行の『社会保障法の形成』前半の目次構成＝配列順位および初出先は，つぎのようなものであった。

　「社会保障の理念と現実」←ジュリスト 298 号（1964）

　「社会保障の権利」←健康保険組合連合会〔編〕『社会保障年鑑』（東洋経済新報社・1968）

第3章　準戦時から国家総動員体制への展開のなかでの社会・労働法学

篇別構成の方針が基本的にはそのまま踏襲されていることがわかる。このことは，菊池にとって，戦争継続による出版事情の著しい悪化により刊行の陽の目を見なかった「社会・経済法論集」第4巻が，戦後25年を経て，ようやく公刊されたということになるのかもしれない。換言すれば，菊池は自らの理論について，戦後も修正する必要もなく，たとえ戦前・戦時期に執筆したものであっても，そのまま公刊することができるとの自負をもっていたのかもしれない。

　菊池は同前『社会保障法の形成』の「序言」2頁で社会事業法を開講する経緯について，「筆者は，東京府と大阪府および福岡県の社会事業施設を実地見学した上で，はじめて昭和九〔1934〕年度から九州大学法学部で社会事業法の講義を行なった」とのべている[36]。しかしこれだけでは，何故に菊池が社会事業法への関心を向けていったのかは明らかではない。この点について，同「社会法講座三十年の回顧」前掲『社会法綜説』（下）（有斐閣・1959）が，つぎのように説明している。すなわち，福岡に赴任する前の在外研究のためフランスに滞在中，「社会法」講座が1927（昭和2）年に正式に開設されることとともに，〔大学としては〕なるべく早く開講したいとの連絡を受け，〔すでに九州帝大に赴任していた〕佐々弘雄と相談し，菊池が帰国するまでのあいだ，西南学院の杉本勝次（1895−1987）── 菊池にとって「一高以来の〔学年が〕一年先輩の親友」で，戦後社会党の推薦を受けて福岡県知事を二期務めた[37] ── に依頼した。さらに菊池は，つぎのようにのべている[38]。

　　「法制面からみた社会保障」←季刊社会保障研究8号（1967）
　　「社会保障の法体系」←健康保険組合連合会〔編〕『社会保障年鑑』（東洋経済新報社・1965）
　　「公害と社会保障」←季刊事故と災害5号（1969）
　　「社会保障における労災補償の問題 ── 第5回国際社会法学会会議（リヨン大会）の報告」←世界の労働14巻1号（1964）

(36) 菊池勇夫教授六十年祝賀記念『労働法と経済法の理論』（有斐閣・1960）に収録されている菊池「年譜」4頁は，同旨のことをのべたあと「その後，『労働法概論』のほかに『社会保険法』と『社会事業法』を特講又は演習として繰返す」としている。なお山田晋「菊池勇夫の社会事業法論 ── 菊池勇夫『社会事業法域の成立について ── 社会行政発展の一側面』（一九三八年）を読む」社会学・社会福祉研究（明治学院大学）134号〔2011〕130頁は，同所を引用して「この文章からは，社会事業法の開講が決まっておりそのために社会事業施設を実地見学したのか，現場に触れて社会事業法の開講を決めたのか明らかでない」としている。これに対する，いわばその正解は本文でのべるように，前者であったということになろう。

(37) 菊池「社会法講座三十年の回顧」同〔編〕『社会法綜説』下巻（有斐閣・1959）5頁。

第2節　菊池勇夫の『社会保険法と社会事業法』に表(現)われた社会立法理解

　「私の不在中一回だけ講義された杉本君の講義内容を窺うと社会事業関係
法規を中心としたものであった。それで昭和5年から数年の間，私が『労
働法』を講義するのと並べて杉本君に『社会事業法制一般』[39]という特殊
講義を依頼した。その後私自身で『社会事業法』を担当することとなり，
昭和10年には東京，大阪及び福岡の社会事業施設を視察した上で開講し
た。これより先昭和6年から『社会保険法』の特別講義を試みていたので，
後には『社会保険法』と『社会事業法』とを交互に，講義又は演習として
繰返した」。

　すなわち菊池は，労働法講義を担当する以前から，今日では「社会保障法」
として包括的に理解される法分野を構成する社会保険法および社会事業法（今
日では「社会扶助法」と呼称されている）についても，社会法を構成する領域に
含まれるものとして労働法と並んで興味・関心をいだき，研究対象とすること
を意図していたと思われる[40]。

──────────

(38)　菊池・同前稿1頁，2-3頁。また菊池「年譜」（前掲）4頁にも，「昭和六年度」「同九
　年度」について同趣旨の記述が見られる。さらに菊池自身は何も言及していないが，九州
　帝国大学新聞創刊号（1927〔昭和2〕年6月18日）2面「末弘厳太郎博士の労働法講義」と
　の記事は，菊池の「帰朝までに適当の専門家の臨時講義をして貰うことになって」おり，
　末弘により同月「廿日から向ふ一週間法文学部第拾番教室で労働法制の講義が開かゝるこ
　とになつた」と報じている。そして同2号（同年7月10日）2面「末弘厳太郎氏の／労
　働法講義／去る廿二日より一週間」が既報のように「6月22日から28日まで講義は予定
　通り6講〔午後4時から6時まで〕を重ねて28日終了した，……博士特有のユーモアに
　富んだ軽快なる弁舌と生気溌剌たる講義振りは連日満場の学生を魅了した」と伝えている。
　これによれば，菊池の留学中，九州帝大では社会事業法のみならず，労働法の講義が集中
　講義方式であれ，しかも末弘によりなされたようだ。なお上記引用記事の存在については，
　七戸克彦「九州帝国大学法文学部と吉野作造 ── 九州帝国大学法文学部内訌事件の調停
　者」(1)法政研究（九州大学）83巻4号（2017）772頁により教えられた。
(39)　原文では「一斑」と記されているが，おそらく「一般」の誤植かと推測する。
(40)　(敗)戦前と戦後のいずれかの書籍に収録ないし収録が予定されていた諸論稿をみると，
　いずれの場合も，社会保険法に関するものが1本しかない。これは，菊池の関心が社会事
　業法の方に向けられていたということを意味するのであろうか。末弘と穂積重遠が中心と
　なり，設立・運営されていつた東京府柳島の東京帝大セツルメントにおいて，菊池はその
　初期に労働者教育（「国際労働機関と日本」〔課外講義〕）に携わり，またその解散時にい
　たるまで「会友」としてセツルメント存続に心をくだいていた（福島正夫・石田哲一・清
　水誠〔編〕『回想の東京帝大セツルメント』（日本評論社・1984）395頁および454頁）。そ
　れゆえに生涯，国際労働法への関心をいだく一方，日本の社会扶助法（社会福祉法）への
　志向とこれに関する先駆者として，その理論形成に大きな足跡を残したのではないかと推
　測する。

第 3 章　準戦時から国家総動員体制への展開のなかでの社会・労働法学

2　社会事業法の形成への寄与

　1929（昭和 4）年秋に始まる世界恐慌をはさんだ 1927（昭和 2）年から 1931（昭和 6）年にかけての昭和恐慌により，わが国の資本主義体制は深刻な危機の時代を迎え，社会事業問題の中心である貧困は拡大と同時に質的にも深刻化し，医療ばかりではなく，その他の諸問題と構成的に関係し始めた[41]。1931（昭和 6）年に満州事変が勃発し，以後いわゆる非常時体制が始まったが，昭和年代前期の社会事業は後述のように，壮丁の体位低下を憂慮する陸軍に応えるごとく，展開していった。ただし菊池が論稿を公刊し始めた頃は，同じく「非常時」といっても日中戦争前で，国民生活の全体状況はいまだ戦争体制になっていたものではなかった[42]。そこで「社会事業法制研究の開拓者」と評される[43]菊池のこの分野における業績について，検討しよう。

　菊池は自ら社会事業法に関する講義を担当する（1935〔昭和 10〕年）前後の時期から，それに関わる論稿を発表している。当初は「社会立法としての児童保護法制」社会事業 19 巻 1 号（1935）2-8 頁，「児童虐待防止法の趣旨とその社会的効果」同 19 巻 6 号（1935）2-10 頁および「少年保護問題の社会的基礎」少年保護 1 巻 4 号（1936）47-51 頁で，とくに児童保護に関する制定法の内容を確認する一方，戦後『社会保障法の形成』に収録された「社会事業と法律」社会事業研究 22 巻 2 号（1934），「我国社会事業立法の発達」同 22 巻 9 号（1934）および「社会事業法と社会法体系」同 23 巻 1 号（1935）において，社会事業法の法的性格やその体系性の構築に意を用いている。それは戦後の生活保護法（旧法〔1946 年〕・現行法〔1950 年〕）の原型としての救護法が 1932（昭和 7）年に，児童虐待防止法が 1933（昭和 8）年にそれぞれ施行され，少年法が施行以来既に10 年が経過し，同年少年救護法も制定され，翌 1934（昭和 9）年には施行されるなど日本においてもようやく社会事業関連法規が制定・整備されるにいたったことが，その背景としてあったと思われる。当時は，経済不況を背景に，児童虐待が問題となり，街頭には物乞いをする子も少なくなかった[44]。社会事業は，主に民間の篤志家や宗教団体などにより，道徳的ないし宗教的な動機から，生活困窮者や孤児などに対し，自発的に行なわれてきた。そのような私的な社

---

(41)　吉田久一・同著作集 3『改訂増補版・現代社会事業史研究』（川島書店・1990）103 頁。

(42)　同前・著作集 1『日本社会福祉思想史』（同前・1989）507 頁，511 頁。

(43)　吉田・前掲『現代社会事業史研究』222 頁。なお菊池の業績リストは，山田・前掲論文 114-118 頁，137-138 頁に掲げられている。

(44)　吉田・同前書 165 頁および小川政亮「昭和恐慌下の社会事業・社会保険立法」社会事業の諸問題（日本社会事業大学研究紀要）23 集（1976）のちに同・前掲著作集第 2 巻『社会保障法の史的展開』（大月書店・2007）270-277 頁。

会的欠陥に対する救済行為が，いわば社会的事業たる意義を国家によって認められ，政策上の問題とされるようになった[45]。

当時の救護制度を考察するとき，軍事扶助法と比較することが重要であろう。菊池はこれについて「軍事扶助法について」共栄10巻10号（1932）で論じている。まず，その沿革として，同法が日露戦争（1904-1905）当時の下士兵卒家族救助令（1904〔明治37〕年）を原型として，第一次世界大戦時（1917〔大正6〕年）に制定された軍事救護法が満州事変時に一部変更され，さらに日中戦争に際し（1937〔昭和12〕年）改正され，名称も「軍事扶助法」に改められた（2-3頁）。同法は一般救貧対策としての救護法とは異なり，兵士＝戦争遂行に必要な人的資源のための特別な法律であることが強調されていた。そのため「救護」ではなく「扶助」と表現された。菊池は，このことが同法16条が「本法ニ依ル救護ハ他ノ法令ノ適用ニ付テハ貧困ノ為ニスル公費ノ救助ニ非ザルモノト看做ス」との文言に示されている（4頁）と指摘していた。同法による給付は救護法より高額で，同法による給付を受給しても公民権は停止されず，費用は全額国庫負担であった[46]。菊池は同稿を「軍事扶助の問題は現在の支那事変の拡大に伴って益々重要となっている」（9頁）とのべて，同稿を結んでいる。

しかし菊池の主要な問題関心は社会事業に関わる制定法解釈や紹介よりはむしろ，それに関する法分野として学問的にいかに把握し，構成するかにあったのではないか。労働法と社会事業法は同じく社会政策立法としての範疇に含まれるとしても，両者のあいだには，共通点もあれば，異なる点もあろう。菊池は「労働立法が有産者たる雇傭者と無産者たる労働者との関係について，主として労働者保護の為に行われる立法である」のに対し，「社会事業立法の対象となるものには，精神的若しくは肉体的に欠陥ある者のように，各個人に特有な原因を持つ場合や，教化又は衛生などのように極めて一般的に社会を保護の対象とする」[47]とのべていた。このことを菊池は，より体系的につぎのように

---

(45) 菊池・前掲「社会事業と法律」211頁（引用は菊池・前掲『社会保障法の形成』による，以下同じ）。しかしそれは別言すれば，貧困者の救済を地域社会の相互扶助などによっては実現することができなくなったこと，つまり失業者の出現が農村社会の崩壊により，新たな救貧対策をとることを必要としたことの結果として現われたものであったといえよう（横山和彦・田多英範〔編〕『日本社会保障の歴史』〔学文社・1991〕37頁〔岡本多喜子〕および田多「昭和恐慌と社会事業立法 —— 救護法の成立」石田紀久恵ほか〔編〕『社会福祉の歴史：政策と運動の展開』〔新版〕〔有斐閣・2001〕268-271頁を参照）。

(46) 横山・田多〔編〕同前書35-36頁〔岡本〕および高沢隆治「翼賛体制と社会事業の軍事的再編 —— 戦時厚生事業」石田ほか〔編〕前掲書282-283頁。戦時下の軍事援護の制度と実態についての詳細については，吉田・前掲『社会事業史研究』253-274頁を参照。

(47) 菊池・前掲「児童保護法制」2頁。

第3章　準戦時から国家総動員体制への展開のなかでの社会・労働法学

説明している。

> 「労働問題と救済問題とは相関連している。すなわち労働問題は労働状態
> の積極的改善を問題とするのに対して，救済問題は労働者階級及び一般無
> 産階級の困窮した生活状態に関し，消極的に救助の手段を講ずるものであ
> る。……しかしながら，『社会事業法』は『労働法』と明瞭に区別すべき
> 特質を持っているのである。『労働法』は労働契約関係を中心に構成され
> る法域であって，その端初的形態は労働契約という債務関係の原因たる法
> 形態である。これに対して『社会事業法』は要救済原因を法律的形態とし
> て持つものではなく，直接に災害のような自然的原因や，貧困のような経
> 済的原因や不具，畸形，年少というような生理的原因に求められる」(48)。

当初は労働契約関係の発展としての理論的体系性を把握すべき労働法とは異
なり，社会事業法については，そうすることができないとしていた菊池は，そ
の歴史的展開を先に言及したように「わが国社会事業立法の発達」（原題は「我
国……」）で概観している。そして，これをさらに敷衍し，それまでの社会事
業法理解を総括的に論じているのが，「社会事業法域の成立について —— 社会
行政発展の一面」野村〔淳治〕教授還暦祝賀『公法政治論集』（有斐閣・1938）
であった（引用は菊池・前掲『社会保障法の形成』による）。そこで，その要点を
確認しておきたい。

菊池は冒頭「社会事業」の中心が「貧窮の救済」にあるとしながらも，在来
の「慈善事業又は博愛事業」と本質的に区別すべきであるとする（190頁）。菊
池はその理由として「貧窮が近代資本主義経済社会の必然的産物として発生す
るに及び，その救済も社会問題として意識され国家的政策の対象として取上げ
られることとなった」（190-191頁）とする。ついで，その「主たる特質」とし
て，以下の3点をあげる。（一）社会事業の救済を必要とする者は，「（イ）精
神的あるいは肉体的欠陥者，すなわち盲聾唖・瘋癲・白痴など，（ロ）社会的
に不衡平な待遇を受けている者，すなわち児童・失業者・老廃者など，（ハ）
犯罪人特に免囚や執行猶予を受けた者などである」。これらの者たちに共通す
るのは，貧窮ということである。つぎに（二）「社会事業は，社会学，医学等
の進歩した科学的知識を応用して，事業目的を達成するためにますます技術化
の程度を高めている」。そして（三）「社会事業は国家的・公共事業を中心とし
て行われ，私設社会事業に対しては公共的任務を行なうための補助機関として
之を助成すると共に監督を加えることになる。そこに社会事業行政が発達し，

---

(48) 同・前掲「社会事業と法律」同・前掲『社会保障法の形成』215頁。

行政の基準たる法規を必要とするに至る」（190-193頁）。

　菊池は社会事業の法制化には，つぎのような三つの場合を区別することができるとする。すなわち（一）は，「社会事業の中心たる貧窮者及び救護・児童保護等の諸事業を法制化する場合」（たとえば救護法・被災救助基金法・児童虐待防止法），（二）「社会事業を直接の目的とせずに制定された法規が，社会事業の体系を整理し拡大するにつれて社会事業関係法規の範囲内に取入れられる場合」である。たとえば医療保護事業関連では，精神病者監護法，結核予防法等，経済保護事業，また労働保護事業では，簡易生命保険法・工場法・鉱業法等，そして（三）「国家の社会行政組織に関する法規ならびに社会事業の主体たる事業団体や社会事業家（従事者）の職能を明らかにすると共に之を監督取締る法規が制定される場合」である（193頁）。こうして菊池は一方で「社会事業法規の特質は，社会事業そのものの特質が法規に関して認められる……社会改良的計画性として把えることができる」（194頁）としながら，他方で労働法規との違いについて「労働立法は生産的労働者の社会的要求に応ずるものであるのに対して，社会事業立法は生産関係から遊離した一般的社会人を要救済者とするところに明らかな区別がある」として，いわば適用対象の法的人間像の違いに両者の相違を求めている。

　菊池はこのように社会事業に関する法の概念化を行なっている[49]。それは，無産階級としての社会的弱者への人道的・社会連帯的観点からの接近であったように思われる。吉田久一（1915～2005・社会福祉学）は「日中戦争勃発後に社会事業の社会科学的研究が進み，それにより日本社会事業理論が成立していった」[50]として，同じく社会事業（法）にも関心を寄せていた後藤清と対比

（49）山田・前掲論文（本章注(36)）129頁以下は，本論文の意義として，まず第一に，それまで社会事業制度が徐々に整備され，行政担当者（内務官僚）による解説はあっても，「法学者が法学的視点から執筆した」のはわずかしかなかったことから，菊池が法的に体系化を試みたことを高く評価する（129-132頁）。次に菊池が「社会事業について，社会改良という目的と，計画性という技術的側面から把握することにより，社会事業の範囲を厳密に確定している」（133頁）とし，本論文が国家総動員法の制定や厚生省が設置されたのと同じ年（1938〔昭和13〕年）に発表したことを踏まえ，「この時期に社会事業を厳密に確定することは，ある意味では時代の流れに抗うことであったかもしれない」（同前頁）と論評している。また山田・同前論文134頁は「本論文執筆段階で菊池勇夫博士は，日本の侵略戦争とそれに関連する戦争遂行体制・法制を全面肯定も全面否定もしていない」（傍点は引用者）とする。しかしそのように評価することがはたして，適切かどうか。同論文を発表した当時，菊池はたとえ「全面」的ではなくとも，すでに戦争継続のなかでの社会立法がはたすべき役割の変容を肯定的に捉えていたように思われる。そのことは，後の「社会事業」の「厚生事業」への転換に対して示された，菊池の対応の変化（本書第4章の該当箇所を参照）により明瞭に現われていると思われる。

第3章　準戦時から国家総動員体制への展開のなかでの社会・労働法学

させながら，菊池の業績について，つぎのように評している[51]。

　「社会事業研究所[52]研究員でもあった菊池は，……厚生事業の目的を『国
　民生活の安定を確保し，国民の良心に亘る健全を企図し，もって兵力及び
　労働力に充てる人的資源の維持培養をなすものである』と規定している。
　そこでは『国民生活』が前提におかれ，……戦時中第二列的に見られがち
　な，生活保護や消費的国民生活を第一次的課題とし，いたずらに『保護』
　を切り捨てた社会事業拡大論に対し，抑制的態度を崩していない」。

　しかしながら「国民生活の安定確保」と「人的資源の保護育成」とは，論者
自身（吉田）もいうように当時の戦時厚生事業の中心課題であり[53]，一人菊
池の主張するところではなかったのではなかろうか。菊池における特徴を求め
るとすれば，それは両者のあいだに「国民の身心に亘る健全を企図」するとい
う政策意図を読み込もうとした点にあったと思われる。問題は吉田が指摘する
ように，両者は相矛盾するものであり，「健民健兵政策」を基調とする当時は
後者を前提に，どこまで生活の安定が図れるかが問われていた[54]。この点に
ついて日中戦争の継続・長期化そして太平洋戦争へといたるなかで社会事業法
に関する制度理解や意義についても，その内容を変質させていった。戦力の増
強と国民生活水準の低下ならぬ落下という矛盾のなかで，人的資源の保護育成
が社会事業に要請され，平時の「社会事業」問題から戦時の「厚生事業問題」
へと質的・量的な変化が必然的に見られることになる[55]。

◆第3節　津曲蔵之丞の労働法から経済法への関心転移

1936（昭和11）年4月に欧州留学から帰国した津曲は同年から翌年にかけて，

---

(50)　吉田・前掲『日本社会福祉思想史』514頁。
(51)　同前書・515頁。
(52)　当時，所長は穂積重遠（1883−1951）であった（菊池・前掲『社会保障法の形成』「序
　　　言」2頁）。
(53)　吉田・前掲『日本社会福祉思想史』505頁，513頁。
(54)　吉田・同前書515頁が引用するのは，同人のいう戦時厚生思想第三期の「厚生事業思
　　　想の成立」期である1942（昭和17）年10月に菊池が発表した論考（「厚生事業の体系及び
　　　範囲」厚生問題26巻10号）のなかからであり，時期的にも，内容評価の側面においても
　　　適切とは思われない。むしろ昭和10年代前半期の社会事業思想の成果をいうのであれば，
　　　菊池が野村〔淳治〕還暦記念論文集（1938）に発表した「社会事業法域の成立について」
　　　を引用すべきであったのでなかろうか。
(55)　吉田・前掲『現代社会事業史研究』185頁。

第3節　津曲蔵之丞の労働法から経済法への関心転移

その帰朝報告ともいうべき論考をいくつか公刊したあと，ほとんど学問業績の
ない１年である1938(昭和13)年を過ごし，1939(昭和14)年以降労働法から（統
制）経済法へと，その関心対象を転移させていった。それは前年の盧溝橋事件
に始まる日中間の全面戦争化にともない，日本社会が総力戦体制へと転換して
いったことにいち早く対応するものであった。1938(昭和13)年初め，旧制高校
以来の友人である弁護士・正木ひろしが発行する個人誌「近きより」２巻１号
中，「手近なところにある我々の戒心し，実行し，警告しなければならないこ
と」を読者に問うたアンケートについて，津曲は以下のごとく，のべている
（ルビ・下線は，引用者）(56)。

　「拝復，最近の『近きより』を拝読していないので畏友正木昊君が如何な
　る御持論で『近きより』を編集していられるか解らないが，御問合せの件
　ならば申す迄もなく我々大和民族は東亜の盟主として『大国民』の襟度と
　抱持が緊要だと思います」。

　このような記述から，津曲がかつて唯物史観に基づく批判的ないし現実から
距離をおいた議論を展開する立場から，民族主義・国粋主義的社会観・信条を
積極的に表明し，総力戦体制を積極的に推進するそれへと大きく右旋回をして
いったと捉えることができる(57)。津曲は1939〔昭和14〕年以降，従来の論稿に

---

(56)「アンケート」近きより２巻１号（1938・1）正木ひろし『近きより』第１巻〈日中戦
　争勃発〉（旺文社文庫・1979）192頁。なお同アンケートには，全部で58名の回答が寄せ
　られているが，それぞれ回答者の個性が現われていて興味深い。津曲はさらに同誌５巻８
　号（昭和16年８月５日）誌上同誌５周年記念の「一，貴下が『近きより』または正木昊
　を知った因縁話／二，『近きより』または正木昊を俎上にのせる／三，貴下の御心境また
　は御近況」との読者アンケートに対し，つぎのように答えている（同前書第３巻〈日米開
　戦前夜〉〔旺文社文庫・1979〕299-300頁）。そこには，津曲の，ある種生真面目な性格が
　現われているようにも思われる。
　　「『近きより』は君の知人との文通がはりのものだと君は奥書に書いてゐるが，活字に
　　した雑誌の型を採る以上，矢張，一面公の生活的のものであろう。プライヴェイトな
　　友人間の気まずさや感情などは私信に依るべきもので，公の雑誌に吐露すべきではな
　　い。それはペンを採るものの慎むべき第一次的心得だろうと思う。『近きより』には，
　　時々此種の脱線があるやうに思ふ」。
　　同誌４巻２号（1940〔昭和15〕年）では，正木「読者諸氏へ」（同前書第２巻〈大陸戦線
　拡大〉〔旺文社文庫・1979〕308頁）冒頭，前年12月に，同人が津曲とともに共通の友人
　で，〔東京〕帝大病院に入院中の福岡誠一を見舞い，その後，長谷川如是閑宅へと向った
　が，二人から正木の言論活動への忠告がなされた旨の記述がある。既述のように，津曲が
　これら七高以来の友人についてほとんど言及することはないのに対し，正木が懐かしげに，
　繰り返し言及しているのは対照的である。

見られたナチス労働法への批判的観点を改め積極的に総力戦遂行を擁護する論考を多く発表していく。

ただしこれは，一人津曲に見られたことではなく，広くわが国私法学領域において現われたことに留意したい。すなわち公法学の分野では，蓑田胸喜などの民間右翼による「天皇機関説」批判や，それに便乗した軍部や国会右派勢力らによる国体明徴運動などが見られ，1935（昭和10）年「天皇機関説事件」により美濃部達吉は貴族院での弁明にもかかわらず，結局は貴族院議員を辞職し，著書を絶版としなければならなかった[58]。一方，私法学の分野では，大正デモクラシーを背景に開花した市民法学が戦争拡大のなかで，公法学にくらべて数年遅れながらも，大きく変容していった。すなわち国家総動員法の制定・施行（1938〔昭和13〕年）後は，これを批判するのではなく，むしろ関連法規の注釈やそれらにともなう法現象を合理化して是認・肯定していった。さらには，戦争が対中国から英米を中心とする連合国とのそれへと拡大していくなか，より積極的に『大東亜建設法の理念と構造』（厳松堂書店・1942）を高唱する者（岩田新）も現われた[59]。

1　津曲の京城帝大から東北帝大への転任

このように日中戦争が長期化し，国内の社会状況も戦争遂行体制への移行を加速するなか，1940（昭和15）年春，津曲は京城帝国大学法文学部から東北帝国大学法文学部へと転任した[60]。それは滝川事件[61]に抗議して，退官した末川

----

(57) なお，津曲の師である長谷川如是閑も，盧溝橋事件（1937〔昭和12〕年7月）以後同じく，近衛内閣の「暴支膺懲」論を踏襲して，日本の武力行動を正当化し，国民に戦時協力を要請する議論を展開していった（古川江里子『大衆社会化と知識人——長谷川如是閑とその時代』（芙蓉書房・2004）236頁以下を参照）。

(58) 天皇機関説事件について言及する文献は多数ある（最新のそれは，山崎雅弘『「天皇機関説」事件』〔集英社新書・2017〕）が，宮沢俊義『天皇機関説事件：史料ハ語る』上・下（有斐閣・1970）が基本文献であろう。

(59) 詳しくは，白羽祐三「契約の統制と契約法学——戦時統制立法期を中心として」法学新報81巻8・9号（1974）同『現代契約法の理論』（中央大学出版部・1982）61頁以下，特に81頁以下を参照。

(60) 津曲と入れ替わるように助教授としてソウルへと赴いたのは，1935（昭和10）年3月に東京帝大法学部助手の任期をすでに終えていた有泉亨（1906～1999）——戦後，争議権の法的構成について「違法性阻却論」（『労働争議の法理』〔白日書院・1948〕および『労働争議権の研究』〔御茶ノ水書房・1957〕）を提唱した——と，2年遅れて同じく，東京帝大法学部助手となり，その任期終了後，裁判官として任地・京都（地裁・民事部）にいた山中康雄（1908～1998）——戦後1948（昭和23）年『労働者権の確立』（春光社）を刊行したり，「法社会学論争」における主要当事者の一人となる——であった。それは同大学

博（1892～1977）に替わるべき民法講座担当者を埋めるために京都帝大出身の石田文次郎（1892～1979・民法）が同大に転（帰）任したために，東北帝国大学の民法講座を補充する必要があったからである。

(1) 東北帝国大学法文学部と「社会法論」講座

1907（明治40）年6月，理科・農科両大学をもって，東京，京都に次ぐ第三の帝国大学として発足した東北大学は1918（大正7）年に農科大学が分離されて，北海道帝国大学となる一方，医・工両学部を加えた理科系大学であった。1922（大正11）年8月，九州帝大と並んで同大学は，法律学固有の学部が設けられた東京と京都の二つの帝大とは異なり，経済学の需要の高まり，デモクラシーと人文主義の高揚を背景に法・文・経済の講座を含む法文学部が設けられた（授業開始は1924〔大正13〕年4月）[62]。創立委員長であり，初代学部長となったのは，当時京都帝大教授の職にあった佐藤丑次郎（1877～1940・憲法）であった。同人は「学閥縁故に偏することなく」，また年齢に拘らずに有能な人材を助手ないし講師として採用し，直ちに外国へと渡洋させ，海外で研鑽をつませた。そして学生の入学資格についても，同大学では旧制高等学校卒業生に限定することなく，師範学校や各種の専門学校はもとより，検定試験（同大学の学部独自）を実施することにより学歴なき者も等しく受け入れた。とくに戦前では，帝国大学として，九州帝大と同じく，女性の入学も認めていた[63]。社会法講座は

で民法を担当していた安田幹太と藤田東三が退官したことから，我妻から，その後任としての打診を受けての人事であった。戦後，安田は，同人が京城帝大を退官したのは，宇垣一成に替わり，「内鮮一体」「皇国臣民化」を掲げる南次郎陸軍大将 ── 満州事変の責任を問われ，東京裁判で終身刑となる ── が朝鮮総督府総督の就任（1936〔昭和11〕年8月）にともない，学務局長として赴任した塩原時三郎（1896～1963）による人事介入（「城大征伐」）や京城帝大予科および各種専門学校の入試科目から英語を削除すること（1940〔昭和15〕年）などの動き ── 詳しくは，稲葉継雄「塩原時三郎研究 ── 植民地朝鮮における皇民化教育の推進者」九州大学大学院教育学研究紀要創刊号（通巻44集・1998）185-208頁を参照 ── に抗議するためであったとのべていた（詳しくは，安田「城大の憶い出」京城帝国大学創立五十周年記念誌編集委員会〔編〕『紺碧遥かに：京城帝国大学創立五十周年記念誌』〔京城帝国大学同窓会・1974〕111-116頁参照）。

(61) 滝川事件を知るには，松尾尊兊『滝川事件』（岩波現代文庫・2005）がコンパクトながらも，最良の文献であると思う。

(62) 詳しくは，東北大学法文学部略史編纂委員会『東北大学法文学部略史』（同編纂委員会・1953），東北大学五十年史編集委員会『東北大学五十年史』上巻（東北大学・1960）1005頁以下および同（同）下巻1026頁以下，そして東北大学百年史編集委員会『東北大学百年史』四部局史一（東北大学研究教育振興財団・2003）177頁以下を参照。

(63) 同前『東北大学五十年史』上（東北大学・1960）1005-1012頁，同前書・下（東北大学・1960）1026-1035頁。

第3章　準戦時から国家総動員体制への展開のなかでの社会・労働法学

1925 (大正 14) 年 7 月に「社会法論一」── わが国で最初に「社会法」という名の講座が開設されたとされる ── として設置された[64]。初代担当者は，既述のように戦後，片山内閣において司法大臣や芦田内閣の法務総裁を勤めた鈴木義男であった。同人は福島白河市のキリスト者の家に生まれ，仙台・第二高等学校から東京帝大に進んだが，在学中は吉野作造の影響を受け，新人会の創立に尽力した。1919 (大正 8) 年 7 月に同大法学部を卒業し，社会法研究に従事すべく，同助手となった (1921 [大正 10] 年 7 月まで)。その後文部省在外研究員として 2 年 6 か月のあいだ，独・仏・伊・英・米 ── 主に滞在したのは多くの者と同様にフランスとドイツであった ── に留学し，帰国 (1924 [大正 13] 年 3 月25 日) 後，東北帝国大学助教授に任ぜられ，法文学部にて行政法学講座を担当し，翌 1925 (大正 14) 年 4 月には社会法講座を兼担した[65]。しかし 1930 (昭和5) 年「病気を理由」に 5 月，「願によって其の職を退くにいたった」[66]。そのあとを受けて 1932 (昭和 7) 年 3 月 31 日に，仙台における社会法担当者として橋本文雄 (1902 〜 1934) が京都帝大から助教授として迎えられた[67]。しかし同人は在任わずか 2 年半にして，1934 (昭和 9) 年 9 月 16 日に病没した[68]。

───────────

(64) 同学部に設置された課目中，社会法については「国家原論」と並んで「学」という文言が付されていない。このことについて同前『五十年史』下巻 1027 頁は，従来他大学にあった「労働法」という名称の講座よりも，「はるかにひろく高い立場から，法学に新らしい分野を設定しようとする気概を表明したものと解せられる」と自賛している。

(65) 同人の詳しい経歴と事績については，その病没 (1963 年 8 月) の約 1 年後に刊行された，関係した多数の人びとが寄せた数多くの随想から構成される鈴木義男伝記刊行会〔編〕『鈴木義男』(同・1964) を参照。同人の経歴および社会法＝労働法に関する業績一覧については，同前書の巻末 449-465 頁に掲載されている。

(66) 前掲『東北大学五十年史』下巻 1042 頁。鈴木の東北帝大退官の経緯については，本書の第 1 章注 (65) を参照。

(67) 橋本は 1925 (大正 14) 年 3 月に山口高商を卒業し，京都帝大経済学部に入学し，1927 (昭和 2) 年 3 月に，同学部を卒業するとともに，同大大学院に進学し (指導教官は神戸正雄〔1877 〜 1959・財政学〕と恒藤恭〔1888 〜 1967・法哲学〕)，1929 (昭和 4) 年 3 月に経済学部副手を嘱託された (以上，恒藤「忘れえぬ人々 ── その二　橋本文雄君の追憶」法律時報 35 巻 2 号〔1963〕64 頁)。そして同年秋に上洛し，京都大学の同窓生会館である「楽友会館」で恒藤恭 ── 日常的に接したのは，わずか 3 年ほどであったという ── に対し，橋本の東北帝大への割愛の可能性について打診したのが，鈴木義男であった。ただし橋本が仙台に赴任するのは，1932 (昭和 7) 年 3 月であったので，2 年半後ということになるが，その間の事情は，鈴木の東北大退官と関連するのであろうか。橋本が社会法担当教官として仙台に赴いたのは，戦前の東北帝国大学法文学部の法律科目の教官については，京都大学出身者が多かった (前掲『東北大学五十年史』上巻 1015 頁) ということも，関係があるのかもしれない。

第3節　津曲蔵之丞の労働法から経済法への関心転移

(2) 津曲の東北帝大法文学部着任

　1940(昭和15)年4月(4日)，津曲は東北帝国大学法文学部教授に着任し，民法第二講座担当となったが，同年7月19日同講座を免ぜられ，同第三講座を担当することとされた(69)。津曲を仙台に招聘した中川善之助(1897〜1975・民法)はこのことについて，つぎのようにのべていた。すなわち1933(昭和8)年「滝川事件」のために「殆ど壊滅に瀕した」京都帝大法学部を再建するために，翌年3月に同大出身者である石田文次郎——「戦後労働法学」の旗手となる沼田稲次郎の指導教官であると同時に岳父——が京都へ転出＝帰還したことから，後任を「百万手を尽して補充を求め」て京城帝大の安田幹太に打診したが，断られた(70)。そこで同じ京城帝大の津曲に，労働法専攻であるが，ソウルには労働法講座がなく，在外研究から帰国後4年以上も助教授にとどまっていたことから，「労働法を基調とした民法学を編み出すつもりになって仙台に来ないか」との手紙を送ったことを契機にその後「話は意外に早く進み」東

---

(68)　前掲『東北大学五十年史』下巻1042頁。橋本は死去半年前に，東北大の紀要である『法学』1巻6，8，10，12の各号および2巻2号に連載した論稿「法の体系中に於ける社会法の地位——市民法と社会法の対照について」を大幅に加筆訂正し，原形論文の倍する分量となった『社会法と市民法』(岩波書店・1934)を刊行し，翌年には，その他の遺稿が恩師の恒藤恭と，栗生武夫(1890〜1942・法制史)により『社会法の研究』(同・1935)としてまとめられて公刊された。さらに戦後，その死去から23年後の1957年に両著を合本して『社会法と市民法』(有斐閣)が出版された(恒藤「編集者序」)。橋本のいう「社会法」には，労働法や社会保障法のみならず，借地法，借家法，協同組合法，さらには経済統制法や所得税法・相続税法までをも含むもので「現在からかえりみると，あまりに社会法の概念の外延を拡大し過ぎたものであるとの批判が加えられるであろう」(恒藤・前掲論文67頁)というものであった。このことは同書刊行当時すでに，菊池勇夫「紹介／橋本文雄著，社会法と市民法」法学協会雑誌52巻7号(1934)59頁が指摘していた(なお同「新刊批評／橋本文雄氏『社会法と市民法』」法律時報6巻7号〔1934〕53-56頁もある)。また戦後の1948年，加山宗二「日本労働法学界：その過去と現在」法律文化3巻10＝11＝12合併号(1948)156頁は冒頭，橋本の社会法論について「市民法から社会法への展開を，あまりに理念的に，坦々たる道を歩むが如く説いたきらいがある」と評している。

(69)　前掲『東北大学法文学部略史』67，74頁。ただし津曲には従来，民法学に関する業績と思われるものには，「朝鮮に於ける小作問題の発展過程：その経済的並に法律的考察」京城帝国大学法文学会第一部論集第二冊『朝鮮経済の研究』(刀江書院・1929)および＊「改善を要する朝鮮の小作慣行」(1)-(3)朝鮮農会報3巻11号，12号(1929)，4巻2号(1930)の二つしかなかった。

(70)　安田・前掲稿112頁は，中川の用件がいかなるものか聞くまでもなくわかっていたので，「会った上では面倒なので辞を構えて訪問を断わった。数か月後，再び中川氏と同期の憲法教授の松岡修太郎君を介して重ねて意向の打診があったが私の意は動かなかった。『学者は転任があるべきではない』と言うのが予ねてからの信条で」あったとのべている。

第3章　準戦時から国家総動員体制への展開のなかでの社会・労働法学

北帝大法文学部に迎えるにいたった[71]。ただし，このような追想は，本当であろうか。この間すでに6年もの時間が経過しており，石田の後任探しが難航したとしても，あまりに間隔が開き過ぎている。津曲は先に記したように，仙台赴任の前年末には京城帝大において教授に昇格している。また東北帝大には「社会法」講座担当者として，すでに石崎政一郎（1895〔明治28〕年12月8日〜1972〔昭和47〕年7月25日）がいた。

(3) 東北帝大「社会法論」担当・石崎政一郎

　石崎は1921（大正10）年4月に東京帝大法学部を卒業し，翌1922年（大正11）年1月に渡仏し，1924（大正13）年10月よりリヨン大学「比較法研究所」でランベール Edouard Lambert（1866−1947）の指導のもと研究に従事し，その成果は「生糸の国際的取引における統一法の研究」（Le droit corporatif international de la vente de soies, 3 vols.〔Libraire Giard, 1928〕）という学位論文として結実した。石崎は1928（昭和3）年8月，日本に帰国するまで，約6年半ほどフランスに滞在した。同人の労働法研究のきっかけは，フランスの生糸取引が職能団体間に形成された自主的規範に基づくものであったことへの関心から始まったと，後年回顧している[72]。それまで石崎は，東京帝大や早稲田大学でフランス法を講じていたが，橋本の後をうけて，1934（昭和9）年10月から1938（昭和13）年3月31日まで3年半「年間講師」として毎年嘱託されたのち，同日，社会法とフランス法の両講座を担当すべく東北帝大法学部教授に就任した[73]。

　津曲がその若き修養時代から様ざまな大学紀要や商業雑誌に論文を発表していたのに対し，石崎の場合は一，二の例外をのぞき，いくつかの記念論文集へ

---

(71) 中川善之助「津曲蔵之丞君を悼む」法学セミナー162号（1969・9）70頁。東北帝大では，助教授が帰朝後に教授に昇格することを前提に在外研究に赴くことが多かったことから，中川はこのようにのべたのであろう（中川善之助「法文学部創立の思い出」同編纂委員会『東北大学法文学部略史』〔同編纂委員会・1953〕10頁参照）。なお津曲と入れ替わるように同年4月，京城帝大に赴き，その講座（「民法・民事訴訟法」）を引き継いだのは，既述のように有泉亨と山中康雄であった。ただし京城帝大で同僚であった松坂佐一（1898〜2000）とのことについて触れた山中「松坂先生とのこと」契約法大系Ⅰ『契約法総論』（有斐閣・1962）363頁は，同人と有泉は安田幹太・藤田東三両教授退官にともないソウルに赴任したとし，津曲のことには何も言及していない。

(72) 石崎の経歴については，立教法学『石崎退職記念』9号（1967）および石崎古稀記念論文集『現代ヨーロッパ法の動向』（勁草書房・1968）375頁以下に掲載されている年譜を参照。またその留学にいたる経緯やフランスにおける研究内容の詳細は，石崎政一郎・山口俊夫（聞き手）「対談／石崎先生に聞く」立教法学九号（1967）166頁以下で語られている。

第3節　津曲蔵之丞の労働法から経済法への関心転移

寄稿したほかには，専ら勤務する大学学部機関誌（「法学」）に論稿を発表していた[74]。またそのテーマも，津曲の場合は民法，労働法ないし（統制）経済法について多様な議論を展開し，その課題の選択や論調が対外関係を含む，当

---

(73) 東北帝大「法文学部講座表」前掲『法文学部略史』93 頁，前掲『東北大学五十年史』下巻 1043 頁。石崎・山口・前掲「対談」176 頁によれば，当初は，橋本文雄急逝をうけて「後任がみつかるまで」の暫定的なものとしての取り扱いであったようだ。

(74) 石崎の戦前・戦時期の業績としては，次の通りである。

1928 年　Le droit corporatif international de la vente de soies, 3 vols.（Libraire Giard）

1929（昭和 4）年　＊「生糸売買契約に関する一考察」纂絲 452 号

1932（昭和 7）年　邦訳（星野辰雄と共訳）／カピタン＝キューシュ『労働法提要』（梓書房）

1933（昭和 8）年　＊「仏蘭西に於ける無形損害の賠償額について」法律時報 6 巻 8 号

1934（昭和 9）年　＊邦訳（福井勇二郎と共訳）／ド・ラ・モランヂェール「法律行為論に関して仏国判例に及ぼせる社会的思想の影響」(1)－(3)法学協会雑誌 52 巻 8，9，10 各号

1935（昭和 10）年　＊「翻訳／ジュリオ・ド・ラ・モランディエール〔講演〕私法に於ける公の秩序の観念の機能に就て」法曹会雑誌 13 巻 7 号
　　　　　　　　　　＊「翻訳／レオン・ジュリオ・ラ・モランヂュール，仏蘭西法に於ける不正競争に就いて〕(1)法学 4 巻 12 号

1936（昭和 11）年　同(2)同 5 巻 1 号
　　　　　　　　　　＊「仏国労働災害法と職業危険の観念」(1)(2)法学 5 巻 4，5 号
　　　　　　　　　　「ラムベールの統一法論」(1)(2)法学 5 巻 10 号，11 号

1937（昭和 12）年　＊「妻の所得の保護」河出孝雄〔編〕家族制度全集史論篇 第一巻『婚姻』（河出書房）
　　　　　　　　　　「法律に於ける社会的弱者の現代性」早稲田法学会誌 5 号
　　　　　　　　　　＊「紹介批評／統一契約法原則と比較法研究」法学 6 巻 9 号
　　　　　　　　　　＊「仏国労働新立法の概観」社会事業研究（大阪府社会事業連盟）25 巻 10 号
　　　　　　　　　　「紹介批評／社会法部門に於ける近業」法学 6 巻 11 号
　　　　　　　　　　「紹介批評／ヴルツェル著『ジャン・ドーマ』」同 6 巻 12 号

1938（昭和 13）年　「労働法の技術」(1)－(3)同 7 巻 1，2，3 号
　　　　　　　　　　「新仏国労働争議調停及仲裁法」(1)－(4)同 7 巻 6，7，9，10 号
　　　　　　　　　　「現代における比較法の趨勢 —— Recueil Lambert より見たる」法律時報 10 巻 11 号

1939（昭和 14）年　「仏国労働協約法の変化 —— 協約の契約性と法規性」法学 8 巻 1 号
　　　　　　　　　　「我国に於ける団体的仲裁の管見」同 8 巻 6 号
　　　　　　　　　　「仏国労働災害責任法の改正」比較法雑誌（日本仏語法曹会）1 号
　　　　　　　　　　「フランスの『コルポラティスム』緒論」(1)(2)法学 8 巻 10，11 号
　　　　　　　　　　＊「不定期協約の一方的告示解約と労働協約法」佐藤〔丑次郎〕教授退職記念『法及政治の諸問題』（有斐閣）

1940（昭和 15）年　「フランスの『コルポラティスム』緒論」法学同(3)(4)9 巻 1，3 号

213

第3章　準戦時から国家総動員体制への展開のなかでの社会・労働法学

時わが国の時代状況の展開にしたがって変転している。しかも自らその劈頭に立ち，それを領導するかのごとく華麗な議論を展開させていった。これに対して石崎の場合，当初，比較法の方法論について論じていたが，労働法学分野では，まずフランスにおける労働災害補償のあり方や，労使紛争の強制仲裁について紹介していた。ついで，従来の民法法理によっては十分に理解・説明することのできない労働協約法理を念頭においた論文をいくつか発表していた[75]。

　津曲が東北帝大に赴任した1940(昭和15)年以降，社会法講座を担当する石

	「紹介批評／ドゥコンブルース『詩に綴れるナポレオン法典』」同9巻5号
	「我が国に於ける女子労働の法的規制」(1)(2)同9巻6，10号
1941(昭和16)年	同(3)-(5)同10巻2，11，12号
	「紹介批評／仏蘭西の諸法学者の『杉山教授に捧ぐる法律論集』(一九四〇)」同10巻5号
	「紹介批評／ルナール『制度の哲学』」(1)-(3)同10巻6，7，9号
	「労働法における職員法の形成」比較法雑誌2号
	＊「蚕糸業統制法・木材統制法・国民貯蓄組合法・国民更生金庫法・医療保護法・国民労務手帳法・労働者年金保険法」中川善之助〔編〕『第七十六議会新法令解説』(朝日新聞社)
1942(昭和17)年	「我が国に於ける女子労働の法的規制」法学(6)(7)同11巻3，4号
	「戦時の於ける消費統制法の輪郭」(1)-(5)同11巻6，7，10，11，12各号
	「批評紹介／菊池勇夫『日本労働立法の発展』・後藤清『労務統制法』・津曲蔵之丞『日本統制経済法』」同11巻9号
	＊「戦時統制法令　第一部　労務と物資の統制」中川善之助〔編〕『戦時立法第一年 —— 昭和十七年』(河出書房)
1943(昭和18)年	「戦時に於ける消費統制法の輪郭」(6)(7)法学12巻3，4号
	「批評紹介／福井勇二郎『仏蘭西法学の諸相』」同12巻6号
	「契約定型と附合契約」『杉山教授還暦祝賀論文集』(岩波書店)
	＊「戦時厚生法 —— 国民体力の向上に関する諸法」中川善之助〔編〕『戦時立法第二年 —— 昭和十八年』(河出書房)
1944(昭和19)年	「戦時に於ける消費統制法の輪郭」(8)-(10・未完)法学13巻3，4，5号

(75)　石崎・山口（聞き手）・前掲対談178-179頁で，石崎はつぎのようにのべていた。
　　「私はラムベールの影響がありますので，比較法的な外国労働法の研究というようなものに惹かれます。フランス労働法との比較，それから比較法のメトードを労働法にあててみて労働法における法の統一性といったものに興味があります」。
　　「私が興味を抱いているのは，労働法の解釈よりも労働法の体系とかメトードとか技術とかいったもので現在でもそうです。そして解釈論には習熟していません」。
　　このように石崎は「比較法」「労働法のメトード〔methode 理路，方式〕」ということばを繰り返していることからも，同人の関心の方向性が理解できる。

崎は，はたしていかなる課題にその学問的関心を向けたのであろうか。その中
心をなすのは，1940(昭和15)年から1942(昭和17)年までの足掛け3年・全7
回にわたり，東北帝大法文学部紀要に断続的に連載した「我が国に於ける女子
労働の法的規制」であったと思われる。同稿は，戦前の工場法制度のもとでの
女性労働者保護法制の全体像について検討している。その具体的内容を紹介す
る要はなかろうが，母性保護，労働時間，とくに深夜労働の規制および危険有
害業務など女性に関わる労働者保護の課題をほぼ網羅的に取り扱っている。そ
の際に石崎は工場法をはじめとする国内法規はもちろん，ILO —— ただし石崎
は「国際労働機関 B.I.T., Bureau international du travail」とフランス語表記
をしている —— の国際労働条約や諸外国の立法例のみならず，当時の有力民間
企業や国営企業における就業規則や労働協約，さらに暉峻義等 (1889 〜 1966・
産業医学)(76)らによる労働科学の研究成果にも言及しながら論じていることは
注目すべきである。そこでの議論は，戦後労基法のなかに引き継がれたものも
あれば，大きく改められたものもあり，その歴史的由来を知る上でも貴重なも
のとなっている(77)。なお同稿を読んだとき，戦争継続にともない男性労働力
が枯渇・逼迫し，それに代わるべき女性労働力が投入されていくなかで，高
まっていったであろう悲壮感をさほど感じさせない。また連載3回目までは，
章節の見出しには，それらに対応する仏語が併せて記されていた。これは日本
法における女子労働法（制）概要を論じながらも，石崎が外国とくにフランス
法との比較を意識し，それが直接内容に関わるものではなくとも，あえて付し
ていたのではないか。ただしそのような試みも連載4回目以降はなくなった。
それはわが対外戦争の進展の影響であろう。しかし，必ずしも戦争遂行とは直
接的な関係のない主題に関する論稿が，太平洋戦争開戦をはさんだ1940(昭和
15)年5月から1942(昭和17)年3月までのあいだ，書き続けられたこと（総計
176頁）に，注目すべきであろう(78)。石崎は同稿最終回に付された「附」記で，
「未だ完成していない」が，「女子労働の法的規制のうちの労働保護法に相当す
る部分の検討を不充分乍ら一応終つた」ので筆をおき，「女子労働の契約法的
部分」については別の機会に取り上げるとした（〔7〕81頁）(79)。石崎の論稿は

---

(76) 大正・昭和期の労働衛生学者で，わが国における「労働科学」の創始者とされる。詳
　　しくは，三浦豊彦『暉峻義等：労働科学を創った男』（リブロポート・1991）を参照。

(77) いまだ労働者団結が禁圧されている段階での労働者保護は工場監督制度のもと，労働
　　組合の放任を前提にした労働条件の集団的・画一的決定は，例外的に考慮されていたにす
　　ぎなかった。

(78) ただし石崎・同前稿(1)36頁-37頁注(1)は「支那事変以来生産力の拡充に因る労働力
　　の不足は女子労働者が産業労働の各部面に著るしい進出を示し」ているとしている。

わが国女性労働保護に関する先駆的業績であると思われる[80]。

2 津曲の『労働法原理』から『日本統制経済法』への転進の途次

唯物史観に基づき，労働関係の法的把握のあり方を従属労働に求めるべきだとした『労働法原理』を刊行した津曲はその後，既述のように，1937(昭和12)年ないし38(昭和13)年（正確な年期確定は不可能）以降，その関心を労働法から（統制）経済法へと転換させ，また内容的にも大きく右旋回していった[81]。

---

(79) 石崎は同稿冒頭部分(1)法学9巻6号（1940）32頁で，つぎのようにのべている。
　　「女子が男子と生理的にも精神的にも，感情的にも智能的にも更に社会的職能に於ても異なることは，必然的に労働関係の領域に於て之を反映して，……女子が男子に比して一般に肉体的に抵抗力少く，又は，少なくとも其の生理的組織に於て脆弱であり，筋肉労働に従事する場合には特殊の危険を伴うことは再めて言うを要せぬところであるが，更に女子が母性たる天職を有する外に男子とは其の家庭的職能を異にする。女子は社会の長い伝統に由来し家政を掌るものであつて，たとえ女子が賃金被傭者として労働に従事する場合に於ても，尚，幾多の家事上の用務から離れ得ない。……日常家事家計の管理維持・子女の教育・家族の衣食処理等の用務は女子が労務者として有する職業上の役務と合し，加重して女子労務者の双肩にかかる。……此如く女子労務者は職業上の要請と家事上の要請との双方に応ずるために心身の活動力の分割を余儀なくせられ，その為に職業上の活動力が鈍り不安定に陥り易く，労務者として具備すべき職能的資格の欠欹を誘致するに至る虞がある」。
　　このような発言は本文中にも，繰り返し現われている。今日から見れば，到底受け入れがたいものではある。しかしわが国では，年少者と並んで女性労働者を男性とくらべて「弱者」としての特別な保護対象と扱うことが改められたのがごく最近の1990年代以降であることを考慮すれば，ひとり石崎個人に責任があるのではなく，むしろ当時の時代的制約として考慮されるべきものなのかもしれない。
(80) 石崎には，戦後も「女子労働力の構成と労働条件の実態」（木村慎一・作間忠雄との共筆）東北法学会誌2号（1951），「女子労働と労働組合 ── 女子労働法の研究のために」法学15巻3号（木村慎一との共筆），「女子労働者の生活実態」（同前）日本労働法学会誌2号（1952）などの業績がある。そして戦前・戦後を通じて，石崎は女性労働を論じるに際し，当時一般的に用いられていた「婦人労働」という文言を使用していないのは，それが法令用語ではないからであろうか。同「婦人労働」労働法講座第五巻『労働基準法』（有斐閣・1958）1277頁以下でも，表題とは異なり，本文では「女子」と表記されている。
(81) 1938(昭和13)年ないし40(昭和15)年にいたる時期，津曲には，つぎのような業績がある。
　　1938(昭和13)年　38歳
　　　＊「被傭者の忠実義務について ── 物質的なものより人格的なものへの要請」朝鮮行政2巻4号
　　1939(昭和14)年　39歳
　　　「国家総動員法の経済法的解説」法律時報11巻1号（1月）
　　　「労働・社会立法（第七十四議会の新法律解説）」法律時報11巻5号（5月）

それは日中間の全面戦争化にともなう日本社会の戦時体制への移行にほぼ寄り添うものであった。津曲における「労働法から経済法へ」という研究課題の展開は，まさにこのような日本の労働生活に関わるものをも含む，国全体の立法の変化に重なるものであった。

本格的な戦時統制経済の時代に入ったことを示す国家総動員法が制定された第七三議会の翌年である1939(昭和14)年に，津曲は法律時報11巻1号（1月）に「国家総動員法の経済法的解説」，および同じく11巻5号（5月）に「労働・社会立法（第七十四議会の新法律解説）」という二つの統制経済立法に関わる解説論文を発表している。しかし本格的な理論展開は，つぎの論考においてなされた[82]。すなわちそれは，法政大学法学部紀要である「法学志林」に，1939(昭和14)年7月から1941(昭和16)年4月まで，全部で9回，断続的に連載された「経済法規違反行為の効力」である。

⑴ 津曲「経済法規違反行為の効力」を読む

そこでは『労働法原理』などとくらべて，考察対象が変わったのと同時に，内容的にも，従来とは正反対のものとなっている。すなわち同稿は唯物史観と

＊「朝鮮産業法規解説」⑴-⑹ 朝鮮行政3巻6号（14巻），18巻7号（15巻），9号（同前），10号（16巻），11号（同前），一12（同前）（8月，9月，10月，11月，12月）

※なお「朝鮮行政」誌は，1937年1月に創刊されたが，3巻6号を刊行した後，「朝鮮地方行政」誌と合併する一方，その巻号数は同前誌のそれを引き継いだことから，津曲稿の掲載誌の巻号数が18巻7号（通号201号）となっている。その経緯等については，橋谷弘「解説／『朝鮮行政』と総督府官僚」『朝鮮行政』〔復刻版〕別巻：総目次・索引・解説（ゆまに書房・2004）345頁以下を参照。

「経済法規違反の効力」⑴-⑶ 法学志林41巻7，8，9各号（7月，8月，9月）

1940(昭和15)年　40歳

＊「朝鮮産業法規解説」⑺-(12・未完) 朝鮮行政19巻1号（17巻），2号（同前），3号（同前），4号（18巻），5号（同前），7号（19巻）（1月，2月，3月，4月，5月，7月）

「経済法規違反の効力」⑷-⑺ 法学志林42巻1号（1月），7（7月），9（9月）および12（12月）の各号

「昭和14年度民事判例の回顧 —— 民法（総則）」法学9巻8号（8月）

「経済法に関する若干の問題」法律時報12巻8号（8月）

「昭和14年度民事判例の回顧 —— 民法（物権法）」法学9巻11号（11月）

(82) 既述のように従来，民法に関する業績が少なかった津曲が統制経済法と並んで，民法学固有の課題に応えるべき論稿を多く公刊したのは，東北帝大着任後，とくに1941(昭和16)と42(昭和17)両年であった（本書の原型の一部をなす，拙稿「津曲蔵之丞の戦前・戦時期における理論軌跡 —— 石崎政一郎との比較を通じて考える」獨協法学82号（2010）28-33頁を参照）。

いう方法に基づく資本制社会の客観的考察ではなく，戦争遂行のための積極的な政策提言を行なうものであった。なお同稿も未完に終っているが，その目次構成は，つぎのようなものであった。

第一章　序論
　第一節　本論の主題
　第二節　法規違反行為の効力に関する若干の事案　　　（1回・41巻7号）
　第三節　経済法規違反行為の効力と経済政策的調整　　（2回・41巻8号）
第二章　本論
　第一節　企業法としての経済法
　　第一款　一般的考察／第二款　企業の法学的意義／第三款　企業の本質／第
　　四款　企業の二重性格　　　　　　　　　　　　　　（3回・41巻9号）
　中間論文　統制経済法の性格 ―― その一般的考察 ――　（4回・42巻1号）
　第二節　企業組成法規違反行為の効力
　　第一款　企業組成法規
　　　第一項　所有の基礎的考察　　　　　　　　　　　（5回・42巻7号）
　　　第二項「物権の債権化」より「債権の物権化」へ　（6回・42巻9号）
　　　第三項　企業組成形態　　　　　　　　　　　　　（7回・42巻12号）
　　　第四項　労務並に所有の企業編入
　　　　第一目　労務の企業編入の法的考察
　　　　一　企業編入行為の法性格／二　労働秩序統制の内容（8回・43巻3号）
　　　　（承前）一ドイツに於ける労働法理論の変遷／二我国に於ける労働関係法
　　　　　　　　　　　　　　　　　　　　　　　　　　（9回・43巻4号）
（以下，未完）……………………………………………………………………………
　第三節　価格形成法規違反行為の効力
　第四節　結　語

　1938(昭和13)年10月の武漢三鎮陥落と広東攻略を経て，日本では東亜新建設が謳われ，事変3年目を迎えた第七四議会では戦局の新展開をうけ，国内体制の整備のための統制立法が制定されていった[83]。

　津曲は冒頭，このような事実を踏まえ，つぎのような課題を提起している。すなわち従来，一定の行為を禁止し，違反した者に対する制裁を規定しながら，私法上の効力について言及しない「取締規定」が重要産業統制法などにみられた。しかし経済，労務のみならず，文化・思想領域にまで統制を及ぼすべき立法群が現われたことに対し，それらの経済法規違反の私法上の効力如何を検討すべきである（連載1回・19-30頁）。それは具体的には，取締法規と効力規定

────────────────
(83)　峯村・前掲『経済法』62-63頁。

第3節 津曲蔵之丞の労働法から経済法への関心転移

（強行規定）との区別の基準および後者に違反したときの私法上の効力の態様
—— 絶対無効，相対無効，一部無効等 —— 如何というものであった。そして津
曲は，取締規定と効力規定の区別は公私法の分化を前提とするが，自由経済か
ら統制経済への展開のなかで，法律と命令という形式区分では対処できず，そ
の本質は「統制経済の特質と理念の探究の問題」にあるとし，その一般的考察
へと向った。こうして「経済法規違反行為の効力」という当初設定した課題に
応えるための予備的ないし前提作業として，経済法の本質の検討という課題を
新たに設定した。すなわち津曲によれば「我々の取扱ふべき問題の範囲を限定
する上からは，どうしても経済法の意義を定めて置かねばならない」（連載3
回・17-18頁）。その場合，津曲は経済法を大衆に分散している個別的所有を統
括して組成される生産的制度であり，独立した法主体である「『企業』を中心
として，それを規律する一連の法令を総合して考察する法学の一部門」（同・
21頁）と捉える。したがって，これに関わる法は「従来の商法の概念が取扱っ
ていた法域よりも遥に広汎な法学部門」（同前）となる[84]。ただし津曲は同稿
の課題である「反禁行為の効力の問題の研究」に必要なかぎりで言及するにす
ぎない（同前）と断っていた。しかし，そのような取り組むべき問題を新たに
自らに課すことにより，あとでのべるように，議論は当初の目論見とは異なる
方向へと進むことになった。さらに津曲は，企業を「営利性と公共性の二重性
格……を有つ制度である」と捉え，これら企業の組成と活動に関する法として
経済法を理解し，企業の内部関係＝「組成法規」，外部関係＝「価格形成法規」
に関する国家干渉法規違反の私法上の効力を論じるとした（同前・45-46頁）。

　第4回連載稿である「中間論文」は，それまでの議論の鳥瞰図を示してい
る[85]。それによれば，経済法とは企業に関する法，すなわち「企業の組成並
に活動に関する国家法である」（19頁）。津曲によれば経済法は，まず企業組成
法と価格形成法の二つの分野に大別される。前者はさらに(1)「制度として存
立してゐる内部関係の法学的研究」と，(2)「分散した所有が制度として企業
に編入される過程の法学的研究」の二つに分かれる（同前・21頁）。後者もまた，
(1)国家総動員法19条に基づく「価格等統制令」のような「直接的価格形成
法」と，需給調整による間接的価格統制の機能を発揮する「間接的価格形成

---

(84) このような「経済法」概念の把握は以後も維持されたが，これは津曲特有のものであ
　り，当時すでに経済法について多くの論考を発表し，経済法を社会法として捉えていた峯
　村光郎とのあいだで，津曲が後掲『統制経済法』を刊行したとき，議論のやり取りがなさ
　れることになるが，これについては後述する。

(85) 津曲の所説は，ほぼ同時期に発表した「経済法に関する若干の問題」法律時報12巻8
　号（1940）7-11頁がわかりやすく，要領のよい説明をしているように思われる。

219

法」とに分類される（同前23頁）。そして各種の統制法を総合的に考察するには、「統制の客体から」と「統制の方法 —— 価格停止制と公定価格制 —— から」の二つの分野からの考察が可能であるとする（同前29頁）。つまり経済法規の法的性格を「企業組成法規」と「価格形成法規」にそれぞれ分離して考察すべきとの基本的立場にたつ津曲によれば、統制経済法は、これら双方ともに個人の生産・消費活動に国家が干渉せず、その生存に国家が責任を負わない「個人意思自治」のもとにあった自由経済法とは、大いに異なるものとならざるを得ない（同前・34-35頁）。そこでは、企業形態に関する禁止規定が増大しただけでなく、所有の企業編入形態過程並びに価格形成に関する規定も増大した（同前・40頁）。価格形成の素因である商行為の自由は拘束され、統制経済法上の取引は従来の契約概念には当てはまらない（同前・42-43頁）。「統制経済上の契約は所謂民商法上の契約概念と異り、附従契約・強制契約の国家による更に強化された形態である」（同前・44頁）。こうして「統制経済体制に於ては反禁行為は行為自体が『公ノ秩序』に反するばかりでなく、その私法上の効果も亦強行法規違反として原則的には無効である」（同前・49頁）。

　つぎに津曲は考察対象としての「企業」を株式会社に限定する（連載6回・2頁）。それは何故か。本来、「企業は資本を株式に分散し、それを証券化すると共に、所有と経営の分離過程を通して、株式を社債化するに至る。それは『物権の債権化』過程である。『物権の債権化』は株式の証券化と相俟って、資本の自由流動性を発揮する」。しかし「統制経済法は企業の公共性に重心を置くために、資本の自由なる流動を抑制する」（同前・26-27頁、傍点－原文）。こうして津曲は企業を、その三要素、すなわち有体財産（不動産・動産）・無体財産（顧客関係・技術その他の無形価値）・労務の統括体として捉え、統制経済法は「物の生産・配給」を基準とした企業統制法と理解している。そして政治の経済への優位を、統制経済の特徴であると捉えている（連載7回）。

　津曲の理論展開を追跡するという本書の問題関心からみたとき、連載稿8，9回の2回にわたりのべている「労務の企業編入の法的考察」の部分は、重要である。津曲はドイツでは労働の企業編入ということについて、ナチス時代でも、ワイマール時代と同様に契約を媒介にしたものと捉えられていたと紹介している[86]。これと対比してわが国について説明するに際し、津曲は、労働の企業組織に組み込まれることの法的根拠を双務契約以外のものに求めている。

---

(86) より詳しい議論は、おそらく津曲が『日本統制経済法』執筆の途中であったと思われる時期に公刊された＊「ナチス統制経済の特色」統制経済3巻5号（1941・11）34-46頁でなされている。

すなわち津曲は，このことを『権利本意』の労働秩序・体系ではなく『義務本位』のそれであるとのべている（連載8回・8-9頁）。「国家目的遂行と云う高次の企業目的が，企業の主体性を転換し，企業投入の労働の秩序を，従来の経済目的に限定された技術的統制から，高次の人格法の分野に昇華せしめるからである。人格法は『義務本位』の法体系である」（同前・9頁〔点ルビ原文〕）。労働法を人格法として構成するのは，ドイツ法に倣ったものかもしれない。しかし，それを『義務本位』の法体系として，いわば換骨奪胎しているのは，津曲独自の発想ではなかろうか。なおここで論じられているのは，企業への「労働」の編入であって，「労働者」のそれではないことを確認しておきたい。

> 「統制経済の進展に伴ひ，労働関係が『権利本位』から『義務本位』に転換したと云ふことは，制度法たる労働法が，債権法たる契約法から分離したと云ふことである。……主体としての企業は二面性を持つている。労働組織と所有，制度法と企業法，公益性と営利性のそれぞれの二面性である。この二面性を包括したものが，広い意味での所有権（財産権）である。従つて制度法（労働法）が契約法（債権法）から分離したと云ふことは，恰も『特定物の売買の場合に物権行為の独自性を認めるか否か』の問題と類似の範疇の問題である。……制度法（労働法）も亦一種の財産権の範疇のものである。従つて契約法から完全に制度法（労働法）を契約法から遮断すれば，私有財産制度に反する。労働法の独自性は広い意味での財産権法から逸脱することは出来ない。……〔労働法を〕『権利本位』の法体系に止まらしめるならば，契約法からの完全な遮断は不可能である。そこでは協力ではなく，対立が地盤となる。義務本位の法体系は親族法と同じく人格法である」（同前・8頁・点ルビ原文）。

　津曲は，このように労働法を人格法として捉えることにより「唯物的な民法623条の『雇傭』の支配すべき『場』ではない」（同前・15頁）とすることができると考えている。こうして労働法の人格法化は，労働法を個人主義的であるとともに唯物論的な民法から解放することである（同前・15-16頁）と高らかに謳いあげている。そこでは「義務」としての労働は『大君』（天皇）につながるという『忠』の実行であり，『価格』ではなく『栄位』がその対価なのである（同前・16頁）。一方企業には「始めと同じ労働量だけは〔労働者に〕分配すべき『忠実義務』がある。それは労働が『上御一人の赤子』〔によるもの〕であるからである。労働を摩滅するのは，〔天皇に対する〕『忠実義務』違反であろう」（同前・19頁）。このように労働法を「忠実」義務の体系である人格法あるいは原理と説明してきた津曲は，該当箇所の最後割注を設けてつぎのように

のべている（同前・19頁）。

> 「私はここで嘗ての拙著『労働法原理』を上述の如く訂正させて戴きたく思ふ」。

ここに津曲は，以前に論じてきた自らの「立場」を180度転換をすることを宣言したのである。従属労働，つまり労働者は対使用者との関係において身分的ないし人格的に従属せざるをえないとする法的把握が「上御一人」への忠誠という人格的な結合へと変転させたのだ。

　同稿はこのような津曲の（理論的）転向を明示したという点では，重要なものかもしれない。しかし同稿もまた，当初に提示・宣揚した主題に到達することなく，連載が進むにつれて，その構成も内容も変更され，表題にかかげる事柄に言及する，はるか以前（企業内部に関する法的理解つまり，そのいうところの「組成法規」との関連途中である，第二章第二節第四項）で挫折している。すなわち今回もまた遠大なる課題をかかげながら，連載が進むなか軌道を変更し，その態勢の立て直しを試みながらもこれに失敗し，中途で挫折するという，これまでもしばしば見られたことが繰り返された。

⑵「朝鮮産業法規解説」を読む

　津曲が「経済法規違反行為の効力」稿の最初に示した課題は，1939（昭和14）年から翌年にかけて，同前稿とほぼ時期を同じくして「朝鮮行政」誌[87]に掲載された「朝鮮産業法規解説」でも解明が試みられている。ただし，これら二つの論稿はそれぞれ連載途中のあるときから，その表題と内容とが入れ替わっている。しかもこの別稿も，12回にわたって断続的な連載を重ねながらも，結局は中断している。参考までに，同稿の目次構成をかかげよう（なお矢印部分および取消線は，連載途中で変更されたことを示す）。

　　第一章→篇　序論
　　　第一節→章　本講座の主題
　　　第二節→章　産業法規の目的と動向
　　　第三節→章　産業法規の意義

---

(87) 同誌の発行元は，民間会社（今日の「ぎょうせい」の前身である「帝国地方行政学会」）であるが，朝鮮総督府各部局の官僚が多く執筆していたことから，内容的に総督府の朝鮮支配のあり方を示し，また執筆担当者の多くがその後，本国内務省のポストを歴任していったことにより，事実上，日本の官僚機構全般に関する史料価値をも有するものである（橋谷弘「解説／『朝鮮行政』と総督府官僚」『朝鮮行政』〔復刻版〕別巻／総目次・索引・解説〔ゆまに書房・2004〕346頁）。

第四節→章　産業法規制の手続　　　　　　　　　（連載1回・3巻6号）

第五章　　　　朝鮮に施行される産業法規概観

　第一節　朝鮮に施行される経済法規概観

　　第一款　自由経済体制上に於ける経済法規

　　第二款　過渡期に於ける経済法規

　　第三款　統制経済体制上に於ける経済法規

　　　第一　国家総動員法発動に至る迄の統制経済法規

　　　第二　国家総動員法発動による統制経済法規　（連載2回・18巻7号）

　第二節　朝鮮に施行される労働法規概観

　　第一款　労働法規の誕生（一般考察）―― 民法より労働法へ

　　第二款　自由契約体制における労働法規

　　第三款　過渡期に於ける労働法規

　　第四款　統制労働体制に於ける労働法規　　　（連載3回・同巻9号）

　第三節　朝鮮に施行される社会事業法規概観

　　第一款　社会事業法規の意義

　　第二款　社会事業の対象と類型

　　　第一　個別福利施設としての社会事業法

　　　第二　一般的福利施設としての社会事業法

　　第三款　朝鮮に施行される社会事業法規

　　　第一　個別的福利施設としての社会事業法規

　　　第二　一般的福利施設としての社会事業法規　（連載4回・同巻10号）

第二篇　本論

　第一章　朝鮮経済法規

　第一節　総論

　　第一款　経済法の意義　　　　　　　　　　　（連載5回・同巻11号）

　第二節　価格機構より見た経済法

　　第一款　価格形式の法律的考案

　　　第一　自由経済体制上の価格形成法

　　　第二　自主統制経済体制上の価格形成法

　　　第三　統制経済体制上の価格形成法

　　　（一）交換過程からする価格統制法　　　　（連載6回・同巻12号）

　　　（二）生産過程からする価格統制法　　　　（連載7回・19巻1号）

　　第二款　価格形成法規違反行為の法律的考察

　　　第一項　反禁行為の私法的考察

　　　　第一　直接的価格形成法の反禁行為の効力

　　　　（一）指定価格違反売買契約の効力　　　（連載8回・同巻2号）

（二）→第二　公定価格指定前に売買契約がなされ，その引渡は指定後に行われ

　　　　る場合　　　　　　　　　　　　　　　　　　（連載9回・同巻3号）
　　第三　公定価格を知らずしてなせる売買契約の効力
　　　　　　　　　　　　　　　　　　　　　　　　（連載10回・同巻4号）
　　第四　反禁行為に基いて給付された物又は代金の返還請求は認められ
　　　　るか　　　　　　　　　　　　　　　　　　（連載11回・同巻5号）
　　第五　反禁行為に基く給付は「不法ノ原因」に基く給付であるか
　　　　　　　　　　　　　　　　　　　　　　　　（連載12回・同巻7号）
………………………………………………………………………………
　　　　（以下未完）
　　第六　反禁売買契約の一部履行が既になされた場合の同時履行の抗弁
　　第七　反禁契約に於ける危険負担並びに解除の問題
　　第八　抱合売買，違約金流し売買，買戻約款付売買，その他の脱法行為
　　第九　公定価格違反行為と暴利取締令との競合
　第三節　企業組成機構よりみた経済法………（連載7回目に際し示された目
　　　次による）
　　第一款　企業形態法
　　第二款　所有の企業編入形態法
~~第二章　各論＝朝鮮に施行される経済法規の個別的解説~~

　当初津曲は，戦時経済体制の展開にともない「機械的にバラバラの形式を以
つて」制定・改正された「無数の産業法規を一応，一の体系の下に整理して，
その朝鮮に関する法令のみを抜き出して，解説してみたい」（連載1回・91頁）
と，その執筆意図をのべていた。そして津曲はここでいう「産業法」について
「最も広く解する立場に拠って，所謂経済法・労働法・社会事業法の三法域に
属する法規」（同98頁）をさすものと解している。以後，3回（連載2回-4回）
に渡り，⑴「自由経済体制」⑵「過渡期」⑶統制経済体制という「時代的
色彩」による区分にしたがって，三つの法分野の展開と朝鮮の地に適用される，
それぞれの法令を列挙している。その論稿表題からすれば，「物的資源に関す
る」経済法，「人的資源」についての労働法，そして「労働無能力者に関する」
社会事業法の概観はこれで終わり，当初示された「法規解説」という課題はほ
ぼ達成されたと解することも可能であった。ところが津曲は連載5回目の冒頭，
それ以前を「第一篇　序論」と位置付け，「第二篇　本論」では，テーマを経
済法分野に特化し，さらに「総論の方で経済法の中心問題が何処にあるかを明
らかにし，各論の方で朝鮮に施行される各種の経済法規の個別的解説を試みよ
う」（連載5回・44-45頁）とのべるにいたった。そしてさらに企業形態が一方
では，「大衆に分散している所有の統制化（社会化）」と，他方は「斯かる所有

の社会性（公益性）」という二つの側面に分けて考察することが経済法の課題であるとしている。津曲によれば，後者は「所有の公益性は如何なる法律行為に依つて達成されるか」という問題であり，そこでは「価格機構は社会性達成のための絆帯である。価格の構成は法律上如何なる形態で組成されるのかの考察」がなされるという（同前・53頁）。このように津曲は経済法を論じるには「価格機構」と「企業組成機構」という二つの側面から検討しなければならないとする。ただし論文のタイトルに反して，前者の問題＝「価格形成法違反行為」については「朝鮮産業法規解説」という表題の論稿で，後者は「経済法違反行為の効力」という名前の付された論稿で「企業組成機構からみた経済法」を，先にのべたように，それぞれ入れ替えて論じるということになってしまった。そのあと連載稿6回から，とくに8回以降では，具体的な経済法規違反について全部で九つの「場合」に分けて，それぞれの私法上の効力をのべようと試みている。事実上連載の最終回となってしまった12回の冒頭，津曲はそれまでの記述内容を要約しながらも，「中等学校卒業程度」の知識理解度の「朝鮮行政」誌読者にとって，同稿のなかで展開される議論が微細なことに及ぶことから必ずしも理解が容易ではなかろうとの弁解をし（30-31頁），連載12回に及びながらも，いまだに総論をのべる途中であることから，「厖大雑多な産業法規を取扱う際に，総論的知識さへ充分であれば，それぞれの法規の中で法律的問題は何処に存在してゐるかと云ふことを，読者が自分で判別がつくと思ふ」（同前・23-24頁注(3)）として，「各論」部分を執筆しないと宣するにいたった。しかしそれにもかかわらず，同稿の続稿は読者の前に現われることは二度となかった。

　津曲が意図した統制経済法に関する総論的な記述は，法学志林連載稿「経済法規違反の効力」の中断（1941年4月）から約1年後，『日本統制経済法』（日本評論社）[88]によってはたされる。同書は事変下5年目の第七六議会（翼賛議会）で「高度国防国家」を目指す諸法案が可決され，同年暮れ（12月8日未明〔日本時間〕）には，それまでの対中国との膠着化した戦争にとどまらずに，アメリカおよびイギリスを始めとする連合国との戦闘状態に突入した（当時「大

---

(88) 両者の関係は，かつての前掲「労働法より見たる官公吏の団結及罷業」我等11巻10号，「団結及罷業の社会的並経済的根拠 —— 労働法より見たる官公吏の団結及罷業の二」同11巻11号，同「 —— の三」12巻1号と，『労働法原理』（1932）のそれにあたり，当初は雑誌への連載稿として現われながらも，途中で中断し，その後に単行本として完成体をなすという点で相似形をなしている。また同書それ自体も，経済法の体系書の実現を企図しながら，同前『労働法原理』と同じく未完成なものであった点でも，やはり同じであった。

東亜戦争」と命名された）年の翌年春に刊行された（1942年5月）。同書の構成
と内容については，次章で紹介する。

◆第4節　菊池勇夫における経済法理解
── 経済統制法から統制経済法への転回

1　『経済法の理論と対象』への収録を予定した論稿群

　津曲のみならず，菊池も，経済法に関する検討を行なっている。すなわち菊
池が自らの研究成果を社会・経済法論集と総称する論文集全4巻として刊行し
ようとしたとき，戦局の急速な悪化により未刊に終わった第3巻は『経済法の
理論と対象』という表題となるはずであった。菊池『還暦祝賀論文集』に付さ
れた「年譜」4頁には，「昭和10年　『経済統制関係法』（演習）をおこなう」
「同12年度　第1学期『経済法概論』を開講，翌13年度も繰返す」と記され
ている[89]。第一次世界大戦後のドイツでは，カルテルやトラストの規制立法
を経済法と理解し，その法的性格をいかに捉えるか盛んに議論された。わが国
でも，大正末から満州事変（1931〔昭和6〕年）にいたる過程で，数次の金融恐
慌をへて企業の寡占やカルテル形成が進行し，国家の関与も目だっていった。
しかし日本では，ドイツほどの議論の進化はみられなかった[90]。同巻に収録
を予定していた論稿は，その広告によれば，以下にかかげるようなものであっ
た。これら収録論文のうち，もっとも早いものは，菊池が九州帝大に赴任した
当初，「法政研究」誌に掲載した，いわば"石炭三部作"[91]とでも称すべき連
作の1つである「石炭鉱業の発展 ── 立法的基礎の変遷に関する一考察とし
て」法政研究3巻2号（1933）であった。しかし多くは，支那事変（1937〔昭和
12〕年）後，とくに1940（昭和15）年前後の時期に執筆・発表されたものである。

　　「近代法と経済との関係 ── 経済法の序論的考察」『牧野〔英一〕教授還暦祝賀法
　　　理論集』（有斐閣・1938）[92]

---

(89)　菊池「年譜」（前掲）4頁によれば，「昭和13年　農学部における農業法律学並びに森
　　林法律学の担当を命ぜられ，戦後も引きつづき数年間継続する」と記されている。そこで
　　も，統制経済法の一環としての講義がなされていたものと思われる。
(90)　丹宗昭信「社会法理論の発展」菊池勇夫〔編〕九州大学社会法講座三十周年記念『社会
　　法綜説』（上）（有斐閣・1959）33頁。
(91)　他の2篇は，「炭鉱鉱夫労働契約論」法政研究1巻1号（1931）1-105頁と「石炭鉱夫
　　労働状態の変遷」同2巻1号（同年）145-210頁であるが，これらについては，すでに本
　　書第2章で言及した。
(92)　これらのうち，巻頭論文となるべきであった「近代法と経済との関係」は，戦後菊池
　　が自らの古稀を記念して刊行した『社会法の基本問題』（有斐閣・1968）のなかに，当初

「経済法の領域」← (原題)「経済法の領域について」経済法の諸問題 2 (1941)

「経済統制法の意義及び系統」←初出先不明

「戦時経済統制法の特質とその体系」←法政研究 9 巻 2 号 (1939)

「国防国家の経済統制法」←統制経済 1 巻 2 号 (1940)

「経済統制法の新動向」←統制経済 3 巻 5 号 (1941)

「国家総動員法の展開」← (原題)「高度国防国家と総動員体制の強化 ―― 総動員法の改正問題」法律時報 12 巻 11 号 (1940) か?

「経済新体制の立法構想」←初出不明

「最近の農業立法」← (原題)「農業団体法と皇国農村確立の問題」九州帝国大学新聞 263 (昭和 18・2・20) 号か?

「石炭鉱業の発展」← (原題)「石炭鉱業の発展 ―― 立法的基礎の変遷に関する一考察として」法政研究 3 巻 2 号 (1933)

其他[93]

　このような収録予定論文を通読したとき，わずか 4，5 年ほどの時間しか経過していないにもかかわらず，これまで検討を試みた労働法，社会事業法および社会保険法分野以上に，菊池の主張には大きな変転がみられる。それは当初地域的にも，時間的にも限定的なものと理解されていた日中間の戦争が泥濘に足を取られるように継続・拡大し，国による経済活動への関与が深まっていくにとどまらず，経済それ自体が疲弊していった現実を投影していたのではなかろうか。以下，その主張の変化の過程を明らかにしたい[94]。

　の表題と副題を入れ替えて「経済法の序論的考察 ―― 近代法と経済との関係」として収録されている。

[93] もとより同書がこれらのみで構成されることはなく，やはり既刊の論文集と同じく，より多く論稿を収録されることが予定されていたのであろう。

[94] 現実には刊行されることなく，"幻" として，その名を残したにすぎない本書に収録されたかもしれない，菊池の敗戦前における経済法に関する業績としては，つぎのようなものがある。

　「経済統制立法の発展過程 ―― 第七十二議会を中心として」法律時報 9 巻 10 号 (1937)

　「国家総動員法の展望 ―― その全面的発動に際して」同 11 巻 8 号 (1939)

　「産業法の概念とその帰属」前進 (福岡県産業組合学友会) 2 巻 3 号 (1940) →同『社会法の基本問題』(1968)

　「経済統制法の一般的考察」法政研究 12 巻 2 号 (1942)

　「経済関係法制の日本的性格 ―― 『家』の精神を中心として」理想 141 号 (1943)

2 菊池の「経済法」理解の変遷

(1) 経済統制法か統制経済法か —— 経済法の概念把握のあり方

日中戦争勃発の翌年早々（1938〔昭和13〕年），近衛内閣は有名な「爾後国民政府を対手とせず」との声明を発し，戦闘行為の停戦可能性が大きく遠のき，国内では4月，国家総動員法が公布された。

この年，菊池は日本評論社から『統制経済法』を刊行している。末弘厳太郎〔編集〕新法学全集のうちの一巻（第33巻）として刊行された同書は，第一篇「総論」第二篇「産業統制法」第三篇「戦時統制法」という構成となっている。菊池はその冒頭（本文1-2頁）で用語として「経済統制法」か「統制経済法」かいずれの呼称が適当かと問い，「統制経済立法又は統制経済法と云へば，あたかも統制経済を前提としてその経済体制に固有の法規をさすもののやうに解せられる。したがつて統制経済体制の明確な規定を前提とせずして，漠然と経済に対する国家的統制立法の一団を便宜的に綜合研究する程度の名称は，経済統制立法又は経済統制法を以てむしろ適当であるとする」（原文中の傍点は削除）と，のべている。ただし同書のほぼ8割を占めるのは，1931(昭和6)年，関東軍による中国・奉天郊外の柳条湖での自作自演の満鉄線爆破を契機とする満州事変以降の準戦時体制のもとで制定されていった製鉄，機械製造，肥料，電力そしてエネルギー源としての鉱業などの「重要産業」統制経済立法の概要説明であった。したがって同書は実質的には，「平常時」における一般的な経済統制法の概要を示したものではなく，むしろ総力戦体制実現のための統制経済体制を説明するものであった。ただし同書では，その第三篇として「戦時経済統制法」を扱っている。すなわち，それは「特に戦時又は事変に関連して国民経済の調整を目的とする非常時的経済統制立法を中心に，他の常時的統制法規をも当該目的に適する限りにおいて綜合したる場合の総括的名称である」（164頁）としている。それはまた「戦争経済の特殊性すなはち戦争目的遂行のための物資動員計画の実施を中心とする」（同）ものである。支那事変による日中両軍の武力衝突から全面的戦争状態に至って半年ほどのちに刊行された同書において，菊池はこれを，あくまでも「非常時的したがつて臨時的統制法たることを特色としているものである」（同）と理解している。このことをより詳細に検討しているのが九大法文学部の紀要である法政研究9巻2号（1939年5月）に発表された「戦時経済統制法の特質とその考察」であった。

(2) 非常時の経済法とは何か

菊池は同前論文のなかでまず，「経済統制法」について，「平時法」と「戦時法」という区別が成り立つが，両者のあいだに一般法と特別法，あるいは普通

法と例外法という関係が成り立つかどうかを問い，これを否定する。すなわち「戦時経済統制法が平時経済統制法を非常時的に統合したものとなるのである。之を反対に平時経済統制法の側から云へば，経済統制法の平常態そのものが平時経済統制法であつて，その基礎の上に戦時又は事変突発による非常態として現出するのが戦時経済統制法なのである」(158頁)。これは別言すれば，「平時経済統制法は平常態として，又戦時経済統制法は非常態又は危機法として，それぞれの時期の経済統制法を一元的に支配してをり，経過的時期の編成替へ過程においてもやはりいづれか一方が他方を優位的に統合支配していることには替はりない」(159頁)ということになろう。

　このような理解を踏まえて，菊池は「戦時経済統制法」の特徴について，つぎのように指摘している。第1に，「それは平時的統制法規を前提としてゐる。すなはち現代の戦争が総力戦といはれるやうに，国民経済の全機構にわたる計画的統制を可能とする経済的基礎が成熟してゐる平常時の独占経済段階となつて以降，可能となつた」(160-163頁)。第2に，「戦争目的遂行のための物資動員計画の実施を中心とするがゆえに計画的性質を特色とする。この企画性は国家総力戦において全国民経済を対象とする総企画的性質のものとなる」(163-164頁)。そして平常時の経済活動に対する法規制が福祉目的を主眼とするに対して，戦時は戦争目的遂行に集中する点で，両者の編成替がなされるところに二つの経済統制法の区別が可能となる。そして戦時経済統制法の計画性を最も明瞭に示してゐるのが国家総動員法である（ただし具体的計画の前提となるべき調査や企画は，平常時に準備されるけれども）とする (164-165頁)。第3に，戦時経済統制法は臨時的ないし非常時的性質を有するという。すなわち菊池は「戦時経済においては，戦争目的遂行といふ急迫した巨大消費のためしだいに平常時経済生活が犠牲にされる。このことは戦争経済の臨時性を裏書するものであつて，再生産行程の縮小化が急激であればそれだけ短期間において縮小化を切上げて平時化へ復帰することの必要性に迫られるわけである」(166-167頁)。しかし現実には，それが長期化していつたことを後年に生きるわれわれは歴史的に知っている。第4に，国民の経済負担は軍備負担，すなわち「軍備の目的のために国家が人民に負はしめる経済上の負担」はそれだけにとどまらない。「現代戦が国家総力戦となつてゐることにより戦時下の経済統制は直接軍需品調達のための物資動員計画に関するものばかりでなく，広く国民経済の全般に対して行はれ，さらに戦時及び戦後の経済界の混乱に対する調整措置をも包含するに至つている。これらのすべてについてもいはゆる広義国防的軍備立場から見れば軍事負担たる性質を認めることができるであろう」(168頁)。そして第5として，平常時「経済統制法と労働法とは二つの併立的分野を形成する」

第3章　準戦時から国家総動員体制への展開のなかでの社会・労働法学

（171頁）。すなわち（イ）「戦時非常の要求に応ずるため……平常時における労働保護と反する労働強化がなされる」（172頁）。（ロ）「雇用条件，とくに賃銀について，物資動員計画を遂行するため国家において必要な労働力の配属を行ふとすれば，当然に賃銀の合理的標準をも国家が設定せねばならない。……さらに戦時経済において労働不安を除去するといふ社会的見地からは最低賃銀標準の必要あると共に，一般物価高を抑制するための一手段として生産費の騰貴をふせぐといふ経済的見地からは最高賃銀標準の必要も認められる」（173頁）。そして（ハ）「物資動員計画にはあらゆる意味において産業協力を必要とする。したがつて自主的労働組合運動の勢力あるところでは労資間の自治的協約の締結を斡旋奨励することが行はれる。しからざる場合になんらかの協力形態を助長する。他方には産業不安を除去するため，自主的労働運動に制限をなし，労働争議禁止の干渉が強行されることになる」（同前）。

このように戦時に際しては，労働法は経済統制法のもとに統合されることになる。それは労働組合の産業報国会への統合や全日本労働総同盟（全総）の「罷業撲滅宣言」となって具体化する[95]。菊池は，この点について「さらに発展した計画経済の発展において高次の社会的理念が実現せられる場合には可能となるであろう」として，つぎのようにのべている（171-172頁）[96]。

　　「経済法が国民経済に対する国家の統制的経済政策に基くものであるとし，かつ地盤たる私的営利的個別経済を超えて共同経済又は組織経済への推移

---

[95] 全総は日華事変が勃発した（7月7日）年（1937〔昭和12〕年）の10月17，18両日大会を開き，「罷業撲滅」の宣言を採択するとともに，「皇軍将士に対する感謝決議」「出征兵士並に遺家族慰問義援金募集」「愛国公債応募準備の為めの月掛貯金運動」などを決定した（大河内一男「『産業報国会』の前と後と」長幸男・住谷一彦〔編〕『近代日本経済思想史』Ⅱ〔有斐閣・1971〕82-83頁）。

[96] このようにのべるに際し菊池は，その想定する「高次の社会的理念」とは風早八十二が国家総動員法について言及した（『労働の理論と政策』〔時潮社・1938〕参照）際の「理念」に相当するのではないかとのべている。ただし私には，菊池のそのような主張の背後に，菊池の友人である風早や，大河内一男のような戦時中の屈折した抵抗の論理である「生産力理論」，すなわちマルクス主義に依拠しつつも，これを「公然とは秘しながら……戦時日本の錦の御旗であった『生産力拡充』という至上命題を共に戴きつつ『真』の生産力拡充のためには労働者を保護する政策が採られなければならない」（高畠通敏「生産力理論と現代 —— 福田善之『長い墓標の列』によせて」『政治の論理と市民』〔筑摩書房・1971〕196頁）との主張を見出すことは，いささか困難であるように思われる。なお上記の生産力理論については，若き日の同人の力作である「生産力理論 —— 偽装転向と『第三の途』の論理」思想の科学研究会〔編〕共同研究『転向』中（平凡社・1960）201-245頁／高畠・同前書121-194頁，最近では栗原彬・五十嵐暁郎〔編〕『高畠通敏集』2 政治の発見（岩波書店・2009）所収121-194頁を参照。

を認め得るものとするならば，国家公共的利益の優位が標榜される意味において統制立法に社会化的規定を掲げるのを当然とすることになる。しかして公共的利益によつて統制された産業経済においては，先に私的営利的経営から公共的社会的関係として対立させた社会政策も，今や生産優位の経済政策中に統合されるのである。ただしこのやうな『労働法の経済（統制）法への統合』は……国民経済が全体的に合理的計画をもつて行はれ，したがつて労働と所有とにも共同経済秩序としての調整が遂行される場合にのみ認められるものである。およそ統制経済又は計画経済の理論中には指導原理として，このやうな社会的理念が掲げられてゐるのを見るのである」。

　ここにいう「社会的理念」とは何を意味するのか。菊池は「政策論にわたらないわれわれの行論からは新原理は生まれない」（175 頁注(19)）としながらも，つぎのような自己の過去の論文の一部（「時局と労働法」法律時報 10 巻 11 号〔1938〕11 頁）を引用する。

　　「思ふに経済政策が私的企業の利潤追求を統制して合理的調整に向ふものとすれば，かかる意味の経済政策は社会的福祉を直接の目的とすべきであり，経済政策の社会化がその理念となるのである。産業報国の精神はかかる理念を含むやうであるが，之を高遠なものとして唱へ，或いは反対に職場を社会から切離した別天地として取扱ふことによつては，経営精神と利潤追求との矛盾，勤労精神と生活の困窮との矛盾を克服する指導力とならないであろう。事変下においては戦時的挙国体制と銃後の精神的緊張が之らの矛盾を抑制し得るのであるが，統制の恒常化には政治における相克の排除が先行条件となるのではあるまひか。それはおそらく支那事変の世界史的意義と称せられるものがいかに具現されるか，長期建設の過程がいかに遂行されるかと云ふ今後の歴史の進行によつて答へられる問題であろう」。

　菊池のいう「今後の歴史の進行」がいかなるものであったのかは，後代に生きるわれわれにとって周知のことであろう。

(3) 経済統制法から統制経済法への転移
　繰り返すが，日中間の戦争状態が短期的に終息するどころか長期戦とならざるを得なくなっていったことを背景に，菊池が議論の対象とするのは自ずと「経済統制法」ではなく，「統制経済法」となった[97]。わが国戦時統制経済の

第3章　準戦時から国家総動員体制への展開のなかでの社会・労働法学

根拠となったのは，まず日支事変に関連して1937(昭和12)年の，国民経済の運行を確保するため，一定の物資の貿易を制限する「輸出入品等臨時措置法」であり，また物資および資金の需給に適合するため，国内資金の使用を調整することを目的とした「臨時資金調整法」であった。そして支那事変の翌年1938(昭和13)年4月制定・5月施行された「国家総動員法」は総力戦開始に際しては物資，人員の動員のみならず，国民生活のほぼすべてを対象に，議会の協賛なしに，国内の総力を動員できるように政府に広範な権限をあたえた。これらはいずれも，その実施にあたってはすべて勅令に委任するものであった[98]。すなわち国家総動員法は1条で「国家総動員トハ戦時……ニ際シ国防目的達成ノ為全力ヲ最モ有効ニ発揮セシムル様人的及物的資源ヲ統制運用スルヲ謂フ」と規定していた。同法は8月には，全面的に発動されるにいたった。法律時報誌が翌年7月15日現在における「逐条解説国家総動員法」の特集を行なった(11巻8号〔1939〕)際，菊池は，いわば総論にあたる「国家総動員法の展望── その全面的発動に際して」を著わし，そこで「戦時体制の基本法としての臨時的機能を超えて遥かに恒久的な問題の提示を認めることができる。それは，戦時国家が国防国家体制として恒久化せんとすることにも窺はれる。すなはち総動員法は全法体系に互つて変革をもたらし，しかもその変革が恒常化することになるからである」(4頁)とのべるにいたっている。先の法政研究に「戦時経済統制法の特質とその考察」を発表してからわずか数か月経過したにすぎなかったにもかかわらず，中国大陸での戦争の進展・継続を反映してであろうか，戦時経済統制法は「臨時的」なものではなく，「恒久的」なものへと法的把握が変容していた。このことをより明確にのべているのが翌1940(昭和15)年10月に公刊された「国防国家の経済統制法」統制経済1巻2号であった。

菊池は冒頭，第二次近衛内閣の成立（1940〔昭和15〕年7月22日）に際し，その国策の中心に掲げられたのが「高度国防国家」の建設である（2頁）と指摘している。それは「何時でも戦時動員の体制に入り得るように国家の総力を国防目的へ集中して整備した機構」すなわち「準戦時体制の恒常化」である（同前）と解説している。さらに菊池によれば，日本は盧溝橋事件（1937〔昭和12〕年7月7日）以降，「余りに早く戦時体制」に移行した（同前）という。そして

───────────

(97) 戦後，我妻栄『経済再建と統制立法』（有斐閣・1947）52-59頁は，わが国戦時統制経済法の特徴として，(1)広汎な内容をもつ委任立法を基礎としたこと，(2)統制立法を運営する官庁組織が経済部門に応じて実質的に分有されたこと，(3)経済の末端にいたるまで，法令による国民に対する命令・強制としてなされたこと，(4)官僚主義的統制の色彩が全般を覆っていたことの4点を指摘している。

(98) 我妻・同前書21-23頁。

232

高度国防国家とは「支那事変下の戦時体制を強化し，かつ，第二次欧州戦争〔1939年9月1日，ナチス・ドイツのポーランド侵攻により始まった「第二次世界大戦」のことか？〕の進展による国際情勢に対応するところに，歴史的意義が存する」（同前）とする。菊池は国防国家における経済統制法は戦時経済法とも，平時の経済法とも全く異なる性格のものであるとして，つぎのように要約している（4頁）。

> 「国防国家における経済統制法は，一面において戦時法〔国家総動員のための非常時立法〕と同様の特色を持ちながら，しかも，戦時法としての非常時的臨時性を超えている点でやはり戦時法そのものとは区別せられるものである。さらに他面においては，それは総動員体制の恒常化〔戦争遂行と経済体制建設の表裏一体となった進展〕である点で在来の平時法と全く異なる性格のものである。したがつて，国防国家体制が国際的に又国内的に必然性を以て現はれた意味においては，経済統制法にも在来の経済機構に対し全面的に変革を加えた新たな平時法の確立を展望せしめることになるのである」。

なお菊池は，このような高度国防国家の建設を図るためには，満州国の経験が顧みられるべきであるとも指摘している（7-11頁）。それは前年刊行の『日本労働立法の発展』（有斐閣）の掉尾を飾る自らの論考「満州に於ける労働統制」を念頭においていたのかもしれない。

◆第5節　後藤清の転換期への法理対応

後藤清の社会法理論を検討する際，1939(昭和14)年の春 —— その奥付によれば4月20日（「序」末尾の日付は同年4月9日）——「十五年の生活を営んだ和歌山の地を離れ」，台北帝国大学に赴くことになったとき公刊した『労働法と時代精神』（河出書房）という論文集は，これ以降の後藤の言動の展開（転回）を考慮したとき，従来の論調と以後のそれとの境界と位置付けられる[99]。同書は，そのような意味で興味深い。後藤はその「序」の冒頭，つぎのようにのべていた。

> 「現時は或る意味において転換期といふことができる。とりわけ，わが国

---

(99)　武藤文雄「新刊批評／後藤清著『労働法と時代精神』」法律時報11巻6号（1939）70-73頁が本書を紹介し，「戦時下における労働法制についての一つの体系的研究を為してゐる」（同前71頁）と評している。

とドイツにおいては，転換期の様相が明瞭に現はれてゐる。前者において
は支那事変を境として，後者においてはナチス政権の勃興を境として。われ
われは，時代の動きから取り残されてはならぬと同時に，徒らに時代の
動きに流されてはならぬ。絶えず，われわれの現に生きてゐる時代の世界
観を究めて，これを正しい方向に導く用意が必要である」。

　当時「転換期」とは，世界恐慌後の世界各国で，資本主義経済の閉塞状況を
打開するための，新たな方向が模索されていた時代状況を端的に表現する言葉
として，様ざまな場面で用いられた。1929 年秋アメリカ合衆国に始まった経
済恐慌が世界へと波及し，それに対する各国の対応は，一般に国家が国民の経
済活動に干渉・関与することなく，その自由な経済活動を保障するという態度
から国家が経済活動への関与の度合いを強めて行ったことで共通する。ドイツ
では，NSDAP 国民社会主義ドイツ労働者党 Nationalsozialistische Deutsche
Arbeiterpartei が 1933 年 1 月，政権を獲得して以降，急速かつ活発な経済政
策・国家管理を実現する一方，ソヴィエト連邦では，五か年計画が実施されて
いった。そして日本は，対中国との戦争が深刻の度合いを強めていく時期で
あった。上に引用した「序」文中，後藤は「時代の動きから取り残されてはな
らぬと同時に，徒らに時代の動きにながされてはならぬ」とのべている。この
ような発言は，同人の以後の言動の展開を念頭においたとき，意味深長である。
後藤は同書発刊に先立ち同年 3 月 1 日（奥付記載日），『厚生法』なる変形新書
サイズの概説書を刊行している[100]。それは後藤によれば，「人的資源の培養
ならびに生活安定のための法の総合概念として，厚生法の概念を樹立し，併せ
てその指導原理を明らかにする〔と〕の目的を以て，誌したもの」（同前書「序」
3-4 頁）であった。さらに翌 1940（昭和 15）年 10 月，後藤は同前書と同じ出版
社から『転換期の法律思想』という著書も発表している。後藤が「転換期の法
律思想」として具体的に描いているのは，日本の統制経済法とナチス・ドイツ
の立法であった。

　本節ではこれら 3 冊の書籍を通して，1930 年代後半（昭和 10 年代中頃），後
藤の法思想がそれまでとくらべ，いかなる展開（転回）がみられたのか明らか
にしたい。

---

(100) 前掲の 2 つの後藤還暦記念論集である『労働協約 —— その理論と実際』（有斐閣・
　　1963）312 頁以下と，和歌山大学経済学部の紀要である「経済理論」73 号（1963）3-17
　　頁に付された「業績一覧」中の「著書」欄には 3 年後（1942〔昭和 17〕年 12 月）に刊行さ
　　れた新版とは異なり，当初刊行された同書については，掲載されていない。

1 後藤におけるドイツ労働法学研究の転回 ── 『労働法と時代精神』と『転換期の法思想』

『労働法と時代精神』は第一部「日本労働法の基本問題」と第二部「ドイツ労働法の基本問題」の二部構成となっている。そこでまず，第一次世界「大戦後ドイツのワイマール体制の下における労働法と，ナチス政権下の労働法とを比較して，いかに労働法の把捉において，百八十度の転換が遂げられたかを明らかにし……，読者は，おのづから，ドイツ労働法の主流に従つて，大戦後の時代より今日の時代にたどり着く」ことができると，著者が自信のほどを示す後者から取り上げたい。ただし「百八十度の転換が遂げ」たのは，考察対象たるドイツ労働法だけではなく，同法理を紹介する後藤自身でもあったことに留意したい。

(1)『労働法の時代精神』第二部の構成論稿

まず『労働法と時代精神』第二部の目次構成は，つぎのようなものである。

第二部　ドイツ労働法の基本問題
　第一章「ドイツ労働法の社会的機能の変遷」←法律論叢 11 巻 5 号～7 号（1932）
　第二章「ワイマール憲法とドイツ労働法」←法律論叢 11 巻 11 号（1932）
　第三章「過渡期ドイツの緊急命令」←初出不明
　第四章「過渡期の労働協約理論」←初出不明
　第五章「ナチス労働法の基本原理」←初出不明
　第六章「紹介／ジンツハイマアの『法律淵源論と労働法』」←法と経済 2 巻 5 号（1934）
　第七章「労働力の刑法的保護」←法律時報 8 巻 5 号（1936）
　第八章「紹介／ナチス刑法草案と労働力の保護」←法と経済 7 巻 4 号（1937）
　第九章「ドイツ労働関係法草案の素描」←公法雑誌 5 巻 1 号（1939）
　第一〇章「ドイツ労働関係法草案と慰労休暇」←法律時報 10 巻 10 号（1938）
　第一一章「ドイツ新株式会社法に於ける社会的規定」←社会政策時報 211 号（1938）
　第一二章「ギュルヴィッチの社会法の理念と労働協約」[101]←社会政策時報 167 号，168 号（1934）

このような表題群をみたとき，同書に収録された論稿の一方はワイマール憲法下の統治体制の末期，ナチス政権獲得直前の 1930 年代初めに公刊されたも

---

(101) ただし本稿は，ドイツ法理ではなく，ロシア生まれの社会学者であるギュルヴィッチ Georges Gurvich（1894 ～ 1965）によるフランス法に関する議論を紹介したものである。後藤自身，このことを「序」のなかで「労働協約の理論の理解にために重要な意義を有すると信じたが故に」同書に収めた「次第」であるとのべている。

のでる。これに対し，もう一方は 1933 年 1 月 30 日，ヒトラーが首相として内閣を率い，翌 2 月 27 日の国会議事堂放火事件の 1 か月後，3 月 23 日，授権法（全権委任法）が成立し，立法権を掌握してナチスによる独裁体制が成立して以降，各種の労働関連立法が矢継ぎ早に制定される状況を報告するものにより占められている[102]。すなわち，これらは時代状況がいわば両極端の対照的な時期における法理論を扱うものである。また単に発表時期や時代状況，および検

---

(102) 既刊の『労働協約理論史』『解雇・退職の法律学的研究』および『当面の労働法問題』そして『労働法の時代精神』に収録されたものをのぞいたドイツ労働法について発表した論稿の一覧表を作ると，つぎのようなものとなる。これをみると，後藤が多種多様な書籍・雑誌に成果を公表していたことがわかる。

1932(昭和 7)年　30 歳
　5 月「労働法を否認する見解に就て ── レオンハルトへの批判」内外研究 5 巻 2 号
　　　　「輓近世界労働立法 ── ドイツの部」同前 5 巻 2 号
1933(昭和 8)年　31 歳
　7 月「ナチス政権下に於けるドイツ労働法の転向」社会政策時報 154 号
1934(昭和 9)年　32 歳
　1 月「ナチスの国民革命と社会法」内外研究 7 巻 1 号
　2 月＊「国民革命途上の労働協約 ── 過渡期に於けるドイツの一立法」社会政策時報 161 号
　3 月「資料／ナチスの民法改正意見」法と経済 1 巻 2 号
　5 月＊「ナチス・ドイツの新労働法の建設 ── その第一歩としての労働秩序法」国家学会雑誌 48 巻 5 号
　7 月「紹介／我妻栄論文『ナチスの民法理論』」法律時報 6 巻 7 号
　10 月「ナチスの労働法制」我妻栄ほかとの共著『ナチスの法律』（日本評論社）所収
1935(昭和 10)年　33 歳
　2 月「社会法史におけるビスマルクの取扱ひ」公法雑誌 1 巻 2 号
　5 月「社会法に於ける政治的要素 ── ドイツ労働仲裁制度を中心として」法と経済 3 巻 5 号
　5 月－6 月「ラレンツ，民族精神と法」(1)(2)法律論叢 14 巻 5 号，6 号
　7 月「ナチス失業救済法における労働力の分配」公法雑誌 1 巻 7 号
　8 月「資料と紹介／ナチス指導者原理と株式会社組織改正論」民商法雑誌 2 巻 2 号
　9 月「典籍往来／ナチス立法鳥瞰書」法と経済 4 巻 3 号
1936(昭和 11)年　34 歳
　5 月「ナチス学者の観た所有権概念の変遷」法と経済 5 巻 5 号
　9 月＊「時評／団体主義の検討：現在と将来の課題に就て」帝国大学新聞 637（9 月 7 日）号（『復刻版』10 巻 338 頁）
1937(昭和 12)年　35 歳
　1 月＊「回顧と展望・社会科学／法律学／ナチス独裁法の展開」帝国大学新聞 654（1 月 1 日）号（『復刻版』11 巻 4 頁）
1938(昭和 13)年　36 歳

討対象の違いに止まらず，内容も，その論調も，さらにそれらを記述する後藤自身の姿勢すらも大きく左右に分かれている[(103)]。すなわちワイマール憲法のもとでの集団的労働法からナチス政権獲得後のそれへの展開について，後藤はすでに1934(昭和9)年に出版された我妻栄らとの共著『ナチスの法律』(日本評論社)のなかで，「ナチスの労働法制」[(104)]を担当していた。そこでは，ナチス法理に対し，批判的に検討・紹介しようとの姿勢が明確に示されていた。これに対し5年後に公刊された本書において，後藤の論調はいかなるものであったのであろうか。

　まず第1章はカーン・フロイント Otto Kahn-Freuund（1900 ～ 1979）の「労働法の機能的変遷」Funktionswandel des Arbeitsrechts, Archiv für Sozialwissenschaft und Sozialpolitik, Bd. 67, Helf 2 (S.146-174) について「忠実なる紹介」をしたもので，「ドイツ革命に先だつ時代より経済及び財政の確保のための第四緊急命令」が発令された1931年末まで「ドイツの労働法的規範の変遷を明らかにしつつ，右の時の流れの間において全体としての労働法の社会的機能が如何なる変遷を遂げたかを指摘して居る」(193頁)。第二章は同年，同じ紀要(明治大学)に発表された論稿であり，緊急命令(「経済および財政確保のための大統領令」)発布という「立法に於ける議会と大統領との地位の逆転」(249頁)現象について，「労働法の如き政治と密接に結合せる法の領域に付ては，寧ろその政治的視角よりの考察こそが，法の把握のために必要である」(250頁)との立場の代表者であるフレンケル Paul Ernest Fraenkel（1898 ～ 1975）の「ワイマール憲法からの別離か Abschied von Weimar? in Die Gesellschaft, IX. Jahrg., Nr.8」を紹介する。その論旨は，増長するファシスト勢力に対し，ワイマール憲法が保障する自由権(言論，集会，団結，出版等の自由)こそが労働者の武器であると論じるものであった。そして第三章は，仲裁制度および賃金切り下げに関する緊急命令の内容を具体的に紹介し，「経済不況が労

---

(103) 本書を書評した津曲蔵之丞「書評・労働法の全体主義的把握：後藤清氏・著『労働法と時代精神』」帝国大学新聞766号(昭和14・5・15)(六)(『復刻版』13巻214頁)も，後藤の「転換」を肯定しながらも，既発表論文をそのままに収録するのではなく，「各篇を更に一貫した連絡を持たせるためには原型を多少変へることも，或は一の方法であつたかも知れぬ」との感想を抑制的にのべていた。

(104) 同稿の原型 —— とくに第1章「前史」部分 —— は，その記述内容から判断して，後藤が前年に発表した「ナチス政権下に於けるドイツ労働法の転向」社会政策時報154号(1938)133-146頁である。そこでは，ナチス政権後の労働法制に対する批判的論調も，より明確である。また後藤が「ナチスの労働法制」公刊の半年前に国家学会雑誌48巻5号(1934)98-119頁に発表した「ナチス・ドイツの新労働法 —— その第一歩としての労働秩序法」は，同前「労働法制」第2章第3節「根幹的新労働法の建設」の原型である。

237

第3章　準戦時から国家総動員体制への展開のなかでの社会・労働法学

働立法をして従来のそれとは逆な方向を辿らしめ，殊に集団主義的法律体系の重要なるエレメントたる労働協約制度の根底を揺がしたか」(273頁) どうかを示すものである。さらに第四章（初出不明）[105]は，エンゲル Ludwig Engel の所説をとりあげ，「社会的団体を以て……国家機関なりとし，従つて労働協約において発言する集団意思は国家的集団意思なりと説」き，さらに「ドイツ国は社会と国家との一致体たる全体国家への転化の端緒にあると見る」同人「こそはワイマール憲法の敷設した集団主義的労働法体系の軌道よりドイツ労働法を脱せしめて，これをファシズムに導かんとしたものに外ならない。」(360-361頁) と主張している[106]。

　以上に対し同書第五章以下は，第六章と最終章である第一二章をのぞいて，ナチスの政権獲得後の立法状況を報告するものである[107]。第五章（初出不明）

----

(105) 本稿は，『労働法と時代精神』所収の論稿のなかで，もっとも長文 (90頁) である。後藤は 1934（昭和9）年2月，社会政策時報 161 号に「国民革命途上の労働協約 ―― 過渡期におけるドイツの一立法」という類似した表題の論稿を発表している。ただし両者は別物である。すなわち後者は，全権委任法 ―― 後藤は「国家非常時救済法」と呼称している ―― に基づき制定され，1933 年 5 月 21 日より施行された「労働管理人法 Das Gesetz über Treuhänder der Arbeit vom 19 mai 1933」を紹介するものである。同法により，「労働管理人」は，協約当事者に代って従来労働協約に規定されていた労働条件内容を規制することができるとしたものであった。後藤は同稿を「吾々はこゝに『全体国家』によつて集団主義的労働法体系がその核心までも破壊され，いたいたしい残骸を横たへて居るのを見出すであろう。……労働管理人法は，仮令過渡期の存在であるとはいへ，集団主義的労働法体系の墓標として忘るべからざるものである」と結んでいた。

(106) 後藤は戦後，本稿を収録していた『労働法の時代精神』が市場から姿を消し，一般に入手困難となっていたことを理由に，同人にとって戦前・戦後を通じた主著である『労働協約理論史』の〔増補版〕（有斐閣・1959）に改めて同前稿を収録している。

(107) 後藤「ナチスの国民革命と社会法」内外研究 7 巻 1 号 (1934) 1-29 頁は，「ワイマール憲法の基本原則たるデモクラシーの基礎の上にドイツ社会民主党が〔第一次世界〕大戦後築いた労働法の解体を意味する」1933 年 3 月 24 日に成立した授権法 ―― 後藤は正式名称たる「国民及び国家の艱難を排除するための法律」と呼ぶ ―― 国会上程の前日になされた，ヒトラーによる演説とこれに対し唯一の反対を唱えた社民党党首ヴェルス Otto Wels (1873～1939) の演説 ―― 後藤は「そのなした抵抗は最後の抵抗としては甚だ力弱く一片の紳士的プロテストたるに止まつて居るのは甚だ物足らなく感ぜられる」(同稿 5 頁・傍点原文) と評している ―― を紹介した。つぎに後藤は，「階級対立の事実を隠蔽せる神秘的なもの」である，ナチスの国民協同体の理念 (9 頁) に関連して，ワイマール憲法のもと，「ナチスの国民革命運動が押し入る」間隙をもたらした背景を検証している。それは具体的には，自身は明言しないが，ルソー Jean-Jacques Rouseau の「一般意思」理論から出発するカール・シュミット Carl Schmitt (1888～1985) ―― 後藤は当時のドイツ公法学界で「ナチス学派とも呼ばれる一群の追随学者に属する」(同前頁) と評している ―― の『合法性と正当性 Legalität und Legitimität』(1932) がナチスの運動に適合した

238

で後藤は，ワイマール憲法のもとでの労働法が「対立的な被傭者団体と雇主団体との闘争的活動に重点をおくものであつた」(363頁)のとは対照的に，「一国民の内部における階級分裂と階級闘争とを極力否定」して斥け，「協同体の思想〔と〕これと結合するに指導者の思想を以てしてゐる」(363-364頁)と，ナチス労働法を特徴づけたうえ，1934年1月20日の国民労働秩序法Gesetz zur Ordnung der nationalen Arbeit に基づくナチス期初期における集団的労使関係法と個別的労使関係法の主要な内容を紹介している。第六章は，『実定法の淵源の問題』をテーマに，ユダヤ人であるがゆえにナチスの迫害によりドイツを離れ，オランダのアムステルダムに落ち着いたジンツハイマーによる，1933年10月パリで開催された法哲学・法社会学国際協会第1回大会における報告（「法律淵源論と労働法」Le problem des sources du droit et le droit ouvrier, in Annuaire de l'Institut international de philosophie du droit et de sociologie ju-

---

議論を提供したものだとして，これに対する社民党の「陣営」に属するフレンケルの主張 —— ワイマール体制の終焉期のパーペン内閣のもとでの政情に促されて執筆された —— を紹介（邦訳）している。すなわち，シュミットが国民すべて同質であるとの「絶対的デモクラシー」を前提としているのに対し，フレンケルは近代の階級分裂国家で『総意の存在』を説くのはユートピアにすぎず，19世紀は「相対的デモクラシー」 —— 個人は個々の政治的観念のなかで自由な選択が可能であった —— により特徴付けられた（フレンケルは，これを遊具のシーソーに譬えていた）。しかしワイマール憲法は『同質的な国民から出発せずその内部に於ける分裂を包蔵せる国民から出発』している（14頁）。それは『国民の階級的地位の相違を顧慮する』（同前所）「弁証法的デモクラシー」，すなわち「国家権力の掌握の為めに相争う政党の並存の事実から出発」している（13頁）。弁証法的デモクラシーの『特性的現象形態は，妥協』（15頁）であり，それは常に中間の静止状態に復そうとする振り子に譬えられている。では，ワイマール憲法下での弁証法的デモクラシーは，機能停止にいたったのか（16頁）。フレンケルによれば，それはインフレそして大恐慌以来，中産階級は『流木として漂流し，国家的意思を弁証法的デモクラシーの手段によつて形成する可能性は……撹乱せらる，ところとなつた』（18頁）からだという。このことを踏まえて後藤は，ナチス運動が中産階級の動揺を捉えて，彼らを自らの陣営に引き入れるのに成功したと説明している（同前所）。そして続けて後藤は「同等なる権利を有てる同等ならざる者の形態なき集合……ではなく，そこに於ては権利は義務に応じて定められ且つ義務は格別の程度に於て指導者の人格に集まり指導者は高度の責任を負ふべき協同体である」という「ゲルマン的デモクラシー」（25頁）の神秘的思想に基づいて，ナチスによる「強権的デモクラシー，授権法による議会主義の破壊」がなされたのであると，のべている（26頁）。そして後藤は「授権法によつて『指導者』の地位を固めたナチスが実際になし来つたところのものは，果して国民全体に寄与して居るかどうか？」（同前所）と問うている。具体的には，「失業緩和に関する6月1日の法律」をとりあげ，同法『実施上の負担は，結局資本家側よりも寧ろ労働者俸給者側により多く負はされて居る』（磯崎俊次「ナチスの失業対策に就いて」社会政策時報159号）の評価を引用して，これを「決して過言ではない」（29頁）として結んでいる。

ridique: Le probreme des sources du droit et le droit positif, 1934) を紹介している。
後藤は，ナチス政権下で「百八十度の方向転換」をしたドイツ労働法に対し，
ジンツハイマーが「如何なる感想を懐けるか」を「おぼろげながらも知ること
ができる」（386頁）とする。第七章と第八章は，ワイマール憲法下でも議論さ
れたことがあるが，消極的に理解されていた――刑事裁判官の労働関係の関与
は労働力保護を万全とせず，むしろ自主的労働法の発展が「労働力の持続的且
つ現実的な保護に役立つ」――「労働力の刑法的保護」問題を扱っている。こ
れは後藤が留学時にも当時の議論を和歌山高商の紀要（内外研究2巻3号
〔1929〕）に「伯林便り」として発表した論稿のなかで，ドイツの事情を紹介す
る話題の一つとして取り上げていた問題であった。ナチス政権獲得後，個々の
労働者の労働力も，「協同体の一員として国民全体に属する法益の担い手」と
して保護されねばならない。それゆえに刑法典を改正し，労働奉仕への妨害や
ストライキが『労働力に対する侵害行為』として処罰されねばならないとされ
た。ついで第九章と第一〇章は，同じく当時準備されていた労働法草案の内容
を紹介している。ドイツ法学院労働法委員会は1934年以来，専ら労働法草案
の作成に従事してきたが，1938年春，その理由書とともにこれを労働大臣に
提出した。後藤は第九章でその概略を紹介している[108]。その指標は「労働契
約を以て主として財産法的な交換的契約と見る従来の見解は斥けられ，国民労
働秩序法に掲げられてゐるところの協同体，社会的名誉，忠誠，保護などの観
念に従つて，個別的労働関係も亦従者と企業家との間の身分法的協同体とせら
れてゐる」（416頁）点にあることを示している。

(2) 後藤における「転換期の法律思想」とは何か

　つぎに後藤の『転換期の法律思想』は，1940（昭和15）年10月に刊行された。
資本主義が行き詰るなかで法と政治との結合が声高に叫ばれていた当時，歴史
の「転換期」と捉える発想が社会に広く浸透していたのであろう[109]。後藤が
同書で「転換期の法律思想」としてとりあげたのは，わが国における統制経済
法とドイツのナチス法理であった。後藤は世界恐慌（1929年）以降，資本主義
経済において「有つ国と有たざる国との相克を激発せしめ，国家の自尊と経済
的自立をいやが上にも高からしめた」としている。同書は，つぎのような構成
となっている。

---

(108) 同草案については，当時，俵静夫「資料／ナチス新労働法」国民経済雑誌56巻4号
　　（1934）604-609頁，浅井清信「ナチス労働契約法草案について」法と経済10巻4号
　　（1938）127頁および天津不二郎「独乙『労働関係法案』に就いて」社会政策時報217号
　　（同）110頁等で紹介されていた。

序
序論　転換期における法律の諸相一般
第一章　統制経済法の法原理の変革
　　第一節　統制経済法と契約の自由／第二節　統制経済法と所有権（私有財産）
第二章　民族と法律（血と法律）
　　第一節　民族と血（ナチス的民族観）／第二節　民族的国家論／第三節　指導
　　者原理／第四節　民族的法律観／第五節　血と土地／第六節　血の保護及び維
　　持のための立法
第三章　全体主義と法律
　　第一節　全体主義の台頭／第二節　権利概念の展開／第三節　契約概念の全体
　　主義的構成／第四節　労働法の全体主義的構造
附録　ナチス法学者の民法改正意見←「ナチスの民法改正意見」法と経済１巻２
　　号（1934）

　本書の第１の意義は，後藤が初めて統制経済法について言及したことである。
後藤は，わが国の統制経済法が満州事変以降，準戦時体制過程をへて次第にそ
の準備が整えられ，「支那事変の発生以来，戦争目的貫徹のためにする戦時経
済体制の確立」の要請に突き動かされ，多くの「経済立法の洪水が溢れ出」た
（28頁）と理解している。それと同時に後藤は，統制経済立法が主に戦時経済
体制の整備を目的とするものであるが，「諸般の事情，とりわけ東亜新秩序の
建設の使命に鑑みるときは，当面の時局を超えて，国民経済の一般的再編成に
着手したもの」（29-30頁）と積極的に捉えている。統制経済は国家総動員法前
の「臨時資金調整法」「輸出入品等ニ関スル臨時措置ニ関スル法律」以降，そ
れらに基づく物価騰貴抑制のための物価公定制度により「契約の自由」が制限
された。後藤は「統制経済の進展は……量から質への転化があり，契約自由の
制限といふよりも，むしろ，契約の自由の原則の上に築かれた法原理の変革と
よぶにふさはしい現象が看取される」（51頁）と肯定的に評価していた。また
後藤は，国家総動員法による「臨時資金調整法」による資金利用規制により私

(109) 同書は，三笠書房「転換期思想」全７巻中の１冊（第５巻）として，公刊された。当
　　時「転換期」とは，時代の変化を象徴するキー・ワードであった。たとえば比較法雑誌２
　　号（1941）は「転換期と法」特集号として刊行された。それに収録された菊池勇夫の巻頭
　　論文「転換期における社会・経済法 ── 労働法を中心として」（のちに『労働法の主要問
　　題』〔有斐閣・1943〕に収録）は冒頭「転換期とは，社会経済の体制的転換が政治的新体
　　制の樹立によつて遂行される経過的時期を称するものである」とし，「いわゆる新体制は，
　　支那事変の経過によつて必然となり第二次欧州大戦の発展によつて一層強化されるに至つ
　　たところの戦時総動員体制の整備に他ならない」との把握を示していた。

241

有財産の自由 —— とくに資金利用の制限 —— も規制されるにいたり，その結果，「個人は各々使用収益を内容とする経済的な個別権をその手に保つてゐるが，その支配的な管理権は国家の手に収めらるるにいたつた」(67 頁) と捉えていた。ただしわが国の統制経済法についてのべる第一章は，わずか 40 頁にすぎない。「附録」を含めて残り第二章と第三章の 200 頁余りは，当時のドイツの法・政治思想の紹介に充てられている。

こうして本書について第 2 に注目すべきは，従来とは異なり，後藤のナチス評価が 180 度反転していることである。たとえば二・二六事件直後の 1936(昭和 11)年 3 月に刊行 (奥付の日付による) された前掲『当面の労働法問題』に収録されている論稿のなかで，ナチス・ドイツやその労働法制について，後藤は次のような論評やコメントをしていた。いくつか抜き出してみよう (下線および括弧書きは引用者)。

> 「解雇・退職手当の本質は贈与ではなく，対価的な報酬と見らるべき〔ことに〕目を掩はんとする〔のは，〕いたるところにおいて資本主義的精神の支配するこの二十世紀において，すべてを雇主の情誼に頼らんとするは，あたかも現代において忠勤契約的労働協同体を再現せしめんとするナチス的夢想と何ら選ぶところがない」(32 頁)
> 「ナチスは，生産における企業家と被傭者との間の協同を主張しているが……，それは『協同体』を僭称して労働者を『従者』の地位に置かんとするものであり，決して管理の協同を認めんとするものではない」(68 頁)。
> 「退職積立金法案反対論の批判において，ナチス的懐古精神の跳梁を指摘し」た (130 頁)
> 「ナチスの時代に移つてから，ドイツの労働法は全く異なる指導原理の下に立つにいたつたが故に，ナチスの政権獲得を境として，ドイツの労働法を二つの時代に分つことが必要である」(156 頁)。
> 徒弟制度の法改善運動の「努力は結晶して，一九二七年……職業教育法草案……となつた。労働の尊重を説くナチスは何よりも先ずこの運動を継続すべきに拘らず，未だこの点について何等の努力を示さず —— 否却つてそれがナチスの偽らざる本質であろう —— ために現在ではこの運動の中絶せるは遺憾である」(221 頁)。

これらは主題的には，当時日本の退職積立金制度，臨時工，賞与問題そして徒弟制度に関する論稿のなかで言及されていたものである。このような論旨とは関係なく，ドイツ法に言及する一部を摘記することは，後藤の意に沿うものではないのかもしれない。しかし論稿の本旨とは無関係であるがゆえに，後藤

第 5 節　後藤清の転換期への法理対応

の「本音」がいみじくも現われている。これらは既述のように，1935（昭和 10），36（昭和 11）両年に発表されたものであった。

　このように少なくとも 1936（昭和 11）年初め —— 同年 11 月 25 日，日独防共協定がベルリンにて締結された —— までの時点では，後藤はナチス政権のもとで，ワイマール憲法下の集団的労使関係法を徹底的に否定した立法や法政策を紹介・検討しながらも，そのような動向をきびしく批判していた。ところが 4 年後の 1940（昭和 15）年，後藤は『転換期の法律思想』で，自らの「立場」も逆転させて，親ナチスの姿勢を鮮明にするにいたった。同書のなかでは，ヒトラー Adolf Hitler の『我が闘争』（1925，1927）をはじめ，ローゼンベルグ Alfred Rosenberg（1893 〜 1946）の『二十世紀の神話』（1930）やカール・シュミット Karl Schmitt，ケルロイター Otto Koellreutter（1883 〜 1972），ラーレンツ Karl Larenz（1903 〜 1993）など当時ナチス・イデオローグの主張の紹介や引用に多くの紙幅が充てられ，アーリア人種優先の「血のミトス」や政治領域のみならず経済領域にも適用された「指導者 Führer 原理」—— 国民労働秩序法によれば，「企業家ハ経営ノ指導者トシテ，使用人及ビ労働者ハ，ソノ従者」として位置づけられた ——，「血と土地 Blut und Boden」—— 世襲農地法やユダヤ人を始め非アーリア人を排斥した諸立法（ニュールンベルグ法）—— や，それらの背景となるナチスの主張を積極的かつ肯定的に紹介・解説している。とくに「全体主義」との関わりでの労働法については，つぎのように説明していた。すなわち，第一次世界大戦後のワイマール憲法のもとに築かれた旧労働法は，「資本家階級と労働者階級との対立と相剋との前提から出発して，法律を形成するファクターとして，雇主団体及び労働者団体を承認するものであつた」（216-217 頁）とする一方，「ナチスの拠つて立つところの国民社会主義」について，つぎのように説明する。すなわち，それは「これとは全く対蹠的に，一国民の内部における階級分裂と階級闘争とを極力否定するが故に，……階級を超越した共通利害が民族の中に存在することを確信し，階級闘争とインターナショナルを排撃する。ナチスの基本とするところは，共同体の思想であり，これと結合するに，指導者の思想を以てしてゐるのであつて，資本と労働とは生産のために協同すべきこと，而して生産はまた国民全体の利益のために奉仕すべきこと」（218-219 頁）を前提とする。こうして後藤は，1934 年 1 月 20 日「国民労働秩序法」第 2 条を引用する。

　　「経営の指導者は，本法の定むる所に従ひ，従者に対しては其の経営内の
　　すべての事項に付き決定を下す。経営の指導者は，従者の福祉を図り，従
　　者は，指導者に対し経営協同体に基く忠誠を保つべきものとす」。

243

第3章　準戦時から国家総動員体制への展開のなかでの社会・労働法学

　後藤はゲルマン法的忠勤関係による指導者としての経営者と従者としての労働者および使用人の関係を，かつての主張とは異なり，全面的に肯定している。同人をして，このような理論転換を導いたものは，何か。後藤は，その理由について黙して語ることはなかった。

2　後藤の「転換期」における労働法学 ── 「厚生法」の提唱
⑴　台北帝国大学文政学部政学科の概要

　先にのべたように1939(昭和14)年3月，後藤は和歌山高商を辞し，台北帝国大学文政学部助教授として台湾に赴任した（37歳）[110]。帝国大学新聞社〔編〕『帝国大学案内』昭和13年度版（帝国大学新聞社・1937）228-229頁は，台北帝大を「最南の帝国大学」として，つぎのように紹介している。

> 「台北市の東南，富田町の一角，約七万坪の広大な檳榔樹と椰子の常緑に囲まれた敷地に軒立するクリーム色の近代建築こそ，南溟日本の生命線台湾に於ける我が邦南端の最高学府として，特殊の使命を担う台北帝国大学の輪奐である。／昭和三年の創立以来漸く十周年を垂んとして，文政，理農，医の三学部の学生を擁して総合大学の威容を整へる日も間もないであろう。親指山を指呼の間に仰ぎ，新店の渓流に臨んで常盤木と太陽を十分に恵まれたこの大学は広大な用地と，遺憾なき研究設備の中に，教授，助教授約百五十名に対して略同数の学生と云ふ，真に他の帝大では思ひも寄らぬ贅沢さである。電車の台北市の完備したバス網の『帝大正門前』に下

─────────

(110)　台北は亜熱帯地域に位置し，日本本土との気候・風土との違いもあり，後藤には戸惑いもあったであろう。赴任した年の夏，後藤は「緑陰随想」として「台北の夏」と題する，つぎのようなエッセイを記していた（帝国大学新聞775〔昭和14・8・7〕号〔『復刻版』13巻321頁〕）。すなわち「青く澄み渡った空。透明な空気。およそこのような清々しいものに恵まれ」ず，「湿度はいやに高く，雨は執拗に降り続」く台北の春，当初は嘆いたが，「問題はむしろ〔夏の〕暑さを避けることにある」と続けている。このように「誉めるよりも貶す方が多くなつた」が，台北からガソリンカーで30分ほどの地である「北投の温泉」は「内地の温泉場にはその比を見ない設備」を備えるもので，その周囲の風景とともに「ただ一つ台北が誇つてよいもの」だとのべて，文章を結んでいた。また後藤は戦後の晩年期，当時の生活振りを断片的に，たとえば自分が生まれ，育った大正年代初めの大阪に関連させて「太平洋戦争前のまだ戦雲の急でない時代，台北大学に勤務していたとき，夏の夕方，軽くビールをひっかけたあと，人力車上にゆられながら，そよ風を楽しんだことがあるが，その味は格別であった」（後藤「大正三年前後の大阪」『労働法漫筆』〔法令総合出版・1983〕144頁）とのべていた。また1970年代末以降，ほぼ3年おきに三度訪台し，「そのたびに街の変貌のはげしさに驚」きながら，戦前の台北の有様を懐旧していた（「台北点描」（後藤『雑炊労働法』〔法令総合出版・1989〕156-160頁）。

車すれば中央の守衛室の両側に開いた簡単な鉄の正門を通じて，遥か三線の芝生に区切られた砂利の主道が一直線に伸びてゐるのが美しい。マッチ箱を伏せたやうな長方形の，校舎も整然と建並んで見る地，構成美を具現し，田圃を埋立てた二万坪の運動場は……シーズン毎に全島の男女学生の覇を競ふ市民に懐しい處である。……／教授側は顔触も一応揃つてゐるし，豊富な研究費と生活の閑暇から研究には至れり尽くせりの状態で，教授の住宅が大学に近接して官舎街を形成してゐる為，学生は個人的に指導を受け易い便宜があり，島都台北のインテリヂンスの中心は東南の一角に在りと云ふも過言ではあるまい」。

　このように描写される台北帝国大学——「台湾帝国大学」と名付ける予定であったが，日本内地の帝国大学名称と合わせるために改称——は，1920年代台湾総督府が，台湾人留学生が日本国内，中国や欧米諸国に留学することを警戒し，日本人在住子弟の進学希望の増加や台湾人留学生問題を解消するために設立が決定され，9校中7番目の帝国大学として1928(昭和3)年3月開学した[111]。同大学は実用性を重視して，文科系は文科と法科より構成された「文政学部」と称され，哲学科，史学科，文学科および政学科の4学科からなり，自然科学系は理科と農科より構成され，「理農学部」と称され，生物学科，化学科，農学科，農芸化学科が設置された（1943〔昭和18〕年に理学部と農学部に分離）。なお医学部の設置は財政困難から後年に延期され，1934(昭和9)年になされた[112]。政学科に開設されたのは，憲法，行政法，政治学・政治史，経済学，民法・民事訴訟法，刑法・刑事訴訟法，法律哲学の講座であった（商法講座は，1937〔昭和12〕年以降に開講）。同じく日本統治下のもとでの「植民地大学」であっても，「朝鮮ニ於ケル文化ノ進展ニ伴ヒ京城ニ総合大学」として設置された京城帝国大学の法文学部では「法政的学科ヲ修ムル者ハ学士試験ヲ経テ法学士ト称シ行政官外交官等ノ試験ヲ受ケルニ差支ナカラシメ」るとして，高等文官試験を目標としてすえられ，官吏養成機関としての性格を強くもっていた[113]。これに対し，台北帝大文政学部では，明確に官吏養成を掲げておらず，

---

(111) 1895年4月17日に日清戦争の講和条約により，澎湖列島とともに中国から割譲されてから，台北帝大開学にいたる経緯については，陳瑜「日本統治下の台北帝国大学について」(上)(下) 東洋史訪（兵庫教育大学）10号（2004）66-79頁，11号（2005）80-106頁および李恒全「台北帝国大学成立史に関する一考察」神戸大学発達科学部研究紀要14巻1号（2006）45-54頁を参照。
(112) 陳・同前論文（上）69頁。
(113) 京城帝大については，本書第2章（注(92)-(96)）で引用した文献を参照。

245

結果としても高等文官試験の合格者も少なかった[114]。文政学部の学生数は平均定員（210名）の3分の1くらいしかいない一方，日本人学生の方が多く，また卒業後も台湾に残らずに内地や，当時日本の支配地であった地域（たとえば満州）に就職する者が多かった。台湾人学生は8人に1人程度にすぎなかった。というのも台湾人は，（日本）内地の大学に進学（留学）する者が多かったからであったという[115]。政学科の法律学教官は，台北帝大が存続した17年のあいだ着任したすべてが内地人（日本人・男性）であった。1945(昭和20)年までに，台湾人で内地の大学を含む法学部卒業生で台北帝大政学科の教職に任じられた者は一人もいなかった。彼らの最終学歴は法学士で，東京帝大法学部出身者が少なくなかった[116]。このような環境のなか，後藤は台北に赴いた1939(昭和14)年，2年生を対象に第1学期（4月1日−10月31日）と第2学期（11月1日−3月31日）に，いずれも必修科目である民法・債権総論（第1学期・週4時間）と民法・債権各論（第2学期・週6ないし4時間）を担当した[117]。

(2) 「転換期」における後藤の労働法学

　既述のように，和歌山高商から台北帝大に勤務先を移した1939年春に刊行した『労働法と時代精神』の第一部「日本労働法の基本問題」は，つぎのような目次構成のもとに，既発表論文を掲載したものであった。

---

(114) 檜山幸夫「日本の外地統治機構と外地支配について ── 『植民地官僚』『植民地大学論』への問い」同〔編〕『転換期の台湾史研究』（中京大学社会科学研究所・2015）54-59頁。ただし王泰升／陳宛妤（訳）「台北帝国大学と植民地近代性の法学」酒井哲哉・松田利彦〔編〕『帝国と高等教育＝Empire and the higher education in East Asia：東アジアの文脈から：第42回国際研究集会』（国際日本文化研究センター・2013）201頁は，文政学部で設置された10講座のうち7講座が法律学分野に属するもので，政治学1講座，経済学2講座で，その授業科目も他の帝国大学法科のそれと「非常に類似していた」と理解している。

(115) 檜山・同前論文59頁，王・同前所および陳・前掲論文（下）81頁。ただし陳・同前論文（下）81頁は，文政学部の卒業生の8割近くが台湾で就職した（官公吏・学校職員が5割強，3割が会社員・銀行員）としている。また向山寛夫「日本統治下における台湾の法と政治 ── 民族法学の視点に立って」国学院法学20巻2号（1983）99頁によれば，日本統治下の台湾では，経済・産業の発展と教育制度の普及を背景に，他の植民地では例をみないほど高等教育を受ける者が輩出し，終戦時までに東京帝国大学を卒業した台湾人は100名を数えたという。

(116) 台北帝大は創立間もなく，金融恐慌そして太平洋戦争に直面したけれども，政学科の教官は自由主義者が多数を占めており，当時濃厚になっていた右翼・軍国主義に対し中立的であったと評されている（王・同前論文204-207頁）。

(117) 王・同前論文202-203頁には，1928(昭和3)年から1943(昭和18)年までの15年間の「授業科目及び関連資料」一覧が掲載されている。

第一章「労働立法の重点は何処に置かるべきか」←法律時報 10 巻 11 号（1938）

第二章「労働時間制限と例外許容の意義」←社会政策時報 195 号（1936）

第三章「時局と最低賃銀法」←社会政策時報 217 号（1938）

第四章「厚生法とその指導原理」←社会政策時報 221 号（1939）

第五章「戦争と労働法」←社会事業 21 巻 12 号（1938）

第六章「戦争と雇傭契約 ── 雇傭関係の解約告知に関する独逸の判例の研究の一節」←内外研究 4 巻 2 号（1931）[118]

　中国との戦争は継続し，本書が刊行された当時，すでに長期化の様相を呈し，泥沼化していた。前年の 1938（昭和 13）年 4 月には総力戦体制のための「人的及物的資源」の「統制運用」の円滑化を図る国家総動員法が公布され，翌 5 月には早くも施行され，11 月 3 日，近衛首相は「東亜新秩序」声明を発した。1939（昭和 14）年 1 月，1941（昭和 16）年まで続く（春から秋にかけて実施）日本軍による重慶爆撃が開始された。

　このような時代状況を反映して，第一章「労働立法の重点は何処に置かるべきか」は冒頭，つぎのようにのべていた（3-4 頁）。

　　「経済の戦時体制への編成替へは，単に物的資源の調達転換を必要とするのみならず，人的資源の調達転換をも必要とする。……果して，生産力拡充のために，生産設備の拡充に大なる努力が払はれ，また物的資源の開発と消費節約とのために，国家高権による強き統制力をも動かして，力が注がれてゐるのに対応して，人的資源の調達は，時局下における重要なる問題として取り上げられてゐる。否な，生産力拡充のための物的資源の調達も，その担当者たる人的資源の調達なくしては無意義である以上，物的資源の開発と保存と消費節約の問題よりも，はるかに人的資源の開発と保存と消費節約の問題が重要性を有する筈である」。

　後藤はこのようにのべて，労働者を日本の戦争遂行を実現する主要要素である物的資源と並ぶ「人的資源」として位置付けて，その重要性を強調している[119]。それでは，その「開発と保存と消費節約」のためには，何が必要であろうか。「わが国の過去の労働立法は，甚だ消極的な『労働者保護』以上に一

────────────

(118) 同稿は，他の収録論稿とは異なり，昭和年代の初期の満州事変前に発表されたもので，その副題が示すように，内容的には，第一次世界大戦時のドイツで戦争による経営困難から労働契約を解消したり，労働者が軍隊に召集され，労務提供ができなくなることを理由に，使用者は解約告知をなし得るか否か等が論じられた裁判例を紹介するものである。その点では，後藤・前掲『解雇・退職の法律学的研究』に連なるものであった。

247

歩も出づることな」かった（4頁）と評価する後藤は，戦争遂行に必要な重化学工業における労働力の担い手たる労働者として「健全なる身体と精神力」が形成されるためとして，以下のように続けた（6頁）。

　　「長期戦は，労働力が絶えず溌剌たる状態においてその作業能力を高めることを要求するのみならず，〔支那〕事変後においては……〔その〕要求は，いよいよ切実である。従つて，労働立法の重点は，人的資源の保存に止まらず，進んで，人的資源の開発の方向に置かれねばならない。それは広い意味における労働力の培養であり，単に『消費節約』といふ従来の消極的なものから，『培養』という積極的なものへの転換である」。

　こうして後藤は続く第二章と第三章において，1日最長11時間（工場法3条）を超える「臨時必要アル場合」の無制限労働時間（同法8条）に対する対策と時局下における最低賃金問題を扱っている。

(3)「厚生法」の提唱

　台北帝大赴任とほぼ時を同じくして刊行された『労働法と時代精神』の2か月前に後藤が世に問うたのが，『厚生法』（三笠書房・昭和14年3月1日）である。後藤は，その「序」の冒頭でつぎのようにのべている（3頁）。

　　「支那事変は，人的資源の統制運用を企図せる国家総動員法を生み，人的資源の統制運用の必要は，人的資源の培養策の樹立を不可避ならしめた。ところで，人的資源は，単に事変中においてのみ必要なるものではなく，いやしくも一国の健全なる発展のためには，物的資源と併せて，否な，物的資源以上に，必要欠くべからざるものである。しかも，人的資源の培養は，単に，局部的な体位向上策や労働保護策の樹立のみを以て事足るものではなく，一貫せる綜合的国策の樹立の下に，初めて遂げられ得るものである」。

　後藤はすでに，前年（1938〔昭和13〕年）に法律時報10巻11号に発表した前

---

(119)「人的資源」という文言・表現は，早くも1927(昭和2)年，田中義一内閣のもと「人的資源物的資源ノ統制運用計画ニ関スル事項」の調査・審議するために内閣の外局として資源局が設けられ，1929(昭和4)年には「資源調整法」も制定されたことに始まるとされる（纐纈厚『総力戦体制研究：日本陸軍の国家総動員構想』〔三一書房・1981〕63頁以下参照）。ただし，その活動が積極的かつ本格化したのは，満州事変以後の準戦時体制時代に入ってからであった（1937〔昭和12〕年，企画院に統合）という（藤野豊『日本ファシズムと優生思想』〔かもがわ出版・1998〕262-264頁）。後藤が「人的資源」というときも，同様の趣旨で用いていたものと思われる。

掲「労働立法の重点は何処に置かるべきか」稿（『労働法と時代精神』の巻頭論
文として収録）における戦争遂行のための「人的資源の維持培養」を，「厚生
法」という概念をもって理解すべきと宣明していた。同書は変形新書サイズの，
文字通りの小著（全245頁）で，大きく総論と各論からなる。

　第一章　総論
　　第一節　厚生法の概念とその領域／　第二節　厚生法の体系／　第三節　厚生
　　法の法源／　第四節　労働法の国際化／　第五節　わが国厚生法の史的概観
　第二章　各論
　　第一節　労働法／　第二節　社会事業法／　第三節　国民生活安定を目的とす
　　る法／　第四節　社会保険法／　第五節　国民の保健・衛生・体位向上を目的
　　とする法

　後藤自身は同書「序」のなかで「小冊子として余儀なくされた頁数の制限の
ために，わたくしの言はんと欲するところを充分に言ひ盡し得なかつた憾みは
あるが，ほぼ右の目的を達し得た」と自信のほどを示している（4頁）。しかし
その言葉とは裏腹に，「厚生法の指導原理」がいかなるものかを論じていると
思われるのは，最初の総論第二節の半ばまでの，わずか40頁分ほどにすぎず，
そのほかはILOの紹介（第一章第四節「労働法の国際化」）や明治維新期以降日
中戦争時までの社会立法の歴史について，同書半分ほどの紙幅を用いて紹介す
るものであった[120]。また第二章「各論」は，「厚生法」を構成する各種の立
法群の内容を概略説明するものであった。
　後藤がいう「厚生法」がいかなるものかを理解するには，本書ではなく，む
しろ前掲『労働法と時代精神』第一部第四章として収録されている「厚生法と
その指導原理」（初出・社会政策時報221号〔1939〕）を見る方が適当である（引
用は，後藤・前掲『労働法と時代精神』による）[121]。

────────────────

(120) この点について，後藤自身は同書「序」で「厚生法の史的発展に関する叙述が，本書
　　の主なる部分を占めてゐるのは，一つには，これによつて，厚生法の指導原理がいかに従
　　来のわが国において把握せらるること少なかつたかを知らしむると共に，今次の事変の意
　　義を明確ならしめんがためで」あった（4頁）と弁明している。しかし後藤は，人的資源
　　の維持培養の確保ということの強調以外，何らの説明もしていない。
(121) 鼎談／松沢兼人・後藤清・上山善治「厚生政策と厚生事業」社会事業研究29巻9号
　　(1941) 24頁（後藤）は，「厚生法〔という表現・概念〕は最初ヒントを松沢さんから頂
　　いた……〔同人が〕確か帝大新聞か何かに今日の情勢では従来の社会政策では不十分で，
　　厚生政策が必要だと書いて〔い〕たが，私はこれは面白いと思つて法律の方に使つてみ
　　た」と発言している。同所で言及されているのは，松沢「厚生政策の設計：実証的，機能
　　的方法の必要」帝国大学新聞736（昭和13年10月17日）号（『復刻版』12巻403頁）で

第3章　準戦時から国家総動員体制への展開のなかでの社会・労働法学

　19世紀以降の産業革命の進展，資本制社会の展開のなかで社会問題ないし
労働問題が発生し，従来の市民法原理の反省形態としての社会法は「爾後，久
しい間，法律思想の潮流における革新的要素として……新鮮なる活素を注ぎこ
んできたが，今やこの二〇世紀初頭における麒麟児も新たな法概念の生成のた
めに，〔後藤がいう「厚生法」に〕その王座をゆづらねばならぬこととなつた」
（142頁）。このように，後藤は高らかに宣言している[122]。同人によれば，「厚
生法」の指導原理とは『一国発展の基礎たる人的資源の培養ならびにその基礎
的生活の安定』（同前所）にある。後藤をして，このような「厚生法」なる概
念を着想させるに至った事情には，二つのことがあった。それらは，いずれも
日中戦争の長期化の中で出現したものであった。一方は『生者を大切にするこ
と』『生活の道をゆたかにすること』なる意味を有する『書経』中の「正徳利
用厚生惟和」から名をとった —— 当初は「保健社会省」と命名される予定で
あったが，「社会」という文言が「社会主義」を連想させ，相応しくないとさ
れた —— 1938（昭和13）年1月11日の厚生省の新設である[123]。すなわち同省は，
健兵を確保すべく国民の健康と体力を向上させ，結核等の罹患防止，さらには
傷痍軍人や遺族に関わる行政を専門とする新省設置を主張する陸軍の強い要求
のもと，内務省から衛生局と社会局が，また逓信省簡易保険局の業務が移管さ
れる形で設けられた。後藤はそれにより「人的資源の培養ならびに生活安定の
ための総合的国策が画策されるにいたつた」と積極的かつ肯定的に評価してい
る（同前所）。もう一方は，後藤が好んで用いた表現によれば，同じく日中戦
争勃発の翌年（1938〔昭和13〕年）4月に制定・公布された「物的資源の統制運
用と併せて人的資源の統制運用」を広く宣言する国家総動員法の制定・施行で
ある。
　後藤はさらに，これら二つのことを「わが国」をして明確に意識させるにい
たった契機として，(1)現実の戦争遂行の主体となるべき壮丁の体位低下と，
(2)従来の「準戦時体制」から日中戦争の勃発およびその継続による戦時体制

　　あろう。そこでは「厚生政策の対象は何かと云へば，一国の所要の目的に向つて人的資源
　　たる国民の生活力を整備することにあると考える。……単なる労働条件の維持改善の目的
　　ではなく，国民生活力の整備が目的である」とされていた。
(122)　労働法を典型とする社会立法を「二十世紀初頭における麒麟児」と表したカスケルの
　　言を好んで用いたのは，すでに本書の第1章冒頭部分で引用したように孫田秀春であった。
(123)「厚生省」設置の意義と同省の，とくに戦時中に果たした役割を優秀かつ健康な「人
　　的資源」の培養の国策遂行にあったという視点から取り上げた，藤野豊『厚生省の誕生：
　　医療はファシズムをいかに推進したか』（かもがわ出版・2003）を参照。また公的な年史
　　としては，大部な厚生省〔編〕『厚生省五十年史』〔記述篇〕〔資料篇〕（厚生問題研究会・
　　1988）がある。

250

第5節　後藤清の転換期への法理対応

のもと，労働者の出征にともなう「高度な精度を備えた労働力の不足」をあげ
ている（同前稿143頁）。前者は，当時陸軍首脳陣により，盛んにいわれたこと
である(124)。後藤はその原因を「農民層を過度貧困の状態に放置しつづけたこ
と，並びに個別的工業資本〔が〕……工業労働力を価格以下において濫用虐使
したこと」（同前稿144-145頁）をあげ，後者について「問題たる労働力の不足
は，数の問題ではなく，むしろ質の問題である」（同前稿145頁）としている。

　つぎに「厚生法」概念の，従来の「社会法」に関するそれとの違いおよび優
位性について，後藤は菊池勇夫の「社会法」把握 ── 「社会事業法域の成立に
ついて」野村〔淳治〕教授還暦祝賀『公法政治論集』（有斐閣・1938）(125) ── と
対比させながら，とくに社会事業法 ── 今日の理解にしたがえば「社会福祉
法」となろう ── をも含むそれとの関係について，つぎのようにのべている。
まず「社会立法」を「社会問題を処理するための立法または社会政策的立法を
指す」（147頁）とする。つぎに「社会問題」「社会政策」については，広狭二
つの理解があるとし，結論的に示せば，これを狭く捉えて社会立法とは労働法
そのものを指し，広い意義では労働法のみならず，「生産関係から遊離した一
般社会人を対象とするところの社会事業法との総称」と解する。この点では，
後藤と菊池とのあいだに相違はない(126)。しかし菊池が社会事業法の特質とし
て「社会改良的計画性」をあげ，具体的に医療保護法の系統に属する保健所法
に，そのような性質が見られる限り，直接社会事業を目的としなくとも，社会
事業法規のなかに組み込むことができるとのべている（菊池『社会保障法の形
成』194-195頁）(127)。これに対し後藤はそのような理解には「理論上甚だ無理
なもの」（150頁）があると批判した。後藤によれば，「保健所法は，国民体位
の向上といふ観点から理解せらるべきものであつて，決して，救済的対策とい
ふ観点から眺めらるべきものではないからである」（151頁）。後藤はさらに
ラートブルフ Gustav Radburch（1878〜1949）の「個人法から社会法へ」

---

(124) 壮丁の体位（健康）低下が大きな問題となった発端は，日中戦争直前の1936(昭和
　　　11)年6月1日の閣議であった（桜田百合子「戦時にいたる『人的資源』をめぐる問題状
　　　態：健兵健民政策登場の背景」長野大学紀要9号〔1979〕46頁）。ただし実際には，当時
　　　改善されていて，多分に陸軍による軍事予算獲得のための「方便」としての側面が強いと，
　　　今日では評価されている。
(125) 本稿は戦後，菊池『社会保障法の形成』（有斐閣・1970）185頁以下に収録された。
(126) 後藤・前掲「厚生法とその指導原理」147-148頁および菊池「社会事業法域の成立」
　　　190-192頁。ただし後藤は社会事業法について「人的資源の保護ないし培養といふやうな
　　　積極的目的の下に，高い一国全体の立場から把へんとするものでは」なく，「その対象を，
　　　個々の弱き憐むべき者として把へることしか知らない」（156-157頁）と批判している。
(127) 菊池の社会事業法理解については，本章198頁以下を参照。

251

稿⁽¹²⁸⁾の一部を引用しながら，揚言する（154頁）。

> 「社会法は，均衡の思想に基き……社会的強者と社会的弱者との勢力関係
> を調和せんとするに止まるに反して，厚生法は，一国の発展の基礎たる人
> 的資源の培養と生活安定とをはかるものである。……厚生法は，人的資源
> の培養といふ大きな目標を有するが故に，国民の保健・衛生・体力向上・
> 優生などに関する法の如く，社会法の領域に属せざる一聯の法をも，自己
> の領域内に取り入れるものである。そして，ここに厚生法が社会法に対し
> はるかに優越せる現代的意義を有する理由が存するのである」。

　既述のように，そもそも戦力の増強が声高に叫ばれる一方で，国民生活水準
が悪化するなか，「国民生活の安定確保」と「人的資源の保護育成」とは，そ
れ自体矛盾する要請であった⁽¹²⁹⁾。にもかかわらず，これに応えんとした点で
は，後藤も菊池も同じ志向を共有していたと思われる。しかし菊池は社会的弱
者への人道的・社会連帯的な立場に立っていた。これに対し，後藤はその「厚
生法」の指導原理──『一国発展の基礎たる人的資源の培養ならびにその基礎
的生活の安定』に帰する（142頁）──が示すように，人的資源の培養に優先
的価値をおいていたのであり，実質的には「国民生活の安定」は二次的・副次
的なそれとしか捉えていなかった⁽¹³⁰⁾。

　後藤がいう「厚生法」には，いったいどのような法が含まれていたのであろ
うか。それらには(1)労働法，(2)社会事業法，(3)国民の健康，衛生，体位向
上を目的とする法，(4)国民の生活安定を目的とする法そして(5)社会保険法の
五つの分野からなる。『厚生法』第二章の「各論」も，このような構成と配列
からなっている。(1)は名称も，法域も従来のそれと同じである。しかし従来
その根本態度が「労資の摩擦緩和」にあったのに対し，「厚生法」のもとでは
「人的労働力が一国の高度の発展のための絶対的要請たることの明確な認識の
下に，人的労働力の保全，進んでは開発をはかるものである」点で異なるとす
る（前掲『厚生法』46-47頁）。後藤は，(2)社会事業法⁽¹³¹⁾と(4)国民生活安定

---

(128) 邦訳として山田晟〔訳〕「個人主義法から社会法へ」ラートブルフ著作集第八巻『社
　　会主義の文化理論』（東京大学出版会・1961）所収。

(129) 吉田久一『改訂増補版・現代社会事業史研究』（川島書店・1990）185頁。

(130) この点において，後藤が「厚生法」提唱のヒントをえたとする松沢・前掲稿の主張・
　　理解ほどには「国民生活力の整備」ということを強調しておらず，松沢稿とは異なってい
　　るように思われる。むしろ菊池の理解の方が松澤の主張に近かったのではなかろうか。

(131) 具体的には，まず一般法としての救護法，特別法としての母子保護法，〔旧〕北海道
　　土人保護法（救護的救済事業法）のほか，軍事扶助法や傷病院法（扶助的救済事業法），

第5節　後藤清の転換期への法理対応

化法[132]との間に明確な限界を設けることは困難であるとしながらも，従来一国全体の立場からの考慮が少なかったのに対し，「厚生法の指導の下」での社会事業は国家的・公共的なそれを中心になされ，また従来国家的考慮から除外されていた私設事業についても，公共的任務を担う補充機関として，国家が助成・監督する点で異なるとする（同前書47-48頁）。また後藤は(5)社会保険法―― 健康保険と国民健康保険，簡易生命保険，農業保険，職員健康保険および船員保険の各制度 ―― が(1)(2)(3)(4)の各々制度に関連して，保険方式をとるものであるとしている（同前書50頁）。要するに，内容的には，従来「社会法」範疇に含まれるものに加えて，さらに周縁領域に関わる多様な制度や立法例が「厚生法」と総称される法分野に加えられている[133]。しかし別の観点からみると，これら「厚生法」に含まれる法令群は，利息制限法や借地法，借家法などその一部をのぞいて新設された厚生省という役所が管轄・担当する部局構成とピッタリと重なるものであった[134]。すなわち後藤のいう「厚生法」とは，健民健兵政策を策定・実行すべき厚生省に関わる諸立法を総称するものであった。そして，それは長期化した戦争遂行を支えるべき「人的資源」養成の実現を概念化しようとの試みであったといえよう。

罹災救助基金法，水難救護法（救助的救済事業法），児童虐待防止法（保護的救護事業法）そして不良住宅地区改良法，公益質屋法，思想犯保護観察法（保息的社会事業法）があるという（後藤・前掲『厚生法』216-223頁）。

(132)　対象は社会事業法より広く，中産階級をも含むのが特徴である。具体的には，質屋取締法，無尽業法による取締りや利息制限法の規制，金銭債務臨時調停法，農village負債整理組合法，また借家法や建物保護法と借地法，借地借家調停法，農地調整法と小作関係調停法などがそれに該当するとする（同前書224-233頁）。

(133)　(3)については，水道条例，下水道法，各種の予防法や検疫法等，精神病者監護法，医師法，歯科医師法，薬剤師法，さらに国立公園法，保健所法などの保健衛生に関する各種の立法例から構成されている（同前書242頁）。ただし後藤は，とくに「民族の優秀性」を保持するためとして断種法（のちの優生保護法）をも，その法群のなかに含めている（同前書243-247頁）。そして後掲「厚生法と統制経済法」（日本経済法学会での口頭発表）に関する質疑応答（169頁以下）のなかで，後藤は厚生法を「人的資源の培養」に関わる指導的・統一原理としてかかげることにより，民法典中の婚姻法も包摂せられ，とくにナチス・ドイツにおける「民族優生的な法規定」が将来日本にも出現する可能性を積極的に肯定している。このような発言のうちには厚生法概念の融通無碍ないし茫漠性と，後藤のいう「健全なる精神は，健全なる身体に宿る」との主張の真の意味内容が図らずも現われているように思わる。このような後藤の「厚生法」理解もそれ自体，当時の時代的制約の表現として考えるべきなのであろうか，私は判断しあぐねている。

(134)　同前書54-65頁では，厚生行政を担うべき厚生省（中央機関）の機構図が掲げられて，説明されている。

253

3　後藤における統制経済法と「厚生法」理解の進展

(1)『統制経済法と厚生法』の刊行

　後藤は、『転換期の法思想』を発表した1年後の1941(昭和16)年9月6日、5冊目の論文集である『統制経済法と厚生法』を東洋書館より刊行した。後藤はその「序」において、つぎのようにのべている（1頁。下線は引用者）。

　　支那「事変は、わが国の歴史における画期的な事件として、とりわけその垂れるところの歴史的教訓は大である。それは、すでにその成立の地盤を失つた自由主義経済の破綻をあざやかに露呈しつつ、わが国の経済を一路統制経済へ押し進めた。それと同時に、自由主義経済の下に多年にわたる人的資源培養の閑却がいかに今次事変におけるわが国の重大なる使命遂行の障碍となつたかを教へ、厚生の理念の下に人的資源培養対策の確立整備を促した。……時勢の要求と新法令の指示するところを洞察理解しつつ、新たなる概念を確立し、その下に伝習的解釈技術を応用して、新しき法令と旧き法令との融合調和を遂げることは、まさに法学者に課せられた当面の任務であつて、既存の法体系が旧き時代の所産なるの故を以て棄てて顧みざるが如きは、法学者自らがその使命を抛ち建設への協力を拒むものと言ふのほかない」。

　日中間の宣戦布告なき戦闘行為が長期化するにしたがい、国家総動員法のもと、統制経済体制が進展する一方、戦争目的として日本を盟主とする「大東亜共栄圏」確立（1940〔昭和15〕年7月）を掲げるなか、後藤は同書で統制経済法と自らいう厚生法との関係を明らかにしようとしている。また後藤が厚生法の構成要素の一部をなす社会事業法の法的意義を積極的にのべるにいたったことは、同人の従来の主張とは異なる特徴として指摘できよう[135]。

　その目次構成はつぎのようなものであった。

　第一部　統制経済法の諸問題
　　第一章「統制経済法と厚生法」←公法雑誌6巻12号（1940）
　　第二章「統制経済の論理と倫理」←統制経済1巻3号（1940）
　　第三章＊「営団の法的性質とその現時的意義」←国民経済雑誌（神戸高商）71巻2号（1941）
　　第四章「法人と代表機関との利益衝突と公正維持規定 ── 各種の法人における

---

(135)　本書に収録された論稿は、後藤が1940(昭和15)および本書刊行時までの41(昭和16)両年に公刊されたもののうち、民事法に関連したものや書評などを除いたすべてであった。

規定の特殊性とその適用限界とを主眼として」←民商法雑誌 9 巻 1 号
（1937）

附録＊「産業組合の解散と監事 —— 清算中の産業組合と代表権限 —— 一の判例
にあらはれた事件への右の理論の適用」←銀行論叢 36 巻 1 号（1941）

第五章「いはゆる七・七禁止令について」←銀行論叢 35 巻 3 号（1940）

第六章＊「臨時農地等管理令と権利概念の転回」←帝国大学新聞 858（1941・5・
26）号（『復刻版』15 巻 168 頁）

第七章＊「判例批評／裁判・裁判上の和解・調停等による地代家賃の増額と地
代家賃統制令」←民商法雑誌 14 巻 1 号（1940）

第二部　厚生法の諸問題

第一章「労働協同体と忠信関係 —— 法史的考察を基礎として」←社会政策時報
247 号（1941）

第二章「労働統制組織と指導者原理」←統制経済 3 巻 3 号（1941）

第三章＊「労働関係解消後における業務上の秘密厳守義務」←民商法雑誌 12 巻
1 号（1938）

第四章「ドイツ戦時労働法」←法律時報 12 巻 8 号（1940）

第五章「ナチス新賃金差押法」←民商法雑誌 13 巻 6 号（1941）

第六章「社会事業法の生成・分化・発展 —— わが国社会事業法の回顧と展望」
←社会事業 24 巻 4 号（1940）

　第一部第一章「統制経済法と厚生法」では，それぞれの法的意義と両者の関
係理解を示している[136]。第三章ないし第七章として収録されている諸論稿は，
第一章を受けて，いわば各論的に論述するものである。第二部 —— 表題の「厚
生法」とは，いうまでもなく後藤が提唱する意味でのそれである —— について，
後藤自身は「ナチス・ドイツの事例を素材とするところが多」い（「序」3 頁）
と説明している。しかし同書第二部として収録されている論稿は多いどころか，
六章をのぞき，すべてがナチス・ドイツの労働法およびそれに関連する立法の
紹介・解説である。第六章は，後藤が初めて本格的に「社会事業法」について
言及している。ここでは，第一部の第一，第二の両章と，第二部の第一，第二
および第六の五つの論稿を取り上げたいと思う。

(2) 後藤における「統制経済法と厚生法」の関係理解の概要

　第一部第一章の前段は「自由経済法・社会法・統制経済法の理念」と題する
ものである。前半では，ラートブルフによるフライブルグ大学法学部教授就任

---

(136) これを今一度説明しているのが経済法学会における口頭発表録である「厚生法と統制
経済法」『経済法の諸問題』2（有斐閣・1941）159-176 頁，とくに 171-172 頁である。

255

演説「法における人間 Der Mensch im Recht」[137]を引き合いに出しながら，それぞれの法理念や特徴を論じている（3-15頁）。自由主義経済のもとで人は抽象的に把握され，形式的契約の自由が尊重された。これに対し，社会法では具体的な人間に着目し，「社会的強者と社会的弱者との勢力均衡の回復，ならびに法律の形式と現実との調和・適応」を実現しようとした。しかし後藤によれば，ワイマール・ドイツの労働法制や第一次世界大戦後の日本における労働組合の発達や治安警察法17条の撤廃を例にあげて，社会的・経済的勢力の均衡回復による「配分的正義」の実現は十分ではないとした。すなわち，それは時どきの政治的・社会的条件のもとでは安定せず，「一時的な休戦状態」にとどまり，両者の「かけ引きと活発な活動」により，「社会的な不安と動揺」を惹起し，「全経済的生活秩序の攪乱を来さしめずにはおかない」。一般的には，自由主義経済から統制経済への移行を論じるのに対して，後藤の場合は，そのあいだに社会法を位置付け，その限界を克服するのが統制経済法であると主張している。「経済的生活秩序に期待をつなぐことなく，むしろ，経済的生活秩序そのものを高い全体的立場から自覚的・計画的に形成し，社会もしくは国家の成員の活動範囲についても，また彼らの享受すべき物質的手段についても，全経済的生活秩序との関係において規制を行ふ」統制経済法において「配分的正義」の実現が可能であると論じている。

　つぎに後半は「統制経済法と厚生法との相互関係」を論じている（15-25頁）。すなわち国の発展の基礎たるべき「人的資源の培養」をその指導理念とする厚生法——後藤は，これを明確に自覚する点で，従来の社会立法に対し優位にたつとする——は，「経済的生活秩序の自覚的・計画的形成を志向する統制経済法」の出現によって，実現可能となるとする。すなわち満州事変（1931〔昭和6〕年）以降，日本の統制経済への転換の濃度が高くになるにともない「人的資源の培養」に関する関心が高まっていった。それは後藤もいうように「兵力としての人的資源」と「軍需産業のための人的資源」に関するそれであった。しかしそれだけにとどまらず後藤は，人的資源を社会の物質的存続条件確保のための手段ではなく，国家が「道徳的・人倫的の組織」であるとして，その存続には「国民文化を創成」する意義をもたねばならないとする。なぜならば後藤は「人的資源の培養といふ目的は，単に体位向上や労働力保全策の樹立のみを以てしては遂げられ得るものではなく，その到達のためには，何よりも重要なる基底として，『国民生活の安定』を必要とする」とした[138]。そしてそれは

───────────────

(137) 邦訳として，ラートブルフ／桑田三郎・常盤忠允〔訳〕「法における人間」ラートブルフ著作集第五巻『法における人間』（東京大学出版会・1962）1-26頁がある。

第5節　後藤清の転換期への法理対応

「国家による指導と国民の協力とによる統制」により実現するものだとして，厚生法と統制経済法を「唇歯輔車の関係」にたとえている。

　続いて第二章「統制経済の論理と倫理」で後藤は一「現代統制経済法の文化的意義と歴史的制約」として，封建制時代の自給自足経済における「上からの統制」に対し，自由主義経済の「『我』の自覚」を経験した満州事変（1931〔昭和6〕年）後の当時の統制経済のありかたは「経済の国家化」——ソヴィエト・ロシアを例としてあげる——ではなく，「経済の国家的指導」でなければならないとする。それはつぎのようなものである（38頁）。

　　「国家は，私的個人的契機と公的社会的契機との綜合的組織として，その形成と発展には常に個人的主体の創意を参与せしめ，その政治は，国家の存続を確保すると同時に，その強大なる統制力を文化の方面にも活用して，民族精神の育成に絶えざる大なる努力を払うと共に国民の個性を充分に尊重し，個我に暢達なる自己経営の余地を与ふるところのものであらねばならない」。

　こうして同章二「統制経済進行の過程における諸要請」では，具体的な統制経済の類型が示されている（43頁以下）。

　第二部第一章「労働協同体と忠信関係」で後藤は，経営協同体における忠勤関係の歴史的根拠は何に求められるべきかについて，論じている（183-224頁）。当時ドイツでは，雇傭契約の原型をドイツ古法の忠勤契約にあるとしたギールケに依拠していた。しかし後藤は，これに反対し，その根拠を手工業的ツンフトにあるとの議論を紹介している[139]。そのあとに1940（昭和15）年高度国防国

---

(138) 先に言及した（本章注(133)）ように，後藤はこの際に厚生法に保健所法，国民体力法および国民優生法などを念頭において「『健全なる精神は健全なる肉体に』という真理が，今更ながら悟られる」とのべている。そこでは，何の疑問もなく，ナチス・ドイツの優生保護思想を肯定していた。

(139) その具体的な内容については，後藤の分かりにくい説明よりも，津曲蔵之丞「債権契約の一類型——石田・後藤両教授の所論の対比」民商法雑誌14巻2号（1941）181-184頁に要を得た紹介がある。同稿は副題から理解できるように，後藤「忠信関係」論文と石田文次郎『契約の基礎理論』（有斐閣・1940）に第一論文として収録されている「債権契約の二大型」——初出は，東北帝国大学法文学部十周年記念『法学論集』（岩波書店・1934〔石田・同前所では「1933」と記されているが，初出書の奥付による〕）——とを対比させ，両者ともに同じくドイツの議論に依拠するものである。なお石田・同前論文は労働契約を「人を支配する機能の債権契約」と類型化し，それが家父長的支配に淵源する中世の忠勤契約との理解はナチス以前の企業体制では妥当しようが，ナチス時代の労働体制のもとでは，むしろ後藤の理解の方が適切であろうと評価するものであった。

257

家の整備が叫ばれ，同年 11 月 8 日に「勤労新体制確立要綱」が閣議決定され
たが，同文書の冒頭「第一　勤労精神の確立」として，つぎのようにのべてい
た。

> 「勤労は皇国民の奉仕活動として其の国家性，人格性，生産性を一体的に
> 高度に具現すべきものとす　従つて勤労は皇国に対する皇国民の責任たる
> と共に栄誉たるべき事，各自の職分に於て其の能率を最高度に発揮すべき
> こと，秩序に従ひ服従を重んじ協同して産業の全体的効率を発揚すべきこ
> とに，全人格の発露として創意的自発的たるべきことを基調として勤労精
> 神を確立す」。

後藤は右の文言を引いたあとで「協力といひ，企業家と労働者との有機的一
体といひ，ゆたかなる忠信関係によつて全体的調和の保たるるによつてはじめ
て遂げ得られる」（220 頁）として，忠信関係の重要なことは，わが国も同じで
あるとして，つぎのように論じた（同前所）。

> 「いやしくも，勤労新体制が単なる道義的運動に終らざらんとする限り，
> 忠信関係の生れ出づべき基底の供与を必要とするが，『我』に目ざめた近
> 代的勤労人の創意と暢達なる発動を期する以上，それは家父長的な権力関
> 係たり得べきではなく，名実共に備はれる労働協同体たるべきである。か
> かる労働協同体は，企業家も労働者も共にひとしく経営の目的の促進を通
> じて国家に奉仕すべきものなるの意識を有つことによつて，強力なる精神
> 的地盤を与へらるる」。

そのような制度保障を実現するために，後藤はつぎのような提案をした。す
なわち(1)近代的勤労人をして「労働協同体の一員としての重き責任を悟らし
むるためには，経営は彼らの創意と協力との故に生き且つ発展するものなるの
意識を有たらしむる」ことが必要であり，従業員団が企業家に意見をのべる，
「下意上達」のための機関を設けなければならない。(2)労働協同体の一員とし
て労働者が「新鮮なる活力を養ひつつ日々の労働の生活にいそしみ，しかもそ
の技能を益々向上し得る」ためには，「労働は苦行ではなく愉悦」でなければ
ならず，その基底として，確固たる生活が保障されなければならない（221-223
頁）。

つぎに第二部第二章「労働統制組織と指導者原理」（225 頁以下）では，経済
新体制のもと，経済団体の運営における指導者原理がとられ，「勤労新体制確
立要綱」もまた，単位経営体における勤労組織が「企業経営者を以て指揮者と
し，経営体に所属する全勤労者を以て構成する特別社団組織たること」をあげ

ていることから，ナチスにおける指導者原理が如何なるものかを示さんとのべている（一）。具体的に，二「指導者の思想とその諸特徴」，三「労働者統制組織への指導者原理の適用においての問題」，四「経営の指導者」，五「信任者協議会」，六「労働管理官とドイツ労働戦線」という順番で説明したあと，七「わが国の労働統制組織と産報運動」として，つぎのようにのべている。すなわちワイマール・ドイツとは異なり，労使の集団的対抗関係を基礎にした法体制を経験したことのないわが国では，勤労新体制の確立は産業報国会に委ねられていた。そこでは「全体主義的な労働統制組織の整備のための国家的法制の欠如は一面においては経営の指導者たる企業家の強大なる権力の濫用を取締る国家的保障制度（ナチスの労働管理官や社会的名誉裁判所の制度の如き）の欠如を意味」した（265頁）。それゆえに産業報国運動においては，「みだりに勤労者の創意を抑へ労働の愉悦を失はしむるが如きことなからしむるために留意すべき」ことが多いがゆえに，ナチスの国民労働秩序法が信任者協議会の構成と活動における工夫——「下意上達」の実現するために——に学ぶべきことが多い（266頁）と結論付けている。

　そして1874(明治7)年恤救規則が1929(昭和4)年の救護法制定（施行は1932〔昭和7〕年）により改めら，児童虐待防止法（1933〔昭和8〕年），母子保護法（1937〔昭和12〕年）に続いて，1938(昭和13)年社会事業法が制定されて，戦後の社会福祉事業法に連なる，わが国社会事業法制が本格的に成立した。『統制経済法と厚生法』の掉尾をなす第二部第六章（355頁以下）で後藤は，従来公的貧民救済は貧民を怠惰・懶惰させるとの無理解のもとにあった社会事業法制について，その意義をのべている。そこで後藤は「労働者保護は，わが国古来の醇風美俗たる主従関係に基く慈恵を以て足る」との見解が労働法発展の阻止的モメントたらしめ，社会政策ないし労働法と社会事業ないし社会事業法との混同を惹起してきたことを指摘する（364-367頁）。また「慈恵」による個別的資本の社会政策費節約は労働者の慢性的過労を来たし，労働災害や結核等の疾病を惹起し，農村の荒廃や社会事業費の増大をもたらした。しかして「支那事変を契機とする厚生観念の誕生は，従来の社会政策ないし労働法と社会事業ないし社会事業法との混沌状態を分解し各々を正しき軌道に乗せんとする」(370頁)。こうして後藤は，社会事業法の意義をつぎのようにまとめている。(1)「社会事業の本質は救済である」。慈善・博愛事業に始まる社会事業が恣意性を排して，制度化された以上，「その慈恵的要素をも揚棄して，救済的なものに転ずるに非ざれば，その使命を完うし得」ない。しかし(2)救済はあくまでも救済である。その原因を究めても，それを除去するには無力であり，その結果を防ぎ，緩和するにすぎない（371-373頁）。こうして後藤は結論として，主張する。

「社会事業はその慈恵的要素を揚棄し，一国全体の立場からの人的資源の保全といふその目的を明瞭に意識することによつて，更にかかる発展の途を見出すべきである。……分化と協力。この条件のしたにのみ，社会事業法の将来は約束されるであろう。」[140]（374-375 頁）。

　1941（昭和16）年末の 12 月 8 日，日本は米英に宣戦布告し，ハワイ真珠湾，英領香港を攻め，さらに同シンガポール，マレー半島，フィリピン等に侵攻していった。後藤がこのような事態の展開を予測していたとは思われないが，その直前ともいえる時期に，同人は本書『統制経済法と厚生法』を刊行し，このような議論を開陳していた。

◆第 6 節　菊池勇夫における社会法理解の変遷
── 「非常時」「高度国防国家」体制そして「臨戦体制」への展開のなかで

　本書では前章並びに本章第二節および第四節で，菊池の「社会・経済法論集」全 4 巻に収録ないし収録が予定されていた諸論稿を検討することを通じて，菊池が社会法の対象領域と捉えた労働法，社会事業法と社会保険法そして経済法それぞれの領域に含まれる法の体系的理解の展開・変容をたどってみた。それは客観的にみれば，1931（昭和6）年の満州事変から 1937（昭和12）年以後の日中戦争，そして次章で検討対象とする 1945（昭和20）年の敗戦にいたる，今日「十五年戦争」といわれる時間と空間に収まる，戦前・戦時期の日本の対外的なそれを含む国家政策，資本主義制度の展開・変遷にしたがって，社会政策立

（140）　このことを説明するに際し，後藤は精神病，結核および公的質屋制度という同じく社会事業制度（法）に関わるが，系統の異なる三つを例に挙げている。ただし精神病については，救済たる社会事業として精神病者に対する療養施設を充実させるとともに，救済ではなく民族衛生を指導原理とする断種法により，精神病者の自然増殖を阻止することができ，その対策が万全たるものとすることができると説明している（373 頁）。ドイツでは，1939 年 9 月から 1941 年 8 月にカトリック教会からの抗議を受けて中止されるまで，「T4 計画」と呼ばれる精神病患者や知的・身体障碍者の「安楽死」が実施され，10 万人を超える患者が亡くなったといわれる（たとえば，石田勇治『ヒトラーとナチ・ドイツ』〔講談社現代新書・2015〕304-309 頁および R・ベッセル／大山晶〔訳〕『ナチスの戦争 1918－1949：民族と人種の戦い』〔中公新書・2015〕134-135 頁）。これはユダヤ人ホロコーストのいわば予行演習であったといえよう（詳しくは，石田・同前書 358-357 頁に引用されている諸文献を参照）。ユダヤ人絶滅計画とは，おそらくこのような発想の延長線上に位置づけられたものであったのかもしれない。これは，当時の後藤清にとっては知る由もないことであったであろう。しかし歴史を踏まえて考えれば，同人の発想 ── 物的資源に対する「人的資源」という理解に，すでに表現されていた ── には，このような事実に連なる要素が含まれていたということを確認しておきたい。

法が社会的弱者に対する保護法から，物的資源に対する「人的資源」として位
置付けられ，戦争遂行のための統制経済法に収斂していく過程に対応し，これ
を法理的に説明＝合理化するものであった。それは菊池の社会法学が「理論法
学的研究に重点をおく社会法理論」ではなく「体系化ないし法域構成に力点を
置く実証法学的理論」（丹宗昭信）(141)であったことによるのかもしれない。す
なわち「あるべき」社会法ではなく，現に「ある」各種の実定社会立法を対象
にして，その体系的整理と構成を実現しようと思考すれば，自ずと現実に存す
る法秩序全体の破綻なき法理解釈の展開を志向するということにならざるをえ
ない。そして菊池にとって労働法，社会事業法，社会保険法そして経済（統制）
法という異なる各々の法領域を統合するのが「社会法」であった。

　そこで各論領域の議論を総括すべき総論的課題として，菊池が戦時期の社会
法概念をどのように捉えていたのか検討したいと思う。

1　菊池における「社会法」理解の提言 ── 『労働法の主要問題』序言

　アメリカやイギリスなどとの太平洋地域を中心とした戦争も 3 年目となった
1943(昭和 18)年に刊行された『労働法の主要問題』の「序言」で菊池は，その
社会法理解のあり方について前段で，近代社会以降の社会思潮の歴史的展開を
前提とした個人主義的・自由主義的法に対する共同社会的・社会連帯的法的関
係としてのべ，ついで「法源の特殊性」として国家制定法（成文法）に対する
非制定法的法源（不文法）＝慣習法を，またこれと区別した「団体的社会的規
律」として意識的に定立されたものを，それぞれ「社会法」ということがある
とする（3-6 頁）。いずれにせよ，そこでは国家法とは区別され，その探求に際
し法社会学的方法がとられることを特徴とする（6 頁）。そして続く後段で菊池
は，つぎのようにのべている（5-6 頁）。

　　「実定法における一団の法規の特質として社会法を把握する場合には，そ
　　こに社会法が全法体系において占める地位や，社会法に固有な学科的領域
　　を問題とせねばならなくなつてくる。法の一般体系としては……普遍的に
　　は公法と私法との両体系は，国家法の内部においてばかりでなく，之を超

(141)　丹宗・前掲「社会法理論の発展」（本章注(90)）21 頁。丹宗による「実証法学的社会
　　法理論」という菊池評は，たとえば上村政彦「社会保障法の展開 ── 菊池勇夫博士の研究
　　をたどって」季刊社会保障法研究 2 巻 4 号（1966）54 頁および林迪広「菊池勇夫博士の
　　生涯と社会法」法律時報 47 巻 10 号（1975）85 頁で肯定的に引用され，そのような理解
　　が共有されている。なお菊池勇夫およびその社会法ないし労働法学に言及，検討する論考
　　については，近時その戦前の「社会事業法論」を取り上げた山田・前掲論文（本章注(36)）
　　118-119 頁に引用されている。

えて全法体系にわたるものとして認められるのである。右に対して，社会法体系が第三の体系として構想される場合には，政治的公法と個人生活的私法との中間に，団体共同的社会法体系を認めることになり，しかも社会法には，政治的統制と私人的生活との連結面を支配するものとして，公・私法の浸透統合を特色と考へられるのである。実際には，社会法が社会経済問題殊に労働問題に関する団体自律的法源の形成を中心として構想されたものである。それゆえに，社会法の系統に属する学科として，労働法あるひは経済法を成立せしめることになるのである。したがつて社会法に関して認められる多様な意義は，経済法に関してもほぼ同様に認められることになるわけである。例へば経済的基本権は個人権に対する社会権の内容をなすことになり，経済統制立法は社会立法と究極の共同体理念をひとしくする。又経済法的法源は社会法的法源たる制度法において特色づけられ，経済法的方法は法律社会学乃至は社会法学的方法にほかならないものである」。

このように菊池は，実定法分野として公法・私法に対する第三の法領域としての社会法を位置づけ，そこでは公法・私法による浸透と統合がなされる点に特徴を見出している。しかし何故に経済法が労働法と同じく「社会法の系統に属する学科」となるのかは，両者「究極の共同体理念をひとしくする」とする以外に，具体的な説明がないことに注目したい。それはいったい何を意味するのか。この点については，あとで若干言及したい。いずれにせよ最後に引用した箇所からは，法律学全体を見渡すこともできる，可能性を強調しているのをみるとき，菊池の高揚感すらも感じさせる。すなわち菊池にとっては，先にも言及したように，その若き時代から「社会法とは何かということ，その法学体系の中の地位，これを法学分科として成立させる要件」を検討することが第1の課題であった(142)。そうであるがゆえに，菊池は先に引用した『労働法の主要問題』「序言」の最後の段落を，つぎのように続けている（7頁）。

「著者は労働法の研究から出発して社会法および経済法を問題とした。すなわち著者にとつては，社会法および経済法を実定法の体系として，殊に

---

(142) 菊池がこのようにのべる背景には，日本が他国に先駆けて大学で「社会法（制）」という名の講座（東北帝大〔1925年〕・九州帝大〔1927年〕）ないし講義課目（京都帝大・京城帝大）を設けていた（菊池「社会法概説〔ただし原題は「社会法」〕」末弘・田中〔編〕前掲『法律学辞典』Ⅱ〔岩波書店・1935〕1190頁〔同前『社会法の基本問題』に収録237頁参照〕）ことから，その意義を明らかにしようとの意図もあったのかもしれない。

それらの学科的性質について考察することが主要な課題となつた。之に対する一応の結論して，社会法の固有の範囲を労働法とそれに関連して成立する社会保険法および社会事業法において認め，さらに固有の社会法と経済法とを統一するところに社会法体系を構想するに至つたのである」。

これは，（敗）戦前の菊池における社会法理解の到達点を示しているものといえよう。そこで，そのような結論にいたる過程を検討したいと思う[143]。

2　戦時期における菊池の「社会法」理解の変遷

丹宗は，菊池の「社会法研究の歴史を三つの段階に分つことができる」[144]とした。菊池の「社会法」概念把握のあり方については本書も，前章第3節で，その研究を始めた当初の理解内容としてすでに言及した。菊池自身は「社会法の体系中に労働法，社会保険法，社会事業法，経済法の四系統を綜合するという見解を，私ははじめて『社会事業法と社会法体系』社会事業研究昭和10年1月号に発表し，さらに〔翌年に刊行された〕岩波法律学辞典に『社会法』の項で述べた。その後たびたびこれに触れている」とのべている[145]。

まず前者（社会事業研究掲載論文）において，菊池は「社会法」を，まず近代資本主義法制の成立に役立った，個人主義と自由放任を基礎とする法制に対立する，国家的・社会的統制の法規として，つぎにそれが社会改良を実現するための法制であると措定する。このような条件を充たすものとして「労働法」がある。「経済法」は統制的立法であるかぎりにおいて社会法ということができても，社会改良的かといえば，その多くは社会立法の埒外であろう。むしろ典型的な社会立法は何かと問われれば，従来独自の領域として考慮されてこなかった「社会事業立法」があるのではないか —— 菊池は，このように主張している[146]。この時点では，いまだ経済法を社会法として捉えることには消極的であった。これに対し翌年1936(昭和11)年に公刊された後者（『岩波法律学辞

---

(143) 菊池における社会法理解を検討する論考としては，丹宗・前掲論文26頁以下，とくに30-35頁および上村・前掲論文54-58頁がある。

(144) 丹宗・前掲論文30頁。それは再度引用すれば，「第一段階＝社会法即労働法」「第二段階＝社会法を社会政策立法と規定」「第三段階＝社会法体系のなかへの経済法の組み入れ」というものである。

(145) 菊池・前掲「転換期における社会経済法」同・前掲『社会法の基本問題』収録300頁注(1)。菊池はまた前掲「社会保険法の対象と本質」（同『社会保障法の形成』収録）183頁注(3)においても，同旨のことをのべている（ただしその際に論文「社会事業法と社会法体系」の掲載誌である社会事業研究誌の刊行月を昭和8年「10月号」としているが，「1月号」の誤りかと思われる）。

263

典』）では，独仏の主要な学説による社会法理解（ギールケ，ギュルヴィッチ，メンガーそしてラートブルフ）を紹介し，ついで英・米，独，仏各国の法領域について言及したあと，労働法，社会事業法および経済法各々と社会法との関係についてのべ，そして「社会法の体系」として，そこに労働法，社会事業法そして経済法が含まれるとしている。ただし，ここでは著者がいうほどに，自らの主張が展開されてはおらず，欧米における諸説の紹介に重点が置かれていた。むしろ，それより前に発表された『社会科学事典』（改造社・1930）中の「社会法」「社会立法」[147]の方がむしろ菊池の社会法理解が率直に示されていて興味深い。すなわち，そこでは，菊池は独仏両国の立法や議論を念頭におきながら「社会法」を「社会の階級的均衡関係を規律する，国家的諸法規並びに社会的諸規範の統一的名称である」として，いわば階級的観点に立って，資本に対抗する社会保護立法として理解し，その系統はおおよそ(1)労働法(2)社会保険法(3)その他の社会法の三部に分けることができ，「いはゆる公法，私法の両方に亘つて横断的に新しい法域を形成して居る」としていた[148]。ただしこの時点では，社会保険法に関する位置づけはいまだ明確にはなされていなかった。これについては1942(昭和17)年に発表した「社会保険法の対象と本質」（『杉山直治郎教授還暦祝賀論文集』〔岩波書店・1942〕）でなされている。すなわち社会法には，「労働法を中心として発展した系統」と「経済法の系統」の二つがあるが，社会保険を労働保険に限定すれば，労働法中の労働保護法に属する。「ところが日本の社会保険のように国民健康保険を包括する場合には，社会事業的施設の保険をも含むものとして，一方労働法に，他方社会事業法に関連を持ちながら技術的に区別せられる別個の分科となすのが適当である」（前掲『社会保障法の形成』182頁）という。すなわち社会保険法は，社会法体系のなかで労働法とも，社会事業法とも区別されるべき地位にあるとされた。なお同法と経済法との関係を先取りしていえば，菊池は「労務統制の条件とも云うべき労働力保全のために社会保険の整備を促す結果となる。このことは又，経済法の基礎

---

(146) 菊池・前掲「社会事業法と社会法体系」224-225頁。なお同様の趣旨のことは，菊池・前掲「社会事業法域の成立について」207頁においても，のべられている。

(147) 末弘・田中〔編〕『法律学辞典』Ⅱの「社会法」を，戦後に前掲『社会法の基本問題』に収録するに際し，その「付録」として，これらも，同じく併せて再収録した（251-253頁）とき，「社会法と社会立法」と表題を変更した。なお菊池は，これら二つの辞典項目の発表時期の中間に当たる1932(昭和7)年にも，『大百科事典』12（平凡社）の167-168頁「社会法規」および174頁「社会立法」で，それぞれの項目を執筆していた。

(148) 社会思想社〔編〕『社会科学大辞典』（改造社・1930）495頁「社会法」および499頁「社会立法」。

たる統制経済が恒久化するためには国民生活の福祉の推進を目標とすべきであるという社会理念的方面からももたらされる帰結である」（同前183頁）とする。しかし，そこでいう統制経済が目標とする「国民生活の福祉の推進」がその後の歴史的展開のなかで現実に何をもたらしたのかを思えば，そのような理解が虚構であったことは，いうまでもなかろう。

それでは何ゆえに経済法は「社会法」に含まれると理解するのか[149]。個人主義と自由放任を基調とする近代市民法に対し，社会改良を目的とする社会立法と経済統制立法を同じく「社会法」範疇に属するとするには，新たな別の考察が必要となろう。菊池自身も，このことを自覚していた。1938（昭和13）年に発表された「経済法の序論的考察」（原題「近代法と経済との関係 —— 経済法の序論的考察」『牧野英一教授還暦祝賀法理論集』〔有斐閣〕）[150]では，1920年代以降のカルテルやトラスト規制の法としての経済法が民・商法とは区別されるべき法分野として確立されてきたことを，主に当時のドイツの議論を中心に紹介していた。菊池は，同稿の最後に「労働法と経済法との関係」について，つぎのようにのべている。すなわち社会政策に含まれる労働法は，資本主義の経済政策としての経済法の一部分をなすという意味で，前者は後者に包摂されるとの見方 —— 津曲のことであろうか —— もあるが，経済政策で取り扱われる労働者は労働力として「生産能率増進・費用節約の手段」である。これに対し，社会政策の対象である労働者は「人間として資本家に対立する一面であり，人間的生存の最小限度の保障」が目的となっている。その点において労働法と経済法とでは，両者〔相〕対立している（前掲『社会法の基本問題』224-225頁）。ここでも菊池は労働法と経済法とを明確に区別する立場にあったと読むことも可能かもしれない。

ところが同年公刊された新法学全集33巻の一部をなす『経済法』（日本評論社）では，上に引用したように「固有の社会法」と経済法とが「両者対立する」としながらも，結論的にいえば経済法は「社会法」の範疇に含まれるとした。すなわち菊池は社会法の性格として(1)「社会的発意に対する公共的規制の優位にあること」，(2)「私法と公法とが併存的でなく入り組んだ統合的形態とな

---

(149) 労働法とともに，経済法を社会法として捉えることは菊池に始まるものではなく，すでに孫田秀春により，その著書『労働法総論』（改造社・1924）143頁以下，とくに161-162頁で示されていた。ただしそれは，当時のワイマール・ドイツの議論を踏まえながら，「人格主義集団主義の精神」に貫かれたものであることを理由に，提唱されていたものであった。

(150) 先に記したように，戦後菊池はその主題と副題とを入れ替えて，『社会法の基本問題』に収録しているので，引用に際しては同前書による。

つていること」および⑶「私権と社会的義務との内容的浸透の認められること」の３点をあげ，経済法はこれらの条件のいずれにも該当するがゆえに社会法的性格を有するとしている（同前書７頁）。ただしこのような労働法と（の）経済法の統合は労働関係が生産関係のなかにあるからではなく，「国民経済が全体的に合理的計画をもつて行はれしたがつて労働と所有とにも共同経済秩序としての調整が遂行される場合にはじめて」（同前書８頁）承認されるとの留保条件が付されていた。なお「国民経済の全体的合理的調整」は誰によりなされるのか，それは後述するように国家が想定されていた。また当時の菊池が念頭におく経済法は，歴史的には1920代ワイマール・ドイツにおけるそれを典型として考えられていた「平時」経済法ではなく，日中戦争が解決の糸口が見えぬまま継続していった準戦時ないし戦時体制下の統制経済法であった。したがって両者を同じく「経済法」として把握すべきものかどうかの問題もあろう。しかしここでいう「社会法」の条件とは，近代資本主義法制の成立に際しての個人主義と自由放任を基礎とする法制に対し，社会改良を実現するための社会立法ないし「社会の階級的均衡関係を規律する，国家的諸法規並びに社会的諸規範」と理解していた当初の段階とくらべて，随分と違ったものになった。

　こうして菊池は「社会法」概念について労働法を中心にし，これに関連する社会事業法と社会保険法を含む社会政策立法と，経済政策に対応する経済法とを併せて理解するにいたった。さらに日中間の戦争状態が継続し，国家の経済統制への関与が現実的により直接的になるなかで発表された「転換期における社会経済法 —— 労働法を中心として」比較法雑誌２号（1941）においては，労働法が経済法に吸収されると直截に明言するまでにいたった（前掲『社会法の基本問題』302-303頁）[151]。

　　「統制経済においては，国民経済全体の立場から個別的企業に対する統制が行なわれ，生産の指導監督が経営内部に干渉して規正する。しかして国家は国民経済の総企画者として生産を調整するに当り，必要なる労働の配置を計画し，かつその維持保全のための労働条件の改善や国民生活の安定について配慮することになる。したがって社会政策（分配政策）に対する経済政策（生産政策）の優位，或いは後者に前者が統合されるといふことが認められるのである。これを法の領域について見れば，労働法より経済

────────────

[151] 丹宗・前掲論文33-35頁も，上村・前掲論文本章注[141] 53頁以下も，菊池の「社会法」理解の形成をたどるものである。ただし，どちらも日中戦争が長期化するなか，菊池の社会法概念理解において，労働法のみならず，社会事業法や社会保険法までもが統制経済法に吸収されていったことには言及していない。

法へといふ統合として現われる。逆にいえば労働法の経済法への統合は，統制経済における統制的労働関係を前提とするものであり，戦時的統制経済又は共同組織経済が成立する程度に依存することになるのである」。

「支那事変下の国家総動員体制においては，人的資源を物的資源と共に動員することを明らかにし，経済統制と労務統制とが密接不可分の関連を以て行なわれたこととなった。それゆえに国家総動員法においてはその経済統制法の中に労務統制法を包括せしめて体系化するのが当然である。高度国防国家体制はこのような戦時動員体制を一層恒常化して整備するものであるから統制経済の企画性が強化され，労働法の経済法への統合がその地盤を与えられることになる」。

菊池は日中戦争直前の「準戦時体制」のもと，「広義国防国家的立場」から生産力拡充とそれに対応した労務需給計画を重視していた。これに対し支那事変下の国家総動員法に基づく「高度国防国家体制」下，戦時総動員体制が恒常化するなかで労働法が経済法に統合されているのは当然のことであるとするにいたる。ただし，そのような生産体制優位のもとでも，「労務統制法が人法的，社会政策的性格を有することにはなんら変りない」ことから，それが労働法の解消を意味するものではないと注意している(152)。すなわち経済法が労働者を「人的資源」と捉えたとしても，その保全のためには標準的な労働条件の維持ということが求められる。それゆえに菊池は，労働力保全＝労働者保護の充実させる方向へと向かうような法解釈の可能性に努力したのかもしれない。しかしその「社会法」理解が当初の社会政策的な三つの系統（労働法・社会事業法・社会保険法）と経済法との「共通性」を，「社会的統制の法たること」＝労働者や社会的弱者の救済や保護とは，遠くかけ離れた「協同体理念」＝公共性ないし全体性というものと，「社会改良的理想と関連する」（同前300頁）── 私には「関連する」とは到底思えないが ── と，結び付けて理解されたときに，聖戦遂行・体制翼賛の論理にいとも容易に転嫁してしまった(153)。

このように菊池の社会法論理解においては，異質なものを「公共性」「協同

───────────────

(152) 菊池・前掲「転換期における社会経済法」同・前掲『社会法の基本問題』303頁。なお同前稿304頁注(5)は，労働法の経済法への統合理解が同前所で初めてのべたものではないとしている。すなわち同前注によれば，菊池は第一次世界大戦後のドイツの理論について，前掲「社会法」（岩波『法律学辞典』II〔前掲『社会法の基本問題』所収247頁〕）で紹介し，前掲「近代法と経済との関係」，同「経済法の序論的考察」および同「戦時経済法の特質とその体系」でも，このことに触れており，「本文においてもいささか敷衍して見たつもりである」としている。

体理念」なる呪文により統合することの危うさが端的に示されている。それは労働法や社会事業法・社会保険法と経済法とがいかに異なるのかを検討することなく，戦時兵力の増強と戦争遂行に必要な生産力の拡充を実現するための国家による規制や関与を当然のこととして受容したことから，努めて異なる法分野の類似性を探究するとの基本態度から論理必然的に導かれた結果であったのではなかろうか[154]。

◆第7節　吾妻光俊と『ナチス民法学の精神』

　明治中期以降，主にドイツ法学を基礎に発展してきた，わが国の法律学にとって，その模範とすべきドイツ法の動向に無関心であるわけにはいかなかった。それゆえに孫田以来，その理論動向については，大きな関心をもって紹介され，さらにはわが国労働法学ないし社会法学の形成に貢献してきた。1933（昭和8）年3月，国民社会主義ドイツ労働者党（ナチス）が政権に就いて以降の法理論状況が，いずれもワイマール体制のもと，留学経験のある孫田や津曲，とくに後藤により熱心に紹介されてきたことは，本書でもすでにみた。そこでは，1935（昭和10）年前後の時期から孫田のみならず，ワイマール労働法を擁護していた後藤も，手のひらを反すかのようにナチス法理を積極的かつ肯定的に

---

(153) この点については，丹宗・前掲「社会法理論の発展」34-35頁の記述にから示唆を受けた。

(154) 沼田稲次郎『労働法論序説』（勁草書房・1950）第二章第三節「労働法と経済法」は，戦前・戦時期のわが国統制経済法を念頭において，つぎのようにのべている（131-132頁）。「経済法も，新らしい原理を担った公私法の交錯する領域である。然し，経済法における反省原理は，意識的に特殊社会集団の独自性を否定し，又，市民社会の原子論的社会構造をも否定して，有機的社会＝国家観を導入し，かかる有機体たる全体者こそ根源的実在であり，絶対の価値でもあることを“理念”とし，これに反する市民法や労働法の原理はむしろ虚偽として批判するものである。……経済法わけても統制経済法においては国家は社会を変革し一切の矛盾対立を止揚し有機的機構を形成し得るかの如くあらわれる。もとより，かかる国家の物々しい神格化（権威国家）ということも，実は資本制社会自体が全機構的危機にせまられたところにのみ起る倒錯意識の上に描かれるのであって，依然として社会の国家に対する先在性は認めなければならないのである。だが，それ故にこそ現実社会の執拗なる必然性を無視し，観念的に変革の原理を打出すわけである。だからこそここでは経済に対する政治の優位，社会に対する国家の先在性を“理念”として自覚的に定立することに照応して，公法の優位による公私法の交錯領域が認められるのである。そして，“理念”的には労働法や社会法に優越し全体主義的原理によってこれを包摂する」。
　また沼田著の同節（95-144頁）の記述は全体として，社会法理解のあり方，とりわけ労働法と経済法との関係を考えるにあたって示唆することが非常に多くあるように思われる。

第7節　吾妻光俊と『ナチス民法学の精神』

称賛するようになっていった。では隣接する民法学は，ドイツの法理論状況を
どのように受けとめていたのであろうか。本節ではのちに「戦後労働法学のパ
イオニア」（片岡曻）と称される吾妻光俊のナチス民法学理解について，我妻
栄のそれとくらべながら，紹介・検討する。同人に特徴的なのは，学理的にナ
チス時代の労働法を慎重に検討せんとの態度に徹していたことであった。

　一橋論叢57巻5号「吾妻退官記念」（1967）に付された「年譜」によれば，
吾妻は，大審院院長や退官後は明治大学学長・総長に就き，民法学（財産法）
の著書も複数ある横田秀雄（1862～1938）[(155)]の次男として，1903(明治36)年

---

(155) 横田秀雄については，自らも戦後，最高裁判事（1962〔昭和37〕年−1966〔昭和41〕年）
および同長官（1966〔昭和41〕年−1969〔昭和44〕年）に就いた，秀雄の長男である横田正
俊による評伝『父を語る：横田秀雄小伝』（巌松堂書店・1942）がもっとも詳しい。また
小林俊三『私のあった明治の名法曹物語』（日本評論社・1973）225-231頁も「横田秀雄」
をとりあげている。晩年期に吾妻も，小さな紹介稿を執筆している（「横田秀雄論」明治
大学新聞学会特別編集委員会〔編〕『明治大学：人とその思想』〔明治大学新聞学会・1967〕
49-56頁）。そのなかで吾妻は，父親の三十数年にわたる同大学との関係に言及しながら，
長兄がその裁判官としての資質を受け継いだのに対し，自分は学者のそれを継受したので
はないかとのべている（54-55頁）。母方の叔父であった霜山精一（1884～1975）も，大
審院および最高裁裁判官であった（蓼沼・後掲稿2頁）。また明治年代初め長野県の松代
に建設される製糸工場の指導的工女となるべく1873(明治6)年17歳のとき「伝習工女」
として，群馬県富岡の官営製糸工場──2005(平成17)年ユネスコ「世界遺産」に登録
──に製糸技術を修得するために赴いた一年を描いた『富岡日記』（中公文庫・1978〔原
著1931〕）の著者・和田（旧姓横田）英（1857～1929）は，吾妻にとっては，伯母，す
なわち父親・秀雄の姉にあたる。横田家の由緒（単純な地方名士ではない）と併せた彼女
の評伝として，鶴見俊輔『ひとが生まれる──5人の日本人の肖像』（筑摩書房・1972〔鶴
見俊輔集8『私の地平線の上に』〈同・1991〉360-403頁〕）が「横田英子──明治の代表
的日本女性」という表題で，他の4人（中浜万次郎，田中正造，金子ふみ子および林尹
夫）とともに，取り上げている。さらにその逓信省勤務時，わが国電信・電話事業の基礎
を築き，清浦圭吾内閣（1924）では，鉄道大臣等を務めた小松謙次郎（1864～1932）は，
吾妻にとって叔父，すなわち横田秀雄の弟であった。蛇足であるが，子母沢寛『味覚極
楽』（中公文庫・1983〔初版1957〕）は，著者が昭和初期，各界の食通の味覚談義をまと
めたものに，戦後昭和20年代末から30年代初めに，かつての語り手たちの印象を追記し
たものである。同書のなかに「酒，人肌の燗〈元鉄道大臣　小松謙次郎氏の話〉」（91頁
以下）という項目がある。そのなかで著者（子母沢）の学生時代（明治大学）に横田秀雄
の「民法総論」の講義を聴いたが，面白くなかったという話を「にやにやして黙ってきい
ていた小松さんが，『おい，あれあ，おれの実兄だよ』と笑った。これにはさすがに降参
した。……人を訪問する時は，よくその人の身辺縁故を知っていなくてはいけない……」
（91頁）という件がある。なお秀雄の生まれ，育った家（長野市松代町松代1434-1）は，
1984(昭和59)年に，正俊より敷地と建物が長野市に寄贈された。同住居は江戸時代末期
の信濃・松代藩の中級武士（150石）の住宅の特徴を示すものとして，1986(昭和61)年に
国の重要文化財に指定され，保存修理ののち1992(平成4)年より一般公開されている。

第3章　準戦時から国家総動員体制への展開のなかでの社会・労働法学

11月9日東京に出生した。その後，1925(大正14)年に旧制第一高等学校（英法科）を経て，1928(昭和3)年東京帝大法学部を卒業し，同年4月同助手に就いた。すなわち吾妻は，昭和年代初めの「大正デモクラシー」末期の小作争議や労働争議，借地・借家紛争などの新たな社会紛争が頻発するなか，それまでの概念法学とは異なる第一次世界大戦後の，新カント派法哲学や法社会学などの欧米の法思潮の影響を色濃く受けた環境のなかで，学問修業を積んだ者の一人であった[156]。その点では，本書がこれまで取り上げて来た菊池勇夫や津曲蔵之丞，とくに生年を1年しか異にしない後藤清という「新たな労働法学徒」と共通している。そして吾妻は1930(昭和5)年9月（27歳）に東京商科大学 —— 予科・専門部とは区別された —— 本科の講師に就任し，1932(昭和7)年3月同助手，そして1936(昭和11)年11月（33歳）には，同助教授に任ぜられるとともに2年間のドイツ留学を命ぜられ，翌12月に出発した[157]。同人の「著作目録」[158]をみると，ドイツに赴く前，吾妻は主に物権変動と不法行為に関するいくつかの論考と，数多くの総則から不法行為，さらには身分法にいたる民法全般の領域に関わる「判例批評」を法学協会雑誌誌上に発表していた。ところが1939(昭和14)年春にドイツから帰国してからは，それ以前と同じく民法に関わる「判例批評」も多く見られたが，留学前とは異なり，当時のドイツ法に題材を求めた，とくに労働法学の領域へと深く越境した論文を矢継ぎ早に発表し，それがのちに紹介する『ナチス民法学の精神』（岩波書店・1942）として結実した[159]。このような事実に着目したとき，吾妻の研究歴にとって，ドイツでの在外研究は非常に大きな意味があったものと推測される。

---

(156) 吾妻の経歴や学問的背景を紹介する蓼沼謙一「吾妻光俊先生の人と学説」一橋論叢57巻5号（1967）6頁によれば，吾妻の助手論文は「私法における時効制度の意義」法学協会雑誌48巻2号（1930）である。また同前所では，末弘が穂積重遠とともに主宰した，東大「民事判例研究会」で研鑽を積んだ吾妻は，その法解釈論については末弘とともに，我妻栄の影響を受けたのではないかと推測している。ただし吾妻の助手時代の指導教官が誰だったのかは，不明である。

(157) 前掲・吾妻「年譜」125頁。

(158) 前掲「吾妻著作目録」125-127頁参照。

(159) 本書における時期区分からすれば，同書の刊行が1942(昭和17)年8月であったことを重視すれば，つぎの第4章でとりあげるべきなのかもしれない。しかし同書を構成する各論稿の発表時期が後述するように，1939(昭和14)年から41(昭和16)年10月であったことを考慮して，本章で扱うことにした。

270

1　吾妻のナチス時代のドイツ民法研究

(1)　吾妻のドイツ留学

「吾妻年譜」によれば，二・二六事件のあった1936〔昭和11〕年，吾妻は日独防共協定締結の翌月である12月（日にちは不明）に夫人とともに —— 結婚を機に「横田」から「吾妻」姓となった[160] —— 日本を離れた。それはあたかも，ベルリン・オリンピックに関連して在独していた末弘厳太郎や孫田秀春と入れ替わるようにドイツに入国したということになる。吾妻は33歳となって間もなくであるから，菊池勇夫や後藤清が20歳代のときに欧米へと旅立ったのにくらべれば，津曲蔵之丞と同じく少し遅い在外研究への旅立ちであった。前掲「年譜」によれば，1938(昭和13)年3月には在留国として，イタリアとアメリカ合衆国の両国の追加が認められ，翌39(昭和14)年3月（やはり日にちは不明）に帰国した。その半年後（9月1日）には，ヨーロッパではドイツ軍が隣国ポーランド国境を侵入し，これに対し英仏両国がドイツに宣戦布告をして，第二次世界大戦が始まっている。すなわち吾妻は，戦前の海外留学が可能であった最後の世代であった。2年4か月ほどの在外研究期間のうち，おそらく吾妻はその大部分をドイツに滞在し，その間イタリアに旅行し，帰路アメリカを経由して日本に戻ったのではないかと思われる。なお吾妻がドイツ滞在中の1938(昭和13)年11月16日，吾妻の実父・横田秀雄が東京・東中野の自宅で亡くなっている（享年77歳）[161]。吾妻のドイツ国内における滞在先や立ち寄った場所などを正確に確認することはできない。しかし帰国後に吾妻が発表した，いくつかの論稿のなかでつぎのように言及している。1937年初めに「ドイツの地に初めて足を印し」[162]，「ナチス革命の第五，第六〔1937，1938〕の両年を〔そ

---

(160)　蓼沼・前掲「人と作品」2頁。

(161)　横田正俊・前掲書431-432頁は，「私の弟吾妻光俊夫妻が外遊中で父のみとりが出来なかつたことは恨事であつた。弟に対する遺言は私が代つて聞いた。弟は法律学の勉強をして居たので，学者は根気が大切であることを父は諄々と説いた」と記している。

(162)　吾妻・前掲『ナチス民法学』「はしがき」5頁。なお俳人でもある山口青邨（本名・吉朗〔1892〜1988・東京大学工学部名誉教授・鉱山学〕）は，吾妻とほぼ時を同じくして（1937・2−1939・4）ドイツ，とくにベルリン（ベルリン工科大学等）にて，家族を日本に残し，単身在外研究に従事した。同『伯林留学日記』下（求龍堂・1982）494頁によれば，当時ドイツに入国するには，神戸から出航し，海路インド洋，紅海，地中海を航海したのち，マルセイユに入港し，陸路フランスを経由する（所要日数45日）方法と，シベリア鉄道を利用して陸路ソ連（当時）を経由していたる場合（同15日）の2つがあったが，「急ぐ用事の人はべつだが多くの人は海路を選んだ」という。日本を出発してから，ドイツに到着するまでの期間から判断して，おそらく吾妻も，海路を経てそれぞれの寄港地に立ち寄りながらドイツにいたったものと思われる。ただし専門を異にするためか，山口・同前書（日記）のなかには吾妻への言及はなく，同じくベルリンに滞在し，同地「日

271

第3章　準戦時から国家総動員体制への展開のなかでの社会・労働法学

こで〕過すことを得た」[163]。1937年秋，自身の「ミュンヘン滞在中」に同地で「独逸法アカデミー大会」が開催されたことから，それに「列席することが出来」た[164]。そこでは，新ヘーゲル派のビンダー J. Binder の「風貌に接した」が，「親しく教授の教を乞いたいとの，その当時からの希望は‥‥遂に実現に至らなかつた」[165]。また吾妻はミュンヘン大学における同大学教授等と外国人留学生との討論会が毎週開催されたことを「鮮やかに記憶に残っている」と語っている[166]。さらに吾妻はベルリン大学法学部の1938年度「冬期ゼメスターの講義科目」に言及したり[167]，同年末ヘーデマン Justus Wilhelm Hedemann（1878～1963）の講義を受講し，またその演習にも参加したとものべている[168]。このような発言の断片をつなぎ合せてみると，吾妻はおそらく

本人会」や大使館等で出会っていたのかもしれないが，両者のあいだに交流はなかったようである。付言すれば，作家・野上弥生子（1885～1985）は，吾妻や山口らが渡独した翌1938年10月から夫の豊一郎（1883～1950）が日英交換教授として渡欧するのに同行して，海路ヨーロッパにいたり，第二次世界大戦勃発のため避難船で大西洋をへてアメリカにわたり，鉄道で同大陸を横断し，ハワイを経由し，吾妻らとは，ほぼ8か月遅れの1939年11月に帰国している（同『欧米の旅』上・中・下〔岩波文庫・2001〕原著は，上・下〔岩波書店・1942，1943〕参照）。同前二著に目を通すことにより，第二次世界大戦の勃発を前にしたヨーロッパの動向と人びとの日常生活のあり様を垣間見ることができる。とくに野上・同前書では，ヨーロッパにいたる寄港地それぞれの様子が鮮明に描かれていて，興味深い。

(163)　吾妻・後掲「独逸に於ける私法理論」78頁。

(164)　同・後掲『ナチス民法学』23頁注(11)。

(165)　同・後掲「消息／独逸法学界の巨星墜つ」108頁。

(166)　同・「ナチスの法学教育」後掲『ナチス民法学』227頁。

(167)　同・後掲「独逸に於ける私法理論」83頁注(1)。

(168)　吾妻・「ヘーデマン『ドイツ経済法』」後掲『ナチス民法学』294頁。なおヘーデマンとは，1900年代初頭から60年代までの長期にわたり，活躍したドイツ私法学（民法・経済法）の泰斗であり，広渡清吾『法律からの自由と逃避：ヴァイマル共和制下の私法学』（日本評論社・1986）における「主人公」である。詳しい経歴等は，同前書「序章」を参照。同人は，ワイマール体制およびナチス期をへて第二次世界大戦後の1960年代まで，それぞれの時代に応じて振幅ある対応をとりながらも，長年にわたってドイツ私法学界のなかに重きをおかれていた。この点については，たとえば，その1910年に刊行した著書の続編として，20年後に（1930年と1935年）相次いで刊行した2著に関する我妻栄の「書評」である「ヘーデマンの『土地法の進化』」法学志林22巻8号（1931）と「ヘーデマン著『形式的土地法の進化』」法学協会雑誌53巻10号（1935）の二つ（いずれも同・民法研究第3巻『物権』〔有斐閣・1966〕所収）を参照。とくに後者のなかで我妻は，ワイマール末期に刊行された前著とナチス政権獲得後に刊行された後著との「落差」に言及して，つぎようにいう。「われわれが知りたいことは，社会民主主義的な制度と思想に立脚するワイマール憲法と，それに基づく社会政策から，ナチスの専制的・人種的・且農民

第 7 節　吾妻光俊と『ナチス民法学の精神』

留学の前半は南部ミュンヘンに滞在し，後半は首都ベルリンへとその居住場所
と研究拠点を移したのではないかと推測される。

(2) 吾妻のドイツ法に関する公刊文献リスト

　吾妻が戦前 2 年余の在外研究から帰国後，ドイツ法理について考察している
論考には，つぎのものがある。

1939(昭和 14)年
　7 月「**ナチスの法学教育**」法律時報 11 巻 7 号
　8 月「**独逸に於ける私法理論の転回**」一橋論叢 4 巻 2 号→＊東京商科大学国立学
　　会〔編〕『文科諸科学学界展望』第 2 輯（日本評論社・1940）収録
　12 月「**書評／シリング『国家及び法哲学序説』**」同 4 巻 6 号
1940(昭和 15)年
　1 ～ 3 月「**ナチス労働法と私法理論**」(1)－(3)民商法雑誌 11 巻 1，2，3 号
　2 月「**ナチスに於ける労働関係の国家的規制**」法学新報 50 巻 2 号
　4 月「消息／独逸法学界の巨星墜つ：ユリウス・ビンダー教授の訃を聞きて」一
　　橋論叢 5 巻 4 号
　5 月＊翻訳／カール・ブロマイヤア「債務及び行爲に関する法」(Karl Blomeyer,
　　Das Recht der Verpflichtungen und Geshäfte) ランメルス H. H. Lammers
　　及びプントナ H. Pfundtner〔共編〕二荒芳徳〔編纂〕『新独逸国家体系』第 5 巻
　　法律篇一（日本評論社）[169]所収

中心的土地政策への推移に含まれる必然性ないし合理性である。然るに著者のこの点に関
する説明は極めて曖昧茫漠として捕捉しえない」(48 頁)。あるいは同稿の終わりで，つ
ぎのように繰り返していることに留意したい。すなわち「前編〔1930 年刊行の書〕の末
尾を占めたワイマール憲法の思想に立脚する土地法から，ナチスの土地法への推移に当つ
て，その内部的関連如何，殊に両者の政治的組織の差異および法律理想の差異がこの推移
に幾何の必然性ないし合理性をあたえるものか，著書の歴史的大著述は，この点を分析す
るのでなければ，土地法進化の真に学術期論著として世界に誇ることをえない」(50 頁)。
(169) 同書は，原題を『民族社会主義国家の基礎，建設及び経済秩序 Grundlagen, Aufbau
und Wirtschaftsorudnung des nationalsozialistischen Staates』といい，邦訳書の編纂代
表は二荒芳徳（1886 ～ 1967）――伯爵，宮内省書記官，後に少年団〔ボーイスカウト〕
日本連盟初代理事長――となっているが，実質的には「編纂事務主任」であった平野義太
郎が担当した。また同書は全 12 巻（A5 版上製，各巻 450 頁，2 円 50 銭）からなり，
1939(昭和 14)年から 1941(昭和 16)年にかけて日本評論社より，当時すでに入手困難と
なっていた上質紙の「特配」を利用して，刊行された。その全体は政治（第 1 ～第 4 巻），
法律（第 5 ～第 8 巻），経済（第 9 から第 12 巻）の三部からなるものである。別巻として
『独逸史』が 1942 年に刊行された（以上，美作太郎『戦前戦中を歩む：編集者として』
〔日本評論社・1985〕530-534 頁）。また「昭和 13 年の秋ワルシャワに於いて開かれて万
国議員会議に出席した」貴族院議員 2 名が「ベルリン訪問」に際して入手したものにつき，
同原本を読んだ平野が「ナチスの『科学的精神の結晶』」として「日本の知識人に邦訳提

273

供することの必要を感じ」,「学界に協力網をつくり先頭にたち訳業をすすめ」て,刊行するにいたるまでの経緯については,秋定・後掲論文 598-599 頁が平野自身の記述によりながら,説明している。参考までに,法律篇(第5～第8巻)の目次構成(原著者／訳者と論稿の表題)を以下に掲げておく。

第5巻　民法・強制執行
　　J.W. ヘーデマン／来栖三郎「人に関する法」
　　同前／川島武宜「所有権及び物財に関する法」
　　K. ブロマイヤ／吾妻光俊「債務及び行為に関する法」
　　J.W. ヘーデマン／山田晟「土地登記法」
　　W. キッシュ／菊井維大「強制執行,破産法及び和議法」
第6巻　商法・経済法・社会保険
　　E. ハイマン／鈴木竹雄・石井照久「商法」
　　H. グロースマン＝ドェルト／豊崎光衛「経済法(営業法を含む)」
　　L. リヒター／服部英太郎「社会保険」
第7巻　刑法・民事訴訟法・労働法
　　K. クルーク／木村亀二「刑法及び刑事手続」
　　E. フォルクマール／兼子一「民事訴訟法」
　　W. マンスフェルト／磯田進「労働法」
第8巻　行政法・家族法および遺産法
　　J. ヴァイデン／宮澤俊義「ドイツ行政法」
　　J. ダンクウェルツ／田中二郎「行政に於ける権利保護」
　　K. フィーラー／杉村章三郎「ドイツ官吏法」
　　H. ケールル／野々山重治「警察」
　　H.A. フィッシャー／山田晟「家族及び遺産の法」

戦後「市民法の労働法的修正」の観点から『労働法』(岩波新書・初版は 1951 年,第2版は 1954 年,第3版は 1959 年)で労働法を論じ,主に 1950 年代までの戦後労働法学の一翼を担った磯田進は自らの研究歴を語るなかで,『新独逸国家大系』中,その担当した邦訳(マンスフェルト Werner Mansfeld『労働法 Arbeitsrecht』第7巻 327-448 頁)について,当初の出版広告で翻訳者として予告されていた末弘厳太郎から直接依頼されて取り組んだ「私のやった〔戦前・戦後を通じて〕翻訳では唯一の仕事」であると回顧している(語り手／磯田進,聞き手／秋田成就他,司会／江守五夫「座談会／研究生活の回顧」社会科学研究 26 巻 3 = 4 号 (1975) 326-327 頁)。ただし磯田が誇らしくかつ懐かしげに,言及する『新独逸国家大系』とは,上記のような性格を有するものであったことを注意しておきたい。

平野は 1927 年から 1930 年まで独仏に留学し,帰国直後「共産党シンパ」事件 (1930-1933 年) で共産党への資金カンパ容疑で検挙され,東京帝国大学法学部を辞した後,山田盛太郎らとともに『日本資本主義発達史講座』を編集し,「コム・アカデミー事件」(1936〔昭和 11〕年) で山田や小林義正らとともに逮捕され,処分保留で保釈されたばかりの時期に,従前の立場の対極に位置する仕事に積極的に関与した。同全集を担当した日本評論社の編集者であった三作は,その「心中を測りかねた」としながらも,当時研究は続けながら,平野にとって研究「対象の選択は狭められ,理論よりも調査と解決へと傾いていった」ことに関連するのではないかと推測している(前掲書 532-534 頁)。さらに同人

第7節　吾妻光俊と『ナチス民法学の精神』

は，風早八十二が「天皇制ファシズムのあの弾圧を受けた経験もない連中の投げかける非
難やあら探しの如きは放っておけ！人間は最後が大切である」との，平野の告別式でのべ
た弔辞——平野義太郎人と学問編集委員会〔編〕『平野義太郎人と学問』〔大月書店・1981〕
300-302頁，なお同書には，別に風早「平野義太郎の精神的遺産目録」275-283頁も収め
られている——を全文引用し，それにより「故人に抱いていたふっきれなさ」を解消した
とのべている（美作・前掲書534頁）。

　しかし戦後1947年9月，戦前の『日本資本主義発達史講座』全7巻刊行後に発表した
雑誌論文をまとめた著書の「序」のなかで，平野は戦時中の自らについて，コム・アカデ
ミー事件以後「ついに，わたくしも余儀なく筆を折った」とする一方，「研究が不充分で
あり，真実の実態を把握せんとする意力に乏しいためか，誤った理論を立てた人々‥‥
あるいは，それ以上の反動的意図をもったもの」がいたと「労農派」を批判している（平
野『ブルジョア民主主義革命——その史的発展』〔日本評論社・1948〕6-7頁）ことをは
たしていかに解すべきか（秋定嘉和「社会科学者の戦時下のアジア論——平野義太郎を中
心に」古屋哲夫〔編〕『近代日本のアジア認識』〔京都大学人文科学研究所・1994〕629頁）
という問題がむしろ残っている。平野は上記引用のごとく敗戦直後，「大東亜共栄圏」構
想翼賛の多産な執筆活動を行なった戦時中の己の言動について口を閉ざすどころか，まっ
たく正反対のことをのべ，その後は，その戦時中のことについて一切「沈黙して平和活動
や日中友好運動に熱中することで戦時下の思想責任をはたそうというのであ」ろうか（同
前論文630頁）。私は「風早的なせまい同志的世界の信頼の回復だけでは事はすまないの
ではないか」（同前所）という秋定の指摘に大いに共感する。なお同前所は，戦後その分
析の誤りや責任に言及しない平野に対し，同じく中国社会を分析しながら，戦後の中国革
命の進展を予測できなったとして，1943（昭和18）年に刊行した『法律社会学の諸問題』
（日本評論社）を戦後絶版にした戒能通孝（1908～1975）を対比させている。ただし正確
には，同書は，巻末の「解釈法学的な」第六「現行法の諸研究」と「書評に当たる」第7
「評論及び書評」を削除して，1948（昭和23）年に「新版」（第三刷）とし，秋定が言及す
る（その論拠は，戒能通孝著作集Ⅳ『所有権』〔日本評論社・1977〕利谷信義「解説」321
頁か？）中国の土地法慣習に関する部分は戦前の版本のままに再刊されている。戒能が同
書を「絶版」としたのは，その後であろう。なお戒能自身は，戒能通厚〔編〕「私の法律学
——文献解題をかねて」同還暦記念『日本の裁判』〔日本評論社・1968〕421-422頁で，
戦後の中国革命を予見しえなかったことと並んで，利用した資料が満鉄慣行班により収集
されたもので，自らの業績ではないことを同書絶版の理由としてあげている。その一方で，
十分な資料をえることができなかった戦前当時，「私の論説は若干は検討に値いするもの
があったのではなかろうか。あるいは，日本の中国研究のための新たな一歩を踏みだすた
めの捨石的存在であったのかもしれない」との自負を表明している。

　アジア太平洋戦争時の平野については，秋定・前掲論文583頁以下が同前論文までの，
従前の研究蓄積を踏まえて，詳細に論じている。なお，そこで言及されていないか，また
は同論考以後に現われたものとして，長岡新吉「『講座派』理論の転回とアジア認識——
平野義太郎の場合」経済学研究（北海道大学経済学部）34巻4号（1985）1-11頁，小倉
利丸「社会科学者の転向・平野義太郎と宇野弘蔵」池田浩士・天野恵一〔編〕検証『昭和
の思想』Ⅱ『転向と翼賛の思想史』（社会評論社・1989）90-119頁，冨山一郎「動員され
る身体——暴力と快楽」小岸昭ほか〔編〕『ファシズムの想像力：歴史と記憶の比較文化論
的研究』（人文書院・1997）126-154頁，盛田良治「戦時期〈植民地社会科学〉の隘路

275

＊「ナチス法学界展望」新独逸国家体系月報 8 号（ただし未見）
　 8 月「独逸における経済法学説の変遷」法律時報 12 巻 8 号
　11 月「**独逸に於ける労働関係の統制**」一橋論叢 6 巻 5 号
　　　「**紹介／ヘーデマン『独逸経済法』**」法学協会雑誌 58 巻 11 号
1941（昭和 16）年
　 4 月「**私法学から見た具体的秩序の思想**」民商法雑誌 14 巻 4 号
　 6 月「**世襲農地法と所有権概念の動揺**」東京商大研究年報・法学研究 5 号
　10 月「**物権契約概念の後退**」一橋論叢 8 巻 4 号
1942（昭和 17）年
　 8 月『ナチス民法学の精神』（岩波書店）刊行
　10 月「大学の問題 ── ナチスの大学を回想して」法律時報 14 巻 10 号
1943（昭和 18）年
　 4 月「国民労働秩序法 ── ドイツ勤労の根本法」法律時報 15 巻 4 号
1944（昭和 19）年
　 3 月「解釈の創造性」一橋論叢 13 巻 3 号
　　　「紹介／山田晟『ドイツ物権法』上巻」法学協会雑誌 62 巻 3 号

　以上の論考のうち，ゴシック体・太字で示したものが『ナチス民法学の精神』における第一章ないし第三章の原型となったものであり，また本章とは別に発表当初のまま（ただし，表題を改めたものが多い）に収録されたものである[170]。上記の著作リストをみると同書刊行後も，吾妻はドイツ法の動向に関心をもち，論考を発表していたことがわかる。

───────────

　　── 平野義太郎を中心に」ライブラリ相関社会科学 7 山脇直司ほか〔編〕『ネイションの軌跡：二〇世紀を考える』（1）（新世社・2001）71-98 頁，武藤秀太郎「平野義太郎の大アジア主義論：中国華北農村慣行調査と家族観の変容」アジア研究 49 巻 4 号（2003・10）44-59 頁，坂井大輔「平野義太郎 ── マルクス主義と大アジア主義の径庭」小野博司・出口雄一・松本尚子〔編〕『戦時体制と法学者：1931 ～ 1952』（国際書院・2016）261-268 頁および同（坂井）「平野義太郎『大アジア主義』の成立 ── 変転する『科学』と『日本』」岩谷十郎〔編〕『再帰する法文化』（国際書院・2016）123-142 頁などがある。そして今日では，このような諸論考の蓄積により，戦時中の平野のアジア認識の評価は確定している（盛田良治「平野義太郎の『転向』とアジア社会論の変容」栗原幸夫〔編〕『超克と抵抗レヴィジョン』［再審］第 2 輯（社会評論社・1999）94-110 頁といわれている。
（170）吾妻が邦訳を担当した同稿 ── その冒頭には，吾妻の「この論稿は，ドイツ民法典の現在の体系より生じた債権法についての最も新しい叙述を提供し，債権法を生き生きと叙述するために努力し，成功している」云々との「梗概」が付されている ── は，掲載された第 5 巻のなかでは過半の頁数（149-340 頁）を占める，長大なものであった（A5 版・192 頁）。吾妻前掲「著作一覧」に掲載されなかった経緯は不明であるが，単純な見落としとは思えない。

第7節　吾妻光俊と『ナチス民法学の精神』

⑶ 我妻栄によるナチス民法学研究

　今日，戦前わが国のナチス民法学の総括的な研究は，吾妻に先だち我妻栄によりなされていた[171]。我妻自身も，このことを裏書きするように後年，「1933年（昭和8年）から8年ほどの間に，私はナチスの法律に直接関係する論稿を五つ発表した」[172]と回顧している。そこで，参考までに，同人が言及するもの以外も含めて，我妻がナチス時代のドイツ民法ないしは関連する課題について言及する論稿を，つぎに掲げてみよう（下線を付したものは，我妻がいう「五つの論稿」である）[173]。

1934（昭和9）年
　「ナチスの私法」杉村章三郎，我妻，木村亀二，後藤清〔共著〕『ナチスの法律』（日本評論社）に収録[174]
　「ナチスの私法原理とその立法」法律時報6巻3号→我妻『民法研究』Ⅰ私法一般（有斐閣・1966）
　「ナチスの民法理論」⑴⑵法学協会雑誌52巻4号，5号→同前書収録
1935（昭和10）年
　「ヘーデマン著『形式的土地法の進化』」法学協会雑誌53巻10号→同『民法研究』Ⅲ物権（同・1966）
1936（昭和11）年
1937（昭和12）年
　「ナチス政権下に於ける一般法律雑誌界異変」法学協会雑誌55巻8号
　「シュレーゲルベルガー『民法より訣別』」同前55巻12号→前掲『民法研究』Ⅰ
1938（昭和13）年
　「ナチスの所有権理論」『牧野英一教授還暦祝賀法理論集』（有斐閣）→同前

---

(171) 水本浩・平井一雄〔編〕『日本民法学史・通史』（信山社・1997）278頁（水本）。なお同前所は，我妻のナチス私法学研究を，その「資本主義の発達に伴う私法の変遷」に関する，いわばヴァリエーションとして位置付けている。我妻と吾妻以外の者によりものされたナチス民法研究について，すべてを網羅しているとは思われないが，同書289-290頁に引用されている。

(172) 我妻・後掲「ナチスの私法原理」同『民法研究』Ⅰ私法一般（有斐閣・1966）「追記」239頁。なお正確には，1934年以降というべきであろう。

(173) 我妻の「業績一覧」としては，同前書所収の「著作目録」1-15頁があるが，より詳しくは，我妻洋・唄孝一〔編〕『我妻栄先生の人と足跡──年齢別業績経歴一覧表』（信山社・1993）を参照。

(174) 我妻の「ナチスの民法理論」と「ナチスの私法」の両者は，内容的にほぼ同じであるが，前者が労働法制についても言及しているのに対し，後者では除外されている。それは『ナチスの法律』所収の後者では，共著者の一人である後藤清により「ナチスと労働法制」が執筆されていたためであろう（水本・平井〔編〕・前掲書281-282頁注(1)）。

277

「ナチス経済年誌」法学協会雑誌 56 巻 3 号→『民法研究』Ⅹ－2

「Jarrubuch der Akademie für Deutsches Recht, 4 Jahrgang」法学協会雑誌 56 巻 4 号→同前

「ヘック著『無因的物権行為論』」法学協会雑誌 56 巻 3 号→前掲『民法研究』Ⅲ

「プラーグ独逸法曹協会〔編〕『民法典の改正』」同上→『民法研究』Ⅹ－2

1939(昭和 14)年

「紹介／アイヒラー著『所有権概念の変遷』」同上 57 巻 5 号

1940(昭和 15)年

1941(昭和 16)年

1942(昭和 17)年

「ナチスの契約理論」杉山直冶郎教授還暦祝賀論文集(岩波書店)→『民法研究』Ⅰ

　上記のような文献リストをみると我妻がナチス・ドイツの私法（学）に言及するのは，主にその政権獲得後間もない 1934 年から 1939 年までの 5 年ほどのあいだである。これに対し吾妻が精力的に論稿を発表していったのは，そのドイツでの在外研究から帰国した後の 1939 年以降である。これを先の吾妻の論稿一覧と併せてみると，杉山還暦記念論集所収の「ナチスの契約理論」をのぞき，我妻がナチス時代のドイツ民法学に言及しなくなったのと入れ替わるように，吾妻が多く発言するようになっていたことがわかる。

2　吾妻光俊と『ナチス民法学の精神』
⑴『ナチス民法学の精神』の構成

　吾妻は，自らドイツ滞在中に抱いていた問題関心として，三つあったとのべている。一つは，ナチス統治のもと，法学教育がいかに変更されたかを明らかにすることであり，次にナチス諸立法（案）について，とくにドイツ法学院の立法委員会における議論・形成過程を明らかにすることである。そして第 3 が，私法理論の「革新」問題であった。第 2 の課題については，「委員会の討議内容が局外者の窺」い得ないものであったことから，公表されて草案を手に入れることで満足せざるをえなかったが，他の二つについては，「若干の感想と理解とを持ち得た」としている[175]。『ナチス民法学の精神』は，吾妻にとって，上記のような問題関心，とくに第 3 の課題を中心に検討・具体化したものであった。そこで，同書の目次構成と，既発表論考との関係，原論考の掲載誌名・刊行年等について，今一度確認しておこう。

───────────

(175) 吾妻・前掲「ナチスの法学教育」『ナチス民法学』所収 223 頁。

序（書き下ろし）

はしがき（書き下ろし）

第一章「ナチス民法学の動向」←「独逸に於ける私法理論の転回」一橋論叢4巻2
　　　号（1939）と「私法学から見た具体的秩序の思想」民商法雑誌14巻4号
　　　（1941）を併せて1つの論稿に改稿された。

第二章「世襲農地制と所有権概念の転換」←「世襲農地法と所有権概念の動揺」
　　　東京商科大学研究年報・法学研究5巻（1941）を改稿，とくに後段部分を
　　　加筆している。

第三章「労働秩序と契約概念の後退」←「ナチス労働法と私法理論」⑴〜⑶民
　　　商法雑誌11巻1号（1940），2号（同），3号（同）を改稿し，前段（約
　　　1/3と後段2/3の記述順序を逆転させ，併せて新たな「見出し」を付して
　　　いる。

むすび（書き下ろし）

「ナチスの法学教育」法律時報11巻7号（1939）：表題・内容ともに変更なし

「ナチスに於ける物権契約概念の否認」←「物権契約概念の後退」一橋論叢8巻4
　　　号（1941）：表題を変更

「ナチス労働法に於ける労働管理官の職能」←「ナチスにおける労働関係の国家的
　　　規制」法学新報50巻2号（1940）：同

「労働戦線の機能とその法律的意義」←「独逸に於ける労働関係の統制」一橋論叢
　　　6巻5号（1940）：同

「ヘーデマン『ドイツ経済法』」←「紹介／ヘーデマン『独逸経済法』」法学協会雑
　　　誌58巻11号（1940）：表題・内容に変更なし

「シリング『国家及び法哲学序説』」←「書評／シリング著『国家及び法哲学序説』
　　　一橋論叢4巻6号（1939）：同

　このように『ナチス民法学の精神』はその内容と構成からして，吾妻がドイ
ツ留学から帰国後の1939(昭和14)年からイギリスやアメリカとの開戦を前に
した1941(昭和16)年にかけて執筆し，活字化したもののうち，翻訳および一，
二の論稿をのぞくほとんどを，大幅に改稿するか，または内容をそのままに表
題のみを改め，1942(昭和17)年ミッドウェー海戦——ただし，それが戦況に如
何なる意味を有するのか知りえる者は多くなかったであろうが——から2か月
後に公刊したものである。吾妻は本書の冒頭（「序」1-4頁）で，「明治初年こ
のかた，わが法学界は外国法の圧倒的影響の雰囲気のなかで成長して来た」。
それにもかかわらず，当時日本では，外国法学の脱却や日本法独自の建設をさ
けぶ「偏狭な学問的排外主義」がある一方，「自ら確固たる学問的見識を持た
ないために，反つて現実には外来思想に無意識に束縛され影響されてゐる現象
がある」とし，その典型的な例として「最近のナチス思想の移入」をあげてい

第3章　準戦時から国家総動員体制への展開のなかでの社会・労働法学

る。その際に吾妻は「外国法への依存をこと新しく問題とする人々に，この最近の事態に対する批判的態度の用意ありや，疑ひなきを得ない」とのべることを忘れていない。なお，このように二項対立的構造のなかでいずれをも採り得ないとして，第三の選択肢を提示するのは，これからもしばしば見られるように，吾妻が好んで採用するロジックである。こうして吾妻は当時すでにわが国に紹介されているような「ナチスの民法理論をあらゆる方向に向つて蒐集し，また微細な点に互つて羅列することを目標とせず，ナチス民法理論の最も基本的な主張をとつて，これを支える精神的態度と関連せしめて理解しやうと試みた」と，その執筆意図を表明している。それは「ナチスの主張に対して従来まま見らるる盲従と無理解とを排除し，ひいては‥‥独自の法律学への要求にも何程かの実践的示唆を与へる」のではないかとして，その自信のほどを示している。具体的な対象として吾妻が選んだのは，「ナチスの労働秩序と農地制度」であった。すなわち本書は，先に引用した目次からも理解できるように，主に第一章「ナチス民法学の動向」，第二章「世襲農地制と所有権概念の転換」，そして第三章「労働秩序と契約概念の後退」の３章と，さらにこれらの課題に関連する６篇の論文および書評から構成されている。これらのうち，第一章から第三章に対応する論考は，詳しくは後述するように当初のものが大幅に改稿されている。これに対して本論のあとに付された六つの論稿はタイトルが変更されているものもあるが，内容的にはほぼ原形のまま収録されている[176]。ついで吾妻は主要３章に関する「はしがき」のなかで，1937(昭和12)年初めに「ドイツの地に初めて足を印した」(5頁)当時の印象をつぎのようにのべていた(5-6頁)。

　　「私の感じたことはドイツの法学界が既に初期の動揺期を脱して本来の着実な歩調を取り戻しつつあることであつた。もはや通俗書を除いては，ナチス世界観のとおり一遍の交渉はどこにも聞かれなかった。法学者たちは自己の専門の領域に没頭して，しかも新らしい政治的事態に眼を覆ふことなく，着々と研究を進めてゐる。ナチスに関して断片的な知識しか持ち合わせず，しかもそれを初期の傾向的なテーゼと結びつけて漠然と理解していた私は，この着実な，しかも活発な法学界の空気の中に，一人取り残された感を抱いて茫然たるを免れなかつた」。

────────────

(176)　水本浩・平井一雄〔編〕『日本民法学史・通史』（信山社・1997）284頁（水本）は，本書について，吾妻がナチス・ドイツにおける２年間の研究に基づいて「書き上げた」と表している。

第 7 節　吾妻光俊と『ナチス民法学の精神』

　吾妻は本文「はしがき」のなかで同様の趣旨のことを繰り返しのべている。そこで以下では「ナチスの法学界が，その課題の困難と悠久とを意識しつつ，着実な一歩を踏み出そうと努力する姿を見た」（同前9頁）という吾妻のドイツ報告を，主に同書の世襲農地制に関する論稿[177]をのぞく本文（とくに三章）をたどり，その内容を確認することにしたい。

(2)　吾妻光俊『ナチス民法学の精神』の内容

　本書全体の3分の2ほどの紙幅を占める三つの章のうち，あとの2章で世襲農地法と労働秩序法を取り上げるのは，近代私法を支える基本概念である所有権と契約が当時ドイツで，それぞれ動揺をきたし，あるいは，その適用を疑問視されていることを端的に示しているからである。

(ア)　第一章「ナチス民法学の動向」の概要

　第一章は，先に示したように吾妻がドイツから帰国してから半年にもみたない1939(昭和14)年8月一橋論叢4巻2号に発表した「独逸に於ける私法理論の展開」と，その翌々年の1941(昭和16)年の「私法学から見た具体的秩序の思想」民商法雑誌14巻4号という二つの論稿を合せて，改稿したものである。その目次はつぎのようなものである。

〔「はしがき」に相当する部分〕

---

(177) 我妻は同法について端的に，「これは要するに世襲財産ないし家族制度の復活だ。資本主義の発達は，家産制度の衰滅を導いた‥‥。ナチスは資本主義を維持しつつこれを復活するために如何なる用意があるのであろうか。問題はそこに伏在する」と評している（我妻・前掲「ナチスの私法原理とその立法」同・前掲『民法研究』Ⅰ 228頁）。これに対し立法からすでに数年経過した時点の同法を取り上げる吾妻は，より分析的である。同稿は『ナチス民法学の精神』第二章では，原形論文の第二章（同前書では第二節）以降が大幅に加筆されている点については，本書の原型の一部をなす拙稿「戦時期の吾妻光俊の軌跡──『労働力のコントロール』理論前史」獨協法学71号（2007）18-22頁を参照。世襲農地制に関する邦語文献としては，ほかに金沢理康「独逸新世襲農園法論」早稲田法学15巻（1936）1-96頁，山田晟「独逸国世襲農場法について」(1)(2)法学協会雑誌55巻9号（1937）1625頁以下，55巻10号（同）1852頁以下および谷口知平「独逸世襲農場法と我家督相続制」法学志林42巻1号（1940）51-75頁などがあり，同法の法文については，西村勉「ナチス世襲農場法関連法令」(1)-(5)法学協会雑誌53巻6-10号（1934）により邦訳されている。なお戦後発表されたものとしては，鈴木直哉「ナチス戦時体制における世襲農場法の改正と親族・相続規制の変容」早稲田法学会誌35巻（1985）145頁以下，および同前147頁注(1)に引用されているものがある。それゆえに吾妻は『ナチス民法学の精神』のなかで「私の説くところがそれらの論述と重複することあるはやむを得ぬところであるが，‥‥専ら農地所有権との関連に着眼し，その取り扱いの角度に於て必ずしも世襲農地制自体の紹介を目標としない」とのべている（68頁注(29)）。

281

第一節　革新的民法理論の出現
第二節　民法の中心概念に対する攻撃
第三節　新らしき民法理論の基礎づけ
第四節　批判の台頭

　本章は二つの論考を一つにまとめたものであるためか，内容の抽象化がすすみ，その論旨は原型をなす，二つの個別論文の方がむしろわかりやすい。「独逸に於ける私法理論の展開」は，吾妻の帰朝報告であり，当時のドイツ民法学の動向を明らかにしている[178]。そこでは，ナチス政権獲得時の熱も冷め，冷静に民法学の「革新」を図ろうとする，当時の理論動向を紹介している。すなわちナチス政権直後，「世襲農地法 Reichserbhofgesetz」（1933 年 9 月 29 日）や「国民労働秩序法 Gesetz zur Ordnung der nationalen Arbeit」（1933 年 1 月 20 日）を始めとする立法が制定されたあと，つぎなる課題は法（学）の革新（運動）であった。従来のドイツ私法が(1)ローマ法の強い影響を受けているが，(2)それは唯物的世界観ないし個人主義的思想の所産であり，(3)ドイツ法思想はローマ法の影響を受けてきたがゆえに(4)ドイツ固有法の精神に復帰すべきでだと主張された。その結果，1935 年から 1937 年にかけて革新派の主張を現実化するために大学法学部の科目およびカリキュラム改正がなされた[179]。ついでその矛先が向けられたのは，民法典（BGB）の改正であった。というよりはむしろ「学課課程の変更は民法典改造への前哨戦だつた」（20 頁）。1937 年 1 月 25 日，ハイデルベルグ大学創立 550 周年の記念式でシュレーゲルベルガー Franz Schlegelberger が「民法典との訣別 Abschied vom BGB」という講演を行なった（同講演は，わが国でも大きな反響を呼んだが，これについては，後で言及する）。それは個人主義的な思想を背景とする民法典はナチス的世界観に対応すべく，改められるべきであり，とくに抽象的な概念を羅列する民法総則

───────────────

[178] 法学協会雑誌 57 巻 7 号（1939）125-128 頁には，同（＝昭和 14)年「5 月 25 日午後 5 時半から‥‥最近ドイツから帰朝された東京商科大学助教授吾妻光俊氏の講演を聴く」という林千衛「法理研究会記事／独逸私法学の問題」が掲載されている。そこに掲載されている講演「要旨」から判断して，吾妻は，一橋論叢掲載稿と同旨の報告を行なったものと思われる。なお同稿末には，右研究会出席者氏名の一覧（27 名）も付されている。そのなかには後に紹介する，『ナチス民法学の精神』について詳細に論評する我妻栄の名前も見られる。

[179] 当時，斉藤秀夫「ナチスの法科大学講義の公定」法律時報 9 巻 6 号（1937）27 頁以下がこれに言及し，とくに 28-30 頁には，6 ゼメスター（3 か年）の授業科目一覧が掲載されている。また小関紹夫「ナチス・ドイツの法学教育革新について」彦根高商論叢 21 号（1937）1-61 頁は，さらに詳細にのべている。

第7節　吾妻光俊と『ナチス民法学の精神』

は解体されるべきであるというものであった。同講演は具体的には，民法典を
「人に関する法」「団体に関する法」「土地法」「日常取引の法」とすることを提
案していた(180)。同年秋，ミュンヘンで開催された「ドイツ法学院 Akademie
für Deutsches Recht」(181)——同地に滞在していた吾妻も出席していた——で
は，民法典改正が大きな課題となったことを伝えている。第二節では，吾妻と
生年を同じくする，キール学派のラーレンツ(182)を中心とした，人，物，法律
行為（契約）および権利等の民法概念理解に関する動きを伝えている。これら
を紹介したあと吾妻は，その特徴として，(1)民法上の諸概念を抽象的にでは
なく，具体的生活事実に応じて構成していること（「個性化的観察方法」）と，
(2)法規範を団体生活の内面に求め，法が現実から離れた当為の体系として，
社会生活に対し超越的な態度をもって臨むとの見方を排斥していること（「法
社会学的態度」）を指摘している。ただし吾妻は，これがナチス私法学特有のも
のではないとしながらも，「当初から盲目的にナチス世界観の感激的主張を礼
賛すべきでもなく，また当初からこれを否定してかかるべきでもない」（32-33
頁）というにとどまっている。

　ついで第三節——その原型は「私法学から見た具体的秩序の思想」民商法雑
誌 14 巻 4 号である——でも，第二節と同じくシュミット(183)のいう「具体的
秩序の思想 konkretes Ordnungsdenken」を私法学のなかに実現せんとした，

---

(180)　同講演については，我妻も法学協会雑誌誌上（51 巻 12 号〔1932〈昭和七〉年〕）で紹
　　介している（「書評／シュレーゲルベルガー『民法よりの決別』」同・前掲『民法研究』I
　　巻・497-498 頁）。ほかに柚木馨「ナチスにおける独逸民法典の運命」民商法雑誌 6 巻 2
　　号（1937）389-395 頁もある。同講演録の邦訳として，舟橋諄一「シュレーゲルベルゲル
　　『民法典への訣別』」法政研究 12 巻 2 号（1942）207-229 頁（のちに同『民法典への訣別』
　　〔大坪惇心堂・1944〕に転収）がある。
(181)　これを我妻栄「ナチス政権下に於ける一般法律雑誌界異変」法学協会雑誌 55 巻 8 号
　　（1937）120-132 頁は，あえて「ナチスドイツ法学院」と邦訳している。同前所によれば，
　　その「正体」は「一言にして謂へば，ナチスの世界観に適したドイツ法の建設」を目的と
　　して，1933 年 6 月に創設された国家的団体である。会員として「全ドイツの優秀な法律
　　学者が網羅される」のはもちろん，法律実務家や実業家，さらには経済学者も加えられて
　　いた。その「実際的な仕事」は，(1)立法の準備，(2)法学教育への尽力，(3)各ラントにお
　　ける教育制度の統一と一貫したドイツ法律精神の涵養，(4)全国無数の法律雑誌，全集，
　　会合等の統制と能率向上および(5)ドイツ法律学を代表して諸外国に「ナチス・ドイツは
　　決して世界文化の敵でもなく，諸国民の平和的協力の仇でもなく，却つてそれ等の促進者
　　であることを知らしめん」としたことであった。我妻は「果してその看板に偽りなきか，
　　そのイデオロギーに普遍性ありや」はともかく「かかる目的をもつて出来た国家的団体
　　‥‥だといへば凡そその本体を知り得るであろう」と結んでいる。
(182)同人を含め，ここで言及する人物たちの略歴については，広渡・前掲書（本章注(168)）
　　巻末に付された「人名索引・人物略伝」1-59 頁参照。

ラーレンツを中心に紹介している。「具体的秩序の思想」とは，社会生活その
もののなかに根源的な秩序を見出し，規範も決定も，この秩序に源を発するも
のであるとして，法を生命ある団体のなかに行なわれる具体的な秩序として理
解する態度のことである(184)。具体的には『現代の法及び国家哲学〔第二版〕
Der Rechts und Staatsphilosophie der Gegenwart, 2. Aufl., 1935』(185)を取り上
げている。ラーレンツの所説は，ヘーゲルの客観的観念論と「具体的秩序思
想」とを巧みに融合するものだとする。吾妻によれば，それは「法をその根源
に於いては民族生活の根源な秩序だとする……観点に立つて，法の各種の発
現形態をこの根源的な秩序との関係に於てどう基礎づけ，どう理解すべきかを
問題とする」(43頁)(186)。すなわち従来の規範主義的な法律学は，法律上の概
念を抽象化し，生活現象の各々の個性的な部分を括弧にくくり，極めて少数の
法律上の一般概念 ── 人格，権利，物，利益等々 ── に到達する。それらも，
発生当初は必ずしも抽象的な，内容の乏しいものではなかったが，19世紀
末に近づくに従い，無内容な，空白な観念に堕していった。そのような概念法
学に対する批判として「利益法学」が提唱されたが，それは形式論理的な概念
構成に反感を持つあまりに，概念それ自体を攻撃するという致命的な欠陥をも
つものであった。概念を通して実在を捉えることができるのであるがゆえに，
いかに正当な概念構成に到達するかが重要である。そして「概念によつて諸種
に生活現象を統一的に捉えながら，しかも各々の生活現象の個性的な部分を没
却しない」方法として，「類型 Typus」による概念構成がある。すなわち，
それは「生活現象が，これを包含する全体的な生活秩序の中で持つ意味乃至は機
能に着眼して捉へられる」。民法典は契約を2人以上の者による意思の合致と
捉えているが，それは婚姻関係とか，労働関係とか，商人間の取引であるとか，

---

(183) その名はわが国でも周知であろうが，広渡・同前「人名索引・人物略伝」46-47頁に，
    その簡単な略歴が示されている。

(184) 当時，シュミットの主張を紹介するものとして，加藤新平「所謂具体的秩序思想につ
    いて」法学論叢38巻1号 (1938) および木村亀二「規範主義，決定主義乃至秩序思想
    ── 法律学思惟の三個の定型」法律時報7巻3号 (1935) があったと，吾妻・前掲『ナチ
    ス民法学』55頁注(22)は記している。

(185) 同書は，小野清一郎「紹介／ラレンツ著，現代の法律及び国家哲学」法学協会雑誌
    54巻5号 (1936) 133-141頁によりすでにわが国に紹介されていた。そして吾妻が『ナチ
    ス民法学の精神』を発表してから2ヶ月後，同書の邦訳として，大西芳雄・伊藤満〔共
    訳〕『現代ドイツ法哲学』(有斐閣・1942) が現われた。

(186) ラーレンツの議論については，水本・平井〔編〕前掲書285-286頁 (水本) でも，要
    約・紹介がなされている。また併せて中村哲也「ナチス民法学の方法的分析 ── 民法学に
    おける市民的方法の展開と変質」(上) 法学41巻4号 (1978) 80-85頁 (同『民法理論研
    究』〔信山社・2016〕146-152頁) も参照。

第7節　吾妻光俊と『ナチス民法学の精神』

具体的な関係いかんにより，自ずと「性格を異にする」。また世襲農地という観念も，単純な物ないし不動産という形式的な概念に包摂されるものではなく，「全体的な土地秩序乃至は民族の全体的な生活秩序の中で担当する機能に着眼して統一的な概念を構成して」おり，その意味でまさに一個の類型なのである（49-51頁）。そして吾妻は一方で「ラーレンツの主張は所謂概念法学の形式論理的な態度に向けられた最も基本的な，そして最も致命的な攻撃である」（52頁）と評価しながらも，他方では，あまりの抽象的・技術的な概念構成を批判するにとどまらずに，法の抽象的概念構成の意味を否定しているが，法の技術的性格を肯定するかぎり，その抽象的概念構成を全面的に排除することはできないとして，その「行き過ぎ」を批判している（53頁）。

　ついで第四節では，これに批判的なマニーク Alfred Manigk（1873～1942）の『私法の新しき建設／Neubau des Privatrechts, 1938』を紹介するのに当てられている（57-61頁にその所説の要約がなされている）。この部分は単行本化に際し「独逸に於ける私法理論」の最終部分を加筆したものである。その「態度を総括してこれを一言」でいえば，革新的民法理論における超合理的な政治的意欲の肯定的な態度に対して，「法の技術性」を対峙させ，団体主義の高唱に対しては「個人の創造的自由」を示し，社会生活のなかに自ずから形成・発展する「秩序」の観念については「生活を嚮導する規範の観念」を対抗させて，そのようななかからドイツ民法典BGB尊重の基本態度を導くものである（64頁）。そして吾妻は「マニークの批判は革新派の民法理論の行き過ぎを完膚なきまでに指摘したものとしては誠に注目に値ひするものである」（同前所）と積極的に評価している。ただし吾妻は当時のドイツ民法学界には，これを支持する「空気が相当に濃厚であつた」としながらも，「一歩を進めて」マニークの所説が民法の解釈理論および法の根本観念の基礎付けの両面において，革新的民法理論に対し優越的な地位にあるものかどうかの判断はつきかねると判断を留保している（64-65頁）[187]。

　こうして本章では，1933年以降の矢継ぎ早に立法化がなされた時期からの学説上の議論が紹介されているが，それは「序」文（3頁）でのべられていた「伝統的法律学に対して一進一退を繰り返しつつ歩一歩と地歩を占める困難な闘争」を示すものと捉えていたのであろう。第一章は，いわば本書の序章ないしは総論部分に該当しよう。すなわちナチスの政権獲得直後の立法動向については，すでに我妻やほかの者による紹介があった。それゆえに吾妻は，その後のドイツ民法学の動向を追跡し，2年に及ぶ現地での見聞を基に，その最新の

(187)　なお中村・同前論文100-105頁（同・同前書173-176頁）も参照。

事情を提示している（本章での記述を補充するのが，既発表の「ナチスの法学教育」(188)と，「ヘーデマン『ドイツ経済法』」，「シリング『国家及び法哲学序説』」の二つの書評である）。

（イ）第三章「労働秩序と契約概念の後退」の概要

第三章「労働秩序と契約概念の後退」は，その原題を「ナチス労働法と私法理論」といい，ナチス労働法理論を検討するものである。同稿は戦後，民法学よりも，労働法に重点をおいた研究活動を行なっていく吾妻の「素地」を培っていったものかもしれない(189)。本章は先に記したように，民商法雑誌11巻1号から3号（1940）までの3回にわたって連載された論考を改稿したものである。本章は内容的に大きく二つに分かれる。ほぼ3分の1の紙幅を利用して「経営の構造の問題」（民商法雑誌11巻1号掲載分〔1-8〕）をとりあげ，残り3分の2で「労働関係の規制を目的とする法原理」を扱っている（民商法雑誌11巻2号および3号掲載分〔9-19〕)(190)。ただし同論文が『ナチス民法学の精神』の第三章となるにあたり，記述の順序が雑誌掲載時と逆転し，労働関係のなかで契約がいかに通常の私法関係と異なるかが先に論じられている。本章の目次構成を次に示す。

〔「はしがき」に相当するもの〕
　第一節　労働秩序と契約
　　一　ジーベルトの労働関係論
　　　　一－三，四（一）労働関係と親族法，（二）労働関係と団体法，（三）労働関係と協約，（四）労働関係と継続的債権関係，（五）労働関係と官吏関係，五（一）労働関係の発生，(1)加入と合意（Einigung），(2)労働関係の発生と行為の瑕疵，（二）労働関係の効力，(1)賃金支払義務　(2)経営危機
　　二　ジーベルトに加えらるる批判
　　三　労働関係と契約理論
　第二節　経営協同体の観念

---

(188) 同稿は「ドイツ法学院」副総裁であったキッシュ Wilhelm Kisch がナチス法学教育論として表わした Der deutsche Rechtslehrer, 1939 に則して「法学教育と世界観」「法学教育と実生活」「法学教育と後継者」についてのべている。なお吾妻は『ナチス民法学の精神』刊行後，同じ年の10月「ナチスの大学を回想して」という副題の付された前掲「大学の問題」法律時報誌14巻10号（1942）を発表している。

(189) 水本・平井〔編〕前掲書287頁（水本）。

(190) 吾妻がここで論じている課題について，戦後，和田肇『労働契約の法理』（有斐閣・1990）45頁以下が取り組んでいる。また同前書47頁注(7)は，ジーベルトの所説を読解したものとして吾妻の民商法雑誌論文を引用している。中村・前掲論文注(186) 85-87頁（同・前掲書152-154頁）も参照。

第 7 節　吾妻光俊と『ナチス民法学の精神』

　　一　フェツヒナーの経営協同体論
　　二　経営協同体の観念と契約

　いずれの節も，ドイツ学説の内容を紹介しながら説明している。なお意図的
かどうかは不明であるが，本章を読んでいるとき，私には，一体どこまでがそ
れぞれの論者の見解の紹介なのか，またどの部分が，それに対する吾妻のコメ
ントや評価なのか区別するのに困難を感じた。このような傾向は雑誌連載時よ
り単行書へ改稿されることによって，より一層強くなったように思われる。本
章は 1934 年初めに制定された「国民労働秩序法の骨子をなす経営協同体思想
を労働契約概念を新しく構成するといふ面」，すなわち「ナチスの労働法理論
の中に，契約概念修正の内容と意味とを」考察の対象としている。まず第一節
「労働秩序と契約」で取り上げられているのは，1934 年国民労働秩序法 AOG
に表われている共同体思想，指導者原理および民族共同体への奉仕という 3 点
に要約される[191]ナチス労働法の特質それ自体の記述ではない。このような課
題についても，当時すでにいくつかの邦語文献が紹介ないし検討している[192]。
吾妻が同節で取り上げているのは[193]，「ナチス期労働法理論のほとんど唯一
ともいえる論争」[194]であった，労働関係を労務と賃金との交換関係としてで
はなく，人格的法的共同体関係として捉える場合の労働契約の位置づけをめぐ

────────

(191) 西谷敏『ドイツ労働法思想史論：集団的労働法における個人・個体・国家』（日本評
　　論社・1987）435 頁以下。
(192) ナチス政権下での労働法法理については，後藤清「ナチス政権下に於けるドイツ労働
　　法の転向」社会政策時報 154 号（1933）133-146 頁，同「ナチス国民革命と社会法」内外
　　研究 7 巻 1 号（1934）1-29 頁，同「ナチス・ドイツの新労働法の建設 —— その第一歩と
　　しての労働秩序法」国家学会雑誌 18 巻 5 号（1934）98-115 頁，野村平爾「ナチス新労働
　　法と労働法の指導原理」早稲田法学 14 巻（1935）1-50 頁，津曲蔵之進「ナチス労働法の
　　基本関係 —— 旧統一労働法との比較」(1)-(3)民商法雑誌 5 巻 2 号，3 号，4 号（1937）お
　　よび小椋広勝「ナチス・ドイツに於ける労働法制と労働者の状態」法律時報 9 巻 2 号
　　（1937）24-28 頁等が言及している。とくに後二者は，共同体としての労使関係や，指導
　　者原理，忠勤義務などのナチス的理念を掲げても，ワイマール時代の労働法とくらべ，労
　　使が労働契約を媒介にした従属的関係であるとの実体は変わらないと指摘している。また
　　立法については，後藤・前掲「ナチスと労働法制」我妻ほか・前掲『ナチスの法律』所収
　　316-370 頁により紹介されていた。
(193) ジーベルトの所説とその批判については，盛誠吾「懲戒処分法理の比較法的研究」I
　　法学研究（復刊）（一橋大学）13 号（1983）218-232 頁および和田・前掲書 45-53 頁にお
　　いても紹介されている。
(194) 西谷・前掲書 445 頁。

第3章　準戦時から国家総動員体制への展開のなかでの社会・労働法学

る議論である。具体的には，「ナチス労働法学の建設者」といわれる，キール学派の雄，ヴォルフガング・ジーベルト Wolfgang Siebert（1905～1959）[195]の『国民労働の秩序における労働関係』／Das Arbeitsverhältnis in der Ordnung der nationalen Arbeit, 1935, Der Deutsche Staat der Gegenwart Heft 18 とそれに対する反対論をとりあげる。吾妻は労働関係が同じく私法関係と捉えながらも，通常の財産取引とは異なるものとして，従来の民法法理とは別の，経営協同体への編入を説くジーベルトの所説を「出来得る限り詳細に紹介」（147頁）している。吾妻によれば，ジーベルトは「経営協同体の思想の下に，従来民法原理の支配に委ねられていた労働関係をいかに新しく捉ふべきかを問題とする」（同前所）。その立場は次のように要約される（149頁）。

> 「真の協同体思想の下では労働関係は一個の団体的な関係であり且つまた特殊の身分関係なのであつて，協同体への編入（Eingliederung）によつて雇主と労働者と間に当然発生する相互的な信義の関係からもろもろの権利義務が派生する。従つて個々の請求権乃至は債務が本体ではなく，それらはすべて団体生活の手段に過ぎない。即ち経営協同体に於ける人々の地位から諸種の労働関係に効果が生ずるのであつて，当事者の利益追求の個別的な意思によつて生ずるのでない」。

こうしてジーベルトにとつては，労働関係を民法典上の契約的な把握から離脱する過程として，論証しようと試み（149-160頁），「ナチス革命以前ドイツの労働法理論は労働契約の概念から就業関係の概念へと重心を移して来た」（160頁）としたうえで，「ナチス革命以後の労働法理論を吟味して」（同前所），つぎのようにいう。すなわち国民労働秩序法の制定により労働契約概念は経営協同体の思想に置き換えられたにもかかわらず，「労働法理論は尚ほ伝統的な理論から脱却せず，その基本観念〔＝双務契約としての労働契約のこと〕に執着してゐる」（同前所）。そして吾妻は「ジーベルトは労働関係が人格的関係なることを力説し，信義は財産法的関係に於ける如く，単に補充的に作用するに止まらず，寧ろ労働関係の本質をなすものであると説き，労働関係を，財産法的色彩の濃厚な民法総則（殊に法律行為に関する規定）及び債務法総則から解放すべしと論ずるのである」（171頁）とまとめている。

ついで吾妻はジーベルトに対する批判学説として，マンスフェルト Werner

---

(195) その略歴や業績について，広渡・前掲書所収の「人名索引・人物略伝」49頁および久保敬治『フーゴ・ジンツハイマーとドイツ労働法』（信山社・1998）246-248頁に紹介されている。

Mansfeld（1883 ～？）[196]および前二者の中間に位置すべきウェストファール H. Westphall の所説を紹介しながら，つぎのようにのべている（191 頁）。

> 「個人の合目的意思を前提とする法律制度が，社会経済の進展に伴つて，他のもろもろの社会経済的要因の顧慮を余儀なくされ，ひいては社会的勢力の対立を前提せ［ママ］ざるを得なくなつたところに労働関係の根本問題が生じ，ナチスがこの社会勢力の対立を否定することは，遡つて契約理論の本来建前とするところを反省するに帰着するのであつて，契約概念の単純な復活はその本来の動向と矛盾する」。

すなわち吾妻は労使関係を契約関係として捉えることを批判し，これを「人格法的色彩」のなかに理解するあり方に共感を示しながらも，そのことをより詳しく論ずるべく，第二節へと筆を進めている（なお，この部分は第一節ほどに原型稿からの改訂はみられない）。そこで今度，吾妻はエーリッヒ・フェッヒナー Erich Fechner（1903 ～ 1991）[197]の『労働秩序法における指導者と企業者／Führertum und Unternehmertum im Gesetz zur Ordnung der nationalen Arbeit, Bonn, 1937』によりながら説明している。そこでの課題は，つぎのようなものであった。すなわち労働秩序法のもと，企業者は経営内の「指導者 Führer」として，独裁的な決定権が与えられ，労働者は「従者 Gefolgschaft」として，その決定に服従すべきものとされる（同法１条）。しかし企業者に「指導者」としての資格を欠き，その結果企業者以外の者を「指導者」に任命するという例外的な場合，すなわち「企業者と指導者とが分離するときに，企業者に代つて指導する者に……いかなる地位を認むべきか」（196 頁）否か。同書は，このような「困難な問題」を扱っている。

そして続いて吾妻は同節二「経営協同体の観念と契約」における記述に移るが，これは第三章「労働秩序と契約概念の後退」全体をまとめて，同章の「総括」を行なっているところである。すなわち吾妻は「国民労働秩序法の骨子をなす経営協同体の思想の上に労働契約概念を新しく構成するといふ」（146 頁）ナチス労働法理論の焦点についてのべている。まず吾妻は，フェッヒナーの所論の特徴として，一方の「社会的な協同体の思想」と，他方の「経済的な経営の観念」という二元的な把握という特徴をあげ，それが企業所と指導者，経営と経営協同体，財産法的関係と社会法的色彩等とそれぞれ対立させられて考察

---

(196) 同人はライヒ労働省一等参事官で，ナチス労働法雑誌 Deutsches Arbeitsrecht（1933. 3. ～ 1940. 12.）の編集責任者であった（久保・同前書 185 頁）。

(197) その略歴については，久保・同前書 194-196 頁を参照。

第3章　準戦時から国家総動員体制への展開のなかでの社会・労働法学

の対象となっているとする。ただし吾妻は，フェッヒナーのこれら両者の交渉
と，究極的には統合を実現しようとしながらも，「この交渉の描写は表面的と
なり，またその結合の主張は素朴的たるを免れない」と厳しく評価している
（214頁）。吾妻はそのような「二元的な論法は経営協同体の現実性を少なくと
も希薄にしてゐる」（216頁）として，むしろこれを排すべきであるとするジー
ベルトを称揚するのである。そして，吾妻は「経営を現実の協同体と考へ得る
か否かに問題の核心がある」（217頁）として，つぎのように続けている（同前
所）。

> 「労働契約なる観念は経営の財産法的側面に関するものであり，これと対
> 立的に取り上げられる労働関係の人格法的色彩は経営の社会法的側面で問
> 題とされるのであるから，この社会法的側面の基礎に経営協同体の現実性
> を認めるか否かは，これと対立する財産法的側面及びこれを律する労働契
> 約の観念にとつても決定的な意味をもつのである。つまり，経営協同体の
> 現実性を否認し，これを単に倫理的な要請と見る立場に於いては労働契約
> の観念が支配的となり，協同体の理念乃至信義の要求は専ら修正的な意義
> のみを持つに止まる。これに反して協同体の現実性を承認するならば，労
> 働関係はこの協同体の法的な顕現となり，労働契約の観念は……第二次的
> な意義のみを認められるに過ぎず，畢竟労働関係の中核から除外されるこ
> とになる」。

　吾妻は，このような問題構造を指摘したうえで，「ジーベルトが労働契約か
労働関係か，個人意思か協同体か，財産法的原理か人格法的原理かという ent-
weder-oder の形で問題を取り上げたこと自体は，まさに画期的な主張であつ
た」（218頁）とする。そして吾妻は結論的には「私はジーベルトが実定法の背
後に経営協同体の現実性を前提とすること自体を卓見とし，少なくともそれを
ナチス労働法理論にふさわしき態度と考へるものである」（219頁，傍点－引用
者）と断言している。

　戦後，吾妻がドイツ的法理ではなく，アメリカ法への関心を志向しながらも，
労働関係から契約を対象範囲から除外しようとする発想の，少なくとも源のひ
とつがこのあたりにあるのかもしれない（なお『ナチス民法学の精神』中，併せ
て掲載されている「ナチス労働法に於ける労働管理官の職能」と「労働戦線の機能
とその法律的意義」の2論稿が，本章を補充するものである。そして後者の283-284
頁および290-291頁の2箇所で，第三章の内容を吾妻自ら要約ないし言及しており，
同章の記述を理解するのに参考になる）。

290

第 7 節　吾妻光俊と『ナチス民法学の精神』

3　吾妻のナチス民法学に対する評価態度と我妻栄による批判

　以上，吾妻が『ナチス民法学の精神』のなかで示したナチス民法ないし労働
法学について読解を試みた。では，このなかにみられる吾妻自身のナチス法学
への接近「態度」をいかに捉えて，どのように評価すべきであろうか。

　戦後，戦時期吾妻の学問業績を論評する者は，等しく吾妻が当時の社会環境
から推測されるような，ナチス支配下の民法革新運動に盲目的に帰依したり，
あるいは賛美したりするものではないとしている。たとえば一橋大学で吾妻の
講座を引き継いだ蓼沼謙一（1923～2011）は「そこには，ナチズム法理論への
無批判的礼賛や迎合は全くみられない」とする。同人によれば，『ナチス民法
学の精神』とは世襲農地制と労働秩序における「契約」概念を素材にしながら，
「ナチス時代のドイツ法理論の展開を従来のそれとの対比において冷静に観察
しようという態度をみるのみである」[198]。

　確かに，同時代に多く見られた論調とは異なり，吾妻はナチス法理を無批判
に礼賛したり，迎合したものではなかったかもしれない。しかし問われるべき
は，いかなる視点から，「ナチス時代のドイツ法理論」を「冷静に観察」して
いたのかということであろう。たとえ蓼沼のような評価が可能であるとしても，
吾妻はナチス民法学に対し，我妻とは異なり，明確な批判的な態度を示さな
かった。それは時局の動向を考慮して，慎重な対応に終始していたのかもしれ
ない。吾妻の著書は，あくまでも「傍観者」——吾妻自身の表現によれば「外
部に立つて眺める者」（同前書「はしがき」1頁）——としての記録に徹している。
しかしそれが私（石井）には，民法革新の立場に共感しながらも，ナチス民法
法理に対しては，日出づる国からやって来た異邦人がミュンヘンないしベルリ
ンという定点に立って，彼の地の変動を眺めていたとでも評すべきものであっ
たように思える。同書の学問的価値を例証するものとして，吾妻とともにナチ
ス期のドイツ民法学の動向を精力的に紹介・検討した我妻栄が本書について詳
細に論評[199]したことがあげられている[200]。我妻は冒頭，「量こそそれほど厖

---

(198)　蓼沼・前掲「吾妻光俊先生の人と学説」11頁。また好美清光「一橋における民法学」
　　　一橋論叢91巻4号（1984）536頁も併せて参照。
(199)　我妻栄「紹介／吾妻光俊『ナチス民法学の精神』」法学協会雑誌61巻1号（1943）
　　　128頁以下（同『民法研究』IX－2 Miscellaneous Essays〔有斐閣・1971〕445-460頁）。
(200)　これは，蓼沼・前掲「吾妻光俊先生の人と学説」11頁および好美・前掲論文80頁が
　　　ともに引用する箇所である。同書の書評としては，ほかに，津曲蔵之丞「紹介批評／吾妻
　　　光俊教授『ナチス民法学の精神』」法学11巻11号（1942）83-86頁および山中康雄「新
　　　刊批評／吾妻光俊著『ナチス民法学の精神』」法律時報14巻11号（1942）58-61頁がある。
　　　いずれも，我妻ほどには，内容への厳しい言及はなされていない。

291

第3章　準戦時から国家総動員体制への展開のなかでの社会・労働法学

大ではないが，質において近時の私法学の大収穫」であるとした。しかし我妻
は第一章について論じた最後で，つぎのような吾妻の文章（『ナチス民法学の精
神』65頁）を引用する[(201)]。

　「革新的民法理論に左袒すべきか，または〔これを批判する〕マニークの理
　論にくみすべきかについては‥‥果してナチスドイツの社会生活の現実の
　構造の中に従来の契約概念なり所有権概念なりを支持することが許さるべ
　きか，或ひは何等かの新しき概念をこれに置き換へることによつてのみ，
　現実の生活原理に適合し，且つ又現実を正しく把握し得るのであるかが決
　定的な問題となるわけである。このやうな意味で私は再びこの一般的な理
　論に於ける対立の問題をそのままにして，より具体的にナチスの法生活の
　面に触れてゆかなければならない」（下線－重引用者）。

　上記のような吾妻の判断留保について，我妻は「この著者〔吾妻〕の態度は
極めて正しい」としながらも，つぎのように問う。「著者が『より具体的にナ
チスの法生活の面に触れて』ゆこうとして取扱った」農地所有権と労働秩序に
ついて「著者は『革新的民法理論に左袒すべきか，またはマニークの理論にく
みすべきか』の問題を，果して，又如何に解決したであろうか」[(202)]。「労働秩
序と契約概念の後退」について論じる第三章についても，我妻は追及の手を緩
めない。すなわち吾妻の議論を一部引用しながら紹介して，最後につぎのよう
にまとめている（458頁）。

　吾妻は「『経営を実在する協同体と考へ得る』ものとなし，国民労働秩序
　法といふ実定法の背後に経営協同体の現実性を前提する」ジーベルトの卓
　見を賞し，『少なくともそれをナチス労働法理論にふさはしい態度なりと
　考へる』（吾妻・前掲書219頁）。然し，著者〔吾妻〕は更に『ナチスの経営
　が果して現実に協同体たる性格を有するか否かの実質的問題』は『合理性
　を超ゆる直感的な洞察を必要とするであろう』とし，これを論証すること
　をもってナチス労働法の責任なりとして第三章の論述を結ぶ」。

　このように紹介したあとに続く段落で，我妻は世襲農地制に関する同書「第
二章におけると同様の望蜀の注文」として，つぎのようにのべている[(203)]。

　「右の論証をナチス労働法のみの責任とせず，これをもって『少くともそ

---

(201)　我妻・前掲書評453-454頁。
(202)　同前所。
(203)　同前書評458-459頁。

第7節　吾妻光俊と『ナチス民法学の精神』

れをナチス労働法理論にふさはしい態度と考へる』著者〔吾妻〕自らも責
任を分けて欲しい。けだし，ナチスに於ける経営が果して協同体の実質を
帯有するかは，世襲農地制についてより以上我々の知り度いところだから
である。然し，本章については更に物足らぬものがある。それはナチスの
民法理論の契約に関する具体的内容が本章においては，遺憾ながらその全
貌が示さないことである。‥‥最も遺憾なことは，契約理論そのものに対
するナチスの理論が何等積極的に示されない。‥‥労働契約においては，
これは契約にあらずということがナチス理論の主張なのだから，然らばそ
の契約なるものが如何なるものとせられるのかが遂に積極的に説かれない。
‥‥私はここでも著者が更に伝統的契約理論の内容を探り，これをナチス
契約理論の転換を全面的に取扱われんことを希望して止まない」[(204)]。

　このようにのべて，我妻は一貫して，ナチス民法学ないし革新的民法理論に
共鳴しているように理解できるけれども，明確な支持や自らの態度表明をしな
い吾妻に対し，その具体的な論証と明確な態度決定を迫っている。なぜ我妻は，
吾妻に対し「ナチスの民法理論の契約に関する具体的内容」あるいは「契約理
論そのものに対するナチスの理論」を明らかにするよう求めたのであろうか。
それは，我妻が『ナチス民法学の精神』が刊行された同じ年（＝1942〔昭和17〕
年）に，すでに公刊されていた「ナチスの所有権理論」の「姉妹編」[(205)]とも
いうべき「ナチスの契約理論」『杉山〔直治郎〕教授還暦祝賀論文集』（岩波書
店）と題する論考[(206)]を発表していたことに関係があるように思われる。同論
文は，つぎのような目次構成からなる。

　一　序
　二　契約観念の還元（特色の一）
　三　契約関係は民族的協同体秩序の一部である（特色の二）
　四　契約関係における協同体理念の浸透（特色の三）
　五　特色の一について
　六　特色の二について
　七　特色の三について
　八　結

---

(204) 同前所。
(205) 我妻・後掲「契約理論」392頁。
(206) 同論文は，我妻『民法研究』I 私法一般（有斐閣・1966）389-458頁に収録されてい
　る。

第 3 章　準戦時から国家総動員体制への展開のなかでの社会・労働法学

　同論文は，右に引用した「目次」からもわかるように，二ないし四で，「ナ
チス法律思想の本流」であるジーベルトおよびラーレンツの所説により，ナ
チス契約法理を説明し，それらと対比してシュトル Heinrich Stoll（1891 ～ 1937）
の説を紹介している。その上で五から六で，我妻がナチス契約法理の特徴とし
て示した点を検証している。我妻は，「特色の一」である「契約原理に対する
人法的原理の支配ということは，いわば一個の方向を示しているに過ぎない」
（438 頁）として，『契約関係は民族協同体秩序の一部である』とするナチス契
約法理の第二の特色」（443 頁）については，つぎのように評価する。

　　「同一の血の純潔によって結合せられる『民族』が最高の協同体秩序を構
　　成するとなすことは，一方において一国内の異民族を不当に排斥すること
　　になり，他方において別異の国の同一民族の間の秩序を不当に統一的に観
　　念することになり，今日の社会における現実に適せざるのみならず，国家
　　の範囲を定めんとする理想としても，現実性に乏しいものではあるまい
　　か」[207]。

　このような感想は，今日からみれば，極めて真っ当なものであったように思
われる。そして「特色の三について」も，シュトルの説を妥当とし，「協同体
という語は‥‥家族団体や国家等のみを指すものとし，契約当事者間の関係は，
これと本質を異にするも，或る程度まで協同体理念によって支配せられるもの
と説くを妥当なりと思惟する」[208]というにとどまっている。我妻は，労使関
係を「協同体」と捉えることには，無理があると解している[209]。吾妻の慎重
な物言いには，日中戦争のみならず，すでにアメリカやイギリス，オランダ等
との太平洋戦争に突入し，国内的にも本格的な戦時体制に入っているという緊
迫した時代状況を考慮しなければならないのかもしれない。しかし吾妻が本書
を公刊した同じ年に我妻はナチス契約法理を全面的に批判する論文を発表して

────────────────────

(207)　同前論文 443-444 頁。このような我妻の記述は当時，ナチス政権のもとでのドイツは
　　1938 年 3 月オーストリアを，翌 39 年 3 月チェコスロバキア（当時）をそれぞれ併合し，
　　同年 9 月 1 日ポーランドに侵攻し，第二次世界大戦が勃発したのちも，「東方政策」のも
　　と軍事的領土侵略を重ね，またドイツおよび占領地のユダヤ系住民を強制収容所および絶
　　滅収容所に投獄・殺害のホロコーストが実行されていった歴史的事実と二重写しとなって
　　いる。
(208)　同前論文 450 頁。
(209)　このようにのべる我妻とは反対に，吾妻・前掲「労働戦線」『ナチス民法学の精神』
　　290-291 頁は，「私は〔協同体理念を外部からの理念的要請とみる〕フェッヒナーの二元
　　的な態度を不満足なものとし，〔それを現実的な方向性と捉える〕ジーベルトにより多く
　　の共感をもつものである」とのべている。

294

いる。我妻の明快な論理展開にくらべ，吾妻のそれは晦渋で，理解せんとする
には何度か読み返すという作業を求められる。慎重な物言いは，吾妻の個性か
もしれない[210]。確かに『ナチス民法学の精神』は「ナチズムのファナティッ
クな法律観の紹介や礼賛の書ではない」[211]。しかし反面それは，ナチス民法
学を原理的に批判するものでもない。同書は慎重な言い回しで，しかも賛否の
表明を留保しながらも，それに同調したものであったのではなかろうか。戦後
吾妻がドイツ法理に言及することは一切なかった。それは，戦前の自らの理論
活動に関する反省と捉えることはできないだろうか。

---

(210) 戦後，加山宗二「日本労働法学界：その過去と現在」法律文化3巻10・11・12合併
　　号「特集／労働法大系」(1948) 160頁は，吾妻の『労働法の展開』(海口書店・1948) を
　　とりあげ，つぎのように辛らつな論評を行なっていた（下線−引用者）。
　　　「吾妻の特徴は懐疑的な点である。それは，一面においては，深く突こんで考えると
　　　いう特長をなしているが他面においては‥‥懐疑や批評ばかりが表面に現われて，彼
　　　自身の建設的な理論を甚だしく影のうすいものにしている。読者は，いろいろな批評
　　　を聞かされ，相当ウンザリした頃にやつと彼自身の意見らしいものを見出すが，それ
　　　がもひとつハッキリしない。‥‥彼の説くところが懐疑的なことが原因して，その表
　　　現を迫力なく，かつ難解なものにしている」。
　　　このように評された吾妻の慎重な考察態度は，戦時中に公刊された『ナチス民法学の精
　　神』に，より強く表（現）われているように思われる。
(211) 蓼沼・前掲「吾妻光俊先生」550(10)頁。

◆第4章◆　太平洋戦争下の社会・労働法学
―― 総力戦遂行の実現をめざして
（1941 年 12 月～ 1945 年 8 月）

　1939 年 8 月 23 日に独ソ不可侵条約を締結した直後（9 月 1 日），ポーランド
に軍事侵攻したドイツに対し，9 月 3 日，英仏両国は宣戦布告し，第二次世界
大戦が勃発した。その 2 年後，ドイツは 1941(昭和 16)年 6 月 22 日，同前不可
侵条約の相手国たるソヴィエト連邦（当時）の国境を越えて進撃し（バルバロッ
サ作戦），1945 年 5 月まで続く独ソ戦が開始された。一方，日本は 1941(昭和
16)年 7 月 28 日中華民国政府（重慶）への軍事物資輸送を遮断するために南部
仏印（フランス領インドシナ）に進駐し，これに反対してきたアメリカは 8 月 1
日，日本への石油輸出の全面禁止という厳しい経済制裁をもって応じ，イギリ
スおよびオランダもこれに同調した[1]。このような緊迫した国際情勢を背景
にしながら，日本国内では臨戦体制のもと，高度国防国家の立法問題はどのよ
うな展開がみられたであろうか。その半年後の同年 12 月 8 日（日本時間），日
本は海軍がハワイ真珠湾を奇襲攻撃し，陸軍がマレー半島に上陸し，英米蘭等
連合国軍との戦争 ―― 開戦後間もない 12 月 12 日，支那事変（日中戦争）を含
めて「大東亜戦争」と呼称する旨の閣議決定がなされた ―― に突入した。本書
で取り上げてきた労働法学徒たちは，その度合いは異なるにせよ，日中戦争時
代に引き続き，それぞれ国が遂行する戦時体制の擁護・合理化に積極的に関与
していくことになる。悲しむべきことに，自らの言動の是非を客観的に顧みる
余裕など，もはやなかったのであろう。生産活動の停滞と国民生活の窮乏を目
の当たりにしながら，それでも戦争遂行を実現するための法的説得と合理化を
図ろうとした姿をみることになろう。本章では，労働法学というよりは，その
労務統制法への変遷や人的資源養成に資することを企図した社会保障法の概念
理解の変容について，考察・検討する。

---

(1)　吉田裕『アジア・太平洋戦争』（シリーズ日本近現代史⑥）（岩波新書・2007）6-8 頁お
　　よび加藤陽子『それでも，日本人は「戦争」を選んだ』（新潮文庫・2016〔原著は 2009〕）
　　412-430 頁参照。

第4章　太平洋戦争下の社会・労働法学

◆第1節　津曲における統制経済法の体系提示
——『日本統制経済法』の刊行

津曲蔵之丞は1942(昭和17)年5月,『日本経済統制法』を日本評論社より刊行した。津曲が『労働法原理』(改造社・1932)を世に問うたとき,同書は同人にとって,それまでの10年の研鑽の成果であると語っていた。それと同じく『日本経済統制法』は津曲にとって,1932(昭和7)年に『労働法原理』を著わして以後10年間の学問的営為がたどり着いた到達点を示すものであったといってよかろう。

1　『日本統制経済法』の構成と内容

『日本統制経済法』は,1939(昭和14)年7月から1941(昭和16)年4月にかけて,法学志林41巻7号から43巻4号までの9回にわり,断続的に連載しながらも結局は中断した「経済法違反行為の効力」と読みくらべてみれば,それが同稿をいわばリライトしたものであったことがわかる。同書は津曲がこれまで発表してきた長文の論稿と同じく,第一篇「序論」第二篇「総論」および第三篇「本論」という三部構成をとることを予定するものであった。同書の目次(1-9頁)について,もう少し詳しく紹介しよう。

序
第一篇　序論
　第一章　生活関係と法的関係
　第二章　自由主義経済体制の本質と統制経済体制への必然性
　第三章　我国に於ける統制経済体制の登場
第二篇　総論
　第一章　統制経済法の概念
　第二章　我国に於ける統制経済法の発展
　第三章　我国の統制経済法の特色
　第四章　統制経済法の基本関係
　第五章　統制経済法の指導原理
　第六章　統制経済法の法域
　第七章　統制経済法の体系
第三篇　本論
　第一章　企業体制法
　第二章　企業行為法
　第三章　統制行政機構法
　第四章　統制罰則法

第1節　津曲における統制経済法の体系提示

　目次によれば，上記のような構成である。しかし本文では，第三篇は第一章のみしか掲載されていない（同章第七節「結語」は同前書435頁の1頁のみ）。契約理論の転化を中心とする「価格統制法」と「配給統制法」に関する第二章「企業行為法」について，津曲は「別著」を発表すると最終頁（436頁）で注記するのみであった。また第三・第四の両章については「他日の発表に譲る」と同じく同前所で注記している。つまり『日本統制経済法』は第三篇「本論」二章以下が現実には存在しない，未完成ないし中途半端なものにとどまっている。換言すれば同書もまた，津曲がそれまでに公刊した著書やいくつかの論文と同じく，壮大な構想のもとに執筆されながらも，「作品」としては未完成なままとなっている。要するに，本書は『労働法原理』（1932）と同じく，各論に欠ける「総論」のみの著書であった[2]。しかしそうであっても，本書は，当時本格的な統制経済法に関する体系書であった。津曲は日中戦争から英米を中心とした連合国との「大東亜戦争」へと戦線が拡大するなか，本書を発表することについて「序」のなかで，つぎのようにのべていた（2-3頁）。そこでは，津曲が抱く，あるべき統制経済法のあり方が凝縮して表明されている。

　　「統制経済は国の生産力を最も高度に発揮する経済体制である。……総国力戦の経済体制は当然に統制経済体制でなければならない。長期戦となればなるほど統制経済体制を完備しなければならない。……／しかし統制経済は私有並びに私企業を地盤とする経済秩序である。私企業の基盤の上に国家の総生産力を如何に最高度に発揚し得るかと云ふ方式の探求に在る。……生産力拡充と私有保全とは統制経済体制に於て与へられたる二〔つ〕の主題である。統制経済体制の完備の方式の困難は，私有の機能に則しながら，如何にすれば総国力の発揚を最高度に達成し得るかと云う新しい経済図式の探求にある。それは自由経済体制であつてはならないが，国家資本主義乃至国家社会主義であつてもならない。私有乃至私企業を地盤とした新しい経済体制の探求である。／……統制経済の目標は国家の企画的総合的計画による資産・物資・労務の流れの統制であると共に，この三要素が渾然と一体を成す企業を，国家の企画的計画に自発的に協力せしむべき，企業そのものの体制の編成替へにある」。

　津曲によれば，統制経済体制は「私有財産の不可侵性」（旧憲法27条）ない

───────────────

(2) 同書「附録」として「大東亜戦争開始以降の統制経済法」のうち「主要なもの」に関する「簡単〔な〕解説」（437-462頁）が付されている。なお「序」の最終頁（5頁）では，「恩師末弘厳太郎博士……に深謝の意を表したい」と記されている。

299

第4章　太平洋戦争下の社会・労働法学

し私企業をその地盤としている点では，自由主義経済と何ら異なるものではない。自由経済において「個人主義的営利主義に基く自由競争に因つて行なはれた」生産と再生産とが「国家による生産の総合的統制」のもとになされる。しかしそれは「自由経済から転化した資本主義的生産様式の特殊な発展段階に於ける一の形態」である（第二篇「総論」35頁）。自由主義経済の仕組みのもとでは，株式会社に代表される所有形態が十分に国家の総生産力拡充に寄与することが困難となってきた。こうして新たな所有形態が現われるにいたった。それが統制経済体制なのだ（第一篇「序論」7頁）。自由経済における「個人主義・営利主義・自由主義の三大原則」──その法的表現が所有権の絶対・契約の自由および過失責任主義である──は「全体主義・公益主義・統制主義」に置き換えられ，それゆえに「その法的形態も亦，所有の公益性，契約の合理化等」として現われる。「それは自由価格機構より統制価格機構への転換並びに利潤追及の自由より利潤追及の合理化への展開である」（同・8-9頁）と表現できる。
　そして統制経済法の意義について，津曲は「序」のなかで，つぎのようにのべていた（3-4頁）。

　　「統制経済の目標は国家の企画的総合的計画による資産・物資・労務の流れの統制であると共に，この三要素が混然と一体を成す企業を，国家の企画的計画に自発的に協力せしむべき，企業そのものの体制の編成替へにある。／〔それゆえに〕統制経済法はかかる経済体制を規制する国家の統制法規である法学としての統制経済法学はかかる資本形態の所有たる企業の生産・配給・消費の経済活動及びその素材たる資金・物資・労務の組合せ方並びにそれらの流れに対する国家の規制を取り上げ，それらの法規の体系付け乃至理論付けを対象とする法学の一分野である。換言すれば国家の総生産力を発揚するためには，如何に企業体制を整除し，その活動を規律すべきかと云ふ法学的な研究でもある。それは資本の構成並びに活動のある特殊な体制の法学的分析に過ぎない」。

　すなわち「かかる経済体制の下に於ける全〔て〕の法が統制経済法ではなく，企業乃至所有の組成並びに活動を規律したものが統制経済法である。……今日の生産は，多くは資本形態の所有たる企業に依つて行はれてゐる。……従つて経済統制法は統制経済体制上の『企業に関する法』と言つて好い」（第二篇「総論」35-36頁）。それは資本主義法の特定の歴史的発展段階におけるものとして捉えられている。津曲によれば，経済法は企業活動が個々の所有者の自由意思に委ねられ，法は「外枠的制限」にとどまっていた「自由経済法」，企業間の競業避止協定と価格統制として現われていた「自主的（部分的）経済法」，そ

300

して全生産の総合的規制の立場からの企業（ないし所有）組成並びに活動が規制される「国家的（全体的）経済法」の３段階を経てきている（43頁）。それゆえに津曲は統制経済法の意義を「企業（乃至所有）を中核とし，国家の総生産力拡充の立場から，その組織並びに活動を規律した法」（同篇「総論」27-28頁）であると捉えている。

　こうして同書の中心的な内容は，第二篇「総論」にある。そこで同篇のより詳しい内容目次を，以下に示そう[3]。

　第一章　統制経済法の概念
　　第一節　統制経済法の意義
　　第二節　統制経済法と類似の概念の考察
　　　第一項　統制経済法と経済統制法／　第二項　統制経済法と自由経済法／
　　　第三項　統制経済法と経済法
　　第三節　企業の意義と統制経済法
　第二章　我国に於ける統制経済法の発展過程
　　第一節　自由経済体制に於ける経済法発展の概観
　　　第一項　自由経済法の発展過程／　第二項　自主的統制経済法の発展過程
　　第二節　統制経済法の発展過程
　　　第一項　日支事変直前の統制経済法／　第二項　日支事変後の統制経済法
　　　附記　大東亜戦争開始後の展開
　第三章　我国の統制経済法の特色
　　第一節　序説
　　　第一項　一般的考察／　第二項　ナチス統制経済法の概観
　　第二節　我国統制経済法の一般的方式の特質
　　第三節　我国の企業体制法の特質
　　　第一項　企業の基準法としての商法典の特質／　第二項　企業統制法として
　　　の臨時資金調整法，銀行等資金運用令，企業許可並びに会社経理統制令の特
　　　質／　第三項　企業体制法としての事業法並びに特殊会社法の特質／　第四
　　　項　企業体制法としての労務統制法の特質
　　第四節　企業行為統制法としての物質統制法（価格・配給・消費統制法）の特質
　　　第一項　法律行為としての企業行為統制法の特質／　第二項　事実行為とし
　　　ての企業行為統制法の特質

---

(3)　同書は先にのべたように，前掲「経済法規違反行為の効力」(3)以降の連載稿の該当箇
　　所を基礎としてリライトされたものという性格が強い。すなわち第一章は同前稿(3)，第
　　三章第三節は同稿(4)，第四章第二節は同稿(5)(6)を原型としていると思われる。なお第
　　三編について詳しい目次の引用を省略したが，第一章第二節　企業組成法は同稿(7)，同
　　章第四節　資金並に労務の企業編入法／第二項　労務の企業編入過程は同稿(8)(9)がその
　　基礎となっているのではなかろうか。

第4章　太平洋戦争下の社会・労働法学

　　　第五節　重要産業団体の特質
　　　第六節　結語
　　第四章　統制経済法の基本関係
　　　第一節　序説
　　　第二節　所有権の本源的態様
　　　　第一項　所有権の内容としての物の地位＝所有権絶対性と排他性／　第二項
　　　　所有権の内容としての労働の地位／　第三項　物権変動に於ける所有権の社
　　　　会的機能
　　　第三節　企業の本質＝資本形態の所有
　　　　第一項　一般的考察／　第二項　企業の二重性格＝その公益性と営利性／
　　　　第三項　企業の資本と法主体性
　　　第四節　経営支配の態様と所有権の変質過程 —— 共益権喪失と自益権拡大過程
　　　　の考察
　　　　第一項　一般的考察／　第二項　株式の社債化現象と経営支配の態容〔ママ〕／　第
　　　　三項　大株主の共益権喪失と経営協同体の独自性の登場＝統制経済体制上の
　　　　企業体制
　　第五章　統制経済の指導原理
　　第六章　統制経済法の法域
　　　第一節　統制経済法と公法・私法
　　　第二節　統制経済法と他の隣接法域
　　　　第一項　統制経済法と商法・労働法／　第二項　統制経済法と産業行政法
　　第七章　統制経済法の体系

　　上記の目次構成からも理解できるように，津曲は統制経済法を「企業（乃至
所有）を中核とし，その組織並びに活動を規律する点に於て……基本的には私
法体系を〔その〕土台としてゐる〔が〕，国家の総生産力拡充を第一次的目的と
する法体系である点に於て……公法的色彩を帯有してゐる」(38頁) とし，「企
業法としての経済法の或る特定の歴史的発展段階に於けるものとして，自由経
済法と対置」(45頁) させている。したがって同人にとって，研究の中心は，
企業の法学的研究となる。企業とは，動産・不動産等の有体財産，技術その他
の無体財産，そして労務という，三つの要素の統括制度である経営を根本地盤
とし営利活動を営む分散した所有の総括的に独立した組織制度である（48-54
頁）。したがって後藤清が指摘する[4]ように，企業が国家統制のもとに生産性
を拡充し，公益性を追求・実現するのは，いかなる法形態のもとにあるのかを
論じる第四章「統制経済法の基本関係」(178-240頁) が本書の中核をなすもの

――――――――――――――――

(4) 後藤清「新刊批評／津曲教授著『日本経済統制法』」法律時報14巻8号 (1942) 77頁。

302

なのかもしれない。そのなかでも，津曲が統制経済のもとでの企業が経営共同
体として登場せざるをえない（第四節第三項・230頁以下）と指摘している箇所
に注目したい。

2　経営共同体としての企業把握と「公益優先」

　津曲によれば，経営支配の集中により，小株主は単なる自益権の享有者とさ
れたが，統制経済体制の登場により，大株主も共益権を喪失し，小株主と同様
に自益権のみの享有者に後退する。このような現象こそが統制経済法の中核問
題であると，津曲はいう。すなわち企業は多数の分散した資金の統括体である
が，「この現象が生じて，始めて商法と労働法との密接な結び付きが生ずるし，
且つ企業内部に埋没してゐた経営が第一面に浮び出るのである」（230頁）。か
くして経営内部の労働は，経営を通して国家に結びつき，そこに国家への忠実
義務が登場し，所有は労働に対し，このような忠実義務を保障するための生活
費として賃金を支払わなければならない。このような関係によって労働関係か
ら契約を追放する法理論が発展してくる（同前所）。そのような論理展開は，
われわれも前年まで３年間にわたって法学志林（法政大学）に断続連載された
前掲稿「経済法規違反行為の効力」のなかで，すでにみた。津曲は「要するに
全ての株主（所有）が共益権を喪失する現象こそ，統制経済法上の法理論を，
百八十度に転回せしめる根本的な地盤なのである」（231頁）とのべている。

　何故に，そのようにいえるのであろうか。津曲の説明を聞こう。企業は営利
法人として利潤追求をその活動の原動力とするものである。国の経済統制（た
とえば商品価格）が強化されることにより，生産資材の割当・生産商品の配給・
労働配置等が拘束強化されたとき，理事の代表行為（商行為・契約）はその重
要性を失い，内部の事務執行のみが重要となる。そこでは企業代表たる取締役
は一般労働者となんら変わらないので，処罰を予想してまで，法違反の闇取引
による利潤追求はせず，経営共同体の指導者として『物の生産』に専念する。
そのことから，規格を落としてまで，営利追求の衝動力を持たない（234-235
頁）。そして経営共同体としての独自性が生じれば，従来の法理論も，次のよ
うな点で大きな転化が生じる。すなわち⑴企業と労務の関係は信任関係に基
づく委任関係になる。⑵所有と経営との関係は信託類似の法律関係になる。
⑶企業の外部行為である商行為は，自由契約から蟬脱（せんだつ）する。⑷切符制登場
による物権変動の合理化が生じる。そして⑸私法行為の公法化の現象を生じる
（236-238頁）。

　ついで同書第五章で津曲は「統制経済法の指導原理」についてのべている。
それは一言でいえば「公益優先主義」ということである。「公益優先と云ふこ

第4章　太平洋戦争下の社会・労働法学

とは，営利性を否定したものではなく，営利よりも公益が優先するといふ意味
である。公益遂行とは，国家の要請する『物の生産』乃至『諸多の文化価値・
倫理価値等の向上』を意味する。〔すなわち，それは〕国家の具体的生活関係の
完成への実践過程である」(241頁)。そしてこのように理解することにより，
労働の意味理解も，つぎのように考えられる (242頁)。

> 「人が単なる物でない限り，人の生活の〔労働へと向かわせる〕衝動力は，
> 唯物的賃金獲得ではない。それは絶対的価値体たる国家目的実践の過程で
> なければならない，労働がこの労働の法則に従ふと，労働は商品としての
> 唯物主義から解放され，国家奉仕の高い倫理実践の次元に引上げられ，賃
> 金と労働の唯物的交換過程たる労働契約は廃棄され，賃金獲得が，労働能
> 率増進の衝動力ではなく，栄誉のみが労働の衝動力となる。栄誉は上御一
> 人〔天皇の尊称〕の授け給ふ栄光である。而して労務管理は上御一人の赤
> 子〔国民〕に垂れさせ給ふ御陵威〔天皇の威光のこと〕である」。

　津曲は，このように論じる。労働が国家奉仕の高い次元の行為であると解す
ることの意義については，あとで詳しく津曲の説明を聞くことにしよう。

3　『日本統制経済法』への評価 —— 統制経済法について，法分野としての独自性を肯定すべきか否か

　津曲の著書について論評する者のうち，後藤清は同書を「ヘーデマンの『ド
イツ経済法』に比すべき基礎的，体系的な著書」と呼び[5]，津曲の同僚であ
る石崎政一郎もこれを各種の統制立法について「統合し体系的に整序の上叙述
せられた著作」であると肯定的に紹介している[6]。しかし当時すでに経済法に
ついて多くの論稿と著書を発表していた峯村光郎 (1906 〜 1978)[7]は，これ

---

(5) 後藤・同前所。

(6) 石崎政一郎「紹介批評／菊池勇夫『日本労働立法の発展』・後藤清『労務統制法』・津曲
蔵之丞『日本統制経済法』」法学11巻9号 (1942) 65頁。

(7) 峯村は戦後初期には戦前と同じく経済法に関する論稿を発表していたが，それ以後はし
だいにむしろ，労働法 (学) に研究の軸足をおくにいたる (峯村光郎教授還暦記念『法哲
学と社会法の理論』〔有斐閣・1971〕巻末686頁以下の同「主要著作目録」参照)。このこ
とについて同人は自らの研究歴について，1926(大正15・昭和元)年，日本では労働法学
の著作が多く出現したけれども，1930(昭和5)年に大学 (慶應義塾大学) を卒業した自ら
の場合は，翌31(昭和6)年9月からは満州事変が始まっており，もっぱら戦時経済法との
関係において，労働法ならぬ戦時労務統制法を扱わざるをえなかったと述懐している (松
岡三郎〔司会〕，石井照久ほか「座談会／戦前の労働法学」日本労働法学会誌37号〔1971〕
165，168頁〔峯村発言〕)。同人の場合，当時，つぎのような (統制) 経済法に関する著

304

第 1 節　津曲における統制経済法の体系提示

　ら 2 人とは異なる反応を示した。すなわち峯村は経済法について、「公法と私
法との対立をそのまま自己のうちに包摂するが故に，経済法は社会法域を構成
することによつて，公法・私法の分類と共に三位一体をなしつつ現代国家法を
構成する」[8]との基本的立場にたっていた。同人は津曲の『統制経済法』の法
域理解をつぎのようにのべている[9]。

　　「教授は統制経済法を以て産業行政法とされつつも，公法たる産業行政法
　　そのものではなく，それと異なる特殊な法域を組成することを是認される
　　如くであるが，教授が統制経済法を以て公・私法と異つた社会法の法域に
　　属すとなす見解を排斥される……（『日本統制経済法』253 頁参照）。しかし
　　他方において，統制経済法においては私法は公法化するが，なお私法的色
　　彩は留保されるといふことを理由として，『その限りに於ては，統制経済
　　法は，矢張，私法的分野のものである』としてゐる（前掲 264 頁）。かくし
　　て教授の謂ゆる統制経済法が組成する特殊な法域とは如何なるものを意味
　　するかは不明瞭である」。

　統制経済法を論じる津曲に対し，第一次大戦後に生まれ，論じられてきた経
済法の延長線上にそれを位置づけようとする峯村とのあいだでは，その概念理
解が異なるように思われる。そして峯村はさらに「法律／『斯くある法』と
『斯くあるべき法』――『日本経済統制法』その他」と題する書評（読書人 2

　作を公刊していた。これらは 1 冊（『法と統制経済』）をのぞいたすべてが，概説書である。
　特に 1941（昭和 16）年には，峯村は 3 冊も刊行している。また峯村が戦前に刊行した論文
　集に収録されている論稿については，後掲・日本法理研究会での講演録以外，初出誌・紙
　について一切わからなかった）。
　　『戦時国家の経済法』（千倉書房，1937・11・19）
　＊『国家総動員法／経済統制法』（三笠書房，1938・12・31）ただし前篇は，佐藤達夫が
　　執筆担当
　＊『法と統制経済』（東洋書館，1940・9・26）
　　『経済法』（ダイヤモンド社，1941・9・15）
　　『経済統制法』（三笠書房，1941・11・18）ただし 1938（昭和 13）年刊行旧著の改訂版
　　『統制経済法』（慶応出版社，1941・11・20）
　　このあと，峯村はつぎのような論文集を刊行する。
　＊『日本経済法の原理及び進路』（日本法理研究会，1943・3・1）ただし講演録。
　＊『経済法の基礎理論』（東洋書館，1943・12・11）
　＊『日本経済法の諸問題』（恒生社厚生閣，1944・5・18）
(8)　峯村「法分科としての経済法」同前『経済法の基礎理論』99 頁（『経済法の基本理論』
　〔慶応通信・1959〕再収 179 頁）
(9)　同前『基礎理論』90-91 頁（同前『基本理論』172-173 頁）。

305

第4章　太平洋戦争下の社会・労働法学

巻7号〔1942・7・1〕40-43頁）[10]のなかで，本書を「斯学に関する文献の少い〔ママ〕わが法学界の一大収穫である」としながらも，同書のなかで自らの著書（『法と統制経済』〔1940〕および『経済法』〔1941〕）に「明示的或は黙示的に」言及していることから，5点に渡って反批判および論評を行なっている。すなわち(1)経済法の時代的特徴を捨象して経済法＝商法と把握するのは，それぞれの法の独自性を無視することになるのではないか。(2)津曲は統制経済をあたかも「国家資本主義」と捉える理解を打破するというが，そのような理解は寡聞にして知らない。(3)公経済領域の私経済領域への拡張を説いたからといって『国家経済を私企業と同一地盤に置いて，斯る巨大な国家経済の国民経済に於ける独占的支配を統制経済と考へてはならない』（引用該当頁不明，以下同じ）との的外れの論駁はしないであろう。(4)統制経済の出現の動因を〔第一次世界大戦後の世界的に展開した〕経済的理由のみに求めるのは『文化擁護』と『国家の生存』を忘れた者とする断定は「偏狭に失する嫌」がある。そして(5)『企業体制の変異』により『労働法と経済法との統合』が生じたからこそ，それにふさわしい『より高次の法理念』の現実的基礎が求められているのではないか，と[11]。これら批判は抽象的であったり，津曲への「当てこすり」であったりするが，峯村は該当箇所の最後につぎのようにのべている（同前稿43頁，なお傍点は引用者）。そこに，峯村の津曲批判の要点が示されているように思われる。

　「教授は統制経済法の考察に当つて，『企業に関する法の歴史的発展の特定時期の法』から出発しながら，『資金，経営，労務』の有機的一体たる企業の理念によつて導かれるうちに，『斯く̇あ̇る̇統制経済法』から『斯く̇あ̇る̇べ̇き̇統制法』に到達されてしまつたのではなかろうか。わが国における現時の『国家統制経済法』のすべては，必ずしも教授の意味する如き『全体的経済統制法』ではない。教授は『部分的統制経済法』は『国家的統制経済法』ではないとでもなさるお考えなのであろうか」。

すなわち峯村は，津曲が現実に存在する統制経済諸立法や経済法の独自性を

(10) ここでは，同書だけでなく，宮沢俊義『憲法略説』（岩波書店・1942）と高田源清『営団と統制会』（東洋書館・1943）も，とりあげられている。しかしこれら2冊については，両者併せてもわずか4分の1程度の紙幅しか割り当てておらず，主要な言及対象は津曲の著書であった。また峯村・前掲『基礎理論』の目次には，「書評」として高田・同前書と並んで津曲の本書が取り上げられている旨の表記がなされている。しかし本文中には，いずれに該当するものもない。掲載を取りやめたのであろうか。

(11) 峯村・前稿書評41-42頁。

306

第1節　津曲における統制経済法の体系提示

肯定する学説について，ナチス・ドイツのそれらや国家規制のあり方を模範として引証することにより，自ら考える本来の有り様から遠く離れていると非難するやり方を適切ではないと批判しているものと思われる。両人の対立の根底には，先述したように経済法ないし統制経済法の法学分野における位置付けと対象把握の違いがある。これに対し津曲は，『日本統制経済法』を刊行した翌年（1943〔昭和18〕年）に，東北帝大法文学部の紀要「法学」12巻2号に「所有権の統制とその不可侵性」という副題を付した「『ある』法と『あるべき』法」という論稿を発表している。津曲本人は「峯村教授に論争を試みようなどとは考えてゐるのではない」(12)とする。しかし，これはいうまでもなく，津曲の側からの反論の試みであった。ただしかつて『労働法原理』において孫田秀春を繰り返し名指しで鋭く批判していたのとくらべて，津曲の対応は随分と違っていた。津曲はいう。戦時体制下においては，戦争遂行という国家目的遂行・達成のために「生産の担当者である所有者乃至企業が如何に法的に規制されてゐるか」が法学研究の対象となることから，「かかる立場から私は具体的な我国の実定法を採り上げて考察したのであつて，決して単に『あるべき法』を形而上学的に論述したものではない。『ある』法を採り上げたのである」。ナチスの統制経済法に言及したのは，「『ある』法を分析して『あるべき』法と言うよりも，むしろ『成る』成文法又は『生れる』法を推論した迄のことである」(5-7頁)とのべていた(13)。思うにこれは反論というよりは，いささか歯切れが悪い弁明である(14)。かつて津曲は『労働法原理』(1932)において労働法を民法と商法に関する基礎となすべきものとして論証しようと試みた。それに対し今回は，経済法＝企業法と捉えることにより，労働法を商法と統合するという弁

(12) 津曲・「『ある法』と『あるべき法』」7頁。引用に際し，かな表記は現行のそれになおした。なお原文では，津曲は峯村ではなく「峰村」教授と表記しているが，本書では引用に際し訂正した。

(13) 津曲が言及する「成る」とは，当時紀平正美（1874〜1949）などにより日本的精神の特徴として喧伝されていた「為す」に対する「なる」――「つぎつぎになりゆくいきほひ」――という日本的精神ないし歴史観を念頭においているのであろうか。なお津曲はわずか18頁ほどの同稿のなかで「ラードブルッフ」「オーステイン」「マアクアビー」「グレイ」「スタムラー」「ケルゼン」「フリース」「コーエン」「ラスク」「ジード」「エアリッヒ」「イエルサレム」「ギールケ」「ゾーム」「ビアリング」という多数の英独両国の法学者の固有名詞を列挙したり，またその学説を引証しながら，自説を補強しようとしている。しかしこれらがいかなる点で有用なのか必ずしも明確でなく，『労働法原理』以来の津曲の衒学趣味がよく表（現）われているようにも感じられた。

(14) 峯村はさらに翌年（昭和18年），同「法分科としての経済法」初出不明・前掲『経済法の基礎理論』所収89-93頁（戦後〔1953〈昭和28〉年〕刊行の前掲『経済法の基本問題』172-175頁にも再収）で，津曲の見解にふれ，前掲『『ある』法と『あるべき法』』で峯村

第4章　太平洋戦争下の社会・労働法学

証法的な理解を提起しようと試行したのではなかろうか。ただし，それは多分
に観念的な思考実験にとどまっていたように思われる。

なお1942(昭和17)，43(昭和18)の両年は，中国大陸のみならず，太平洋領
域で英米をはじめとする戦闘行為が苛烈化していった時期であったが，日本国
内では統制経済法に関する意義や性格の理解のあり方について，ここで言及し
たような学説間での議論が可能であったことに注目したい。

4　石崎政一郎の統制経済法への眼差し

津曲が『日本統制経済法』で，いかに総力戦遂行のための生産・流通機構の
高度化を実現するかとの課題をかかげ，その壮大な体系の実現を華々しく宣揚
していたころ，同僚である石崎はどのような議論をしていたのであろうか。石
崎が先に紹介した「我が国に於ける女子労働の法的規制」の連載が終ったあと，
取り組んだ課題は「戦時に於ける消費統制法の輪郭」と題する，同じく東北帝
大紀要に足かけ3年，10回にわたって連載した論稿（ただし未完）であった
（法学11巻6，7，10，11，12の各号〔1942〕，法学12巻3，4号〔1943〕，13巻3，
4，5の各号〔1944〕)(15)。その全体の目次構成は，つぎのようなものである。

　一　国民消費に対する戦時の要請
　　　（イ）消費統制と消費生活の向上発展／（ロ）戦争と消費生活の切下／（ハ）消
　　　費の保障と最低生活の確保／（ニ）消費統制法の関連性……（1・1942年6月）
　二　消費統制法の発達
　　　（イ）第一期（支那事変の発生より第二次欧州大戦勃発まで）(a)前期(b)後
　　　期……（2・同年7月）（ロ）第二期（欧州第二次大戦の勃発より大東亜戦争の
　　　開始まで）(a)前期……（3・同年10月）（4・同年11月）／第二期(b)後期
　　　……（5・同年12月）
　　　（ハ）第三期（大東亜戦争の開始より現在まで）……（6・1943年3月）

が提出した五つの疑問に論及することなく，結論的に峯村が津曲の所説を誤解していると
するにすぎないとしていると紹介し，「とはいえ残念乍ら，教授の論稿は私の論評の内容
はもちろんその所在すら附記していないので，蓋し，私以外の一般読者はその理解に苦し
むであろう」（同前稿93頁注(41)）とのべていた。

(15)　石崎が公刊した論稿としてはほかに，津曲も含む東北帝大法文学部法学科教官の多く
　　が関与した，中川善之助を編者とする『第七十六議会新法令解説』（朝日新聞社・1941）
　　所収の＊「蚕糸業統制法・木材統制法・国民貯蓄組合法・国民更生金庫法・医療保護法・
　　国民労務手帳法・労働者年金保険法」および，これに引き続き刊行された，同じく中川を
　　執筆代表とする『戦時立法第一年 —— 昭和十七年』（河出書房・1942）所収の＊「労務と
　　物資の統制」と，『戦時立法第二年 —— 昭和十八年』（河出書房・1943）に収録されている
　　＊「戦時厚生法」の三つがある。なお津曲は同前『第七十六議会』には「貸家組合法・住

308

三　消費統制法の意義
　(1) 消費統制の範域……（7・同年 4 月）
　(2) 消費と世帯……（8・1944 年 3 月）（9・同年 4 月）（10・同年 5 月・未完）

　同じく統制経済法について論じるにしても，同稿は国民の日常的な消費生活の諸側面に対し，政府による総力戦遂行政策がいかなる影響を及ぼすのかという問題であった。すなわち鉄鋼等の原材料の輸入が途絶えてからすでに久しい日本が対中国とのそれにとどまらずに，英米等の連合国との戦争を遂行するなかで，国全体の経済活動が総力戦遂行に必要な物資の生産に大きく傾斜し，国民生活は厳しい耐乏生活を強いられていた。そのような社会・経済状況を踏まえて石崎は，連載第 1 回の冒頭近くでつぎのようにのべていた（5 頁・6 頁）。

　　「戦時の経済統制の中心は此の要請に応じて戦争遂行上必要と認めらるる一切の物資及び労働力を挙げて戦争目的に利用し得るやう一定の計画に則つて集中配分し之を軍事的用途にむかつて充当することに存する。……〔しかしその結果〕「国内に於て国民が消費生活のために使用し得べき物資の総量は著るしく減少し此の減量せる消費向物資を以て国民は消費生活を営まざるを得ないから，必然的に各自の消費の削減を消極的に行う必要が生じてくる」。／……／「平時に於ては消費統制は国民の消費生活の合理的な向上発展を目的として行はれるのに対し戦時に於ける消費統制は国民の消費生活に充当せらるべき物資総量の減退の結果として及び物資の消費的使用の合理的縮小として到つて消費生活の切下に存する」。

　このようにのべる石崎は，国民に対する消費生活の「保障と確保」の意義について，次のように続ける。

───────────

宅営団法・農業開発法」，同前『第一年』に＊「戦時統制法令／第三部／企業と価格の統制」そして同前『第二年』には，＊「営団 ── 交易営団法を中心として」を担当している。これらは，いずれも同学部の法学科目担当者らによる講演速記録を活字化したものである。同様の企画・作業は，これら以外にも，たとえば我妻栄を始めとする東京帝大の教官ら（法学協会〔編〕『第七十四帝国議会新法律の解説』〔法学協会・1939〕，『第七十六帝国議会新法律の解説』〔同・1941〕，『第七十九・八十帝国議会新法律の解説』〔同・1942〕）により，また末川博を中心とした大阪商大の教授陣（末川博ほか『総動員法体制』〔有斐閣・1940〕および同『国防経済法体制：国家総動員法を中心として』〔同・1942〕）によっても，なされていた。このように国家総動員法に基づく勅令による厖大な戦時立法について，当時の法学徒の多くが「ひたすら説明し，解説する」ことに汲々となっていったことを，利谷信義『日本の法を考える』（東京大学出版会・1985）51-52 頁は「法解釈学」ではなく「法解説」に変じていったと表現している。

「其の国の国民力は国民の消費生活が此の水準を保持し且つ保持すること
が確保せられてはじめて維持せられ発展が期せられるのであり，其の反面
には若し国民がこの水準より下降せる消費生活を営むを余儀なくせられる
場合には其の国の国民力の低下する虞が生じ延いては国家の発展が期し得
ざるのみならず国家の維持存続に障害を来たすに至る危険を伴う。……即
ち，国家は国民の戦時経済生活を規制するにあたつて国民の消費生活を国
民力の源泉として存置せらるべき水準以下に下降せざるよう統制を行はね
ばならぬ。之無くしては国家の最も緊要とする再生産秩序の発展的形成自
体にさへ支障を生ずる。茲に国民の最低生活の確保なる命題があらわれて
来る」。

　それでは，物資の軍需生産へと充当するための前提ないし「限界点」ともい
うべき国民に対する消費生活を確保すべき統制立法の有り様はいかなるもので
あったのか。

　石崎は同論文続稿（〔2〕11巻7号〔1942・7〕）で，日本経済が満州事変以降，
戦時統制経済的構成へと向かったのはやはり「支那事変」が転機であるとして，
1937（昭和12）年7月7日の日中間の本格的な交戦から太平洋戦争開始にいたる
時期までの時間的経緯をのべている。そこでは東亜新秩序の形成にも大東亜共
栄圏の建設についてもほとんど言及されていない。石崎の関心は，あくまでも
普通の生活者の暮らしのあり方がいかに影響を受けているのかということで
あった。そして同稿のほぼ2年間にわたる断続的な連載は，統制経済法の意義
を論じる部分（三・連載7回以降，12巻4号〔1943・9〕）において，国民各人が
属し，その家計の共通性が消費生活の共同性を意味する「世帯」を論じる途中
で，戦争がいよいよ終末期を迎えるにいたったことを直接的事情としたのか，
連載10回（昭和19年5月）をもって未完のまま終わっている(16)。

────────────

(16) 戦中期の石崎にとって代表的な論稿は，昭和初期以来のフランス労働協約法研究に連
　なる「契約定型と附合契約」福井勇二郎〔編〕『杉山〔直治郎〕教授還暦祝賀論文集』（岩
　波書店・1942）であった。それは生糸取引に関する職能団体のあいだで形成された自主法
　研究から労働法の世界へと入った同人にとって，ふさわしい課題を扱ったものであった。
　なお，これについては，本書の原型の一部である拙稿「津曲蔵之丞の戦前・戦時期におけ
　る理論軌跡── 石崎政一郎との比較を通じて考える」獨協法学82号（2010年9月）109-
　113頁で言及した。また石崎が先に紹介した「戦時に於ける消費統制法の輪郭」の続稿の
　継続を中断した前後以降の時期，同人と津曲がともに勤務する東北帝大法文学部の様子に
　ついては，拙稿・同前論文114-118頁およびこれに対応する注記において言及している。
　もしも興味があれば，併読されたい。

◆第2節　後藤における戦時労働力総動員体制の積極的推進の唱導

1942(昭和17)年4月，後藤は赴任してわずか3年しかたっていない台北帝国大学を辞して，内地へと帰還した（ただしその理由や経緯は，不明）。以後1945(昭和20)年の夏，敗戦を迎えるまで，後藤は専任職に就くことなく，日本国内で著作活動に従事して自らおよび家族の生計を維持した[17]。そのためであろうか，後藤は従来にも増して旺盛な執筆活動を展開し，それは1944(昭和19)年末まで続いた。この間，後藤は国民勤労動員に係わる『労務統制法』やその改訂版を刊行して，政府が国家総動員を実現するために発布した，各種の労務統制令（行政令）の体系化を試みたり，法解釈ならぬ法解説（利谷信義）論稿を多数発表していった。こうして後藤は同時代，もっとも頻繁かつ多様な媒体を通じて，総力戦遂行を実現せんと発言した労働法学徒であった。

1　「厚生法」から労務統制法へ ── 『厚生法』の改訂と『労務統制法』

1942(昭和17)年は，後藤にとって，もっとも多作の年であった。5月，東洋書館より『労務統制法』（全317頁）を書下ろしで刊行した。また同年末には，1939(昭和14)年3月に刊行したそれの新版として，『厚生法』（三笠書房）を発刊した（ただし版型が一回り大きくなっている）。上記の2著のほかに同月，同じく東洋書館「労務管理全書」シリーズの1冊として，『労働者年金保険法論』を近藤文二（1901〜1976・当時・大阪商大教授）との共著として刊行した。同書は労働者年金保険法に関する詳細な註釈書である。

日華事変（1937〔昭和12〕年）以降，戦力増強と工業生産力の拡充を実現するため，わが国は統制経済による資源配分を実施する一方，国民生活を安定させるとともに労働力の保全が必要となっていった。1939(昭和14)年，戦時下の海運業に従事する船員に関する障害・老齢・死亡に対処すべき船員保険法が制定された。同様の制度を陸上労働者にも整備するために，1941(昭和16)年3月に制定されたのが労働者年金保険法であった。当時，軍需増大による拡大再生産は限界に達しながらも，孤立化した日本においては国内で軍需生産を続けなけ

---

(17) 前掲・後藤年譜中，自身の台北帝大を辞した「昭和一七年四月」の箇所（前掲・後藤還暦記念論集310頁）では，つぎのように記されている。

　　「爾来，著作によって生活。その間日本製鉄株式会社に於て調査研究所設置の計画あり，その創設の責任者となる事を委嘱せられ同会社の嘱託となったが，戦局が次第に不利となった為，右研究所の設立を見るにいたらず終戦となった」。

　なお，このような記述は，同人の「年譜」のなかでは例外的に詳細なものであった。

ればならなかった。そのためには消費財生産を抑制して軍需生産に振り向ける
ための購買力の吸収や，戦費を調達するための貯蓄が奨励された。こうして軍
需生産のための労働力が逼迫するなかでの労働移動の防止策を講ずる必要性な
どの諸事情から，同保険制度の創設には，そのような効果の実現が意図されて
いた（ただちに保険給付を行なう必要はなかった）[18]。労働者年金保険制度の特
徴としては，以下のことが指摘されている。(1)強制被保険者の範囲は，10人
以上の事業所の労働者であったが，任意被保険者の規定もあった。(2)保険事
故は，老齢，廃疾，死亡および脱退とした。(養老)年金保険は一定の拠出を
必要とする長期保険（20年以上加入〔鉱夫は15年以上〕))であることから，敗
戦前には現実に受給した者はいなかった。(3)保険料は平準保険料方式をとり，
1,000分の64（鉱夫は80）を労使折半とした。(4)国庫負担は給付費の1割適
用とされた（鉱夫は2割）[19]。先に言及した，近藤文二との共著である『労働
者年金保険法論』の前半（第一部「制度論」3-258頁）が近藤による制度の詳説
であるのに対し，後藤は，後半の法解説・註釈篇（第二部「法律解釈論」259-
595頁）を担当している。ここでは，同書をのぞき『労務統制法』と『厚生法』
の2著について，紹介する。

(1) 厚生法理解の進展 —— 新版『厚生法』について

まず新版『厚生法』から取り上げよう。その目次構成は，下記の通りである
（太字部分は，新たに書き加えられた箇所を示す）。

第一章　厚生法の概念とその領域
　　第一節　厚生法の概念／　第二節　厚生法の領域（労働法・社会立法・社会法
　　との関係）／　第三節　厚生法の思想的背景／　第四節　**厚生法と統制経済法**
第二章　厚生法の体系
　　第一節　厚生法の体系／　第二節　**厚生行政の中央機関（厚生省の機構）**
第三章　厚生法の法源
　　第一節　厚生法と法源／　第二節　国家的厚生法／　第三節　厚生慣習法／
　　第四節　自律的厚生法

---

(18) 山崎清『日本の退職金制度』（日本労働協会・1968）41-42頁および横山和彦・田多英
　　範〔編〕『日本社会保障の歴史』（学文社・1991）57-60頁（西崎緑）。
(19) 横山・田多〔編〕同前書60-61頁（西崎）。なお成立した労働者年金保険法は，適用対
　　象や給付内容に多くの欠陥があるとされ，その改正が必要とされたが，次第に高まって
　　いった労働者保護立法の整理統合論のもと，1944(昭和19)年，「勤労力動員」と「勤労保
　　護立法の整理統合」による「戦力増強」を実現するために改正されて「厚生年金保険法」
　　となるとともに，退職積立金及退職手当法はこれに統合・廃止された（山崎・同前書43
　　頁）。後藤が戦前・戦中期，熱心に取り組んだ2つの立法は，そのような帰結を迎えた。

第四章　わが国厚生法の史的概観
　第一節　概観の意義と時代別／　第二節　第一期　明治維新より日清戦争まで
／　第三節　第二期　日清戦争より世界大戦まで／　第四節　第三期　世界大
戦より支那事変まで／　第五節　第四期　支那事変以後

　これを旧版と比較すると，旧版の総論・各論の二部構成を改め4章仕立てと
なっているが，編別構成は変わっていない。新版では旧版の各論の代わりに，
「史的概観」が全体の3分の2を占める詳細なものになっているのが特徴とい
えよう。各章ごとにみると，第一章の第四節（20頁分）は，旧版にはなかった
ものである[20]。しかし他の記述内容は，旧版と殆ど変らない。第二章では，
旧版の「厚生法と公・私法」が削除され，1938(昭和13)年開設以来4年間の厚
生省の機構変更について言及されている。第三章は，旧版第一章第四節「労働
法の国際化」が大幅に縮小されて，第二節に取り込まれている。後藤のいう
「わが国厚生法」の明治維新以来の歴史的展開を追跡する第四章中，いわゆる
支那事変までを扱う第四節までは，ほぼ旧稿のままである。すなわち新版は，
日中戦争勃発（1937〔昭和12〕年）以後の社会関連立法の動向について言及する
ものである（ただし1942〔昭和17〕年6月まで）。ここでは，旧版になかったもの
を紹介しよう。
　後藤は『厚生法』新版刊行の意義として，その「序」で，つぎのようにのべ
ている（5頁）[21]。

　　「厚生の概念は，一国発展の基礎としての民族の質・量の両面における向
　　上をその目標とする点において，その高き全体的立場を示すものであり，
　　一貫せる総合的国策の樹立を要求するものである。……〔旧版刊行〕後大
　　東亜戦争にいたるわが戦時経済の過程において示された厚生法の著しい躍
　　進に鑑み，……〔その〕現実のすがたを明瞭にならしむることを期した」。

(20)　ただし，その記述内容は，後藤『統制経済法と厚生法』（東洋書館・1941）に収録され
　　ている「統制経済法と厚生法」とほぼ同じものといってよかろう。ただし太平洋戦争が進
　　行するなかで，国民生活安定の確保を統制経済法にゆだねるべき「厚生法」が反対に戦時
　　統制経済法を補正・補強せざるを得ない状況となっているとの説明（63-66頁）は，従来
　　なかったものである。これは「厚生法」の建前が当時の日本が直面した現実により否定さ
　　れていたことを後藤自身も認めざるをえなかったということであろう。
(21)　冒頭，後藤は前掲『統制経済法と厚生法』と同じく，「民族の興亡と盛衰」を示すエピ
　　ソードとして，1861年フランス人ムオー Henri Mouhot によるカンボジアのアンコール・
　　ワット発見について，言及している。同じ話題を2度も別々の著書の序文で言及するとは，
　　後藤にとってはよほど印象深いものであったのであろう。

313

第4章　太平洋戦争下の社会・労働法学

　それでは，盧溝橋事件（1937〔昭和12〕年7月）以降の「厚生法の著しい躍進」
として，後藤はいかなる理解を示していたのか。まず「厚生法」の発展が支那
事変＝日中戦争の長期化や国際情勢の変遷——おそらくドイツの「生存圏」獲
得をかかげたオーストリア併合やズデーデン（チェコスロバキア）割譲，そし
て1939年9月1日のポーランド侵攻による第二次世界大戦の勃発，同じ月の
ソ連軍のポーランド侵攻などを念頭においていたのではないかと推測する——
により，「深刻の度を加へて行くのに応じて，それぞれ顕著な躍進の跡をして
ゐる」として，ほぼ1年ずつを区切った六つの時期に区分している。第1期は，
1937（昭和12）年7月のいわゆる支那事変勃発から翌1938（昭和13）年10月の武
漢（武昌，漢口，漢陽）三鎮の攻略がなり，「東亜新秩序建設の目標が確立せら
るるにいたるまでの時期」（194-195頁）である。後藤は，別にこれを「応急施
策の時代」（195頁）と呼んでいる。第2期は，ヨーロッパにおける第二次世界
大戦勃発（1939〔昭和14〕年9月1日）までの時期である。この時期，わが国で
は「戦時経済は応急的施策の性急さを脱して長期戦にふさはしく計画化され，
東亜新秩序の建設態勢をとるにいたつた」（同）と，後藤はいう。第3期は，
1940（昭和15）年9月の日独伊三国同盟締結にいたるまでの1年間である。「海
外依存度の高い日本経済は，欧州大戦によつて影響を受くること著しく，これ
がために相次ぐ諸条件の悪化によつて在来の建前が動揺して，再び強権的な対
策に忙殺されねばならなかつた」（同）と評（表）している。この時期につい
て後藤は「激動の時代」と名付けている。第4期は，1941（昭和16）年7月，
「日仏印協同防衛・皇軍仏印増派を契機として英米を主勢力とする対日包囲策
が進められ，これに対処して臨戦態勢がとらるる」（同）にいたった「再編成
の時期」であるとした（なお前月22日には，ドイツ軍がソ連とのあいだの不可侵
条約を破棄してウクライナに侵攻し独ソ戦が開始された）。このように当該1年を
呼称する理由について後藤は，日独伊三国同盟締結（1940〔昭和15〕年）以来，
わが国戦時経済は国際情勢の新しい局面に対処するため「自給自足態勢」を確
立しなければならないにもかかわらず，統制経済の内部から顕著になった行き
詰まりを打開するために，「経済再編成の新構想」が進められた時期であった
（同）からと説明している。続く第5期は「臨戦態勢の時代」（同）とした。そ
こでは日本軍の南部仏印進駐（1941〔昭和16〕年7月）に対し，アメリカやイギ
リスは日本資産を凍結して，「敵性を露骨」にしたことから，これに「即応す
る臨戦態勢をとらねばならぬことになつた」（294頁）。ただし後年からみれば，
それが両国を中心とした連合国との太平洋およびその周辺領域での大規模な戦
争の直接的な契機となったものであった。そして第6期は「大東亜戦争勃発
後」（同前）から翌1942（昭和17）年6月ごろまでの約半年間である[(22)]。後藤は

314

これについて，戦争の長期化，武器の高度化のなか「大東亜共栄圏」確立のためにも「人的資源増強」の必要が加わるとした（301 頁）。

第 1 期から第 4 期までは，ほぼ 1 年単位で区分されていた。しかし第 5，第 6 の両期は半年と短い期間設定であるが，それだけ事態は緊迫の度合を強めていたことがわかる。後藤はこのような時期区分にしたがって，各期に成立した各種の法令を適宜紹介・解説している[23]。本書は，当時いかなる取締規則や法令が公布されていたのかを知るには，有用かもしれない。それはまた，当時の国民生活がいかに世界情勢とわが国対外戦争の進展に翻弄されていたのかを如実に示すものであった。

⑵ 労務統制法の体系的構成の実現 ── 『労務統制法』について

後藤は先述したように，『厚生法』の新版公刊に先だつ 1942（昭和 17）年 5 月，

---

[22] 後藤は「厚生法の進展」法律時報 14 巻 4 号（1942）53-58 頁で，第七九回議会（1941 〔昭和 16〕年 12 月 26 日-1942〔昭和 17〕年 7 月 25 日・通常会）で人的資源の維持培養上，重要な位置を占める国民医療制度や健康保険制度に関する多くの改正がなされたとして紹介している。

[23] 参考までに，西成田豊『近代日本労働史：労働力編成の論理と実証』（有斐閣・2007）239 頁以下は，日中戦争から太平洋戦争にかけての「労働力動員の政策と実態」を，つぎのような五つの時期に分けている。

　第Ⅰ期（1937 年 7 月－39 年 6 月）

　　物資動員計画（1938〔昭和 13〕年 1 月），同改定（同年 6 月）による失業者の軍需工場への動員が進む一方，軍需工場を含む重工業企業への女性労働者の大量進出。

　第Ⅱ期（1939 年 7 月－40 年 10 月）

　　以後，国民徴用令による，民間企業を含む軍需工場への労働力の強制的な動員・調達。

　第Ⅲ期（1940 年 11 月－42 年 12 月）

　　第Ⅱ期と第Ⅲ期とを画するのが，1940（昭和 15）年 11 月の「勤労新体制確立要綱」であり，「勤労」が労働力動員を貫く基本的概念となった。

　第Ⅳ期（1943 年 1 月－45 年 2 月）

　　第Ⅲ期と第Ⅳ期を画すのは，1943（昭和 18）年 1 月の「生産増強勤労緊急対策要綱」の閣議決定であり，それは翌年 1 月の閣議決定「緊急国民勤労動員方策要綱」に発展・継承されていった。

　第Ⅴ期（1945 年 3 月－ 8 月）

　　第Ⅳ期と第Ⅴ期を画すのは，1945（昭和 20）年 3 月 6 日「国民勤労動員令」で，従来の学校卒業者使用制限令，国民徴用令，労務調整令，国民勤労報国協力令および女子挺身勤労令の五つを整理・統合したものであった。

　そして同前書 304 頁は，戦時期の労働力動員の日本的特質として，⑴家父長制（動員対象から既婚女性の除外）と，零細農耕（食料増産のための農業労働力の大量確保）という制約のもとで展開されたこと，および⑵上記のような制約を前提に，学徒（新卒者・在学者）や中小商工業の転廃業者が大量動員されたことの二つをあげている。

第4章　太平洋戦争下の社会・労働法学

東洋書館より『労務統制法』を書下ろしで刊行した（全317頁）[24]。同書は，後藤が労務統制法に関する体系的解説を行なっているという意義があろう。後藤は刊行の動機として，つぎのようにのべている（「序」1頁）。

　1937（昭和12）年7月の盧溝橋事件以来の「戦時経済五箇年の苦い経験は，戦時経済の推進ならびにこれと同時的な〔高度国防体制？〕建設のためには，生産力拡充の根基としての『人間労働力』の量的・質的な確保ならびにその生産性の昂揚がいかばかり決定的且内在的な要件をなすものであるかについて，日本産業担当者の反省を促さずにはおかなかつた。その規模において極めて雄大なる大東亜戦争の展開は，いよいよこの反省の貫徹を迫るものであるが，更に重要なことは，労務動員ないし計画的労務配置の課題が，単に非常時的臨時的性格を担ふに止まるものではなく，むしろ長期にわたる持続的性格を有たずにはおかないこと」である。

　このようにのべる後藤の文章には，アメリカおよびイギリスを中心とする連合国側との大東亜戦争に突入して2年目，日中戦争勃発からすでに5年を経過するなか，総力戦の遂行が必ずしも思ったようにできないことへの危機感がにじみ出ているように思われる。続けて後藤はいう（同前2頁）。

　「大東亜共栄圏の建設の巨歩がわが国を指導的勢力として進められるとき，わが高度国防経済体制の自主的建設が推進の拠点であり，これがためには，重化学工業を枢軸とする日本国民経済の再編成の貫徹が，不可避的に要請せられるからである。かくて，労務動員ないし計画的労務配置は，単に戦時労務統制の課題であるばかりではなく，高度国防国家建設のための経済再編成，産業構成高度化における要請でもある」。

　当時後藤は，わが国がかつての軽工業から重化学工業への産業構造転換とその推進をしていった時期をも念頭においていた。それゆえに本書公刊の意義を，このような国力に不相応な壮大な構想（？）に基づいた総力戦遂行を実現するために「かかる労務動員ないし計画的労務配置の法的規制を解明することを主眼とするものである」（同前所）としていた。しかしすでに類書として，内藤寛一（当時厚生省職業局長）の戦時経済国策大系3『戦時経済と労務統制』（産業経済学会）および武藤文雄（当時厚生事務官）による解釈法令叢書第8『労務

（24）同書に関する書評として石崎政一郎「紹介批評／菊池勇夫『日本労働立法の発展』・後藤清『労務統制法』・津曲蔵之丞『日本統制経済法』」法学11巻9号（1942）65頁と磯田進「新刊紹介／後藤清著『労務統制法』菊池勇夫著『日本労働立法の発展』」厚生問題26巻9号（1942）64頁がある。

316

統制法』（日本評論社）が刊行されていた。これらに加えて，何故あえて同書を
公刊するのか。この点について後藤は，一方では，これら2書がいずれも前年
（1941［昭和16］年）の12月8日開戦前に刊行されたものである —— その奥付に
よれば，前者は2月28日[25]，後者は8月25日 —— ことから，「臨戦態勢から
決戦態勢への移行」に対応した，国家総動員法に基づく新たな政令や従来のそ
れの改正に言及していないことをあげている（同3頁）。もう一方の理由として，
後藤は「労務の配置的統制が労働統制の中心的課題たることを認めつつ，これ
とならんで，労務の保護的統制，労務の組織的統制のあることを説かんとする
ものである」とする（同前所）。

　このように後藤が構想する労働統制法は「労務配置」「労務保護」そして
「労務組織」の各統制法の「三部を具へるときにおいて完全なもの」となる。
同人のいう「労務配置」とは，労働統制の典型であり，労働力の権力的補給・
配置・養成等からなり，とくに労働力の計画的配置と自由移動防止に重点をお
く（54-55頁）。これに対して「労務保護」規制とは「労働力の維持・培養なら
びにこれによつて確保せられた労働力の健全性を基とする労働意志の振起を目
標として，労働力が生産力に転化される場所たる経営の諸条件を規制せんとす
るもの」である（56-57頁）。これは，従来の労働条件に関する法的保護規制に
相当するものであろう。そして「労務組織」統制法とは，「勤労国民の自発的
協力を確保する労働秩序の建設を目標として，その組織化を行はんとするもの
である」（57頁）。具体的には，「DAF ドイツ労働戦線 Deutsche Arbeitsfront」
および同じくナチス・ドイツの「単位生産体の『経営協同体』を実現すべき
『信任者協議会』」をあげている（77頁）。そして後藤によれば，「労務の組織的
統制については未だわが国に法的規制が具はつてゐない」（4頁） —— 日本の
「産業報国会」[26]は，それに該当しないということであろうか[27] —— として，

---

(25) なお同書は，翌1942(昭和17)年に東亜政経社より〔改訂版〕が刊行されている。

(26) 角田邦重「ファシズム体制下の労働法思想 —— 戦前労働法思想の一断面」沼田稲次郎
　　先生還暦記念・上巻『現代法と労働法学の課題』（総合労働研究所・1974）520頁は，戦
　　争が要求する労使紛争の回避と国策への協力を，労働組合を排除して達成するための労働
　　者協力組織を正当化することのみが，産業報国会に期待されていたと指摘している。なお
　　「現実主義」「反共主義」「労使協調主義」をかかげ，日中戦争に際しては，聖戦に協力す
　　るために「全産業にわたり同盟罷業の絶滅を期す」として，戦争協力への姿勢を鮮明にし
　　ていた総同盟（日本労働総同盟）は，太平洋戦争勃発の前年の1940(昭和15)年7月に解
　　散を余儀なくされ，産業報国会へと労働者は統合されていった（大河内一男・松尾洋『日
　　本労働組合物語』昭和〔筑摩書房・1965〕360-365頁）。併せて，野村平爾＝島田信義「労
　　働法（法体制崩壊期）」鵜飼信成ほか〔編〕『講座日本近代法発達史 —— 資本主義と法の発
　　展』8（勁草書房・1959）226(22)-244(30)頁も参照。

第4章　太平洋戦争下の社会・労働法学

同書では前二者のみを扱っている。

　本書は大きく総論ともいうべき「緒論」(11-83頁) と具体的な法令解説をする「本論」(85-317頁) からなる。さらに「本論」をみると，「労務配置」に関わる第一部が第一章「労務配置統制法の発展概観」，第二章「労務配置統制の機関」第三章「労働資源の調査」，第四章「労務配置統制の諸法」第五章「中小商工業の再編成と職業転換問題」そして第六章「技能者養成と技術検定」の6章87-252頁からなる。これに対し第二部「労務保護統制法」の章立ては，第一章「労働保護統制法の発展概観」第二章「工場就業時間制限令」第三章「労働者年金保険法」および第四章「重要事業場労務管理令」の4章からなる。また後藤は先に紹介したように，労務統制法は労務「配置」「保護」「組織」の3部構成となって初めて完結するとしていた。しかし現実には，労務「組織」に関する記述は一切なく，労務「保護」に充てられている紙幅 (253-317頁) は，本書全体の約5分の1にすぎなかった[28]。このような分量の対比からも，当時いかなることが主要課題として認識されていたのか推測されよう[29]。

　本書のみならず，先にあげた類書を含めて労働統制法が論じられるとき，その中心にあるのは，労働配置に関する規制法であった。すなわち国民の労務動員には，三つの類型があるという。第1は国家総動員法4条に基づく「国民徴用」である。これは，一般に「白書応召」——戦時中，在郷の予備役を兵とし

---

(27) DAFと産業報国会との比較等，後者に関する最近の研究動向については，大原社会問題研究所雑誌664号 (2014) 特集「産業報国会研究に向けて」に収録されている各論文およびそこで引用されている諸文献を参照。

(28) 後藤は本書270頁以下で，支那事変以来，未成年労働者と繊維産業から重工業に移動した女性労働者が急増していたにもかかわらず，重化学工業部門では，女性労働者に配慮した工場設備 (作業場の採光・換気・保温や機械の据付，福利施設) が実施されておらず，その対策が必要となっていると指摘していた。

(29) 本書が労務統制法に関する体系的記述を意図していたのに対し，後藤がこれに約3か月先立って発表した「労働移動防止と生産性の昂揚」社会政策時報258号 (昭和17・3) 550頁以下 (山崎早苗ほか『生産増強の方策』〔霞が関書房・1943〕131-155頁に収録) の方が当時，国民の労働動員をいかに実効あるものとするかの課題について，より具体的に知ることができる。すなわち，当時すでに労働者移動防止のための「国民労務手帳法」(1941〔昭和16〕年3月) により，労働者の退職も，解雇も国家管理のもとにおかれ，単に自己の都合による退職も抑止される (民法627条とは正反対) にいたった (詳しくは，『国民労務手帳法解説』〔産業厚生事業社・1941〕をはじめとする諸文献) を参照。しかし国家が労働力の権力的管理を行なったとしても，それにより生産性が向上するかといえば，そうではないことは，明らかであろう (隷属的・苦役としての労働の再現)。それゆえに後藤は「産業報国精神の昂揚を，従つてまたその基底としての人格の陶冶」を要求する「下よりの協力組織」の実現と，「健全なる労働力の保護育成」が必要であると論じていた。

第 2 節　後藤における戦時労働力総動員体制の積極的推進の唱導

て召集するために用いられた命令書の紙の色が赤かったことから，俗に「赤
紙」と呼ばれていたことの類比として用いられた表現であろう―― とも称せら
れ，国が国民に対して強権を発動して，行政処分により「特定人に対し一方的
に勤務義務を課し，強制的に特定の経営に編入して，戦争目的遂行のために必
要な業務に従事せしめる」(32 頁) ことである (なお，国民は各自配置された経
営〔事業所〕において，私法上の労務給付義務を負うことになる〔34 頁〕)。第 2 は，
日中戦争勃発後，農村の労働力不足を補充するために行なわれた「勤労奉仕」
に淵源を発し，もっぱら「奉仕的協力」という形で提供された労働力に対して，
国が管理権を行使して労働の場所を規制するものである。その法的根拠とされ
たのは，国家総動員法 5 条に基づき制定された「国民勤労報国協力令」(昭和
16・11・21 勅令 995 号) である (37 頁)。そして第 3 は，雇傭契約の締結である。
これは，徴用とは異なり，国家権力が一方的に労働義務を課すものでも，勤労
報国協力のように団体の統制力により労働力の供出をうながすのでもない。た
だし働くか働かないのか選択をあくまでも，個人の自由としながらも，労働の
場所の選択・移動の自由を無制限に認めずに，労働力を緊急産業部門に充用す
るために必要なかぎりで，国家権力が労働の場所を指定する。労務統制におい
ては，前二者が『例外的な措置』であるのに対し，当事者に契約を委ねる第 3
の場合が主たる労働力動員のあり方であると，後藤は説明している (39-40 頁)。
具体的には，一定範囲の者について，その雇入れ・就職は国家機関の紹介・認
可をえることを要件とし，国策上不急不要の産業部門の就職あっせんや雇入
れ・就職の認可を拒み，緊急産業部門にたいしてのみ，就職のあっせん等を認
可するという方法により現実化されることが想定されていた (40-41 頁)。これ
らに共通するのは，統制的権力が主に雇主または事業主に対し向けられたもの
であった。しかし，労働者の移動を防止することができなかったことから，
1941(昭和 16)年の国家総動員法改正 6 条に基づき，それまであった「従業者移
動防止令」と「青少年雇入制限令」を統合した「労務調整令」(昭和 16 年 12 月
8 日勅令第 1063 号) が，労働者の移動による生産能率低下に対処するために，
解雇や退職の自由を従前以上に制限するにいたり，事実上退職の自由の行使は
困難となっていった (168-169 頁)(30)。

　後藤は日本海軍がミッドウェー海戦 (1942〔昭和 17〕年 6 月 5 日－7 日) で敗北
し，航空母艦 4 艘と多数の練達の飛行士を航空機とともに失ったことにより戦
況が大きく転換する直前に刊行した『労務統制法』において，概略以上のよう

(30)　詳しくは，後藤・本書 (『労務統制法』) 192 頁以下および同書の刊行直前に発表され
　　た後藤「労務調整令と労働契約」日本公証人協会雑誌 32 号 (1942・4) 1-13 頁を参照。

第 4 章　太平洋戦争下の社会・労働法学

な議論を展開していた。

(3) 労務統制法における労務「保護」「管理」法への接近

　当時，後藤は「学界と国防界及び産業界とが協力一致して学術の振興を図り，国防の充実と産業の発展を期」して，1932(昭和7)年12月に設立された「日本学術振興会」[31]の構成員であった。それゆえに『時局と社会政策』第 1 巻 (日本評論社・1941)[32]に続く第 2 巻 (同前・1943) に，後藤は「重要事業場労務管理令」(61-158 頁) と[33]「生産増強と青少年労務者対策 ── 彼らは何を要望するかについての実際的調査」(209-245 頁) の執筆を担当した[34]。前者の目次構成はつぎのようなものである[35]。

　　第一章　本令制定の理由
　　第二章　従業規則・賃金規則・給料規則・昇給内規の作成と履践
　　第三章　厚生施設の設置
　　第四章　労働争議の予防又は解決の措置
　　第五章　主任労務担当者の選任
　　第六章　労務管理官の任命
　　第七章　他の労働法令との関係

---

(31) 『日本学術会議二十五周年史』(日本学術会議・1974) 260 頁。なお (理工系) 科学者のアジア戦争期における科学技術動員については，たとえば廣重徹『科学の社会史』(上) (下) (岩波現代文庫・2002) 第 4 章－第 8 章 (ただし原著〔中央公論社〕は 1973 年刊行) のほか，近時のそれとして沢井実「戦時期日本の研究開発体制 ── 科学技術動員と共同研究の深化」大阪大学経済学 54 巻 3 号 (2004) 383 頁以下や青木洋「第二次世界大戦中の科学動員と学術研究会議の研究班」社会経済史学 72 巻 3 号 (2006) 63 頁以下を参照。

(32) 後藤は本書の書評である「新刊批評／日本学術振興会〔編〕『時局と社会政策』」法律時報 14 巻 1 号 (1942) 85-87 頁で，戦時下の労働条件の諸相を明らかにし，労働移動を分析してその原因を示すことは労働配置統制を効果的に実現する上で急務であり，本書を「工場法制定を前にして当時の労働者の状態を審さに報道したかの『職工事情』に比すべきものがある」として，絶賛している。

(33) 『厚生法』新版の「序」の末尾 (6 頁) で，後藤は『労務統制法』と並んで『労働保護法』の刊行を予告していたが，結局，その一部を扱う本稿がそれに代わるものとして活字化されたものと理解してよかろう。また本稿は，後藤・前掲『労務統制法』第二部第四章「重要事業場労務管理令」303-317 頁を詳述したものであった。

(34) 後者は，「健民健兵」策樹立および生産増強を実現するために，労働に従事する大阪府の青少年 (15 歳から 20 歳まで) 292 名に対し，労働条件や厚生施設の要望を集約・分析したものである。

(35) 本稿の原型は，後藤が 1942(昭和 17)年 4 月に発表した「重要事業場労務管理令」社会政策時報 259 号 (1942) 1-24 頁である。

320

第2節　後藤における戦時労働力総動員体制の積極的推進の唱導

冒頭後藤はつぎのように，その危機感をのべている（62頁）。

　　支那「事変以来の戦時経済五箇年の経験は，もはや，単に権力的に強行せ
　　られた労務動員と計画的労務配置のみによつて，生産増強の課題が充足さ
　　れると考へるが如き，甘い夢に浸ることを許さざるにいたつた」。

　後藤はこのことを具体的に，まず労務者の移動が甚だしく――1年で約500
万人――その結果，稼働日数が減少し，労働者の『鬱積』は欠勤率と不良品の
増加という形となって現われたと指摘している[36]。後藤は，つぎのように説
明している（69-70頁）。

　　「企業利己追求のための労務管理に根ざす労働力の虐使・濫用ならびに保
　　護・安全・厚生施設の低下が重大なる要因として働いている以上は，労務
　　配置統制の強化による自由移動の制限や労働争議の抑圧のみを以てしては，
　　決して問題を解決し得るものではなく，不良製品の頻出や各種欠勤率とり
　　わけ自己防衛的な事故欠勤率の増加の形に於て，新たな問題を惹起するに
　　過ざることを顕著に示せるものである」。

　そこで前年（1942〔昭和17〕年8月29日），政府は「戦時体制下の国家は国民
中一人の不労者，有閑者，無職者なきことを要請する。一億国民はよろしく勤
労の国家的重要性を認識し，勤労報国の誠をいたされんことを望む」との閣議
決定（「緊急労務対策の根本方針」）に基づき，労務配置の調整，国民登録制度の
拡充，勤労奉仕の組織化などと並んで，労務管理の刷新強化を図った。それが
ここで取り上げる，国家総動員法6条および7条に基づく「重要事業場労務管
理令」（1942〔昭和17〕年2月24日勅令第106号）であった[37]。すなわち「重要
事業場」とは，総動員物資の生産もしくは修理又は国家総動員上必要な運輸に
関する業務を含む工場，鉱山その他の場所にして厚生大臣の指名するものとさ
れる（同令2条）。後藤は『統制経済法』のなかで「総動員物資」の範囲は国
家総動員法2条[38]のかかげているように広汎なものであることから，その活

---

(36)　後藤がこのようにのべる典拠は，美濃口時次郎「高度国防国家と労働統制」統制経済
　　　1巻3号（1940）76-86頁にあった。
(37)　渡辺章「戦時経済下の工場法について」山口浩一郎先生古稀記念論集『友愛と法』（信
　　　山社・2007）220頁は，同管理令について，「日本の第二次大戦時における労務統制法制
　　　の終局的体制ともいうべき内容のものであり，まさに『戦時体制における労働の経済的側
　　　面』の総仕上げとしての意味を有している」と評している。
(38)　本法において「総動員物資」とは，つぎのようなものをあげている。
　　　一　兵器，艦艇，弾薬その他の軍用物資／二　国家総動員上必要なる被服，食糧，飲料

第4章　太平洋戦争下の社会・労働法学

用範囲は「時局産業の殆んどすべてのものに適用せられ得る」とともに，「本令がわが国の労務管理，延いては企業精神に及ぼす影響極めて大なることを思はば，その占むる意義は，まさに画期的といふ形容に値ひする」(304頁)とのべていた。

　第二章から第六章までの各表題が，本令において後藤が「特に革新的なもの」と理解しているものを示している。まず経営秩序を維持すべき就業規則について，就業規則に記載すべき一定事項を掲げ，これを地方長官に届出させる工場法施行令27条の4に対し，必要記載事項を増加させるに止まらず，その作成と変更を厚生大臣の認可を受けなければならないとした(令4条)。従前，就業規則の作成と届出を求めたのは，「事業主が規則に名をかりて権力を濫用することを自戒自粛する」のを期待したからであった(86-87頁)。これは労働条件について，国家が直接の管理を及ぼすにいたったことを意味した[39]。つぎに事業主は就業規則を掲示その他の方法により従業者に周知せしめなければならない(令6条)とする一方，従業者は就業規則に基づく事業主の指示に従って業務に従事しなければならない(令7条)とした(80-88頁)。このことについて後藤は，つぎのようにのべた(89頁)。

　　「これら二つの規定は相俟つて，あたかも『経営ニ於テハ，企業家ハ経営ノ指導者トシテ，而シテ使用人及ビ労働者ハソノ従者トシテ，相協同シテ経営ノ目的ヲ促進シ且ツ国民及ビ国家ノ協同利益ヲ図ルベキモノトス』といふナチス国民労働秩序法第一条の指すところと同じ理念を明らかにしてゐるのである」。

　つぎに労務管理令10条は，事業主が賃金規則，給料規則および昇給内規を作成して厚生大臣の認可を受くべきことを定め，かつ厚生大臣が必要とするとき，その変更を命じることができるとした。これは，単に賃金の支払方法や時期や控除の監督のみならず，「賃金をして経営の事情に即応する適正なものた

および飼料/三　国家総動員上必要なる医薬品，医療機械器具，その他の衛生用物資および家畜衛生用物資/四　国家総動員上必要なる船舶，航空機，車両，馬，その他の輸送用物資/五　国家総動員上必要なる通信用物資/六　国家総動員上必要なる土木建築用物資および照明用物資/七　国家総動員上必要なる燃料および電力/八　前各号に掲ぐるものの生産，修理，配給または保存に要する原料，材料，機械器具，装置，その他の物資/九　前各号に掲ぐるものを除くのほか，勅令を以て指定する国家総動員上必要なる物資
(39)　なお後藤は，小林高記〔編〕牧野英一先生還暦祝賀論文集『法律における思想と論理』(有斐閣・1938)29-67〔1-39〕頁収録の論文「経営秩序」で，就業規則の法的性格について，すでに法規説をとっていた(なお，諏訪康雄「就業規則」労働法文献研究会『文献研究労働法学』〔総合労働研究所・1978〕82-84頁も併せて参照)。

らしむるために必要なる管理をなさんとする点にある」(91頁)。第3に，労務管理令は，事業主に対して，厚生施設の設置についても規定している。すなわち同15条は「厚生大臣必要アリト認ムルトキハ事業主の為ス従業者ノ教養，訓練，体育其ノ他従業者ノ厚生施設ニ関スル命令ヲ発スルコトヲ得」と規定している (102頁)。とくに「教養」「訓練」をあげていることは興味深い。これについては，とくに女性が労働力を利用することへの配慮を求めている。後藤は，つぎのように論じている (94頁)。

> 「労働条件の適正化は，労働力の維持培養のための基底的要請たるにすぎない。この基底の上に，労働を快適化して歓喜たらしめ，また勤労人の体力と教養との向上をはかる諸施設の備はるときにおいてはじめて，労働力の維持培養策は完全なるものとなり，生産性の昂揚も期せられ得るのである」。

さらに労務管理令は17条で事業主に対し「主任労務担当者」を選任し，労務管理に関する事項を担任させる旨の規定を設けている。そのなかには，未成年問題への対応があった。すなわち雇主との悶着から職場を飛び出した年少労働者は国民労働手帳を有しないことから新たな職に就くことができず，その放浪のうちに悪癖に陥り，犯罪行為に走ることもあった (128-137頁)。そこで労務管理に携わる「主任労務担当者」となるべき者について，後藤は「人格識見共に高く，事業主の威圧・誘惑に屈せざると共に，従業員の信頼に値する人たることを要する」(123頁) としている。そして「労務管理官」とは，厚生大臣が工場監督官不足を補うべく労務管理令20条により「従業者の使用，従業，賃金，給料その他の労務管理に関する事項に関し，監督と指導との権限をその一手に集中」させた者であると説明されている (141-143頁)。しかし，このような制度を設けたとしても，はたして「決戦態勢下の労務動員が全国民的な規模をもち，国民動員の性格を担ふにいたつた」(146頁) 当時，どれだけ機能したかどうかは不明である。「『勤労の国家的性格』と『経営の国家的性格』との同時的な貫徹」(146頁) が叫ばれていたことは，逆に十分に生産体制が機能しなかったことを意味していたのではなかろうか[40]。

---

(40) 渡辺・前掲論文232-235頁は，重要事業場労務管理令について「勤労の国家的性格」を強調する論調が一般的であった（同前所は，具体例として服部英太郎「労務緊急対策と労働体制の問題」法律時報13巻10号〔1941〕993頁，大河内一男「経営社会政策の基本問題——労務管理令のために」法律時報14巻5号〔1942〕486頁および川島武宜「新法令の解説・重要事業場労務管理令」法学協会雑誌60巻4号〔同〕654頁をあげている）当時，従業規則，賃金規則に違反する行為の私法的効力は『民商法の立場から』判断すべ

第4章　太平洋戦争下の社会・労働法学

2　総力戦への最終的提言 ── 『労務統制法』改訂増補版の刊行

　1944(昭和19)年に刊行された後藤の著書としては，2冊あった。一つは，1年半ほど前に公刊した『労務統制法』(東洋書館)の改訂増補版(昭和19年2月12日)であり，もう一冊は，その約半年後に刊行された『勤労体制の法的構造』と題する論文集(東洋書館・昭和19年7月24日)である。後者については後で言及し，ここでは前者のみを取り上げる。後藤は同書・改訂増補版「序」の冒頭，初版からわずか1年半後の改訂増補版刊行の理由をつぎのようにのべている(1頁)。

> 　1942(昭和17)年「八月に始まつたソロモン戦域における敵の反攻の企図以来，戦争はいよいよ熾烈の度を加へ，殊に豊富なる資源を恃んで消耗戦を挑む米国の量的な攻撃を圧伏して戦争目的を達成するの必要に基づき，戦争は生産戦の様相を露骨に呈するにいたつた。ここに，もろもろの機構と人とについて，戦争段階に即応する『戦闘配置』が要請せられる次第であるが，……昨年〔1942年〕十一月に断行せられた行政簡素化に基く，労働行政機構の改善，本年一月二十日閣議決定の『生産増強勤労緊急対策』の具体化としての国民徴用令，国民勤労報国協力令，労務調整等労務配置統制の根幹的法令の改正，本年〔1943年〕六月一日発表の『戦力増強企業整備要綱』に基く直接戦力増強のための企業整備，九月二十一日閣議決定の『国内態勢強化方策』に基く行政機構の整備と勤労動員の促進など，枚挙に暇がない程である。これがために，本書の旧版の内容とするところは，僅か一年半の間に，全く時勢おくれになつてしまつた」。

　事態の変化の進度がそれだけ早いということであろうか，昭和18年8月末現在の法状態を基礎としているが，同年11月21日付けの「追記」が付されている。本文活字も本文10・5ポイントから9ポイントに変更されているが，内容構成は，旧版と同じである(「追記部分」を含めて本文355頁)。旧版とくらべて，新たに加筆・修正された箇所で重要と思われるのは，つぎのようなものがある。

　まず後藤自身は「旧版に対しては，比較的手を加へる必要の少なかった」(「序」2頁)とのべている「緒論」では，労働配置統制について，従来の3類型に加えて労務調整令の改正(11条の2および11条の4)により「厚生大臣の

きであり，労働者の労働義務を公法的義務と捉えることはできず，従業規則はあくまでも『自主団体の法』であるとの理解(田中二郎「経済統制法の法源に関する一考察」(一)法学協会雑誌61巻6号〔1943〕757頁)もあったと指摘している。

指定する工場，事業場及びその他の場所において労働契約を締結することを強制される」(24頁)転職命令に関する規定が設けられたことについて，言及している。これによれば，労働者はその意向に関係なく，転職すなわち厚生大臣の指定する工場，事業場その他の場所で労働契約を締結することを強制される。後藤は「徴用の場合に比すると若干の相違が認められないわけではない」(25頁)とする。しかし国家権力による契約締結強制がなされることでは，両者のあいだに差異がなく，徴用にくらべて「国家権力の発動は……僅かに隔たる極めて強度のものと言ひ得る」(26頁)ものであったことから，当時早くも巷間，「これを『青紙応召』と呼んでゐるのは，まことに理由あるところである」(同前)としている。

　つぎに著者が「全面的に改訂と増補を施した」(「序」2頁)とする「本論」では，まず第一部「労務配置統制法」の目次は同じでも，記述内容は詳しいものとなっている。第一章では1942(昭和17)年9月以降の閣議決定により，今や切実な要請となった「労務配置の能率的調整と勤労能率の発揮」を実現すべき各種の対策「要綱」の概要が紹介されている。とくに「今や昭和十六年八月決定の『労務緊急対策要綱』に基く施策を以てしては，新なる決戦段階に即応するに不充分」であるとして，1943(昭和18)年1月20日の『生産増強勤労緊急対策要綱』ならびに5月3日の『昭和十八年度国民動員実施計画』の閣議決定を具体化するための国民徴用制度の刷新強化，国民勤労報国隊の刷新と整備拡充，企業整備に伴ふ有休労働力の配置転換の強制，女子を以て代替し得る業務に対する男子の就業制限乃至禁止のための国民徴用令(7月20日)，労務調整令(6月18日)および国民勤労報国協力令(同日)をはじめとする改正がなされていった[41]。そして第二章以下において，後藤は，これらの解説を試みている。なかでも本書全体の3分の1の紙幅があてられている第四章「労務配置統制の諸法」は，本書の中核的部分といってよかろう。とくに第二節「国民徴用令」に関する説明は，より詳細なものとなった。そのなかには，昭和18年7月改正により従来の諸弊害が除去されたとしながらも，とくに新規被徴用者について(1)徴用期間の限定や(2)訓練養成の規準を示す必要があるのではないかとの「制度改善私案」に言及する部分(177-181頁)がある[42]。また第五節「労務調整令」では，「事務補助者」以下17種類の職務を列挙して，「男子従業者の雇入・使用・就職・従業の制限又は禁止」(225-233頁)を説明してい

―――――――――

(41) 後藤「国民徴用令と勤労動員」法律時報16巻9号(1944)5-7頁も，1939(昭和14)年7月創設から1944(昭和19)年7月の数次にわたる徴用制度の変遷を概説している。

(42) 詳しくは，後藤「国民徴用令改正私論」統制経済6巻4号(1943)2-19頁を参照。なお，後藤・同前「国民徴用令」7-8頁でも，徴用制度改正「私見」をのべている。それは

るのは，状況の切迫を端的に表わすものであろう[43]。

第二部についてはまず，表題を旧版の「労務保護統制法」から「労務管理統制法」に，呼称を改めている。それは適正賃金制度の確立と並んで，1943（昭和18）年7月の国民徴用令改正3条により，「経営の責任者から勤労者まで一体的な体制」を実現すべく「社長徴用令」―― これについては，あとで言及する ―― が導入されたことに示された『労務管理の国家的性格』が明確になったことによるものである（296頁）。またとくに第四章として「賃金統制令」について言及しているのが旧版と大きく異なるところである[44]。

3　浅井清信の国民徴用に関する発言 ―― 「労務統制立法の課題 ―― とくに雇用契約と国民徴用とを中心として」[45]

ここで国民徴用に関する浅井清信（1902〔明治35〕年10月8日～1992〔平成4〕年4月7日）の意見に耳を傾けたいと思う。後藤と生年を同じくする浅井は，後藤よりも2年遅れて1926（大正15）年に，同じく京都帝国大学法学部を卒業した後，同大学院で指導教官である末川博のもとで民法学を専攻した[46]。浅井は1932（昭和7）年に同大学院を退学して，同法学部副手となった。ところが

「就職命令」（労務調整令第3条の2）を発して雇傭契約の締結を強制し，特定の経営に配置する一方，「後顧の憂なく生産に挺身させる」ための教育訓練体制の整備や生活援護制度を充実させることを提案するものである。

(43) 徴用が広く国民を対象とするものになったことに応じて，これを私法関係の混入を排斥して，一元的に公法関係として理解しようとの動きも見られた。これに対し，後藤は，徴用が特定人を強制的に特定の経営に編入させる行政処分であるが，その配置された当該経営においては私法上の労務給付義務を負い私法関係を形成するとし，それが決して皇国勤労観 ―― これについては，あとで言及する ―― と相容れないものではないと論じている（「被徴用者の法的地位」銀行論叢10巻2号〔1943〕5-10頁）。

(44) 後藤はこの点について，同書「序」2頁で，賃金統制は物価統制上の意義が大きいと考えて旧版では省略したが，「旧版に対する一部の批評家の要望」やその後の改正により労務管理上の意義も加わったことから言及することにしたと説明していた。それは具体的には，磯田・前掲稿64頁が賃金統制令について言及していないことを「筆者〔磯田〕としてはやはり何か物足りぬ感を受ける」と評していたことを受けたものであったのではないかと思われる。

(45) 同稿は，その冒頭（2頁）で昭和17年度文部省「精神科学研究奨励金」が交付された「労務統制立法の研究 ―― 特にその日本的性格について」の中間報告であると記されている。

(46) 当時，末川の指導のもと，大学院で民法を専攻した同僚には，ほかに石本雅男（1902～2003）や指導教官を末川から恒藤恭（1888～1967）に変更する前の加古祐二郎（1905～1937）がいた。両人もまた浅井と同じく，京都帝大法学部に職（加古：専任講師，石本：副手）をえたが，滝川事件に際し，やはり浅井と同様にその職を辞した。大橋智之輔

第2節　後藤における戦時労働力総動員体制の積極的推進の唱導

翌1933（昭和8）年の春から夏にかけて「滝川事件」に際会して，他の教官ととも
にこれに抗議にして退官したのち，同年9月より立命館大学に職をえた（講
師，翌1939〔昭和9〕年教授)[47]。浅井は大学院では，「民法と労働法との接点に
興味をおぼえ」て，ジンツハイマーの労働法やギールケの団体法論に関心をい
だいて「受領遅滞と給付不能」さらには「労働契約における危険負担」の問題
などに取り組み，そして滝川事件当時は，労働協約の法的性質論を検討してい
たと回顧している[48]。このような研究歴をみると，同人がこれまで本稿で取
り上げて来た者たちと共通した問題関心の持ち主であったことがわかる。

　浅井は既述のように，後藤の学位請求論文（『労働協約理論史』〔有斐閣・
1935]）の審査に当たったが，文部省がこれを認めなかったことを契機に「民
法への逃避」を図り，民法学研究に沈潜していた[49]。しかし同人は，労務統
制のありかたについても発言している。すなわちその1つが，1943（昭和18）年
10月に発表された「労務統制立法の課題——とくに雇用契約と国民徴用とを
中心として」立命館大学論叢[50]第16輯法政篇第4号である。その内容は端的

　　　ほか〔編〕『昭和精神史の一断面——法哲学者加古祐二郎とその日記』（法政大学出版局・
　　　1991）所収の「加古日記」には，浅井の名前に言及する箇所がある。
(47)　浅井＊「社会法とともに」末川博〔編〕『学問の周辺』（有信堂・1968）208-212頁。浅
　　　井が滝川事件に言及するものには，ほかに「人権闘争の今昔——滝川事件五〇周年をふり
　　　かえって」自由法曹団京都支部創立二〇周年記念文集『続・人権の旗をかかげて』（1983）
　　　1頁以下（浅井・前掲『労働法よ，どこへ行く。』180-201頁）および「昭和八年（京大事
　　　件）頃の末川先生をしのぶ——追悼の辞にかえて」日本労働法学会誌50号（1977）（浅
　　　井・同前書275-280頁）などがある。
(48)　浅井「私の研究をふりかえりみて」片岡昇ほか〔編〕同還暦記念『労働争議法論』（法
　　　律文化社・1965）364-365頁。なお浅井の戦前の労働法に関連する業績として，浅井では
　　　なく，八木姓で公刊した『労働契約の研究』（政経書院・1934）がある。同書について，
　　　後藤清「新刊批評／八木清信氏『労働契約の研究』」法律時報6巻9号（1939）42頁は，
　　　『労働契約の研究』という書名は本書がカヴァーする範囲を実際よりも狭く限定すること
　　　になるので，「むしろ『労働法に於ける特殊問題の研究』というふうな書名がふさはしい
　　　のではなかろうか」とのべていた。このほか，川島武宜「八木清信著，労働契約の研究
　　　（昭和九年）」法学協会雑誌53巻8号（1935）143-150頁が紹介している。
(49)　これについては，拙稿「浅井清信の労働法学——二つの『アバ（ヴァ）ン』に着目し
　　　て」獨協法学78号（2009）54-65頁に掲げた同人の業績一覧を参照。
(50)　1943（昭和18）年10月，法文系大学および専門学校生に対する徴兵猶予令が停止され
　　　たのに続き，私立大学は専門学校に転換する旨の文部省専門学務局長の通牒（「教育ニ関
　　　スル戦時非常措置方策ニ関スル件」）により，大学を専門学校に移行せざるをえなかった
　　　（立命館五十年史編纂委員会〔編〕『立命館創立五十年史』〔立命館・1953〕570-572頁）こ
　　　とから紀要の表題も，従来の「法と経済」改め文系（法・経・文）学科すべてに共通する
　　　ものとしたのであろう。

第4章　太平洋戦争下の社会・労働法学

に，その副題に示されている。すなわち同稿の過半（10-36頁）を占める第一「労務統制法の基本としての雇傭契約の諸問題」は，国家総動員法の施行以来，国民徴用令，国民勤労報国協力令，労務調整令などの統制立法が制定されていったが，それらは「元来……私人の経済的協同と配分的正義とを理念とし，私人の経済生活関係を一定の統一目的に合するように国家権力を以て指導しようとするものである」（10頁）として，戦時下その適用・妥当範囲が狭められた「私人の経済生活の基本法」である民法との関係を示そうとした[51]。

　ついで浅井は第二「国民徴用制度の諸問題」で，まず国民徴用令のもとでは，雇傭関係が契約に基いて発生する場合とそうでない場合とがあり，両者を区別しなければならないとする（38頁）。そして戦時体制のもと労働者募集の補助的制度であった国民徴用が1943（昭和18）年7月改正により「直接に国家の要請に基く労務動員たる地位に昂められ」たことから，公法的な関係とともに，私法的な関係でもあるとの特徴をもつことから，そこでは，報酬の支払いは重要である（47-48頁）と指摘している。すなわち自由応募と国家の紹介によっては軍事作業庁や民間軍需工場の労働力を確保することが困難となったことから，1939（昭和14）年国家総動員法4条および6条に基づき国民徴用が次第に強化され，1943（昭和18）年8月から改正徴用令が施行された。同法令は，徴用が国家の要請に基づく産業応召であるとの国家性を明確にし，社長の徴用・被徴用者の服務規律等を定め，必要に応じて従業工場を移動させうるとした。なお1941（昭和16）年8月管理工場に徴用令により徴用された者は同月で期間満了となるはずであった。しかし，そのようなことは決戦下の生産増強に支障があるとして，7月の次官会議で1年ないし2年間の期間更新がなされた[52]。

　このように見てくると，同稿は戦時体制下という特異な状況のなかで発表さ

---

(51) 同所の一「雇傭契約の概念」では，まず「雇傭」（民法623条）を「請負」（同632条）と対照させて，前者の特徴を示し，そのあと「対価」としての報酬のあり方についてのべている。ついで二「雇傭契約の特質」では，「雇傭契約の給付の目的物即ち労務」，つまりそれが「生ける人格の活動せる状態である」ことから，半面使用者との関係において身分的要素を宿命的に有すること（18-19頁）に言及している。また三「雇傭契約の当事者」では，「労務給付の約される形式の特異性」として，雇傭契約の当事者は「使用者」「労働者」であるが，その他の法律では，多様な呼称を使用している――なお国家総動員法は「雇用主」「従業者」としている――と紹介した（28-29頁）あとで，労務者たりうる者は自ずと自然人のみである（29頁）と指摘している。そして四「雇傭契約の無効及び取消」においては，「現行法が雇傭契約に与へる特殊的な地位」に関連して民法総則編における法律行為の無効と取消について触れている（32-34頁）。要するに，本稿の第一「労務統制法の基本としての雇傭契約の諸問題」は，雇傭契約の特徴と考えられことを民法に即して説明している部分である。

328

れたものであれ，とくに前段は，民法学上の雇傭契約（同法623条以下）の特徴を論ずるものであり，浅井における戦後の議論へと連続する内容をふくんでいた[53]。そこではまた浅井にとって，戦時下の国家総動員体制のもとで，いかにして労働者保護を実現するかとの苦心をも行間から読み取ることができる[54]。

　なお浅井は同前論文冒頭で「支那事変を契機として日本は独自の経済力を以て外敵にあたり，日本民族の発展を期さなければならないやうな事情にますます迫られて来た」（3-4頁）との事実認識のもと，当時の日本における労働立法── 正確には，「労務を対象とする」という意味で「労務立法」── を重要な課題として位置付けていた。なぜならば，そこでは「いわゆる統制経済の形式こそ日本の独自の経済力を最高度に発揮し得る経済機構」（4頁）であり，その中心に位置すべきなのが「労務統制立法」だからであるとの事実認識があったからであろう。それは「資本家対労働者の階級対立を止揚して国民全体の統一目的実現に向へる経済的協同を理念として直接に国民全体の利益に関係を有つ」。「換言すれば，労務統制立法の如何によっては日本国家の存立が危まれる」（同前頁）としていた。

　こうして浅井は労務立法の課題として具体的に五つあげている。その冒頭第1にかかげるのが「立法上の嚮導（きょうどう）理念としての皇国勤労観の確立」ということであった（6頁）。第2が「企業組織における労務と所有権との関係」である。なぜならば「国の総力を発揮し，限られた物的資源と労務とを以て最高度の生産力を発揚するためには労務と所有権との対立を止揚して統一的目的達成に向へる両者の経済的協同の体制をとらねばなら」ないからである（7-8頁）。第3が労務の使用関係としての「雇用関係の本質」である。それには労務管理における権力関係が関わるが，それが従来の私的企業からの徴用により国家の手に移るにしたがい，債権関係と権力関係とをいかに調和させるかという問題が提起されていると指摘していた（8頁）。第4は巷間「白紙応召」と呼ばれていた

───────────────

(52) 法政大学大原社会問題研究所〔編〕『太平洋戦争下の労働者状態』（東洋経済新報社・1964）5頁，10頁，15-16頁。徴用をめぐる制度展開と議論の詳細については，佐々木啓「徴用制度下の労資関係問題」大原社会問題研究所雑誌568号（2006・3）23頁以下を参照。

(53) この部分は，浅井が戦後「法律学体系：法学理論篇」の1冊（76）として発表した『雇傭』（日本評論社・1950），とくに第1章「近代私法における雇傭の法形態」（7-29頁）および第三章「雇傭における身分的・組織的分子」（41-54頁）の基礎となったと思われる。いうまでもなく，同前書のなかで本稿には，何ら言及されていない。

(54) 渡辺・前掲論文195頁以下は，総力戦体制のもと，工場法がいかに扱われ，変容していったのかを明らかにするが，併せて同稿205-225頁でとくに雇用契約をいかに把握されていたのかについても，紹介している。

「国民徴用」である。そこでは徴用されるべき国民の健全な勤労観を持ってはじめて，その実質的効果が発揮されることから，いかにこれを規律するかが現下と将来の労務統制立法の方向を示唆すると，浅井はのべている（9頁）。そして第5番目の課題としてあげるのは「労務立法の日本的反省」である。すなわち労務統制立法が「その本来の使命」をはたすには，それが「われわれの日常生活や伝統的社会観や勤労観」に即したものでなければならず，その「今後の正しい発展を期するためには労務立法の形式的立法技術的方向における日本的特色又は性格をも明かにすること」が必要であり，さらに日本における雇用の歴史的発展の跡をたどって特色を示さなければならない。浅井はこれらを「日本的反省」との総称のもと行なう必要があるとのべている（同前頁）。要するに，同前稿で浅井が論じているのは，自らが「労務統制立法の課題」として掲げた5つのうち，第3と第4のそれに関わるものであった。

◆第3節　吾妻光俊における「経済統制法の法理論」
——『統制経済の法理論』（河出書房・1944）の検討

　以上津曲蔵之丞と後藤清両人および浅井清信における労務統制法を中心とした統制経済法に関する理解内容について，検討した。そこでこれらの者と対比するために同時期に吾妻光俊がどのような発言をしていたのか検討したい。吾妻は前著『ナチス民法学の精神』では，ナチス期ドイツの私法学の理論状況を禁欲的に紹介していた。これとは対照的に日本の統制経済法については『統制経済の法理論』（河出書房・1944）のなかで，積極的に発言している。しかしこれについて見る前に，時間を少しく巻き戻しながら，当時のわが国民法学の在り様を，最小限必要な範囲内で眺めておきたい。

1　統制経済法体制の進展

　1924（大正13）年の第二次護憲運動・護憲三派内閣の成立を頂点とする第一次世界大戦後の大正デモクラシーが高揚するなか，わが国民法学においては，多様な契約法学が「百花繚乱のごとく流行」した。しかし昭和期に入り，そのような動向もしだいに衰退していった。その反面，昭和10年代初めにかけて60冊にも及ぶ注釈書・概説書が刊行された。盧溝橋事件（1937〔昭和12〕年）の起きた翌月の8月には「国民精神総動員実施要綱」が閣議決定され，さらに翌年4月，ナチス・ドイツの「授権法 Ermächtigundgesetz」に範を求めた国家総動員法が制定され，わが国も戦時法体制に本格的に突入し，民法を含む，私法のあり方が大きく転換していった[55]。

　本書冒頭の「序章」でもすでに紹介したように戦後我妻栄は，わが国戦時統

制経済法を大きく，四つの時期に大別して論じた。第1期は日支事変勃発から
欧州第二次世界大戦勃発までの「軍需資材生産増強の時代」，第2期は第二次
世界大戦から約1年間の「物価統制中心の時代」，第3期は，それから太平洋
戦争突入までの「国内経済力の再編成時代」，そして第4期はそれ以後の「国
家の経済力発揮時代」という区分である[56]。その根拠となったのは，「輸出入
品等臨時措置法」「臨時資金調整法」および「国家総動員法」―― 日本がアジ
ア太平洋戦争へと戦線を拡大する1941（昭和16）年に改正 ―― の三大委任立法
であった。とくに国家総動員法は課税権以外のほとんどすべての立法事項を勅
令に委ねるものであった。したがって多くの統制立法に加えて，戦時統制経済
法は総動員勅令に基づく，おびただしい数の閣令・省令・告示・通牒などが発
せられていった[57]。したがって，そのような立法例に関する「紹介」「解説」
も必要となっていった。先に，石崎政一郎の議論を紹介するところでも言及し
たが，たとえば法学協会雑誌では，第七五回（1939〔昭和14〕年12月26日―
1940〔昭和15〕年3月26日）から七八回帝国議会（1941〔昭和16〕年12月16日―12
月17日）までに成立した立法については，『新法律の解説』という別冊単行本
として刊行（有斐閣）され，その後1942（昭和17）年以降1944（昭和19）年までは，
本誌それ自体に断続的に「新法令の解説」として掲載され続けた。また民商法
雑誌においては，末川博を代表に同誌15巻1号（1941〔昭和16〕年12月11日）
から20巻4号（1944〔昭和19〕年9月30日）までの31回にわたって「最近の統
制法令」が掲載された。

2　統制経済法体制のもとでのわが国私法学

当時は戦時統制経済体制が本格化するなかで，民法を中心とした私法学の意
義に関する議論も盛んになされた。こうして一方では，自由な意思の合致を基
礎とする経済取引＝契約ではなく，むしろそれとは正反対に契約を強制すべき
統制経済立法が多数制定された。また明治以降わが国（民法学）に大きな影響
を及ぼしてきたドイツ法に関し，とくに「民法典」の変革とそれにともなう大
学法学部における教育の動向が紹介されるなか，民法典の存在意義それ自体を

---

(55) 以上，白羽祐三『現代契約法の理論』（中央大学出版部・1982）61頁以下および同『プ
　　ロパティと現代的契約自由』（同・1996）375-377頁。
(56) 我妻栄『経済再建と統制立法』（有斐閣・1948）21頁。同前書23-45頁には，それぞ
　　れの時期における代表的立法例が紹介されている。
(57) 同前書52頁。なお，国家総動員法の制定過程とその具体的な適用については，本間重
　　紀「戦時経済法の研究 ―― 国家的独占と経済法」(2)社会科学研究（東大社研・1974）26
　　巻1号62頁以下を参照。

問い直す主張もなされるにいたった（この点については，吾妻・前掲『ナチス民法学の精神』等で紹介されていたことを前章で言及した）。このように社会状況が急速に緊迫するなか，一体民法学説は，とくに契約法理について，どのように対応したのであろうか[58]。

(1) 民法学説の統制法のもとでの対応 —— 末川博，石田文次郎そして我妻栄の場合

統制経済の進展のなかで契約の意義や機能も自ずと変化せざるをえず，「契約締結の強制」「強制（命令）契約」「集団契約」「業務約款」などが議論の主題となっていった。

たとえば，戦前わが国の不法行為法とくに権利濫用法理の確立に貢献した末川博は，ナチスが政権に就いたのと同じ年の4月，文部省による滝川幸辰教授罷免要求をめぐり，学問の自由・大学の自治が大きく動揺した際，これに抗議して，同年7月京大を辞職した7教授13教官の主要メンバーであった[59]。同人は立命館大学をへて，同年9月には恒藤恭とともに大阪商科大学（現在の大阪市立大学）に職をえた。しかし文部省により教授として承認されたのは1940（昭和15）年10月であり，それまでは「講師」の地位に留まらされていた。このように当初国家権力に批判的な姿勢を維持していたがためか冷遇された末川の場合も，滝川事件から5年後，国家総動員法が制定された1938（昭和13）年以降，つぎのような統制経済法に関わる，多くの論考を発表していった[60]。

---

(58) これについては，白羽祐三が「契約の統制と契約法学 —— 戦時統制立法期を中心として」法学新報81巻8・9号（1974），同稿は同・前掲『現代契約法の展開』に収録されたが，同・前掲『プロパティと現代的契約自由』333頁以下等でも，繰り返し取り上げている。

(59) 末川の人となりや業績については，末川博先生追悼文集編集委員会〔編〕『追想末川博』（有斐閣・1979）を参照。同人の自伝として『彼の歩んだ道』（岩波新書・1965）がある。また滝川事件については従来多くの文献があるが，既述のように松尾尊兊『滝川事件』（岩波現代文庫・2005）が最新，かつ同書1冊をもって同事件の意義を知ることができる。それのみならず，同書は，事件に際し退官した者のなかで戦後，ただ一人京都大学に復帰した滝川の言動や人となり，とくに法学部再建人事や，再交渉を求める学生らが滝川を押しとどめた「第二次滝川（創立記念祭）事件」（1955〔昭和30〕年）—— 高橋和巳の小説『悲の器』〔初版1962〕のなかで，主人公・正木典膳の人柄を示すエピソードのモデル —— の際の対応に示された，「顕著な権力的応報主義，復古主義的傾向」にまで言及している（拙稿「労働と法・私の論点／ある読書体験の思い出 —— 高橋和巳『悲の器』（一九六二）をめぐって」労働法律旬報1860〔2016〕4-5頁参照）。なお佐伯千仞“先達の灯”が消えた」前掲『追想末川博』94頁は，滝川よりも「いま考えてみると，当局はむしろ末川先生をねらったのではなかったか，という気持ちが強い」と回顧していた。

第 3 節　吾妻光俊における「経済統制法の法理論」

1938（昭和 13）年

　「戦時立法を貫く特異性」改造 20 巻 11 号→『所有権・契約その他の研究』（岩波書店・1939）所収→『法と契約（末川博法律論文集 1)』（岩波書店・1970）

1939（昭和 14）年

　「統制と契約」民商法雑誌 9 巻 1 号→『経済統制と人事調停』（河出書房・1939）所収→前掲『法と契約』同

　「統制と調停」文藝春秋 17 巻 11 号（6 月）→同前『経済統制』所収

　「経済統制と私法制度 —— 国家総動員法の規定を中心として」経済学雑誌 4 巻 4 号→同前『経済統制』所収→前掲『法と契約』同

　「経済法の拠点」知性 2 巻 8 号→同前『経済統制』所収→前掲『法と契約』同

1940（昭和 15）年

　「国家総動員法総論」経済学雑誌 6 巻 3 号→後掲『総動員法体制』所収

　「戦時体制と雇傭契約 —— 国家総動員法令を中心として」民商法雑誌 11 巻 4 号『総動員法体制』（共著）（有斐閣）

1941（昭和 16）年

　「臨戦態勢の拠点総動員法」改造 23 巻 2 号

　「国家総動員法の改正と民商法」民商法雑誌 14 巻 1 号→『民法及び統制法の諸問題』（岩波書店・1942）所収→前掲『法と契約』同

　「統制と法律と道徳」改造 23 巻 7 号

　「統制法の強化と私法への関心」法律時報 13 巻 10 号→『歴史の側面から』（中央公論社・1942）所収

　「統制経済の法的表現集中化 —— 改正された国家総動員法」経済学雑誌 9 巻 3 号→前掲『民法及び統制法』所収→前掲『法と契約』同

　「統制法規違反行為の効力に関する一疑惑」民商法雑誌 14 巻 6 号→同前『民法及び統制法』所収

1942（昭和 17）年

　『国防経済法体制』（共著）（有斐閣，前掲『総動員法体制』の増補・改訂版）

1943（昭和 18）年

　「統制違反の意図に出た契約と民法九〇条」民商法雑誌 17 巻 1 号

1944（昭和 19）年

　「統制経済における法律的操作」経済学雑誌 13 巻 4 号

1945（昭和 20）年

　『統制法規全集』上巻（編著）（有斐閣・2 月 18 日）

---

(60) 以下の文献リストは，末川博先生古稀記念論文集『権利の濫用』上（有斐閣・1962）3 頁以下の「主要著作目録」から該当するものと思われるものを抜き出したものである。以下，本文で引用する戦時期，末川の契約法に関する論文については，同〔法律論文集Ⅰ〕『法と契約』（岩波書店・1970）に掲載されたものを利用する。

第4章　太平洋戦争下の社会・労働法学

　支那（日華）「事変」という名で呼ばれた戦争勃発の1年後，末川は「戦時立法を貫く特異性」（前掲）という論稿のなかで，それにともなう戦時体制の確立により，自由主義経済のもとでは，国民の私生活には干渉しないという消極的な役割を担わされていた法律＝国家は，国民生活全般にわたって積極的に「干渉し指導し規制する機能を発揮するに至つた」（211頁）とし，またこれにともない「公法と私法との区別の如きも，現実にはおのづから撤廃されようとしてゐる」（同前所）と指摘した。その特徴として(1)立法目的の明示，(2)普遍条項の拡大，および(3)立法の臨時性（ただし，近い将来恒久化・強化される可能性があることを指摘）の三つがあるとのべていた（213-218頁）。従来の「権利本位の考へ方」は転換され，所有権は制限され「義務を伴ふ」という言葉はまさに現実性をもち，また「自由に売り買ひ自由に雇ひ雇はれるといつたようなことは，恐ろしく制限を受けなければならぬことになつた」（221頁）。しかし当初，このような現象は，その表題に示されているように，いまだ「戦時立法の特異性」として認識されていた。また1935（昭和10）年の公法雑誌1巻9号に発表された「契約締結の強制」では，それは「わが国においても，契約自由の原則に対しては例外をなしてゐる」（350頁）とのべていた。しかし4年後の1939（昭和14）年の「統制と契約」では，法律＝国家による契約の強制や統制は戦時の特異性や例外ではなく，本来的に契約概念に含まれるとして，冒頭つぎのようにのべるにいたった（368頁）。

　　「そもそも，平等で自由な自覚せる意思……の合致といふやうなものを考へたのが誤りだつたともいへる。寧ろ強制せられた意思もなほ意思である……として ── 且つまた斯かる意思の合致があり得るものとして ── 取引といふ社会現象の型を契約と名付けてゐるのが，契約本来の面目であるといふ風に考ふべきかも知れない。そして斯く考へるならば，いはゆる附従契約（contrat d'adhésion）も統制的契約（contrat dirigé）も，ないしは国民的秩序の形成手段としての契約（Vertrag als Gestaltungsmittel der völkischen Ordnung）も，ひとしく契約の範疇に属するといつて一向に差し支えないわけである」。

　さらに末川は同前論文のなかで法律行為の効力（有効・無効）についても，つぎのようにのべている（373頁）。

　　「国防目的を達成し又は国民経済の運行を確保するといふ如き立場から国民の私経済的生活行動へも積極的に関与し干渉することが統制経済の本質的な要請であつて，法令もまたこの要請に副ふて発動するものであるとす

れば，法律行為によつて生ずべきだとせられている効果についても積極的に関与し干渉することが許されるべきである。即ちこれまでのやうに，当事者が意欲するのだからといふので全面的に効力を認めるか又は禁止違反の行為について当事者が意欲せぬところを強ひることはできぬといふので全面的に効力を否認するか，二者いづれかを選ばねばならぬといふ風に考ふべき必要はない。換言すれば，一の法律行為についても適法な範囲では効力を認め違法な範囲では効力を否認して，結果的には法律行為の内容を修正することが，あたかも統制法令の趣旨に適ふと観るべきことが少くないであらう」。

このように，かつて国家（権力）による学問統制の主要な規制対象と目された末川が今や，日中戦争に始まる総力戦遂行のための統制経済体制を全面的に支持・肯定する議論を展開するようになった。この年以降，先に引用した文献リストに示されているように末川は，国家総動員法を始めとする経済統制立法に関する注釈書や解説論文を戦争末期まで数多く発表していく[61]。「しいて言えば法学者としてこの時代にこういうものでも書かなければならなかった」というべきなのであろうか[62]。しかし書かないという選択肢もあったのではないかと，やはり問うべきであろう。つぎに滝川事件の翌年，1934(昭和9)年3月，京大を去った末川らに代わり東北帝大法文学部から，ほとんど壊滅に瀕した京都帝大法学部再建のために招聘（喚）された石田文次郎（1892 ～ 1979）の場合[63]は，どうであったか。1940(昭和15)年に刊行された『契約の基礎理論』（有斐閣）は民法学史上，重要な文献である[64]。そこには，以下の四つの論稿

---

(61) このような末川の変貌については，白羽・前掲『現代契約法』96頁以下，同・前掲『プロパティ』379頁以下で言及されている。なお小方泰子「父のこと」前掲『追想末川博』364頁は戦時中の末川について，「敗戦まで二年半ほどの間，父としては珍しく殆ど仕事もせずに，家族のためうろうろしていた。……一緒に碁盤を囲んだり銭湯へ行ったりできる話し相手，義兄河上〔肇〕が近くにいたのは慰めであった」とのべている。

(62) 末川没後20年が経過して刊行された評伝である兼清正徳『末川博・学問と人生』（雄渾社・1997）117頁は，このようにのべている。自らの戦時期の言動も，多くの人の目に触れるような形で公開する末川の対応は，肯定的に評価がなされるべきであろう。その多くを収録した前掲『法と契約』の「まえがき」iv頁で，末川は「戦争体制としての国家総動員や統制に関して今日では歴史的な回顧資料たるに過ぎぬと思われる」としていた。

(63) 石田のあとをうけ，東北帝大に赴任したのは，既述のように津曲蔵之丞であった。

(64) 加藤雅信ほか〔編〕『民法学説百年史』（三省堂・1999）「5-02／石田文次郎『契約の基礎理論』〔有斐閣・1940〕」409頁（円谷峻）は，同書について「現代における契約法の理論の再検討が論じられる今日，参考になる」とのべている。なお石田自身は「契約理論の革新」法曹雑誌（満州法曹会）8巻1号（1941）1頁で同書，とくに第二ないし第四論文

第 4 章　太平洋戦争下の社会・労働法学

が収められている。

「債権契約の二大型」『東北帝国大学法文学部十周年記念法学論集』（岩波書店・
　1934)[65]
「債権契約の新基調」牧野英一教授還暦祝賀記念『法律における思想と論理』（有
　斐閣・1938)
「契約理論の転回」法学論叢 43 巻 5 号（紀元二千六百年記念号)(1940)[66]
「法実効性の淵源 ── 団体主義的法源理論」法学論叢 40 巻 2 号（1939)

　石田は同前書「序」2 頁で，同書について従来自らが多く取り組んできた所
有権と並んで，「契約法理の革新とが相俟って果されるに非ざれば，到底市民
法原理の変革は望み得ない」との「志向」から既発表論文を補足してまとめた
ものであるとのべている。なおその文末は「菊かほる一系の天子日本晴」（紀
元二千六百年十一月十一日祝典の朝)[67]なる俳句をもって飾られている。上記論
稿のうち，前二者と後二者とでは，発表時期はわずかに数年しか離れていない
が，論述の基調が大いに異なっている。ここでは第 3 論文を取り上げる。
　石田は自由主義経済のもとにおける「自由契約」と対比させて，「規制契約」
── 契約の内容が法規により規制され，確定している場合 ──，「強制契約」
── 一定の条件を備えるかぎり，契約を締結しようとする者に対し，これを応
諾することが法律上義務付けられている場合 ──，および「命令契約」── 国

───────────────

　　を「普遍し統一し解明し全一体としての理論体系に集約せんとの志向に出づるものであ
　　る」（同前論文 3 頁）とのべている。
(65) 同稿については，労使関係を経営共同体として捉え，労働者の忠勤義務をいかに理解・
　　説明するかに関する後藤清の主張に関連して，それとは異なる見解として前章注(139)で
　　すでに言及した。
(66) 石田文次郎先生還暦記念『私法学の諸問題』（二）商法・労働法（有斐閣・1955）中の
　　「著作目録」論説 7 頁および同古稀記念論文集（同刊行会・1962）中の「著作目録」二
　　論説（375 頁）には，「『契約理論の転回』法学論叢紀元二千六百年記念号」と並んで「『契
　　約理論の転化』昭和一五年一一月　法学論叢四三巻五号」と記されている。しかし同名の
　　論文は同誌同号には見出せず，また「紀元二千六百年記念号」が昭和 15 年 11 月／同誌
　　43 巻 5 号であることから，石田に「契約理論の転化」という論文は存在せず，その記載
　　は校正ミスの結果，生じたものと思われる。
(67) 「紀元」は「皇紀」ともいい，古事記や日本書紀などから日本の建国，すなわち神武天
　　皇が橿原宮で即位した年を元年とした暦である。紀元元年は西暦に換算すると紀元前 660
　　年，紀元 2600 年は昭和 15 年，西暦 1940 年になる。すなわち日本が欧米よりも，紀元を
　　古くするとした。なお日中戦争の影響で開催返上した第 12 回オリンピック東京大会も，
　　その奉祝行事のひとつとして予定されていた（古川隆久『皇紀・万博・オリンピック：皇
　　室ブランドと経済発展』〔中公新書・1998〕）。

336

第3節　吾妻光俊における「経済統制法の法理論」

または国家機関が法規により，特定人に対し一定量の物品を一定の条件で特定人に売却することを命じたとき，あたかもその当事者間の契約が締結された場合と同様の法的関係＝売買が成立し，売主は一定量の物の引渡し義務を負い，買主は代金の支払い義務を負うにいたる場合 ―― の三つについて，それらの特徴と具体的な立法例をあげて説明したあと，それにともなう「契約の新理論」として，つぎのように説く。すなわち自由主義時代とは異なり，契約は各人の利益追求の手段ではなく，国家の法律秩序の内における「国民生活秩序の形成手段」である（171頁）。自由主義経済の「秩序なき経済取引の領域を国民生活秩序のもとに統制せんとするのが現在の政治的原理である」（174頁）。そこでは「契約の当事者は個人的には利益の対立者であるけれども，然し，より高次的な国民生活の秩序のもとに互に結合してゐる協力者である。……／故に，自由主義の思想に於けるが如く，契約の当事者を単なる利益の対立者としてのみ考察することは廃棄されねばならぬ。債権者と債務者とは個人的には対立しながらも，国民生活の秩序のもとに財の交易を果すべき職分の担当者として協同関係に在る。債権関係を協同関係として把握するときには，当然に『忠実』と『信頼』との思想がその関係の基礎となり，債権関係は単なる利益的結合から離れて，更に高き『信頼誠実』なる道徳的な関係に転化する」（175-176頁）。こうして「契約が国民生活秩序の具体化であり，国民生活のための財の交易に関する法的手段であるとするときには，公益が私益に優先すると云ふ原則は，先験的の要請とならねばならない」（176頁）と主張する。また石田は，わが国「紀元二千六百年」を慶してからほぼ2年後に発表した論文[68]で，さらにその主張をエスカレートさせた。すなわち裁判所や行政が私人間ですでに成立している契約関係の内容を変更したり，さらには契約関係のない私人間に，新たな契約を創設する「形成権」行使を論じ，結論的には「契約は，自由主義の時代に於けるが如く，各人の利益追及の手段ではない。契約は国家内における財貨の交易の形成手段であり，各国民は契約によつて自ら法秩序の具体化に参与するものと解せざるを得ない。／故に契約に因る財の取引は国家の重要なる政治の一部であつて，政治が経済関係を指導するのである」[69]とまでのべるにいたっている。こうした石田の議論を「ナチス流契約論の中に日本型『新体制』を接木したもの」[70]と評するのが適切かどうかはともかく，当時急速に進行しつつあった統制経済のもとでの契約のあり方を肯定的・積極的に合理化し

---

(68)　石田文次郎「契約統制の形態としての形成権」北村五良〔編〕斉藤（常三郎）博士還暦記念『法と裁判』（有斐閣・1942）261頁以下。

(69)　同前論文276頁。

(70)　白羽・前掲『現代契約法』126頁および同・前掲『プロパティ』424頁。

第4章　太平洋戦争下の社会・労働法学

ようとする試みの一つであったことは，確かであろう(71)。

　一方，末川や石田とは対照的な対応をとったと思われるのが，我妻栄であった。すなわち我妻の場合，1937(昭和12)年日中両国間において全面戦争にいたって以降，民法に関する概説書や判例評釈はあっても，経済統制に関わる論考はない。そして1941(昭和16)年12月に英米等との戦闘状態に入ってからは，先に前章で吾妻光俊のナチス民法学理解に関連して引用した「ナチスの契約理論」(杉山直治郎教授還暦祝賀論文集〔岩波書店・1942〕)をのぞけば，我妻には同じく1942(昭和17)年，義兄である孫田秀春が編者となり，先の二荒芳徳〔編纂〕『新独逸国家体系』全12巻(日本評論社・1939－1941)にならって刊行された(1942〔昭和17〕年)のであろうか『日本国家科学大系』(実業之日本社)の第7巻(法律学三)(72)に「現代債権法の基礎理論」(73)を発表したほかには，「民法

────────────

(71)　ギールケ研究から出発した石田 ── 『ギールケの団体法論』(ロゴス書院・1929)，『ギールケ』(三省堂・1935)および『ギールケの法学』(同前・1944)という著書がある ── が個人主義・自由主義に代わり得る共同体，団体思想に基づく主張を展開するのは，ある種当然のことであったのかもしれない(中川一郎「石田法学の素描」前掲・石田古稀記念論文集3頁以下参照)。また石田は前掲『契約の基礎理論』所収の「債権契約の二大型」3頁以下，とくに19頁以下で，契約について売買を典型とする「交換型」と賃貸借・雇傭契約などの「支配型」とに類別し，「人の支配型」である雇傭の延長線上に労働法への展開を位置づけていた(中川・同前論文7-8頁)。それゆえに1944(昭和19)年には，「昭和十八年に入るや，大東亜戦争の現段階に於て……労働統制立法は現時我国に於ける最大の緊急事となるに至つた」ことから「独逸労働統制の立法的素描」(「序」3頁)である『独逸労働統制法』という編著(有斐閣)を刊行している。同書は，「昭和十六年陸軍主計課特別班よりの委託」により，まとめられたものであった。これに参加したのは，実方正雄・木村友三郎(第一編)，清水金二郎・松岡義平(第二編)，中川一郎(第三編)および川崎武夫(第四編)であった。なお石田は日本が太平洋戦争に敗れ連合国に無条件降伏をした翌年の3月，京都帝大法学部の教官配置を滝川事件以前に復するとの方針にしたがって，同事件以後も法学部にとどまり，あるいは新たに赴任した多くの者と同様に，京都帝大をその「願いにより」退官した(松尾・前掲『滝川事件』261-264頁)。

(72)　孫田秀春『私の一生』(高文堂出版社・1974)137頁は，同全集刊行の経緯について「現代日本をあらゆる角度から分析研究し綜合した一つの体系的な著述が……出来らわが日本の本体及び体質，そのたどるべき行路並びに理念といったものも……おのずから明らかになって来よう」との考えから企画し，出版社に「持込んだ」とのべている。なお第5巻から第7巻の第四編が「法律学」にあてられ，その構成と執筆者は次の通りである。

　　　5巻一　牧健二「日本固有法論」
　　　　　　仁井田陞「東洋法制史論」
　　　　　　広浜嘉雄「現代法理学の基本問題」
　　　　　　会田範治「日本法学の原理」
　　　6巻二　山崎又次郎「大日本帝国憲法の神髄」
　　　　　　大谷美隆「ナチス憲法の特質」

338

に於ける『信義則』理念の進展 —— 鳩山教授の理論を中心として」（東京帝国大学学術大観法学部経済学部編〔東京帝国大学〕）(74) という論文があるだけである。生涯を通じて多産な著作活動を展開した我妻にとって，この時期は年譜をみても，ほとんど空白のままとなっている。我妻が統制経済法について積極的に発言するのは，むしろ戦後になってからであった(75)。すなわち「現代債権法の基礎理論」において我妻は「債権は本来社会に於ける財貨の移動の媒介者となることを使命とするものである」（3頁）にもかかわらず，「債権は，今日に於ては，その本来の使命を逸脱し，他人を支配する手段と化して居る。そこに現代法に於ける債権法の基本的問題が生ずるのである」（4頁）との危機意識のもと，つぎのように論じている（＝事実認識を示している，72頁／8頁）。

> 「この自由なる個人的契約に対する国家的統制は，今や契約の全領域に拡大せられ，その成立より終了に至る総ての点に於て国家的協同体の組織を維持するに適当なる法律的手段たる地位と内容とを与へられんとして居る。これを契約に於ける統制原理の進展の最後の段階となすべきである／而して，我々はこの個人的契約の自由に対する国家的統制原理の全面的進展の裡に，契約の本質の全く一変せることを発見するのである。……契約の締結を強制し，その内容を改造するに至つては，もはや，人類の利己的本能による合理性をもつて社会進歩の原動力として第一義的なものと見る思想

	俵静夫「ファシスタ憲法の特質」
	杉村章三郎「現代行政法の基礎理論」
	小野清一郎「日本刑法学序説」
	安平政吉「現代刑事法の基礎理論」
	斉藤常三郎「現代訴訟法の基礎理論」
	宮崎澄夫「全体主義民事訴訟法理論」
7巻三	石田文次郎「現代物権法の基礎理論」
	我妻栄「現代債権法の基礎理論」
	中川善之助「現代身分法の基礎理論」
	鈴木竹雄「現代商法の基礎理論」
	大橋光雄「会社法の新動向」
	菊池勇夫「現代労働法の基礎理論」
	孫田秀春「勤労新体制の基本原理」
	常盤敏太「現代経済法の基礎理論」

(73) のちに同『民法研究』Ⅴ債権総論（有斐閣・1968）1-72頁所収。

(74) のちに同『民法研究』Ⅱ総則（有斐閣・1966）1-19頁所収。

(75) 敗戦の翌年，我妻は「戦時経済統制立法の帰趨」なる論考を法学協会雑誌64巻1号－7号（1946）に7回にわたって発表し，これを補充して刊行したのが，既述のように前掲『経済再建と統制法』であった。

が棄て去られた……。当事者の利己的本能による契約関係を包摂しこれを
その一部分として成立する協同体としての秩序の全体的合理性を維持し発
展せしむることをもつて法律秩序の理想となす思想が台頭せるものである
（下線－引用者）」。

　このような我妻による「協同体」の強調に対しては，「大正デモクラシー契
約法学」の体現者としての我妻の「変容」，すなわち「債権法体系への『協同
体』・『国家協同体』への粉飾〔の〕全面化」(76)を見る者もいる。はたしてそれ
は妥当であろうか。論者自身，上記のように評しながらも他方では，「この論
文はその全体からすれば，民法典の解体を叫ぶかのナチス民族協同体論のよう
な狂信的なものではない……。そこには，近代民法の発展，つまり近代から現
代へと蓄積されてきた伝統的債権法体系の変遷が素描されており，したがって
外被としての『国家協同体』の粉飾を取り除けば，今日のオーソドックスな現
代債権法体系の輪郭を発見することができる」(77)とのべている。思うに，たと
え発表の場が時局的な要請に応えるべく編集されたものであったとしても，ま
た論稿のなかで「協同体」という文言が用いられていたとしても，それらのこ
とから直ちに我妻のナチス的協同体思想への共感や伝統的な法解釈からの変容
を見出すのは早計であろう。社会は個人が他者を尊重しながら共同協力すると
いう「協同体理論」は我妻が戦前戦後を通じて，終生一貫して抱いていた基本
的発想であった(78)。むしろここで注目すべきは，我妻が統制経済のもとでの
「個人の自由意思」の制限・規制の具体相には，何ら言及していないことであ
る。この点については，我妻は「原稿があまりに長くなつた」ので本書から削
除した「本稿の目的」の一方について，同稿掲載巻（7巻）付録の月報「国家
科学」（4）日本国家科学体系附録（1942・5）のなかで，「『現代債権法の基礎
理論』を読む諸君へ」としてつぎのようにのべている（1-2頁，下線－引用者）。

　　「現代債権法に於ける上述の思想的推移は，近時の戦時経済統制立法に於
　　て特に顕著なものであるが，本稿はこの点を詳説することを避けるといふ

---

(76)　白羽・前掲『現代契約法の展開』92頁。
(77)　同前書93頁。
(78)　我妻は戦後，尾高朝雄ほか『民主主義の法律原理』（有斐閣・1949）所収の「民主主義
　　の私法原理」（のちに同・前掲『民法研究』Ⅰ所収40頁）で「私としては，ナチスの私法
　　理論の『協同体』観念から非合理的なものを除き，これを批判的な努力の指標に変更する
　　ことによって，多くの示唆を受けることができると考える」とのべている。そのような発
　　想は我妻の絶筆となった『法学概論』（有斐閣・1974）においても維持されていた。

第3節　吾妻光俊における「経済統制法の法理論」

ことである。／契約内容の統制といひ，契約締結の強制といふ現象は，今日の我が国の戦時経済統制立法に於ては殆んど常道である。今日に於ては，契約の自由は日常の売買にも借入にも貸借にも殆んど全く存在しない。然し，<u>この戦時経済統制立法を中心として現代債権法の推移を説くことは異常なる現象を基準として本体的な思想の変遷に一大飛躍あるものと誤解せしむる虞がある。</u>……私は現代債権法の基礎理論を理解するためには，この戦時特別立法の為される前に，既に近代法の債権理論が顕著な思想的変遷を遂げたことを明にし，この新たなる戦時特別立法のうちの或るものと密接な連絡を有するものなることを理解することこそ，最も必要なことと信ずるものなのである」(79)。

このような記述から，我妻の各種の戦時経済統制法やそれに基づく政令や施行令が数多く示されるなかで，民法をどのように位置づけるのかという点に関する課題意識は明確に示されている。すなわち我妻にとって，統制経済立法とは，あくまでも例外的・一時的な法現象にすぎないものであるとの冷徹な見方をとっていたのではなかろうか。

⑵　統制経済法体制のもとでの民法の存在意義をいかに捉えるべきか

ドイツから帰国した吾妻も言及していた，1937年1月にシュレーゲルベルガーがハイデルベルグ大学で行なった講演「民法典への訣別」は日本にも大きな反響を呼び，牧野英一が「民法よ，さようなら」との標語としていち早く取り上げ，それへの関心は高まっていった。このように民法について従来私法の基本法としての存在意義に疑問が投げ掛けられるなかで，わが民法学者たちのなかには，民法の存在意義を積極的に肯定する者がいた。

舟橋諄一(80)は，「『民法典への訣別』論について」日本経済法学会年報3号(1943) 145頁以下で，シュレーゲルベルガーの講演内容を要約・紹介したのち，その民法非難は「ナチス的観念乃至理論によつてはじめて論証され論破せられうべき性質のものではなくて，むしろ，伝統的民法の本来具有する性格ないし性質を指摘したにとどまるものと考へる」(172頁) とし，結論として，つぎのようにいう。「おもふに，伝統的なる民法乃至民法典が商品交換的関係規律の

---

(79) 本稿については，我妻の経歴と業績リストを示す我妻洋・唄孝一『我妻栄先生の人と足跡 —— 年齢別業績経歴一覧表』(信山社。1993) に記載されていない。

(80) 舟橋がドイツ留学時代，同じく九州帝国大学へと赴任することが決まっていた菊池勇夫とともに，蝋山政道が提唱し，有沢広美，国東定洞，堀江邑一らの「読書会」に創立メンバーとして参加していたことは，本書第2章注(21)(23)ですでに言及した。

341

普通法乃至原則法たるものならば，私有財産と分業とがこの社会から全般的に
廃棄せられざるかぎり，そこになほ，商品交換的関係は残存すべく，したがつ
て，所有権と契約との法体制，すなはち，権利の論理的体系たる民法原理もま
た，消滅し去ることはないであろう。この意味において，民法原理は，その機
能減退により或程度まで訣別せられるにかかはらず，なお依然として経済の法
の原理的乃至体系的基礎として存続することになる」(183-184頁)[81]。また川
島武宜（1909～1992）は，後で考察する吾妻の論稿「労務統制法の発展と労働
法」と同じく，国家学会雑誌57巻1号（1943年）「特輯／経済統制法と諸法」
に掲載された「経済統制法と民法」という論文[82]で，単純商品交換を前提と
した民法，企業間取引に関わる商法，そして統制経済のもと国家による経済取
引への公法的干渉・関与の度合を強め，公私両法の混合を特長とする，私法の
経済法化という展開についてのべる，菊池勇夫「近代法と経済法」（牧野英一
還暦記念『法律における思想と論理』〔有斐閣・1938〕607頁以下）[83]を引用しなが
ら，問うている。すなわち菊池の「『独占資本主義の法としての経済法』の時
代——すなわち統制経済——における民法の存在の可能性はいよいよ薄弱とな
る」のかとの課題に論及している。すなわち川島は，資本主義社会において，
これを支える基本的法原理である法的人格，所有権および契約の意義を具体的
かつ詳細に論じ，とくに企業における法関係を外部的と内部的なそれに分けて
考察し，さらに農村経済の法構造にも言及した（9-29頁）のち，つぎのように
いう。すなわち「これらの統制の目的とするところの統合・秩序・支配は，資
本的経済においては，民法的『自由』の形式の下において『自由』をとおして
実質的には存在してきたものの強化であり，また農村経済においては，いわば
民法の規定の視野の外にあった存在——かえって民法的『自由』をとおしてそ
の存在を失おうとしていたもの——の維持・回復である。この意味においては，

---

(81) 本論文は，先に第3章注(180)で紹介したシュレーゲルベルガーの講演録の邦訳（「シュ
レーゲルベルゲル『民法典への訣別』」法政研究12巻2号〔1942〕207頁以下）とともに，
同『民法典との訣別』（大坪惇信堂・1944）に収録されている。

(82) 本論文は，『川島武宜著作集』1巻法社会学1（岩波書店・1982）6頁以下に収録され
ており，引用はこれによる。なお川島は，同「解題」378頁において，本論文発表の意義
として，私有財産制度が存在するかぎり，統制経済によっても，「資本主義経済の基礎法
としての民法の存在意義は何ら失われるものではない」ことを示すのが当面の目標であっ
た回顧している。

(83) 本論文は，戦後，菊池『社会法の基本問題』（有斐閣・1968）193頁以下に収録された
が，同書の「序言」4-5頁において，「著者（菊池－引用者）は戦時中にどのような研究
をしたか」との問いを「回避しないために」収録したが，「総動員法体制下において著者
の思考の限界を示した点の指摘をまぬかれえない」と自らのべている。

第3節　吾妻光俊における「経済統制法の法理論」

民法の世界と統制法との世界との間には，もっとも本質的なところでは差異はない」（32-33頁，傍点は原文）とする。川島は「経済統制法は，民法的基礎の上においてその『自由』の克服が現実化したところのものである」として，つぎのように続けている（34頁，傍点は原文）。

> 「それは，経済が社会的分業およびその分業を統合する手段としての商品交換をとおしていとなまれる――換言すれば，個別的な『企業』を単位として構成される――，というその経済機構のもっとも基礎的な部分に着目するかぎり，自由経済からの本質的な飛躍をしていない。それはただ，そのような機構における，経済法則と経済的強制の支配，すなわち利己心を原動力とする『自由』の支配を克服したのである。だから，商品交換の主体性としての，法的人格，その客体としての所有権，その手段としての契約――要するに，経済的に言えば，私有財産制度――は，依然としてその基礎に存在している。だから，現代経済のこのような基礎的諸制度を規定するものとしても民法は，このような意味においては依然として存在している」。

こうして川島は結論的には，舟橋と同様の論理的根拠によりながら，しかも舟橋以上に明確に「近時ナチスの学者が言うような『民法典からの訣別』を肯定すべきでない」[84]と言明した[85]。

----

(84) 川島には，ほかに関連する論稿として「『統制経済』における法と倫理」経済統制法年報1巻1号（1941），同『著作集』第4巻法社会学4法意識（岩波書店・1982）2頁以下に所収および「市民社会（原題では「自由経済」－引用者）における法と倫理――民法を中心として」法律時報14巻6，7号（1942），同『法社会学における法の存在構造』（日本評論社・1950），さらに同前『著作集』4巻42頁以下に所収がある。前者は，戦時中の統制経済のもと，広範囲にわたる不遵守，脱法行為が横行していたことについて，国民の自発的な遵法精神がなければ，総力戦体制の根幹である資本主義経済は成り立ちえないと指摘し，後者は「民法典との訣別」さえ論じられるなかでも，資本主義経済にとって固有の法と倫理の関係が貫徹するとした。なお同書「解説」409-410頁には，陸軍や内閣情報局内では同論文をもって，川島は「自由主義者」であり，逮捕すべきであるとの動きがあったが，友人（氏名等不明）の機転で免れることができたと記されている。なお川島『ある法学者の軌跡』（有斐閣・1978）173-174頁にも，同じエピソードが紹介されている。

(85) 末川博は戦後，「民商法四半世紀」民商法雑誌39巻4・5・6号（1959）917頁以下（のちに同・前掲『法と契約』〔1970〕93頁以下に収録）のなかで，自らの戦時期の論稿には言及していないが，つぎのようにのべていた。「国家総動員の名のもとに推し進められた統制経済は，資本主義的諸関係を変革するものではなかったのだから，その法的表現たる諸般の統制法規もまた，それ自体が全く新たな理念と構想のもとに従来の私法法規と絶縁された体系として成り立つものではない。……私有財産制度を前提としてその維持と運営

第4章　太平洋戦争下の社会・労働法学

3　吾妻光俊『統制経済の法理論』を読む

このように民法学の存在意義が問われるなか，1944(昭和19)年5月，吾妻は『統制経済の法理論』と題する本文286頁・B5版型の小著（河出書房）を刊行した[86]。そこで今度は，同書所収諸論稿を通じて，吾妻の統制経済法に関わる学問的営為を追跡してみたい[87]。吾妻は同書のなかで戦時体制のもとでの日本法，とくに国家統制経済法が数多く制定されるなかでの民法学のあり方についてのべている。その目次構成は，つぎのようなものである。

序
第一篇　統制経済の法理論〔書き下ろし〕
第二篇　経済統制法の地位
　一　経済法と民法←「学界展望／経済法と民法 ── 経済法研究の一つの態度」
　　一橋論叢9巻5号（1942・5）
　二　労務統制法の発展と労働法←＊「経済統制法と労働法」国家学会雑誌57巻
　　1号（1943・1）

に関する民法や商法を変革するような動きは，どこにも見られず，『民法よ，さようなら』という〔が〕ごときは，本質的にナンセンスだった」(107頁)と。

(86)　刊行は1944年5月であるが，「序」の末尾に付された日付は「昭和18年10月1日」であった。ほぼ8か月ほどの時間差があったということになる。これは戦線の拡大とそれを維持すべき国力の疲弊のなかで，次第に出版事情も自ずと厳しくなっていったことによるものであろう。

(87)　近時，平林英勝「戦前・戦中期における経済（統制）法学の興亡 ── もうひとつの『日本経済法学会』」舟田正之先生古稀祝賀『経済法の現代的課題』（有斐閣・2017）1-19頁が，戦後1951(昭和26)年5月，一橋大学の田中誠二（1898～1994・商法・経済法）らにより設立され，今日に続くそれとは異なる，戦時期の「経済法学会」（機関誌『統制経済』1940〔昭和15〕年～1944〔昭和19〕年）について論じている。同学会は戦時期，統制経済が進行するなか，当時東京帝大法学部に対抗した「商大法学」の創造を主張していた東京商大において，常盤敏太（1899～1978・刑法・民法・法哲学ほか）や米谷隆三（1899～1958・商法）らを中心に結成された（ただし田中誠二は参加せず，東大からは，東京商大併任教授であった牧野英一のみが参加した。他方では，本書の登場人物のほとんどが，これに関与し，報告や論稿の公刊もしていた）。常盤については，小石川裕介「常盤敏太 ── 日本経済法学会の設立と東京商科大学」小野博司・出口雄一・松本尚子〔編〕『戦時体制と法学者』（国際書院・2016）369-379頁を参照。当時，東京商大では，1940(昭和15)年以降，経済法の講義が，米谷や，孫田の教え子である吉永栄助（1912～1998），美濃部達吉の弟子である田上穣治（1907～1991・公法）そして吾妻により，それぞれの立場から交互になされていたという（吉永「一橋学問の伝統と反省／経済法」一橋論叢34巻4号〔1955〕207-212頁および喜多了祐「商法・経済法（1） ── 一橋商法学の形成と米谷博士の企業法論」一橋大学創立百年記念『一橋大学学問史』〔一橋大学学園史刊行委員会・1986〕685-686頁）。吾妻が統制経済法に関する論稿を発表していくのは，このように「経済法」講義を担当したことがその背景としてあったものと推測される。

344

三　組合統制法の進展←＊「統制組合 ── 組合の法機構を中心として」経済統
　　制法年報 1 巻 2 輯（1942・4）[88]

　上に引用した目次からも理解できるように，同書は大きく二部構成となって
いる。第一篇（1-154頁）は本書全体の 2 分の 1 強の紙幅を占め，第二篇（155-
286頁）は既発表論稿を，その表題を変更して，掲載している。吾妻は「序」
文において，「自由経済から統制経済への過程を法の側面から書いてみようと
いふのが本書の企図である」（1 頁）とする。また「本書では出来るだけ平明に
叙述を進めようと努力し，人々に法というものの現代に於ける意味と役割とを
理解させることにつとめた」（1-2 頁）とも，のべている。確かに，同書は『ナ
チス民法学の精神』とくらべ，内容理解は容易である。ここでは，原型論稿の
執筆・発表順を考慮して第二篇構成論文から先にみたい。吾妻が同書で論じる
のは前著と同様に，統制経済法の具体的な立法紹介や適用内容の整序ではなく，
新たな法分野としての統制経済法が既存の私法体系，とりわけ民法学に，いか
なる影響を及ぼすかとの学理的な検討であった。

（1）『統制経済の法理論』第二篇の概要

　第二篇には，「経済法と民法」，「労務統制法の発展と労働法」および「組合
統制法の進展」の三つを収めている。吾妻は第二篇の冒頭で「本篇では，法機
構の問題を中心として経済統制法と民法及び労働法の関係を問い，また〔産業〕
組合法の発展の側から経済法の発展の姿を描かうとした」（157頁）と，その意
図を説明している。ここでは，上掲論稿のうち，前二者を取りあげて，吾妻の
見解を検討することにする。

（ア）「経済法と民法」の読解

　自ら「もつぱら研究態度について語」ったとする「経済法と民法」[89]で，吾
妻は私法と統制法との関係を法律学の観点から分析・統合的に理解することが
経済法研究の出発点であるとした（162頁）。すなわちそれは「既存の法体系と
の関連を問い，その中におのずから新しき法体系の性格を明らかにせんとする

────────────

(88) 同誌は，中央物価統制協力会議から刊行されたものである。同機関は，当時の統制経
　　済に対する国民の不遵守と脱法行為が横行したことから，物価統制の実効性を確保するた
　　めの情報活動を行なわせるために，政府が組織させた民間機関である（川島武宜前掲『同
　　著作集』第四巻法社会学 4 同「解説」406頁）。
(89) 吾妻には，前著『ナチス民法学の精神』に収録されなかったもの（講演録）として，
　　「独逸における経済法学説の変遷」法律時報 12 巻 8 号（1940）と＊「独逸経済法体系の特
　　色」経済法の諸問題 2 （1941）45-52頁（質問の部 52-57頁）がある。

第 4 章　太平洋戦争下の社会・労働法学

ものである」（167頁）。吾妻は先に言及した川島と同じく，菊池の「近代法と
経済との関係」（牧野英一還暦『論集』所収）[90]に言及・参照しながら自説をの
べている。菊池論文を要約して紹介したあとで，吾妻は川島とは異なり，菊池
「教授の所説の大綱については私としてはいささかの異論をも有するものでは
ない」（174頁）とする。しかしこのようにのべながらも，吾妻は民法と経済法
との関連については，「補充しかつ若干の吟味を加ふることが可能」（同前所）
ではないかと続ける。吾妻にとって最も重要なのは，民法典を中心とした近代
的民法体系が社会経済の変化のなかで，その周辺にいかなる法形態を発展させ
てきたかという「民法の法源の問題」がまず吟味されるべきである（177頁）。
それは「民法体系（乃至商法体系）と経済法体系との浸透乃至は相克の関係
……に果たして限界ありや」（178頁）を検討することであった。しかし菊池は
これに「直接タッチして」いない。「いま経済法と民法との関係について，果
たして経済法体系が民法体系にたいしてこれを解体してあたらしい法秩序を形
成するものなりや〔否や〕を問題とするに当つては，われわれの経済生活に関
してのその一般法としての性格を維持して来た民法体系を支へる契約・所有権
等が経済生活の法的形成乃至秩序づけの基本概念たる性格を失ふか否かが問題
の中心であ」る（180-181頁）。「民法学に課せられた任務は，民法上のもろも
ろの法概念の修正を単に近時の統制法の側から吟味することのみに尽くるので
はなく，それらの概念をその地盤としての社会経済の歴史的な発展に即し，し
かしその法構造に着眼して出来得るかぎり具体的に吟味することにある」（186
頁）。ただ吾妻にいわせれば，そのような研究は「寥々たる有様」であり（187
頁）[91]，具体的にあげたのは，むしろ統制経済法が数多く出現する前に著わさ
れた，我妻の「近代法に於ける債権の優越的地位」法学志林29巻6号−31巻
10号および「資本主義生産組織に於ける所有権の作用」法学協会雑誌45巻3
号−5号[92]であった。
　なお吾妻は法学方法論については，同論文のなかでつぎのようにのべている
（176頁，下線は引用者）。

――――――――――
(90)　すでに本書第3章注(150)に記したように，本稿は戦後自らの古稀を記念して，菊池が
　　刊行した『社会法の基本問題』（有斐閣・1968）に，表題と副題を入れ替えて収録されて
　　いる。
(91)　吾妻がそのような研究例としてあげるのは，民法の法人概念と関連させて，その特異
　　性を論じる川島武宜「営団について」法律時報13巻9号（同・前掲『著作集』第六巻法
　　律学2〔岩波書店・1982〕2-22頁）であるが，それは例外的なものであったとしている。
(92)　我妻のこれらの論文は，戦後，論文と同名の『近代法における債権の優越的地位』（有
　　斐閣・1953）に収められている。

346

第3節　吾妻光俊における「経済統制法の法理論」

「経済学乃至社会学が法律学の研究に対して有する補助的な重要性はこれ
を承認し，経済的なものと法律的なものとの不可分の関係がことに経済法
の研究に当つて強く認識さるべきことは否定しないが，法を実質的な経済
生活の単なる反映として，抽象的な社会生活の形式と認むる態度を採用せ
ざるかぎり，経済的な観点は法律学の研究にとつて決定的ではあり得ない
と思ふ。この意味で私はあくまでも法学的な見地から経済法の性格なり経
済法の既存体系との関係なりを問ふべきだと主張したい」。

　このように菊池論文に異論を呈する吾妻は，慎重な，配慮した言い回しなが
ら，ここに戦後自ら「法社会史的研究方法ないし態度」とのべる方法を表明し
ていると読むことができるのではなかろうか(93)。そして，ここで示された方
法論を民法ではなく，労働法に関連して示したのが，つぎにとりあげる「労務
統制法の発展と労働法」であったと理解したい。そこでは，（統制）経済法の
法的意義が積極的にのべられている。

（イ）「労務統制法の発展と労働法」の読解

　同論稿は，戦後その研究の重心を労働法学に移動させていく吾妻のとくに初
期「労働力のコントロール」論形成の過程を知る上で重要な意義を有する。そ
の目次構成は，つぎの通りである。

〔「はしがき」に相当する部分〕
一　経済統制法の下に於ける労働
　（一）労務統制法の進展
　（二）労務統制の諸面
　　(1) 労働力の動員／　(2) 労働力の維持・培養／　(3) 労働者の地位
二　労働法と統制法
　（一）民法から労働法へ
　（二）労働法と経済統制

---

(93) 戦後初期，吾妻は「法社会学」を法学分野から排除しようとするが，ここでは，つぎ
のようにのべ，その学問的性格に警戒感を表わしている。すなわち「法社会学の主張は，
法が社会学的な方法によつてとらへるべきことを唱導するにもつぱらであつて，法の現実
性の内容についてこれをいかに理解すべきかに及ばない。ここにややもすれば法を社会的
事実，したがつてまた経済事象の反映としてこれを抽象化し，手段視する個人主義的態度
に陥る危険があらはれ，また法の規範としての意義を不当に軽視することにもなる」
(116-117頁)。なお当時「個人主義（的）」と「利己主義」とほぼ同義にもちいられ，戦
争遂行に対し，非協力的であるという趣旨で，相手を強く非難する意味でもちいられてい
た。

第4章　太平洋戦争下の社会・労働法学

　吾妻はまず前段一（一）で，日支事変（1937〔昭和12〕年）以後数多く制定されていった日本の統制経済法の特徴として，ナチス・ドイツとは異なり「準戦時体制」を十分経験していないと指摘している（204頁）。その上で，その主要な部分である労務統制法の立法展開——ただし国家総動員法に基づく勅令——について，具体的に第一期から第三期に分ける。第一段階は1938（昭和13）年から39（昭和14）年にかけて「労働に関する基本的な体制を整えるべき……発足期」であり，労務統制は比較的網羅的になされたが，応急対策としての性格をもつものであった（207-208頁）。第二段階は，第一段階ほどの明確な時期の設定はしていないが，ヨーロッパでの第二次世界大戦勃発（1939年）による戦争の長期化によって「労務統制を更に一段と強化する必要を生じた時期」である（208-209頁）。そして第三期は「第二期以後最近までの時期」——ということは，太平洋戦争に突入してから同稿執筆時の1942（昭和17）年末までの頃か——である。その特徴として，吾妻は「第一，第二の両期にあらはれた方策を拡充強化するに止まらず，それらの総合乃至は内面化の始まつた時期である」（209頁）と指摘している[94]。ついで吾妻は労働統制の諸法について，同（二）（1）「資源としての労働」―「労働力の動員」，（2）「生産の要素としての労働力」―「労働力の維持・培養」および（3）「国家的・社会的存在としての労働者」―「労働者の地位」の三つの側面から観察し，その相互関係を検討する（214-215頁）[95]。（1）は，労務者の移動防止と徴用を目的とする統制立法においては，物資統制との近似性がみられるが，「労働力の保持者たる労務者の人格に対する統制を含む点」で，それとの「基本的差異」があると指摘している（219頁）。つぎに（2）については，「労働力の維持・培養に採って最も重大なのは賃金問題と各事業場に於ける労務管理の問題とである」[ママ]（221頁）として，これらにつき，比較的詳細に言及している（220-231頁）。そして（3）に関して，吾妻は，民法上契約当事者として，あるいは労働法では団結のなかに回復しつつあった労働者の主体性が労働統制法のなかでは見出せない（232-233頁）とのべている。

　こうして労働統制法の展開を三つの段階に分け，ついで，そこでの基本的特徴を示した上で，後段二「労働法と統制法」において，吾妻は民法から労働法，労働法から労務統制法という構図のなかに労働に係わる法の発展をみて，これ

---

[94]　先に紹介した我妻・前掲『経済再建と統制立法』における時期区分とくらべて，第三期について微妙にずれている。

[95]　吾妻・前掲『統制経済』214頁は，このような三つの側面から，労働統制法を考えるべきであることについては，菊池勇夫『日本労働立法の発展』（有斐閣・1942）70頁以下および後藤清『労務統制法』54頁以下でのべられているとしている。

348

第3節　吾妻光俊における「経済統制法の法理論」

を「近代民法典成立以後の経済機構の変遷に伴ふある意味では必然的な展開で
あると考へる」（253-254頁）として，つぎのように総括してみせる（253-254頁，
下線は引用者）。

　「自由経済の進展は ―― いま労働関係を中心に論ずれば ―― 民法典の前提
〔と〕する自主的な人格の概念を労働者の中に見失はしむるに至つた。労
働運動はこの失はれた人格を回復せんとする努力であり，労働法の勃興は
この人格概念をはじめは社会政策的な労働者の救済の中に，次いで自主的
な団結の中に求めたのである。しかしこの民法から労働法への過程に鋭く
表はれる社会性の動向は，階級対立の思想の中に再び民法典の対立的個人
間の契約概念に復帰したのである。否それは民法典の予定せる自由な人格
の結合ではなく，闘争的な階級対立の結果としての妥協であつた。この分
裂の排除は寧ろ国民的生産力の拡充を要請する戦争乃至準戦時における労
働の経済的側面を通して，即ち経済法的観点に於てはじめて可能とされ，
ここに労働者の職分的団結〔ドイツにおける「労働戦線」および日本での「産
業報告会」を指す〕を通して労働者の人格が初めて回復されるのである。
この意義では経済統制法は民法から労働法への発展を一応完結せしむる意
義を持つとも云へよう」。

　このように吾妻は，弁証法的論理展開をもって現実的なものには合理性があ
るかのごとき理由をもって，労務統制法を肯定的に理解している。吾妻は『ナ
チス民法学の精神』では，ナチス法理に対し極めて慎重に向き合っていたのに
対し，日本の労務統制法には比較的明瞭にその意義を肯定している。その点で，
二つの著書は対照的である[96]。

　左に引用した吾妻における民法－労働法－経済統制法という展開の「歴史的
必然」について，今一度論旨を追跡してみたい。まず「民法典的な雇傭契約理
論」によってはカヴァーされない労働関係の特質として「従属的労働の観念」，
「事業主の経済的地位と資本的勢力（法律的には所有権の作用）に基因する労務
者の人格に対する支配関係」（239-240頁）と捉えている[97]。吾妻は，それが

(96)　蓼沼・前掲「吾妻光俊先生」12頁は『統制経済の法理論』と吾妻の戦前のもう一冊の
　　著書である『民法総論』（巌松堂書店・1944）とをもって「両者とも，ドイツにおける私
　　法理論の新動向をフォローした『ドイツ ―― 正しくは「ナチス」であるが，あえて言い間
　　違えているのであろうか（引用者）―― 民法学の精神』と基底において連なっていること
　　は疑いない」とする。確かに吾妻の議論は両者相異なるものではない。しかしそれは，蓼
　　沼の理解とは反対に，むしろナチス法理を肯定的に捉えているという意味で「基底におい
　　て連なっている」と思われる。

第4章 太平洋戦争下の社会・労働法学

労務統制法下の経営において真の人格的統合が実現されて解決するという。そのような孤立的・対立的な個人の意思を媒介とした契約関係が経営内では，封建的な支配関係でもなく，経済的従属関係でもない，信義に基づく人格的な結合関係が実現し，それが生産活動と結合されて，「経営なる細胞における労働の人的側面と企業なる組織体に於ける資本の財産的側面との結合の内面にすべての労働の法的規制の地盤たる統一秩序を見る〔，〕あたらしい経営秩序乃至企業機構への転換をなし得るであろう」（244-245頁）という。

しかし，このような吾妻の説明は必ずしも成功しているとは思えない。吾妻はまず，組合運動について，それが民法典的な雇傭契約のもとでの従属的労働からの「労働者の自主的地位回復の努力であり，且つ人格尊重への人道主義的主張に支えら」（241頁）れたものと，積極的に評価している。ドイツでは，このような組合運動により集団的労働（法）体制 ―― 協約自治と経営協議会法による労働者の経営参加 ―― がもたらされた。このことは，従前，孫田や後藤が強調してきたことである。これとは対照的に，わが国では吾妻自身もいうように，「組合運動は寧ろ抑圧的な取り扱いを受け，この意味では労働者の自主性は微弱であ」った（241-242頁）。ドイツでは，従来の組合運動が克ち得た労働者・労働組合の自主性は，ナチス体制のもと，「殆んど失われた」が，ナチス労働法は経営の人的構成のなかに，その必然性を説き，労働関係の本質とした。そこに労働の民法的雇傭契約理論の転換を求めた（244頁）。ただし，もしも「経営の内面的秩序の発現を事業主の独裁的決定権にのみ求めるならば，労務者の地位は寧ろ全く自主性を奪はれて隷属的地位に堕することとならう。……このことこそナチスの指導者概念が経営秩序の中で指導者と従者とを人格的に結合する理念としての地位を与へられ，そこに従者たる労働者の人格概念が存し，またそのことが労働秩序法にうたはれる所以である。この意味では彼等の経営協同体論は決して単なる精神運動に止まらない一種の法的原理と解される」（251頁）。吾妻は特に自著を引用していないが，このような議論は，すでに『ナチス民法学の精神』を読んだ者は，同書に収録された諸論稿，とくに第三章「労働秩序と契約概念の後退」を通じて十分に承知している。しかし「わが国労務管理令はこの点に全く触れるところがない」（同所）。それゆえに吾妻自身「坊間唱へられる家族主義が経営について比喩として以上の意味をもつためには……少なくともそこには封建的残留ではない，新しい法理とそれを具現する基本法が要求されるのではなからうか」（251-252頁）といわざるをえな

---

(97) ここでは，吾妻が戦後とは異なり，労働の従属性を肯定的に捉えていることに注意すべきかもしれない。

350

第3節　吾妻光俊における「経済統制法の法理論」

かった。しかしそのいうところの「新しい法理とそれを具現する基本法」とは
何かは結局示されず，「漸次労働に関する基本的な体制」整備の必要性（253
頁）を指摘し，「一つの理想型」が実現することへの期待を吐露して終わって
いる（255頁）。

　このような論旨の展開を確認したとき，本書の意義をどのように捉えるのか。
同稿はやはり，戦争遂行のための生産力増強のための労働統制立法の進展を合
理化せんとの試みであったというべきではなかろうか。

(2)　『統制経済の法理論』第一篇の概要

つぎに同前書の第一篇にもどろう。その構成はつぎのようになっている。

序論
一　自由経済と法
　（一）自由経済と法機構／（二）自由経済と法観念／（三）自由経済と法思想
二　自由経済の動揺期と法
　（一）法機構の動揺／（二）法観念の修正／（三）法思想の転機
三　統制経済と法
　（一）統制経済と法機構／（二）統制経済と法観念／（三）統制経済と法思想
むすび

　以上のように，「序」と「むすび」をはさんで，三章・三節という均整のと
れた構成となっているが，吾妻は本篇の趣旨をつぎのように説明している（8
頁）。

　　「自由経済から統制経済への移向［ママ］を法の側面からとらへるためには，いや，
　およそいずれの面からにせよこの推移の姿をありのままにとらへようとす
　るに当つては，政治上の理念の変遷や経済生活の動きと同時に，法機構乃
　至法の観念の推移を吟味し理解する必要があるのである。まず政治・経済
　を，しかる後，法をではなく両者を同時に，そしてたがひに関連せしめあ
　ひながら理解を進めてゆくことが必要なのである」。

　その具体的な方法が「『法機構』『法概念』『法思想』の三つの観点から，そ
れぞれの自由経済と統制経済とを，または同時に両者を統合し比較しつつ吟味
する」（9頁）ことであった。「法構造」とは，法が適用・機能するところの，
それぞれの歴史的特性に着目した社会のことである。「法概念」は，具体的に
は，近代市民社会法における基礎をなす所有権・契約・人格・団体（法人）を
指している。そして「法思想」については，それぞれの時代を特徴づける近代
自然法思想から自由法運動，そして新ヘーゲル学派にいたる法思潮である。す

351

第4章　太平洋戦争下の社会・労働法学

なわち，まずは近代市民社会を封建制社会とくらべながら，つぎにそれが19世紀末から20世紀初頭の「動揺期」をへて，当時の「統制経済社会」へと推移するなかで，それが従来の「自由経済」下と対比して，いかなる変化がみられるのかをのべている。端的にいえば，本篇 ── とくに三「統制経済と法」── は内容的には，先に言及した第二篇所収の諸論稿を，いわば各論とすれば，そのような統制立法の出現にいたる歴史的経緯を平明かつ詳細にのべた総論あるいは基礎理論篇とも称すべきものである。とくにここでは，統制経済が進行するなか，私法上の基本的な概念である「所有権」「契約」「法人格」が，つぎのように変化していると，のべていることに注目したい。すなわち吾妻によれば，戦時下の生産力拡充，しかも特定物資の緊急増産の要請のなかで「所有権と契約」は，つぎのように変化する。

> 「抽象的な価値の観念によつて物資をとらへようとする立場に対して反省が求められ，またそのやうな立場の媒介の役目をつとめた契約にたいして強き制約が行はれるのである。また個人対個人の契約によらない物資流通のしくみ……が求められかつ実現されたのである。しかし統制経済の要請は……場合によつては所有権自体に対してこれを修正・転換せしめようとするに至る」（139頁）。「統制経済のもと，生産力拡充が国民経済最高の目標となり，生産活動たる労働に重点が置かれるに至つて，重大な変化がもたらされた。集団労働……の事態が法律的規律の目標となり，しかも労働条件，労務者の保護，その他労務関係に関するあらゆる事態が生産力拡充の至上主義の旗のもとに再検討を要求されることになつたのである。この間にあつてはとりわけ注目さるべき問題は，資本的構成を中心とする従前の企業の概念に対して，人格的結合のもとに於ける共働を中心とする勤労的構成を中心とする経営の観念が漸次浮びあがつて来たことである」（141-142頁）。「労働に関してはすでに契約は退いて一種の『人の秩序』の思想がこれにかはつて前面に押し出され，この『人の秩序』の思想は更に企業所有権に対してこれを制約せんとするいきほひを示しつつある」（143頁）。

さらに「〔法〕人格（個人並びに団体）」について，吾妻はつぎのようにいう。

> 「経済統制法のなかにもつとも注目すべき事象は，その多くのものが国民経済の組織化に向つて団体の結成を促進しつつあることである。……しかしその当初は国家が上部から ── あるひは外部から ── 個人の経済活動を統制するために個人人格に加へた強制であると考へられたのが，漸次国家

第3節　吾妻光俊における「経済統制法の法理論」

の，したがつてまた各種団体の内部に於ける個人の位置づけを行ふものと認められて来た。個人人格の制限ではなくしてその団体秩序へのくみ入れが問題とされるに至つたのである」(145-146頁)。「経済統制法は団体の結成を促進する態度をとるとともに，団体の組織・活動等に対しては国家的干渉の度を強化しつつある。この干渉の強化はその出発点に於て，これを通して個人人格の放恣なる活動……を制約せんとするものであり，団体にその真の実在性を確保し，その本来の機能を発揮せしめんとする措置の第一歩として理解され得るのである」(147頁)。「個人にあつてはその主体性はむしろ団体秩序への編入によつて，したがつて個人主義的自由に対するもつとも強力な制約によつてはじめて承認さるることとなり，団体にあつては同じくその財産主体（経済活動の主体）としての組織・活動に対する鋭い制約によつて団体に於ける人と人との内面的・有機的結合の面にその独自の主体性がはじめて認められるのである。そしてこのことは結局あたらしい人格概念は団体生活の内面に於ける個人の位置づけに於て，また共同の勤労を中心として具体的に捉へられるといふ方向を指し示すのである」(148頁)。

このように吾妻は，総力戦遂行を実現するために，国民の自由や権利を極限まで制約していった戦時中の統制経済体制を正当化する議論を，積極的に行なっている。ただし，そこでは意識的であったのであろうか，吾妻は統制経済体制が対外戦争遂行の完遂を目指して構想・実施されたものであることには，一言も触れていないことに注目すべきかもしれない(98)。蓼沼は本書の意義と

────────────────

(98) 本篇の原型となったのは，吾妻が1942(昭和17)年7月27，28両日，京都帝大本部で開催された「日本諸学振興委員会」── 詳しくは，戦時期末期の末弘について言及する本章末397-398頁および注(174)を参照 ── の「法学特別学会における研究発表（講演）を活字化した＊「日本経済法の課題」文部省〔編纂〕『日本諸学研究報告特輯第七篇（法学）』(1943) 40-50頁であったと考えてよかろう。そこでは吾妻は，自由経済を前提にした民法，とくにその基本原則である「個人所有権の絶対」「契約の完全自由」が20世紀に現われた労働問題，小作問題，住宅問題等に十分に対応することができずに，次第に国家が「具体的，能動的」に私人間取引・紛争に積極的に関与するにいたり，とくに戦時統制経済体制について「国家権威と個人自治との統合なくしては統制経済の遂行が望み得ないことが法律機構の面にも示されてゐる」（同前論文48頁）とのべている。ここで吾妻は，前世期，とくに20年代，30年代における社会法思潮が生成した社会背景事情と，中国大陸のみならず，太平洋およびその周辺諸国を巻き込んだ全面戦争の遂行という当時の状況との根本的な位相の相違を，まったく無視している。それは本文に記したように，吾妻が意図的に隠したものなのかどうかは，判断しかねるが，おそらくそうだと思われる。

353

第4章　太平洋戦争下の社会・労働法学

して，吾妻が「歴史的社会の全構造の法的側面を，『法のあり方の特質を通して捉え』（118頁）ようとされる教授の基本的立場がはっきりうかがわれ」，「経済学ないし社会学上の概念や分析をそのまま安直に法の領域にもちこむことを，『素朴な方法の混交』を，特にいましめ」[99]ていることに注目している。しかし吾妻のいう「法を経済の奴隷視する考え方」（4頁）がマルキシズムを念頭においているとしても，蓼沼の推測するように，「法を政治の侍女」（5頁）とする見方が「（ナチスを念頭においての言葉であろう）」[100]と，はたして読み取れるだろうか。吾妻はそれが歴史普遍的とまではいわなくとも，従来社会のなかでしばしばみられる動向と考えていたようにも理解できる。

いずれにせよ，「法機構」「法概念」「法思想」の三つの観点から，統制経済法の意義を論じた吾妻『統制経済の法理論』が，法の発展が経済や政治に従属することなく，法律学独自の立場から，社会に存在する現象を「政治上の理念の変遷や経済生活の動きと同時に，法機構乃至法の観念の推移を吟味し理解する」（8頁）こと，すなわち「まづ政治・経済を，しかる後，法をではなく両者を同時に，そしてたがいに関連せしめあいながら理解を進めてゆくこと」（同）を提唱したことの帰結なのであろうか。もしそうであるならば，同書第一篇を単に自らの前にある「現実」を合理化する，便宜主義的な方法であると捉えるのは，その歴史的意義をあまりに矮小化するものだということになろうか。

◆第4節　社会保障法に関する理解の展開
—— 菊池勇夫と後藤清の議論

支那事変の拡大・長期化のもと，さらには国家総動員体制が強化されるなかで社会事業のあり方についての理解も自ずと変容していかざるをえなかった。1938（昭和13）年には先述したように，日中戦争期の機構改革として「国民保健，社会事業及労働ニ関スル事務ヲ管理ス」る厚生省が発足した。1940（昭和15）年，社会事業は「厚生事業」へと名称を改められた[101]。そのようななか，戦前・

---

(99)　蓼沼謙一「一橋学問の伝統と反省／民法及び労働法」一橋論叢34巻4号（1955）225頁。

(100)　同前所。

(101)　同年10月に開催された紀元二千六百年記念全国社会事業大会を契機に，「社会事業」から「厚生事業」へと改称されていった（吉田久一・同著作集1『日本社会福祉思想史』〔川島書店・1989〕520頁）。同著作集3『改訂増補版・現代社会事業史研究』（同前・1990）186-187頁によれば，厚生事業問題は(1)人的資源としての人口問題，(2)保健・医療問題，(3)将来の人的資源としての児童問題，(4)国民生活の頽廃にともなう非行・犯罪問題，(5)戦時災害問題，そして(6)貧困問題その他の多岐にわたっているが，(2)-(4)は戦時厚生事業である(1)を規定していたとする。

第4節　社会保障法に関する理解の展開

戦時期に社会保障法についても，積極的な発言をしていた菊池と後藤の両人は，
いかに対応したのであろうか。

1　菊池勇夫の厚生事業法と社会保険法理解

(1) 厚生事業法

　1941(昭和16)年末の真珠湾攻撃が近づいた時期になると，菊池自身かつての
社会連帯的理解ではなく，「社会事業の転換の方向は人的資源保全であり，国
民生活安定である」と主張するにいたった[102]。そして菊池は1942(昭和17)年
10月に公刊した「厚生事業の体系及び範囲」厚生問題26巻10号（前掲『社会
保障法の形成』〔1970〕所収）で「厚生事業は戦時国家総動員体制のために再編
成された社会事業」であり，その実質的特色は「事業目的が国民生活の安定を
確保し，国民の心身に亘る健全を企図し，もつて兵力及び労働力に充てる人的
資源の維持培養をなすものである」[103]とのべている。この場合，重点がおか
れているのは，いうまでもなく後段の「人的資源の維持培養」にあろう。さら
に菊池は厚生政策が「心身に亘る広義の健民勤労政策」であるとして，つぎの
ように主張している。それは基本的に，後藤の主張と何ら変わらないもので
あった。

　　「厚生政策は，……〔戦争遂行という〕国家目的に奉仕すべき人的資源の培
　　養を図るものである。人的資源の培養は，これを身体的にかつ数量的にと
　　りあげる面と，精神的に教養的にとりあげる面とがある。さらにこれらの
　　国民が国家活動に参与する勤労の面がある。いうまでもなく精神的に思想
　　鞏固にして能力優秀な国民が，身体的に強健でかつ増大する人口を以て勤
　　労に従事するならば，国家の興隆を期待できるわけである」[104]。

---

(102)　菊池「社会事業新体制に関する一考察」社会事業研究29巻10号（1941）3頁。

(103)　菊池・前掲『社会保障法の形成』256頁。

(104)　同前所。なお菊池はこれに先立つ「社会事業新体制に関する一考察」社会事業研究
　　29巻10号（1941）1-5頁で，社会「事業」と社会「政策」との差異 ── 後者では，権利・
　　義務の法的関係を認めるのに対し，前者では慈恵救済の恩（温）情関係として特徴付けら
　　れる ── に着目しながら，総力戦遂行に際しての人的資源活用の必要性が高まるなかで，
　　貧困者や境遇上不利益を被っている者に対しても，「たとえ微弱であつても生産的働きが
　　できるやうに要救護者を訓練し，或ひは教育輔導すること」（4頁）が重要となってくる
　　とのべている。また続く「厚生問題の重点 ── 社会事業立法の動向」厚生問題26巻9号
　　（1942）6頁以下で，自由主義経済のなかで生じた社会問題を国家が調整するのではなく，
　　統制経済のもとでは，「全面的計画の一部を構成するのが厚生問題」であるとして，その
　　積極的意義を称揚している。

355

第4章　太平洋戦争下の社会・労働法学

こうして菊池は同稿のなかで，厚生事業について「事業内容に関する系統」と「組織運用に関する系統」とにわけて，詳細な体系化を提示してみせている[105]。

(2) 社会保険法に関する法的理解

菊池は先にその言を引用したように，ヨーロッパ留学から帰国後間もない1931(昭和6)年以降，すでに社会保険法の講義をしていた。しかし菊池がこれについて論及した例は，必ずしも多くなかった。すなわち，すでに刊行された『日本労働立法の発展』に収録されている「国民健康保険法案について」九州帝大新聞165(昭和12・6・5)号と「社会保険の画期的実施」帝国大学新聞817(昭和15・6・24)号があるのみである[106]。したがって1942(昭和17)年，杉山直治郎還暦論集に寄稿し，社会・経済法論集第4巻『社会保険法と社会事業法』に収録が予定されていた「社会保険法の対象と本質」(以下，引用は，前掲『社会保障法の形成』による)は，戦前・戦時期の同人にとって当該テーマに関する主要業績であろう[107]。

菊池は冒頭「社会保険 (Social Insurance; Soziakversicherung; L'assurance sociale)」という文言が「普通には保険的方法よりも遥かに強調された社会的目標を云いあらわすものとして漠然と用いられている」(141頁)と指摘した上で，二「社会保険立法の発達」で日本の社会保険制度は1922(大正11)年の健康保険法により，その基礎が築かれ，昭和年代に入り，国民健康保険法 (1938〔昭和13〕年)，職員健康保険法 (1939〔昭和14〕年)，船員保険法 (同年)，さらには労働者年金保険法 (1941〔昭和16〕年) の制定により「体系的輪郭」を現わすにいたったとしている (142頁)。すなわち菊池は，戦前日本の社会保険立法の発達を「明治時代のいわば前史の時期」「大正中期より昭和初頭の健康保険立法を中心とする時期」「満州事変以後の国民健康保険立法を中心とする時期」「支那事変 (及び太平洋戦争) 下の社会保険整備の時期」の四つに分けて概観している[108] (143-162頁)。このような時代区分は，労働法をはじめとする社会立法の歴史的展開を整理したときと同様のものである。そして上記の時代区分やそれぞれの時期に成立した立法例は，社会保険法の展開の画期となったもので

---

(105) 菊池・前掲『社会保障法の形成』262-264頁参照。

(106) ただし菊池には初期の作品として，「新刊批評／山崎巖著『救貧法制要儀』・児玉政介『健康保険の研究』」法律時報3巻9号 (1932) 53-57頁がある。

(107) 近時，山田晋「菊池勇夫の社会保険論 —— 菊池勇夫『社會保險法の對象と本質』(一九四二年) を読む」修道法学39巻2号 (2017) 784-759頁が同前論文の読解と分析を試みている。

356

第4節　社会保障法に関する理解の展開

あった。ただしそれは価値判断を排した，事実を摘示するものであり，菊池が
それぞれの立法例の意義をどのように捉えていたのか必ずしも，明らかではな
かった。あえて価値判断的な評価を慎重に回避したのかもしれない。

　従業員規模10名以上の鉱業法・工場法適用事業所に勤務する民間現業労働
者を対象（職員層を除外）とし，業務上災害にも適用される保険料労使折半の
強制保険であった健康保険法（1922）が当時の労働争議頻発という状況に対応
した「産業平和策」としての性格をもっていた。これに対し1937(昭和12)年
の日華事変勃発以降は，総力戦体制と重化学工業化への産業構造再編のなかで，
労使関係の安定化を問題とする意義も失われていった。すなわち医療保険制度
全体が「健民健兵」政策のもとで拡大強化されていった。1938(昭和13)年制定
の国民健康保険法は5人未満の事業所に勤務する労働者と農民を適用対象とし，
翌1939(昭和14)年制定の職員健康保険法は事務職員を対象とし，そして船員
保険法はいうまでもなく戦時体制下での海運国策の必要性が認識されたがゆえ
に設けられたものである。さらに労働者年金保険法（1941〔昭和16〕年）につい
ては，既述のように年金制度本来の労働者の老齢・障害・死亡に対する所得保
障が主たる目的ではなく，むしろ戦時体制のなかでの生産力増強と資本蓄積機
能による民間購買力の吸収にあった[109]。

　そして菊池は明治年代からのわが国社会保険制度に関する歴史的な観察を踏
まえて，三「社会保険の法律的性質」で，中心課題である「社会保険の法的性
質」について論じている（163頁以下）。すなわち菊池は最初に「社会保険法と
は，社会保険に関する諸法規の総合的名称であると共に，これらの法規を対象
として系統的に研究する法学の一分科をも指すものである」と宣揚している。
つぎに菊池は従来の議論を要約・言及して，それらが社会保険の意義理解とし
て不十分で「その特質を実質的内容と法的形式との両方面に亙って解明」（168
頁）しなければならないとした。まず前者について，「社会保険の特質として
の社会性」を重視して，(1)保険目的─社会政策的生活保障であるとし，それ
は具体的には①被保険者の社会的地位と②具体的保険事故の社会性により，明

───────────

(108)　カッコ内は，原型論文10頁にはなく，戦後付加されたものである。なお明治時代か
　　ら戦後昭和時代の「国民皆保険」直前までの社会保険制度の歴史的展開を追跡したものと
　　して，清水金二郎「日本社会保険立法史」九州大学法学部創立三十周年記念論文集『法と
　　政治の研究』（有斐閣・1957）315-340頁がある。

(109)　横山和彦・田多英範〔編〕『日本社会保障の歴史』〔学文社・1991〕50頁，57-58頁
　　（西崎緑）および右田紀久恵ほか〔編〕『社会福祉の歴史：政策と運動の展開』〔新版〕（有
　　斐閣・2001）289-291頁（高澤武司）。より詳しくは，佐口卓『日本社会保険制度史』（勁
　　草書房・1977）および坂口正之『日本健康保険法成立史論』（晃洋書房・1985）等を参照。

357

第4章　太平洋戦争下の社会・労働法学

らかになるとする（169-170頁）。すなわちそれは各人の任意加入ではなく，強制加入により達せられる。つぎに社会的事故は生産労働者を被害者とするものであり，彼らの生活の安定を保全することが国民経済全体においてなされねばならない（170-171頁）。ついで(2)保険計画の社会性，すなわちそれが労働者の生活安定のための給付であることから，保険給付は金銭給付よりも現物給付として効果をあげることができること，私保険が保険料のみを財源とするのに対し，社会保険は私保険契約者として保険料納付のための資力のない者が対象であるがゆえに社会政策的性格を有し（172-173頁），および(3)保険経営についても，その原型を相互扶助保障とみたとき，営利的に採算がとれる事故でなければ保険事故とはなりえず，営利的経営のための財源を分担する程度の保険料を支払うことができるものでなければ保険への加入を認められない。これに対し社会保険では，社会政策的制約のもと営利的経営が排除されるのはもちろん，公営または相互組合の形式をとることになる（174頁以下）。このように社会保険の実質的内容に言及したあと，その「法的形式」に関し，労働者災害扶助責任法（1931〔昭和6〕年）および国民健康保険法（1938〔昭和13〕年）の二つの制定法に関連させて，その形式性の拡張について論じている（178-180頁）。こうして菊池は「日本の社会保険は，広義の社会政策的施設として勤労者及びその係累の生活の安定を保障する国家的の保険制度であって，法形態として一方には私保険に対し，他方には保険以外の労働保護及び社会事業に対して区別せられる。すなわち保険計画を要素とする狭義の社会保障概念に相応するものである」（180頁）(110)と結論付けていた。

　以上のように論じる過程で，日華事変後の戦時体制への突入・継続するなかでの戦力の増強と生産力の拡充が国家政策上の至上課題となっていった(111)ことを背景としていたからであろうか，菊池が社会保険の意義を「国民経済全体の立場から人的資源確保」（171頁）という観点から論じていることに自ずと注目せざるをえない。すなわち菊池は「自由主義経済においては，個別的企業はその必要とする労働力を労働市場から任意に〔調達して〕雇傭し，労働力の維持培養について顧慮することを要しない」（176頁）と理解する。これに対し貧困が社会問題化し「労資間の対抗関係を放任できない事情に立至つてから」は，「国家が社会政策の保護を加える」ことになる。さらに「国家が国民経済全体に対して統制主体として現われ」る統制経済においては，国家は「一面に生産

(110) 敗戦前の日本では，いまだ「社会保障法」概念が形成されていなかったからであろうと思われるが，原型論文48頁では「社会保険概念」と表記されている。

(111) 横山・田多〔編〕前掲書57頁（西崎）。

358

の総企画者であると共に，他面に生産に必要な資金，資材ならびに労働力の配分計画者でもある」(176頁) として，つぎのように続ける (176-177頁)。

「国家は，労働力の配置規制を行ないかつ労働資源の維持培養をなす責任者として，労働者の生活の保障，さらに広くしては国民生活の安定の為の合理的施設として社会保険の正義をなす必要にせまられ，また之を実現し得ることになるのである。戦時においては統制経済が戦争目的遂行のために行なわれるが，この場合社会保険の機能は直接に労力資源の確保にあるばかりでなく，他方兵力資源保全にも役立つことになる。したがって社会保険は広義国防的基礎においても強化されることになるのである」。

こうして1942(昭和17)年という日中間の宣戦布告なきそれにとどまらず，アメリカやイギリスなどの連合国側との戦争状態にいたり，英米のアジア支配打破とそれに代わる「大東亜共栄圏」の建設が戦争目的となった当時，菊池は社会保険制度発達の意義を戦争遂行目的の完遂という観点から積極的に位置付け，また合理化しようとする議論を展開していたのである。では後藤清の場合は，どうだったのであろうか。

2 後藤の「厚生法」から厚生事業法についての言及と理解

1944(昭和19)年の初め，後藤は「厚生事業」——「厚生法」ではない——についても，発言している。後藤は旧著『厚生法』を改訂した1942(昭和17)年以後，「厚生法」ということを積極的に言わなくなっていた。しかし「人的資源の保護・育成」に資すべき「厚生事業法」については，発言している[112]。そこで「戦時厚生事業の性向と任務」厚生問題——1941(昭和16)年12月までは「社会事業」という誌名であった——28巻1号 (1944) 1-11頁[113]における主張に耳を傾けよう。

まず後藤は従前から存在した慈善事業・博愛事業——宗教的色彩をもち，個人の喜捨に依存した——について，貧窮者など社会的弱者である要救済者の出現を社会問題と理解し，解決しようとした「社会事業」は『上から与える』という慈恵的性格を脱却できなかった (1-2頁) と総括した。そのうえで「社会事業」から「厚生事業」への発展について，つぎのようにのべている (2-3頁)。

---

(112) 日中戦争以降の社会事業の変質とその政策展開については，池田敬正『日本社会福祉史』(法律文化社・1986) 735頁以下を参照。

(113) 2つの後藤「業績目録」3-6頁は，「昭和一八年」発表と記しているが，正しく本文に記したように昭和19年である。

359

第4章　太平洋戦争下の社会・労働法学

それは「外延的な発展の結果ではなく，高き次元への発展の結果であると
言はれ得るのは，慈恵的な性格から脱却して，健全なる人的資源として一
国の発展のために各々の占むべき肢分的地位を担当し得るに足る性能の賦
与又は回復を目的とするからである。それは，民族の増強を窮極の目的と
して，国民の身体的，知的或は技能的，性格的或は精神的の三つの面に関
聯して，その物的向上を企図するものである……。従つて，社会事業がそ
の完成された形においては，予防的であつたのに反して，厚生事業は促進
的であるといふことができ，同じく国民生活の安定を問題としても，社会
事業においては，静態的であり，物質的であつたのに反して，厚生事業に
おいては，動態的であり，物質と精神との調和的協力的なものである」。

このような認識に基づいて，後藤は「戦争が生産戦の段階に移つた現時代に
おいては，生産増強に重点を置きつつ……国民の各々をしてその肢分的地位に
ふさはしき責任を果さしめん」との「戦時厚生事業の性格」から，さしあたり
（一）銃後庶民生活の戦争協力態勢完備のための生活指導[114]，（二）勤労力供
出への協力[115]，（三）勤労力の健全と発展への協力について[116]，論じている
（4頁以下）[117]。しかし，ここでいわれているのは，はたして従来「社会事業」
とされていたことの「高き次元への発展の結果」なのであろうか。両者はまっ

───────────────────────────────

(114) 後藤・同前稿6頁は，山田清人「母親学校の構想」厚生問題27巻6号（1943）56頁
　　が掲げる，以下の「常設母親学校の教育要項」を「生活指導のために着手すべき項目をほ
　　ぼ網羅している」としている。
　　　　イ、生活設計＝配給，消費の問題を理解させ，家計の設計，隣保協同の生活設計を指導
　　　　　する。
　　　　ロ、家庭科学＝栄養の知識，献立の実際，燃料の科学，衣服更生法，住居の美化につい
　　　　　て指導する。
　　　　ハ、保健＝生理，衛生の知識，育児，母性保健について指導する。
　　　　ニ、保育，育児＝幼児，児童の心身の発達の知識，保育，教育の実際，小国民文化の問
　　　　　題について指導する。
　　　　ホ、生活文化＝家庭生活，隣保生活における文化の創造と享受の方式について指導する。
(115) これについて，後藤・同前稿7頁以下は，「婦人勤労力」と日雇労務者をあげる。前
　　者については，「能ふる限り家事から解放して直接生産増強部面に振り向けることが国家
　　の要請である」とし，後者については，「彼らが継続的・定住的の勤労感を欠く傾あるた
　　め，生産増強が少からず阻害せられてゐ」て，「未だ改善の跡著しとしない」（10頁）と
　　している。ただし既述（本章注(23)）のように，日本の戦時「婦人勤労」動員に際し，専
　　業主婦はその対象から除外されていた（西成田・前掲書304頁）
(116) 後藤・同前稿11頁は，中小企業における実現が不十分で，「単なる休養慰安の施設を
　　設けるだけでもその意義は少くない」とし，また青少年工の補導が「肝要」であるとして
　　いる。

たく別個のものであるように思われる。そのような論理を展開することにより
後藤は，国民が国に対しその「手足」（「肢分的地位」）となって一向に劣勢を挽
回できない対英米等連合国軍との戦争遂行を何とか継続することに協力すべき
ことを正当化しようとした。しかし当時それは，すでに机上の観念の遊戯と
なっていたのではなかろうか。

　一方，後藤は同時期に＊「厚生事業における常時的なものと戦時的なもの」
厚生事業研究 32 巻 1 号（1944）15-26 頁を発表している。そこでは，「厚生事
業」の意義について，つぎのようにのべている（18 頁）。

> 「厚生事業は，健全な人的資源として一国の発展のために各々の占むべき
> 肢分的地位を担当し得るに足る性能を国民に賦与し又は回復することを目
> 的とするが，その方法として国民の日常生活において指導し協力するとこ
> ろに，その特徴がある。『国民の日常生活において』指導し協力するとい
> ふのは，『国民の暮しの建て方に於いて』指導し協力するの謂であつて，
> ここに厚生事業に委せられた固有の領域がある」。

　ここで後藤はやはり国民の「肢分的地位」をいいながらも，その「日常生
活」ということに言及している。その点に先の「戦時厚生事業」稿との相違点
を見出そうとすることも可能かもしれない[118]。しかし，このようにのべた直
後，後藤は「健民強兵を目ざして国民の健康増進と体位向上をはかることは，
国民の日々の生活の営みに対する指導と協力なくしては行はるものではないか
ら，かかる指導と協力とが厚生事業のうちに含まれるのは，当然のことであ
る」（18 頁）と続けている。したがって上記二つの論稿に，基調の相違はない

---

(117) 後藤は前年の 1943（昭和 18）年，「厚生事業営団の構想序説 ── 社会事業新体制のため
　　に」厚生問題 27 巻 6 号 18-34 頁で，国家総動員体制のもとでの社会事業（厚生事業）の
　　担い手として，従来とは異なる，民間でも国営・公営でもない，営団方式が好ましいとの
　　見解を表明していた。

(118) 吉田・前掲『日本社会福祉思想史』515-516 頁は，菊池と後藤は戦前同じく社会事
　　業・厚生事業について多く発言した点で共通するが，菊池とは異なり，後藤は「決戦段階
　　の最後まで発言を続けた」としたうえで，つぎのような理解を示していた。すなわち後藤
　　が，前掲「戦時厚生事業」で国民各自が全体に対する『肢分的地位にふさわしい』責務を
　　はたすことを強調している点で，そこには「全体主義的発想」が窺がわれるとした。しか
　　しその一方で，前掲「常時的なものと戦時的なもの」稿で，後藤が人の「人間的社会的存
　　在の基底としての日常生活」にも言及していることから，「決戦段階における物資不足と
　　引換えに精神論が横行する中で，この常時的な日常の重視は重要である」（吉田・同前書
　　516 頁）とのべている。このような吉田・同前所による後藤に関する相矛盾する評価をい
　　かに理解すればよいのだろうか。

と思われる。むしろ同稿の意義は，その表題に示されているように，厚生事業が戦時のみならず，「常時」すなわち非戦時にも該当するとしているところではなかろうか。後藤は，つぎのように記す（24-25頁）。

> 「厚生事業は，近代的国家の本然の要求であり，ただ因襲と伝統とがその発揚を妨げてゐたところ，あらゆる体制について革新を促した戦争は，その生誕の諸条件を供与したのである，と言ふことができる。／……戦争に促されて生誕したところの現在の厚生事業は，戦時的な要素を多分に含んでゐる……。／けれども，厚生事業の戦時形態としての戦時厚生事業のうちに含まるる臨時的緊急的要素と雖も，その根本においては，常時的要素と矛盾してその存在を否認するものではなく，却つて常時的要素の発展に対して多分の教訓を含むことさへあることは，忘るべからざるところである」。

しかし戦争遂行のための労働力動員と，「国民生活の安定確保」を前提とした「人的資源の保護育成」という政策目標は，本来的に決して両立しえないものであったのではなかろうか[119]。その意味では，後藤の主観的動機がいかなるものであれ，その意図することは実際には，到底実現可能なものではなかったであろう。

◆第5節　決戦体制下での「日本的勤労観」と勤労根本法

戦争が継続するなかで「皇国勤労観」ということがいわれ，またそれに基づく「労働根本法」制定の動きすら見られた。当時労働法学徒は，いったいいかなる議論をしていたのであろうか。

1　「勤労新体制確立要綱」に対する反応 ── 浅井清信，孫田秀春および菊池勇夫の場合

(1)　浅井清信の「皇国勤労観」理解

浅井は先に紹介した，太平洋戦線の拡大から3年目の1943（昭和18）年秋に発表した論稿，「労務統制立法の課題 ── とくに雇用契約と国民徴用とを中心として」立命館大学論叢第16輯法政篇第4号のなかで，労務統制立法の課題の第一として「指導理念としての皇国勤労観の確立」を掲げていた。「いかに精緻巧妙な労務統制立法を細微にわたつてなしても，そこに規定されたところ

---

(119)　吉田・同前書505頁。

の労務統制法秩序を現実化すべき国民がその立法を支持すべき勤労観を把持しそれを体得すべき素質を具えてゐないときはその立法の所期する目的は完全には達成されまい」からであると説明していた。では，そのような理念とは何か。浅井は，つぎのように続ける。

> それは「いはゆる皇国勤労観であると決定せねばなるまい。皇国勤労観とは日本国民が皇国の民として何千年来生活し勤労して来た間に自ら養はれて来てゐる勤労観である。いはば日本の肇国以来不変の国体によつて規定される勤労観である。そしてこの勤労観は日本国民の意識のうちに自ら存在し，科学によつて創造されるものではなく，認識さるべきものである。ところが外国語文化の輸入にともなふ外来思想の影響その他種々な外的諸事情によつて従来さうした皇国勤労観が見失はれ，或は不明確にされて来た。そこで労務統制立法の正しい発展を期するためには皇国勤労観をまづ第一に明確に認識する必要がある。皇国勤労観が労務統制立法の課題として有する意味はかうしたところにある」。

　ここにいう「皇国勤労観」とは何か。しかし一切の説明もなく，論証抜きに断定的に語られている。「日本の肇国以来不変の国体によつて規定される勤労観である」といわれれば，当時誰も反問することはなかったのであろう。浅井はあえて，このような長々しい枕詞を付することにより，労働条件擁護の主張を，当時の検閲制度のもと，偽装してのべようとしたともとれる。しかし，これはうがち過ぎかもしれない。

　それから２年後，浅井は１か月後のポツダム宣言受諾による敗戦を控えた1945（昭和20）年７月に発表した「皇国勤労観と国民協力制度」立命館大学論叢第19・20合輯法政篇 ── 実際の執筆は，同年年初であった ── で，冒頭上に示した昭和18年論文中の該当部分を自ら引用したあとで，「本稿はかうした私の考のしたにまづ第一に労務立法上の嚮導理念としての皇国勤労観とはどんなものであるかを明かにしやうと」したと執筆意図を説明している。すなわち総力戦を遂行せんとしていた当時の日本では，「勤労観をどういう風に把握するかということが労務立法に対して重大な影響を有する」（3頁）からであった。「労務立法は勤労が国家に対して有する根本的意味や社会の他の諸利益に対して有する地位をどう規定するかによつてその内容が自ら規定されるものである。勤労観はまさに勤労と国家或は勤労と他の社会的諸利益との関係を直接に規定するものである」（同）。第一章「労務立法上の嚮導理念としての皇国勤労観」の第二節「労務統制立法における勤労観の課題の重要性」で，「労務は作用の状態にある人格それ自身であつて，人格を離れて存在しえない」とし，それに

363

関わる統制立法が「生きた人格の統制」に関わる点で物資統制とは著しく異なる特色がある（4頁）と指摘したあとで，第三節「皇国勤労観」で浅井は「皇国勤労観とはいかなるものであるか」（5頁）と問うている。すなわちそれは「日本の国体に対応する勤労観である」として，つぎのように続ける（同前頁）。

> 「日本の国体はいかなるものかといふに，日本の国体は次のところに求められねばならない。日本国は上は万世一系の天皇を元首として仰ぎ奉り，悠久二千六百有余年の千古の歴史を有し，上天皇は常に臣民の安らけきを思はせ給ひ，下臣民は君には忠義をつくし，父母には孝を致し，以て上下心を一にして日本国の幾千代までの弥栄に心を致してゐるのである。すなはちここにわが国体の真髄があるといはねばならない。すなはちかうした国体に対応する勤労観が皇国勤労観である」。

　このような説明を聞いたとき，昭和18年論文のなかで記されたこととの違いは，見出し得ない。それは，当時いわれた日本が万世一系の天皇を元首とし，キリスト教を宗教的背景にもつ欧米諸国にくらべてより古い，悠久2600年の歴史をもち云々というステレオ・タイプ化した理解・主張である。すなわち浅井の主張は「国体」という文言に示された天皇統治の正統性と永続性，家族国家観によって，国民の天皇への帰属と統合を正当化する「皇国史観」についてのべ，いわばその最後に「勤労」という文言を付加しただけだったのではなかろうか。しかし浅井は「皇国勤労観それ自体は全体主義的とか個人主義的とかいふやうな偏在的な勤労観ではなく，国民の勤労に対する観念の最も究極の根本理念たるべきもの」で，自由主義あるいは個人主義的労働観などと対比されるべきものではない（6頁）としていた。当時は，このような言辞が何の疑念もなく，そのまま受容される環境にあったのであろうか[120]。

---

(120) 難波田春夫『日本的勤労観』（大日本産業報国会・1942）も，日本的勤労観の特徴を労働と資本との結合を相対立するものの「調和的結合」とする自由主義的理解，「対立するものの矛盾的結合」と捉えるマルクス主義的労働観（21頁），そして経済のうえに民族を「もち来る」ことにより前二者の経済思想を克服したナチス的勤労観（28頁）と対比させながら，のべている。すなわち，同じく国体論を基礎にして，わが国の労働は「単なる労働者の労働ではなく，その根底に於いて皇国民であるところの労働者の労働である」がゆえに「仕奉」をそのあり方であるとする（76頁）。すなわち「わが国に於ける労働は，資本との対立によつて究極的に決定せられる如きものではなく，根本的には，資本とともに，天皇への仕奉として一致せざるを得ないもの」である（80頁）とのべている。しかしこれもまた，それ自体空疎な観念的思弁にすぎないものであろう。

(2) 「皇国勤労観」と孫田秀春，菊池勇夫

　浅井がいう「皇国勤労観」とは，はたしていかなるものであろうか。それが唱道されるようになったのは，産業報国会発足を契機とするものであった。すなわちそれは国防国家体制を推進するための一機構である産業報国運動のなかで提唱されるにいたった。1938(昭和13)年「支那事変」勃発の翌年に労使協調会時局対策委員会が工場・鉱山に労資関係の調停策として各職場における産業報国会の結成を提唱し，産業報国聯盟を組織して，その運動を推進した。そして1940(昭和15)年11月8日，近衛内閣のもとで「勤労新体制確立要綱」が決定され，それに基づき同年11月23日，産業報国会が誕生した[121]。それは約1か月後に決定された「経済新体制確立要綱」と並んで，日中戦争に対応した戦時経済体制の確立と総力戦準備体制を樹立するための労働（者）動員の組織化を図るためのものであった[122]。同「要綱」は冒頭，「第一　勤労精神ノ確立」として，つぎのようにいう。前章で後藤について言及した際に引用した（257-258頁）が，ここで再度引用しよう。

> 「勤労ハ皇国民ノ奉仕活動トシテ其ノ国家性，人格性，生産性ヲ一体的ニ高度ニ具現スベキモノトス，従ツテ勤労ハ皇国ニ対スル皇国民ノ責任タルト共ニ栄誉タルベキ事，各自ノ職分ニ於テ其ノ能率ヲ最高度ニ発揮スベキコト，秩序ニ従ヒ服従ヲ重ンジ協同シテ産業ノ全体ノ効率ヲ発揚スベキコト，全人格ノ発露トシテ創意的自発的タルベキコトヲ基調トシテ勤労精神ヲ確立ス」。

　ここに戦時下におけるあるべき勤労観が示されている。すなわち「皇国勤労観」とは，その公式イデオロギーである。総力戦を遂行していくには生産力の増強が求められ，勤労新体制が実現される必要があった。そのためには，まず国民のあいだに広く勤労精神が確立されねばならなかった[123]。多くの論者が日本的勤労観とはいかなるものかについてのべている[124]。それらのいずれも，

---

(121) 小畑忠良『皇国勤労体制の理念』（大日本翼賛壮年団・1943）62頁。

(122) このあと同月23日，産業報国会の全国連合組織である大産業報国会が設立されていくが，これらの一連の動向はナチス・ドイツにおける国民労働秩序法の原理を模範にして，日本に移入しようとしたものであった（柳沢治『戦前・戦時日本の経済思想とナチズム』〔岩波書店・2008〕227-241頁）。

(123) 小畑・前掲書60頁。

(124) 難波田・前掲書86-87頁。総力戦体制が形成・確立していくなかで，皇国勤労観の普及を目指したのであろう。勤労者教育中央会（文部省内）〔編纂〕による「日本勤労叢書」なるものが刊行されていった（目黒書店刊）。いずれも，四六版よりも小型の版型のリーフレットに近いものである（括弧内の執筆者に関する肩書は，刊行当時のもの）。

第4章　太平洋戦争下の社会・労働法学

天皇を中心とした血縁や統一性を強調し，個人主義・自由主義を排し，欧米言語にいう「労働」を示す labo(u)r（英語），arbeit（独語），travail（仏語）には，苦しさや煩わしさという意味があるのに対し，日本語の「はたらき」「つとめ」には，巧妙・手柄・勲功という意味があるとして，労働することが国への奉仕であるということの意義を強調していた[125]。総力戦を遂行していくには，資本主義の堕落した精神を乗り越えた強度な倫理を形成する必要があった。それは「国体の本義」に則った価値理念に立ち返ることにより可能とされた[126]。

　このような現実を労働法学徒は，どのように受けとめていたのであろうか。たとえば菊池勇夫の場合，1941(昭和16)年に発表した「経済法の新動向」統制経済3巻5号[127]において，国家総動員法当初から発動された労務統制規定に関し，前年の1940(昭和15)年「勤労新体制要綱」の確立，同年11月産業報国会の結成に続き，1941(昭和16)年8月29日の閣議決定された「労務緊急対策こそは之をさらに臨戦態勢に飛躍させたものであつた」(9頁)と評価している。すなわち菊池によれば，同対策の意義は勤労報国精神を顕示したことにあるとする。『勤労は皇国民の奉仕活動として，その国家性，人格性，生産性を一体的に高度に具現化すべきものとす』と示したことは，「労資一体，産業報国」という従来の産業報国運動よりも「はるかに高い目標を樹立した」(9-10頁)と評価している。国防国家の整備に必要な生産力の増強に奉仕する勤労者は，

一　西晋一郎（広島文理大学教授・文学博士）『勤労の尊尚』（昭和15・9）　62頁
二　川上嘉市（日本楽器社長）『新時代の勤労者』（同）　70頁
三　佐々井信太郎（大日本報徳社副社長）『日本の勤労』（同）　79頁
四　栗本勇之助（栗本鉄工所々長）『産業皇道と統制経済』（昭和15・12）　70頁
五　金子大栄（広島文理大学講師）『精進』（昭和16・2）　60頁
六　市川英作（八王子織物同業組合指導員）『新体制の樹立と日本勤労の精神』（昭和16・9）　68頁
七　椎尾弁匡（文学博士）『業務の神聖』（昭和17・4）　79頁
八　紀平正美（文学博士）『つとめの意識』（昭和17・4）　101頁
九　佐藤通次（九州帝大助教授）『勤労の哲理』（昭和17・8）　82頁
一〇　浅野孝之（姫路高等学校校長）『一隅を照らす』（昭和17・9）　83頁
一一　小出孝三『産業の道』（国民精神文化研究所所員）（昭和17・11）　158頁

(125)　難波田・前掲書86-87頁。
(126)　佐々木啓「徴用制度下の労資関係問題」大原社会問題研究所雑誌568号（2006）27頁。
(127)　同稿では，前年刊行の前掲『日本労働立法の発展』の掉尾を飾る自らの論考「満州に於ける労働統制」のなかで言及していた満州国の立法を比較していた重要産業統制法，臨時立法そして労務間関係基礎法の三つを取り上げ，これらが1939年8月23日に独ソ不可侵条約を締結していたドイツ軍による1941年6月22日のソヴィエト連邦侵攻開始という緊迫した国際情勢を背景に，わが国の臨戦体制下での高度国防国家の立法問題はどのような展開がみられたかがのべられている。

第5節　決戦体制下での「日本的勤労観」と勤労根本法

生産手段と結びついて利潤を生み出す労働力の担い手たる「労務者」ではなく，『皇国に対する皇国民の責任たると共に栄誉たるべきこと』の自覚を持ち，充分に想像力を発揮して自発的に職分を果す「勤労者」なのである（10頁）。「したがつて国家も個別企業も，勤労者の人格を尊重しその栄誉を表彰すると共に，真に奉公の実を挙げ得るような生活の安定を保障せねばならない」と，菊池は続けている。そして，ここに，菊池が実現を期待する労働者の生活状態の改善実現への希求が示されているのかもしれない。

　また2度目のドイツ行から1937（昭和12）年3月に帰国して以降，労働法についてほとんど発言してこなかった孫田秀春も，自ら編者となって「外国の模倣翻案ではなく，我が肇国の歴史と民族精神とを培土として展望され集大成せられたるものたる」（「監修の辞」）と謳って刊行した『日本国家科学大系』中の第7巻法律学3（前掲）に収録された「勤労新体制の基本原理」—— 文末に（昭和一七・一・一〇）と記されていた —— において，発言している[128]。同稿は全文32頁ほどの短いものながら，1924（大正13）年刊行の『労働法』総論（改造社）以来，孫田のいう「労働関係の人格性」の意味を本格的に開陳している。すなわち「勤労新体制確立要綱」を受けて孫田は，冒頭「はしがき」で「惟ふにそれは労働関係の人格性・組織性・国家性及び栄誉性を以て其の基底とする。是等の性格こそは実に勤労体制をして旧時の自由主義体制を超克し名誉と共に新体制たらしむる所以の決定的特質である」（3頁）とのべている（圏点省略）。まず「労働の人格性」とは当初から「人格関係であつて，決して価値交換の関係でもなく，又かゝる関係としての隷属関係でもない」（12-13頁）とする。すなわちまず「労働関係は本質的に『労務者が一定の働きの面に向つて全人格を挙げて奉仕するゆ一の人格関係』であるといふことに為るのである。それは決して従来の法律学の考へたやうな価値の交換関係ではあり得ない。又経済的劣弱者の強者に対する労働条件の取引関係でもあり得ない」（13頁）。

　このような主張は，孫田の従来からのものである。しかし次の点は，これまでは見られなかったものであった。すなわち労働関係は「当事者間の対立関係ではなく，況んや隷属者の闘争関係などではな〔く，〕それは相手方たる雇傭主との関係に於ては当然人格融同の関係であると解されねばならぬ」（14頁）[129]。また同前（注(8)）は，労働関係を婚姻と並んで「融同行為の通例」としている。つぎに孫田は「労働関係が全面的な人格融同の関係であり，又経

---

(128) 孫田はこの頃（1942〔昭和17〕年4月），弁護士登録（東京弁護士会）を行なっている（同米寿祝賀記念論集『経営と労働の法理』〔専修大学出版局・1975〕）収録の同人「略年譜」553頁。

(129) なお同前所（15頁）によれば，「融同」とはドイツ語einnugの邦訳である。

367

営内すべての労働関係が価値の創造・『むすび』の働きに於て同一目的及び進路を取つている以上，其の全体が一の利益社会ではなくして協同体であるべきことは理の当然であろう」（24頁）という。そして最後に，「労働関係の国家性及び栄誉性」について孫田は「協同法理の下に於て権利とは，『協同体秩序内に於ける各員の分肢的地位の満足のために各員に認められたる権能』をいふのであつて，その発生，内容，効力，消滅共に『協同体秩序が本質的に義務及び責任秩序であること』に依つて全面的に規定せられるものである」（33頁）。

　このように同論文は，労働関係の近代市民法的把握を「個人主義」とし，これに「協同法」を対峙させて，従来からの人格主義的発想からの批判の延長線上に，労資の人格融合の協同体を想定して，具体的にはナチス法理への共感を高らかに謳うものとなっている[130]。

(3)「皇国勤労観」と「皇国史観」そして浅井清信・再び

　「皇国勤労観」という表現に対して「皇国史観」といわれるものがある。1935（昭和10）年2月，貴族院本会議で，美濃部達吉の「天皇機関説」が国体に反する学説であるとして非難され，これを契機に政党間の対立や倒閣運動，関連した軍部や右翼の，機関説および美濃部への攻撃が激化していった（天皇機関説事件）。また同年12月，新宗教である大本教に治安維持法を適用して，教祖・出口王仁三郎夫妻をはじめ多数の信徒を逮捕し（起訴は61名），施設の破壊や関連組織の解体がなされた（第二次大本教事件）。このような事件を背景に「国体」観念が動揺するなか，文部省は翌年11月，大臣諮問機関として「教学刷新評議会」を設置した。以後文部省は『国体の本義』（文部省・1937），『臣民の道』（内閣印刷局・1941），『国史概説』上・下（内閣印刷局・1942，44）を刊行していった。皇国史観は，それらに典型的に示されている[131]。教刷評は1936

---

(130) なお孫田はメンガー，エールリッヒそしてジンツハイマーらによる「社会法の要求」に示された「集団主義の法理」について，「今にして想へば……実は個人法理論の単なる一形態に過ぎず，別個の法理的根拠を蔵するものでも何でもな」（9頁）かったとして，かつての自らの法的拠り所を放棄するにいたっている（7-10頁）。

(131) 阿部猛『太平洋戦争と歴史学』（吉川弘文館・1999）19頁以下参照。永原慶二『皇国史観』（岩波ブックレット・1983）20頁以下は，その特徴として，つぎの4点にまとめている。すなわち第1に，それは「国体」「国体の精華」――永遠に変化せず，独自の価値を体現のしている――の歴史的発展過程を日本歴史の根幹として捉え，検証しようとの歴史観である。第2に，民衆は忠孝一体の論理で，家→国＝天皇に帰属することだけが価値とされ，それにそった事実以外は顧みるに値しないとされた。第3に，それは自国中心主義の表裏一体の関係で，わが国の帝国主義的侵略や他民族支配を一貫して肯定する。そして第4に，日本の歴史を「国体の顕現」の歴史と見ることにより，天皇制国家と日本帝国主義を正当化するイデオロギーであった。なお最近これについては，ほぼ時を同じくして

第5節　決戦体制下での「日本的勤労観」と勤労根本法

年10月29日付で「教学刷新ニ関スル答申」のなかで，日本の「国体」について，つぎのようにのべている。

「大日本帝国ハ万世一系ノ天皇天祖ノ神勅ヲ奉ジテ永遠ニコレヲ統治シ給フ。コレ我ガ万古不易ノ国体ナリ。而シテコノ大義ニ基キ一大家族国家トシテ億兆一心聖旨ヲ奉体シ克ク忠孝ノ美徳ヲ発揮ス。コレ我ガ国体ノ精華トスルトコロニシテ又ソノ尊厳ナル所以ナリ」(132)。

　近代天皇制は本来，古代の天皇親政への「復古」を自己正当化のイデオロギーとして成立し，天皇を神話の時代から続く「万世一系」の超歴史的存在として捉えていた。それは立憲君主制・政党制を形骸化させる一方，「国体」観念の絶対化をもたらし，近代天皇制の正統性を『古事記』『日本書紀』の「神話」である天孫降臨の神勅に見出すものであった(133)。これを先の浅井のいう

　刊行された二つの著書により新たな問題提起がなされている。すなわち昆野伸幸『近代日本の国体論；〈皇国史観〉再考』（ぺりかん社・2008）5頁以下は，皇国史観は日本の独自性を万世一系の皇統に求め，①いわゆる天壌無窮の神勅に代表される神代の伝統と，②歴史を一貫して変わらぬ国民の天皇に対する忠とがその国体を支えてきたと強調する「国体」論に基礎を置くものであるが，それには，大きく「天壌無窮の神勅」（平泉澄）か，「義勇奉公」（たとえば大川周明）のいずれを重視するかの対立があったのではないかとする。また同前書10-11頁，213頁以下は，「皇国史観」── 戦時中は肯定的，戦後は批判的に扱われた ── という言葉は，資料用語としても，分析概念としても，明確ではないと指摘する。一方，長谷川亮一『「皇国史観」という問題：十五年戦争期における文部省の修史事業と思想統制政策』（白澤社・2008）は，文部省により「教学刷新評議会」が設置されて以降，『国体の本義』『臣民の道』，さらに『国史概説』上・下等の編纂に取り組み，それらに当時の歴史学（者）がどのように関与・参加していったかを明らかにしている。

　孫田は，国体の尊厳の観念とそれを踏まえた国民の日常生活のなかでの実践を説く『国体の本義』と『臣民の道』にそれぞれ対応する二つの『解説集成』── いずれも〔要旨〕【原文】【語義】【解説】という順番で段落ごとに詳説する，前者は本文642頁，そして後者は同前380頁にもおよぶ注釈書 ── を共著として1941(昭和16)および42(昭和17)の両年に公刊した。ただし戦後の晩年期，いずれも共著者である原孝房（当時・東京高等師範学校教授）から依頼があって，そのような形で刊行されたけれども，実際には，自身は一行も書いたことがなかったと釈明していた（孫田・前掲『私の一生』160-161頁）。また孫田は当時，このほかに天皇機関説事件に発する一連の「国体明徴」措置の一環として，文部省思想局管轄のもとに1936(昭和11)年に設けられ，1946(昭和21)年に廃止された「日本諸学振興委員会」── 詳しくは，駒込武・川村肇・奈須恵子〔編〕『戦時下学問の統制と動員：日本諸学振興委員会の研究』（東京大学出版会・2011）を参照。また駒込武「天皇機関説事件以後の学問空間」UP465号（2011・7）13-18頁は，同前書の内容を紹介し，有用である ── における「法学部臨時委員」（1939年，1941年−1943年）および同「専門委員」（1944年）を務めた（同前書593頁，598-599頁〔友野清文〕）。

(132) 長谷川・同前書74頁より重引用。

369

第4章　太平洋戦争下の社会・労働法学

「皇国勤労観」とくらべてみよう。すると，浅井は「皇国」の特徴たる「国体」について言及していても，「勤労観」については，何ものべていないことがわかる。浅井は，それを自明のものとして扱っている。「皇国史観」という表現は，1942（昭和17）年ないし1943（昭和18）年以降，文部省周辺の人々により使われたものであった。それは国民総動員体制が十分に機能しないがゆえに，戦時下の国民教化の行き詰りを打破しようとして，打ち出されたものであったという[134]。いずれも，「国防国家」論＝総力戦体制を正当化するイデオロギーとして主張されたものであり，とくに浅井が積極的に「皇国勤労観」なることを発言するにいたった時期とも符合する。

　そして浅井は前掲「皇国勤労観」第四節（6頁以下）で，労務立法の展開を(1)「すべての事象を個体に解体して観，その団的性格を無視」する「民法の時代」，(2)「雇主の独裁的所有権行使に対する被傭者団体の意思参加」を基礎にしながらも，わが国では実現し得なかった「社会立法時代」そして(3)1931〔昭和6〕年満州事変，1937〔昭和12〕年支那事変，1941〔昭和16〕年「支那事変が大東亜戦争に発展して完全な統制経済のもと，所有権或は資本と労務或は勤労との協同から出発する」「統制立法時代」の三つにわける。このような時代区分とその各時代の特徴把握それ自体は，先に検討した吾妻光俊や菊池勇夫の場合にも，みられたものであった。浅井の場合は，とくに「所有権と労務との協同といふのは所有権と労務との対立を止揚して両者を対等に包有する単一体としての国家が定立する統一目的の完遂に所有権と労務とが各自その機能に応じて直接協力することをいふ」（8-9頁）としている。このような弁証法的な論理展開も，すでにみられたものである。しかし労働を物の取引関係と区別する発想は，結局は戦争遂行のための両者の結合に行き着いてしまう。このことも，他の論者の場合について，すでに見たところのものと同じである。

2　後藤『勤労体制の法的構造』の概要

　1944（昭和19）年，『労務統制法』改訂増補版刊行の半年後，後藤清にとって戦時期最後の著書である『勤労体制の法的構造』と題する論文集（奥付の日付は，「昭和19年7月24日」）が同前著と同じく東洋書館より出版された。同書は，全部で七つの既発表論稿からなるものであった。その目次構成は，つぎのよう

---

(133) 詳しくは，長谷川・同前書53頁以下，とくに70-80頁を参照。なお同書77頁によれば，『国体の本義』は実際には，国民精神文化研究所研究員の志田延義（1906～2003）が一人でほぼ全体を執筆したものであったという。

(134) 昆野・前掲書2-7頁。

370

なものである。ドイツ法に言及する第六・第七の両章をのぞいて紹介しよう。同書はその表題からも理解できるように，当時喫緊の課題となっていた国民勤労動員を法イデオロギー的にも，法解釈論次元においても，いかに実効的なものとするのか，いわば後藤における悪戦苦闘の記録でもあった。

第一章「皇国勤労観とその要請するもの」←初出不明
第二章「軍需会社法に於ける社長徴用制の徹底」←民商法雑誌 19 巻 1 号（1944）
第三章「職階制確立の意味するもの」←帝国大学新聞 982（昭和 19 年 4 月 24 日）号
第四章「日本労働法の回顧と勤労根本法への展望」←初出不明（1944 年 4 月以降
　　　執筆と推測）
第五章「勤労根本法と雇傭契約概念」←法律時報 15 巻 7 号（1943）
第六章「勤労管理における意志疎通 ── ドイツ経営協議会との教訓から酌むべき
　　　もの」←社会政策時報 275 号（1943・8）
第七章「ドイツ労働関係法草案」←社会政策時報 282 号，283 号（1944）

　本書の第一論文として収録されている＊「皇国勤労観とその要請するもの」の冒頭，後藤は小泉親彦厚相が第八一議会（1942〔昭和 17〕年 12 月 26 日〜1943〔昭和 18〕年 3 月 25 日）で「労働といふ言葉が，労資の対立とか，労働を物としてみるとか，あるひは苦痛を聯想するやうな言葉であるので，これを勤労といふ言葉にしたのである。皇国本来の勤労は，国民の総てがお上へお仕へまつる喜びであり，大きな栄誉である」(135)とのべたのを「勤労における喜びといふ勤労の核心を掴んだ言葉として，正しい」（1 頁）として，つぎのように敷衍している（3-4 頁）。

　「勤労を以て皇国民の責任たると共に栄誉とする新理念は，勤労を人間行
　動そのものとして，人格性において把握するこ〔と〕を意味するものであ
　り，またかくの如く礎定せられることによつて皇国勤労観は確固たるもの
　となる。勤労を商品性において把握した旧理念は，一切の人間性の捨象で
　あり，人格性の遮断であつた。勤労が単に商品として考へられるとき，そ
　れは使用される物として物質化せられ，使用される人間として，人格的，
　主体的に考へられることはない。使用される物として物質化せられるが故
　に，そこには責任もなく栄誉もない。……正しい勤労観が勤労における人

────────────
(135) 職業時報 6 巻 5 号（1943）87 頁。なお「議会に於ける勤労問題」特輯とした同前誌
　　は第八一帝国議会（1942〔昭和 17〕年 12 月 26 日−1943〔昭和 18〕年 3 月 25 日〔通常会〕）に
　　おける国民徴用をはじめとする多方面にわたる審議内容の抜粋・要約を収録しており，便
　　利である。なおその冒頭には，三川克己「議会に於ける勤労問題」295(1)-310(16) 頁の解
　　説記事が付されている。

第4章　太平洋戦争下の社会・労働法学

間性と人格性との回復という平凡なる基礎の上に成り立つといふことは,
国すべてが　天皇に帰一するといふわが無比の国体の然らしむるところで
あつて,それ故にこそ,皇国勤労観の名に値ひするのである」。

しかし,このような提言は後藤も言及している（4頁）が,すでに 1940(昭
和 15)年 11 月 8 日の閣議決定「勤労新体制確立要綱」第一「勤労精神の確立」
で掲げられていた。日本が総力戦を遂行していくには,資本主義の堕落した精
神を乗り越えた強度な倫理を形成する必要があったのである(136)。また後藤は
すでに,前掲「労働協同体と忠信関係」（同・前掲『統制経済法と厚生法』2-3 頁）
で,日本ではドイツ国民労働秩序法とは異なり,労働者を従者 Geforlgschaft
と呼んで中世の忠勤契約関係への復帰などを観念する必要がないことを強調し
ていた（4-6 頁）。では,何故に,重ねて「勤労を以て皇国民の責任たると共に
栄誉とする」との皇国勤労観を強調しなければならなかったのであろうか(137)。
　その答えは,第二章「軍需会社法に於ける社長徴用制の徹底」をみることに
より,了解できる。国家総動員法に基づき 1939(昭和 14)年 7 月,国民徴用令
により開始された徴用制度は当初,技能者中心の動員を意図したものであった。
しかし戦争状態が長期化するなかで,その対象は農民や都市中小商工業者など
の不熟練労働者へとなし崩し的に拡大し,1943(昭和 18)年にはその頂点に達し
た。それは,年齢や性別を問わない「根こそぎ動員」であった(138)。そこでは
「およそ所有者のために営まれる経営に労務者を権力的に動員し配置すること
は,奴隷制の再現にほかならず,彼らはひたすら嫌悪の情を以て隠忍するのみ
であつて,全経済を麻痺せしめ到底の生産能率は期待さるべきでない〔こと〕
に鑑みても,……『勤労の国家性』に応ずる『企業の国家性』に対して,制度
的保障が,社会政策的に強く要望せられ」（12-13 頁）た。具体的には,1943(昭
和 18)年 7 月 20 日勅令 600 号による国民徴用令改正 3 条により設けられた,い
わゆる社長徴用令（管理工場又は指定工場の事業主の徴用）であった。

---

(136) 角田・前掲論文 523-524 頁は,このことをつぎのように説明している。
　　「労働者は,自由主義経済下において,単に労働力取引の客体として取扱われ,私的企
　　業の利潤生産に従属せしめられてきた。その労働者が,幻想の共同体国家に直結すること
　　によって私的資本の緊縛から解放され,人間労働のあり方すなわち全人格の発露としての
　　創意的・自発的労働たる本来の姿を回復できる,という考え方が唱われている」。
(137) 後藤は「勤労の新理念と生産増強課題の充足」社会政策時報 272 号（1943）58 頁以
　　下においても,同旨のことを強調し,さらには聖徳太子の十七条憲法を引用して,勤労が
　　皇国民の奉仕的活動であるがゆえに,その国家的顕彰とその生活に対する「国家の厚き配
　　慮」が基礎づけられると説いている。

第5節　決戦体制下での「日本的勤労観」と勤労根本法

　しかしそのような制度も，生産力増強実現のための「責任的地位の喚起と倫理的強制」（23頁）には役立たなかった。それは，つぎのような事情によるものであったと，後藤は説明している（22-23頁）。

　「産業革命そのものの不徹底と早急な資本主義の成立とは日本の社会のいたるところに封建的隷属形態と町人根性を残存させた。社会の資本主義が絶えず行はれても，日本の社会の内部からの市民道徳を生ぜしむるにいたらず，むしろ資本主義は封建的隷属形態や町人根性と結びついてしまつた。……営利行為の倫理的自覚は，かくして町人根性の残存のために妨げられる。他方において，封建的隷属形態の残存は，前近代国家的狭いギルド的・義理人情的視野の中に跼蹐（きょくせき）せしめて，自主的人格者の法たる高い国家規範の存在を忘れしめる。かくて，わが国民は，忠君愛国の精神，生きて虜囚たるを潔しとせず，玉砕を希ふ崇高な精神等々の『英雄道徳』を誇る国民でありながら，その日常生活においては，統制法の違反，闇取引を数多く作り出すといふ複雑な性格を露呈してゐる。これに加ふるに，急激に族生し，或ひは膨張した軍需工業資本家のうちには，一攫千金を目ざす成り上り的存在は決して少しとしない」。

　そして後藤は，たとえ社長徴用が「十全的な効果」を発揮しないからといって，広範囲にわたる国民の勤労動員が実施されていることを考慮すれば，経営指導者としての責任自覚を認識せず，「規律違反の重き場合」は，被徴用者懲戒に関する「応徴士服務規律」（昭和18年8月10日厚生省令36号）に定める制裁が課せられるべきであるとした。すなわち，経営指導者としての意識の確立を期待できる場合には，「訓告」ないし「譴責」がなされ，もはやそのような

---

(138)　佐々木啓「戦時期日本における国民徴用援護事業の展開過程――国民統合の一断面」歴史学研究835号（2007）2頁。同令は，1940（昭和15）年10月，1941（昭和16）年12月および1943（昭和18）年7月の3度にわたり改正された。同前「徴用制度像の再検討――その再編・統合策に注目して」人民の歴史学165号（2005）18-32頁および同前「戦時期日本における国民徴用制度の展開と社会変容――戦時動員の正統化をめぐって」日本の科学者43巻5号（2008）4-5頁によれば，6年6か月におよぶ徴用制度は大きく，四つの段階に区切ることができるという。すなわち(1)「確立期」：1939（昭和14）年7月―1941（昭和16）年7月：対象者は国民職業能力申告令により要申告者とされた者（技術者・熟練工）のみであったのが，第一次改正により拡大し，業務も政府管理工場・事業場へと拡がった。(2)「拡大・動揺期」1941（昭和16）年8月―1943（昭和18）年1月の閣議決定「生産増強勤労緊急対策要綱」による徴用制度再編方針決定まで，(3)「肥大化・再編期」：1943（昭和18）年1月―本土空襲の始まる1944（昭和19）年後半，(4)「崩壊期」：1944（昭和19）年後半―1945（昭和20）年8月の敗戦――である。

373

期待も不可能なときは「罷免」が適用されるべきである。罷免とは徴用の解除であり，「指導者たる地位と責任とを否認する国家の意志」を示すものであると，後藤は説明する。しかし，それが実際いかほどの効果をもたらすか後藤自身も明確にすることはできていないとしていた。にもかかわらず，後藤は「経営の指導者たる地位」にあるに値しないとの不名誉を公示することにより，「企業の国家性」を推進せんとの国家意思が示されることに意義があるとした（23-25頁）[139]。

いずれにせよ，このような説得力のない解釈論 ── 後藤自身「その実効果においては強靱性を欠くを免れなかつた」としていた ── を展開しなければならないほどに，国民徴用制度の実施には大きな障害があったことがはしなくも示されている[140]。

つぎに後藤が取り上げた課題は，青少年工の収入激増にともなう不良化を背景にした「勤労，生産両管理の一体化と勤労管理責任者の下部浸透的な序列」（33頁）を主題とする第三章＊「職階制確立の意味するもの」であった[141]。すなわち「生活環境の調整といふことが労働力の質的向上ならびにそれを基礎としての労働生産性の向上の基本的条件をなす」（31頁）とする後藤にとって，その第一歩を印したものが1942（昭和17）年初頭の重要事業場労務管理令であり，第二が社長徴用令であるとしている。（31-32頁）。そして第三が昭和19年3月18日閣議決定「勤労昂揚方策要綱」であった。後藤によれば，それは「部下全員の生活を職場と一貫して指導せしむること」により「勤労管理との一体化をねらつたもの」（35頁）であった。その背景には「二直制，三直制の困難を忍んで敢て生産に挺身する生産現場員の眼にしばしば耐え難き者として映るのは，〔出張に名を借りた買出しや執務中の喫煙などの〕事務系職員の態度」（36頁）であった。換言すれば，当時生産現場と管理部門とのあいだには，そのよ

───────────────

(139) その原型は本文中に明記されていないが，おそらく後藤＊「決戦労務態勢の基底③国家性意識の下部浸透に／勤労報国観⑦応徴事業主の自覚先決」帝国大学新聞961（昭和18・10・18）号（前掲『復刻版』16巻438頁）だと思われる。後藤の徴用社長「罷免」理解については当時，商法学者（氏名不明）から，株式会社では，役員人事が株主総会の決議により自主的に決定されるとの特徴は戦時下であれ維持されていて，法の明示規定がないかぎり，応徴士服務規律に違反したことをもって，徴用解除された社長を解任するとの説には「俄かに賛同し難い」との批判がなされたとのべている（25頁）。

(140) 第八三議会（1943年10月26日－10月28日〔臨時会〕）で，軍需会社法が制定され，そのなかで生産責任者が職務を懈怠しその責任を果さざる場合の譴責および解任の明文規定（第20条以下）が設けられるにいたった。（後藤・前掲「軍需会社法」27-29頁）。

(141) 初出稿・帝国大学新聞982〔昭和19年4月24日〕号〔前掲〈復刻版〉17巻49頁〕では，「勤労総力発揮と決戦非常措置」という副題が付されていた。

374

第5節　決戦体制下での「日本的勤労観」と勤労根本法

うな軋轢・内訌が存在した。ここにも，当時労働現場の問題性が明らかになっている。

　第四章は，＊「日本労働法の回顧と勤労根本法への展望」と題する[142]。同稿二で後藤の理解によれば「重要労務管理令」に具体化された「労務管理法」を，従来の「労働保護法」と対比させて，つぎのように説明している。すなわち，まず労働保護法が「経営の外部」から労働条件を規制したのに対し，労務管理法は経営内部において，高度の生産の昂揚のための物的基底，および組織の建設として労働条件を規定する。このことから，前者では「国家と経営との監視的対立」があったのに対し，後者では「経営の指導者と従業者とは，生産性昂揚のための物的基底と組織とを通じて相結ばれ，生産性昂揚といふ国家的目的の達成のために協力するにいたる」(47-48頁)。こうして後藤はいう。使用者ではなく「経営指導者」と，労働者ではない「従業者」の相互信頼・協力のうえに経営協同体が実現されることにより，「勤労は国家性と人格性と生産性とを高度に具現したものとなり，その商品性においてではなく，栄誉性において把握せらるべきものとなる」と (48頁)。続く三において，後藤は労務管理法に対し確固たる地盤を提供すべき「勤労根本法」の制定を強く求めている。同法制定の用意あることが第八一議会（1942〔昭和17〕年12月26日―1943〔昭和18〕年3月23日〔通常会〕）で厚生大臣により表明された[143]。しかしそれから1年半が経過しても，その輪郭すら示されないことに，後藤は「勤労の国家性」を倫理的提言に止まらず，法的制度とすることが「決戦非常時は却つて〔そ〕の早急なる制定を要請する」と主張していた[144]。

---

(142) 同稿一（38-43頁）は，表題の前段にある「日本労働法の回顧」として，わが国明治以降，産業資本による国民を劣悪な労働環境におき，労働力を磨滅させてきたのに対し，支那事変により，壮丁の体位低下と兵器産業の基礎となるべき機械工業における高度の精度を備えた労働力不足という2つの事実を通じて，「多年にわたる人的資源の維持培養の閑却の報い」を痛切に悟らされたと総括している。

(143) 前掲・職業時報6巻5号86頁参照。

(144) 後藤・本章54-59頁で，6点にわたって，勤労根本法に含まれるべきことを具体的に提言している。ただしそれは「建前」の議論であった。むしろ1944(昭和19)年の初めに発表した「多量生産と勤労統制問題の若干」社会政策時報280号（1944）で，後藤が愛媛県「新居浜の住友の化学工場は，中小商工業者からの転廃業者の勤労力の活用について「極めて好成績をあげてゐる」（4頁）という例をあげてのべていることの方が「本音」を示していて興味深い。そこでは同一市町村の者を同一時期に，家族とともに同一区画の住居をあたえたところ，生産増強という「国家の要請に応ずる配置転換に当つては，人の成長の環境のよきものと郷土的及び家庭的な繋りとを能ふる限り尊重し欣然勤労に就かしむるための配慮が要求させられる」（同所）。こうして「郷土と家とは人間的生存の温床であり，慰安と激励とのすぐれた源泉であることを思へば，生産に挺身する勤労者を能ふる限

375

第4章　太平洋戦争下の社会・労働法学

3　浅井清信「皇国勤労観と国民協力制度」を読む —— 戦争末期時の「国民勤労協力」のあり方

ここで，日本のポツダム宣言受諾の前月に刊行された浅井の前掲「皇国勤労観と国民協力制度」の第二章について，紹介する。ここで扱っているのは，国家総動員法5条に基づく，当時「国民勤労報国協力」といわれた勤労奉仕制度である。浅井がとりあげるのは，学徒勤労報国隊と女子挺身隊によるそれである(145)。なぜならば戦争末期，従来の担い手たる青壮年男性が徴兵により軍務に就かざるをえなかったことから必然的に男女生徒が生産現場の担い手として大きな役割をはたすようになり，「国民協力制度」が喫緊の課題となっていた(12-13頁)(146)。同じく「皇国勤労観」との関係を問うとしても，当時浅井には，もはや既存の民法法理との関係を考察するほどの余裕もなかったのであろう。このような課題について論じる背景には，浅井自身，わずかな食料をえながら，学生を引率して各所の工場で勤労奉仕に従事していたという事情もあったと思われる(147)。

まず浅井は「隣保互助と協力の栄誉」について，その思想的背景とする国民協力制度と強制的な労務の適正配置を実現することを意図する国民徴用との違いとして，つぎのように説明する（第二節「国民協力制度の本質」）。勤労奉仕が法制度化されたことから，国民協力については，罰則や報酬の支払いがないこ

りこの温床と源泉とによつて慰撫し鼓舞することが当を得たる措置である」(6頁) などとのべている。それは「勤労は国家性と人格性と生産性とを高度に具現したもの」と高唱して，国民を鼓舞することの空虚さを高唱者自らが是認していたことを表わしていたともいえよう。

(145) 津曲蔵之丞「勤労総動員態勢の強化 —— 学徒勤労・女子挺身勤労令並に各庁職員勤労動員令の解説」法律時報16巻9号（1944）8-12頁は，副題に示されているように，国家総動員法5条および6条に基づき制定された，これら三つの勅令に関する「解説」である。

(146) わが国敗戦の年の1年間の動きを多面的に追跡することを試みた鳥居民『昭和二十年』（既刊13冊〔1985−2012・未完〕）の巻頭を飾る1「重臣たちの動き」（草思社・1985）は冒頭，名古屋陸軍造兵廠分工場の一つである鷹来製造所（愛知県春日井市）に勤労動員された長野県野沢高等女学校四年生たちの姿を描くことから，その記述が始められている。

(147) 同稿を執筆していたであろう昭和20年初め —— 同稿末尾には「−昭二〇・一・一〇−」と記されている，浅井は京都の井上電機の工場（浅井・前掲「社会法とともに」215-216頁）で，そして8月15日は，「宇治の軍火薬庫で立命館大学専門部の動員学徒一〇〇名ばかりとともに働いていた〔ただし，同年1月から8月までのあいだの動員先の異動やその具体的地名・企業名等は不明〕。……午前中二時間ばかり黄檗山万福寺で法学の講義をし，そのあと火薬庫で働く，こういう日々が続いていた」（浅井「神州から人間の国へ —— 八月一五日に想うこと」法学セミナー257号〔1976〕のちに〔浅井・前掲『労働法よ，どこへ行く。』61-62頁〕）。

第5節　決戦体制下での「日本的勤労観」と勤労根本法

となどに示されるように「道義的性格を帯有する」(14頁)。すなわち「皇国の民のうちに存在するところの皇国への奉仕義務の観念、即ち皇国の弥栄の為にはすべてをなげすてて力の限りつくすべきは皇国の民としての当然の義務があるとの観念、また、かふうした義務を果し得るのは皇国の民として至上の栄誉であるとの勤労奉仕の栄誉観念、かふいつたものが国民協力制度の道義的基底をなしてゐるのである」(15頁)とのべる。なお浅井は、反面、道義観の薄い者には実効性をあげえないであろうと指摘している(同前頁)。ついで第三節で、その「法律関係」に関する特質として、浅井はつぎのように指摘している。すなわち、国民協力とは「隊組織」によることを建前とし、協力を受けようとする者が所管大臣または地方長官に申請し、その必要が認められるとき、市町村長や学校長に、所定の事項を指定し、報国隊による協力に関して必要な措置を命じる(同協力令5・6条など)。これは国家に対する公法上の義務であるが、国民徴用は個々人が履行すべきものであるのに対し、協力義務は報国隊により履行されるべきものと捉えられている(16頁)。したがってたとえ私企業に対し、協力がなされたとしても、企業主と協力者のあいだに雇傭関係は成立しない(17-18頁)。それゆえに「各個の国民協力者は自己が属する報国隊の単一意思による支配をうけることはあつても、この報国隊が所属する私的企業主の雇主としての支配を受けることはあり得ない」(18頁)。そして「隊組織による協力」には、法的につぎのような意味をもつとして、3点をあげる。まず報国隊は法人格をもたない。国家に対し協力義務を有するのは、個別の隊員である。隊組織による協力は、協力義務の履行形態である(同前)。つぎに、国民協力義務の履行には、一定の経費への支払いはあっても、何らの対価もあたえられない。そして第3に、国家総動員法は協力義務違反について何らの罰則をも設けていない。ただし実際には、種々の制裁が課せられたようだ。たとえば学生の場合、学生としての本分をつくさない者として学校所定の処罰――具体的な説明はないが――が加えられた(20頁)。

　戦線が拡大・継続されるにしたがって、労務供給源として男女学生・生徒の労働力に依存する度合が増え、それにしたがい当初は年間、4、5日であった(昭和13・6・9通牒)のが次第に延長され、昭和19年1月には4か月継続・必要に応じ延長も可とされ、同年3月、通年動員体勢が決定され、対象者も中学校3年生以上であったのが、中学1年以上および国民学校高等科児童にまで拡大され、さらには昼夜勤労制まで導入されるにいたっていた[148]。このように

---

(148) 大原社会問題研究所〔編〕『太平洋戦争下の労働者状態（日本労働年鑑　特集版』（東洋経済新報社・1964) 17頁。

第4章　太平洋戦争下の社会・労働法学

学徒勤労動員を通じて，(1)生産協力の「行学一致の理想を現実に実現し得る」，(2)これを通じて「皇国の民としての心の錬成をなし得る」，(3)他の一般工員や徴用工を指導し，もって生産力の高揚を期しえるという「社会的機能」が実現されるとされた（22-23頁）。しかし浅井も，さすがにこのような建前をのべ立てることの愚かさには，抗議をせざるをえないと思ったのか，最後の段でつぎのようにのべていた（24頁）。

> 「学徒の本分は学徒の所属の学校において教育を受け所定の学科を学習することである。学徒の協力制度がもしかふした学徒の本分を阻害するものであるときはその協力制度は自己矛盾を包蔵し，そのために自滅の運命をたどらねばならないことは明白である。現在の学徒勤労協力制度の実際をみると，その協力期間はかなり長期に亘り，戦局の緊迫化とともにその期間は更に長くされやうとしてゐる。そのために学徒の教育は極めて不充分となり，殆ど零に近くなることは論を俟たぬであらう。当局者は働きつつ学ぶとか行学一致とかいふ美しい語句をもつてかふした現実を粉飾しやうとするが，学徒動員の現実を身をもつて経験した者でなくても何人も容易にそれが単なる糊塗にすぎないことを知り得るであらう。然るときは学徒勤労協力制度を現状のまま継続するときは，学徒の本分を阻害し，学徒の協力制度は内部的に崩壊し，まもなく自滅の運命をたどらなければならないことになる」。

このようにのべることにより，浅井はあえて学徒勤労動員のあるべき姿に言及しながら，当局への抵抗ないし抗議の意思を示していたのかもしれない。

4　津曲『勤労法における指導理念』の刊行と提唱

以上，日中戦争が長期化するなか国民の戦争協力を推進するため案出された「皇国勤労観」と，その後太平洋周辺領域への戦争拡大，苛烈化するなか，労働法学徒がいかに積極的に応接していったのか考察した。そして，そのような対応の究極の姿は津曲蔵之丞による議論に示されていた。

それはその奥付によれば，1945（昭和20）年7月15日に刊行された『勤労法の指導理念』なる本文174頁の小著（産業図書刊）である[149]。その「はしがき」（1頁）には，つぎのような記述がある。すなわち「大東亜戦争は，今や激

---

(149) 本書の「はしがき」末尾の日付は昭和18年12月26日で，さらに同「附記」には，昭和19年10月某日「校正が完了」と記されている。実際に刊行されたのは，さらに半年以上あとであった。なお同書のなかでは，「別著『企業体制と勤労体制』云々」という記述が何箇所かでみられ，そのような著書の刊行も予定されていたのかもしれない。

しい決戦の連続に突入している。一機でも多くの航空機と，一艘でも多くの艦艇の増産の必要が，今日ほど，切実緊迫の度を以つて，要請されている時はない」にもかかわらず，勤労＝労働に関わる立法が「極めてバラバラの法令であつて，統一的な法典として整理されてゐない」（同4頁）。それゆえに津曲には，「このバラバラの勤労法令は総括統一される必要」があったのであろう[150]。同書全体の目次構成は，つぎのようになっている。

はしがき
第一章　戦力増強と勤労法制定の必要
第二章　勤労法の指導理念に関する五つの思潮
第三章　勤労の意義と本質
第四章　勤労法の意義と法性格
　第一節　勤労法の名称と意義
　第二節　勤労法の法性格

---

(150) 法学（東北大学）27巻2号（1963）「津曲退官記念」189頁以下の津曲「業績一覧」によれば，1944(昭和19)年『ドイツ労働法の発展』（中央公論社）刊行と記されている。津曲を東北帝大に招いた中川「津曲蔵之丞君を悼む」法学セミナー156号（1969）70頁は「戦中には……『ドイツ労働法の発展過程』（昭一九）が書かれ」とのべ，菊池「故津曲蔵之丞教授の業績について」日本労働法学会誌35号（1970）159頁も「昭和十九年には，『ドイツ労働法の発展』という著述もあるということだが，見ることができなかった」としている。前掲『勤労法の指導理念』24頁などに「本書と相前後して発行される別著『独逸労働法の研究』」云々という記述があることから，当時津曲には，そのような著書の発表が予定されていたのかもしれない。しかし中央公論社〔編〕『中央公論社七十年史』（同・1955）中の「昭和一九年」の刊行書リスト（632頁）に同書のタイトルはなく，津曲の著書が現実には公刊されなかったと判断する。社員が応召したり，横浜事件（中村智子『横浜事件の人びと』増補第二版〔田畑書店・1989〕参照）で編集者が逮捕された同社は，1944(昭和19)年7月〔内閣？〕情報局の命令により「自発的廃業」にいたり，以後戦後になるまで出版活動を停止した。津曲が自身の「著作目録」中に，何故に実際には公刊されなかったものを，あたかも出版されたかのごとく記載したのか，その理由は知る由もない。ただし1944(昭和19)年10月，津曲は＊「独逸に於ける労働法制の変遷」という論文を発表している（ドイツ〔日独出版協会〕5巻19号10-13頁）。同稿は表題の通り，19世紀半ば以降のドイツ労働法制の変遷を大きく，3段階に分けて説明し，とくにナチス政権獲得以降の第3段階（1933年以後）を，さらに3期に区分し，「一九四四年六月に至り，米英の反攻は遂に西部欧州一帯に拡大され，恐らく最終段階と見られ得る大決戦期に這入つた。独逸民族の興廃をいよいよ決する日が来た」（13頁）とのべている。『勤労法の指導理念』のなか，戦争末期のわが国について，何かに憑依されたかのごとく論じるのとは異なり，津曲は同前稿で冷静かつ客観的な筆致で論じているのは，なぜなのであろうか。また同年には，ほかに「ドイツに於ける最近の勤労動員の法制」民商法雑誌19巻3号（4月）および＊「独逸に於ける被徴用者の給与の法制」法学13巻7＝8号（8月）を発表している。

第4章　太平洋戦争下の社会・労働法学

第五章　勤労に関する現行法と勤労法の体系並に各部門に於ける指導理念
むすび

　津曲が「勤労」をいかに捉えているのかは，第三章で述べられている。すなわち津曲は同章の冒頭でその指導理念を語る前提としての「勤労」について「**皇国臣民**が其の職分に応じて**皇国**に対して仕奉する経営体に於ける**行**である」（太字・ゴシック体は原文，以下同）と，その概念規定をし，これをさらに分節しながら，その内容を語っている（ただし，それは同旨のことをくどいほどに繰り返すものとなっている）。

　まず上記文章の述部にあたる「行」とは「皇国臣民の行為」をさし，「大自然の根源たる大生命力の生成発展，即ち『産む』過程に仕奉する人間の目的意識的な行動である。換言すれば，人間が勤労によつて大自然の生命力の『産む』過程の法則を認識して，自然の生命力に随順することである」（32頁）と説明している。津曲は，人間が自然法則を発見し，自然を支配する生産技術を発展させたとの欧米的な，人を中心にした考え方を「かなり傲慢な考方である」（33頁）として排し，「大自然に帰依すること」（34頁）こそ重要であるとする。津曲は，このことを親鸞の『歎異抄』を引証するとともに，その年に収穫された穀物を神に供えて，それを食べ，祝う新嘗祭に表象的に啓示されているとする（35頁）。このような神仏混交ともいうべき発想は，確かに宗教的観念の区別も不分明な日本的精神によるものかもしれない。そして「勤労とは単に消極的に無為にして原始的な生活をすることではなく目的を意識した行動である」（36頁）。ここにいう「目的とは大宇宙の大生命力の目的なのであり，この大宇宙の大生命力は『皇国』と成りまし，現人神であらせられる『上御一人』と成りましたのである。それ故に皇国臣民の勤労は『国家目的』を意識した行動なのである。従つて目的意識的行動とは，臣民の個々の営利目的とか，感能的享楽目的とか，さふいふ限定的な目的を意識した行動」ではない（同前頁）。なおドイツでも，勤労を「経営協同体を通じて民族協同体に奉仕することであると言っているが」，有機体とか組織体とか論理的にのべられている（38頁）。これに対しわが国では，そのような「言挙げする必要なく，〔『古事記』の啓示を〕全ての皇国臣民がみんな体得してゐる」（39頁）[151]。津曲は「しかも国家目的を意識することすら，国家の大慈悲の賜であり，勤労を通しての外には，大生命力の発顕に仕奉出来ないのであるから，結果に於ては……勤労すればする程，国家の有難さが解り，感謝の生活が送られるのである」（40頁）

────────────────

(151) 既述（本節368-371頁）のように，このようのことは浅井清信ものべていた。

とのべている。

　つぎに津曲は，勤労法が対象とする人の行為がなされる「経営体における
行」──兵役勤務や囚人労働をのぞく──についてのべる。その前段（43-55
頁）は，自由経済のもとでの経営のあり方と統制経済下でのそれとを対比して
の相違や，多数の労働者が経営内で勤務する際の秩序形成」の形式側面──就
業規則か労働協約か──，労働時間規制や職場内の労働安全規則などの「具体
的秩序に対する法の問題」との区別，そして物の所有・支配から派生する労働
者の従属的関係から経営体における社会的自律法へという法的根拠の変遷など
について，ドイツの学説状況や歴史的経緯などに言及する。ところが後段（56-
63頁）になると，内容が一変する。すなわち『古事記』の世界から「天之御中
主神」「高御産巣日神」「神産巣日神」という「三位一体の造化の三神」──な
お「三位一体」というのは，本来は父〔神〕と子と聖霊が一体（唯一の神）で
あるとのキリスト教の教理ではないのか──を呼び出し，「皇国は造化の三神
の働きによる神ながらの国であり，天地創造と国の創めとは一〔つ〕であつて，
国家以前の生活は存在しない」（56頁）とする一方，欧米の哲学思想を「活動
力のない，死んだ形式的概念の範疇のものに過ぎない」（56-57頁）と断じて，
これと対照させて「我国固有の考方」から「経営体」のあり方を次のように論
じる（57-58頁）。

　　「経営体も亦『結び』なのである。それは勤労者と物的生産手段の『むす
　　び』，並に勤労者と勤労者との『結び』なのであつて，かかる『結び』の
　　働きに因つて生産が行はれる。全てを主宰統一ましますのは現御神でまし
　　ます国である。それは個々の企業者でもなければ，所有者でもない。しか
　　し幽なるものを顕にするのは，企業者並に勤労者の国家に対する責任遂行
　　である。……生産は物と勤労との『結び』によつて遂行されるが，勤労は
　　働き掛ける陽であり，物は働きをうけ入れる陰である。高御産巣日神が陽
　　であれば，神産巣日神は陰であるのに相応する。生産は勤労の積極的働き
　　掛けがなければ達成されない。かかる勤労は経営体に於ける取締役員並に
　　一般勤労者の帰一の原理による勤労秩序によつて規制される。『結び』の
　　原理は『帰一』の原理でもある。それは所有に淵源する従属関係ではない。
　　営利技術による人身的支配でもない。国家への『帰一』原理である。取締
　　役員も一般勤労者も，此の『結び』の原理によつて帰一する勤労者なので
　　ある。……経営体はかかる国家性を持つ帰一体として存立してこそ，始め
　　て皇国の『むすび』の原理に貫行されたものと言ふことが出来る。企業の
　　国家性も，かかる経営帰一体によつて明徴される」。

第 4 章　太平洋戦争下の社会・労働法学

　そして津曲は勤労が国民（皇国臣民）により「**其の職分に応じて**」仕奉することを本質とすると主張する。すなわち，これは「職業として」という意味ではなく，「皇国臣民がその責任を自覚してそれを果すことである」という。さらに「職分とは労働要具，労働対象及び労働方法に対する人間の技術的諸関係から発生する人と人との『むすび』の関係を，責任の面から把えた概念なのである」（65頁）と説明している。これは「契約の履行でもなく，協定の実行でもない。帰一の原理に基く全体と個との関係から生ずる」（66頁）のだという。それでは，経営内における位階関係はいかに説明するのか。津曲によれば，取締役から小使・給仕にいたるまで，いずれも経営体に帰一し，そして経営体は国家に帰一する。そのことにより「勤労者は経営体に於けるそれぞれの階位に於て，全体に帰一するのである」（67頁）と説明している。このような「その職分に応じて」勤務することが国家へと連なるということが現実的には，契約によらない労働である国民徴用や軍需会社における勤労秩序を正当化すべき論理であったことが理解できよう。津曲は，ここでもドイツ法理を引用しながら，わが国勤労法理の異質性を対照化している。

　最後に，津曲は勤労がその職分に応じて皇国に仕奉する経営体に於ける行であることを示している。それは労働契約に基く義務の履行であると解するドイツとは異なり，「皇国臣民が皇国に対して仕奉する行なのであつて……権利義務関係といふ相対的のものではない」（71頁）とする[152]。すなわち「経営内には階序があるけれども，経営長も上長勤務者も部下勤務者も，何れも皇国臣民の道を皇国に対して仕奉するものであつて，それは労働契約の履行ではない。皇国に帰一し奉ることが仕奉なのである」（74頁）。それでは，このように繰り返される「仕奉する」とは何か。それは「勤労者が皇国に対して，忠誠を尽すことである」（76頁）という。そして津曲によれば，わが国の「忠誠」とはドイツの「忠実義務 Treuepflicht」──ただしナチス時代の前後で，その意味内容が異なる──とは，別のものであるという。すなわち「勤労法に於ける忠誠の原理は，皇国臣民が皇国に対して仕奉する責任であつて，雇主たる企業者及事業主若は経営長に対する義務ではないのである。経営長も上長勤務者も部

──────────

（152）津曲・前掲『勤労精神』72-73頁は，ナチスの労働関係は忠誠関係と捉えつつも，労働契約概念を廃棄していないのに対し，日本の捉え方はより明快であるとした。同人はこれを例証するものとして，新旧の国民徴用令を引用している。すなわち旧徴用令2条は「徴用ハ特別ノ事由アル場合ノ外国民職業指導所ノ職業紹介其ノ他募集ノ方法ニ依リ所要ノ人員ヲ得ラレザル場合ニ限リ之ヲ行フモノトス」していたのに対し，改正令では「徴用ハ国家ノ要請ニ基キ帝国臣民ヲシテ緊要ナル総動員ニ従事セシムル必要アル場合ニ之ヲ行フモノトス」とされた。

下勤務者も，何れも皇国に帰一すべき忠誠を尽すことを，その本分とする」
（79頁）。

このように津曲は本書では，同じことを何度も繰り返し説明している。津曲
最初の著書以来なじみのある，ワイマール時代のみならず，ナチス支配のもと
でのドイツ労働法学者の名前を数多く引用しつつ，彼の国の法制や法理論を紹
介しながら，論じている。しかし，そこには津曲の衒学的な特徴が示され，学
術論考の体裁がとられていても，内容的には空疎な同一文句の繰り返しとして
しか理解できない。

なお，このような津曲による『古事記』の神々までをも動員しての主張は，
1945（昭和20）年の戦争末期の，敗戦間近になってからのものではないことを，
ここで再度確認しておきたい。すなわち津曲は先に刊行された『日本統制経済
法』第二篇「総論」第五章「統制経済法の指導理念」の末尾に付された注(1)
において，すでにつぎのような構想をのべていた（カッコ内の記述－原文，文中
のルビは引用者)(153)。

　　　「私は本章で，古事記に見える大国主神の国開き（国家の生産力拡充），特
　　　に『すくなさま』の思想——国家の生産力を拡充するためには，大黒様の
　　　やうに大きな袋（苦）を，喜んで，背負ひ込む心構がなにより先行条件で
　　　あり，そして須勢理昆売（学問・芸術・武技・その他の労働技術を表象する
　　　女神）を最愛の妻とし，八上比売（家庭）や沼河比売（恋愛）を第二次の
　　　ものとする覚悟を要し，その上に，更に，一寸法士の少名昆古那神（名も
　　　なく，金もなく，権力もないすくなさま）と共同に事業を営むのでなければ，
　　　到底，国開き（大東亜共栄圏建設）は出来ない，営利本位の資本の仕組を
　　　以つては，南方開発は出来ないと云ふ我先祖の遺訓（古事記・日本書紀・
　　　祝詞・古語拾遺・伊予風土記・出雲風土記・播磨風土記・伊豆国風土記逸文等
　　　による少彦命の神話）——を反省して見たかつたが，それは他日，『国典
　　　に現はれた我国の労働観』として発表したいと思ふ」。

津曲は企業を経営協同体と理解し，それを『古事記』等に見られる神話に託
して「反省」するとのべていた。すなわち同書は，この『国典に現われた我国
の労働観』なる構想を具体化したものであったと考えることができよう(154)。

────────────
(153) 津曲・前掲『日本統制経済法』247頁。
(154) このような津曲の思考の原型は，同人が初めて統制経済法を体系的に論じることを試
　　みた「法学志林」誌に発表した「経済法規違反行為の効力」(8)(9)43巻3号1頁以下，
　　43巻4号12頁以下の第二章本論第二節　企業組成法規違反行為の効力　第一款　企業組
　　成法規　第四項　労務並所有の企業編入　第一目　労務の企業編入の法的考察　のなかに

第4章　太平洋戦争下の社会・労働法学

5　昭和18年政府による勤労根本法制定の企図と挫折

(1) 勤労根本法制定の動き

　津曲は上に紹介したように，労働者は国家に直接連なることにより，皇国臣民としての人格性を実現できるとした。その背後には，このような主張がなされねばならぬほどに，国民の徴用逃れが多くみられ，大日本帝国の戦争遂行の危機感を反映していたのかもしれない。この著書は内容的には先述したように，国防国家体制が確立された1938(昭和13)年以降，津曲の志向（思考）の延長線上に位置づけられるものであった。さらに同書は，当時政府が立法化を目論んでいた「勤労根本法」制定の動きに対応するものでもあった[155]。後藤も既述のように，『勤労体制の法的構造』に収録された複数の論稿で，これについて言及していた。すなわち小泉親彦厚相（1884～1945）── 予備役陸軍軍医中将で，敗戦直後の同年9月，割腹自殺した ── は1943(昭和18)年2月4日，衆議院予算委員会の席上，生産増強策の一環として皇国勤労観の確立を図るため，近く民間の権威者を集め勤労根本法ともいうべき法律を上程することを考慮中であると言明した（産業経済新聞昭和18年2月5日「勤労根本法制定　近く具体化　厚相言明」）。そして同月24日の同決算委員会で，小泉厚相は同法の理念をつぎのようにのべていた（大阪朝日新聞昭和18年2月24日「仕え奉る喜び，厚相皇国勤労観を闡明」）[156]。

> 「……労働といふ文字は労と資が対立であり，あるひは労働を物としての経済価値をとりあげてゐる，そして雇傭の関係においてはこれを物として扱ふ風が過去にある，また従来の思想としてはこの理念の中には労働といふことは苦しみをもつてゐるものであるといふやうなヨーロッパの語源的な意味もある，しかし時局の推移に応じて経済新体制が確立せられるに伴つて労も資もないといふ産業報国会が生れて来，これに呼応して皇国本来の勤労観念といふものがここに確立されて来た，これは……国民すべて自分の務に働く，その勤労といふことが国民としてのお上へ仕え奉る喜びで

すでに現（表）われていた。そこでは，労働法を民法上の権利ではなく，「上一人」に結びつく「忠実」義務として位置付ける人格法とされていたことは，すでに見たとおりである。

[155]　角田・前掲論文529頁注(29)は，本書について「もっとも徹底して農本ファシズム的皇国勤労観」を提唱するものであるが，それは1943(昭和18)年に厚生省が立案を試みた「勤労根本法」と同一の基調にたっていると指摘している。

[156]　ただし，このような発言の内容それ自体は，産業報国会設立以後，いわれた「皇国勤労観」一般を示すものであるが，とくに新規さや独自性をしめすものではないように思われる。

ある，しかもそこには大きな栄養といふものが存在しなければならぬ，他の国とは違ふ，もつと深い深い日本肇国以来の大精神に基づいてゐる……」

では，このような皇国勤労観に基づき国民をして大東亜戦争完遂に向けて，文字通り総動員させるに資するべき「勤労根本法」は制定されるにいたったのであろうか。

(2) 末弘厳太郎の勤労根本法制定への賛意

末弘厳太郎は既述のように，社会政策時報 220 号に「我国労働政策今後の動向」なる論考を発表して（1939〔昭和 14〕年 1 月）以降，労働法や社会法について発言することも，労働者保護を実現するためにとられるべき政策を提言することもなかった。ところが小泉厚相が根本勤労法の国会への上程の意思を表明した翌月（3 月），「時評／勤労根本法」法律時報 15 巻 3 号（1943）[157] で，「大東亜戦争の勃発此方経済機構が着々戦争即応の線に沿うて整備せられつゝある以上，之に対応して国民勤労の国家組織が同じ線に沿うて確立せられねばならぬのは当然である」と発言した。末弘はそのような立法のなかで示されるべき具体的事柄として，つぎのようにのべた（52-53 頁）。

> 「何よりも重要なるは勤労の国家性を高調し，国民皆兵制に対応する国民皆勤労制を宣明確立することである。……／勤労の国家性さへ十分に認識されさへすれば，勤労の能率を〔総力戦遂行という〕国家目的に向かつて最大限まで発揮せしむるに必要なる勤労の生産性と人格性との調和も自ら実現される」。

かつて勤労者の待遇改善の実現を強く主張した末弘により，いわば形振り構わぬ精神論が高調されたのは，「勤労の国家性を十分認識せず，勤労を以て勤労するに非ざれば喰へない一部国民の職業に過ぎずとする個人主義的の考へ方が根強く」（52 頁）あるからであろうか。反面，「使用者の個々の営利心から多少とも人格性を軽視するが如きことあらん」（53 頁）がゆえに，「使用者をして徹底的に勤労の国家性を認識せしめ」る（同前）ことに重点をおかねばならないとする[158]。

---

(157) 清水誠「続・市民法の目 20／末弘厳太郎著作集刊行の夢」法律時報 73 巻 1 号（2001）85 頁は，これを「末弘の文章としては最低のもの」と評している。

(158) このような末弘の発言に対し，石田眞「末弘法学論 —— 戦前・戦中における末弘厳太郎の軌跡」法律時報 60 巻 11 号（1988）52 頁は「目的に対する手段の合理性という観点

第4章　太平洋戦争下の社会・労働法学

　末弘が労働者の利益を擁護しようとする姿勢は最後まで維持されていたように思われる。しかしたとえそうであったとしても，それは戦争遂行という目的を実現するに際しての便宜的手段としてであったように思われる[159]。そして同年5月（日付不明）には，同法制定準備委員会設置について，「閣議説明」がなされ[160]，同月28日「関係各省官吏，学者，民間有識者等三十名」の委員（具体的氏名は不明）が「厚生大臣ヨリ委託サレル」こと[161]となった。さらに同年9月には，「大日本産業報国会」より，傘下の東京など6「地方勤労協議会」から勤労根本法制定に関する意見（同年6月10日付同会長からの諮問）が答申された[162]。

―――――――――――――――

によって体制内改良を目指すという手法が，目的そのものの吟味を欠く場合に転落して行かざるをえない先を，『戦争』という極限的状況は，過酷なまでに示したと言えよう」との感想を記している。

(159) 後藤清『労働法及周辺』（法令総合出版・1984）に収録されている「学界万華鏡」―― 朝日新聞大阪本社版夕刊1981年11月19日から6回連載 ―― 中の「末弘厳太郎先生」というエッセイ（172-173頁）で，戦時中末弘が「学術研究会議労働法研究班（第一五〇五研究班）を組織し，月に1，2回東京で研究会が開催された」と回顧している（参加者は，石井照久〔1906～1973〕，石崎政一郎，津曲蔵之丞，菊池勇夫，吾妻光俊そして後藤であったという）。その設立意義および参加への動機は「労働者の自由が狭められた当時において，いかにして労働者の生存をまもりうるかを課題として，残されたみちを探究することにあった」とする。しかし自ら1939（昭和14）年以降，従来の「社会法」「労働法」に換わる「厚生法」を高唱し，戦時体制を擁護した後藤の言は戦後のバイアスのかかったものであり，また，その活動実態が皆目不明なことから，その発言を言葉通りに受けとめることはできない。

(160) それはつぎのようなものであった（神田文人〔編〕資料日本現代史七『産業報国運動』〔大月書店・1981〕資料161・396-397頁）。
　「既ニ一月二十日生産増強勤労緊急対策要綱ニ於テ御決定……ニ基キ近ク勤労法制ヲ根本的ニ刷新整備致スコトニナツテ居リマスガ，其ノ準備ヲ為厚生省ニ官民ヨリナル委員会ヲ設ケ度イ〔。〕……法制ノ内容ノ……要ハ皇国本来ノ勤労観ニ基ク我国独自ノ勤労根本体制ノ確立ヲ目途トスルモノデアリマス。……勤労ノ問題ハ国民全体ノ業務ノ再配置ニ迄進ミ単ニ従来ノ所謂労働者層ノ問題デナク国民全体ノ問題トナリ，生産力増強乃至国力ノ増強カラ云ツテ国民皆働ノ実現ニ必須ノ要請デアリ，而モ最高能率ノ発揚ガ企図セラレネバナラナイ〔。〕……此ノ際皇国本来ノ勤労観ヲ明敏ニシ其ノ勤労観ヨリ出タ勤労関係ヲ確立シ皇国本来ノ勤労体制ヲ樹立シ以テ国ノ全能力発揮ヲ期セネバナラナイ〔。〕……法ノ内容ハ……コレカラ研究シテ参ルノデアリマスガ，大体皇国勤労観ニ基ク勤労関係ノ明確化，勤労規範ノ整備，勤労規律及秩序ノ確立，勤労条件ノ適正化教養訓練，表彰，懲戒制度ノ確立等ガ考ヘラレル」（句点ー引用者）。

(161) 同前書・資料162「厚生省／勤労根本法制定準備委員会に就て」398頁。

(162) 同前書・資料163「大日本産業報国会／勤労根本法制定に関する各地方勤労協議会の意見」398-417頁に収録。

第5節　決戦体制下での「日本的勤労観」と勤労根本法

　同法の具体的な内容をうかがい知る資料は見出し得なかったが，立法案策定に携わった行政担当者によれば，⑴大きく対象は「独り労務者に対する個々的な要請ではなく，皇国産業に奉仕する建前から労資一体，全産業人に対する勤労の国家性を附与し，且つ人格性と生産性を確保」すべきものでなければならないとされた。つぎに⑵同法により示されるべき勤労管理は従来の労務管理に留まるものではないとした。すなわち「皇国勤労に対する高遠な理想と旧態依然たる自由主義的功利的現実とが曖昧に提携し合」うような場合には，皇国勤労観の確立も現時要請される生産増強すら達成できない。ただし⑶同法が充分に機能するには，その運営に携わる『人』に「当を得なければ法は死文」と化すがゆえに「現場の第一線的陣頭指揮に当るいはゆる労務管理者に当を得るか否かによつて決定される」。そして制定にあたって監督行政の強化，勤労時間，賃金支払形態および福利厚生施設等が取り上げられるべきだとしても，結局は⑷「事業主自らが労務者を率ひ，挺身して立つ気迫が結局労務者をして感奮興起せしめるものである」として，事業主側の姿勢を強調している(163)。

　なお浅井の前掲「皇国勤労観と国民協力制度」稿と同じく，奇しくもポツダム宣言受諾の1か月前に公刊された津曲『勤労法の指導理念』の両者は戦後，いわば遅れてきた青年として社会に迎えられた。ただし浅井稿がほとんど世に知られることなく歴史の層に埋もれていったのとは対照的に，津曲の著書は加山宗二「日本労働法学界：その過去と現在」（後掲）なる論稿が津曲の名前を出さずとも，自ずとわかるように論難したこともあってか，その戦時中の不見識をきびしく批判された。この点については，本書第5章で言及しよう。

⑶　吾妻光俊の勤労根本法に対する懐疑と制定の挫折

　以上のように，後藤や津曲，そして浅井や菊池，さらには末弘までもが勤労根本法制定について積極的な態度を示していたのに対し，独り吾妻はこれに慎重ないし懐疑的であった。すなわち，それは小泉厚相が勤労根本法制定の意向を表明した直後に発行された法律時報15巻4号（1943）9頁以下の「国民労働秩序法――ドイツ勤労の根本法」において示された。同論文は，副題からも推測できるように，日本の「勤労根本法」がその模範としたであろうドイツの国民労働秩序法 Gesez zur ordnung der nationalen Arbeit（1934）について詳細に検討するものである。吾妻はまず⑴「指導者と従者」（1条－4条），⑵信任協議会（5条－17条），⑶労働管理官（18条－25条），⑷経営規則と賃率規

(163)　以上，「勤労根本法と勤労管理に就て」労政時報821号（1943）2-5頁。

則（26 条－35 条），(5) 社会的名誉裁判（25 条－55 条）そして (6) 告知保護（56
条－62 条）という同法における「六箇の制度」に即して紹介し，さらにこれら
の法的意義を詳細に検討したあとで，日本法における勤労根本法制定を念頭に
おいて，つぎのような「感想」をのべている（14 頁）。

> 「同じく経営中心の思想を示すとしても，国民労働秩序法の場合には集団
> 主義的労働体制を克服した上で経営中心主義へ移行したのに対して，わが
> 労働統制は……かる段階を通過して居らない。また別の面から観察する
> ならばドイツは労働の社会的側面から入つて経営中心主義に到達し，更に
> これを出発点として労務統制の経済的側面に向ひつつあるが，わが国にあ
> つては戦時に於ける生産至上主義に出発して漸次生産の単位たる経営の内
> 面的構成へと進み，その基本的体制の確立をなんらかの人的原理に求めん
> としつつあるといふ風にまさに反対の方向をたどつてゐるのである。ただ，
> わが勤労根本法の制定に当つては，われわれが労務形成の団体的社会的原
> 理を充分に経済社会の中に体験してゐないために，労働の社会的意義に関
> する自覚に於てなほ欠くるところあることを看過すべきではないと考へる。
> 更にまたドイツはその社会政策に於ける先進国としての優位と，労働戦線
> のこの方面への著しき躍進とによつて，その施設の各種の経営に通ずる一
> 般的水準に於て高きものを保持するに反して，わが国のこの方面に於ける
> 後進性と，従つて立ち遅れとは，なほ各箇の経営の自治に委ね得ざる多く
> の問題を含むことも，特に生産力の維持・培養が要求される現在当然に注
> 目されてしかるべきであらう」。

こうして吾妻は同じく企業を経営協同体と捉えながらも，津曲とは異なり，
「経営長も上長勤務者も部下勤務者も，何れも皇国に帰一すべき忠誠を尽すこ
とを，その本分とする」と理解していない。(1) 日本がドイツとは異なり，労
働組合法制のもとでの集団的労使関係形成の経験もなく，(2) 専ら戦争遂行の
ための生産活動実現のための「労働根本法」の制定を考慮していた。(3) それ
は反面，国民の強制的な労働力の利用がうまく機能していないがゆえの対応で
あった。さらに (4) ドイツはプロシャ時代から社会政策が発達し，国民のあい
だに社会保険制度が定着していたがゆえに，労働戦線も機能したのであろう。
しかしわが国では，産業報国会は当初期待された役割を果たすことはなかった。
このような日独間の相違を指摘して最後には「勤労の経済的側面とかゝはりな
く徒らにその国家性の感激的高唱に終ることも，また勤労の経済的側面を単に
一種の資源として統制するに急であつて，その国家的・社会的側面に強ひて眼
を閉づることも共に排斥しなければならぬ」とのべて，労働法学徒の憑依的な

388

言動を批判しつつ論稿を閉じている（15 頁）[164]。

そして吾妻の理解が正鵠をえていたためであろうか，「勤労根本法」なる立法は結局，制定化されることなく終わった。

◆第6節　昭和19年夏以降の吾妻光俊
──『統制経済の法理論』以降

1944(昭和19)年5月に吾妻が河出書房より『統制経済の法理論』を刊行した翌月，日本のサイパン島守備隊は玉砕し，同島はアメリカ軍に占領された。また明くる7月，東条英機内閣も退陣した（18日）。そして日本は11月24日以降，B29戦略爆撃機の編隊により日本本土への本格的な爆撃にさらされていく。そのようななかで吾妻は何を思い，何を考えていたのか。

同年年初，吾妻は一橋論叢13巻3号（同）に「解釈の創造性」という論稿を発表した。これは，東京商大教授も併任していた牧野英一の退官を記念して，法律行為における意思主義か表示主義か問題について，ラーレンツの議論によりながら論じるものであった。結論的に吾妻はのべている。

---

(164) 吾妻はさらに同年夏，＊「勤労観の法律的確立問題」重産協月報2巻8号（1943）23-24頁で，つぎのような問題性を指摘していた。

(1)「生産力増強に対する，熾烈なる国家的要請をひしひしと感じてゐながら，国民的勤労の現実は必ずしもこれに即応してゐない」なか，「人々は勢ひ焦燥の念に駆られて現実を飛び越え，勤労根本法の中に高き理念の北極星を掲げようとする」。「しかしこの理念と現実との間に，一歩退いて一面現実をそのありのまゝの姿に於て捉へる勇気……こそ望ましい」。(2)「勤労根本法の名の下にあらゆる勤労……をこゝに包含せんと試みるために，凡そ人の意識的活動がすべて包含されることになり，勤労法として反つて積極的な規範力を失ふこととなる」。(3)「勤労関係が少くとも単なる個人間の関係ではなく，国家的な関係としての性格を有する」としても，それが「国家経済の中でどのような仕組の下に働いてゐるかについての社会学的，経済的分析が……行はれてゐないように見へる」。(4)「上点のいずれについてもわれわれはそこに法律制度に対する理解の欠乏を見るのである。一面には法を魔杖の如く尊重し，立法によつて直ちに社会生活を動かし得べしとする法律万能思想と，他面には法を何か上から抑しつけられた窮屈な拘束だとする考へ方々との不可思議なる結合にその原因がある。……それは法律制度に対するいゝ前科学的な見方を表明してゐるのであ」る。

なお同前誌は「勤労根本法への要請」を特集し，ほかに孫田秀春の女婿 ── 東京商大孫田ゼミ出身 ── である富樫総一（厚生省勤労局）「勤労根本法に於ける法律問題の所在」21-23頁，野田信夫（三菱重工）「勤労の現代日本的本質」25-26頁および前田一（北海道炭鉱汽船）「勤労根本法のありかた」27-29頁の各論稿が掲載されている。当時同法制定に言及するものとしてほかに，千賀鐵也「勤労根本法は如何にある可きか」新経済3巻16号（1943）12-13頁がある。

389

「規範としての法規と云ひ，規範の適用の対象たる法律行為と云つても，
その中間に裁判官の生きた創造的活動があつてはじめてその規範たるの実
を挙げ，法律行為たるの目的を達するのであつて，この一般的と具体的，
事実的と規範的，超越的と内在的なる対立を止揚する人間活動の中に生き
た法と行為との姿をとらへるところに法律行為の解釈，そしてまた同時に
法の解釈の目的があるのであらうか」。

　ここでは，戦後「法社会史的解釈」として定式化される解釈方法論が示され
ている点で注目される。このような社会状況とは直接関係なしに解釈方法論に
ついて論じる一方，吾妻は時局的な発言も行なっていた。まず内閣情報局の発
行停止命令により，戦前最後の公刊となった中央公論誌59巻7号（昭和19年
7月号）で，吾妻は船田中（1895〜1979）── 当時，東京都商工会経済会理事
長という職にあり，戦後は衆議院議員となったが，総力戦遂行のために，国の
あらゆる物的・人的資源を政府が管理・統制・運用することを可能とする国家
総動員法制定に携わったと，鼎談のなかで自らのべていた ── と峯村光郎とと
もに＊「戦争遂行と統制法」という座談会を行なっている。これは「非常時局
を迎へて，今日ほど国民が直接国家に結びつけられた時代はない」にもかかわ
らず，国民各層に「遵法精神が，やゝもすれば昂揚せぬ憾みのある」ことから，
「国体の原理に照らして，明かにすべきもの」を示して「戦争指導の上に幾ば
くかの貢献」をしたい（47頁）との趣旨（同誌編集部）から設けられたもので
あった。議論は結局，国民の道義心をいかに向上させるか（47-48頁）という
ことになり，吾妻をのぞく二人は結論的にはアメリカ軍が「生やさしい相手で
ないといふ認識に徹すれば，当然一億国民は強烈な戦友愛に燃えて来なければ
ならぬ」（57頁・船田），あるいは「神州不滅は……日本人の主体的信念であり，
この信念に基くわれわれ行為主体の行動を離れて，客観的に存在し得るもので
はない」（同前・峯村）という精神論に帰着した。しかし吾妻は，そのような議
論に与せず，「日本人に関する限り，むしろ法律に対する考へ方の妥当でない
ために，また法律に些細な技術上の手落ちがあるために，せつかくの遵法精神
に動揺を与へることの方が反省さるべきでないか」（52頁），統制法の「迅速性
と融通のきくといふことは，在来の法律観を改めることなしには望めない」
（54頁）などとして従来の政治と経済両者の関係やその不適切な運営が国民の
遵法精神が機能しない背景にあると指摘していた[(165)]。

　そして同年刊行の法律時報誌上での「戦時経済と私有権の擁護」16巻8号
（8月）と「勤労関係の体制的把握」同16巻11号（11月）という二つの論稿で
同人特有の議論を展開している。いずれも戦況の悪化と本土空襲が増加するな

かで活字化されたものである。前者は改正防空法による私有財産権の大幅な制限を「戦時経済の下に於ける対私有権の課題は，結局，生産力の増強と，国民生活の安定といふその目標にふさはしく，私有権の利用機能たる面を昂揚し，少なくとも処分権能との間に醸成されて来た不均衡を恢復するにある」（4頁）との見地から，国民の総力戦への自覚と参加を強く促すものであった。ただし，ここでより重視されるべきは，後者であろう[166]。

　その冒頭吾妻は戦力増強が至上命令となるなか「勤労問題」が「時代の寵児」となってきたけれども，そこには「体制的なものへの理解の欠如」という「否定することの出来ない弱点」があるとの問題提起を行なっている（1頁，下線および括弧内は引用者）。つぎに吾妻はわが国労働統制（法）が支那事変（1937〔昭和12〕年）以来「応急対策の連続」であり，「そこから一歩を踏み出した，究極的に労務関係のあらたな目標に向かひ，総合的な見地に立つて誘導する余裕に乏しかつた」としながらも，「二個の転換期を経〔た〕，三つの段階」に分ける（同頁）。すなわち国民徴用令（1939〔昭和14〕年）が生まれ，労務調整令（1941〔昭和16〕年）が制定され，賃金統制令（1939年）が重要産業の労働力賃金つり上げを禁止したが，これは「戦時経済への切りかへから生ずる混乱を防止しながら，労働力の数量的確保をねらつたものであ」ったと捉える（1-2頁）。

---

(165)　吾妻は＊「遵法の倫理」知性（河出書房）7巻8号（1944）2-7頁でも，公定価格を無視した闇取引など，統制法に反する国民の遵法精神の鈍化についてのべている。結論的に，吾妻はつぎのようにいう。

　　「遵法の倫理から遵法の論理へ，つまり，遵法の問題をもつとも深い基底たる倫理の問題として国民に対する絶対的な信頼感の上に，その派生的な個々の法令の技術に関してはあくまで論理的な態度を貫くことによつて，真に国民生活は法秩序の上に安定し，遵法は期せずして実践されるところとなろう。これによつてもたらされる国民的な精神の安定感は，遵法のもたらす国民生活の安定と合流してそこに無限の戦力を培養するのである」。

　　しかし，現実は吾妻の期待通りにはならなかったことを，われわれは知っている。

(166)　同稿は，それに先立つ同誌16巻9号（同年9月）「国民徴用」特集として，掲載された菊池勇夫「労働配置における当面の問題」，後藤清「国民徴用制度と勤労動員」および津曲蔵之丞「勤労動員態勢の強化」の各論考をうけたものであると思われる。なお，同特集の最後の頁には，「法律時報編輯部」の名において，つぎのような文章が四角い枠付けで記されていた。

　　「皇国の興廃まさに決せんとする秋にあたり，戦力の増強に挺身して居られる勤労者各位に対し満腔の感謝の意を表することともに邦家のため其の御健闘を祈つてやまない」。

　　なお吾妻の「勤労関係の法的把握」が掲載された法律時報誌同号には，後藤清「産報強化革新の途」なる論考も掲載されている。

しかし労働力の確保が困難となる（第二局面）なか「勤労管理の台頭と，これを機会とする労務対策の量から質への転換」がみられた。しかしそこでもやはり「勤労者の人格乃至主体性は一応側面に押しやられ，いかにして労働力からその生産性をひき出し得るかを問題とする態度」がみられた。すなわちそこには「勤労意欲の発揚……それがあらゆる勤労の生産性の出発点で」であり，そこに「なんらかの意味において人の秩序であり……社会的なもの，〔吾妻のいう〕体制的なものを含み且つ含むべきことが示唆される」（2頁）。「皇国勤労観の提唱と勤労根本法制定の要請はかくの如き雰囲気の中に発した」。前者は「勤労といふものをはじめて人間の問題としてとりあげ，ことに日本人みずからのこととして……深い根底にたつもの」であり，後者も「わが労働立法の未だかつて到達しなかつた体制的なものへの欲求を象徴するものとして，ともに画期的な意味を持つものであつた」。しかしいずれも立ち消えとなつたのは，「体制的なものに対する理解の欠如」ゆえである。そして「最近の戦局の苛烈化」（第三場面）はまたも労働力の数量的確保の思想を登場させ，女子挺身〔隊〕や学徒動員という「労務供給の……最後的な拡張」が行なわれた。しかし「単純な数量的把握の立場に復帰することは不可能である。いずれにせよ吾妻は「この第三の段階に於て注目すべきは，労務関係そのものの立体化の中に，体制的なものへの機運が芽生えつつある」とのべている（3頁）。このような論理展開は，先に考察した『統制経済の法理論』所収の「労務統制法の発展と労働法」の，いわば同工異曲といってもよかろう。

　そして節を改め，吾妻は「従来の勤労観の基礎をなしてゐるところの体制的なるものの本体……は自由経済的な体制であり，従つて従来の勤労観は自由主義的な勤労観といふことにならう」という，当時としては大いなる反発を買うようなことを敢えて提起している（4頁）。そのようにいう根拠について吾妻は，続ける。「従来の勤労観の多くが，勤労の数量的把握の段階に止まるか，またはその質的把握の可能性に想到しながらなほ勤労を客観視する態度に止ま」っている。すなわち「人あるひは皇国勤労観の……提唱は……法を離れた倫理的なものを考え，ことがらを道義の問題としているのであつて，このやうに法秩序とは別に個人倫理を一方に予定し，之に配する単純なる技術としての法を以つてする態度こそ自由主義的法律観に特有な態度に外なら」ない（同頁）──。

　本書では，以上のように要約してきたが，吾妻のいわんとするところは，相変わらずわかりにくい。法と倫理とを区別すべきであるとするのは，確かに近代主義的な発想であろうが，それらを今一度統合すべきであるというのであろうか。吾妻がそのもっともいわんとすることとして繰り返しのべているのが，「勤労関係を，その背後からこれを支え，その様相を定めてゐるところの体制

的なるものと関係せしめて理解するといふことであ」る（5頁）。吾妻はそのような「勤労の体制的把握はわが国勤労関係の史的研究を通してのみ可能である」として，つぎのような構想を披瀝している（同頁，下線は引用者）。

> 「当初は資本と一体をなしてそこに有機的に結合された勤労が（勤労と所有との結合），やがては企業の資本的機構の展開に伴つて，企業外に押し出されて，単なる契約を通しての企業との結合に於てとらへられ（勤労と所有との分離と所有の支配），しかしやがては外から企業と対抗するいきほひをなし（勤労と所有の対抗），ついに再び企業の中に資本面と有機的に結合せんとする動向を生む（再び勤労と所有との結合）過程をわが国民経済の現実に即して体制的に把握することは充分研究に値するテーマだ」。

これは要するに，わが国で近代的な企業が生まれてから，戦時統制経済へといたった当時までの歴史的展開を要約的に示しているのであろうか。このようなラーレンツへの共感を通じてヘーゲルに親近性を示している吾妻はその弁証法的な論理展開によって「近代的勤労観の生成と展開……を近代的企業の興隆ならびにその機構の完成と表裏一体」化して考察されるべきであるという。そして「この歴史的発展の現実に即してのみ日本的勤労観は明らかにさるべく，また勤労根本法への道が通ずるのである。そしてまたかかる明確なる勤労観の自覚によつてのみ，苛烈な戦争経済の要請に適確に答へ得るのである」（同頁）という結論的見解をのべている[167]。

吾妻が幾度となく繰り返す「体制的」ないし「体制的なるもの」とは一体何なのか。吾妻自身は，そのことについては何も語っていない。もっとも具体的なのは，勤労（関係）が「なんらかの意味に於て人の秩序であり，それが古き表現を用ひれば社会的なもの，〔吾妻〕をして云はしむれば体制的なものを含み且つ含むべき」である（2頁）との箇所であろうか。正直いって，その言わんとすることを理解することに困難さを感じる。

ただし「体制」という文言については，吾妻が戦後その労働法に関する体系的理解を開示した『労働法の基本問題』（有斐閣・1949）の構成が想起される。すなわち同書は第一「序説」／第二「体制」／第三「総括」という3部からなる。そして第二「体制」は同書の中心的内容を含むものである。吾妻は「労働問題の法律構造を社会的現実そのものとしてとらへ，それをその構造のさなが

---

[167] 島田信義「ファシズム体制下の労働法学」法律時報50巻13号（1978）92頁は，吾妻の本稿について，戦争末期，非科学的な『皇国勤労観』の鼓吹に和していった日本労働法学のなかで，吾妻の存在をそれらとは異なるものとして「いくばくかの救をもとめることができる」としている。

第4章　太平洋戦争下の社会・労働法学

らの形で複合的にあらはそうとする意図」(同前書39頁)と，そのようにすることが「労働問題の複合的構造にふさはしい方法であらうといふ期待」(同)のもと，「体系」ではなく「体制」という言葉を用いたと説明している[168]。「勤労観の体制的把握」という場合も，同様の意味が込められているのではなかろうか。つぎにそれが歴史的な把握を通じて理解されうるという点は，同じく戦後自らの法学方法論として「法社会史的研究方法」として定式化しているものと共通している。あるいは，それは，ここでのべられたことの延長線上に位置付けられるべきものであろう。すなわち，とくに国民徴用が広く及んでいった太平洋戦争末期の労務統制法を念頭においた議論を，敗戦をはさんだ3年後に戦後の憲法第28条による労働基本権保障が実現した労働法学の構築に際し，換骨奪胎して主張されたのが「労働力のコントロール理論」であり，「法社会史的研究方法」であったということになろうか[169]。

◆補節　末弘の労働法学から法社会学への関心転移と「日本法理」樹立の熱望

　以上，長々と労働法学に関心を寄せた法学徒らが1942(昭和17)年以降，日本が防戦一方とならざるをえなかったアジア太平洋戦争末期，いかなる議論をしていったのかを追跡した。最後に，短期間で終わるものと予想されていた日中戦争が長期化し，さらには大東亜戦争続発へといたった後の末弘厳太郎の問題関心の変転について言及しておきたい。

---

(168) 毛塚勝利「吾妻光俊『労働法の基本問題』」日本労働研究雑誌454号(1998)2頁は，吾妻の「体制」という文言は現在の言葉でいえば「システム」に相当し，そこには，労働問題の現実に即して法的問題の解決をはかる意図と，その解決は労働法を構成する原理によってなされるべきとの認識がこめられていたとする。

(169) アジア太平洋戦争末期，吾妻には，『戦時労働法の理論』の執筆が予定されていた。すなわち1945(昭和20)年2月に末川博〔編〕『統制法規全集』上巻(有斐閣)が刊行された。同書は末川が「編輯責任者」となり，「決戦体勢下戦力増強の絶対至上条件がいかに充足さるべきか，諸般の制度・機構ないしその運営について攻究し，また大東亜秩序が法的にいかに確立伸張さるべきか，その基礎構造ないし各地域の法制について考察し紹介せん」ことを企図した「戦時法叢書」の第1回配本であった。同書巻末には，右「叢書」52冊の書名と著者の名前が記されている(一部は〔交渉中〕)。そのなかで『戦時労働法の理論』の執筆予定者として吾妻の名が記されていた。ただし同書が刊行されることはなかった(「戦時法叢書」自体，翌3月に鵜飼信成『戒厳令概説』が刊行されたにとどまった)。戦後「法学選書」の1冊として同社から公刊されたのが，吾妻が「労働力の集団的コントロール理論」を本格的に打ち出した，戦時ならぬ，平時の『労働法の基本問題』であった。

(1) 法社会学への関心転移 ── 占領地華北慣行調査の提唱と「日本法学」構築への応用

末弘は民法に関わる，特に解釈論上の課題については，敗戦時にいたるまで，法律時報誌に「民法雑記帳」として発表し続けた[170]。もう一方，末弘が労働法・労働問題に代わって発言を重ねたのは，法社会学に関わる日本軍の占領地である中国の華北農村「慣行調査」であった[171]。初めて，末弘がこのことに言及したのは，既述（本書第3章第1節1）のように1938（昭和13）年秋，法律時報10巻10号「法律時観／支那に於ける法的慣行調査の必要」2-3頁であり，翌年の「法律時観／再び法的慣行調査の問題について」法律時報11巻6号（1939）2-3頁であった。末弘は慣行調査の必要性を説くだけではなく，具体的な調査に際し注意すべきことにまで言及している。末弘の提言は，東亜研究所が主体となり，満鉄調査部が協力する形で1940（昭和15）年から1944（昭和19）年にかけて実施された。そして末弘は，東亜研究所第六調査委員会第一部の責任者として，これに関与した[172]。このような慣行調査は，軍事的占領地 ──

---

(170) 水野紀子〔作成〕「末弘厳太郎先生略年表・主要著作目録」法律時報60巻11号（1988）109-108頁を参照。戒能通孝「評論家としての業績」法律時報23巻11号（1951）47頁は「昭和一二年から終戦まで，〔末弘〕先生は時事の評論を抑圧せられ，僅かに法律時報に寄せられた『法律時評』や『民法雑記帳』によってうつを晴らされただけだった」としたのに対し，石田・前掲「末弘法学論」59頁は「問題はその内容であった」と批判している。どちらも，そのいわんとすることに誤りはないように思われる。すなわち当時，末弘の見解発表の場は自らが編集責任者であった法律時報誌に限定されていた。しかしそこでは，末弘はその時どきの状況に応じて，同人が発言すべきと考えたことを言い続けていたように思われる。

(171) 瀬川信久「末弘厳太郎の民法解釈と法理論」六本佳平・吉田勇〔編〕『末弘厳太郎と日本の法社会学』（東京大学出版会・2007）219頁は，法源論をのぞく，末弘の民法解釈と判例研究は終始変わらなかったのに対し，「裁判外規範研究」は1930年代後半，大きく変化したと指摘している。それは末弘の「現実主義・人間主義・具体主義」が「経験的感覚・判断に対する信頼」に依拠し，その「非国家法主義＝社会主義・現場主義・当事者協調主義」の根拠がプラグマティックなものであったことから，同人の「社会学」は本来的に状況の変化により変化する可能性をもっていたからであるとする。

(172) 末弘はその過程で，自ら法社会学理論を形成していったとされる。末弘は東亜研究所第六調査委員会学術部委員会〔編〕『支那慣行調査彙報』（東亜研究所・1942）の冒頭に収録されている＊「調査研究と憶測」3-5頁のなかで，ポアンカレ『科学と臆説 La science et l'hypothèse』を引用しながら，調査のあり方として，つぎのようにのべていた。
　　「初に先づ科学的に仮説を構成して調査の指導原理たらしむると同時に，調査から得られたデータの依って……仮説を洗練し，必要ならば何等の躊躇なしにそれを修正して，更に新なる調査に着手し，仮説と調査との間にたえず交流的批判が行はれるやうに努力してこそ真に科学の名にふさはしい調査研究が成り立ち得るのである」。

第 4 章　太平洋戦争下の社会・労働法学

大東亜共栄圏──における統治をいかに有効に実現しうるかという「政治的意図」をもって提唱されたものであった[173]。さらに同じく 1939（昭和 14）年の末，末弘は日本軍占領地たる中国東北部の華北慣行調査に関する自らの提言が「今回政府大に其必要を認識し，其実施を東亜研究所に委託されたることは，つとに此必要を強調し来れる吾々として何よりも喜ばしい」とする（「法律時観／支那慣行調査の開始を喜ぶ」法律時報 11 巻 12 号〔1939〕3 頁）一方で，つぎのようにのべていた（「同／日本諸学振興と日本法理」同前 2-3 頁）ことが注目される。

　　「凡そ法学に関して日本的なるものとは何ぞ，凡そ日本的なる法学を振興する法途如何等の問題は苟も日本法学を口にする以上，先ず初めに十分学術的に探究せらるべき事柄であるにも拘わらず，今までの所未だ此点に関して殆ど何等の学的討究ありたるを聴かず，各自それぞれ独断して浅薄若くは部分的な意見を述べているに過ぎないのが遺憾ながら我国法学界の現状である」。

　これは，天皇機関説事件後「国体明徴に関する政府声明」を踏まえて，1936（昭和 11）年 9 月 8 日，文部省が「日本精神ノ本義ニ基キ」「我ガ国独自ノ学問，文化ノ創造，発展ニ貢献シ延テ教育ノ刷新ニ資スル」ために設けられた日本諸学振興委員会[174]が他の分野に遅れて法律学に関しても，1939（昭和 14）年 11

　このような方法論は，戦後，法社会学の講義のなかでも再び語られることになる（本節注（180））参照。その詳細や評価については，石田眞「戦前・日本における『アジア法』研究の一断面──華北農村慣行調査を中心として」名古屋大学法政論集 132 号（1990）35-80 頁，同「植民地支配と日本の法社会学──華北農村慣行調査における末弘厳太郎の場合」比較法学 36 巻 1 号（2002）1-16 頁および同「戦前の慣行調査が『法整備支援』に問いかけるもの──台湾旧慣調査・満州旧慣調査・華北農村慣行調査」早稲田大学比較法研究所〔編〕『比較法研究の新段階──法の継受と移植の理論』（早稲田大学比較法研究所・2003）93 頁以下，とくに 100-110 頁を参照。併せて小口彦太「中国法研究における末弘博士の今日的意義」早稲田法学 55 巻 2 号（1980）13 頁以下も参照。なお，実際に「慣行調査」に携わった者のなかには，既述のように平野義太郎，戒能通孝，福島正夫，磯田進，杉之原舜一など，旧制一高ないし東京帝大法学部時代以来，末弘の周辺にいて柳町セツルメントの運営に参加したり，その後左翼運動に関与して逮捕・服役・転向した者たちがいた。また華北農村慣行調査の企画・立案そして，その実施過程については，石田・前掲「戦前・日本における『アジア法』研究」44 頁以下を参照。また併せて内山雅生「『中国農村慣行調査』と中国農民」大江志乃夫他〔編〕『岩波講座　近代日本と植民地』第 4 巻（岩波書店・1993）265-287 頁を参照。

(173)　石田・前掲「末弘法学論」63 頁および同・前掲「植民地支配と日本の法社会学」8 頁。このことは，末弘が既述のように，以降も「時評／異民族に接する用意」法律時報 14 巻 1 号（1942）82 頁および「時評／蘭印慣習法の研究」同 14 巻 6 号（1942）60 頁について，のべていることからも，理解できよう。

月になってようやく法学会・学術講演会が開催されたことについてのべたものであった。末弘は「多年法曹大会の開催を主張し来れる吾人の最も欣快とする所である」とした。しかしそれと同時に末弘は，その内実が「結局は極めて雑然たる講演の競演に終はつたことは吾人の最も遺憾とする所である」と批判した[175]。すなわち末弘は当時，単純・粗雑な「日本法学」の主張に対して，否定的であった。末弘はやはり同じく法律時報誌の前月号（11巻11号〔1939〕）57-58頁掲載の「民法雑記帳38／日本民法学の課題」で，「日本法学」の実情について，つぎのように批判していた（57頁）。なおその際，末弘が念頭においていた者の一人は，長年来の知友である孫田秀春であったのかもしれない。

> 「従来我国の日本法学を口にする学者の自ら称して日本的と称するところのものは殆どすべて法律理念にのみ関して居り，法律技術の問題を殆ど考慮に入れてゐない。……彼等はややもすると肇国の精神を高調したり，忠孝の道を説きて之を日本民法学の指導原理とすべきであると言ふやうなことを主張するけれども，其理念として主張する所には直に之を実定法上の指導原理として実際的に利用し得るだけの法学的洗練乃至構成が施されてゐないのが通例である。／中には多少其主張に法学的粉飾を加へて『公益は私益に先立つべし』とか『権利本位より義務本位へ』と言ふやうなテーマを日本的の名の下に主張してゐるものもあるけれども，前者は要するにナチ・ドイツの亜流に過ぎず，後者は又フランス風の社会連帯論を継受するものに過ぎない。かくの如きは日本的の仮面にかくれて只管模倣を事とする以外の何物でもない」。

それでは外国法理ないし法理の模倣ではない日本固有の「日本法学」を樹立するためには，どうすればよいのであろうか。末弘は同稿のなかでつぎのようにのべている（58頁）[176]。

> 「真に日本民法学と称するに足るべきものを樹立するためには，一面に於

---

(174) 同委員会は準戦時体制のもと，文部省が思想・学問統制，学界（会）再編，そして研究者の戦争動員の実現を企図して設立したものであるが，詳しくは，駒込・川村・奈須〔編〕前掲書注(131)を参照。なお孫田秀春は既述のように同委員会における「法学部臨時委員」（1939年，1941-1943年）および同「専門委員」（1944年）を務めた（拙稿・前掲「労働法学の黎明」140頁注(42)）。

(175) 白羽祐三『「日本法理研究会」の分析 ―― 法と道徳の一体化』（中央大学出版部・1998）123-124頁および125-127頁。

(176) 末弘は同旨のことを「エーアリッヒの『成文法と生きた法律』」法律時報13巻8号（1941）38頁（鳩山秀夫の同翻訳を再録する際の前書き）で繰り返していた。

第 4 章　太平洋戦争下の社会・労働法学

　　て法学的に洗練された日本的法理念を確立しつゝ，他面に於て我国社会の
　　現実をそのまゝ法律的に捕捉し得べき法律技術を用意する必要がある」。

　「法学的に洗練された日本的法理念を確立」しながら日本「社会の現実を法
的に捕捉できる法律技術」を用意するとは，いったいどういうことか。このよ
うにのべてから 4 年後，戦争は太平洋地域までをも含む広大な領域へと拡がる
とともに，日本の劣勢が明らかになっていった。末弘は「日本法理探求の方法
に関する一考察」という副題が付された講演録（「法律と慣習」法律時報 15 巻
11 号〔1943〕2-6 頁）で，自ら華北農村慣行調査のなかで培ったとする「『社会
秩序の力学的構造』なる構想」を明らかにしている[177]。それは，考察対象を
中国から日本に反転させながらも，同一の接近方法をもって「日本法学の樹
立」を意図したものであった。末弘は，つぎのように説明している（2-3 頁）。

　　「実在の社会秩序は静止不動の形に於て存在するものにあらずして，各種
　　社会力の力学的な相克持ち合ひに依つて成り立つてゐる。一定の社会に規
　　律を与へる為めに働きかけてゐる政治力は，その社会に固有な伝統力並に
　　その社会を支配する社会法則，経済法則と接触しながら，一定の秩序を形
　　成しつゝある」。

　その際に，末弘は高気圧と低気圧の接触面では不連続線的な渦留が形成され
るとか，一定の物に一定の力を加えると一定の抵抗があることを利用した地下
資源探知や特定の星が発する光をプリズムで集めて分析することにより，その

────────────

（177）ここで同稿の成立経緯について，のべておく。その冒頭でも言及されているように，
　　同稿は 1943（昭和 18）年 10 月，東京都神田一ツ橋・共立講堂で開催された「日本諸学振興
　　委員会昭和十八年度法学公開講演会」の講演録＊「法律と慣習」を，末弘「公務多端の為
　　め……略，原文のまゝこゝに再録するの外なきに至つた」ものである。講演録の原型は法
　　律時報誌掲載のそれと刊行が前後逆になって『日本諸学講演集第十四輯　法学篇』（文部
　　省教学局編纂・同印刷局発行・1944）1-19 頁に掲載されている。両者の違いは，同稿・
　　四のうち，法律時報誌掲載 5 頁では『講演集』とは異なり，さらに 2 か所改行箇所がある
　　ことと，同前誌では「日本法理探求の方法に関する一考察」という副題が付されている
　　ことである。とくに副題について ── その発案が末弘本人か，同誌編集部のいずれによるの
　　か不明であるが ── は，戦後，末弘にとって，その戦時中の言動のありように関連して，
　　きわめて不利な影響を及ぼすことになる（これについては，本書第 5 章第一節 495-496 頁
　　注(79)を参照）。六本佳平「末弘法社会学の視座 ── 戦後法社会学との対比」六本・吉田
　　〔編〕前掲書注(171)所収 244 頁以下，とくに 250-258 頁以下は，戦後，川島武宜による末弘
　　「社会秩序の力学的構造」論の紹介が元もとの末弘の主張といかに異なるものとならざ
　　るをえなかったのかということに関連して，末弘「法律と慣習」論文を詳細に読み解いて
　　おり，興味深い。

星を組成する物質を探知するなどの自然科学に題材を求めた比喩をもって説明している。末弘はそのような方法により，日本法理の特質を明らかにすることができるとした。すなわち明治維新以降，欧米文化とともに，それに特有の経済法則や社会法則が流入する一方，明治政府は欧米法制を模倣した制度・機構を実施したのに対し，「我国固有の伝統力は果してどの程度まで抵抗したであらうか」。その抵抗の実情を正確に測定できたら，それにより「我国社会の特質を明かにし得ると同時に，惹いては我国社会に妥当する法の特質，即ち日本法理のあるべき姿を考へる基礎を与へられる訳である」とする。末弘法社会学にについて，多く発言してきた石田眞は，末弘がこの論文のなかで「政治力」と「伝統力」を区別していることは，米欧州留学から帰国した当初抱いていた「国家」と「社会」の区別と対抗という理論枠組を維持していたことを意味するが，それは一方で「狂信的な『日本法理』への批判」であったとしても，他方では『道義的なると同時に合理的』な『大東亜共栄圏の法秩序の構成を考へる……科学的基礎』でもあったと指摘して，末弘の主張の危うさに注意を喚起している[178]。

(2) 統制経済の実効性確保の可能性

上記論稿に関連して，当時，末弘が「法律学の科学化」ということに言及していたことが気にかかる[179]。末弘は同名の小文（「時評」法律時報13巻9号〔1941〕61-62頁）のなかでつぎのようにのべていた（62頁）。

> 「我国現在の法律学は遺憾乍ら今尚多く法條註釈の域を脱せず，資料を<u>科学的に</u>整備して法律文化に対する指導原理を樹立することを目指すが如き研究が殆ど行はれてゐない。……真に日本法学の名にふさはしい法律学を建設せんとするならば，是非共先づ<u>科学的</u>眼光を以て日本的現実を過去に遡り又現在に付いて精確に観察研究せねばならぬ」（傍線は引用者）。

そのいうところの「法律学の科学化」が実際には何を指すのか，これまた必ずしも明らかではない。しかし，おそらく自らが関与した華北農村慣行調査のことを想定していると思われる[180]。

---

(178) 石田・前掲「末弘法学論」63頁。

(179) 石田眞「末弘法学の軌跡と特質」法律時報70巻12号（1998）16頁および同・「末弘法学の軌跡」六本・吉田〔編〕前掲書収録170頁。

(180) 石田・同前「軌跡と特質」16頁は，末弘・前掲「法律学の科学化」61頁で末弘が例として統制経済の支障なき実現について言及した箇所から，「さしあたり，統計資料等を用意して立法や法の適用にあたることを意味してゐた」と理解している。しかし，戦後になってから，末弘は私的な，限られた聴講者を前に行なった「法律社会学」講義のなかで，

第4章　太平洋戦争下の社会・労働法学

留学時，アンリ・ポアンカレ Jules Henri Poincaré の La science et l'hypothèse, 1902 (『科学と仮説』〔平林初之輔〈訳〉・岩波文庫・1928〕) を熱心に読み，「絶えず実験しては仮説を作り，その仮説を実験で洗ってみては新しい仮説を作って，進歩する」という考え方が「私に非常な影響を与えた」と述懐していた (末弘厳太郎述「法律社会学〔1949〕」六本・吉田〔編〕前掲書収録 23-24 頁)。そして，このような発想について末弘は戦時期，華北農村慣行調査に際して言及していたことは，本書でもすでに紹介した (本章 396 頁・注 (172)) ところである。おそらく，末弘のいう「法律の科学化」には，このような経験科学的な発想があったのではないだろうか。

　これまた，石田・前掲「末弘法学論」63 頁がすでに紹介・指摘しているが，戦後になってから，末弘は慣行調査と法規範形成の関係について，つぎのような発言をしていた (日本評論社〔編〕『日本の法学』(日本評論社・1950) 131-132 頁)。少し長くなるが，引用しよう (下線は引用者)。

　　ろくに慣行調査もしないで戸主制度に基づく「家族制度を否定した法律を作っても，生きた法律として家族制度はなかなかなくならない。ホントに社会から〔旧〕家族制度的なものを追放したいならば，慣行調査を通して一面民間の法意識の実情を知ると同時に，その原因たる諸事情をも究明して，その諸事情を除く方策を講じなければいけない。要するに，慣行調査それ自身と調査の結果を如何に利用するかの法政策上の問題とは別問題で，慣行調査それ自身から直ちに法政策上の結論を導き出そうというのが無理だと思います。……科学的研究調査の結果〔，〕一定の経済法則なり社会法学〔「則」の誤植か？〕が発見されたとしても，それを法規範若しくは法原則にまで発展転化させるためには，特別の科学的操作がいる」。

　これは「京都学派」の石本雅男 —— 同人はその特徴として「非常に理論的に厳密性を尚ぶ」という学風をあげている (同前書 307 頁) —— による，たとえ厳密な『生きた法』＝慣行調査を実施したとしても，「昨日までゲルテン〔gelten 通用〕したものが明日ゲルテンする」かどうかを検討するためには単なる調査だけでなく，「法律的な操作というものが必要なんじゃないでしょうか」(同前書 130 頁) との発言を受けて，末弘が多少苛立ちを交えながら応えたものであった。ただし末弘のいう「科学的慣行調査から法規範へと発展させる特別の科学操作」とはいかなるものかについては，何ものべられていない。末弘は，別の個所で次のような発言もしている (同前書 395 頁)。

　　「私は，慣行調査は客観的に事実を調査するので，それ自身に反動もない，唯調査の結果から引き出す議論，即ち結果の利用の点になると反動的な利用もあり得るし，それとは反対の利用もあり得ると思う」。

　これは石田・前掲「植民地支配と日本の法社会学」14-15 頁が指摘するように，別の表現をすれば「調査者は調査結果に対して責任を負わないという主張」であったといえよう。より一般化すれば，認識と価値判断の峻別論の亜型ということになろう。それは「科学」の名の背後に自らの価値判断を隠ぺいするということになるといってもよかろう。そして，これについては，同じ座談会のなかで，「京都学派」の雄である末川博により，つぎのように指摘されていた (前掲『日本の法学』133 頁)。

　　「現実に社会に行われている慣行などについて実態調査をしたり〔，〕その結果について意味づけをしたりする場合には，どうしても史観アンシャウウング〔Anschauung 世界観・見地〕が必要なので，その史観が反動的になったり〔，〕進歩的になったりする。……だから，法社会学というようなものにおいて慣行その他の社会現象を調査研

400

補節　末弘の労働法学から法社会学への関心転移と「日本法理」樹立の熱望

　また関連して当時，末弘が関心を向けたのは，統制経済の実施状況であった。それらは，法律時報誌の「法律時観」で言及された，つぎのような表題のものとして示されていったが，その緊迫度は月を追うごとに強くなっていったことがわかる。

1939(昭和14)年　法律時報11巻
　　1号「昭和十四年を迎ふ」，5号「経済警察と自治的制裁」，6号「統制諸法令は適時に改廃せざるべからず」，8号「国民徴用令の実施に当りて」，9号「時局と婦人労働者」
1940(昭和15)年　法律時報12巻(181)
　　1号「統制強化の対策 ── 他律より自律へ」，7号79頁「産報運動と労働組合」「官吏と遵法精神」「社会保険の拡充を希望す」，9号57頁「入営者職業保障法と従業員雇入制限令」，12号49頁「社会保険制度の体系的完備を望む」
1941(昭和16)年　法律時報13巻
　　1号59-60頁「地頭政治思想を排拭すべし」「朝令暮改も亦可なり」，2号72頁「国家総動員法の改正と臨時措置法」，4号54頁「統制法令の周知を計るべし」，6号54頁「工場公害紛議」，11号53-54頁「遵法精神昂揚の道」

　このような「法律時観」ないし「時評」中に示された短評が示すように，当時統制経済法令は必ずしも国民の積極的に遵守・遵法していたものではなかった。末弘は「統制法令の実効性を確保する手段を考へるにしても，罰則の如き法的手段にのみ注意を奪はれて，其他の社会的諸要素との聯関に於て広く確保手段を考へることを忘れることになり易い」とした。そうであるがゆえに，議論はどうすれば「我国の統制法令が実際上必ずしも適確に行はれてゐない恨み」を解消できるかということに向けられた(182)。しかし，このような見地は，

────────────
　　　究するに当っては，何といっても，しっかりした史観をもって臨まねばならぬ」。
　　はたして，戦時期の末弘に「しっかりした史観」はあったのであろうか。ただし，このようにいう末川に対しても，同人の戦時中の業績を考慮すれば，同じことが自らにも問われるべきであったであろう。なお，このような末弘の「科学観」「調査観」については，小口・前掲論文37頁以下，とくに40-45頁においても，その問題性が指摘されていた。さらに，戦時中の末弘の言動を追跡し，従来の華北農村慣行調査を担った者たちによる，戦後それが侵略戦争への「消極的抵抗」であったとの自己弁解・擁護的発言の虚構性を鋭く問うた馬場健一「『科学的』調査と研究者の政治責任 ── 華北農村慣行調査とその評価をめぐって」法社会学57号（2002）170頁以下は，末弘の法社会学について，「軍国主義にも民主主義にも中立的に政策素材を提供しうるのだ，というのが末弘法社会学の本質」である（同前論文187頁）と評している。
(181)　この年，同誌12巻3号より，コラムの表題が「時評」に改められ，末弘の署名が復活し，また掲載頁も巻頭から雑誌なかほどの頁に移動した。

401

第 4 章　太平洋戦争下の社会・労働法学

大正末から昭和初期の時代に示された，民衆のあいだには国家法とは区別されるべき「生ける法」が存在するという「国家」と「社会」との区別という観点は著しく後退しているのではなかろうか。

(3)「日本法理研究会」への積極的な関与

末弘がナチス・ドイツ法理に「日本的粉飾」を施して「日本法理」と呼ぶようなものを厳しく批判し，自ら華北農村慣行調査を通じて構想した『社会秩序の力学的構造』を明らかにし，そのような作業を通じて「日本法学の樹立」を意図していたことは，すでに言及した。そのような課題を意識していたがゆえであろうか，末弘はさらに「日本法理研究会」に積極的に関与していった。すなわち同会は昭和年代初期の左翼弾圧である三・一五事件（1928〔昭和 3〕年）に検事として関与し，1940(昭和 15)年 7 月，第一次近衛内閣等において司法大臣を務めた塩野季彦（1880 ～ 1949)[183]を会長とし，司法官を中心に『法道一如（翻訳法律ではなく，「法と道徳の一体化」)』をかかげ，「忠君愛国の精神」への統合・一体化を実現するために設立され，同年 10 月に要綱および綱領が定められた団体であった[184]。同会は「国体の本義に則り，日本法の伝統理念を探求すると共に近代法理念の醇化を図り，以て日本法理の闡明並に其の具現に寄与せんことを期す」ということをその綱領の第一[185]に掲げていた。末弘は翌月ただちに法律時報 12 巻 11 号（1940）の「時評」欄でこれをとりあげ（「日本法理研究会」)，「衷心より喜ぶと同時に，関係諸氏の努力に依つてその事業の着々功を成さんことを希望してやまない」(59 頁）として，つぎのようにのべている（60 頁）。

「要するに，世界文化の名の下に今日吾々日本人の特殊性を窒息せしめてゐる欧米的法理乃至は技術を根本的に克服して，自ら自由に而も極めて豊富なる智識と深い認識とを本として現在正に日に日に生々発展しつ〵ある我国の法生活を指導するに足るべき法理念とそれを具現するに適する法律技術とを考慮案出することが，凡そ現在我国法律の理論及び実践に関与してゐるもの〵責務であつて，此意味に於て私は本会の直接関係者は勿論朝

---

(182)　末弘「経済統制法の法律社会学的考察」法律時報 13 巻 10 号（1941）10 頁。
(183)　同人は吾妻光俊の父親である横田秀雄と同じく，長野市松代町（松代藩）に関係があり，幕末同地で，佐久間象山，鎌原桐山とともに「松代の三山」といわれた山寺常山の孫にあたる。没後 10 年をへて塩野季彦回顧録刊行会〔編〕『塩野季彦回顧録』（塩野季彦回顧録刊行会〔非売品〕・1958）が刊行された。
(184)　その全体像については，白羽・前掲『『日本法理研究会の分析』』を参照。
(185)　『日本法理研究会事業概要』（日本法理研究会・1942）2 頁。

402

補節　末弘の労働法学から法社会学への関心転移と「日本法理」樹立の熱望

野法曹一般が今こそ明治此方の模倣的傾向を徹底的に克服して真に日本的なるものを制度的にも又理論的にも創造樹立せんことを熱望してやまないものである」。

　末弘はただに「日本法理研究会」への賛意を示すだけでなく，さらにはこれに参加し（ただし，具体的にいつからかは不明），同研究会第二部会（民事）の主任として，毎週隔日に開催された会合に積極的に出席し，発言した[186]。大正デモクラシーの「市民法」を体現し，右翼からは「赤化容共反国体思想」の持ち主として，刑事告発までされた末弘が，何故に「皇国の国是を体し，国防国家体制の確立を図り，以て大東亜法秩序の建設を推進し，延いて世界文化の展開に貢献せんことを期す」（「要綱」第二）と謳う「日本法理研究会」に入会したのであろうか。それは末弘が日ごろから，日本法理を高唱していた小野清一郎（1891～1986・刑事法）との交友関係にあったからと考えられるかもしれない[187]。しかしそれはおそらく二次的なものであったのであろう。むしろ「現行法は翻訳法であって国民生活や感情に即しない」「国民感情に添ふやうに改良したらどうか」「法と道義との一体化を企図してみたらどうか」という塩野の主張に共感したからではないかと指摘されている[188]。そして末弘は戦後，「日本法理研究会」に関与したことを理由に教職追放されることになる。

───────────────

(186)　白羽・前掲書226頁。また同前書146頁は，昭和18年当時の活動内容として，末弘を中心に，「学者や司法官らが毎回一〇余人出席し，一六年六月日本身分法理研究要綱を完成したのをはじめ，家事審判制度，財産法，民事責任法等それぞれ分科会に於て要綱をまとめ，目下非訟事件手続法の研究に進んでゐる」との「現況」を引用している。なお末弘「財産法道義化の基調」法律新報701号（1944・1・18）は，同人が日本法理研究会機関誌に掲載した唯一の論考であった（白羽・同前書223頁，なお同書223-226頁に全文が引用されている）。

(187)　小野は戦後，1951年の末弘病没後の法律時報23巻11号「末弘追悼」（1951）に「足跡をかえりみて／博士の足跡」59-60頁を寄稿し，そのなかで末弘の「教職追放の原因となったといかいう『日本法理研究会』に参加していただいたのは，外ならぬこの私なので，私は日頃博士に対してすまなかったとおもい，深く自らの罪業を後悔している」とのべていた。また小野は法律時報誌50周年記念号（50巻13号〔1978〕）のなかでも同旨のことを繰り返している（「私と法律時報／人間は永遠に危機的存在である」254-255頁）。

(188)　白羽・前掲書153-154頁。さらに同前書285頁以下は，その淵源は末弘が1929（昭和4）年に公刊した「私法関係の当事者としての家団」（上）（下）法学協会雑誌47巻4号および12号（のちに末弘『民法雑考』〔日本評論社・1932〕37-91頁に収録）にあるのではないかと指摘している。すなわちそこでは，旧民法の「家」制度とは異なる「現実の家族共同体」である「世帯」を「私法関係の当事者」として，夫婦も親子も，「すべて其所に彼等の個我を没入せしめて個々の利益を超越して本質的意思団体生活を営んでゐる普遍我であり共同社会団体」と捉えることを主張していた。

◆補 章◆ わが国労働法学の体系化の試行

　本書ではこれまで，労働法学徒らが戦前・戦時期，その時どきの社会が提起する課題に対し，いかに対処してきたのか，どのような議論がなされたのかということを検討してきた。本章では，この時代の労働法に関する講学上の体系的理解とは，いかなるものであったのかを明らかにしたい。今日知り得るかぎり，末弘，孫田および菊池の３人の業績から，その内容をうかがい知ることができる。また併せて，戦争末期の津曲の体系素案についても紹介する。

◆第１節　孫田秀春における労働法の体系構築

1　労働法の体系化の試み ── 『労働法総論』(1924) の刊行

　わが国労働法学の草創期である大正年代の終わりから昭和の初め，末弘厳太郎がその労働法理論体系を公にすることがなかったのに対し，片やカスケルのもと研鑽をつんだ孫田秀春は，「ドイツ労働法学の正統たる Rechsdogmatik の標準的解釈論を巧みに摂取」し，帰朝後間もなく，わが国労働法の理論体系を著わそうとした(1)。この点について，孫田自身も「いわゆる『体系的労働法学』〔構築〕，これこそが〔己が〕今後の課題であった」(2)とし，また自らが末弘と相違することとして，労働法学体系の実現に意をもちいたことを自負していた。

　孫田はドイツから帰国した翌年の１月に発表した「労働法の観念について」我観３号 (1924) で，労働に関わる法律講座の名称について「労働法」に統一すべきではないかと提案し，併せて，そのなかに含まれるべき内容についてのべていた。それは同年末に公刊されることになる自らの体系（書）の巻頭を飾るべき『労働法総論』(改造社) の内容を予告するものであった。孫田は同書

---

(1) 田中誠二 (司会) ほか「座談会／一橋法学の七十五年」一橋論叢 24 巻 4 号 (1950) 137 頁 (吾妻光俊発言)，および蓼沼謙一「一橋学問の伝統と反省／民法及び労働法」一橋論叢 34 巻 4 号 (1955) 227 頁はそれぞれ，このことを末弘と孫田の対照性として指摘している。

(2) 孫田『私の一生』(高文堂出版社・1974) 70 頁。

補 章　わが国労働法学の体系化の試行

の「はしがき」でも 1921 (大正 10) 年に末弘厳太郎により始められた労働法講義に関する名称がいまだ共通の科目名として確立していないことが，労働法学の不安定性を示しているとして「少しとも学科の名称位は此際せめて一定して置き度い」として「私は這の種の学科の性質及地位に鑑みて寧ろ之に労働法なる名称を冠せむことを提唱する」(1-2 頁) とのべていた。同書の目次構成 (第一編「総論」) は，つぎのようなものである (後述するが，1931 [昭和 6] 年刊行の「各論」上と合本して刊行された本書の改訂版では，ゴチック体にした各章は附録とともに削除されることになる)。

第一章　労働法の基本観念
　　第一節　労働法の領域／第二節　労働法の統一／第三節　労働法の定義及び本質
第二章　労働法の研究方法
第三章　労働法制の変遷
第四章　労働法の理想
第五章　労働法と相接範域との関係
　　第一節　労働法と社会政策との関係／第二節　労働法と経済法との関係
第六章　労働法上の立法主義
第七章　労働法の法源
第八章　労働法の効力
　　第一節　時に関する効力／第二節　人及び場所に関する効力
第九章　労働法上の人
　　第一節　被傭者／第二節　傭主
第十章　労働法の範囲並に系統
附録　労働関係主要法令

　孫田は本書を執筆・刊行した動機として，民法や商法，刑法などの実定法学には，それぞれ総論があるように「労働法にも労働法総論なるものが〔なくては〕ならぬ筈である」(3 頁) から，執筆を試みたとのべている。このような構成が，カスケルに依拠したものであることは，従来から多くの者により指摘され，本人もそのことは自認していた。

　同書について注目すべきは，つぎのようなことであろう。すなわち孫田は第一章第三節「労働法の定義及び本質」において，「労働法とは『労働関係並に之に附随する一切の関係を規律する法律制度の全体』を指称するの謂である」(39-40 頁) と定義し，その意義を次のように分析する[3]。まず「労働とは (イ) 労働法上『法律的義務』の履行としてなされるが，(ロ) それは『契約に基づく』法的義務の履行としてなされ，また (ハ) 『有償に』なされ〔つまり，無償

406

第1節　孫田秀春における労働法の体系構築

労働は労働法の対象ではない］，（ニ）『職として』なされる，換言すれば「生活
の資源を得るの目的を以て之を為すことを謂ふのである」（40-44 頁）。そして
労働法上の労働とは（ホ）『従属的関係』のなかでなされる。孫田は「従属関
係とは或者が身分的並に経済的に他の者の意思に服従し其の者の隷属的部分と
為るの状態を謂ふものである」（44 頁）と説明する。それは「労働が自己決定
のものでなくして他人決定のものたる場合に存する」（45 頁）。要するに「労働
法上の労働とは契約上の義務に基き従属的関係に於て職として為さる〵所の有
償的なる労働なる」もの（46 頁。点ルビ原文）である。すなわち，ここに今日
まで続く，労働法の特性としての従属労働理解の端緒がドイツ法理に基づき示
された。しかし「従属性」の内容として，一方で「身分的並に経済的」── 社
会的・経済的関係ということか── なものとしながら，他方で「他人決定」な
いし「契約上の義務」によるとしている。ただし両者の相互関係やその意味は
十分にはのべられていない。

　つぎに労務を提供する「被傭者」とこれを受ける「傭者」とのあいだの「労
働関係」について，孫田は労働という一種の経済的価値を提供し，これに対す
る報酬を受け取るという点で「単純な債権関係」であるかのように見えるが，
そこには一般債権関係にはない特殊な要素が包含されているとする。すなわち，
それは労働者が使用者に提供する労働 ── 孫田は労働「力」とはいわない ──
が「本来彼等自体とは分つべからざる人的給付」であり，売買（日本民法 555
条）や贈与（同 549 条），賃貸借（同 601 条）とは異なるとする。また労働が
「被傭者の唯一の生活資源であつて其の意思の如何に拘はらず傭主との隷属関
係に於て器 ᴹᴹ 械的に提供せられ，謂はゞ身分其もの〵提供ともなつてゐる」点で，
一般雇傭関係とは法律上別個の契約類型をなしている（53 頁）とする。ただし
そこで対比される「一般的雇傭関係」とは具体的にいかなるものが想定されて
いるのかの説明はない。また労働関係を「身分関係」と捉えているのは，戦後
の今日とは異なる理解である。なお孫田は労働関係においては，債権的・経済
的要素と身分的要素とのいずれが重視されるべきかとの問題については，後者
であるとする。すなわち「其の身分的方面が飽迄も其の本体であり，これに傭
主と被傭者との間に於ける経済関係 ── 労働対報酬の交易関係 ── が附随して
ゐるに過ぎないものと解し度い。随て労働関係は之を債権関係と称するよりは
寧ろ身分関係であると謂ふのがより能く其の本質を竭してゐるやうに思ふ」

───────────────

（3）原文では，語義ないし概念を明確にするためであろうか，邦語のあとに，しばしばドイ
　　ツ語表記が見られる。しかしそれは衒学的かつ煩雑なので，本稿では，以下，引用に際し，
　　これらを一切省略する。

407

補 章 わが国労働法学の体系化の試行

（56頁）とする⑷。そして労働関係は当事者間の単純な個人関係にとどまらずに，労働分配，労働時間および賃金のあり方など「社会公益」とも関係している点で「社会生活上の公的関係」をも有する（57頁）と指摘している。すなわち雇用関係が個別労使間の閉ざされた関係ではないということであろうか。

　こうして労働関係について，孫田は「社会法的身分法的な組織関係であると称することを得るであろう」（59頁，圏点省略）している。つぎに第二章「労働法の研究方法」については，先に本書第1章第4節で紹介した当時ドイツにおけるカスケルおよびニッパーダイに代表される「法律理論的研究方法」と，ジンツハイマーを典型とする「法律社会学的方法」の二つが対立していると紹介しながら，孫田自身は，実定労働法はいまだ十分に整備されていないことから，法理論の発見はその理論的研究によって実現することはできず，むしろ社会内部の実生活に立ち入ってこそ「具体的法律形式」を捕捉することができるとして，「法律社会学的方法を以て最善のものと做さゞるを得ない」（69頁）としていることが注目される。すなわち戦後発表された論稿のなかでは，孫田はもっぱら前者の立場に依ることを明言していた⑸。しかしいまだ，末弘厳太郎との（多分に感情的なものとさえ思える）対抗関係が顕在化していない当時は，必ずしもそれと同じ態度をとっていたのではないということになろう。

　そして第四章「労働法の理想」において，孫田がその生涯を通じて提唱した「人格主義労働法」について，すでに萌芽的に論じられていることが注目される。すなわち同章冒頭で孫田は「労働法は一つたい如何なる理想に向て進んで居り又進むべきものであらうか」（126頁）と問うている。このような問題に答えるには，資本と労働との関係をどのように把握するかが重要であるとして，三つの見解を紹介する。すなわち，⑴「資本と労働とは本質上全く相容れない二つの利益であるといふことから出発してゐる」「マルクスの階級闘争説の立場」である「闘争主義の労働観」（126-127頁）である。つぎに⑵「資本と労働とは本質的に相容れないものでなくして，唯相互に其の利害を異にしてゐるに過ぎないということから出発してゐる」「契約主義の労働観」（127-129頁）

⑷ 労働関係を「身分関係」と捉える発想は，末弘厳太郎の労働契約観に見られるが，ほかに津曲蔵之丞も，そのように主張していた（拙稿「戦前わが国における労働関係の法的把握」毛塚勝利教授古稀記念『労働法変革への模索』〔信山社・2015〕210-222頁参照）。このことは，そのような理解が戦前には多く見られたということであろうか。

⑸ それは既述のように，同人が79歳（数え年でいう「傘寿」と称される年齢）にならんとした1965（昭和40）年2月に刊行した『学説・判例批判　わが国労働法の問題点』（労働法学出版）63頁以下に掲載された「ジンツハイマー労働法学方法論を顧みて —— 法社会学の考察原理についての私考」で論じている。

というものである。そして両者を統合する⑶「資本と労働とは相反する利益には相違ないが，さりとて之を自然の成行に委せて不断の闘争の状態に置くといふことは社会共存の利益と相容れない害悪であり，須らく其の間に或る協調点を索めて社会公益の立場から労資を打て一丸となす所の理想的な生産組織を編み出して行くべきであるといふ」「社会連帯主義又は上層組織主義」(129-131頁)である。そして孫田は，いずれもとりえない(131頁)と宣言する。労働法の理想は労働と資本との関係のなかではなく，「絶対的に労働の『独り自らの本質』のなかに之を求めることにしなければならぬ」(同前頁)。それは結論的にいえば，『労働人格の完成』にある。この「労働人格」という言葉について，孫田自身も法学的概念でないことを承知しながらも，つぎのように説明する(132頁，原文中の点ルビ削除：引用者)。

> 「『労働力の完全に人格化せられたる状態』即ち『権利客体』としての労働力が権利主体たる地位に進んで労働力と其の所持者の人格とが完全に合一したる状態を謂ふ」。

これだけでは，何をいわんとするのか，その趣旨が不明である。だが，孫田は同じく改訂版では全面削除されることになる第三章「労働法の変遷 —— 労働と所有権との史的考察」で，比較的多くの紙幅(76-125頁)をあてて，ギリシャ・ローマ時代から20世紀の20年代にいたる労働法というよりはむしろ，労働に関する法的理解・把握の変遷を追跡し，続く第四章でつぎのように要約している(132-134頁)。すなわち⑴上古の時代では，使用者が「労働の上に単独支配権を有つてをり，労働人格は全く零であつた。そして労働者の"Person"其のもの迄が労働関係の目的物となつてゐた」。つぎに古代ローマでは，「労働契約の形式が現はれて来て，自由人たる労働者の人格が労働力とは離れて朧気ながら認められるやうに為つてゐる」。そこでは労働者の"Person"の賃貸借という考え方が膠着していた。そして⑶中世から近世にいたる啓蒙時代にいたると「労働力の方は依然旧態に置き去りにされたけれども，労働者の人格だけは高く掲げられて一躍人並のレベルに迄持ち上げられ，傭主との間の名目上の契約自由が兎も角認められるやうに為つた」。そこでは，労働力は権利の客体であり，労働者はこれを所有する権利主体であるという考え方が拡まった。しかし孫田にいわせれば，それは錯覚であり，⑷「元々労働者人格は単一不可分たるべき筈であつて，同一の人間に付き其の客体としての労働力と主体としての人格とを分ち得べき筋合のものではない」(傍点は原文)。20世紀にいたり，当時「労働の人格的方面を高唱し，又労働者の経営参議の思想を取入れんとしてゐるのは，実は皆従来権利客体として留つてゐた労働力を主体

補 章　わが国労働法学の体系化の試行

化して，右擬制人格との実質的合一を持来さうとする努力の一端とも観るべき
ものである」（133-134 頁）。このようにのべて，孫田は労働者の経営参加を称
揚し，このことを二つの円を一部重ねて並べることにより成立する楕円形のな
かの二つの中心点を例にして，つぎのように説明する。すなわち「中心の一は
契約であり他は共定〔共同決定のことか〕である。今這の構図の中に於て漸
次契約に求心力が衰へて，独り共定を中心とする労働円に進みたる秋が即ち労
働力の完全に主体化された極致であつて，所謂労働人格の完成したる時期とな
るのである。這の極致を私は労働法の理想と名づけたいと思ふ」（134-135 頁）。
こうして労働者の経営参加・共同決定の実現ということが孫田の「労働法の理
想」と称することの具体的な内容であることが理解できるにいたった。しかし
さらに孫田はつぎのように続ける（135 頁）。

> 「之を要するに労働法の理想は労働力が擬制的人格の内容を完全に充実せ
> る状態であるから，こゝに至つたならば契約制度なるものは従て存するに
> 由なきことゝ為つて来る。そして所謂『完全なる共定』のみが専ら行はる
> ことゝ為るであらう。……這の状態は労銀（Lohnsystem）の全廃を意味す
> るものであつて，財の所持者と労働提供者とは同等の権利を以て企業の遂
> 行に当ることゝなる訳である」。

　孫田自身も自認するが，はたして，このような世界が現実のものとなるのか
どうか。これはある種のユートピアを語るものなのではないか。労使（資）共
同決定を希求する孫田にとって，その「労働人格」把握が現実の歴史のなかで，
とくに戦時中，どのように展開されていったのかという点については，本書第
3 章ですでに見た。
　そして同前書の最終章で孫田は，実定労働法はまず，大きく「労働契約法」
「労働保護法」および「労働組織法」の三つの部門に分かれる（233 頁）とする。
第 1 が「個人間の労働受給の関係を規律する法」であり，第 2 の労働保護法
はさらに，労働者保護法 —— 使用者の国家に対する公法的義務 —— と労働者保
険法 —— 被用者の国家に対する公法的請求権 —— との二つに区分され，さらに
第 3 のものは「各職業階級を基礎とする備主又は被備者の組合団結並に各経営
を基礎とする被備者団体組織の関係」があり，併せて「労働法の系統中四個の
主要部門」を画することとなった（234 頁）。孫田によれば，労働法の体系はこ
れにとどまらず，「更に団体協約法及び労働争議法の二つを画することが出来
る」として，最終的に「労働法には団体協約法，労働契約法，労働者保護法，
労働組織又は団結法，労働争議法及び労働保険法の六個の部門の存することを
識るのである」（235 頁）としていた。こうして孫田は続く第 2 編以降の各論に

410

第1節　孫田秀春における労働法の体系構築

おいても，このような六つの部門について，順次説明を加えていくことを予告
して，本書を締め括っている（236頁）。このような各論の体系理解を今日のそ
れとくらべたとき，労働協約が第1の順序となっていることや，個別的労使紛
争と集団的紛争とを併せて，同じく「労働争議」として捉えられていること，
そして労働法と社会保障法とがいまだ未分化の状態にあったことを反映してで
あろうか，労働保険が労働法の一部門として位置づけられているのが，特徴的
である。ただし，このような労働法の体系理解はその後も維持されるのではな
く，時代に応じて各々修正されたものとなることをあとでみることになろう。

2　『労働法論　各論上』(1929) の刊行と同書改訂合本化 (1931)

(1)『労働法論　各論上』(1929) の刊行

　『労働法総論』刊行の約4年後の1929(昭和4)年の年初に公刊された『労働
法論』の各論の初巻（ただし失業対策と労働契約についてのみ言及するにすぎない）
にあたる巻の二 ── このような表記は，先に刊行された『総論』が「巻の一」
に相当するという趣旨であろうか ── として，孫田の労働法論の『各論上』
（日本評論社）が刊行された。同書の目次構成は，つぎのようなものである。

　第一章　労働調整
　　第一節　失業の観念
　　　第一款　失業の意義及び範囲／第二款　失業の原因及び種類／第三款　失業
　　　の沿革及び労働権
　　第二節　失業対策
　　　第一款　労働調節／第二款　失業救済
　第二章　労働契約
　　第一節　総説
　　　第一款　労働契約の意義及び性質／第二款　労働契約の種類／第三款　労働
　　　契約の法源
　　第二節　労働契約の締結
　　第三節　労働契約の無効及び取消
　　第四節　被傭者の義務
　　　第一款　労働義務／第二款　忠実義務／第三款　附随義務
　　第五節　傭主の義務
　　　第一款　給与義務／第二款　保護義務／第三款　附随義務
　　第六節　労働の結果に対する被傭者の権利
　　第七節　労働契約の終了
　　第八節　徒弟契約

　まず一見したとき，『労働法総論』で予告されていたのとは異なり，巻頭は

411

補　章　わが国労働法学の体系化の試行

労働協約ではなく，最初に労働の意思も，能力もあっても，就労の機会を得ることができない状態にある「失業」問題が取り上げられている（第一章）⁽⁶⁾。ただし，これには同書全体（本文 394 頁）の 1 割強程度の紙幅（45 頁）しか当てられておらず，その余はすべて「労働契約」を扱うところとなっている。そのなかでも，第二節「締結」「無効と取消」（65-98 頁）と「終了」（352-385 頁）のあいだに置かれている，「被傭者」および「傭主」の義務に関する記述部分（99-339 頁）は本書の 3 分の 2 ほどの分量を占めている。さらにいえば，とくに後者（使用者が労働者に対し負担すべき義務）については，同書全体の半分強の紙幅が割り当てられている。孫田はまず，労働者が使用者に対し負担する 3 種の義務，すなわち「労働義務」「忠実義務」および「附随義務」について論じる。「労働義務」はいうまでもなく，その労務提供という労働契約上の基本的義務である⁽⁷⁾。「忠実義務」は使用者が労働者に対し負担する「保護義務」に対応し，一般債権契約や雇用契約とは異なり，「傭主と被傭者との間に於ける身分的なる関係をも包含し，むしろ之を骨子として成立してゐる」とする（130-131 頁）。それには，使用者の指揮命令に従う「服従義務」，業務上の秘密を遵守する「黙秘義務」および誠実に労務を提供する「促進義務」の三つがある（133-141 頁）。また「附随義務」について孫田は，損害賠償義務と「契約罰の特約」をさすとする（141-150 頁）。ただし今日では，このような義務をあえて労働者の義務として論じることはないと思われる。そして，反対に使用者が労働者に対し負うべき義務として，孫田は「給与〔の支払い〕義務」「保護義務」および「附随義務」の三つについて論じる。そのなかでも，もっとも大きな分量を占めるのは「給与義務」であり，実に 151 頁から 334 頁までの 184 頁，およそ本書全体の半分弱にも及んでいる。しかし具体的な内容をみると，給与形態（金銭か現物・物的利益〔借家・借地，社宅〕の区別から始まり，計算方法〔時給・月給・出来高給〕，退職金・賞与，支給時・場所，危険負担や休業補償，さらには休暇のことまで微に入り，細に入り詳細に論じられている。すなわち戦後であれば，労働基準法を中心とした労働保護法分野の問題として論じられる課題が，当時は労働条件・待遇内容として規制する立法がいまだ十分でなかったことから，労働契約法上の課題として議論されている⁽⁸⁾。これら以外の，使用者が労働者に対し負うべき義務である「保護義務」については，労働者の

---

(6) その全体像は必ずしも明らかではないが，第四章は「労働協約」そして第六章は「労働保護法」の充てられることを予定していたようだ（孫田・前掲『各論上』66 頁）。

(7) 後藤清は，孫田の最晩年にその米寿祝賀記念論集『経営と労働の法理』（専修大学出版局・1975）に収録されている「使用者の保護義務 —— 孫田学説の時代的背景」59-70 頁でこれについて，取り上げている。

412

第1節　孫田秀春における労働法の体系構築

「忠実義務」に対応するが，それには同じく「一定の限度存すべきは言ふ迄もない」とするのみで，具体的にはほとんど何ものべていない（334-336頁）。それは「附随義務」についても，労働者の「就労請求権」に対応する「使用義務」が「特別なる場合」には使用者にあると指摘する以外には，やはり同様にほとんど何ものべていない。いずれにせよ，このような議論の仕方をみると，それがいかにも，ドイツ法に範をとったものと思わせるものであることは，確かである(9)。なお第二章「労働契約」の掉尾をかざるのは「徒弟契約」である。1947(昭和22)年制定の労働基準法には第七章「技能者の養成」（69条-74条）という1章が設けられているが，今日，講学上，このような課題が論じられることはほとんどないと思われる。しかし戦前においては，それ自体，議論されるべき重要な課題であったのであろう。自ずと時間の経過と社会の変容を思わざるをえない(10)。

(2)『改訂労働法総論・各論上』(1931) の刊行

　孫田は『各論上』を刊行したあと，同年の年末（12月）には，後年本人が「労働法全般に亙り通論乃至入門の意味を以て簡略に書かれた」（後掲『改訂労働法総論・各論上』「はしがき」2頁）とのべる『労働法通義』（日本評論社）を刊行する。そして同書を世に問うたわずか約1年後の1931(昭和6)年2月に，旧『総論』と先に紹介した『各論上』とを併せ，かつ両者を改訂して合本化した『改訂労働法論』総論・各論上（有斐閣）を出版している。同書を従来刊行し

---

(8) 両者を単純に対比することはできないであろうが，今日「労働契約」に関して，たとえば土田道夫『労働契約法』（有斐閣・2008，同第二版〔2016〕）は，「労働契約の展開」の具体的な内容として，賃金や広義の労働時間および労働安全・衛生についてまで幅広く論じている。

(9) 和田肇『労働契約の法理』（有斐閣・1990）は戦後ドイツの労働契約法理を取り上げているが，これと孫田の著書とをくらべることにより，戦前との議論のあり様の違いを知ることができよう。

(10) 本書第1章で今日「忘れられた労働法学徒」の一人として取り上げた中村武には，徒弟契約に学問的関心を寄せていたと思われる時期があり，昭和初期につぎのような業績がある。

・1928(昭和3)年

　「徒弟修業契約に於ける権利義務の関係」法学新報38巻11号

　「徒弟修業契約に関する考察」(1)(2)法曹会雑誌6巻10号，11号

・1929(昭和4)年

　「徒弟契約及見習契約に対する各国の立法例に就いて」(1)法学新報39巻10号

・1930(昭和5)年

　同前(2)法学新報40巻2号

413

補　章　わが国労働法学の体系化の試行

た孫田の労働法体系をなす『労働法総論』と『各論』上の２書とくらべたとき，今日とは異なり，わずかな期間での立法上，大きな変化が見られたわけではないことから，とくにその時間的間隔がわずか２年しかない後者について，目次構成上の相違は見いだしえない。しかし『総論』については，旧版とのあいだに形式的に見ても，いくつかの違いがあることがわかる。つぎに改訂版における第一編「総論」の目次を掲げる。

　第一章　労働法の基礎概念
　　第一節　労働立法
　　　第一款　労働立法の社会的考察／第二款　労働立法の統一的傾向／第三款
　　　労働立法の存立理由
　　第二節　労働法学
　第二章　労働法の研究方法
　第三章　労働法と相接範域との関係
　　第一節　労働法と社会政策との関係
　　第二節　労働法と経済法及び社会法との関係
　第四章　労働法の基本関係
　　第一節　基本関係の当事者
　　　第一款　傭主／第二款　被傭者
　　第二節　労働関係
　第五章　労働法の法源
　第六章　労働法の適用範囲
　第七章　労働法上の自治
　第八章　労働行政官庁
　第九章　国際労働法
　第十章　労働法の範囲及び系統

　旧版とくらべたとき，『総論』に当てられた頁数は10頁ほど少なくなっている（全227頁）。孫田は新著の「はしがき」冒頭で「愚著『労働法総論』は今から思えば名実に共に愚か極まる著書であつた」（1頁）と断言している。このような表現は過度に謙抑的言辞であるようにも思われるが，改訂版の論述内容は旧版にくらべて，より詳細なものとなり，また一部改説されるなどして，全面的に改稿されている。既述のように旧『労働法総論』第三章「労働法制の変遷」第四章「労働法の理想」第六章「労働法上の立法主義」および第八章「労働法の効力」が全面削除されて，新たに第六ないし第九章が書き加えられている。しかしこれらの章はすべて併せても，30頁ほどの分量にすぎず，内容的にもさほどの深まりを見せるわけではない。注目すべきはまず，旧版第一章第二節「労働法の統一」および第三節「労働法の定義及び本質」を改訂した新版

414

第一章第二節「労働法学」(29-57頁) であろう。孫田は同節冒頭で「労働に関する法制及び理論が統一的な全部として独立に法学研究の対象を成すものとなるか否かは一つの大いなる問題である」(29頁) という。これは末弘が 1921(大正 10)年, 東京帝大法学部において労働法を開講するにあたり,「いまだ教授会で労働法と名付けられる体系的法律はないとされた」がゆえに,「労働法制」という名称で講義せざるをえなかった[11]ことにも示されるように, 労働法学の学問的存在意義をいかに確立するのかが, 孫田個人にとどまらず, 発足後間もない日本の労働法学にとって重要な課題であったと思われる。それゆえに孫田は当時のワイマール・ドイツの議論 ——「人間労働を規律する法規の総体」(ジルバーシュミット Wihelm Silberschmidt),「労働の他人決定 Fremdbestimmtheit der Arbeit」概念をもって限界付けんとする者 (ヘーニガー Viktor Hoeniger, ヴェーレ Emile Wehrle) そして『労働の種類決定 generelle Bestimmung der Arbeit』概念により限界付けようとする説 (ヤコビ Erwin Jacobi, ニキッシュ Arthur Philipp Nikisch) —— を紹介しながらも, 結論的には,「吾々は労働法を貫く中心概念としては, 別に之を『労働の隷属性 Abhängigekeit der Arbeit』に求めなければならぬ」(38頁, 圏点省略) としている。ついで孫田は「従属労働」の法的意義について説明する。その際に孫田は旧著で示した労働契約上の法律的「義務乃至拘束状態を以て茲に所謂隷属なりと解することは惟ふに誤つてゐる」(40頁) としている。さらに孫田は『身分的 ——「労働提供者が事実上他人の意思の支配に従属すること」—— 乃至組織的隷属』——「彼が他人の支配の下に於て其の企業経営の一構成分子として之に繰り込まるゝこと」—— と捉える (42-43頁・ポットホフ Heinz Potthoff, エルトマン Paul Oertmann およびニッパーダイ Hans Carl Nipperdey) 議論も, とりえないとする。こうして孫田は純然たる社会的・経済的従属と解する説によることを宣言する (46-47頁, 傍点省略)。

> 「労働生活者が企業者乃至傭主との関係に於て事実上不対等の地位に立ち労働契約の締結に付き自由と独立を奪はれたる状態を謂ふものと解するを最も正当と考へるのである」。

しかし, こうして労働法を (経済的) 従属労働に関する法と捉えた孫田の従属労働理解については, 翌 1932(昭和 7)年に刊行された津曲蔵之丞『労働法原理』(改造社) による厳しい批判の対象となったことは, すでに見たところである[12]。

---

(11) 末弘厳太郎『労働法のはなし』(一洋社・1947) 2頁。

補 章　わが国労働法学の体系化の試行

　これ以外では，第四章「労働法の基本関係」では，「傭主」と「被傭者」と
の説明の順番を旧著とは反対にし，とくに後者について「契約に基づき・従属
的関係に於て・職として・有償なる・労働に服する所の・自然人」である（101
頁）と捉えて，その内容を詳説し，続けて同章第二節「労働関係」で旧著第三
章「労働法制の変遷」に該当することを，同じく「上古より現代に至る迄」四
つの時期に分節して説明している（129-157頁）。つぎに第五章「労働法の法源」
については，とくに労働協約の説明は改訂版では旧版にくらべて簡略化されて
いるが，就業規則は反対に，新著の方が法的性質，根拠および効力について詳
細に論じている。これとともに改訂版では，第九章として「国際労働法」に関
する記述がみられる（200-218頁）。これら二つのことは，本書に先立ち1929
（昭和4）年12月に刊行された『労働法通義』に対する末弘の批判的書評に応え
たものであろう[13]。

(3) 『各論上』に関する旧版と改訂版 ── 労働契約部分に着目して

　『各論上』の部分（229頁以下）は，全体としてみたとき，旧版にくらべて30
頁ほど増えている。その多くは，第二章「労働契約」にかかるものである[14]。
第一節「総説」第一款「労働契約の意義及び性質」（278-296頁）は旧版（46-54
頁）とくらべて，説明が多少詳しくなっている。すなわち労働契約を広く「或
者が他の者に対し有償なる労務給付の義務を負ふ所の各般の契約」ではなく，
当時発表されたドイツ労働契約草案を参考にして[15]，狭義に「或者が労働給
付の目的を以て有償に他の者に使用せらるゝ契約」（傍点省略）をいうとする

---

(12) 津曲『労働法原理』（改造社・1932）── 同書もまた，労働法の体系書における巻頭で
　　ある「総論」として位置付けられるものであった ── による，主に注記における孫田批判
　　は全部で30か所に及び，その対象は本書『改訂労働法論』（1931）にとどまらず，孫田が
　　それまでに刊行してきた『労働法総論』（1924），現代法学全集『労働法』（1928）および
　　『労働法通義』（1929）まで，つまり孫田の主要な体系・概説書のすべてとなっている。内
　　容的には，孫田の主張に対し，反対の立場から批判するだけではなく，孫田のドイツ語文
　　献理解を誤読と論難するものも多く見られた。

(13) 孫田が1929（昭和4）年12月に『労働法通義』（日本評論社）を公刊したとき，末弘は
　　早くも翌年2月の法律時報2巻2号「新刊批評」35-36頁で取り上げ，同書には国際労働
　　法に関する記述がないことをその「瑕瑾」の一つとして指摘していた。

(14) 先行する『労働法通義』に続いて本書を取り上げた末弘厳太郎「新刊批評／労働法の
　　近著二三」法律時報3巻5号（1931）69頁も，本書の「著しい特色を示しているのは『労
　　働契約』に関する極めて詳細な研究を含むことである」としている。なお末弘はその前に，
　　孫田の『労働法通義』（改造社・1924）について同誌2巻2号で指摘した際のそれと同じ
　　ことを「感ずる」が，それは「著者の労働法に関する根本思想が不動である限り寧ろ当
　　然」だから，「再言するのを已めやう」とのべている。

416

第1節　孫田秀春における労働法の体系構築

(278-279頁)。孫田は，ドイツ民法 611 条，スイス債務法 319 条および日本民法 623 条にいう雇傭契約の定義を 18 世紀に発し，19 世紀を通して行なわれた労働契約関係の法的構成だとする。その特徴として，孫田はつぎのように説明する（287 頁）。

> 「労働なるものは物的給付の如く彼本人とは離れて其外部に存在する独立の経済価値ではなくして，其の内部に存し彼とは到底分離することの出来ない人格的価値を構成するものに外ならざるのみならず，……労働の提供は事実に於て其の人格自体の提供となつてゐるから，此点よりすれば労働契約関係は一般雇傭関係とは異り，債権的要素の外に身分的要素を包含する不平等人格者間の人的関係であると謂はなければならぬ」。

このような議論は，孫田の『総論』旧版で論じられていた労働法理念の理解のあり方が反映されたものであろう。とくに労働関係を債権関係と「身分的要素を包含する不平等人格者間の人的関係」と捉えているのは，旧版の説を一歩進めたものであるように思われる[16]。つぎに，賃金や労働時間などの労働条件やこれらをめぐる労使の対立・紛争まで，社会公益に密接に関わるがゆえに，「純個人的関係」にとどまることなく「社会関係」としての性格をもつとする（291 頁）。こうして孫田は，労働契約が自らの労働をもって唯一の生活資源とする労働者階級のための契約であり，またそれが身分的契約であるがゆえに，財産契約とは異なる「人格保護」の必要性が強調されなければならないと主張するのである（295-296 頁）。

そして，本書『各論』のなかで多くの紙幅が割り当てられているのは，先にのべたように，第二章「労働契約」であり，さらにいえば労働契約の当事者である労使 —— 同書では「被傭者」と「傭者」と呼称している —— が相手方に負うべき義務のなかの中心たる「労働義務」と「給与義務」の部分である。ただし孫田の著書の目次における表記は，全体頁数とのバランスを考慮したのであろうか，該当頁全面を用いて改行することもせず，隙間なく書き連ねられているため，本文における構成と記述内容を把握することが非常に困難である。そこでこれを一部省略しながら，以下に書き改めて引用してみることにする（なお，太文字の部分は，改訂版で変更された箇所であり，また取り消し線を付した部

---

(15) 孫田には，すでに 1925 年 5 月，東京商大一橋学会〔編〕『復興叢書』第 4 巻に「独逸労働契約法草案の内容及び特色」なる論稿を発表している。

(16) 近時，わが国 100 年にわたる労働契約理解の変遷を鳥瞰する石田信平「文献研究労働法学第 13 回／労働契約論」季刊労働法 246 号（2014）214-215 頁が孫田の労働契約論の特徴についても言及している。

補 章　わが国労働法学の体系化の試行

分は旧版の記述が改訂版では削除されたものである）。

　まず労働者側の義務から見てみよう。

第四節　被傭者の義務
第一歎　労働義務
一　労働義務者
　　　専属的給付の原則
　　　例外（イ）傭主の承諾**ある場合**
　　　　　（ロ）取引上の慣行ある場合
　　　　　　　　(1) 被傭者と労働補助者との間の関係
　　　　　　　　(2) 傭主と労働補助者との間の関係
　　　　　（ハ）労働の性質が之を許す場合 —— 第三者が使用する場合の法律関係
　　　　　　　　(1) 被傭者と第三者との間の関係
　　　　　　　　(2) 傭主と第三者との間の関係〔以下省略〕
二　労働権利者
　　（イ）権利者と受領者
　　（ロ）労働請求権の譲渡
　　　　　可譲性なき権利 —— 傭主の義務の移転と債務引受 —— 営業の譲渡と傭主の
　　　　　権利義務の移転〔以下，省略〕
　　（ハ）労働請求権の相続
三　労働給付の方法及び限界
　　（イ）之を定むる標準
　　（ロ）疑はしき二三の場合
　　　　　(1) 罷業労働 —— 罷業労働と区別せらるべきもの〔以下，省略〕
　　　　　(2) 傭主の緊急時と労働義務
四　労働給付の場所
五　労働給付の時
　　労働時間に関する制限 —— 超過時間労働の特約 —— 単純超過労働 —— 出来高払
　　労働と労働時間 —— 労働給付の時と給料支給の時との関係
六　労働義務の減免及び不履行

　これらの記述項目をみていると，今日では，当然のこととして，ほとんど議
論されない労働契約の一身専属性（民法625条）やその例外について論じられ
る一方，営業譲渡に関して比較的詳しくのべられているのは，興味深い。また
労務提供のあり方の限界として，戦後一時期，議論の対象となった労働争議に
際してのピケッティングの限界問題を想起したとき，労働者は日常従事してい
る仕事以外の代替＝スト破り労働に従事すべきではないとの主張には，傾聴に
値するものがあるように思われる。さらに超過労働義務については，工場法な
どに保護職工に関する規制があろうが，労働義務の有無として論じられている

のも，やはり興味深い。これに対して，使用者＝傭主が労働者に負うべき「給与義務」については，さらに多くの問題が論じられている。

第五節　傭主の義務
第一歎　給与義務
給与義務の性質，発生原因，特約の時期
一　給与の客体
（イ）金銭給料
（ロ）実物給料——其の意義及び種類
　　　(1) 被傭者住宅
　　　　（ｉ）被傭者が家庭内に収容せらるゝ場合
　　　　（ⅱ）然らざる場合
　　　　（a）広義の社宅　(b) 被傭者借宅　(c) 狭義の社宅
　　　(2) 被傭者用益地
（ハ）混成給料
二　給与方法
（イ）被傭者の労働給付に割合して支給せらるゝもの
　　　(1) 時間給
　　　　（ｉ）超過時間（以下，省略）
　　　　（ⅱ）不足時間労働（以下，省略）
　　　(2) 出来高給
　　　　（ｉ）出来高給の形式及び種類（以下，省略）
　　　　（ⅱ）出来高給と時間給との結合（以下，省略）
（ロ）被傭者の経済の必要に応じて支給せらるゝもの
　　　(1) 加俸及び手当
　　　(2) 年金又は恩給 —— 其の性質 —— 其の客体，高，支給時期等 —— 給料保護放棄の適用ありや
（ハ）傭主の営業乃至経済状態に応じて支給せらるゝもの
　　　(1) 賞与及び祝儀 —— 其の性質及び**給料たる要件** —— 其の高 —— 被傭者の解雇と賞与請求権との関係
　　　(2) 分配利潤 —— 利潤分配制度
　　　　（ｉ）分配制度の根本義
　　　　（ⅱ）分配参加の態様〔以下，省略〕
　　　　（ⅲ）分配参加の法的形式〔以下，省略〕
三　給料受領者
（イ）無能力者
　　　(1) 未成年者　(2) 禁治産者　(3) 準禁治産者及び妻
（ロ）取立委任
（ハ）給料請求権の移転及び処分

補　章　わが国労働法学の体系化の試行

　（ニ）第三者の為めにする契約
四　給料の高
　（イ）給料高標準
　　　（1）測定時間　（2）出来高賃金率　（3）物価指数
　（ロ）給料高の合意と其の制限
　　　（1）**最低賃金法規その他**強行法規　（2）労働協約規範　（3）給料暴利の禁止
五　給料支給の場所
六　給料支給の時 ── **民法の任意規定合意の制限** ── 給料の前貸 ── 其の擬似概念との相違
　　　~~（1）消費貸借との別~~　~~（2）給料の一部立替又は仮払との別~~　~~（3）給料の分割払~~
　　　~~との別~~
七　労働義務の不履行と給料請求権
　（イ）履行遅滞〔以下，省略〕
　（ロ）履行不能
　（ハ）不完全履行
　　　被傭者に過失なき場合 ── 労働の不結果と無責任 ── 給料排除の特約の効力
　　　被傭者に過失ある場合 ── 其の一般的責任 ── 給料関係
八　労働義務の合法的免脱と給料請求権
　（イ）傭主の公法義務違反
　（ロ）休暇
　　　（1）休暇の意義
　　　（2）休暇請求権の根拠
　　　（3）休暇の態様
　　　　　（ⅰ）休暇の長さ　（ⅱ）休暇の継続性　（ⅲ）休暇の与へらるべき時期〔以
　　　　　下，省略〕
　　　（4）休暇と給料関係
　　　（5）休暇請求権の専属性
　（ハ）休業の特約
　　　（1）休業の意義
　　　（2）休業特約の締結
　　　（3）休業契約の性質
　　　（4）休業と休暇請求権との関係
　　　（5）休業と同盟罷業との関係
　（ニ）傭主の受領遅滞
　（ホ）労働義務の履行不能
　　　傭主の責に帰すべき事由に因る履行不能
　　　傭主及び被傭者双方の責に帰すべからざる事由に因る履行不能

（ヘ）経営障害
　　　其の意義 ── 給料関係に付ての六種の見解〔以下，省略〕
九　給料の保護
　（イ）給料の支給形式に関する保護 ── 職工及び鉱夫に対する通貨支払の原則
　　　── 物品掛売の禁止 ── **以上禁止規定**に反する特約の効力 ── 職工に付
　　　ての物品給与の特則
　（ロ）給料の支給時期に関する保護
　（ハ）給料の算出方法の明示に関する保護
　（ニ）給料減少の防止に関する保護
　（ホ）先取特権に依る保護
　（ヘ）差押禁止に依る保護 ── 保護を受くべき給料の種類及び範囲 ── 備主と被
　　　備者との間の差押回避契約の効力 ── 其の意義 ── 其の効力に関する諸説
　　　〔以下，省略〕
　（ト）相殺禁止に依る保護
　（チ）給料の抑留に関する保護〔以下，省略〕
　（リ）給料の減額に関する保護
十　給料請求権の時効

　使用者が労働者に対し負うべき義務の主要なものは，労働者の労務提供に対
する「報酬の支払い」である。新旧の相違や変更点はほとんどなく，説明の順
序や内容に多少の変化がある程度である。むしろ先にのべたように，戦後の労
働基準法による規制がない戦前の議論のあり様との相違の大きさを思わざるを
えない。すなわち戦前では，労働の対価については，戦後（労基法24条参照）
とは異なり，強制通用力のある貨幣以外の現物給付も可能であったことから，
それについて言及しなければならず，多くの頁数をあてている。つぎに支払い
方法に関連して，今日では例外的なそれである出来高払いについて，多く言及
しているのも，戦後と異なるところである[17]。同じ項目として，利益分配＝
経営参加について，詳細にのべているのも印象深い。さらに報酬支払いに関連
させて，休暇や休業について，のべている。労働契約固有の課題というよりは，
労働保護法として論じられるべきものなのではないか。孫田本人も，そのこと

──────────

(17)　なお中村武も，1932（昭和7）と1933（昭和8）の両年に，つぎのような出来高払い労
　　働に関する論稿を公刊している。
　　「出来高払契約の経済的並に技術的基礎に関する考察」法学新報42巻8号
　　「出来高払仕事に対する経営協議会の職能」法律論叢11巻9号
　　「出来高払契約に関する立法の必要性に就いて」法曹会雑誌10巻8号
　　「出来高払契約に於ける計算」経商論叢昭和8年2月号

補 章　わが国労働法学の体系化の試行

は認識していたようである。いずれにせよ，時代の違いを意識させられるもの
であった。

3　孫田における早期の労働法学体系実現の背景と経緯

先に掲げた孫田がドイツ留学から帰国以降の「業績目録」[18]を眺めていて，
気付いたことがあった。それは，1934(昭和9)年から1936(昭和11)年にかけて
の3年ほどのあいだ，柴田義彦（1898〜?）が編集・刊行した「労働立法」誌
に毎号のように，しかも複数の論考や記事を発表していることである。しかし
より重要と思われるのは，1924(大正13)年12月に『労働法総論』を刊行して
以来，孫田は未完ながらも，その体系書の集大成たる『改訂労働法論』総論・
各論上を1931(昭6)年の2月に刊行するまで約6年ほどのあいだに，ほぼ毎年
のように労働法の体系書（ただし，その一部）または，各種の概説書を刊行し
ていることである。そこで先の業績一覧から労働法の概説書と思われるものを
抜き出して，一覧表を作ってみると，つぎのようになる。

1924(大正13)年12月『労働法総論』（改造社）
1925(大正14)年
1926(大正15)年10月「労働立法」長谷川良信〔編〕『社会政策大系』第3巻（大東出
　　　　　　　　　　版社）
1927(昭和2)年8月『労働法綱要』（警察講習所学友会）
1928(昭和3)年2月『労働法』1 末弘厳太郎〔編〕現代法学全集第1巻（日本評論
　　　　　　　　　社）
　　　　　　　4月『労働法』2 末弘〔編〕同前第2巻（同）
1929(昭和4)年1月『労働法論』巻の二各論上（日本評論社）
　　　　　　　12月『労働法通義』（同）
1930(昭和5)年4月『労働法』（第五五回早稲田大学法律講義）法律講義18（早稲
　　　　　　　　　田大学出版部）
1931(昭6)年2月『改訂労働法論』総論・各論上（有斐閣）

このような著作リストを眺めていると，その主著たる『労働法論』をのぞい
たとしても，孫田はなぜ，このように旺盛な著作活動が可能であったのだろう
かとの思いを抱かざるをえない。このようなことを考えながら，先に示した著
作をそれぞれ相互にくらべたとき，先ず本文頁数については，つぎのような共
通点ないし傾向があることがわかる。長谷川良信〔編〕『社会政策大系』第3巻
中の「労働立法」(1926) 231頁，『労働法綱要』(1927) 171頁，現代法学全集

---

(18)　本書第1章67-68頁注(106)参照。

第1節　孫田秀春における労働法の体系構築

『労働法』1・2（1928）併せて 227 頁，『労働法通義』（1929）376 頁[19]，そして『労働法』（第 55 回早稲田大学法律講義）―― 通信教育用のテキストと思われる ―― 125 頁となっている。つまり『労働法通義』をのぞいて，著書の本文頁数について一方は，230 頁前後の『社会政策大系』の系列ともいえるものと，他方には 170 ないし 180 頁ほどの『労働法綱要』等の著書群という二つのグループに区分することができる。そしてこれら二つに分類したそれぞれ複数の著作を併読したとき，頁数だけでなく，目次構成もほとんど違いがないことが分かる。さらには記述内容のみならず，文章も相互にほぼ同じであると理解するにいたった。すなわち，孫田の労働法体系書ないし概説書は当初から，内容のみならず，文章それ自体が同一で，それらを一部加除訂正しながら，繰り返し原稿をいわば重用することにより実現されていったのである。それは換言すれば，孫田が構想していた労働法の体系は当初からほとんど変わらなかったということでもある。すなわち長谷川〔編〕『社会政策大系』第 3 巻中の「労働立法」の目次構成は，つぎのようなものである。

　第一章　労働立法の基礎概念
　　第一節　労働立法の基礎概念
　　第二節　労働立法の存立理由
　　第三節　労働立法の目標
　第二章　労働立法の客体
　　第一節　労働立法上の人格者
　　　第一款　傭主／第二款　被傭者
　　第二節　労働関係
　第三章　労働立法の範囲並に種類
　　第一節　労働調整
　　　第一款　失業／第二款　労働調節
　　第二節　労働協約
　　　第一款　労働協約の社会的意義及び其の発達／第二款　労働協約の法律的性質／第三款　労働協約の締結／第四款　労働協約の効力
　　第三節　労働契約
　　　第一款　総説／第二款　労働契約の締結／第 3 款　被傭者の義務／第 4 款　傭主の義務／第 5 款　労働契約の終了

(19) 同書については，戦後旧版から 35 年経過して，常盤敏太との共著として新訂版（鳳社・1964）が刊行されている（実際は，孫田が戦後 1953〔昭和 28〕年から 1965〔昭和 40〕年 3 月まで勤務した専修大学大学院出身者らによって，改訂作業がなされたようである）。新訂版の本文が 378 頁であるから，旧著とくらべて，さほど頁数が変更されないなかで改訂作業がすすめられたということになろう。

423

補 章　わが国労働法学の体系化の試行

　　第二章　労働立法の客体
　　　第一節　労働立法上の人格者
　　　　第一款　傭主／第二款　被傭者
　　　第二節　労働関係
　　第三章　労働立法の範囲並に種類
　　　第一節　労働調整
　　　　第一款　失業／第二款　労働調節
　　　第二節　労働協約
　　　　第一款　労働協約の社会的意義及び其の発達／第二款　労働協約の法律的性
　　　　質／第三款　労働協約の締結／第四款　労働協約の効力
　　　第三節　労働契約
　　　　第一款　総説／第二款　労働契約の締結／第三款　被傭者の義務／第四款
　　　　傭主の義務／第五款　労働契約の終了
　　　第四節　労働組織
　　　　第一款　職業的組織／第二款　経営的組織
　　　第五節　労働争議
　　　　第一款　個別争議／第二款　団体争議
　　　第六節　労働保護
　　　　第一款　労働保護の法律的性質／第二款　労働保護の目標／第三款　労働保
　　　　護の種類

　そして同書刊行後末弘〔編〕『現代法学全集』第1巻および第2巻収録の『労
働法』(1928)までと，その8か月後の翌1929(昭和4)年に刊行された『労働法
論』巻の二各論上以降の諸版とをくらべたとき，労働協約の体系上の位置付け
が異なっていることが容易にわかる。すなわち前者では，先にみたように各論
第一章「労働調整」に続くのは「労働協約」である。しかし後者（『各論』以
降）では「労働契約」となっており，同年末に刊行された『労働法通義』では，
第三章「労働組織」（労働組合を扱う第1節「職業的組織」と経営協議会に関する
第二節「経営的組織」〔ただし，わずか3頁〕からなる）のあとに第四章として
「労働協約」が取り上げられている。何故に，このような変更を行なうにい
たったのか，その理由は何ものべられていない。おそらく欧米における，次の
ような歴史的経緯を考慮したためではなかろうか。

　　「契約の自由も却て後代には弱者たる被傭者をして傭主の隷属者たる地位
　　に陥らしめる結果となつたので，ここに多数の被傭者は組合団体を組織し，
　　団体的勢力に依てより有利なる労働条件を獲得しやふといふことに向つて

424

　　　　　　　　　　　　　　第1節　孫田秀春における労働法の体系構築

来たのである。即ち団体的の折衝に依て労働条件を一般的組織的に協定し労
働契約上の最低条件を確保し，以て備主の契約上の専権を牽制して行こう
ということに進んで来たのである」[20]。

　このように考えれば，労働協約は労働契約のあとに論じられることの方が
「すわり」がよいであろう。そして先述したように『労働法通義』(1929・12)
は他の概説書とくらべて頁数が多い。しかし同書の基礎となったのは前年に刊
行された『現代法学全集・労働法』1・2 (1928・2.4) であった。ただし『通
義』の場合は，『現代法学全集』とくらべて，大幅な加筆が，労働契約および，
とくに労働協約の箇所でなされている。それによって内容的にはほぼ同じもの
（文章そのものが同じ）であるところもあるが，140頁ほどの頁数が増えたもの
と思われる。換言すれば，それは1年10か月ほどの期間における孫田の研究・
思考の発展の結果なのであろう。

　さらに，孫田の研究業績を調べる過程で，もう一つ興味深いことに気付いた。
それは，1929(昭和4)年1月『労働法論』巻の二各論上（日本評論社）と同年
12月『労働法通義』（同）とのほぼ中間の時期に，孫田はもう1冊の著書（た
だし非公刊）を著わしていたということである。それは『労働契約法論』とい
う表題で，その中扉には中央の書名の記載とともに，その左・下隣には，孫田
の名前とともに並んで「昭和四年六月」と記されている。ただし出版社名はな
い。すなわち同書は活字ではなく，手書きながらも，おそらく当時世に出回っ
ていた学生の試験対策用講義録プリントと同様に筆耕業者に依頼して制作され
たものと思われる。しかも同書は謄写版刷りの，用紙を真ん中で二つ折りにし
たものを製本したのではなく，通常書籍と見まごうばかりの，本文32字×15
行，目次26頁，本文611頁の印刷・製本された厚表紙本なのである。孫田は
翌1930(昭和5)年8月，東京帝国大学法学部より「法学博士」の学位を授与さ
れている[21]。つまり同書はその学位請求論文である（国立国会図書館関西分館
収蔵）[22]。その目次構成はつぎのようになっている。

────────────────────

(20)　孫田・前掲『労働法通義』263-264頁。
(21)　孫田米寿記念『経営と労働の法理』（専修大学出版部・1974）「孫田略歴」553頁。
(22)　孫田の旧蔵書を収蔵する専修大学図書館生田分館（神奈川県川崎市多摩区東三田2-1-
　　1・同神田分館〔編〕『専修大学図書館所蔵孫田秀春文庫目録』〔1995〕参照）には，同書が
　　3部収められており──同図書館では部外者であっても，書庫内に入庫することが許され
　　ていて，配置されている書籍群を見ることも，現実に手にすることもできる──，そのう
　　ちの1冊の見返し遊び部分には，孫田の自筆（毛筆）によると思われる同人の学位請求論
　　文である旨の記載が見られ，そのなかで孫田は「内容貧弱だが，恐らく希少価値が買われ

　　　　　　　　　　　　　　　　　　　　　　　　　　　　　　　　　　　　　　425

第一編　序論
　第一章　労働契約法の労働法上の地位
　　第一節　労働法の概念／第二節　労働法の系統と労働契約法の地位
　第二章　労働契約法の沿革
　第三章　労働契約の法源
　　第一節　総説／第二節　労働協約規範／第三節　就業規則
第二編　本論
　第一章　総説
　　第一節　労働契約の意義及び性質／第二節　労働契約の種類
　第二章　労働契約の締結
　　第一節　労働契約の準備／第二節　労働契約の自由及び方式／第三節　労働
　　契約の当事者
　第三章　労働契約の無効及び消滅
　第四章　被傭者の義務
　　第一節　労働義務／第二節　忠実義務／第三節　附随義務
　第五章　傭主の義務
　　第一節　給与義務／第二節　保護義務／第三節　附随義務
　第六章　労働の結果に対する被傭者の権利
　第七章　労働契約の終了
　第八章　徒弟契約

　本稿では，これまで煩をいとわずに，孫田の複数の著書の目次構成を引用して
きた。それは，孫田の体系構築の形成経緯と内実とを明らかにしたいと考え
たからである。そして本書を，孫田が法学博士の学位をえた年の翌年（1931〔昭
和6〕年）2月に刊行された『改訂労働法論：総論・各論上』の目次構成とくら
べると，両者の関係は容易に理解できよう。すなわち学位論文が『改訂版』の
原型，または別に表現すれば，同書に『総論』中の他の部分および各論中の第
一章「労働調整」を書き加えることにより，『改訂労働法論』は成立したので
あった。『各論上』が発表されてから，わずか2年後，孫田の体系書となるべ
き『労働法論』各論のなかのほかの章に相当する巻が発表されることなく，主
に『総論』部分を改訂することにより，同書の『改訂』版をもって世に問うこ

────────────

たということであったであろ」うと記している。またこれらと同じものは，筑波大学中央
図書館「穂積重遠文庫」にも収蔵されていることから，審査を担当したのは，末弘（孫
田・前掲『労働法の開拓者たち』345-346頁参照）のほかに，穂積重遠もあたったのであ
ろうと推測される。なお蓼沼・前掲「民法及び労働法」227頁は孫田・前掲『労働法総論』
（1924）を同人の学位論文として紹介しているが，そうではない。

とができたのは，このような事情があったからであった。こうして孫田の議論の経緯，別言すれば，その理論体系実現の秘密が明らかになったように思われる。しかしドイツから帰国した当初宣揚した日本労働法学の体系を表わすとの，孫田にとっての目論見は，すでに本書第2章第2節でみたように，実現しなかった。すなわち1930（昭和5）年の労働組合法「第二次社会局案」をめぐる労使対立のなか，いわば労働側に肩入れをしたと思われた孫田にとって，東京商大での講義継続が次第に困難となっていった。さらに1935（昭和10）年「白票事件」に現われた，教授会内における派閥対立に嫌気を亢進させ，同大学を自ら辞したことから，総論部分はともかく，各論は労働契約について論じただけで中途で挫折した。こうして結局，孫田の労働法体系の実現は見果てぬ夢に終わった[23]。

◆第2節　末弘厳太郎における労働法学の体系的理解

既述のように末弘厳太郎の場合，『労働法研究』以降，労働法学に関わるまとまった業績はなく，その時どきの労働問題について散発的に社会ないし時事評論的に取り上げるものが多かった。その労働法の体系的理解がいかなるものであったのか。末弘の法理論については，従来からしばしば「非体系的とか直感的とかいわれ，ひどい場合には『単なる思い付き』を述べるにすぎない」とまで酷評されたことすらあった[24]。しかし磯村哲（1914〜1997・民法・法社会学）にならって，「体系的」ということを「特殊的なもの・現象的なものを通して『原理』を追求する」[25]という意味で理解してみよう。もしもこのように

---

(23) 孫田『現代労働法の諸問題』（労働法令協会・1954）45-61頁には，戦後（1953〔昭和28〕年時点）における自らの労働法体系の構想を明らかにしている。それによれば，やはり総論と各論に分けられ，後者については第一部「従属労働法」第二部「生産労働法」そして第三部「厚生労働法」という三部構成からなる体系を示している。第一部では，いうまでもなく労働組合法や労働基準法の制定を踏まえ，とくに当時の労働運動や社会状況を反映して，労働協約や労働争議については詳細なものとなっている（49-58頁）反面，「労働者保護」は概略のみが示されている（58-59頁）にすぎない。また第二部は労働者の経営参加を扱うものである（60-61頁）ようだが，第三部は福利厚生領域を扱う予定であったのか，「労働者住宅」「労働者保健」「労働者教育」という三つの柱が記されているだけ（61頁）である。

(24) 磯村哲「市民法学 ── 社会法学の展開と構造」『講座日本近代法発達史 ── 資本主義と法の発展』10巻（勁草書房・1961）のちに同『社会法学の展開と構造』（日本評論社・1975）収録63頁。

(25) 磯村・同前書64頁。

補 章　わが国労働法学の体系化の試行

解したとすれば，はたして末弘の労働法学に対する体系的な理解とはいかなる
ものであったのかを問うことも可能となろう。そして，それを知るためには，
社会評論的な論稿ではなく，主に末弘が東京帝国大学法学部で行なった講義が
手掛かりとなろう。それは 1921（大正 10）年以来，1936（昭和 11）年，1942（昭和
17）年および 1944（昭和 19）年の 3 年をのぞいて，1946（昭和 21）年 9 月に東京帝
国大学を退官するまでの 25 年ほどのあいだ（実質 20 年）毎年行なわれたとい
う。そこで以下，末弘の労働法体系が昭和年代前期の時間経過のなかでどのよ
うに構築・形成され，また展開していったのか検討したい。

　末弘の労働法体系を具体的に考えようとするとき，つぎのようなものが参考
となる。すなわち知り得たかぎり末弘には，5 種類の労働法講義の筆記録（写
し）が現存する(26)。また関連して，末弘には，労働法学の体系理解を部分的
にせよ論じた概論的論稿が三つほどある。それらを末弘の労働法講義の時間的
経緯に即して，整序してみると，つぎのようになる。

1921（大正 10）年 10 月「労働法制」（半期）講義開始
1927（昭和 2 ）年 3 月「労働協約概論」大宅壮一〔編〕『社会問題講座』5 巻（新潮社）
　　　　　　　　　 9 月『民法講話』下巻（岩波書店）第 12 章「労働の法律」
1928（昭和 3 ）年 1 月『労働法概説』社会経済体系 14 巻（日本評論社）
1929（昭和 4 ）年 2 月『労働法制』昭和 4 年度東京帝国大学講義録（辛酉社）160 頁
　　　　　　　　　（東京大学法学部図書館蔵）(27)
1930（昭和 5 ）年　講座名「労働法制」から「労働法」へ改称

───────────
(26)　東京大学百年史編集委員会〔編〕『東京大学百年史』部局史一（東京大学出版会・1986）
　　第一編「法学部」229 頁によれば，1938（昭和 13）年 1 月，教授・助教授 21 名連名で，同
　　学部でなされた講義を受講した学生のノートを基に制作した講義録を担当教員に無断で印
　　刷・販売していた業者 4 社に対し「一切のプリント発売頒布停止を命じ応ぜざる場合は民
　　事刑事上の責任を問う」旨の警告を発した。そして末弘は早速，担当する「法律時観／法
　　学教育とプリント問題」法律時報 10 巻 2 号（1938）3 頁でこの問題を取り上げて「現行
　　のプリントが教授の著作権を害するものであり，場合に依つては名誉をも毀損」し，また
　　「講義の妨害を為し教育の能率を害してゐると言ふ事実も亦明かである。此意味に於て
　　吾々は今回東京帝国大学法学部諸教授に依つて行はれつゝあるプリント征伐に賛意を表す
　　るものである」とした。しかし末弘は「プリントの盛行と法学教育との関係は極めて微妙
　　なもの」であり，「法律的な物事を考へる力を養成することを目的とする」が，そのよう
　　な理想から遠くにある現状を考慮すれば，「それを離れて唯プリントを征伐しさへすれば
　　いゝと考へるが如きは甚だ無意味である」と続けていた。このような主に定期試験対策を
　　念頭においた，街の印刷業者による「講義録」の刊行はその後も止むことはなかったよう
　　である。それが結果的に末弘の講義プリントのいくつかとして現在に残り，その労働法学
　　の体系を理解しようとするに際して，重要な資料となっている。このようなことは，当時
　　の末弘本人にとって，想像すらしなかったことであろう。

第2節　末弘厳太郎における労働法学の体系的理解

1932(昭和 7)年 2 月『労働法』（完）昭和 7 年度東京帝国大学講義録（啓明社）158
　　　　　　　 頁（東大法学部図書館蔵）→向山寛夫により国学院法学 20 巻
　　　　　　　 3 号（1982）101-151 頁に校閲・翻刻
1935(昭和 10)年 1 月〜 1936(昭和 11)年 4 月「労働法講話」①〜⑩経済往来（途中，
　　　　　　　 誌名が「日本評論」に変更）に 12 回連載
　　　　　　 9 月『労働法』昭和 11 年度東大講義（東京プリント刊行会）第 1
　　　　　　　 分冊　84 頁（国会図書館蔵・デジタル化資料）
　　　　　　 12 月　同前（同前）第 2 分冊　85-209 頁（同前・同前）
1936(昭和 11)年　6 月から 12 月までベルリン・オリンピック水泳選手団に同行し，
　　　　　　 その後欧州視察旅行に従事したために休講
1937(昭和 12)年 12 月『労働法』昭和 13 年度東大講義第 1 分冊（東京プリント刊行
　　　　　　　 会）79 頁（国会図書館蔵・デジタル化資料）
1940(昭和 15)年 4 月『労働法』東京帝国大学講義録（帝大プリント連盟）234 頁
　　　　　　　 （東京大学法学部図書館蔵）
1942(昭和 17)年 4 月　通年・選択科目となる。ただし講義は休講。
1944(昭和 19)年　休講
1946(昭和 21)年 9 月　東京帝国大学法学部退官

　ここでは，これら八つの講義録ないし概説論稿を時系列に即して，三つの時
期に分けて，それぞれの特徴を検討したいと思う。

1　大正デモクラシー体制のもとでの労働法体系理解

(1) 昭和年代初期の労働法体系理解

　末弘は当初，「労働法制」としていかなる講義をしたのであろうか。その内

---

(27) 東京大学法学部図書室蔵の(1)昭和 4 年度，(2)昭和 7 年度および(3)昭和 15 年度の三
　つの講義録（いずれも，謄写版刷り）はそれぞれの刊行時期に時間的間隔があるけれども，
　いずれも菅野和夫より 1982(昭和 57)年に寄贈されたものである旨を示す寄贈印が押され
　ている。向山寛夫「末弘厳太郎教授述・『労働法』 —— 昭和 7 年度東京帝国大学講義」国
　学院法学 20 巻 3 号（1982）97 頁以下が「末弘『労働法』」として復刻版を作成するに際
　して，利用し，また「はしがき」で言及しているのは，東大法学部図書室に収蔵されてい
　る，これらの 3 書と一致する。その際に同人・前掲「解説／末弘『労働法』」99 頁は(1)
　は筆記がやや粗雑，(3)は 1937(昭和 12)年に支那事変以降の戦時労働法令が付加されてい
　るという特徴があるけれども，(2)が「最も簡潔で，しかも整ったテキスト」であるとし
　て，同書の復刻版を作成している。しかし講義がいうまでもなく，それがなされた年どし
　により内容や構成が変化せざるをえないものである。また受講者のノートを基にした講義
　録であるがゆえに，講義内容がどれだけ忠実に再現されているかどうかは，受講した学生
　の対応いかんに左右されざるをえないであろう。

429

補　章　わが国労働法学の体系化の試行

容そのものを示す資料は，残念ながら現存しない[28]。そこで次善の策として
まず，末弘の労働法開講から相対的に時間経過が少ない1928(昭和3)年に公刊
された「労働法概説」と1929(昭和4)年の講義案 —— 前年度受講した学生の講

―――――――――――――――――――

[28] 吾妻光俊の実兄である横田正俊（第四代最高裁長官）が末弘の・本邦初となる労働法
講義を受講し，その内容について「外国法制の紹介や立法論にわたることが多かったが，
……法律学のこの未開発の分野についての認識を深めることができ」たと述懐していた
（「末弘厳太郎先生と私」ジュリスト217号（1961）22頁。ただし受講年次については，
何も言及していない）。また同じく末弘最初の講義 —— 大正10年開講とする —— を受講し
た菊池勇夫「労働法五十年の素描」日本労働法学会誌37号（1971）31頁は，それが連続
講演風のもので，内容的にはCommons & Andrews, Principles of Laobr Legislationに近
い章別であったと記憶するとし，昭和年代に入ってから公刊された，後掲「労働法講話」
はそれを発展させたものであろうとしている。一方，孫田秀春はドイツ留学から帰国した
当時（具体的な年月日は不明），末弘の「労働法制」講義録を購入し，通覧した感想を，
晩年になってから「中味は大体資本主義社会の解剖に始まり労働問題や労働法制の重要性
と必然性といったものの解明に止まっており，『労働法学』といったような『法律学の一
分科』としての特殊法域としての法律学などとは程遠いものであった」とのべていた（同
『私の一生』〔高文堂出版社・1974〕69頁）。専修大学図書館（生田分館）孫田文庫のなか
に，末弘の『労働法制講義録』昭和7年版（書庫六層・請求番号/326.6/Su16）がある
（向山が現代語表記に翻刻したのと同じもの）。もしもこれと孫田の言及するものとが一致
するのであれば，孫田が実際に末弘の講義録を手に取ったのは，日本に帰国してから相当
—— 少なくとも5，6年 —— 経ってからということになる。そうであれば，同人・前掲
『私の一生』中の論述はずいぶんと潤色したものであったということになろう。それはと
もかく，これら3人の発言から，当初の末弘の「労働法制」講義の姿がおぼろげながら浮
かび上がってくる。さらに，その様子をより具体的に示すものとして，労働法制講義開始
3年目ということになるのであろうか，帝国大学新聞75（大正13年5月16日）号に「教
室めぐり／末弘厳太郎教授／労働法制序論／五月十四日八時〜十時」として，つぎのよう
な記事が掲載されている（同〔復刻版〕〔不二出版・1984〕第1巻86頁収録）。これは，
同年最初の講義風景をレポートしたものである（引用に際し，旧字を現行のそれに改め，
振り仮名を省略）。
　「赤門の新人と自他ともに許すガンちゃん事末弘教授の人気は何と云つてもまた大し
たもので，その『労働法制』の講義を聞かんものと水曜の八時から〔八角か〕大
講堂はおすなおすなの大盛況である。博士がその矮小な体躯を壇上に運ぶと学生は早
くも固唾を飲む。……本論に入り第一章序章となる。『……序論の内容は労働法の発
生，歴史範囲の問題であって，先ず産業革命から論じて見度い』教授の口は次第に円
滑になり，玲瓏玉のごとくとまではいかないが，あの小さな身体でと驚く程大きな声
が大講堂の中にひびく。……『産業革命は社会の万般に重大なる影響を与へてゐるが
法律に対する影響も甚大なものである。フランス革命にしても私法に与へた影響は甚
だ大であつて，私はこの革命後の各国私法の比較研究を一つの研究題目としてゐます
……』〔以下，省略〕」。
　講義中継はまだまだ続くが，途中当時国禁の書たる『共産党宣言』やクロポトキンに言
及したり，「得意の農村問題の研究の一端を洩ら」したり，さらには官吏（工場監督官）

430

義ノートを基礎にして，講義を再現・記述化したもの —— を比べてみよう(29)。末弘の「労働法制」開講が1921(大正10)年であったとして，昭和年代初めの時期，それからすでに7，8年の時間が経過し，初期の試行錯誤の時期を終えて，その体系的理解がすでに形成されていたであろうと推測する。

A 「労働法概説」(1928〔昭和3〕年)

まず「労働法概説」は，社会経済体系の14巻（日本評論社・1928）37-65頁（本文全27頁）に掲載されたものである。その目次構成は次のようになっている(30)。

第一　序説
第二　労働法の沿革と法源

の目を欺く工場主のしたたかさなど「痛快なところをチクリとやつて学生を喜ば」せていると，記事はのべている。いかにも学生新聞と思わせるものであるが，末弘の講義情景を彷彿とさせて，興味深い。

(29) これらに先立つて，末弘が民法典の編別構成とは別に，「実社会の私生活上発生する各種の重要事項を中心とし」（上巻「はしがき」5頁），その実際の機能に即して説明した『民法講話』（岩波書店・1927）の下巻第一二章「労働の法律」がある。したがって「専ら民法に関係する問題として特に……説明」（下巻151頁）されているのは，民法典中の雇傭（623条−631条）に関する諸規定である。ここで末弘は労働関係について，つぎのような理解を示して，雇傭と区別すべき「労働契約」を説明している（152-155頁）。

> 「自由独立の人格者として雇主に対立しては居るものゝ，労働供給に必要なる限り部分的に雇主の隷属者となつて労務に従事するのであつて，それが為め労働者が一定の身上拘束を蒙ることは多数労働関係の要素である。これを単純なる財交換の契約としてのみ観察するが如きは明かに事態を如実に観察せざるものなり」。

なお戦後，戒能通孝による同書・改訂版中巻（岩波書店・1954）517-582頁は，頁数が大幅に増えているだけでなく，改訂者自身がいう（「再版の序」上巻〔1954〕）ように，編別構成は同じでも，とくに労働法制の場合，戦前と戦後とで大きく制度が変容している「のみならず原著書は，いま〔改訂版刊行当時〕から約三十年前の大正十五年に出版されている」（同前3頁）もので，末弘の没後（1951〔昭和26〕年9月11日），戒能により大幅な加除訂正がなされたであろうことを考慮すれば，改訂版の記述は末弘による原型のそれとは大いに異なり，両者はまったく別個のものとして，取り扱わねばならないであろう。

(30) 九州帝大法文学部が開学しながらも，菊池がいまだ欧州の地に滞在していた1927(昭和2)年に，末弘が同年6月下旬6回にわたって労働法の集中講義を行なっていたことは，すでに本書第3章で言及した（201頁(注)38）。九州帝国大学新聞2号（同年7月10日）二面の記事「末弘厳太郎氏の労働法講義／さる廿二日より一週間」は，その概要をつぎのように伝えていた。

第一講「労働法序説」

「労働法学は資本主義制度の下における労働に関する国家の法律の体系的研究をなす学で資本主義の下における労働は第一に……契約自由の美名の下に実質的には不自由を要求せらるゝプロレタリアの労働を意味し第二に資本と分離した労働であつて……一つの商品

補 章　わが国労働法学の体系化の試行

第三　労働法の内容及体系
　　　一　労働契約
　　　二　賃金
　　　三　就業制限(31)
　　　四　労働争議

であり第三に機会の発達につれ労働者の個別的な特質を必要としない……と説き，次に労働契約，失業問題……更に職業紹介所，失業保険……扶助健康保険法，労働行政等の問題に就き詳説し最後に……鋭きメスを国際労働法に入れた」。

　第二講義「雇傭契約」

　「雇傭とは仕事主に従属し労務を提供するものであると定義し労働法の対象は主として雇傭関係であると説く〔。〕次に就業規則……労働契約の締結及び終了に関する詳細説明をなし第二講を終る」。

　第三講「労働者保護法」

　「八時間労働，産前産後の労働，婦人の夜業，坑夫労役扶助，最低年齢法，労働時間の制限等に関し詳述し」た。

　第四講「賃銀問題」

　「生存権の思想は政治的デモクラシー及び個人主義の思想より生じたるも此の思想と資本主義の根本原則とは相矛盾するものであると前言して吾国の賃銀に関する法制に言及し賃銀額の決定には法律上は之に干渉せず多くは資本家の一方的決定によるも労働組合の発達せる所では双方の間で具体的に決定されると実際の場合を説明し，賃銀の保護に関して支払の時期及び場所に対するもの等に就き夫々条文により詳細説明し……最後に最低賃銀法の問題に言及し」た。

　第五講「労働組合と労働争議」

　「民法上の組合でもなく又法人格を持たない一の社団であると労働組合につき説明し次にストライキのことに論及する〔。〕労働争議は契約自由の原則の下では国家がこれに干渉すべきでないが公益事業にありては Trade Board System 等の如き協調的方法を講ずる必要あるを説き最後に労働協約に言及し」た。

　第六講「扶助健康保険法」

　「過失責任は普通の注意があれば他人に害悪を与へる事のない平和な時代に妥当するが複雑〔化〕した事情の下では全く妥当しないと統計を挙げて説明し無過失責任にまで論及する，最後に健康保険法に言及し該法が労資双方に不評判であつて実際上役に立つていない事実を説明し」た。

　以上が一日2時間で計6回行なわれた講義の概要である。「労働法概説」とくらべてみると，講ずべき内容の順番の前後が入れ替わっているが，初期の末弘労働法の内容をうかがい知ることができて，興味深い。なお同記事には，多少デフォルメして描かれているのかもしれないが，頭部が身体のわりに大きく，身体にピッタリした背広姿 —— 末弘の姿を表わすものとして，しばしば形容された —— で講義をする末弘の似顔絵風のイラストが付されており，その講義の状況を彷彿させて興味深い（九州大学附属図書館リポジトリにより，閲覧可）。

(31) ここでいう「就業制限」とは，労働時間に関わるものである。

五　労働組合
　　　六　労働協約
　　　七　失業
　　　八　扶助と健康保険
　　　九　労働法運用の機関
　　　十　国際労働法
　　参考書要目(32)

B　『労働法制』昭和4年度講義録（1929〔昭和4〕年）

　これに対して末弘博士述『労働法制』昭和4年度東京帝国大学講義（辛酉社・昭和4年2月20日発行）は，Ａ4版本文159頁のものである。その刊行月から判断して，同書は前年度（1928〔昭和3〕年）の講義の速記録を基礎としたと推測する。その目次構成は次のようになっている。

　　序章
　　　一　序説／二　労働法ノ内容ト章別／三　労働法ノ法源
　　第一章　労働契約
　　　第一節　労働契約ノ性質
　　　第二節　労働契約ノ締結
　　　第三節　労働契約ノ当事者
　　　第四節　労働契約ノ効果
　　　第五節　労働契約ノ終了
　　　第六節　労働契約ニ付随スル諸契約
　　第二章　賃銀
　　第三章　就業規則(33)

---

(32) 参考までに，ここで掲げられているのは，つぎのようなものである。これらは，以後の講義録でも「参考文献」として，引用されていた。
　　　岡實『工場法論』
　　　吉阪俊蔵『改正工場法論』
　　　孫田秀春『労働法総論』
　　　Commons & Andrews, Principles of Laobr Legislation　（米）
　　　Slessor & Henderson,Industrial Law　（英）
　　　Paul Pic, Traité élémentaire de legislation industrielle　（仏）
　　　Kaskel, Arbeisrecht　（独）
　　　Sinzheimer, Grundzüge des Arbeitsrecht　（独）
(33) 冒頭に掲げられている目次では「就業規則」となっている。しかし第一章の最後で紹介されている講義案内（9頁）によれば，「就業制限ト工場ノ安全衛生」となっており，表題としてはこちらの方が正しく内容を示している。

補　章　わが国労働法学の体系化の試行

　　一　序説／二　労働者ノ最低年齢／三　就業時間ノ制限／四　休日及休憩／五
　　深夜業禁止／六　就業禁止
　第四章　労働争議
　　一　序説／二　労働争議トソノ刑事的効果／三　私法的効果／四　労働争議調
　　停法
　第五章　労働組合法
　　一　序説／二　労働組合ノ私法的性質／三　労働組合法制定ニ関スル諸問題
　第六章　労働協約
　　一　序説／二　労働協約ノ法律的性質／三　労働協約ニ関スル立法問題
　第七章　労働者ノ傷害失業等ノ災厄ニ関スル法規ノ問題
　　第一節　序説
　　第二節　職業紹介法
　　第三節　職業教育殊ニ徒弟制度
　　第四節　扶助ト健康保険
　　第五節　健康保険法
　第八章　国際労働ニ関スル問題
　　第一節　序説
　　第二節　国際労働機関

　本書と先のＡ「労働法概説」の両者の目次構成は，基本的に同じである。こ
れら二つの本文を相互に読みくらべてみたとき，『労働法制』講義録は「労働
法概説」の内容を敷衍したものであることが容易に理解できる（ただし「概説」
に設けられている「労働法運用の機関」という項目が「昭和４年度講義録」にはな
い）。後掲「昭和７年講義録」を翻刻した向山寛夫は本書について，先述した
ように「筆記がやや粗雑」[34]であると評している。その責めはいうまでもなく，
講述者としての末弘ではなく，これを録取した者（受講学生）にあろう。本文
中には，たとえば，SO. Vr., cap, S., Sy. などの英語ないし独語らしき，独
自の略語を用いたり，時どき言葉が飛んだりして意味不明な箇所もみられ，
その文意を理解することが困難な箇所もある。なお末弘は，「概説」発表の前年
（1927〔昭和２〕年）に「労働協約概論」という，やはり短い論稿を大宅壮一〔編〕
『社会問題講座』12（新潮社）1-12 頁で発表している。講義録の不備を活字化
された二つの「概説」を手掛かりに読解すべきなのであろう。「概説」の「序
説」において末弘は，労働法を「資本主義経済組織の下に立つている労働者と
労働に関する法律」（39 頁）と理解している。講義録が前提としていた法令は，

────────────
(34)　向山・前掲「解説／末弘『労働法』」99 頁。

434

つぎのようなものであった。ここでは便宜上「概説」44-45 頁に引用されているものを参考までに掲げてみよう。労働法制として講じられたのは，これらの種々のものを基礎とした当時の労働関連実定法に関する法解釈であった。

(1) 職業紹介に関するもの
職業紹介法（大正 10 年法律 55 号）及施行令・施行規則
船員職業紹介法（同 11 年法律 38 号）及施行規則
営利職業紹介事業取締規則（同 14 年内務省令 30 号）
労働者募集取締令（同 13 年内務省令 36 号）
(2) 労働者保護に関するもの
工場法中一部改正（同 12 年法律 33 号及施行令・施行規則一部改正）
工業労働者最低年齢法（同 12 年法律 35 号）
船員ノ最低年齢及健康証明書ニ関スル件（同 12 年法律 35 号）
鉱業法中一部改正（同法律 22 号）及坑夫扶助規則中一部改正（同 15 年内務省令 17 号）
傭人扶助令中一部改正（大正 15 年勅令 239 号）
(3) 労働保険に関するもの
健康保険法（大正 11 年法律 58 号）
(4) 労働争議に関するもの
治安警察法中一部改正（大正 15 年法律 58 号）
労働争議調停法（大正 15 年法律 57 号）及施行令等
治安維持法（大正 14 年法律 46 号）
暴力行為等処罰ニ関スル件（大正 15 年法律 60 号）

末弘が講じた内容がその年度ごとに異なるのは，講義であることからすれば，当然のことかもしれない。昭和 4 年度『労働法制』中，注目すべきは第一章「労働契約」である。ほかの項目がいずれも長くとも 20 頁に満たないのに対して，同章には 36 頁が充てられている。ここで末弘は労働契約について，「雇傭契約プラス α」であるとし，その理由を「現実ノ専制的状況ヲミナイデ，契約ナノダト巧ミニコジツケテ説明シテモ無駄デアル」(19 頁)[35] とのべていた。それは入社に際し，契約書を取り交わすこともなく，労働条件も会社側が就業規則を適用して一方的に決め，とくにこれに異議を提起する者もいないという現実理解を踏まえたものであった。当時は末弘が後年，わが国では労働者が使用者への労務提供が労働契約によるものではなく，従業員としての地位・身分

---

(35) 同前所は，これを「三井物産」という固有名詞をあげて，同社に入社すれば，その就業規則が適用されることとなるのは，日本に生まれれば，当然に日本の法律に拘束されるのと同じであるというたとえをもって説明していた。

補 章　わが国労働法学の体系化の試行

をえるべき雇入契約であるとの理解を純化させる過渡期であったといえよう(36)。そのほかでは，第七章「労働者ノ傷害失業等ノ災厄ニ関スル法規ノ問題」は 36 頁という分量である。そこでは，かつて「家族制度ニ基ク相互扶助ノ作用又ハ親方制度」が衰退したことから，国家が果たすべき役割の重要性を強調し，当時の職業紹介や徒弟制度について言及し，さらには「失業ト相並ヒ労働者ヨリ労働ノ機会ヲ奪フ」健康障碍に対する，労働法と社会保障法とが未分化であった当時の扶助制度についてのべている。ただし内容的に，制度の概要を示すにとどまっているが，それは仕方がないことかもしれない。なおつぎに紹介する『昭和 7 年講義』を含めて，昭和年代初めの講義録では，国際労働法にまで言及されているのは，末弘『講義録』に特徴的なことである。そこでは，国際的な労働問題への関心の萌芽から，ヴェルサイユ条約を契機に設立された ILO 国際労働機関，とくにその制度構成や条約・勧告，初期の活動にまで及んでいる。それは，留学時の後半，パリ平和会議における日本代表の業務に参加した末弘ならではのものであったといえよう。

(2) 昭和初期の労働法体系理解の完成

C　『昭和 7 年度労働法（完）』（1932〔昭和 7〕年）

つぎに，すでに取り上げた『昭和 4 年度講義録』と，昭和 7 年度講義録である末弘厳太郎教授述・昭和 7 年度東京帝国大学講義『労働法（完）』（啓明社・昭和 7 年 2 月 27 日発行）全 158 頁とを比較してみよう。これは既述のように，向山が「最も簡潔で，しかも整ったテキストである」(37)として，翻刻したものである。これもやはり，前年度の 1931(昭和 6)年度の講義内容を再現したものと思われる。その目次構成は，つぎのようなものである。

---

(36) 末弘の「労働契約」理解については，前掲・拙稿219-223 頁で検討しているので，参照されたい。近時公刊された，濱口桂一郎『日本の雇用と労働法』（日経文庫・2011）は，日本型雇用システムの本質は「職務の定めのない雇用契約」にあるとし，そのことから正社員における「一種の地位設定契約あるいはメンバーシップ契約」という特性を導き出して，これを欧米先進国に見られる特定の「職務（ジョブ）」に対応した「ジョブ型契約」による非正社員とを対比させて，広くわが国における個別的および集団的労使関係法に係る議論を展開している（なお，そのような理解が初めて示されたのは，同『新しい労働社会——雇用システムの再構築へ』（岩波新書・2009）1-22 頁ではないかと思われる）。そこでは，労働関係の成立を従業員としての地位設定にあると捉える末弘の議論との，発想の共通ないし類似性が見られる。このことは，石田信平・前掲稿（本章注(16)）243 頁でも，指摘されている。

(37) 向山・前掲「解説／末弘『労働法』」99 頁。

第 2 節　末弘厳太郎における労働法学の体系的理解

序章
　　第一　労働法ノ社会的発生／第二　労働法学ノ特殊性／第三　労働法ノ法源
第一章　労働法
　　第一　序説／第二　労働関係ノ性質及内容／第三　労働関係ノ当事者／第四
　　雇入契約／第五　労働関係ノ終了
第二章　就業制度(38)
　　第一　序説／第二　労働者ノ最低年齢制度
第三章　賃金
　　第一　序説／第二　賃金保護法
第四章　労働組合
　　第一　序説／第二　労働組合ト法律／第三　現行法ニ於ケル労働組合／第四
　　立法問題
第五章　労働争議
　　第一　序説／第二　現行法ノ罷業権及ソノ範囲
第六章　労働協約
　　第一　序説／第二　協約ノ法律的性質／第三　労働協約ノ効力
第七章　失業ト法律
　　第一　序説／第二　職業紹介法／第三　失業保険法
第八章　職場ノ安全衛生
　　第一　序説／第二　法規ノ内容
第九章　健康保険法
　　第一　序説／第二　総説／第三　被保険者／第四　保険者／　第五　保険給付／
　　第六　保険ノ財源／第七　審査ノ請求訴願及訴訟／第八　　罰則
第十章　労働法ニ関スル国家機関
第十一章　国際労働法

　目次について昭和 7 年講義案を，それ以前と比べてみると，とくに前半部分
の構成が大きく改められていることに気付く。すなわち，従前は労働関係の成
立について「労働契約」として比較的多くの紙幅を当てて論じていたのが，こ
こでは「雇入契約」として数頁で説明しているにすぎないことが注目される。
また「就業規則」についても，独立した項目として扱っていない。ここでは，
末弘は「労働関係」として捉えて，その特性がいかなるものかを重視しながら
説明している点で特徴的である。また本書以降，集団的労使関係法についての
講述は，従来の労働争議－労働組合－労働協約という順番ではなく，労働組合
－労働争議－労働協約というものとなっている。またこれまで失業者への職業

────────────────
(38)　就業「制度」となっているが，内容的に見て就業「制限」の誤りであろう。

437

補 章　わが国労働法学の体系化の試行

紹介や安全・衛生そして健康保険はいわば一緒に合わせて扱われていたが，ここでは明確に区分されているのも，従前との相違点であり，学問的進化を示すものであろう。また注目すべきは，「序章」部分の第二「労働法学ノ特殊性」として，つぎのようにのべている箇所かと思われる。すなわち，人をすべて自由平等と想定する民法の規制原理が「契約の自由」であるのに対し，資本主義社会の労働者は「理論上は自由人なるも，失業といふ大なる危険に曝されてゐる」ことから「労働関係は，契約原理を以てしては到底，規制出来ない特異性を有する。かくの如き関係を法律的に規制するには，その特異性に対応する特殊の法律原理を必要とするのである。その原理を理論的に捕捉するのが，労働法学の目的である」（106頁）とのべている。ただし，「特殊の法律原理」とはいかなるものか，それを具体化するまでには至っていない。

2　昭和 10 年代初頭，戦時体制の影響が少ない時期の体系理解

　昭和 11 年度と昭和 13 年度の場合は，いずれも，労働法学の全体ではなく，一部を扱うもので，体系的記述が完結していない点で共通する。また目次構成もほぼ同じである。このことは末弘にとって，労働法講義の体系がほぼ完成したということを意味するということもできよう。またどちらも，講義の中の「余談」ともいうべきものも採録されており，入手しえた五つの講義録のうち，講義の臨場感がもっともよく出ている点でも，末弘が実際に講義のなかで，何をのべ，いかなることを論じていたのかがよくわかるものとなっている。また諸外国の立法などが参考例として多く言及されている。それは従来も見られた 19 世紀から 20 世紀初頭のイギリスの例のみならず，同時代の，とくにイタリアのファッショ体制やドイツのナチス法理に言及されているのは，当時の時代状況を投影したものと思われる。なお，これらの講義に先立ちまたは並行して 12 回にわたって連載された「労働法講話」という連載稿は，「昭和 11 年度東大講義」を理解するにあたり，大きな手掛かりを提供する。

⑴　経済往来＝日本評論連載の「労働法講話」の意義

　同稿は冒頭「我国の労働法は，今や極めて重要な転換期に立つてゐる。今まで進んで来た道はどうやらもう行き止まりになつてゐるらしく思はれる。而かも人々は多く其事に気附かずして今後進むべき新なる道を見出さねばならぬことに注意を向けてゐないように思はれる」というその後の歴史展開を考えると，これを予見するかのような意味深長な文章から始まっている[39]。同稿の目次構成は，つぎのようなものである。

438

D 「労働法講話」

第一話　労働法の本体　　経済往来　10巻1号（1935・1）[40]
第二話　労働法の構成　　同前　10巻2号（同・2）
第三話　労働法の運用　　同前　10巻3号（同・3）
第四話　労働関係（上）　同前　10巻4号（同・4）
　　第一　序説／第二　労働関係の性質／第三　労働関係の当事者
第四話　労働関係（中）　日本評論[41]　10巻6号（同・5）
　　第四　労働関係の発生
第四話　労働関係（下）　同前　10巻7号（同・7）
　　第五　労働関係の終了
第五話　賃金　　　　　　同前　10巻9号（同・9）
　　第一　序説／第二　賃金額の決定／第三　賃金保護
第六話　労働義務と就業制限　同前　10巻11号（同・11）
　　第一　労働義務／第二　就業制限
第七話　職場の安全衛生と扶助制度　同前　10巻12号（同・12）
　　第一　序説／第二　職業災害の予防を目的とする法令／第三　工場法の規定
　する扶助制度／第四　労働者災害扶助法と労働者災害扶助責任保険法
第八話　労働組合法　　　同前　11巻2号（1936・2）
　　第一　序説／第二　労働組合とは何か／第三　団結の自由／第四　労働組合
　の私法的性質／第五　労働組合の行動と各種の刑罰法規
第九話　労働争議法　　　同前　11巻3号（同・3）
　　第一　序説／第二　争議自由の限界／第三　労働争議調停法
第十話　労働協約法　　　同前　11巻4号（同・4）
　　第一　序説／第二　労働協約の法律的性質／第三　労働協約の効力／第四
　立法的考察

　すなわち「労働法講話」は1935（昭和10）年度講義の原型をなしているといっ
てよかろう。ここでは，戦後の労働法体系と同じく，総論部分に続いて，社会
保障法（労働者扶助制度）と未分化ではあるけれども，個別的労使関係法（労

---

(39) 末弘はほぼ同じ時期（1935〔昭和10〕年）に中央公論50巻1号に「岐路に立つ我労働
　法」（のちに『法窓雑記』〔日本評論社・1936〕，さらに最近では，川島武宜〔編〕『嘘の効
　用』下（冨山房・1994）330-340頁に収録）を発表していたことから，両者を併せ読むこ
　とによって，当時の末弘の課題意識を理解することができよう。
(40) 連載第1回については，第2回以降とは異なり，とくにテーマは設定されていなかっ
　た。
(41) 既述のように，刊行元（日本評論社）は同じでも，掲載誌名が「経済往来」から「日
　本評論」に変更された。

働保護法）と集団的労使関係法（労働団体法）の二つに大別するという労働法体系が現われている。また昭和7年講義録までとは異なり，国際労働法については言及されていない。また11年度講義録が大きな分量を費やしている集団的労使関係に関わる労働組合，労働争議そして労働協約に関する記述は比較的簡略になっているのに対し，それとは対照的に賃金や労働義務と就業制限，安全衛生など個別労働立法に関する工場法や同施行規則，鉱業法，同施行規則などの規定内容について詳しく言及しているのは，他の講義録と異なる点かもしれない。

つぎに実際にはその年は開講されずに休講となり，「幻」となった —— 同年3月末に学部長職を辞し，オリンピック水泳選手団とともにベルリン大会に参加したあと，ヨーロッパ諸国を歴訪し，同年12月に帰国したために講義はなされなかった —— 昭和11年度用の『講義録』を見てよう。

⑵ 昭和11年度『労働法』第1分冊・第2分冊（1935〔昭和10〕年）と昭和13年度『労働法』（1937〔昭和12〕年）

E　末弘厳太郎教授講述『労働法』昭和11年度東大講義（東京プリント発行会・昭和10年9月10日発行）84頁〔第1分冊〕[42]

試験問題[43]
開講の辞
第一章　労働法
　　第一　労働法ノ意義及ビ性質／第二　労働法学／第三　労働法ノ法源／参考書
第二章　労働関係
　　第一　序説／第二　労働関係ノ性質／第三　労働関係ノ当事者／第四　労働関係ノ発生／第五　労働関係の終了
第三章　就業制限
　　第一　序説／第二　労働者最低年齢ノ制限／第三　工場法ニヨル就業制限／第四　鉱夫労役扶助規則

---

(42) 表題に「昭和11年度講義」と謳っているが，この年は開講されなかった。また現存する末弘の講義録のなかで，もっとも頁数が多いけれども，未完に終わり，今日社会保障法に分類される失業保険や健康保険および国際労働法について，一切言及されずに終わっている。

(43) 最初に（1-3頁），末弘出題の1931(昭和6)年3月，同6月，1932(昭和7)年3月，1933(昭和8)年6月，1934(昭和9)年3月および1935(昭和10)年3月の各々の時期に実施された試験問題が掲げられている。年により，3月と6月の年2回なされているのは，半期科目としての開講時期が年により異なるということなのか，その理由は不明。

第 2 節　末弘厳太郎における労働法学の体系的理解

第四章　賃金
　第一　序説
同前〔第二分冊〕85-209 頁　昭和 10 年 12 月 20 日発行
第五章　労働組合
　第一　序説
　　（一）第一ノ目的／（二）第二ノ目的
　第二　現行法ノ下ニ於ケル我ガ国ノ労働組合
　　（一）団結ノ自由／（二）労働組合ノ私法的性質／（三）労働組合ノ行動ニ関
　　スル刑罰法規／（四）労働組合ノ行動ニ対スル資本家ノ対抗手段ト其レニ対
　　スル国家ノ態度
第六章　労働争議
　第一　序説
　　（一）労働争議ノ適法性ノ限界／（二）労働争議ノ解決方法ニ関スル法制
　第二　我ガ現行法上ニ於ケル争議権ノ限界／（二）我ガ現行法上ニ於ケル争議
　　　　自由ノ限界
　第三　労働争議調停法
第七章　労働協約
　第一　序説
　第二　労働協約ノ法律的性質
　第三　労働協約ノ効力
　　（一）労働協約ノ社会的効力／（二）労働協約ノ国家法的効力
　第四　各国ノ労働協約立法ヲ見テ，我ガ国デ労働協約ニ関シ立法スル際ノ注意
　　　　スベキ問題

　これは実際には既述のように前年度開講された講義を受講した学生の講義
ノートをまとめたものであろう。その目次構成は，従来からのそれを踏襲した
ものである ── 従来の目次構成を再確認されたい ── ことが明言されてい
る[44]。まず，〔第 1 分冊末尾〕には，「以上　六月二十日」と記され，〔第 2 分
冊〕本文冒頭（87 頁）に「労働法第二学期分」とし，最終頁（209 頁）には，
「次ハ，工場ニ於ケル災害・疾患等ヲ私ガ話シ，ソレカラ健康保険法ノ説明ガ
アル。……」とし，「以上十一月二十一日迄ノ講義」とされている。ただし第
3 分冊目が刊行されたかどうかは不明である（もしなされていれば，この年の講
義録は，従来のなかで最も頁数の多い，詳細なものとなったであろう）。ここで問
題としたいのは，公的には，労働法講義が「通年・選択科目」となったのは，
1942(昭和 17)年 4 月であった（ただし同年は非開講）とされているからである[45]。

────────────────
(44) 末弘・『昭和一一年度〔用〕講義』第 1 分冊 9 頁。

441

補章　わが国労働法学の体系化の試行

しかし，この昭和11年度用講義録の記述によれば，それ以前の少なくとも1935（昭和10）年には，通年講義がなされていたとも理解できる（しかし残念ながら，これを確認する資料は見出せていない）。

いずれにせよ，この講義録によれば，末弘にとって，労働法体系は三つの部分からなるべきものとの構想がほぼ完成していたと思われる。まず短い総論をへて，労働関係の成立に関わる事柄が論じられるとともに，賃金や就業制限など労働者保護について言及されている。つぎに労働組合の結成，労働争議，および労働協約などの課題である。そして最後に社会保険法に関する部分である。また労働関係を「雇入」により形成されると捉える末弘の理解が成立したにとどまらず，集団的関係である労働組合の結成や労働争議にまでを貫通する鍵概念として言及されていることも，注目すべきかもしれない。すなわち末弘は一方で「労働関係ノ性質」として，つぎのように論じる（第1分冊30-32頁）。

「一，当事者双方ガ法律上対等者タル点ハ同一デアルガ，雇傭関係ガ契約ニヨリテ作ラレタ対等関係ナルニ反シ，労働関係ハ，各企業一般的ニ定メラレテヰル関係ノ中ニ個々ノ労働者ガ雇入契約ニヨリテ入リ込ム関係デアル。／労働契約ノ雇傭契約ヨリノ区別ノ効果ハ，例示的ニハ……入社ノ際ニ細則ヲ知ラナクトモ入社後文句ガイヘナイ，又，入社後ノ諸規則ノ変更ガ社員ノ同意ナクシテデキル」。

二，民法デハ労働者対資本家ノ関係ヲ個人的私的関係ト見ル。トコロガ現実ノ資本主義社会ニハ，一方ニ金力ヲ独占スル資本家アリ。他方備ハレナケレバ食ヘヌ生産者ガ存在スル。コヽニ労資ノ結合関係ハ社会的ナ性質ヲ帯ビルノデアル」。

三，民法ノ雇傭関係ハ債権債務ノ対価的関係デアルガ，労働関係ハ債権債務ノ関係ニ非ズシテ，当該企業ニ於テ労働者タルノ地位ヲ獲得スル結果トシテ，諸種ノ義務ヲ負ヒ権利ヲ得ル。／コノ特殊関係カラ労働者ハ例ヘバ服従義務ヲ負フ。……／逆ニ雇主ノ側デハ保護義務ヲ負担スル」。

ところが末弘は争議行為──末弘は「労働争議」と表している──の適法性について，つぎのように説明している（第2分冊133-135頁）。すなわち労働関係が労使間の個別債権・債務関係と捉えることができるのであれば，ストライキや怠業，また使用者側がこれらに対抗するロック・アウトは債務不履行（民法415条）や受領遅滞（同413条）にあたるのではないかという議論になろう。

---

(45) 前掲『東京大学百年史』部局史一241頁および前掲「末弘略年譜」442頁参照。

第2節　末弘厳太郎における労働法学の体系的理解

「然シナガラ労働関係ノ内容ハ原則トシテ個々ノ労働者ガ自己ニ付テ個別
的ニ決定スルモノデハナイ。日本ノ如ク労働組合ノ発達シテイナイ国デハ
傭主ガ一方的ニ之ヲ定メル。……個々ノ労働者ハ，〔労働条件がすでに〕一
度定メラレタ労働関係ノ中ニ入リ込ム。即チ労働者ハ自分ノ身分ヲ取得ス
ルノミデアツテ自ラ労働関係ヲ決定スルモノデハナイ。又，ソノ後ニ於テ
モ個々ノ労働者ノ意思ニ関係ナク労働関係ノ内容ガ変更セラレル。〔労働
条件に不満があるとき使用者側は労働者に対し〕嫌ナラヤメテ貫ヒタイ，ト
イフ私法上ノ契約ノ〔解消を提起するという〕形ヲトツテクル。……故ニ，
賃銀値上ゲ等ノ要求ハ集団的方法ニヨツテノミ貫徹セラレ得ルモノデアツ
テ，個別的方法ニヨツテハ不可能ナノデアル」。

これは，いまだ争議権が法的に承認されていない段階での概略でしかないの
は，いうまでもなかろう。

F　末弘厳太郎教授講述『労働法』昭和 13 年度東大講義（東京プリント刊行
　　会・昭和 12 年 12 月 25 日発行）

同講義録については，〔第一分冊〕全 79 頁しか入手できなかった（ただし
〔第二分冊〕以下が刊行されたかどうかは不明。なお，後述する 3「小括」参照）。同
書の発行元は，11 年度版と同じである。

前言
第一章　労働法
　第一節　労働法ノ意義及性質
　第二節　労働法ノ法源
第二章　労働関係
　第一節　序説
　第二節　労働関係ノ性質
　第三節　労働関係当事者
　第四節　労働関係ノ発生
　第五節　労働関係ノ終了 ―― （退職積立金及退職手当法）ニ就テ

本書は日本が中国との宣戦布告なき戦争（支那事変）が当初の予想とは異な
り，短期間では終わらずに長期化し，日本全体が臨戦態勢に入っていく以前の
最後の，いわば準戦時体制とはいえ，そのことを十分に意識していない労使関
係を前提とした労働法体系が論じられているものと理解することができよう。
目次構成は昭和 11 年版とほぼ同じであるが，これとくらべて，ナチス・ドイ
ツやファシズム・イタリアの労働関係について直接言及する箇所（10-12 頁等）
がいくつかあるのが特徴的である。これはおそらく，その前年の 1936(昭和

443

補 章　わが国労働法学の体系化の試行

11)年4月7日法学部長の職を辞し,「学術取調のため六月二十日より年末まで
欧州各国へ出張」(46)したことに関係するのであろう(47)。また11年版では,「労
働法」の意義として「社会的生産ニ必要ナ労働ヲ法的規律ノ下ニ置イテ之ニヨ
リテ一面産業ノ為ニ円滑ナル労働ノ供給ヲハカルト同時ニ,他面労働者ノ為ニ
生活ヲ保障スル事ヲ目的トスル法律デアル」(11頁)とのべていた。これに対
し13年度版では「社会経済ノ円満ナル経営運行ヲ確保スルタメニハ,ソレニ
必要ナ労働ノ供給ガ法的ニ規律サレルコトヲ要スル。……労働法ハ労働者ヲ保
護スルコトヲ主眼トスルモノデハナクテ,社会経済ノ立場カラミテ,当該社会
経済ノ成立ニ対シ,イカニ労働ヲ規律スルカヲ目的トスル。……労働者保護ヲ
主眼トシナイトイフ意味デ,労働法ガ決シテ社会政策ノ各論デナイコトモ注意
シテオク。」(5-6頁)とのべている。このように労働法から,労働者保護とい
う側面を全面的に排除している点は,大きく変容した箇所であろう。また13
年度版では,「労働関係の終了の効果」の一つとして,本講義がなされた年の
前年(1936〔昭和11〕年)1月1日から施行されて間もない「退職積立金及退職
手当法」について,比較的多くの紙幅(64-79頁)を当てているのも,大きな
特徴といえよう。

3　末弘の戦時体制下での体系理解

　最後に1940(昭和15)年4月5日(奥付の日付)に発行された講義録を取り上
げる。

G　帝大プリント聯盟編輯講義プリント・末弘厳太郎先生『労働法』(全)
　　　昭和15年度東京帝国大学法学部講義

　本書もＡ5版・手書き・謄写版刷りのものであるが,従来とは異なり,横書
で,目次がない。全234頁(48)で,末弘の現存する講義案のなかで,もっとも
長い。冒頭にふされている労働法生成の歴史的経緯にふれる「開講の辞」は9
頁におよぶ。末弘はその最後で,つぎのようにのべている(49)。これが本書の

---

(46)　同前『東京大学百年史』部局史一224頁「昭和11年(1936年)」。その間は担当の民
　　法第三部講義は出発前と帰国後にまとめて行ない,労働法は休講とし,法学部長は辞任と
　　された(3月・同前所)。それは当時末弘が,経済学部の河合栄治郎(1891～1944)——
　　松井慎一郎『河合栄治郎:戦闘的自由主義者の真実』(中公新書・2009)参照——と同様
　　に,軍部・右翼の攻撃の的となっていた(前掲「末弘略年譜」441頁(「11年〔1936〕
　　四七歳」))ということから,これを回避するという意味合いもあったのだろう。
(47)　末弘は同年12月17日に帰国した(同前『東大百年史』部局史一225頁)。その詳細は
　　不明であるが,同年8月8日から開催されたベルリン・オリンピック(第11回)の「日
　　本代表団水上チーム総監督」として参加し,その後各国を訪れた(同前「末弘略年譜」同
　　前所)のだろう(本書第2章第6節1を参照)。

444

特徴と当時の末弘の理解を端的に示している。それは13年度講義録よりも，さらに統制法的理解へと深化している。

　「労働法ハ，労働者保護法，集団取引法ノミニ止マラナイ。個々ノ資本家ニトツテ労働ノ供給ガ確実ニサレルコトガ必要デアルト共ニ，一国全体ニトツテモ経済ノ円満ナ運営ノタメニ必要ナ労働力ヲ充分ニ供給シ，コレヲ能率的ニ運用シ，失業ヲ防止シ，失業者ヲ好況ノ回復マデ維持シ，新シイ労働力ヲ涵養・補充スルコトガ必要デアル。コノタメニハ法ヲ以テ規制シナケレバナラナイ。カ丶ル労働法ハ資本主義ガ自由経済カラ統制経済乃至計画経済ニ変質シテモ依然必要デアル。……労働法ソノモノガ不必要トナツタノデハナク，自由経済ヲ基礎トスル労働法ガ計画経済ヲ基礎トスル労働法ニ移ツテ行クノデア」る。

　本書の目次構成は，つぎのようなものであるが，第一章で末弘は労働法を「労働者ノ社会的生産ヘノ協同関係ヲ一定ノ法的規制ノ下ニ置キ，コレニヨツテ社会経済ノ円満ナ運営ニ必要ナル労働力ノ供給ヲ確保スルコトヲ目的トスル法律デアル」（10頁）としているのは，開講の辞に対応するものである。

第一章　労働法
　第一　労働法ノ意義及ビ性質
　　一　労働法ノ定義　※"二"の表記はない。
　第二　近代的労働法ノ発生ト変遷
　　一　自由経済組織ノ下ニ於ケル労働法／二　統制経済組織ノ下ニ於ケル労働法／三　労働法，社会法，経済法
　第三　我ガ国労働法ノ発展過程
　第四　労働法学
第二章　労働関係
　第一　序説／第二　労働関係ノ当事者／第三　労働関係ノ発生／第三（四）　労働関係ノ終了
第三章　賃金
　第一　序説／第二　賃金額ノ決定／第三　賃金保護法　／第四　国家総動員法ニ基ク賃金統制制度
第四章　労働義務ト就業制限

(48) 向山・前掲「解説／末弘『労働法』」99頁は，本書について「昭和一二年の支那事変以後の戦時労働法令が付加されている」とのべている。東京大学法学部図書館蔵の本テキストについては，おそらく原所持者によるものと思われるが，ほぼ全頁近くにわたって，青ないし赤の色鉛筆の下線および鉛筆による欄外への書き込みがなされている。
(49) 末弘・前掲昭和15年講義8頁。

第一　序説／第二　就業制限
　第五章　職場ノ安全衛生ト扶助制度
　　第一　序説／第二　災害予防ニ関スル法令／第三　工場法ノ規定スル扶助制度
　　／第四　労働者災害扶助法ニヨル扶助制度ノ特例
　第六章　福利施設，共済組合，社会保険
　　第一　序説／第二　共済組合／第三　社会保険
　第七章　職業紹介及ビ労働調整
　　第一　序説／第二　職業紹介法ニヨル職業紹介制度／第三　入営者職業補償法
　　／第四　退職積立金及退職手当法
　第八章　労働組織
　　第一　序説／第二　労働組合／第三　労働争議／第四　労働協約／第五　産業
　報国会
　第九章　労働行政
　　第一　工場監督制度ノ必要／第二　労働行政ノ統一／第三　監督行政カラ経営
　ヘノ直接的関与ヘノ発展

　日中戦争が継続するなか，わが国は本格的な臨戦態勢に入っていたことから，
統制経済のもとでの労働者総動員体制の法が説明されている。末弘は本書で従
来とは異なり「満州事変ヲ境トシテ，日本ノ経済ハ更ニ統制経済ニ一歩ヲ進メ
ルコトトナッタ」(19頁)と明確に規定し，「統制経済ノ時代ノ労働法ノ特徴」
として，次のような3点をあげている。すなわち第1に，労使の自由な（集団
的）取引を禁止し，国が両者の結合を積極的に実現する（その具体例として，ド
イツの「労働戦線 Arbeitsfront」をあげている・同前頁）。第2に，「国家ガ労働力
ノ計画的配置ヲ行フ」ということをあげている。職業紹介制度は従来と大きく，
性格を変容させたとしている（20-21頁）。そして第3は「国家ガ労働力ノ計画
的配置ヲ行フ」ということである。それは従来の労働者保護政策と類似するけ
れども，性格を異にする。具体的例としてあげられているのは，(1)最小限度
の労働条件保障としての，最低賃金制，労働時間の制限や休日制であり，これ
らにより労働力の過度の消耗を阻止することができるとした。つぎに(2)「労
働者ノタメノ休養娯楽施設ヲ国家ガ組織化スルコト」である。たとえば，イタ
リアの Dopo lavaro やドイツの Kraft Durch Freude（KDF）の運動をあげて
いる。そして(3)社会保険制度の拡充である。従来は，個々の労働者が自ら疾
病，高齢化後の生活を準備しなければならなかったが，社会保険制度を拡充す
ることにより，労働者の生活安定化を図ることができるとし，その拡充の必要
を説いている。ここでは，アメリカのニュー・ディール New Deal 政策の一環
としての社会保障制度をあげている。労働組合組織や，争議行為そして労働協

約は第八章「労働組織」との表題のもと，従来は比較的多くの紙幅が当てられていた。しかし，本書ではわずか一章のみの，付け足し的な扱いしかなされていない。

第二章第二の「当事者」や労働関係の発生と消滅は，末弘の従来からの主張である，労働契約の成立ではなく，当該企業への「雇入」による組織に組み込まれることであると捉えるものである。しかしつぎの第三章では，国家総動員法6条に基づき発布された賃金統制令について，のべている。その目的は，(1)物価政策の一環として労働者の賃金高騰を抑制し，賃金所得が購買力となって出現することを防止し，(2)ある産業部門の労働者が不足，または傷害事故が頻発し，賃金が高騰し，労働者の争奪が生じることを防止し，(3)労働者の最低限度の生活保障をすることであると指摘している。第四章第二の「就業制限」は，幼年〔児童〕労働の禁止，労働時間の制限，夜間労働の禁止，休日・休憩時間の強制など多様なものが含まれる。ただし，それらはいずれも「国家全体ノ立場カラ労働資源ヲ保全スル」ためであると説明されていた。このように本書では，従来は総じて簡単に言及されるにとどまっていた社会的保護制度に関連する記述に多くの紙幅が当てられていた。第五章では，労働者扶助制度，第六章では「福利施設，共済組合，社会保険」を扱う。ただしいずれも，立法内容を紹介するだけである。ここでの記述は，日本の社会保障制度が総力戦遂行を可能・担保するために創設・発展していったものであることが如実に示されるものであった。

4　孫田のそれと比べた末弘の労働法体系の特徴ともう一つの講義録

以上，末弘の労働法体系について検討した。既述のように，わが国黎明期の労働法学を末弘とともに担った孫田は，自らと末弘との相違について，既述のように労働法学の体系構築を志向したか否かの点にあるとした[50]。末弘の場合，その法理論については非体系性にあることは自他ともに認めるところであった。確かに，末弘の場合，孫田とは異なり，民法学についてのそれはあった[51]が，労働法学に関する体系的理解を示す書籍の公刊はなされなかった。しかしそれは，末弘に労働法の体系的理解はなかったということを意味するも

---

(50) 本書第1章第4節2 (70-74頁) 参照。ただし，このようにのべる孫田にとって，その労働法体系の実現が未完に終わったことも併せて付記しておくべきであろう。

(51) 戦前期，末弘には民法について，『債権各論』〔合本〕(有斐閣・1918) をはじめ，『物権法』上巻 (同・1921)，同・下巻第1分冊 (同・1922)，旧著〈現代法学全集〉(日本評論社・1928, 29) を全面改訂した『債権総論』〈新法学全集〉第1, 2, 3巻 (同・1936)等の著作がある。

補 章　わが国労働法学の体系化の試行

のではなかろう。末弘は毎年なされた講義とその講義録という形では，その労
働法学の体系を明らかにしていたということができよう。それは一方では，労
働法が単なる労働の法ではなく，資本主義社会におけるそれであることを歴史
的展開のなかで明らかにしていったものと評することができよう。なお末弘の
講義内容を垣間見させる「概説」や講義録のすべてを通じて見られる特徴とし
て，立法の引用や説明はあっても，裁判所の判断に言及することはほとんどな
かったということがある。それは現実の司法判断がさほどにみられなかったと
いうことを反映していたのかもしれない。ただしこの点について，孫田の場合
は，多くはないが，裁判で争われた事案を紹介・記述に努めていたことからす
れば，そのような違いは，両者の個性の相違が投影された結果であったのかも
しれない。

　なお末弘の労働法講義を記録した文書がもう一つ存在することがわかったの
で，ここで言及しておく。それは海軍経理学校専科に在籍し，1936(昭和11)年
4月1日より1939(昭和14)年4月1日までの3年間，東京帝国大学法学部の講
義を聴講した堀俊蔵 (1909年3月28日～1973年3月8日。当時は，海軍主計大
尉) が1937(昭和12) と38(昭和13) の両年度，末弘の労働法講義を受講した
際の手書きノートである。同文書は，東京大学文書館 (柏分館〔同大学柏キャ
ンパス内総合研究棟6階〕) に所蔵されている[52]。ノートの版型はＡ5版サイズ
で，1頁当たり23行分の横罫線がひかれている (ノートには，途中当時の新聞
記事の切り抜きも，複数はさまれている)。1937年度の講義録は，見開き頁の両
方に，ほぼすき間なく，見出し・本文をブルー・ブラックのインクを用いて，
横書きで記されている。総頁数は，81頁である。ノートの冒頭に示された目

────────────────────────
(52) 同文書館がインターネット上に公開している「資料情報」：F0148「堀俊蔵受講ノート
　　（法学部）」によれば，堀は海軍経理学校を首席で卒業し，主計畑を歩み，最終的には主計
　　中佐となった。戦後は東洋経済新報社に勤務するも，公職（軍人）追放により退職した。
　　石橋湛山と親しかったことから，彼の紹介により立正大学経理部長を務めて，1961(昭和
　　36)年に退職した。堀が受講し，講義ノートのハード・カヴァー製本し，残したのは，労
　　働法のほかに英法（高柳賢三），国際法（安井郁），日本法制史（石井良助），法哲学（田
　　中耕太郎），物権法（末弘），債権総論（同），債権法〔各論か？〕（同），法理学刑法（牧
　　野英一），法理学（同），刑法（同）および刑事訴訟法（小沢〔小野清一郎の誤りか？〕）
　　の各科目である。これら12冊のノートは1994(平成6)年に「日本近代法政史料センター」
　　（東大大学院法学政治学資料センター附属）より寄託され，公文書館で所蔵・公開するに
　　いたったとのことである。ただし同史料センターが本「講義ノート」を受け入れた経緯等
　　について，同文書館を通じて問い合わせたところ，本人が亡くなってから20年後に遺族
　　より寄贈されたということ以外は，わからなかった。なお森本祥子「講義ノートの世界」
　　東京大学文書館ニュース56号（2016・3）4-5頁によれば，当時は，学生間で自分が受講
　　したノートを製本して残すことが稀ではなかったようである。

448

次は，つぎのように記されている。

　　6　労働組合／7　労働争議法／8　労働協約／9　職業紹介／10　健康保険法
　　11　労働行政組織／12　国際労働法

その事情は不明であるが，堀ノートは，先に引用したF末弘講述『労働法』
昭和13年度東大講義（昭和12年12月25日発行）の第一分冊を受けての末弘講
義の後半部分に相当するものであろうと思われる。講義の構成は，末弘講述
『労働法』昭和11年・第2分冊と同じであるが，9章以下は，昭和15年度版
と類似している。これに対し同じくノート冒頭の"INDEX"欄に記された
1938(昭和13)年度講義録の目次を，講義内容を記述したノート本文をつき合わ
せながら日付とともに構成すると，つぎのようになっている。

10・25　開講の辞
10・27　第一章　労働法
　　　　　　（一）労働法の性質・意義
11・1　　（二）近代的労働法の発生・展開
　　　　　　　1　自由経済の下に於ける労働法
11・8　　　　2　計画的統制経済の下に於ける労働法
　　　　　　　3　労働法・経済法・社会法
　　　　　　（二）我国労働法の歴史
11・10　（三）労働法規の特異性と労働法の法源
11・17　第二章　労働関係
　　　　　　（一）序説／（二）労働関係の性質／（三）労働関係の当事者／（四）
　　　　　労働関係の発生
11・22　（四）労働関係の発生〔続き〕／（五）労働関係の終了
11・29　（五）労働関係の終了〔続き〕
　　　　　第三章　賃金
　　　　　　（一）序説／（二）賃銀〔額〕の決定／（三）賃銀保護法　(1)賃銀の
　　　　　支払方法
12・1　　（三）賃銀保護法〔続き〕　(2)貯蓄金の制限並びに取締り　(3)健康保
　　　　　険法による保険料
　　　　　第四章　労働義務と就業制限
　　　　　　（一）労働義務
12・6　　（二）就業制限　(1)幼年労働者の使用禁止／(2)労働時間の制限／
　　　　　(3)深夜業禁止／(4)休日／(5)休憩時間／(6)危険業務の制限／(7)危険
　　　　　又は衛生上有害な場所に於ける就業制限／(8)病者・妊産婦，生児哺育
　　　　　中の女子の就業制限
　　　　　第五章　職場の安全衛生と災害扶助制度

449

補章　わが国労働法学の体系化の試行

　　　　　　　　（一）序説　(1) 企業主の保護義務と職場の安全衛生
12・8　　　（二）職場の安全衛生に関する各種の法令／（三）工場法の規定する扶
　　　　　　　助制度
12・13　　（三）工場法の規定する扶助制度〔続き〕／（四）労働者災害扶助責任
　　　　　　　保険法
12・20　　（四）労働者災害扶助責任保険法〔続き〕
　　　　　　　第六章　社会保険と共済組合
　　　　　　　（一）序説／（二）健康保険法
1・17　　　（二）健康保険法〔続き〕
　　　　　　　（三）退職積立金及退職手当法
1・26　　第七章　職業法
　　　　　　　（一）序説／（二）職業紹介法／（三）軍事関係の職業法
1・31　　第八章　労働組合・争議・協約
　　　　　　　序説／（二）労働組合と法律／(1) 団結の自由／(2) 労働組合の私法的
　　　　　　　性質／(3) 労働組合の行動に対する法律的取扱
2・7　　　（二）労働組合と法律〔続き〕／（三）労働争議
　　　　　　　（四）労働協約
2・16　　第九章　労働行政
　　　　　　　序説／(1) 工場監督制度の必要／(2) 労働行政の産業行政よりの分離／
　　　　　　　(3) 監督より管理
　　　　　　　第十章　国際労働法
　　　　　　　序説／(1) 労働条約／(2) 労働機関／(3) 我国の批准せる労働条約

　このような目次構成を見ると，同年の講義は，従来多くの時間を充てていた
労働組合・労働争議そして労働協約について，わずか1章を充てるにとどまり，
その代わりに社会保険や共済組合などの，今日でいえば，社会保障法に関わる
課題や，職業紹介について言及している点で，特徴的である。これは，先に紹
介した末弘『労働法』（全）昭和15年度東京帝国大学法学部講義に連なる過渡
期を示している点で興味深い。またF昭和13年度講義ノートでは，見開き頁
のうち，右頁のみ講義内容が記され，左側頁は白紙の頁が多く，時折，簡単な
メモ書きなどを書かれているという，前年度とは異なるノートの用い方がされ
ている。総頁数は364頁であるが，実質的な分量は，その半分強程度であると
いってもよかろう。それから，13年度講義ノートの場合，講義のなされた日
付が記されている。これは，公刊された末弘講義録すべてとくらべた，「堀
ノート」の特徴である。それによれば，1938(昭和13)年10月25日に開講され，
翌39(昭和14)年2月16日に終講となるまでの約4か月ほどのあいだ，講義日
数は18回を数え，多くは週1回であるが，ときには週に2回なされたことも

450

あったことがわかる。ただしその理由は不明である。

　このように末弘の労働法講義に関する昭和10年代初めから中ごろにいたる各年度の講義内容を受講した学生の講義ノートをまとめたものを通読していると，それぞれ年度の講義内容が対外関係とくに日本軍の戦争遂行にともなう国内情勢の変容を反映しており，年ごとに少しずつ内容も変化していることが自ずと理解できる。それは，労働法学という学問そして，これを講じる末弘がいかに社会の動向に敏感に反応せざるをえないものであったのかということを表わすものであったと思わざるをえない。

◆第3節　菊池勇夫における平時労働法と戦時労働法

　戦前・戦時期において，労働法学の体系的理解を具体的な実作をもって示した者として，本書で取り上げた者のなかでは孫田・末弘両人のほかに，菊池勇夫がいた。菊池はその若き日の頃から，労働法ないし社会法の体系的な把握を志向した人物であった。同人の場合，労働法学の体系化は，その執筆時期に関連して，大きく「平時の労働法制」と「戦時の労働法制」という区別ができよう。

1　菊池勇夫の平時の労働法制

　その具体化は，まず1935(昭和10)年に刊行された，末厳太郎・田中耕太郎〔編〕『法律学辞典』第4巻（岩波書店）2787-2801頁の「労働法　ロウドウホウ〔英〕Labour Law〔独〕Arbeitsrecht〔佛〕droit ouvrier」において，示された。そこでは，労働法を「近代資本制社会における労働関係の性質を明瞭にしたもの」，すなわち『契約労働関係を規制する諸法規範，及び〔労働協約など〕労働契約に基〔ママ〕かずしてしかも契約労働関係の影響の下に行はれる労働関係を規制する諸法規範の総称』をいうと捉えている（2788頁）。具体的には，一　名称／二　概念／三　契約労働関係の特質／四　労働立法の発達／五　労働立法の国際化／六　範囲／七　法体系における地位／八　統一労働法及び法典化／九　各国労働法概観という順番で説明されている。

　菊池は「契約労働関係の特質」として(1)それが「資本制生産において資本と労働とを結合せしむる為の法律関係」であり，(2)「自由な労働者」と(3)「賃銀を支払ふ資本家」との(4)「生産〔を担うべき〕労働の給付」を「契約の目的たるもの」で，(5)「本関係においては資本家に対する労働者の従属を生ぜしめ」，(6)「本関係を典型的に代表する工業労働者の為めの各種の労働法規は，漸次他の被傭者の為めにも一般化して適用される」が，また(7)「両当事

補 章　わが国労働法学の体系化の試行

者の社会的対立は，資本制生産の発展につれて展開される」と捉えている
（2789-2790 頁）。その後，労働立法の歴史的発達＝展開や各国の労働法制（①
英・米系，②ラテン系，③ゲルマン系，④スラヴ系，そして⑤極東の五つの類型）
を概観し，明治年代以降の日本の労働立法の制定動向を紹介したあと，最後に
菊池自身の叙述の系統を明らかにしている（2798-2799 頁）。すなわち，まず国
際労働法のことを取り上げるのは，日本における ILO 事務所設立当初から数
年間勤務した菊池らしいが，国内立法と密接な関係があるがゆえに総論で概観
し，各論では個々的に関係ある条約について比較法的に言及をすべきだとする。
つぎに労働保険法は「法規も技術的に複雑化してゐるから」労働者保護法と区
別すべきであるとしていた。すなわち健康保険法は「それ自身別個の法域とし
て研究されると共に，労働者保護法の扶助の規定と関聯して取扱ふことを要し，
労働者災害扶助責任保険法は専ら労働者災害扶助法との関聯において取扱」え
ば足りる。つまり菊池は孫田とは異なり，原初的に労働法と社会保障法とを区
別するという対応をしていた。そのほかには，労働者紹介と失業関係の法の位
置が問題となるが，前者は失業保険に関係しないかぎり，就業関係の最初にお
き，後者は労働状態の保護に関するのであるから，労働契約のつぎに置くのが
適当であるとしている。

　また菊池は民商法などとは異なり，形式的統一法典のない労働法の「叙述の
系統」についてふれているが，そこでは，それまでに示されていた孫田秀春
（『改訂労働法論・総論各論上』〔有斐閣・1931〕）と津曲藏之丞（『労働法原理』〔改
造社・1932〕）と対比させて，自らの構想を披瀝していた。そして翌 1936（昭和
11）年，菊池は，末弘厳太郎（編）新法学全集 11 巻に収録された『労働法』（日
本評論社）において，労働法学の体系的な叙述を実現した。まず総論と各論の
二部構成となっているのは，孫田や津曲（戦前には各論に相当する著書は公刊さ
れることはなかったが）両人が著わしたものと同じである。菊池『労働法』は
本文全 326 頁で，短い「序」に続く 4 分の 1（5-79 頁）ほどの「総論」と，そ
の余の多く（80-326 頁）を占める「各論」からなっている。第一篇「総論」の
目次構成は，つぎのようなものであった(53)。

────────────────

(53) 菊池が本書「序言」中「一般的参考書」として，つぎのような書籍をあげている（2
　　頁）が，当時として，それらが文字通り，労働法学に関する「一般書」として知られてい
　　たということなのであろう。
　　　孫田秀春　『労働法総論』（大正 13 年）『労働法通義』（昭和 4 年）『改訂労働法論・総論,
　　各論上』（昭和 6 年）『労働法』（現代法学全集 1 巻および 2 巻所収）（昭和 3）
　　　末弘厳太郎　『労働法研究』（大正 15 年）「労働法講話」日本評論 10 巻および 11 巻連載
　　（昭和 10-11 年）

452

第3節　菊池勇夫における平時労働法と戦時労働法

序言
第一編　総論
　第一章　労働法の意義
　第二章　契約労働関係
　　第一節　労働関係の変遷と法制／第二節　契約労働関係の特質
　第三章　労働立法
　　第一節　労働立法の必要／第二節　労働立法の発端／第三節　労働立法の発
　　達
　第四章　労働法の統一化
　　第一節　労働法の範囲／第二節　労働法の統一化
　第五章　労働法の国際化
　　第一節　世界大戦前の国際労働会議／第二節　国際労働機関
　第六章　我国労働法の沿革
　第七章　現行法体系における労働法の地位
　　第一節　公・私法との関係
　　第二節　社会法との関係
　第八章　労働法の法源
　第九章　労働法叙述の系統

　ここでは，孫田や津曲とは異なり，菊池の場合ドイツ法のみならず，他の欧
米諸国の立法や学説への「目配り」もなされ，またそれまでに公刊されたわが
国労働法および関連書籍により学問的蓄積を踏まえた内容となっていることが
特徴的である。しかし本書「総論」の最大の特徴は，当時すでに ILO 国際労
働機関として結実し，活動していた国際労働法について詳しく言及している点
であろう。つぎに「各論」の目次構成をかかげよう。

　第二編　各論
　第一章　労働紹介法
　　第一節　総説
　　第二節　一般職業紹介

　　津曲蔵之丞　『労働法原理』（昭和 7 年）
　　橋本文雄　　『社会法と市民法』（昭和 9 年）『社会法の研究』（昭和 10 年）
　　菊池勇夫　　「社会法」岩波『法律学辞典』第 2 巻（昭和 10 年）「労働法」岩波『法律学
　　　辞典』第 4 巻（昭和 11 年）
　　そのほかに，吉野信次『労働法制講話』（大正 14 年），山口正太郎『労働法原理』（昭和
　3 年），児玉兼道『労働法要論』（昭和 4 年），関口泰『労働問題講話』（昭和 4 年）等があ
　るとしていた。

453

補　章　わが国労働法学の体系化の試行

第一款　公共職業紹介制度の沿革／第二款　公益職業紹介　第一項　職業紹
介所の組織・第二項　職業紹介の事務・第三項　職業紹介委員会／第三款　営利
職業紹介取締／第四款　労働者募集取締
第三節　船員職業紹介
第一項　国際労働条約と船員職業紹介法の制定／第二項　船員職業紹介法
規
第二章　労働契約法
第一節　総説
第一項　労働契約の法律的性質／第二項　労働契約の分類／第三項　労働
契約法の地位
第二節　労働契約の成立
第一項　契約当事者／第二項　締結の形式／第三項　無効及び取消
第三節　労働契約の効果
第一款　被傭者の義務　第一項　労働義務・第二項　附随的義務／第二款　雇
傭者の義務　第一項　賃金支払義務・第二項　附随的義務／第三款　第三者の
義務（身元保障）
第四節　労働契約の終了
第五節　退職積立金及び退職手当
第一項　総則／第二項　退職積立金／第三項　退職手当／第四項　退職金
審査会／第五項　供託国債に対する権利の実行
第六節　徒弟契約
第三章　労働保護法
第一節　総説
第一項　労働保護法の性質／第二項　労働保護法の分類／労働保護法規の
適用範囲
第二節　監督機関
第三節　就業規則
第四節　就業禁止及び制限
第一項　就業最低年齢の制限／第二項　労働時間制限／第三項　業務制限
／第四項　妊産婦及び病者
第五節　安全及び衛生
第六節　災害扶助制度
第四章　労働団体法
第一節　総説／第二節　労働組合／第三節　労働協約／第四節　労働争議

　各論のなかでは，労働契約に関する第二章に本書全体の３分の１ほどのもっ
とも多くの紙幅（総頁数112頁）が充てられ，労働保護に関してのべているの
は，60頁ほどである。それは実定労働法の解釈ないし体系的理解を志向する

菊池の場合においては, (敗) 戦前の貧弱な労働保護立法のあり方を前提とすれば当然の帰結であったのかもしれない。さらに労働団体法についての記述はわずか23頁にすぎなかった。労働組合法制定の可能性はすでに潰え, 労働運動も低迷するなかで, 欧米のように労使団体間で労働協約が締結され, 自主的な労使自治が実現する可能性はほとんどなかった当時としては仕方がないことであったのかもしれない(54)。

2 菊池勇夫の戦時の労働法制

(1)「転換期における社会・経済法」のあり方

1943(昭和18)年に刊行された『労働法の主要問題』の巻頭に収録されている「転換期における社会・経済法 —— 労働法を中心として —— 」は, 比較法雑誌(日本佛語法曹会) 2 号「転換期と法」特集(1941〔昭和16〕年)に発表されたものである。そして同稿は菊池における日華事変勃発とその長期化の過程で, それ以前と以後との理論的転換を端的に示すものであった。菊池は同論文を戦後刊行された『社会法の基本問題』(有斐閣・1968) 281 頁以下に再録したが, その理由として,「著者は戦時中どのような研究をしたか」という問いを回避しないためであると説明していた(55)。本稿の構成は, 次の通りである。

序説　法の変遷と転換期の問題
第一　転換期における法
第二　転換期における労働法
第三　社会法における経済法と労働法との関係

菊池は第一「転換期における法」の冒頭「転換期とは, 社会経済の体制的転換が政治的新体制の樹立によって遂行される経過的時期を称するものである」(286 頁〔引用およびかな使いは, 後者による。以下, 同じ〕)と捉える。ついで菊池は「いわゆる新体制は, 支那事変の経過によって必然となり第二次欧州大戦

---

(54) 本文に記したように, 菊池・前掲『労働法』の各論は, 労働紹介法・労働契約法・労働保護法・労働団体法という構成である。わが国では戦後も, 戦前・戦時期と同じく統一的法典を有さない。そこで従来労働法学はその重点の置き所の変化はあれ, 大きく個別的労使関係法ないし労働保護法と集団的労使関係法あるいは労働保護法との二つに大別して議論されてきた。しかしとくに世紀を改めた今日では, 前者は, 固有の労働保護法のほかに, 雇用政策法ないし労働市場法と労働契約法という三つの分野に区別されて論じられている。このような有様を踏まえると, 戦前にすでに, 同様の分類を行なっていた菊池の先見性を思うべきであるのかもしれない。

(55) 同書では,「社会」と「経済」法とのあいだの"・"(中点)が省略され, 目次表記も異なるが, ここでは『労働法の主要問題』の表記にしたがう。

補　章　わが国労働法学の体系化の試行

の発展によって一層強化されるに至ったところの戦時総動員体制の整備に他ならない」（同前所）という。おそらくこれは，その組閣直後の時期（1940〔昭和15〕年7月26日）に「大東亜新秩序建設」を国是とし，国防国家の完成を目指すことなどの「基本国策要綱」を閣議決定し，また同年9月27日には日独伊三国軍事同盟を締結した近衛（文麿）第二次内閣（1940〔昭和15〕年7月22日～1941〔同16〕年7月18日）時代の1940（昭和15）年10月12日，同人を総裁とする大政翼賛会の結成にいたる経過をさしているものと思われる。そして菊池は，つぎのように続ける。「しかし新体制は，戦時非常時的体制を超えて，さらに将来を支配すべき恒常的体制たる展望を持つところに，これが整備の経過を特に転換期と称すべき理由を認め得るのである」（同前所）として，はたして当時が「転換期」かどうかの判定を留保する。しかしながら6点にわたって，その意義を検討した（286-289頁）あとで，結論的には積極的に理解して，つぎのように揚言した（289-290頁）。

　　「当面の転換期においては，日本に国内新体制を国体明徴の立場で整備すると共にさらにこれを東亜新秩序建設へ貫徹すべき自主的使命として宣言し，世界史的転換期に或いは先駆し，或いは呼応せんとするものである。すなわち世界史的課題たる近代経済と近代法の革新に当り，日本は今や決して後進国として追随するのでなく，独自性を明徴にしつつ列強と併進し，或いはむしろ先駆しようとするところに当面の転換期の特色が認められるといってよいであろう」。

　菊池は第二「転換期における労働法」において，このような自由経済体制から統制経済への「転換期」にある日本では，「労働法は契約的労働関係より統制的労働関係への転換として特徴づけられる」（292頁）とする。そこでの労働関係の特色は「先ず労働力の配置が問題となる点から労働の客体性即ち労働力の資源的性質を明瞭にするところに現われている」（293頁）という。すなわち菊池によれば，「公益優先」の原理が支配する統制経済のもと，労働者は「生産に必要な人的資源」として扱われ，また「資本家に対する私的従属関係以上に国家的労力資源の構成分子なる意義」が認められるという（16-17頁／293頁）。つぎに労働者の主体性に関しても，「労働者が生産人として人格を有する点では，封建〔制〕以前の隷属的身分〔関係〕から解放された自由なる労働者たる特質を失うものではないが，しかし自己の労働力の私的主体としてばかりではなく，国民的生産協同体の有機的構成員として認められる一面を有するのである」（295頁）と説明している。そこでは労働者には，かつての自由な意思に基づく契約主体としての地位に言及していても，それはいわば単なる付け足しに

456

しかすぎなくなっている。重点はむしろ後段の「国民的生産協同体の有機的構成員」という側面にある。かくして「労働者は生産協働者として職域奉公すべきもの」（同前所）となった。このように「転換期」の労働の意義を強調する同稿を，かつての前掲「労働契約の本質」と対比させて読めば，その議論の「転換」の意味は自ずと明らかであろう[56]。

(2)「現代労働法の基礎理論」（1942〔昭和17〕年5月）の公刊 ──「転換期の労働法」の体系化

このような転換期における労働法・経済法理解に基づいて，これをさらに具体的な「転換期の労働法」としての体系化を試みたのが，「大東亜戦争」2年目の初夏（1942〔昭和17〕年5月）に刊行 ── 執筆は前年1941〔昭和16〕年の冬 ── された「現代労働法の基礎理論」であった。同稿は，孫田秀春を編者とする『日本国家科学大系』の第7巻法律学（三）（実業之日本社・1942）に第9部「労働法」として収録（315〔1〕-393〔79〕頁）されたものである[57]。その目次構成は，つぎのようなものである。

　第一章　現代労働法の意義
　第二章　労働関係の転換
　　第一節　近代的労働関係の本質／第二節　統制的労働関係の成立
　第三章　労働法の理念
　第四章　労働立法の発展
　　序説／第一節　明治年代／第二節　大正年代／第三節　昭和初期／第四節　支那事変以後
　第五章　労働法の法体系における地位
　　序説／第一節　社会法と労働法との関係／第二節　経済法と労働法との関係
　第六章　労働行政
　　第一節　労働行政の重要性／第二節　労働行政官庁／第三節　労務関係官吏制度
　第七章　勤労組織
　　序説／第一節　労働組織再編成の意義／第二節　新労働組織の目標と編成原理／第三節　勤労組織体の編成

---

(56) この点について，島田信義「ファシズム体制下の労働法学」法律時報50巻13号（1978）91頁は「結局のところ『生産人としての人格の自由』は，国民的生産共同体に労働者の主体性を埋没させて，『労働を拒否する自由』をも奪いながら，労働者を強制労働へとかりたてる体制を『合理化』するための法概念にしかすぎなかった」と評している。
(57) 菊池はここで取り上げる第7巻収録の「現代労働法の基礎理論」のほかに，第六編「文化・教育及厚生政策論」を構成する第12巻に「我国厚生政策の展望」なる論考を発表することが予定されていた。しかしこれは日本が敗戦を迎え，刊行されることはなかった。

補 章　わが国労働法学の体系化の試行

　　第八章　労務配置
　　　第一節　職業紹介公営原則と機能変遷
　　　第二節　労務配置法の系統
　　　　　第一　職業紹介制度／第二　入営者職業保障／第三　国民労務手帳制度／第
　　　　　四　労務調整／第五　能力申告及び検査／第六　技能要請／第七　臣民徴用
　　　　　／第八　国民勤労協力
　　第九章　従業統制（労務管理）
　　　第一節　労働保護より従業統制へ
　　　第二節　従業統制（労務管理）法の系統
　　　　　　第一　従業規則／第二　従業義務及び従業命令／第三　解雇及び退職の制
　　　　　　限及び解約命令／第四　就業年齢制限／第五　従業時間制限／第六　賃金
　　　　　　統制／第七　安全，衛生及び福利施設／第八　扶助制度
　　第十章　労務争訟
　　　序説
　　　第一節　労働争議処理の原理的展開
　　　第二節　労働争議調整
　　　　　第一　労働争議調停制度／第二　労働争議の戦時調停

　これを先の平時の労働法に関する新法学全集『労働法』と対比させれば，頁
数がわずか4分の1にまで減っていることを除いたとしても，両者の相違は明
らかであろう。そこでは，労働団体法に関わる部分は「勤労組織」と改められ，
それは個別企業では「事業一体・企業一家の具体化」（41頁）として組織され，
労働保護法は「労務配置」と「従業管理（労務管理）」となり，また目次を見
るかぎり，詳しい記述が見られるようにも思われる第九章は実際には，具体的
な内容は旧著『労働法』の参照を求める箇所も多い。また統制経済のもとでは，
従来当事者間の契約の自由に委ねられていた経済取引についても，国家的統制
立法により規制されることから，その執行にあたるべき行政が重視されている
（第六章）。また労働法を社会法として位置付けていた旧著とくらべて，統制経
済法体制に組み込まれざるを得ないことから，経済法のなかに労働法を位置付
けていることも，大きな違いである。
　さらに昭和11年の『労働法』でもっとも多く論じられていた労働契約法に
関する記述は皆無となってしまっている（ほぼ内容的に重なるのは，第四章のみ
である）。それは『労働法の基礎理論』では，統制経済の進展にともなって労
働関係は「契約的関係」から「統制的関係」へと大きく転換し，労働者の地位
は「個別的企業に対する従属的労働関係」から「国家的人的資源としての勤務
的労働関係」にある者となった（同前書6頁）からである。すなわち，そこで

458

第3節　菊池勇夫における平時労働法と戦時労働法

は「何よりも労働力の配置」（同頁），「労働力の資源的性質」「人的資源」としての労働力の管理が重要であるとする。このことを菊池は，つぎのように説明する（7頁）。

「人的資源としての労働力は，企業家に対する私的従属関係以上に，国家的労力資源の構成分子たる意義においてその客体性が認められる。又労働の生産性についても，統制経済においてはたとへ生産が個別資本によつて経営される場合でも公益優先の原理が支配するのであるから，国民経済の全体を見通した国家的生産力増進の見地において総企画者たる国家により統制を受けることになる。それゆゑ人的資源に対しては，労働市場の合理的統制が行はれると共に，公的動員による生産現場への配置も計画され，又労働条件の改善についても国家の直接的配慮として行はれるのである。けだし，自由主義経済において労資両当事者間の利潤分配問題であつたのとは異なり，統制経済においては国家が生産の総企画者であると共に分配の総統制者であり，生産力拡充に必要な人的資源として之を量的にも保全し向上せしむる必要があるばかりでなく，人的資源が国民そのものにほかならない点からもその生活の安定を国家が直接に計らねばならないのである」。

このような人的資源の担い手のとしての労働者も中世以前の奴隷的ないし農奴的境遇から解放された「自由なる労働者」から，統制経済のもとでは「生産人として国民共同体の一構成員」となる（8頁）。この点について菊池は，つぎのように続ける（同前頁）。

「統制的労働関係に立つ労働者は，生産共同体の統制に服すべき義務を負ふ点で，かつて労働の自由が労働を拒否する自由であつたこととは根本的に異なるわけである。国民経済に必要とする労働力の供給源たる国民的資源の一員として国家的必要に基づく労働配置に服することが当然となる。それはただに国家的勤労に関して動員されるばかりでなく，私的企業に対してもその企業が国家的生産総企画の一部を分担する限り之に生産協働者として職域奉公すべきことになるのである」。

このことを菊池自身も先に紹介した，末弘・田中〔編〕『法律学辞典』Ⅳ（岩波書店・1936）掲載の「労働法」を自らの『労働法の主要問題』（有斐閣・1942）に収録するにあたり，「追記」（486頁）を設けて「国防国家体制の労務動員」に応えるべく，「理論的に再吟味を迫られ，新たなる体系の構想を必要とすることとなつた」とした。「『現代労働法の基礎理論』（日本国家科学大系所収）を

459

補　章　わが国労働法学の体系化の試行

執筆するに当たり在来の自由主義経済の労働法より新たな統制経済の労働法への転換として之を取扱つた」とのべている。ただし当面の統制経済は戦時経済として急激に変化するものであるがゆえに，応急的・重点的なものとならざるをえないとものべていた。そのようにいう一方で，菊池は労働法の具体化はやはり「恒常的意義」を指導理念として推進しなければならないとの留保を付していた。それは結局「国民的生産共同体の理念」であり，別の表現をすれば「日本的独自性を有する勤労報国精神」であった。

◆第4節　津曲蔵之丞の決戦態勢のもとでの勤労法体系の素描

　さらに従属労働論を扱った『労働法原理』（1932）から『日本統制経済法』（1942）へと関心の方向を大きく転換させていった津曲蔵之丞の場合は，敗戦の1か月前に刊行した（奥付の日付による）『勤労法の指導理念』（産業図書）なる小著 —— 同書の概要は，前章で触れた —— において，「労働法」ではなく「勤労法」に関する体系的な構想を著わしていた。それは本文174頁のうち，半分ほどの紙幅（第五章・105-171頁）を用いてなされた。そこには，やはり今日では社会保障法に属すべき事柄も含まれている。ただしそれは孫田秀春の場合と同様に，労働法と社会保障法とが明確に区分されていなかった当時の立法・学問水準が投影された結果であった。津曲いわく「勤労法」とは，従来わが国では第一次世界大戦後，Arbeitsrecht（独），droit du travail（仏），labour law または labour legisration（英）の訳語としての普及していた「労働法」に相当するものである[58]。しかし津曲にいわせれば「その一般的にあたえる語呂の感じが，どうしても，勤労法という文言のように，皇国臣民の仕奉の行としての感じが，積極的に且直接的に出て来ない」[59]。すなわち津曲によれば，既述のように「勤労とは『皇国臣民が其の職分に応じて皇国に対して仕奉する行』である」[60]。

皇国勤労法の体系（津曲試案）
　　第一章　皇国勤労法の意義と本質
　　第二章　勤労修練
　　第三章　勤労秩序形成法
　　第四章　経営体に於ける勤労秩序形成法

------

(58)　津曲・『勤労法』83-84頁。
(59)　同前書 87 頁。
(60)　同前書「はしがき」3 頁。

460

第五章　経営体に於ける実質的勤労秩序法
　一．勤労時間法　①基準勤労時間　②休息法　③有給休暇法
　二．勤労年齢法
　三．女子及び母性勤労法
　四．工場事業場の設備施設，機械器具，材料等に関する安全保健法
　五．疾病勤労法
第六章　人格保障費（生活保障費）法
　一．給与法　①基本給与法，②手当法，③賞与（利益参与）法
　二．住宅供与法
　三．国家保険法
　　⑴ 疾病保険／⑵ 傷害（災害又は事故保険）／⑶ 養老廃疾者保険（寡婦孤
　　児保険を含む）／⑷ 失業保険
　四．扶助（及び救護）法
　　⑴ 扶助／⑵ 救護及び保護
第七章　行政指導及び監督並びに勤労審判委員会，勤労表彰及び懲戒
　　⑴ 行政指導及び監督／⑵ 勤労審判委員会／⑶ 勤労表彰及び懲戒
第八章　勤労裁判所制度
第九章　罰則
第一〇章　本法の適用範囲
附則　施行並びに既存の法令の改廃規制

　津曲はかつて満州事変の翌年（1932〔昭和7〕年）に公刊し，その後自ら，そ
の基本的立場を放擲した『労働法原理』の最終章である第九章を「労働法の体
系」に関する記述にあてていた。そこでは当時法案作成中であったが，結局陽
の目を見ることなく終わった労働法案 ── 浜口雄幸内閣が1931(昭和6)年2月，
第五九議会に提出した労働組合法案 ── について「公私両法の対立を無視した，
法素材の単純な集合に過ぎない」（同前書・500頁）と批判していた。またそこ
では労働法体系のあり方として，一，労働職業法（団結法，職業組合，労働協約，
保険）／　二，経営組織法，労働組織（就業規則，経営協定）／　三，労働契約
法（一般法，特別労働契約）／　四，労働官庁の4部門に分かたれると紹介し，
他の国々もさほどの相違はないとしていた。これに対し自らの労働法体系につ
いて津曲は，つぎのような構想を提示していた（同前書・502-503頁）。すなわ
ち全体を，まず⑴労働契約法⑵失業労働法⑶労働者保護法⑷労働組織法
⑸労働争議法⑹国際労働法の6部門に分かつ。ついで⑴ないし⑶を「主と
して国家の他力的救済の色彩の濃厚な法形態」である第一篇とする。そこでは，
「従属労働関係の具体的法形態」を⑴で扱い，それに派生する失業者問題は

461

補 章　わが国労働法学の体系化の試行

(2)でふれる。そして(3)は「国家に依る労働者保護法」である。また社会保険も，ここでとりあげる。これに対し第二篇では，(4)労働組織（団結・労働協定〔経営協議・労働協約・就業規則等〕）と(5)争議法（罷業並びに他の争議行為，調停・仲裁等）を論じる。ここでは「主として法形態の止揚の過程である」と説明する。そして第三篇として，「法形態の国際的止揚」である(6)国際労働関係を考察して，労働法全編の体系の結末とすると説明していた。

　以上のような，現実化することなく終った[61]，若き日の労働法体系構想はもちろん，「法素材の単純な集合に過ぎない」と昂然と評した，ワイマール・ドイツをはじめとする諸外国のそれらとくらべてみても，津曲が今回提起した皇国勤労法の体系には，対抗的労使関係の権利義務関係を映す姿は見られない。とりわけかつて『労働法原理』が予告した弁証法的なダイナミズムは，その片鱗もみられない。そこでは，国家的な管理・統治の対象である勤労者（労働者）の姿しかないように思われる。

◆第5節　小　括

　以上，戦前・戦時期におけるわが国労働法の体系的理解について，概観した。そこでは，それぞれの論者が思い描く学問としての労働法学に対する理解のあり様が具体的に示されていて，興味深い。

　昭和年代の初期，新たな法学分野として，労働法が提唱される過程で，学問体系としての独自性を示すべき試みがまず孫田秀春の手によってなされた。その体系化の試みは，当時のワイマール・ドイツの議論を基礎にしたものであった。そのような理解は，孫田に鋭く対立した津曲蔵之丞の場合も，同じ事情のもとにあったと思われる。一方，アメリカ留学時にいわば偶発的に労働法学と出会い，その後，ILO発足の機縁となったパリ講和会議（1919年1月－6月）に基づき締結されたヴェルサイユ平和条約（1919年6月28日）中の労働条項に関する締結交渉に関与した末弘の場合，その労働法学理解は自ずとこれらの者とは異なり，よりプラグマティックなものであった。また菊池勇夫がやはり昭和年代初期に〈新法学全集〉のなかで示したそれも，いかに労働法学の体系性を確立するのか苦闘の（表）現われであった。しかし，そのような先行者の議論における「総論」については，今日でも顧みるべき内容が含まれていたのに

---

(61) 津曲は「上述の体系に基いて拙著『労働法』の論述は第二巻以下に於て完成されるであろう。……〔そしてその〕全編を通じて従属労働関係の止揚が如何に法的に反映されるかを指摘するであろう」と予告して，『労働法原理』の本文を結んでいた。

第5節　小　括

対して,「各論」ともいうべき領域については,適用されるべき実定法に関して,労働保護法について,しかも女性や年少者を対象とする例外的なものとして僅かなものしかないなか,現実の法解釈・適用において,さほどの議論がなかったことを反映してであろうか,必ずしも十分なものではなかった。また戦後の今日とは異なり,学問的に未分化な状況を反映して,社会保障法として論じられるべき社会保険に関する記述が多く見られることも,当時の労働法学を知るうえで興味深い事象である。そのようななかで,民法上の雇傭（623条）とは区別されるべきものとして労働契約の意義や,その締結から展開そして終了に関わる課題については,例外的に体系的な記述が可能であったのであろう。とくに孫田の場合,その記述は詳細なものであった。これに対しわが国が昭和年代の初めから十五年戦争とも称される長期にわたる戦争に敗北する前,集団的労使関係に関する労働組合法は制定されることはなかった。したがって,この領域に関する体系的な法理解がわずかしか示されることはなかったのは,仕方がないことであった。しかし,それでも団結の自由や労働組合の法的性格論,また争議行為をめぐる法的な把握のあり方,さらには労働協約論は戦後の議論の基礎となったと思われる。

　つぎに戦前期には,平時の労働法が語られていたのに対し,戦時期,とくに日中戦争が長期化するなかで,労働法学は統制経済法の一分枝と位置付けられたことから,その体系も国家総動員体制のもとでの,皇国勤労観に基づく生産関係の協力者である「勤労者」として従業組織統制の対象へと変容していった。このことを菊池勇夫は,労働関係は「契約的関係」から「統制的関係」へと大きく転換し,労働者の地位は「個別的企業に対する従属的労働関係」から「国家的人的資源としての勤務的労働関係」にある者となったと説明していた。労働者は国家総動員体制のもと,日本の対外戦争を持続させるための「国民生産協同体の有機的構成員」として扱われた。すなわち,そこでは労働者は「契約主体」ではなく,生産活動遂行の「人的資源」として,「労務配置」「従業管理」の対象でしかなかった。さらに津曲蔵之丞は,わが国敗戦間近の時期に勤労とは『皇国臣民が其の職分に応じて皇国に対して仕奉する行』であるとして,労働法ならぬ「勤労法」の体系を示すにいたった。いずれの議論も,わが国が直面していた,対外戦争の遂行動向を中心とした,その時どきの社会・経済状況が直接的かつあからさまに反映されたものであった。

◆第 5 章◆　労働法学の再出発
── 敗戦とそれぞれの対応（1946 年～ 1951 年）

　1945（昭和 20）年 8 月 14 日，日本は連合国の「ポツダム宣言」を受諾し，「十五年戦争」ともいわれる長きにわたった諸外国との戦争状態の継続に終止符を打った。8 月 15 日の玉音放送のあと，同月 30 日，占領軍が日本に進駐し，翌 9 月 2 日，東京湾に停泊していたアメリカ戦艦ミズーリの艦上において，降伏文書が調印された[1]。10 月 4 日 GHQ/SCAP 連合国軍最高司令官総司令部 General Headquarters, the Supreme Commander for the Allied Powers の覚書が示され，10 日の政治犯釈放が命じられ，11 日マッカーサーの五大改革指令がなされた。国内ではインフレが進行するなか，同月 23 日には，読売新聞における生産（業務）管理闘争が開始され，労働政策については，労働組合法の制定の動きが急速に進展していった。

　本稿で取り上げた労働法学徒らは，このような目まぐるしく展開する事実によって始まった「戦後」をいかにうけとめたのであろうか。そして自らの戦前・戦時中の言論活動について，どのように思慮し，戦後の研究活動へと歩み始めたのであろうか。

◆第 1 節　戦後・末弘厳太郎における陽と陰
── 労働三法制定への関与と労働法の啓蒙・普及活動そして教職追放

　戦前わが国の労働法学は，末弘厳太郎が 1921（大正 10）年秋「労働法制」の名のもとに講義したことに始まった。そして戦後の再出発についても，労働法学は同人により導かれた。すなわち末弘は一方で，今日「労働三法」と呼ばれる労働組合法，労働関係調整法および労働基準法という基底的な労働立法の制定作業に携わり，これに関わる啓蒙書を多く発表した。また他方では，船員中央労働委員会（1946〔昭和 21〕年 2 月 1 日），中央労働委員会（同年 3 月 1 日）および東京都地方労働委員会（同年 3 月 7 日）の会長ないし会長代理に就任し，

―――――――――――
(1)　通常，8 月 15 日を「終戦記念日」として扱われる意味については，佐藤卓己『八月十五日の神話 ── 終戦記念日のメディア学』（ちくま新書・2005）を参照。

第5章　労働法学の再出発

敗戦直後簇生した労働組合により提起された多くの集団的労使紛争の解決にまさに八面六臂の活躍をした[2]。しかしその反面では，末弘は戦時中の「日本法理研究会」への関与を理由に「教職追放」ともなった。対象に向けられた光が強ければ，それが作る陰影も自ずと濃いものとなるということであろうか。以下まずは，6年という決して長くはない末弘の「戦後」を語ることから，戦後労働法学始動の様子を明らかにしたいと思う。

1　労働三法制定への関与と労働法の啓蒙・普及活動

(1) 労働三法制定への関与と「立法学」の提唱

(ア) 労働三法制定への関与と立法内容の解説

1945(昭和20)年10月11日，GHQの憲法自由主義化と人権確保のための改革指令を受けて，幣原喜重郎内閣（1945〔昭和20〕年10月1日～46〔昭和21〕年5月22日）は労働組合法制定のための審議機関として，労務法制審議委員会を設けた。同委員会は事業主代表・労働者代表・学界代表・学識経験者・貴・衆両院代表を構成員とし，手続上の煩瑣を避けるために官制によらずに設置したものであった。末弘はその委員の一人に任命された。同委員会では第1回の会合が同月27日にもたれ，同年12月には，早くも労働組合法が制定された（翌46〔昭和21〕年3月1日施行）。すなわち数次にわたる議会への立法提案にもかかわらず，ついに陽の目を見ることなく終わった戦前の例とは異なり，(旧)労働組合法は立法準備から法令公布まで，わずか約3か月という短期間のうちに実現した。同法は，警察，監獄および消防関係をのぞく公務員を含めて，広く労働者に労働組合の結成と活動の権利を保障した。末弘は，立法化の過程のなかで中心的な役割をはたした[3]。そして同審議委員会は引き続き労働関係調整法（労調法・1946〔昭和21〕年9月27日公布，10月13日施行）の制定にも携わったが，末弘もその一人として関与した[4]。さらに末弘は同じく労務法制審議

---

(2)　末弘の戦後については，川島武宜〔編〕『嘘の効用』下（冨山房・1994）442-446頁の「略年譜」および吉田勇「末弘講義『法律社会学』の成立経緯と講義内容」／資料1「末弘に関する略年表——とくに『法律社会学』講義との関連において」六本佳平・吉田勇〔編〕『末弘厳太郎と日本の法社会学』（東京大学出版会・2007）157-158頁におけるそれとを併せ読むことにより，概要を知ることができる。従来，末弘の（戦後）労働法学について検討したものとしては，野村平爾「労働法学における遺産（末弘博士と日本の法学）」法律時報23巻11号（のちに同著作集1『資本主義と労働法』〔労働旬報社・1978〕287頁以下に収録）および野村〔平爾〕研究室「末弘博士の労働法理論——戦後労働法理論のスタート・ライン」同前28巻9号（1956）70-80頁，片岡昇「末弘厳太郎（日本の法学を創った人びと——6)」法学セミナー53号（1960）50-56頁および同『現代労働法の理論』（日本評論社・1967）80-82頁，85-89頁がある。

466

第1節　戦後・末弘厳太郎における陽と陰

会委員（学識経験者）として労働基準法（労基法・1947〔昭和22〕年4月7日公布，9月1日施行）のそれにおいても，中心的な役割をはたした[5]。こうして末弘は，これら三つの法律に関する註釈的な論稿を，法律時報誌 ── 当時は唯一の法律学に関する専門誌であった ── に相次いで発表した[6]。末弘の戦後は，この

---

(3) 今日，（旧）労働組合法の制定過程については，従来からあった手塚和彰「戦前の労働組合法問題と旧労働組合法の形成と展開」(2) 社会科学研究（東大社研）23巻2号（1971）137-166頁および遠藤公嗣『日本占領と労使関係政策成立』（東京大学出版会・1989）前編第1章「労働組合法の制定」19-69頁などに加えて，労働関係法令立法史研究会（座長：渡辺章）『労働関係法令の立法史料研究（労働組合法関係）』（労働問題リサーチセンター・2013）並びに同『労働組合法立法史料研究』解題篇（労働政策研究・研修機構・2014），同・条文資料篇（同前・2014），同Ⅲ（同前・2016）および同Ⅳ（同前・2017）により，その全貌が明らかにされている。併せて，野川忍ほか「労働組合立法史の意義と課題」日本労働法学会誌125号（2015）3-132頁も参照。

(4) 同法は，総則規定（1条─9条）のほか，大きく争議調整制度を規定する部分（10条─35条，44条）と，争議行為の制限・禁止について規定する部分（36条─43条）からなる。同法制定においてGHQ労働課は，日本側の法案検討・作成になるべく介入せずに，静観する態度をとった労働組合法の場合とは異なり，法案（英文原案）を日本側に手交するなど積極的に関与した点で特徴的であった。同法の制定過程の詳細については，手塚和彰「旧労働組合法の形成と展開 ── 初期労働委員会の機能分析を中心として」東京大学社会科学研究所〔編〕戦後改革5『労働改革』（東京大学出版会・1974）258-266頁および遠藤・同前書・前編第2章「労働関係調整法の制定」71-136頁を参照。

(5) 労働基準法の制定については，従来，立法作業に関与した元行政担当官により言及されていた（たとえば広政順一『労働基準法：制定経緯とその展開』〔日本労務研究会・1979〕および松本岩吉『労働基準法が世に出るまで』〔労務行政研究所・1981〕）。その後，本格的立法史研究が現われている（渡辺章・野田進〔編集代表〕日本立法資料全集51巻〜56巻『労働基準法』〔信山社・1996，97，98，2011〕，そして渡辺章ほか「立法史料からみた労働基準法」日本労働法学会誌95号〔2000〕は同学会第98回大会シンポジュウムをまとめたもの）もある。

(6) これらは，つぎのようなものである。
　労働組合法：「労働組合法解説」18巻2号（1946）1-24頁
　労働関係調整法：「労働関係調整法解説」19巻3号（1947）26-53頁
　労働基準法：「労働基準法序説」19巻9号（1947）2-10頁，「労働基準法解説」20巻3号（1948）3-37頁，同(2)20巻4号（同前）4-48頁，同(3)20巻5号（同前）31-35頁，同(4)20巻6号（同前）25-36頁，同(5)20巻7号（同前）36-45頁および同（6・完）同前20巻8号（同前）50-63頁。
　以上のうち，前二者はその後，単行本化され，『労働組合法解説』（1946・5）と『労働関係調整法解説』（1947・10）として日本評論社から刊行された。いずれも，敗戦後の経済事情を反映して紙質も粗悪で，小さな文庫サイズのものながら，制定されたばかりの立法について，「解説」本も少なかった当時，労使関係の当事者のみならず，これらの立法に関心をもつ読者から大いに歓迎されたことであろう。
　なお末弘が制定間もない労働基準法について発言しているものとしては，ほかに＊「労

467

第 5 章　労働法学の再出発

ようにして慌ただしく始まった[7]。

（イ）労働組合法に関する末弘の発言

　戦前の労働組合法案の場合と同様に，末弘は自らが立法過程において主導した労働組合法について，その制定が終わった 1946(昭和 21)年初頭以降，頻繁かつ積極的に発言を行なった。

働基準法の根本精神」労働協会〔編〕『労働基準法運営の実際』(毎日新聞社・1948) 5-36 頁がある。これは，同法に関する内容理解を普及させるために，制定に携わった行政担当者を講師として前後 2 回にわたり開催された講演会速記録に加除訂正がなされたものである。ただし，これら以外に末弘が同法について発言したものとしては，後掲の読売新聞紙上 3 回にわたり連載された座談会（録）しかない。当時の時代状況とも関係するのかもしれないが，繰り返し積極的に発言した労組法の場合とくらべて発言の少なさは対照的である。

(7)　1946(昭和 21)年年初から始まり，1951(昭和 26)年 9 月の没後以降も含む，戦前・戦後を通じた末弘の業績を一覧できるものとしては，〔法律時報〕編集部「末弘博士著書論文目録」法律時報 23 巻 11 号（1951）78-84 頁，水野紀子〔作成〕「末弘厳太郎先生略年表・主要著作目録」同前 60 巻 11 号（1988）111-108 頁および〔末弘〕「主要著編書目録」川島武宜〔編〕『末弘厳太郎・嘘の効用』下（冨山房・1994）447-451 頁がある。ただしこれらにおいては，末弘が参加した対談・座談会の類は，法律時報誌掲載のものをのぞいて，記載されていない。また各種新聞紙上でその見解を示したものについても一切，掲載されていない。なお没後に刊行された後掲『断腸前後』37-46 頁に収録された「座談会について」というエッセイ（初出先不明）のなかで，末弘は座談会が嫌いで，断ることが多かったとのべている（37 頁）のは，興味深い。同稿（同前書 38-39 頁）によれば，座談会記事を「面白い読物」とするためには，第 1 に「企画がよくなければならない」，第 2 に「司会よろしきを得なければ，企画がいかによくともいい座談会はなりたたない」，第 3 に事後の速記録を整理することが大切であるとしている。末弘によれば，とくに司会者の役割が重要で，「折角立派な方々を集めても，司会よろしきを得なければ，結局井戸端会議の議事録のようなものができあがる」（同前書 46 頁）とのべている。確かに戦前・戦時中，末弘には活字化された座談会・対談はほとんどない。しかし戦後は労働法・労働問題に関わるものだけでも，つぎのようなものがあり（末弘以外の出席者の名前を記す），末弘は積極的に依頼に応じていたと思われる。また法律時報誌の座談会においては，末弘自身が司会を担当しており，右に引用した同人の発言を念頭に読むのも一興であろう。

　　＊「労働組合の指針／末弘博士を囲む座談会」(1)-(8) 読売新聞 1946 年 1 月 28 日，29 日，30 日，2 月 1 日，3 日，4 日，5 日　総同盟，東交三田支部，鶴見製鉄，大森郵便局，全国農業会職員会，読売新聞社従組，関東工代会議，日本電気，石井鉄工，東京都従，国鉄労組の各組合員

　　＊「転機にたつ労働運動」労働評論 2 巻 7 号（1947）18-26 頁　原虎一・細谷松太

　　＊「労働基準法をどう運用する」(上)（中）（下）読売新聞 1947 年 9 月 2 日，5 日および 7 日　吉武恵一・原虎一・江口見登留・野田信夫・大野木克彦

　　「日本法学の回顧と展望」法律時報 20 巻 12 号（1948）3-58 頁のちに＊『日本の法学』（日本評論社・1950）に収録

　　　一　明治維新に始まった外国法継受と当初の法学

　　　二　法典編纂からドイツ法学の全盛時代まで

468

第1節　戦後・末弘厳太郎における陽と陰

　末弘は1946(昭和21)年の年初，既述のように法律時報誌18巻2号に労組法に関する簡単な註釈論稿である「労働組合法解説」(1-24頁)を掲載する一方で，同じ年「労働組合法の根本精神」法律新報726号（1946・2）2-4頁を発表している。同年5月に前者を単行本化した際，そのなかで末弘は「広く労働者はもとより苟も労働組合に関係をもち又関心を抱く人々に依つて読まれることを期待し」た（「自序」1頁）ことから，後者の一部を抜粋して引用している。そこではつぎのようにのべられていた（2-3頁）。

　「此機会に我国の産業を民主化するに最もふさはしい法律を作らう，これに依つて経済の興隆，国運の再建に役立つ法律を作らうといふ積極的の考に依つて，万事を考へたのである。／……従来他律的道徳の世界に住み慣れた全国民を自律的道徳の世界に解放し，新に自律的精神の下に自ら規律と秩序とを作り各自自発的に能力の最善を尽して全体の為めに働かうとする世界を作りあげるより外に，速急に経済を再興し，文化を向上せしめ，国家を再建する道はないと吾々は考へたのである。／依つて，先ず第一に

三　第一次世界大戦の影響とわが国法学の最も花々しかった時代

四　沈滞期

五　新しい外国法継受と法学者の任務

　　一，四，五〈1948・10・16〉　磯田進・鵜飼信成・戒能通孝・川島武宜・平野義太郎

　　二〈1948・10・1〉　穂積重遠・牧野英一・宮沢俊義・我妻栄

　　三〈1948・9・25〉　石本雅男・磯田進・鵜飼信成・戒能通孝・辻清明・平野義太郎

＊「法律学はいかにあるべきか──続・日本法学の回顧と展望」法律時報21巻4号（1949）3-55頁　磯田進・鵜飼信成・戒能通孝・川島武宜・辻清明・仁井田陞・平野義太郎　のちに同前『日本の法学』に収録

＊「鼎談／改正労働組合法をめぐる諸問題」労働問題研究（中央労働学園）34号（1949・8）77-92頁　中山伊知郎・桂桑

＊「鼎談／最近の労働運動と日本経済の再建」同前35号（1949・9）29-42頁　中山伊知郎・桂桑

＊「アメリカにおける労働法の現状」法律時報22巻6号（1950）3-14，27頁　浅井清信・吾妻光俊・野村平爾・三藤正

＊「対談／米英見聞あれこれ」経営者4巻6号（1950・6）10-15頁　岩永信吉

＊「法社会学の基本問題」（未発表）　浅井清信・石本雅男・磯村哲・加藤新平・細野武男・宮内裕　のちに同前『日本の法学』に収録

末弘は敗戦から1951(昭和26)年9月11日に死去するまでの6年間，民法解釈論に関する論稿を書くことはなかった（瀬川信久「末弘厳太郎の民法解釈と法理論」六本・吉田〔編〕前掲書注(2)184頁）。すなわち戦後の末弘は，労働法学を中心に活動したといってよかろう。

469

第5章　労働法学の再出発

吾々の考へたのはすべての国民にその従事する仕事に関して発言する機会を与へたい，而かもその発言が秩序正しく而かも同時に強力に行はれ，それに依つて正しい発言は必ず通る，正しいことを言つてもうやむやに葬り去られることがないやうな仕組を作らねばならないといふことである。……吾々は団結権の保障こそ国民のすべてに対しその仕事についての発言権を保障し，之に依り彼等の智慧と労力とを心から仕事に協働せしむべき最善の方法であると考へたのである」。

　末弘には労務法制審議委員会委員というよりも，むしろ末弘個人として労働者の経営参加により産業民主主義を実現し，そのことを通じて敗戦国・日本の再建を実現しようとの思いがあったのであろう。そして具体的には，労使関係の当事者である労使双方による争議行為を含めた，広義の団体交渉制度を通じて実現されるべきことが想定されていた。すなわち末弘は続けて，次のようにのべていた（3頁）。

労働「組合の主たる目的は『労働条件ノ維持改善其ノ他経済的地位ノ向上ヲ図ル』にあり，その目的を達する手段として組合は其代表者に依つて使用者と団体交渉を為すことが出来る。……／団体交渉の結果，使用者と組合との間に『労働協約』が締結され，之に依り両者の間に円満な関係が成つて『産業平和』が維持され，その結果労働者も満足して働いて『労働能率』を増進せしめるやうになることは本法の最も労働組合に期待する所である」。

　そして末弘は労働組合法の性格を，スポーツのフェア・プレイ精神に例えて説明している。これは，戦前から多くの競技団体の運営に関与し，自らもスポーツ競技に興じた同人ならではの発想かもしれない。すなわち労働組合法は労使双方が「法の根本精神を十分に理解し，……正々堂々と公正に戦ふ精神……で行動しさへすれば，一々細い規定を知らずとも，それに依つて自ら労資の関係がなだらかに運ぶであらうといふ考」えのもとに作られていると説明している。また労働委員会という機関を設けたのが戦前の各種の法案にくらべて異なる特徴であるが，それはスポーツ競技の審判と同じく，「一面自由に競技をさせ乍ら，要所々々をおさへて適当の判断を与へながら試合を円滑に進行させる」ものとしている[8]。

　末弘の筆致は敗戦直後の解放感あふれるなかで，大らかで楽天的なものであった。しかし現実は，末弘が期待したものとはならなかったことを，その後の歴史は教示している。

第1節　戦後・末弘厳太郎における陽と陰

（ウ）「立法学」の提唱

末弘は労働組合法の制定に携わり，同法に関する解説ないし註釈書を著わす一方で，「立法学」についてのべている。それは，法学協会雑誌の戦後復刊第1号である，64巻1号（1946）の巻頭に掲載された「立法学に関する多少の考察 —— 労働組合法に聯関して」においてである（末尾に脱稿日として「昭和二〇年一二月八日」と記されている）[9]。そのなかで末弘はいかにすれば，適切・妥当な立法内容を得られるかを問うている[10]。なお法解釈 —— 末弘は「解釈法学」という —— が「個々の具体的事件に適正な法的取扱を与へる」ものであるのに対し，「立法学」とは「一定の政治目的のために最もその目的にかなつた法令をつくる科学的方法を研究する学」であると説明している[11]。

末弘はまず，これと法哲学との関係について社会哲学が立法に直接働きかけるのではなく，「社会哲学的理念が法学的醇化作用を通して法学的原理に発展するとき，それが初めて立法の上に実現し得る」 —— その例としてアダム・スミスの laissez-faire 原理とベンタムの principle of utility との関係をあげている —— とする（9頁）。末弘によれば，「法哲学の立法に対する実際的任務と立法学に対する理論的聯関とは正に此点に存する」という。つぎに立法が現行法秩序全体との調和を考慮し，その「欠陥を知るものをして初めて其欠陥を補填

---

(8) 労組法冒頭第1条に示された同法の「根本精神」に関する法案段階と制定されたそれとの相違について，末弘は労働者の「経済的社会的並政治的地位ノ向上」や「文化ノ進展」への寄与などの文言が削除され，「専ら労働条件の維持改善等物質的的の利己的事項にのみ限定され，その文化的使命も否定されたるが如き外観を呈するに至つたこと」を「甚だ遺憾」としていた（末弘・前掲「根本精神」3頁）。この点に関する制定過程については，労働関係法令立法史研究会・前掲『立法史料研究（解題篇）』31-35頁（渡辺章）も参照。

(9) 同稿は，末弘『続民法雑記帳』（日本評論社・1949）に収録され，末弘の没後，戒能通孝により編集された『民法雑記帳』下巻（日本評論社・1953）253-278頁にも引き続き掲載され，さらに法律時報53巻14号『民事立法学』（1981）14-20頁にも再録されている。

(10) 立法学に含まれるべき内容として，このほかに，加藤一郎「立法学のあり方」法律時報53巻14号6-7頁は，いかなる「狙い」「目標」のもとに取り上げるのかという立法政策，選択された立法内容を明確かつ一義的に条文として表現する立法技術，そしてその立法過程を実証的に検証することが含まれると指摘している。

(11) 末弘・後掲「法学とは何か —— 特に入門者のために」のちに末弘没後刊行され，今日にいたる戒能通孝〔編〕末弘『法学入門』（日本評論社・1952） —— 戦前に刊行された同前書（同・1934）の再刊 —— の「附録」として収録された187-189頁参照。また末弘は1949（昭和24）年2月26日，3月5日，12日および19日の毎週土曜日の午後，4回にわたって限られた者 —— 30名ほどか —— に対し，「法律社会学」に関する講義を行なったが，それが近時活字化されている（六本・吉田〔編〕前掲書に第Ⅰ部として収録）。そのなかでも「立法学」と法社会学等の基礎法学との関係について言及している（第一講〔50-56頁〕）。当時，同テーマは，末弘にとって重要な関心事の一つであったのであろう。

471

第 5 章　労働法学の再出発

するに足るべき適切な立法を考へることが出来る」がゆえに，現行法に関する「深い智識を有する」必要がある（11 頁）。さらに「重要なことは，立法者が法史学的並に比較法学的智識を豊富にもたねばならぬ」（12 頁）としている[12]。なぜならば，(1)それらの「研究成果から立法の具として役立つ色々の法的技術を学びとることが出来る」。また(2)かつて「一定の社会的欲求に応へる為に如何なる法を制定」し，それにより「実際社会的に如何なる結果を生んだか等」法とその社会的事情との相互関係を知ることができ，そのことが「自らの立法を考へるに付き極めて有益な資料が与へられる」からである。なお現在の立法をなすにあたっては，過去のみならず，現在の「社会的経済的諸事情に関する精確なる認識の上に考へられねばならぬ」ことはいうまでもない。最後に，(3)これらの社会的諸事情の調査を立法作業に反映させるに際しては，「事実の法学的把握なる法学者にのみ特有な操作」が必要である。それは裁判官と同様に「複雑多様を極むる具体的事実の中から夾雑物を除去して法規の適用に必要なだけの法的事実を選択構成する」ということである ── 。

　このように論じた末弘は同前稿のなかで，それまで立法学について言及するものには，木村亀二「立法政策　リッポウセイサク」末弘＝田中耕太郎〔編〕『法律学辞典』Ⅳ（岩波書店・1936）2727 頁が「私の知る限り……あるのみである」（8 頁）としている[13]。しかし「立法学」については，このようにのべている末弘自身，戦前すでに労働組合法の制定を念頭に置いて言及していた[14]。それは『労働法研究』（改造社・1926）刊行の前年（大正年代末）に発表され，同書に収録された「労働組合立法論」改造 7 巻 2 号の「はしがき」である。

────────────────────

(12) 末弘没後 1 年を記念して労働法特集とした法律時報 24 巻 9 号（1952）5 頁以下に掲載された有泉亨「立法学に関する二，三の考察 ── 末弘先生の所説に即して」は，末弘の主張を踏まえて，(一)立法学は社会的要求の正邪をも判断すべきか ── 産業平和実現のためには，ゼネスト禁止法が必要かどうか ──，(二)社会的事実を法的に把握するに際し，一定の要件を定め，これを逸脱するものを排除すべきか ──「法外組合問題」──，および(三)法的効果を発生させるために，一定の要件を課することの適切さ ── 労働協約締結の要式性 ── における対応いかんという当時の法的課題に関連させて，立法学について検討している。

(13) 木村は同項目の直前（同前書 2725-2726 頁）で「立法技術　リッポウギジュツ」についても，のべている。なお菊池勇夫にも「現時における立法政策の意義 ── 立法政策学試論の一」法政研究 14 巻 1 号（1944）37-58 頁がある。のちに菊池・後掲『社会法の基本問題』305 頁以下に収録。ただし，その発表時期からも理解できるように，太平洋戦争末期，数多くの統制立法が現われる一方，それらが国民により遵守されないことに対し，「法令の趣旨を国民に徹底せしむるについての適当な立法技術が要求される」（308 頁）との問題関心から立法政策の特質を論じたもので，末弘の場合とは関心の所在が異なるものであった。

第1節　戦後・末弘厳太郎における陽と陰

　戦前と戦後の二つの「立法学」稿をくらべてみると，両者の記述内容はほぼ同じであるということがわかる。すなわち 1946（昭和 21）年公刊の論稿の冒頭部分で「立法者として優れた能力とは何か，又かかる能力は如何にして養成されるか等の諸問題を……特に研究したものが全く見当たら」ず，「従来我国の法令立案は昔の刀匠が専ら熟練と勘とに依つて刀剣を鍛へたと同じやうに」（1頁）なされてきたと批判している。このような言い回し（比喩）と表現内容は，戦前と変わらない。つまり，20 年の時間をはさんで，末弘の立法ということに対する理解・把握はほとんど変化しておらず，当初の理解が維持されていた。しかしながら両者には異なることがある。それは末弘が戦後最初の論稿である「立法学」稿を収録したＡ５判の雑誌（のちにＢ６判『続民法雑記帳』〔日本評論社・1949〕ないし同〔同・1953〕下巻に収録）のわずか 3 頁分の紙幅のなかで「科学」「科学的」という文言をそれぞれ 15 回，併せて 30 回も繰り返して，強調していることである。これは，戦前稿では見られなかったことである。

　末弘は「正しき法の探求」を目的とする「法学の中心を成すものは実用法学としての立法学及び解釈学であ」るとし，これらと法史学・法哲学・法社会学等の基礎法学との関係を，工学における技術諸科学と理科の諸科学との関係ないし臨床医学と基礎医学との関係に類似していると理解している（法協誌 2頁）。すなわち実用法学は，まったく実用目的を離れた基礎法学的諸学問分野の知見と成果を摂取することにより発展すると捉えている。末弘は戦時中，日本軍の占領下となった中国東北部の慣行調査を提唱し，実施するなかでも，法学の「科学化」「科学的探究」ということを強調していた[15]。末弘は，法社会学をもって「法の理論科学」だと理解している。それは「物理学や化学と同じ

────────────

(14)　椿寿夫「民事立法学への志向と提言」法律時報 53 巻 14 号（1981）9 頁がこのことを指摘している。同稿の該当箇所は，末弘没後 1 周年の前掲・法律時報 24 巻 9 号（1952）1-3 頁に「法律時評にかえて／労働組合立法論」という表題のもとに掲載されたこともあった。

(15)　その経験を通じて得た理解として，戦後つぎのように語っていた（前掲・座談会「法社会学の基本問題」『日本の法学』〔日本評論社・1950〕351-353 頁〔末弘〕）。
　　「国家が如何に法律を作っても必ずしもそのまま実際には行われない，ある場合にはその社会に前々から伝っている因習的な要素に抑えられて現実の法規範は国家法とは違った内容をもつことがある。……／それで，この問題を考えるについて最も大事なことは，法的慣行乃至『生きた法』が国家法と独立して固定的な形で存立すると考えてはなら〔ず〕，『生きた法』は国家法と社会固有の伝統的な保守的要素若しくは進歩的な要素との接触面にいわば『不連続線』的な形で動的に存在するのだと思います。言葉をかえていうと，『生きた法』は〔一方の国家法という〕力と〔他方は社会固有の要素という〕力とが〔互いに〕押し合っている間に成り立つ不安定な法的状態であって，私はこれを名付けて『法秩序の力学的構造』といっています」。

473

第5章 労働法学の再出発

やうに，一応は実用目的と全く離れて，法に関する社会法則を理論的に探究することを使命とする学だといふ意味である」とのべている[16]。つまり末弘は法の「科学」「科学化」について，自然科学を模範（モデル）にして理解している。このような発想はすでに，戦時中の慣行調査の過程でも強調されていた。それは考察対象である事象を観察して，そこに客観的な法則を認識して，将来生じるであろう現象を予測することを「科学」の任務として考えていたのであろうか[17]。そして「科学としての法社会学そのものには保守的も進歩的もない。この科学によつて発見された真理を実目的に利用する段になれば，保守的な利用が可能であると同様に進歩的な利用も亦可能である」[18]としている。すなわち末弘には，そのような発想それ自体に問題があるとの理解はなかった。たとえ自然科学の場合であっても，その認識が時代状況に規定された主観的選択による積極的な価値判断であるとの理解を，末弘に求めるのは困難であったのかもしれない。いずれにせよ，末弘にとって労働三法制定への関与は，自らの立法学理解の現実的試行でもあったのであろう。

(2) 『労働法のはなし』と『労働運動と労働組合法』そして『労組問答』——
労働法の啓蒙活動

（ア）東京帝大退官と政治経済研究所

　労働関係調整法の制定時期（1946〔昭和21〕年9月27日）と相前後して，末弘は同月30日をもって，東京帝国大学を退官し，翌10月21日，財団法人・政治経済研究所の理事長兼所長に就任した[19]。同所は，1938（昭和13）年9月，企画院の外郭団体として近衛文麿が総裁となり設立された，国策調査・研究機関である東亜研究所を前身とするものであった。同研究所は同年11月1日に東京都千代田区神田駿河台の政経ビルに開所したが，研究部門は，国際部，経

---

(16) 末弘「傍観者の言葉——創刊の辞」法社会学1号（1951）2頁。

(17) この点については，平井宜雄「実用法学・解釈法学・立法学・法政策学——末弘法学体系の現代的意義」法律時報53巻14号（1981）48-54頁が末弘のいう上記四つの文言を手掛かりにしながら，その「法解釈学」と「科学」との関係を読み解いていることから，参考になる。

(18) 末弘・前掲「傍観者の言葉」2-3頁。

(19) 末弘はその発足間もない時期に同「研究所」の設立趣旨として，第一にわが国政治・行政に関与する者が研究所の仕事の成果を利用することを通じて，「政治・行政一般に科学性をあたえることに寄与したいという大望をいだ」き，第二に，民間の研究・調査機関による調査・研究成果を「もれなくこちらに頂くと同時に，他面，こちらでは朝野各方面から集めた資料を整理しておいて，逆に利用してもらいたいと考えている」とのべていた（＊「本研究所の意図するもの」政経資料月報1巻1号（1947・1〔政経研究21号〈政治経済研究所創立30周年記念〉号〔1976・11〕1-2頁転収）。

474

済部，農業部および法令部の四つから構成されていた[20]。そこでは末弘の意向が反映された結果なのであろうか，当初から農業および労働問題に関する調査研究を重視し，農村調査や紡績工場の実態調査がなされた。法令部には，のちに戦後労働法学形成の一翼をになう磯田進（1915～2002），向山寛夫（1914～2005）[21]および近藤享一（1919～1991）[22]が部員として調査・研究に従事した[23]。ただし社会科学の研究機関は本来的に収益性がなく，同所でものちに

---

(20) 政治経済研究所の詳しい沿革や活動内容については，まず同前・政経研究 21 号に掲載されている平野義太郎・秦玄龍「座談会／政治経済研究所創立のころ」5-22 頁や，同誌 23-52 頁に収録された各種の「資料」により知ることができる。ほかには，同ホーム・ページ www.seikeiken.or.jp/ および二村一夫「労働関係研究所の歴史・現状・課題」大原社会問題研究所雑誌 400 ＝ 1 号（1992）1-35 頁を参照。なお向山寛夫「末弘厳太郎先生追悼の会 ――『労働法のはなし』のことども」中央経済 30 巻 4 号（1981）4 頁は，元常務理事（総務部長）であった渡部一高（1902～1975） ―― 東亜研究所調査役（1937〔昭和 12〕年 4 月以降）に就く前に関東学院高等部にて，社会事業を講じていた同人については，富田富士雄「渡部一高先生の人・学問・思想」関東学院大学文学紀要 21 号（1976）1-8 頁および「渡部一高先生略年譜」同前号 151 頁を参照 ―― の話として，東亜研究所末期に理事に就任した末弘のみが〔公職？〕追放を免れた唯一の理事であり，追放された他の理事から同研究所の再生を託され，末弘本人も「新生日本における政治経済の総合研究機関の必要性を大いに認めて」いたことから引き受けたとのべている。なお向山・同前所は，政経研究所の設立日をロシア革命記念日である 11 月 7 日であったとし（ただし今日に続く同研究所ホーム・ページ記載の日にちと異なる），このことが示すように，所内には当初から研究員を中心に日本共産党の有力細胞（東京都地方委員会ではなく，同党中央委員会直属）が存在していたとしている。なお同研究所があった神田駿河台の「政経ビル」は，関東大震災前に建てられた鉄筋コンクリートの地下 1 階・地上 5 階の「大日本国民中学会」 ―― 1902（明治 35）年中学講義録の頒布を始めた民間の通信教育団体 ―― の旧社屋であった（野村平爾／聞き手：潮見俊隆・島田信義・清水誠・長谷川正安『民主主義法学に生きて』〔日本評論社・1976〕159 頁に，鮮明ではないが，この建物の写真が掲載されている）。

(21) 東京帝大在学時，末弘の民法を受講したが，労働法学を学んだことのなかった向山が政治経済研究所に採用されたのは，寄生虫学者で，上海自然科学研究所元研究員であった小宮義孝（1900～1976） ―― 同人は，東京帝大医学部助教授時に社会衛生学研究のためにドイツに留学し，日共産党に入党して，東京帝大を辞し，ナチス台頭のなかソヴィエト連邦に移住し，大粛清によりスパイ容疑で銃殺刑に処せられた国崎定洞（1894～1937・詳しくは，川上武・加藤哲郎『人間国崎定洞』〔勁草書房・1995〕参照）の影響を受けて社会医学を志した ―― を通じて当時，同研究所の理事兼調査部長であった平野義太郎を介してのものであった（向山『自伝：我あり人あり喜寿を迎えて』〔中央経済研究所・1991〈非売品〉115-116 頁）。なお向山の「年譜」「著述」目録については，同書 337-384 頁を参照）。

(22) 同人の経歴と業績については，専修大学法学論集 49 号（1989）185-189 頁を参照。

(23) 向山・後掲「末弘厳太郎述『労働法序説』」の「解説」67 頁。

第 5 章　労働法学の再出発

経営が極度に行き詰まったことから人員整理問題が発生し，末弘はその収拾に苦労することになったようだ。ところが法令部だけは例外的に高収益を実現することができた。ただしそれは，もっぱら末弘の著述活動によるもので，その印税やその他の出版収益のすべてが政治経済研究所の経費に充てられた[24]。そして同所の最初の刊行物として，同所が発足した月に世に送り出されたのが，末弘「述」『労働法のはなし』（一洋社刊）であった（本文 278 頁・附録 42 頁）。

（イ）『労働法のはなし』の概要

末弘における「戦後」の業績の特徴として，同人は労働法制についてひんぱんかつ積極的に発言していたが，それは立法に携わった者として，労使関係の当事者のみならず，広く国民に対する啓蒙的な論稿が多いという特徴がある。その最も典型的な例が本書であるといってもよかろう。その目次構成は，つぎのようなものとなっている[25]。

　　第一講　労働法と労働法学
　　　　第一節　労働法の概念／第二節　近代的労働法の歴史／第三節　労働法学
　　第二講　労働関係の特質
　　　　第一節　労働関係の複雑性／第二節　近代的労働関係の理念とその法的特質
　　第三講　労働組合法
　　　　第一節　序説／第二節　労働組合法の内容／第三節　団体交渉と労働協約／第四節　労働委員会
　　第四講　労働関係調整法
　　　　第一節　序説／第二節　労働関係の自主調整主義／第三節　斡旋，調停，仲裁／第四節　争議権の制限
　　第五講　労働基準法－その一
　　　　第一節　労働基準法の基礎理念／第二節　労働基準法の由来
　　第六講　労働基準法－その二
　　　　第一節　適用範囲／第二節　労働契約と就業規則／第三節　賃金／第四節　労働時間と休息
　　第七講　労働基準法－その三

---

(24)　向山・前掲「末弘厳太郎先生追悼の会」4-6 頁によれば，「参加労働者何百万のストの止め男が組合員五〇名程度の小さな労働組合にストをされたとあっては，先生も，立つ瀬がない。何とか自己の手で解決したいと半年ほど苦慮」したのち，徳田球一共産党書記長（中労委の元労働者委員）と話し合い，徳田から人員整理のフリー・ハンドを与えられながら，党員を狙い撃ちすることなく，党員が多かった一方で最も出費が多く，業績があがらない国際部を廃止して人員整理をし，その後末弘は亡くなる 2 か月前 1951（昭和 26）年 7 月 18 日に理事長兼所長を辞任した。

(25)　同書の第一講と第二講については，向山寛夫「末弘厳太郎述『労働法序説』」国学院法学 22 巻 2 号（1984）71-97 頁に復刻されている。

第1節　戦後・末弘厳太郎における陽と陰

　第一節　年少者及び女子の特別保護／第二節　技能者の養成／第三節　安全衛
　生と災害補償／第四節　寄宿舎／第五節　監督制度と制裁

　『労働法のはなし』は，このような目次からも理解できるように，末弘がそ
の制定に深く関与した「労働三法」について言及する概説書であった。その刊
行にいたる経緯は，同書が末弘「著」ではなく「述」と表記され，またその
「序文」で言及されているように，これらの立法が出そろう前後の1947(昭和
22)年春に，政治経済研究所で2度に分けて，前後10回ほど末弘が行なった講
演が基となっている[26]。すなわち同書は，同所員であった向山寛夫が速記録
から作成した原稿に末弘が手を加えてなったものであった[27]。同書は刊行後，
版を重ねて5万部以上も売れ，文字通り洛陽の紙価を高めた。それは当時出そ
ろった労働三法全体について，戦前来の「労働法の最高権威」により執筆され
たものであったからであろう[28]。これは本書にのみ見られる特徴とは思われ

――――――――――

(26)　本書にかぎらず，戦後の末弘の著述活動の特徴として，講演速記録を活字化したもの
　　が多いということがあろう。末弘による講義の面白さ・分り易さは多くの者が指摘してい
　　る。たとえば石井照久「末弘厳太郎先生を偲ぶ」労働時報4巻10号（1951）2-3頁が具
　　体的に様子を語っている。それによれば，明快かつ講義というよりは学生に話しかけるよ
　　うな「肩の凝らない」もので，机上の「カバンやチョーク函をつかまえて，『これが，こ
　　れに対し債権を有するが……』といった調子で，徒らに筆記しようとする学生にとっては
　　全く困った講義」であった〔が〕……難しい法律の理論が，すらすらと耳と目からはいっ
　　てゆくといった独特な講義であった」と回想している。したがって末弘の講演も，おそら
　　く明瞭かつ理解しやすいものであったのであろう。
(27)　同序文では，向山と並んで磯田進の名前も並記されている。しかし向山・前掲「末弘
　　追悼の会」7-8頁によれば，磯田は翌1948(昭和23)年8月に「末弘監修・政治経済研究
　　所編」として刊行される『労働法規集』（国際出版）全617頁の編集に「掛り切り」で
　　あったことから，もっぱら向山が担当し，約1か月のあいだ「昼夜分かたず自宅で作業を
　　つづけ，ようやく初稿の脱稿に漕ぎ付け」，磯田が目を通したうえ末弘が多少の加除訂正
　　を行なったものであったという。末弘がやはり「序文」で記しているように，講演録が内
　　容的に「精粗不同，読物として殆ど体をなさない」ことから，向山は末弘の「著書，論文
　　を漁って該当箇所があれば，それで埋め，万策尽きた場合」には末弘に訊ねて「努めて記
　　述を独特の『末弘調』でおこなった」と回顧している（前掲「末弘厳太郎先生追悼の会」
　　7頁）。出版後，向山は末弘から3000円を受け取ったが，それは当時政経研究所から得た
　　給料の3か月分であったとのべている（同前稿8頁）。本稿既述箇所における向山に係る
　　部分の，より詳細かつ率直な記述は，同人の前掲『自伝』113-128頁に詳しい。
(28)　向山・前掲「解説／末弘厳太郎述『労働法序説』」68-69頁。同前・「追悼の会」5頁。
　　その人気振りを示す例として同前稿5-6頁は当時話題となった石坂洋次郎（1900～1986）
　　の連作短編小説集『石中先生行状記』（新潮社・1949）のなかで取り上げられていたとの
　　べている。それは同書「エロ・ショウの巻」のなかの，つぎのような場面のことと思われ
　　る。すなわち戦時中の疎開生活を延長して家族と離れ，東北地方のとある町に暮らす小説

第5章　労働法学の再出発

ないが，戦後，末弘が発表したものの全体を貫く基調は，労使関係の当事者，とくに組合関係者に対する啓蒙的な態度である。同書に関する評価としては，向山も引用する[29]川島武宜のそれ（「新刊書評／末弘博士『労働法のはなし』」法律時報20巻1号（1948）40-41頁）につきるのではないだろうか。すなわち川島は同書について一方で「一般的な啓蒙書としての体裁をそなえつつ，同時に高い理論的水準を維持している」（同前40頁）としながらも，他方で「近代的労働法の本質を，かような近代的労働の法一般……のうちに解消し，或は少くともそれの直線的な延長として理解することは，近代労働法のもつとも重要な特質を失わせることになりはしないか。すなわち，近代的労働法が，近代市民法に対抗する Antithese としての独立の法の領域・体系であること，それがそのようなものとして一つの歴史的な進歩的な意義をもつものであること，その現実的な基礎として，市民法の担い手たる資本家に対抗するところの労働者の自主的な労働運動が存在するということ，が見失われてよいであろうか」（同前41頁）と批判している。このような川島の評価は，たとえ本書『労働法のはなし』の成立経緯を考慮したとしても，末弘労働法学の特徴と限界性を指摘していると思われる[30]。

（ウ）　使用者のための労働組合法解説 ── 『労働運動と労働組合法』

末弘は1948（昭和23）年5月，「使用者のための労働問題講座」と名付けられたシリーズの第1冊 ── ただし続巻は刊行されなかったと思われる ── として，『労働運動と労働組合法』（大興社）という著書（本文91頁・附録として労組法等の関連立法収録44頁）を公刊している。同書も，その「序」の冒頭にいうよう

───────────────

家・石中石次郎が地元の世話好きな青年・中村金一郎から，争議中の果実酒会社の女性事務員らが "民主主義だ，男女同権，女がエロ本を読んで何が悪い" としてエロ本を読んでいると説明され，はたして本当かどうかを確かめに，2人はすでに怠業状態にある会社事務所を訪れた。女性事務員たちが同僚男性の呼びかけに応じ，会社に抗議するためのデモ行進に参加しようと部屋を出ていったあと，彼女らが読んでいたのは，はたしてどんなエロ本かと思って，新聞紙でカヴァーされた本を手に取ってみると，意外にもカヴァー下の本の白い表紙には大きな活字で「── 末弘厳太郎『労働法のはなし』── と印刷されてあつたのだ」（119-120頁）。そこで妄想たくましくしていた石中先生は自ら恥じ入らざるをえなかったという他愛無いエピソードである。しかし当時，流行小説のなかで取り上げられるほどに末弘『労働法のはなし』は，世に知られていたのであろう。

(29) 向山・同前「追悼の会」8-9頁。

(30) 戦後当初，このように労働法について積極的に発言していた川島は，次第に消極的になっていった。このことに関連して，野村・前掲書160頁は川島が法社会学会についてとは異なり，「労働法学会結成に……消極的になられたのは，東大で労働法の担当が石井照久……になったので，労働法関係からいっさい手を引かれたことも影響しているんだと思いますね」とのべている。

478

第1節　戦後・末弘厳太郎における陽と陰

に「東京商工会議所の依頼によつて，同所が主として諸会社の労務担当職員の
ために催した講習会で行つた講演の筆記」録に「多少の添削を加えて出来上つ
たものである」。

同書・本文の目次は，つぎのようになっている。

「一　はしがき／二　労働運動とは何か／三　近代的労働運動の起源／四
イギリス労働組合法の歴史／五　トレードユニオニズム（組合主義）／六
イギリス労働組合の法律的地位／七　日本の労働運動（明治から大正へ）
／八　日本にはクラフト・ユニオンの伝統がない／九　経営協議会につい
て／十　日本の労働運動（大正から昭和へ）／十一　日本では，トレード
ユニオニズムも充分に発達しなかつた／十二　労働組合法制定の機縁／
十三　労働組合法の構想／十四　労働組合法の根本精神 —— その一，団結
権の保護／十五　労働組合法の根本精神 —— その二，団体交渉権の保護助
成／十六　労働組合法の根本精神 —— その三，経済の興隆に対する寄与／
十七　低廉労働の廃止／十八　デンマークの復興と労働者教育／十九　労
働者の地位の向上／二十　その底に流れるもの」

このような目次構成からも理解できるように，一から十一まで「労働運動ない
し労働組合運動は資本主義社会において必然的に発生したものであること」
（「序」4頁）を，イギリスなどの諸国を例にしながら説明し[31]，後段の，十二
から二十で制定後間もない「わが国の現行労働組合法について，その立場，根
本精神」を取り上げている（同前所）。本書には末弘の旧労組法への「思い」
が端的にしめされているとともに，後年の『日本労働組合運動史』という法社
会学的考察の原型として位置付けられるべき内容を含む小品的な作品となって
いる。

（エ）『労組問答』の刊行と末弘の関心の所在

末弘は翌 1949（昭和24）年1月，政治経済研究所の叢書シリーズの5冊目と
して『労組問答』（同所刊）を刊行した。末弘は「あとがき」後段で，同書を
刊行することが「わが国労働関係の文献の間に多少とも特異の存在としてその
存在価値を主張するだけの特色をもつている」（307頁）との自負を示している。
それは前段で，つぎのようにのべていたことに関連する。すなわち元来労働問
題は経済学，社会政策学，政治学，社会学そして法学などの様ざまな隣接学問

──────────

(31) 末弘は当時，日本の労働運動にとっては「アメリカの労働運動は参考にならない，学
ぶべきはイギリスの労働運動だと語っていた」（吉田・前掲稿〔本章注(2)〕55頁）ようだ。
ただしその理由は明らかではない。

479

第5章 労働法学の再出発

分野から考察・検討されるべき対象でありながらも，日本では経済学および社会政策学によるものが圧倒的に多い。たとえ法学的な著作はあっても，それは「解釈法学的であつて，法社会学の立場から法的規律の対象たる労働関係を如実に捉えてその法的取扱を論じたものはきわめて稀れである。いわんや広く各方面の智識をもとにして綜合的に労働組合の内部関係，対外的関係等を考察して，その在り方行き方に対して示唆を与えるに適した著作は皆無に近い」（305-306頁）。このように末弘は労働問題に対する，従来法律学の接近態度に不満を表明している。続く中段で，自らの研究歴と学問的観点の特徴について，35年前のアメリカ留学以来，「法社会学の立場から労働法の問題を考えてきた」として，次のように回顧している（同前書306頁）。

> 「各国各時代の労働法をその背景をなしている政治経済社会的背景に即して観察してきたため，研究の途上著者が最も興味をもつて研究したのは各国の労働組合運動史である。各国の労働組合がどういう環境の下に発達したかを史的に観察しながら，それに連関してそれぞれの国の労働法がいかに発展したかに最大の注意を払つて研究をつづけてきた」。

今日では，このような法社会学的な接近方法は，たとえ解釈論次元においても，当然のこととして理解されている。しかし70年前は，このように敢えて主張がなされねばならなかった。本書に収録されている論稿とその構成は，つぎの通りである。これらは敗戦の翌年の春から1948（昭和23）年秋までの2年半ほどのあいだに諸雑誌に発表されたものである[32]。

・労組問答
　第一話「労働組合の在り方」←労働評論2巻8号－11号（1947年8月号－11月号）[33]
　第二話「労働協約」←同前2巻12号－3巻3号[34]（1947年12月－23年3月）

----

[32] 末弘は既発表の諸論稿を集めて一書にまとめるに際し，各項目の扉に簡単なコメントを付しているのが本書の特徴である。

[33] 前掲・（法律時報）編集部「末弘目録」82頁およびこれを踏襲した前掲・水野「末弘主要目録」108頁は，本書の表題を雑誌掲載の原型論稿のそれとして掲げるが，労働評論誌に，末弘はそのような表題の論考は載せていない。その原型論稿は，「労組問答」という表題のもと，2巻8号－11号に第一話「労組の在り方」(1)-(4)として，二人の人物の対話形式で，見開き2頁の分量で連載されたものである。

[34] 同第二話についても，同じく対話形式により(5)-(8)の連載である，第二話「労働協約」(1)-(4)として，労働評論誌2巻12号から3巻3号までの連載ではなく，2巻12号，3巻2号，3巻3号及び3巻5号と断続的に掲載され，同前・第一話「労組の在り方」と

480

第1節　戦後・末弘厳太郎における陽と陰

　　第三話「クローズド・ショップの問題」改造 28 巻 8 号（1947 年 8 月号）
　　第四話　「雑題」一「忍耐と寛容」／二「組合の規約とその運用」／三「労組と
　　　選挙運動」←改造 1947 年 5 月号／四「山猫問答」←法律時報 19 巻 13 号
　　　（1947）(35)／五「争議問答」←法律時報 20 巻 5 号（1948）

　本書の表題ともなった「労組問答」とは，労働組合ないし労働組合法に関わ
る論点を，二人の人物による問答形式をもって浮かび上がらせるという工夫が
なされている。末弘は戦前から時どき，このような方法で自らの見解を示して
いた。ここでは，各種該当雑誌に発表した問答形式の論稿を集成している。

　・生産管理の研究
　　「争議行為としての生産管理 ── その合法性の限界」←法律時報 18 巻 3 号（1946）
　　「政府の生産管理対策」←同前 18 巻 7 号（1946）
　　「生産管理雑考」←同前 20 巻 8 号（1948）

　争議戦術としての生産管理は敗戦の年の秋，読売新聞社におけるそれ（第一
次読売争議・1945〔昭和 20〕年 10 月 23 日〜12 月 13 日）から始まった。争議権は
労使双方が「労使関係に関する意見不一致を各当事者が争議行為により解決す
る権利」であり，労使いずれにも等しく与えられている。労働関係は今日，労
使の「個人法的契約」ではなく，使用者と労働組合との「集団的取引」によっ
て決定される。そして「争議行為は争議権行使のため当事者双方の行う各種の
事実行為であつて，これによつて相手方を屈服せしめるのがその目的である」
（107-108 頁）と説明していた(36)。争議行為としての生産管理とは，戦後間も
なく，労働法学が最初に取り組んだ課題であった。末弘は，生産管理の違法性
の論拠として「所有権侵害」に該当するとの議論に対して，「所有と経営の分
離論」をもって論駁しているが，他面とくに後段では，労使双方，とくに使用
者側が公権力に依存するのではなく，自主的な交渉・取引を通じて生産管理と

　　　併せて 8 回分掲載されたもの（ただし連載 8 回目は，1 頁のみ）を，その表題を改めて，
　　本のタイトルと同じく「労組問答」として収録された。なお同稿は無理矢理に中断された
　　との印象をあたえる。末弘は，おそらく以後の連載も考慮していたのであろうが，雑誌そ
　　のものの廃刊により中断せざるをえなかったと思われる。
（35）「問答」第四話の四と五は，末弘が「法律時評」との表題のもと，法律時報誌に戦前か
　　ら執筆してきたコラムであり，戦後の多くは本書に「随想」の見出しのもとに収録されて
　　いる。
（36）末弘の争議行為に関する論稿として，ほかに「争議権の限界」日本評論 22 巻 1 号
　　（1947）59-66 頁がある。

481

第5章　労働法学の再出発

いう形態をもって現実化した紛争を平和的に解決することの重要性を喚起している。それは為政者の違法論が国民に対し，争議行為一般を否認するにいたることを警戒して，生産管理論争を「労働法理論のレールの上にのせよう」との啓蒙的な意図からでたものであろう⁽³⁷⁾。

・労働時評
「日本再建と労働組合の使命」←労働評論1巻7号（1946）
「労組随想」←中央公論61巻9号（1946年9月）
「労働運動の回顧と展望」←朝日新聞1946（昭和21）年12月31日
「労働問題の常識」←厚生省労政局主催講演会　1947（昭和22）・12要旨
「労働組合の現状と将来」←政治経済研究所創立一周年記念講演会（1947〔昭和22〕年11月8日）

敗戦の年である前年10月11日，マッカーサーから幣原首相に示された産業民主化指令に基づく労働組合法が制定・施行されてから約2年間，わが国労働運動や労働組合の設立・運営は，戦前の乏しい経験しかもたないなかで，混乱や行き過ぎ —— 生産管理や大衆団交，また組合の民主的な内部運営の未成熟など —— もあった。そのようななか，末弘は「あるべき」労働組合の姿 —— 産業民主主義の実現とそれによる経済復興の実現 —— を示して，人々を啓蒙しようとしている。本書『労組問答』で「労働評論」としてまとめられている論稿と，つぎの項目である「随想」に分類されているそれらとの違いは何なのか。その記述内容からは，明確な区分はできないように思われる（上に引用したように，なかには次項の表題と同じく「 —— 随想」と表記されているものもある）。強いていえば，論稿の分量の多少と，後者では，末弘が日々抱いた感想を表しているということに帰着するのかもしれない⁽³⁸⁾。

・随想
一「政府の社会秩序保持に関する声明と労働争議」←法律時報（以下，同）18巻8号（1946）

---

(37) 片岡・前掲書（本章注(2)）86頁。生産管理をめぐる議論については，拙稿「有泉亨における争議行為の違法性阻却構成 —— 戦後労働法学の一断面」獨協法学75号（2008）27-100頁で検討したことがある。

(38) これら以外に，末弘が当時の労働問題について発言しているものとして，＊『講演集／最近の労働問題について』（日本交通公社・1947）がある。これは1946（昭和21）年12月12日に同社本社で行なった講演録である。内容は諸外国には見られない，わが国労働組合の要求事項として（一）人事権獲得，（二）雇用確保と大幅賃上げの同時要求，（三）「電産」型賃金の3つをあげている。

二 「政府は労働問題を軽く見過ぎてゐなかつたか」←18巻11号（同前）

三 「良き労働協約の普及を図るべし」←同前（同前）

四 「団体交渉の精神」←18巻12号（同前）

五 「二・一ストの教えるもの」←19巻4号（1947）

六 「労働組合と政治運動」←19巻5号（同前）

七 「労働法・裁判所・弁護士」←19巻6号（同前）

八 「『勤労の権利』と完全雇用」←19巻7号（同前）

九 「使用者の労働協約違反と労組の態度」←19巻10号（同前）

一〇 「労働問題と民事裁判」←20巻2号（1948）

一一 「良き組合員である前に先ず良き教員たれ」←20巻4号（同前）

一二 「労働組合の行政関与」←同前（同前）

一三 「教員組合と教育の自由」←同前（同前）

一四 「労働法改悪問題」←20巻6号（同前）

一五 「仮処分と労働組合の反抗」←同前（同前）

一六 「労働組合の行為の正当性 ── 労働法改悪問題に関連して」←20巻7号（同前）

一七 「軽犯罪法と労働運動」←20巻8号（同前）

一八 「邪道」←同前（同前）

一九 「公務員法改正問題」←20巻9号（同前）

二〇 「公務員法改正問題雑感」←20巻10号（同前）

　末弘は戦前・戦中に引き続いて法律時報誌に日々感じたこと，思ったことを「法律時観」「時評」または「法律時評」のタイトルのもとに綴っていた。それらコラムのうちで，労働法に関係するものとしては，上記のような20編が「随想」との表題のもとに収録された。本書『労組問答』には，末弘が該当期間中に執筆したほとんどが掲載されていた[39]。これらは本人いわく「その時どきの問題をその時々の事情の下に取り上げて，その時々の感想を率直に述べ

---

(39) 本書に収録されなかったのは，「労働組合法第十一条と現行の刑事手続」19巻2号（1947）のみである。なおこの間，末弘は法律時報誌に「法律時評」とは別に「労働法雑記帳」という連載稿(1)(2)を発表している（19巻1号，4号〔1947〕）。これは末弘が同誌に，戦前から長年「民法雑記帳」として民法の法解釈学上の論点について見解を表明していた（『民法雑記帳』正・続ないし上・下巻として単行本化された）のを，労働法についても行なおうとの趣旨のものであったと思われる。「はしがき」で末弘は「広く労働法上の諸問題に関する小論を書き続けてゆきたい」（19巻1号56頁）と，その意欲を示していたことから長期連載を予定していたのかもしれない。しかし「これから毎号書こう」（同前所）との意志表明に反して，労働法概念とくに，人的適用範囲を論じる途中のわずか2回で中断し，そのまま再開されることはなかった。

第5章　労働法学の再出発

たものである」[40]。ただし同書刊行後，末弘が「法律時評」として労働法に関係する問題を取り扱う頻度はしだいに少なくなっていった[41]。

(3) 各種労働委員会会長としての労働紛争解決に関する貢献

末弘は 1946（昭和 21）年 3 月 1 日以降，労働組合法の施行とともに発足した中央労働委員会の委員（会長代理）に就いていた[42]。末弘は翌年 2 月，初代会長の三宅正太郎（1887 〜 1949・元大阪控訴院長〔治安維持法々案作成に関与〕）が公職追放となったことから，そのあとを継いで，第二代の中労委会長となった。それは末弘にとって，自らが立法案の策定に携わり，従来わが国法制にはなかった，新たな制度である労働委員会実務を現実化することでもあった。労働委員会は行政委員会の一形態であったが，労働者・使用者・中立 —— 当時は

---

(40) 末弘・前掲『労組問答』2-8 頁。

(41) 同書刊行後，法律時報誌中「法律時評」として掲載されたもののうち，労働法ないし労働法学に関連する課題を扱ったものとしては，つぎのようなものがあるだけであった。

    21 巻 （1949〔昭和 24〕年）

      2 号「仮処分の危険性」／ 5 号「公務員法問答」／ 6 号「労働裁判所と紛争処理手続」／ 7 号「誤解」／ 9 号「労働組合の定義」／ 11 号「労調法第三十七条を改正すべし」

    22 巻 （1950〔昭和 25〕年）

      2 号「時評に代えて：パトリック号にて」／ 5 号「石炭争議の強制調停」／同前「労働法学」／ 6 号「労働関係学」／ 10 号「教員と政治運動」

      （1950〔昭和 25〕年 11 月号 − 1951〔昭和 26〕年 1 月号：後述する入院・手術および療養のために休載）

    23 巻 （1951〔昭和 26〕年）

      3 号「労働法規の改正についての希望」／「労働法関係の判例」／ 4 号「公務員給与のきめ方」／ 5 号「労働法懇談会」

    ※　23 巻 7 号をもって末弘執筆の「法律時評」は終了（11 号に遺稿「法社会学の目的」〔中絶〕を掲載）

(42) 吉田資治（産別会議議長）「末弘厳太郎氏を憶う」法律時報 23 巻 11 号 54 頁によれば，会長の三宅正太郎が「労働問題については素人だった」ことから，制度発足当初から副会長の末弘が「名実ともに会長の役割」をはたしていたという。末弘は併せて同月 7 日に発足した東京都地方労働委員会「会長」を，また翌 4 月 18 日，船員中央労働委員会においても「会長」職についた（前掲・末弘「略歴」443 頁）。なお都労委は 1947（昭和 22）年 9 月 13 日，有楽町の都庁本庁に移転するまでのあいだ中労委と同じく，旧協調会会館であった中央労働会館 3 階にあった。また末弘に乞われ，同年 8 月 14 日から 1949（昭和 24）年 6 月 29 日に辞任するまでのあいだ都労委事務局長の職にあったのは，戦前長くニュー・ディール期のアメリカに滞在し，労使関係や労働運動史を研究し，横浜事件 —— 詳しくは，黒田秀俊『横浜事件』〔学藝書林・1975〕，中村智子『横浜事件の人びと〔増補二版〕』〔田畑書店・1989〕等を参照 —— で最初に，夫婦で検挙された（1942〔昭和 17〕年 9 月 11 日）川田寿（1905 〜 1979）であった（千々岩力『創成期の労働委員会と労働組合：レッドパージの嵐の中で』〔旬報社・2010〕52-53 頁，223 頁，328-331 頁）。

484

第1節　戦後・末弘厳太郎における陽と陰

「公益」とはいわなかった —— の三者の委員から構成され，その職務権限の行使について，労働大臣（中労委）および各都道府県知事（地方労働委員会）の指揮・監督を受けない独立性の高いものであった。発足当初の労働委員会は今日とは異なり，不当労働行為に関する審査・救済権限をもたなかった（旧労組法は，現行労組法7条1項の不利益取扱に相当する行為について，裁判所への処罰請求について規定していた〔11条，33条〕）。しかし労働委員会には，労働争議調整の権限があった。そのような争議調整機能をもって，末弘が会長職にあった中労委とほかの二つ労働委員会は，1946（昭和21）年秋以降，頻発する労働争議において争議調整の手腕を発揮していった[43]。それゆえに末弘が没した直後に際し「全く，中労委の末弘か，末弘の中労委か分らない四年間であった」[44]と評されていた[45]。

　末弘は既述のように，労働関係調整法（労調法）の制定にも関与したのみならず，既述の『労働組合法解説』に続き，同法に関する小さな注釈書である『労働関係調整法解説』を，同じく日本評論社より刊行した（本文125頁。附録55頁）。同書の「序文」で末弘は，同法が調停手続について規定しているが，その「実質」 —— 実際の運営，調停者が考慮しなければならない事項，調停を受ける人びととの心理等 —— については何ら触れていないことを指摘している

---

(43) 蓼沼謙一「学匠学林：戦後労働法学の思い出③末弘中労委」季刊労働法162号（1992）のちに同『戦後労働法学の思い出』（労働開発研究会・2010）収録26-28頁。同前書29-32頁によれば，末弘・中労委が労使双方，とくに労働側の支持を集めるにいたった背景には，つぎのような事情があったという。すなわち1946（昭和21）年10月，吉田茂政権が突如，総同盟も産別会議も施行に反対していた労調法を中労委に連絡することなく施行させるに至ったことに対し，中労委が労調法による最初の調停を行なうに際して，これに総会決議をもって遺憾の意を表明したことから，中労委が時の政府の言いなりになるのではなく，独立した「第三者」として争議調整を行なうのではないかとの期待感を労働者および労働組合に抱かせるにいたったからであった。なお仁田道夫「戦後期における労働委員会と労使関係：偉大なる調停者の時代」季刊労働法252号（2016）2頁以下，とくに4-6頁で，末弘が会長であった頃の1946年電産十月闘争と1946・47年公務員賃金闘争（2・1ゼネスト）を取り上げて，その紛争経緯と中労委の役割についてのべている。

(44) 矢加部勝美「中労委の末弘氏」法律時報23巻11号（1951）57頁。なお仁田道夫「企業別組合に何ができるか —— 歴史から学ぶ」日本労働研究雑誌591号（2009）4頁以下，とくに7頁以下では，1948（昭和23）年秋に発生した生命保険会社の内勤社員とは区別された外務員 —— 労使関係上「雇用」関係か「委任」かがもっとも重大な争点であった —— 組合委員長・副委員長解雇事件に関する都労委（会長：末弘）の対応について，具体的に紹介されていて興味深い。

(45) 発足当初の労働委員会制度のあり様については，中央労働委員会事務局〔編〕『労委十年の歩みを語る』（中央労働委員会・1956），とくに前半の第1章ないし第7章に収録されている各種の座談会を参照。

（同前2頁）。それゆえに末弘が自ら1945(昭和20)年秋の読売第一次争議（10月23日〜12月13日）以来，多数の調停に携わった経験から「調停の本質」についての私見を，本文における法解説をする前に5点にわたってのべている[46]。

それは紛争解決手段としての調停の意義である。(1)「調停当面の目的は争議の解決にある」。調停は裁判とは異なり，いくら立派な調停案を示しても，仲裁とは異なり，紛争当事者双方が受諾しなければ，調停は成立しない。そこで「調停で最も大事なことは，当事者を納得させることである。この点に重きを置いて考えれば調停の常道は自ら見出される」（同前2-3頁）。(2)「しかしながら，調停は決して単なる妥協ではない。……調停者としては唯当面の事件を片付けさえすればいいとゆう^{（ママ）}のではなく，他にこれと同様の事件が起つたと仮定しながら，それに当てはめても間違いないと考えられるような規準を頭の中に書きながら，その適用として調停案をたてねばならない。……かくする事によつてのみ調停案が『公正』の故を以て自ら当事者双方を納得せしめることが出来，調停の権威も自ら生まれて来るのである」（同前3頁）。つぎに調停者と心構えである。すなわち(3)「調停者が調停案を立てる場合にも，唯その場限り事を丸く治めればいいとゆうような考でなく，必ず頭の中に一定の規準を立てねばならない」。しかし調停は裁判とは異なり，法規を中心に判断規準を設定することができない。そこで「当該争議の実情を精査すると同時に，四囲の諸事情を考え合わせて見れば，そこに自ら拠るべき筋道は見出せるのであつて，その筋道こそここにゆう規準なのである」（同前4-5頁）。それゆえに(4)「調停者として最も大切な心掛け」は，次の2点となる。①「当事者双方の主張をよく聴くこと」。すなわち「一方に於て高い理想を抱き，固い信念をもつていながら，しかも偏見を捨て一切の我執を離れて先ず率直に当事者のゆうことを聴き且理解することが調停者にとつて何よりも大切なのである。これによつて初めて当事者の争点を明かにし，争議の実情を明かにすることが出来るからである」。②「調停者は，賃銀^{（ママ）}統計，生計費調査その他調停の基礎たるべき資料を豊富に且精確に用意して，調停内容に極力客観性を与えることに努力をせねばならない。調停に関する先例を蒐集し研究することも自らの調停を公正ならしめるにつき是非共為されて欲しい大切なことである」（同前5-6頁）。そして最後に当事者について，つぎのように提言している。(5)「無暗に声を大にして自己の主張を突張るだけが能ではない。最も大切なことは自己の主張を立証するに足るだけの資料を十分に整備し提出することである。理屈で相手を

---

(46) 戦後初期の労働委員会が現実の労使関係のなかで果たした役割と機能については，手塚・前掲「旧労働組合法の形成と展開」（本章注(3)）266-303頁を参照。

説破したり調停者を説得しようとするよりは，自己の主張の正しさを事実によって立証し，これによって自ら調停者が納得するように仕向けることが，当事者としてとるべき常道である」（同前 7 頁）[47]。

---

(47) 末弘の労働委員会における紛争解決のあり方については，中央労働時報 182 号（1951）5-18 頁に掲載されている「特集／末弘先生を偲ぶ」に寄稿した 15 名の追悼エッセイにより知ることができる。そのなかのいくつかを紹介する。

・島上善五郎（総評政治部長・元中労委労働者委員）「末弘先生を偲ぶ」6 頁はいう。
　「労使両方とも同じ議論を堂々巡りに繰返して一向にらちが明かず，気がいらいらすることが多いし，徹夜で議論したり折衝したりということも少くはない。／末弘先生はこんな場合でも決して短気は起さない。マドロスパイプをくわえ乍ら物静かに下向き加減に話し乍ら決してさじを投げるということはしない。夜おそくなるとポケットに忍ばせているウイスキーをそっと一杯やり乍らねばる先生には，却つて労使双方とも負けて了う場合が多かつたのである。／こんな風で争議解決には決して無理押しをしない。双方に十分言い分を言わせ議論の尽すべきは残りなく尽させると言うやり方であつた」。

・中島徹蔵（中労委中立委員）「『人間』末弘の横顔」13 頁は，つぎのようにのべている。
　「人によつては『あれは話術の名人ですよ』と語つたが，それはいささか浅はかというものである。／末弘先生は斡旋をするのに殆んど理屈を言わなかつた。いや，相手の方から理屈にからんで何うしても説得しがたい場合にのみ，最終的に，かつ例外的に理屈を語つた。そしてその理屈には権威と合理性があつたから，結局，相手は説得された訳である。先生の狙いは何処にあつたか？　争議当事者のメンタル・サイドを端的につかみとることにあつた。先生がよくサイコロヂーの問題に留意せよとさとしたのは，このことである。先ず相手に共感し，一体となり，そこからやがて相手を分析し超克し，説得した。よい意味の『勘』の問題であり，私が詩人と評した理由も，ここにある」。

・熊本虎蔵（総同盟副会長・元中労委労働者委員）「末弘先生を偲ぶ」15 頁は，つぎのようにのべている。
　「先生は，非常に困難な争議調停の場合，時々所謂『カバン戦術』──争議調整に際し，当事者がかたくな態度に業を煮やして，末弘が自らの鞄（おそらく戦前来使用してきた赤革の，末弘の躰には似つかわしくない大きな手提げのもの）に手をかけて，その場を立ち去ろうとするのを見て，慌てた労使双方が歩み寄りの姿勢をとるにいたるというもの〔引用者〕──なるものを用いて有名であつた。このことは氏が学者であると共に政治家的手腕家であつたことを物語る片鱗であると思う。／……先生は，言葉は流暢ではなかつたが，実に細微に亘つて隙がなく，諄々と説き，相手をして感服せしめ，問題解決の端緒を掴み，見事完全処理への鮮かな活躍振りであつた」。

・佐藤正義（富士製鉄常務取締役。元中労委使用者委員）「末弘先生を偲ぶ」16 頁は，つぎのようにその様子を伝えている。
　「先生はじつによく争議の急所を掴まれた。そして掴んだところを離さず，たぐりこんで労使双方が納得せざるを得ないところに引き込んで了う手際が驚くほど鮮かであつた。／これは，先生が争議の事実に良く通じておられたのによる。事務局調査や委員会での事情聴取以前に……争議の真相急所をチャンと心得ておられた。／……／こ

487

第5章　労働法学の再出発

　末弘がこのように，集団的労使紛争を解決するための「調停」のあり方について論じる背景には，戦前における小作調停法[48]——1924（大正13）年制定・1951（昭和26）年の民事調停法の制定にともない廃止——に基づく紛争調停の「経験」と，実際の適用例は少なかったかもしれないが，戦前の労働争議調停法（1926〔大15〕年制定）[49]が反映されていたのであろう。

　末弘が中立委員，会長代理または会長として在任中，調停事項として提訴をうけ，または斡旋申請されて取り扱った労働争議は「調整」事案70件，不当労働行為事案11件のほか，船員中労委会長在任中，船員争議の調整3件，別に石炭紛争処理5件，国鉄争議の仲裁2件，総計91件を数えた[50]。そして，

　れは先生のお顔の広いところからの所産で，学者は更なり新聞人さては政治家，労働者，労働運動者，経営者或は官吏，右から左へ巾広い交際の分野があつたせいでなかなか他の人の追随を許さぬところであつた。／この早耳でしかも正確な情報，これが見透しをつける妙手をうつもとであつた。／この妙手を駆使して労使双方が納得せざるを得ない解決案をつくられ，争議を治めたものであつた。／只時には納得せざるを得ないような良解決案も，一方の無理解で難航することもあつた。／かかる際に発揮せられるのが，先生の政治的手腕であつた。学者に珍らしい硬軟の使い分け，時には励声叱咤カンカンに雷を落し，相手をして座にいるに堪えないまで叱りつけられる。又或る時は温顔をニコニコされ，ついに納得させ，人を説くの巧い[ママ]ところをお示しになられた。／大きな争議には要所要所をうたねばならぬ手がある。これをぬかりなくやられた。／終戦後の一年は交通事情は悪く，自動車は進駐軍のみの頃，よく倭軀をかつて解決に奔走せられたものであつた。／先生は直情径行で，怒るべきところには間違いなく怒る方であつたが，調停者としての調停成功のためにはよく我慢を屡々せられた」。

　このような中労委の元労・使・中立委員のそれぞれが描写する末弘の調停の有り様を読むと，争議調停に際しての末弘の様子を想像できて，興味深い。

(48)　末弘には戦前，「小作争議と小作調停法」改造6巻9号（同『農村法律問題』〔改造社・1924〕収録）および『小作調停法大意』（科学思想普及会・1924）という著作がある。ただし両者は末弘自らのべている（後者「序」1-2頁のように，冒頭部分をのぞいて，両者ほぼ同一のものである（前者には，小見出しが付されている分，分り易い）。なお同法の施行状況を検討したものとして，安達三季生「小作調停法」鵜飼信成ほか〔編〕『講座日本近代法発達史——資本主義と法の発展』7（勁草書房・1959）37-86頁がある。

(49)　同法の制定および適用状況については，矢野達雄『近代日本の労働法と国家』（成文堂・1993）87頁以下を参照。

(50)　鮎沢巌「末弘先生と労働組合運動」法律時報23巻11号（1951）53頁。同前所は，このあと「けだし空前，而して恐らく絶後の記録と称して差支ないであろう」と続けている。なお井上雅雄『文化と闘争——東宝争議〈1946-1948〉』（新耀社・2007）は副題が示すように，「来なかったのは軍艦だけ」といわれた敗戦直後の時期における東宝争議を扱っているが，そこでは都労委会長として末弘が争議調整についてはたした役割についても，頻繁に言及されている。争議調整を通じて示された末弘の労使関係観や思考はそれ自体，研究課題となろうが，本稿ではそこまで検討していない。

以上のような労働三法の制定関与や中労委等の労働委員会における争議調停における活躍は，戦後末弘の "陽" の側面を示すものであった。しかし，その反面には "陰" ともいうべき事情もあわせあったことを知らなければならない。

2　末弘に対する教職追放とその評価

　末弘は先にのべたように，敗戦の翌年である 1946(昭和 21)年 4 月に東京大学に辞表を提出し，その半年後教授会の承認をへて同年 9 月 30 日付をもって退官した[51]。末弘自身はその理由を前年来「労働組合法の原案作成に関係してから此方段々に労働関係の仕事に深入りせざるを得ないこと、なり，その結果大学教授として当然為さねばならぬことを多少共満足に果たし得ない事情に立ち至つた」からであると説明していた[52]。しかしそれは現実には，いわゆる教職追放に関連したものであった[53]。

⑴ GHQ，そして日本政府による教職追放

　GHQ は日本の教育民主化を実現するための軍国主義者・超国家主義者の追放を命じ，その自発的退職または指名退職が行なわれた[54]。それは 1945 年

---

(51) 末弘に替わって東京大学で労働法を講じた (1947〔昭和 22〕年 9 月 15 日－1951〔昭和 26〕年 3 月) のは吾妻光俊であった (「名誉教授吾妻光俊先生年譜」一橋論叢 57 巻 5 号〔1967〕124 頁および野村・前掲書 160 頁)。

(52) ただし同人は，労働法に関する講義を継続することには意欲的であった。末弘「『教授』辞任の弁」帝国大学新聞 984 (1946 年 5 月 1 日) 号 (同『復刻版』17 巻〔不二出版・1985〕248 頁)。これに対し当時法学部長の職にあった我妻栄は同紙 985 (〔5 月 11 日〕号〔『復刻版』17 巻 251 頁〕) に「大学教授の進むべき途 ── 末弘教授の退職について」と題するエッセイ (のちに我妻『民法と五十年』その 2 随想拾遺上〔有斐閣・1976〕292-295 頁に収録) を寄稿し，「今日の我国における労働問題が大学教授の任務に劣らず重要性をもつものであることは，私も認める。しかし，末弘教授がその衡に当って，おそらくは他にかけがえのない第一人者であることも，確かであろう。……日本全体の立場からみて，教授の志のように大学教授の職を退いていただくこともやむを得ないであろうか」とのべていた。

(53) 六本佳平「末弘法社会学の視座 ── 戦後法社会学との対比」六本・吉田〔編〕前掲書 242 頁および七戸克彦「九州帝国大学法文学部内訌事件 ── 東京帝国大学・京都帝国大学の内紛・辞職事例との比較」法政研究 81 巻 4 号 (2015) 698 頁。

(54) 以下の記述に際し，山本礼子『占領下における教職追放 ── GHQ・SCAP 文書による研究』(明星大学出版部・1994) を主要な資料として利用した。同書はその副題に示されているように，連合国総司令部における政策実施機関であった CIE 民間情報教育局 Civil Information and Education Section に関するアメリカ公文書館 National Archives and Records Administration, NARA に所蔵されている文書類 ── そのマイクロ・フィルム化されたものは日本でも利用できる ── を検討することにより教職追放の実態を明らかにしようとした。同書では，とくに CIE 再審査記録およびそれに関わる諸記録が存在する，

第5章　労働法学の再出発

10月22日「日本教育制度ニ対スル管理政策 Administration of the Educational System of Japan」において基本方針が定められ，同月30日の「教員及教育関係者ノ調査，除外，認可ニ関スル件 Investigation, Screening, and Certification of Teachers and Educational Officials」に具体的な施策が示されていた[55]。そして，このような指示を受けて日本政府自身も翌1946(昭和21)年5月7日に「職業軍人，著名ナル軍国主義者若クハ極端ナル国家主義者」などを「教職ヲ去ラシメ爾後教職ニ就クコトヲ禁ジル」ことを目的とした勅令第263号「教職員ノ除去，就職禁止及復職等ノ件」を成立させた[56]。以後「公職に関する就職禁止，退職に関する審査」（公職追放）と並んで，各教育機関では「教員適格審査」が開始された。それは教職への就職を禁じられた公職追放者以外の全教員を対象に都道府県教育適格審査委員会による審査を義務付け，1947年〈教職員の除去，就職禁止等に関する政令〉により，不適格者の排除が実施されるにいたった（「教職員の除去，就職禁止及復職等の件の施行に関する件」閣令，文部・農林・運輸省令第1号〔昭和21・5・7〕[57]）。

　大学教員の場合は，各大学の学部に設置された「大学教員適格審査委員会」により第一次の審査がなされた。すなわち文部次官のもとに設置される教育職員適格審査委員会で審査される学長・総長をのぞき，大学教員については「学部自治」のもと，同僚が同僚を審査するという形で教員適格の審査が進められた。審査は裁判と同じく三審制がとられた[58]。しかし占領下であるがゆえであろう，第二審「中央教職員適格審査委員会」，第三審「文部大臣審査」をへて，CIE 民間情報教育局に設置された再審査委員会による当該適格の承認をへて適格か否かの最終的な判定がなされた（「教職員の適格審査をする委員会に関

　　　後述する末弘を含む大学教員に関する事例6件が紹介されている。そこでは，CIE 内部における審査内容や経緯，文部省とのやり取りおよび本人の反論などが具体的に示されており，興味深い。ただしその記述内容は，対応する日本側の資料と対照させるなどの検証作業を十分にしているようには思われず，また事実関係の取り扱いについて明確さに欠けていることに注意しなければならない。また同人には類書として『米国対日占領下における「教職追放」と教職適格審査』（学術出版会・2007）がある。しかし同書は内容的に，とくに前半部分は前掲『占領下における教職追放』と重複しているので，引用を省略する。

(55)　これら二つの GHQ の指令については，山本。同前書354-367頁に「資料」1・2として収録されている。日本自らの制度が発足する前の1年間に自ら辞職した者は11万5778名であったと，文部省は GHQ に報告した（同前書3頁）という。

(56)　同勅令についても，同前書358-359頁に「資料3」として収録されている。

(57)　これについても，同前書360-365頁「資料4」として収録されている。

(58)　杉本貴志「大学教員と『戦争責任』——慶大における教員適格審査と教職追放の概要」白井厚〔編〕『大学とアジア太平洋戦争：戦争史研究と体験の歴史化』（日本経済評論社・1996）304頁。

490

する規程」文部省訓令第5号〔昭和21・5・7〕)[59]。そこでは，その著作の内容や解釈が問題とされた（大学教員は1947年4月現在審査総数5979名，不適格146名であり，初等・中等教育機関の教員〔56万名中5000名〕にくらべて，不適格判定率は高かった)[60]。先の勅令第263号における閣令第1号には，二つの「別表」が付されていた。「別表第一」には「一，講義，講演，著述，論文等言論その他の行動によって，左の各号の一に当る者」として同「2．独裁主義又はナチ的あるひはファシスト的全体主義を鼓吹した者」……6．「右の何れにもあたらないが，軍国主義あるひは極端な国家主義を鼓吹した者，又は其の様な傾向に迎合して，教育者としての思想的節操を欠くに至った者」，二，「ナチ政権あるいはファシスト政権又はその機関の顧問，嘱託その他これと特別な関係を持ちその政策を行うことに協力した者」などといった規定があった。前者（一の6）の文言は，末弘の東京帝大法学部における同僚で，勅令263号制定時，文部省学校局長（東大教授との兼任）として，その策定に関与した田中耕太郎（1890〜1974・商法・法哲学）の提案により設けられたものであった[61]。これに対し同別表第二は「教職員不適格者として，審査委員会にかけないで，指定を受けるべき者の範囲は，次の通りである」と規定され，自動的に教職追放となったことが，別表一の場合と大きく異なっていた。1946(昭和21)年5月の勅令263号により始まった教職員資格審査は，その後数次にわたる施行規則改正をへて，1952(昭和27)年4月法律第79号により同勅令は廃止されて，その役割を終了した。またそれに先立ち不適格者5363名（審査対象全分野）のうちの84パーセントの者を追放から解除した[62]。

(2)「日本法理研究会」への関与と反論そしてその後の展開

末弘は，1946(昭和21)年9月23日に東京帝大法学部長（我妻栄）を通じて不適格との判断を通告され，同人は既述のように，教授会の承認をへて同月

---

(59) 山本・前掲『占領下における教職追放』366-370頁に「資料5」として収録されている。なお再審査を行なうべき中央教職員適格審査委員会会長は新派・教育刑主義の泰斗・牧野英一であった。彼のもとでは，軍国主義鼓吹の意図がないにもかかわらず，国策に準じなければならなかった者は責められるべきではないとして，原審不適格判定の多くを覆し適格としたことから，これに対しCIEは批判的であったようだ（山本・同前書160頁）。

(60) 杉本・前掲論文303頁注(1)。なお審査対象となった大学教員は，1952(昭和27)年の集計では約2万4572名を数えた。敗戦から教員適格審査制度が整備されるまでの，わずか1年未満のあいだに，大学教員を含む11万人を超える教員が辞職している事実にも注目すべきかもしれない（同前所）。

(61) 山本・前掲『占領下における教職追放』59-62頁および196頁。

(62) 山本・同前書307頁。

第 5 章　労働法学の再出発

30 日付けで退官した[63]。末弘はいわゆる大正デモクラシー期の「市民法学」の源流として位置づけられ[64]，滝川事件（1933〔昭和 8〕年）や天皇機関説事件（1935〔昭和 10〕年）当時，「原理日本社」（蓑田胸喜・三井甲之）等の右翼団体による批判・攻撃の主要な目標の一人となっていた[65]。何故，そのような人物が戦後「軍国主義」「極端な国家主義」に係るものとして「教職追放」の対象となったのであろうか。それは末弘が「別表二」第 5 号において，「時期を問わず……関係のあった者」は自動的に教職追放の対象となるべき軍国主義または超国家主義団体として指定された団体の一つである「日本法理研究会」の会員であるのみならず，「要職を占めた者」にあたるとされたことによる[66]。

同組織は 1940（昭和 15）年に，国家総動員法（1938〔昭和 13〕年）制定時第一次近衛内閣の司法大臣であった塩野季彦（1880 ～ 1949）が『法道一如（翻訳法律ではなく，「法と道徳の一体化」）』をかかげ，「忠君愛国の精神」への統合・一体化を実現するために設立した司法研究団体であった[67]。その綱領として，つぎの 3 点が掲げられていた（これらは，同団体から全 26 輯，特 3 冊，別 5 冊が刊行された「日本法理叢書」の各扉に記されている）。

　一．国体の本義に則り，日本法の伝統理念を探求すると共に近代法理念の醇化を図り，以て日本法理の闡明並に其の具現に寄与せんことを期す。
　二．皇国の国是を体し，国防国家体制の一環としての法律体制の確立を図り，以て大東亜法秩序の建設を推進し，延いて世界法律文化の展開に貢献せんことを

---

(63) 正しくは「文部省より教職追放の指定を受けて，内閣総理大臣辞令により東京帝国大学教授を免官」したと表現されるべきなのであろう（吉田・前掲稿・資料 1・157 頁参照）。

(64) 磯村哲『社会法学の展開と構造』（日本評論社・1975）62 頁以下を参照。

(65) 従来から，多くの者により言及されているが，竹内洋「帝大粛正運動の誕生・猛攻・蹉跌」竹内＝佐藤卓巳〔編〕『日本主義的教養の時代：大学批判の古層』〔柏書房・2006〕11-49 頁および植村和秀「天皇機関説批判の『論理』：『官僚』批判者蓑田胸喜」同前書51-89 頁を参照。

(66) これ以外に別表二第 5 号がかかげる「団体」には，つぎのようなものであった。
　　　　昭和 21 年勅令第百一号第 2 条及び第 4 条の規定による団体
　　　　原理日本社
　　　　日本学生協会
　　　　朱光会
　　　　全国大学教授聯盟
　　　　七生社

(67) 詳しくは，白羽祐三『「日本法理研究会」の分析』（中央大学出版部・1998）を参照。なお同前書 429-431 頁には，「叢書」第 1 輯から第 27 輯までの執筆者と表題が示されている。

492

第1節　戦後・末弘厳太郎における陽と陰

期す。

三．法の道義性を審にして，日本法の本領を発揚し，以て法道一如の実を挙げん
　　ことを期す。

　この綱領に端的に表われているように，「日本法理研究会」は欧米的法治主
義思想から国家主義的法律思想への転換と，「大東亜法秩序の建設」を謳った
「超国家主義的団体」であるとされた。末弘は第二部会（民事法関係）── 全部
で八つの部会からなるうちの一つ ── の責任者として，他の委員とともに日本
身分法理研究要項を作成し，また同研究会懸賞論文審査委員として500円の報
酬を受け取っていた。末弘の同団体への関与には，本書前章末でも言及したよ
うに同僚で，「日本法理研究会」にもっとも積極的に関係した小野清一郎との
交友関係があったといわれる[68]。しかし，それだけではなく，同じく本書第
4章の最後でとりあげたように，戦時中「日本法学の樹立」を希求していた末
弘にとって『現行法は翻訳法であって国民の生活や感情に則しない』『国民感
情に添うように改良したらどうか』『法と道義との一体化を企図してみたらど
うか』等の塩野の言質に興味をおぼえ，その「家団論法理」が「皇国家団論」
へと発展していったことから「日本法理研究会」への積極参加には理論的必然
性があったのではないかとも指摘されている[69]。

　末弘に対する教職追放理由については，勅令263号・1項5号施行規則「別
表第一」への該当性が「末弘の教職追放を決定的にするもの」であったとの評
価もある[70]。しかし東大法学部教員適格審査委員会（委員長：我妻栄）では，
文部省による教職追放通知の翌月，末弘が追放対象には該当しないとの判定が
なされた[71]。この点について「別表第一」の該当性については審査委員会（三
審制）の審査判定によるけれども，「別表第二」に指定された団体に関与した
者は自動的に教職追放者として扱われ，とくに制度発足当初は ── 以下に引用
する末弘も指摘していたように ── 追放該当性に関する不服申立の機会も認め
られていなかった[72]。すなわち「末弘の教職追放を決定的」にしたのは「別
表第一」ではなく，むしろ「別表第二」にあげられた『日本法理研究会』への

---

(68)　白羽・同前書153-154頁。

(69)　白羽・同前書149-154頁，279-292頁。

(70)　山本・前掲『占領下における教職追放』201頁。

(71)　1946（昭和21）年10月，東京大学法学部内に設けられた適格審査委員会で教職不適格
　　とされ「追放」対象に該当するとされたのは，神川彦松（1889～1988・国際政治学）と
　　高柳賢三（1887～1967・英米法）であった（帝国大学新聞1000〔1946・10・16〕号〔前
　　掲『復刻版』17巻293頁〕）。

493

第5章　労働法学の再出発

関与を理由とするものであった[73]。それゆえに末弘は翌月，帝国大学新聞（1000号・1946〔昭和21〕年10月16日）に「教職追放に反対する」と題する論稿[74]をもって，これに抗議した。その主張は，大きくつぎの3点からなるものであった。すなわち(1) 日本法理研究会が「超国家主義的団体」であったとしても，自らがその要職にあったかどうかは公正な審査委員により実情を具体的に審査されるべきであるにもかかわらず，「文部官僚の一方的判断に依つて決定し，その上再審査の道さへ開かれてゐないといふことは極めて不公正であつて，断じて承服し得ない」。(2) 政府が同会を「超国家主義的団体」として解散させられるべきとの判定に抗議する。「実際会員として集まつたものは種々雑多であつて，全体としては決して一定の主義主張の下に行動する同志的団体ではなかつた。会員の多くは会の綱領を知らず，唯日本独自の法律原理を求める意味から色々の傾向の人が集まつてゐたに過ぎない」。(3) 政府は自らを同会の有力者もしくは要職にあったがゆえに追放すべきだという。しかし「私は同会の設立者でもなければ，役員幹部でもない。単なる平会員に過ぎない。……入会後主として私の関係したのは，私の専門である民事法の委員会であつて，その会議には引続き出席した。そうして事実座長的の役目をつとめたけれども，それは私が学界の長老的地位にあつたからに外ならない」。以上「要するに，政府が私を教員追放令に該当するものと断定してゐるのは，極めて独断的であつて，私はその点が公正な審査委員会に依つて十分実質的に審査されるを希望するものである」──。

　このように末弘が執拗に抗議した背景には，追放問題が起きて以来，5か月のあいだ，末弘は文部省教育課に何度となく弁明の機会が与えられるよう依頼し，南原繁（1889〜1974）東京帝大総長（1945〔昭和20〕年12月−1951〔昭和26〕年12月）も田中耕太郎文相──勅令263号の公布（即日施行〔昭和21年5月7日〕）直後の同月27日に東京大学法学部教授を辞して，就任──に依頼していた。しかし何の音沙汰もなく突然に，本人自身は新聞報道で追放決定の事実（内閣総理大臣辞令による東京帝大免官）を知ったという事情があったようだ[75]。

---

(72) 七戸・前掲論文注(58)698-699頁。ただしのちに「自動追放」該当者は，特別の場合にかぎり，文部大臣に不適格指定の撤回を申請することができるように修正された（山本・前掲『占領下における教職追放』217-218頁注(72)参照）。

(73) 末弘の場合，第二部会（民事法理）部会長として，「日本身分法理研究要綱（特輯一）」（昭和16年8月27日〔白羽・前掲書257-271頁参照〕）「日本身分法要綱案（特輯六）」（昭和19年2月10日〔同前書・271-278頁参照〕）の取りまとめに携わったことが重視されたのではないかと思われる。

(74) 前掲・帝国大学新聞1000号（前掲〔復刻版〕17巻295頁）。

第1節　戦後・末弘厳太郎における陽と陰

末弘は CIE に対しても，2度にわたり声明を書いた[76]。また翌 10 月 16 日，既述のように東京大学法学部に設置された審査委員会では，教職追放対象にはあたらないとの判定がなされた。CIE に対し末弘の不適格性を論証したのは，当時文部大臣官房適格審査室主事であった相良惟一（1910 ～ 1987）[77]による論述であった。相良は，まず末弘と日本法理研究会との関係を明示するために，その設立趣意書，会員規定，研究内容および末弘の立場や役割等を詳細にのべて，末弘が「要職を占めた者」であったと論じたようだ。ついで同人は本来リベラリストであった末弘が時代に「迎合して，教育者としての思想的節操を欠くに至った」（別表一・1項5号）ことの理由として，つぎのようにのべていたという[78]。

　　末弘はもともとはリベラリストであったが，「日華事変勃発までに徐々に転向，積極的な国家主義者になった。1938〔昭和 13〕年，東京帝国大学経済学部の国家主義者が行った追放問題では，超国家主義者土方成美の背後にあって浄化運動〔「平賀粛学」にいたる学部内紛のことか〕に反対した。太平洋戦争が始まる頃には自ら結成した軍人〔or 事〕援護〔学〕会の理事長という右翼の人間になり軍にへつらうようになった」。

そして相良は戦後，末弘がオポチュニストとして，再度左へと転向したと説明していたようである[79]。

末弘の教職追放は，東京帝国大学内外で多くの反響を呼んだ。すなわち学生

---

(75) 山本・前掲『占領下における教職追放』191 頁。

(76) 山本・同前書 191-192 頁。ただし同前所によれば，末弘による抗議の 2 回目は 10 月 17 日であったが，1 回目の日付については言及していない。

(77) 相良は少年時より，田中耕太郎の教えを受け，東京帝大在学時は指導教官，そして教職追放が問題となっていた当時，田中を直属上司とする地位にあった（山本・前掲『占領下における教職追放』195 頁）。同人はその後，1952（昭和 27）年 10 月，京都大学事務局長に転出し，1954（昭和 29）年 4 月からユネスコ本部（パリ）勤務をへて 1955（昭和 30）年 8 月以降，同大学で教育行政学を講じた。同人の経歴については，高木英明「相良惟一教授の生涯と業績」日本教育行政学年報 13 号（1987）260-272 頁参照。

(78) 山本前掲『占領下における教職追放』195 頁（WNRC, GHQ/SCAP Records, CIE（B）0580, "Additional Remarks by Sagara Iichi", p. 218, note（78）〔山本訳〕）。田中が相良に直接指示したとは考えられないが，相良による対応は，あたかも田中の意を受けて，ないしこれを忖度してなされたのではないかと理解されてもしかたがないものであった。

(79) その際に相良は，末弘の「教育者としての思想的節操を欠くに至った」ことの論拠として，末弘が「日本法理探求の方法に関する一考察」との副題を付した講演録（1943〔昭和 18〕年 10 月 6 日，於・日本諸学振興会）である「法律と慣習」法律時報 15 巻 11 号（1943）2-6 頁をあげていたようである（山本・同前書・201-202 頁）。しかし同前講演録

第5章　労働法学の再出発

自治会は，法学部学生の95％が末弘の労働法講義続行を希望しているとして，これに抗議し，さらには背景に過去の東大法学部内の派閥抗争があったことなどを訴えた[80]。CIE は10月24日，南原繁総長と面談し，意見を聞いた。南

をもって，末弘を軍国主義・国家主義に「迎合した者」と非難・批判することは，牽強付会と評すべきであろう。おそらく相良は，記述内容を精査することなく，その副題のみから日本法理研究会との関係性を連想したのではなかろうか。末弘自身も同稿を戦後刊行した『続民法雑記帳』（日本評論社・1949）に副題もそのままに収録していた。また川島武宜は法律時報22巻1号（1950）で「末弘法学の理解のために」との副題を付して「新刊書評」48-50頁（のちに同著作集第1巻『法社会学』〔岩波書店・1982〕361-367頁に収録）で同書をとりあげ，同前稿について，「社会に生きている法と，その中からとり上げられ法技術的に加工された法とは，どのような関係に立つか」（同前稿49頁／364-365頁）との課題を前著『民法雑記帳』から発展させて「国家法と『生ける法』との平板的な優劣のかわりに，動的な力学的関係が呈示されている」（同前稿50頁／366頁）と論評している。また清水誠「続・市民法の目〔20〕末弘厳太郎著作集刊行の夢」法律時報73巻1号（2001）85頁も『続民法雑記帳』への収録という事実に着目して，「末弘には，『日本法理』のチョウチンをもったという意識はなかったであろう」と推測している。しかし同書が末弘の没後，1953(昭和28)年に戒能通孝（1908～1975・民法・法社会学）により『民法雑記帳』上・下と編纂しなおされて刊行される際に，上巻には主に一般理論・民法総則・物権法に関するもの，下巻には債権法・身分法に関わるテーマとして，まとめ，附録論文も，上巻は法源論，下巻にそれ以外のものを収録するとの編集方針（戒能「あとがき」360-361頁）のもと，「法律と慣習」は上巻337-353頁に収録された。再収録された同稿は，法律時報誌15巻11号（1943）2-6頁掲載のそれによっていた。ただし戒能は歴史的仮名遣いや漢字表記を平仮名のそれに改めること以外に，つぎのような変更を行なった。まず戦時期発表稿の冒頭「日本法理の探究，日本法学の樹立を目指して」が「法律と慣行の関係いかんの問題をめざして」と変更されている。本文ではとくに後半の四で，「大日本帝国」を「日本国」に，「国体日本」を削除したり「本体日本」と言い換え，さらに末尾の，つぎのような段落を削除している。

　「而して，かくして道義的にして而かも合理的なる法秩序を形成する構想こそは，今日吾々に課せられた重大任務である大東亜共栄圏の法秩序の構成を考へるに付き正しき科学的基礎をなすものであると信じてゐる。蓋し中外に施して悖らざるの理は，常に道義的なると同時に合理的でなければならないからである」。

65年前の当時としては，末弘の「立場」を慮ってなされたのかもしれない。しかし戒能の行為は，「法律と慣習」稿の発表当時の歴史的意義を損ねるものであり，すべきではなかったと考える。

(80)　帝国大学新聞は，末弘および安井郁（1907～1980・国際法）――後で言及する――の教職追放問題について1005（1946〔昭和21〕年11月20日）号（前掲『復刻版』17巻307頁），1006（同年11月27日）号（同前309頁），1007（同年12月4日）号（同前311頁），1008（同年12月11日）号（同前315頁），1009（1947〔昭和22〕年1月1日）号（同前317頁）および1014（同年2月12日）号（同前331頁）等で扱っている。この点について六本・前掲稿243頁注(29)は，末弘の教職追放問題を慎重にも「ここで取り上げる限りではない」としている。しかし本書ではあえて紹介する。大学新聞の記事中，とくに後述

第 1 節　戦後・末弘厳太郎における陽と陰

原は個人的意見として，文部省の不適格判定は厳しいと思うが，その判定を是認するとした（ただし，その理由は不明）。ESS 経済科学局 Economic and Scientific Section ── 財閥解体，労働改革，経済安定化計画（ドッジ・プラン），科学関係機関の再編等を担当 ── は CIE に対し，末弘の教育界からの追放が彼の〔労使紛争解決の調停者としての〕有効性を失墜させるものにとどまらず，労働組合法をはじめとする労働法規制定に大きな支障を生じさせ，日本国内の民主化の実現を妨げるとし，再調査を求めた。しかし CIE は，提出された証拠書類とその検討結果から，文部省は正当な立証をしたとの立場にあった[81]。

　さらに末弘には，「公職追放」対象となる可能性もあった。すなわち 1946(昭和 21)年 1 月 4 日連合最高司令官覚書「公務従事ニ適シナイ者ノ公職カラノ除去ニ関スル件」，通称「公職追放令」が示され，戦争犯罪人，職業軍人等が「公職に適さざる者」として公職に就くことが禁じられた。日本政府は右覚書を受けて同年 2 月に勅令第 109 号「就職禁止，退官退職等ニ関スル件」（昭和21 年 2 月 28 日）を公布・施行し（1947〔昭和 22〕年 1 月 4 日勅令第 1 号により全部改正），戦争犯罪人，戦争協力者，大日本武徳会，大政翼賛会，護国同志会の関係者がその職場から追われた[82]。末弘は「大日本武徳会」── 戦前日本における武道の振興・教育・顕彰を目的として 1895(明治 28)年 4 月 17 日に結成された団体で，戦時中の 1942(昭和 17)年以降，武道関係組織を統制する政府（文部省）の外郭団体であった（1946〔昭和 21〕年 11 月 9 日解散）── の役員（理事〔1944 年 6 月 1 日－46 年 3 月 31 日〕）であったことから，本来であれば自動的に追放対象となるべきであった。しかし 1947(昭和 22)年 9 月 12 日，末弘は非該当と判定された[83]。ESS は末弘の教職追放の波紋が公職追放に及ぶこと

するそれと重複しないのは，末弘が法学部長（1942〔昭和 17〕年 3 月－1945〔昭和 20〕年 3 月）のときの法理学担当教員をめぐる人事のことである。すなわち末弘らが，同科目に関する専任者がいないのは学問発展のために望ましくないとして尾高朝雄（1899 ～ 1956・京城帝大教授〔当時〕）を招聘しようとしたのに対し，田中側が田中自らを，ついで野田良之（1912 ～ 1985・東京帝大助教授〔当時〕）を推し，最終的には教授会多数の意思により尾高が採用されることになったというものである。なお山本・前掲『占領下における教職追放』196-197 頁によれば，1946(昭和 21)年 11 月 18 日と 22 日の両日，CIE を訪れた学生代表により，同旨の主張（「教職員適格審査の実情検討に関する嘆願書」）がなされた。

(81) 山本・同前書 198-199 頁。

(82) 公職追放については，増田弘『公職追放論』（岩波書店・1998）を参照。

(83) 坂上康博「武徳会パージの審査実態：審査結果の全体像と本部役員のパージを中心に」一橋大学スポーツ研究 30 号（2011）3-14 頁，とくに 7-8 頁。末弘は旧制一高で水泳部・端艇部のほかに撃剣（剣道）部にも参加し（七戸克彦「末弘厳太郎の青春 ── 新渡戸稲造一高校長排斥事件の扇動者」法政研究 82 巻 2 ＝ 3 号〔2015〕399 頁以下を参照），大学で

497

第 5 章　労働法学の再出発

を懸念したのであろう。しかし審査委員会は投票をすることなく，総司令部の
GS 民生局 Government Section に付託され，GS はただちに末弘を適格とし
た(84)。これはいうまでもなく，同じく末弘が労働関係立法の制定や各種労働
委員会（会長ないし副会長）として，労使紛争の調停や解決に重要な役割をは
たしていることへの政治的な配慮および判断によるものであったと思われる。
1948(昭和23)年 6 月ころには，末弘の教職追放解除の運動がもちあがり，東京
都地方労働委員会，日本経営者団体連盟，日本経済団体総同盟，産別会議（全
日本産業別労働組合会議）等の労使団体や個人からの要請が文部大臣に対し陳
情された(85)。また末弘自身も，執拗に適格判定を行なうように求めた。しか
しながら末弘に対する教職追放が解除されたのは，その死の前日である 1951
(昭和26)年 9 月 10 日であった。

(3) 末弘教職追放に関する理解と評価

　以上のような経過をたどった末弘に対する教職追放問題をどのように理解し，
また評価すべきなのであろうか。末弘の戦時中の言動を考慮すれば，「戦後末
弘が教職追放の指定を受けたことはなんら不思議なことではないと感じられ
る」との評価(86)もある。また末弘は「日本法理研究会」への関与をはじめ，
戦時期の自らの言動，法理的営為について，何らかの形で発言すべきではな
かったか(87)と考えることもできよう。

（ア）戦前・戦時期における東京帝大法学部教授会内における派閥対立

　末弘が「教職追放」に該当するかどうかの判定が，学部内に設けられた資格
審査委員会では非該当という判断がなされ，末弘が追放されたのが「日本法理
研究会」への参加という形式的理由に基づき，かつ弁明の機会も与えられるこ
とのないなかで実現したという事実は，重要であろう。

　当時から，末弘の教職追放には，戦時期以降の，東京帝大法学部教授会内部

も撃剣部に所属していたことを考慮すれば，大日本武徳会の理事となっていたのは，自然
なことであろう。大日本武徳会と占領政策の関係については，山本礼子『米国対日占領政
策と武道教育 ── 大日本武徳会の興亡』（日本図書センター・2003）を参照。

(84)　山本・前掲『占領下における教職追放』199 頁。当時，末弘の武徳会との関係での公
職追放可能性については，社会的な話題になっていたようだ（たとえば江渕駿太郎「人の
横顔／中労委会長・末弘厳太郎」労働評論 3 巻 1 号〔1948〕35 頁を参照）。

(85)　山本・同前所。

(86)　馬場健一「『科学的』調査と研究者の政治責任 ── 華北農村慣行調査とその評価をめ
ぐって」法社会学 57 号（2002）188 頁注(6)。

(87)　吉田・前掲論文153 頁および石田眞「末弘法学の軌跡」六本・吉田〔編〕前掲書161-
162 頁。

第1節　戦後・末弘厳太郎における陽と陰

における派閥対立や確執が背景としてあったといわれていた。まず経済学部における内紛と平賀粛学に際しての田中耕太郎・法学部長（当時）の対応である。すなわち，1939（昭和14）年1月，経済学部における内紛について，双方の中心人物であった河合栄治郎（1891〜1944・経済学史）と土方成美（1890〜1975・理論経済学）の休職処分を，舞出長五郎（1891〜1964）経済学部長と田中法学部長の2人が前年12月20日に就任したばかりの平賀 譲 総長（1878〜1943・前工学部長・海軍中将）(88)にはたらきかけ，経済学部はすでに自治能力を欠いているとして河合を「学説表現の欠格」との理由により，一方土方については大学の「綱紀の紊乱」を根拠にして喧嘩両成敗という形で，休職処分とした（その後，同処分に抗議して経済学部では，両派併せて13名が大学を去った）。これに対し末弘や南原繁などが経済学部の学部自治・教授会自治を侵害するものとして，翌2月に，法学部教授会では平賀粛学を遺憾とする旨の決議がなされ，田中はその責任が問われる形で学部長を辞任した(89)。つぎに関連すると思われるのが安井 郁 助教授――戦後は，原水爆禁止運動に積極的に従事したが，当時は「大東亜国際法」をかかげ，学部内において時流迎合的であると評されていた――に対する教授昇格問題である。横田喜三郎（1896〜1993・国際法）が，同じく立作太郎（1874〜1943）門下の安井の昇格人事を教授会に提案しないことに対し，田中のあとを承けて再び学部長となった末弘が1943（昭和18）年9月，安井の教授昇格を教授会に諮り，3分の2以上の賛成で可決された。これに対し，安井昇格に反対していた横田と田中がこれに抗議して，従来の公

---

(88) 前年（1938〔昭和13〕年）5月に，第一次近衛内閣の文部大臣に就任した陸軍皇道派の荒木貞夫による大学改革＝自治への干渉への対応に心労を重ねた長与又郎（1878〜1941）前総長が，同年10月に一応の解決を見たとして翌11月8日に依願免本官となったことから，紆余曲折の結果，平賀が出身学部の工学部ではなく，田中を中心とした法学部教授会グループの支援により就任した（東京大学百年史編集委員会『東京大学百年史』通史二〔東京大学出版会・1985〕887-889頁）。また同人の評伝である内藤初穂『軍艦総長平賀譲』（中公文庫・1999〔原著は，1987〕）では，とくに第二部「嵐に立つ東京帝国大学総長」269頁以下を参照。

(89) この間の経緯および「平賀粛学」については，同前『東京大学百年史』通史二 892-898頁のほか，竹内洋『大学という病：東大紛擾と教授群像』（中公叢書・2001）129頁以下，とくに161頁以下が詳しい。また七戸・前掲「内訌事件」696-698頁も併せて参照。さらに丸山眞男・福田歓一〔編〕『聞き書き・南原繁回顧録』（東京大学出版会・1989）198-214頁における南原の述懐を参照。ただし田中側（鈴木竹雄〔1905〜1995〕）からみれば，それは田中が「まさに四面楚歌のなかでいじめられているような感じで痛憤に堪えなかった」と回想している（同『幾山河：商法学者の思い出』〔有斐閣・1993〕187頁）。田中自身による回顧として，柳沢健／田中耕太郎述『生きて来た道』（世界の日本社・1950〔復刻版〕大空社・1997）93-116頁がある。

499

第5章　労働法学の再出発

言通りに辞表を提出した。その後，丸山眞男（1914～1996・日本政治思想史）ら複数の助教授らの留任勧告をうけて辞意は撤回された。しかし末弘学部長は一旦提出された辞表を返還する必要はないとして，二人に辞表をなかなか返さないという，いやがらせ的な対応をした(90)。こうして戦後，末弘の教職追放の背景には，戦時中の田中らとの対立・軋轢があり，戦後の末弘教職追放は，田中側からの報復であったのではないかと当時からいわれた(91)。はたしてこれは，まったくの謂われなきことであろうか(92)。

----

(90) これについても，七戸・同前論文 693-696 頁を参照。やはり，より詳しくは，丸山・福田〔編〕同前書 215-225 頁における南原の回顧談を参照。また横田喜三郎サイドから眺めた「平賀粛学」「安井昇格」問題については，竹中佳彦『日本政治史の中の知識人：自由主義と社会主義の交錯』（上）（木鐸社・1995）278-284 頁を参照。なお鈴木・同前書 186-188 頁によれば，反対票は，田中・横田以外には，江川英文（1898～1966・国際私法），田中二郎（1906～1982・行政法），石井良助（1907～1993・日本法制史）および鈴木を合わせても，わずか6票であった。思うに，当時の利害関係者にとっては，深刻かつ重大な問題であったのかもしれない。しかし後代の一部外者からみれば，「どっちもどっち」とも表現すべき，あまりも大人げない，感情的な対応であったようにも思える。

(91) 戦後，安井は最終的に教職追放に該当するとされ，東京大学を退官した。しかし，そこにいたる経緯は，やはり紆余曲折をたどった。すなわち東京帝大法学部適格審査委員会が 1946(昭和 21)年 11 月 24 日，適格としたのに対し，これを不当として文部次官・山崎匡輔（1888～1963）が中央教職適格審査委員会に再審査を請求した。しかし翌 47(昭和 22)年 1 月 22 日，中央教職適格審査委員会はやはり適格と判断した。そこで CIE の指導により同年 2 月 26 日，改組のうえ再発足した —— その理由の一つである秘密漏えいは東大側ではなく，時事通信社記者が相良・適格審査室主事から情報をえて報道したことに起因した（後掲『有光次郎日記』968 頁）—— 中央教職適格審査委員会により，同年 4 月 17 日に不適格とされたことから，安井は文部大臣（森戸辰男〔1947(昭和 22)年 6 月 1 日－1948(昭和 23)年 10 月 15 日〕）—— 戦前 1920(大正 9)年，東京帝大法学部から独立して間もない経済学部の助教授であったとき，筆禍事件（森戸事件）に遭遇 —— に特別審査を請求したところ，原判定を覆して教職適格とした（同人は，安井を追放に値するかどうか「限界領域の事案」と捉えていたが，最終的には「思想的節操を欠くとは考えることはできない」とした）。安井の場合，末弘とは異なり「別表第一」の該当性の有無が争点であった。審査対象となった著述はカール・シュミットの理論を紹介し，東亜広域国際法を提唱した『欧州広域国際法の基礎理論』（有斐閣・1942）および「大東亜戦争と支那事変」国際法外交雑誌 40 巻 8 号（1942），「若い日本の一つの動き」日本評論 13 巻 9 号（1938）等の論稿であった。大東亜国際法については，明石欽司「『大東亜国際法』理論 —— 日本における近代国際法受容の帰結」法学研究〔慶應義塾大学〕82 巻 1 号（2009）261-292 頁を参照。そこで CIE はこれを最終決定とせずに，自ら，問題となった安井の著書等や主張を検討したり，信夫淳平（1871～1962・国際法）や宮本和吉（1883～1972・哲学）に「参考のために求めた個人的意見」を聴取したあと，戦前来の東大法学部内の派閥対立に関する情報は入手していたようだが，あくまでもその学問的意味を検討した結果，1948(昭和 23)年 2 月，最終的に不適格と判断し，これを受けて翌月 8 日文部大臣は教職追放

第 1 節　戦後・末弘厳太郎における陽と陰

の最終判断を示した（以上の記述は，山本・前掲『占領下における教職追放』181-188 頁
および七戸・前掲「内訌事件」699-702 頁によるが，両者のあいだで日付等につき，不一
致の箇所があった）。山本・同前書 188 頁は，大学教員の資格審査については，中央教育
資格審査委員会の委員が被審査教員と人的な関係をもつことも多いことから，安井の事案
は，CIE 再審査委員会が審査の公正性を実現させる役割をはたした例であったと肯定的に
評価している。しかしこのような結論に対し，安井本人は「学問と良心の自由（東京大学
への惜別の辞）」東京大学新聞 1948 年 4 月（「道」刊行委員会〔編〕『道 —— 安井郁　生の
軌跡』〔法政大学出版局・1983〕44-47 頁）において「東亜解放の理念を学問的に樹立し
ようと試みた。……所期の成果を収めえ」なかったけれども，「その行動を侵略戦争への
協力と同視し，それに軍国主義または極端な国家主義の烙印を捺すことは，まさに良心の
自由を踏みにじるものと私は主張してきた」と，その無念を表明していた（ただし帝国大
学新聞 1009〔1946〈昭和 21〉年 12 月 11 日〕号『〔復刻版〕17 巻 317 頁〕には，安井の「学
問の本質：適格審査の厳密と公正を」との見解が掲載されている。しかし 1948〔昭和 23〕
年 4 月刊行の同紙に，安井「学問と良心の自由」なる稿のみならず，同人に関する記事・
論説を見出すことはできなかった）。
　　戦争末期（1945〔昭和 20〕年 4 月以降〔福島・後掲書 222-223 頁〕），縁故を求めて外務
省調査局に嘱託勤務していた福島新吾（1921 ～ 2013・政治学）—— 東大社研（社会科学
研究所）の最初期に採用試験を受けて助手として採用され，7 年間勤務した（同「社会科
学としての政治研究 —— 1947 ～ 54」専修大学社会科学研究所月報 486 号〔2003〕1-23 頁
参照）—— は，東京帝大在学時に演習指導を受けていた安井について，戦時期当初は大東
亜共栄圏に協力する態度が濃厚であったが，学徒出陣の頃（1943〔昭和 18〕年秋）にはす
でに敗戦の見通しからマックス・ウェーバー研究に逃避していたとし，つぎのような人物
評を行なっている（同「体験戦後史 —— 1945 ～ 47」専修大学社会科学研究所月報 478 号
〔2003〕8 頁）。

　　　安井については「巷間オポチュニストの典型とそしられている。たしかに直接接した
　　　私の感覚でもキザなところが多くて，心から好きになれなかったが，この人は大変頭
　　　が切れるスタイリストで，事態の推移の展望と反応が早すぎるが，悪意の人ではな
　　　かったと信じている」。

　　なおクラシック音楽好きの丸山の安井評も，同人の自宅に呼ばれてクラシック・レコー
ドを聴かせてもらうという恩恵をうけたが，「なにしろキザなので閉口しました」（松沢・
植手〔編〕後掲書 131 頁）というもので，肯定的な感想はのべられていない。なお丸山は
戦時期の法学部教授会について頻繁に言及しながらも，敗戦直後の教職追放については，
安井の例をのぞいて語ることはほとんどなかった。
　　さらに蛇足であるが，山崎も田中と同様に，東京帝大工学部教授兼任で，1945（昭和
20）年 9 月，文部省科学教育局長に就き，翌 46（昭和 21）年 1 月から 47（昭和 22）年 2 月ま
で文部次官の職にあったが，田中文相更迭にともない，辞表を提出した。退官後は複数の
私立大学の学長等を務めた（八十島義之助「故名誉員　山崎匡輔氏をしのぶ」土木学会誌
48 巻 10 号〔1963〕68 頁）。
(92)　田中耕太郎が文部省の局長になったのは，安井の教職追放問題があったのではないか
　　と丸山が訊ねたのに対し，南原繁はつぎのようにのべて，それを否定した（丸山・福田
　　〔編〕前掲書 357-358 頁）。

　　　「田中君が大学を刷新・粛正するという抱負をもって文部省へ入ったという説でしょ

501

第 5 章　労働法学の再出発

当時すでに 50 代半ばを過ぎていた末弘に対し，片やいまだ 30 歳前後の若き同僚であった丸山は，戦時中，一般社会から隔離された「別世界のようにリベラル」な雰囲気のもとにあった『東大法学部研究室』のなかで「いわゆる『抵抗』の主流が田中〔耕太郎〕―我妻〔栄〕―横田〔喜三郎〕ライン」であったのに対し，末弘は「傍系」に位置していたとのべ，また「末弘法学は微妙なところでファシズムに連なっていた」とし，「漸くしのび寄る天皇機関説問題以下の反動的動向にたいする〔末弘の〕妥協的，日和見的態度への不満」を抱いていたと述懐していた[93]。このような丸山の発言が今日まで続く，戦時中の末弘像を形成するのにはたした効果ないし影響力は多大なものであったように思われる[94]。しかしながらその「立場」が違えば，末弘に対する，自ずと別の，

　　　うが，私はそれはとらない。なぜかというと，田中君は何よりも大学の自治，教授会の自治を尊重された人ですから，その人が，文部省の名において大学の人事に介入するということはありえないことだと思う」。
　　　しかし田中の「平賀粛学」以来の "目的はあらゆる手段を正当化する" といわんがごとき対応をみたとき，はたして田中が大学ないし教授会の自治を尊重していたといえるのであろうか。また最近，砂川事件（最大判昭和 34 年 12 月 16 日刑集 13 巻 13 号 3225 頁）について，機密指定解除となったアメリカ公文書により，当時最高裁裁官であった田中が自ら当時の駐日アメリカ大使に，原判決破棄を示唆したり，上告審の日程や結論の方針（全員一致）などを伝えていたのではないかとの議論がなされている（布川玲子・新原昭治〔編著〕『砂川事件と田中最高裁長官：米解禁文書が明らかにした日本の司法』〔日本評論社・2013〕および吉田敏浩・新原昭治・末浪靖司『検証・法治国家崩壊：砂川裁判と日米密約交渉』〔創元社・2014〕参照）。このようなことからも，末弘や安井の教職追放が田中の報復的対応ではないかとの新聞報道や疑念がまったくの絵空事として，容易には否定されないことに問題の根深さがあるように思われる。
(93)　丸山眞男『自己内対話：3 冊のノートから』（みすず書房・1998）177 頁および 179 頁。これは医学部におけるインターン問題に関する学生不当処分に端を発した東大紛争が急速に全学規模に拡大するなか，丸山が「戦後民主主義」の象徴的人物として，いわゆる全共闘系学生集団から厳しく糾弾され，体調を崩し病院に入院せざるを得なくなった 1969（昭和 44）年春の頃，自らおかれた状況を，戦時期のそれと対比しながら回顧するなかで，書かれたメモ的記述（生前は未発表）である。
(94)　吉田・前掲論文（本章注(2)）141 頁参照。「雑報／北海道大学法学部記事／平成四年一二月一一日（金）午後三時より／松沢弘陽報告『大正デモクラシーから国家総動員へ―― 東京帝国大学の法学・政治学瞥見』」北大法学論集 44 巻 1 号（1993）165-168，166 頁 ―― 私は，六本・前掲論文（六本・吉田［編］前掲書所収）239-240 頁注(20)により，このような記事の存在を教えられた ―― は，戦時中，京都帝大法学部および東京帝大経済学部が「学問的壊滅状態」に陥ったのに対し，東大法学部はそのような事態を回避したが，それは学部「主流」派である中田薫（1877 〜 1967・日本法制史），田中耕太郎および我妻栄に，「リベラル派」の横田喜三郎・宮沢俊義（1899 〜 1976・憲法）が行動を共にし，『時局派』である末弘厳太郎・小野清一郎・安井郁・蝋山政道（1895 〜 1980・政治学・行

502

第1節　戦後・末弘厳太郎における陽と陰

異なる見方・評価もありえよう。たとえば末弘を「恩師〔川島武宜〕の，また
その恩師」とする渡辺洋三（1921 ～ 2006・民法・法社会学）は戦時中の末弘を
「国防色の服（カーキ色の服）を着てゲートルを巻いて，ノンポリの学生からミ
リタリズム〔の具現者〕のようにもみられていた。……しかし，それは本当に
軍国主義に転心したわけではなく，一種のパフォーマンスのようにしかみえな
かった」とのべている[95]。また敗戦の翌年（1946〔昭和21〕年）3月6日，日本
政府が今日「マッカーサー草案」といわれる憲法改正草案要綱を発表した日，
末弘の労働法講義 ── 結果的に，末弘が東大で行なう最後の講義となった際の
ものであろう ── を受講した，既出の福島新吾は，その日の末弘の様子と戦時
期の振る舞いを回顧して，つぎのようにのべていた[96]。

　　末弘はナポレオン占領下のベルリンにおいて『ドイツ国民に告ぐ』として，
　祖国滅亡の危機を訴えたフィヒテなどを例にあげ，「一語，一語を占領軍
　批判の色を公然と出さないように慎重に〔言葉を〕選びながら，悲痛な面
　持ちで深刻な危機を学生に訴えた。講和後に『押しつけ憲法論』を叫ぶ保
　守派は多いが，この時期に彼らは一言も発していなかった。東大でも末弘
　さんのほかに公然と新憲法案を批判した意見を聞いたことは一度もなかっ

政学〔公職追放〕）・矢部貞治（1902 ～ 1967・政治学〔1945年12月依願免官〕）が学部運
営に「大きな影響力を持てなかった」からであるとしている。しかし滝川事件に際し，京
都帝大法学部教授会に呼応しようとした，若手教授・助教授らの動きを抑えた東京帝大法
学部教授会の守旧的対応（丸山・福田〔編〕前掲書165-169頁を参照）を考慮すれば，そ
れは，いわば結果論ではなかろうか（竹中・前掲書〔上〕151-155頁によれば，東大では，
滝川事件を「学問の自由」への侵害と捉える「空気が薄かった」。そのようななか，もっ
とも積極的な態度を表明したのは，横田喜三郎と美濃部達吉であったという。なお末弘も，
京大法学部を支持していた）。松沢がこのようにのべた論拠は示されていないが，おそら
くそれは丸山の発言に依拠しているものと思われる。すなわち丸山は戦時中の東京帝大法
学部の様子について，その没後に刊行された松沢弘陽・植手通有〔編〕『丸山眞男回顧談』
上（岩波書店・2006）のなかで，複数箇所で言及している。
(95) 渡辺洋三『社会と法の戦後史』（青木書店・2001）37頁。なお本文で引用を省略した
　箇所で，渡辺は末弘が「昼休みには体操することを学生にすすめていた」とのべている。
　これは，戦時中，末弘が文部省による国民の体位向上に関与し，兵役や納税と並んで「体
　育義務の自覚と実行こそ臣道実践の第一歩」であると提唱していた（末弘＊『新体制と体
　育運動』〔大政翼賛会・1940〕）ことに関連するものと思われる（この点については，佐々
　木浩雄『体操の日本近代：戦時期の集団体操と〈身体の国民化〉』〔青弓社・2016〕を参照）。
(96) 福島・前掲「体験戦後史」30-31頁。なお同人は1943（昭和18）年12月陸軍学徒兵と
　して入営した（甲府市に移駐して間もない，近衛歩兵第四聯隊〔通称東部63部隊〕）が，
　翌年2月肺結核の診断を受けて甲府陸軍病院に入院し，同年12月退院・召集解除となっ
　た（詳しくは，同『「学徒出陣」落第記』〔オリジン出版センター・1993〕参照）。

503

第5章　労働法学の再出発

た。／……〔末弘は戦時中〕私達の軍事教練の野外演習にも，国民服，戦
闘帽姿で出席して訓示を行い，学徒出陣の壮行会の時には「『行ってまい
ります』は生還を前提とした言葉だ。帰ることを考えずに『行きます』と
いえ。」といわれて気が〔ひき〕締まったことを覚えている。そんなわけ
で学生の眼にはかなり戦争協力的に見え，一部学生は批判的であったが，
私は好感を覚え，〔近衛文麿のブレーンで，大政翼賛運動に関与した〕矢部
〔貞治〈1902 ～ 1967・1945〈昭和 20〉年 12 月依願免官〕さんのように軍部に迎
合した人とは立場が違うと感じられた。……世間のとかくの風評にもかか
わらず，その生き方やこの〔憲法改正要綱政府発表〕時の訴えに私は深く
感銘した」[97]。

　このような福島の戦時期の末弘の様子を伝える回顧談は，渡辺のそれと類似
する一方，丸山のそれとも重なるところがある。これらの文章からは，当時の
東京帝大学内における末弘の座作進退が自ずと示されていると思われる。しか
し，その受け止め方は大きく二分されている。それは自ずと，末弘に対する共
感の有無ないし好悪の感情により異ならざるをえないものと考えられる。

（イ）もう一人の「日本法理研究会」会員と教職追放問題——高柳賢三の場合
　末弘の教職追放は先述したように，「日本法理研究会」で「要職を占める者」
であったことを理由とするものだった[98]。東京帝大法学部には，同研究会へ
の関与を背景とした教職追放該当性が問題となった人物として，末弘および小
野清一郎——公職追放となり，併せ当然に教職不適格者となった——のほかに，
実はもう一人いた。それは，末弘に，その戦前のアメリカ留学に際して英米法
の基礎知識と便宜を提供し，またエールリッヒとの面談の機縁をも作った高柳
賢三（1887 ～ 1967・英米法）である[99]。同人の場合，末弘や安井郁とは異なり，
法学部における審査委員会で，既述のように教職不適格とされた。すなわち同

─────────────

(97) 末弘は新憲法草案のいかなる点を憂慮していたのか，同時期に公表された論稿（「新憲
　　法と基本権」法律新報 728〔1946・4 = 5〕号 5-6 頁）で，末弘は新憲法による基本権規
　　定は 18，9 世紀的なもので個人主義的であり，「社会全体の福祉に計画的保障を与へ得べ
　　き諸政策の実現に基盤を用意し得る民主政治」こそ当時必要とされるものだと論じていた。
(98) 白羽・前掲『「日本法理研究会」の分析』279 頁以下，とくに 285-292 頁は，既述のよ
　　うに，末弘の「日本法理研究会」への参加には，末弘の「家」とは区別された家族構成体
　　である「家団」に取引当事者としての地位を承認しようとした主張（「民法雑考第三　私
　　法関係の当事者としての家団」（上）（下）法学協会雑誌 47 巻 4 号，12 号（1929）に，戦
　　時期の「『皇国家団』（皇国有機体論）へとつながる論理必然性があったのではないかと指
　　摘している。
(99) 白羽・同前書 143-149 頁，191 頁，202 頁，204 頁，433-453 頁。

504

第1節　戦後・末弘厳太郎における陽と陰

人は，次のような別表第一の一号の1に掲げられた者に該当するとされた。

　「侵略主義あるひは好戦的国家主義を鼓吹し，又はその宣伝に積極的に協
　　力した者及び学説を以て大亜細亜政策，東亜新秩序その他これに類似した
　　政策や，満州事変，支那事変又は今次の戦争に，理念的基礎を与へた者」

　高柳に対する不適格理由は，戦時中に同人の東京帝大在学時の同級生である
重光葵（1887～1957）外相──高柳は戦後，極東軍事裁判（東京裁判：1946〔昭
和21〕年5月－48〔昭和23〕年11月）に際しては，弁護人となる(100)──の要請
により，日本の外交政策を海外に布達するために外務省内に設けられた委員会
で指導的な役割をはたし，日本の大陸政策を正当化しようとしたということで
あった(101)。すなわち，戦争末期の1944(昭和19)年2月以降45(昭和20)年9
月にかけて「ニッポンタイムズ（旧ジャパンタイムズ）」紙上に対外宣伝記事を
掲載（「ジャポニカス工作」）したのに際し，その中心的な役割をはたした(102)。
法学部教授会が設けた適格審査委員会による不適格決定に対し高柳は同月23
日，中央教職適格審査委員会に再審査するように求め，翌1947(昭和22)年4月，
中央審査委員会では原審査結果を覆して適格と判断された。しかしながらCIE
再審査委員会はこのような判断を適切なものとは理解しなかったようだ(103)。
中央教職員適格審査委員会が適格と判断したとしても，既述のようにCIE再
審査委員会で承認されなければ，実質的な適格とはならなかった。高柳はこれ
を知っていたのか，頻繁に文部省を訪れたり，CIEに接触を試みたようであ
る(104)。その後結局は1948(昭和23)年9月13日，CIE局長D・R・ニュージェ
ント Nugent（海兵隊）中佐が適格との最終決定をした。ただしその理由が示
されることはなかった(105)。すなわち同人の場合，教職適格との最終決定にい

---

(100) 裁判終了後，高柳は『極東裁判と国際法：極東国際軍事裁判における弁論』（有斐閣・
　　1948）という著書を公刊している。
(101) 「本学適格審査一部終る／追放該当に高柳，神川(法)教授」帝国大学新聞1000（1946
　　年10月16日）号（『復刻版』18巻293頁）。
(102) 山本・前掲『占領下における教職追放』157-161頁。「ジャポニカス」工作の全体像
　　については，武田知己「外務省と知識人　1944-1945（1）──『ジャポニカス』工作と
　　『三年会』」東洋研究（大東文化大学）181号（2011）1-24頁を参照。
(103) CIE再審査委員会は，高柳の適格との判断には概して否定的であった。その過程で，
　　高柳が戦争末期の1944(昭和19)年1月に法律時報誌16巻1号に発表した「大東亜協同宣
　　言と南方の法制」が取り上げられ，同稿により高柳は「真理を探究する学究の徒から宣伝
　　屋に変身した」とまで酷評されていたという。
(104) 高柳に関するCIEの対応の詳細は，山本・前掲『占領下における教職追放』160-167
　　頁に紹介されている。

505

第5章　労働法学の再出発

たるまでに「2年にわたる紆余曲折のある議論」がなされたことがうかがえ
る(106)。ただし本書がより重視したいのは，高柳が「学説を以て大亜細亜政策，
東亜新秩序」等の政策や十五年戦争に「理念的基礎を与へた」かどうかの評価
ではない(107)。同人もまた事実として，小野清一郎や末弘と同じく日本法理研
究会設立当時，その第四部会（大東亜法関係）の中心人物であった(108)。同人
は戦争遂行に関し，積極的な発言を繰り返していた(109)。しかし末弘の場合と
は異なり，なぜ文部省は高柳について自動的に教職追放対象となるべき「日本
法理研究会」への関与を問題視せずに，むしろ反対に同人を当初から適格者と
して遇したのであろうか(110)。この点について末弘の場合とくらべて，文部省

(105) セオドア・コーエン／大前正臣〔訳〕『日本占領革命：GHQ からの証言』上（TBS
　　ブリタニカ・1983）160 頁は，前任者であるK・R・ダイク大佐が思想統制の解除，教科
　　書の改訂，国家と神道の分離，新聞・ラジオの奨励と指導など日本の戦後民主化の成果を
　　上げたのに対し，その後任のニュージェントは「格式ばった想像力のない行政官で，CIE
　　の勢いは消え失せてしまった」と評している。このことを高柳自身は，戦時中外務省にお
　　ける自らの行動は軍部謳歌・戦争謳歌を一切せず，平和工作であり，「戦後外務省の仕事
　　のゆえに一時パージとなつたが，右の事情が〔総〕司令部に分つたので解除になつた」と
　　説明していた（高柳賢三・きく人／伊藤正己・田中英夫「続・高柳賢三先生に聞く —— 日
　　本における英米法研究の足跡をたどる」〔4〕書斎の窓 117 号〔1963〕4-5 頁）。
(106) 山本・前掲『占領下における教職追放』156-157 頁。なお，これに対応する CIE 再審
　　査委員会の審査記録については，同前書 378-372 頁に「資料 7」として，原文が引用され
　　ている。
(107) 白羽・前掲『「日本法理研究会」の分析』432-453 頁を参照。
(108) 白羽・同前書 173 頁。
(109) 同前書 432-442 頁を参照。
(110) 末弘を厳しく指弾した相良は，1948(昭和 23)年 7 月 16 日，山崎の後を継いだ文部次
　　官・有光次郎（1903 ～ 1995・退官後，複数の私立大学の学長・理事長等を歴任）の指示
　　をうけ，高柳の個人的窮状 —— 再審査の結果が判明しないために，職に就くことができず，
　　月額 5000 円の収入で生活せざるをえず，とくに配偶者が亡くなったために出費が増大し
　　ている —— を訴えて，早期の解決を依頼したことが CIE に記録されているという（山本・
　　前掲『占領下における教職追放』165-166 頁。ただし有光の後掲『日記』中の同日の記述
　　〔1233 頁〕には，このことへの言及はない）。当時，政治経済研究所に勤務していた向山
　　寛夫が自らの月給を 1000 円であったのべていたこと（本章・前掲注(27)参照）を考慮す
　　れば，月額 5000 円の生活費とは相当高額なものであり，高柳が生活に困窮しているとの
　　文脈と合わないように思われる。なお高柳は東京大学を 1946(昭和 21)年 11 月 5 日，休職
　　処分となり，当時は既述のように，東京裁判における重光葵の弁護人として活動していた。
　　いずれにせよ，相良の高柳に関係する対応は同一人物でありながらも，末弘に対するそれ
　　とくらべて，著しい隔たりを感じさせるものであった。なお有光については，同人の日記
　　が公刊されている（有光次郎・楠山三香男〔編〕『有光次郎日記：昭和二年〜二十三年』
　　〔第一法規・1989〕，とくに同書第六章「文部次官〔昭和二十二〜二十三年〕」947 頁以下）。
　　同前書 949 頁（解題「文部次官」）は「教職適格審査をめぐる異議の続発には，学界の反

—— 正確には，相良適格審査室主事というべきであろうか —— には政治的かつ
偏頗な対応が見られたと思わざるをえない。

（ウ）小括 —— ささやかな感想

1950（昭和25）年の日本評論25巻5号24-25頁に「日本の顔・その三／帰国
した末弘厳太郎」 —— その表紙は，愛用するマドロス・パイプを手にした末弘
の顔を大きくクローズ・アップした写真を用いたものであった —— という無署
名記事が掲載されている。同記事は，末弘について，つぎのように論評してい
た（24-25頁）[111]。

> 「……戦争が終ったとき，田中耕太郎さんは恐らく末弘さん追放をただ一
> つの目的に，文部省の専門学校局長なんていう，実につまらぬ役人になっ
> た。……たかが一局長になるために，わざわざ大学まででた〔ただし東大
> 教授と兼任であった〕ことは，感情的なうっぷんを晴らすためとしか，一
> 寸考えつかない所作事だった。末弘さんは覿面にやられた〔教職追放のこ
> とを指していると思われる〕。……／末弘さんをオポチュニストだといって
> 非難する人の間には，末弘さん以上にオポチュニストが沢山いる。末弘さ
> んはさすがに戦時中，軍事的統制立法の幇間的な解説を殆んど書いていな
> かった。末弘さんにいわせれば，あんなものは註釈するだけ馬鹿げたこと
> であり，将来のある学者が時間をさき，自分本来の勉強を忘れるに足るだ
> けの価値のないものだったのである。だからして末弘さんは，門下の人々
> を督励して，歴史や法律の古典を読ませたり，中国の農村慣行の調査など
> に従事させておったのであるが，それだけの強い確信をもちながら，学者
> としての態度をまもろうとした人は，末弘さんの現在の非難者のなかにも
> 余りいなかった」。

田中が末弘追放を「ただ一つの目的」に文部省の局長（東大教授との兼任）
となったというのは，信憑性に乏しい。しかしこの文章は，明らかに戦時期と
戦後の時代に末弘の身近にいて，その言動を見聞きすることができた者による
擁護論である[112]。1937（昭和12）年7月の盧溝橋事件による日中正規軍の偶発
的軍事衝突が拡大し，翌38（昭和13）年5月国家総動員法が施行されて以降，

目が底流にうごめいていた」とのべているが，高柳，末弘およびとくに安井問題について
は，中央教職適格審査委員会の開催や南原東大総長との訪問・面談に関連して，くりかえ
しその名が記されている。

(111) 記事の表題中「帰国した」というのは，末弘が1950（昭和25）年初め，2か月ほど（往
復の船舶滞在時間を含めれば80日間ほど）のアメリカ視察旅行から日本に「帰国した」
という趣旨である。これについては，このあと本章3で取り上げる。

第 5 章　労働法学の再出発

鮮明かつ熱烈な大政翼賛的言動を展開した法学者 —— 労働法ないし社会法に関わる者を含む —— は，多く見られた。その点では，末弘の戦時中に公刊された論稿のなかでの発言は，同記事がいうように確かに謙抑的なものであった[113]。末弘はまた親ナチス的言動や肇国の精神や忠孝の道などを声高に唱えることを軽侮していたように思われる。しかしその反面，戦時中の末弘の言動を見たとき，たとえ消極的なものであれ，時勢に抵抗する姿勢を示すことがなかったのも，確かである。むしろ末弘は戦時期，総力戦体制に寄り添う姿勢を示していた。北京の北東部にある農村の慣行調査に携わったことも，戦後これに関与した者たちの多くが自己弁明的に主張しているのとは異なり，客観的に見れば体制翼賛的・対外政策への協力的な性質を有するものであった。末弘にとって法の「科学的研究」である法社会学とは価値中立的なものとの理解をしていたけれども，既述のように，そのような態度を取ること自体政治的な価値選択に基づくものであることを知るべきであろう[114]末弘は戦時中，外国法理ないしその模倣ではなく，「法学的に洗練された日本的法理念」を確立するとともに，「日本社会の現実を法的に捕捉できる法律技術」を用意する必要を主張していた。それゆえに末弘は「日本法理研究会」にも積極的に関与したのであろう。しかしながら，それをもってただちに実質的に教職追放に値したと断言はできるだろうか[115]。末弘が在籍した東大法学部内に設けられた適格審査委員会においては，既述のように教職適格と判定されていた（教職追放に該当するとは判断されなかった）。末弘が教職追放された —— しかも（制度発足当初の）不服申立の機会も与えられない，「別表第二」第 5 号の該当者であることを理由とした

---

(112) 清水・前掲稿 81 頁は，戦前の「法学全集」の出版や創刊・編集・コラム執筆までした法律時報誌を刊行する出版社（日本評論社）が公刊していた雑誌に掲載された本稿について，内容から見て戒能通孝が下書きをし，編集者がそれに文章上の修正をしたのではないか（文体が戒能と異なるとする）と推測している。しかし末弘の晩年や没後に出版された著書・論稿の編集・訂正や解題執筆はすべて，戒能によるものであったことを考慮すれば，そのような回りくどい発想をするよりも，この無署名記事の執筆者は同人であったと理解する方がむしろ素直ではないかと思う。

(113) 戦時期の末弘の言動 —— 社会法から法社会学への関心転移とその意味することについては，拙稿「わが国労働法学の生誕 —— 戦前・戦時期の末弘厳太郎」獨協法学 96 号（2015）131-145 頁を参照。

(114) この点については，馬場・前掲論文 176-178 頁および 184-185 頁を参照。なお，この調査には田中耕太郎も，第二部（商事・金融）の主任として参加していた（六本・前掲論文 241 頁注(25)参照）。

(115) 渡辺洋三・前掲書 38 頁も，戦時中，末弘には「積極的に戦争に協力する言動は一つもなかった」とし，教職追放されたことについて東大の「学生や他の〔法学部の〕先生にとっても，それは意外であった」とのべている。

508

第1節　戦後・末弘厳太郎における陽と陰

——ことには，やはり釈然としないものを感じざるをえない（末弘をオポチュニストと非難した者のなかに，末弘以上にオポチュニストが多くいたのも，実際その通りであろう）。少なくとも，教職追放となったとの事実のみをもって，ただちに末弘を非難・批判に値するとは考えるべきではなかろう。末弘の戦時中の言動をいかに捉え，理解し，そしてこれをどのように評価すべきかという問題と，敗戦直後の教職追放事実とは明確に区別して議論されるべきであろう。

3　戦後・末弘労働法学における未完の可能性

1949（昭和24）年2月，前年11月に60歳となった末弘の「還暦祝賀記念会」が日本工業倶楽部（東京都千代田区丸の内）において，出席者500名をもって開催された[116]。このような大規模な祝宴が催されたのは，いうまでもなく敗戦後，末弘が社会のなかではたしていた役割と影響力の大きさを反映したものであろう。

同年の6月1日，敗戦直後の12月に成立した労働組合法が施行（1946〔昭和21〕年3月）後，わずか3年でアメリカ法を範型（モデル）にして全面的に改正された[117]。末弘は就任以来すでに3年を経過した船員中労委と東京都労委の会長職をそれぞれ1949（昭和24）年4月2日と，翌5月1日に退任した。しかし中労委会長には引き続きとどまり，多忙な日々を送っていたと思われる。そのようななか末弘は，改正労組法についても積極的に発言し，労働法の啓蒙活動に従事している[118]。すなわち同年末『新労働組合法の解説』（毎日新聞社・1949）を刊行した[119]。同書「序文」によれば，末弘は改正法の前後1か月のあいだ，「労

---

(116) 前掲「末弘厳太郎略年譜」495頁。蛇足ながら，同祝賀会は盛大なもので，そのアトラクションであろうか，当時すでに全国的に人気を得ていた美空ひばりによる歌謡ショーなどもあったという（末川博・我妻栄「対談／日本の法学者を語る」連載第2回・法学セミナー177号〔1970〕70-73頁）。またこれに合わせてであったと思われるが，末弘誕生60年の翌年である同年秋（奥付の日付は11月25日）には，平野義太郎・戒能通孝・川島武宜〔編〕末弘還暦記念『団結権の研究』（日本評論社）が刊行された。同書はⅠ「団結権の歴史的研究」，Ⅱ「労働争議」，Ⅲ「団体規約と労働協約」の三部からなり，20本の論稿からなるものであった。

(117) その経緯の詳細は，労働関係法令立法史研究会（座長：渡辺章）前掲『労働関係法令の立法史料研究（労働組合法関係）』83頁以下および同『労働組合法立法史料研究』解題篇84頁以下並びに日本労働法学会誌125号『労働組合法立法史の意義と課題』（2015）に収録されている諸論稿を参照。

(118) 本文で言及するもののほかに，末弘には＊「講演録／民主的な労働組合運動」講演時報593号（昭和24・7旬号）3-20頁がある。

(119) 改正労組法については，立法案作成に携わった賀来才二郎（労働省労政局長）の『改正労働組合法の詳細：労働関係調整法』（中央労働学園・1949）があった。

509

第5章　労働法学の再出発

働省及び法務府の関係者及び総司令部のウォーレン氏」とともに全国をめぐり，各地の地方労働委員会関係者と会同し，改正法の解釈に関する質疑応答に参加して，「新法の解釈上問題となるべき個所が如何に多いかを知ることができた」とのべている。そこで中労委会長として「事件の具体性に応じて処理の適正妥当を期せざるを得ない」立場にあることから「実情に即しながら，立案者の精神を活かして，無理のない，しかも筋の通つた解釈を創造してゆくことに貢献するのが私の任務だ」と，同書公刊の動機を説明している。同前書は第一部「労組法改正のあらまし」と第二部「改正の問題点はどこにあるか」という二部構成からなる。ただし本文の大半は，会同の際に受けた質問を一問一答形式で答えるという第二部（19-72 頁）が占めている（73 頁以降は，「附録」として関連した施行規則等を掲載）。

　しかし労働法学徒としての末弘にとって，意義深い出来事は，むしろ翌1950(昭和 25)年に経験したアメリカ視察旅行であっただろう。

(1) アメリカ労働省の招きによる 60 日間の訪米旅行

　末弘は 61 歳となった（11 月 30 日），その 1 か月後の 1949(昭和 24)年 12 月 30 日，アメリカ労働省の招請に応じて，アメリカの労働事情と労働行政のあり方を視察するために，アメリカ軍用船「エドウィン・パトリック」号に乗船して横浜港を出発した。そして大よそ 10 日間の航海をへて翌 1950(昭和 25)年 1 月 9 日朝サン・フランシスコからアメリカ本土に上陸し，同日夜同地を離れて 5 日間の汽車旅行 ── 途中の行程は不明 ── をへて 1 月 13 日（金）の朝ワシントンに到着し，以後 3 月 9 日に同じくサン・フランシスコ港を離れるまでの 60 日間アメリカに滞在し，往路と同じく 10 日間の航海をへて同月 20 日，横浜に帰着した[120]。末弘に同行したのは，藤田進（電産〔日本電気産業労働組合〕委員長〔肩書きは当時のもの，以下同じ〕），星加要（国鉄労組書記長）および飼手眞吾（労働省労働組合課長）の 3 名らであった。末弘は，アメリカの地を踏んだ日から同地を離れるまでの 60 日間について，日々簡単なメモ書きの記録を残しているほか，毎日新聞紙や法律時報誌に滞在記を寄稿していた[121]。

---

(120) 前掲・末弘「年譜」445 頁。

(121) これは，末弘の遺稿集である『断腸前後 ── 遺稿と日記』（一粒社・1952）第二部「日記」79-109 頁に収録されている「訪米日記」である（おそらく，これは帰国後に見聞録ないし研究論文の執筆可能性を考慮して，書き記したものと思われ，末弘本人は，そのままでの公刊など想定していなかったものと考える）。なお，同書の装丁は戦後刊行された著書のなかでは唯一，戦前の末弘著作群と同じく「撃剣装束に似させた紺木綿の上製綴」（平野義太郎「社会科学者・末弘厳太郎」法律時報 23 巻 11 号〔1951〕4 頁）に黄色の紙片に書名を記したものを貼付するというものであった。そのほかに末弘には，アメリ

510

第1節　戦後・末弘厳太郎における陽と陰

　また末弘に同行した3名には，帰国後に労働評論誌（毎日新聞社刊）の求めに応じて10項目にわたる質問にそれぞれが応答したものがある[122]。これらによれば，アメリカ滞在中の旅程は，大よそ，つぎのようなものであった。

1月13日（金）～22日（日）ワシントンDC（10日間）
　　労働省をはじめとする政府関係機関（NLRBを含む）およびその運営，労働関係政策の説明・案内，連邦最高裁や連邦議会（下院・上院）の見学，AFLおよびCIOその他の労働組合を訪問，使用者団体を訪問
　　（夕方6時25分発の列車にてアトランタに向かう）
1月23日（月）～25日（水）ジョージア州アトランタ（3日間）
　　労働組合（繊維組合等）およびNLRBその活動状況の視察，工場見学，黒人解放連盟訪問，州議会訪問
　　（午後4時半発のバスにてノックスヴィルKnoxvilleに向かい，午後10時頃着）
1月26日（木）～29日（日）同州ノックスヴィル（4日間）

カ訪問を伝えるものとして，つぎのようなものがある。まず毎日新聞には，以下の記事を，4回にわたって送っていた。
　＊「末弘厳太郎渡米第一信／パ号に乗つた浦島」1950（昭和25）年1月17日（火）
　＊「信念貫く"自由の栞"これを手引きに労働勉強」1月23日（月）
　＊「アトランタの労働事情／組合の入会に宣誓／日本の"きのこ労組"と違う」2月5日（日）
　＊「デトロイトの一週間／印象に残る市参事会／若き組合指導者に胸うたる」2月28日（火）
また法律時報誌には，つぎのような記事が掲載されている。
　＊「時評に代えて／パトリック号にて」22巻2号（1950）
　＊「時評に代えて／渡米第二信」22巻3号（同前）
　＊「時評に代えて／渡米第三信／シカゴにて」22巻4号（同前）
[122]　藤田進・星加要・飼手眞吾「アメリカ労働事情見聞記」労働評論5巻5号（1950）30-37頁。なお末弘・同前「訪米日記」，とくにその前半部分で「中脇氏」という名前が頻繁に出てくる。末弘・後掲『断腸前後』所収の「断腸の記」51頁に「四人の若い元気な人々と共にアメリカに旅行して」云々という記述から，これら3名以外の同行者がいたようだ。この点について，石垣綾子（1903～1996）――1926年以来在米し，1930年6月から翌31年4月までニューヨークに滞在した野村平爾（1902～1979）と交流があった（同・前掲書（本書注(20)）50-51頁）――の戦後1946年1月から1951年6月マッカーシズムの嵐のなか，日本に帰国するまでの日記である『石垣綾子日記』下巻（岩波書店・1996）114頁（1950年2月5日　日曜日）に，飼手眞吾と「中脇ふじ子」が彼女の自宅に訪ねて来た旨の記述がある。それによれば，GHQ労働課で働く「中脇氏は三十二，三歳。通訳のみにて，〔山口淑子〈李香蘭・1920～2014〉等当時，日本から渡米し，石垣のもとを訪ねた，他の女性らとくらべて〕それ以上の〔説明をすべき〕女性ではない〔以下，省略〕」とのいささか辛辣な感想がのべられている。いずれにせよ，このような記述から「中脇氏」とは，末弘訪米団に同行した通訳であることがわかった。

TVA テネシー河流域開発公社 Tennessee Valley Authority 一般について説明を受ける

（午後 11 時発の列車にてワシントンに向かう，翌午前 11 時ワシントン着）

1 月 30 日（月）〜 2 月 1 日（水）ワシントン DC（2 日）

労働省図書館にて書籍（具体的な書名等不明）を探索

（12 時発の列車にてニュー・ヨークに向かい，午後 4 時半到着）

2 月 1 日（水）〜 9 日（木）ニュー・ヨーク（10 日）

AFL および CIO の傘下各ローカル支部における組合運営及び労働協約の研究，NLRB の地域支部についての説明を受ける，その他工場の見学，コロンビア大学訪問

（朝 9 時発のグランド・セントラルからデトロイトに向かい，午後 10 時着）

2 月 9 日（木）〜 16 日（木）デトロイト（9 日間）

UAW（全米自動車労組 United Auto Workers），各種労働組合，工場見学，社会保障および社会事業。

（12 時 40 分発の列車にてシカゴに向かい，午後 5 時シカゴ着）

2 月 16 日（木）〜 28 日（火）シカゴ（13 日間）

各種学校教育一般とその施設，教職員組合その他，AFL および CIO，シカゴ大学等の見学

（午前 11 時 20 分，シカゴ空港より空路，サン・フランシスコに向かい，午後 7 時 20 分〔太平洋時間〕サン・フランシスコ着）

2 月 28 日（火）〜 3 月 9 日（木）サン・フランシスコ（9 日間）

カリフォルニア大学，AFL，CIO その他支部組合，邦人経営の農場見学

このような日程表をみると，たとえアメリカ労働省の招きによるものといっても，末弘もいうように随分と過密なスケジュールのもとでの視察旅行であったことがうかがえる。しかしたとえそうであっても同人にとっては，2 か月間とはいえ，32 年振りの訪米旅行は，大きな意味があったのであろう。帰国後の末弘の発言を記録したものとしては，つぎのようなものがある（注記した成立経緯からわかるように，末弘自身が執筆したのは 1 件だけで，ほかはすべて口述ないし質疑応答および講演録を活字に起こしたものである）。

5 月「アメリカより帰りて」中央公論 65 巻 5 号 61-63 頁

「アメリカの労働事情」日本評論 25 巻 5 号 65-70 頁：質疑応答

6 月＊「アメリカにおける労働法の現状」（質問者・浅井清信・吾妻光俊・野村平爾・三藤正）法律時報 22 巻 6 号 3-14，27 頁：質疑応答

＊「労働委員会制度に関する所感 ── アメリカ視察から帰って」労委資料月報第 12 号別冊 3-24 頁（のちに，前掲『労委十年の歩みを語る』第八章〔209-225 頁〕に収録）：5 月 19 日開催（東京）の全国労働委員会会長連絡会議に際して

第 1 節　戦後・末弘厳太郎における陽と陰

　　　の講演
7月〜 8月「最近のアメリカ労働事情」（上）（下）海上労働 3 巻 7 号 2-5 頁，8 号
　2-5 頁：5月 30 日運輸省における講演
8月＊「アメリカより帰りて」東商 41 号 4-7 頁
9月＊「アメリカの労働関係雑感」政経調査月報 18 号 1-2 頁
10月『明日の労働問題』（日本製版）中山伊知郎との対談（日付・場所等は不明）
　177 頁・第 1 部「アメリカの労働事情」[123]

　敗戦からいまだ 4 年半ほどしか経過しておらず，アメリカを中心とした占領
下，一般の日本人にとって外国に行くことなど望むべくもなかった当時，アメ
リカに 2 か月弱のあいだ滞在し，見聞を広めたであろう末弘に対し，いかなる
発言をするのか社会の関心は高かったものと思われる（東商 41 号 4-6 頁参照）。
これに対し末弘は一般雑誌では，日本人が思っているほどに，アメリカ人は日
本に関心などもっておらず，「今の日本人は一般になんとなく他力本願的の気
持になつていて，自分の考えで，自力で立ちあがることを忘れて外部の批評ば
かりを気にしている」（中央公論 65 巻 5 号〔1950〕63 頁）などと応えていた。一
方，末弘は労働問題に関する専門家に対しては積極的な発言を行なっていた。
日本評論 25 巻 5 号（同前）では，労働組合の組織状況や偶然に遭遇した石炭
争議の経過などについての質問に応えていた。また法律時報誌では，労働法研
究者である浅井清信・吾妻光俊・野村平爾および三藤正 4 名との質疑応答に際
して，まず末弘自身から，32 年前とくらべニュー・ディール期と第二次世界
大戦をへた合衆国における労働関係と労働法学の変化，すなわち集団的な労働
関係法に重点がおかれ，法科大学院では労働法の講義がどこでも行なわれ，
ケース・ブックも複数刊行されていること，不当労働行為と NLRB の役割と
して，不当労働行為の抑制を通して労使間の勢力均衡を図ることが制度目的で
あることが明確に意識されていることや，紛争の種類によって，仲裁制度 ar-
bitration とのいわば，すみ分けがなされていること，訪米中にタフト・ハー
トレー法中の非常緊急条項が適用されるべき石炭鉱山紛争があったが，それは
日本の労調法 37 条の妥当性を考えるにあたり参考になるのではないかと語っ

(123) 同書はのちに『中山伊知郎全集』18 巻対談・対話集（講談社・1973）1-67 頁に収録
　　された。第一部は，同時期にいわば入れ違いにアメリカを訪れ，ほぼ同じく 60 日ほど滞
　　在した二人が同国の労働問題の実情を語るとの趣旨のものであった。同所以外は，第二部
　　「賃金はいかにあるべきか」第三部「労働組合と労働協約」第四部「労働委員会制度批判」
　　第五部「今後の労使関係の重点」と目次が並んでいる。これら各章においても，やはりア
　　メリカ合衆国とわが国とを対比しながら，末弘と中山による議論がなされている。

513

第5章　労働法学の再出発

ている（「アメリカにおける労働法の現状」）。また4年間ほど，労働委員会において労使紛争の調停・斡旋に従事してきた末弘にとって，アメリカにおける法制度や実際の運用については大きな関心事であった。それゆえにわが国の場合，労調法の適用・運用について，中立・労・使三者構成の調停委員会による斡旋conciliation と調停 mediation とを明確に区別した上での紛争解決やその際の組合の資格審査など過度に厳格になりがちとなっていた。これに対し，アメリカでは両者の実際的取扱を区別せず紛争解決を実現していることや，またNLRB と Federal Mediation and Conciliation Service との任務の分かち合いや労働協約上の仲裁規定に基づいた仲裁人による解決など，末弘にとっては，彼我の違いを強く印象付けられたのであろう（『労働委員会制度に関する所感』および「最近のアメリカ労働事情」参照）。現在では，すでにアメリカ労働法に関する多くの先学による研究の蓄積により，周知ないし常識に属する知見であるのかもしれない。しかし今から70年近く前，末弘は日本ではいまだ十分に知られていなかった法制度や労使関係の実情を語ることにより，発足して間もない日本の労使関係法制の運用や労使関係のありかたについて，ここでも啓蒙的な役割をはたしたということであろうか。末弘の経験談は，戦後，外国の労働事情を間近に知る機会も多くなかったであろう，研究者にとっても興味深く，刺激的なものであったのであろう。それゆえに帰国後，後述するように中労委会長を辞することになる末弘は，自らの課題としてアメリカの視察旅行の成果を踏まえて，日本の労働法，とくに労働行政＝労働委員会制度の改革策をまとめることと，アメリカ労働法法制とその実情を日本人に伝えるべく仕事を実現したいとの抱負をいだいていたようだ[(124)]。

(2)『日本労働組合運動史』の執筆と刊行

　末弘のアメリカ調査旅行には，もう一つの副産物があった。現実の学的成果として結実したことを考慮すれば，むしろこちらの方を重視すべきなのかもしれない。それは，末弘がアメリカ視察旅行から帰国して約半年後に刊行した『日本労働組合運動史』（日本労働運動史刊行会・1950）[(125)]である。末弘『著作

---

(124)　末弘・前掲「アメリカより帰りて」61頁および『労働委員会制度に関する所感』3-4頁。旅行中の日誌には，各地の書店にて多くの図書を購入したことや関係者とのインタヴューのことが頻繁に記されている。なお末弘・『断腸前後』に収録された「日記／癌を手術するまで：1950年6月27日－同9月9日」のなか，124-125頁（7月8日〔土〕），135-137頁（同月17日〔月〕），142-143頁（同月20日〔木〕），145-148頁（同月24日〔月〕），151-153頁（同月31日〔月〕），159頁（8月7日〔月〕）および165-167頁（同月12日〔土〕）には，執筆を予定していたのであろう，「アメリカの労働」に関する論稿の構成の柱建てが記されている。

514

集』を構想した清水誠（1931〜2011・民法）は，本書について明治維新（1868年）以降，1950(昭和25)年までの約1世紀にわたる日本の労働組合運動を描いて「速成ながら，その叙述は〔末弘の〕面目躍如たるもの」であり，「戦後における末弘の最大の作品」であったと評している[126]。末弘は，本書「あとがき」のなかで「毎日の忙しい中労委の仕事のあとさきに昼夜兼業で急い」（255頁）で執筆したとのべている。なぜ，そのように執筆を急いだのか。それは，同書「あとがき」で触れられているが，「もともと外国人，殊にアメリカ人に読んでもらうことを目的として書かれたもの」であったことに関係する。末弘にいわせれば，彼らに戦後日本の「労働組合運動の表面的な華々しさとその特異な様相 —— 様ざまな産業分野で急速に組織化されていったが，それが工職混合の企業内組合という形態をとったことを指すのか〔引用者〕 —— に目を惹かれて」戦前の日本にも，労働運動の歴史があったことを知らないのではないかと思われたからである（同前所）という。すなわち末弘はアメリカに調査旅行に赴くことが予定され，それに間に合うように執筆を急いだのであった[127]。

　同書は内容的には，第一部「戦前」（第二章－第五章・7-105頁）と第二部「戦後」（第六章－第一〇章・107-254頁）からなる。重視すべきは後者であろう。「戦後」は本書執筆時，敗戦からわずか4年しか経過していない。しかし戦前と同程度，むしろより多くの頁数が割り当てられている。すなわち，同書第二

---

(125) 本書は末弘の没後，新たに年表と索引を付した『決定版』（中央公論社・1954）が刊行されている。また本書は，末弘没後に全日本海員組合機関誌（「海員」）5巻6号（1953年6月）以降，同巻7-11号，6巻2-12号（1954），7巻1-3号，5-9号，12号（1955），8巻2-3号（1956）まで，見開き2頁（B4判）で連載された（ただし連載25回〔8巻3号〈1956・3〉〕，第二部第七章第四節二〔153頁〕までの分で中断）。すでに単行本として刊行されたものを，なぜ雑誌連載されたのか，その経緯や理由は不明である。

(126) 清水・前掲稿84頁。本書に関する書評として，浅井清信「新刊書評／末弘博士の『日本労働組合運動史』を読んで」法律時報22巻11号（1950）52-53頁および住谷悦治「新刊紹介／末弘厳太郎氏著『日本労働組合運動史』」同志社大学経済学論叢2巻4号（1951）104-107頁等がある。

(127) 前掲『労働組合運動史』〔決定版〕「編集者あとがき」330-331頁によれば，1949(昭和24)年秋から同年々末の末弘訪米までの3か月間「徹夜に徹夜を重ねて『ガリ版刷の英語版』」を作成し，「約百部を積んだ高級車は朝の京浜国道をフル・スピードでまつしぐら，危く間にあつたという離れわざを演じて」末弘に手渡すことができたと，いささか劇画ないし講談調にのべている。おそらく末弘は同前所がいうように，訪問の先々で関係者にガリ版刷の『英文・日本労働運動史』を配りながら，アメリカの労働事情を観察したり，意見交換をしたのではないかと推測される。なおこの同書英文版の現存の有無等は，不明である。なお本書（日本語）の刊行も，本書の著作権を「刊行会」に委ねたのは，末弘の渡米費用の一助にとなるようにとの意図からであったと説明されている（同前所）。

515

第5章 労働法学の再出発

部は末弘の戦後労働運動史を総括するものであった。末弘は第七章（116-172頁）で以下のように，五つの時期に分け，各期ごとにその特徴を論じている（第一節－第五節）。

第一期：「解放から集中へ」1945年8月～1946年7月
　GHQの労働保護政策を背景に「半ば喪心状態にあった経営者並びに政府を相手に勇敢に闘ひ」，急速に労働組合の組織化が実現し，次第に総同盟と産別会議という「全国的連盟組織を作るに至るまで一年間」。
第二期：「労働攻勢」1946年7月～1947年2月1日ゼネスト中止命令までの7か月
　「集中と部隊編成を終えた労働者」が「政府の不用意な企業整備の企図」を契機に，共同闘争を開始し，「折からのインフレの亢進に拍車をかけられ」，賃金増額を掲げた「10月攻勢」といわれた労働攻勢がゼネストを企てながら，マッカーサーの命令により挫折させられるまでの7か月間。なおこの間，労働協約締結を目標とした争議も少なくなかった。
第三期：「批判と闘争再開の準備」1947年2月～7月
　最高司令官のスト中止命令により，「組合運動は一時沈静状態に陥」り，組合内部においても自己批判と将来に向けた闘争準備が行なわれた半年間。
第四期：「第二の労働攻勢」1947年8月～1948年7月
　片山哲を首班とする社会党を中心とした連立内閣の成立（1947〔昭和22〕年6月）を背景に，労働組合の動きも左右両派により異なる対応がなされた一方，経営陣営も次第に整備され，右派組合とのあいだに徐々に協調的傾向が現われていった。しかし1948（昭和23）年3月に続いて，公共部門組合が同年7月に大規模な全国的ストライキを決行しようとしたことに対し，公務員法改正に関するマッカーサー書簡が総理大臣宛てに発せられ，これを受けて政府は7月31日，官公労働者の団交権および争議権を制限・禁止する政令201号を公布した。
第五期：「再調整」1948年8月～1949年6月
　従来の組合運動への対応を変更したGHQの援助と勧告のもと，政府は「組合運動に対して立法的抑制を加えると同時に，経済安定政策を強力に推し進めた」。その結果，「組合運動もその影響を受けて，大勢は徐々に自由組合主義の線に沿つて進もうとするようになった。これを象徴的に示すものが，1949（昭和24）年6月の改正労働組合法であった。しかし左翼組合は依然として強く抵抗した。この間「インフレが少しずつ緩和されたが，同時に企業整備による大量解雇と賃金抑制の傾向は時とともに強化され，それが原因となつて争議は依然として質的深刻化しつつある」。

　すなわち明治維新（1868年）以降アジア太平洋戦争敗戦までの戦前・戦時期の約80年の労働運動史を論じたのとほぼ同じ分量の紙幅をもって，わずか戦後4年間を五つの時期に分けて，微視的な検討を行なっている。そして第二部最大の収穫は第八章「組合運動の分析的叙説」であろう。それは戦前篇第五章

516

第1節　戦後・末弘厳太郎における陽と陰

「戦前における組合運動の分析的叙説」（79-105頁）と対をなすものである。ただしその記述は，より詳細なものとなっている。その目次構成は，つぎのようなものである。

第一節　量的観察
　一　組織の驚異的躍進／二　産業別の組合分布と組織率／三　性別にみた組織状況／四　組織労働者の地方的分布
第二節　組織形態の一般的特色
　一　職場別に結成された単位組合を細胞として組織されている／二　クラフト・ユニオンの伝統がない／三　雇傭関係を基礎して団結している／四　半封建的労働関係が依然として支配を続けている／五　高級従業員が組合に加入している／六　クローズド・ショップは殆んどなくユニオン・ショップが多い／七　一般に失業した組合員の世話をする習慣をもっていない
第三節　複雑な連合組織
第四節　全国的組織
第五節　全国的組織の全国的連合
第六節　組合の内部機構と活動
　一　組合機構の特色／二　組合の財政（1　収入状況　2　支出状況　3　概括）／三　組合の事業（1　出版物の発行頒布　2　組合活動の基礎としての調査　3　教育事業　4　文化事業　5　共済事業）
第七節　労働関係
　一　概説／二　団体交渉／三　労働争議／四　労働協約（1　概説　2　協約の変化過程　3　労働協約の内容　4　量的説明）／五　経営協議会
第八節　労働組合と政党
　一　概説／二　政党の組合に対する態度（1　共産党の場合　2　社会党の場合　3　要約）／三　組合の政党に対する態度

　ここでは，戦後急速に発展した労働組合組織の実情や組合運動に関する法社会学的な分析と末弘による総括的な理解が示されている。目次の項目を見れば，末弘がいかなる事象に関心を寄せ，問題としていたのかということを理解することができよう。なお第九章「戦後の労働立法」では，わずか4年のあいだに制定・公布された労働立法を取り上げ，第十章「結びの言葉」として，戦後4年間における賃金，労働時間および失業の三つの変遷をとりあげ，「戦後の組合運動に関して最後的な報告書を提出する時期にはまだ到達していない。それ程，すべては依然として安定しないで，変転の途上にある」（249頁）とのべている。確かに本書は内容的に，戦後公刊されたもののなかでは「末弘の最大の作品」であった[128]。

517

第5章　労働法学の再出発

4　末弘の闘病と逝去

(1)　中労委会長辞任と直腸がんによる入院

　1950(昭和25)年3月20日にアメリカ視察旅行から帰国した直後の2週間，末弘は石炭争議の調停作業のために忙殺させられたのち，帰国からわずか1か月しか経過していない同年4月21日，唐突に中央労働委員会会長の職を辞した[129]。敗戦直後の時期から，末弘は労働三法の制定および中労委をはじめとする労働委員会中立委員として，労使紛争の解決に尽力してきたがゆえに，極めて多忙な日々を過ごしていた。末弘は中労委会長辞任の理由として，戦前のような研究生活にもどることを自ら考えるにいたったと説明していた。しかし，上記のような事実経過から推測されるように，中労委会長辞任の理由として，末弘の言葉そのままに受け取ることは困難であった。当時は，いまだ占領下にあったために，辞任の本当の理由を公表することはできなかったのであろう。中労委事務局第一部長として，末弘のもとで大小の争議調整に携わった賀来才二郎(かくさいじろう)(1902～1978)は，独立回復後に刊行した著書のなかで，末弘の中労委会長辞任の真相として，つぎのようにのべていた[130]。すなわち末弘はアメリカ滞在中に会見や意見交換をした相手方に対し，日本の労働事情の説明に関連して，占領政策を批判する発言を行ない，そのような情報を重視したGHQが末弘に対し自発的に中労委会長を辞めなければ，教職追放解除の時期を遅らせるとの圧力が加えられた[131]。そこで教職追放を不本意かつ不名誉なことと意識

---

(128)　本書は刊行後，1951(昭和26)年毎日出版文化賞を受賞した（前掲・同書『決定版』331頁「編者あとがき」）。蓼沼謙一「学匠学林⑤／政令二〇一号前後」季刊労働法164号(1992)のちに同・前掲書収録55-56頁は，本書を「おそらく戦前戦後を通じて最初の，法社会学的な歴史研究書であり，労働法研究者とりわけ若い研究者にとって，まさに干天の慈雨であった」と評している。それは従来のそれとは異なり，一貫して解釈法学的な記述に終始することのない本書が，いかに新鮮なものと映ったかということを示している。

(129)　前掲「末弘略年譜」495頁および前掲「末弘略年表」158頁。なお，末弘の後をついで中労委会長に就いたのは，一橋大学学長〔当時〕である中山伊知郎(1898～1980)であった。

(130)　賀来才二郎『ふていのやから――労政局長の手記』(科学新興社・1953)17-18頁。

(131)　野村・前掲書167頁によれば，「意見交換の相手方」とは新聞記者のことであり，またこれより前から占領軍のみならず，労働省「あたり」でも，そのような動きがあったという。そして当時，このことは多くの人が知る所であったのか，末弘が没した直後，高柳賢三「足跡をかえりみて／おもい出」法律時報23巻11号(1951)61-62頁は，つぎのようにのべていた。
　　　末弘が旧制第一高等学校を卒業し，東京帝大法学部に進学した1909(明治42)年3月「新渡戸〔稲造〕一高校長にたいするかれの，弾劾演説に現われた権威に挑戦するといったかれの三つ子の魂はずっとかれを支配したように思われる。かくして晩年に

第1節　戦後・末弘厳太郎における陽と陰

していた末弘は，この際，労働関係実務から一切手を引くことを決断するにいたった[132]というのである。またかりに末弘の言を真に受けたとしても，現実は末弘をして，研究生活にもどるという願望を実現させるにはいたらなかった。すなわち5月から9月初めまで，北は北海道から南は関西地方にかけてしばしば旅行し，50回ほどの講演をこなすというような生活を送っていた[133]。末弘が往復の航路を含め3か月におよぶアメリカ視察旅行から帰国してから同年夏までの数か月間，中労委会長を辞してから発表された論稿や講演録などとしては，アメリカ視察旅行に関するものをのぞけば，「労働組合運動の回顧と展望」中央公論65巻8号（1950）があるのみであった。同稿はやはり，労働省・東京都（主催）労働教育大会（6月9日）において行なった講演速記録を活字化し

　なってもアメリカに行って，〔連合国最高司令官総〕司令部の役人のやり方にたいし，かれ一流の批判を率直に語って問題を起した。権威にうまく取入って自己の栄達をはかるといったことをかれは特に軽侮した。彼は立身出世型の性格ではなかった」。
　このような説明は末弘の性格を考慮すれば，誰もが納得することなのではなかろうか。なお末弘の一高在校時の新渡戸弾劾事件については，七戸・前掲「末弘厳太郎の青春」（本章注(83)）399頁以下を参照。
(132)　一体だれがGHQに末弘の訪米時の言動を知らせたのであろうか。情報が少ないなかで憶測をのべることは控えたいと思う。なお仁田道夫（東京大学名誉教授）の筆者宛私信＝電子メール（2017年12月17日および22日）にて，末弘の中労委会長辞任については，当時日本の社会・政治情勢を考慮されるべきではないかとの指摘を受けた。すなわち国際的な冷戦が進行するなか，1949（昭和24）年以降アメリカの対日占領政策は，経済復興を何よりも重視する方向へと転換した。それは「逆コース」「反動化」ともいわれ，同年夏の国鉄に関わる下山・三鷹・松川の三事件は左派の労働運動弾圧に利用された。10月には，中華人民共和国が成立した。翌1950（昭和25）年6月以降，共産党中央委員24名全員の公職追放（6日）と同党機関紙「アカハタ」編集部17名が追放され（翌7日），同月25日には朝鮮戦争が始まると，翌日には同紙は無期限発行停止処分を受け，新聞・放送などの報道機関から始まり，やがて電力・石炭・鉄鋼などの基幹産業の民間企業1万1893名，政府機関関係1177名，合計1万3070名が党員ないしシンパとして「レッド・パージ」により職場から追われた（各種資料により人数は異なるが，ここでは三宅正明『レッド・パージとは何か：日本占領の影』〔大月書店・1994〕12頁に依拠した。また日本版「赤狩り」の詳細についても，同書を参照）。一方，同年10月13日，占領軍により軍国主義的指導者として公職追放された1万0090名が解除されたのを皮切りに，翌51（昭和26）年8月7日1万3904名，同月17日陸海軍正規将校1万1185名，末弘没後の52（昭和27）年2月25日290名，同年4月26日62名，そして同月28日の講和条約発効によりすべての「軍国主義指導者」は追放を解かれた（鶴見俊輔集・続1『新しい開国』〔筑摩書房・2000〕152頁〔ただし同書所収の『新しい開国』の初出〈筑摩書房〉は1961〕）。このような状況を考慮したとき，はたして当時GHQは末弘が中労委会長の職にとどまることについて，いかに理解していたのかを考慮すべきなのかもしれない。
(133)　末弘・後掲「断腸の記」51-52頁。

519

第5章　労働法学の再出発

たものであった。内容的には，『労働組合運動史』の後編と基調を同じくし，当時の日本の労働組合運動と法のあり方について言及したものである。すなわち，労働組合とくに組合指導者が直面する課題として，(1)自主性に欠けること，(2)社会主義運動の影響を受けすぎていること，(3)政治運動との混淆状態にあること(4)組合指導者に組合運動の経験がないこと，そして(5)組合の力の限界を知らないことの5つをあげて，詳述している。そこでは『労働組合運動史』をまとめたことによる，体系化された戦前からの日本の労働組合運動の知見が投影されているように思われる。

　このように中労委時代と同様に，労働ないし社会評論家として多忙な日々を送っていた同年，家人の言葉から8月10日頃直腸がんを疑い，9月5日に国立東京第一病院 ── 戦前の「東京第一衛戍病院」を前身とし，新宿区戸山に所在 ── に入院した。末弘は同月11日に手術 ── 病室を出てからもどるまで，4時間半，手術は2時間半を要した，腸を4，50センチ切除した大手術であった ── を受けて，12月まで100日あまり同病院にとどまった[134]。この間，10月27日，私法学会（1948〔昭和23〕年設立）から分離・独立して日本労働法学会が創立され（参加者は130名），当時九州大学学長の職にあった菊池勇夫が初代代表理事に選出された。そして菊池から緊急動議として病臥にある末弘に対し，学会成立の報告と病気見舞いの電報を送ることが提案され，満場一致をもって可決され，第一回大会会場（大阪商工会議所）から代表理事の名において，電文が発せられた[135]。12月20日，末弘は退院し，その後湯河原（神奈川県）や

────────────

(134) 末弘『断腸前後 ── 遺稿と日記』（一粒社・1952）は既述のように，同人の没後に出版されたものであるが，第一部「遺稿」として収録されているエッセイはほとんどが執筆途上の未完のものである。ただし書名の基にもなった＊「断腸の記 ── 癌の早期発見の必要について」文藝春秋29巻4号（1951・3）100-107頁（同前書47-70頁）── 末弘の場合，「早期発見」といえなかった ── と＊「断腸後記 ── 内憂外患」同前29巻11号（1951・8）14-16頁（同前書71-76頁）の2篇は，直腸がんを患い，入院・手術・術後の経過を自ら語っており，がん患者の「手記」として貴重かもしれない。また末弘・前掲『断腸の記』収録の「日記」は，亡くなる2か月前の7月10日の記述（同前書250頁）を最後としている。関連して，賀来・前掲書18-19頁は，『日本労働組合運動史』の執筆と英訳作業，そしてその後のアメリカでの多忙な生活による過労が末弘の寿命を短くすることの遠因となったのではないかとのべている。しかし，それ以前から病魔が末弘の身体を蝕んでいたのであろう。

(135) 前掲「末弘略年譜」495頁。その設立の経緯と大会当日の様子については，菊池勇夫「日本労働法学会の設立」季刊労働法58号（1968）のちに同『戦後労働法の二十年』（一粒社・1969）に収録・283-285頁に詳しい。ただし野村・前掲書160頁によれば，末弘へ見舞電報を送ることを提案したのは，色川幸太郎（1903〜1993・弁護士）であったとしている。

520

第1節　戦後・末弘厳太郎における陽と陰

熱海（静岡県）等で静養した。そしてある程度健康を回復したと考えたのか，末弘は翌 1951（昭和 26）年 3 月，労働法懇談会 —— 労・使双方および学界のみならず，官界からも参加し，同年 11 月から 1957（昭和 32）年 11 月（68 号）まで，例会における主に研究者の報告と，それに関する討論記録をまとめた月刊誌「討論労働法」（勁草書房）を編集・刊行した —— の発足に際して，会長に推され，その地位に就いた[136]。

(2) がん手術後の業績 —— 戦後労働法学への遺言

この年，末弘が退院後に著したものとして，講和条約締結にともなう占領の終了が間近となっていた —— 日本国内では「全面講和」か「単独講和」か大きな議論が巻き起こっていた —— 当時，東京都条例による労働組合の集会規制，企業内組合という組織形態にともなう問題および労働法改正という三つの課題を論じた「労働組合に関する当面の諸問題」中央公論 66 巻 7 号（1951）を発表した。このほかには，没後に公刊された二つのものがある。一つは創設間もない労働法懇談会における講演録（6 月 20 日，於繊維製品会館）を活字化した「労働法学の課題」討論労働法 1 号（1951）1-5 頁であり，もう一つはやはり，前年秋に創立された日本労働法学会の学会誌である労働法 1 号[137]に掲載された「労働法の解釈と法的伝統」という，いずれも短い論稿である。敗戦直後，末弘は「労働組合法に聯関させて」との副題のついた論稿（前掲「立法学に関する多少の考察」法学協会雑誌 64 巻 1 号〔1946〕）で立法のあり方について，論じた。そしてあたかも，これに対応するかのようにその研究者としてのみならず，実人生の最終期に示したのが労働法の解釈のあり方について論じた，上述の二つのものであった[138]。これらは，末弘の戦後労働法学へのいわば遺言であったといってもよかろう。ここでは，学会誌掲載の論稿を中心に紹介しよう。

末弘はまず「現行労働法の解釈上学者の意見が岐れてゐる問題が非常に多い」（1 頁）のは，何故かと問い，「凡そ立法は法的伝統を基礎として成り立つものである。法的伝統の存在を前提としない限り法を法規化することは不可能

---

(136) 野村・同前書 167-168 頁によれば，労働法懇談会設立と「討論労働法」誌刊行も，中労委を退いた末弘に対し，「何か研究会のようなお仕事をしていただこうか」との発想ができたものであったいう。

(137) 前掲（法律時報）編集部「末弘博士著書論文目録」84 頁および，その記述を踏襲した前掲・水野〔作成〕「末弘主要著作目録」108 頁は，本稿掲載誌名を「年報労働法」と記している。しかし，そのような誌名の雑誌は存在せず，これは「日本労働法学会誌」と表記される以前の学会誌である「労働法」が正しい。

(138) 両者は内容上相互に連関している。記述内容から判断して，おそらく労働法懇談会における講演がなされたあとに「法的伝統」稿が執筆されたものと思われる。

521

第5章　労働法学の再出発

である」（同前所）とし，「解釈は法規の前提となつてゐる法的伝統の何たるか
を理解すると同時に，それを将来に伝へて発展させることを使命とする仕事な
のである」（2頁）とする。では「法的伝統」とは何か。それ自体については既
知のこととして扱い，「歴史上法慣習・判例・学説等の形をとつて存在し又発
展した」（同前所）としている。そして「法的伝統はすべての国すべての時代
に存在して，或はそれ自身直に解釈上法源として役立ち若しくは立法の基礎と
して役立つたのである」と論じた。さらに末弘は1949(昭和24)年の労組法改
正を念頭においていたと思われるが，それ「のみならず……大規模な法の継受
が行はれた場合には，単に形の上で法規の模倣が行はれたばかりでなく，それ
と同時に法的伝統の大規模な承継が行はれてゐるのである」（同前所）とした。
ただしそれが「わが国労働法に関する法的伝統と関係なしに制定された」（同
前所）ことに問題があったことは，いうまでもない。ついで末弘は，自らの最
初の問いへの応答として，つぎのように論じた。すなわち「労働法及び労働法
学はどこの国でも比較的新しい分野である。その上法の規律対象である労働事
情も法の背景をなしてゐる政治経済事情も国によつて著しく違つてゐるため，
同種の事柄に関する立法も国によつて非常に違つて居」り，たとえ同様の問題
であれ，裁判所や学説の対応も異ならざるをえず，「各国共通の法的伝統がこ
の分野には殆んど成り立つてゐない」（3-4頁）[139]。それゆえに「新しい実際
問題が大量的に発生してくれば，法規の解釈上又問題の処理上に困難が起つて
来るのは当然である」（4頁）としている。

　では，このような状況に対し労働法学として，何をなすべきか。末弘は「他
の法律分野におけると異なる特別の努力が必要である」（同前所）という。第1
に「事実の忠実な観察と精確な分析を基礎として法的処理方法……を考へ，又
自ら新に概念を構成……する必要がある」（同前所）という。なお末弘は，法
律学はとかく「概念や理論に忠実なるの餘り，反つて事実を無理に曲げて認識
したがる傾向がある」と注意している（同前所）[140]。第2は，比較法研究に際

---

(139) この部分に対応する末弘・前掲「課題」稿2-3頁で，末弘は具体的に戦前わが国では，
　　ドイツ，とくに労働協約法の紹介・研究がなされ，学説上の蓄積もあるが，それらをもつ
　　て敗戦直後のわが国の労働協約問題に，安易に当てはめようとすることに警告を発してい
　　る。
(140) この部分に関連して，末弘は同前「課題」稿5頁において，ドイツ法とアメリカ法と
　　を対比させながら「理論を尊重することは学者として誠に結構なことであるが，同時にも
　　つと法的技術即ち卑近な言葉でいうと裁判官を納得させる技術をも研究する必要があるの
　　ではないか」とのべている。プラグマニストとしての，末弘の姿勢がはしなくも示されて
　　いて興味深い。

522

第 1 節　戦後・末弘厳太郎における陽と陰

しては，「各国の法制や理論の背景をなしてゐる社会的・経済的・政治的の事
情を理解すると同時に，各国の法制が実施された結果を精確に調査研究するこ
とが必要である。……／かかる用意を通してわが国の事実に適合した法的処理
方法を考へ，理論を考へてこそわが国独自の労働法学が成り立ち得るのだ」
（同前所）[141]。すなわち，末弘は戦後わが国独自の労働法学を形成させていく
ためには，同人のいうところの「法律社会学的な研究態度」をとることが重要
であると言いたかったのではないかと思われる。

　そして最後に，末弘は「大事なことは自らの眼で事実を見，自らの頭で具体
的に問題を考へることだと私は言ひたいのである」（5 頁）と結んでいる。この
ような短い言葉には，末弘が戦前のアメリカおよびフランスを中心とした在外
研究から帰国して以来の，自らの法学方法論を凝縮して表現したと思われ
る[142]。

(3) 逝　去

　末弘は 1951（昭和 26）年 7 月 18 日，敗戦の翌年 10 月から就いていた政治経
済研究所理事長兼所長の職を辞した。同月下旬，癌が再発 ── 直腸がん細胞の
肝臓や胃腸などへの転移 ── したとの診断を受けて，翌 8 月 23 日に第一病院
に再入院した。しかし医学的な処置をほどこすべきことはすでになかったので
あろう，9 月 1 日に退院して自宅療養となった。そして 1 年前の手術を受けた
のと同じく 9 月 11 日の午前 4 時，末弘は逝去した[143]。それは満 63 歳を迎え
る 2 か月ほど前であった[144]。同日，東京大学は末弘に名誉教授の称号を授与

---

(141)　ここに対応するのは，末弘・同前「課題」稿中 4-5 頁であろう。

(142)　そのほかに，末弘がその法学方法論をのべたものとして，「法学とは何か ── 特に入
　門者のために」(1)(2)法律時報 23 巻 4 号（1951）12-15 頁および同前 23 巻 5 号（1951）
　3-7 頁がある。

(143)　前掲「末弘略年譜」496 頁。法律時報 23 巻 11 号（1951）末弘追悼号 63-65 頁には，
　主治医（岩井芳次郎）による末弘の第 1 回入院から翌年夏の再入院と死亡にいたるまでの
　医学的な所見（「末弘先生の御病状」）も掲載されている。それによれば，末弘の癌細胞は
　前年 9 月の手術時に他の部位への転移があり，それが徐々に成長し，末弘をして死に至ら
　しめたものと考えられた。しかし今から 67 年ほど前の医学水準では，前年の手術時に発
　見し，切除することは不可能なことであったようだ。なお末弘の子息である末弘重夫「父
　厳太郎を語る」討論労働法 11 号（1952・9）24 頁（明治大正農政経済名著集第 16 巻・末
　弘厳太郎『農村法律問題』〔農山漁村文化協会・1977〕月報転収 12 頁）は，生来健康かつ
　健康に注意していたことから，「あの様な始末の悪い病気に取りつかれる事がなかった
　ら，或いは長生きの新記録を作ったのではないかと思う位だ」とのべていた。

(144)　末弘の死後に公刊されたものは複数あるが，これまで言及していないものとして，末
　弘が手術後の療養時に，戦前の労働組合法の制定を頑強に反対した使用者側の代表的人物

523

第5章　労働法学の再出発

した[145]。前日の 10 日には，教職追放を解除されたが，その日が来ることを待ち望んでいた本人がはたして知ることができたかどうかは不明である。葬儀は同月 15 日に中労委会館（旧協調会）ホールにて神道式によりとり行なわれた[146]。当日は台風の影響のために建物に沿って並べられた花輪がなんど立て直しても倒れてしまうという有様であったという[147]。当日弔辞を読んだ南原繁は，末弘の生涯と学問，そして事績をたどるなかで，つぎのようにのべていた[148]。

> 「かようにして，わが国において『労働法学』の創始者たるの栄誉は，永久に君のものであるでありましょう。／今日，民法学ないし労働法学の分野において，学問研究に従事する者にして，直接または間接，君の薫陶と影響を受けない者はないといって，過言ではないでありましょう」。

遺骨は，染井霊園（東京都豊島区駒込）内にある末弘家の墓所（1 種イ 8 号 4 側）[149]に埋葬された[150]。

であった藤原銀次郎（1869 〜 1960・王子製紙〔初代〕社長）との対談をまとめた『労資問題の将来』（講談社・1952）がある。

(145) 前掲「末弘略年譜」496 頁。

(146) 同前所。

(147) 北村久寿雄「末弘先生のこと」公企労季報 4 号（1970・7）30 頁。

(148) 南原繁「末弘厳太郎博士 —— 告別式における弔詞」同著作集第 7 巻『文化と国家』（岩波書店・1973）493-496 頁。

(149) 前掲・「末弘年譜」同前所。染井霊園入り口に設けられた「霊園に眠る著名人の墓」という看板にも，末弘について「日本における労働法学の開拓者であった」との説明が記されている。

(150) すでにいくつかを紹介したが，法律時報 23 巻 11 号（1951）は誌面すべてを末弘追悼にあて，中労委時報 182 号（1951）5-18 頁には多数の追悼文が寄せられた。また討論労働法 2 号（1951・12）2-6 頁には，吾妻光俊「末弘先生の学風」，細谷松太「末弘先生の思い出」および賀来才二郎「教えを受けた五年間」が掲載され，同前 20 号（1953・9）1-8 頁には「末弘厳太郎博士の三回忌を迎えて」として，石井照久「末弘先生の思い出」，三藤正「『仕事がしたい』」，川田壽「労働関係と末弘先生」および馬淵威雄「末弘先生の横顔」の四篇の追悼文が収録されている。

　　末弘は 1951（昭和 26）年 4 月 12 日付けの「日記」（備忘録）として，つぎのようにのべていた（前掲『断腸前後』288-229 頁）。
　　「○　私の信条
　　　　孤独性　一人旅行がすき　人の世話になるのも人の世話をするのもきらい
　　　　好奇心が強いこと
　　　　贅沢でないこと
　　　　勝負事がきらいなこと

第1節　戦後・末弘厳太郎における陽と陰

〈戦時期末期における末弘の言動についての補遺〉

　戦後，末弘の戦時期の言動のありようをいかに理解するかをめぐっては，本文でのべたように議論がある。校正時この点について，未見の資料に接したので紹介・言及しておきたい。

　末弘は東京帝国大学法学部において実定法＝民法講義を担当しながらも，1930年代，ほかの同僚らとは異なり，高等文官試験 ── 正式には「高等試験」── の問題作成や考査などに携わる委員に委嘱される経験をもたなかった（堀之内敏恵「1930年代の東京帝国大学法学部と国家権力：高等試験委員への委嘱状況からの考察」人間文化創成科学論叢〔御茶ノ水女子大学〕17巻〔2015〕211頁以下，214頁）。その一方で，末弘は本文でも言及したように，若きころから剣道・水泳・山スキーなどを楽しみ，スポーツや体育関連の団体役員を多く務め，その発展に貢献したとされる（梅田利兵衛「スポーツ界に寄与した人々 ── 末弘厳太郎」学校体育7号〔1954・7〕26-29頁）。とくに今日に続く日本体育協会（2018〔平成30〕年4月「日本スポーツ協会」と改名）の前身である「大日本体育協会」（1911〔明治44〕年7月設立・戦時中の1942〔昭和17〕年4月「大日本体育会」に改名し，1948〔昭和23〕年11月「日本体育協会」に改組・改名されるまで存続）の理事であった（戦時期の同団体の動向の詳細は，村井友樹『大日本体育会の成立と変容に関する研究』筑波大学〔2015〈平成27〉年度〕・博士論文〔体育科学〕，〔2016〕Ａ4版・全170頁を参照）。また1944（昭和19）年には，理事長・郷隆の死去（同年4月18日）にともない，末弘は大日本体育会理事長に就任した（同前論文79頁）。末弘は同年6月＊「戦力の飛躍的増強へ ── 昭和十九年度事業の根本方針」という表題のもと「直接戦力増強に貢献」すべき「四つの綱領」をかかげて，理事長就任のあいさつとした（体育日本22巻5号〔1944・6〕1-4頁）。末弘はさらに同年夏から秋にかけて，上記団体機関誌に4回にわたって以下のような「巻

　　　人に寛容なこと，干渉されることがきらいなこと
　　　芝居気がないこと　儀式がきらい　訓辞がきらい
　　　神がいるとどうしても思えないこと
　　　記憶力と読書　外国語　自分のしゃべったことさえその場で批判する」

　これは雑誌・世界（岩波書店）から依頼を受けていた同名 ──「信条」とよぶべきもの以外も含まれるが ── のエッセイ執筆のためのメモ書きであろう。同稿は同誌71号（1951）155-158頁に掲載（後に同・前掲『断腸前後』1-8頁および岩波書店編集部〔編〕『続・私の信条』〔岩波新書・1951〕171-177頁に収録）され，そして，これを基になされた鮎澤巌ほか「座談会／人間・末弘厳太郎を語る」法律時報23巻11号66-77頁および末弘重夫・前掲稿22-24頁（明治大正農政経済名著集第16巻月報9-13頁）の二つは，末弘のパーソナリティーおよび家庭人としての末弘の様子 ── 家族に対し叱るということは一度もなく，家庭菜園で野菜を作るのが得意であった等 ── を知ることができ，興味深い。

第5章　労働法学の再出発

頭言」を発表している（これ以前に，末弘は同誌20巻10号〔1942〕9-13頁に＊
「国防と体育」を発表）。

＊「サイパンの英魂に応へよ」体育日本22巻7号（1944・8）

＊「芸術としての体操」同前22巻8号（同前・9）

＊「最少限度の体育運動」同前22巻9号（同前・10）

＊「勤労問題解決の要諦－徹底せる敵愾心をたたき込め－」同前22巻10号
（同前・11）

　その表題からも推測できるように，ここで取り上げたいのは22巻7号と10
号掲載の両稿である（なお掲載頁は表紙裏で，従来，各種の広告が載っていたとこ
ろである）。まず1944(昭和19)年「七月十八日夜サイパンの皇軍の最後に関す
る放送を聴」いたことを契機とした前者の一部を抜粋して紹介しよう。末弘は
いう。

　　「……これを聴いて誰か粛然襟を正して感謝と敬弔の誠を捧げざるものあ
　らん。又誰か痛憤扼腕熱血の逆流するを覚えざるものあらん。……今こそ
　冷静沈着各自の職場を守つて平素心を失ふことなく，一意肇国の大儀に徹
　し職場奉公を通して宸襟を安んじ奉るべく全力を挙ぐべき時である。戦争
　は必然に長期化せねばならぬ。この長期化すべき戦争を飽くまでも戦ひ抜
　く為めには，一億国民一層の決意を以て必勝の信念を固むると共に，日夕
　心身を鍛錬して今後襲ひ来るべき如何なる苦難にも堪えるべき体力を錬成
　せねばならぬ。……此意味に於て吾々は体力錬成の義務こそ此際として国
　民すべてに課せられた第一の義務たることを確信し，国民教育のことを職
　域とする吾々としても此点に付きとくに責務の重きを痛感する次第であ
　る」。

　つぎに同誌終刊1号前の後者の場合も，やはり感情的かつ悲壮感あふれるも
のであった。

　　「戦局がここまで逼迫しても国民の間に今尚『俺がやらなくとも誰かがや
　るだろう』と言ふやうな気分が見受けられる。これが国民の総力を結集し
　て米英撃摧に突進せねばならぬ今日尚生産増強に人手の不足が歎ぜられて
　ゐる最大の原因である。……若しも勤労者のすべてが『此際俺がゐないで
　どうなるものか』と言ふ気持でゐるならば，欠勤の弊は大部分なくなるで
　あらう。……／我国々民は今尚一般に戦争の結末を安易に考へてゐる。欧
　米人の非人道な残忍性を真に理解してゐないからである。……アメリカ人
　が日本人を皆殺にすると言つても，唯の強がりに過ぎないと考へる人々は，

526

ローマ人がカルタゴを如何にして世上から葬り去つたか，またコリントが如何にして亡び去つたかを考へて見るがよい。かくしてこうした言葉通りの皆殺を平気でやるのが彼等の本性であると言ふことを国民のすべてが心から理解するならば，国民総蹶起の如き上からの呼び声を待たずして下から自らに巻き起るに違ひない。勤労者のすべてが『此際俺がゐないでどうなるものか』と言ふ気持になり，各自努力して体力の保持向上を図ることにもなる。要は国民のすべてをして敵米英の鬼畜的本性を理解せしむること，そして心からなる敵愾心を一般の脳裡にたたき込むことである」。

　これらの文章を読んだとき，最初に思い浮かんだのは「末弘よ，お前もか」とでも表現すべき，やるせない落胆の感情であった。当時日本では，戦争の逼迫が亢進するなかで，生産活動が停滞し，その主要原因が原材料不足のみならず，勤労動員された国民の欠勤や怠業が多くみられ，その対策が急務となっていたことは，本文でも言及した。末弘の文章は，そのような状況を例証するものであったといえよう。しかしそれにしても，末弘がこのような煽情的な檄文を発表していたことをいかに理解すべきであろうか。上記巻頭言を発表したのと同じ時期，法律時報誌に連載していた「時評」欄のコラムにおいて，これらに匹敵するようなものを見出すことはできない（近時刊行された日本評論社〔編〕『末弘厳太郎　法律時観・時評・法律時評集』下〔同前・2018〕収録「1944〔昭和19年〕」101-142 頁参照）。発表媒体に応じて，内容のみならず，論調も変えるというのは，末弘らしい日和見主義者（オポチュニスト）的対応とみるべきか，それとも見かけだけの偽装（カモフラージュ）なのであろうか。戦後，荒垣秀雄（1903 ～ 1989・朝日新聞「天声人語」を担当）の『戦後人物論』（八雲書店・1948）223-226 頁には「末弘厳太郎－自由型の花形消防手－」として，その文中，つぎのような辛辣な人物評を載せていた。

　「追放令で追われながら，時代の脚光を浴びて，派手な活躍をしている者，末弘厳太郎のごときはあるまい。……今春〔1946〈昭和21〉年〕の四月，日本法理研究会の関係で〔教職〕追放に該当するとみるや，追放令をまたず東大に辞表を出して飛び出した。その点彼は実によく鼻がきゝ，目先がわかり，また思いきりもよい。……／ある評者に従えば『終戦後，抜手をきつて左旋回を行つた』といわれる。クビをくゝつて死んだ蓑田胸喜が戦時中，末弘の著書『法窓閑話』を告発したことがあるからといつて，それが自由主義者たるのパスポートになるまい。彼も大日本体育会の理事長としては『健民精兵への総進軍』を鼓吹して，好戦的体育方針の協力者として

第5章　労働法学の再出発

指導的役割を果したことは，全国のグランドに刻みつけられているはずだ。水泳の『第一のコース』というのを『第一の水路』など、呼ばせたのも彼の発案である。頭を丸坊主にして国民服をきはじめたのも，大学教授では彼がトップをきつている。それほど彼は目先のきくスマートな行動派である」。

正直いって，末弘の学説はともかく，その人格をいかに捉え，評価すべきか —— むろん両者は密接に連関している —— について，判断に窮せざるをえない状態にいる。末弘とは，それほどに毀誉褒貶の激しい人物であったのであろう。

◆第2節　労働法学徒における敗戦と戦後のあいだ

つぎに末弘と並んで，わが国労働法学の「先駆的開拓者」（沼田稲次郎）と評された孫田秀春や，昭和年代初め，わが国労働法学を担うべき人材として，将来を嘱望されていた菊池，津曲および後藤は，日本の敗戦そして戦時中の自らの言論について，どのように受けとめ，また戦後労働法学をいかに構築せんとしていたのか，確認しておきたい。

1　孫田秀春の公職および教職追放
(1) 孫田に対する公職・教職追放

孫田も末弘の場合と同様に，教職追放の対象となった。ただし，その意味合いは末弘とは大いに異なるものであった。

1945（昭和20）年，3月10日の東京大空襲のあと5月10日以降，孫田は自らの故郷である山形に蟄居していた。晩年期の回顧によれば，孫田は，同年10月中頃，東京にもどり，日本大学法学部にて「相変わらず債権各論と労働法の講座を担当し，労働法のゼミナールも開いていたが，昭和二十三年に入ってから急遽として教職追放の事が表面化して出て来た」[151]とのべている（末弘の場合にくらべ，2年ほどあとということになる。同人の発言が真実であるとすれば，それは随分と遅いものであったようにも感じられる。末弘の場合との時間的隔壁をいかに理解すればよいのであろうか）。孫田の追放（同年3月）理由とは，いかなるものであったのか。それは孫田自ら戦時中に『国体の本義解説大成』（大明堂書店・1940）の共著者であったからであると説明していた[152]。「国体の本義」とは，1935（昭和10）年の「天皇機関説事件」[153]における収拾策として，日本

---

(151) 孫田秀春『私の一生』（高文堂出版社・1974）160頁。

528

が天皇の統治する国家である旨の政府の「国体明徴声明」（同年8月3日および10月15日）を受けて，文部省が日本の国体の正統解釈として1937(昭和12)年5月31日に初版刊行した小冊子（156頁）である。近代天皇制は本来，古代の天皇親政への「復古」を自己正当化のイデオロギーとして成立し，天皇を神話の時代から続く「万世一系」の超歴史的存在として捉えられていた。そのことを，同書では「大日本帝国は，万世一系の天皇皇祖の神勅を奉じて永遠にこれを統治し給ふ。これ，我が万古不易の国体である。而してこの大義に基づき，一大家族国家として億兆一心聖旨を奉体して，克く忠孝の美徳を発揮する。これ，我が国体の精華とするところである」（第一「大日本国体」―「肇国」）と明確にした。すなわち，それは立憲君主制・政党制を形骸化させる一方，「国体」観念の絶対化をもたらし，近代天皇制の正統性を『古事記』『日本書紀』の神話である天孫降臨の神勅に見出すものであった(154)。『国体の本義解説大成』とは既述のように，本文642頁にもおよぶ注釈書である(155)。ただし孫田は戦後の晩年，つぎのように弁明していた。すなわち，共著という形式をとっているが，共著者である原孝房（当時・東京高等師範学校教授）から依頼があった ── 両人がいかなる経緯から，そのような関係になったのか不明 ── ことから，そのような形で刊行されたけれども，孫田自身は一行も書いたことがなかった，と(156)。さらに孫田は末弘とは異なり，公職追放ともなった。その理由はやは

---

(152) 同前書160-161頁。孫田はこのほか，天皇機関説事件後の「国体明徴」措置として，1936(昭和11)年に設置された日本諸学振興委員会の「法学部臨時委員」(1939年，1941年－1943年) および同「専門委員」(1944年) を務めたこと（本書第4章注(131)参照）は，何も関係なかったのであろうか。

(153) これに関する基本資料としては，宮沢俊義『天皇機関説事件』上・下（有斐閣・1970) がある。

(154) 詳しくは，長谷川亮一『「皇国史観」という問題』〔白澤社／現代書館・2008〕53頁以下，とくに70-80頁を参照。

(155) ただし孫田は本書以外にも，同じく原孝房との共著として，翌1941(昭和16)年11月には『国体の本義通訳』（大明堂書店），そして1942(昭和17)年6月『臣民の道解説大成』（同）という併せて三つの著書（共著）を刊行している。

(156) しかし執筆に際して設けられた編集会議に孫田も出席し，意見をのべていたから，いわば単に名前を貸しただけというものではなかったようだ。また実際の執筆は共著者である原房孝が東京文理科大学倫理学教室の助手など複数の者による「下書き」＝草案を取りまとめることにより成った（渡辺正一「岳父　孫田秀春のこと」孫田秀春教授米寿祝賀記念論集『経営と労働の法理』〔専修大学出版部・1974〕546頁参照）。なお近時，東郷茂彦「労働法学者・孫田秀春と『日本国家科学大系』『国体本義解説大成』」明治聖徳記念学会紀要〔復巻51号〕(2014) 225-251頁は，伝記的な事実について孫田・前掲『私の一生』と前掲・孫田米寿記念論集収録の経歴や寄せられた各エッセイに依拠しながら，孫田が携わった表題の二つの書籍について肯定的に紹介している。

第 5 章　労働法学の再出発

り戦時中刊行された『日本国家科学体系』(実業之日本社) の「監修者」であったことであったと自他ともに考えられていたという。しかし真の理由は不明である(157)。「国体の本義」に関連する三つの著書が形式上の関与にすぎなかったのに対し，奇しくも（第 1 回配本の第 5 巻『法律学』〔2〕の奥付の日付による）太平洋戦争開戦の発端となる，日本海軍の真珠湾攻撃と日を同じくして刊行が開始された『日本国家科学大系』全 14 巻（12 巻および 13 巻をのぞく 12 冊刊行）については，孫田自らが積極的に関与し，発刊にいたったものであった。孫田の企画は，たとえ実際の執筆をしなかったとしても，『国体の本義』および『臣民の道』両書に示された思想への共感を，今度は孫田自らの主導のもと，社会科学 —— 孫田の言によれば「国家科学」—— の領域において，具体的に示そうとした。その点では，本全集の企画・刊行は，やはり当時の時流にのった「反動的・軍国的」な企画であったことは，事実であったのではないか。そうであるがゆえに，同大系の残り 2 冊は敗戦後「発売禁止処分」に付され，その刊行がなされることなく「企画全体が朝霧の如く敢えなく消え去ってしまった」(158)のであろう。孫田に対する教職追放は，1951(昭和 26)年 3 月に解除された（公職追放解除の月日は不明)(159)。

⑵ 戦後に続く労働法の理念としての「労働人格完成」の唱導

さて戦後間もない時期，孫田は『労働協約と争議の法理』なる著書を刊行した（寧樂書房・1948)(160)。その「序言」によれば，同書は孫田が「一昨年この

---

(157) 孫田・前掲『私の一生』161-164 頁。1951(昭和 26)年追放解除されたのち，孫田は自らの公職追放が橋本欣五郎（1890 ～ 1957）—— 元陸軍軍人で，極東国際裁判で終身刑を言い渡された ——が設立した「大日本赤誠会」の幹部であったことを理由とするものであったと聞かされたが，橋本とは会ったこともなく，事実無根であるとのべている（同前所)。

(158) 孫田・前掲『私の一生』138 頁。なお同所は「その第十一巻目まではすらすらと出されたが，第十二巻目を出すところで終戦とな」ったとしている。しかし本全集は実際，第 1 巻から順次刊行されたものではなかったし，必ずしも定期的に「すらすらと」刊行されたとは思われない。孫田がいうのとは異なり 11 冊ではなく，既述のように全巻 14 冊中，第 12 および第 13 巻をのぞく 12 冊が刊行されている。同前書 138-151 頁には，孫田の「監修の辞」や総目次などが掲載されている。

(159)「孫田略歴」前掲『経営と労働の法理』553-554 頁。

(160) 敗戦直後の時期，孫田には，同書以外にも，つぎのような論稿（口述録を含む）を発表していた。
　1946(昭和 21)年
　　＊「労働団結の自由と団結権の本質」実業之日本 49 巻 4 号 28-31 頁
　　「社会法より観たる憲法改正草案」日本法学 12 巻 4 - 8〔合併〕号 51-58 頁
　1947(昭和 22)年

第2節　労働法学徒における敗戦と戦後のあいだ

かた……各種の講習会で講述したものの速記を，書肆の切なる懇請もあり，かたがた早急にまとめ上げたものである」(2頁)。内容的に同書は，戦前の労使関係を反映して孫田のみならず，労働法学に関心を寄せる者にとって発言の機会の多くなかった労働協約と争議行為について，敗戦後はじめて本格的に論じたものであった[161]。労使紛争が頻発する一方，これに対処するに参考とすべき類書の少なかった当時，労使関係の当事者のみならず，理論的関心をもつ者にも裨益するところ大であったであろう。

このような敗戦直後の法解釈学上の課題に応える一方，孫田は「人格的労働法の実現」という理念ないし理想論を掲げていた。それはまず，アジア太平洋戦争敗戦の翌年夏になされた講演のなかで示された（『労働法の基礎理念と基本権』〔東洋経済新報社・1946〕の前半〔2-57頁〕に収録）。その後，同じものが「労働法の基礎理念」と表題を改め，孫田『現代労働法の諸問題』（労働法令協会・1954）に転収（3-41頁）され，これをさらに「私の人格主義労働法の理念」と再び改題して，孫田『労働法の開拓者たち』（実業之日本社・1959）に収録している（229-258頁）[162]。しかし大正年代末，わが国の労働法学が創成されよう

　＊「労働協約の主要問題」(1)-(3)経営者1巻4号2-5頁，5号8-10頁，6号7-11頁
1948(昭和23)年
　＊「争議権の性質とその限界」逓信労働2巻2号9-20頁
　「生産管理の本質と合法性の問題」(上)(下)経営者2巻4号1-3頁，2巻5号3-7頁
1949(昭和24)年
　「ロックアウトの本質に関する一考察」労働と労働法1巻2号（1949）11-15頁
1950(昭和25)年
　「当事者の改組と協約の効力・就労請求権・協約の余後効」日労研資料3巻12号4-12頁
　「労働法上の三つの問題」日労研資料3巻42号4-12頁
1951(昭和26)年
　「労働法上解雇自由の原則ありや」鉄鋼労務通信272号3-10頁
　「赤追放と就業規則に関する法律問題」日労研資料4巻3号4-14頁
　＊「労働契約の本質及び効力」労働法研究（日本鉄鋼連盟労働法研究会）第1輯
　「西独逸の共同決定法都わが国の経営参加の問題」日労研資料4巻34号3-9頁
1952(昭和27)年
　「協約違反と経営秩序との関連 ── 三越事件の判例に因んで」鉄鋼労務通信300号2-9頁
(161) 同書の意義については，和田肇「古典を読む（日本編）／孫田秀春『労働協約と争議の法理』」日本労働研究雑誌454号（1998）11-13頁を参照。同時期，孫田には（共著）『労働基準法・解説質疑応答』（日本鉄鋼業経営者連盟・1948）および『労働団結の自由と団結権の本質』（実業之日本社・1949）なる著書があると，前掲・孫田米寿記念論集「孫田著作目録」555頁に記されているが，その所在を確認することはできなかった。ただし後者は，本章注(160)であげた同名の，著書ではなく，論文のことを指すものと思われる。

531

としたとき，「体系的労働法学の構築」こそが自らの課題であるとした孫田は，その体系の巻頭を飾るべき『労働法総論』（改造社・1924）のなかで，すでに「労働人格の完成」と唱えていた。すなわち，そこでは「『労働力の完全に人格化せられたる状態』即ち『権利客体』としての労働力が権利主体たる地位に進んで労働力と其の所持者の人格とが完全に合一したる状態」をいう（同前書132頁）と説明していた。より具体的には，労働者の経営参加・共同決定の実現が孫田の「労働法の理想」と称することの具体的な内容であることが理解できた（本書「補章」参照）。ただし孫田は米英等連合国との太平洋戦争期にも，「労働関係は本質的に『労務者が一定の働きの面に向つて全人格を挙げて奉仕するゆゐ一の人格関係』である……。それは決して従来の法律学の考へたやうな価値の交換関係ではあり得ない。又経済的劣弱者の強者に対する労働条件の取引関係でもあり得ない」（『日本国家科学大系』第七巻法律学3（前掲）収録の「勤労新体制の基本原理」13〔407〕頁）と主張していた。すなわち孫田は，労働関係を近代市民法により理解することを「個人主義」として，これに「協同法」を対峙させる，自身の「労働人格」との発想の延長線上に，ナチス法理への共感を示していた。

そして孫田は敗戦後にもやはり，「人格的労働法の実現」を掲げた。孫田は先述のように，このことについて繰りかえし発言している[163]。

(3) 沼田稲次郎による孫田「労働人格の完成」理解

孫田の「人格主義労働法の理念」については，沼田稲次郎が2度にわたって，取り上げている。最初のそれは，討論労働法誌51号（1956年6月）に掲載された，孫田の報告「労働契約と労働関係の分析 —— 経営協同体論への基本的考察 ——」[164]（1-14頁）に対する質疑応答として交わされたものであった。それは沼田が後年自認するように「『勤労人格』の概念，したがって孫田労働法学に対して理解者の立場というよりは批判者の立場から見るに急で……質疑の形

---

(162) さらに後年，『わが「人格主義労働法」の理念』（高文堂出版社・1978）という見開きの偶数頁には文章が印刷され，反対側の奇数頁は読者のメモやコメントを記すためであろうか白紙という小冊子が刊行されている。このように同一論稿の表題を改め，あるいは内容も部分的に変更しながら，重ねて公刊することは，孫田においては既述のように，戦前の労働法概説書や論文でも，しばしば見られたことであった。

(163) 孫田は最晩年，労働法学会創立20周年を記念した対談（聞き手／常盤忠允）「労働人格と労働法」日本労働法学会誌37号（1971）54-63頁でも，これについて語っている。

(164) これについては，孫田の『労働法の開拓者たち：労働法四十年の思い出』（実業之日本社・1959）のなかでも引用されている（221-228頁）。同様の議論は，孫田「労働契約の本質」労働法学研究会報296号（1957）1-16頁でもみることができる。

第2節　労働法学徒における敗戦と戦後のあいだ

をとった虚偽性批判の姿勢で行われ」た（当時，沼田は42歳）[165]。また孫田の応答も相手をはぐらかすかのようなものに終始し，両者のやり取りは議論がかみ合わないまま，結局は「まだよくわからないのですが……」という沼田の独言をもって終わっている[166]。これに対し自ら年齢を重ねた沼田が，孫田の米寿を記念して刊行された論文集に寄稿した論稿で，むしろ情誼を尽くし，その意味内容を読み解かんとの姿勢に徹して「孫田労働法学の核心だと考えられる『勤労人格の完成』『人労一元の境地』なる労働法の基本理念にしぼって」[167]解読している。沼田によれば，同人が下に引用・要約する文章に「孫田労働法学ないし孫田法学の核心」があるとする[168]。

> 「『資本と労働とを併列せしめ，この相対関係の中に労働法の指導理念を求めようとする』『相対的労働観』として闘争主義，契約主義・社会連帯主義及び全体主義を挙げて，そのいずれをも拒否し ── 『結局は立場の相違というに帰着し水掛論に終る』とされる ──，指導理念は『絶対的に労働及び勤労人格そのものの本質の中に』求むべきだとされる。それは『即ち勤労人格なるものの真の姿，その真の在り方を究明することが労働法の究極目標であり，勤労人格に於ける"労働の完全人格化"，つまり"人労一元の境地"を齎（もた）らすことが労働法の理念であると思うのであります。』『勤労人格の物性離脱！これが即ち労働法の理念であり，所有人格の物性離脱！これが即ち財産法の理念であり，かくして凡ゆる人格の物性離脱，そして自由なる創造人格への究極の発展が，全法律学の最高理念でなくてはなりません。』」（傍線および読み仮名は引用者）

正直いって，これだけではやはり「孫田法学の核心」（沼田）がいかなるものか理解できない。今しばらく，沼田の解説に耳を傾けたい。まず孫田のいう「勤労人格」「所有人格」とは，「一般的に使われている用語でいえば企業家乃至経営者と勤労者乃至労働者ということになる……。『人格』の概念がかなり

---

(165) 沼田稲次郎「『勤労人格の物性離脱』の理念に就て」前掲・孫田米寿記念論集29頁。

(166) 孫田・前掲『労働法の開拓者たち』228頁は「沼田教授すら『まだわからない』といわれるぐらいだから，……『孫田学説』なるものは或いは取るに足りない愚説であるかも知れないが，……もう少しく詳しく述べることにする」としている。

(167) 沼田・前掲論文27頁以下，29頁。

(168) 同前稿31頁。以下，同論稿のなかで引用される孫田の文章に付されている点ルビ ── 孫田か，沼田によるものかを問わず ── を省略する。また孫田の文章は沼田も指摘するように，同一文章を複数の著書のなかで多少の加除訂正をしながら，繰り返し使用していることから厳密な特定はせずに「特に示さない限り，これらの文献からのものとみられたい。一々註記しない」（同前稿35頁注(2)）ことに注意する必要があろう。

533

第5章　労働法学の再出発

多義的なので，所有人格とか勤労人格といわれるとわかりにくいが，『人格』概念の鬼面をはぐと，経営者と労働者ということでわかりやすくなる」[169]とする。沼田もいうように，孫田が何故にあえて「勤労人格」なる文言を用いたのかわからない。だが「労働者」「経営者」と言われれば，確かに，以前よりは意味は容易に通じる。ただし，その際に孫田がつぎのようにのべていることを確認しておきたい（先に引用に際し，下線を付した箇所）。すなわち「従来多くの人々は，資本と労働とを対立せしめ，<u>この相対的関係の中に労働法の指導理念を求めようと</u>」してきた（231頁）[170]。これに対し孫田は「これを求めることをやめて，<u>絶対的に労働及び勤労人格そのものの本質の中にこれを求めん</u>」（235頁）と提案する（傍線は引用者）。

> 「従来の理論や法制の上では，……近代では労働は物，即ち労働商品として取扱われ，権利客体として処理せられてきたのであるが，<u>この権利客体としての労働が漸次主体性をかち得て，完全に労働者の人格と合一した状態が人労一元の境地</u>であり，勤労人格の真の姿であると思うのである。この境地に至ってはじめて労働者一般は勤労人格としてまた人としての存在価値を認められるのであって，労働が商品性，客体性をそのものである限り真の意味に於ける勤労人格というものは有り得ないものと考える」。

沼田も指摘する[171]ように，孫田がマルクス主義的な発想を受容していたの

---

(169) 同前稿32頁。同所ではさらに，孫田の「『人格』概念は，Person にも Mensch にも共通的に語られうる何物かであって，Persönlichkeit よりは Menschentum に近いようである」と推し測っている。さらにその直後（33頁）で沼田は，孫田が「抽象的人 Person」と「具体的な人間 Mensche」の2つに分けて，さらに後者の理解について，やはり2つの方法があるとしていることを紹介している。ただし，それは何とも理解しがたいものである。すなわち，一方は「人間の不平等を裏面において人の平等を表面にとらえる把え方」であり，他方は逆に「人の平等を裏面において人間の不平等を表面にとらえた把え方」である（点ルビを省略）。孫田によれば，後者はメンガーや末弘そして「沼田学派」がとる立場であるが，『勤労人格というものを闘争的性格のものとして把える』もので，賛成しかねるとして，自らは前者をとるとする。確かに，両者の法学方法論や主張は大きく異なる。しかし，このようにいわれた沼田の側からすれば，いかんとも反論の仕様もなく，孫田が「立脚される『第一の立場』は『理念』について語られているのか，『認識』についてのことなのか文脈からはっきりしない」として戸惑いを隠せない。沼田が指摘するように，孫田の「勤労人格」について，概念の厳密性を追究しても無意味なことなのかもしれない。沼田がここで論じているのは，かつて討論労働法51号掲載の自らと孫田とのやり取り（18-19頁）を振り返って反芻するものである。

(170) 引用は，孫田・前掲『労働法の開拓者たち』による（以下，同じ）。

(171) 同前稿37頁。

第 2 節　労働法学徒における敗戦と戦後のあいだ

ではない。同人は人間の労働力が通常の商品とは異なり，人間の肉体に内在するものであり，それから分離できないことに特徴があるとはいわない。また「人労一元の境地」などという表現には，何か精神主義的な意味合いがこめられているのであろうか。つぎに孫田は，フランス革命が勤労人格を抽象的人格と労働とに分離し，一方に主体性を承認しつつも，他方に客体性として，経済的価値の交換関係として捉えたとしたうえで，これを「許すべからざる過誤を冒したもの」と批判して，労働が全人格との発露として分離しえないと主張している。フランス革命とは，近代市民革命の典型例として想定したうえで，孫田は近代市民社会一般における人と人との関係のあり方をのべているものと思われる。なお，このような発想・理解はすでに孫田が本格的な労働法のあり方を展開した，1924（大正 13）年刊行の『労働法総論』（改造社）のなかでのべていたのと同じものであろう。沼田は，孫田の「『勤労人格の完成』の理念論」について，つぎのような理解を示す[172]。

> 「つまり，『商品ではない労働』は，労働者の人格と不可分に考察され，取扱われなければならぬ性質のもの」であり（これを『人労一元』と表現したといわれる），『労働関係は労働なるものの本質上，人格関係たらざるを得ない』ということになり，『労働力商品という物を以てではなく自己の全人格を以て使用者の需要に応ずる関係』ということになる。これが，労働法の理念に照して要請せられる労働関係だという次第である。そして『労働法そのものもまた本質的には財産法ではなくて人格法の一に位するもの』だ，というのが『勤労人格の論理』の項に要旨である」。

しかしフランス革命に典型的に見られる近代市民社会の論理＝商品交換関係を「過誤」とすることと，古代社会以来の労働法制の歴史について『勤労人格の史的発展』の現時点での帰着ないし到達として理解・説明することとの関係は，いかに接合するのか。沼田は，このことには触れずに孫田の「労働法制史」的説明を紹介する。すなわち沼田は労働法の歴史を古代ギリシャの「身分時代」から，ローマ法，中世ゲルマン法，啓蒙時代を含む「契約時代」，そして 19 世紀末から 20 世紀初めの「産業立憲時代」に入りつつあるとの孫田の説明を肯定的に引用している[173]。沼田は，孫田が第一次世界大戦後のドイツの例を念頭におきながら，「いまや『労働は更に協約により経営参加へ進んだ』といわれる。『勤労人格は被傭者性より生産者性へと一大躍進を遂げつつある』

---

(172) 沼田・前掲稿 34 頁。
(173) 同前所。

第5章　労働法学の再出発

画期的な現象として経営参加をとらえるのである」との，孫田の説明を追認する[174]。このような孫田の素朴な発展史観的な議論を，沼田は「勤労人格の真の姿は歴史的社会的に現象する堕落の諸相を通じて……何百年か何千年か先に現前するいわば神の如きものとして表象されているように思われる。いくらかヘーゲルの匂いも感ぜられるが，……むしろ仏の悲願としての労働法理念とでもいうべき感慨を私〔＝沼田〕は抱くのである」と説明する（下線は引用者）[175]。このように沼田は，孫田に寄り添いながら，その主張を解説している。

　孫田は既述のように，勤労人格の発展という主張それ自体を初期の著作である『労働法総論』のなかで開陳していた。戦後孫田自身は，そのような主張がそれ以来，揺るぎないものであるかのように語っていた。しかし実際には，それが戦前・戦中そして戦後を通じて，むしろ反対に一貫性のないものであったことは，すでに見た通りである。戦前，孫田は『総論』をのぞき，そのような見解を展開する機会をほとんどもたなかった。また戦時中は，当時のナチス法学に影響を受け，ギールケの議論を個人主義に基づく，時代遅れだと否定していた。そこでは協同体としての国ないし社会が強調されていた[176]。しかし敗戦直後から，ふたたび積極的に重ねて発言し，またそのことにより孫田の基本的特徴として人びとのなかで認知されていった。孫田は，このような主張をギールケとメンガーとの理論対立のなか，前者に示唆を受けたとする。孫田自

---

(174) 沼田・同前稿34-35頁。和田肇『労働契約の法理』（有斐閣・1990）214-215頁は，孫田の労働関係観について，労使の人格的共同体関係としての経営共同体関係と捉えるものだとし，それは「ドイツにおける人格法的協同体関係理論，とりわけポットホフ，ジンツハイマー，ニキッシュらの所説の焼き直しの域を出ていない」と評している。それは人格的協同体論がその後「ナチズムの労働協同体」と結び付いてしまったという歴史的経緯を踏まえて言及するものであろう。

(175) 沼田・同前稿37頁。

(176) 孫田は戦時中，「自由主義の人格概念と全体主義の人格概念」一橋論叢6巻3号（1940）16頁以下において，ギールケの人格概念には「多分に自然法的個人主義の臭味が漂うて居り」，ナチスの「協同体的全体主義」――同じく「協同体法理を骨髄とする我が皇道主義」のもとでも妥当――とは，相容れないとしていた。そこでは，自らの「労働人格」概念について，つぎのようにのべていた（23-24頁）。

　　「労働が労働其のものとして価値を持ち又労務者其のものとして労働人格を有するというようなことは無意味」である。「労働が人格価値であるということ〔は〕……躍動する全人格の発露として現実に又具体的に労働が価値を創設するが故に斯く称するのである」。そして「各の主体が『皆それぞれ相互にその所を得るということ』が即ちその価値創造の前提要件たるのである。ここに価値創造の前提としての全体的共同的なる場，即ち協同体の存在が要請せられる。……協同体の各員全体的関係に於てそれぞれ価値を創造し相互に，従って又全体に寄与するが故に人格を認められるのである」。

身は既述のように，シュタムラーに個人教授を受けながらも，その主張に満足
できなかったとする。しかし孫田『労働法の開拓者たち』のなかで紹介されて
いる該当箇所の議論を読むかぎり，その「勤労人格の論理」の形成に際し，
シュタムラーから大いなる影響を受けたものと推測できる。なお孫田は「勤労
人格の物性離脱」について繰り返し発言したが，これに対する「財産法の理
念」たる「所有人格の物性離脱！」とは，いったいいかなるものか。これにつ
いては，何らの説明も見られない。「凡ゆる人格の物性離脱，そして自由なる
創造人格への究極の発展」などといわれても，ただただ戸惑うばかりである。
孫田の基調にあるのは，沼田が推測しているように，ヨーロッパの思想家に見
られる「アテネ・ヘレニズム的とユダヤ・キリスト教的」の思潮ではなく，
「大乗仏教のそれ」であり，「敗戦の挫折以後の心境」の変化に関わるもので
あったのかもしれない[177]。

　いずれにせよここでは，孫田のいう「勤労人格の物性離脱」の主張が時代状
況のなかでたびたび変容した，いわば紆余曲折をへたものであったことを確認
しておきたい。当初孫田は，理念としての「労働人格の完成」を掲げて，労働
者による経営参加の論理化をめざしながらも，戦時中は「労働関係の人格性」
により，当時流行のナチス法理をもって脚色した労使の有機的結合を唱導し，
戦後は一転して，そのことには一切触れず，「勤労人格の物性離脱」を唱えた。
それは先に見たように，早くも敗戦の翌夏に表明されていた。孫田の「スマー
トな学風」（吾妻光俊）とは，そのような変わり身の早さ，または融通無碍を
いうのであろうか。

2　菊池勇夫 —— 戦後に続く「社会法」把握への志向継続とその意味
(1) 戦時期末期から戦後直後における大学行政への関与

　菊池勇夫の場合，1943(昭和18)年7月に九州帝大法文学部長に就任した前後
の時期から，時局の展開に対応した社会立法や戦時政策に関する発言を行なう
ことは次第に少なくなっていった（このことは同時期における菊池の著作活動内
容を具体的に示す，菊池「著作目録」（同六十年祝賀記念『労働法と経済法の理論』
〔有斐閣・1960〕12頁を見ることにより，容易に知ることができる）。それは菊池が

---

(177)　孫田・同前稿38頁。沼田は孫田が「すべての物性離脱という哲学的課題を意識しつ
　　　つ……その解決こそ労働法と労働法学の使命と観じて，これに期待」したことに「労働法
　　　に対する一種のFetischismusが生じている」と鋭く指摘している（40頁）。また同前稿
　　　39頁は，孫田の労働法理念について，超越的イデオロギー批判をすることは容易であり，
　　　それは「労使協調論あるいは労使協力論のいささか古いタイプの観念論」であると評して
　　　いる。

第5章 労働法学の再出発

戦争末期の戦局の悪化と，それにともなう学内行政に忙殺されていったことによるのかもしれない（菊池「年譜」同前書4頁によれば，2年後の1945〔昭和20〕年6月，同職を「健康上の理由で依願免」となったと記されている）(178)。

1949(昭和24)年，九州大学では従来の法文学部から法学部が創設されるにあたり，菊池は学部長事務取扱い，また産業労働研究所設立に際しても初代所長に就任し，また学外では福岡県地方労働委員会・九州地方船員労働委員会の会長をそれぞれ併任していた。さらに同年11月には，新たに決定された選挙方法により実施された九州大学学長候補者として選出された(179)。菊池は研究継続を理由に学長就任を辞退する意向であったという。しかし法学部教授兼任や学長室環境を研究に適するようにするなどの条件が充たされたとして，これを受諾し，同月30日，九州大学学長 —— 対内的には，戦前来「総長」と呼称 —— に就いた（就任時満51歳。これは歴代九大総（学）長中，最年少であった）。『九州大学五十年史』は当時の菊池について，つぎのように描いている(180)。

　　「円満闊達，絶えず微笑を含んだ温顔と人をそらさぬ豊富な話題で人を魅きつける。法理論によって鍛え抜かれた犀利な分析力と豊かな構成力とによって，問題の焦点をとらえて解決していく力倆は抜群で，法文学部・法学部における行政手腕は高く評価されていた」。

これは，当時菊池の大学運営の舵取りに対する期待の大きさを表わすものといえよう(181)。以後4年間（1953〔昭和28〕年11月まで），菊池は新制大学への移行や新制大学院設立にともなう様ざまな学内行政に，法学部教授として研究と講義を続けながら，学長としての職務に従事していった。

---

(178) 菊池は既述（本書第2章〔99-100頁〕）のように，太平洋戦争末期の1945(昭和20)年6月19日午後11時ころから翌20日午前1時にかけて，B29爆撃機221機による福岡空襲に際して，自宅を焼夷弾により被災している（前掲・菊池「年譜」4頁，菊池「ILOの五十年と東京支局」同『世界の中の労働法：評論と随想II』〔一粒社・1971〕132頁および林迪広「菊池勇夫博士の生涯と社会法」法律時報47巻10号〔1975〕83頁）。

(179) 林・同前稿84頁。菊池が学長に選出・就任する前後の九州大学の学内事情や菊池学長選出の経緯については，九州大学創立五十周年記念会〔編〕『九州大学五十年史・通史』（九州大学創立五十周年記念会・1967）585-589頁に詳しい。

(180) 同前書589頁。

(181) 菊池は先に戦後の末弘のところ（本章520頁）でふれたように，1950(昭和25)年10月，日本労働法学会の初代代表理事に就いた（同「日本労働法学会の設立」季刊労働法58号〔1968〕のちに同『戦後労働法の二十年』〔一粒社・1969〕283-287頁）。これも，その人柄を考慮したためであろうか。

(2) 戦後に続く「社会法」の追究

敗戦末期から戦後直後の文字通り内外激動の約10年間，学内行政に携わらざるをえなかった菊池にとって，それ以降の研究生活のなかで，いったいどのような課題を自らに課し，そして展開していったのであろうか。

菊池は1947(昭和22)年の初め，講演録を基礎にした「戦後の新労働立法を体系的にとりあつか」った『新憲法と労働立法』(西日本新聞社) という小著 (107頁) を刊行している。ただしその「著作目録」(前掲) をみたとき，菊池は戦後も，従前と同じく「社会法」をいかに把握するかという問題に大きな関心を寄せていた[182]。敗戦以降も，菊池はこれについて，しばしば言及していた。それらの多く (最後のものをのぞくすべて) は，九州帝大法文学部で新設されたばかりの「社会法講座」を担当してから40年が経過した1968(昭和43)年，古来稀なりといわれる年齢に達したことを自ら記念して，刊行した『社会法の基本問題 —— 労働法・社会保障法・経済法の体系』(有斐閣) に収録されている (以下，引用に際しては同書の頁数をさす) が，発表順に示せば，次の通りで

---

[182] 1955(昭和30)年末に始まる日本の原子力関係立法の制定と時をあわせるかのように，1950年代半ば (昭和30年代) 以降，菊池は原子力開発について，積極的に発言していることが注目される。このことはとくに，ポスト3・11の今日，関心が向けられるべきことかもしれない。それは戦前ドイツのベルリンで，日本人研究者を中心に営まれていた読書会＝「ベルリン社会科学研究会」に同じく参加していた有沢広巳が戦後，原子力開発について積極的に関与していった (1956[昭和31]年から1972[昭和47]年まで原子力委員会委員を務めた) ことと軌を一にする側面がある。菊池のこれ関わる論考としては，つぎのようなものがある。
 (1)「原子力基本法の平和目的：その世界史的背景について」法政研究22巻2-4号合併号 (1955)
 (2)「原子力法学の展望 —— 特にその社会法的問題の研究」九州大学法学部創立三十周年記念論文集『法と政治の研究』(有斐閣・1957)
 (3)「資料／原子力関係の新法令」法政研究24巻4号 (1958)
 (4)「原子力法における社会法的問題」前掲『社会法綜説』下巻 (1959)
 (5)「原子力平和利用と労働問題」日本労働法学会誌14号 (1959)
 (6)「経済法と原子力法」経済法4号 (1961) のちに前掲『社会法の基本問題』に収録。
 なお菊池は(4)論文冒頭箇所で＊を付して，(2)論文に「加筆して，この『社会法綜説』に加えることとした」(同書570頁) としている。しかし両者を対照すると，大きな修正もなく，実質的には，両者は同一のものと扱って差し支えないように思われる。(6)論文 (184頁) によれば，原子力法は放射線障害防止について労働安全衛生問題を含み，保険の面では社会保険に関連し，その国家的・国際的管理において産業統制としての経済法的特色があることから社会法が取上げるべき課題であるとする。かつて原子力開発が人類にとって，明るい未来を約束するものと信じさせられていた時代における議論であったのであろう。

539

第 5 章　労働法学の再出発

ある(183)。

(1) 「社会法の思想と社会立法の発展」法政研究 17 巻 1-4 合併号 (1950)
(2) 「社会法と労働法」末川博教授還暦記念『労働法経済法の諸問題』(有斐閣・1953)
(3) 「社会法の概念と体系」(原題)「社会法の基本問題 —— 概念と体系」『社会法綜説』上巻 (同前・1958)
(4) 「社会法と社会保障法」新労働法講座第 1 巻『労働法の基礎理論』(同前・1966)
(5) 「社会法学説の展開」石崎政一郎教授古稀記念『現代ヨーロッパ法の動向』(勁草書房・1968)
(6) 「社会法と全法律」孫田秀春先生米寿祝賀記念論集『経営と労働の法理』(専修大学出版局・1975)

　菊池は法律時報 38 巻 4 号 (1958) が「市民法と社会法」を特集し,「社会法」把握のあり方について問われたとき, 自身が戦前来維持してきた, ①法律思想の潮流をさす場合 (個人法と社会法), ②現行法体系の一系統をさす場合 (公法・私法と社会法), ③法社会学的考察において法源をさす場合 (国家〔制定〕法と社会法) そして④法学の分科をさす場合 (労働法, 社会保障法および経済法) という四つに区別して検討しなければならないと応 (答) えている(184)。それはすでにみたように, 1943(昭和 18)年に公刊された『労働法の主要問題』の「序」で定式化されていた理解と同じであった。周知のように④に関して, 戦前は, 社会保険法と社会事業法と区分されていた両法域が戦後は現行憲法制定にともない「社会保障法」に統合され, (4)論文のなかで, 労働法との関係いかんとともに, 菊池の社会保障法体系が示されている。しかし戦後に発表されたこれらの論考では, その時どきの課題に応じて重点は異なっていても, 書かれていることは新たなことではなく, 戦前に形成された理解をリライトしながら, 繰り返しその意義を確認するというべきものが多かった。1968(昭和 43)年 12 月, 既述のように菊池は自らが古稀を迎えて「労働法・社会保障法・経済法の体

(183) 同書には, これらのほかに関連する論稿として「社会的基本権について —— 労働基本権序説 —— 」法哲学四季報 4 号 (1949) および「権利濫用の法理と社会法」末川博先生古稀記念『権利の濫用』上 (有斐閣・1962) が収録されている。また菊池にはほかに, 穂積陳重 (1855 ～ 1926) における今日にいう高齢者福祉に関する先駆者としての側面を検討する「穂積陳重と社会権」日本学士院紀要 30 巻 1 号 (1972) 21-42 頁という論稿もある。
(184) 菊池「アンケート／市民法と社会法について」法律時報 38 巻 4 号 (1958) 66 頁。なお, これと同じ年に発表された前掲(3)論文冒頭 (67-68 頁) で, 同様の説明がなされている。

第2節　労働法学徒における敗戦と戦後のあいだ

系」という副題が付された著書『社会法の基本問題』を刊行した[185]。その際同書の4頁半ほどの「序言」のなかで、菊池は戦時期の1943(昭和18)年に刊行した『労働法の主要問題』の「序」でその社会法概念理解に関してのべた文章をそのまま――ただし漢字・かな遣いを現代表記に改めた――3頁にわたって引用した。これは菊池にとって、社会法とは何かとの問いに対し、戦時中の壮年期（45歳）に執筆・公刊したものが戦後の老境にいたったとき（70歳）に、なんら修正ないし変更の必要もないとの自負を示していたのかもしれない。

　(2)論文では、とくにフランス法上の「労働法」理解の変遷（106-116頁）とともに、戦前菊池の社会法体系理解のあり方（117-119頁）が簡潔に回顧（示）されている。また先の社会法概念①と②についてのべるのが(3)論文である。(5)論文は、①問題を包括的に扱っている。そして戦前・戦中・戦後を通じて、菊池の社会法論の集大成というべきものが1975(昭和50)年に発表された(6)論文であった[186]。すなわち、菊池の社会法への関心は戦前来、一貫したものであったといえるかもしれない。この点について注目すべきは、戦後最初に発表された(1)論文であろう[187]。そこで菊池は（敗）戦前の社会状況の変化と学説の変遷を振り返って、つぎのようにのべている（87頁）。

　　「日本においては、昭和六〔1931〕年の満州事変以後ようやく非常時的傾向を明らかにしたが、これについて社会立法はその地位を経済統制立法に

---

(185) また蛇足となるが、敗戦直後の昭和20年代初頭、有斐閣は「創業七十周年記念出版」として「法学選書」シリーズを刊行した。その後、同シリーズは中断したが、刊行リストには吾妻光俊『労働法の基本問題』（1949）と並んで、菊池『社会法の基本問題』という書名が記されている。つまり同書の刊行はその案内がなされてから20年後に、ようやく出版企画が実現したということなのかもしれない。

(186) 本稿は、孫田米寿祝賀記念論文集に寄稿されたものである。その冒頭菊池は、50年前の1925(大正14)年12月、翌月の1月17日に出発が予定された渡欧の旅をひかえ、同行する横田喜三郎とともに、在外研究から帰国したばかりの我妻栄から紹介され、その義兄である孫田の許を訪れたことが、菊池にとって孫田との交際の機縁であったとのべている。このことは、本書第2章でも言及した。我妻が2年半におよぶ在外研究から帰国したのは、同年12月8日であった（我妻洋・唄孝一〔編〕『我妻栄先生の人と足跡』〔信山社・1993〕11頁）。すなわち同論文は菊池にとって、その「『社会法研究のため』の旅」（『社会法の基本問題』（前掲）「序文」）から半世紀の時間を経て、ふたたびその旅立ちの原点へと立ち返ってきたということを意味するのかもしれない。

(187) 菊池・前掲『社会法の基本問題』84頁（同論文扉の裏面）には、本稿が菊池の九州大学総長就任記念講演（1950年1月14日）の口述草稿を論文化し、法政研究「法学部独立記念」17巻1-4号合併号（1950）に掲載されたものであったことが記されている。その意味で、本稿は菊池にとって戦後の出発への思いを強く表わしたものであったのではないかと推測される。

541

譲ることとなった。各人の幸福を増進するための社会福祉ということが，国民協同体的という名の下にむしろ全体国家的統制による『厚生』概念に置き替えられた。社会事業を『厚生事業』に改称し，労働法も社会法としての性格を排して人的資源保全のための『厚生法』に改編されなければならないというような強い主張が現われてきた。やがて日華事変〔1937年〕から太平洋戦争の勃発〔1941年〕となって，戦時体制は一切を国家総動員の中に統制することとなった。経済法の概念においても，第一・大戦[188]後におけるドイツ経済法のような社会化経済の傾向は全く排除されて，戦時経済統制だけを取上げることが主張された。したがって，社会法思想の発展変遷の中において労働法と経済法を基礎づけ，戦時動員的諸立法はこれを歴史的展開の中の，特別な時期の現われとしてとらえるという考えに対しては，強い反対が起っていた。先にあげた社会法を排斥して『厚生法』をもって替えることや，また経済統制法規を国民経済の一時期における過渡的現われとする見解を否定して，これを『統制経済法』と規定する説が行なわれたのである」。

　上記の菊池論文にいう，当時「社会事業を『厚生事業』と改称し，労働法も社会法としての性格を排して人的資源保全のための『厚生法』に改編されなければならない」と主張したのは，後藤清のことであろう[189]し，「経済統制法規を積極的に『統制経済法』と規定する説」とは，津曲藏之丞『日本統制経済法』（日本評論社・1942)[190]をさすものと思われる。そして，これらの言説が否定した「社会法思想の発展変遷の中において労働法と経済法を基礎づけ，戦

---

(188)　一般に「第一次」「第二次」世界大戦と表記するであろうが，菊池はこのように示している。

(189)　後藤は戦時中，つぎのようにのべていた（「厚生法とその指導原理」社会政策時報221号〔1939〕のちに同『労働法と時代精神』〔河出書房・1939〕収録142頁）。
　　　第一次世界大戦後，社会立法は「従来の市民的法原理に対しては，著しい変革であり，爾後，久しい間，法律思想の潮流における革新的要素として，これに対して新鮮なる活素を注ぎこんできたのであるが，今やこの二十世紀初頭における麒麟児も新たな法概念の生成のために，その王座をゆづらねばならぬことになつた。然らばこの新たに生成した法概念とは何であるか？　それは，従来の社会立法ないし社会法の拠つて立つてゐたところの原理を揚棄したる新たな原理の上に立てるところの，厚生法の概念である。／ここに厚生法を指導する原理を簡明に掲げるならば，それは，『一国発展の基礎たる人的資源の培養ならびにその基礎的生活の安定』ということに帰する」。
　　後藤の「厚生法」については，本書第3章で検討した。

(190)　津曲の労働法・経済法理論については，本書第4章298頁以下を参照。

第2節　労働法学徒における敗戦と戦後のあいだ

時動員的諸立法はこれを歴史的展開の中の，特別な時期の現われとしてとらえるという考え」「経済統制法規を国民経済の一時期における過渡的現われとする見解」（下線－引用者）とは，菊池自身の主張であるといわんとしているのだと思われる。確かに，菊池自身は「厚生法」という文言を用いることはなかったし，戦後もこれについて否定的に言及している(191)。しかし戦時中，従前と同じく「社会法」といいながらも，国家総動員体制を擁護し，積極的に推進していったことでは，菊池は後藤や津曲と変わりなかった(192)。社会連帯に立った社会事業を，戦争遂行のための「人的資源の確保」と捉え，労働保護の理念に裏打ちされた労働（保護）法を勤労動員確保のための労務統制法に変容させていったのは，菊池自身もその一人であったのではなかろうか。そして菊池は先に引用した箇所に続けて（ただし段落を改めて）いう（87-88頁）。

> 「第二・世界大戦もまた，民主主義の旗じるしを掲げた連合国の勝利をもって終結した。戦時総動員体制は……取除かれ，民主主義的傾向の復活強化が行なわれることとなった。……ここに再び社会法思想の復活が認められることとなったのである。労働立法は労働統制法としてで〔は〕なく社会立法として，また経済立法は経済動員としてではなく，国民生活を確保するための調整立法として，いずれも社会法的性格をもつ進歩的意義の認められるものとなった」。

　上記の記述を読むかぎり，戦時中の統制経済を「特別な」「一時的」「過渡的」現象として肯定したうえで，菊池にとっては，戦後も，（敗）戦前と同様にやはり経済法も，労働法や社会保障法と並んで，社会法の範疇に含まれるべきものとして捉えている。また先ほどの法律時報誌のアンケート回答の末尾(193)でも，労働法と経済法との関係に関連して，「労務統制を含む意味で，『労働法の経済法への統合』が唱えられたりすることもある」とのべている。これらの発言は結局，社会・経済情勢の変化により，菊池のいう社会法概念はいとも容易に統制経済法に転換するということにならないだろうか。同じ年に公刊された(3)論文81頁で，菊池は（敗）戦前の「人的資源動員が当然に経済

---

(191) たとえば菊池・前掲「社会法の概念と体系」80頁および菊池・前掲『社会保障法の形成』「序言」2-3頁での記述を参照。

(192) 島田・前掲論文85頁以下，とくに88-92頁で，国家総動員法施行（1938）以降，菊池，津曲そして後藤がいかに「同法に沈潜し，『人的資源』の維持・培養について，あるいは労働組織の統制についての解説に意をそそ」（89頁）いでいったのかを，上記の3人が同時期に法律時報誌に発表した掲載論文を検討することを通じて明らかにしている。

(193) 菊池・前掲「アンケート／市民法と社会法について」66頁。

543

第5章　労働法学の再出発

計画の中に統合せられた」全体主義的体制を社会法と呼ぶことには矛盾がある
としながらも，「共同経済あるいは社会化経済」のもと，「労働法を経済法に綜
合することを平常化する場合」がある——とは，総力戦体制以外にいったいい
かなる場合を想定すればよいのか——として，その場合の「統一目標はやはり
社会（公共福祉）的理念」でなければならず，この場合にも労働法と経済法の
上位にあって両者を統合するのが「社会法」であるとする[194]。しかし繰り返
すが，戦時中菊池のいう「社会法」については，公共性を「協同体理念」＝国
家的生産力増強の見地として主張された。菊池の場合，戦後，自らの戦時法体
制擁護の議論を反省的に顧みるということがはたして，どれほどになされたの
であろうか[195]。

3　敗戦直後の津曲蔵之丞の言動と石崎政一郎の対応

つぎに津曲蔵之丞については，同僚である石崎政一郎の場合と併せて，検証
したいと思う。

(1) 敗戦直後の津曲と石崎の対応

東北大学では食料をはじめとする物資の極度の不足と交通機関の混乱するな

---

(194) ただし今日，経済法を社会法のなかに包摂して理解しようとする学説は少数であろう。
　　それは経済法に関する概説書のなかで，これについて言及するものはほとんどないという
　　ということにより示されている。「経済法」概念の把握に関する国内外の歴史的展開につ
　　いては，丹宗暁信・伊従寛『経済法総論』（青林書院・1999）49-129頁（丹宗）を参照。
　　なお同書159-160頁（丹宗）は経済法が「営業の自由」ではなく，事業者の実質的な「経
　　済活動の自由」を保障しようとするものである点で，社会法の一環として捉えることがで
　　きるとする「立場」を表明する（より詳しくは，同前書217-233頁〔丹宗〕を参照）。
(195) ただし古来稀なりといわれた年齢に近づいた頃，菊池はわが国の「法律学語」として
　　の「労働法」という文言の淵源を探った論考である「労働法の名称について」日本学士院
　　紀要25巻3号（1967）141-151頁中，その末尾で経済法について触れて，つぎのように
　　のべている（151頁）ことに注目したい。
　　　「私は戦前に経済法を社会法に属する経済政策的法の分科とし，『組織化された経済の
　　　法』として研究することを試みたが，実際には戦時経済統制法の解明になってしまっ
　　　た。戦後経済法としても，独占禁止法中心の理論よりはむしろ国民経済の計画化（pl-
　　　anification）を中心に経済政策的法を体系化することに興味をもっている。今日にお
　　　いては，社会主義経済体制だけでなく，自由主義経済体制にも国民経済の生産増進を
　　　社会目標を立てて計画化することがおこなわれている。／……／社会政策的法と経済
　　　政策的法とを広義の社会法に統合するためには，現代国家を福祉国家として社会福祉
　　　を政策目標とし，社会的正義が経済的正義に優位することを社会法の理念としなけれ
　　　ばならない」。
　　このような理解が菊池の最終的に到達した社会法理解なのかもしれない。

か，勤労動員（8月16日文部省解除通牒）先から復帰したり，陸士（陸軍士官学校）や海兵（海軍兵学校）出身者で編入学が認められた者も加えて1945(昭和20)年10月から講義が再開された[(196)]。

このような敗戦直後の時期に，津曲は「アメリカの労働組合法」なる論稿を「世界週報」誌26巻29＝30号（1945・11・10）に発表している[(197)]。何故にアメリカの労働法制を論じるのか。同年末（12月）には，今日，現行法と区別して「旧労組法」と呼称される，わが国初の集団的労使関係法である労働組合法が制定される。そのことを想定していたのであろうか，津曲はまず，労働組合法においては，いかなる事項が規定されるのか，国により異なるが，一般的には，つぎのようなものが含まれるとして(1)労働組合の目的と形態，(2)その設立，(3)法人格，(4)組合の法的資格と地位，(5)労働協約締結権の確認，(6)争議行為に関わる組合および役員の損害賠償責任〔の免責〕，そして(7)国による労働組合の監督という7項目を列挙している。そこで津曲は，まずはアメリカ連邦法における歴史的な変遷と，とくにニュー・ディール期および戦時労働法制について検討している。このような作業は，戦前ついに日の目をみなかった労働組合法が現実化するにあたり，有用なものであっただろう。しかし反面，その戦時中の言動との関係においては，どのように理解すべきなのか。津曲は冒頭，つぎのようにのべている。

「民主主義的な建前から労働組合法を制定するといふのであれば，労働者の人間性を認容することを前提とする。‥‥労働組合法はかかる人格尊重と労働条件の向上とを目標として立案しなければならないが，‥‥すべての労働立法は，それぞれの国における産業事情と国民性とに制約されるものである。したがつて外国における立法の翻訳では日本の事情に適合しな

---

(196) 東北大学五十年史編集委員会〔編〕『東北大学五十年史』（東北大学・1960）下巻1077-1078頁。なお広浜嘉雄「やつさもつさの二年間」東北大学法文学部史編纂委員会〔編〕『東北大学法文学部略史』（同編纂委員会・1953）46-47頁によれば，関西地方出身者の多くは京都帝大へ，関東地方出身者は東京帝大に転学し，東北地方出身の他大学生の少数が東北大学へ転入してきたという。

(197) 津曲は「本誌の求めに応じて」同稿を執筆したとのべている（10頁）が，より具体的には，同誌の編集長であった，旧制七高以来の友人である福岡誠一から依頼・慫慂されたものであろう。同稿末尾で津曲は，欧米諸国の労働組合法制の解説を依頼され，当初はアメリカに続いて，イギリス，フランス，ドイツ，イタリアさらにはロシアの6か国における法と制度を論じることを意図したが，アメリカ一国についてのべるに止まり，他国について言及できず，それについては「他の機会に譲る」としている（15頁）。実際の論述が当初の目論見と大きく異なり，中途で終わるのは，すでに何度も指摘してきたように，従来から繰り返しみられたことである。

545

第 5 章　労働法学の再出発

いし，そうかといつて日本の今日のままの特殊性を強調することは，反動
的で進歩がないといふ非難をまぬがれない」[198]。

　わずか 4 か月前に刊行された著書のなかで，日本的特殊性を賞揚していた同
じ人物が自らの発言などまるでなかったかのごとく，戦後労働立法のあり方に
ついて発言する変わり身の早さには，正直驚かざるをえない。戦時中，「皇国
臣民が其の職分に応じて皇国に対して仕奉する経営体に於ける行」たる勤労の
意義を唱道していたことと，敗戦直後，戦時中の特殊国粋主義的労働理念とは
正反対の，労働者の人格の尊重と労働条件の向上を目指すべきであるとの立法
課題を掲言することとのあいだに，何らの矛盾も感じなかったのであろうか。
　ついで津曲は「終戦後の一般労働問題」と「婦人労働問題」の二つの課題に
ついて発言している。それは，その奥付によれば翌 1946（昭和 21）年 3 月 25 日，
東北地方を代表する地方紙「河北新報」を刊行する同社より，中川善之助をは
じめ，東北帝大法文学部の教官 15 名による共著として刊行された『政治教養
読本』（本文 228 頁）の中でなされた。すなわち河北新報紙は，1945（昭和 20）年
11 月 29 日より翌 1946（昭和 21）年 2 月 6 日まで「婦人参政講座」と題して法文
学部法学・経済両学科の教授らによる分担執筆記事を 65 回に分けて連載し
た[199]。同書では，とくに民主主義政治の理解と婦人参政権（の付与）が戦後
日本の建設に対し，大きな役割をはたすであろうことが強調されている。同書
は，上記連載記事をまとめて単行本化したものであろう[200]。そして津曲によ
る両稿のあいだにはさまれて石崎の「労働組合と労働協約」と題する論説が掲
載されている。
　ここでも，両者の（記述）対応は対照的である。まず石崎の場合，わが国初
の労働組合法制定を前に，その内容にふれながら，労務者 —— 石崎は戦前来，

---

(198)　同前稿 658 頁。

(199)　東北大学百年史編集委員会〔編〕『東北大学百年史』四　部局史一（東北大学研究教育
　　振興財団・2003）203 頁。

(200)　その裏表紙には，つぎのような惹句が記されている。これから，本書刊行の趣旨を容
　　易に読み取ることができよう。
　　　「◇民主主義政治への教養，本書はそれを身につける一つの導標として書かれた読本で
　　ある。とくに婦人参政権の実相を把握するために多くを割いた。婦人解放の自覚的運動
　　は，何よりも高い教養に求めなければならない。
　　　◇本書を読む一般社会人のためには，今日と明日の政治に繋がる法制，経済，社会，道
　　徳等あらゆる分野の公民問題に触れ，平明直截なる解説を記述編輯した。
　　　◇終戦以来の日本政治を孤立化するか，国際場裡に立たしめるかは，ポツダム宣言履行
　　の誠実如何にかかっている。政治教養の緊要性はここに存する」。

このように呼称している —— の生活確保にとって労働組合がなぜ必要なのか，また使用者とのあいだで締結される労働協約がいかなる役割をはたすべきか，解説する。すなわち「労務者が安定ある生活を営みその生産力を発揮するためには労働組合をつくる必要が当然起つてくると云ふならば，国家は，労働組合の健全に発達するやうにこれを指導助成しなくてはならない」。たとえ労働組合が争議行為を指令しても，それは「産業の平和を確立し労務者全体の文化国民たる地位と資格とを増すことこそ其の大きな目的なのである。それ故にこそ労働組合は……労働協約を結んで労働争議の発生せぬやうに努めたり，争議が発生しても成るべく……平和的処理方法をもちひて争議の解決をはかる」[201]。すなわち労働組合を戦前のような，反社会的な団体として，治安対策の対象となるべきものと考えるべきではないということであろうか。このように石崎は労働組合，そしてその結成・運営を助成する労働組合法の意義について，読者が理解するように努めている（その内容は今日からみれば，いわば当たり障りのないものであったが）。

　これに対し津曲は，日本経済の復興や女性労働者の保護について，より積極的に発言している。すなわちインフレの昂進 —— 津曲は冒頭で仙台の旧制二高に近接した，代表的商業地である東一番丁（ママ）に出現した闇市で売られる商品の価格を例としてあげる ——，食糧難そして男女ともに見られる失業という「三位一体の難問が絡み合った姿」をもって出現するだろう労働問題を解決することが緊急の課題であるとする。そして日本の経済，産業の建て直しを図るには，それまでの「封鎖的国民経済として考える」のではなく，世界経済，とくにアメリカ経済のあり方が重要であるとするとともに，社会政策の実施を要求する。ただしその際に，津曲はつぎのようにいう[202]。

> 「大衆の支持を単に国体の護持の点だけに求めるのは余りにも政治性が無さ過ぎる。二千六百有余年の国体の有難さは日本大衆を把握する世界無比の基盤である」。

　このような発言に示された津曲の心性（メンタリティー），戦争中のそれと何ら変わらないものであるように思われる。津曲のなかでは，日本の敗戦とその後の連合軍による民主化要請とは矛盾するものではなく，自らの言論活動には戦前・戦時中のそれとむしろ継続性が見られる。意気軒昂といってもよかろう。津曲がその

---

(201) 前掲『政治教養読本』169-170 頁。
(202) 同前書 164 頁。一方で，津曲は過剰な人口の解決として，海外移民の実施を図ろうと提案していた。それは，戦前の満州移民の提唱と，結局は類似した発想といってよかろう。

第5章　労働法学の再出発

言動について寡黙になっていくのは，この後であった。それは，GHQ の指示
による法令に基づく「公職追放」と並んで，各教育機関で「教員適格審査」が
始められたころ（1946〔昭和21〕年春）であった。東北大学でも各学部ごとに学
部長 ―― 当時の法文学部では，前学部長であった広浜嘉雄（1891 ～ 1960・法哲
学・民法学）が過労で倒れ，急遽，高橋里美（1886 ～ 1964・哲学）が 3 度目の
職に就いていた ―― が委員長となって適格審査委員会が設けられ，1946（昭和
21）年春から夏にかけて数十回の会合を重ねて，同僚の著書，論文における戦
時中の言論内容を審査し，判定するという作業が行なわれた。すなわち同勅
令・別表第一には既述のように「一，講義，講演，著述，論文等言論その他の
行動によって，左の各号の一に当る者」として「2．独裁主義又はナチ的ある
ひはファシスト的全体主義を鼓吹した者…… 6．右の何れかにもあたらないが，
軍国主義あるひは極端な国家主義を鼓吹した者，又は其の様な傾向に迎合して，
教育者としての思想的節操を欠くに至った者」，「二，ナチ政権あるひはファシ
スト政権又はその機関の顧問，嘱託その他これと特別な関係を持ちその政策を
行うことに協力した者」などの諸規定があった[203]。津曲の場合，とくに戦時
中，皇国イデオロギーに基づき，古代神話まで援用しながら，日本的な「勤
労」の意義を提唱していたことは先に見たとおりである。おそらく追放令に該
当する可能性はあったと思われるが，津曲にとっては幸いなことに教職不適格
とは判定されなかった[204]。

　なお石崎は東北大学法文学部における適格審査委員会設立に先立ち，同審査
および委員会設置のあり方について，東京に赴き，同年 3 月 4 日（対・東京大

---

[203] 「教員適格審査」および非適格者の「追放」については，末弘の場合に関連して，本
　章第 1 節 2 で言及した。

[204] 法文学部では，新明正道（1898 ～ 1984・社会学〔ただし 1946〈昭和 21〉年 8 月公職追
　放〕），奥津彦重（1895 ～ 1988・ドイツ文学），広浜嘉雄および鈴木宗忠（1881 ～ 1963・
　宗教学・ただし名誉教授〔同年 11 月公職追放〕）の 4 名が不適格と判定されて追放処置の
　対象となった。一方，戦時中にその思想ゆえに大学を追われた宇野弘蔵（1897 ～ 1977・
　経済原論・人民戦線事件で逮捕・起訴されたが，無罪となった），服部英太郎（1899 ～
　1965・社会政策・「自発的」な退官を余儀なくされた）および立野保男（会計学・前任校
　における，いわゆる大阪商大事件 ―― 詳しくは，上林貞治郎『大阪商大事件の真相；戦時
　下の大阪市立大で何が起こったか』（日本機関紙出版センター・1986）を参照 ―― に関連
　して治安維持法違反で逮捕）の復帰が要請され，教授会決議にもとづき，すでに東京大学
　（社会科学研究所）に職をえていた宇野をのぞき，復帰するにいたった（前掲『東北大学
　五十年史』上 1023 頁，前掲『東北大学百年史』四・202-203 頁）。ただし立野保男につい
　ては，実際には復職はなかったと思われるが，その詳細は，北仁人（きたにひと）のたわ
　言「東北帝国大学法文学部経済学科講師立野保男の逮捕 ―― 治安維持法と大学の責任
　（3）」htiip://www.focusglobal.org/kitanihito_blog/post-63.html を参照。

学法学部長・我妻栄）および3月8日（対・文部省学校教育課長〔相良惟一〕）の両日にそれぞれの意見聴取をしている。推測するに，その情報収集により得られたものが東北大学における教職適格審査のあり方の基本方針となったものと思われる。このように石崎は，戦争末期時の群馬県伊勢崎市にあった中島飛行機工場への学徒勤労動員においてのみならず，敗戦直後，戦時中の同僚の言動内容を調査し，教職追放の是非に判断するという作業にも深く関与・従事した[205]。

(2) 津曲の戦時期の言動についての弁明 ── 戦後への再出発

「法律文化」誌3巻10＝11＝12合併号（1948・9）9-12頁に10点に及ぶ労働法学上の課題を示して，それぞれの論点提示の末尾に「むづかしい問題である」「（まことに）（なかなか）厄介な問題である」と繰り返し記した「労働法の基本問題」を発表した翌年（1949〔昭和24〕年），津曲は同じく「法律文化」誌4巻1号41頁以下に「社会法・労働法学の再建」を寄稿している。

そこでは，まずつぎのようなことがのべられていた。すなわち，労働法は「資本主義社会における労資の分裂を防止し，資本主義社会の破滅を防戦するための法秩序にすぎ」ず，「労働法の本来の性格は総資本の合理化の立場から労働条件の維持向上を計ることにあ」り，「資本主義社会において共産主義労働法というものは存在しうるものではない」（以上，同前稿42頁）。にもかかわらず，「終戦後のあわただしい日本の社会運動に幻惑されて，労働法の領域外の問題〔労働組合が革命的政治闘争の担い手として活動していること〕を恰も労働法の本質であるかの如く取扱つている傾向が労働法学の研究と銘打つている一部に存在しないだろうか」「法学としての労働法学と政治運動とを混同してはならない」（同前稿43頁）。

津曲がいうように，終戦直後の高揚する労働運動に対し，呼応・同調するような動きが労働法学のなかにあったことは，確かであろう。津曲は，これに危惧を表明しているということであろうか[206]。津曲自身は戦前，その著書『労

---

(205) 石崎による3月5日付と同10日付の2つの「報告書」は前掲『東北大学百年史』八資料一 206-215頁に，また同大学「教員適格審査委員会規程」は同書217-218頁に収録されている。すなわち石崎は法文学部教員資格審査委員会（1946〔昭和21〕年6月発足）委員（幹事）および全学的な東北大学教員適格審査委員会（1947〔昭和22〕年6月発足）委員（副委員長および委員長）として，教員適格審査の開始から終了近くの時期まで重要な役割をはたした（詳しくは，小幡圭佑「東北大学における教職員適格審査とその文書 ── 人事課移管文書・石崎政一郎文書Ⅱ」東北大学史料館紀要10号〔2015〕1-14頁参照）。

(206) 同様の危惧は，吾妻光俊も表明していた。吾妻の場合，そのことが「法社会史的研究方法」という方法論の提示という形につながっていった。

第5章　労働法学の再出発

働法原理』の「はしがき」のなかで，同書が著わそうとした課題中，第4番目
のそれとして「労働法を恰も社会主義と同一物である如く説く学者に対し，労
働法は社会主義にあらざる所以を強調し，且つ労働法と社会主義とは全く異る
ことを闡明することが労働法学者の任務である」ということをあげていた。す
なわち津曲は同書では（社会）科学とイデオロギーとは明確に区別されるべき
ものであるとの前提にたって，自らが行なうのは，あくまでも資本制社会にお
ける労働の客観的な現状の分析・解明であり，社会主義革命への展望をのべた
ものではないことをあらかじめ，示していたのかもしれない(207)。ただし，た
とえそうであったとしても，そのような津曲の真意を理解しえたものは，決し
て多くはなかったのかもしれない。いずれにせよ，その意味では，戦後の津曲
における労働法（学）に対する姿勢は戦前のそれと何ら変わっていないといえ
なくもなかろう。津曲が学問としての労働法と現実の高揚する労働運動との峻
別をあえて主張するのは，戦時中の自らの言動，とくに皇国イデオロギーを称
揚し，労働者にとって上御一人の赤子としての「義務」の観念に基づく忠勤を
声高に唱導したことが実際上，いかなる役割をはたしたのかということに関す
る，苦い反省に基づくものであったのかもしれない。

　このような課題意識からか，津曲はこの「社会法・労働法学の再建」という
論稿においては，戦前・戦中，そして戦後における労働法（学）と社会法（学）
の発展に関する回顧と展望，とくにその歴史的意義をのべている。ここではと
くに戦時期の社会・労働法学について，津曲がつぎのように総括していること
に注目したい。

　まず大正年代から1931(昭和6)年の満州事変前後までの時期は，「労働組合
の弾圧時代」であったとする。そこでは労働組合法制定の動きがあれども，労
働階級の力が弱く実現されず，かえって治安維持法の一翼をなす，労働組合取
締法たる労働争議調停法の適用下にある一方，工場法が施行されたことから，
第一次世界大戦後に，労働法の研究が台頭してきた。ただしそれは英米独仏の
立法ないし法理の紹介の域を脱せず，あるいは「我国の貧弱な実定法の体系づ
けか註釈の域を出」ないものであった（同前稿45頁）。末弘や孫田の諸著作の

---

(207) 蛇足ながら，先行する「労働法学第二世代」に批判的な山口浩一郎「戦後労働法学の
　　　反省 —— ある第三世代と方法」日本労働協会雑誌100号（1967）32頁以下が津曲を高く
　　　評価するのは，津曲のこのような側面に着目してのことなのではなかろうか。しかし私は
　　　その際には，津曲がその後，とくに戦時中，現実にどのような議論をしていったのかとい
　　　うこと，また価値判断から自由であることは，やはり戦後の津曲の対応が示すように，と
　　　きには自らの言動への責任を回避するということにもなることを，考慮しなければならな
　　　いと考える。

ほかに，つぎのような者の名前があげられている。該当する業績などを補充しながら示そう。すなわち商工官僚であった岡実（1873～1939）の工場法研究（『工場法論』〔全〕改訂増補〔有斐閣・1917〕[208]）や，吉野作造の実弟であり，やはり商工官僚で，のちに政治家となる吉野信次（1888～1971・『労働法制講話』〔国民大学会・1925〕[209]，内務官僚で，同じく後年政治家となったが，南原繁とともに労働組合法案の作定に関与した安井英二（1890～1982・『労働協約法論』〔清水書店・1925〕），野村平爾の指導教授であった早稲田大学の中村萬吉（『労働協約の法学的構成』〔巌松堂書店・1926〕），東京商大の山中篤太郎（1901～1981・『労働組合法の生成と変転・英国』〔同文館・1929〕），そして菊池，後藤および津曲本人の，それぞれの業績はそのような色彩をもつものであった（同前所）とする。つぎに自主的労働組合の動向が完全に潰えた満州事変（1931〔昭和6〕年）後，労働法学は社会法，労働法および経済法の概念研究という「極めて抽象的な面に向けられてきた」。橋本文雄（1902～1934，『社会法と市民法』〔岩波書店・1934〕と死後まとめられた論文集『社会法の研究』〔同・1935〕を，戦後併せて『社会法と市民法』〔有斐閣・1957〕として刊行された）や，加古祐二郎の研究（その主要論文は，戦後『近代法の基礎構造』〔日本評論社・1964〕に収録されている）や，菊池の一部の仕事がこれにあたる（以上，同前46頁）。「労働組合と労働協約の発展しない我国においては，国家的労働法並に自律的労働法の発展の貧弱さから，労働法学界としてはそうした啓蒙的な役割か抽象的な研究のほか法学としては発展しようがなかつた」のである（以上，同前45-46頁）。津曲は，このようにのべている。ここまでの記述については，日本社会の歴史的背景・環境のなかで労働法学の有り様を考えたとき，納得しうるものである。

　ここでより重視したいのは，「日華事変から太平洋戦争への戦時に逼入ると我国の経済体制は戦時経済体制に突入した」（同前46頁）その時期における労働法学の動向である。津曲は自らを含めて，戦後これについて，いかに理解したのであろうか。

　まず，戦時経済体制について，津曲はつぎのように解説する（同前所）。すなわち戦時経済は生産活動を持続するために労働階級の協力を求め，また物資不足のために「戦時社会主義経済体制」を採用することになる。しかし労働組合が十分に発達していなかった日本では，「戦時社会主義経済」は形式だけの「カムフラージュ」であって，法令の運用面からみれば「労〔働〕力への重圧」

---

(208) なお以下の，カッコ内の注記は引用者（石井）が付したものである。

(209) またまた蛇足ながら，彼ら兄弟を取り上げた，井上ひさしの評伝劇として「あにおとうと」（2003年5月初演）がある（閑話休題）。

第5章　労働法学の再出発

にすぎなかった。そして資本の面では，個別資本の組織化・社会化が行なわれ，物資の価格統制から配給統制へ，それから生産統制へ，さらに資金統制に及び，最後には企業体制の変革のカムフラージュまで行った(210)。一方，労働の面では，当時のわが国には，自主的な労働組合が存在しなかったことから，労働組合による経営管理という社会主義的体制とはならなかった。津曲によれば，「立法政策として企業と経営の分離という面から企業内部の執行機関を含めた意味での全労働組織による経営管理を考えるしかなかったのである」（同前所)(211)。そして，このような具体的社会情勢を反映して，労働法学界もまた，その研究対象を変更せざるをえなかった（同前所)。本来ならば，両者の「社会化」が実現しなければならないにもかかわらず，戦前・戦時下の日本では，「労働の社会化」としての労働組合の発展は見られなかったことから，「個別資本の組織化」である「資本の社会化」しかなかった以上，結局はこれを重視せざるをえなかった。すなわち「労働の社会化は資本の社会化の反映として採り上げるしかなかった」。峯村光郎の経済法の概念付けへの努力，菊池，後藤および吾妻（『統制経済の法理論』〔河出書房・1944〕)，さらに末川博の統制経済法に関する研究は「そうした資本の社会化を前提として労働法秩序を対象とした」ものであったのであると総括している（同前所)(212)。

　このような津曲の戦時労務統制体制の評価は適切なのかどうか。それまでの局地紛争ではなく，国全体の総力戦体制を構築せざるをえない第一次世界大戦

---

(210) ただし，津曲にいわせれば，「それは法令の形式だけのことであって，作文の発表にすぎなかった」いう（同前・46頁)。

(211) このような作業を日中戦争勃発，国家総動員法の制定・施行後，津曲は先にみたように，前掲『日本統制経済法』に結実する理論的営為のなかに現実のものとしていったことは，すでに言及した。

(212) 民商法雑誌24巻4号（1949)，25巻1号（同）に連載された「経営権と労働権」(1)(2)で，津曲は戦後，資本の社会化＝株式会社のみならず，労働の社会化＝労働組合をも実現したことを踏まえ，前掲「経済法規違反行為の効力」および前掲『日本統制経済法』に続いて三度，所有と労働との関係を取り上げている。そこでは，所有の生産活動を実現するための労働との結合を雇用契約として規制し，契約の自由の原則に支配させたが，「この所有なき人人の生存を保障し，所有と労働との関係を一つの社会組織として秩序づけ，かつ社会的分裂を防止するための社会的規範」として登場したのが労働法であり，「そこでは法人格が中心ではなく，人間が中心となる」（〔1〕・5頁）と捉えている。これは津曲における当該テーマに関する戦後の理解といえるのかもしれない。「経営権と労働権との間には，一つの調和点が存在しなければならない」（同）として，それを探ることが同稿の課題であるとしている。そしてかつてと同様にドイツ学説の議論を踏まえながら，これまた戦前と同じく「人的・物的・非物質的な三つの要素」からなるが，これらを統合するものとして，戦前とは異なり「企業」ではなく「経営」の法的意義——物的要素と人

552

以降の戦時経済体制について，とくに太平洋戦争下のわが国の場合を「擬似社会主義」と捉えることがはたして適切なのか。「形式だけの『カムフラージュ』」と表現しているけれども，その主語は誰か，またそれはいかなる目的のためにしたのか不明瞭である。すなわち責任の所在が明らかではない。たとえそのような理解が可能であったとしても，それはあくまでも津曲個人のものであり，峯村をはじめとする名前が列挙されている者たちには，また別の感慨があったのではなかろうか。

さらに津曲は続ける。すなわち「<u>私の研究もそうした立場のものであつた。表現の文言では古事記を援用しようと若しくは如何なる技術を用いたにしても，意図においては反動的なものではなかつたのである。</u>」（下線－引用者）と。では何故に，津曲はこのようなことをいわなければならなかったのであろうか。これについては，別途取り上げる。いずれにせよ，津曲の戦後労働法学はこうして始まった(213)。

4　敗戦直後における後藤清の言動と「加山宗二」による労働法学者批判

昭和年代はじめから戦時期にかけて，後藤清は労働法・社会法に関心を寄せる者のなかでもっとも多く発言した。同人は，このような敗戦をどのように理解していたのであろうか。その敗戦直後の言動について検証しよう。

(1) 敗戦直後の後藤の言動

後藤の「戦後」は，敗戦の翌年初め，社会政策時報291（1月号）および292

的要素との不可分的統一体であり，財産法的権利と人格的権限を包摂したもの —— を論じる。津曲は同稿(2)末尾で，続いて労働権について考察し，最後に経営権と労働権との相互関係と両者の調和点を明らかにする（18頁）と予告していた。しかしながらも，やはり今回もまた従前と同じく，その続稿が現われることはなかった。

(213) 文学や美術，音楽という芸術世界では，それぞれ戦後直後の時期に「戦争責任」の追及やこれに対する反論，さらには批判者自身の戦時中の言動の有り様に関する指摘など活発な議論がなされた。しかし学問分野においては，そのような動きはほとんど見られなかった。ここで，戦後もすでに70年を超える時間が経過した今にいたって，遅ればせながらに，労働法学における先学への非難・糾弾をするなどという意図は，私には毛頭ないことを念のために記しておく。ただ歴史的事実として，何があったのか，また何ゆえにそのような事態にいたったのかを検証し，確認することは労働法学の発展にとって必要不可欠な作業であると考えている。私がこのようにのべることと，本文における内容とのあいだに齟齬はないと思う。なおこれについては，拙稿「労働と法・私の論点／労働法学に歴史研究は不要か」労働法律旬報1710号（2009）4-5頁および同「現代日本の労働法学における課題／戦後労働法学の個別・具体的な検証が必要なのではないか」同前誌1711＝12号（2010）29-30頁を併せ参照いただければ，幸甚である。

第5章　労働法学の再出発

（2＝3月合併号）の2回（上・下）に分けて掲載された「戦後社会政策の課題」から始まった（〔下〕の末尾には〔二〇，一二，一〕と記されていることから，実際の執筆は文字通り敗戦直後になされ，前年末の12月初めに脱稿したものと思われる）。まず（上）篇で後藤は（一）「戦時社会政策の歪曲と矯正」を論じ，（二）「日本経済再建設に即応する勤労－生産組織の確立整備」を提言している。すなわち「壮丁の体位低下」と労働力不足という二つの事実により「多年にわたる人的資源の維持培養の閑却の報ひを痛切にさとらしめ」られた日本は，支那事変（1937〔昭和12〕年）以降，ようやく本格的な社会政策を実施することになった（45-48頁）[214]。しかし「わが経済戦力を無視して敢行のせられた大東亜戦争の段階に移り，殊にガダルカナルよりの後退〔1943〈昭和18〉年2月1日〕以来，短期決戦的態勢によつて苦しい戦局を打開することが要請されるに及んで，労働力の維持培養を犠牲とする社会政策の後退もしくは歪曲が始まるにいたつた」（51頁）。その結果「保護職工〔女性および年少労働者のこと〕の労働力の涵養を犠牲にして当面の生産の増強に力めねばならぬといふさし迫つた態勢の下においては，統率者の育成はもとよりのこと，適任者を以てする統率者の入れ替へなどの行なはれ得る余裕はなく，結局は徒らに軍隊的形式を工場，事業場に導入するだけの効果に終つたものが多かつた」（52-53頁）。後藤は，戦時社会政策の現実をこのように総括している。ただし，これらは後藤も含めて，戦時中から指摘されていたことであった。つぎに日本の経済再建に即応した勤労＝生産体制の確立のために必要なこととして，「労働力配置の戦時体制から平時へのそれへの転換である『経済復員』」と並んで，「勤労者〔このような呼称は戦時のままである〕の自主的労〔働〕組織の確立」をあげている（53頁）。後藤はすでに敗色濃厚な1944（昭和19）年2月に公刊した自らの『改訂増補・労務統制法』（東洋書館）52頁以下をあげて，すでに戦時中に「自主的協力組織確立のための努力としては，殆ど見るべきものがなかつた」（55頁）と批判していたとしている。ただしここで後藤は，労働者の自主的団結体と産業報国・翼賛組織とを混同しているのではないだろうか。そして後藤は同じく敗戦国とはいえ，事情はドイツと異なると指摘する。すなわちドイツには70年におよぶ労働組合運動の歴史があり，「労働国民にのこした遺産がある」。しかしこれに対し日本では「産業の特殊構造に基く労働者組織化における不均衡と，

――――――――――

[214]　その際に後藤は，1940（昭和15）年11月8日の閣議決定された「勤労新体制確立要綱」が『勤労は皇国民の奉仕活動としてその国家性，人格性，生産性を一体的に高度に具現すべきものとす』『全人格の発展として総意的自発的たるべきことを基調として勤労精神を確立す』との文言を引用して，戦後にいたつてもなお，「よく勤労管理の核心を捉へたものとして高く評価すべきである」（後藤・同前論文〔上〕47頁）と明言していた。

554

第一次世界大戦後急激に押しよせた国際的労働運動に基く俄かなる成長のために，過去の労働組合運動には長き歴史的地盤の上に立つ堅実性において欠くるところがあり，階級闘争主義の下にその積極面よりも消極的な破壊面を露呈するところが多かつた」(57頁)[215]。これは，何をいわんとしているのであろうか。確かにドイツでは，19世紀以降の産業革命の普及のなかで労働組合運動が出現し，第一次世界大戦後のワイマール時代に大きな発展が見られた。しかしこれらの自主的労働組織はナチス政権獲得直後から，解散させられ，その後新たな労働者組織である「DAF ドイツ労働戦線 Deutsche Arbeitsfront」が結成されたことは，後藤自身がよく知っていたことなのではなかろうか。日本では「大正デモクラシー」の終焉期ともいえる昭和年代初め，臨時工問題や退職手当をめぐって労働運動が一時盛り上がった[216]。しかし労働者の労働組合への組織化は困難であった。わが国ではドイツとは異なり，労働組合法が制定されることはなく，治安維持法や普通刑法による刑事責任追及のもと，争議行為の民事責任が問われる時代を経験することすらなく，戦後を迎えた。後藤自身，戦時中の産業報国運動を支持，賞揚していたのではないか。そのことすべてを労働側の責めに帰すべきものであろうか。そして後藤は同稿をつぎのようにのべて締めくくっている（58頁）。

> 「すでに軍国主義的色彩の払拭の下に国民の文化的・科学的水準向上のための教育の必要が唱へられてゐる。また，勤労意欲の昂揚，創造性の展開は勤労者の人格の十全的な発言によつて達成せられその基底をなすものは勤労者の心身の健全なる発展にあることが認められたこと，ならびに人の勤労生活と日常生活とは表裏一体の関係にあるが故に勤労管理は生活管理と統合的に行はれねばならぬことが認められたことは，戦争ののこした貴い教訓である。われらは，勤労管理担当者が戦時の諸経験を充分に活用してその責を果すことを期待する」。

要するに，これは後藤が戦時期に「厚生法」「労務統制法」のもとで高唱していたことと何も変わっていないということであろう。後藤の主張は，戦時期

---

(215) このあと，後藤は「これを以て見れば，支那事変後の政策が，階級闘争主義に高度国防国家体制に反するものとして労働者団体の解消にあたつたことは，肯かれ得るところである」と続けている。つまり後藤は敗戦後にあっても，戦時期の政府の対応を積極的に肯定しているということであろうか。

(216) このことを自覚的に主題としてとりあげたのが，既述のように，藤原淳美「退職積立金及退職手当法成立期の労働運動：戦前期日本労働運動史の一側面」神戸法学年報16号（2000）75-124頁であった。

のそれの単なる延長ないし繰り返しでしかない。そこに見られる論調は，当時多くの国民に共有されていたであろう戦争終結にともなう安堵感と解放感，あるいは明朗感であったのかもしれない。しかし少なくとも，後藤の場合，通常の生活者とは異なる位置に立っていたことを自ら忘れるべきではなかった。このように批判する自身がわずか1年ほど前まで，積極的に総力戦遂行体制に寄り添い，聖戦完遂を声高に主張していた。このことをどのように理解し，認識していたのであろうか。上記の発言には，それがいかなる結果を導くことになったのかの自省を微塵も感じさせないものであった[217]。

(2) 相次ぐ啓蒙書と概説書の刊行

　こうして後藤は，戦前・戦中期と同様に，敗戦直後も旺盛な執筆活動を行なっていた。すなわち後藤は，早くも敗戦の翌年以降，社会が大きく混沌とした状況にあるなか，矢継ぎ早に著書を発表していった（論文については，二つの前掲・後藤「業績目録」に記載されている）。当時の主要業績として注目すべきは，以下に紹介する数多（あまた）の単行書にあろう。

　まず1946（昭和21）年4月大阪府労政課より依頼された講演をまとめ，関係法令などを併せた『労働組合法の解説：附属労働組合法・労働組合法施行令・労働協約・組合規則』（聯合通信社・80頁〔本文36頁〕）[218]を刊行した。続けて後藤は同年末，『労働協約の理論と実際』（朝日新聞社・141頁〔本文48頁〕）そして翌1947（昭和22）年初頭には『労働組合法の歴史と理論』（毎日新聞社・245頁〔ただし本文202頁〕）という片や労働協約，片やより広く，制定後間もない労働組合法に関する概（解）説書を発表した。後藤は前著で，第一部「労働協約の理論」では，まず労働協約について，一「目的」，二「規範的部分と債務的部分」，三「平和義務」，四「労働協約の効力発生要件」，五「労働協約と同一の効力を有するもの」そして六「労働協約の解消」について，概説している（1-24頁）。しかし本書の特徴は，むしろ同第二章「労働協約の実際とその批判」にある。すなわち，そこでは第二部「労働協約の実際例」（50-141頁）として1946（昭和21）年8月末までに届出られた大阪府および兵庫県内で締結された，A　金属部門11例，B　機械器具部門13例，C　化学部門5例，D　繊維

---

(217) 続く（下）篇（69頁以下）で，後藤は「当面採り上げるべき具体的施策」として(1)労働力保護の強化，(2)戦後経済復興のための労働力配置および(3)労働組合対策の3つについて，具体的な立法提言を行なっている。本書は，これらについて紹介することは省略する。

(218) 二つの前掲・後藤「著作目録」には，このように記されている。しかし当該著書そのものを見ると，「聯合通信社〔編〕『労働組合法の解説』大阪府労政課発行」となっているが，ここでは「著作目録」の記載の方にしたがっておく。

部門4例，E　交通部門2例の併せて35例の企業内協約について，つぎのよう
な項目を立てて，後藤が論評している（24-48頁）。それらは，1「概説」，2「労
働条件の規準」，3「クローズド・ショップ」[219]，4「人事問題」，5「従業規則
と賃金規制」，6「組合役員と組合事務」，7「経営協議会」，8「平和義務」，9
「争議行為の予防と争議の解決」，10政治的活動の自由」，最後に11「その他」
という構成となっている。その批評は後藤自らいうように，「紙数の制限のた
め総括的に批評を加へる」というものであった。しかしたとえそうであったと
しても，敗戦直後の関西地域所在の労働組合が使用者との団体交渉を通じて実
現した労働協約がいかなる内容を含むものであったのかを知ることができ，重
要な歴史的価値がある[220]。これに対して後者（『労働組合法の歴史と理論』）は
「序論」と「本論」からなる。後藤は同書を「労働組合法の学理的解説を目的
としたものである」（「序」）と位置づけ，とくに当時すでに刊行されていた，
制定後間もない労働組合法に関する逐条的解説である末弘厳太郎『労働組合法
解説』（日本評論社・1946）を意識したのであろうか，「労働組合法の構造の正
しい把握と鳥瞰とのためには，体系的な記述が必要」であるとのべている（同
前）。「序論」（9-96頁）では，労働組合法の歴史に比較的多くのスペースがあ
てられ，明治年代から戦中期までの，ついに労働組合法が制定されなかったわ
が国（68-89頁）と，それ以上の紙幅が「英国労働組合法略史」として（24-67
頁）わりあてられている。何故後藤が長年親しんできたドイツではなく，イギ
リスなのであろうか。これについては，「わが国労働組合法がその流れを汲み
取つている」（「序」）からであったと説明されている[221]。また「本論」はのち
に紹介する，戦後直後数少ない労働法に関する概説書『労働法』における第三
章の原型をなすものである。そこでは，組合結成と労働協約について言及され
る一方，不当労働行為については，一切ふれられていない[222]。

　つぎに後藤は1946（昭和21）年から1948（昭和23）年にかけて，「労働文庫」シ
リーズとして，今日いうところのブックレット形式の解説書を相次いで刊行し

---

(219) ほとんどの協約例で，採用に際し，組合員であることや組合の承認を要するとするも
　　のではないことから，これは，「クローズド・ショップ」というよりは「ユニオン・ショッ
　　プ」条項と理解すべきものであろう。後藤自身も，後掲『労働組合読本』107頁でこのこ
　　とを指摘している。

(220) 労働協約例などの資料蒐集については，後藤がその設立に関与し，1946（昭和21）年4
　　月，その初代理事長に就任した（前掲・後藤「年譜」310頁）「財団法人大阪労働協会」
　　── （現在の）詳しいその事業内容については，同ホーム・ページ http://www.l-osaka.
　　or.jp/ork/ を参照 ── の職員によりなされたもので，同書は，同機関が設立後最初に世に
　　問うた調査刊行物であった（同書「序」2-3頁）。

(221) 正確には，同国を含む欧米諸国の立法例とILO条約を参照していた。

第5章　労働法学の再出発

ている（いずれも，先の二つの後藤「業績目録」には掲載されていない）。後藤は後掲『労働組合の話』の表紙裏に「労働文庫発刊の辞」として「大学の研究室の香のする研究はもとより必要であるが，日本産業の民主化のために労働大衆の自覚に大きな期待のつながれてゐる今日，先づ広い範囲の労働者に労働問題を正しく理解してもらうために，平易な解説をすることも大きな意義がある仕事だと思ふ」とのべていた。これらも，当時後藤が理事長であった「大阪労働協会」に関わる事業の一環としてなされたものであったのであろう。

1　『労働組合の話：附・経営協議会とは何か』（四海波社発行〔高島屋出版部発売〕・1946・9，54頁）
　　旧労組法に則して，労働組合の意義を平易に説明している（本シリーズのなかで，もっとも平易な記述となっている）。
2　『労調法の話』（高島屋出版部・1946・12，48頁〔ただし本文33頁〕）
　　前著が「案外に評判がよ」かったと，気をよくした後藤が，労働関係調整法について「『労働組合の話』ほどくだけて書くことはできなかつたが，こみ入つた〔労調法という〕法律の規定を素人にも分るように，やさしく書いたつもりである」（「はしがき」）としていた。
3　『日本の労働法：なぜ労働基準法はつくられたか』（同前・76頁）
　　労働基準法が制定（1947年4月）されたけれども，その「本当の意味は，日本のこれまでの労働問題なり労働法の歴史をつかんでおかなければ，分るものではない」（「はしがき」）として，明治維新以降，自由な経済的取引が法的に保障されて以降，労働法制が十分に整備されないなかでの労働がいかに扱われてきたものであったのか，戦後新憲法や労働三法の制定により，「漸く日本には労働法が真の姿をもつてあらはれるべき夜明けが訪れ」る（75頁）までを解説している。
4　『労働基準法の話』（同前・1947・7，131頁〔ただし本文82頁〕）
　　同法について「労働者の是非知っておかねばならぬ点」を，同法条文の配列にしたがって必要最低限のことを「本書だけで分るやうに書いた」（「はしがき」）との自負を示すものである。
5　『労働組合読本』（同前・1948・1，166頁〔ただし本文135頁〕）
　　好評であった前掲『労働組合の話』以降，憲法をはじめ労基法，労調法の制定や社会情勢に対応した労働運動の進展，「極東委員会の日本の労働組合に関する十六原則」公表，後藤自身の労働委員会での経験を踏まえて，「根本的に書き改めた」（「はしがき」1頁）もの。前掲『労働組合法の歴史と理論』の「本論」

---

(222)　本書は，労組法施行2年が経過し，「同法の部分的改正が議論されてゐる」ことを考慮し，刊行1年半後の1948（昭和23）年5月，その舗主が後藤と「師弟の縁がある」（「増訂版の序」）増進堂という出版社より「増訂版」（262頁）が刊行された。

558

とくらべて，とくに経営協議会について言及されている点で特徴的である。
6 『解釈例規を配列した労組法と労調法』（同前・1948・10，104頁）
　　労組法・労調法に関する厚生省・労働省労政局長名で示された6つの解釈例
　規を同前2法の条文にしたがって再構成したもの。後藤は労働委員会がこれら
　を実務上の処理規準としていることから「『生きた法律』のすがたとして，実際
　にもつ意義は大きい」とのべていた（「まえがき」2頁）。

　これらはいずれも，読者の実務的な関心を満たし，また新たな権利として承
認された労働法の基本的理解を促す啓蒙的な著作であった。これらに対して
1948（昭和23）年11月に刊行された『労働法』（真日本社・395頁）は，後藤が初
めてその労働法に関する体系的な理解を世に問うたものであった。同書の刊行
について，後藤は「序」でつぎのようにのべていた（一頁）。

　　「わたくしが労働法の研究に志してから二十年以上になる[223]が，これま
　での数々の著書の大部分は，特殊問題に関するものであつて，労働法全般
　にわたる体系的なものは殆どない。それというのも，この新しい胎生しつ
　つある法域について，綜合的な理論を組立てるというやうなことは，よほ
　どの勇気と勉強とのいる仕事なので，まず手近い特殊問題から研究に着手
　することにしたためである。……／こんど自由に思想を述べることのでき
　る時代となつて，思い切つて，これまでの考をまとめることにした」。

　同書は大きく第一部「総論」と第二部「各論」からなる。前者の目次は，第
一章「労働法の概念」，第二章「労働法の二大分野」，第三章「憲法と労働法」，
第四章「労働法の国際化」，第五章「わが国労働法の略史」，第六章「労働法の
法源」そして最終章の第七章は「労働法学の課題」となっている。これに対し
て後者は，第一章「労働行政機構の概観」，第二章「職業安定法」，第三章「労
働組合法と労働関係調整法」および第四章「労働基準法」の四章から構成され
ている。総論部分 ── 本書の半分弱の紙幅（146頁）が与えられている ── で
は，第三章で憲法上の労働基本権について言及されているのは，戦後的な特徴
であることはもちろんであるが，そのほかには続く第四章で「国際化」という
ことに言及されていることや，戦前の前掲『厚生法』における記述内容を彷彿
とさせるような労働法制史に多くの紙幅が割り当てられていることが注目され

───────────────
(223) 後藤が職（和歌山高商講師）に就いたのは，1924（大正13）年であり，最初に労働法
　を主題とする論文（「ドイツ労働契約法草案に於ける不誠実なる解約告知」法学論叢16巻
　2号）を発表したのは，1926（大正15）年であった。

第5章　労働法学の再出発

る。ただし昭和年代に入って，後藤自身がかつて論じた退職手当積立金及退職
手当法（1936年）および商店法の制定については，比較的詳しく言及しながら
も，日華事変以降については，簡単にしか触れられていない。つぎに後藤が大
きく，労働法を二つに区分することは，今日のそれと同じである。しかしその
呼称は，「他律的」「自律的労働法」とする点で，特徴的である。すなわち社会
保障法との区別が未分化であった当時，労働基準法[224]など国が最低限度の労
働条件を確保すべき法を「労働関係の当事者以外の第三者たる国家が，労資の
関係に外から干渉する」との意味で「他律的労働法」と呼び，一方，「労働者
が国家の保護に頼らずして —— 否な，時としては，その権力に抗して —— 自ら
の自覚と力によつてうち樹てた法規範である」労働協約などの社会規範による
集団的労使関係法について，「自律的労働法」と呼んでいる（50-51頁）。各論
では，第一・第二の両章で，労働行政について触れ，とくに第二章の職業紹介
などについて，多くの頁数を当てて言及しているのは，特徴的である。これは，
街に多くの失業者があふれていた敗戦直後の社会状況を反映していたというこ
とであろうか。集団的労使関係法に関する第三章はその表題を「労働組合法と
労働関係調整法」として，両者同じレベルで取り上げている。同章（224頁以
下）では，労働組合の結成と組織的運営について多くの頁が割かれていて，後
年主要な分野となっていく争議行為については，独立した節が設けられていな
いことも，興味深い。そして個別的労使関係に関する第四章の記述は，労働基
準法の条文構成に即したものとなっている。

　こうして敗戦後いまだ3年しか経過せず，しかも類書がないなか，個別的・
集団的労使関係法の両方を取り扱う体系書ともいうべきものが後藤の手によっ
て著わされた[225]。

（224）後藤は同書307-308頁において，つぎのようにのべている。すなわち戦前，工場法を
　　はじめとする経済的弱者たる労働者を経済的強者である「企業家」の専権的支配から守る
　　という意味で，「労働保護法」と読んだが，そこでは労働者を『弱きあわれむ者』として
　　位置付け，また法的な措置としては「労働力の虐使濫用に対する取締」という消極的かつ
　　慈恵的な性質を持っていた。これに対し労働基準法は労働者が社会的生産を担うべき者と
　　して，「その自由と平等を保障するとともに，その能力の展開のために人間として一人前
　　の生活を営みうるだけの労働条件を権利として保障する」ことを基本理念とするものであ
　　る点で，戦後の労働法制は異なるとしていた。
（225）同書「まえがき」3頁であげられている文献の多くは，戦前のものであった。そのな
　　かで戦後のものとして，末弘厳太郎『労働法のはなし』（一洋社・1947）とともに，沼田
　　稲次郎『日本労働法論』上（日本科学社・1948）があげられている（のちに，同前書・中
　　巻と合わせて沼田著作集第1巻として，1976年に労働旬報社より再刊された）。後藤は同
　　書について「労働運動の実践家の手になるものだけに，アカデミッシュな著作に見られな

第2節　労働法学徒における敗戦と戦後のあいだ

(3) 後藤による戦時期の言動への言及と弁解

このように敗戦後，急速に立法的に整備されていった労働法に関する著作や概説書を精力的に発表していったが，自らの戦前に公刊された著述との関係について，後藤はどのように理解していたのであろうか。後藤の内面を推測するための資料は，決して多くない。戦前および戦時中，後藤はすでにみてきたように，労働法学に学問的関心を抱いた者のなかで，労働や労働者に関わる社会立法，そして戦時下での労務統制法への変容をもっとも饒舌に論じた者であった。しかし同人は戦後，自らの戦時中の言動について寡黙であった。

まず，1947(昭和22)年初頭に刊行された前掲『労働組合法の歴史と理論』のなかで，1945(昭和20)年9月，戦時中の労働統制組織である産業報国会が解散し，戦前の数次にわたり議会に提出され，また関係省庁で議論されたそれらとは異なり，敗戦直後の同年12月に労働組合法案が「資本家陣営よりの一字一句の修正を受けることなくして，政府原案通りに可決」[226]されたことについて，つぎのようにのべていた。

「近代人は『我』を自覚した人間であることを忘れてはならぬ〔。〕……近代人はひとたび奮ひたてば創意と工夫とに富むが，そのためには先ず不平や不満を取除いて労働をたのしめるやうにしなければならない。何よりも労働者に対して人間に値ひする生活を保障し，労働者の経済的，社会的並に政治的地位の向上を図ることが労働者の労働を楽しくするための一大要件である。労働組合法こそは労働者に団結の力によつてその地位の向上しうる道を拓き，日本再建のために心の底から協力せしめんとするものである」[227]。

近代人が封建制社会の人間とは異なり，自我に目覚めた者で，その自主性・自発性が尊重されなければならないというのは，後藤の戦時中以来の主張であった。そして，このようにのべるに際し，後藤は自らの著書である前掲『改訂増補・労働統制法』52頁以下を引用しながら，戦時中「上からの革新」である「労務配置統制法の強化によつて経営に膠着せしめられ，しかも自主的協力組織を欠如して意見の暢達を抑へられたとき，〔勤労国民の自発性と積極性が確保されないがゆえに〕……欠勤率の増加，不良製品の頻出，顕現的又は潜在的な怠業等および戦時生産増強の要請にそむく諸現象が続出するにいたつたの

い独特の風格を具えている」と評している。後年の沼田の活躍を想えば，興味深い指摘である。

(226) 後藤・前掲『労働組合法の歴史と理論』13頁。

(227) 同前書21頁。

561

第5章　労働法学の再出発

は当然である」とのべていた[228]。すなわち戦時中の国民に対する労働動員の
なかで示された生産サボタージュ行動を，国民の側からの抗議ないし抵抗行動
の一種として捉えている。しかしそのような理解は反面，後藤のなかでは，戦
時期の総力戦実現のための労働統制と戦後の解放立法としての労働組合法制定
とを同じレベルで理解し，後者を労務統制法の謂わば反省形態として捉えてい
たということになるのではなかろうか。別言すれば，後藤のなかでは戦前・戦
時期との断絶のない，延長線上に戦後の労働関連立法を理解していたように思
われる。このことは，先にものべた。ところが翌年に刊行された労働法全体を
眺望する前掲『労働法』では，その理解が大きく動揺している。すなわち
1948（昭和23）年に公刊された同書の「序」で，後藤は，先に引用した際，省略
した箇所でつぎのようにのべていた（1-2頁）。

> 戦前「いくたびか労働法全般にわたる著述を企てながら，志を果さずにい
> るうちに，自由に思想の発表することのできぬ時代がやつて来た。昭和
> 十七年に初版を出した『労務統制法』は，この時代に生れた畸形児である」。

後藤は，段落をかえてつぎのように続けている。

> 「おもへば，わが国の労働法学は，誕生の後間もなく，石にひしがれて，
> その僅かのすき間に生命を保ちえたにすぎなかつたが，今や重い石は除か
> れて，〔労働法学は〕多数の学徒の心をよせるところとなるにいたつた」。

後藤は「大正デモクラシー」を体現した法現象である労働法学が戦時中に置
かれた状況を「石にひしがれる〔押しつぶされるという意か〕」との比喩をもっ
て説明する一方，戦時期の労働法制のあり方が投影された自らの著作である
『労務統制法』について，「畸形児」と表現している。後藤は既述のように，戦
時中，健全なる精神は健全なる身体に宿るとし，「健民健兵」を生み出すこと
が国民の義務であるとの日本帝国陸軍の主張に則って「厚生法」なるものを提
言していた。このように自らの作品を否定的に表わすのは，その当時と，日本
の主要都市への無差別爆撃，そして広島・長崎への原爆投下により多くの市民
が死傷して，連合国に対し無条件降伏にいたった戦後とのあいだで，後藤の思
考回路は，まったく同じものであったことを表わしているように思われる。後
藤は戦前，とくに戦時期の自らの言動をどのように総括していたのであろうか。
先の説明によれば，後藤はあたかも自身が石に押しつぶされながらも，石と石
とのあいだに僅かに残された地に根が残ったがゆえに，春の訪れのなか，新た

---

[228] 同前書19頁。

に発芽した野草のごとく説明している。これは，自らも「戦争被害者」であったといいたかったのであろうか[229]。

後年，孫田秀春に対する追悼文（「名誉会員・故孫田秀春先生を偲んで」日本労働法学会誌 49 号〔1977〕183 頁）で，戦時中，労働法に関心をいだき，発言していた者について，つぎのように自省的かつ自己弁護的にのべていた（下線は，引用者）。

戦時期「当時は，労働法の研究に従事していた数少ない学者たちは，貝のように沈黙しないかぎり，古典的市民法の世界に逃避するか，あるいは私が厚生法の名のもとになしたように，戦時統制法の中から労働保護法のかけらを拾い出して伸ばすことをはかるか，いずれかのみちをえらぶしかなかった」。

このように後藤は戦時中のとりうる「態度」としては，(1)沈黙する，(2)古典的市民法の世界に逃避する，そして(3)戦時統制法のなかに労働者保護に有用な法文を見出し，その具体化を図るという三つの選択肢があったとのべている[230]。すなわち昭和年代初めから積極的に労働法学について論じていた自ら

---

(229) 日本の敗戦から 1 年たった夏，帝国大学新聞 993（1946〔昭和 21〕年 8 月 1 日）号(3)（前掲『復刻版』17 巻 275 頁）における「何を読むべきか？」の問いに対し，ほかの回答者に混じって後藤は次のように，二つの著書をあげて応えている（葉書回答）。

　Commons and Andrews,《Principles of Labor Legislation（fourth revised edition）1936
　アメリカ労働法制の概観に便利である
　細田民樹『真理の春』
　昭和初期における解放運動に対する弾圧ぶりを想う一つの資料とみることが出来る

　はたして，これをどのように理解すべきであろうか。前者は，戦後労働法制がアメリカ法の影響を受けるものとなるだろうことを見越して，このようにいったのであろうか。外国法への関心が高く，また『転換期の法思想』や『厚生法』などの著書にも現われた，世の動きに敏感に反応する後藤らしい発想であるようにも思われる。また後者（日本プロレタリア文学集 30『細田民樹・貴司山治集』〔新日本出版社・1987〕収録）は 1930（昭和 5）年 1 月 27 日－6 月 21 日に東京朝日新聞に連載され，同年 7 月 1 日に中央公論社から出版された。

(230) このように戦時中，とるべき学問態度について，大きく三つに類型化するのは，法律学に限られたものではない。たとえば阿部猛『太平洋戦争と歴史学』（吉川弘文館・1999）13 頁および長谷川亮一『「皇国史観」という問題：十五年戦争期における文部省の修史事業と思想統制政策』（白澤社・2008）28 頁はそれぞれ，戦時中の「アカデミズム史学は，

563

第5章　労働法学の再出発

は，第三の立場を取らざるを得なかったと，戦時期の言動について弁明している。後藤はそのことを具体的に，自らの著書である『厚生法』をあげて，同書が「戦時統制法の中から労働保護法のかけらを拾い出して伸ばすことをはか」ったとしている。後藤は確かに「厚生法」なるものを提唱するに際し，その基本理念として「人的資源の培養」と並んで「国民生活の安定」ということを掲げていた。しかしかりに後藤の主観的評価を受け入れたとしても，同書がそのようなものでなかったことは，すでに見た通りである。同書は「健全なる精神は，健全なる肉体に宿る」という言葉を繰り返し使用していたことに象徴されるように，「健民健兵」政策の実現を意図し，戦争遂行のための人材確保を図らんとしていたものであった。既述のように，重点は「人的資源の培養」にあった。自らの対応について，当時の制限的な環境のなかで多少なりとも国民生活の充実を希求したと弁解するのは，戦後の後知恵なのではなかろうか。このように論評できるのは，私が当時の苛烈な状況から遠く離れた後学の徒だからだというのは，確かである。しかしそれでもやはり，そこには時代の進行のなかでいかようにも変化する，後藤の実定法解釈を中心とした労働法ないし社会法学の日和見主義（オプティミスト）的対応を見ざるをえない。

(4)「加山宗二」による労働法学者批判
（ア）「加山宗二」の津曲蔵之丞への論難

先に引用した後藤の孫田追悼文と類似した発言は，すでに戦後初期に発表された，ある論稿のなかにも見出すことができる。それは「労働法」を特集した法律文化3巻10・11・12合併号（1948）156頁以下に掲載されている加山宗二「日本労働法学界：その過去と現在」であった。同稿は本書第2章冒頭で，すでに引用したが，戦時体制が強化されるなかでの労働法研究者の身の処し方，すなわち言論・研究への抑圧からの「逃避には，三つの型があつた」として，つぎのようにのべている（157-158頁。丸かっこ内の記述は原文。下線は引用者）。

「第一の型は労働法の研究からいち早く手を引いて民法なり商法なり市民

おおよそ三つの方向に分裂した」とする家永三郎「大正・昭和の歴史思想 —— 太平洋戦争前後における歴史思想の変化」日本思想史研究会〔編〕『日本における歴史思想の展開』〔日本思想史研究会紀要Ⅰ〕（吉川弘文館・1965）287頁における，つぎのような記述を引用している。まず(1)「平泉澄によって代表されるファッシズム史学」であり，つぎに(2)「実証主義の立場を堅持しながらも序文や跋文などで「「米英撃滅」といった定型的文章を書きのせることにより時局に便乗した」者であり，そして(3)「実証主義を堅持しつつ，完全に時局に対して沈黙を守り，あくまで便乗を回避しようとした歴史家たちの生き方」であるという分類である。

564

法の（しかも時代の動きと直接かかわりのない抽象性の多い部分の）解釈の固いからのなかに閉じこもるという流儀であつた（戦時中きれいに口をぬぐつていたこれらの流儀の学者で，労働法学者らしくふるまつている者が，いかに今日多いことか）(231)。第二の型は‥‥労働法規のイデオロギー抜きの技術的整序に甘んずるか，或いは統制経済法とか厚生法とかいうようなカムフラージュを施して労働法を取扱うという流儀である。これは学者的良心を傷ける〔ママ〕ことなく労働法を取扱わんとする者にとつて，その当時において可能であつた唯一の安全な道と考えられたのであるが，労働法の特性をぼかすか，その階級性を抹殺するかによつて労働法の正しい歴史的発展の軌道を見失うという結果におちいらざるをえなかつた。……／けれども，右にあげた第一と第二の型への逃避は，たとえプラスにはならなかつたにしても，マイナス的に作用しなかつただけ，まだよい方である。第三の型にいたつてはもはや逃避ではなく，権勢にこびへつらい，ソロモン戦役〔1942〈昭和17〉年11月〕の敗戦以来浮足だつた人民の鎮撫のために一役買つた一群の学者に見られた，だきすべき流儀である。古事記や日本書紀をかつぎ出して非合理的な理論をしかつめらしく説いた学者（徴用の法理を説いた広浜嘉雄(232)はその一例）やナチスの法制を無批判どころかむしろ百パーセントの好意をもつて紹介した学者などは，いまだになお，われわれの記憶に新たなところであるが，ただ惜しみても余りあるのは，かつて厳正な科学的批判精神にもとづいて労働法の根本原理を明らかにした一労働法学者が，なにをうろたえたか，戦争の末期に，産報〔産業報国会〕のバイブルともいうべき本を書き，勤労法の指導理念は忠誠の原理であり帰一の原

---

(231) このように加山が長歎するのは，いったい誰を念頭においてのことであろうか。1948〔昭和23〕年当時，自らの労働法学上の見解ないし主張を公にしていた労働法研究者は決して多くはなかったと思われる。

(232) 広浜嘉雄（1891～1960）は1938(昭和13)年以降，東北帝大法文学部に勤務し，民法・法理学を担当し，1944(昭和19)年5月，法律学科所属の教官として初めて法文学部長となった。同人は戦時中，皇国思想の普及に熱心に携わった（たとえば同『御民吾（えみわれ）と日本の伝統』ラジオ新書102〔日本放送出版協会・1943〕参照）ことから，戦後1947(昭和22)年9月，教職追放となり，東北大学を退官した（広浜嘉雄先生追悼記念『法と法学教育』〔勁草書房・1962〕参照）。同人が「徴用の法理を説いた」というのは，おそらく「国民徴用の法理」（上）（下）法学12巻10号（1943）805-824頁，13巻1号（1944）38-57頁を指しているのであろう。なお上柳克郎「広浜嘉雄の法理学」法哲学年報『日本の法哲学者』Ⅱ（1980）43-60頁参照。しかし，かりに加山稿の議論を受容したとしても，当時国民「徴用の法理を説いた」のは，広浜だけではなく，当時多くの者がいたにもかかわらず，何故に広浜のみ名前をあげたのか不明である。

理でありと説き，また『勤労とは皇国臣民が其の職分に応じて皇国に仕奉する経営体における行である』と説くのみか，古事記までかつぎ出して，『むすび』の原理をさん美したことである……。おそらくこの学者の小心と人のよさとが，このような見苦しいろうばいに導いたものと善意に解したいが，今後は，いたずらに冷い戦争におびえて，はるかなる展望とあやまるようなことなく，……かつてのような正しい理論を労働法学のために建設せられんことを望んでやまない」。

後段の第三の類型に該当する「一労働法学者」とは，津曲蔵之丞のことであろう。そして「かつては厳正な科学的批判精神にもとづいた労働法の根本原理を明らかにした」「正しい理論」とは，ワイマール・ドイツにおける「労働の従属性」をめぐる議論を紹介した『労働法原理』（改造社・1932）のことであり，「産報のバイブル」とは，その奥付の日付によれば，1945（昭和20）年8月15日のちょうど1月前の7月15日に刊行された『勤労法の指導理念』（産業図書）のことであることは，容易にわかる。そのなかで津曲は，「勤労とは『皇国臣民が其の職分に応じて皇国に対して仕奉する行』である。」（「はしがき」3頁）といい，同書はこの「勤労法の指導理念」を反省してみることを目的とするものであった。しかし津曲の理論的転換は，上記引用文にいわれるような太平洋「戦争の末期に」突然，戦況の悪化を受け「うろたえ」てなされたのではなく，国家総動員法体制の確立以後，自覚的な理論展開の過程で確信的に表（現）われたものであったことは，すでに本書の第3，第4両章で見た[233]。

（イ）津曲蔵之丞の反論とその評価

津曲は，このような自らへの嘲弄的批判に対し反論・弁明を試みて，戦時中の労働法学について，つぎのようにのべている（前掲「社会法・労働法学の再建」法律文化4巻1号〔1949〕41頁以下，46頁）。

「労働の社会化の存在しないところで資本のみが社会化しても，それは労働への圧迫を強化する結果を来すことは事実に違いないので，そういう意味からすれは戦時中の労働法学界は労働組合の自主的発展を前提にしなかった以上，結果においては一つの誤謬をおかしたと見てよい。それはすべての労働法学者が素直な気持ちで認めなければならないことであろう。戦後の労働法学界において客観的条件を軽視している者がいる〔の〕と同じように戦時においては主体的条件を軽視して客観的条件に幻惑された嫌

---

(233) 詳しくは，第4章第1節 298-308 頁でのべた。

いがある。しかし方法論は誤っていなかった。……私の研究もそうした立場のものであった。表現の文言では古事記を援用しようと若しくは如何なる技術を用いたにしても，意図においては反動的なものではなかったのである」（下線－引用者）。

しかしこのような反論は，はたして説得的であったであろうか。津曲の理論的総括を目にした同人以外の労働法研究者は，どう感じたのであろうか。思うに，これは有名な東久邇宮内閣の，国家指導層も戦争を積極的に推進した陸軍中枢の軍人も，徴兵により，いわば戦争に駆り出された兵士も，空襲に逃げまどった国民も含めて，まとめて日本国民が「一億総懺悔」しなければならない（1945〔昭和20〕年9月5日「施政方針演説」）とのべたことと何ら変わらないものではなかろうか。あるいは，津曲が，労働法学者は皆素直に誤謬を認めなければならぬというのは，論考を発表しないとの消極的な抵抗をする ── そのような対応をした者は決して多くなかった ── どころか，統制経済法に関する注釈的論文を公刊することにより戦争遂行に協力したのも，さらには『古事記』等の古代神話を持ち出し「勤労法」の理念を提唱した者も「五十歩百歩」の違いにすぎない，つまり過ちをなした点では自分も，ほかの者も同じであるということをいいたいのであろうか。しかし歴史家の家永三郎（1913～2002）がいうように，「（とはいうものの，あのような時代の中で五十歩と百歩とは重大な相違であったことを忘れてはならない）」[234]と解することもできよう。統制経済体制とそのもとでの労働力の確保の実現に関する論考を公刊したとしても，そこには「日本的勤労」を口にしても，理念と過酷な現実との格差を指摘し，労働条件の改善と労働者の保護を希求した者もいれば，より積極的に戦争遂行の実現を願って合理化を試みた者もいたであろうし，あるいは熱烈に国民を鼓舞した者もいたのではないか。それら個々の主張や見解の相違を無視して，労務＝経済統制法について発言することによる，戦争遂行に関与したことでは，みな同じではないかとの津曲の言には，承服しえないと解する者は，むしろ多かったのではなかろうか。それは端的にいえば，津曲本人の自らの言動に関する責任回避であるように思われる。

（ウ）「加山宗二」とはだれか

つぎに注目すべきは，加山稿「日本労働法学界」中，第二の類型に関する記述のなかで，戦後の時点から観た後藤の『厚生法』に比較的に詳しく言及している点で特徴的である（157頁。下線は引用者）。

---

[234] 家永・前掲論文287頁。

後藤の「定義によれば，『厚生法』とは『一国の発展の基礎たる人的資源の培養と生活安定とをはかるを目的とする法令の総称』〔旧版13頁，新版15-16頁〕であり，後藤がこのやうな厚生法の概念を立てた意図は，労働力をその荒廃的なぎゃくたい濫用から防衛することにあつたのであらうが，かかる厚生法に包含せられる下位概念としての労働法を救護法以下の社会事業法と同序列にならべるために，『厚生法は，その対象を，階級として把えるものでも，個々の孤立的な存在として把えるものでもなく，一国全体の立場から一国発展の絶対要請たる人的資源として把えるものである』〔旧版32頁，新版34頁〕といわざるをえなかつた。しかし，<u>自主的労働運動という主体を欠いた労働法が，人的資源を培養するものでもなく生活安定に役立つものでもないこと</u>は，太平洋戦争突入後に現はれた重要事業場労務管理令が，もつともらしい数々の規定を含むものであつたにもかかはらず，何ら労働力の維持培養に役立つものでなかつたのに照しても明らかである」。

　要するに，ここでは後藤が戦時中に提唱した「厚生法」について，その概念や対象範囲を解説し，後藤が実現を希求しながら，果たせなかつたことを擁護している。そして，これと先に引用した加山による批判に対し応答した津曲の主張を両者併せくらべてみれば，戦時中，労働組合運動という主体的な条件がないなかで労働法が労働者保護についても，その地位の向上に関しても十分な役割をはたせなかつたという評価と弁明それ自体は，この加山稿と津曲によるそれとのあいだには共通するものがあるように思われる。

　それでは，このように自らと同じく労働法学に携わる者に対し，辛辣な批判的言辞を展開する「加山宗二」とはいったい誰であろうか[235]。加山稿を掲載した「法律文化」誌・前掲号の「執筆者紹介」（162頁）には「自由法曹」と記されている。しかし当時も今も，そのような紹介・記述を真に受ける者はいないだろう。これについては，「戦後労働法学」を牽引した沼田稲次郎が，その著書で「戦後労働法史のイデオロギー的側面」を論じた際，加山とは「（昭和一〇年前後ドイツ労働法理の紹介その他労働法の研究において多産な労作活動をした労働法学者のペンネームだと私は推測している）」とのべている[236]。つぎに加

---

(235) 戦前，法律時報誌には「加山宗二」名によるエッセイとして「アナトール・フランスの皮肉 —— 工場監督制度について何を教へるか」8巻6号（1936）31-33頁および「『金一封』の解釈」10巻11号（1938）30-31頁の2篇が掲載されている。

(236) 沼田『労働基本権論 —— 戦後労働法史のイデオロギー的側面』（勁草書房・1969）8頁注(6)。

第2節　労働法学徒における敗戦と戦後のあいだ

山稿が現われてから30年後，後藤清により執筆された文章のなかに加山・同
前引用該当箇所にあるそれと類似した趣旨の発言を見出すことができる。それ
は先に引用した孫田秀春追悼文である。今一度，これを読み返し，先の加山・
引用該当箇所と引照・対比したとき，用いられた比喩（「貝のごとく沈黙」）の
類似性など，偶然の一致とは思われない。そして何よりも，上記二つの文章の
なかで後藤により提唱されたけれども，ほかに同調（ないし賛同）する者がほ
とんどいなかった「厚生法」の概念や意義に詳しく言及していることが特徴的
である。このような三つのことを考慮すれば，「加山宗二」とは，後藤清の筆
名であると判断せざるをえない[237]。

　戦時中とくに日中戦争当時，後藤は主観的には当初「戦時統制法の中から労
働保護法のかけらを拾い出して伸ばすことをはか」ろうと意図していたのかも
しれない。しかし戦争が長期化・苛烈なものとなるなかで，後藤はすでに見た
ように，総力戦体制に寄り添うべく，過度に同調的とも思える，数多くの論稿
を発表し続けた。先にみたように「加山」は津曲を「古事記までかつぎ出して，
『むすび』の原理をさん美した」（前掲稿158頁）と論難した。しかし後藤自身
はどうであったのだろうか。日中戦争勃発を境にして，その著書『転換期の法
律思想』（三笠書房・1940）で，理由・根拠も示さず従前のナチス・ドイツへの
批判的な評価を180度反転させて，これを積極的に肯定するのみならず熱烈に
支持・礼賛したことは，すでに前章で見た通りである。「加山」が批判する
「ナチスの法制を無批判どころかむしろ百パーセントの好意をもつて紹介した
学者」（同前稿157頁）というのは，後藤もまた，そのうちの一人であった。ま
た「加山」は「ソロモン戦役の敗戦以来浮足たつた人民の鎮撫のために一役買
つた一群の学者に見られた，だきすべき流儀」が見られたとし，その例として
「徴用の法理を説いた広浜嘉雄」をあげた（同前所）。しかし後藤自身も太平洋
戦争が進行する過程で，『労務統制法』等の著書のなかで，戦争遂行のための
徴用をはじめ国民動員に関する法解釈ならぬ法解説について積極的に発言して
いった。その際に同人は，聖徳太子が策定したとされる十七条憲法（604年）
や養老律令（757年施行）の賦役令，齊部広成〔編〕『古語拾遺』（807）さらに
二宮尊徳（1789～1856）の言行を記した『二宮翁夜話』（1887）をもちだして，
勤労根本法制定を高唱した[238]。このような事実を考慮したとき，いったい津

────────

[237] 同前所（注(6)）で，沼田は同前引用文のあとで，続けて同じくかっこ書きで「（後藤
　がその著『厚生法』において‥‥『労働力をその荒廃的なぎゃくたい濫用から防衛する』
　意図からだったようだが，それは果さるべくもない願いだったという自己弁護と自己批判
　の響をもつ文章がつづく）」と同論文を紹介している。

569

第 5 章　労働法学の再出発

曲や広浜と何が違うというのであろうか。同じであろう。否むしろ，後藤はこ
れら両人以上に熱烈に国家総動員体制を擁護した。

　戦後にいたったとき，戦時中の自らの発言について，弁明することなく，寡
黙となるのは，当時多く見られた。自分に不都合なことに触れようとはしない
のは，人として往々にありえることだと考える。しかし，そのような対応にと
どまらず，筆名を用いて，文字通り自分のことは棚にあげて，同僚の至らぬ点
をあげつらうかのごとく論難するというのは，いかに理解すべきか。それがは
たして誠実かつ公正な批判態度といえるのか。私には，そうであるとは到底思
えない[239]。

◆第 3 節　浅井清信の「戦後労働法学」の前衛（アヴァンギャルド）への転生

　以上，日本の敗戦という事実を迎えたとき，昭和年代の初め「わが国の将来
の労働法学界を担うホープと目された」菊池，津曲そして後藤における労働法
ないし社会法法理について検討した。その結果，彼らの主張には，戦前・戦時
期のそれと内容的に大きな変化は見られないことがわかった。では，戦前民法
から労働法学に接近せんとした浅井清信の場合は，どうだったのであろうか。
同人の対応は，戦前から名の知れた労働法学徒とは，いささか異なるもので
あった。

⑴　浅井は敗戦をどのように迎え，また受け止めたのか

　浅井清信は 8 月 15 日午前 11 時ころ，動員先の陸軍宇治火薬庫の正門付近で
勤労動員中の立命館大学専門部の学生ら 100 名らとともに，ラジオの「玉音放
送」を聞いた。浅井は天皇の発話内容は理解できずとも，戦争が終わったこと
だけは知り得て，将来のことはともかく，「とにかく暗いゆううつな日々の生
活から解放されるのだと直感し，むしろよろこび合った」と回顧している[240]。
そして浅井は早くも敗戦の翌々年である 1947(昭和 22)年には，労働法につい
て小さなものであるが，2 冊の著書を公刊した。一つは，浅井にとって戦前か

---

(238)　後藤・前掲「皇国勤労観とその要請するもの」8 頁。また同前「勤労の新理念と生産
　　増強課題の充足」社会政策時報 272 号（1943・5）60，64-66 頁を参照。
(239)　島田・前掲論文 93 頁「むすび」（注(2)）は，加山・前掲稿に言及して「他の法律学
　　界では稀な自己批判が労働法分野では行なわれたこととなる。このことは誇りに思ってよ
　　いだろう」と記している。しかし私は本文でのべたように，筆名に隠れて他者を批判する
　　という配慮に欠けた，不公正な対応がなされたことを考えれば，そのような評価に与する
　　ことできない。また一学説の主張をもって，あたかも学界全体の意向を示すがごとく扱う，
　　島田・同前所の対応にも違和感を覚える。

第 3 節　浅井清信の「戦後労働法学」の前衛への転生

らの学問的蓄積があった労働協約に関する概説書である『労働協約の諸問題』
（有斐閣・4 月）であった（本文 60 頁）[241]。すなわち浅井は，戦前 1926（大正
15）年に京都帝大法学部を卒業し，同年同大学院へと進学したが，ジンツハイ
マーやギールケの団体法的学説への関心から労働協約，とくにその法的性質論
への関心をもつことを通じて，労働法（学）に接近したが，同書は，その研究
経歴を反映する，文字通りの小著であった[242]。もう一つは同年 8 月に，西村
信雄との共著として公刊した制定直後の労働基準法に関する解説書（本文 85
頁）である『労働基準法註釈』（法律文化社・8 月）であった[243]。同書は「は
しがき」で，同法が「従来の恩恵的労働保護法規的性格から，脱皮し，労働者
を文化人として資本家と同等の地位において把握し，すべての基本的人権の保
障を主要な特色とする新憲法の趣旨にそい，労働者に人たるに値する生活を保
障しようとしている」ことに，その画期的意味があるとのべている。同書のな
かで労働者を「文化人」として位置付けるというのは，いかにも戦後直後の意

---

(240) 浅井「私の研究をふりかえりみて」浅井清信教授還暦記念『労働争議法論』（法律文
化社・1965）所収 367 頁。また同「神州から人間の国へ —— 八月一五日に想うこと」法学
セミナー 257 号（1976）（同『労働法よ，どこへ行く。』〔法律文化社・1987〕収録 64 頁）
では，つぎのようにのべている。すなわち 1931（昭和 6）年の満州事変以降，日本は急速に
ファシズムの様相を呈して行き，1933 年には滝川事件が起きた。そのようななか「どう
して私はもっと徹底的に反ファシズムの科学的研究と実践にたずさわらなかったのであろ
うか，自ら深刻に反省することを迫られた。それとともに，今後，平和と民主主義のため
の法学研究と実践を貫徹する決意が，おのずからますます鞏固に形成されてきた」と。こ
れが浅井にとって，その戦後一貫した思いなのかもしれない。しかし私は，本文に引用し
たものの方が浅井にとっての「8 月 15 日」当日の実感に近いものであったのではないか
と推測する。

(241) 前掲・浅井還暦論集所収「著作目録」376 頁は，本書の刊行年を「1949 年」としてい
るが，「1947 年」の誤りである（なお西村信雄先生傘寿・浅井清信先生喜寿記念論文集
『個人法と団体法』（法律文化社・1983）所収「著作目録」19 頁は，正しく「昭和 22 年」
としている）。

(242) 浅井・前掲「私の研究」364-365 頁および浅井「社会法とともに」末川博〔編〕『学問
の周辺』〔有信堂・1968〕207 頁。浅井は，戦前の協約研究の成果が『京大訣別記念法学
論文集』（政経書院・1933）に掲載された「労働協約の法律的性質」（のちに浅井・『労働
契約の研究』〔同・1934〕に収録）であったとのべている（同前所）。

(243) 執筆分担は，労基法第 1 章 — 第 5 章，第 9 章および第 13 章を浅井が担当し，第 6 —
第 8 章，第 10 — 第 12 章が西村の担当である。なお同年 10 月には，同前・註釈部分に施
行規則・各種様式等を付加した増補版（167 頁）が刊行されている。浅井・前掲「私の研
究」368 頁によれば，同書は「たちまち 1 万部は売れ」—— おそらく類書が少なかったこ
とも関係があったのではなかろうか ——，同書刊行出版社の財政的基礎をなすのに貢献し
たのではないかとのべている。

571

第5章　労働法学の再出発

気込みを感じさせる。以後，浅井はこれらを手始めとする諸論考を次々と発表していった。

(2) 浅井の労働法学方法論 ── 「戦後労働法学」の 前 衛 として

社会主義社会実現の担い手たる労働組合の活動を擁護するとの，明確な執筆態度を示す浅井の場合，その法解釈のあり方については，どのように理解していたのであろうか。浅井は，積極的に多くの論文集を刊行する一方，戦後初期から晩年にいたるまで，労働法に関する概説書を数次にわたり多数執筆している。そこでの記述を手がかりに，浅井の労働法解釈方法論がどのようなものであったのか探ってみたい。

敗戦直後のわが国では，今日「労働三法」と総称される労働組合法（1945），労働関係調整法（1946）そして労働基準法（1947）が制定・施行されたが，当時の労働運動の高揚に対応するように，多くの概説書や入門書が発表された。浅井が1948（昭和23）年12月に刊行した『労働法学』（評論社）も，そのようなものの1つであった。浅井は同書を「労働法とはどんなものか，を理解するための予備知識をあたえようとの意図から書いたものである」（「序」）とのべている(244)。なお同書は1950（昭和25）年，旧労組法から現行労組法への全面改訂（1949年）にともない，該当箇所の訂正をした改訂版が刊行されている。ついで1954（昭和29）年6月には，前2著と同じく「労働法規の単なる解説書ではない」ことを強調しながら，「多くの点，とくに労働法の基本的考察や労働争議についてその後の私〔＝浅井〕の新しい考方を取り入れている」（「序」3頁）とする『労働法』が同じ出版社から刊行された(245)。

---

(244) 同書の構成は，つぎの通りである。すなわち同書は「序説」のあと第一章「労働法の基本的考察」第二章「労働関係の本質」第三章「労働組合」第四章「労働協約」第五章「労働争議」そして第六章「労働基準法の概観」の全部で六章からなるものである。また同書の成り立ちについて知りえたことをのべると，「序説」は，「労働法解釈の方法」法律文化3巻10＝11＝12合併号（1948）27-32頁，第一章第三，第四両節は，「労働法と自由・人権」として同3巻7＝8号（1948）に掲載したものに見出しを新たに付して掲載したものであり，第四章は，前年に刊行した・浅井にとって戦後最初の著作である前掲・『労働協約の諸問題』の「序説」と「結語」を削除し，本文の見出しを増やして転載したものである。

(245) 上記3冊はいずれも，四六版の小型のものであった。同書刊行から6年後，浅井は1960（昭和35）年5月に版型をA5版に改めた『労働法概説』（同前）を刊行している。その「はしがき」のなかで浅井は，前著が「諸叙述がいちじるしく均衡を失しているだけでなく，‥‥思考の未熟の個所や訂正すべき個所がかなりに点在」していたとして，本書はその「大はばな改訂増補」と「叙述の不均衡の調整をも企図して」なったものである（1頁）としている。同書の表題に「概説」との文言が使用されていることに端的に表われて

第3節　浅井清信の「戦後労働法学」の前衛への転生

　これらの著書では労働法（学）の方法論についてのべた部分は，冒頭に近い位置に置かれ，その記述内容を，大きく変更することはなかった。当該部分に関わる目次構成は，つぎのとおりである。なおかっこを付した個所は，当初（＝『労働法学』〔1946〕）の原形として示された際には，なかったものである。

（「労働法学方法論」）
　一　労働法学の歴史的使命
　二　概念法学の階級性
　三　法律社会学的方法の重要性
（四　マルクス主義法学との関係）

　そしてこの記述箇所は，元々は法律文化3巻10＝11＝12合併号（1948）に発表された論稿「労働法解釈の方法論」であった。浅井はこれを，同人にとって最初の労働法概説書である『労働法学』（1948）のなかに「序説」として——原型論文では，段落ごとに単に番号を付していたにすぎなかったが，新たに見出しを付して——収録した(246)。そこでは，戦後一貫して変わらない浅井の労働法学方法論が端的に示されている。それゆえに，同所で示されている内容の概略をまず紹介してみよう。

　浅井はまず一で，「あらゆる科学は社会の発展に対してなんらかの歴史的役割をはたし，あるいはなんらかの歴史的使命をおわされている」とのべている。浅井にとって，法律学における歴史的役割ないし使命とはいかなるものを指しているのか。この点について浅井は，近代市民法と労働法とを対比させて説明している。すなわち「近代法とその法律学は，封建社会を打破し人類を封建的身分的拘束から解放し，市民社会，資本主義社会を形成せしめようとの歴史的使命をおうてうまれでたものである」（15-16頁，なお引用は『労働法学』による。以下，同じ）。これに対し労働法学がになう歴史的役割とは何か。これについて，浅井はつぎのように説明している。

　「資本家社会の内部におこつた動揺はプロレタリアー革命の胎動である。
　　だから，労働立法はプロレタリアー革命の胎動にねざす法律現象であり，

——————————

いるように，以後刊行される表題の著書は，それまでと異なり，入門書というよりも労働法（学）に関する概説書としての性格を強めていく。

(246) ただしその後は，当該箇所が1953(昭和28)年刊行の『労働法』で加筆され，それが1960年刊行の『労働法概説』以降の各概説書のなかで，さらにより詳細なものになり，とくに三「法律社会学的方法の重要性」の箇所を大はばに加筆されて，新たに四「マルクス主義法学との関係」という独立の節が付されるにいたった。それ以外は『労働法学』（1948）以来，本文それ自体にほとんど加除訂正もなされていない。

第5章　労働法学の再出発

　労働法学はこの胎動に刺激をあたえ，労働立法の発展を促進し，プロレタ
リアー革命を成育さすべき使命をもつ。‥‥労働法学の使命をこれまでの
近代法学のわくのなかにとどめ，近代法学の概念と理論と方法のみをもつ
て労働法学をこころみることは歴史を流れに逆行するものであつて，その
ような労働法学は現段階の社会においてはその存在価値をもたぬであろう。
‥‥／労働法学は，自らせおう如上の歴史的使命をはたすためには，まず
近代法とくに近代私法とその法律学が資本家社会の存在と発展にたいして
いかなる役割をはたしてきたかを明かにせねばならぬ。‥‥労働法学によ
る労働立法の内容の規定，いわゆる解釈も労働立法の発展，ひいてはプロ
レタリアー革命〔ママ〕えの発展を志向しながらなされてはじめて合目的性を
しゅとく〔ママ〕する」（18-19頁，下線－引用者）。

　この部分は，浅井の基本的立場を説明するものとして，発表当時から注目さ
れた(247)。当該箇所が記されたのは，日本が近隣諸国への大きな災厄をもたら
したアジア太平洋戦争に敗れた戦後も間もないころ，すなわち戦前来の天皇制
国家体制が崩壊したことに対する，ある種の解放感に浸っていたなかではなく，
むしろ冷戦構造が顕在化し，GHQ の占領政策が大きく転換し始めた時期で
あったことにも留意する必要があろう。そしてさらに，それ以後においても，
このような記述が維持されたことも，併せて重要視されるべきであろう。すな
わち浅井の労働法学の意義理解は一貫して変わらなかった。つぎに浅井は，法
律学が法解釈学であることを積極的に位置付けている。そのことは，二におい
て「概念法学の階級性」として論じられている。浅井のいう「概念法学」とは
「法律哲学的思索や法律社会学的研究や法律政策学的研究を非実証的なものと
して軽視し，法文を金科玉条として，ひたすらに法文のうちにたてこもってそ
の意味を論理的にむじゅんなく〔ママ〕解釈することを主眼とする」（20頁）解釈態度
を意味する。「概念法学」は浅井によれば，封建制社会から近代市民社会への
展開のなかで「宗教や道徳から法律を解放し，永久不変な宗教的規範から法律
を脱却せしめた」（24頁）という功績が認められる。しかしそれは反面，中世
においては「神のしもべとして神意の解釈に奉仕」し，近代法律学では「資本
家社会のしもべとして立法者の意思（支配階級の意思）の解釈に奉仕した」と
批判する(248)。

　こうして浅井は「概念法学的法律学」に対して「法律社会学的法律学」を積
極的に対抗させている。それは，浅井によれば「法律社会学的研究を基礎とし

(247) これとほぼ同じ個所が，片岡・前掲書（本章注(2)）95-96頁で引用されている。

574

第3節　浅井清信の「戦後労働法学」の前衛への転生

て実定法の内容を解明するという法律解釈の方法」である。では浅井のいう
「法律社会学的研究」とはいったいいかなるものか。これについて浅井自身は,
とくに何ものべていないが,戦前は「法律社会学」,戦後は一般に「法社会学」
とよばれる(249)ものと理解してよかろう。それは「法社会学論争」に際して議
論されたのと同じく,法律現象に関する「社会学」的研究と狭く理解するので
はなく,より広く「科学としての法(律)学」というべきものを指していると思
われる。そして法の科学的研究とは,社会学はもちろん,経済学,歴史学など
の隣接諸学問の成果を吸収しながら,そのことを法の解釈に反映させていこう
とするものであった。なお注意すべきは,浅井にとって,法律学とはあくまで
も法解釈学を意味しているということである。言い換えれば,浅井は「エール
リッヒのいうような,社会的規範意識のせん明,いわゆる『生きた法』の認識
を目的とする法律社会学として労働法学を規定するときは,労働法学の実践的
意味はうしなわれるであろう」(29頁)とのべている。浅井によれば,「労働法
学が解釈法学たるかぎり,いわゆる概念法学を特色づける独断的理論的方法を
すてるわけにはいかぬ」(同頁)とものべている(250)。したがって同人のいう
「独断的理論的方法」とは,法文解釈に際しての,各種の解釈技法のことをさ

---

(248) 浅井は,同『法学入門』(法律文化社・1964) 79-80頁で,概念法学について「ただ
　　ひたすらに法文のうちにたてこもるかぎり,それは経済上の劣等者をあっ迫し,さくしゅ
　　することを正当づける法律秩序の解明に終始することとなり,ここに概念法学の階級性が
　　あきらかに看取される」としている。
(249) 戒能通孝は戦後も「法社会学」ではなく,「法律社会学」という呼称を用いた(長谷
　　川・後掲書27-28頁)という。
(250) なお関連して,若き労働法学徒《Q》── 戦前から戦後にかけて朝日新聞で長く映画
　　批評を担当した津村秀夫(1907～1985)のペン・ネームを借用している ── による「書
　　評/後藤清『労働法』・浅井清信『労働法学』」労働と労働法1巻3号(1949) 141-142頁
　　は,浅井の『労働法学』について,同書の記述が戦前ドイツの労働法学,とくにジンツハ
　　イマーの所説に依拠する個所が多いことを指摘するとともに,つぎのように批評している。
　　　「労働法においてとりわけ法社会学的認識の重要なことは,何人もこれを否定しない。
　　けれども,労働法が一の独自な法域を主張するかぎり,そこに総合的統一的な独自の
　　法原理が樹立されなければならない。そうでなければ,労働法学は現行労働法の単な
　　る整頓に終る外ないであろう。然るに,法の社会学的機能だけを探索するのみでは法
　　の本質の周辺を徘徊するだけであり,それを基礎とした法学的概念の構成および法原
　　理の探求にむかわない限り,法そのものの本質に対する法学的認識は遂に不可能とな
　　ろう」。
　　いかなる法原理および法概念をもって,労働法学の独自性をどのように構築するのかと
　　の課題は,今日でも,やはり問われていることであろう。上記引用箇所を読みながら,
　　「栴檀は双葉より芳し」ということばを自ずから想起させられる(上記・書評子《Q》と
　　は,若き日の蓼沼謙一であった)。

575

第5章　労働法学の再出発

しているのであろう。

　浅井によれば、「法律社会学的研究の成果により法律規定の社会的意味を斟酌して労働者階級の解放にみちびくように法律規定の内容を解明し、あるいは許される範囲においてあらたな労働法秩序を構成するときはなおよく労働法学は如上の歴史的使命をはたすことができる」（25頁）とする。浅井によれば、まずは法律学以外の隣接諸学問の研究成果をいわば吸収することにより、社会的事実の関する認識・理解をえるということになろう。このような法律社会学的研究方法による法解釈を利用して、労働運動に有利な法解釈を行なうことを、浅井はマルクス主義的方法と理解していた。そこで浅井清信の労働法学方法論に関する最後にして、かつその中核的部分としての四「マルクス主義法学との関係」(251)に関する記述を、紹介する。すなわち『労働法学』(1948)の「序説」として記されていた当初は、単に「マルクス主義的見方がもつ現実的価値をみとめるならば、労働法学をその歴史的使命にそくおうするようにいとなむためには、マルクス主義的見方をとりいれなければならない。かかる見方をとりいれた労働法学の建設こそがこれからの労働法学者にかせられた課題である」（30頁）とのべるにすぎなかった。これに対し『労働法』(1954)では、このあとに、つぎのような文章が挿入されている。

　　「がんらいマルクス主義法学は階級的法律観にたち、国家の階級性と法律の物神性を分析し、無産者をさく取し弾圧するためにどんな法律構造がとられているかをばくろすることを主眼とする。だから、それは事実をばくろする学問であり、批判の科学であり、いいかえれば、ブルジョア法秩序を破かいし、プロレタリア法秩序を創造する科学である。‥‥ところが、解釈学たる労働法学は解釈学たるかぎりはいちおうブルジョア実定法秩序を肯定したうえにその枠内において法律論理をそうさして労働法規範の意味解釈を目的とする。プロレーバーの立場をとるか否かによつて解釈に差は生ずるにしてもブルジョア法秩序によつて限界づけられ、これをのりこえて解釈することはゆるされない。解釈学たる労働法学は労働法が妥協の法であるように、妥協の立場にたつて今日明日の労働者の基本権を実定法秩序の枠内でできるだけ広範囲によう護することによつてその歴史的使命をはたすほかない。ここにマルクス主義法学が解釈学たる労働法学にくい入る限度があるが、マルクス主義法学の立場を忘れて解釈学に終始すると

────────────────

(251)　当該個所は、『労働法』(1954)以降、我妻栄「私法の方法論に関する一考察」法学協会雑誌44巻6，7，10の各号（同『近代法における債権の優越的地位』〔有斐閣・1953〕所収）を紹介した箇所の、つぎの段落以降を、独立させたものである。

きは労働法学はブルジョアへ奉仕の学問に堕し，その歴史的使命をはたすことはできない」(29頁)。

　浅井は，このような方法論によりながら，戦後労働法学の展開のなかでは，かぎ括弧付の戦後労働法学[252]とも呼称されるプロ・レーバー労働法学の主要な担い手のひとり，「前衛avantgarde」として活躍していく[253]。

◆第4節　吾妻光俊の場合
—— 労働法学の再構築

　吾妻もまた，前章に見たように，戦争の終盤にいたるまで所説発表の機会をもち，とくに統制経済法のあり方について積極的に発言していた。はたして同人は敗戦をいかに捉えて，またこれを迎えたのであろうか。

　まず吾妻の場合，昭和年代前半の長きにわたる戦争はその身辺に，大きな災厄をもたらした。すなわち吾妻は十五年戦争のあいだに父母および，長兄・横田正俊(1899〜1985)をのぞく，兄弟すべてを失っている。父・横田秀雄は本書第3章に記したように，吾妻がドイツ留学中の1938(昭和13)年11月16日に亡くなり，母親は1944(昭和19)年7月11日，数え年70歳で他界した。同年8月，四男・雄俊(弁護士)はフィリピン・マニラ沖で，五男・明俊(NHK勤務)は同年5月，ビルマのインパール近くでそれぞれ戦死し，外交官に嫁した姉・千鶴子は満州事変の混乱のなかで健康を害して，すでに早世し(1934〔昭和9〕年・享年33歳)，やはり身体の丈夫ではなかったという三男・保俊(法学校講師)は戦争による栄養失調で〔戦後であろうか〕他界した[254]。そして吾妻

---

(252) 労働法と労働法学の五〇年〔I〕／蓼沼謙一「戦後労働法学説の原型形成期」労働法律旬報1399・400号(1997)7頁。

(253) このように浅井が，労働法学は労働運動を擁護するにとどまらず，労働者をして社会主義革命へと領導すべきものと捉える発想の背後には，浅井における二重の挫折＝敗北「体験」を考慮しなければならないのではないかと，前田達男(金沢大学名誉教授)より私信(2009年9月10日付)を通じて指摘された。思うに浅井は，まず滝川事件に京都帝大法学部助手として際会したが，「学問の自由」を守ることができなかった。これ以降，日本は日中戦争そして太平洋戦争へと急加速で突き進んでいった。つぎに浅井は戦争末期，主観的には労働者保護の実現・確保を希求していたのかもしれないが，「皇国勤労観」に依拠した論稿を発表するという「転向」を体験していた。戦後に再転向した浅井は，その「反省」のゆえに，先のような主張をしたのかもしれない。

(254) リベラルな家風のなかで育った(横田正俊『父を語る：横田秀雄小伝』〔巌松堂書店・1942〕364頁以下では，家庭における横田秀雄についてのべられている)吾妻の弟である雄俊(1906〜1944)は若いころ，「天皇の藩屏」たる華族社会における「赤化事件」に関与した。すなわち学習院 —— 戦前でも定員の3分の1程度は華族以外からの入学者であっ

第5章　労働法学の再出発

自身については，戦時中に『ナチス民法学の精神』と題する書物を刊行したことから，周辺には戦後の「教職追放」の対象となるのではないかと危惧する者もいたようだ[255]。

　このような身辺多忙な敗戦直後の1946(昭和21)年初頭に，吾妻が早くも発表したのは，法律時報誌（18巻）3，4および6月の各号に3回に分けて連載した「シャーマン法とアメリカ労働法制」[256]であり，10月に一橋論叢16巻

たという（小田部雄次『華族：近代日本貴族の虚像と実像』〔中公新書・2006〕87-88頁および浅見雅男『学習院』〔文春新書・2015〕48-50頁，101頁以下）── 高等部から東京帝大に進学した者たちにより結成された，共産党シンパ集団である「目白会」の中心メンバーとして，華族等の上流社会の若い女性の親睦団体である「五月会」へ接近し，その組織化を図ろうとした（1932〔昭和7〕年前後か）。同人は，名古屋地裁司法官試補として赴任するために，東京を離れた（小田部・前掲書246-250頁）。その後，雄俊は同年末か翌1933(昭和8)年初めにその職を辞したことから（その理由は不明），兵役免除の特権を失い，宇都宮第一四師団において幹部候補生として勤務していた。同年7月上旬，治安維持法違反容疑により宇都宮憲兵分隊に逮捕され，幹部候補生を免官となったあと，師団軍法会議にかけられるはずであった。しかし同年9月下旬，法務官に転向を表明したことから，不起訴処分となり，軍法会議にかけられることもなく，釈放（当時27歳）された（詳しくは，浅見雅男『公爵家の娘：岩倉靖子とある時代』〔中公文庫・2000〈原著は1991刊〉〕を参照）。

(255) 蓼沼謙一「吾妻光俊先生の人と学説」一橋論叢57巻5号（1967）10頁は，吾妻の周囲には，そのような者もいたと記している。吾妻本人はどのように考えていたのであろうか。吾妻の心中を推し量る資料はない。東京商大で教職追放の対象となったのは，金子鷹之助（1892〜1951・歴史学），米谷隆三（1899〜1958・商法）および常盤敏太（1899〜1978・刑法・民法・法哲学ほか）の3教授であった。その経緯はつぎのとおりである。すなわち同大学本科教員を対象とする審査委員会が1946(昭和21)年6月10日の教授会において井藤半弥委員長以下13名の委員を選出して発足し，約5か月の審査ののち，同年11月28日，先の3名を不適格と判定し（同日付で休職），翌1947年10月，政令262号により職を免ぜられた（後掲・常盤喜寿論文集360頁は，1948年1月公〔教？〕職追放により退職とする）。該当する事項は「学説を以て大東亜政策，東亜新秩序その他これに類似した政策や満州事変，支那事変又は今次の戦争に理念的基礎を与えた者」（金子），「ファシスト的全体主義を鼓吹した者」（米谷），「軍国主義あるいは極端な国家主義を鼓吹した者」（金子・米谷・常盤）に該当するというものであった（一橋大学学園史刊行委員会『一橋大学百二十年史』〔一橋大学・1995〕・175-178頁）。ただし正直にいって，これだけではほとんど何ら明らかになっていない。なお常盤敏太博士喜寿記念論集『人間・空間・時間』〔随想・断章篇〕〔和広出版・1976〕「常盤敏太博士年譜」359-360頁で，本人自身「審査委員のいい加減の無責任食言など，‥‥これが職分を同じくする友僚かと軽蔑をおぼえざるを得なかった」と，その憤懣を吐露している。同人らと入れ替わるように1933(昭和8)年1月10日に検挙され，同年11月2日の東京控訴院判決で懲役2年執行猶予3年が確定し，同月8日免官となった大塚金之助（マルクス経済学・経済史）は1945(昭和20)年末に復職し，翌1946(昭和21)年2月8日，戦後初めての講義を行なっている。

578

第 4 節　吾妻光俊の場合

3・4 号に掲載された「日本法理の探求」であった。前者は，吾妻が最初に学界の内外に，新たな労働法学のあり方を探るべく，アメリカ法の歴史についてのべ，併せて「法社会史的研究態度」という方法論を宣明した記念すべき論稿である[257]。一方「戦時法理論の回顧」という副題が付された「日本法理の探求」は，太平洋戦争中頻々として現われ，末弘厳太郎も戦争末期にわが国固有の法理の創設を提唱し，戦後，教職追放の理由ともなった「日本法論」をとりあげ，「一般的傾向としてあらわれた研究態度を全体として観察し，その共通の相において吟味しようと」（60 頁）したものであった。

　末弘や孫田をはじめ，戦前・戦時期の労働法学を担った者たちに共通するのは，たとえ自らの戦時期の発言について自省・後悔の弁をのべたとしても，その発想や思考方法は，戦後も何ら変わるところはなかったということである。これに対して吾妻光俊の場合，その法学方法論について戦前・戦時期のそれを維持しながらも，憲法上の労働基本権保障を踏まえた，戦時期のそれとは 180 度反転させた労働法学の基本枠組みを新たに提案した点で特徴的であった。そこで発表順は前後するが，「日本法理の探究」から先に見ていくことにしよう。

1　戦時中の日本法理の方法的反省

　冒頭吾妻は何故に日本法理を取り上げるのか，その意義について，つぎのようにのべている（56-57 頁）。

　　「明治時代に於ける欧米文化の摂取が，わが政府ならびに国民の普遍的たらんとする心情を基調として行はれた……／この普遍の永き支配の中に，やがてこれに対抗する個性への要請が萌芽し，遂にそれが支配的たらんとする勢を示すことは，事の性質上当然であ〔った。〕……この傾向を代表し，且つこの要求を真向に振りかざして登場したものが日本法理探究の事であつた。／本稿の狙ひは，日本法理の探究を旗じるしとして発表された法律学上の研究をその法理理論としての性格に着眼して批判的に吟味するにある」。

　吾妻の文章は例の如く，いささか冷笑的（シニカル）ではあるが，戦時中の論稿にくらべて伸びやかな筆致なのは，敗戦直後の解放感のためであろうか。吾妻はこのような検討を，「法哲学的基礎づけ」，「現行法理論の構成」そして「法史上の実

---

(256) 同稿は，他のそれと併せて『労働法の展開』（海口書店・1948）としてまとめられるのに際し，「アメリカ労働運動と反トラスト法」と改題されている。

(257) 拙稿「吾妻光俊の戦後労働法学 —— ある近代主義者の肖像」獨協法学 69 号（2006）43 頁以下参照。

証」の三つの基準をもって行なわんとする。なぜならば「いやしくも日本法理と銘を打つて，日本法の個性を明らかにしやうと試み，その独米ヨーロッパ的な法律学からの独立を求めやうとする限り，それが独自の法哲学上の基礎づけを行ひ，新たな法理論の構成原理を呈示し，また法史の上に日本独自の法理を論証するものでなければならぬからである」（60頁）とのべている。

　まず「日本法理の探求は日本法の根本原理の解明に集中〔し，〕……法哲学的基礎づけを行はんとするものがその大半」であった（60-61頁）が，取り上げるべきものは多くはなかったと指摘している。吾妻が取り上げたのは，小野清一郎『日本法理の自覚的展開』（有斐閣・1942）[258]と広浜嘉雄「日本法について」法学12巻1号，「国民徴用の法理」(1)(2)同12巻10号，13巻1号であった。両者の概要や特徴をそれぞれ紹介したあと，吾妻はこれらをつぎのように評している。前者については，日本法理の独自性を論証せんとするに急なるのあまり，「それが世界的法秩序乃至理論の中で占むべき普遍的意味が閑却され，この態度が往々にして日本の実定法乃至その解釈原理を不必要なまでに日本独自のものと強調される結果に導くのである」（63頁）とした。後者についても，その「論調の中に，凡そ歴史に対する極めて素朴な観念を見出す」一方，「その社会的要素に対する歴史的探究への意欲の如きは毫も之を窺ふことが出来ない。現に広浜氏の所論では〔7世紀初めの604年に制定されたとされる聖徳太子の〕『十七条憲法』――吾妻はこれを「日本法理の寵児」と表現している――と〔中世13世紀1232年制定の「御成敗式目」をさすのか〕『武家法』と〔1939〈昭和14〉年政府の国民徴用令に基づく〕『徴用』との間にある遥かなる時代的間隔は無視されてゐる」（65頁）とし，結論的につぎのようにまとめている。

　　「かくしてわれわれは日本法論の中〔ママ〕理論体系を備ふると見られる少数の例外についても，一面に於て哲学的な論証の厳しさを窺ふことは出来ないと同時に他面事物のありのままの相に直下せんとする歴史的な精神に触れることもない。歴史はいつしか哲学的扮装の下に観念化され，哲学は歴史教科書的知識によつて置きかへられてゐる」（65頁）。

---

[258]『日本法理の自覚的展開』（有斐閣・1942）を手掛かりにして，小野の日本法理を検討しているのが，中山研一の遺作である「小野博士『日本法理の自覚的展開』の再検討」（上）（中）（下）判例時報2068号，2070号および2071号（2010）（のちに同『佐伯・小野博士の「日本法理」の研究』（成文堂・2011）113頁以下に収録）である。併せて戦時期の小野については，出口雄一「小野清一郎――『学派の争い』と『日本法理』」小野博司・出口雄一・松本尚子〔編〕『戦時体制と法学者1931～1952』（国際書院・2016）305-315頁および同「『日本法理』における固有と普遍――小野清一郎の言説を中心として」岩谷十郎〔編〕『再帰する法文化』（国際書院・2016）143-174頁を参照。

第 4 節　吾妻光俊の場合

　つぎに日本法理と実定法理論との関連で注目すべきものとして，刑法学者間
で争われた刑罰論争をあげている。それは『自業自得』の法則を骨子とする応
報刑論に立つ小野清一郎が前掲書のなかで，教育刑論の立場に立つ牧野英一の
自由法論を「西洋派の偏理思想に基く進化論的態度の影響の下に立つと批判」
した（66頁）ことに発する。これに対して，牧野は『日本法的精神の比較法的
自覚』という小野の前掲書への当て擦りのような書名の著書のなかでこれに反
論した。しかし吾妻にいわせれば，それは「比較法的態度の必要を強調され，
この角度から日本法理論者の態度の固陋を難ぜられるに止どまつて，日本法理
の研究態度に立ち入つて内在的に批判するを加へるものとはいひ難」かったと
する（67頁）。しかし同じく教育刑論にたつ木村亀二が論争に参加することに
より，問題は日本法理そのものを舞台に展開するにいたった[259]。吾妻が掲げ
る木村論文とは，つぎのようなものであった。すなわち「法律学に於ける日本
的なるもの」法律時報12巻11号（1940），「刑法に於ける社会倫理」法律時報
14巻6号（1942），「応報刑と教育刑」法学11巻5号（1942），「刑法と国家的
道義」法律時報15巻6・7・8号（1943）そして，「十七条憲法と刑法」法学
13巻2号（1942）の諸論稿である。その主張を紹介したあと，吾妻による木村
の日本法理に対する評価は，つぎのようなものであった（69頁）。

　「その十七条憲法の解釈その他歴史上の考証から教育刑論に到達せられる
　論理の中には，逆にそこから応報刑論を基礎づけやうとされる小野教授と
　同様の哲学的・歴史的態度の欠如を感ぜせしめられる。私の推測を許さる
　るならば，これ木村教授がその刑罰理論に於て自己の立場を基礎づけんと
　するに急なるのあまり，巧みに相手の刃を奪つて相手を倒さんとする戦法
　を用ひられたことが，反つて思想的・方法論的に相手の影響の下に立ち，
　その弱点をも受け継がれることになつたのではなかろうか」。

　このような比喩的な表現をしているが，結局それは「刑罰論が充分の歴史的
研究の上にではなく，古典の文学の思ひ思ひの解釈の上に展開せられるに至つ
たといふことは，寧ろ悲しむべき事態である」（同前所）ということであろう。
そして第三の法史学の観点からの日本法理への接近は，どうだったのであろう
か。「単なる古典の恣意的援用に止まらない本格的な歴史研究は日本法理の提
唱によつて刺激され，推進せしめられたであろうか」（70頁）。吾妻が取りあげ
たのは，高柳真三「ノリ（法）の意味と意識」（一〔ただし続稿なし〕）法学13

───────────
(259)　児玉圭司「木村亀二 ── その教育刑論にみる変化と連続」小野・出口・松本〔編〕同
　前書317-329頁は，出口・同前論文に対応した戦時期の木村について論じている。

581

巻9・10号（1943）と牧健二「日本的世界観と家及び宇の精神」（一）－（三）法学論叢50巻1号，2号，4号（1944）であった。前者については，表題を引用するだけで，ほとんど何ものべていない。これに対し，吾妻は後者を「最も注目に値ひする」とした。同稿は「八紘一宇」という世界観は日独伊三国同盟条約締結（1940年9月27日）に際し初めて表われたものであるが，その根底には「いへ」の世界観と名付けうべき日本的世界観があると主張する（〔一〕4頁）[260]。それは家族的国家たる日本の国家と「いへ」で結ばれる家と宇との関係にある（〔二〕33頁）。「家」は場所・血縁・経済・道徳・法・宗教・歴史の7つの要素 —— 初めの三つが基礎をなす —— からなる生活体の複合概念である（〔二〕36-44頁）。そして親和・融合・和合が，家と宇を含む団体概念たる「いへ」を理解するのに重要である（〔二〕45-49頁）。こうして「協同体としての『いへ』の理念は家より家的国家を通して宇に至つた」（〔三〕6頁）。家の七つの要素中，残りの四つが家の文化秩序を決定し，「宇的世界が文化的に成立するといふことは，此の後者中に於ける道徳的精神に当るべき道義的精神なるものが指導的立場をもつ所の世界として成立することに外ならない」（〔三〕11頁）。

　吾妻は牧の論稿について，「在来の偏狭固陋な日本法論者の態度に警告を発せられるに於て極めて注目すべきものたるを失はない」（72頁）とした。しかし「その態度を以て充分なりとし難い」（同前所）という。吾妻は，「問題はまさに法哲学の側からの日本法理探究と逆の方向に於てあらはれる」（72頁）と指摘している。すなわち「ここでは法史学の側からの歴史研究が，世界観といふ名に借りて，哲学的論理（乃至宗教的直観）を援用することによつて，真の史的事実の実証を回避している」（同前所）。

　こうして吾妻は，戦時中盛んに主張された「日本法理」が法律学を政治目的に奉仕させるためになされたものであるかどうかに関係なく，学問的に積極的な成果を生み出さず，「むしろ哲学的研究を弛緩せしめ，歴史研究を観念化するに役立つたかの感ある」（73頁）と厳しい評価をする。そのあと吾妻は「日本法理の探求とその提唱とは同じ物ではない」（74頁）として，次のように結

---

[260] 本稿は，老川寛〔監修〕『家族研究論文資料集成：明治大正昭和前期篇』第3巻（クレス出版・2000）に収録されている。牧（1892～1989）は翌1945（昭和20）年5月，本稿を基礎にし，これを敷衍した『「いへ」の理念と世界観』（星野書店）という大著を刊行したが，戦後の同年10月「終戦後の所見」との表題の補遺を付している。なお同人には，すでに『増訂・日本国体の理論』（有斐閣・1943）という，やはり大部の著書があった。同人のプロフィールについては，前田正治「牧健二先生を偲ぶ」法制史研究39号（1990）421-423頁を参照。

んでいる（75頁）。

> 長く西欧の圧倒的影響下のもとで発展してきたわが国において，「日本法理は，その意識的な外国法理との対抗の態度を脱し……日本法理の旗じるしをかかげることを止めることによつてはじめて真に日本法理の名に値するものを生み出すのである。……それが法哲学上の論理の厳しさに徹し，歴史的な実証の精神に生きつつ，しかも実定的法理論の煩瑣にひるまぬとき，即ち科学としての法律学の樹立に向つて一歩を進めるとき，そこに日本独自の法律学が普遍性あるものとして世界の法学の中に席を占むることを期待し得るであらう」。

　哲学や文学の世界では「近代の超克」が叫ばれ，歴史学の分野では「皇国史観」が主張された。そして法律学においては，西欧のそれとは異なる日本法理の構築が提唱され，多くの法学徒がこれに関与していった。労働法学の世界では，日中戦争が長期化するなか，しだいに国民生活水準が低下するなかで，諸外国との対外戦争を継続しながら，その安定化を図るとの矛盾を日本的勤労観という精神論で対応したり，他の法分野と同じく聖徳太子の「十七条憲法」がもてはやされ，さらには「古事記」「日本書紀」などの神話を持ちだして，国民皆労働を実現するためのイデオロギー構築が試行された。それらはいずれも，欧米に対する日本的特異さを見出し，これを強調するものであった。しかしいずれも成功しなかった。戦後にいたって，吾妻は法理論次元で正面から，これを批判してみせたのである。

　確かに，吾妻自身は欧米のそれとは異なる，独自の日本法理があることを提唱したことはなかった。また日本の敗色色濃い1944(昭和19)年の末にいたるまで，発言の機会をもちながらも，労務統制法により労働法が統合されたとして戦時総力戦体制について，冷徹な眼差しを向けていた。しかし吾妻は，戦時中の自らの言動については，どのように考えていたのであろうか[261]。吾妻は『ナチス民法学の精神』（岩波書店・1942）の序「文」のなかで当時日本では，

---

(261) なお戒能通孝は，その師である末弘の求めに応じた日本法理研究会の例会での講演録を『日本法理叢書17／財産法研究に於ける二，三の問題』（日本法理研究会・1942〔前掲・同『著作集』Ⅳ所有権（日本評論社・1977）3-39頁所収〕）として公刊している。同稿は近代市民社会における財産法秩序が市民の自発性・誠実性によって支えられていると主張するものであるが，冒頭「日本的法律学」批判から説き起こしている。この点について，同前書「解説」（利谷信義）3-9頁は「その向う見ずが通ったのは，当時の恐るべき抑圧状況からみて幸運と言う外はないが，著者の勇気を讃えるべきであろう」とのべている。なお戒能における法理論については，その子息である戒能通厚「戒能法学研究 ── そ

第5章　労働法学の再出発

外国法学の脱却や日本法独自の建設をさけぶ「偏狭な学問的排外主義」がある
一方,「自ら確固たる学問的見識を持たないために, 反つて現実には外来思想
に無意識に束縛され影響されてゐる現象がある」とし, その典型的な例として
「最近のナチス思想の移入」をあげていたことを想起すべきであろうか。すな
わち吾妻はナチス時代のドイツ労働法研究以来, いわば傍観者, すなわち「外
部に立って眺める者」(同前書「はしがき」1頁) であったのであろうか。しか
し吾妻の戦時期の, とくに統制経済法に対する対応を見るかぎり, そのように
言い切ることは難しいようにも思われる。

2　「法社会史的研究方法」の提示 ── アメリカ労働法学研究を通じて

　戦後, 吾妻の労働法学方法論である「法社会史的研究方法」の定式として,
論者により, しばしば引用されるのは, 吾妻が 1946 年から 1948 年にかけて,
とくに 1947 年に発表した諸論考を中心にまとめた『労働法の展開』[262]の冒頭

　　の所有権論・市民社会論を中心に」法律時報 50 巻 13 号 (1978) 191 頁以下および同「法
　　における主体の契機 ── 戒能通孝の法学の世界」同 60 巻 11 号 (1988) 65-76 頁を併せて
　　参照。
(262)　参考までに, 同書の目次構成と収録されている諸論考の原題および掲載誌は, つぎの
　　ようなものである。
　　　第一篇　アメリカ労働法の体制
　　　　第一章　アメリカの労働運動と反トラスト法←「シャーマン法とアメリカ労働規制」
　　　　　(一)-(三) 法律時報 18 巻 3, 4, 5 各号 (1946)
　　　　第二章　タフト・ハートレー法の成立←「アメリカ労働法の転機 ── タフト・ハート
　　　　　レー法の成立」法学新報 54 巻 11・12 号 (1947), 55 巻 1-4 号
　　　　附　タフト・ハートレー法全文←初出不明
　　　第二篇　労働法の諸問題
　　　　第一章　＊憲法と労働権←原題に変更なし・労働問題研究 7 号
　　　　第二章　労働の従属性←同上(1)(2)法律タイムズ 1 巻 5・6・7 号 (同)
　　　　第三章　労働基準法の基本問題←「労働基準法成立の意義」(1)-(2)法律時報 19 巻 1,
　　　　　2, 3 各号 (同)
　　　　第四章　労働組合法 11 条と解雇の自由←原題に変更なし・法律タイムズ 2 巻 2 号
　　　　　(1948)
　　　　第五章　労働委員会と争議調停←同前・労働問題研究 18 号 (1948?)
　　　なお当時の書評では, つぎのように言及されていた。すなわち有泉亨「一九四八年労働
　　法学界の回顧」法律タイムズ 3 巻 2＝3 号 (1949) 42 頁以下が『展開』所収論文につい
　　て言及するのは, 「憲法と労働権」「労働組合法 11 条と解雇の自由」「労働基準法の基本問
　　題」であり, 本書とは, 問題関心の在りようが異なっている。峯村「学界展望／労働法」
　　私法 1 号 (1949) 126 頁が注目するのは, 「労働の従属性」であるが, これについては,
　　別の機会に言及したいと思う。なお浅井「労働法学界」法律時報 23 巻 12 号 (1951)
　　37-40 頁は, 本書および所収論考について, 一切ふれていない。

584

に収められている「アメリカの労働運動と反トラスト法」[263]の「緒言」のなかでのべられている，以下の部分である（同前書4-5頁）。

　　著者の意図するのは「この研究を通して従来の労働法理論に於て比較的等閑に附せられて来た法社会史的な分析の必要を暗示するにあつた。ここにいはゆる法社会史的とは，一面に於ては労働関係の法律的規制をそれ自身孤立的に観察することなく，近代社会なかんづく近代経済の機構的側面として，その社会的現実との有機的関連の相に於て，しかも充分の歴史的感覚をもつて捉えると共に，また逆にこの側面を通して近代社会の史的構造を窺はうとする態度をいひあらはし，また他面それぞれの側面から近代社会の構造に迫らうとする社会科学と協調しながら，法学にもこれと比肩し得るだけの科学性を与へようとする企図を表明するものである」。

　上記引用文は，吾妻特有の言い回しで表わされた，やはりある種アフォリズムのようにも思われ，一読して吾妻のいわんとすることを容易に理解できるものではない。敗戦後のわが国では，戦前の法律学のあり方への反省として，法律学が解釈学としての自己完結性に満足するだけにとどまるべきではないとして，「社会科学としての法学」，あるいは，より端的にいえば，法が現実に適用される社会について知るべく，法社会学とはいかにあるべきかが法律学分野において活発に議論された。いわゆる法社会学論争である[264]。そのような法学論争と重なる時期に，吾妻の「法社会史的研究態度」が提起された。そして上記のように要約的に示された記述，とくに「また他面」以下の部分を読むかぎり，吾妻は，そのような論調に共鳴して法学は他の社会科学と協力しながら，近代社会の構造分析を目指し，実定法に関する法解釈学とは区別された，法社会学を構築すべきであるといっているかのようにも読める。しかし蓼沼謙一も指摘しているように[265]，それはむしろ逆であった。吾妻はその基本態度を鮮明にした『労働法の基本問題』（有斐閣・1949）のなかで，つぎのようにのべていた（9頁）。

---

(263) その原題は「アメリカの労働運動と反トラスト法」といい，前注に記したように，敗戦の翌年，法律時報誌に3回に分けて連載されたものである。吾妻の豊穣ともいうべき戦後の著述活動は，本稿をもって開始された。

(264) いわゆる法社会学論争については，藤田勇・江守五夫〔編〕『日本の法社会学：文献研究・法社会学論争』（日本評論社・1969）に収められている諸論考を参照。また同論争を概観するには，同書所収の藤田・江守「解説　法社会学論争について」293頁以下および長谷川正安『法学論争史』（学陽書房・1976）7-80頁が有用である。

(265) 蓼沼謙一「一橋における労働法」一橋論叢93巻4号（1985）494頁。

585

第5章　労働法学の再出発

「労働法学は労働問題の学としての責務を果すためには，同じく労働問題を別の方向からとらえようとする諸科学との関連を問い，その成果を充分摂取して，その法理論を反省することがその第一歩である。しかし更に進んで社会学の領域にまで進出し，さては哲学の分野にさえ及んで，諸科学の総合的な体系を樹立しなければならない。しかし，さればといつて労働法学それみずからは，他の諸科学とは異なった法学としての方法を以て，またそれ独自の対象に向つて，吟味を行うべきものであり，また社会学，哲学等に対しても，個別科学としての特殊性に於て区別されなければならない」。

　すなわち吾妻にとっては，法が働きかける対象の具体的な歴史的・社会的事実の特性を踏まえながらも，あくまでも法律学の立場からの分析および理解がなされねばならないとした。上記のような抽象的な説明を，吾妻は，『有斐閣全書／労働法』（有斐閣・1950）中，第四章「労働法の研究」で，よりわかりやすく「労働法の研究について，次の諸点を特に強調して置きたい」として，次のようにのべている（49-51頁）。

「(1)‥‥労働生活なり労働問題なりの法社会学的研究が不可欠なのである。／(2)しかし，右にいわゆる法社会学的研究は，決して労働法規の研究と切り離して行わるべきものではない。ことに法規の解釈と全く絶縁された法社会学的研究などということは，法律学の領域では無価値である。‥‥」／「(3)労働法のように，流動の過程にある分野では，その対象となる生活事象の中に，法律，経済，政治，慣習といつたもろもろの要素が分化しない状態で同時に含まれている場合が多い。従つて，たとえば組合運動の研究にしても，単に法の側面から分析しただけでは，運動の全貌をとらえることが不可能であつて，問題の経済的側面，政治的側面などを併せて理解することが必要であり，従つて経済学，政治学さては社会学との協力が不可欠である。殊に経済的側面の分析は極めて有用である。‥‥」／「(4)しかし，ここでも，他の側面での研究成果をそのまま持ち込むのではなく，労働法の研究は結局，他の領域での成果を利用する場合にも，法律理論によつてこれを濾過することが必要である」。

　ここで注目すべきは，(2)と(4)の二つの「しかし‥‥」以下の部分である。吾妻は同じく労働問題についての経済学や政治学など他の社会科学分野の学問体系の有用性を肯定しながらも，その概念や分析を安易に利用することを拒否して（あるいは少なくとも警戒して），あくまでも法という規範命題ないし体系

第4節　吾妻光俊の場合

がその独自の立場から捉えられるべきことを主張している。吾妻にとって「労働法学は，まず労働の法学として —— 他の領域の方法と研究成果とに充分に眼をくばりながらも —— 法学独自の方法と理論とを以て，またそれ個有の対象に即して，問題に迫つてゆくことが問題解決への第一歩であると考える」(『基本問題』10頁)ことになる。

　戦前・戦中期，本書でも詳しく検討してきたように，吾妻はナチス・ドイツにおける労働法法理，とくに契約概念の後退という側面に着目した議論に注目し，その展開を紹介した。これに対し日本の太平洋戦争敗北をはさんで，今度は一転してアメリカにおける労働法，とくにその初期における歴史的展開を跡付ける論文を著している。早くも敗戦の翌年に法律時報誌に連載した「シャーマン法とアメリカ労働法制」稿は，吾妻自身はその執筆意図について，戦後急速になされていった労働法制定と改正にともない「アメリカの労働法の影響が予想される状態の下，その歴史的背景を顧慮することによって，無批判的な摂取を警戒することに目的の一半があった」[266]とのべている。同稿以降も，吾妻はアメリカ労働法に関する論稿を発表していく一方，ドイツ法理に言及することはほとんどなかった[267]。吾妻が終生，比較法研究への関心を持ち続けた[268]ことを考えれば，戦後ドイツの労働法法理について発言しなかったことの背景には，戦後わが国の労働法制にアメリカ法の影響が強まることの予測のみならず，自らの戦前の理論活動への何らかの考慮があったと考えるのは，あながち見当はずれでもないように思われる。蓼沼は，吾妻の前掲「シャーマン法」について「素材にドイツとアメリカの違いはあっても，労働規制に対する考察の視座には共通するものが認められる」と評している[269]。蓼沼はそれがいかなる「視座」によるものなのか具体的にはのべていない。しかし，そこに戦前・戦中と戦後とのあいだの吾妻のなかに「視座」の連続性を確認するのではなく，反対に，その断絶ないし大きな転換をも見出すべきではなかろうか。吾妻は戦後自らの労働法学の基本枠組みとしての「労働力の（集団的）コント

---

(266)　吾妻光俊「終戦後における法学界・判例の回顧 —— 私法学界」法律時報19巻13号（1947）27頁。

(267)　吾妻は戦後初期，ドイツ法に関して＊「憲法の労働条項と労働法」佐々木惣一ほか『憲法と新法律の研究』（同友社・1948）31-52頁で憲法27条の労働権保障についてワイマール憲法におけるそれに言及し，また「経営協議会の法律問題」労働法研究（東京大学労働法研究会）第1輯『企業における労働者の地位』（国立書院・1948）5-47頁が，戦前ドイツの経営協議会 Betriebsrat に触れながら論じている。しかしこれらは，例外的なものであるように思われる。

(268)　前掲・拙稿「吾妻光俊の戦後労働法学」91頁を参照。

(269)　蓼沼・前掲「吾妻光俊先生」14頁。

587

第5章　労働法学の再出発

ロール理論」や，その従属労働論批判に対し，多くの論者から批判されても，
これに対し反論ないし反批判するということは，一切なかった(270)。そのよう
な吾妻の対応からすれば，過去の自らの言動について，ことあらためて改説の
弁をのべるなどということはありえなかったのであろう。戦後の労働法学の展
開を回顧する座談会（「戦後労働法理論の発展」法律時報28巻9号〔1956〕46頁
以下）の席上，司会者である磯田進から戦前の労働法学の特徴を戦後のそれと
対比して摘示するように求められたのに対し，吾妻は「実は，私は労働法学に
関してはアプレ・ゲール〔après guerre「戦後（派）」の意〕で‥‥」と応えて
いる。これは，労働法について発言すべき資格はないということであろうか。
このように応接する吾妻は，戦前の自らを，民法学専攻者であると位置付け，
日本がアジア太平洋戦争に敗北した戦後にいたって初めて，本格的に労働法学
の研究を開始したと言外にいわんとしたのかもしれない。そして戦後，自らの
戦時中の著書や論文への言及がまったくなかったのは，吾妻自身，かつてのお
のれの主張を否定するとまではいわないにしても，少なくとも，それとまった
く区別した法的議論を構築するという意図があったのではないだろうか。その
著書『現代労働法の理論』（日本評論社・1967）で，吾妻を戦後「いち早く，労
働法学の独自の方法の基礎づけに努力され‥‥戦後労働法学の開拓者というに
ふさわしい地位にたつ人」（同前書7頁）と評した片岡昇（1925～）は，吾妻の
法学方法論である「法社会史的分析」の方法を詳細に紹介・検討したあと，結
論的に，つぎのようにまとめている（同前書45-46頁）。

　それは「ドイツ労働法理論の批判的克服とアメリカ法理の摂取とを意図し
ている点で，戦前来ドイツ理論に強く支配されてきたわが国の労働法学に
とって重要な意義をもつと思われる。‥‥この方法の展開は，徹頭徹尾ド
イツ法理論に対する批判的体系の確立を意図している。‥‥／『法社会史
的研究方法』が指向したものは，『労働関係の純債務法的把握からの離別』
（ニキッシュ），『民法的労働契約の，人格的結合たる経営共同体に支えら
れた労働関係による克服』（ジーベルト）といったようなドイツ理論の方向
を徹底させる形において労働法の独自的理論化を果たすことではなく，む
しろドイツ理論をその源にさかのぼって根本的に批判しながら，他方近代
市民法の基本原理並びに諸範疇を無傷のまま存続させつつ，労働問題の解
決のための独自的な法理論的基礎を提供するところにあったのである。こ
こに，アメリカ法理と『法社会史的研究方法』との遭遇が決して偶然的な

(270)　前掲・拙稿55頁，66頁。

ものではなかったといいうる根拠があると思われる」。

このように片岡は吾妻が「徹頭徹尾ドイツ法理論に対する批判的体系の確立を意図している」とのべている。それは正確には，吾妻自身が戦前の（ナチス・）ドイツ法理論に親近性をおぼえ，さらにわが国の戦時労務統制法理について積極的に発言していったことを踏まえ，戦後，新たな労働法法理を批判的かつ積極的に再構築しようと強く意図したものであったのではなかろうか[271]。

こうして以後，1946年に二つの論考を発表したのを手始めに，吾妻は，他の社会科学分野における成果を摂取しながらも，法解釈学を中心にすえた戦前来の法社会史的研究態度という研究方法論にもとづく「労働力の集団的コントロール理論」による労働法体系の構築へと独自の理論活動を展開していくことになる[272]。

〈追　記〉

末弘厳太郎，とくにその戦時の言動に関連して，不体裁ながら三度言及したい。

初校刷りの校正を終えた頃，七戸克彦（九州大学大学院法学院教授）より同人執筆の「論説／末弘厳太郎責任編輯『現代法学全集』の研究」および「資料／末弘厳太郎研究資料総覧」掲載の法政研究85巻1号（2018・7）の恵与をうけた。ここで言及したいのは，後者についてである。同稿では，まず「末弘法学の時代区分」に関する諸見解に言及したり，とくに末弘没後に刊行された著書における文章の異同や編者による改訂＝改竄のあり様等について検討している。このような「史料批判」は，学説の検討に際し，必要不可欠であるが，従来等閑視されがちなことを考慮すれば，貴重な業績である。つぎに同稿には，本文に加えて〈表1〉「末弘厳太郎略年譜・著作目録」および〈表2〉同「研究論文目録」が付されている。末弘の年譜および著作目録については，本書でも引用したように従来から複数ある。しかし上記〈表1〉としてかかげられた「略年譜」も「著作目録」も，既存のものとくらべると，はるかに詳細かつ網羅的なものとなっている。そのため同〈表〉により，末弘の生涯

────────────

(271) 蓼沼・前掲「吾妻光俊先生」5頁は，吾妻が末弘厳太郎と並んで，あるいは，それ以上に，我妻栄から，学問上の大きな示唆と影響を受けたのではないかと推測している。我妻の場合，戦前・戦中そして戦後における議論を通じて，吾妻を含む他の多くの論者とくらべて，その思想的な「立場」に，いわゆるブレが少ないことは特筆すべきことなのかもしれない。しかし反面，晩年における我妻の議論は，三菱樹脂事件（最大判昭和48・12・12民集27巻11号1536頁）での使用者側鑑定意見（我妻栄『民法研究』ⅩⅡ補巻〔2〕〔有斐閣・2001〕395-396頁）に端的に示されているように，戦前・戦時期とは異なり，著しく守旧的な役割をはたすものであった。

(272) 詳しくは，拙稿・前掲「吾妻光俊の戦後労働法学」29頁以下を参照。

第 5 章　労働法学の再出発

と多産な学問的営為を通覧することが可能となった（なお末弘が 1919〔大正 8〕年，半年ほど滞在したアメリカから渡欧した先が「ドイツ」となっている〔190 頁〕ことや，本書第 5 章第 1 節「補遺」で紹介した，体育日本誌掲載のエッセイの記載がない〔220 頁〕。しかしこれらは，文字通り瑕瑾というべきものである）。また〈表 2〉を見ることにより，従来の末弘研究の動向を一覧できる。いずれも，今後，末弘研究の基礎資料として，大いなる便宜を提供するものとなろう。

　また 7 月 31 日受信の私信（電子メール）にて，太平洋戦争末期，末弘が戦争継続について先導（煽動）的発言を行なっていった（本書第 4 章補節および第 5 章第 1 節の記述を，将来機会があれば，訂正したい）ことに関連して，学徒出陣に際しての末弘と穂積重遠の挨拶，そして末弘の長男・厳夫（1915 ～ 1947）が海軍技術将校として，三男・忠夫（1918 ～ 1944）は海軍航空予備学生として出征したことを伝える当時の新聞記事の PDF をお送りいただいた（前者：東京朝日新聞昭和 18 年 10 月 2 日朝刊，後者：同昭和 18 年 6 月 14 日朝刊）。また併せて末弘の戦時期の言動には，上記のことや，厳夫は無事帰還したが，忠夫は 1944（昭和 19）年 10 月，台湾沖航空戦にて戦死したという「末弘の個人的な『家庭の事情』」も関係するのではないかとの指摘をえた。ご厚情に謝意を表する。

◆終 章◆ 結　語

　以上をもって，戦前および戦時期におけるわが国労働法学の展開を追跡する
作業を終えることにしたい。その過程は奇しくも，末弘厳太郎が2年半の海外
留学から帰国した翌年の1921(大正10)年の秋，東京帝国大学法学部にて，卒
業単位とは無関係な随意科目として「労働法制」の名において講義を開始した
前後から，同人が亡くなった1951(昭和26)年9月までの30年間にほぼ符合す
るものであった。ただし内容的には労働法学といっても，本来の研究対象を超
えて広く社会法というべき内容，すなわち今日「社会保障法学」といわれる学
問分野や，経済法にまたがる広範囲のものとなった。その背景には，今日とは
異なり，かつて相互の学問体系や対象領域がいまだ未分化な状態であったこと
から労働法と社会保障法とが混在し，人的資源の培養策として社会福祉が位置
付けられたり，とくに社会保険制度と退職金制度が併せて論じられたり，さら
には対外戦争が継続するなかでの統制経済の進行という事情があった。また民
法学の領域から，労働法学へと深く越境する者たちもいた。彼らをして，その
ような自らの学問領域の関心移動をなさしめたのは，労働法学が時代の要請に
応えるべき法律学にとって，具体的な新たな地平を指し示すものであったから
であろう。それゆえにまた，戦前期から研究者として発言していた者たちが，
戦後の労働法学発展の基礎を築き，その一翼を担ったのだともいえよう。

　ここで丹宗昭(暁)信（1927～2014）の「社会法理論の発展」[1]を手掛かりに，
本書の構成と時代区分について今一度言及したいと思う。同人は，日本におけ
る社会法の理論的発展を顧みるに際し，大きく戦前と戦後という二つの時期に
分けている[2]。前者の「戦前の社会法（第一期）または（成立期の社会法）」
（かっこ内表記は原文，以下同）とは「大正末・昭和初〔1926〕年より昭和十二・
三〔1937, 8〕年頃までの時期を中心」とし，後者については「昭和二十七・

---

(1)　菊池勇夫(編)『社会法綜説 —— 労働法・社会保障法・経済法（九州大学社会法講座三十
　　周年記念)』上（有斐閣・1959）21頁以下に収録。同前26頁注(1)によれば，同論文は，
　　丹宗「日本における社会法理論の展開」法律時報30巻4号（1958）44-47頁，34頁を
　　「修正加筆」したものである。

(2)　同前論文24-26頁。

終章 結語

八〔1952, 3〕年頃より今日〔同稿が収録論文集が刊行された1959〈昭和34〉年頃〕に至る時期」としている。しかしこれによれは，盧溝橋事件（1937〔昭和12〕年7月7日）に始まった宣戦布告なき日中戦争から，1941（昭和16）年12月以降の米・英・蘭等との太平洋領域に拡大した戦争と敗北（1945〔昭和20〕年8月），そして連合軍（実質的にはアメリカ）による占領・間接統治が終了したサン・フランシスコ平和条約発効（1952〔昭和27〕年4月28日）までの約15年間が抜け落ちている。日本の「社会法理論の発展」を論じるのであれば，時間的空隙を設けるべきではなかろう。本書では，前者（戦時期）の空白時期について，第3，第4両章で扱った。また戦後の空白期間は，第5章で概略取り上げた。そして歴史としての労働法学を論じるのであれば，「大正末・昭和初年」よりも，さらに第一次世界大戦終結（1918年11月）以後の大正年代後半まで時間を遡行しなければならないであろう。

　第一次世界大戦後の大正年代末期，後年「大正デモクラシー」といわれる社会思潮を背景に労働運動が高揚するなか，1926（大正15）年，政府案として労働組合法が第五一議会に提出された。また治安警察法17条が廃止され，それに替わる労働争議調停法が制定された。わが国では，借地・借家紛争などとともに，労働争議が頻発し，これら紛争形態が提起する課題に応えるべき労働法学という新たな法分野への関心が高まって行った。それゆえに労働組合法の制定を念頭においた立法論が学説により議論された（第1章）。それが潰えたのちの昭和初期の時代，引き続き労働組合法の制定を求める声は高い一方，不況のなか退職手当積立手当法が議会に提出され，同手当法や解雇に関する解約告知などが議論された。また諸外国，とくにワイマール・ドイツにおける労働協約法に関する紹介や従属労働論への関心も高かった（第1章および第2章）。しかし満州事変（1931〔昭和6〕年）後の日本は，一方で軍事的大陸侵攻を重ねながらも，国内的には経済的好況のなか「平時」としての生活が営まれていた。それゆえに当初は臨時工などへの対応や商店法などに示された労働時間問題が議論された。しかし盧溝橋事件（1937〔昭和12〕年7月7日）を契機とする日中両正規軍による全面戦争（日中戦争）となって以降，翌1938（昭和13）年4月には戦争遂行のために，政府に対し大幅な立法権限を承認した国家総動員法が制定され，翌5月には早くも施行された。そして陸軍の「健民健兵」政策の実現要求に応じた，厚生省の設置などを契機として，日本は急速に戦争遂行のための統制経済の時代へと転換していったことを忘れてはならない。こうして従来不十分なものであっても，日本における労働者保護を実現せんとした社会・労働立法は，戦争遂行のための物的資源に対応する人的資源確保のための法となっていった（第3章および第4章）。

592

ふたたび丹宗の見解に言及しよう。同人によれば，社会法学は先の時代区分
の場合と同じく，「理論法学的研究に重点をおく（理論法学的）社会法理論」と，
「社会法の体系化ないし社会法領域の構成に力点をおく（実証法学的）社会法理
論」に大別できるという。前者が「法主体の変化（に伴う市民法から社会法への
発展）や市民法及び社会法のイデオロギー批判の方向を強く志向していた」の
に対し，後者は「一貫して社会法の体系化ないし法域の構成という所与の体制
内での社会法の進歩的構成（市民法に対して）のために努力を傾けてきた」(3)と
する(4)。しかしその一方で，丹宗はこれら二つの潮流には共通して「『ある社
会法』を手掛かりにしながら，『あるべき社会法』の概念や法域の構成，或い
は社会法原理の探究」を行なわんとした(5)と指摘している。ただし，そのよ
うな理解は「（理論法学的）社会法理論」の場合よりも，むしろ「（実証法学
的）社会法理論」における学問的営為の特徴を示すものであったと思われる。
　「実証法学」が戦前，とくに戦時期にどのような内容を含み，またそれがわ
が国の戦争遂行状況の推移のなかで，いかなるものへと変容していかざるをえ
なかったのか。戦時経済への移行が進むとともに，人的・物的資源の需給調整
のための経済への統制が拡大していく。統制は広範な委任立法にもとづいて制
定された膨大な諸法令により行なわれた。当時の法律学もこの事態に対応する
ことに専心し，戦争拡大への懐疑すらなく，むしろ全面的な同調的な姿勢ない
し態度のもと無批判な正当化ないし合理化に従事していった。その中心にいた
のが，わが労働法学であった（第3章）。ただしそのような状況に立ち至った
としても，労働法学徒の胸中には，「ある法」を手掛かりに労働者保護を実現
すべき「あるべき法」のあり方を探究せんとの意志がそれぞれあったと思われ
る。しかし現実になされたことは「あるべき法」を探るのではなく，現実に
「ある法」について，一切の批判的な検討をすることなく，ただに「解説」に
従事するようになっていく。ただし，当時それぞれの学説は自らの「転向」を
自覚していたかどうかはわからない。確実にいえるのは，一様に国の戦争遂行

---

(3)　同前論文 25 頁。
(4)　丹宗は同前論文のなかで「戦前の社会法」は，主として菊池勇夫，橋本文雄（1902～
　　1934）および加古祐二郎（1905～1937）に代表されるとする。しかし「主として」とい
　　う副詞を付したとしても，戦前の社会法学の担い手をこれら3人に限定ないし代表させる
　　ことに賛成できなことは，本書の内容から明らかであろう。そして「理論法学的研究に重
　　点をおく」橋本文雄は1934(昭和9)年9月に，その2年後の1937(昭和12)年7月には加
　　古祐二郎が相次いで早世し，いずれも日本の対外的な軍事力の展開は満州事変（1931〔昭
　　和6〕年）後までしか知らない。もしもこの二人がその後も存命であったならば，はたし
　　ていかなる議論をしたのか，興味深い"if"である。
(5)　丹宗・前掲論文 30 頁。

終章 結語

の実現に寄り添うべく肯定的かつ積極的であったということである（第4章）。

第5章でも言及したが，戦後となってから，戦前・戦時下の日本では，「労働の社会化」としての労働組合の発展は見られず，「個別資本の組織化」である「資本の社会化」しかなかったことから，これを重視せざるをえなかったという指摘がなされた。私は本書の基礎をなす旧稿を執筆し，またそれらを本書にまとめ上げる過程でつねに意識したのは，戦時中，主観的に「所与の体制内での社会法の進歩的構成（市民法に対して）のため〔の〕努力」をする[6]というのは，いったい何だったのであろうかという問いであった。こうして今，戦前・戦時期の労働法学の理論営為を考察・検討することを終えようとしているとき去来するのは，平凡きわまりないことではあるが，それは結局，時代に翻弄された30年間であったのかとの思いである。欧米には「地獄への道は，善意の石で敷きつめられている（The road to Hell is paved with good intentions.)」という箴言がある。私は本書において，当時日本社会に生きた人びとにとって，自らが良かれと思い，より望ましい社会となるよう希望しながら労働ないし社会法法理の構築に努めながらも，それが現実にはいったい何をもたらしたのか明らかにしたいと願った。ただし，そのような課題への応答がはたして実現できたかどうかは，自ずと読者諸姉諸兄の判断に委ねたい。

そしてアジア太平洋戦争に敗北し，荒廃した国土を前にしたとき，労働法学徒は戦時期の自らの理論をいかに内省し，総括したのであろうか。敗戦直後というべき，特殊な時期ながらも，彼らがとりあつかうべき実定労働法は急速に整備されていった。戦前何度か上程されたが，ついに制定にはいたらなかった労働組合法は，戦後にいたり，わずか4か月足らずで立法化された（1945〔昭和20〕年12月）。続いて集団的労使紛争の解決に資すべき労働関係調整法が制定された（1946〔昭和21〕年9月）。そして労働者保護のための基本法である労働基準法も実現した（1947〔昭和22〕年4月）。彼らは憲法における労働基本権保障（27条および28条）のもと，これら新たな労働立法の意義を，労使関係の当事者のみならず，国民に広く伝えるための，啓蒙的な著作活動を行なっていった。その際には，本書で取り上げた労働法学徒らはそれぞれの個性に応じた，異なる対応，身の処し方を見せてくれたことも忘れてはならない。しかしそのような言動を通して見えた彼らの学問的な発想や，労働法学ないし社会法学に関する基本的な概念理解や構成については，戦前・戦時期におけるそれとくらべたとき，ほとんどの者に相違はみられなかった（第5章）。このことは，戦後労働法学の形成になんらの影響もおよぼさないということは，なかったであろう

---

(6) 丹宗・前掲論文25頁。

（これこそが，従来戦後労働法学が殊更に自らを戦前のそれとはまったく異なるものとして意識し，そのような姿勢を維持してきた遠景事情なのかもしれない）。

　いずれにせよ労働法学の戦後の歩みは，このようにして始まった。そこには，戦前・戦時期とのあいだに断絶ではなく，むしろそれを担う人間のみならず，学問的内容においても，むしろ継続を見るべきであろう。そして15年近くのあいだ続いた戦争が終り，労働法学が新たな歩みを始めてから，今日すでに70年以上の年月が経過している。それはすでに，戦前・戦時期のそれとくらべて，倍する時間を超えるものとなっている。それゆえに，もしも戦後労働法学について，歴史的に考察しようとするならば，それは，また新たな「物語り」を試みなければならないであろう。

〈引用参考文献一覧〉

　本書で引用した文献中，主たる考察対象となった労働法学徒の業績については，本文や注のなかでその出典を示しているので，そちらの方を参照願いたい。以下に掲げるのは，本文および注の作成に際し引用・参照したものである。

青木宏一郎『軍国昭和東京庶民の楽しみ』（中央公論社・2008）

青木洋「第二次世界大戦中の科学動員と学術研究会議の研究班」社会経済史学 72 巻 3 号（2006）

赤江達也『矢内原忠雄：戦争と知識人の使命』（岩波新書・2017）

明石欽司「『大東亜国際法』理論 ── 日本における近代国際法受容の帰結」法学研究〔慶應義塾大学〕82 巻 1 号（2009）

赤堀邦雄「東京商大生の粛園運動と反戦意志表示」大橋修治・須藤四郎〔共編〕『戦時下学生の抵抗運動：1934 ～ 1945 ── 東大を中心とした』（ウニタ書舗・1992）

秋定嘉和「社会科学者の戦時下のアジア論 ── 平野義太郎を中心に」古屋哲夫〔編〕『近代日本のアジア認識』（京都大学人文科学研究所・1994）

朝日新聞政治経済部〔編〕朝日政治経済叢書『労働組合法の話』（朝日新聞社・1930）

朝日民衆講座第 18 輯『労働組合法案をめぐりて』（同前・1930）

浅見雅男『公爵家の娘：岩倉靖子とある時代』（中公文庫・2000）

──『学習院』（文春新書・2015）

安達三季生「小作調停法」鵜飼信成ほか〔編〕『講座日本近代法発達史 ── 資本主義と法の発展』7（勁草書房・1959）

吾妻光俊「横田秀雄論」明治大学新聞学会特別編集委員会〔編〕『明治大学　人とその思想』（明治大学新聞学会・1967）

阿部猛『太平洋戦争と歴史学』（吉川弘文館・1999）

阿部洋「日本統治下朝鮮の高等教育 ── 京城帝国大学と民立大学設立運動をめぐって」思想 565 号（1971）

天津不二郎「独乙『労働関係法案』に就いて」社会政策時報 217 号（1938）

天野和夫ほか〔編〕西村信雄先生傘寿・浅井清信先生喜寿記念論文集『個人法と団体法』（法律文化社・1983）

鮎澤巖「末弘先生と労働組合運動」法律時報 23 巻 11 号（1951）

鮎澤巖ほか「座談会／人間・末弘嚴太郎を語る」同前

荒垣秀雄『戦後人物論』（八雲書店・1948）

有泉亨「一九四八年労働法学界の回顧」法律タイムズ 3 巻 2 = 3 号（1949）

──「立法学に関する二，三の考察 ── 末弘先生の所説に即して」法律時報 24 巻 9 号（1952）

──聞き手・加藤一郎，藤田若雄，渡辺洋三／司会・氏原正治郎「有泉還暦記念座談

会／有泉先生の学問をめぐって」社会科学研究 18 巻 1 号（1966）

『有沢広巳の昭和史』編纂委員会〔編〕『有沢広巳の昭和史』全 3 冊〔『有沢広巳の昭和史』編纂委員会・1989〕

有光次郎・楠山三香男〔編〕『有光次郎日記：昭和二年〜二十三年』（第一法規・1989）

飯田泰三ほか〔編〕『長谷川如是閑集』全 9 巻（岩波書店・1989〜1990）

家永三郎「大正・昭和の歴史思想 ── 太平洋戦争前後における歴史思想の変化」日本思想史研究会〔編〕『日本における歴史思想の展開』〔日本思想史研究会紀要 I 〕（吉川弘文館・1965）

池田信「日本的労働組合法構想の模索」日本労働協会雑誌 267 号（1981）

池田敬正『日本社会福祉史』（法律文化社・1986）

石井照久「末弘厳太郎先生を偲ぶ」労働時報 4 巻 10 号（1951）

石井保雄「磯田進著『労働法』（岩波新書）にみる法的発想と方法」横井芳弘ほか〔編〕『市民社会の変容と労働法』（信山社・2005）

──「有泉亨における争議行為の違法性阻却 ── 戦後労働法学の一断面」獨協法学 75 号（2008）

──「浅井清信の労働法学 ── 二つの『アバ（ヴァ）ン』に着目して」同前 78 号（2009）

──「労働と法・私の論点／労働法学に歴史研究は不要か」労働法律旬報 1710 号（2009）

──「現代日本の労働法学における課題／戦後労働法学の個別・具体的な検証が必要なのではないか」同前 1711 ＝ 12 号（2010）

──「労働と法・私の論点／日本労働法学事始め探索の顛末 ── 末弘厳太郎「労働法制」開講をめぐって」労働法律旬報 1812 号（2014）

──「同／日本労働法学事始め探索・余聞 ── 末弘厳太郎『労働法制』開講をめぐって・再論」同前 1836 号（2015）

──「戦前わが国における労働関係の法的把握 ── 雇傭契約と労働契約をめぐる学説の展開」毛塚勝利教授古稀記念『労働法理論変革への模索』（信山社・2015）

──「労働と法・私の論点／ある読書体験の思い出 ── 高橋和巳『悲の器』（一九六二）をめぐって」労働法律旬報 1860（2016）

──「同／労働法学と世代論そして方法論」同前 1885 号（2017）

石垣綾子『石垣綾子日記』下巻 1949〜1951（岩波書店・1996）

石川健治「コスモス ── 京城学派公法学の光芒」岩波講座「帝国」日本の学知第 1 巻：酒井哲哉〔編〕『「帝国」編成の系譜』（岩波書店・2006）

石坂洋次郎『石中先生行状記』（新潮社・1949）

石崎政一郎「紹介批評／菊池勇夫『日本労働立法の発展』・後藤清『労務統制法』・津曲蔵之丞『日本統制経済法』」（以下省略）」法学 11 巻 9 号（1942）

石田信平「文献研究労働法学第 13 回／労働契約論」季刊労働法 246 号（2014）

石田文次郎「債権契約の二大型」東北帝国大学法文学部十周年記念『法学論集』（岩波書店・1934）→『契約の基礎理論』（有斐閣・1940）

引用参考文献一覧

―― 『オットー・ギールケ』（三省堂・1935）

―― 「契約統制の形態としての形成権」北村五良〔編〕斉藤（常三郎）博士還暦記念『法と裁判』（有斐閣・1942）

石田文次郎〔編〕『独逸労働統制法』（有斐閣・1944）

石田先生古稀記念論文集刊行委員会〔編〕『石田先生古稀記念論文集』（同刊行委員会・1962）

石田眞「末弘法学論 ―― 戦前・戦中における末弘厳太郎の軌跡」法律時報 60 巻 11 号（1988）

―― 「末弘労働法論ノート ―― 『形成期』末弘労働法学の一断面」早稲田法学 64 巻 4 号（1989）

―― 「戦前・日本における『アジア法』研究の一断面 ―― 華北農村慣行調査を中心として」名古屋大学法政論集 132 号（1990）

―― 「末弘法学の軌跡と特質」法律時報 70 巻 12 号（1998）

―― 「植民地支配と日本の法社会学 ―― 華北農村慣行調査における末弘厳太郎の場合」比較法学 36 巻 1 号（2002）

―― 「戦前の慣行調査が問いかけるもの ―― 台湾旧慣調査・満州旧慣調査・華北農村旧慣調査」早稲田大学比較法研究所〔編〕『比較法研究の新段階 ―― 法の継受と移植の理論』（早稲田大学比較法研究所・2003）

―― 「末弘法学の軌跡」六本佳平・吉田勇〔編〕『末弘厳太郎と日本の法社会学』（東京大学出版会・2007）

石田勇治『ヒトラーとナチ・ドイツ』（講談社現代新書・2015）

石堂清倫・堅山利忠〔編〕『東京帝大新人会の記録』（経済往来社・1976）

磯田光一ほか〔編〕『増補改訂・新潮日本文学辞典』（新潮社・1988）

磯田進「新刊紹介／後藤清著『労務統制法』菊池勇夫著『日本労働立法の発展』」厚生問題 26 巻 9 号（1942）

磯田進ほか「座談会／穂積法学・末弘法学の分析と批判」法社会学 2 号（1952）

―― 司会／江守五夫，秋田成就ほか「座談会／研究生活の回顧」社会科学研究 26 巻 3 = 4 号（1975）

磯村哲「市民法学 ―― 社会法学の展開と構造」『講座日本近代法発達史』10 巻（勁草書房・1961）→同『社会法学の展開と構造』（日本評論社・1975）収録

市川秀雄「文献展望／菊池勇夫著『労働法の主要問題』（社会・経済法論集第一巻）」法学新報 54 巻 1 号（1944）

市川房枝『市川房枝自伝：戦前編』（新宿書房・1974）

伊藤孝夫『滝川幸辰：汝の道を歩め』（ミネルヴァ書房・2003）

伊藤隆『大政翼賛会への道：近衛新体制』（講談社学術文庫・2015〔原著は 1983 年刊〕）

稲葉継雄「塩原時三郎研究 ―― 植民地朝鮮における皇民化教育の推進者」九州大学大学院教育学研究紀要創刊号〔通巻 44 集〕（1998）

井上順孝「解説／『国体の本義』の時代の『日本文化』」日本文化〔復刻版〕10 巻

599

（クレス出版・2009）

井上雅雄『文化と闘争 —— 東宝争議（1946－1948）』（新耀社・2007）

色川幸太郎「臨時工に関する法律問題」(1)(2)民商法雑誌2巻4号，2巻5号（1935）

色川大吉『明治精神史』上・下（講談社学術文庫・1976〔原著は1964年刊〕）

岩井芳次郎「末弘先生の御病状」法律時報23巻11号（1951）

岩田博士追悼録出版事業委員会〔編〕『岩田先生を偲んで』（岩田会・1966〔非公刊〕）

梅田利兵衛「スポーツ界に寄与した人々 —— 末弘厳太郎」学校体育7号（1954）

植村和秀「天皇機関説批判の『論理』：『官僚』批判者蓑田胸喜」竹内＝佐藤卓巳〔編〕『日本主義的教養の時代：大学批判の古層』（柏書房・2006）

上村政彦「社会保障法の展開 —— 菊池勇夫博士の研究をたどって」季刊社会保障法研究2巻4号（1966）

上柳克郎「広浜嘉男の法理学」法哲学年報『日本の法哲学者』Ⅱ（1980）

潮見俊隆「末弘厳太郎」潮見・利谷信義〔編〕法学セミナー増刊『日本の法学者』（日本評論社・1974）

潮見俊隆ほか・磯田進教授還暦記念『農村と労働の法社会学』（一粒社・1975）

臼井敏男『叛逆の時を生きて』（朝日新聞出版・2010）

内田義彦「知識青年の諸類型」近代日本思想史講座第4巻『知識人の生成と役割』（筑摩書房・1959）→『日本資本主義の思想像』（岩波書店・1967）→内田『著作集』第5巻（岩波書店・1988）

内山雅生「『中国華北農村慣行調査』と中国農民」大江志乃夫他〔編〕『岩波講座　近代日本と植民地』第4巻（岩波書店・1993）

馬越徹『韓国近代大学の成立と展開 —— 大学モデルの伝播研究』（名古屋大学出版会・1995）

梅田俊英『社会運動と出版文化：近代日本における知的共同体の形成』（お茶の水書房・1998）

江渕駿太郎「人の横顔／中労委会長・末弘厳太郎」労働評論3巻1号（1948）

遠藤公嗣『日本占領と労使関係政策の成立』（東京大学出版会・1989）

王泰升／陳宛妤（訳）「台北帝国大学と植民地近代性の法学」酒井哲哉・松田利彦〔編〕『帝国と高等教育＝Empire and the higher education in East Asia：東アジアの文脈から：第42回国際研究集会』（国際日本文化研究センター・2013）

大内兵衛「労働関係は身分関係か —— 津曲教授『労働法原理』に関する一の疑問」大原社会問題研究所雑誌10巻2号（1933）

大内兵衛ほか〔監修〕『高野岩三郎伝』〔岩波書店・1968〕

大河内一男「『産業報国会』の前と後と」長幸男・住谷一彦〔編〕『近代日本経済思想史』Ⅱ（有斐閣・1971）

—— 『暗い谷間の自伝：追憶と意見』（中公新書・1979）

大河内一男・松尾洋『日本労働組合物語』大正　昭和（筑摩書房・1965）

大西巨人『神聖喜劇』全5巻（文春文庫・1982）

大橋智之輔ほか〔編〕『昭和精神史の一断面 —— 法哲学者加古祐二郎とその日記』（法

政大学出版局・1991）

大村敦志『穂積重遠：社会教育と社会事業とを両翼として』（ミネルヴァ書房・2013）

小川政亮「昭和恐慌下の社会事業・社会保険立法」日本社会事業大学研究紀要 23 集
（1976）→小川著作集第 2 巻『社会保障法の史的展開』（大月書店・2007）

──「日中戦争拡大過程と社会保障立法」『社会変動と法 ── 法学と歴史学の接点』
（勁草書房・1981）→小川著作集第 2 巻『社会保障法の史的展開』（大月書店・
2007）

奥平康弘『治安維持法小史』（岩波現代文庫・2006〔原著は 1977 年刊〕）

小椋廣勝「ナチス・ドイツに於ける労働法制と労働者の状態」法律時報 9 巻 2 号
（1937）

小関紹夫「ナチス・ドイツの法学教育革新について」彦根高商論叢 21 号（1937）

小田中聡樹「三・一五，四・一六事件 ── 治安維持法裁判と法廷闘争」「人民戦線事
件」我妻栄ほか〔編〕『日本政治裁判史録』昭和・後（第一法規・1970）

小田部雄次『華族：近代日本貴族の虚像と実像』（中公新書・2006）

小野秀誠『法学上の発見と民法』（信山社・2016）

小野清一郎「紹介／ラレンツ著，現代の法律及び国家哲学」法学協会雑誌 54 巻 5 号
（1936）

──『日本法理の自覚的展開』（有斐閣・1942）

小幡圭佑「東北大学における教職員適格審査とその文書 ── 人事課移管文書・石崎政
一郎文書Ⅱ」東北大学史料館紀要 10 号（2015）

小畑忠良『皇国勤労体制の理念』（大日本翼賛壮年団・1943）

飼手真吾・戸田義雄『ILO 国際労働機関』（日本労働協会・1960）

戒能通厚「戒能法学研究 ── その所有権論・市民社会論を中心に」法律時報 50 巻 13
号（1978）

──「法における主体の契機 ── 戒能通孝の法学の世界」同前 60 巻 11 号（1988）

戒能通厚〔編〕「私の法律学 ── 文献解題をかねて」戒能通孝博士還暦記念『日本の裁
判』（日本評論社・1968）

戒能通孝『財産法研究に於ける二，三の問題』日本法理叢書 17（日本法理研究会・
1942）→戒能『著作集』Ⅳ所有権（日本評論社・1977）

甲斐道太郎「末弘法学論 ── 方法論と『物権法』を中心に」法律時報 50 巻 13 号
（1978）

加賀乙彦『永遠の都』第 2 巻（新潮文庫・1997〔原著は 1991 年刊〕）

賀来才二郎『労働組合法の詳細』（中央労働学園・1949）

──『ふていのやから ── 労政局長の手記』（科学新興社・1953）

加古祐二郎「津曲氏『労働法原理』」法学論叢 28 巻 6 号（1932）

──『近代法の基礎構造』（日本評論社・1964）

風早八十二『労働の理論と政策』（時潮社・1938）

──「戦前の日本型ファシズムと法学および法学者」法社会学 28 号（1975）→同
『治安維持法五十年：市民的政治的自由のために』（合同出版・1976）

引用参考文献一覧

梶嶋政司「史料紹介／九州帝国大学法文学部草創期の在外研究員」九州文化史研究所
　紀要 55 号（2012）
―― 「九州帝国大学法文学草創期の文庫形成と在外研究員」九州文化史研究所紀要
　56 号（2013）
片岡昇「末弘厳太郎（日本の法学を創った人びと ―― 6）」法学セミナー 53 号（1960）
―― 『現代労働法の理論』（日本評論社・1967）
片岡昇ほか〔編〕浅井清信教授還暦記念『労働争議法論』（法律文化社・1965）
勝本正晃ほか〔編〕石田文次郎先生還暦記念『私法学の諸問題』2 商法・労働法（有
　斐閣・1955）
加藤一郎「立法学のあり方」法律時報 53 巻 14 号（1981）
加藤新平「所謂具体的秩序思想について」法学論叢 38 巻 1 号（1938）
加藤哲郎「ワイマール末期在独日本人のベルリン社会科学研究会」大原社会問題研究
　所雑誌 455 号（1996・10）
―― 「芹沢光治良と友人たち ―― 親友菊池勇夫と『洋行』の周辺」国文学解釈と鑑賞
　68 巻 3 号（2003）
―― 『ワイマール期ベルリンの日本人：洋行知識人の反帝ネットワーク』（岩波書店・
　2008）
加藤雅信ほか〔編〕『民法学説百年史』（三省堂・1999）円谷峻「5−02／石田文次郎
　『契約の基礎理論』〔一九四〇年・有斐閣〕」
加藤陽子『満州事変から日中戦争へ』日本近現代史⑤（岩波新書・2007）
―― 『それでも，日本人は「戦争」を選んだ』（新潮文庫・2016〔原著は 2009 年刊〕）
金尾清造「留学当時」鈴木義男伝記刊行会〔編〕『鈴木義男』（鈴木義男伝記刊行会・
　1964）
兼清正徳『末川博・学問と人生』（雄渾社・1997）
鎌田慧『反骨：鈴木東民の生涯』（講談社文庫・1992〔原著は 1989 年刊〕）
―― 『大杉栄　自由への疾走』（岩波書店・1997）
加山宗二「日本労働法学界：その過去と現在」法律文化 3 巻 10 ＝ 11 ＝ 12 合併号
　（1948）
川口由彦『日本近代法制史』第 2 版（新世社・2014）
川島武宜「営団について」法律時報 13 巻 9 号（1931）のちに同『著作集』6 巻法律
　学 2（岩波書店・1982）収録
―― 「紹介／八木清信著，労働契約の研究（昭和九年）」法学協会雑誌 53 巻 8 号
　（1935）
―― 「紹介／後藤清著，労働協約理論史」同前 54 巻 8 号（1936）
―― 「紹介／後藤清著，当面の労働法問題」同前 54 巻 8 号（同）
―― 「新刊短評／後藤清著，退職金積立金及退職手当法論（昭和十二年）・沼越正巳，
　退職積立金及退職手当法釈義（昭和十二年）」同前 55 巻 8 号（1937）
―― 「『統制経済』における法と倫理」経済統制法年報 1 巻 1 号（1941）→同『著作
　集』第 4 巻法社会学 4（岩波書店・1982）収録

引用参考文献一覧

――「市民社会（原題では「自由経済」―引用者）における法と倫理 ―― 民法を中心
として」法律時報 14 巻 6，7 号（1942）→同『法社会学における法の存在構造』
（日本評論社・1950）→同前『著作集』4 巻

――「経済統制法と民法」国家学会雑誌 57 巻 1 号（1943）→同前『著作集』1 巻法
社会学 I（岩波書店・1982）

――「新刊書評／末弘博士『労働法のはなし』」法律時報 20 巻 1 号（1948）

――「新刊書評／末弘厳太郎『続民法雑記帳』（日本評論社・1949）―― 末弘法学の
理解のために」法律時報 22 巻 1 号（1950）→川島『著作集』1 巻法社会学 I

――「末弘厳太郎先生の法学理論」法学セミナー 71 号（1962）→同前書

――『ある法学者の軌跡』（有斐閣・1978）

川島武宜〔編〕末弘厳太郎『嘘の効用』上・下（冨山房・1988，1994）

河田嗣郎〔編〕『時局と社会政策』第 1 巻（日本評論社・1941）

神田文人〔編〕資料日本現代史七『産業報国運動』（大月書店・1981）

上林貞治郎『大阪商大事件の真相；戦時下の大阪市立大で何が起こったか』（日本機
関紙出版センター・1986）

菊池勇夫「新刊批評／後藤清氏『労働協約理論史』を読みて」法律時報 7 巻 9 号
（1935）

菊池勇夫教授六十年祝賀記念論文集刊行会〔編〕『労働法と経済法の理論：菊池勇夫教
授六十年祝賀記念論文集』（有斐閣・1960）

北岡寿逸「退職積立金法案を廻りて見たる労働立法」法律時報 7 巻 9 号（1935）

――『我が思ひ出の記』（非売品・1976）

北村久寿雄「末弘先生のこと」公企労季報 4 号（1970・7）

喜多了祐「アントン・メンガー」一橋論叢 51 巻 4 号（1964）

――「商法・経済法（1）―― 一橋商法学の形成と米谷博士の企業法論」一橋大学創
立百年記念『一橋大学学問史』（一橋大学学園史刊行委員会・1986）

吉川大二郎「ジンツハイマー労働法原理」法曹会雑誌 3 巻 11 号，12 号（1925）

――『労働協約法の研究』（有斐閣・1948）

木村亀二「社会法学　シャカイホウガク」末弘＝田中耕太郎〔編〕『法律学辞典』Ⅱ
（岩波書店・1935）

――「立法政策　リッポウセイサク」末弘＝田中耕太郎〔編〕『法律学辞典』Ⅳ（岩波
書店・1936）

――「規範主義，決定主義乃至秩序思想 ―― 法律学思惟の三個の定型」法律時報 7 巻
3 号（1935）

――「助手時代」前掲『鈴木義男』（同伝記刊行会・1964）

喜安朗『転成する歴史家たちの軌跡 ―― 網野善彦，安丸良夫，二宮宏之，そして私』
（せりか書房・2014）

〔九州大学〕社会法研究会『菊池教授退官記念・業績目録集』（1962）

九州大学創立五十周年記念会〔編〕『九州大学五十年史』通史（同記念会・1967）

――学術史・下巻（同・1967）

603

引用参考文献一覧

九州大学七十五年史編集委員会〔編〕『九州大学七十五年史』通史（九州大学出版会・
　1992）

──同・史料編・上巻（同・1989）

九州大学法学部図書掛『菊池勇夫名誉教授蔵書目録』（1969）

九州大学法学部百年史編集委員会「九州大学法学部・法科大学院の歩み ── 一九二四
　年（法文学部創設）から二〇一二年まで」法政研究 81 巻 4 号（2015）

協調会〔編〕『我国に於ける団体交渉及団体協約』（協調会・1930）

勤労者教育中央会（文部省内）〔編纂〕『日本勤労叢書』全 11 巻（目黒書店・1940 ～
　1942）

工藤誠爾『史録 ILO 誕生記 ── 日本はどう対応したか』（日本労働協会・1988）

久保敬治『労働法』（ミネルヴァ書房・1970）

──『ある法学者の人生：フーゴ・ジンツハイマー』（三省堂・1986）

──「追悼後藤清先生」日本労働法学会誌 79 号（1992）

──『労働協約法の研究』（有斐閣・1995）

──「フーゴ・ジンツハイマーと日本の労働法学」季刊労働法 178 号（1996）

──『フーゴ・ジンツハイマーとドイツ労働法』〔信山社・1998〕

久保敬治・下井隆史『労働法を学ぶ人のために』（世界思想社・1975）

熊本虎三「末弘先生を偲ぶ」中央労働時報 182 号（1951）

黒田秀俊『横浜事件』（学藝書林・1975）

毛塚勝利「吾妻光俊『労働法の基本問題』」日本労働研究雑誌 454 号（1998）

──「労働法学六〇周年に寄せて ── 『ポスト戦後労働法学』の三〇年」日本労働法
　学会誌 116 号（2010）

小石川裕介「常盤敏太 ── 日本経済法学会の設立と東京商科大学」小野博司ほか〔編〕
　『戦時体制と法学者』（国際書院・2016）

纐纈厚『総力戦体制研究：日本陸軍の国家総動員構想』（三一書房・1981）

厚生省〔編〕『厚生省五十年史』〔記述篇〕〔資料篇〕（厚生問題研究会・1988）

コーエン，セオドア／大前正臣〔訳〕『日本占領革命：GHQ からの証言』上（TBS
　ブリタニカ・1983）

国民新聞政治部〔編〕『明日を待つ彼』4（千倉書房・1931）

児玉圭司「木村亀二 ── その教育刑論にみる変化と連続」小野博司ほか〔編〕『戦時体
　制と法学者 1931 ～ 1952』（国際書院・2016）

後藤清「新刊批評／津曲教授著『日本経済統制法』」法律時報 14 巻 8 号（1942）

小林哲夫『高校紛争一九六九 ── 一九七〇「闘争」の歴史と証言』（中公新書・2012）

小林俊三『私のあった明治の名法曹物語』（日本評論社・1973）

駒込武・川村肇・奈須恵子〔編〕『戦時下学問の統制と動員：日本諸学振興委員会の研
　究』（東京大学出版会・2011）

小町谷操三「一見，尊大だが，親切で世話好き」前掲『鈴木義男』（同伝記刊行会・
　1964）

昆野伸幸『近代日本の国体論；〈皇国史観〉再考』（ペリカン社・2008）

斉藤秀夫「ナチスの法科大学講義の公定」法律時報9巻6号（1937）

酒井哲哉・松田利彦〔編〕『帝国日本と植民地大学』（ゆまに書房・2014）

坂上康博「武徳会パージの審査実態：審査結果の全体像と本部役員のパージを中心に」一橋大学スポーツ研究30号（2011）

坂口正之『日本健康保険法成立史論』（晃洋書房・1985）

佐口卓『日本社会保険制度史』（勁草書房・1977）

桜田百合子「戦時にいたる『人的資源』をめぐる問題状態：健兵健民政策登場の背景」長野大学紀要9号（1979）

佐々木浩雄『体操の日本近代：戦時期の集団体操と〈身体の国民化〉』（青弓社・2016）

佐々木啓「徴用制度像の再検討 ── その再編・統合策に注目して」人民の歴史学165号（2005）

──「徴用制度下の労資関係問題」大原社会問題研究所雑誌568号（2006）

──「戦時期日本における国民徴用援護事業の展開過程 ── 国民統合の一断面」歴史学研究835号（2007）

──「戦時期日本における国民徴用制度の展開と社会変容 ── 戦時動員の正統化をめぐって」日本の科学者43巻5号（2008）

佐藤卓己『八月十五日の神話 ── 終戦記念日のメディア学』（ちくま新書・2005）

佐藤正義「末弘先生を偲ぶ」中央労働時報182号（1951）

沢井実「戦時期日本の研究開発体制 ── 科学技術動員と共同研究の深化」大阪大学経済学54巻3号（2004）

七戸克彦「法学者の軽井沢」法政研究81巻3号（2014）

──「九州帝国大学法文学部内訌事件 ── 東京帝国大学・京都帝国大学の内紛・辞職事例との比較」同前81巻4号（2015）

──「末弘厳太郎の青春 ── 新渡戸稲造一高校長排斥事件の扇動者」同前82巻2＝3号（2015）

──「九州帝国大学法文学部と吉野作造 ── 九州帝国大学法文学部内訌事件の調停者」（1）（2・完）同前83巻4号，84巻1号（2017）

柴田義彦『労働組合法講話』（東京弘文館・1930）

島上善五郎「末弘先生を偲ぶ」中央労働時報182号（1951）

島田信義「ファシズム体制下の労働法学」法律時報50巻13号（1978）

清水金二郎「日本社会保険立法史」九州大学法学部創立三十周年記念論文集『法と政治の研究』（有斐閣・1957）

清水誠「続・市民法の目20／末弘厳太郎著作集刊行の夢」法律時報73巻1号（2001）

子母沢寛『味覚極楽』（中公文庫・1983〔原著は1957年刊〕）

白羽祐三『現代契約法の理論』（中央大学出版部・1982）

──『プロパティと現代的契約自由』（同・1996）

──『日本法理研究会の分析 ── 法と道徳の一体化』（同前・1998）

鍾家新『日本型福祉国家の形成と「十五年戦争」』（ミネルヴァ書房・1998）

引用参考文献一覧

将基面貴巳『言論抑圧：矢内原事件の構図』（中公新書・2014）

資料第四高等学校学生運動史刊行会〔編〕『資料第四高等学校学生運動史』（総合出版・1976）

ジンツハイマー，フーゴ／楢崎二郎・蓼沼謙一〔共訳〕『労働法原理』〔第二版〕〔東京大学出版会・1955〕または蓼沼謙一著作集別巻〔信山社・2009〕）

新明正道「話好きな花形教授」前掲『鈴木義雄』（同伝記刊行会・1914）

末川博「契約締結の強制」公法雑誌1巻9号（1935）

——「戦時立法を貫く特異性」改造20巻11号（1938）→『所有権・契約その他の研究』（岩波書店・1939）→『法と契約（末川博法律論文集1）』（岩波書店・1970）

——「統制と契約」民商法雑誌九巻一号→『経済統制と人事調停』（河出書房・1939）所収→同前『法と契約』

——『総動員法体制』（有斐閣・1940）

——『国防経済法体制：国家総動員法を中心として』（同・1942）

——「末弘博士と日本の法学／序説」法律時報23巻11号（1951）

——「民商法四半世紀」民商法雑誌39巻4・5・6号（1959）→同・前掲『法と契約』収録

——『彼の歩んだ道』（岩波新書・1965）

——『法と契約（末川博法律論文集1）』（岩波書店・1970）

末川博〔編〕『統制法規全集』上巻（有斐閣・1945）

——〔編〕『学問の周辺』（有信堂・1968）

末川先生古稀記念論文集刊行委員会〔編〕『権利の濫用』上（有斐閣・1962）

末川博先生追悼文集編集委員会〔編〕『追想末川博』（有斐閣・1979）

末川博・我妻栄「対談／日本の法学者を語る」連載第2回・法学セミナー177号（1970）

末弘厳太郎「新刊批評／津曲教授の『労働法原理』」法律時報4巻12号（1932）

——「紹介／孫田秀春著，民法総則上巻」法学協会雑誌52巻1号（1934）

末弘重夫「父厳太郎を語る」討論労働法11号（1952）→明治大正農政経済名著集第16巻末弘厳太郎『農村法律問題』（農村漁村文化協会・1977）月報

菅谷章「戦前におけるわが国労働組合法案の帰趨」経済研究43号（明治学院大学論叢242号）（1976）

勝呂奏『評伝芹沢光冶良：同伴する作家』（翰林書房・2008）

鈴木茂嗣「宮本英脩の刑事法理論」宮本英脩著作集『補巻』（成文堂・1995）

鈴木竹雄『幾山河：商法学者の思い出』（有斐閣・1993）

杉之原舜一『波瀾萬丈：一弁護士の回想』（日本評論社・1991）

杉本貴志「大学教員と『戦争責任』——慶大における教員適格審査と教職追放の概要」白井厚〔編〕『大学とアジア太平洋戦争：戦争史研究と体験の歴史化』（日本経済評論社・1996）

杉本好央「末弘厳太郎の判例論——20世紀初頭のドイツにおける議論と対比して」池田恒夫・高橋眞〔編〕『現代市民法学と民法典』（日本評論社・2012）

引用参考文献一覧

スミス，ヘンリー／松尾尊兊・森史子（訳）『新人会の研究：日本学生運動の源流』（東京大学出版会・1978）

角田邦重「我国における同盟罷業権の生成 —— 治安警察法一七条をめぐって」日本労働法学会誌 35 号（1970）

—— 「ファシズム体制下の労働法思想 —— 戦前労働法思想の一断面」沼田稲次郎先生還暦記念・上巻『現代法と労働法学の課題』（総合労働研究所・1974）

住谷悦治「新刊紹介／末弘厳太郎氏著『日本労働組合運動史』」同志社大学経済学論叢 2 巻 4 号（1951）

瀬川信久「末弘厳太郎の民法解釈と法理論」六本佳平・吉田勇〔編〕『末弘厳太郎と日本の法社会学』（東京大学出版会・2007）

芹沢光治良『人間の運命』第 1 巻および第 2 巻（新潮文庫 1976〔原著は 1963 年刊〕）

—— 「長い旅路の伴侶」『こころの広場』（新潮社・1977）収録

—— 芹沢文学館 1『命ある日』（新潮社・1995），2『夜毎の夢に』（同・1995），4『ここに望みあり』（同・1996）

千田是也『もうひとつの新劇史：千田是也自伝』（筑摩書房・1975）

高木英明「相良惟一教授の生涯と業績」日本教育行政学年報 13 号（1987）

高沢隆治「翼賛体制と社会事業の軍事的再編 —— 戦時厚生事業」右田紀久恵ほか〔編〕『社会福祉の歴史：政策と運動の展開』〔新版〕（有斐閣・2001）

高田源清「紹介／菊池教授『日本労働立法の発展』と後藤元教授『労務統制法』」研究論集（高岡高商研究会）15 巻 3 号（1942）

高橋和巳『悲の器』（河出文庫・1996〔原著は 1962 年刊〕）

高岡裕之『総力戦体制と「福祉国家」—— 戦時期日本の「社会改革」構想』（岩波書店・2011）

高橋眞「『市民法学』の意義と民法典」池田恒夫・高橋眞〔編〕『現代市民法学と民法典』（日本評論社・2012）

高畠通敏「生産力理論 —— 偽装転向と『第三の途』の論理」思想の科学研究会〔編〕共同研究『転向』中（平凡社・1960）→高畠『政治の論理と市民』（筑摩書房・1971）→栗原彬・五十嵐暁郎〔編〕『高畠通敏集』2 政治の発見（岩波書店・2009）所収

—— 「生産力理論と現代 —— 福田善之『長い墓標の列』によせて」青芸 5（1963）→同前『政治の論理と市民』に収録

高柳賢三「エールリッヒ『法社会学』の序」法学協会雑誌 40 巻 1 号（1922）

—— 「ハァヴァド・ロウ・スクゥル」帝国大学新聞昭和 12・4・27 号→同『独裁制と法律思想 —— 現代欧米の法律思潮』（河出書房・1938）

—— 「ジョン・ウイグモアの世界法系論」同『現代法律思想の研究』（改造社・1927）

—— 「ウィグモア先生について —— 人格と学識と事業」法律時報 7 巻 6 号（1935）

—— （聞き手）伊藤正己・田中英夫「高柳賢三先生にきく —— 日本における英米法研究の足跡をたどる」(2) (4) 書斎の窓 98 号（1962），101 号（1962）

—— きく人／伊藤正己・田中英夫「続・高柳賢三先生に聞く —— 日本における英米法

607

引用参考文献一覧

研究の足跡をたどる」〔4〕書斎の窓 117 号（1963）

田川孝三「京城帝国大学法文学部と朝鮮文化」京城帝国大学創立五十周年記念誌編集
委員会〔編〕『紺碧遥かに —— 京城帝国大学創立五十周年記念誌』（京城帝大同窓会・
1974）

滝内礼作「先生の足跡」前掲『鈴木義男』（同伝記刊行会・1964）

滝川事件・東大編集委員会〔編〕『私たちの滝川事件』（新潮社・1985）

竹内洋『大学という病：東大紛擾と教授群像』（中公叢書・2001）

——「帝大粛正運動の誕生・猛攻・蹉跌」竹内＝佐藤卓巳〔編〕『日本主義的教養の時
代：大学批判の古層』（柏書房・2006）

武田知己「外務省と知識人　1944−1945（1）——『ジャポニカス』工作と『三年
会』」東洋研究（大東文化大学）181 号（2011）

竹中佳彦『日本政治史の中の知識人：自由主義と社会主義の交錯』上・下（木鐸社・
1995）

田多英範「昭和恐慌と社会事業立法 —— 救護法の成立」右田紀久恵ほか〔編〕『社会福
祉の歴史：政策と運動の展開』〔新版〕（有斐閣・2001）

蓼沼謙一「書評／後藤清『労働法』・浅井清信『労働法学』」労働と労働法 1 巻 3 号
（1949）

——「一橋学問の伝統と反省／民法及び労働法」一橋論叢 34 巻 4 号（1955）

——「吾妻光俊先生の人と学説」一橋論叢 57 巻 5 号（1967）→蓼沼著作集第 1 巻
『労働法基礎理論』（信山社・2010）

——「ジンツハイマー・『労働法原理』」伊藤正己〔編〕『法学者・人と作品』（日本評
論社・1985）→蓼沼著作集Ⅷ巻『比較労働法論』（信山社・2008）

——「一橋大学と孫田先生 ——『孫弟子』からみて」孫田秀春教授米寿祝賀記念論集
『経営と労働の法理』（専修大学出版局・1975）→蓼沼著作集Ⅰ『労働法基礎理論』
（信山社・2010）

——「労働法の対象 —— 従属労働論の検討」現代労働法講座第一巻『労働法の基礎理
論』（総合労働研究所・1981）→同著作集第Ⅰ巻『労働法基礎理論』

——「戦後労働法学と世代論」現代労働法講座 6 巻『労働協約』（綜合労働研究所・
1981）「しおり」

——「一橋と労働法学」橋問叢書 30 号（1984）→『一橋の学風とその系譜』（一橋大
学学園史編纂委員会・1985）

——「一橋における労働法」一橋論叢 93 巻 4 号（1985）

——「労働法と労働法学の五〇年［1］／戦後労働法学学説の原型形成期」労働法律
旬報 1399−400 号（1997）

——「戦後労働法学の思い出②　第二世代」季刊労働法 160 号（1991）→同『戦後労
働法学の思い出』〔労働開発研究会・2010〕

——「同前③末弘中労委」季刊労働法 162 号（1992）→『戦後労働法学の思い出』
（労働開発研究会・2010）

——「同前⑤／政令二〇一号前後」季刊労働法 164 号（1992）→『戦後労働法学の思

い出」（労働開発研究会・2010）

田中二郎「経済統制法の法源に関する一考察」（一）法学協会雑誌 61 巻 6 号（1943）

田中誠二〔司会〕ほか「座談会／一橋法学の七十五年」一橋論叢 24 巻 4 号（1950）

田中実〔編〕峯村光郎教授還暦記念『法哲学と社会法の理論』（有斐閣・1971）

俵静夫「資料／ナチス新労働法」国民経済雑誌 56 巻 4 号（1934）

丹宗昭信「社会法理論の発展」菊池勇夫〔編〕『社会法綜説 —— 労働法・社会保障法・
　経済法（九州大学社会法講座三十周年記念）』上（有斐閣・1959）

丹宗暁信・伊従寛『経済法総論』（青林書院・1999）

団体法研究所〔編〕常盤敏太博士喜寿記念『人間・空間・時間』〔随想・断章篇〕（和
　広出版・1976）

千々岩力『創成期の労働委員会と労働組合：レッドパージの嵐の中で』（旬報社・
　2010）

中央公論社〔編〕『中央公論社七十年史』（中央公論社・1955）

中央労働委員会事務局〔編〕『労委十年の歩みを語る』（中央労働委員会・1956）

長幸男『昭和恐慌：日本ファシズム前夜』（岩波現代文庫・2001〔原著は 1973 年刊〕）

陳瑜「日本統治下の台北帝国大学について」（上）（下）東洋史訪（兵庫教育大学）10
　号（2004），11 号（2005）

對馬達雄『ヒトラーに抵抗した人々：反ナチ市民の勇気とは何か』（中公新書・2015）

辻村昌昭「労働法基礎理論序説 ——『従属労働論』を軸として」(2)北見大学論集 10
　号（1984）→同『現代労働法学の方法』（信山社・2010）

都築勉『戦後日本の知識人：丸山眞男とその時代』（世織書房・1995）

土田道夫『労働契約法』（有斐閣・2008，同第二版〔2016〕）

恒藤恭「忘れえぬ人々 —— その二　橋本文雄君の追憶」法律時報 35 巻 2 号（1963）

恒藤武二〔編〕『論争労働法』（世界思想社・1978）

椿寿夫「民事立法学への志向と提言」法律時報 53 号 14 号（1981）

津曲蔵之丞「書評・労働法の全体主義的把握：後藤清氏・著『労働法と時代精神』」
　帝国大学新聞 766（昭和 14・5・15）号（『復刻版』13 巻 214 頁）

——「紹介批評／吾妻光俊教授『ナチス民法学の精神』」法学 11 巻 11 号（1942）

津谷明石『江上トミの料理一路：台所文化のさきがけ』（朝日新聞社・1978）

鶴見俊輔『ひとが生まれる —— 5 人の日本人の肖像』（筑摩書房・1972）→鶴見俊輔
　集 8『私の地平線の上に』（同・1991）

——『新しい開国』（同・1961）→鶴見俊輔集・続 1『新しい開国』（同・2000）

帝国大学新聞社〔編〕『帝国大学案内』昭和 13 年度版（帝国大学新聞社・1937）

『帝国大学新聞』〔復刻版〕全 17 冊（不二出版・1984，85）

出口雄一「小野清一郎 ——『学派の争い』と『日本法理』」小野博司ほか〔編〕『戦時
　体制と法学者』（国際書院・2016）

——「『日本法理』における固有と普遍 —— 小野清一郎の言説を中心として」岩谷十
　郎〔編〕『再帰する法文化』（国際書院・2016）

手塚和彰「戦前の労働組合法問題と旧労働組合法の形成と展開」(2)社会科学研究

（東大社研）23 巻 2 号（1971）

―― 「旧労働組合法の形成と展開 ―― 初期労働委員会の機能分析を中心として」東京大学社会科学研究所〔編〕戦後改革 5『労働改革』（東京大学出版会・1974）

デュ・ガール Roger Martin du Gard／山内義雄〔訳〕『チボー家の人々 Les Thibault』第 4 巻（白水社・1956）第七部「一九一四年夏」

東井金平「紹介／価値増殖行程より観たる『労働法原理』」法学新報 42 巻 10 号（1932）

東京大学百年史編集委員会『東京大学百年史』通史二（東京大学出版会・1985）

東京大学百年史編集委員会『東京大学百年史』部局史一（東京大学出版会・1986）

東郷茂彦「労働法学者・孫田秀春と『日本国家科学大系』『国体の本義解説大成』」明治聖徳記念学会紀要〔復巻 51 号〕（2014）

東北大学法文学部略史編纂委員会〔編〕『東北大学法文学部略史』（東北大学法文学部略史編纂委員会・1953）

東北大学五十年史編集委員会『東北大学五十年史』上巻・下巻（東北大学・1960）

東北大学百年史編集委員会『東北大学百年史』四部局史一（東北大学研究教育振興財団・2003）

遠山茂樹『戦後の歴史学と歴史意識』（岩波書店・1968）

利谷信義『日本の法を考える』（東京大学出版会・1985）

富田富士雄「渡部一高先生の人・学問・思想」関東学院大学文学紀要 21 号（1976）

鳥居民『昭和二十年』既刊 13 冊〔未完〕（草思社・1985－2012）

内藤寛一・戦時経済国策大系 3『戦時経済と労務統制』（産業経済学会・1941）

内藤則邦「『退職積立金及退職手当法』成立史論 ―― 日本労働保護立法の一研究」(1)(2 未完) 立教経済学研究 12 巻 4 号（1959），14 巻 3 号（1960）

内藤初穂『軍艦総長平賀譲』（中公文庫・1999〔原著は，1987 年刊〕）

内務省社会局労働部『労働組合法案に関する資料』（1932）

ナカイ，ケイト・ワイルドマン／田中アユ子〔訳〕「戦時下の上智大学」江島尚俊ほか〔編〕『戦時日本の大学と宗教』〔法蔵館・2017〕

永井亨『労働組合法論』（日本評論社・1926）

中川善之助「法文学部創立の思い出」同編纂委員会『東北大学法文学部略史』（同編纂委員会・1953）

―― 「津曲藏之丞君を悼む」法学セミナー 162 号（1969）

中川善之助〔編〕『第七十六議会新法令解説』（朝日新聞社・1941）

―― 〔編〕『戦時立法第一年 ―― 昭和十七年』（河出書房・1942）

―― 〔編〕『戦時立法第二年 ―― 昭和十八年』（河出書房・1943）

―― 〔編〕『政治教養読本』（河北新報社・1946）

中窪裕也「戦前の労働組合法案に関する史料覚書」渡辺章先生古稀記念『労働法が目指すべきもの』（信山社・2011）

中嶋士元也「山口浩一郎教授の労働法風景」上智法学 45 巻 4 号（2002）

中島徹三「『人間』末弘の横顔」中央労働時報 182 号（1951）

引用参考文献一覧

中野登美雄「新著月評／孫田秀春『労働法通義』」中央公論 45 巻 2 号（1930）

中山伊知郎『中山伊知郎全集』18 巻対談・対話集（講談社・1973）

永原慶二『皇国史観』（岩波ブックレット・1983）

中村武「労働法の移入」労働法講座第 5 巻『労働基準法』（有斐閣・1958）しおり

中村哲也「ナチス民法学の方法的分析 ── 民法学における市民的方法の展開と変質」
　（上）法学 41 巻 4 号（1978）→同『民法理論研究』（信山社・2016）

中村智子『横浜事件の人びと』増補第二版（田畑書店・1989）

中村萬吉『貧乏留学生の日記』（日東出版社・1923）

──『労働協約の法学的構成』（厳松堂書店・1926）

中村宗雄「〔中村萬吉〕追悼記念論文集刊行の辞」早稲田法学 19 巻（1940）

中山和久〔編著〕『教材・国際労働法』（三省堂・1998）

中山研一「小野博士『日本法理の自覚的展開』の再検討」（上）（中）（下）判例時報
　2068 号，2070 号および 2071 号→同『佐伯・小野博士の「日本法理」の研究』（成
　文堂・2011）

難波田春夫『日本的勤労観』（大日本産業報国会・1942）

浪江源治ほか〔編〕後藤清先生還暦記念『労働協約 ── その理論と実際』（有斐閣・
　1963）

奈良正路「確立過程に在る形式的労働法学／孫田秀春氏の新著『労働法通義』批判」
　帝国大学新聞 325（1930 年 2 月 3 日）号

──『解雇・退職・手当請求権の理論と実際』（法銓閣・1934）

成田龍一『大正デモクラシー〔シリーズ日本近現代史④〕』（岩波新書・2007）

南原繁「末弘厳太郎博士 ── 告別式における弔詞」同著作集第 7 巻『文化と国家』
　（岩波書店・1973）

西岡孝男「労働組合法案をめぐる十年間 ── 日本賃労働史の一側面」日本労働協会雑
　誌 59 号（1964）

西谷敏『ドイツ労働法思想史論：集団的労働法における個人・団体・国家』（日本評
　論社・1987）

──「日本労働法の形成・発展過程における外国法の影響 ── 古いヨーロッパ，新し
　いアメリカ？」近畿大学法科大学院論集 5 号（2009）

──「労働法・法社会学論争の教えるもの」戒能通厚ほか〔編〕渡辺洋三先生追悼論
　集『日本社会と法律学 ── 歴史，現状，展望』（日本評論社・2009）

西成田豊『近代日本労使関係史の研究』（東京大学出版会・1988）

──『近代日本労働史：労働力編成の論理と実証』（有斐閣・2007）

西日本新聞社〔編〕『改訂福岡大空襲』（西日本新聞社・1978）

西村重雄「ロートマール文庫目録の刊行に寄せて」図書館情報（九州大学附属図書館
　報）34 巻 4 号（1999）

仁田道夫「企業別組合に何ができるか ── 歴史から学ぶ」日本労働研究雑誌 591 号
　（2009）

──「戦後期における労働委員会と労使関係：偉大なる調停者の時代」季刊労働法

252 号（2016）

蜷川虎三『洛陽に吼ゆ：蜷川虎三回顧録』（朝日新聞社・1979）

二村一夫「労働関係研究所の歴史・現状・課題」大原社会問題研究所雑誌 400 ＝ 1 号
（1992）

日本近代文学館〔編〕『日本近代文学大事典』第 2 巻「芹沢光治良」（講談社・1977）

日本評論社編集局〔編〕『日本の法学：回顧と展望』（日本評論社・1950）

沼越正己『退職積立金及退職手当法釈義』（有斐閣・1937）

沼田稲次郎『日本労働法論』上（日本科学社・1948）

── 『労働法論序説』（勁草書房・1950）

── 「労働法（法体制再編期）」鵜飼信成ほか〔編〕『講座日本近代法発達史 ── 資本
主義と法の発展』5（勁草書房・1958）

── 「名著 ── その人と時代 39 末弘厳太郎『労働法研究』」エコノミスト 43 巻 55 号
（1965）→エコノミスト編集部〔編〕『日本近代の名著：その人と時代』（毎日新聞
社・1966）に収録

── 『労働基本権論 ── 戦後労働法史のイデオロギー的側面』（勁草書房・1969）

──労働法実務大系 7『労働協約の締結と運用』〔総合労働研究所・1970〕

── 「『勤労人格の物性離脱』の理念に就て」孫田秀春先生米寿祝賀記念論集『経営
と労働の法理』（専修大学出版局・1975）

── 「『私の法律学』はどのように生成したか」法学セミナー 265 号（1977）→『民
主主義法学と学者像』（法律文化社・1982）

── 「私と法社会学 ── わが法的関心の法社会学的反省」〔法社会学会創立三〇周年
記念講演〕日本法社会学会〔編〕『日本の法社会学』（1979）→沼田『民主主義法学
と学者像』

── 「歴史と人生を憶う」学士会会報 782 号（1989・1）→沼田文子〔編〕『人間まん
だら　沼田稲次郎拾遺』（旬報社〔私家版〕・1999）

野家啓一『物語の哲学』（岩波現代文庫・2005〔原著は 1996 年刊〕）

── 『歴史を哲学する：七日間の集中講義』（同・2016〔原著は 2007 年刊〕）

野上弥生子『欧米の旅』上・中・下（岩波文庫・2001，原著は上・下〔岩波書店・
1942，1943〕）

野川忍ほか「労働組合立法史の意義と課題」日本労働法学会誌 125 号（2015）

野間繁「森山武市郎論」『明治大学：人とその思想』〔普及版〕（明治大学新聞学会・
1967）

野村平爾「ナチス新労働法と労働法の指導原理」早稲田法学 14 巻（1935）

── 「労働法学における遺産（末弘博士と日本の法学）」法律時報 23 巻 11 号（1951）
→同著作集 1『資本主義と労働法』（労働旬報社・1978）

── 「中村萬吉：新しい労働協約理論の提唱」早稲田大学創立七十五周年記念『近代
日本の社会科学と早稲田大学』（同大学社会科学研究所・1957）

── 〔聞き手：潮見俊隆・島田信義・清水　誠・長谷川正安〕『民主主義法学に生き
て』（日本評論社・1976）

野村〔平爾〕研究室「末弘博士の労働法理論 —— 戦後労働法理論のスタート・ライン」法律時報 28 巻 9 号（1956）

野村平爾＝島田信義「労働法（法体制崩壊期）」鵜飼信成ほか〔編〕『講座日本近代法発達史 —— 資本主義と法の発展』8（勁草書房・1959）

橋本文雄『社会法と市民法』（岩波書店・1934）

—— （恒藤恭，栗生武夫〔編〕）『社会法の研究』（岩波書店・1935）

—— （恒藤恭〔編〕）『社会法と市民法』（有斐閣・1957）

橋谷弘「解説／『朝鮮行政』と総督府官僚」『朝鮮行政』〔復刻版〕別巻／総目次・索引・解説（ゆまに書房・2004）

長谷川正安『法学論争史』（学陽書房・1976）

長谷川如是閑著作目録編集委員会〔編〕『長谷川如是閑：人・時代・思想と著作目録』（中央大学・1985）

長谷川如是閑『ある心の自叙伝』（筑摩書房・1968）

長谷川亮一『「皇国史観」という問題：十五年戦争期における文部省の修史事業と思想統制政策』（白澤社・2008）

馬場健一「『科学的』調査と研究者の政治責任 —— 華北農村慣行調査とその評価をめぐって」法社会学 57 号（2002）

濱口桂一郎『新しい労働社会 —— 雇用システムの再構築へ』（岩波新書・2009）

—— 『日本の雇用と労働法』（日経文庫・2011）

林迪広「菊池勇夫博士の生涯と社会法」法律時報 47 巻 10 号（1975）

—— 「菊池勇夫先生と社会法の体系」法政研究 42 巻 4 号（1976）

一橋大学学園史刊行委員会『一橋大学百二十年史』（一橋大学・1995）

檜山幸夫「日本の外地統治機構と外地支配について —— 『植民地官僚』『植民地大学論』への問い」檜山幸夫〔編〕『転換期の台湾史研究』（中京大学社会科学研究所・2015）

平井宜雄「実用法学・解釈法学・立法学・法政策学 —— 末弘法学体系の現代的意義」法律時報 53 巻 14 号（1981）

平石直昭「如是閑の『日本回帰』について」飯田泰三ほか〔編〕『長谷川如是閑集』第 7 巻（岩波書店・1990）

平野義太郎『民法に於けるローマ思想とゲルマン思想』（有斐閣・1924）

—— 「社会科学者・末弘厳太郎」法律時報 23 巻 11 号（1951）

—— 「末弘厳太郎先生の人と学問」法学セミナー 157 号（1969）

平野義太郎・戒能通孝・川島武宜〔編〕末弘博士還暦記念論文集『団結権の研究』（日本評論社・1949）

平野義太郎人と学問編集委員会〔編〕『平野義太郎　人と学問』（大月書店・1981）

平林英勝「戦前・戦中期における経済（統制）法学の興亡 —— もうひとつの『日本経済法学会』」舟田正之先生古稀祝賀『経済法の現代的課題』（有斐閣・2017）

広重徹『科学の社会史』（上）（下）（岩波現代文庫・2002〔原著は 1973 年刊〕）

広浜嘉雄「日本法について」法学 12 巻 1 号（1943）

―― 「国民徴用の法理」（上）（下）法学 12 巻 10 号（1943），13 巻 1 号（1944）

広浜先生追悼記念論文集刊行委員会〔編〕『法と法学教育』（勁草書房・1962）

広政順一『労働基準法：制定経緯とその展開』（日本労務研究会・1979）

広渡清吾『法律からの自由と逃避：ヴァイマル共和制下の私法学』（日本評論社・1986）

深山喜一郎「菊池労働法理論の国際的視野」法政研究 42 巻 4 号（1976）

布川玲子・新原昭治〔編著〕『砂川事件と田中最高裁長官：米解禁文書が明らかにした日本の司法』（日本評論社・2013）

福岡誠一「正木ひろしを弁護士にした話」文藝春秋 36 巻 5 号（1958）→同盟育成会〔編〕『福岡誠一』（新聞通信調査会・1976）

福島新吾『「学徒出陣」落第記』（オリジン出版センター・1993）

―― 「体験戦後史 ―― 1945 ～ 47」専修大学社会科学研究所月報 478 号（2003）

―― 「社会科学としての政治研究 ―― 1947 ～ 54」同前 486 号（2003）

福島正夫　福島著作集第七巻『法と歴史と社会と』Ⅰ（勁草書房・1993）Ⅱ「東京帝大セツルメントをめぐって」

福島正夫・石田哲一・清水誠〔編〕『回想の東京帝大セツルメント』（日本評論社・1984）

福田徳三『社会運動と労銀制度』（改造社・1922）

―― 『社会政策と階級闘争』（同前・1922）

福永操『あるおんな共産主義者の回想』（れんが書房新社・1982）

藤田勇・江守五夫〔編〕『日本の法社会学：文献研究・法社会学論争』（日本評論社・1969）

藤田進・星加要・飼手眞吾「アメリカ労働事情見聞記」労働評論 5 巻 5 号（1950）

藤野豊『日本ファシズムと優生思想』（かもがわ出版・1998）

―― 『厚生省の誕生：医療はファシズムをいかに推進したか』（かもがわ出版・2003）

藤林敬三「菊池勇夫著『日本労働立法の発展』」三田学会雑誌 36 巻 12 号（1942）

―― 「菊池勇夫著　労働法の主要問題」同前 37 巻 9 号（1943）

藤原淳美「退職積立金及退職手当法成立期の労働運動：戦前期日本労働運動史の一側面」神戸法学年報 16 号（2000）

布施辰治『解雇・退職手当にたいする法律戦術』（浅野書店・1932）→明治大学史資料センター〔監修〕同『著作集』第 10 巻（ゆまに書房・2008）

舟橋諄一「シュレーゲルベルゲル『民法典への訣別』」法政研究 12 巻 2 号〔1942〕→同『民法典との訣別』（大坪惇信堂・1944）

―― 「わたしの略歴」法政研究の栞 No.3（1957）

―― 「私の民法研究」書斎の窓・104 号（1962）

古川江里子『大衆社会化と知識人 ―― 長谷川如是閑とその時代』（芙蓉書房・2004）

古川隆久『皇紀・万博・オリンピック：皇室ブランドと経済発展』（中公新書・1998）

ベッセル，リチャード／大山晶〔訳〕『ナチスの戦争 1918−1949：民族と人種の戦い』（中公新書・2015）

法政大学大原社会問題研究所〔編〕『太平洋戦争下の労働者状態』（東洋経済新報社・

1964)

法政大学百年史編纂委員会〔編〕『法政大学百年史』（法政大学・1980）

法律時報編集部「末弘博士著書論文目録」法律時報 23 巻 11 号（1951）

細野武男・吉浦康『蜷川虎三の生涯』（三省堂・1982）

保原喜志夫「文献研究・日本の労働法学（16）／労災補償の法理論」季刊労働法 99
　号（1976）→労働法文献研究会〔編〕『文献研究労働法学』（総合労働研究所・1978）
　に収録

堀俊蔵『東京帝大受講講義ノート・労働法』1937(昭和 12) および 38(昭和 13)年度
　（東京大学文書館柏分館）

堀之内敏恵「1930 年代の東京帝国大学法学部と国家権力：高等試験委員への委嘱状
　況からの考察」人間分化創成科学論叢（御茶ノ水女子大学）17 巻（2015）

本間重紀「戦時経済法の研究 ── 国家的独占と経済法」(2) 社会科学研究（東大社
　研）26 巻 1 号（1974）

前田昭彦「窓／失われた帝大新聞を大量に発見」学内広報〔東京大学広報委員会〕
　1307（2005・2・9）号

前田多門『国際労働』（岩波書店・1927）

──「労働立法月報／労働組合法制定の急務」労働立法 2 巻 1 号（1935）

正木ひろし『近きより』全 5 巻（旺文社文庫〔1979〕または現代教養文庫〔1991〕）

──同『著作集』全 6 巻（三省堂・1983）

増田弘『公職追放論』（岩波書店・1998）

松井慎一郎『河合栄治郎：戦闘的自由主義者の真実』（中公新書・2009）

松尾尊兊『大正デモクラシー』（岩波書店・1974）

──『滝川事件』（岩波現代文庫・2005）

松岡三郎〔司会〕，石井照久ほか「座談会／戦前の労働法学」日本労働法学会誌 37 号
　（1971）

──「労働法の理解のしかた ── 野村平爾著『労働基本権の展開』と沼田稲次郎著
　『社会法理論の総括』を読んで」季刊労働法 99 号（1976）

松岡三郎先生還暦記念論文集発起人会〔編〕松岡三郎教授還暦記念『労働基準法の法
　理』（総合労働研究所・1979）

松澤兼人「厚生政策の設計：実証的，機能的方法の必要」帝大新聞 736（昭和 13 年
　10 月 17 日）号（『復刻版』12 巻 403 頁）

松澤兼人・後藤清・上山善治「鼎談／厚生政策と厚生事業」社会事業研究 29 巻 9 号
　（1941）

松沢弘陽・植手通有〔編〕『定本丸山眞男回顧談』上（岩波書店・2006）

松村高夫『イギリスの鉄道争議と裁判 ── タフ・ヴェイル判決の労働史』（ミネル
　ヴァ書房・2005）

松本岩吉『労働基準法が世に出るまで』（労務行政研究所・1981）

丸山眞男『自己内対話：3 冊のノートから』（みすず書房・1998）

丸山眞男・福田歓一〔編〕『聞き書・南原繁回顧録』（東京大学出版会・1989）

三浦豊彦『暉峻義等：労働科学を創った男』（リブロポート・1991）

水野紀子〔作成〕「末弘厳太郎先生略年表・主要著作目録」法律時報60巻11号
　（1988）

水本浩・平井一雄〔編〕『日本民法学史・通史』（信山社・1997）

峯村光郎『法と統制経済』（東洋書館，1940）

――『経済法』（ダイヤモンド社・1942）

――「法律／『斯くある法』と『斯くあるべき法』――『日本経済統制法』その他」
　読書人2巻7号（1942）→『経済法の基礎理論』（東洋書館，1943）→『経済法の
　基本理論』（慶応通信・1959）

――「法文化としての経済法」『経済法の基礎理論』（東洋書館，1943）→『経済法の
　基本理論』（慶応通信・1959）

――「学界展望／労働法」私法1号（1949）

美濃口時次郎「高度国防国家と労働統制」統制経済1巻3号（1940）

美作太郎『戦前戦中を歩む：編集者として』（日本評論社・1985）

宮川裕章『フランス現代史隠された記憶――戦争のタブーを追跡する』（ちくま新書・
　2017）

三宅正明『レッド・パージとは何か：日本占領の影』（大月書店・1994）

宮沢俊義『天皇機関説事件：史料は語る』上・下（有斐閣・1970）

宮島尚史『労働・治安刑法論研究――労働者権の側面より』（学習院大学・1998）

宮田親平『だれが風を見たでしょう：ボランティアの原点・東大セツルメント物語』
　（文芸春秋・1995）

三好行雄ほか〔編〕『日本現代文学大事典』2人名・事項篇「芹沢光冶良」（明治書院・
　1994）

向山寛夫「末弘厳太郎先生追悼の会――『労働法のはなし』のことども」中央経済
　30巻4号（1981）

――「解説／末弘厳太郎教授述・労働法――昭和七年度東京帝国大学講義」国学院法
　学20巻3号（1982）

――「日本統治下における台湾の法と政治――民族法学の視点に立って」国学院法学
　21巻2号（1983）

――「末弘厳太郎述『労働法序説』」国学院法学22巻2号（1984）

――『自伝：我あり人あり喜寿を迎えて』（中央経済研究所・1991〔非売品〕）

武藤文雄「新刊批評／後藤清著『労働法と時代精神』」法律時報11巻6号（1939）

――解釈法令叢書第8『労務統制法』（日本評論社・1941）→改訂版（東亜政経社・
　1942）

村井友樹『大日本体育会の成立と変容に関する研究』筑波大学（2015〔平成27〕年度・
　博士論文〔体育科学〕，2016）

村上茂利『労災補償の基本問題――労災保険法改正の法理』（日刊労働通信社・1960）

村中孝史「西ドイツにおける解雇制限規制の史的展開」（一）（二）法学論叢114巻6
　号（1984），115巻2号（1985）

籾井常喜（司会）青木宗也ほか「日本労働法学の方法論と課題 ── われわれはなにをすべきか」季刊労働法 45 号 (1962)

籾井常喜〔編〕『戦後労働法学説史』(労働旬報社・1996)

盛誠吾「懲戒処分法理の比較法的研究」Ⅰ法学研究（一橋大学）13 号 (1983)

森英樹「風早八十二とマルクス主義法学」名古屋大学法政論集 130 号 (1990)

── 「戦前の風早八十二における法学・社会科学・実践」小田中聡樹先生古稀記念論文集『民主主義法学・刑事法学の展望』下巻（日本評論社・2005)

森まゆみ『子規の音』(新潮社・2017)

森田慎二郎「『退職積立金及退職手当法』の歴史的意義の再検討 ── 要保障事故としての失業概念の未成熟と日本的特徴の形成」社学研論集（早稲田大学）4 号 (2004)

森山武市郎「フヰリップ・ロートマル教授と労働法学」政経論叢（明治大学）2 巻 2 号 (1927)

森山武市郎先生遺徳顕彰の会『司法保護の回顧＝森山武市郎先生顕彰録』(同〔非公刊〕・1969)

文部省思想局〔編〕『国体の本義』(文部省・1937)

文部省教学局〔編〕『臣民の道』(内閣印刷局・1941)

── 〔編纂〕『国史概説』上・下（内閣印刷局・1943)

安井英二『労働協約論』(清水書店・1925)

安井郁「学問と良心の自由（東京大学への惜別の辞）」東京大学新聞 1948 年 4 月→「道」刊行委員会〔編〕『道 ── 安井郁 生の軌跡』(法政大学出版局・1983)

矢加部勝美「中労委の末弘氏」法律時報 23 巻 11 号 (1951)

安田浩「政党政治体制下の労働政策 ── 原内閣期における労働組合公認問題」歴史学研究 420 号 (1975)

安田幹太「城大の憶い出」京城帝国大学創立五十周年記念誌編集委員会〔編〕『紺碧遥かに：京城帝国大学創立五十周年記念誌』(京城帝国大学同窓会・1974)

八十島義之助「故名誉員 山崎匡輔氏をしのぶ」土木学会誌 48 巻 10 号 (1963)

柳沢旭「労働契約の法的定義と性質 ── 菊池勇夫『労働契約の本質 ── その社会的性質について』(昭和一二・一九三七年）を読む」山口経済学雑誌 57 巻 5 号 (2009)

── 「巻頭言／労働契約の定義について」季刊労働法 226 号 (2009)

── 「労働契約の定義について（再論）── その社会法的とらえかたとは何か」山口経済学雑誌 58 巻 3 号 (2009)

柳沢治『戦前・戦時日本の経済思想とナチズム』(岩波書店・2008)

柳沢健／田中耕太郎述『生きて来た道』(世界の日本社・1950〔復刻版〕大空社・1997)

矢内原忠雄・同全集 26 巻「私の歩んできた道」(岩波書店・1965)

矢野達雄『近代日本の労働法と国家』(成文堂・1993)

山口浩一郎「戦後労働法学の反省 ── ある第三世代と方法」日本労働協会雑誌 100 号 (1967)

── 放送大学教材『労働法』(放送大学教育振興会・1995)

―――「古典を読む／労働法／末弘厳太郎『労働法研究』」日本労働研究雑誌 454 号（1998）

―――（聞き手）諏訪康雄・大内伸哉「山口浩一郎先生に聞く」山口浩一郎先生還暦記念文集『いつも笑みをたたえて』（同刊行会・1996〔非公刊〕）

山口青邨（本名・吉朗）『伯林留学日記』上・下（求龍堂・1982）

山崎清『日本の退職金制度』（日本労働協会・1968）

山崎早苗ほか『生産増強の方策』（霞が関書房・1943）

山崎雅弘『「天皇機関説」事件』（集英社新書・2017）

山田清人「母親学校の構想」厚生問題 27 巻 6 号（1943）

山田晋「菊池勇夫の社会事業法論 ―― 菊池勇夫『社会事業法域の成立について ―― 社会行政発展の一側面』（一九三八年）を読む」社会学・社会福祉学研究（明治学院大学）134 号（2011）

―――「菊池勇夫の社会保険法論 ―― 菊池勇夫『社會保險法の對象と本質』（一九四二年）を読む」修道法学 39 巻 2 号（2017）

山中健一「師弟は三世 ―― 孫田先生の思い出」孫田秀春先生米寿祝賀記念論集『経営と労働の法理』（専修大学出版部・1974）

山中篤太郎『日本労働組合法案研究』（岩波書店・1926）

―――『日本労働組合法研究』（森山書店・1931）

山中康雄「新刊批評／吾妻光俊著『ナチス民法学の精神』」法律時報 14 巻 11 号（1942）

―――「松坂先生とのこと」契約法大系 I『契約法総論』（有斐閣・1962）

山本礼子『占領下における教職追放 ―― GHQ・SCAP 文書による研究』（明星大学出版部・1994）

―――『米国対日占領政策と武道教育 ―― 大日本武徳会の興亡』（日本図書センター・2003）

山領健二「『我等』の時代 ―― 如是閑をめぐる人々」飯田泰三ほか〔編〕『長谷川如是閑集』第 8 巻（岩波書店・1990）

柚木馨「ナチスにおける独逸民法典の運命」民商法雑誌 6 巻 2 号（1937）

横井芳弘ほか〔編〕『彩光 ―― 中村武先生の御魂に』（酒井書店・1991〔非公刊〕）

横田喜三郎『私の一生』（東京新聞出版局・1976）

横田正俊『父を語る：横田秀雄小伝』（巌松堂書店・1942）

―――「末弘厳太郎先生と私」ジュリスト 217 号（1961）

―――「恩師の思い出」(1)学士会会報 4 号（1969）

横山和彦・田多英範〔編〕『日本社会保障の歴史』（学文社・1991）

吉田勇「末弘講義『法律社会学』の成立経緯と講義内容」／資料 1「末弘に関する略年表 ―― とくに『法律社会学』講義との関連において」六本佳平・吉田勇〔編〕『末弘厳太郎と日本の法社会学』（東京大学出版会・2007）

吉田克己「社会変動期の日本民法学 ―― 鳩山秀夫と末弘厳太郎」北大法学論集 52 巻 5 号（2002）

吉田久一・同著作集 1『日本社会福祉思想史』（川島書店・1989）

引用参考文献一覧

――同著作集 3『改訂増補版・現代社会事業史研究』（川島書店・1990）

吉田資治「末弘厳太郎氏を憶う」法律時報 23 巻 11 号（1951）

吉田敏浩・新原昭治・末浪靖司『検証・法治国家崩壊：砂川裁判と日米密約交渉』
　（創元社・2014）

吉田裕『アジア・太平洋戦争』（シリーズ日本近現代史⑥）（岩波新書・2007）

吉永栄助「一橋学問の伝統と反省／経済法」一橋論叢 34 巻 4 号（1955）

――「継受・比較法的方法により追及〔究〕した『社会化』思想」孫田秀春先生米寿
　祝賀記念論集『経営と労働の法理』（専修大学出版部・1974）

好美清光「民法〔財産法〕」一橋大学学園史刊行委員会〔編〕『一橋大学学問史』（一橋
　大学・1986）

ラートブルフ，グスタフ／山田晟〔訳〕「個人主義法から社会法へ」同著作集第八巻
　『社会主義の文化理論』（東京大学出版会・1961）

――／桑田三郎・常盤忠允〔訳〕「法における人間」同著作集第五巻『法における人
　間』（東京大学出版会・1962）

ランメルス，H. H. 及びプントナ，H.〔共編〕二荒芳徳〔編纂〕『新独逸国家体系』全
　12 巻・別巻（日本評論社・1939－1941）

リーバーマン，イーリアス／近藤亨一・佐藤進（訳）『労働組合と裁判所』（弘文堂・
　1958）

李恒全「台北帝国大学成立史に関する一考察」神戸大学発達科学部研究紀要 14 巻 1
　号（2006）

立命館五十年史編纂委員会〔編〕『立命館創立五十年史』（立命館・1953）

レンナー，カール／カルネル，J.／後藤清〔訳〕『法律制度 ―― 特に所有権 ―― の社
　会的機能』（叢文閣・1928）

労働関係法令立法史研究会（座長：渡辺章）『労働関係法令の立法史研究（労働組
　合法関係）』（労働問題リサーチセンター・2013）

――『労働組合法立法史料研究』解題篇（労働政策研究・研修機構・2014），同・条
　文資料篇（同前・2014），同Ⅲ（同前・2016）および同Ⅳ（同前・2017）

六本佳平「末弘法社会学の視座 ―― 戦後法社会学との対比」六本佳平・吉田勇『末弘
　厳太郎と日本の法社会学』（東京大学出版会・2007）

我妻栄「ヘーデマンの『土地法の進化』」法学志林 22 巻 8 号（1931）→同・民法研究
　第Ⅲ巻『物権』（有斐閣・1966）

――「書評／シュレーゲルベルガー『民法よりの決別』」法学協会雑誌 51 巻 12 号
　（1932）→同民法研究第Ⅰ巻『私法一般』（有斐閣・1966）

――「ヘーデマン著『形式的土地法の進化』」法学協会雑誌 53 巻 10 号（1935）→同・
　民法研究第Ⅲ巻『物権』（有斐閣・1966）

――「紹介／吾妻光俊『ナチス民法学の精神』」法学協会雑誌 61 巻 1 号（1943）→同
　『民法研究Ⅸ－2Miscellaneous Essays』（有斐閣・1971）

――「ナチスの契約理論」福井勇二郎〔編〕杉山〔直冶郎〕教授還暦祝賀論文集（岩
　波書店・1942）→同・民法研究第Ⅰ巻『私法一般』（有斐閣・1966）

―― 「現代債権法の基礎理論」孫田秀春〔編〕『日本国家科学大系』第七巻（法律学三）（実業の日本社・1942）

―― 「『現代債権法の基礎理論』を読む諸君へ」国家科学（日本国家科学大系附録）4号（1942・5・30）

―― 「民法に於ける『信義則』理念の進展 ―― 鳩山教授の理論を中心として」東京帝国大学学術大観法学部・経済学部編（東京帝国大学・1942）

―― 「戦時経済統制立法の帰趨」法学協会雑誌64巻1号－7号（1946）→『経済再建と統制立法』（有斐閣・1947）

―― 「大学教授の進むべき途 ―― 末弘教授の退職について」帝国大学新聞985（〔1946年5月11日〕号〔復刻版〕17巻251頁）→我妻『民法と五十年』その2随想拾遺上（有斐閣・1976）

―― 「民主主義の私法原理」尾高朝雄ほか『民主主義の法律原理』（有斐閣・1949）→前掲『民法研究』Ⅰ所収

―― 『近代法に於ける債権の優越的地位』（有斐閣・1953）

―― 「ナチスの私法原理」同『民法研究Ⅰ私法一般』（有斐閣・1966）

―― 「末弘厳太郎先生告別式弔辞」法律時報23巻11号→同『民法と五十年』その2随想拾遺〔上〕（有斐閣・1976）

―― 「鈴木義男君の思い出」ジュリスト283号→我妻・同前書

――三菱樹脂事件（最大判昭和48・12・12民集27巻11号1536頁）での使用者側鑑定意見（我妻栄『民法研究』ⅩⅡ補巻〔2〕（有斐閣・2001）

―― 『法学概論』（有斐閣・1974）

我妻栄〔編〕『第七十四帝国議会新法令の解説』（有斐閣・1939）

―― 〔編〕『第七十六帝国議会新法令の解説』〔同・1941〕

―― 〔編〕『第七十九・八十帝国議会新法令の解説』（同・1942）

我妻洋・唄孝一〔編〕『我妻栄先生の人と足跡 ―― 年齢別業績経歴一覧表』（信山社・1993）

和歌山大学50年史編纂委員会〔編〕『和歌山大学五十年史』（和歌山大学・2000）

和田英『富岡日記』（中公文庫・1978〔原著は1931年刊〕）

和田肇『労働契約の法理』（有斐閣・1990）

―― 「古典を読む（日本編）／孫田秀春『労働協約と争議の法理』」日本労働研究雑誌454号（1998）

渡辺章「戦時経済下の工場法について」山口浩一郎先生古稀記念論集『友愛と法』（信山社・2007）

渡辺章・野田進〔編集代表〕日本立法資料全集51巻～56巻『労働基準法』（信山社・1996, 97, 98, 2011）

渡辺正一「岳父　孫田秀春のこと」孫田秀春教授米寿祝賀記念論集『経営と労働の法理』（専修大学出版部・1974）

渡辺徹「日本における労働組合法案の登場をめぐって ―― 根本的再検討のために」（上）（下）日本労働協会雑誌87号, 88号（1966）

引用参考文献一覧

渡辺洋三「法社会学と労働法」野村平爾教授還暦記念論文集『団結活動の法理』（日本評論社・1962）→『法社会学の課題』（東京大学出版会・1974）

—— 「法社会学と労働法学」法律時報 34 巻 9 号（1962）→同・同前書

—— 「労働法の基本問題」社会科学研究 18 巻 1 号（1966）→同・同前書

—— 『社会と法の戦後史』（青木書店・2001）

和仁陽「日本民法学者のプロフィール④末弘厳太郎 1888 ～ 1951 ── 日本民法学史の自作自演者」法学教室 178 号（1995）

Ｈ・Ｉ・Ｋ「東大法学部の人人」（上）法律春秋 3 巻 3 号（1928）

Ｘ・Ｙ・Ｚ「学園風景／商科大学の巻」法律春秋 6 巻 4 号（1931）

「ガンちゃん物語」1 － 3 帝国大学新聞 59（大 12 年 11 月 29 日），60（同年 12 月 11 日），61（同月 22 日）の各号

「教室めぐり／末弘厳太郎教授／労働法制序論／五月十四日八時～十時」帝国大学新聞 75（大正 13 年 5 月 16 日）号（同〔復刻版〕〔不二出版・1984〕第 1 巻 86 頁）

「末弘厳太郎博士の労働法講義」九州帝国大学新聞創刊号（1927 年 6 月 18 日）

「末弘厳太郎氏の労働法講義／さる廿二日より一週間」九州帝国大学新聞 2（1927 年 7 月 10 日）号

「労働法学者訪問記／如何なる動機で労働法を専攻するに至ったか！（1）孫田秀春氏」労働立法 2 巻 1 号（1935）

「労働法学者訪問記／如何なる動機で労働法を専攻するに至ったか！（2）森山武市郎氏」労働立法 2 巻 2 号（1935）

「労働法学者訪問記／如何なる動機で労働法を専攻するに至ったか！（4）鈴木義男氏」労働立法 3 巻 1 号（1936）

（野田良之）「雑報／法理研究会記事／末弘厳太郎『独乙国民社会主義について』」法学協会雑誌 55 巻 3 号（1937）

（豊崎光衛）「雑報／法理研究会記事／孫田秀春『最近の独逸事情』」法学協会雑誌 55 巻 7 号（1937）

（林千衛）「雑報／法理研究会記事／吾妻光俊『独逸私法学の問題』」法学協会雑誌 57 巻 7 号（1939）

『国民労務手帳法解説』（産業厚生事業社・1941）

「特集／議会に於ける勤労問題」職業時報 6 巻 5 号（1943）

「日本の顔・その三／帰国した末弘厳太郎」日本評論 25 巻 5 号（1950）

「特集／末弘先生を偲ぶ」中央労働時報 182 号（1951）

「特集／市民法と社会法」法律時報 38 巻 4 号（1958）

『日本学術会議二十五周年史』（日本学術会議・1974）

「雑報／北海道大学法学部記事／平成四年一二月一一日（金）午後三時より／松沢弘陽報告『大正デモクラシーから国家総動員へ ── 東京帝国大学の法学・政治学瞥見』」北大法学論集 44 巻 1 号（1993）

「特集／産業報国会研究に向けて」大原社会問題研究所雑誌 664 号（2014）

事 項 索 引

◆ あ 行 ◆

アジア太平洋戦争（1931-1945） *v, 20, 199, 275n,
331, 394, 395, 516, 531, 574, 588, 594*
　　→ 十五年戦争
イデオロギー　*20, 177, 181, 369-371, 537, 550,
583, 593*
　忠勤契約的 ── *170*
　超越的 ── 批判　*537n*
医療保険　*193n*
ヴェルサイユ条約（1919）　*29, 32, 52, 85, 104, 436,
462, 582, 593*

◆ か 行 ◆

解 雇　*64, 87, 123, 127, 128, 160, 162, 166, 167, 169,
172, 173, 592*
　── 手当　*87, 123, 166, 168n, 169, 171, 173*
概念法学　*34, 35n, 55, 66n, 72, 284, 574*
解約告知　*160-165, 169, 172, 173, 247n, 592*
華北農村慣行調査　*6n, 20, 76, 194, 195, 395, 398,
399-402, 473, 474, 507, 508*
関東大震災（1923）　*4, 74, 77, 110*
企 業　*219-222, 224, 231, 298-302, 306, 321,
388, 393, 410, 458, 552*
九州帝国大学新聞　*16, 93n, 121n, 122, 124n, 167,
201n, 227, 431n, 562n*
九大内訌事件　*31, 102n*
教学刷新評議会　*368, 369n*
恐 慌　*17, 79, 84, 88*
教員適格審査　*490, 491, 497n, 506n, 548, 549*
教職追放　*403n, 466, 489, 491n-495n, 496-501n,
504, 507, 508, 518, 523, 525, 528, 530, 548, 565n,
577, 578n*
　　→ 公職追放
強制契約　*220, 332, 337*
勤 労
　── 根本法　*371, 375, 376n, 384-389, 392, 393,
565, 567, 569*
　── 新体制確立要綱（1940）　*257-259, 315, 365,
367, 372, 554*
　── 奉仕　*319, 321, 376, 377*
経営参加　*38, 42n, 410, 421, 470, 532, 536, 537*
経 済
　── 統制　*83, 189, 223, 303, 338, 541*
　── 法　*17, 199, 211, 219, 220, 223-227n, 233,*

*260, 261, 263, 265-267, 268n, 300-307, 345,
347, 406, 413, 445, 449, 455, 458, 539, 540-
543, 551*
　── 統制法　*216, 228, 230, 231, 261-263, 342,
348, 349, 353n, 541, 542*
（近代）経済学　*174, 175, 178n, 347, 354, 389, 479,
574*
継続的債権関係　*42n, 162*
契 約　*346, 351, 352, 382*
　── （締結）の強制　*241, 331, 332, 334, 341*
　── の自由　*56, 60, 61, 241, 300, 334, 341, 353n,
409, 431n, 552*
健康保険　*189, 434*
健民健兵　*186, 193, 206, 250, 251n, 260, 320n, 357,
367, 502, 562, 564, 592*
黄犬契約　*60, 62-64*
皇 国　*257, 371, 377, 378, 380-382, 386n, 387n,
403, 460, 463, 492, 545, 565, 566*
　── イデオロギー　*548, 550, 565*
　── 勤労観　*326n, 329, 362-366n, 368, 370-372,
376, 379, 384, 385, 387, 392-394n, 577n*
　── 史観　*vi, 364, 368-370, 576n, 583*
工場法　*vi, 128, 215, 329n, 418, 440, 450, 550*
公職追放　*42n, 448n, 484, 490, 497n, 498n, 502n,
504, 519n, 529, 530, 548*
　　→ 教職追放
厚 生
　── 事業　*205n, 206, 355, 356, 359-362, 542*
　── 省　*185, 205n, 250, 592*
　── 政策　*355*
　── 法　*20, 234, 249-255, 257, 312-314, 359,
386n, 541, 542, 555, 559, 562-564, 567, 568*
公法と私法（公私法，私法と公法）　*7, 119, 219,
262, 264, 266, 302, 305, 313, 328, 334, 342, 461,
540*
国 体　*363, 364, 368-370*
　── イデオロギー　*vi*
　── の本義　*197, 366, 492*
　── 明徴（運動）　*208, 397, 456, 528*
国防国家（体制）　*232, 384, 403, 456, 460, 492*
　広義 ──　*190, 229, 267*
　高度 ──　*16, 121n, 122, 225, 232, 233, 257,
297, 316, 366n, 456, 460, 555n*
国 民
　── 勤労動員　*371*

623

―― 勤労報国協力　*376*

―― 勤労報国隊　*325*

―― 徴用　*20, 318, 319, 325-327, 329, 362, 371n, 374, 376, 377, 382, 391n, 394, 565n, 580*

―― 保険　*355*

―― 優生法

―― 労働手帳　*318n, 323*

国家総動員

―― （体制）　*21, 186n, 311, 322n, 329, 333, 335n, 344n, 354, 355, 361n, 463, 542, 543, 570*

―― 法　*83n, 185, 331, 332, 335, 551, 566*

小　作

―― 争議　*59n, 488n*

―― 調停法（1924）　*488*

コミンテルン　*192*

米騒動　*23, 52, 109*

コム・アカデミー事件（1936）　*12, 44, 275n*

雇　傭

―― 関係　*160-162, 328, 407, 417, 442, 516*

―― 契約　*10, 33, 164n, 166, 172, 257, 325-329, 333, 350, 371, 417, 442, 554*

→　労働契約

◆　さ　行　◆

産業報国会　*18n, 189n, 230, 239, 259, 317, 365-367, 384, 385n, 387, 389, 446, 555, 561, 565*

三・一五事件（1927）　*45n, 76, 102n, 115, 118, 402*

失業保険　*123, 127, 128n, 168, 173, 188, 189, 431n*

支那事変（1937）　*vi, 16, 17, 121n, 122, 185, 187, 189n, 191-193, 226, 228, 231-234, 241, 248, 254, 259, 267, 297, 308, 310, 313, 314, 318n, 321, 329, 334, 354, 357, 365, 370, 375n, 391, 429n, 443, 445n, 455, 457, 504, 553, 578n*

→　日中戦争

シベリア出兵（1918-1922）　*52*

社会学　*347, 479, 575, 586*

社会事業　*120, 200, 205, 206, 260n, 354, 356, 358, 359, 361, 542*

―― 制度　*121n, 199n*

―― 法　*16, 119, 120, 128, 130, 198, 199, 201, 204, 223, 227, 249, 252, 260, 261, 263-265*

社会政策　*3, 69, 174, 188, 193, 194, 198, 259, 260, 265, 267, 349, 479, 480, 554*

社会法　*16, 20, 44, 46n, 74, 76, 91n, 104, 117-120, 126, 129, 133, 175, 186, 194, 199n, 200, 209-212, 214, 251, 252, 256, 260-266, 268, 312, 385, 386n, 408, 413, 445, 449, 453, 455, 457, 458,*

507, 508, 539-541, 543, 544, 550, 554n, 594, 595

社会保険　*121n, 130, 189, 358, 401, 462, 463, 446, 539n, 591*

―― 制度　*128, 199, 357, 389*

―― 法　*16, 119, 120, 128, 130, 198, 199, 201, 227, 249, 252, 259-266, 356, 357, 401, 442*

社会保障法　*16, 120, 198, 199, 211n, 297, 411, 436, 440n, 460, 463, 539, 540, 543, 560, 591*

自由契約　*336*

→　強制契約

自由（主義）経済　*219, 223, 254, 256, 257, 261, 298, 300, 301, 334, 336, 337, 343, 345, 349, 352, 354n, 355n, 358, 367, 372, 381, 392, 445, 440, 456, 460*

→　統制経済

自由法運動　*308, 352*

就業規則　*47n, 51, 74, 154, 215, 322, 381, 416, 425, 432, 433, 435, 454, 460-462, 476, 556*

十五年戦争　*18, 20, 260, 463, 465, 577*

→　アジア太平洋戦争（1931-1945）

従属労働（関係）　*11, 126, 127, 135, 136, 139-147n, 212, 216, 222, 407, 415, 460, 566, 588, 592*

集団の労使関係　*125, 466, 486, 545*

準戦時体制　*18-20, 149, 159, 248n, 348, 397n, 443*

商　法　*39, 47, 134, 138, 143, 180, 219, 303, 306, 307, 342, 346*

昭和恐慌　*79, 84, 127, 202*

諸学振興委員会

職業組合法　*51, 60*

所有権　*221, 241, 281, 300, 302, 329, 334, 336, 337, 342, 346, 352, 370, 409*

（東京帝大）新人会　*102n, 109, 210*

人的資源　*206, 234, 247, 248n, 249n-254, 256, 259-261, 315, 355, 358, 362, 375n, 390, 456, 459, 463, 542, 543, 553, 563, 564, 568, 592, 593*

→　物的資源

人的物的資源　*247, 593*

人民戦線事件（1937・1938）　*44, 185n, 192, 548n*

ストライキ　*61, 64, 164, 240, 432, 442, 476, 516*

→　同盟罷業

生産管理　*v, 481, 482, 531n*

政治経済（政経）研究所　*474-477, 479, 506n, 523*

生存権　*52*

世界恐慌　*12, 88, 202, 234, 240*

全国産業団体聯（連）合会（全産聯）　*88, 114, 115n, 169, 170*

戦後労働法学　*v-vii, 8-10, 13, 17, 21n, 126n, 211, 475, 577, 588, 594, 595*

→ 労働法学
戦時（戦争）
── 経済　18, 191, 217, 224, 231, 313, 314, 316, 365, 391
── 経済統制法（統制経済法）　17, 185, 186, 228, 229, 232, 309, 313, 331, 340, 354, 393, 544n, 551, 563
── 総動員　267
── 体制　18, 198, 232, 294, 297, 307, 328, 330, 334, 335n, 344, 357, 358, 386n, 456, 543
── 法　21n, 202, 206, 216, 232, 233, 251
→ 平時
争議行為　60, 462, 467n, 470, 481, 482, 531, 545, 547, 557, 560
壮　丁　130, 202
── の体位　203, 250, 362, 375n, 503, 554
── の向上　257
総動員　383n, 456
→ 国家総動員法
総力戦（体制）　191, 207, 208, 228, 229, 247, 299, 308, 309, 311, 316, 329n, 335, 343n, 353, 355n, 357, 363, 365, 366, 370, 372, 390, 391, 447, 508, 552, 556, 569, 583
ソーシャル・ダンピング　168

◆ た　行 ◆

第一次世界大戦（1914-1918）　10, 11, 18n, 23, 25, 29, 32, 33, 35, 37, 47, 52, 79, 84, 95n, 98n, 104, 152, 189n, 203, 235, 243, 247n, 256, 305, 306, 330, 460, 469, 535, 541, 542n, 552, 554, 562, 592
大正デモクラシー　8, 11, 19, 21n, 47, 52, 97, 104, 109, 208, 270, 330, 340, 403, 429, 491, 555, 592
退職積立金・退職手当　123, 168-171, 173, 242, 555, 591
→ 退職積立金及退職手当法
大政翼賛会　186n, 456, 497, 503n
大東亜
── 国際法　499, 500n
── 共栄圏　195, 314, 316, 359, 383, 396, 399, 496, 501n
── 戦争　16, 225, 297, 299n, 301, 308, 310n, 313, 314, 316, 331, 338n, 370, 379, 385, 394, 457, 500n, 555
→ 太平洋戦争
第二次世界大戦（1939-1945）　10, 17, 21n, 233, 271, 294n, 297, 308, 314, 331, 348, 455, 513, 543, 554, 592
大日本

── 体育会　525
── 武徳会　497, 498
太平洋戦争（1941-1945）　16-18, 20, 21, 76n, 92, 100n, 196, 206, 215, 244, 246, 313n, 315n, 317n, 331, 338n, 348, 363, 394, 428, 472, 495, 530-532, 538n, 541, 551, 552, 566, 567, 569, 578, 587
→ 大東亜戦争
滝川事件（1933）　13n, 80, 81n, 109, 159, 189, 208, 211, 326n, 327, 332, 335, 338n, 491, 502n, 571n, 577n
タフト・ハートレー法（1947）　513, 584
団結権　52, 88, 116, 123n, 136, 172
団体交渉　59, 60, 62, 114n, 115n, 470, 479, 483, 517, 557
忠実（忠勤）義務　161, 221, 222, 303, 384n, 411-413, 426
忠信関係　257, 258
徴用（制度）　319, 325n-329n, 373n, 565, 569, 580
社長徴用　326, 371-375
→ 国民徴用
追従契約　132n
帝国大学新聞　5n, 16, 26, 50, 73, 107n, 121n, 122, 127n, 132, 236n, 237n, 244n, 250n, 255, 371, 374n, 430n, 489n, 493n, 494n, 496n, 505n
転換期　233, 234, 240, 241, 455-457
天皇機関説　34, 208, 368, 502
── 事件（1935）　12, 81, 208, 369n, 397, 491, 525, 528
ドイツ
── 民法典 BGB　282, 284, 285
── 労働法　235, 240, 242, 288, 379n, 383, 405, 413, 574
東亜研究所　13, 240, 242, 288, 395, 396, 474, 475n
統制経済（体制）　20, 187-189, 194, 219, 223, 224, 228, 230, 231, 254-257, 261, 265, 268n, 298, 303, 306, 311, 314, 329, 330, 332, 335, 338, 340, 342-345, 351-353, 356, 359, 370, 381, 399n, 401, 445, 446, 449, 456, 458-460, 591
── （諸立）法　20, 207, 208, 216-218, 220, 225, 226n, 240-242, 257, 260, 265, 268n, 298-303, 305-310, 312, 330, 332, 339, 342, 344, 346-348, 354, 383, 463, 543, 567, 577
同盟罷業（権）　52, 58, 59, 67n, 88, 123n, 164, 317, 418, 420, 462
→ ストライキ
独ソ戦　297, 314

◆ な 行 ◆

内 閣
芦田均 *210*
片山哲 *210, 516*
加藤高明（憲政会・第二次） *62*
近衛文麿（第一次），（第二次） *186n, 192, 228, 232, 365, 492, 499n*
幣原喜重郎 *466, 482*
田中義一 *248n*
寺内正毅 *109*
東条英機 *390*
浜口雄幸（民政党） *18, 86, 88, 89, 114n, 124, 461*
林銑十郎 *190*
原敬（政友会） *52, 62, 97*
広田弘毅 *179*
吉田茂（吉田政権） *485n*
若槻礼次郎 *62*
内務省 *162, 168, 169, 250*
ナチス *vi, 19, 100n, 147, 149, 156, 158, 176, 177, 181, 182, 191, 194n, 233, 236, 239, 242, 253n, 255, 257n, 258, 268, 270n, 278, 280, 288, 292, 293, 307, 317, 330, 332, 337, 340, 342, 348, 354, 365, 382n, 383, 402, 443, 569, 586*
── 時代 *vi, 220, 257n, 277, 291, 583*
── 政権 *159, 198, 235, 237, 238, 240, 242, 243, 282, 286, 294n, 379, 491, 555*
── 的世界観 *177, 283, 284*
── ドイツ *20, 176, 177, 191, 197, 198n, 233, 234, 253, 255, 278, 280, 292, 307, 330, 348, 365, 443, 569*
── 法学（法律学） *20, 176, 183, 277, 287, 349, 536*
── 法制 *368, 565*
── 法理 *183, 291, 349, 367, 402, 438, 532, 536, 537, 589*
── 民法学 *277n, 291, 293, 339*
── 立法
全権委任法（授権法）(1933) *191, 236, 238n, 239n, 243*
国民労働秩序法（1934） *243, 259, 281, 282, 287, 289, 322, 372, 387, 388*
世襲農地法（1933） *182, 243, 280–282, 287, 291, 293, 322, 372, 388*
ニュルンベルク法（1935） *243*
── 労働法 *208, 235, 239, 286–293, 350*
日独伊三国同盟（1940） *314, 456, 582*

日華事変（1937） *18, 230n, 311, 334, 357, 358, 455, 495, 542, 551, 560*
日支事変（1937） *17, 185, 232, 301, 331, 348*
日中戦争（1937-1945） *vi, 16, 17, 19, 21n, 117, 125, 191, 194, 195, 198, 201, 203, 205, 206, 228, 231, 251, 260, 267, 294, 297–299, 313, 315n–317n, 319, 334, 336, 339, 355, 359n, 365, 378, 446, 551n, 569, 583, 592*
二・二六事件（1936） *159n, 171, 242, 271*
日 本
── 学術振興会 *320*
── 経済法学会 *344n*
── 諸学振興委員会 *369n, 398n, 495n, 529n*
── 法理研究会 *305n, 402, 403, 466, 492–495, 498, 504, 506, 508, 583n*
── 労働法学会 *520, 521, 538n*
ニューディール *446, 484n, 513, 545*

◆ は 行 ◆

白票事件（1935） *36n, 179, 180n, 427*
パリ講和(平和条約)会議（1918） *29, 30n, 85*
非常時 *19, 88n, 91, 185, 189, 202, 228, 229, 541*
平賀粛学（1939） *12, 26, 168n, 192, 193n, 495, 498, 499, 502n, 591n*
付従契約 *220*
物的資源 *20, 247, 261, 592*
→ 人的資源
不法行為 *61*
フランス革命（1789） *430n, 534, 535*
平時(平常時)統制経済法 *191, 228–230, 233*
ベルリン・オリンピック（1936） *78n, 176-178n, 186, 429, 440n, 444*
法実証主義 *72n, 74*
法社会学 *v, 13, 20, 33, 34, 55, 72, 74, 75, 186, 194-196n, 261, 347n, 376, 395n, 396n, 401n, 408, 473, 474, 480, 484, 508, 540, 585*
── 論争 *574, 585n*
法 令
（戦前・戦時期）
大日本帝国憲法（1889） *299*
刑 法 *57-59, 82, 555*
民 法 *127, 161n, 164n, 169n, 172, 221, 245, 328, 331, 333, 339, 341, 343, 384n*
治安警察法（1900） *51, 52, 57, 58, 64, 76, 256, 435, 592*
治安維持法（1925） *13n, 45n, 76, 81, 82, 102n, 178n, 185, 192, 368, 435, 484, 550, 555, 578n*

事 項 索 引

工場法（1911）　*3, 123, 125, 128, 169, 173, 187,*
　205, 215, 418, 435, 439, 440, 446, 559
　── 施行令（1923）　*172, 322*
労働争議調停法（1926）　*50, 51, 59n, 64n, 69n,*
　122, 435, 439, 441, 488, 550, 592
労働者災害扶助法（1931）　*122n, 123, 128, 167n,*
　358, 439, 446, 450, 452
労働者災害扶助責任保険法（1931）　*167n, 352,*
　358, 439, 452
退職積立金及退職手当法（1936）　*123, 124n,*
　127, 128, 167, 169, 171, 172, 312n, 443, 444,
　446, 450, 454, 555, 560
商店法（1938）　*127, 130, 166, 167, 560*
少年法（1922）　*202*
児童虐待防止法（1933）　*202, 205, 259*
少年救護法（1933）　*202*
母子保護法（1937）　*259*
救護法（1932）　*202, 205, 253n, 259, 568*
健康保険法（1922）　*85, 174, 189, 253, 356,*
　357, 432, 441, 449, 452
国民健康保険法（1938）　*121n, 123, 129, 167,*
　193n, 253, 356, 358
船員保険法（1939）　*130, 193n, 253, 311, 356,*
　357
職員健康保険法（1939）　*130, 193n, 253, 356*
労働者年金保険法（1941）　*128, 130, 311, 312n,*
　318, 356, 357
厚生年金保険法（1944）　*128, 312n*
入営者職業保障法（1931）　*172, 191*
臨時資金調整法（1932）　*191, 232, 241, 331*
重要産業統制法（1937）　*17, 21n, 189n, 366n*
輸入品等臨時措置法（1937）　*191, 232, 241,*
　331
軍事扶助法（1937）　*191, 203*
国家総動員法（1938）　*vi, 23, 83, 185, 186,*
　191, 194, 198, 205n, 217, 220, 223, 228, 230n,
　232, 241, 242, 247, 248, 250, 267, 317-319,
　321, 322, 327, 328n, 330-333, 335, 348, 355,
　361n, 366, 372, 376, 377, 401, 402, 445, 447,
　492, 507, 551, 592
賃金統制令（1939）　*392*
国民勤労報国協力令（1941制定・1943改正）*
　315n, 319, 324, 325, 328, 376
国民徴用令（1939制定・1943改正）　*315n, 324-*
　328, 372, 373, 377, 382n, 391, 401
重要事業場労務管理令（1942）　*320, 321, 323n,*
　375
労務管理令　*322, 323, 325, 350*

労務調整令（1941制定・1943改正）
　315n, 319n, 324, 328, 392
女子挺身勤労令（1944）　*315n*
国民勤労動員令（1945）　*315n*
〈戦後〉
日本国憲法（1946）　*127, 394, 540, 559, 579*
労働組合法（1945）　*vi, 56n, 427n, 465-471n,*
　474, 478, 479, 484, 485, 509, 523n, 544, 545,
　556, 557, 559-562, 571, 572, 594
旧労組法（1945）　*466, 467, 479, 484, 545, 572*
労働関係調整法（労調法）（1946）　*465, 466,*
　467n, 474, 476, 484n, 485, 488, 513, 514, 558-
　560, 572, 594
労働基準法（労基法）（1947）　*127, 215, 412-*
　414, 421, 427n, 465, 467, 474, 476, 558-560,
　571, 572, 594
生活保護法（1946）　*202*
ポツダム宣言（1945）　*30, 363, 376, 387, 465,*
　546n

◆ ま 行 ◆

マルクス主義（マルキシズム）　*vi, 12, 99, 106n,*
　109, 112n, 138, 139, 146n, 147, 230n, 354,
　365n, 534, 576
　── 経済学　*105n, 147n, 178n, 578n*
満州事変（1931）　*16, 17, 19, 21n, 80, 82, 83n, 122,*
　123, 159, 168, 190, 191, 202, 203, 209n, 226,
　228, 241, 247n, 248n, 256, 257, 260, 304n, 310,
　357, 370, 446, 461, 504, 541, 550, 551, 570, 577,
　578n, 592, 593n
満鉄調査部　*195, 395*
ミッドウェー海戦（1942）　*319*
身分関係　*142-146, 328n, 407, 408n, 415, 417*
民　法　*13, 31, 35n-37, 39, 47, 68n, 69, 76, 88, 104,*
　115n, 126, 133n, 134, 146, 159, 160n, 162, 163,
　172, 177, 186, 282, 286, 307, 331, 339-342, 346,
　370, 395, 406, 431, 438, 469n, 474, 525, 570
　── 学　*3, 78, 217, 327, 329, 330, 335, 342, 345,*
　346, 397, 447, 524
民商法　*134, 138, 142-144, 220, 265, 452*
森戸事件（1920）　*109, 144, 500n*

◆ や 行 ◆

（東京帝大）柳島セツルメント　*74-77, 192, 201n,*
　396n
闇取引　*303, 391n*
唯物史観　*vi, 91, 138, 139, 147, 207, 215, 218*

◆ ら 行 ◆

立法学　*54, 55, 471-473, 521*
柳条湖事件（1931）　*17, 19, 80, 82, 84, 87, 92, 149, 159*
臨時工　*127, 167-169, 171, 173, 242, 555, 592*
レッド・パージ　*519n*
労働
──委員会　*470, 484-487, 512, 514, 538, 559*
　船員中央労働委員会（船員中労委）　*465, 484, 488, 509*
　中央労働委員会（中労委）　*405, 476, 484, 485, 488, 509, 514, 515, 517-519*
　東京都地方労働委員会（都労委）　*465, 484n, 488n, 498, 509*
──関係　*145, 303, 408, 480*
──管理（論）　*115n, 462, 480, 483, 521n*
──協約　*vi, 40n, 51, 62, 64, 65, 114, 150-158, 161, 162, 214, 215, 236, 327, 381, 411, 412, 416, 423-425, 432n, 433-435, 437, 439-442, 432n, 433, 435, 437, 439-442, 446, 449-451, 454, 455, 460, 463, 470, 476, 513, 515, 531, 545, 546, 550, 556, 557, 570, 571, 592*
──組合　*57, 466, 479, 480, 483, 516, 517, 519*
　──運動　*116, 554, 555*
　──法　*50, 53, 54, 56, 59, 60, 62, 64-66n, 68n, 83-86, 114, 116, 124, 190, 434, 463, 471, 479, 523, 555*
　──法案　*52, 53, 63, 83, 88, 112, 116n, 122n, 124, 468, 551, 561*
　──内務省(社会局)案　*52, 53, 62, 63, 66, 112, 113, 125, 427*
　──農商務省案　*52, 53, 125*
──契約　*10, 41n, 42n, 50, 54, 56, 60, 61, 67n, 118, 125-127, 131, 152, 164, 204, 240, 247, 257n, 288, 290, 293, 304, 305, 319n, 325, 327, 382, 383, 409-413, 415, 417, 418, 421, 424-427, 431-433, 435-437, 442, 452-454, 457, 455, 457, 458, 461, 467*
──災害補償制度　*130*
──争議(法)　*43n, 51, 58, 59, 61, 84, 88, 123n, 190, 432, 434, 435, 437, 440-442, 446, 449, 450, 454, 457, 458, 477, 485, 487n, 488, 516, 517, 592*
──統制法　*348n, 349*
──保護（立法）　*118, 121n, 125n, 128n, 129,*

137, 194, 215, 240, 247, 312n, 410, 424, 434, 444, 454, 455, 457, 458, 463, 543, 560n
──（者）保護法　*vi, 18, 125, 126, 129, 158, 187, 215, 312n, 329, 375, 412, 421, 427n, 435, 442, 444, 452, 460-463, 564, 593*
──法学　*vi, viii, 6-7, 10, 15, 18-21, 23, 29n, 33, 38, 40n, 47n, 48, 66, 69-72, 77, 91, 115n, 126, 127, 135, 137, 141, 181n, 184, 261n, 297, 304n, 347, 394, 405, 406, 414, 415, 427, 428, 430, 431, 437, 438, 440, 445, 447, 448, 451, 454n, 455n, 462, 465, 469, 476, 478, 481, 489n, 513, 521, 522, 524, 525, 530, 531, 537, 549, 550, 553, 560, 562, 563, 570, 571, 573, 588, 591, 592*
労働法懇談会　*520, 521*
労働力のコントロール論　*394, 395n, 567*
労務
──管理　*321, 322, 348, 375*
──統制法　*vi, 18n-21, 121n, 267, 297, 304, 311, 317-319, 321n, 327, 328n, 330, 345, 347-349, 350, 363, 366, 543, 552, 555, 560, 567*
盧溝橋事件（1937）　*17, 19, 148, 175, 207, 208n, 232, 314, 316, 330, 507, 592*

◆ わ 行 ◆

ワイマール　*vi, 273n*
──憲法　*34, 38, 100n, 235, 237-240, 243, 273n, 587*
──時代（体制）　*19, 142, 152, 159, 220, 235, 239, 269, 273n, 287n, 383, 387, 555*
──・ドイツ　*11, 76, 104, 151n, 156, 256, 259, 265n, 266, 415, 462, 565, 592*

◆ アルファベット ◆

BGB Bürgerliches Gesetzbuch　*285, 341*
DAF Deutche Arbeitsfront　*317, 555*
CIE Center for International Education　*489n, 490, 494, 496, 497, 500n, 505, 506n*
ESS Economic and Scientific Section　*497*
GHQ General Headquarters　*467n, 489, 490n, 511, 515, 516, 518, 519n, 547, 574*
GS Government Section　*497*
ILO International Labour Organization　*23, 29, 52, 95, 96, 98n, 103, 104, 118, 123, 131, 168, 248, 436, 452, 453, 462, 537, 557n*

人名索引

◆ あ 行 ◆

秋定嘉和　*274n, 275n*

浅井(八木)清信　*ix, 11, 14, 15, 159, 171n, 240n, 326-330, 362-365, 369, 376-378, 381n, 387-389, 469n, 513, 515n, 570-576, 584*
　『労働法学』(評論社・1948)　*572-57*
　「労務統制立法の課題 ── とくに雇用契約と国民徴用とを中心として」立命館大学論叢第16輯法政篇第4号(1943)　*327-330, 362, 363*
　「皇国勤労観と国民協力制度」立命館大学論叢第19・20合輯法政篇(1945)　*363, 364, 370-372, 376-378, 387*

浅利順四郎　*95, 96n*

吾妻光俊　*viii, 1, 15, 27n, 48n, 66n, 159n, 269-273, 274n, 276-295, 338, 342, 344-354, 370, 386n, 389-395n, 402n, 430n, 469n, 489n, 513, 524n, 537, 540n, 549n, 552, 577-589*
　『ナチス民法学の精神』(岩波書店・1943)　*268, 273, 278-290, 345n, 349, 577*
　『統制経済の法理論』(河出書房・1944)　*330, 344-354, 390, 392*
　『労働法の基本問題』(有斐閣・1949)　*394, 585, 586*
　『労働法の展開』(海口書店・1948)　*584-585*
　『労働法(有斐閣全書)』(有斐閣・1950)　*585-586*
　「経済法と民法」〔原題〕「学界展望／経済法と民法 ── 経済法研究の一つの態度」一橋論叢9巻5号(1942)　*345-346*
　「労務統制法の発展と労働法」〔原題〕「経済統制法と労働法」国家学会雑誌57巻1号(1943)　*342-351*
　「国民労働秩序法 ── ドイツ勤労の根本法」法律時報15巻4号(1943)　*387-389*
　「勤労観の法律的確立問題」重産協月報2巻8号(1943)　*389*
　「戦時経済と私有権の擁護」法律時報16巻8号(1944)　*390*
　「勤労関係の体制的把握」法律時報16巻11号(1944)　*391, 392*
　「シャーマン法とアメリカ労働法制」法律時報18巻3, 4, 6の各号(1946)　*577-578*
　「日本法理の探究」一橋論叢16巻3・4号

(1946)　*578, 579-583*

鮎沢巌　*30n, 485, 488n, 524n*

有泉亨　*ix, 133, 183n, 208n, 212n, 472n, 584n*

有澤広巳　*81, 99, 101n, 103n, 106n, 192, 341n, 539n*

アンドリュウス, ジョン・B.　*111n, 134*

家永三郎　*563n, 567*

石井照久　*91n, 274n, 304n, 386n, 477n, 478n, 524n*

石崎政一郎　*15, 29n, 110n, 122n, 164n, 212-216, 304, 308-310, 316n, 331, 386n, 544, 546, 548*
　「我が国に於ける女子労働の法的規制」(1)-(7)　法学9巻6号, 10号, 10巻2, 11, 12各号, 11巻3号, 4号(1940-1942年)　*215-216, 308*
　「戦時に於ける消費統制法の輪郭」法学6, 7, 10, 11, 12の各号(1942), 12巻3, 4各号(1943), 13巻3, 4, 5の各号(1943)　*308-310*
　「労働組合と労働協約」中川善之助〔編〕『政治教養読本』(河北新報社・1946)　*546*

石田文次郎　*37n, 151n, 209, 211, 212, 257n, 335-339*
　『契約の基礎理論』(有斐閣・1940)　*335-338*
　「契約理論の転回」法学論叢43巻5号(紀元二千六百年記念号)(1940)　*336, 337*
　「契約統制の形態としての形成権」斉藤(常三郎)博士還暦記念『法と裁判』(有斐閣・1942)　*337*
　「債権契約の二大型」『東北帝国大学法文学部十周年記念法学論集』(岩波書店・1934)　*336, 338n*

石田眞　*18, 49n, 53n, 54, 55, 56n, 63n, 81n, 83n, 84, 85n, 87, 189, 190, 196n, 386n, 395n-396n, 399, 400n, 401n*

石本雅男　*326n, 400n, 469n*

磯田進　*viii, 6n, 12, 13, 24n, 76n, 274n, 316n, 326n, 396n, 469n, 475, 477n, 588*

磯村哲　*24n, 427, 469n, 491n*

市川房枝　*96n*

伊藤孝夫　*81n, 159n*

井藤半弥　*578n, 179*

伊藤正巳　*26n, 35n, 40n, 150n, 505n*

岩田新　*36n, 179, 208*

色川幸太郎　*168n, 169n, 520n*

ウェストファール, H.　*289*

629

上村政彦　*261n, 263n, 266n*

潮見俊隆　*24n, 28n-30n, 75n, 78n, 475n*

宇野弘蔵　*44, 548n*

エールリッヒ（エアリッヒ），オイゲン　*26n, 32-36, 38, 39, 307, 368n, 397n, 504, 575*

エルトマン，パウル　*152, 153*

エロシェンコ，ワシリー　*111n*

エンゲル，ルートヴィッヒ　*238*

大内兵衛　*101n, 109, 139n, 144-146, 192*
「労働関係は身分関係か――津曲教授『労働法原理』に関する一の疑問」大原社会問題研究所雑誌 10 巻 2 号（1933）　*145-146*

大河内一男　*52n, 54n, 193n, 230n, 317n, 32*

大杉栄　*54n*

大塚金之助　*178n, 578n*

大村敦志　*75n, 81n, 192n, 193n*

大森義太郎　*102n, 193n*

奥平康弘　*82n, 185n*

小田中聰樹　*102, 185n*

尾高朝雄　*134n, 496n, 497*

小野清一郎　*284n, 339n, 403, 404, 448n, 493, 502n, 504, 506, 509, 579-581*

◆ か 行 ◆

飼手慎吾　*29n*

戒能通厚　*14n, 146n, 275n, 583n, 593n*

戒能通孝　*24n, 186, 275, 396n, 431n, 469n, 496n, 471n, 508n, 509n, 574n, 583n*

賀来才二郎　*509n, 518, 520n, 524n*

加古祐二郎　*139n, 143, 144, 159, 326n, 551, 593n*
「津曲氏『労働法原理』」法学論叢 28 巻 6 号（1932）　*143-14*

風早八十二　*94n, 96n, 97n, 98n, 100n, 102n, 103n, 230n, 275n*

カスケル，ワルター　*7, 33, 36-38, 40, 46, 48, 66n, 69n, 71, 72, 73n, 143, 181n, 250n, 405-406, 408*

片岡昇　*406n, 466n, 482n, 588*

片山哲　*113, 516*

加藤哲郎　*99, 100n, 101n, 103n, 106n, 475n*

加藤陽子　*18n, 80n, 185n, 191n, 192n*

鎌田慧　*54n, 101n*

加山宗二　*91n, 211n, 295n, 387, 564, 565n, 567-569*
「日本労働法学界：その過去と現在」法律文化 3 巻 10 = 11 = 12 号（1948）　*211n, 295n, 387, 564-569*

河合栄治郎　*81n, 168n, 175, 444n, 498-499*

河上肇　*44, 81n, 102n, 105n, 106n, 109, 335n*

川島武宜　*24n, 25n, 29n, 75, 79, 80n, 86n, 87n, 150n, 157, 165n, 187n, 274n, 323n, 342-343, 345-347, 398n, 439n, 466n, 468n, 469n, 478, 495n, 502, 509n*
「紹介／後藤清著，労働協約理論史」法学協会雑誌 54 巻 8 号（1936）　*150n, 156n*
「新刊書評／末弘博士『労働法のはなし』」法律時報 20 巻 1 号（1948）　*478*
「新刊書評／末弘厳太郎『続民法雑記帳』（日本評論社・1949）――末弘法学の理解のために」法律時報 22 巻 1 号（1950）　*495-496*

河村又助　*44n, 45n*

カーン・フロイント，オットー　*237*

ギールケ，オットー・フォン　*36, 48n, 154n, 162, 178n, 257, 264, 307, 327, 338n, 526, 536, 571*

喜多了祐　*37n, 151n, 209, 211, 212, 258n*

北岡寿逸　*168, 170*

菊池勇夫　*3n, 6n, 11, 15, 16, 19, 21, 76n, 81, 91-96, 98-105-107, 110n, 118-123, 125-132, 138n, 144, 147, 150n, 156, 165n, 167, 174n, 198-200, 202-206, 211, 226-233, 241, 251, 252, 260-268, 270, 271, 316n, 339n, 342, 346-347, 354-359, 361n, 366-367, 370, 379, 386n, 388, 391n, 405, 430n, 431n, 451-457n, 459-460, 463-464, 472n, 520, 528, 537-544, 550-552, 570, 591n, 593*
『日本労働立法の発展』（有斐閣・1942）　*15, 16, 118, 120-124, 130, 167, 198, 348n*
『労働法の主要問題』（有斐閣・1943）　*118, 121, 124-131, 174n, 198, 199n, 261-263, 455, 459, 460, 540*
『統制経済法』新法学全集 33 巻（日本評論社・1938）　*228-231, 266*
『労働法』〔新法学全集第 11 巻〕（日本評論社・1936）　*452-455, 458*
『社会法の基本問題――労働法・社会保障法・経済法の体系』（有斐閣・1968）　*263, 264n, 346, 540-542*
『社会保障法の形成』（有斐閣・1970）　*199, 200, 204n, 206n, 251n, 263n, 355, 356n*
「社会法」『社会科学大辞典』（改造社・1930）　*119, 264*
「社会法規」「社会立法」『大百科辞典』（平凡社・1932）　*119*
「労働法」末弘厳太郎・田中耕太郎〔編〕『法律学辞典』第 4 巻（岩波書店・1935）　*120, 263-264, 451-452, 454n*
「新刊批評／後藤清氏『労働協約理論史』を読みて」法律時報 7 巻 9 号（1935）　*150n, 156*

人名索引

「労働契約の本質 —— その社会的性質」『九州
　帝大法文学部十周年記念法学論集』（有斐
　閣・1937）　125-127
「退職積立金及退職手当法の主要問題」法政
　研究 7 巻 2 号（1937）　127-128, 174n
「労働者災害補償の本質」法政研究 6 巻 1 号
　（1935）　128-130
「炭鉱鉱夫労働契約序説」1 巻 1 号（1931）　130,
　131, 226n
「石炭鉱夫労働状態の変遷」2 巻 1 号（1935）　130,
　131, 226
「石炭鉱業の発展 —— 立法的基礎の変遷に関
　する一考察として」3 巻 2 号（1933）　131, 226
「社会事業と法律」社会事業研究 22 巻 2 号
　（1934）　202
「我国社会事業立法の発達」同 22 巻 9 号
　（1934）　202
「社会事業法と社会法体系」同 23 巻 1 号
　（1935）　202
「軍事扶助法について」共栄 10 巻 10 号
　（1937）　203
「社会事業法の成立」（原題）「社会事業法域
　の成立について —— 社会行政発展の一面」
　野村〔淳治〕教授還暦祝賀『公法政治論
　集』（有斐閣・1938）　204-205, 206n, 251
「戦時経済統制法の特質とその考察」法政研
　究 9 巻 2 号（1939）　228-231, 232
「時局と労働法」法律時報 10 巻 11 号（1938）
　231
「国家総動員法の展望 —— その全面的発動に
　際して」法律時報 11 巻 8 号（1938）　232
「国防国家の経済統制法」統制経済法」統制
　経済 1 巻 2 号　232-233
「社会事業法と社会法体系」社会事業研究 23
　巻 1 号（1935）　263
「社会保険法の対象と本質」『杉山〔直治郎〕
　教授還暦祝賀論文集』（有斐閣・1942）
　264-265, 356-359
「経済法の序論的考察」（原題「近代法と経済
　との関係 —— 経済法の序論的考察」『牧野
　英一教授還暦祝賀法理論集』〔有斐閣〕）
　265, 346
「転換期における社会・経済法 —— 労働法を
　中心として」比較法雑誌 2 号（1941）　266-267,
　455-457
「社会事業新体制の一考察」社会事業研究 29
　巻 10 号（1941）　355
「経済法の新動向」統制経済 3 巻 5 号（1941）
　366
「厚生事業の体系及び範囲」厚生問題 26 巻
　10 号（1942 年）　355
「現代労働法の基礎理論」孫田秀春〔監修〕
　『日本国家科学大系』第 7 巻法律学（三）
　（実業の日本社・1942）　457-460
吉川大二郎　40n, 150n
木村亀二　45n, 97n, 102n, 120n, 274n, 277, 284n,
　472, 580-581
ギュルヴィッチ, ジョルジュ　235n, 264
櫛田民蔵　105n
国崎定洞　99, 101n, 342n, 475n
久保敬治　v, vi, 37n, 40n, 47n, 71n, 72n, 92, 115n,
　137n-139n, 146n, 149n, 150n, 152n, 155n, 287n,
　288n, 289n
毛塚勝利　14n, 394n
小泉親彦　371, 384-385, 388
郷誠之助　114n
後藤清　11, 12, 15, 19, 87n, 91, 92, 104-107, 127,
　147-149, 150n, 151-174, 180n, 186n, 205, 233-
　235, 236n, 237-244, 246, 260, 269-271, 277,
　287, 302n, 304n, 311-330, 336n, 348n, 350n,
　354-355, 359-361, 365, 370-376n, 384n, 386n,
　388, 391n, 12n, 528, 542, 550, 552-564, 567-
　570, 575n
『労働協約理論史』（有斐閣・1935）　149-159,
　327
『解雇・退職の法律学的研究』（南郊社・1935）
　149, 160-164
『当面の労働法問題』（叢文社・1936）　149,
　165-171
『退職積立金及退職手当法』（有斐閣・1937）
　171-173
『労働法と時代精神』（河出書房・1939）
　233, 235, 237-240, 247-254, 542n
『厚生法』（三笠書房・1939）　234, 244, 248,
　249, 252, 253, 311, 359, 559, 563
『労働者年金保険法』（東洋書館・1939）
　311, 312
『転換期の法律思想』（三笠書房・1940）
　234, 240-244
『統制経済法と厚生法』（東洋書館・1941）
　254-260, 313
『労働者年金保険法論』（東洋書館・1942）近
　藤文二との共著　311, 312
『労務統制法』（東洋書館・1942）　311, 312,
　315-319, 348n, 562
『厚生法〔新版〕』（三笠書房・1942）　312, 313-

315

『改訂増補・労務統制法』（東洋書館・1944）
324-326, 370, 561, 562

『勤労体制の法的構造』（東洋書館・1944）
324, 370-375, 384, 385

『労働組合法の解説』（聯合通信社・1946）
556

『労働協約の理論と実際』（朝日新聞社・1946）
556, 557

『労働組合法の歴史と理論』（毎日新聞社・
1947）　560, 561

『労働法』（真日本社・1948）　559, 560

「労働立法の重点は何処に置かれるべきか」
法律時報10巻11号（1938）　248-245

「労務調整令と労働契約」日本公証人雑誌32
号（1942）　319n

「重要事業場労務管理令」『時局と社会政策』
第1巻（日本評論社・1943）　320-323

「国民徴用令と勤労動員」法律時報16巻9号
（1944）　325n

「国民徴用令改正私論」統制経済6巻4号
（1943）　325n

「戦時厚生事業の性向と任務」厚生問題28巻
1号（1944）　359-361

「厚生事業における常時的なものと戦時的な
もの」厚生事業研究32巻1号（1944）
361-362

「労働協同体と忠信関係 ── 法史的考察を基
礎として」社会政策時報247号（1941）
372-373

「勤労の新理念と生産増強課題の充足」社会
政策時報272号（1943）　372n

「統制経済法と厚生法」公法雑誌6巻12号
（1940）

「労働統制組織と指導者原理」統制経済3巻
3号（1941）

「社会事業法の生成・分化・発展 ── わが国
社会事業法の回顧と展望」社会事業24巻
4号（1940）

「戦後社会政策の課題」（上）社会政策時報
291号（1946）　553-555

近衛文麿　191, 195, 247, 503

小松謙次郎　269n, 270n

近藤亨一　60n, 475

近藤文二　311, 312

昆野伸幸　369n, 370n

コモンズ, ジョン R.　111, 134

632

◆ さ 行 ◆

相良惟一　495, 500n, 506, 548

向坂逸郎　102n

佐口卓　128n, 357n

佐々弘雄　45n, 76n, 96n, 102n, 103n, 200

佐々木啓　329n, 366n, 373n

佐々木信綱　81n, 159n

佐藤丑次郎　45, 98n, 209

ジーベルト, ヴォルフガング　286-290, 292, 294, 295n, 588

塩野季彦　402, 404, 492, 498, 588

七戸克彦　25n, 31n, 44n, 78n, 102n, 201n, 489n, 493n, 495n, 497n, 499n, 501n, 519n

柴田義彦　88n, 422, 394

島田信義　18n, 24n, 88n, 123n, 124n, 130n, 317n, 393, 457n, 475n, 542, 569, 570

清水誠　24n, 74n, 75n, 201n, 385n, 475n, 496n, 508n, 514, 515n

霜山精一　269n

シャル, ウィルヘルム　152, 153

シュタムラー, ルドルフ　38, 40, 41n, 307, 537n

シュトル, ハインリッヒ　294

シュミット, カール　238, 239n, 243, 283, 500n

シュレーゲルベルガー, フランツ　282, 341, 342n

ジョレス, ジャン　131n

白羽祐三　82n, 83n, 198n, 208n, 331n, 332n, 335n, 338n, 340n, 397n, 402n, 403n, 404n, 492n-494n, 504n, 506n

ジンツハイマー, フーゴー　40, 46, 48, 71, 72, 73n, 142, 146n, 150-156, 239-240, 327, 368n, 408, 535n, 571, 575n

末川博　120n, 158-159, 160n, 208, 306, 326, 327n, 331-332, 333n, 334-335, 339, 343n, 394n, 400n, 509n, 552, 571n

　「戦時立法を貫く特異性」改造20巻11号→
　『所有権・契約その他の研究』（岩波書店・
　1939）→ 『法と契約（末川博法律論文集
　1)』（岩波書店・1970）

　「契約締結の強制」公法雑誌1巻9号（1935）
　334-335

　「民商法四半世紀」民商法雑誌39巻4・5・6
　号（1959）　344n

末弘厳太郎　3-6, 9, 10, 11, 15, 19-21, 23-30, 32-36, 38-39, 48-50, 52-66, 69-84, 86-89, 91, 92, 95, 111, 115n-117, 120, 124n, 126, 139, 143, 150n, 171, 174-179n, 186-196n, 201n, 228, 263n, 264n, 270n, 271, 274n, 299, 359, 385-386,

388, 394-403, 405, 408, 415, 416n, 426n, 429-
431n, 433-436, 438-454n, 459, 462, 465-489,
491-504, 550, 557, 560n, 579, 591

『労働法研究』（改造社・1926）　48-66, 427,
452n, 472

『労働法制』昭和四年度東京帝国大学講義録
（辛酉社・1929）　433-436

『労働法』（完）昭和7年度東京帝国大学講義
録（啓明社・1932）　434, 436-438

『労働法』昭和11年度東大講義第1分冊，第
2分冊（東京プリント刊行会・1935）　440-
443

『労働法』昭和13年度東大講義第1分冊（東
京プリント刊行会・1937）　443-444

『労働法』昭和15年度東京帝国大学講義録
（帝大プリント連盟・1940）　444-447

『労働法のはなし』（一洋社・1947）　3n, 415n,
476-478, 560n

『労働組合法解説』（日本評論社・1946）
467n, 485, 557

『労働関係調整法』（日本評論社・1947）
467n, 485

『労働運動と労働組合法』（大興社・1948）
478, 479

『労組問答』（政治経済研究所・1949）　479-
483

『日本労働組合運動史』（日本労働運動史刊行
会・1950）　514-517, 519

『断腸前後 ── 遺稿と日記』（一粒社・1952）
510n, 520n

「労働協約概論」大宅壮一〔編〕『社会問題講
座』5巻（新潮社・1927）　428

「労働法概説」社会経済大系14巻（日本評論
社・1928）　428, 431-432

「温情主義と労働立法」法律時報2巻5・6号
（1930）　85-86

「新刊批評／津曲教授の『労働法原理』」法律
時報4巻12号（1932）　143

「法律時観／社会立法の睡眠」法律時報5巻
1号（1933）　83-84

「法律時観／非常時と社会立法」法律時報5
巻11号（1933）　83, 84-85

「岐路に立つ我労働法」中央公論50巻1号
（1935）　86-87, 189

「労働法講話」①〜⑩経済往来（途中，誌名が
「日本評論」に変更）（1935-1936）　438-440

「法律時観／事変と労働法」法律時報9巻10
号（1937）　187

「安定原理の労働政策と労働法」法律時報誌
10巻11号（1938）　187-189

「法律時観／支那に於ける法的慣行調査の必
要」法律時報10巻10号（1938）

「我国労働政策今後の動向」社会政策時報
220号（1939）　385

「時評／勤労根本法」法律時報15巻3号
（1943）　385-386

「法律時観／支那に於ける法的慣行調査の必
要」法律時報10巻10号（1938）　195, 395

「法律時観／再び法的慣行調査の問題につい
て」法律時報11巻6号（1939）　195, 396-
397

「法律時観／支那慣行調査の開始を喜ぶ」法
律時報11巻12号（1939）　396

「同／日本諸学振興と日本法理」同前（1939）
396

「民法雑記帳三八／日本民法学の課題」法律
時報11巻11号（1939）　397-398

「法律と慣習 ── 日本法理探求の方法に関す
る一考察」法律時報15巻11号（1943）
398-399, 495-496n

「時評／法律学の科学化」法律時報13巻9号
（1941）　399, 400n

「時評／日本法理研究会」法律時報12巻11
号（1940）　403

「労働組合法の根本精神」法律新報726号
（1946）　469n

「立法学に関する多少の考察 ── 労働組合法
に聯関して」法学協会雑誌64巻1号（1946）
471-474

杉之原舜一　76n, 102n, 346n
杉村広蔵　179n, 180
杉本勝次　200, 201
杉山直治郎　95n, 98n
菅野和夫　429n
鈴木義男　44-46, 48, 210
鈴木竹雄　274n, 339n, 499n, 500n
鈴木東民　99, 101n
角田邦重　58n, 123n, 317n, 372n, 384n
瀬川信久　194n, 395n, 469n
孫田秀春　3-7, 9-11, 15, 19-21, 23, 30-33, 35-42n,
47, 48, 66, 67n, 69-74, 89, 91, 92, 98n, 101n,
104n, 112-117, 126, 134, 137, 142, 150n, 159,
175, 177-183, 186, 196, 197n, 198, 250n, 265n,
268, 271, 307, 338, 344n, 350, 367-369n, 389,
397, 405-417, 421-423, 425-427, 430, 433n,
447-448, 451-454n, 457, 460, 462-463, 528-

535, 541n, 550, 558, 563-564, 568, 578, 579

『労働法総論』（改造社・1924）　405-411, 414, 416n, 422, 454n, 532

『労働法』（現代法学全集）（日本評論社・1928）　416n, 424, 425

『労働法論　各論上』（日本評論社・1929）　411-413, 414, 416, 417

『労働法通義』（日本評論社・1929）　413, 416n, 422-425, 454n

『労働契約法論』（1930）　425, 426

『改訂労働法論』総論・各論上（有斐閣・1931）　413-416, 417-421, 422, 425, 426, 452, 454n

「勤労新体制の基本原理」『日本国家科学大系』第七巻法律学3（実業之日本社・1942）　367-368, 532

「労働契約と労働関係の分析 ── 経営協同体論への基本的考察」討論労働法誌51号（1956）　532

◆ た 行 ◆

高柳賢三　25, 26, 28n, 33, 34n, 35n, 448n, 493n, 504-506, 518n

滝川幸辰　12, 81, 32

竹内洋　26n, 35n, 76n, 81n, 168n, 192n, 492n, 499n

竹中佳彦　80n-82n, 192n, 499n, 502n

蓼沼謙一　9, 10, 12-13, 21n, 31n, 40n, 48n, 66n, 69n, 115n, 117n, 144n, 150n, 180n, 215n, 269n, 270n, 271n, 291, 292n, 295n, 349n, 353, 354, 405n, 426n, 485n, 513n, 518n, 575n, 577n, 578n, 585-588n

田中耕太郎　6n, 81, 88n, 120, 180n, 262n, 264n, 448n, 451, 457, 459, 471, 491, 493n, 494, 495n, 496n, 498-502n, 507, 508n

田中二郎　274n, 324n, 500n

田中誠二　31n, 45n, 48n, 66n, 97n, 344n, 405n

田中英夫　27n, 35n, 505n

谷口吉彦　99, 101n, 106n

丹宗昭（暁）信　126n, 226n, 261, 263, 266n, 268n, 544n, 591, 593, 594n

長幸男　79n, 30n

都築勉　9n, 12n

恒藤恭　210n, 211n, 326n, 332

津曲蔵之丞　6n, 7, 11, 15, 19, 73, 91, 92n, 105, 107, 108n, 109-112, 126, 134-148, 149n, 151n, 152n, 206-208, 211-214, 216-222, 224-226, 237n, 257n, 265, 268-271, 287n, 292n, 298-300, 302-308, 316, 330, 335, 376n, 378-384, 386-388, 391n, 405, 408, 415, 416n, 452-454n, 460-463n,

528, 542, 544-553, 565-570

『労働法原理』（改造社・1932）　136-143, 216, 222, 299, 307, 415, 416n, 452, 453n, 460, 461, 566

『日本経済統制法』（日本評論社・1942）　216, 225, 298-305, 307, 308, 383, 460, 542

『勤労法の指導理念』（産業図書・1945）　378-384, 387, 460-462, 565, 566

「労働法より見たる官公吏の団結及罷業」我等11巻10号（1929）　135

「団結及罷業の社会的並経済的根拠 ── 労働法より見たる官公吏の団結及罷業」我等11巻10号（1929），同二・我等11巻11号（1929），同三我等12巻1号（1930）　135

「経済法規違反行為の効力」(1)-(7) 法学志林法学志林41巻7,8,9各号（1939），42巻1,7,9 および 12各号（1940）　217-222, 303

「朝鮮産業法規解説」(1)-(12) 朝鮮行政3巻6号，18巻7,9,10,11,12の各号（1939），19巻1,2,3,4,5,7の各号（1940）　222-225

「『ある』法と『あるべき』── 法所有権の統制とその不可侵性」法学12巻2号（1943）　307-308

「アメリカの労働組合法」世界週報26巻29＝30号（1945）　544-545

「社会法・労働法学の再建」法律文化4巻1号（1949）　549-550, 566-567

常盤敏太　354, 578n, 339n, 344n, 423n, 578n

徳田球一　476n

利谷信義　vi, 24n, 275n, 309n, 311, 583n

トマ，アルベール　132n

◆ な 行 ◆

永井亨　65

内藤則邦　128n, 168n

中川善之助　45n, 97n, 109, 110n, 211, 212n, 308n, 339, 379n, 546

中村武　6, 47, 413n, 421n

中村萬吉　24n, 25n, 30n, 39n, 40, 41n, 149n, 159, 551

中山伊知郎　469n, 513n, 518n

奈良正路　73n, 167n

南原繁　53n, 81n, 494, 496, 499, 501n, 506n, 524, 524n, 550, 551

ニキッシュ，アルトゥル・F　141, 415, 535n, 588

西谷敏　146n, 151n, 152n, 154n, 155n, 158, 287n, 288n

西成田豊　53n, 62n, 63n, 315n, 360n

ニッパーダイ, ハンス・K　71, 72n, 142, 408, 415
新渡戸稲造　78n, 518n
蜷川虎三　106
沼越正巳　171, 186n
沼越稲次郎　12n, 13, 15n, 19n, 50n, 58n, 151n, 211, 268n, 527, 532, 533–536, 537n, 560n, 568
野村平爾　15n, 18n, 24n, 39n, 40n, 88n, 123n, 124n, 130n, 167n, 190, 287n, 317n, 466n, 469n, 475n, 478n, 489n, 511n, 513, 518n, 520n, 521n, 551

◆ は 行 ◆

ハイネ, ハインリッヒ　166
パウンド, ロスコー　34, 35n
橋本文雄　210, 21, 213n, 222n, 453n, 551, 593n
長谷川如是閑　108–112, 144, 148, 207n, 208n
長谷川正安　24n, 475, 574n, 585n
長谷川亮一　369n, 529n, 563n
服部英太郎　274, 323n, 548n
林迪広　93n, 261n, 538n
土方成美　26n, 495, 498–499
土方寧　25n, 26
ヒットラー, アドルフ　179, 182, 238n, 243
ピック, ポール　28, 29n, 46
平井一雄　35n, 50n, 277n, 280n, 284n, 286n
平賀譲　498
平野義太郎　10, 24n, 25n, 29n, 30n, 34n, 37n, 42n, 44, 45n, 51, 76n, 96n, 101n, 162, 176n, 272n–275n, 396n, 469n, 475n, 509n, 510n
広浜嘉雄　338, 338n, 388, 545n, 548n, 565, 569, 579–580
ビンダー, J.　272
フーバー, オゲイン　39
フェッヒナー, エーリッヒ　287, 289, 294
深山喜一郎　132n
福岡誠一　110, 207, 545n
福島新吾　501n, 503
福島正夫　74n, 76n, 201n, 396n
福田歓一　12n, 53n, 499n
福田徳三　42n, 69, 70, 117n, 178n
藤田東三　133n, 209n, 212n
藤田若雄　15n, 133n
藤林敬三　122n, 124n
藤原淳美　168n, 170n, 555n
藤原銀次郎　113, 114, 116, 523n
布施辰治　167n, 284
二荒芳徳　273, 338
船田中　390
舟橋諄一　76n, 99, 100, 101n, 103n, 283n, 341,

342n, 343
「シュレーゲルベルゲル『民法典への訣別』」法政研究12巻2号〔1942〕　341–342
古川絵里子　109n, 208n
フレンケル, ポール・E　237, 239, 273, 274n
ブレンターノ, ルーヨ　154n
ヘーゲル, ゲオルグ・W・F.　284, 535, 393
ペータース, ハンス　180
ヘーデマン, コストゥス・W　37, 272, 274, 286, 304
ヘルマン, デルシュ　38, 181n
ポアンカレ, アンリ　395n, 400n
外尾健一　8, 9
ポットフ, ハインツ　142, 415, 535n
穂積重遠　11, 35, 45, 74, 75, 76n, 80, 175, 201n, 206n, 270n, 426n, 469n, 539n
堀江邑一　99, 101n, 321n
堀俊蔵　448, 449, 450
保原喜志夫　129n, 130n

◆ ま 行 ◆

米谷隆三　344, 578n
前田多門　29n, 113, 117
正木ひろし（昊）　110, 112, 207
牧健二　338, 581–582
牧野英一　45, 46n, 81, 98n, 448n, 469n, 491n, 581
松尾尊兊　12n, 3n, 52n, 54n, 81n, 102n, 159n, 209n, 332n, 338n, 448n, 469n, 491
松尾洋　52n, 54n
松岡三郎　13, 15n, 91n, 177n, 304n
松沢兼人　249n, 252n
マニーク, アルフレッド　285, 292
マルクス, カール　13n, 99n, 103n, 140, 143, 146n, 408
丸山眞男　12n, 53n, 177n, 499, 501n, 502, 504
マンスフェルト, ヴェルナー　274n, 288
三浦新七　48n, 179, 180
水野紀子　29n, 49n, 87n, 187n, 395n, 468n, 480n, 521n
水本浩　35n, 50n, 277n, 280n, 284n, 286n
美作太郎　80n, 273n, 274n
峯村光郎　17, 34, 45n, 181n, 185n, 218n, 219n, 304–307, 306n, 308n, 390, 469n, 502n, 528n, 552, 584n
『経済法』（ダイヤモンド社・1941）　17, 305, 306
「法律／『斯くある法』と『斯くあるべき法』」──『日本経済統制法』その他」読書人2

巻 7 号（1942） 305-306

蓑田胸喜 81, 208, 492, 527

美濃部達吉 12n, 45n, 81, 96, 98n, 102n, 208, 344n, 368, 502n

三潴信三 31, 177n, 178n

三藤正 30n, 469n, 513, 524n

宮沢俊義 82n, 97n, 180n, 208n, 274n, 469n, 502n, 528n

宮島尚史 58n, 146n

向山寛夫 5, 25n, 28n, 246n, 429n, 430n, 434, 436, 445n, 475, 476n, 477-478, 506n

武藤文雄 233n, 316

メンガー, アントン 36-37, 178n, 264, 368, 534n, 536

籾井常喜 viii, 14n, 21n, 47-48, 146n, 150, 159, 533n

森戸辰男 36, 109, 500n

モリトール, カール 142

森山武市郎 6n, 36, 38n, 39, 40, 41n, 42n, 44n, 47-48, 151n, 159

◆ や 行 ◆

ヤコビ, エルヴィン 47, 142, 415

安井英二 149n, 551

安井郁 448n, 496n, 499, 500n, 501n, 502n, 504

安田幹太 133n, 209n, 211, 212n

保原喜志夫 129n, 139n

矢内原忠雄 80n, 192

柳沢旭 126n, 127n

柳沢治 183n, 365n

山口浩一郎 8, 10-12, 50n, 52n, 149n, 550n

山田勝次郎 101n, 202n, 205n

山田晋 91n, 99, 200n, 261n, 356n

山田盛太郎 44, 275n

山中篤太郎 61n, 65, 66n, 88n, 551, 650

山中康雄 208n, 212n, 292n

山之内一郎 45n, 102n

矢沢貞治 81n, 502n, 503

山本勝市 99, 101n

柚木馨 106, 283n

横井芳弘 viii, 47n, 76n

横田喜三郎 80n, 81n, 94n, 96n, 98, 99, 101n, 103, 499-500, 502, 541n

横田秀雄 269, 271, 402n, 577

横田正俊 27n, 269n, 271n, 430n, 577

吉田勇 25n, 26n, 29n, 33n, 35n, 194n, 395, 398n, 399n, 400n, 466n, 469n, 471n, 479n, 489n, 498n,

502n

吉田久一 16, 202n, 205, 206, 252n, 354n, 361n, 362n

吉野作造 34, 44n, 76n, 96n, 109, 210, 540, 551

吉永栄助 116n, 344n

好美清光 31n, 48n, 115n, 116n, 291n, 292n

◆ ら 行 ◆

ラートブルフ, グスタフ 251, 255, 264

ラーレンツ, カール 243, 283-285, 294, 390, 393

ランベール, エドゥワール 212, 214n

リーバーマン, イーリアス 29, 60n, 61n

ルソー, ジャン・J 238n

ルンドシュタイン, ジーモン 152, 153

レンナー, カール（カルネル, J） 106n

蝋山政道 44n, 45n, 81n, 99, 101n, 103n, 341n, 502n

ローゼンベルグ, アルフレート 32n, 243

六本佳平 25n, 28n, 29n, 33n, 35n, 194n, 395n, 398n, 399n, 400n, 466n, 469n, 469n, 471n, 489n, 496n, 498n, 502n

ロトマール（ロートマル）, フィリップ 39, 40n, 41n, 150, 151n, 152-154

◆ わ 行 ◆

我妻栄 4n, 17, 28n, 30n, 45n, 75, 81n, 98n, 102n, 120n, 133n, 150n, 159n, 182, 185n, 209n, 232n, 237, 269, 270n, 223n, 236n, 277, 278, 281, 282n, 283, 286, 291-295, 309, 330, 331n, 338-341n, 346, 348n, 469n, 489n, 491, 493, 502, 509, 541n, 548, 576n, 588n

『経済再建と統制立法』（有斐閣・1947） 17, 232n, 331n, 348n

「紹介／吾妻光俊『ナチス民法学の精神』」法学協会雑誌 61 巻 1 号（1943） 291

「ナチスの契約理論」（杉山〔直治郎〕教授還暦祝賀論文集〔岩波書店・1942〕） 339

「現代債権法の基礎理論」『日本国家科学大系』第七巻（法律学三）（実業之日本社・1942）→同『民法研究』V 債権総論（有斐閣・1968） 339-340

「『現代債権法の基礎理論』を読む諸君へ」同前附録月報「国家科学」（4） 341

和田（横田）英 269

和田肇 413n, 531n, 536n

渡辺章 321n, 323n, 329n, 467n, 469n, 471n, 509n

渡辺洋三 v, 29n, 133n, 146n, 503-504, 508n

〈著者紹介〉

石 井 保 雄（いしい　やすお）

1953 年　東京都生まれ
1977 年　中央大学法学部卒業
1982 年　一橋大学大学院法学研究科博士課程単位修得
1983 年　亜細亜大学法学部助手
1994 年　亜細亜大学法学部教授
2003 年　獨協大学法学部教授（現在に至る）

〈主要著作〉

「ケベック州（カナダ）における心理的ハラスメント法規制」『労働者人格権の
　研究　角田邦重先生古稀記念（下巻）』（共編著，信山社，2011 年）
「戦前わが国における労働関係の法的把握 ── 雇傭契約と労働契約をめぐる学
　説の展開」『労働法理論変革への模索　毛塚勝利先生古稀記念』（共編著，信
　山社，2015 年）

わが国労働法学の史的展開

2018（平成30）年12月15日　初版第 1 刷発行

著　者　石　井　保　雄
発行者　今井貴 今井守
発行所　株式会社 信山社
〒113-0033　東京都文京区本郷6-2-9-102
Tel 03-3818-1019　Fax 03-3818-0344
info@shinzansha.co.jp
笠間才木支店 〒309-1600 茨城県笠間市才木515-3
笠間来栖支店 〒309-1625 茨城県笠間市来栖2345- 1
Tel　0296-71-0215　Fax 0296-72-5410
出版契約2018 - 6832 - 4 -01010　Printed in Japan

Ⓒ石井保雄，2018 印刷・製本／亜細亜印刷・牧製本
ISBN978-4-7972-6832-4 C3332. P 660/328. 600 a.011 労働法
6832-0101：012-030-010《禁無断複写》

JCOPY《(社)出版者著作権管理機構委託出版物》
本書の無断複写は著作権法上での例外を除き禁じられています。複写される場合は，
そのつど事前に，(社)出版者著作権管理機構（電話03-5244-5088，FAX03-5244-5089，
e-mail：info@jcopy.or.jp）の許諾を得て下さい。また，本書を代行業者等の第三者に
依頼してスキャニング等の行為によりデジタル化することは，個人の家庭内利用で
あっても，一切認められておりません。

蓼沼謙一著作集〔全8巻＋別巻〕

第Ⅰ巻　労働法基礎理論
　労働法一般・方法論／労働基本権／
　略歴・主要著作〔作成〕盛誠吾・石井保雄／【解説】毛塚勝利・石井保雄

第Ⅱ巻　労働団体法論
　労働組合／不当労働行為／団体交渉／労働協約／【解説】石井保雄

第Ⅲ巻　争議権論（1）
　争議権基礎理論／【解説】石井保雄

第Ⅳ巻　争議権論（2）
　ロックアウト論／労働争議法の諸問題／【解説】石井保雄

第Ⅴ巻　労働保護法論
　労働基準法／労働契約／就業規則／個別労働条件／【解説】毛塚勝利

第Ⅵ巻　労働時間法論（1）
　労働時間法制／労働時間／【解説】毛塚勝利

第Ⅶ巻　労働時間法論（2）
　年休権論

第Ⅷ巻　比較労働法論
　アメリカ法研究／書評・紹介（サヴィニー、ジンツハイマー等）／
　【解説】藤原稔弘

別　巻　労働法原理　H．ジンツハイマー 著
　楢崎二郎・蓼沼謙一 訳

労働者人格権の研究　角田邦重先生古稀記念 上・下
　山田省三・石井保雄 編

労働法理論変革への模索　毛塚勝利先生古稀記念
　山田省三・青野覚・鎌田耕一・浜村彰・石井保雄 編

信山社